THE HISTORY OF THE KUOMINTANG ARMY

国民党军史

【上】

王晓华　张庆军　戚厚杰　著

国民党二十大主力军的建立、发展
直至在中国大陆失败、撤到台湾的全部历史

团结出版社

图书在版编目（CIP）数据

国民党军史 / 王晓华, 张庆军, 戚厚杰著. -- 北京：团结出版社, 2018.1（2023.11重印）
ISBN 978-7-5126-5756-4

Ⅰ. ①国… Ⅱ. ①王… ②张… ③戚… Ⅲ. ①国民党军－军事史 Ⅳ. ① E296

中国版本图书馆 CIP 数据核字 (2017) 第 270998 号

出　　版：团结出版社
　　　　　（北京市东城区东皇城根南街 84 号 邮编：100006）
电　　话：（010）65228880　65244790（出版社）
　　　　　（010）65238766　85113874　65133603（发行部）
　　　　　（010）65133603（邮购）
网　　址：http://www.tjpress.com
E-mail：zb65244790@vip.163.com
　　　　　tjcbsfxb@163.com（发行部邮购）
经　　销：全国新华书店
印　　装：三河市东方印刷有限公司

开　　本：170mm×240mm　16 开
印　　张：74.25
字　　数：1049 千字
版　　次：2018 年 1 月　第 1 版
印　　次：2023 年 11 月　第 3 次印刷

书　　号：978-7-5126-5756-4
定　　价：298.00 元（全三册）
　　　　　（版权所属，盗版必究）

目录

第五军
001-----------082

第十八军
083-----------160

第七十一军
161-----------234

新编第一军
235-----------304

新编第六军
305-----------377

第五军

国民党第五军是陆军主力部队之一。

民国历史上先后产生过好几个第五军。

北伐战争时期的第五军是由粤系福军编成,军长为李福林,后该军被陈济棠之粤军吞并。

1928年北伐成功之后,在1930年中原大战期间,有鲁涤平的第五军,原番号为第二军,属谭延闿湘军部队。在北伐胜利后召开的军事编遣会议上,第二军番号被撤销,后第二军番号给了蒋介石的中央军,鲁涤平部被编为第五军,隶属军事委员会。

1932年"一·二八"淞沪抗战期间,有张治中的第五军,由中央军嫡系第八十七、八十八师编成,与第十九路军并肩参加抗击日军的作战。战后该军军部和番号被撤销。

1933年,由中央军嫡系罗卓英组建第五军,下辖第五十二、五十九两师,在第

四次"围剿"之中被红军全歼。

1934年,蒋介石在"追剿"红一方面军的过程中,在贵阳组建了以薛岳为军长的第五军,下辖第九十二、九十三师。

由装甲兵团为基干编的第五军,为新编第十一军改称,原军长徐庭瑶,后为杜聿明,隶属军事委员会,驻湖南湘潭,下辖第二○○师、新编第二十二师与荣誉第一师,是国民党军队唯一的机械化军。在著名的昆仑关战役中大显威风,但在远征缅甸援英之战中兵败野人山。

抗战胜利后,第五军号称国民党军五大主力之一。1947年,根据国民党军整编方案,该军改为整编第五师,隶属第二兵团。该部转战于华东、中原战场,成为对解放军危害最巨的劲敌。

本文说的国民革命军主力之一就是杜聿明的第五军。

第五军军长杜聿明（1904年11月28日—1981年5月7日），字光亭，汉族，陕西米脂县人。毕业于黄埔军校第一期，参加过东征、北伐诸役。1933年，杜聿明在长城抗战时属于第十七军第二十五师，师长关麟征、副师长杜聿明，第十七军军长为徐庭瑶。在作战中，师长关麟征负伤，副师长杜聿明代理，作战英勇。战后，原第十七军军长徐庭瑶被日方要求撤职。杜聿明由于和他的老乡、黄埔一期老同学、师长关麟征不和，于是去中央军校高教班第一期

关麟征（左二）、杜聿明（右一）、黄杰（左一）、惠东升（右二）在古北口北山查看地形

杜聿明（左）与徐庭瑶（右）

进修。

徐庭瑶旋被蒋介石任命为军事考察团团长，赴英、法、德、意各国考察军事装备，以图抗日。1935年春徐庭瑶回国，建议蒋介石建立一支机械化装甲部队，以抗击装备占优势的日军。1936年3月，蒋介石在南京丁家桥建立了南京陆军交辎学校，蒋介石挂名校长，徐庭瑶任中将教育长。

杜聿明去找老长官徐庭瑶，在徐的举荐下，杜聿明到交辎学校担任学生队队长。

1937年3月，军事委员会决定将交辎学校现有的战车营、交通兵第二团所属装甲汽车队合编，并补充了一批战车，建成第一个陆军装甲兵团。杜聿明任第一任团长。

1937年7月，"卢沟桥事变"爆发。张治中调第八十七、八十八两师秘密到上海。8月13日，淞沪抗战打响，杜聿明率陆军装甲兵团战车第一营的第二、四两连，在上海汇山码头协同步兵阻击企图登岸的日军。经过激战，有几辆战车被日军击毁，但装甲兵团的表现还是得到了前线指挥官张治中的称赞。三个月后，国民党军队从上海撤退，杜聿明所属的战车一部留在南京，参加了南京保卫战，损失惨重。

1938年1月，杜聿明的装甲兵团撤至湖南湘潭整训。其时，国民政府向欧美各国购进了一批新式装备，有苏联九吨半战车八十辆，德国彭斯柴油卡车百余辆，美国福特卡车四百余辆，美造哈雷二轮、三轮摩托车四十余辆。在此基础上，军事委员会命令装甲兵团扩编为国民党军第一个机械化步兵师——第二〇〇师。杜聿明为师长，邱清泉为副师长，廖耀湘为参谋长。

1938年12月，第二〇〇师扩编为新编第十一军，徐庭瑶任军长，杜聿明为副军长。该军是第一支机械化部队，下辖第二〇〇师、新编第二十二师与荣誉第一师。

1939年2月，新编第十一军番号改为第五军，徐庭瑶擢升为第三十八集团军总司令；2月17日，杜聿明代理第五军军长；6月5日，俞济时为该军军长，才两个星期就他调；6月21日，杜聿明第二次代理军长，11月19日实任军长，副军长郑洞国。

第二〇〇师编制比一般陆军师大，师司令部设有参谋、副官、军需、军械等八大处，所属部队有两个战车团、两个摩托化步兵团、一个战车防御炮团，另有特务营、通讯营、搜索营、工兵营等及修理厂、医院等，全师兵力约两万人。

试剑昆仑关

1939年11月15日清晨，华南沿海的钦县、防城、合浦、小董、灵山等地的军事设施，突然遭到从日本航空母舰上起飞的轰炸机猛烈的轰炸；在舰艇炮火的掩护下，日军先头部队及川支队的第九旅团在及川源七郎少将的率领下，于11月15日8时10分首先登陆。紧接着，日军先头部队今村均第五师团、第

战士浴血昆仑关

八师团、盐田兵团、中村支队在钦县的企河、蚁虫山、梨头嘴、横山等地强行登陆，并与第四战区所属第四十六军新十九师发生激战。之后，第五师团突破中国军队的防线，兵分三路向北突进，17日，南宁前线告急。

广西的部队抵挡不住日军凌厉的攻势，桂林行营主任白崇禧向蒋介石建议，应迅速将远在几百公里外的机械化部队第五军从南岳衡山调赴桂南战场，务于12月5日前集结完毕。

11月19日，第五军军长杜聿明即令二〇〇师为先头部队，从衡阳上火车，日夜兼程赶到桂林，之后换乘卡车赶往南宁。第二〇〇师师长为戴安澜。

戴安澜，字海鸥，安徽无为人。1925年，戴安澜考入黄埔军校第三期步兵科学习，翌年参加了北伐战争。1932年冬任第二十五师一四五团团长，率部移防抗日前线北平。1933年3月，在长城古北口抗击日军。"七七事变"爆发后，戴安澜升任第七十三旅旅长，先后参加了保定、漕河、台儿庄诸役。1938年，在台儿庄对日作战中，因战功晋升为第八十九师副师长，参加武汉会战。1939年1月，升任中国第一支机械化部队——第五军二〇〇师师长。

是夜，衡山北侧的军营，戴安澜在师部的帐篷里手提马灯仔细研究地图，对身边的先遣步兵团团长邵一之说："你团作为全师的先头部队，务于三日内赶到南宁，占领阵地后，掩护全师逐次转进。党国的安危，全系在你肩上了。"

"师长，我追随你征战有年，淞沪、台儿庄、武汉等会战都参加过，我不会给你丢脸的。"

戴安澜语重心长地说："这次不同以往啊，日军要切断我国际交通线，而且是志在必得。"

邵一之严肃地说："我明白，师长。"

戴安澜说："杜军长临时凑集装甲兵团、骑兵团和辎重营的载重车几十辆，供你团使用，等你们到达后，汽车再回来接师主力，估计全军要在12月3日前后到达。因此，你的任务很艰巨，无论如何要坚持到主力到达。"

"师长，我保证完成任务，不成功，则成仁。"

邵一之是黄埔六期的学生，戴安澜是他的三期学兄，虽说是上下级关系，但他是戴安澜最信得过的兄弟，戴安澜赏识他作战勇敢、统御有方，关键时刻总是把他放在最前面。

白崇禧

戴安澜在昆仑关

第二天黎明，第六〇〇团开始集中，昼夜兼程，坐火车赶往广西。由于日机轰炸，该部走走停停，直至 11 月 23 日上午，六〇〇团士兵才与日军二十一旅团士兵几乎同时到达南宁以北二塘、三塘地区。邵一之用望远镜往远处一看，暗吃一惊，遍野都是日军士兵，一片片钢盔在太阳下闪亮。

邵一之操着湖南话严峻地命令："师主力到达之前，任何人不得后退一步，子弹打完了，就是用牙咬，也得咬下日本人一条腿来！"

殊死的战斗竟达两天半，六〇〇团的战士经过长途跋涉，顾不上疲劳和给养不足，空腹作战，杀声震天，气势如虹，终使日军攻势受挫。但在日军疯狂的攻击下，团长邵一之血洒沙场。就在这用鲜血和生命的代价换来的宝贵的两天半时间里，二〇〇师主力逐次赶到前线集结。戴安澜眼含泪水，看着邵一之的尸体，说："兄弟，全师官兵一定替你报仇！"

六〇〇团转移到高峰隘一带阵地修筑工事，防止敌人北进。第二〇〇师五九八团乘汽车刚赶到八塘，便与日军步兵二十一联队第三大队大队长森本宅二中佐率领的第三大队和日军骑兵第五联队展开激战。

在戴安澜的指挥下，五九八团苦战经旬，等待主力的到来。新二十二师师长邱清泉、荣誉第一师师长郑洞国，先后率领其部到达迁江附近。

桂林行营主任白崇禧冒着敌机的轰炸，驱车来到迁江指挥部，与军长杜聿明讨论部署。他们一致认为，目前的形势只宜固守昆仑关，等主力集结后，一举反攻南宁。

12 月 3 日，因防守高峰隘方面的广西部队第三十一军第一三五师迭遭敌机狂轰滥炸，损失惨重，该师苏师长下落不明，师主力只剩数百人，阵地被日军攻占，南宁以北约 50 公里的战略要地昆仑关失守，一下子打乱了白崇禧的进攻计划。

12 月 16 日 22 时许，谭蓬村第五军指挥部内，军长杜聿明召集团以上军官开会。在马灯的光亮之中，杜聿明与下属神情严肃。

杜聿明俯身指着桌上的敌我态势图说："我军以收复南宁为目的，决定于

杜聿明在广西第五军指挥部

18日拂晓开始攻击。攻取八塘、昆仑关后,再以一部向二塘追击,主力继续向南宁攻击前进。"

12月17日2时,荣誉一师右翼第二团、左翼第三团乘着黑夜向前推进,分别运动到老毛岭及441高地附近和600高地附近。荣誉一师师长郑洞国将师指挥部由长塘迁到长塘南端的前沿掩蔽所。作战参谋报告郑洞国,二团、三团均进入指定位置。

凌晨2时整,两颗红色信号弹腾空而起,荣誉一师开始了对昆仑关的局部夜袭。成排的曳光弹交织在一起,伴随着爆炸声,山川和大地在猛烈地颤抖。二团和三团的士兵们在二团长汪波和三团长郑庭笈的指挥下,以轻重机枪和手榴弹开道,迅速地冲向高地。日军在突然打击之下乱了阵脚。右翼第二团首先攻占了441高地和老毛岭,接着第三团攻占了600高地,速度之快令日军来不及反应。

今村均师团长得知中国军队突袭后,立即决定围歼这支部队,于是急派第二十一联队联队长三木吉之助大佐率领联队火速赶往昆仑关。日军分乘31辆汽车从南宁出发,沿邕宾公路向北疾进,不到两小时就到达九塘,车队腾起的尘埃像一条滚滚向前的巨蟒。

坚守昆仑关的日军在山炮、迫击炮、重机枪的掩护下开始反扑。

荣誉一师第三团组织了密集的火力网,拦住了日军田村中队的反扑。激战到凌晨4时,第五军的一线部队在战车和炮兵的协助下,对昆仑关正面之敌发动猛烈攻击。上午10时许,驻守九塘的日军几十门山炮、野战炮不断轰击600高地,步兵乘机向失守的高地反扑,高地上一片火海。

师长郑洞国举着望远镜,观察着阵地上的变化。他命令左翼队迅速压迫敌于昆仑关,以重炮压制九塘的敌炮兵阵地。不一会儿,在恩垅司、马岭圩占领阵地的炮兵队的重炮开始对昆仑关东西高地进行射击,弹着点相当准确。荣誉一师的士兵见敌炮哑巴了,都欢呼起来。

10时40分,荣誉一师右翼二团攻占罗塘南端高地及60东方高地,并向昆仑关方向逼近,另以一部攻击界首附近残敌。11时许,日军抵挡不住,纷纷向九塘退却,但是公路东侧、界首西北及600高地南侧等地的残敌仍坚守顽抗。下午2时,荣誉一师左翼队进至枯桃岭、同平一线。此时,天空响起轰隆的马达声,日机十余架临空,协助其步炮兵向罗塘南侧高地、60东方高地、600高地猛烈袭击。我军三辆协同步兵进攻的战车,当即被击中一辆,正在车内指挥的战车连连长牺牲。荣誉一师有点底气不足,不少日军冲上阵地,双方展开了激烈的短兵相接战。傍晚,右翼队到达金龙山429高地、上廖、罗塘、荔枝一线,左翼队第三团到

黄埔时期的郑洞国

达枯桃岭、同平、佛子岭一线。补充团团长王文第奉命接替了郑庭笈第三团的600高地。预备队第一团在团长吴啸亚的带领下，在仙女山、老毛岭、大坟岭、大球岭一线占领攻击阵地。在日军顽强的阻击下，荣誉一师攻势受挫，停顿下来。郑洞国总结了进攻不顺的原因，认为攻击正面过宽、兵力薄弱，以致无力确保既得战果。

与此同时，邱清泉的新二十二师分成两个纵队，于17日晚利用天黑由黄盛岭、茅岭一线向南推进。由于进展顺利，军长杜聿明复令该师向五塘、六塘以北地区前进，切断敌之退路，以协助荣誉一师歼灭昆仑关、九塘、八塘之敌。该师左翼队在六十六团团长刘俊生带领下占领韦村，与敌人警戒部队交火，激战到20时40分，将敌击退，并继续追击。六十六团占领六塘，刘团长立即命令构筑工事，同时派人将公路、桥梁及通讯联络彻底破坏。

杜聿明综合了各方面的报告，判断八塘附近之敌主力似已逐次增加至昆仑关附近，以图死守，便做出决定：1. 令荣誉一师确保仙女山、金龙山及其东北方高地、老毛岭、441 高地、枯桃岭各要点，于 19 日拂晓继续对当面之敌攻击，并以一部切断昆仑关之敌后方的交通。2. 令戴安澜的总预备队二〇〇师，推进到大球岭、庙背岭、马鞍山、亘高田圩北侧高地一线，及恭喜岭、高大岭各要点，准备支援荣誉一师。

12 月 19 日拂晓，荣誉一师师长郑洞国下达死命令，不论倒下多少人，也要攻占 653 高地，并完成对老毛岭、441 高地的守御任务。

653 高地雄峙于昆仑关东北，控制该高地就可以控制昆仑关整个战场，是两军必争之要地。日军四十二联队松本部队小川支队率 200 多人在高地上构筑了坚固的工事。松本对守军下了死命令，战到最后一个人、最后一粒子弹，也不能撤退，以待大部队反攻。653 高地的日军居高临下，用轻重机枪扫射，600 高地上的荣誉一师三团被打得抬不起头。三团一营营长黄闻生接到拿下 653 高地的命令后，派一连从正面攻击，未能攻上；继而组织 18 挺机枪掩护步兵两个连迂回分击敌之两侧，亦受到敌人凶猛的侧击。经过数次突击，终因敌火力稠密，士兵们均被压在阵前动弹不得。黄闻生清点了一下，连排级军官伤亡过半，士兵伤亡更严重。就在此时，日军守军在小川谷一大尉的带领下，从堡垒内冲出来进行反冲锋。日军端着刺刀，越过累累尸骨，扑向三团阵地。千钧一发之时，代理连长安朝宣、代理排长杨讣明从死人堆中站起来，他们用手榴弹炸开一条血路，所有士兵和能动的伤员跃出阵地，端着枪嗷嗷叫着向敌人冲去。双方混在一起展开白刃战。小川谷一大尉用指挥刀一连劈倒两名三团士兵，但被一名浑身是血的战士用弯了的刺刀戳破腹部而亡；日军由林重治少尉统领与三团战士肉搏，林重治被活活卡死，其余百余名日军士兵先后倒下。荣誉一师第三团呐喊着，踏着死人堆前进，占领了 653 高地。

日军绝不会坐视 653 高地失守，反击一开始就猛烈无比。十几架飞机盘旋着向 653 高地和老毛岭、441 高地上的荣誉一师守军掷弹、扫射，满山遍野都是头戴钢盔的日军，在大炮的掩护下，轮番向我军进行攻击。653 高地上的我军官兵夺下高地时就已经大伤元气，伤亡惨重，无力抵御日军的反扑，高地复被日军攻陷。

杜聿明得知653和600高地丢了，焦急万分，急令总预备队二〇〇师师长戴安澜火速增援。戴安澜的部队正憋着一肚子火没处发，于是派出五九九团一阵猛打，打退了脚跟未稳的敌人，登上653、600高地。同一天，老毛岭与441高地也遭到日军步炮协同猛烈反击，荣誉一师第二团拼死抵抗，还是无法阻止日军一步步逼近高地，形势异常险恶。这时，二〇〇师在敌之侧背一阵狂打，局势才得以扭转。

残酷的战斗持续到夜幕降临，由于荣誉一师攻占了653高地，守住了老毛岭和441高地，使杜聿明大大松了一口气。他深深明白，这些关键高地的收复，奠定了昆仑关战役胜利的基础。杜聿明在20日晨下令，653高地由二〇〇师五九九团二营接替，荣誉一师第二团撤下，至有明村附近休整待命。

在战役打响的第一天，昆仑关就处于第五军的包围之中。12月20日，鉴于昆仑关正面守敌抵抗顽强，而敌后方部队不断增援，杜聿明决定迅速击破昆仑关守敌。他对攻击部署作了局部调整，即令戴安澜的二〇〇师担任正面进攻，荣誉一师负责包围敌之两翼。

清晨6时许，二〇〇师在战车连和重炮掩护下，向昆仑关的敌主阵地发起攻击：四辆战车冒着敌人猛烈的炮火，一马当先冲上邕宾公路，向昆仑关攻击前进；步兵五九八团为右翼，五九九团为左翼，同时从653、600高地向高地以西之山地敌人展开攻击，然后两团碰头，会攻昆仑关。第六〇〇团为预备队，位置在大球岭及庙背一带，戴安澜将师指挥所由狮龙移至大球岭。激战竟日，21时，师指挥所电话铃响了，戴安澜抢过电话，里面传来战防炮第二连连长曹鸣九激动人心的报告：

"师长，我战车已冲进昆仑关！"

指挥所一片欢腾，戴安澜当即给六〇〇团团长下达命令：第六〇〇团第一营随战车向昆仑关方面攻击前进，其余两营由郭团长带领侧击前进。

敌我双方在昆仑关前展开车轮大战，你争我夺，战场呈胶着状态。据守昆仑关之敌修筑了坚固的据点，每一据点的防御物及侧防机关的构置严密周到，上下左右构成密集的立体交叉火力网，守军三木联队长挥舞战刀高喊，誓与阵地共存亡。二〇〇师遇到坚决的抵抗，久攻不下。23时30分，六〇〇团郭团长打电话给戴安澜："我团第一营奉令随战车攻击推进至昆仑关，遭敌伏击，推进困难，与敌对峙，东西两面步兵已迫近昆仑关，但敌中村旅团已赶至九塘增援，我部与荣誉一师尚未联络上。"

戴安澜问："战车情况如何？"

郭团长说："战车遭到敌战车防御炮阻击，又被敌飞机炸毁两辆。"

面对如此情况，再继续推进恐怕凶多吉少。戴安澜果断命令："停止攻击！"

20日上午10时，日军中村旅团以步兵两个大队为基干，从南宁出发，前面是18辆战车开道，后面是十几门大炮轰击，天上是9架日军飞机掩护，气势汹汹逼向五塘，以图增援靠拢昆仑关。

邱清泉的新二十二师负责阻击来敌，终因挡不住来势凶猛的中村旅团，古流岭、那义阵地被突破。

邱清泉骂娘了，他命令新二十二师副师长带领刘参谋赴右翼六十四团阵地督战，并将畏缩不前的六十四团第一营营长李希真撤职，让第一连连长李济才任代理营长，并嘉奖作战勇敢的六十四团第二营、六十五团第一营，除由参谋处记功外，各赏国币500元以资激励。

21时后，中村旅团再次力图冲破阻击，战斗更为惨烈，右翼六十四团阵地是敌攻击重点，第三营营长李振一重伤，阵地遂陷落敌手。凌墓村、陈明村一带阵地失而复得、得而复失数次，最后六十四团官兵将日军击退。

师长邱清泉吓出了一身冷汗，这要叫中村旅团过去，怎么向军长交代？他亲率师部人员，由鸡村移至林村北端高地的六十五团指挥所指挥战斗。尽管二十余架日机轮番轰炸，日军汽车数百辆运载步兵往来于五塘、六塘间，入夜以后，除五塘、那义阵地仍在敌手外，其余阵地无变动。

邱清泉

　　左侧支队在二〇〇师副师长彭壁生带领下，从清晨7时起开始占领八塘以东高地，主力向八塘推进，中午将八塘东南两侧高地全部占领。至此，南宁至昆仑关间敌之交通完全被我截断，公路、桥梁亦施以阻绝，全部破坏。

　　第五军各部从三面进迫昆仑关，新二十二师、左侧支队仍在阻止增援之敌靠近。二〇〇师方面，五九八团好不容易占领罗塘高地，旋亦复失；六〇〇团一部战至天黑，曾一度迫近昆仑关前200米处，由于遭公路两侧敌人的侧击，立不住脚，最终退出。五九九团奋力将界首东北附近高地的日军击溃。

　　荣誉一师方面，从20日拂晓开始，一部与敌激战于板壁附近，主力转向九塘攻击。19时许迫近九塘西北高地的敌主阵地，双方发生激战。荣誉一师士兵受阻于敌阵地铁丝网前，几经突击，未能奏效，伤亡过重。

新二十二师方面，20日与优势之敌在五塘、六塘激战，两败俱伤，但阵地未丢。该师受命在马鞍山、春虎山、林村、鹿鸣山一线占领阵地与敌对峙。

21时30分，三木联队长向中村正雄旅团长发出126号电报，表示他在最后关头的决心，电文这样写道：

"本日午后起，本部队在九塘附近遭敌包围攻击，现以一个小队作为预备队固守在九塘。在弹药不足的情况下，决心依靠刺刀消灭敌人。"

昆仑关及九塘的敌人虽然战斗力极强，但北面高地守备队因弹药缺乏，全靠刺刀和竹子削成的扎枪作战。日机先后空投弹药粮秣，但大多落在中国军队的阵地上。

12月21日中午12时50分，我空军第四大队10架E5驱逐机飞抵昆仑关上空，对敌地面部队连续攻击3次，14时28分返航。是日，空军三大队、四大队米格式战斗机3架、E5驱逐机9架，7时25分从柳州机场升空飞抵昆仑关上空，准备掩护第五军步兵进攻。由于地面部队未铺信号布，恐误伤友军，盘旋至9时45分返航。降落不久，机场空袭警报骤响，日18架轰炸机前来轰炸第四战区张发奎司令部，三、四大队驱逐机冒着敌机扫射轰炸的危险，强行升空，展开空战。日机一架被击中起火，驾驶员、投弹手被击毙，其余跳伞逃命，我空军机群追至来宾后返航。

23日，战斗激烈程度不减。黄昏后，五九八团苏营与敌反复冲锋数十次，日军死战不退，据守北端第一线三角山的日军第四中队第一小队小队长濑长正三少尉与下属全部阵亡。五九八团占领三角山高地。

自攻击令下达以来，荣誉一师、第二〇〇师伤亡人数已逾2000，这个数字出乎杜聿明的意料。每一座高地均是一块难啃的骨头，高地上下到处可见被炸烂的尸体。昆仑关战场犹如一个屠宰场。

23日，日军中村正雄少将身先士卒，挥舞指挥刀率部冲击七塘口，日军潮水般往前冲锋。突然，一颗子弹飞来，中村正雄左颊被穿透，鲜血直流。他简单包扎完伤口，继续率部冲锋。

13时30分，三木大佐向中村正雄及兵团参谋长发出电报："我部已弹尽粮绝，士兵捡拾田间落穗、杂草充饥，迫击炮中队已把炮埋在地里，用竹子削成扎枪战斗，粮秣可停止空投，最紧急的要求是给第一线阵地补充步枪子弹；傍晚前旅团若不到，第一线难以确保。"

与此同时，在南宁的今村均中将下命令：龙州的及川支队要克服万难，不分昼夜向南宁疾进，兵团决定在九塘附近与中国军队决战。守钦州的台湾旅团盐田旅团长也派遣两个大队赶往前线。步兵十一联队的伊藤大队乘坐106辆汽车，兼程赶往南宁，车队行进到距南宁西约60公里的西长墟的狭路时，遭到傅仲芳九十九军九十二师的阻击。由此可见，日军调兵遣将，决心与中国军队在昆仑关决一雌雄。

上午，大塘方面，日军中村正雄主力利用黑夜冲入七塘附近公路和西山地，在中国军队的节节阻击下，经过一昼夜强行突击，终于接近大塘，与三木吉之助联队被围在昆仑关的部队遥遥相对。

中村正雄头缠绷带，在九塘西面三公里的水橙西北高地上用望远镜观察。他略带兴奋地说："从南宁出来到这里不到50公里的路，我们整整冲了五天，现在离九塘还有3公里，只要我们强行通过公路，就可以和三木的部队会合。"

他拔出战刀高声喊道："不要怕牺牲，一定要冲过公路。"

日军不顾一切地冲向公路。

担任阻击的荣誉一师第一团和第三团坚守阻击阵地，向日军开火。中村正雄在望远镜里看得真切，他的部队在机枪扫射声中拥上公路，成批地栽倒在公路两侧。突然，他发现望远镜中对方高地的某一处有光点闪了一下，像是望远镜在阳光中的反光。他大声喊："支那军指挥官在那里，机枪……"话没说完，他身子一震，手捂腹部，鲜血伴着肠子流了出来。他单腿跪在地上抓住指挥刀试图站起来，却一下子栽倒在地上。

三木联队还在昆仑关苦苦死守着，能够抵抗的人所剩无几。

16时30分，第五军的炮兵开始射击了。15毫米榴弹炮、山炮、战防炮构成密集的覆盖网，昆仑关的阵地上和附近高地上，炮弹的爆炸声惊天动地。尤其是炮兵主要打击的罗塘南端高地，几乎不相信那里还会有人存在，但事实上那里有顽抗到底的日军士兵。罗塘南端高地为昆仑关屏障。日军在这里修筑了碉堡群作为据点，配有重机枪8挺、轻机枪200挺。地堡左右还有侧防野堡和掩体，它们相距不超过200米，共有200多名日军。各种堡垒构成密集的火力网。在外围据点还有三道铁丝网。

荣誉一师以第一团防守441高地，并以主力确保在六扒、六寻附近各以二部监视九塘和昆仑关之敌。第二团在重炮掩护下对罗塘南端高地发动进攻。重炮营以15毫米榴弹炮试射三分钟后，炮声停止，间歇五分钟，当地堡里的日军钻出来进入战壕时，重炮再次射击三分钟。不少日军士兵以为第一次炮击后就是步兵冲锋，没料到一阵冲锋号声后，又是一次铺天盖地的炮击，这一战术使几十名日军士兵丧命。进攻高地的第二团团长汪波，将现存的二团士兵编为三个连，归第二营冯军山营长指挥。冯营长命令每名步兵携五枚手榴弹和一把大刀或钢锹，没有的用锄头，冲到铁丝网前拼命砍，打开缺口，部队再往里冲；并让连与连以纵队重叠，排与排距离30米，一拨一拨相继跃进。

冲进铁丝网的战士与战壕里的日本士兵用手榴弹、大刀、刺刀展开肉搏战。日军森山中尉率十几名拿刺刀和扎枪的日军士兵冲向二营战士；森山中尉手持竹扎枪捅进一战士腹部，自己被从背后冲上来的战士用刺刀捅死。不少战士在搏斗中拉响最后的手榴弹。战壕里、地堡旁，到处在扭打，到处是尸体。

第二营的战士相继跃过铁丝网，冲进高地。

18时40分，罗塘主阵地的地堡上白旗挥舞，日本士兵站起来，空举着双手，用中国话高声喊着："我们投降了！不要打了，投降了！"

二排长喻国强命令士兵冲上去，当冲到地堡前十米处时，地堡内，在返田上尉的指挥下，轻重机枪手小西胜之进和耕正治手中的机枪"哒哒哒"地吐起火舌，喻排长前胸中弹，身边的战士相继倒下十来个。

一排长陆汉卿被日军的诈降激怒了，他对战士们喊："扔手榴弹，炸死这群王八蛋！"

战士们纷纷抽出手榴弹向地堡扔去，地堡里火光冲天。

返田上尉与几名日本士兵手握刺刀和竹扎枪冲出地堡。排长陆汉卿与愤怒的战士扑上去。陆汉卿的大刀砍在返田的脸上，返田两只眼睛被砍瞎了，他满脸是血，像条疯狗一样号叫着，用竹扎枪胡乱捅，几个士兵同时用刺刀戳中了他。二营战士们冲到地堡前，最后两名机枪手小西胜之进和耕正治摇着白旗从地堡内钻出来。怒吼的二营二排士兵冲上去，抢起大刀就砍。一排长陆汉卿大叫："留个活口，有赏！"但愤怒的士兵已顾不得了，一刀挥下，耕正治前胸鲜血直冒；接着士兵向小西胜之进又是一刀，小西身子一偏，刀砍在其肩膀上，他立即哭号起来。陆排长急忙拦住战士："留一个问口供！"陆排长请友军用担架把小西胜之进与耕正治送到军部去，耕正治在半途因流血过多而死。小西胜之进是罗塘南端高地日军唯一的幸存者。

26日晨5时18分，当昆仑关上露出微曦时，日军第五师团第二十二旅团旅团长中村正雄少将面带遗憾闭上了眼睛。这是在昆仑关之战中被击毙的日军最高级别指挥官，日军为他降半旗志哀。

攻打昆仑关的战斗开始了。26日16时40分，当攻击开始时，三架国民党军СБ轰炸机和一架米格式战斗机在费金大队长率领下，再次抵达昆仑关、九塘上空，协助二〇〇师进攻。飞机看到地面铺的信号布，开始对准九塘敌阵地俯冲。"轰轰轰"，一枚枚50公斤重的炸弹落在日军阵地上，碉堡、辎重、尸体飞上天，不少地堡的机枪停止了叫唤。二〇〇师的士兵训练有素地向高地冲去。荣誉一师师长郑洞国命令第三团由罗塘南端高地向昆仑关攻击。天逐渐黑下来，但二〇〇师和荣誉一师的攻击势头依然不减。士兵们通宵激战，当东方的旭日喷薄欲出时，荣誉一师第三团率先冲进了昆仑关。

太阳伴随着枪炮声越来越红。十几架敌机低空飞来，在昆仑关环绕侦察后，用机枪扫射，投弹轰炸。此时，隐伏在岩洞里和工事中的日军残余开始反击。午后，日军援军赶到，会合公路两侧的部队和九塘方向的日军部队近千人，向丢失的阵地反攻。在飞机的掩护下，日军与荣誉一师第三团二营主力混战在一起，寸土不让，恶战持续了四个多小时。二营伤亡已到极限，一连战士伤亡殆尽，连长吴兴智怀抱机枪，东西扫射。他凭险固守，独立苦撑，一人阻止了60多名日军的冲锋。日步兵二十一联队第二中队打红了眼，调集所有山炮、野战炮、速射炮、迫击炮，对准昆仑关主阵地轰击，发誓要炸死吴兴智。

炮声隆隆，火光冲天，在日军疯狂的炮火中，独力苦撑的吴兴智被炸成碎片，壮烈成仁。昆仑关得而复失，再次落入日军之手。

南宁方面的日军增援部队已围过来了。此时，第五军包围昆仑关的部队如果不迅速拿下昆仑关，完全有可能被敌人反包围。杜聿明面对死战不屈的昆仑关守敌感到棘手，他下决心将主力集中于正面，采用集中全军优势炮火、逐次攻克各据点的战术，迅速消灭当面之敌，以克复昆仑关。

12月28日晨6时，杜聿明在南天村第五军军令部下达了第42号作战命令。14时30分，二〇〇师第五九八团迫击炮营第二连进入北同兴北端小高地前800米处。第六〇〇团第一营、补充团第一营及四十六军山炮连在刘少峰代理团长指挥下，秘密进入界首西南高地阵地前400米处。随即，五九八团作为佯攻部队，发射了一颗红色信号弹，表示已到达攻击准备位置。

15时整，第五军炮兵队用三门重炮开始向界首和653高地轰击。一发发炮弹落在敌阵地上，溅起的烟尘像一堵高墙。大炮持续吼叫了七分钟，随后第六〇〇团和补充团开始向界首、653高地发起冲锋。与此同时，战车防御炮第二连开始向北同兴敌阵地猛烈开火，并向前推进。第五九八团的一连士兵开始佯攻。五九八团攻击顺利，北同兴高地附近数小高地被占领。固守界首北侧高地的日军坂田部队第五中队两百多名士兵在重机枪四挺、轻机枪十余挺组成的火力网下，凭借强固的坑道式堡垒顽抗。在戴安澜指挥下，一营在左，三营在右，猛扑堡垒东侧的支撑点。左翼第一连直扑山顶，官兵前仆后继，终将铁丝网破坏，奋勇冲入。

日军发信号弹求救。片刻之后，日援军向荣誉一师三团猛扑而来，一场白刃战在高地上展开。第一连连长谭俊麟率兵数名向前冲，中弹倒下。第二连连长洪运龙奉命增援，率全体官兵冲杀上前。三辆战车沿公路攻击前进，以火力压制敌人的侧防机关，并掩护步兵攻击。战车派出负责侦察的军官沿公路左侧与步兵一同前进，迅速侦察日军战防炮的位置，并以旗语通知后面的战车隐蔽。开始战车进展顺利，但敌人从观察镜中望到正在打旗语的军官，派狙击手一枪打死指挥战车前进的联络军官。日军几门战防炮齐发，一辆战车被击中，后面战车无法通过，无法掩护部队前进。

荣誉一师也按命令，开始向441高地、金龙山、仙女山各要点攻击，但整整打了一天，亦无进展。入夜，日军抵挡不住冲上界首高地的荣誉一师第二连士兵的攻击，短兵相接之中，日军突然施放毒气。第二连连长洪运龙和士兵猝不及防，纷纷中毒昏倒在阵地上。日军穿着大皮鞋从战壕中爬出来，用脚猛踢昏倒的二连官兵。洪运龙连长身负重伤，被皮鞋踢在伤口上，疼得呻吟了一声，当即被日军砍下了头颅。凶残的日军将所有昏倒士兵的头统统砍下。

活着的官兵从地上跃起，他们悲愤不已，疯狂地冲向日军。在手榴弹的猛烈轰击下，战壕里和地堡内的日军支持不住，走出来举枪投降。班长王玉龙、上士李凤山等人指挥士兵用刺刀将俘虏全部捅死。枪声、炮声、喊杀声渐渐停止。

东方的启明星已经升起，李凤山上士带着剩余的十余名士兵，面对着黑黝黝的群山，欲哭无泪。他们的热血似乎凝固了，心也停止了跳动，只有打得像筛网一般的军旗在寒冷无情的晨风中飘动。在他们身旁，还有日军中队长富田新一手腕上的夜光表在嗒嗒地响。富田新一的尸体旁半蹲着小队长小林武夫，他的模样狰狞可怕，龇牙咧嘴，双手紧握着刺进自己胸前的刺刀，似乎想把它拔出来，一个中国士兵端着刺刀，他们是同归于尽的。日军小队长伊藤孝一也被毒气毒死，在中国士兵冲上阵地后，他来不及戴防毒面具，便开枪打爆了毒瓦斯罐。地上是几百具尸体、十几挺轻重机枪、百余支步枪、一堆堆的子弹壳、掷弹筒和军用品，清晨的空气中飘着带血腥味的硝烟。

拂晓，第二〇〇师继续扩大前一日的战果，猛烈向界首东西各要点攻击，激烈的山地浴血战又开始了。第五军炮兵队的大炮褪下炮衣，集于一处，发挥了最大威力。步兵们带着疲劳和军装上的血迹又开始冲锋了。在炮兵的掩护下，士兵们一寸寸地抵近日军阵地，用手榴弹炸开铁丝网冲进去。13时30分至16时，日军两次向失地反攻，均被击溃。

12月31日，第五军在炮火支援下，向昆仑关发起最后的攻击。新二十二师一马当先，发起猛攻。邱清泉终于坐着战车冲进了昆仑关。至上午11时许，肃清残敌，占领了昆仑关。杜聿明命令部队再接再厉，继续向八塘、九塘攻击前进。

昆仑关大捷对于鼓舞军心、民心起到了极大的作用。

12时整，杜聿明亲自口授，给重庆军事委员会蒋介石委员长发出报捷电。

第五军克复昆仑关

第五军的伤亡情况：全军阵亡军官123人、士兵5560人，伤军官265人、士兵10847人，总计伤亡人数16795人，而全军参战人数为54034人。

邱清泉豪兴大发，赋诗一首：

> 岁暮克昆仑，旌旗冻不翻。
> 天开交趾地，气夺大和魂。
> 烽火连山树，刀光照弹痕。
> 但凭铁和血，胡虏安足论。

不久，邱清泉调任第五军少将副军长。

1940年1月2日，第五军荣誉第一师、新编第二十二师和第六十六军所部对九塘、八塘实行围攻。不久，第二〇〇师也参加攻击。但因日本增援部队台湾混成旅团和第九旅团各一部已经抵九塘附近集结，中国军队连战七日，未能奏效，双方形成对峙。由于日军陆续增援，反攻南宁的作战计划已无实现可能。2月下旬，中国军队撤出桂南地区。

浩浩荡荡，缅甸荡寇

1939年冬，日军侵入广西南宁等地后，又侵入越南，中国经过越南境内的国际交通线被截断。蒋介石为了保卫云南大后方及滇缅公路这条唯一的国际交通运输线，抽调第一集团军总司令卢汉率第六十军及第九集团军总司令关麟征率领第五十二军由湖南经广西百色开入滇南，沿滇、越边境布防，以防止日军进入缅甸，切断中国与国际联系的唯一通道——滇缅公路。

1941年，中英成立军事同盟。双方决定共同保卫滇缅公路及仰光的国际交

中国远征军进入缅甸

通线。蒋介石与云南王龙云经过长期的商讨，龙云同意杜聿明的第五军开进云南的杨林、沾益、盘县地区。不久，蒋介石成立军事委员会驻滇参谋团，以林蔚为团长；并成立昆明防守司令部，令杜聿明兼任司令官。与此同时，蒋介石命令第六军、第六十六军在黔、滇边境集中，准备日军侵略马来西亚时，协同英军作战，以保卫仰光国际交通海港。

1942年2月1日，日军在泰国和马来西亚交界的东海岸宋卡登陆，英军节节败退，溃不成军。2月下旬，日军逼近仰光，占领了仰光东北100公里的腊戍，此地为滇缅公路缅北通向滇西的门户，离缅甸第二大城市曼德勒280公里，距离畹町177公里。形势严峻，蒋介石下令中国远征军入缅作战，保卫仰光。

3月1日，作为远征军的先头部队，戴安澜第二〇〇师率先入缅。

据中央社随军记者发自滇边基地的报道：

"今日滇缅公路已非商运孔道，而为军运线，我军继续由此入缅，军运全部卡车，每车二十五——三十五人，马四匹。……军队蜿蜒行进达数里，烟尘相接，甚为大观。我军将士深知此次出国作战，不仅在捍卫祖国，且在争取盟邦胜利，保障和平。远征部队行动敏捷，闲暇即研究战况。战士们穿草绿色新军装，配装整齐，时于车中高唱战歌，前后应和。沿途春阳朗朗，花树灿烂，益增乐趣。"

这是自1894年甲午战争以来，中国军队第一次出国作战，无论长官士兵，一个个士气高昂，兴奋不已。

二〇〇师师长戴安澜坐在卡车驾驶室中指挥全师前进，眼前雄壮的大军出国远征使他壮怀激烈。路过国门畹町时，面对群山，他想起诸葛武乡侯南征，诗兴大发，不觉口诵七绝二首：

  万里旌旗耀眼开，王师出境岛夷摧。
  扬鞭遥指花如许，诸葛前身今又来。

  策马奔车走八荒，远征功业迈秦皇。
  澄清宇宙安黎庶，先挽强弓射夕阳。

1942年3月3日，蒋介石偕夫人宋美龄从昆明乘飞机到腊戍，视察缅甸战事。腊戍有老腊戍和新腊戍之分。老腊戍住户零落，店户多在公路两侧，房屋都用木板、铁皮建成，为典型的缅人建筑区。新腊戍在老腊戍西边四公里的山坡上，气候凉爽，市区多为西式和中式建筑。

蒋介石一行住进英国传教士波特先生的酒店。16时，蒋介石在波特大酒店召见入缅作战高级军官。

在二楼大厅等候接见的有商震、俞飞鹏、林蔚、周至柔、杜聿明、甘丽初、戴安澜、陈勉吾等人。

蒋介石军装笔挺，笑容可掬地从楼上下来，高级军官们同时起身立正。

蒋介石摆摆手让大家坐。他干咳了两声，"我这次是专为缅甸战事而来的。这次出国作战，我派出了国军精锐第五军和第六军。这支机械化部队是我们花费了大量心血、金钱训练、装备起来的，只能胜利，不能失败。"他看到了杜聿明，"光亭，你有信心吗？第五军、第六军都归你指挥，这个家要当好，有事多和我联系。"

杜聿明站得笔直，恭敬地说："学生一定按照校长的指示办。"

蒋介石说："国军入缅作战应注意三点：此次五、六二军出国作战，地形生疏，习惯很不同，后方组织尚未完成，作为最高统帅，我心中颇难自安，因此亲来缅甸主持指导；此来发现许多优点，同时亦知有许多困难。入缅作战军之战术方面，由林次长负责指导。"林蔚赶快起立立正。

"后方一切部署，由俞部长负责指导。"

俞飞鹏赶紧起立立正。

蒋介石看看他们，语重心长地说："务希谨慎从事。远征军的最高指挥官人选尚未确定，拟调卫立煌将军担任，杜军长副之。在卫未到任以前，暂由杜军长统一指挥。在国外作战，生活要简单，行动要一致，共甘苦同患难。不分彼此，不生意见，互相援助；精神要彻底团结，命令要彻底服从，不可以同学或朋友关系而稍有疏忽，如此乃能树立国军之信誉。……此外我这次发现的最大缺点，即各级官长幕僚报告多虚伪而不确实。现代军队一切命令通过报告，如报告不确实，不但不能指挥作战，抑且难以做人。……以后在国外作战部队，一切均应实实在在，不可稍有虚伪谎报，盖确实则虽败亦胜，虚伪则虽胜犹败，况虚伪被人轻视，损失信誉关系至大……

"目前情报多不确实，敌人兵力、位置、番号均不明了。我军入缅后，应对前方派遣侦探，愈远愈好，每日报告数次，有重要情况则应随时报告，对友军则应切取联络。兹特别提出入缅军之首要三句口号，为：侦察敌情，宣慰民众，联络友军。对此三点，应切实注意办到……"

蒋介石走到缅甸敌我态势图旁，接着说：

"现在情况与指导可分以下四种研究：一、第五军之集中尚未完成，敌寇即已占领仰光时。二、第五军在集中期间，敌人毫无行动，仍停滞于锡唐河两岸时。

三、我第五军之主力两师已集中同古（又译为东瓜、东吁），而敌对仰光进占时。

四、我第五军主力未集中完毕，敌寇即攻占同古时。

"在第一种情况，应侦察占领仰光敌寇兵力之大小，以决定我对仰光反攻与否。若敌兵力小，则我可即行反攻。第二〇〇师尚须三四日方可开拔完毕，可兼开一部战车，以利作战。若敌占领仰光已久，其海、陆、空军已有联络，则我攻击困难；但敌兵力若在两师以内，则我仍可反攻；若有三师，则反攻不易矣。故第五军主力两师仍应在后方集中，视情况而定作战方略。但同古之机场，应予固守。总指挥部可以设于曼德勒或眉苗（又译为眉谬）；唯英军总部在眉苗，则设于眉苗联络，较为良好；五军军部可设于他希附近。

"在第二种情况，则应对培古河东岸之敌攻击或歼灭之。在第三种情况，其发生当在十日以后，此时如敌为一师，我应对其反攻。在第四种情况，则二〇〇师应死守同古，一俟第五军大部集中，即行反攻……"

蒋介石讲到这里，对二〇〇师师长戴安澜说："戴师长，你要对第四种情况有充分的精神准备。由于英军不配合，我远征军已经陷于被动，很可能你师为先头部队，到同古后，要掩护全军集中。应注意敌情侦察，并与友军联络，可多用缅人便衣，以便进入森林及敌后侦察作战。"

他又对杜聿明说："杜军长，第五军对敌是攻是守，须视敌军兵力多少及占领仰光之久暂以为断。如敌兵力在一师以内，且刚占领仰光，我第五军已集中二师兵力，则可进攻；如敌兵力在二师以上，占领仰光时间又逾一周，则不宜强攻……我军此次在国外作战，可胜不可败，故在作战之前，应十分谨慎，侦察敌情十分明了，一经接战，则不计一切牺牲，以期必胜。第五军之两师，应在畹町附近集中，以待军部及直属部队到达，一同入缅作战。作战之前，必须小心谨慎周到准备，对地形敌情详加研究，对友军及民众切取联络。决定作战以后，则应期必胜，否则，纵全部牺牲，亦在所不惜，以保我国军之信誉及对外之信仰……以上所指示各项，务希详加研究，切实实施……"

商震插话："委座，史迪威中将已从美国转中东经加尔各答到了这里。"

蒋介石、宋美龄、史迪威在缅甸

在蒋介石和商震的欢迎下,史迪威进了波特大酒店,蒋介石对史迪威报以诚挚热情的欢迎。

蒋介石眉开眼笑地说:"将军阁下,你到缅甸担任远征军司令官,我是一百个放心。"

史迪威坦诚地说:"委员长,形势未必乐观,日军已包围了仰光,如仰光一失,滇缅公路入海口将被切断。"

蒋介石胸有成竹地说:"我最好的部队第五军正向缅甸南部开进,第二〇〇师作为先遣部队已到达同古。如果仰光能守住,该部将掩护主力防守仰光。如仰光失守,该师将死守同古城,争取时间,待主力集中后反攻仰光。我准备下令给第五军、第六军两位军长,归将军阁下指挥。"

仰光,椰林掩映中的东方热带城市。该市西、南、东三面环水,西面有莱河,南面为仰光河,东面有勃固河和那摩眼河,处在一块不大的三角洲上。笔直的马路,两旁皆为缅甸式木楼,参差着英国式的红砖洋楼,别有特色。在蓝天和阳光下,最令人瞩目的是耸立在山冈上的雄伟壮丽的仰光大金塔。该塔有 2500 年的历史,塔高 112 米,塔身全部用金箔贴成,在阳光下,金碧辉煌,犹如一座金山。塔顶金伞上有直径 27 厘米的金珠,珠上镶着 5440 颗钻石和 1431 颗宝石。塔上八面悬挂着 1065 个金铃和 420 个银铃,微风轻拂,发出悦耳的声音。大金塔建在十几米高的大理石铺成的平台上,周围矗立着 4 座中塔和 68 座小塔,众星捧月般环拱着平台中央的主塔。

距离大金塔约三公里处,是缅甸最繁忙的港口,停泊着大大小小的运输船和油船。汗流浃背的运输工人在英军的监视下将船上的军用物资卸下,再装上卡车。港口上整齐排列着几百辆美国军用十轮大卡车,等着装满军用物资,然后沿着运输紧张、运量有限的滇缅公路转运到边境城镇腊戌,经怒江上的惠通铁索桥运往昆明,转运中国各战区。

由于日军即将进攻仰光,战争的气氛很浓,马路上不断有扛着枪的英印军士兵走过,各种军车川流不息。机场周围布满高炮和高射机枪,士兵们严阵以待。机场上,数十架皇家空军和美国志愿队飞机列队待飞。

大战前夕,英方走马换将,任命名将亚历山大将军替换缅甸英军总司令胡敦将军。

亚历山大将军是英军中最年轻的将军。在著名的敦刻尔克大撤退中,海岸上到处是遗弃的大炮和坦克,密集如麻的溃兵集中在码头上等待船只撤退。德军飞机俯冲和扫射,将英法军压迫在狭窄的海岸上,到处是死伤的人员和弹坑,充满着硝烟、恐怖与惊慌。亚历山大将军却穿着擦得锃亮的皮鞋和最时髦的马裤,在爆炸声中悠闲地吃早饭,并对果酱赞不绝口。他的镇定和勇敢精神,使丘吉尔首相非常佩服,说:"他能用自己的信心感染周围的人。"

此次,亚历山大临危受命,于 3 月 5 日到达仰光机场。一下飞机,他就对前来欢迎的缅甸总督史密斯爵士说:"我此次肩负的任务,是奉命坚守仰光。"他脸上带着自命不凡的神情，指着机场周围的防空堡垒说："我认为一个优秀的军人不应该枯坐在钢筋水泥的防御工事中自满。"他挥着拳头说："应该乘敌不备之时，尽量进攻！进攻！"日军的先头部队正向仰光至普罗姆公路挺进，企图切断仰光通往北方的唯一通道，仰光有被日军包围的危险。亚历山大了解到局势的危险性后，他的自负伴随着早餐的牛奶、鸡蛋和面包吃进了胃里。他当即决定：破坏仰光城市设施，炸毁炼油厂，迅速撤出仰光，沿仰光至普罗姆公路向北撤退。

3月7日，仰光上空浓烟滚滚，英印军士兵和逃难的人群、车辆缓缓向北撤退。码头上遗弃着十万吨军用物资，包括972辆卡车的组装零件和5000个轮胎都付之一炬。

3月8日中午12时，3000名耀武扬威的日军在飘扬的太阳旗下，进驻仰光。此时，中国远征军第二〇〇师正乘坐火车，沿缅甸南部平原，急如星火地赶往仰光以北的同古城。

日军从仰光向北追击英军，即将与南下的中国远征军发生遭遇战。

3月18日黎明，约200名日军先头部队骑着摩托车，沿公路进入皮尤河南岸12公里处的假设阵地。埋伏在这里的是中国远征军二〇〇师摩托化骑兵团和五九八团步兵第一连的官兵，林承熙团长一声令下，机关枪、步枪、手榴弹一起向毫无戒备、骄横狂妄的日军猛击。天色蒙蒙，地形复杂，突遭猛烈打击的日军晕头转向，有的还没有明白打击来自何方，便做了异国冤魂。

自从日军进入缅甸，从毛淡棉到锡唐河，又到仰光，长驱直入，几乎没有遇到什么抵抗，这是第一次吃到苦头。混战三个多小时，日军抛下30多具尸体、19辆摩托车和20多支机枪、步枪，纷纷向南，沿公路两侧没命地狂逃。摩托化骑兵部队一面追击残敌，一面打扫战场。敌尸上的番号表明，该部为第五十五师团步兵第一一二联队的搜索队。我前哨连完成任务后，趁黑夜转移，埋伏于皮尤河大桥南岸阵地。

3月19日清晨，日军一部约500人向皮尤河大桥方向冲来。摩托兵开路，汽车数十辆紧随其后，渐渐进入二〇〇师五九八团预设的埋伏阵地。200米的大桥上几乎全是日军。

工兵猛然按下电钮,"轰轰轰"几声,前面的汽车翻入河中,后续的卡车霎时拥塞于南岸的公路上。两岸枪声大作。在排长王若坤的指挥下,十几挺机关枪向躲在汽车后抵抗的敌军猛烈射击,打得汽车像筛子似的抖动。不少敌人被打死,剩下的有的窜入森林,有的沿公路溃逃。一阵激战过后,敌军死伤官兵约200人,我伤亡士兵30余人。王排长下令检查敌人尸体,发现一名身挎皮包、望远镜的少尉联络军官,叫矶部一郎,从他身上搜获了日本侵缅兵力配备地图、重要文件和日记。被消灭的来敌系第五十五师团一一二联队的一个小队。

中午时分,敌大队来援。炮兵首先轰炸第二〇〇师在皮尤河畔的警戒阵地,紧接着步兵发起冲锋,战斗持续到深夜,我部队撤回同古既设阵地。

3月20日,中国远征军副司令长官兼第五军军长杜聿明率参谋人员从瓢背(又译为标贝)军司令部至同古,和戴安澜师长等在同古城视察地形,检查工事。同古城的工事构筑完全是坑道封闭式的堡垒,均用铁路枕木,经十天时间日夜施工修筑而成。

此时,同古序战已开始,在鄂克春(Oktwin)的二〇〇师前进阵地前,日军先头部队五十五师团一一二团步骑联合行动。由于接连两日遭到伏击,他们行动极为谨慎,从东西两面向我军阵地正面搜索前进。当遭到射击之后,日军发现了二〇〇师前进阵地,兵力增加到千余人,在四门山炮的掩护下,展开攻击。

3月21日,日军六门大炮,整日轰击鄂克春前进阵地,敌机亦与之协同,轮番轰炸同古城。二〇〇师士兵用高射机枪、重机枪、轻机枪勇猛还击。战斗激烈之时,敌我在阵地上展开肉搏战,双方伤亡均很大,敌伤亡300余人,我伤亡140余人。敌援兵增至2000多人,战至傍晚,阵地岿然不动。

3月22日,日寇再次向我鄂克春阵地猛攻,另一路企图迂回,被我军击退。整日,双方发生激烈的炮战。

3月23日,拂晓至14时,敌一二一联队与一四三联队,在12门山炮、重炮的轰击下,以装甲车、战车为前驱,步兵在后,黑压压地出现在鄂克春前进阵地上。攻势一浪高过一浪，后方还有汽车往返输送援兵。敌空军出动30架飞机连续六次对阵地进行轰炸，二〇〇师警戒阵地一度被日军突破，戴师长命令第五九八团副团长黄景升率领第一营赶到皮尤增援警戒部队。黄副团长指挥步骑配合，向敌侧反击，击毁敌装甲车、战车各2辆，汽车7辆，将敌人的攻势压了下去。20时后，敌军再次发动猛攻，敌我彻夜对战。

这一天，是日军对我前进阵地攻击最猛烈的一天，从早到晚，阵地上都在厮杀。我五九八团中校副团长黄景升在战斗中中炮，壮烈牺牲，官兵伤亡很大，但阵地仍在我手中。这一天，敌远射程大炮还向同古城区射击，守城部队固守阵地。

敌军承认："第五十五师团自北进以来，在屋敦（即鄂克春）还是第一次与强敌遭遇。"

3月24日，敌炮、空、步兵协同向鄂克春、坦塔宾前进阵地正面发起猛攻。在步兵攻击之前，先以大炮向我阵地轰击，对森林绵密地带使用轻重机枪武力搜索，探明没有埋伏后，利用步兵搜索前进。敌人在树上架设了轻机枪，向远距离的守军射击，将二〇〇师警戒部队压在战壕中抬不起头来，中国军队伤亡颇大。戴师长研究敌情后，令各营重机枪连向树上之敌扫射，打得树叶乱飞，敌机枪手纷纷栽下树来。戴师长又下令各部队用重机枪对阵地两侧森林进行广角射击，使敌遭到巨大伤亡，再也不敢在树上向我军射击了。

上午9时，日军另一部500多人，携小炮数门，从铁道以西迂回至同古以北地区，进攻同古机场，企图包围二〇〇师。瓢背之第五军司令部与同古间电话被日军切断。同古城北的飞机场和公路亦遭到敌炮兵的猛烈射击。敌突击部队向机场守军发动袭击，防守同古城北阵地的第五九八团的一个营对敌侧袭，支援防守机场。此时，正在机场以北担任警戒的工兵团遭到敌人袭击后，工兵团团长李树正仓皇失措，向后撤退，只留下五九八团一营与敌激战。20时，残余部队放弃机场，退入同古城。

日军侦察得知第二〇〇师指挥所设在同古城北，调集骑兵约500人突袭，欲打掉指挥中枢，在师指挥所前，遭到掩护部队强有力的反击。

21时，戴师长率师指挥所从城北撤进城内，召集连长以上所有军官开紧急会议，研究敌情与下一步作战方案。

戴师长说："敌军对我正面连续发动进攻，遭到失败，今天改变了战术，从左翼迂回同古城，占领了飞机场，切断了公路，破坏了我师与军部的联络线，企图从三面包围同古。我决定坚守同古，完成掩护军主力集中的任务，为国家民族争光。现在日本飞机大炮对城里进行狂轰滥炸，无线电、有线电架设都有困难，我决定将师指挥所由副师长高吉人率领，渡过锡唐河，设在河东岸。我留在城里指挥三个步兵团。"

高吉人说："师长，我留在城里，你率指挥所出城，保持与军部的联系。"

黄埔时期的郑洞国

3月25日拂晓，日军30余架飞机轮番轰炸同古城，大炮同时向同古城轰击，城里房屋多被炸毁。上午8时，日步兵分三路向同古城西、南、北三面发动猛攻，均被二〇〇师守军击退。敌方增兵，由同古旧城西北角向六〇〇团阵地进攻，企图将守城部队一分为二，从旧城区进击锡唐河，从而占领锡唐河大桥，切断我军东路经毛奇与瓢背军部的交通线，使城里部队与河东的师指挥所失去联系。坚守旧城的六〇〇团第三营营长王玖龄在激战中负重伤，情况万分危急，步兵指挥官郑庭笈当即命令第五九八团第二营向六〇〇团增援，与冲入城中的日军逐屋争夺，展开拉锯战。敌我两军相距仅二三十米，日军飞机大炮均无法发挥作用，转而对锡唐河大桥和东岸阵地进行轰击，使大桥部分桥面受到严重损坏，车辆无法通行。是日晚，二〇〇师各部不断以小分队夜袭，枪声彻夜不停。

蒋介石十分关心同古战况，致电杜聿明授以机宜："侵缅之敌，仍有以主力向曼德勒进攻之企图。我军在目前应以第五军之二〇〇师、新编第二十二师及军直属部队在同古、彬文那（又译为彬马那）间与敌作第一次会战。如会战不利，应行持久抵抗，逐次消灭敌人。"

3月26日，日军以第五十五师团第一一二联队、第一四三联队、第一四四联队从南、北、西三面向同古城内发动进攻，其主力仍向旧城西北角发起突袭。21时，日军向同古旧城进行大规模攻击，该处第二〇〇师第六〇〇团的阵地再次被突破，我军遂退守同古铁路以东，继续抵抗。双方的部队仅隔一条铁路对峙，相距不到100米。由于犬牙交错，敌人的飞机大炮均派不上用场，日军将前沿部队后撤200米，才派飞机来轰炸，随后又用大炮轰击。中国军队躲在掩蔽壕里不动。敌人轰击之后，步兵开始冲锋，中国军队仍然不动，等到敌人冲锋到只有四五十米的时候，所有的机枪、手榴弹像狂风暴雨似的，向着敌人攻击，敌人死伤过重，退了回去。

像这样的战斗，一日之内要反复多次，双方均有很大的伤亡。

日军一部从同古以北机场出发，向北挺进至南阳车站，占领阵地，企图以一部对北叶达西（又译为耶达谢）方向取守势，阻击新编二十二师向二〇〇师靠拢，以集中主力消灭同古的第二〇〇师。

同时，日军第五十六师团在仰光登陆，饭田祥二郎命令第五十六师团火速增援同古。五十六师团长渡边正夫即命平井卯辅大佐指挥6辆装甲车、45辆运输车和400名士兵为先头部队，赶赴同古，大队人马尾随前进。

3月27日，日军主力继续围攻同古，战事激烈。敌据铁路以西，第二〇〇师仍固守铁路以东阵地，双方展开激战。同古以北，隐隐约约传来新二十二师援助同古部队的炮声。第二〇〇师第五九九团在团长刘少峰的指挥下，打退敌人多次进攻，但伤亡很大。

坐镇瓢背的杜聿明军长在上午9时致电蒋介石，汇报战况。

3月28日，担任阻击任务的日军在同古以北要点构筑工事，以图对叶达西方向取守势，阻止新编二十二师援助同古，与新二十二师主力发生激战。日本骑兵也迂回涉过锡唐河，向指挥所袭来。日军大炮发射了100多发炮弹，灼热的气浪和弥漫的硝烟还未让人喘息过来，敌骑兵已冲到指挥部外四五十米处。守在指挥所外的第五九九团第三营与师部特务连立即开枪，与敌展开一场殊死混战。

很快，阵地上敌骑兵与我步兵搅和在一起，开始了肉搏。戴安澜立即要电话，打给同古城内的步兵指挥官郑庭笈："敌人从同古南30公里处渡河，正向师指挥所攻击，第五九九团第三营和师部特务连伤亡很重，情况万分危急。请五九八团派步兵两个连向师指挥所增援。"

不久，师指挥所与城中电话联系中断。敌骑兵已冲至指挥所外，"嗷嗷"叫声已在耳。

"决不能做俘虏，为国捐躯的时刻到了！"

戴师长拔出手枪，准备殉国，被部下劝阻。指挥部的全体官兵拔出枪对敌射击。士兵们见戴师长也在和敌人战斗，均奋不顾身，跳出战壕，用密集的手榴弹炸死了大量骑兵。此时第五九八团两个连援兵从城中杀出，东西夹攻，午后将敌压迫于大桥东南对峙，并与第五九九团第三营取得联系，逐渐恢复态势。

蒋介石的计划是以第二〇〇师不惜一切代价死守同古，以争取时间，掩护远征军主力向同古一带集结。第二〇〇师付出重大的牺牲，抗击日军主力达十余天，仗越打越艰苦，而第五军主力却迟迟不能集中，第二〇〇师的处境危险异常。蒋介石预定的在同古与日军主力会战、以期反攻仰光的计划受到了严重的挫折。

英军这时已在普罗姆构筑防御阵地，与同古互为犄角。此时，如果中英军队一方出了问题，另一方必将失去阵地。

驻滇缅参谋团团长、一向以老谋深算著称的林蔚，这时向蒋介石提出了自己的意见："……我铁道运输太弱，廖师今晚（28日）可在叶达西集中完毕，余师艳（29日）可到叶达西，三日内应取胜利之果。"但是林蔚的着眼点在下面，"如预期不能克敌，则请钧座来令避免增兵，并着陆军暂五十五师（即第六军陈勉吾师）主力预入彬文那。"

3月28日，林蔚从腊戍赶至瓢背，与杜聿明就战局交换意见后，是日深夜致电蒋介石：（一）保存戴师战斗力。（二）勉求调赴安全。（三）自彬文那以南先站住脚，集中力量，再定攻守。

在此问题上，杜聿明等人的意见与史迪威发生了冲突。史迪威将自己的司令部搬到了瓢背，与第五军军指挥部设在同一地区。在日军主力包围同古的日子里，他每天在瓢背至彬文那的简易公路上来回颠簸，经常遭到日本飞机的轰炸与扫射。他一次又一次地在桌上铺开地图，向杜聿明和廖耀湘强调进攻的好处。他还驱车赶到腊戍，与参谋团林蔚、萧毅肃、商震等人就战术、指挥和调动问题进行长谈，又与负责滇缅路运输的俞飞鹏谈了后勤运输问题。

史迪威认为第二〇〇师仍应坚持，不应放弃。而杜聿明则提出铁路运输一塌糊涂，职员们正在逃跑，彬文那以下既没有火车，也没有卡车，很难坚持。史迪威主张命令士兵用枪押着职工，把火车开起来。杜聿明则担心火车的安全，提出难以保护火车，指出"所有的情况都不利于进攻"。史迪威不满："怎样才能使新二十二师投入战斗呢？"双方发生激烈的争吵。

史迪威的参谋马丁带来了一个坏消息，他用英语悄悄告诉史迪威："英国人已开始从普罗姆撤退了。"

"这将引起可怕的后果。"史迪威说。

中英两军共同防守同古—普罗姆一线，互为犄角，目的是掩护远征军南下。3月25日蒋介石在重庆接见英军司令亚历山大时，明确指出："……如果英军能守住普罗姆，第二〇〇师则能守住同古。不论在任何情况下，必须坚持守住目前的阵线，这是最重要的。"亚历山大也向蒋介石保证过，并说要派驻普罗姆英军侧击同古日军，以减轻第二〇〇师的压力，而现在才三天，英国人居然反悔了。普罗姆的动摇，势必影响整个阵线。

3月28日凌晨3时30分，史迪威赶到普罗姆见亚历山大。

亚历山大告诉史迪威："蒋介石同意英国人来指挥（包括史迪威的中国远征军）。"

史迪威告诉亚历山大："蒋介石说，我是中国军队的总指挥，有权指挥第五、第六军。"

"这他妈的搞什么鬼？"二人几乎同时叫了起来，"我们谁也指挥不了谁！"

亚历山大耸耸肩说："看来我有权指挥的只是英国的军队。"

史迪威摊开双手，摇摇头："看来我谁也指挥不动，他们他妈的都不听我的。杂种，这一定是花生米（史迪威骂蒋介石为花生米）搞的诡计，实际上，他一直在指挥他的军队，杜（聿明）、林（蔚）一直同他联系。"

其实，当亚历山大在重庆向蒋介石保证坚守普罗姆时，日军第三十三师团在师团长樱井醒三的率领下，已由西线开始进攻普罗姆了。荒木少将率领第二一四联队、工兵三十三联队和山炮、远射炮大队组成先头部队，沿普罗姆大道北上。与英军交手仅一天，便打死英军500多名，俘虏了113名，缴获坦克22辆、装甲车30辆、汽车163辆和大炮20多门。亚历山大当即决定放弃普罗姆。

凌晨4时，史迪威离开了亚历山大的司令部，重新坐上吉普车。高低不平的路面，使他在车中左右前后摇晃。他无法休息，脑子里只考虑一件事，要说服参谋团团长林蔚，蒋介石委以他指挥大权之事，林是知道的。

上午10时，史迪威的车到达瓢背。他顾不得旅途疲劳，立即与杜聿明讨论局势和明天的进攻。"他（指杜）已经接受了命令。想想我们已经失去了机会，这是谁的错呢？我们将绕过突出部，从三个方向切入——午夜时分给普罗姆去电话，让格鲁伯要求亚历山大进行一次真正的攻击，而不仅仅是一次胡闹。"

3月29日凌晨2时，普罗姆方面来电话，答应照办。是日，英军在普罗姆以南向日军发起象征性的攻击。英装甲部队进入庞得后，日军即在斯维当截断其退路，英军仓皇撤回普罗姆。

3月29日，新编第二十二师主力继续对南阳车站猛攻。敌军调来了增援部队，步炮联合，与新二十二师展开对攻，双方皆无进展。远征军游击司令黄翔部补充第二团之一部，由南阳西勃固山脉的森林迂回至同古附近，有一连曾一度进入永克冈机场。由于新二十二师等部的牵制，敌军对同古城区攻击的压力减轻，仅为炮战，但锡唐河大桥以东之敌对戴安澜师指挥所攻击甚为猛烈。敌人的目的是要包围歼灭二〇〇师的指挥机关。

郑庭笈在回忆中写道：

"二十九日拂晓，城里和师部指挥所电话中断，师指挥所情况不明，东岸枪炮声有时激烈，有时沉寂。第六〇〇团团长刘少峰和第五九九团团长柳树人问我戴安澜的情况，电话为什么不通。我说师长刚刚同我通过电话，在讲话中电话又断了。同古战斗进入最后的阶段。黄昏时，东岸第五九八团第七连连长石磊派兵带来两名缅甸人，是戴安澜到同古后组织的缅甸人便衣队。他们带来了戴安澜给我的亲笔命令，命令要旨为：奉军长杜命令，要第二〇〇师于二十九日夜间从色当河东岸撤出同古城，沿河东岸到叶达西集中待命。撤退时部队由郑庭笈指挥，余在河东岸掩护。戴安澜。三月二十九日下午五时于师指挥所。"

放弃浴血十二天固守的同古，第五军军长杜聿明是经过深思熟虑的。他告诉史迪威：

"我决定令第二〇〇师于二十九日晚突围，以保存我军战斗力，准备在另一时间、另一地点与敌决战。"

史迪威不同意："我们现在不是放弃同古，而是要立即命令新二十二师进攻。"

杜聿明说："阁下，你听我解释。日军3月14日在仰光登陆的第五十六师团已陆续增援中路，28日已渡过锡唐河，迂回至同古以东；而我军第九十六师、战车、炮兵等部队尚需一周以后始能集中，第六十六军何时集中难以预料。第二〇〇师已在同古连续苦战十二天，弹尽粮绝，补给中断；日军在同古以北构成坚固据点，新二十二师攻击亦非一举可得。在此情况下，我军不能迅速集中主力与敌决战，以解同古之围，而再相持下去，五十六师团之敌势必增援同古，我们只能坐视第二〇〇师被敌歼灭；而日军将再对付新二十二师、九十六师，将我军各个歼灭……"

史迪威激动地打断他："先生，你过分地夸大了不利于我的成分。不错，目前我军遇到很大困难，但敌军也很困难。在这种情况下，就看谁能咬牙坚持住。英国人在普罗姆将全力发起攻击，你应该做一次真正的努力，在困难的情况下发动进攻，应该下令让廖师全力进攻。"

杜聿明断然表示："不行，我们无法进攻。美空军志愿队虽经协定自27日起协同廖耀湘师发动进攻，但到今天，已经30日了，连鬼影子都没有看见。"

史迪威发火了："你说的都是一大堆废话，新二十二师要等待九十六师，九十六师要等待五十五师，一大堆借口。你们什么事情也不干，总是有借口，要拖延。不指挥进攻我在这里他妈的干什么？无所作为，我要辞职！"

杜聿明冷冷地说："辞职你去找蒋委员长，别和我说。"

杜聿明的态度使史迪威火上浇油，大声嚷道："是蒋介石委员长说J.W.史迪威可以指挥第五军和第六军。除非他现在免我的职，否则你必须服从命令。"

杜聿明说："蒋委员长没有说让我服从葬送全军的命令。"

史迪威命令参谋窦尔登："你负责监督杜实施我的攻击命令，否则我要枪毙违反军令的人！"

"你当你是谁？美国佬！"杜聿明转身回到自己的房间，去起草撤退计划。

史迪威下命令:"新二十二师明晨6时,从阵地前沿向前推进,向同古全力进攻。"又留下参谋人员监视执行命令,然后回到眉苗司令部。

杜聿明向廖耀湘下达了相反的命令:

新二十二师于30日晨6时向南阳车站之敌实行佯攻,牵制敌人,以掩护第二〇〇师主力向叶达西方向撤退。

又令第二〇〇师于29日夜经同古以东突围,主力撤出后,即将大桥破坏。

郑庭笈接到戴安澜的撤退命令后,立即用电话和第五九九团团长柳树人和第六〇〇团团长刘少峰两位商讨撤退办法,决定:

1. 以团为单位,派各团少校团副指挥伤兵与炊事班,利用锡唐河大桥到河东岸,向叶达西集中。伤兵过河后由师卫生队收容,送后方医院。

2. 第一线步兵营派出阻击组,向阵地当面之敌实行夜袭,掩护各团撤退。

3. 撤退时按第五九九团、第六〇〇团、第五九八团的顺序。第五九九团从大桥过河,其他两团一律徒涉。

4. 各营阻击组拂晓前离开阵地,向河东归还建制。

是夜,阵地前的机关枪声、步枪声、手榴弹爆炸声响成一片,曳光弹和手榴弹爆炸的亮光映红了同古城。第二〇〇师各团相继撤出同古城。拂晓前,各营派出的阻击组完成任务后,也悄悄撤到河东岸。清晨,日军的炮兵又向同古阵地开始炮击。

上午10时,担任后卫的五九八团由缅甸人带路,有条不紊撤向叶达西。在河东岸的一间草棚里,戴安澜迎接到郑庭笈,二人紧紧握手。郑庭笈汇报了撤退经过后,戴师长命令部队进入森林休息,准备夜间继续向叶达西集中。

30日晨6时,史迪威等候在电话机旁,突然铃声响了,他抓起电话,里面传来激烈的枪炮声。联络员向史迪威报告说:"新二十二师六十五团和六十四团已进入阵地,六十六团在他们后面,大炮和坦克已做好准备。"

"这就好了,我如释重负。"史迪威在日记里写下了当时的心情。

第二〇〇师脱离危险,新二十二师的佯攻随即停止。

郑庭笈

"卑怯的杂种,根本就没有进攻!前线平静无事,日本人没有反应,十足的懦夫!"史迪威用尖刻、粗鲁的言语骂人。

是日中午,在太阳旗的后面,大批日军进入了一片废墟的同古城。

第二〇〇师各团到达叶达西集中后,两名英国随军记者到第五九八团团部采访步兵指挥官郑庭笈:"将军,您是否能谈谈你部是如何撤出的?据我们所知,同古处平原地带,东面是锡唐河,北、南、西三面全是日本军队,在这种情况下居然能全部平安撤出,原因是什么?"

郑庭笈笑着说:"我乐意回答先生们的提问。我军平安撤出的法宝,"他抬起脚,指指脚上的草鞋,"就是它!"

"你说是一双草绳编织而成的鞋子?"记者不明白。

"你们英国人不是称我们是'草鞋兵'吗?我们渡锡唐河时不用脱皮鞋,行动很方便,不就突围了吗?"郑庭笈加以解释,"而你们英军使用的是全套重型武器,吃罐头食品,携带钢盔和防毒面具,脚上穿着长筒鞋,不乘卡车就无法行军。"

"哈哈哈哈,郑将军,你很幽默,相比之下,我们英国部队军装很漂亮,大皮鞋,但士气很低落。"记者说。

第二〇〇师撤出同古后,援军新二十二师师长廖耀湘命令正面佯攻以增援同古的部队,以大炮和坦克掩护,利用复杂地形,有计划地实行逐次抵抗,将正面敌军诱往中部彬文那预设阵地,远征军主力向彬文那集中,新的彬文那会战即将开始。

由于西线英军被包围在仁安羌,东线日军攻破第六军罗依考阵地,并窜向罗依考以北,棠吉(又译为东技)受到了极大威胁。史迪威与罗卓英紧急部署,在彬文那会战即将全面展开之际,发布了新的命令。

第五军杜军长聿明、第六十六军张军长轸:

一、放弃彬文那会战,改守梅克提拉、敏扬之线,准备曼德勒会战。

二、令第六十六军刘师(即刘伯龙之新编第二十八师)固守曼德勒,先一步占领梅克提拉、敏扬之线,准备曼德勒会战。

三、令第六十六军孙师(孙立人之新编第三十八师)前方两团逐次阻敌,会合于乔克巴当,以棠沙为后路,节节阻敌前进。

四、令第五军先抽回第二〇〇师回占梅克提拉、瓢背一线,掩护主力转进。

五、以第九十六师在彬文那顽强抵抗当面之敌。

六、该军以棠吉为后方,准备在梅克提拉、他希、带侧打击北犯之敌。

蒋介石视察缅甸,曾在眉苗与英军司令亚历山大就西线问题进行过一番讨论。当时英军正欲对仁安羌油田以南处于森林之中的要地普罗姆放弃防守。

蒋介石明确指出："亚历山大将军，你必须竭尽一切办法，固守普罗姆。如能固守，我当派出一个师赶赴唐德文伊，自西南方面对敌军进攻，如此行动，方有遏制敌人前进之可能。我方必须有一个固守立足之地，而普罗姆乃最适当之立足地。"

蒋介石认为，从作战全局来看，若要反攻，中线、东西两线都要稳固防守，一旦哪一条线出了问题，就会导致全局失败。

亚历山大当即表示西线不能固守，原因是普罗姆属森林地带，不适合英方坦克活动，而普罗姆以北的马格威及唐德文伊一带是平坦之区，能充分利用坦克，当时英方尚有80辆坦克。

蒋介石的看法根本不同，"战胜敌人，不能只靠坦克"。他认为这是英军为向后逃跑找的一种借口。他要求英方死守普罗姆，至少两天。

就在蒋介石一再请求英军司令亚历山大死守普罗姆之时，英军在日军打击下已成惊弓之鸟。4月6日当天，日军第三十三师团先遣队刚推进至普罗姆一线，一阵猛烈的炮弹过后，硝烟尚未散尽，英印军第十七师阵地即发生动摇。7日，日军便轻而易举占领了普罗姆。这样，该地以北100公里的仁安羌便直接处于日军攻击的威胁之下。

仁安羌是缅甸西部重要的大油田，普罗姆位于其南面，是其重要的屏障。日军第三十三师团以夺取仁安羌油田为目的，突破英印军防线，并以一路向仁安羌以北迂回。英军司令亚历山大命令防守油田的英缅军第一军团长斯利姆立即破坏油田所有措施，并紧急召见盟军的中国代表侯腾，请求中国军队立即给予支援。英缅军在破坏了油田以后，立即向北撤退。4月15日午夜，日军一部截断了英军北逃之路，从南北两方面包围了英缅军。

蒋介石命令林蔚，着新三十八师孙立人部增援英军。

接到命令后，孙立人部第一一三团星夜驰援，于17日黄昏抵达拼墙河（宾河）北岸，对占领渡口的日军展开猛烈攻击。刘放吾团长指挥部队与敌激战两日，于19日15时许，将日军三十三师团先头部队击溃，将被围英军7000人、战马1000多匹以及汽车100多辆成功解救出来，这就是著名的仁安羌大捷。

西线危机刚刚解除，东线的危机又使远征军的处境更加危险。同古失守，第二〇〇师北撤以后，毛奇（又译为茂奇）、垒固、雷列姆、腊戌公路处于日军的威胁之下。东线是盟军的薄弱环节，担任防守的是战斗力较弱的第六军。该军第四十九师位置在勐畔，第九十三师位置在萨尔温江东岸的泰缅边界一带，以防止日军从泰国边界攻击远征军后方。在毛奇、罗依考、雷列姆至腊戌近千公里的公路线两旁，只有暂第五十五师分布防守，成为一个薄弱环节。

日军采取先攻西路的战术，迅速进攻普罗姆、仁安羌，调动远征军中路兵力前往营救，造成中路和东路的防线更加薄弱。日军第五十六师团乘机进攻东线的罗依考和棠吉等地，命平井卯辅大佐率领先遣队800多人，乘坐400多辆汽车、装甲车与摩托车，沿同古至棠吉公路搜索前进。

担任东线防守任务的是第六军暂第五十五师两个团，战斗力不太强。但该部利用东部的复杂地形和险峻地势，构筑阵地，埋设地雷，当敌先头部队进入伏击圈后，引爆地雷，埋伏在两面的阻击部队一齐猛烈开火，也给敌人以重创。暂第五十五师有时还派出小股部队袭扰敌人，虚虚实实，打打停停，迟滞、阻击日军前进的速度达月余。日军摸清了我东线兵力部署后，立即增调大部队发动强攻。从4月上旬后，形势逆转，对我军十分不利。

4月6日，日军步骑联合，组成强劲的攻击部队，向毛奇发动强攻，经过激战，夺取了军事重地毛奇；我军退守罗依考。第六军军长甘丽初即令暂第五十五师第三团和该军工兵营支援罗依考，该师师部也移驻罗依考，以加强抵抗。

日军派出部队从东北方密林间小路迂回出现在罗依考后方，切断了暂第五十五师的后路。暂第五十五师阵脚大乱，士兵们纷纷放弃阵地，退入公路两旁的丛林，使东线门户大开，日军进占罗依考。

日军第五十六师团占领罗依考后，兵分三路，其中一路由和榜以西攻击雷列姆，另两路向北挺进，直奔腊戌，以切断整个远征军的退路。

4月21日拂晓，第六军参谋长林森木率残部两营兵力在河邦附近构筑警戒阵地和主阵地，正面阻击北犯之敌。军长甘丽初亲率部队在雷列姆构筑防御工事，节节抵抗，并等候第五军第二〇〇师援军。

4月21日午后，西线到东线的公路上尘土飞扬。100多辆卡车满载第二〇〇师官兵和军直属队一部，疲于奔命。他们于20日晚赶到乔克巴当，还未来得及休整一下，吃上一顿热饭，第二天就赶往棠吉，全程跑了500多公里。

戴安澜觉得，从同古撤退后，仗一直打得很别扭，可以说完全丧失了主动性。长兵短用，短兵长用，低兵高用，高兵低用，用兵要诀一概用不上，好像有一只无形的黑手在背后牵动着，使我军东拉西扯，忙于应付，而且手忙脚乱，兵力分散。史迪威要指挥，罗卓英长官要指挥，杜军长也要指挥，他左右为难，不知听谁的好。举棋不定，败仗之兆。将帅无能，累死三军。即使赶到棠吉，起码延误了三天，第二〇〇师这支有名的攻坚部队，曾在昆仑关威名大振的部队，不说打仗，拖也被拖垮了。他一边想，一边掏出干粮，干咽着……

戴安澜带领六〇〇团团长刘少峰、五九九团团长柳树人和五九八团指挥官郑庭笈等人，在城外观察敌人阵地火力点和棠吉地形后下达命令：我师于明日拂晓开始攻击。以第五九九团、第六〇〇团为攻击部队，第五九八团为预备队。刘少峰团长率团沿公路向棠吉城攻击前进。柳树人团长率团负责攻占棠吉城外右翼高地，包围棠吉城侧翼，切断棠吉至雷列姆的公路，并在高地上用重机枪射击城里的敌人，掩护正面部队进行攻击。重炮兵、装甲车掩护第六〇〇团攻击。

4月24日拂晓，全面攻击开始。侧翼攻击高地的第五九九团以第一、第三两营为第一线攻击部队，第二营为预备队，向敌阵地发动猛攻。士兵们奋勇登山，一连攻克几个山头，但部队伤亡也较大。该团占领高地后，立刻居高临下，向城里射击。第一营于当天下午切断了棠吉至雷列姆的公路。

第六〇〇团在猛烈的炮火支援下攻击城区，与敌发生激烈巷战，逐屋逐巷进行争夺。第五九八团第一营在装甲车掩护下，冲进城扫荡残敌。当晚，第二〇〇师占领了棠吉城。此战共毙敌 800 余名，击毁 14 吨重坦克 3 辆、战马数匹。

第二〇〇师英勇杀敌，一举夺回东线战略要地棠吉，并继续尾追北上之敌，东线一度出现了转机。但它像疾风暴雨后的初霁，刚给人们带来一丝希望，又即刻被浓云遮蔽了。

罗卓英对作战也非外行。当史迪威要求调部队从中路赶往西线时，他是赞成这个意见的。但事实证明史迪威指挥不当后，他立即与参谋团就东线情况交换了意见，停止第二〇〇师之运输，并改运棠吉。时敌主力（五十五师团、十八师团）沿彬文那至曼德勒公路及伊洛瓦底江地区向曼德勒城突进，包围中国军队及英军之两翼兵力，妄图将之压迫至伊洛瓦底江而歼灭。西路第十八师团沿仁安羌、皎施顺伊洛瓦底江东岸前进，将英军第一军团歼灭于伊洛瓦底江东岸。

一招不慎，满盘皆输

东路日军以夺取腊戍、切断中国远征军后路为目标，自 4 月 20 日攻克罗依考后，兵分二路，一路由和榜攻击雷列姆，一路夺取棠吉。我军第二〇〇师夺回棠吉后，另一路日军并不理睬，仍向北猛窜。日军的方针是不为一城一地与中国军队胶着，以坦克开道，快速部队紧随其后，每日以百公里速度向腊戍前进。而罗卓英又令新二十二师、第九十六师和军直属队折向曼德勒参加会战，令第二〇〇师将拼命厮杀夺来的棠吉放弃，对东北雷列姆方向日军实行尾追，致使敌更多部队直奔腊戍。

4 月 25 日，东线日军越过雷列姆，以 10 余辆坦克开道，400 多辆卡车满载日兵，兵分二路，斩关夺隘，对腊戍形成钳形攻势。腊戍后防空虚，一连串告急电报到了蒋介石手中。4 月 26 日午后，敌先头卡车百余辆已到达细胞东南之南海附近，遇到新编第二十二师第八十二团阻击，战至次日凌晨，我军阻止不住，放弃细胞。

此时,在黑河指挥第二〇〇师夺取棠吉的第五军军长杜聿明正信心十足地部署新的行动。第二〇〇师只用了一整天时间便重新夺取棠吉的成果,的确给他,包括史迪威都带来了新的希望。他只盼能继续肃清隘路之敌,向雷列姆攻击前进,以断北犯腊戍之敌的后路,再与第六十六军第二十八师刘伯龙部实行南北夹击,一举歼灭东路之敌。

就在此充满希望的一刹那,罗卓英的命令来了:

杜副长官:

着将已攻克之棠吉,除留第二〇〇师向棠吉以东雷列姆攻击外,其直属部队一部、新编第二十二师、第九十六师均向曼德勒集结,准备会战。

25日晚,在曼德勒以南约四十公里的皎施,盟军最高军官即缅甸英军司令亚历山大上将、史迪威中将、罗卓英及杜聿明、侯腾等举行军事会议,会议的议题早就不是什么曼德勒会战,而是讨论盟军与远征军在缅甸总撤退的问题。

蒋介石于28日下午得知东路实际情况,深虑大局可危,想起昔日能征惯战的战将,突然脱口叫了出来:"戴安澜!"这个黄埔三期学生进校正赶上陈炯明入侵虎门,在东征中表现不俗。后来,北伐开始了,蒋介石将他留在国民革命军总司令部担任排长,经过实战锻炼,擢升为连长、营长、团长、旅长、副师长、少将师长。入缅以来取得辉煌战绩,能守善攻,在关键时刻总是出现在最危险的地方。

"对!戴安澜,现在是用你的时候了。如果此时有你在尾追东路北窜之敌,与张军长从腊戍南北夹击,何患腊戍之危不解?"

他立即致电林蔚,询问戴师的情况,并指示戴师与刘伯龙师联络方法:

林次长:戴部现到何地,应时时注意,切实联系,总使戴刘两部行动其时间与地点能适合勿差，此乃兄之唯一要务。此两部联络方面，除空军掷通信袋与无线电通讯以外，在其两部中间之山地，如能约地派人联络更好。望适合运用。戴部行动详报中正。俭申。机渝。

已23点多了，蒋介石睡不着觉，于是又给中路的杜聿明发电，再次询问戴师的位置。

>杜副长官：戴部现到何地，须每日电告，并嘱其与林次长时时通电，切实联络。俾与张轸第六十六军夹击敌军，不失机宜也。中正。俭戌。机渝。

无独有偶，是日深夜，史迪威也想到了戴安澜，他对戴部也寄予希望，写道："如果第二〇〇师到达莱林，日本人将遇到麻烦。"

但戴安澜究竟在何处？

当罗卓英、史迪威要求杜聿明将军主力调往曼德勒准备会战时，命令将第二〇〇师孤军留在东线，放弃棠吉，尾追雷列姆北上日军。但日军快速部队动作太快，戴师到达该地后，没有发现敌情，即电告杜聿明。杜聿明立即指示，该军突出在外，有被敌消灭可能，望速归还建制，以密支那、八莫为依托，退往国境。戴师长奉命，立即令部队向西往曼德勒方向靠拢。部队在前进当中，戴师长又接到腊成参谋团团长林蔚的电报，命令第二〇〇师由雷列姆东进，归第六军甘军长指挥，向景东方向撤退。戴安澜等研究，认为甘丽初是个无用的长官，遇敌攻击，即离开公路，放弃罗依考等要地，如果所部能顽强抵抗，不致使敌速窜腊成。于是决定关掉与林蔚联系的电台，执行杜聿明向北转移的命令。

4月29日，新编第二十九师师长马维骥率两营赶到腊成以北约40公里的新维。第六十六军军长张轸当即向马师长交接阵地，并将第五军撤至腊成的四门战炮交马部使用，此为第一道防线。同时张军长又令刘伯龙师残部在马师后设置第二道防线。

是日拂晓，敌出动大炮十余门，装甲车、战车三十几辆，在飞机掩护下，步兵强行渡河成功，向腊成发起猛攻。新二十九师先头部队伤亡殆尽。后续部队零星赶往前线的，亦是到一车即被消灭一车，完全丧失了抵抗能力。刘伯龙师一部与新三十八师驻守腊成机场的一营部队均投入战斗。战斗至中午12时，敌已对腊成形成包围，日军先头部队已冲入市区，与守军展开巷战。13时许，腊成失守，中国远征军退往国内的大门被关死了。

日军得意地声称"腊成附近似乎并没有强大的敌人"，"在腊成缴获的援蒋物资，数量极为庞大，隐匿在附近丛林中，燃料也为数不少"。

此时，沿途各处皆燃起大火，黑烟滚滚，直冲云霄。贮放于畹町、遮放、芒市、龙陵等地仓库中的大批物资或自行焚毁，或已资敌。

4月30日，凌晨1时，日军向新维阵地发动进攻。马维骥所部皆新兵组成，未经过战阵，敌大炮、坦克猛烈轰击后，军心动摇，兵找不到官，官看不见兵，很快便被日军冲垮，一溃而不可止。

马维骥连着打死几个向后狂逃的士兵，但仍无法制止，身不由己，被溃兵裹着向后溃逃，同时命报务员呼叫救兵。第一线阵地很快被放弃。

凌晨4时，日军向第二线阵地刘伯龙师残部猛攻，遭到守军顽强抵抗。第六十六军军部特务营也拉上去增援，战至黄昏，敌停止进攻，守军右翼罗营伤亡过半，无力继续支撑。

5月1日上午8时，新维第二线阵地中央被敌攻破，敌坦克一群接一群冲了过来，守在阵地上的搜索营与战防炮营经过苦战，全部壮烈牺牲。张轸亲自率领军部直属特务营一部前往增援，刚赶到92英里处，未及布防，敌战车已冲过来，该营当即陷入混乱，被敌打散。

日本军部对日军在缅作战取得巨大战果喜出望外，要求占领军立即部署进攻云南。

5月1日，日本大本营电告缅甸日军第十五军团司令部：大本营希望不失时机，更加扩大第十五军团战果，确立积极向重庆进攻的姿态，……力争在国境内歼灭敌军，同时，以有力兵团越过国境，向龙陵、腾冲和怒江周围扫荡。

5月2日，敌仍以坦克为前锋，冲向张轸部贵街阵地。参谋团命张轸指挥第六十六军第九十三师野战补充团和第五军装甲兵团一营退往畹町以北高地布防，阻击敌追击，掩护后方各部门撤退。贵街失守，通往密支那、八莫的公路沦入敌手。

2日晚，畹町阵地左翼被敌包围，敌军渐次逼近，士兵纷纷逃离。张轸回忆当时的危急情形说："我和参谋团虽用尽办法，终不能挽回败局，而且敌快速部队猛攻猛追，几不能脱险。不得已，于21时毁掉第五军中型战车五辆，阻塞道路。但敌炮追击，仍超过我退却部队。"

杜聿明痛心疾首地检讨说："当时参谋团控制着战车部队，竟不知使用战车逐次抵抗，阻击敌人，反令与敌战斗，又在芒市附近破坏一连战车以阻塞道路。他们对武器运用毫无常识，可以想见。"

畹町失守，造成中国边境大溃退。滇缅路上，人车拥挤，途为之塞，各种车辆头尾相衔，进退两难，难民、败兵纷纷拥挤后逃。

驻滇美国空军志愿队指挥官陈纳德在致蒋介石的报告中说："根据美空军的侦察报告，在滇缅路上的中国军队（指缅甸境内）零零落落，溃不成军。对于日军的前进，完全没有抵抗，如果不再设法抢救，依照敌人几天来前进速度计算，十天左右就可以到达昆明。"

蒋介石命令林蔚："……畹町仍令张军长竭力固守，以迟滞敌军行动。兄可先回保山布防，积极准备破坏怒江与澜沧江两铁桥及其以西公路。第三十六师与预二师当令在保山前方布防。最好令其派一有力部队，在怒江两岸沿公路两侧潜伏袭击敌之推进部队为要。"

蒋介石尚不知，此前一天，即日军五十六师团占领畹町前约三小时，参谋团参谋处处长萧毅肃向林蔚建议，参谋团必须不失时机，在日军控制畹町以前退回国境，部署逐次抵抗，以争取时间。林蔚即令参谋团火速后撤，抢先通过惠通桥。在工兵指挥官马崇六指挥下，工兵正在紧张地埋放炸药。

据当时侥幸逃过惠通桥的第二十九师师参谋盛兆回忆，5月4日，他坐着一辆卡车"翻过松山，看到了怒江，但还没有到腊勐，便追上了撤退的大队车辆。车衔着车，蜿蜒曲折，连绵不断直到江边。东岸大山上汽车首尾相连，望不到头。由于要一辆一辆地通过惠通桥，车行比人行慢。我便弃车步行，车开就搭车，车停就走路。车队中我至少看到七八辆坦克，如果回头去抵挡一阵，这几万人的逃难者就得救了。我到了离惠通桥一二百米处，松山顶上响起了敌人的大炮声。一声呼啸，炮弹落到东山的公路上。我爬上一辆汽车过了惠通桥，回头一看，人在奔走，汽车抢着上桥，谁也不服宪兵的指挥，一片混乱。桥头上，工兵正在紧张地埋放炸药。我军一班武装步兵散开，持枪沉着地向江边前进。江西岸，一些难民被迫跳进怒江逃命……我绕过一个山嘴，忽然听到一声巨响，惠通桥被我方自行炸断了……虽然不得不忍痛把上千辆汽车、物资和难民抛弃于西岸，却也阻止了日军的前进，为远道赶来的第三十六师赢得了时间……"

5月5日晨，张轸所率残部到达惠通桥。在对岸七十一军第三十六师的掩护下，张轸等乘船渡江。此时敌快速部队亦有部分乘橡皮艇过江，抢占对岸制高点，与第三十六师隔江对战。

蒋介石命令中国远征军各部队向伊洛瓦底江西岸撤退，各自寻途回国。5月8日，杜聿明率部到达卡萨南之印道，部队休整一日，9日，卡萨发现敌人。此时杜聿明收听了敌人的广播，知道八莫于3日、密支那于8日已被日军占领，于是判断敌人可能企图从南北包围歼灭我军，急忙召集各部队长及参谋长商议对策。

此时接到蒋介石用无线电台发来的有关行军作战要领手令：

> 急。杜军长：并转史参谋长、罗长官：顷敌广播称：彼寇昨日已占密支那，微（4）日已占八莫；无论其宣传之虚实，我应特别戒备。唯其兵力决不强大，此次行军作战要领如下：
>
> 甲，各路纵队之先头，皆须选其精强者，至少要能击破敌一个大队之兵

力为编组基准。

乙，兵力不可太分散，各纵队联络须求确实，多约暗号密语。

丙，如敌已占领据点顽抗，则切勿攻坚，唯派有力部队监视包围之，以掩护我主力通过。

丁，各路侦察搜索宜广宜远。凡两日行程前方之要地情况，须能切实明了，尤其对八莫、密支那之敌情及其兵力，必须特别侦察，时时明悉行进，不太求急速，但警戒必要严密。

戊，总目标以先能接近国境为唯一要旨，务使进战退守皆能自如。

己，伤兵应特别设法处理与护送回国。

中正。佳戌。机渝。

5月11日，杜聿明向蒋介石报告远征军各部的转进情况：

特急。重庆。委员长蒋：密加表。

一、八莫（Bhamo）及龙陵，于江微两日先后被敌占领，现正与吕师在怒江相持中。

二、戴部及黄游击司令并收容甘军两营。新二十八师一部已通过曼腊公路，经莫故哥（Mygok）向八莫以东地区急进，占领皮特（Pita）、南坎（Nangkam）各隘路口，截断八莫敌之退路，并阻止其增援。余部本日可全部抵印道（Lndaw），拟用汽车运输，急赴密支那河东岸，占领阵地，掩护军主力进出。吕张两部正向印道疾进中，预计真（11）午前可全部通过印道。继续北进之本军，虽经月余艰苦战斗，但各级干部掌握确实，部队整肃，士气旺盛，全体将士奋斗，决不顾任何牺牲以报国家，谨闻，印道。

职杜聿明叩。佳申。印。

在此电报中，虽提到各部转进的位置及士气，但也向蒋介石报告了敌情和存在的困难，表示"决不顾任何牺牲以报国家"等语，说明作为远征军副司令长官的杜聿明已经意识到巨大的危险和牺牲在等待着他。而后的事实也正是如此，远征军从此踏上了惨痛的败归之路。

5月13日，军令部下令，要宋希濂的第十一集团军反攻腾冲、龙陵，同时派出一部分兵力向腾冲西南地区之莲山、盈江、梁河等地前进，另派一个加强连向密支那、八莫间地区前进，目的都是为策应、迎接困在缅北的第五军主力回国。

蒋介石对此行动也很重视。第五军机械化部队是他的心头肉，杜聿明表示要牺牲之语使他倍感难受，他要想尽一切办法，救他们脱险。他亲自致电保山的军令部次长林蔚转示第十一集团军总司令宋希濂，指示行动方针：

> 限一小时到。保山林次长并转宋总司令。腾冲情况如何，我军务于筱日前设法占领。如果敌军负隅固守，则我军入城武器未到以前，不必攻紧，亦可派一有力部队监视城敌。而我之主力，应直向腾冲西南地区，确实占领以后，即向莲山、盈江、渠河、泸水各县道路，每路循一至两连兵力，另派一营兵力，向密支那、八莫间之新波（Sinbo）方向星夜挺进，迎接第五军之主力为要，俞部长钧此。
>
> 中正。覃。机渝。

当蒋介石指示第十一集团军部署攻击龙陵、腾冲等地后，5月15日，又致电林蔚密转杜聿明，指示有关部队行动及空运粮弹事宜。

> 林次长：密转杜军长。现已设法可由空中运输粮弹前来接济，一俟陆空联络确实即可开始实施。如此弟部行动不必太急，应从容计议，分路绕道而行，务以避开密支那为稳安，中意应以孟关即三角点六七零为总目标，其次为清加林卡姆特及龙京与红巴，即三角点五四一四东南为空运投送地，再次为荷马林与大曼的，该路粮食或易设法购办，不待空运也。但龙通至加迈道路，必须派强有力部队相机占领，乃可以掩护西面各路部队前进。如果龙通至加迈道路必

宋希濂

能确实掌握,则只可先到荷马林、大曼的暂时整顿保养,待机再行为要,详复。

中正手启。咸。机渝。

宋希濂遵照蒋介石的指示,即下令:集结于保山的预备第二师顾葆裕部在惠通桥附近渡河向腾冲前进,第八十八师胡家骥部在惠通桥下游攀枝花渡江绕攻龙陵,第三十六师李志鹏一部从惠通桥正面渡江,第八十七师一团随八十八师向龙陵攻击,预二师并派出一部深入腾冲西南寻找第五军主力。

5月22日,反攻部队已全部渡江完毕并到达攻击准备位置。5月23日,各部队开始向腾冲、腾龙、龙陵、松山之敌展开攻击。由于渡江各部队没有炮兵掩护和后勤补给跟不上,持续攻击五天,伤亡惨重,只攻克了一些公路上的小

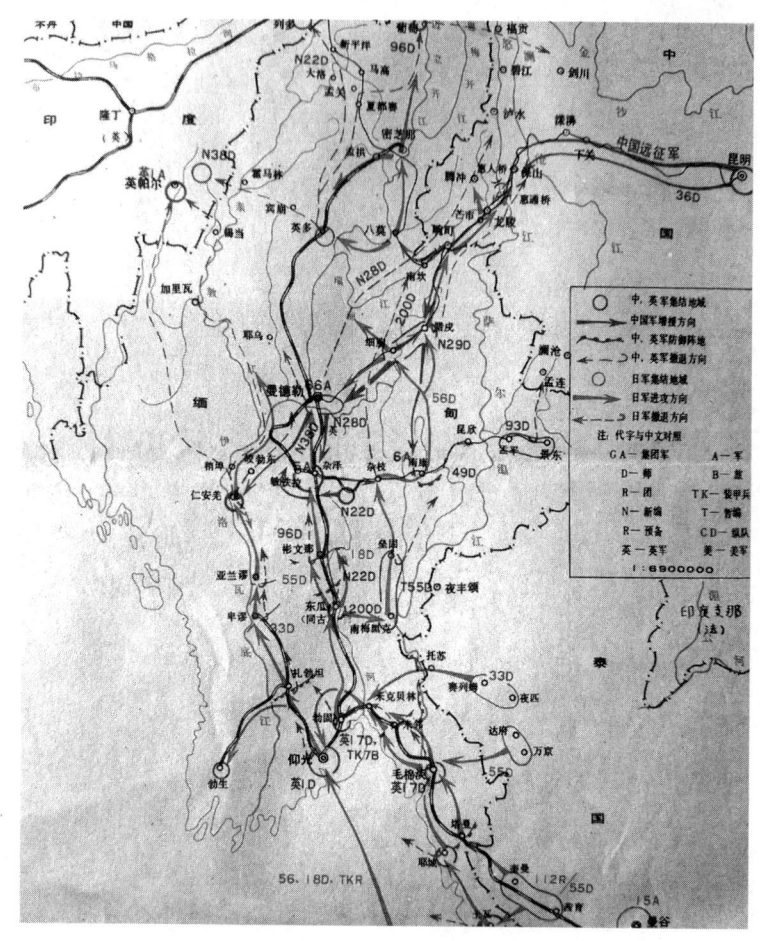

中国远征军1942年1月至5月作战形势图

据点。第八十八师第二六四团在龙陵—松山的公路上击毙了一个日军大队长，从其身上缴获作战计划和军事地图，得知敌五十六师团已全部部署于腾龙地区，师团部及直属部队在芒市，下分腾北、腾冲、龙陵、腊勐（松山）、芒市、新浓六个守备区，兵力在1.5万至2万人。宋希濂当即呈报林蔚，转报军令部。5月31日，蒋介石下令停止攻击，撤回部队，固守怒江。此后怒江两岸各无大行动。

从 5 月下旬开始，蒋介石即派出空军前往缅北一带山区寻找中国远征军，可惜当时远征军的电台干电池多已用尽，无法与国内联系，从加尔各答起飞的满载食品的运输机终日盘旋于野人山区。6 月上旬，途经葡萄的第九十六师余韶部与蒋介石联系上后，蒋介石当即令该部在葡萄待命，同时令驻印度加尔各答的军事委员会后方勤务部部长俞飞鹏派飞机空投，每日数架，运去米盐军用食品甚多。

其他各转进部队在孤立无援的情况下，都陷于悲惨的境地。

名将殉国，国共同悲

东路第二〇〇师自奉命前往雷列姆后，参谋团因其位置处于中路，令其部东进归第六军军长甘丽初指挥，东渡萨尔温江，经景东、车里方向归国。但戴安澜坚决执行第五军军长杜聿明的命令向北前进，以归还建制。

戴安澜召集各团长开会说："我师应遵照军部指示向北转进，从雷列姆向北穿越原始森林。白天行军，晚上宿营，可避免敌机空袭。渡过南渡河，穿过曼德勒至腊戍的公路，再到细胞，穿过细胞到摩哥克的公路，渡过瑞丽江，再往北经过南坎至八莫的公路就是腾冲县，渡过怒江就安全了。任务相当艰巨，向北的三条公路、两条河流都有敌人重兵把守，搞不好要被合围，稍有不慎就有全军覆灭的危险，行动要特别谨慎、小心。"

高吉人说："师座，放心吧，我们派出特务连化装成缅甸老百姓，先侦察通过地点和道路，到公路附近时，我们白天在森林宿营，晚上再迅速通过公路。"

郑庭笈说："每次行动，派出一个团为前卫，占领阵地，然后掩护主力通过，再派一个团交替掩护撤退。遇敌时尽量不要胶着，要迅速摆脱敌人。"

戴安澜说："好，部队立即进入森林向北前进，钻得越深越保险。另外，在十字路口要互相派联络兵，以免迷失方向。如果我出现意外，由副师长高吉人指挥，高副师长牺牲，由步兵指挥官郑庭笈指挥。总之，无论如何，要把部队带回国去！"

原始森林古木参天，遮天蔽日，辨不清道路和方向，遍地潮湿，生满苔藓，散发着腐烂的气息。藤蔓缠绕，像密集的网。还有无数山蚂蚁和蚂蟥，经常钻进人衣内吸吮人血。森林中的蚊子一团一团的，像轰炸机一样，嗡嗡叫着向人们袭击。远征军的将士们历经千难万险在密林中跋涉多日，终于到了南渡河。此河弯弯曲曲流经细胞，向南汇入米坦格河，于曼德勒附近注入锡唐河经仰光入海。眼前的河面宽300多米，水流甚急。这是突出重围的第一险关。

戴师长带部队到达河边，派人上下寻找，连一只渡船也没找到，便命令各团砍伐河岸上的茅竹，扎成竹筏，趁天黑，十几条竹筏往返摆渡。黎明前，部队终于渡过南渡河。

高吉人笑着说："师座，看来我们的担心多余，这第一道大关不是过来了吗？"

戴师长严肃地说："麻痹不得，我们部队在雷列姆进入森林，在敌眼皮底下消失，敌人也一定在千方百计搜索我们的行踪。前几天，敌侦察机不是终日在我们头上盘旋侦察吗？昔日关云长千里走单骑，过五关斩六将，我们这才过一关！要提高警惕。"

担心似乎是多余的，在第二〇〇师认为最可能遭到阻击的曼德勒至腊戍的公路上没有遭到敌人的袭击。从5月1日起，曼德勒就陷入敌手，而腊戍则是4月29日被敌夺取的。从那时起，从腊戍到曼德勒和腊戍至雷列姆的公路上就布满着日军，怎么会这么顺利就过来了呢？当部队穿过公路安全进入森林时，戴安澜就反复琢磨这件事。但高吉人与郑庭笈还是很高兴，第二大关也顺利过来了。他们命令部队向细胞前进。

他们不知道，敌人的飞机已侦察到南渡河有部队过河的迹象，日军在细胞至摩哥克的公路上部署了重兵，准备伏击前进中的第二〇〇师。细胞公路附近的森林里、茅草丛中埋伏大批日军，已守候多时。寂静的山林中，隐隐腾起一片杀机。

5月18日，第二〇〇师来到了第三大关——细胞至摩哥克的公路，师指挥所设在公路边小山顶上一个临时搭起来的简易茅棚中。透过密林，戴师长用望远镜仔细观察远处的公路。公路像一条熟睡的巨蟒，安安静静地躺着，一动不动。没有昔日繁忙的情景，看不见一辆汽车，也没有行人来往。

高吉人接过望远镜看了看说："师座，没发现敌人，一鼓作气冲过去得了。"

戴安澜说："别忙，再看看，等傍晚时再通过。吉人，天快黑时过公路后占领路旁的高地，然后你派第六〇〇团为前卫掩护大部队穿过公路。"

山区的太阳似乎落得更迟。终于，夕阳落下崇山峻岭，欢快的山鸟扑扑腾腾飞回了各自温馨的窝，一切安静下来了，暮霭沉沉。郑庭笈亲自率第六〇〇团前卫营迅速通过公路。"没有情况，师座，前卫营已过去了。"高吉人欣慰地说。突然，四周枪炮声大作，像万条凶猛的毒蛇，喷吐毒芯。

"不好，果然中了埋伏！"戴师长心中叫苦，但已晚了，许多战士倒在公路上。第六〇〇团一部分已冲过公路，一部分战士就地进行抵抗，激烈、殊死的战斗开始了。郑庭笈指挥过去的部队向公路旁埋伏于制高点的敌人发动仰攻。

"怎么办？师座，后面的部队还过不过？"高吉人焦急地问。

"副师长，部队已被切断，唯一的出路是坚决冲过公路，进入森林，命第六〇〇团不惜一切代价占领高地，掩护我们。你率第五九八团从正面冲过去，我带第五九九团为全师后卫，从左翼迂回包围敌人，立即执行。"

猛烈的枪声在黑暗中回响，一场混战。

郑庭笈率第六〇〇团向高地正面发动了进攻。伏击第二〇〇师的日军约有两个大队（一个大队即一个团）的兵力，他们占据有利地形，利用优势火力，用迫击炮、重机枪、轻机枪不断向第二〇〇师猛烈射击，不少战士中弹牺牲，更多的被压制在公路两边，抬不起头来。公路对面的第六〇〇团在团长刘少峰的指挥下，副团长刘杰亲率突击队往山上冲。经过激烈的战斗，刘杰副团长中炮牺牲，该团伤亡惨重,战至拂晓时,已不足一营兵力。

敌左翼响起了激烈的枪声,戴安澜率柳树人第五九九团向敌发起了进攻,双方在黑夜中利用密林展开对射。时间分分秒秒过去,看东方启明星出现,戴安澜心中焦急,命令:"柳团长,你掩护,我先带头冲过去!"

柳树人命机枪掩护,眼看着戴师长的身影跃上公路。

"哒哒哒",敌人的重机枪交叉吐出火舌,冲上公路的战士不断有人倒下,前面的纷纷退了下来。

"冲啊!弟兄们,不能停下来!"戴安澜跃起身带头冲上公路。突然,他用手捂住了胸部,紧接着,又一颗子弹击中了他的腹部,他摇晃着倒在死人堆中。柳树人见状,喊了声"师长——",便奋不顾身冲上去,也被机枪打中,

柳树人

当场牺牲。

参谋主任董惟强冒着枪林弹雨，冲过去将戴师长强背到路边。戴安澜艰难地说："董参谋，告诉副师长，一定要冲过公路，不要管我。"

第五九九团的伤亡也很大，剩下不足一营的兵力。高吉人命令："部队撤回原来准备出发的地点。"实在冲不过稠密的火力网。

郑庭笈回忆当时情形：

"戴师长伤势很重，胸部和腹部各中一弹。我们用担架将他抬回师部指挥所，在山顶上一间茅棚里，召开团营长会议。会上决定，如果戴师长不幸牺牲，就由我指挥部队，带领回国。这时，大家都很难过，一言不发。副师长高吉人尤为难过，因为他俩是最亲密的战友。19日，部队原地休息，决定另选过公路地点。……我派副团长陈辅汉为便衣队队长，选勇敢善战的军官为队员，在郎东20里处侦察过公路的地点，准备19日夜继续前进。第五九八团按照通过曼腊公路的办法，派部队占领公路两侧高地，掩护部队，按第五九八团、师部、师直属队、第六〇〇团、第五九九团的顺序通过公路。从21时开始，经过一夜，全师安全通过，这时全部官兵满脸笑容，特别是戴师长，显得格外高兴。"

从5月下旬开始，缅甸进入雨季，大雨瓢泼而至。第二〇〇师的官兵终日全身透湿，在泥水中艰难跋涉。戴安澜终日躺在担架上，胸口和腹部的伤口经雨水浸泡，已感染化脓，他发起了高烧，浑身滚烫。卫生员流着泪报告高吉人："已经没有药可换了。"

在缅北茅邦村，戴安澜从昏迷中醒来，吃力地问高吉人："快到国境了吗？"

"是，再翻两个山头便是。"高吉人轻声说。

戴安澜慢慢地闭上了眼睛。19时，戴安澜的心脏停止了跳动，光荣殉国，年仅三十八岁。消息传开，第二〇〇师官兵都十分悲恸，有的甚至泣不成声，伴随着的，是瓢泼大雨。

高吉人流着泪说："呼叫军部电台，向杜军长报告戴师长牺牲的消息，我暂代师长，继续执行回国命令。"同时，他命令卫兵赶制棺材，连夜将戴师长的遗体入殓。

一支哀兵队伍，挣扎在风雨之中。队伍前列，八个卫士抬着戴安澜的灵柩，棺盖上是湿透了的战旗。雨水、泪水交融而下，部队继续向北前进。

"戴安澜伤重不治，于寝（26）日在茅邦逝世。"令人心碎的电波，飞出缅甸的崇山峻岭，飞过国境，飞到陪都重庆，飞向各战区。

得知这一噩耗，作为最高统帅和戴安澜的校长，蒋介石十分悲痛，给杜聿明发去急电：

> 即到。杜军长，卅世（30、31日）各电均悉。安澜殉职无任悲哀。凡接近国境各部，应即严令其就近回国，何必再问行止，弟与军部究在何处。速复。中正。

第二〇〇师代理师长高吉人、副师长郑庭笈与参谋长周之再等指挥部队继续前进，在茅邦附近沿瑞丽江西行，以第五九八团继续担任前卫，找到四个木排，于5月28日全部渡过瑞丽江。由于天气炎热，戴师长的遗体流水发臭，无法继续抬着回国，又不能留在缅甸，高吉人、郑庭笈乃决定就地火化。火化后，捡出烈士遗骨，用绸布包好，装在木箱中，烈士英灵仍然随第五九八团前卫部队前进。

6月2日，第二〇〇师通过南坎至八莫的公路。郑庭笈跟着后卫部队通过公路后，长吁一口气说："最后一道大关总算过来了！"他想起戴安澜突围前的谆谆教诲，热泪盈眶。

6月17日，部队到达腾冲县附近，与宋希濂派出的预二师搜寻部队相遇，在预二师的掩护下，全师经腾冲北面渡过怒江。

6月25日，全师抵达保山县曹涧集中待命。

突围途中，第二〇〇师与主力脱离，孤军北进，路途艰险，给养困难。因经常在大雨中行军和宿营，官兵90%以上患了疟疾，病死很多。第五九八团第八

戴安澜写给妻子王荷馨的遗书

连有一天竟有八名战士病亡。全师已从出国时的万余人，剩下 4000 多人了。师长戴安澜、团长柳树人、副团长刘杰等不幸殉国，由高吉人继任师长。

兵败野人山

5月10日，16时，八莫方面敌约一个大队，由卡萨上游三公里处渡伊洛瓦底江成功，与我掩护部队新三十八师第一一三团发生激战。该部人员英勇阻击，终未能阻止其正面渡河。杜聿明考虑，时新二十二师、新三十八师距印道约在一日行程之上，第九十六师师长余韶率第二八六团、第二八八团、军炮兵团已前往孟拱，副师长胡义宾率师部与第二八七团尚远离大队，而后续之敌增援不已，只得命第一一三团退守卡萨以西之山地，掩护主力向西转进，希经孟关、葡萄而转入国境。

5月11日，军司令部率特务营、通信营及新二十二师第六十五团向西北转进至曼许，并收容后方人员300余人，其中包括远征军交通部处长唐文悌、铁道兵团团副张学逸等人。

5月12日，新二十二师、新三十八师赶到。杜聿明令军部与直属队及新二十二师由曼许徒步向北转移。

第五军进抵缅北孟拱以北地区时，先是道路不良，后来就见不到什么道路，行军十分困难，机械化部队便将所有车辆及大炮等重武器自行破坏，全部抛弃。

从孟拱往北全是山区，为山峦起伏的野人山和高黎贡山。野人山在西，纵深400余里，绵延千里，是中缅印边界的大山区。此处全系原始森林，海拔3826米，山岭丛林密布，难以通行，山间隘口为古代交通要道。山区居住有少数居民，与外界很少联系，他们敏捷胜似猿猴，常用野弩伤人，被称为野人，该山区又称为野人山。

中国远征军各残部进入野人山区。

各部队经过之处，多是森林蔽天、蚊蚋成群、人烟稀少的深山区，补充给养十分困难。本来预计在雨季到来前可以到达缅北片马附近，可是由于沿途可行之道路多为敌人封锁，不得不派出小股部队牵制敌人，因此迂回曲折，旷日费时。至6月1日前后，军直属队一部及新二十二师才抵达打洛。

杜聿明回忆当时惨景，心有余悸："……原始森林内潮湿特甚，蚂蟥、蚊虫以及千奇百怪的小爬虫到处皆是。蚂蟥叮咬，破伤风病随之而来，疟疾、回归热及其他传染病也大为流行。一个发高烧的人，一经昏迷不醒，加上蚂蟥吸血、蚂蚁侵蚀、大雨冲洗，数小时就变为白骨。官兵死亡累累，沿途尸骨遍野，惨绝人寰。我自己也曾在打洛患回归热，昏迷两天，不省人事。全体官兵因此暂停行军，等我被救治清醒过来时，已延误了两日路程。我急令各部队继续北进，而沿途护理我的常连长却因受传染反而不治。……"

杜聿明昏迷之时，军部接到蒋介石的电报，命令部队"向印度雷多方向转进，不必直赴葡萄，以免中途被困"。杜聿明醒后急令部队改道由打洛向新背洋前进。由于耽误了宝贵的时间，大雨季到来了。滚滚的山洪咆哮而下，淹没了道路，全军被阻隔在打洛以南的河边。工兵几次架桥，但因水流湍急，树木、绳索及架桥的士兵被洪水冲得踪迹皆无。士兵们整日在暴雨中，无衣无食，啼饥号寒，最后草根蕉叶罗掘俱穷，仅八天，就饿死官兵2000多人，野人山水边、路旁、树下、草中，到处是累累白骨。两年以后，新三十八师重返野人山时，在这一地区曾发现很多架在一起的锈坏的枪支，周围是一堆堆的白骨，证明当时整班、整排甚至整连饿死的极多。

6月17日，大雨初晴，从印度加尔各答起飞的运输机飞到野人山区上空，在打洛以西的大河边发现许多饿得爬不起来的人，开始盘旋，空投大米包，一部分落入河中，另一部分落入悬崖和深壑，剩下的大米，杜聿明令熬成粥，官兵以此果腹。我部向新背洋出发。至7月9日，第五军军部和新二十二师一部因迷路，还在缅北森林中不得脱身。

在绝望之际，杜聿明急电向蒋介石求救：

十万火急。委员长蒋：鹃密。本部及二十二师由清加林出发，沿途断粮八日，饿毙官兵二千余人。幸至打洛得钧座派机救济，官兵得此甘霖，始得向新背洋出发，中途又被洪水所阻，绝粮六日，冬日（7月1日）到新背洋。悉先遣团亦在此被水阻十余日，不得前进。连电长官部吁请，仅于鱼虞（6、7）两日投送八次，共收五二八小包，每包二十余磅至卅余磅不等；共计不敷两万磅，不敷七千人一日半食用，使饥久将士，尽成饿殍。当地又极荒野，过军甚多，无法采购。虽一再吁请，竟以飞机少、任务多为辞，不予投送。……拟恳请钧座严令整饬，克日加紧投送给养，以救将士生命为祷，此事本不敢烦扰钧命，因呼求绝望，谨泪呈急电请示祈遵。

电报送到蒋介石手上,他急令人与国民政府军事委员会后方勤务部部长俞飞鹏联系,要他请印度方面派出空军协助杜聿明,紧急空投粮食。

在远征军长官部的请求下,英国空军侦察机在恶劣的天气中,反复在野人山区上空侦察,发现原始森林中有移动的人群,便与运输机联络,空投粮食及器材。在印度雷多的新三十八师亦派出搜索队,用内外开路的办法,与杜聿明部队联系,并指引中国部队脱险。

8月3日,杜聿明率部到达印度的雷多,结束了苦难的历程。当一群衣衫褴褛、面黄肌瘦、形似乞丐的人歪歪斜斜出现在边境上的时候,很难有人相信这是曾经雄赳赳的远征军。

事后,率部败走野人山的杜聿明惨痛地说:各部队因落伍、染病死亡的,比在战场上与敌战斗而死伤的还多数倍!第五军直属队战斗死伤人数1300人,撤退死伤人数3700人;新二十二师战斗死伤人数2000人,撤退死伤人数4000人;第九十六师战斗死伤人数2200人,撤退死伤人数3800人;第二〇〇师战斗死伤人数1800人,撤退死伤人数3200人。据不完全统计,约有14700名远征军将士的生命,在这场大溃退中化作累累白骨。

1942年8月,杜聿明奉蒋介石令回国,杜聿明以昆明防守司令部总司令兼第五军军长,该军亦调回国整训。隶属该军的新二十二师在撤到印度后,编入中国驻印军序列。回国的第五军下辖第九十六师,师长余韶;第二〇〇师,师长高吉人。另将第六十六军之新编第三十九师改隶该军,该师师长官全斌(原师长成刚升任第六十六军副军长)。

1943年1月28日,杜聿明改任第五集团军总司令兼昆明防守总司令部总司令。总司令部由昆明防守司令部改编而成,第五军下辖第四十九、第九十六、第二〇〇师。第二〇〇师暂隶远征军总司令部直接指挥。第五军军长由新一军军长邱清泉改任。1944年,第二〇〇师在师长高吉人的率领下参加滇西反攻作战,但军主力在昆明地区待命。该军经过整训,又恢复了昔日的形象,加之美械装备源源不断补充,第五军的战斗力依然属于上乘。

逐鹿中原，解放军劲敌

1945年，第五军仍在昆明，隶属昆明防守司令部，其实还在杜聿明指挥之下。军部除原有的汽车队、装甲车连以外，还有105mm口径榴弹炮营（汽车牵引12门）、工程营；各师有75mm口径山炮营（炮12门）、工兵营、搜索连、汽车排等；各团有战防炮连（炮6门）、82mm迫击炮连；各营有60mm迫击炮、美式冲锋枪等。1947年第五军增设战车一个营、汽车一个营、重迫击炮（42mm口径）一个连，各师还配有喷火器连，每连有喷火器6至8具。

抗战胜利不久，杜聿明调任东北保安司令长官，而第五军隶属郑州绥靖公署，下辖第四十五、第九十六、第二〇〇师。全是美械装备，全军约四万人，号称国民党军五大主力之一。为了与解放军争夺中原，蒋介石将第五军这颗"卧槽马"部署在中原。

该军在北进途中，在湖北地区奉命改隶徐州绥靖公署。邱清泉自视甚高，认为解放军"逢五不战"，即遇到第五军就逃避不战。

第五军作为蒋介石最有威慑力的部队之一，它的作用并不在于打了什么非常出名的战役，或给解放军造成了多么巨大的损失，而是它的机动性和快速化以及清一色的美式装备，使其纵横驰骋于华野和中野两大战场之间，无所顾忌。

1946年7月中旬，苏中战役打响了。华中解放军在粟裕指挥下包围了泰兴、宣家堡。正当解放军猛攻泰、宣之际，邱清泉以攻取天长、盱眙，解除南京威胁为目的，率第五军从浦镇地区沿六合至天长的公路向北，以第四十五师攻击天长，以第九十六师进攻盱眙，对淮南解放区发起进攻，企图全歼解放军主力于洪泽湖以南地区。

中共的最高统帅部、华东野战军和中原野战军往往根据第五军的位置而进行战役部署，甚至因为第五军而修改大的战略方针。毛泽东和他的战将们把第五军视为心腹大患。在许多重要的作战电文中，多次提出要动用十个纵队以上的兵力，消灭第五军。

在国共内战之初，在中原战场上，邱清泉的第五军和张灵甫的整编第七十四师和胡琏的整编第十一师作为蒋介石的三把利剑，在有重大战役时，遥相呼应，互相配合。第五军忽而与整编第七十四师并肩，夺取两淮；忽而与整编第十一师配合，对解放军构成巨大的威胁。

1946年9月下旬，国民党军两支王牌主力整编第七十四师和第五军并肩由鲁西南菏泽向巨野方向的晋鲁豫解放区发起进攻，企图打通菏泽到济宁的公路线。

刘伯承说："邱清泉自称邱老虎，大言不惭，说什么解放军'逢五不战'，这次，我非要摸摸这只老虎屁股！"

他亲自排兵布阵，指挥晋冀鲁豫野战军三纵陈锡联、六纵王宏坤、七纵杨勇等部队在龙固集、张凤集一带进行运动防御。

10月3日，两部分别推进到巨野以南的张凤集和巨野以西的龙固集。是夜，进驻张凤集的胡琏的整编第十一师受到晋冀鲁豫野战军三个纵队的猛烈攻击，守军也不含糊，防守相当顽强，恶战两昼夜，战场呈胶着状态。激战至7日上午，解放军攻入张凤集，歼整编十一师第十一旅一个团和特种兵分队。

与此同时，邱清泉接到胡琏的告急，竟用明语告之："伯玉，少安毋躁，我来也！"他命令所部立即向张凤集靠拢。

邱清泉欺负刘伯承没有重火器，将美式榴弹炮、山炮和坦克统统调到第一线，冷笑着说："这些对付日本人的大餐，今天就要叫你刘伯承尝尝！"

攻击开始了，在山呼海啸般的炮火中，第二纵陈再道的阵地一片火海。待第五军步兵冲上阵地时，藏在战壕中的解放军突然呐喊杀出。第五军没料到在如此猛烈的炮火下居然还有活人，双方短兵相接，士兵们厮打在一起，枪托砸、刺刀拼，拳打脚踢，最原始的方法都使尽了。解放军顽强作战，第五军终于撑不住了，向后撤退。一连几天，攻击无效。在龙固集的二纵顽强阻击第五军一次次疯狂的进攻，双方大战十一天。

7日下午，整编第十一师向西南退缩，终于与第五军靠拢，形成合力，给解放军以沉重打击。在此形势下，解放军于当夜撤出战斗。据解放军的战报，此役共毙伤国民党军5000余人，解放军伤亡4300余人。此战给双方都留下了深刻印象。

之后，邱清泉将自己在战斗中总结的《战胜刘伯承之秘诀》发给其部队。这些"秘诀"是：

一、刘伯承（一）定经（过）摸清我们的兵力阵地才来打，所以我们要打他的先头部队，叫他摸不准；

二、刘伯承要有五倍于我们的兵力才来打，所以我们要碰上就打，叫他无法集中，始终处于劣势；

三、刘伯承要达成袋形夹击态势才来打，所以我们要反包围夹击他的一翼，叫他只有败逃；

四、刘伯承怕我们大队伍，想吃我们小部队，所以我们要用小部队钓鱼，用大部队吃鱼；

五、刘伯承缺少弹药，无法持久，所以我们要先用炮火搜索，后用冲锋突击，必定胜利；

六、刘伯承要布置地形，埋伏袭击，所以我们要搜索敌情，侦察地形，分区、分几个到达战线，运动与掩护速击，就可以粉碎他的阴谋了。

1947年6月底和7月，中野强渡黄河，发起鲁西南战役，拉开了战略进攻的序幕。蒋军在战略上失去主动，全面进攻、重点进攻和全面防御均遭失败。蒋介石为了改变战略被动，在1948年年初，采取了坚守东北、力争华北、集中力量加强中原防御的战略部署，由全面防御改为分区防御。

在中原战场，国民党军仍占有优势，计有24个整编师，共79个旅，除配属给中原八个绥靖区担任点线防御外，还能集中较大的机动兵力，在各要点之间往返驰援，并对解放军进行战术性进攻。国民党军战略部署的重点，是企图让中野无法在大别山区立足；同时防止华野南渡长江或西进，以确保南京和武汉的安全。

自古作战得中原者得天下，为了改变中原战局，1948年1月27日，军委命粟裕率三个纵队渡江南进，以跃进方式分几个阶段到达闽浙赣边，争取使敌完全处于被动应付的局面，迫使敌人改变战略部署，吸引敌20至30个旅回防江南。

粟裕认为，从全局来看，为改变中原战局，中原和华东我军势必同蒋军进行几次大的较量，尽可能多地把敌人主力消灭在长江以北。从当时的情况看，要打大歼灭战，以三个纵队渡江南进是做不到的。

重要的原因是粟兵团渡江南进，可调动江北部分敌军回防江南，但调动不了敌在中原战场上的主力：蒋军骨干第五军和整编十一师是不会回撤江南与我军打游击的，也不会将桂系七军和四十八师调到江南。这四个主力军(师)不回撤江南，粟兵团南进就无意义。

当时，在中原战场上，中野有四个纵队，华野有六个纵队，再加上两广纵队及地方武装，是有力量打大规模歼灭战的。如果粟兵团渡江南进，而又调不走敌在中原的四个主力军（师），则势必分散我军兵力，增加我军在中原战场打大歼灭战的困难。这样，就难以在短期内改变敌我兵力对比，进一步改善中原战局；而我进入江南的部队，由于作战环境的关系，也发挥不了善打野战的长处。再则，在渡江后转战过程中，预计会有约5万人的减员，如果留在中原地区作战，以同样的代价可以歼敌三至五个整编师。两者对比，粟兵团留在中原作战更为有利。

军委同意粟兵团暂留在中原作战，并于5月11日下达了中原战场近期的作战任务，要求刘伯承、邓小平："请即令陈（士榘）、唐（亮）率三、八纵迅速东进，直达汴（开封）徐（州）线附近，接受粟裕指挥，协力歼击五军。"

5月14日，朱德总司令在濮阳孙王庄召开的华东野战军团以上干部大会上作报告，号召部队用"钓大鱼"的办法歼灭国民党第五军等主力部队。

5月22日，中央军委指示："夏季作战的重心是各方协助粟兵团歼灭第五军。只要第五军被歼灭，便取得了集中最大力量歼灭敌十八军的条件，只要该两军被歼灭，中原战局即可顺利发展。望本此方针，部署一切。"

粟裕首先命令陈、唐率三纵、八纵由许昌向淮阳转移，吸引邱清泉第五军南下，然后令华野一纵、四纵、六纵和两广纵队、特种兵纵队乘机渡黄河南下，力求歼灭鲁西南之敌一部，吸引邱清泉第五军回转北上。在第五军北移时，我三纵、八纵、十一纵尾随敌人北进，协同渡河南下各纵夹击该敌于鲁西南地区。

果然，当陈士榘、唐亮率华野三纵、八纵向淮阳转移时，邱清泉第五军南下截击。

华野一纵、四纵、六纵以及两广纵队、特种兵纵队于30日南渡黄河，前出到菏泽、巨野一线，与中野第十一纵会合，准备协同陈、唐兵团寻歼邱清泉第五军。

国防部急令邱兵团主力和整编七十五师沈澄年部北返迎击。同时，又向鲁西南增调了整编八十三师、整编二十五师、整编七十二师和整编六十三师一个旅，企图与华野渡河部队决战。

此时，敌集中在鲁西南战场的兵力达到九至十一个整编师，队形密集不易分割。这时，三、八纵已到达通许、睢县、杞县之间，距开封只有一日行程。战场情况的变化表明，打第五军的条件尚未具备，而实现攻开封歼援敌的条件已成熟。于是，粟裕决定进行豫东作战。

以三、八纵组成攻城集团，由陈士榘、唐亮指挥。另用近三倍于攻城部队的兵力，由粟裕直接指挥，担任阻援和牵制敌人的任务。其中以中野九纵插入郑州、开封之间，阻击郑州可能来援之敌；以中野十一纵并冀鲁豫军区独一旅位于巨野地区，由北向南从侧后牵制邱兵团；以一、四、六纵迅速楔入定陶、曹县、民权、考城地区，用运动防御坚决阻击邱兵团西援开封；以冀鲁豫军区和豫皖苏军区一部兵力相机攻占东明、兰封，并破袭陇海路兰封至野鸡岗段铁路。

6月17日我军乘敌把注意力集中在鲁西南之际，突然对开封守敌发起了攻击。开封为中原重镇，蒋介石接报后，立即命令邱清泉等主力兵团来援。22日，我军攻克开封。蒋介石极为震惊，除电令邱清泉等部继续向开封攻击前进外，又令区寿年兵团由民权地区经睢县、杞县迂回开封，企图在开封地区与解放军决战。

粟裕在完成了先打开封的作战预期之后，毅然放弃开封，迅速将攻坚作战转换为运动歼敌，果然调动蒋军多方驰援开封。粟裕在邱兵团与区兵团之间40公里空隙果断出击，包围了区兵团。就在区寿年直着脖子叫"救援"时，邱清泉却隔岸观火，坐等区兵团被全歼。此时从商丘赶来救援的黄百韬兵团也被解放军包围。

蒋介石震怒了，给邱清泉手令：

> 雨庵弟：龙王店已于今晨拂晓失守，区寿年、沈澄年二同志若非阵亡，即已被俘。瞻念前途，深堪浩叹！弟为中原主力，与友军相处，不解围，不互救，殊堪痛恨！兹限于两日内东向驰援黄百韬，达成任务则可将功免罪矣。

这时邱清泉才命令所部全力东援黄百韬，却被解放军阻挡于杞县附近。邱清泉召集手下将领开紧急会议，研究战术。

邱清泉说："我们当面之敌是陈毅、粟裕，兵力雄厚，村寨坚固，力不从心；但老头子命令我们去救黄百韬，怎么办呢？"他看看众人，见无人说话，于是说："我们由杞县北上，折而向东，去攻打敌人的后背，这是一步险棋，全军成败存亡，在此一举！"

于是，邱清泉命令第二〇〇师第六〇〇团殿后，阻击解放军，掩护部队自正面撤出，以第四十五师为先头，向北转进，在杞县柿园、五华、西营一线即与解放军发生激战。此时刘汝明兵团到达杞县谢砦地区，西面援敌第四十七军两个旅进至开封，形成对华野三面包围的态势，邱清泉、刘汝明兵团有东西齐进夹击我之企图。原拟全歼黄百韬兵团的方针，如果继续下去，势必形成被迫与援敌作战的不利态势。因此，粟裕决定放弃全歼黄百韬兵团的计划，7月7日晚，部队向北转移。至此，睢杞战役结束，歼灭国民党军队五万余人。

黄百韬打跑了解放军，取得了所谓"黄泛区大捷"，由此获得青天白日勋章；邱清泉因在豫东战役中"作战不力"，"坐视"区寿年兵团被歼，受到国防部的"申诚"。一怒之下，邱清泉便想解甲归田。

蒋介石为安抚邱清泉，在1948年8月，将邱清泉的整编第五军扩大编制，组成第二兵团。由徐州"剿总"副总司令杜聿明兼第二兵团司令长官，邱清泉为副司令长官，代理司令长官。该兵团下辖第五军、第十二军、第七十军、第七十二军、第七十四军、第一一六军、兵团直属独立旅、独立骑兵旅等部队。主力部队仍为第五军，下辖第四十五、第二〇〇和第四十六师，原第九十六师划归第七十军建制。

邱清泉总结了过去战斗的经验教训，以"实践第一，战术次之"的原则，编成了所谓《"剿匪"歌诀》：

一、战斗口号：找敌人，瞄准打。向前进，死不退。不惊慌，不突围，硬打到底，三天成功。

二、攻击：吃少打多，攻弱抵强，主动索敌，把握战场。

三、防御：三层火网，子母连环，立体三层，平面三层。上下掩护，内外策应。缩小正面，加大纵深。一堡三枪，交换射击。侧防反射，埋伏逆袭。沉着勇猛，硬打到底。

9月16日，济南战役打响了。集结商丘的邱清泉第二兵团奉命经微山湖以西增援济南，前进缓慢，一天才行进一二十里。未等到达，济南就在24日被解放了。邱清泉掉头转回商丘。

淮海突围，撤退金门

1948年10月16日，邱清泉正式升任第二兵团中将司令官。第五军军长由熊笑三接任。熊笑三，黄埔六期生，原二〇〇师第六十五团团长，后调新二十二师任团长、第二〇〇师任副师长，参加过淞沪战役、南京保卫战、武汉会战、昆仑关战役和第一次远征军入缅等战役。抗战胜利后任第二〇〇师师长、整编第五师副师长。

20日，邱清泉在砀山防地就职后，便对其参谋长李汉萍说："马上就要和共产党决战了，必须给官兵打打气才行，明天集合全体官兵宣誓。"他对秘书所写誓词不满意，认为不够生动有力，文绉绉的，便加上了"……不逃跑，受伤不退，被俘不屈，如有违背誓言天诛地灭，雷打火烧……红炮子穿心"。写完后又自我解嘲地笑着说："我们当然觉得可笑，但是当兵的最怕的是红炮子穿心，这样写至少可以振作一下士气。"

邱清泉把兵团部的军官和直属部队以及各军团长以上军官作为一个宣誓单位，亲自监誓。

邱清泉将兵团部的宣誓会场设在砀山西门外大草坪中，并特地请徐州"剿总"总司令刘峙到会训话，以示郑重。为招待刘峙，还特意请昆仑京剧团来表演。可刘峙偏偏点了一出《春香闹学》的言情戏，大煞风景，邱清泉也只好苦笑。

10月下旬，集结在济宁、兖州一带的解放军小股部队向临沂、薛城一带移动。徐州"剿总"惊慌失措，命令第二兵团向徐州方向靠拢。邱清泉留米文和的第一八一师固守商丘，牵制敌人，以第七十四军控制丰县附近，以第五军第四十五师控制砀山，作为支撑，其余主力均向黄口附近地区集结。

11月初的一天下午，驻黄口的第五军陈辅汉的第四十六师一部遭到解放军的攻击，该师新编入该军建制，一经接触，就哗溃下来。砀山至黄口间的铁道附近第二〇〇师一个营和第四十五师及第五军北面的第七十四军均遭到解放军的痛击。

邱清泉闻讯大怒，严令第五军军长熊笑三："不准撤退，太丢第五军的面子了，立即给我组织反攻，恢复阵地，违令者军法从事！"

在熊笑三严令之下，郭吉谦的第四十五师组织强大的火力向华野第九纵队发起反击，以两个团为第一线，一个团为预备队，第一线的两个团各自又分第一线营和第二线营，以军榴炮营和师炮兵营支援第一线攻击。在惊天动地的炮击声中，第一线部队发起进攻，他们连续突击，在两小时内前进十几里，救出了二〇〇师一个营，总算收复了唐砦村落的三分之一。缺乏重火器的解放军主动向西南退却。

邱清泉得意忘形，立即向蒋介石、国防部和徐州"剿总"等单位通电告捷："共军第九纵队被郭吉谦部奋勇攻击，伤亡惨重，溃不成军。""我军取得徐西大捷！"并在各大城市的报纸上大肆宣传。

11月6日，淮海战役正式打响，解放军多路向徐州逼近。刘峙判断解放军将东西夹击徐州，十分恐慌，当即改变原来撤至蚌埠两侧的计划，决定调邱清泉的第二兵团、李弥的第十三兵团、孙元良的第十六兵团，星夜向徐州集中，坚守徐州。

8日，守备徐州北面贾汪地区的第三绥靖区的部队在副司令张克侠、何基沣的率领下战场起义。解放军迅速通过第三绥靖区的防地，直插徐州以东的大许家，将停留在碾庄附近的黄百韬兵团包围。此时，徐州"剿总"副总司令兼前进指挥所主任杜聿明命邱清泉从徐州西面的黄口前进到徐州东面，援救被包围的黄百韬第七兵团。

慌乱中的邱清泉顾不上驻守商丘的米文和的第一八一师，将砀山西边的铁路桥破坏。米文和部无法乘车，只得徒步撤退，该师在马牧集、张公店一线被解放军歼灭。

邱清泉向杜聿明报告说："米文和师已经向共军投降了。"不久，几个逃回来的第一八一师官兵把被歼灭的真相报告了杜聿明，而邱却一口咬定米文和是投降，并大骂道："我早就说过，杂牌军靠不住。越多越是祸害……都在关键时刻倒戈，真是他妈的害人精！""我真不明白，总部为何一点不知道。总统只知写手令、打电报，战场实际情况，他老人家全不清楚。这次黄百韬被围，若不是冯治安（第三绥靖区司令官）两个军叛变，共军能够成功吗？现在又要我去解围。围点打援，这是共军消灭我们惯用的战法。我们老是解围，就总是吃亏。"

11月13日，邱清泉指挥由第二兵团的第五军、第七十军和李弥的第十三兵

杜聿明（后）与蒋介石（前）

团的第八军、第九军组成的东进兵团,在徐州西面的贺村至潘塘15公里宽的战线上,排成南北一字长蛇阵,在飞机、大炮和坦克火力掩护下,向碾庄攻击前进,企图解黄百韬兵团之围。

第一天,尽管他以空炮火力把解放军阵地打成了火海,但也只占领了邓家楼一个村庄,前进不到2.5公里。14日,他又改变战法,用30多辆坦克排成一字长蛇阵,向陇海路北侧马庄、姚庄一翼实行侧翼集中攻击。但是,由于陆空双方不配合作战,其攻击仍无进展。第五军的表现就更差了:第四十五师阵亡营长以下官兵几百人才攻占了铁路南侧一个寨子;第二〇〇师攻击林佟山时,被解放军阻击,死伤惨重,败退而回。

一连几天,在解放军的坚强抵抗下,第五军进展十分迟缓。眼看离黄百韬兵团只有几十里的路程,就是无法打通。由于精疲力竭,战至18日,第七十二军接替了第五军的攻击任务。直到11月22日黄百韬兵团被解放军彻底消灭后,大许家方面的解放军阻击部队在胜利完成阻击任务后转移,第七十二军才占领大许家。

战斗结束后,第五军从第一线撤到徐州以东七八里一带村子里休整补充。不久,徐州"剿总"决定逃跑,由第五军第四十五师担任掩护任务,邱清泉将骑兵旅和一批载重汽车交给该师指挥。该师在襄山庙遭到解放军的包围,双方进行激烈的厮杀,后靠着火焰喷射器在阵地前形成一片火海,才打退了解放军的进攻。当晚,该师又遭到解放军夜袭。

12月3日一早,邱清泉用报话机直接与第四十五师师长郭吉谦通话:"情况怎么样?"

郭说:"我被解放军第三纵、一纵、九纵等包围了。"

邱清泉说:"你一定要坚持住,我派两个军来接应!"

次日黄昏时分,邱清泉派第七十军、第十二军到达襄山庙地区,并没遇到解放军的阻击,于是郭吉谦率部西撤,追赶大部队。没想到就在邱清泉、杜聿明逃至孟集一带,等候第四十五师并休整部队时,解放军从四面八方包围过来。5日清晨，经过一夜的奔波，郭吉谦带着残兵败将没吃没喝刚到达孟集，还没顾上喘一口气，邱清泉便命令该部投入战斗。

此时的第五军早已不是那支狂妄自大的钢军了。第四十五师一个主力团团长在攻击失利后，由于担心上峰会杀他的头，在电话里报告时竟号啕大哭，说："士兵一见到解放军就往回跑，怎么撑也撑不上去！请师座饶命！"

郭吉谦只得将该团撤下，请求邱清泉不要再行攻击。邱清泉和杜聿明听完报告后，感到心惊胆战，只得撤离孟集，将总部和兵团部搬到陈官庄去。

12月6日，杜聿明在陈官庄召集各兵团司令官开紧急会议，决定当晚突围。邱清泉反对，说："对共军作战，只要好好固守一星期就会有办法，共军会自动退走，他们的围攻从来不曾超过半个月！"

第二兵团的第七十军军长高吉人、第七十四军军长邱伟达也拍着胸脯打包票，杜聿明只得放弃突围的决定。只有孙元良的第十六兵团坚持突围，结果兵团司令官孙元良只身逃到汉口，整个部队就像雪球掉进汤锅，很快就消散了。孙兵团原来的阵地有些被解放军占领。7日晨，邱清泉命令第四十六师师长陈辅汉夺回阵地，该师一上阵就垮了。师长陈辅汉带着督战队亲临一线督战，逼着士兵返回去冲锋，竟被败兵开枪还击，打成重伤，幸亏手下架着他逃得快，否则就被解放军俘虏了。

第五军完全丧失了斗志，在包围圈里惶惶不可终日。许多军官暗地准备便衣，为逃跑做准备。为了提高士气，杜聿明与邱清泉以升官的方式笼络人心，使其为他们卖命。12月23日，提升郭吉谦为第五军副军长，四十五师师长由崔贤文接任。

1949年1月9日早晨，第五军军长熊笑三起床后，收拾了自己的收音机等物件，独自往外走。副军长郭吉谦问："军座哪里去？"

熊笑三头也不回："一会儿你就知道了。"

直到14点左右，熊笑三打电话给郭吉谦："他妈的，飞机扔的炸弹没有一个爆炸，突围不成，叫他们不要来了！"

杜聿明被俘

郭吉谦一头雾水:"叫谁不要来了?"

熊笑三说:"杜老总让我到第二〇〇师去指挥部队,以便空军投放毒气弹时攻击突围。空投的毒气弹没有爆炸,所以部队没敢突围。在第五军南边的第七十军、七十四军也准备这天上午在空军投弹配合下实行突围,由于空军来得不及时,所投毒气弹又都未爆炸,因而没突围成功。"

是日下午,解放军开始全面攻击。杜聿明、邱清泉所盘踞的陈官庄是解放军首先攻击的目标之一。在解放军猛烈攻击下,"剿总"和兵团部慌忙离开陈官庄,逃到第五军军部所在地的陈庄。在陈官庄及其附近的国民党官兵也都跟在杜、邱的汽车后面往北狼狈溃逃,非常混乱。杜、邱逃离陈官庄后不久,李弥兵团也从青龙集一带往西溃逃。杜聿明特别颓丧、犹豫,既没有表示一定要突围,也没有表示要投降或死拼到底,瞪眼看着部队纷纷溃垮束手无策。包围圈越来越小,邱清泉急催杜聿明尽快下决心突围,他说:"趁早突围总可突出去,还可再干。如果迟疑不决,那就整个完蛋,一网打尽。"第五军军长熊笑三、徐州警备司令谭辅烈以及邱的一些幕僚七嘴八舌,附和这种说法,但杜聿明仍不表态。

黄昏时分,天色暗淡下来,熊笑三对邱清泉说:"如果个人单独行动,就有办法出去。"

邱清泉说:"你有什么办法出去?"

熊说:"只要让我个人行动,准能出去就是了。"

邱清泉说:"别扯淡了,部队还要不要?"

熊笑三说:"开玩笑,开玩笑。"

天黑后,果然就不见熊笑三的人影了。

大约24点,邱清泉派副官、卫士到处找第五军军长熊笑三,没有找到。卫士跑来问郭吉谦:"邱先生要找熊军长,他人呢?"

郭吉谦说:"老早就没见到他了。"

卫士说:"那请你去一趟吧!"

郭吉谦见到邱清泉后把熊笑三逃跑的事一说,邱清泉连连跺脚,并唉声叹气。犹豫一会儿,即令郭指挥第五军,实行突围。熊笑三脱离部队,后逃往香港。

第七十军军长高吉人胸部负了重伤,由他的连襟——第七十军第三十二师副师长华心权带着军医、副官、卫士等卫护着,逃到陈庄,在一个掩蔽部内躺着。郭吉谦听说后赶去看他,只见他唉声叹气,悲观绝望。高吉人很吃力地对郭吉谦说:"杜先生、邱先生他们突围,我的伤这么重,怎么办呢?你给我出个主意吧!"

郭吉谦说:"你的伤这么重,如果跟着一块儿突围,甭说别的,沿途颠也把你颠坏了。依我看,不如留在此地不动,共军来了,见你的伤这么重,会原谅你的。"

高吉人沉思了一会儿,说:"你说得对,听你的话,我就不走了。"后来高吉人被解放军送到后方医院医治了一段时间,治好了伤,又乘隙溜到南京去了。

郭吉谦接受命令后先和第四十五师通了电话。该师抵抗第三野战军第一纵的进攻整整一天,战斗激烈,与军部相距只有几十米,军长熊笑三却没过问过该师,所以该师师长崔贤文接到电话,非常高兴。

郭吉谦说:"今天白天第七十、七十四等几个军在毒气弹的协助下攻击突围都失败了，以后空军不再来了，援军也不来了。"

崔贤文着急地问："那怎么办呢？给想个办法吧！"

郭吉谦说："不要打了。把部队交出去算了。"

崔贤文问："你说的是投降？"

郭吉谦气愤地说："杜先生、邱先生都跑掉了，还怕什么呢！都投降吧！"

于是崔贤文召集各团团长、炮工营营长转达郭吉谦的意思，然后派第一三三团政工室主任去三野第一纵接洽投降。解放军给该师架了电话。10日晨，该师到解放军指定地点缴械投降。

紧接着，第四十六师也按第四十五师的办法缴械投降。只有第二〇〇师师长周朗接到停止战斗的命令后，仍率领该师强行突围，当即被解放军全部歼灭。

当晚，第五军副军长郭吉谦带着副官、卫士离开陈庄，原想到第四十五师去，但由于人群拥挤，过不去。他企图从乱兵的空隙混出去，结果东转西转，转到青龙集附近，被解放军第三野战军第十纵炮兵部队俘获。

第二兵团司令官邱清泉闻报崔贤文投降，慌忙组织第七十一军残部5000余人，在鲁楼河西岸组成一道防线。在乔庄的南北桥头，架起6挺重机枪、30挺轻机枪，加上其他各种自动武器，组成一道火力网，妄图阻止解放军过桥。10日，解放军一部从南面渡过鲁楼河，直插邱清泉的司令部。此时，邱清泉见部队无法掌握了，便向各部队长说："我已放弃指挥权。"要各部队自行突围。之后，邱清泉和杜聿明分手，自己带领最亲信的特务营一个劲儿向北逃跑，指望趁混乱抢先突围出去。但他这时已精神失常，边跑边高声大叫："共军来了！"他刚跑到陈庄西北张庙堂西南400米处，即被解放军设在陈庄外围的阻击阵地的机枪扫中，当即倒地而亡。之后，被国民政府追赠为上将。

淮海战役后，国防部决定重建第五军，由史松泉任代军长，下辖周中梁第四十五师、叶敬第二〇〇师。史松泉，江苏溧阳人，黄埔六期生，曾任第五十四师师长。渡江战役后，该军改隶第二十二兵团，驻守大、小金门等岛屿。由高吉人任军长，下辖尹俊第十四师、麻新权第二〇〇师和刘明奎第十三师。

1950年以后，台湾的国民党军队进入整军备战时期，第五军改辖第十四、第七十五、第二〇〇师。1954年，第五军归并到第一军团第四军之中，该番号从此不存在了。

第十八军

由陈诚培育的第十八军是国民革命军的王牌军。在民国历史上曾产生过好几个第十八军。

1926年10月，北伐军打到杭州之际，原属孙传芳东南五省联军系统的浙江省长夏超宣布起义，所部浙江警察部队改编为第十八军。很快，孙传芳杀了个回马枪，夏超兵败被杀，所部溃散。

1927年12月，国民政府将桂系第七军的一部分扩编为第十八军，军长陶钧。1929年3月，蒋桂战争爆发，桂系失败，该军番号不复存在。

1930年10月，蒋冯阎李中原大战之后，中央军新组建第十八军，由陈诚第十一师扩编而成，下辖第十一师、第十四师、第五十二师。

第十八军在抗战中表现不俗，在淞沪之役中，坚守罗店，获得"血肉磨坊"之称，

令日军胆寒。最辉煌的战役便是抗日战争中的石牌之战。此战第十八军顶住了日军强大的攻击，转败为胜，拱卫了陪都重庆，令日军胆寒，也让盟军刮目相看。

日本投降以后，第十八军成为蒋介石打内战的一把利剑，屡屡与刘伯承、陈毅指挥的解放军交手，成为中原地区华野、中野的头号大敌。

在淮海战役中，第十八军被解放军全歼；后经胡琏重建，成为一条打不死的毒蛇，在金门岛再次狠咬了华野一口。

1950年台湾进行整军时，不少军的番号被撤销，胡琏的第十八军作战有功，仍辖第十一师、第四十三师和第一一八师。到1954年台湾军队再整编时，原第十八军改编为第七军，原来师的番号也不见了。

新军阀混战，脱颖而出

1928 年 3 月，复职不久的蒋介石，任命陈诚（字辞修）为总司令部的中将警卫司令，兼炮兵指挥官，下辖警卫第一团、第二团、第三团，以及宪兵第一团、第二团，还指挥炮兵第一团、第二团。其实力比一个军还雄厚。

陈诚从进黄埔军校到参加北伐战争，仅仅四年的时间，就由一个上尉特别官佐升到中将警卫司令。同时，他与黄埔军校同学建立了紧密联系。第二期炮兵大队学生在他的炮兵连见习，第四期炮兵大队学生与他系师生关系。这就为他在黄埔系中形成一个军事集团创造了有利条件。

这年 8 月，第一集团军整编为六个师，即刘峙第一师、顾祝同第二师、钱大钧第三师、朱绍良第八师、蒋鼎文第九师和曹万顺第十一师。前五个师长系黄埔教官，第十一师师长曹万顺是北伐初期闽军投诚过来的，该师由原闽军曹万顺的第十七军第一师、第三师与南京警卫师缩编而成。师长曹万顺、副师长陈诚，下辖第三十一旅（旅长桂永清）、第三十二旅（旅长殷祖绳，不久换为罗卓英）、第三十三旅（旅长余仲麟，后换为周至柔）。陈诚闻讯后，大为不满，愤而出走上海。蒋特派随从副官把他召回南京，当面交底，陈诚才于 9 月上旬到浦口就职。他对师长表面上很恭顺，办事认真，以身作则，还采取措施整顿纪律，严禁嫖赌，并与师部官佐共进早餐，以期改变风气。

1929 年 3 月，蒋桂战争爆发。第十一师受第四军军长张发奎指挥。陈诚与罗卓英负责拟作战计划，协助师长率部分部队经瑞昌、武宁，越过九宫山、通山、咸宁，进入武汉。他还亲赴汉口的桥口、武昌的南湖督训部队。4 月，出敌不意，进兵贺胜桥，将桂系与湘鄂的联络截断，致使武汉顿陷孤立，桂系将领阵前倒戈，桂系大败。这时，冯玉祥部虎踞中原。第十一师又奉蒋介石命令，于 5 月开往鄂北的襄樊等战略要地驻防。不久，师长曹万顺因处事失当，陈诚鼓动黄埔系军官以曹万顺任用私人、克扣军饷为借口，反对曹万顺任师长，蒋介石遂令陈诚为该师师长。曹万顺被调任新编第一师师长。

陈诚一上任就对第十一师进行大刀阔斧的整顿。他公开提出选拔使用干部的条件是不贪财、不怕死，会带兵、能打仗，没有不良嗜好，忠于蒋介石、服从其命令。他大量罗致黄埔学生，用为中、下级干部，裁汰曹万顺的旧部，将曹万顺的部队缩编成四个团，加上自己任警备司令时的两个警卫团，编成两旅六团制。同时，对部队加强整训，提高作战能力。

10月，宋哲元起兵反蒋，指挥西北军东出潼关，进占洛阳，连克偃师、巩县，逼近郑州。蒋介石兵分两路迎击，第一路分布于平汉线郑州以南地区，第二路分布于豫南、鄂北地区。陈诚受第二路总指挥刘峙节制，率领第十一师扼守襄阳、南漳。在襄阳城郊与冯军激战两天，将张维玺部击败。随即，令第三十一旅、第三十二旅分别向草店、均县追击，直到西北军向白河、安康退去。

蒋、冯战争刚一结束，在河南抗击冯军的第五路军总指挥唐生智于12月1日在郑州通电反蒋。陈诚即派副师长罗卓英赶赴湖南，说服何健部旅长王东原按兵不动，以解除蒋介石驻武汉部队的南顾之忧，以便蒋调兵北上参加讨唐。同时，迅速率领第十一师从鄂北豫南北上，日夜兼程赶到确山以东刘店一线，协同刘峙部与唐军作战。一天，唐军骑兵袭击第十一师陈诚指挥所，他亲率特务营参加战斗。幸好第六十六团自信阳押运弹药赶到，加上第一师丁德隆团增援，才将唐军骑兵击退。在战斗中，陈诚侦知唐军中有三个师的广西部队军心涣散，便派人前往劝降，使其中一个师投诚。唐军溃败后，第十一师追击到临颍，才折回信阳。

1930年年初，第十一师开赴武汉。2月间，陈诚派部队将驻武昌的曹万顺之残部第六十六团包围，实施武力解散，将军官资遣回籍，士兵则拨补第十一师所管辖各团。

4月，陈诚又奉蒋介石命令，收编湖北的徐声钰独立第十三旅，将第十一师由原来的两旅六团扩充为三旅九团制的甲种师，实力大为增强。

这年5月，蒋冯阎李中原大战爆发。陈诚的第十一师属刘峙的第二军团战斗序列。9日，蒋介石令全线发起攻击。陈诚十分卖力，他将两个师的大炮调集到位，对归德城劈头盖脸就是一阵猛轰。守归德的是原属镇嵩军的万选才部，乃乌合之众，哪见过这等阵势，很快就土崩瓦解。归德一下，反蒋军在豫东的防线立即露出了破绽，中央军得势不饶人，再次发起猛攻，陈诚率部攻占马牧集，连克宁陵、民权、睢县等地，继而西进，攻击兰封、杞县之间的杨固集、柿园集。

这时，进攻兰封、杞县的蒋介石部队遭到晋军依托坚固工事的抗击，伤亡很大。陈诚便自告奋勇，采用中间突破战术，企图在杨固集打开缺口，再向两翼进击。但猛攻两天，迄未得手。随后，他协同蒋鼎文、赵观涛师向左翼推进，遭到孙良诚、吉鸿昌等部从杞县方面的阻击，连攻数日，也无进展。后从杞县以南迂回，企图经通许、陈留奇袭开封，又遭到庞炳勋、梁冠英等部的抵抗，双方在魏寨、陈庄一带展开了争夺战。

6月24日，第六十一团阵地被梁冠英部夜袭失守。次日，陈诚即令旅长李默庵督第六十一团、六十二团反攻，激战终日，伤亡很大，未能攻下。李默庵向陈诚汇报战况："陈庄失守，六十一团团长刘天铎太不像话，夜间让冯军摸了上来，连团旗都被人家拔了，简直是十一师的耻辱。"

陈诚暴怒，向蒋介石要求处罚刘天铎。

蒋介石颇为惊讶，陈诚委实有种，敢在他面前状告刘天铎。此人是陈诚顶头上司刘峙的亲侄，平时飞扬跋扈，人言啧啧，蒋介石已听到不少闲话。

"你打算如何处置？"蒋介石问。

"'连坐法'说得很清楚，刘天铎当军法从事，死罪难逃。"

"是该杀几个振振军威了。"

蒋介石咬了咬牙，刘峙虽然忠心，但最近有点恃功恃劳，又与何应钦走得近乎，该敲打敲打。另外，杀刘天铎，也是为推出陈诚造一点声势。

陈诚以一个师长的身份处决一个团长，这在国民党军队中是没有先例的，尤其刘天铎又是刘峙的侄儿，陈诚却毫不买账，一者可见他腰杆硬，二者可见他脸

蒋介石五虎上将之一刘峙

黑心狠。从此,陈诚大名远播,让人谈虎色变,不敢稍违其意志。

在刘天铎事件刺激下,第十一师像打了吗啡,人人奋勇,个个争先,旅长李默庵冲在最前面。纵然冯军的子弹打得如飞蝗一样,他也不思稍避。穿过一片旱地时,突然,李默庵觉得腹间一热,两腿像折断一般,倒了下来。

待李默庵醒来时,已经在上海宝隆医院的病床上,一颗子弹经耻骨上沿打进下腹,穿过内生殖器,贯通到右腿内侧。"好险啊。"医生长出一口气。再偏一点,李默庵这一生可就"武功"尽废了。

有将若此,第十一师如何敢令人小觑,冯军几位骁将围住它打,也无可奈何。第十一师爪牙之利、心劲之足、杀气之盛,冠于各军,以致反蒋军一谈起十一师,就生出一种恐惧感。

6月底，冯玉祥发动了一次"口袋大战"。蒋介石通过内线，得知冯军诱敌深入的企图，急令刘峙将部队撤回睢县、河堤岭一线，但张治中等部仍被冯玉祥军截杀不少。中央军虽有损失，仍逃过一劫。6月25日，阎军傅作义部占领津浦线重镇、山东首府济南，正待向南扩展之际，阎锡山却令北平警备司令张荫梧南下济南，将总指挥权给了张荫梧。张荫梧、傅作义两路军围攻曲阜，企图直抵徐州。但傅作义与张荫梧两将不和，矛盾丛生，使反蒋军的津浦线战事停滞下来。蒋介石立即改变部署，将陇海线的攻势改为守势，而津浦线转为攻势。抽调蒋光鼐、蔡廷锴的第十九路军为右翼，从湖南日夜兼程北上，加入津浦战线。并令夏斗寅指挥中路军从铁路由南向北进攻，刘峙指挥右路军进攻。由于陈诚杀了刘天铎，与刘峙结下梁子，于是蒋介石命陈诚加入中路军。7月下旬，陈诚奉蒋介石命令，率第十一师开往津浦线，参加对晋军作战。

陈诚带领全师，每天以60公里的速度赶到兖州，直趋曲阜，与守城部队内外夹击，将晋军的李生达第四军击溃，解了曲阜之围。7月31日，总攻开始后，陈诚率部相继击溃晋军丰玉玺部，进占宫里镇、楼德镇；击溃李生达军，进占莲花峪、华丰、磁窑；激战傅作义部，攻占界首、白马寺。随即，沿铁路线，经万德、张夏、崮山、党家庄，向济南追击。8月15日，蒋光鼐、蔡廷锴之第六十一师、第六十师从间道突袭，进入济南，阎军溃败。当天下午，陈诚亦率部进入济南城。

克复济南后，津浦线战事告一段落，蒋介石犒赏各军。第十一师领到奖金二万元。

8月下旬，蒋、冯、阎在郑州展开决战。郑州是中原之心脏，为兵家必争之地。蒋介石集中主力加紧攻击。陈诚师与夏斗寅师奉蒋之命，编为一个纵队，担任前锋穿插任务。9月6日，总攻开始。他和夏斗寅带领部队，以郑州为目标，运用锥形战术，从西华、鄢陵和临颍、许昌的中间地区向北挺进，大胆实施钻袭。夏师在五女店受阻。陈诚在占领石象镇后，以一部夜袭和尚桥，钻进到董家店，前后纵深35公里。

防守洧川一线的冯军吉鸿昌等部向蒋介石投诚后，陈诚部继续进抵洧川附近，将冯军郑州的外围阵地分割得支离破碎。蒋介石即命各部急速攻击前进。

这时，忽然传来郑州密报："敌将全线撤退。"时新郑仍在敌手，人皆以为不可轻信。而陈诚研判当面敌情，认为非虚，便超越新郑，督师兼程猛进。为了抢先占领郑州，向蒋介石报捷，他事先拟好电报稿，并派附员石心志随肖乾前卫团跟进。10月6日，肖团在二里岗击溃冯军的掩护部队后，便跑步由郑州南门入城。这时，已近黄昏，石心志看到占领郑州已成定局，便飞驰回到师部。陈诚立即填上时间，发出告捷电报。当日黄昏，上官云相的第四十六师的便衣队也搜索到郑州东站，但没有进城。

蒋介石收到第十一师占领郑州的电报，大悦，说："马牧集开战胜之端，曲阜挽垂危之局，郑州结胜利之果。"当即发给奖金二十万元。陈诚为了表示"不称功，不贪财"，给蒋回电说："职师得以首先占领郑州，上赖钧座指挥有方，下靠官兵用命和友军协助之力，赏金不敢独受，拟分半数给四十六师。"他将所得十万元，发给每个官兵二元，约用去四万元，其余收作公积金。后来创办了"十八军南通残废军人工厂"和"吉安农场"，以收容残废军人和老弱士兵。这样，既拉了上官云相一把，又博得了蒋介石的信任。

1930年11月，陈诚以观操武官身份，陪同蒋介石前往日本观看军事演习，还参观了军事学校，访问了侨界，使政治身价大为提高。

中原大战以后，中央军新组建了嫡系部队十八军，陈诚为军长兼第十一师师长，不久，由罗卓英任师长。1931年年初，陈诚又将教导第三师改编为第十四师，归第十八军建制，霍揆彰任师长，周至柔任副师长，加上原有的第十一师和韩德勤第五十二师，形成了陈诚军事集团的基础。不久，第十八军开赴武汉，分驻鄂南、鄂东和平汉南段。

1930年12月至1931年5月，蒋介石连续向中央苏区发动的第一、二次"围剿"失败后，于1931年7月任总司令，坐镇南昌，自兼"剿匪"总司令，亲自指挥对中央苏区和第一方面军的第三次"围剿"。陈诚受任追击军第二路指挥官，带领第十八军从湖北开到江西抚州前线。当时，红军采取"避敌主力，打其薄弱，乘胜追击"的作战方针，与国民党部队展开盘旋式运动战。陈诚第十八军在南城、黎川、广昌、永丰、吉水、宁都、兴国等地来回奔波了两个多月，没有找到红军主力的踪迹，搞得精疲力竭，"胖的拖瘦，瘦的拖病，病的拖死"。9月初，撤到吉安。

9月15日，第五十二师在兴国县方石岭下白石村被红一、红三军团全歼。该师师长韩德勤被红军俘虏，化装成伤兵，头裹绷带，骗取了三块大洋的遣散费，走了四天四夜才逃出来。不久，该师交陈诚整理。9月，他奉命接过被红军打垮了的第五十二师番号，以第十一师独立旅和第十四师攻城旅编成一个师，李明任该师师长，升周至柔为第十四师师长。经过两年多时间，第十八军就扩充到5个师、29个团。

1932年春，陈诚又以两个旅和两个团的兵力，对驻吉安西南地区的第四十三师采取包围态势，威逼其师长郭华宗离开，任命第十八军参谋长刘绍先为师长，归第十八军建制。后来，在蒋介石的授意下，陈诚将川军张英的第五十九师包围于永丰，除李弥团逃往抚州，改隶周浑元之第五师外，其余全部缴械。

在这期间，陈诚以种种借口，采取各种手段，收编杂牌部队，进一步扩充实力。

1932年元旦，由蒋介石和宋美龄主婚，陈诚与行政院院长谭延闿的三女谭祥在上海结婚。谭祥是蒋介石的干女儿，宋美龄留美时的同学。中原大战结束后，为拉拢陈诚，蒋介石和宋美龄亲自做媒，把谭祥介绍给陈诚。

英雄见美人，本来就一见倾心，何况还有蒋介石和宋美龄的面子，陈诚求之不得，立即答应："我一切听从领袖安排。"

陈诚便与谭祥商量12月去上海结婚。但谭祥提出推迟，说："你同原配吴舜莲的离婚手续还没办好哪。"

于是，陈诚特将自己的亲信——第十八军军部军需主任吴子奇从南昌传到南京代其办理离婚之事。吴子奇是吴舜莲的胞兄，代替陈诚给吴舜莲写了一张离婚书，送回家乡。经族人调解，吴氏只提出了一个条件："生不能同食，死后必同穴。"

陈诚欣然接受，双方在离婚书上签了字。

陈诚与谭祥结婚照

陈诚这才如愿以偿。结婚之后,夫妻感情很好,陈诚只要赴前线作战,每日都要与谭祥通一次电话。

"围剿"红军,灰头土脸

1932年冬,蒋介石开始部署对中央苏区的第四次大规模"围剿"。次年2月,蒋介石出动50万大军，向中央革命根据地发动第四次"围剿"。陈诚率12个师为中路，朱绍良率8个师为右翼，蒋鼎文、蔡廷锴率8个师为左翼，三路大军气势汹汹，向根据地扑来。陈诚接受前几次"围剿"失败的教训，三路大军相互靠得很近，让红军难以各个歼灭。

陈诚任中路军总指挥，以第五军军长罗卓英指挥的第一纵队、第四军军长吴奇伟指挥的第二纵队、第八军军长赵观涛指挥的第三纵队为进攻中央革命根据地的主要突击力量，采取"齐头并进，分进合击"的方针，企图消灭红军主力于黎川、建宁地区，而后进击广昌。

当时，红一方面军奉命进攻敌人重兵设防的南丰县城，以图粉碎第四次"围剿"。陈诚获悉这一情报后，令南丰守军第八师据城固守，同时急令其所属各纵队迅速增援，企图合围红军于南丰城下。

红军佯攻南丰，吸引敌主力增援南丰，其主力埋伏于黄陂、登仙桥一带的高山密林中，待机破敌援军。

时任红军总政委的周恩来与红军总司令朱德密切注视敌军动向。周恩来故意将一封假敌情电报落到敌人手里。电报内称：

> 我工农红军正围攻南丰，旦夕可下，唯乐安之两师白军，若向河口、黄陂前进，则我红军不特无法攻下南丰，本身亦感至大危险。万望派人监视此两师敌人，果其南来，即迅速报告，予当率两团竭力抵抗之。

这一手果然奏效。陈诚急电第五十二师、第五十九师，让其速奔黄陂，先吃掉红军掩护部队，然后相机解南丰之围，里应外合，形成夹击红军之势。

当时，红军刚经过整编，林彪升任红一军团军团长，成为红军最年轻的军团长，与彭德怀的红三军团构成了红一方面军的两大主力。为了加强这支红军主力的领导力量，中央又调聂荣臻为政委，陈其涵为参谋长。这两人都是从黄埔出来的，聂荣臻与林彪有师生之谊，而未来的共和国上将陈其涵则担任过黄埔军校少校中队长，后转到地方上工作。

蒋介石一直没有忘记他，大革命失败后还专门从南京写信给陈其涵，邀他担任侍从室主任。这可是非同小可的诱惑，但陈其涵不为所动，冷冷地拒绝了。

红一军团下辖的两个军分别是红四军和红十五军，主要领导人也大都是黄埔同学。红四军军长王良是黄埔六期生，参加过秋收起义，只是不久前在漳州战役中牺牲。而该军政委罗瑞卿则是王良的同班同学。红十五军军长黄中岳虽不是黄埔出身，但该军的政委是正宗的黄埔一期生左权。

他们也盼望着和陈诚交手，试一试孰高孰低。

林彪却很谨慎，保持低调。他两道浓眉紧锁，满脸阴云密布。林彪的老部下黄永胜回忆打陈诚时说：

"那时部队求战热情很高，但林总常说他下不了决心，因为我们过去对付的都是国民党杂牌军，十一师才是蒋介石精锐中的精锐，是王中王。许多人不服气，争着要打十一师。后来我们才懂得，林总用的是激将法。"

等把部队的火气煽旺了，林彪这才吐口，说是先拿五十二师、五十九师祭旗，打赢了才有资格打第十一师。此语一出，红一军团上下摩拳擦掌，恨不得立刻开打。

两军对垒，各展手段。陈诚也不是浪得虚名，行军布阵极具章法，部队首尾呼应，左右照顾，一时无懈可击，红军竟寻不出破敌良策。

敌第一纵队指挥官罗卓英得知红军只有两团兵力打阻击，求战心切，令第五十二、五十九两师由乐安地区取道永丰、乐安向宜黄南部前进，自己率第十一师从宜黄南下，两军在黄陂会合后，一起向广昌、宁都进攻，企图堵击我主力红军撤回中央根据地的归路。

是日拂晓，敌第五十二、第五十九两个师在李明统一指挥下，兵分两路，中隔大山，相距十余里，向东南开进。

红军司令部内，无线电台"嘀嘀嗒嗒"地收发来自各地的信息。译电员匆匆送上一封电报，周恩来一看，高兴地招呼朱德："老总，敌人上当了！敌五十二、五十九两个师向黄陂、登仙桥东进，向宜黄集中，右翼完全暴露。"

朱德急忙走到地图前，用铅笔画了个圈，指点着说："黄陂、登仙桥一带山高林密，道路崎岖，地势险要，是打伏击的有利地形！"

周恩来说："老总，可以下决心了！"

朱德爽朗地笑着说："来而不往非礼也，打他个龟儿子！"

周恩来、朱德立即召开军事会议，决定在黄陂以西、登仙桥以东地带侧击并消灭来敌。当晚，周恩来、朱德、聂荣臻率领四万多红军，冒着雨向伏击地点开进。经过强行军，部队在天亮前潜伏到预定地点。

中午时分，山间晨雾弥漫，峰峦皆隐。雨停了，太阳在厚厚的云层里时隐时现。派出去的侦察员回来报告："敌五十二师正按正常速度进入我阵地！"

指挥部空气顿时紧张起来，林彪命令："告诉部队，注意隐蔽，沉住气，让敌人往里走！"

这时，沟口人喊马嘶，尘头大起。敌第五十二师四个团在师长李明的带领下，大摇大摆地进入伏击圈。只听见"砰砰"几声枪响，军团指挥部发出总攻的信号。

霎时，幽静的山谷像天崩地裂一般，爆发出震动山岳的枪炮声。迫击炮弹和机关枪子弹像狂风一样卷下山去，激动人心的冲锋号响彻山谷。伏兵呐喊着"冲啊杀啊"，拿着大刀，端着枪，犹如山洪暴发一样，向山下狂泻。

敌人被打得晕头转向，挤在狭窄的山谷中，乱成一团，自相践踏。在"缴枪不杀"的呼喊下，该师士兵很快就缴枪举手投降；黄埔军校第一期出身的师长李明受了重伤，做了俘虏，医治无效死去。第五十二师就这样报销了。

在山那边的敌第五十九师情况也很糟，被红军分割包围，陷入绝境，后队已被截断，形势万分危急。师长陈时骥见势不妙，急忙向第五十二师师长李明求援："文献兄（李明字）：弟无能，于本日午后一时失利，现部队已溃散，弟仅率士兵数十人在距蛟湖七八里许之山庄中，请迅速援助为盼。弟陈时骥。"

但此时的李明已自顾不暇。

2月27日晨，陈时骥眼看无望，企图突围回乐安。逃跑途中迷失方向，抓来一个农民为向导。不料，这个农民故意将其引至登仙桥附近，被红军包围，陈时骥被俘。

第五十一师师长李默庵奉令率部救援，当他到达登仙桥时，红军已经不见踪影。第五十二、五十九两个师已被红军消灭。天上飘着蒙蒙细雨，泥泞的地上鲜血横流，弹坑遍野，尸体满山，还有缺胳膊少腿的、奄奄一息的、哀号哭叫的，令人不寒而栗。

李默庵当即命令掩埋死者，抢救伤员。他悲愤地说："这么多的弟兄就这样登仙而去，真是'可怜无定河边骨，犹是春闺梦里人'。"

他不禁想起自己远在上海、新婚不久的爱妻顾林，也和这些死者的家属一样，正殷殷盼着丈夫早日归来，假如自己战死了，不也成为她的春闺梦里人了吗？

当时，日寇占领热河，进至长城一线。

李默庵想：如果为中华民族的存亡战死在保家卫国的抗日战场上，那就是民族英雄。这些死伤在内战战场上的，全是中国人，都是同胞兄弟，这样你死我活拼杀，究竟有何意义？

一连几天，他闷闷不乐，夜不能寝，彷徨与痛苦交织。他披衣而起，有感而发，写下一首七绝诗：

　　豆萁相煎骨肉残，满目凄凉心亦寒。
　　登仙桥畔登仙去，多少红颜泪枯干。

写完之后，他想拿给人看，又担心这种消极情绪影响部队，于是命令报务员发给上海的夫人顾林，作为夫妻间感情沟通的一种方式。

陈诚在临川得到第五十二、五十九两师被红军截击的消息，立即命令在宜黄的萧乾指挥第十一师速往增援。3月20日黄昏，第十一师进至草台岗、徐庄一线，与前面梯队相距近百里。这时，罗卓英率第五十九师残部温良旅也到达东陂以北五里排，判断红军似在等待其主力到来。见草台岗一带山高林密，地形不利，即电令第十一师连夜撤回五里排，但师长肖乾怕官兵疲劳，不肯撤回。

周恩来、朱德当即拍板，下达了作战命令："红军拟于21日拂晓，采取迅雷手段，干脆消灭草台岗、徐庄附近之十一师，再夹击东陂、五里排之敌。"

20日夜间，林彪、聂荣臻率部进入阵地。拂晓时，战斗打响。第十一师果然是王牌中之王牌，他们居高临下，以猛烈的火力对进攻的红军进行攻击。敌人的飞机也来助阵，炸弹鱼贯而下。此时，林彪和聂荣臻都在前沿阵地，一颗炸弹下来，把正在写作战命令的林彪震下山坡，聂荣臻也被气浪推倒。硝烟过后，他们若无其事地站起来，继续指挥战斗，大有泰山崩于前而色不变之镇定。

尽管第十一师战斗力很强，却难敌红军之奋勇顽强。21日拂晓，红军一、三、五、七、九等五个军团全力围攻第十一师，该师伤亡过半，剩下不到3000人。

此役，素称蒋介石之嫡系、陈诚靠之起家的第十一师只逃走不过一个团的兵力，师长肖乾受伤，副师长黄维坐着担架逃出了根据地，五个团长被打死了四个。

第四次"围剿"被粉碎。蒋介石不得不承认，"此次挫败，凄惨异常，实有生以来唯一之隐痛"。

噩耗接踵而来，陈诚抱头痛哭。蒋介石也很不满，"陈辞修太轻敌了，我早提醒过他，林彪很狡猾，不易对付，如今果然付出了代价。"于是口授了一封电报，不免有几分责备的口气，其中有语云："接诵噩耗，悲愤填膺。"一向与陈诚不和的黄埔一期生、军中骁将陈明仁乐得看笑话，私下里和人开心道："那陈小鬼（这是白崇禧给陈诚起的绰号）的能耐就是讨校长喜欢，眼高手低，轻视天下英雄，其实是个'猪头将军'。林彪这一仗打得好，好歹杀一杀陈小鬼的傲气。"

第四次"围剿"失败后，陈诚遭到同僚的攻讦。何应钦大骂陈诚"饭桶"，逼蒋介石严加处置。江西省主席熊式辉电告蒋说："辞修骄横，目中无人，不听劝阻，惨遭失败，其责非浅，望委座撤销他全职，改编第十八军。"

顾祝同、杨永泰也趁机向陈诚发难。蒋介石为避免国民党军内部离心倾向进一步发展，便给了陈诚降一级、记大过一次的处分。陈诚觉得威信扫地，无颜见人，不得不打电报给蒋介石辞去本兼各职，并撤销中路军总部。不待回电，即从抚州回南昌私寓，闭门不出，任凭同僚攻击。

陈诚回南昌，好几天不去谒蒋，蒋介石也不便召陈。南昌行营参谋长贺国光见此情况，心里很着急：蒋、陈不见面，将影响前方战局。揣摩蒋意，前方指挥

薛岳（右）与陈诚（左）

非陈莫属。于是，便去与谭祥商量，请她邀请陈诚外出散步，就便去看望宋美龄。这天晚上，陈诚偕谭祥来到宋美龄公寓。与宋美龄寒暄之后，蒋介石即出来，笑着与陈握手，说："这个，此次'围剿'失利，责任在我，你就不必多介意了。"陈诚一听很感激，说道："我没为你争光。"

这时，蒋介石向陈诚出示了熊式辉的密件。陈诚一看怒火中烧，说："委座如不需要十八军，请干脆撤销此番号，何必改成三师八团？否则，悉凭钧裁。"

蒋介石说："辞修，这回你要重整旗鼓，整编好十八军。这样吧，将十八军改编扩充为两军八师，还归你指挥。"

陈诚盘算，如此一来，第十八军的实力反比惨败前大增，才转怒为喜，与蒋介石谈起第五次"围剿"红军的计划。

5月，陈诚回到杭州，拟了两个方案，即"继续进攻"和"分区清剿"，请蒋介石决定。蒋估计到当时的部队只有招架之功，而无进攻之力，便决定采用"分区清剿"方案。为了适应军事形势，陈诚将总指挥部移驻崇仁，主力仍摆在中路军方面，调罗卓英回第十八军任副军长。他从适应山地战的特点出发，把两旅六团制的师改编成三团制的师；建议蒋介石恢复第五军建制，并保荐薛岳任该军军长；将吴奇伟所率张发奎的第四军，由2000多人扩充为三团制的两个师。经过整顿，在第四次"围剿"中严重受挫的陈诚军事系统的实力，得到了恢复和扩充。

胡琏胡打，侥幸立功

1933年秋，蒋介石在南昌召集"剿共"部队师长、参谋长以上将领开会，部署实施第五次"围剿"计划。这次，蒋介石是志在必得。经过五个月的充分准备，调集了正规军64个师7个旅6个团，空军11个队，飞机105架，加上各省地方保安团，总兵力在 100 万以上。9 月中旬开始，"剿共"军对赣南、赣西北、闽西、鄂南、闽浙赣边区，分北、西、南三路军同时"围剿"。陈诚指挥的北路军下辖第十八军和第三十六军，作为主力军，率先在 9 月 28 日占领了黎川。而此地正是由赣入闽的东大门。

风云突变。10 月份，"剿共"东路军总司令蒋光鼐、第十九路军军长蔡廷锴与红军签订军事协定；10 月下旬，蒋光鼐、蔡廷锴和陈铭枢、李济深等人在福州成立了"中华共和国人民政府"。

蒋介石闻闽变，决定"先戡乱，再剿共"，命令蒋鼎文、张治中、卫立煌各部立即由赣北入闽，进行镇压；同时命令陈诚率所部主力，由闽北的南城、南平间东入赣南的黎川，将中央革命根据地和福建政府之间的连接点切断，防止两方联手作战，并掩护入闽各部之侧背安全。

12 月中旬，第三十六军由黎川向其南的团村前进，并打算进出赣闽交界的关卡隘口；第十八军由所部第十一师派出六十六团向第三十六军东侧游击前进，胡琏担任该团团长。

在第三十六军出发南进的头一天，总指挥陈诚召集两军营级以上军官训话。等结束时，已经白日西沉，天色将晚。第六十七师四〇二团营长刘景蓉与胡琏是黄埔四期同窗，又为陕西老乡，一向很熟。他唤着："伯玉兄，到我那儿喝二两，叙叙旧。"胡琏也不推辞，两人勾肩搭背，向营部而去。

到了营部，刘景蓉摸出一瓶陕西的西凤酒。胡琏一见，喜出望外，不觉口水都流出来了，一把抓过来，对着瓶口"咕嘟咕嘟"灌了几口。

刘景蓉笑着说："伯玉，悠着点，别喝醉了。"

胡琏"咕嘟咕嘟"又是几口，用左手擦着下巴上的酒，笑着说："老弟，是不是心疼酒？俺陕西人就是能喝酒，出征以来，还是第一次。"

"心疼我就不叫你来了，我是怕你喝多了误事！"

"放心！我酒喝得越多，仗就打得越好，不信？等着瞧。"

等司务长端上炖好的老母鸡时，一瓶酒已经喝得差不多了，胡琏一人就干了

胡琏

刘景蓉

大半瓶。他见到香喷喷的鸡肉,上去撕了一条大腿塞进嘴里大嚼起来,哪知老母鸡肉粗,塞在牙缝里抠不出来,他也顾不得许多,只管狼吞虎咽。酒足饭饱,看看窗外,月近中天,于是起身离开。他扯开喉,一路唱着:"三民主义,吾党所宗……"

在昏黄的月色下,胡琏一脚低一脚高,晃晃悠悠而去。刚回到团部躺在行军床上昏昏欲睡,突然,电话铃急促地响起来。胡琏猛一激灵,一个鹞子翻身跳了起来,抢过电话,听筒里传来师长黄维带有江西口音的声音:"胡团长,大战在即,你晚上到哪里去了?该不是去喝酒了吧?"

"嘻嘻——知我者师长也。"胡琏听出不对劲,想缓和对方的情绪。

"少废话,贻误军机休怪我无情!你立即率部出发!"在寒夜中,黄维的声音是冷冰冰的。

酒还未醒的胡琏不敢怠慢,擦把脸便传令出发。行军两三个时辰,前方响起了枪声。双方各自抢占有利地形,乒乒乓乓接上火。胡琏命令第三营第九连连长杨宝毅占领前面东沅寨的制高点。

打到天明,枪声渐息。借着晨曦,胡琏从土坡后面探出脑袋正在观察,"啪",一声枪响,一颗子弹从他的左颊钻进,又从右颊飞出,胡琏顿时满嘴鲜血,卡在牙缝中的鸡肉丝也不知去向。他吐了几口,全是碎牙。

卫士见状,背上胡琏就要往下撤。陕西人不能见血,一挂彩就不要命。他挣扎下来,一把推开卫士,用一条毛巾连嘴带后脑勺都裹了起来,坚持指挥。红军一拨接一拨冲上来,胡琏死战不退。几个时辰后,红军终于退了下去。

中午时分,红军大队人马又来进攻,战事更加激烈,双方你来我往,反复冲杀,人喊枪鸣,炮弹手榴弹横飞。胡琏所部死伤较多,已支持不住。

危急之时,胡琏正准备分两路撤退,就听有人喊:"援兵到!"他回头一望,只见远处一哨人马,旗帜鲜明,行列整齐,增援而来,原来是第一营营长乔九龄率部赶到。乔营长气喘吁吁地举手报告:

"报告团长,一营奉令,来此集合!"

这时，胡琏又见东沅寨方向第三营第九连正在撤退下山，当即决定：

"命司号长吹第九连停止号；令第二、第三两营，迅即向东沅寨集结，其余人员随我上山。"

夕阳落山，暮霭沉沉。胡琏带着部队赶到山顶，只见在离寨顶不到100米的地方，黑压压的红军也蜂拥而至，无数雪亮的刺刀、大刀，一起闪着幽光。

他不由脱口而出："好险啊！"

所幸占得先机，又是居高临下，两个营士兵轮番扔出上百枚手榴弹，一阵狂炸，所有轻重机关枪疯狂扫射，红军措手不及，坚持片刻，退了下去。

胡琏终于稳住了阵地。

与胡琏争夺东沅寨的红军是第五军团董振堂所部。该部原来是冯玉祥西北军主力部队，属于国民革命军系列。北伐胜利后，蒋、冯交恶，冯玉祥发动反蒋战争。该部在中原大战中与陈诚第十一师交过手，知道对方的头不好剃。中原大战以冯玉祥失败而告终，蒋介石收编了西北军中的精锐，编为第二十六路军，任孙连仲为总指挥，调其到江西前线"剿共"。该部在董振堂等人的领导下，在宁都战场起义，参加红军，被编为红五军团。他们此次奉令去合围敌三十六军周浑元部，没想到竟为胡琏所阻。董振堂得知对手是国民党王牌部队，火力优良，且占地利，难以与其硬拼，便撤了回去。

这时，有三个电话兵带着一部电话机在黑暗中跑过来，高声喊道："胡团长在哪里？陈总指挥要团长讲话。"

胡琏刚接过听筒，里面传来陈诚的声音："胡团长吗？"

"报告陈总指挥，属下胡琏。"

"与你交战的对手是哪一支部队？什么番号？"

胡琏回答不出来，只觉得后脊梁汗津津的。他是糊涂官判糊涂案，从天明打到黑夜，来了出《三岔口》，对手是谁根本不知道。心想坏了，这下又够喝一壶的，一顿臭骂少不了。

没料到，陈诚笑了："你打的是老对手董振堂部，打得好，对此次战役贡献

黄埔时期的黄维

很大!"

胡琏放下电话,伸着舌头说:"好家伙!真是阴阳怕懵懂,不知对方的实力,瞎打一阵,居然镇住了对方。"

原来,就在胡琏部担任游击任务的同时,团村方向的第三十六军周浑元部进入了红一军团林彪部和红三军团彭德怀部的伏击圈;而红军的第五军团董振堂部负责截断团山通黎川的补给线,并以主力攻击团山之北,配合林、彭部,集中优势兵力,歼灭周浑元部。正在这节骨眼上,五架敌机前来解围,临空助战,一阵机枪扫射和俯冲轰炸,杀出一条血路;再加上董振堂部被阻于胡琏,未能赶来,周浑元在遭受重大损失的情况下,死里逃生。

在这盘棋上,胡琏成了关键的一颗"卒",既"别"了"马腿",又挡住了"相眼",阻止了红军和福建政府军队的联系,使之无法协同作战。想不到这样一个小小的战斗,竟起到影响全局的作用。更为有趣的是,他面颊上的伤痊愈后,脸上落下两个对称的酒窝,不仔细看,还以为是在哪个高级美容院做的美容手术呢。

蒋介石对及时阻止红军与第十九路军合流未能酿成不可收拾的巨祸十分满意。他在团村战役结束后问陈诚:"守东沅寨的部队是谁?"

"是第十一师六十六团,团长叫胡琏,黄埔四期的,才二十六岁。"

第十八军军长罗卓英

"好！好！年少有为，是我的臂膀也，才堪大用！"蒋介石心血来潮，写下手令："胡琏擢升少将团长。"

在国民党部队里，团长都是上校军衔，师长才能是少将。

胡琏听说后，沾沾自喜，但左等右等，不见命令。难道是狗咬尿脬空欢喜？

一天，师长黄维将胡琏唤到团部说："你升少将的命令已到团部，但陈诚总指挥觉得你还年轻，需历练，所以请校长收回成命。"他压低声音，"师参谋长叶佩高，还有另外两个团长王严和马励武都比你资深学优，怕摆不平啊。"

原来，黄维是黄埔一期的，又进过陆军大学深造，典型的"穿黄马褂、戴绿帽子"，也不过是个少将师长。他也不想让胡琏爬得太快，和陈诚一嘀咕，于是胡琏的少将便歇了菜。

胡琏哑巴吃饺子，心里有数。他不想得罪上峰，只好说："若蒙师座栽培，往后机会有的是，我当努力立功就是！"

胡琏没能升职，但战争还得继续，于是他暗下狠心，一定要在战场上再比高低。

1934年10月，红军在第五次反"围剿"中失利，撤出江西中央根据地，被迫进行战略大转移。之后，第十八军（军长罗卓英）驻广东曲江地区，下辖第十一师、第十四师、第六十七师（师长傅仲芳）和第九十四师（师长李树森）。该军参加了对留在江西的红军游击队的"清剿"行动。

奔赴淞沪，"血肉磨坊"

1937年8月14日上午，中国空军开始向黄浦江上的敌舰进行轰炸。15时，淞沪战役正式打响。淞沪警备司令官张治中指挥第八十七、第八十八、第三十六、第九十八各师分别向日军坚守的虹口、杨树浦两大据点发起进攻，日军

张治中

彭善

依靠黄浦江上炮舰的掩护顽强固守，等候援军到来。20日晚，彭善第十一师赶到前线，为中心市区总预备队。

23日拂晓，日军在川沙口偷袭登陆，直扑罗店。上午，其先头部队占领罗店。张治中第九集团军总司令部派出两个参谋先后坐汽车前往侦察，均在罗店镇口被日军机枪击伤，一司机被打死。时张治中已被任命为第九集团军总司令，接到日军登陆的消息后，立即令彭善率第十一师向罗店方向前进。该师与日军彻夜激战，直到第二天17时许才将敌人击退，并击毙敌下级军官一名。在其身上搜得军用地图，知敌重点指向罗店、嘉定及浏河。张治中见军情紧急，亲自赶往江湾，决定抽调第十一师主力收复罗店、第九十八师迎击川沙口登陆敌人。不料，第十一师师长彭善却说："凭什么让我去罗店？"

张治中说："情况万分危急，只有这样才能把失去的罗店收复。"

彭善强词夺理说："敌机炸得我们不能抬头，部队怎么走呢？"

张治中毫不客气地说："敌机只炸你吗？我能从南翔冒着轰炸走到江湾，你们就不能从江湾走到罗店吗？贻误军情，本司令官绝不姑息！"

彭善气哼哼地走了。

经过苦战，第十一师终于收复了罗店，第九十八师也将狮子林之敌驱逐，稳定了战线，但第十一师伤亡不小，损失了一个多营。

彭善找到军长罗卓英大发牢骚，说："张治中和刘和鼎穿连裆裤，摔别人的孩子不心疼。"

罗卓英安慰道："彭师长，不要性急，我去找顾祝同长官，要求把十八军归到陈长官的第十五集团军序列。有陈长官，会有我们的亏吃？让他们去扔自己的孩子吧！"

罗卓英派李树森第六十七师由嘉定东来，夺回罗店，并命该师坚守罗店。

23日深夜，张治中赶往太仓，晨曦中，艰难地到达刘和鼎的司令部。刘和鼎是安徽合肥人，而张治中是安徽巢湖人。两位老乡在战场相见，研究了对策后，张治中拿上几个馒头，又马不停蹄赶往嘉定。敌机在他们头上盘旋，又是扫射又是轰炸。张治中的车走走停停，直到中午，好不容易才到嘉定城第十八军司令部。

见到罗卓英，张治中热情地叫了一声："尤青兄——"

罗卓英却像见到怪物一般，用奇怪的口吻问："咦，张总司令为什么跑到我们这里来？"

张治中是冒着生命危险，几经周折来到这里的，劈头听到的却是这一句，心里很不高兴，反问道："罗军长，委座将你拨归我指挥，你就是我的部下，难道我不该来看看你吗？"

罗卓英却冷笑一声："张总司令，我部已划归第十五集团军，受总司令陈诚指挥，你不辞劳苦跑到我这里来，不会想越权指挥吧？"

张治中勃然大怒："这样关系战局的大事为何不通知我？第十八军明明是归我指挥，怎么划归第十五集团军？"

"你别拿别人的孩子不当孩子，一死就是一个营，这是第三战区司令长官顾祝同的命令。"

"顾长官在哪里？"

"顾长官就在苏州，有什么问题你找他去，再不然你直接问委座。"罗卓英不阴不阳地说。

张治中很窝火，连口水也没喝，命令机要参谋："去苏州，找顾长官！"

张治中前脚走，罗卓英后脚密报蒋介石，说张治中身为总司令，在战争最激烈时，不在前线，却躲在苏州。

蒋介石正为找不到张治中着急，听完罗卓英汇报，顿时火冒三丈。当时顾祝同根本不在苏州，张治中扑了个空，憋了一肚子气，拿起电话要南京最高统帅部，想向蒋介石申诉一番内心的委屈与苦闷。

不料，蒋介石一听是张治中的声音，不管三七二十一，就乱发脾气：

"你在哪里？"

"我在苏州司令部。"张治中回答。

"前方如此紧急，你身为总司令为什么到苏州？哪个请你去的？"

"委座，我听说顾墨三到苏州来了，为了左翼作战，所以我来这里同他商量……"张治中生怕误会，连忙解释。

蒋介石火气更大："为什么商量？两天在总司令部找不到你的人影，原来跑到后方来了！"

张治中也急了："委座，听你的意思我张某是贪生怕死？你去问问，自开战以来，我哪一天不在第一线指挥？"

蒋介石不依不饶："这都是你逞能。我问过你有没有把握一下子占领上海，现在如何？"

张治中一听怒火上冒，愤愤地回答："没占领上海，责任不全在我。我早说过，一定要空军和炮兵的配合。"

蒋介石一听，气得大声咆哮："空军没有配合吗？他们去黄浦江上炸敌舰'出云'号，打下了敌机！"

张治中压住一肚子火："配合得不够好。此外，统帅部三次命令我停止攻击，丧失了战机。再说，罗卓英原来归我指挥，我不能不去看看，我不知道他已划归陈辞修指挥了！"

此时，电话那边的声浪越来越大："你为什么不待在司令部？为什么到苏州？为什么到苏州？"

张治中实在憋不住，大声说："我到苏州了，我是到苏州与顾墨三商量问题的。我没有临战而逃，我一直在前方，委员长究竟想怎么样？"

蒋介石吼道："你究竟想怎么样？还问我怎么样！"说完"啪"的一声，掼掉电话。

张治中无端遭蒋介石指责，心情十分沉重，子夜时分才回到南翔的总司令部。

陈诚就任第十五集团军司令官后，他的嫡系第十八军也很长脸，第十一师和第六十七师均表现不俗。第十一师与日军为争夺罗店进行了拉锯战，鏖战月余，战斗之激烈，为沪西战场所仅见。敌我伤亡惨重。第十一师团长韩应斌阵亡，官兵死伤惨重。罗卓英急忙把第十一师撤换下来，将第六十七师李树森部调上去接替第十一师。被撤下罗店的第十一师改变部署，以六十五团、六十六团进攻罗店，第六十二团协同第六十七师进攻月浦，师长彭善亲临指挥，以劣势装备对抗武器精良的日军。日军总在天蒙蒙亮时，在飞机的掩护下，对第十一师阵地狂轰滥炸，再升起气球，指示海军舰炮和阵地炮兵进行第二次炮击，之后，步兵在坦克的掩护下向第十一师阵地发动进攻。

第十一师扬长避短，在夜间控制公路，埋设地雷和集捆手榴弹，设置多种障碍物，纵深配备，埋伏在公路两侧。等敌坦克上来后，拉响手榴弹，令坦克陷入深坑，然后伏兵尽出，与后面的日军拼刺刀。这种凶悍的战法，屡见奇效。但全师伤亡惨重，阵亡营长四人，有的连剩下官兵十余人。日军不得不承认这一线的中国军队是最精锐的部队。

第六十七师在罗店损失惨重，旅长蔡炳炎、团长李维藩阵亡，团长傅锡章负重伤，师长李树森手臂负伤，鲜血直流，被抬下火线。

李树森（1898—1964），湘阴县沙田人。1925年6月入黄埔军校第一期，毕业后由排长递升到营长，参加东征、北伐，任第二十师六十二团团长。1928年冬入陆军大学特别班第一期，1936年任第六十七师师长。

李树森负伤后，师长之职由刚从德国学习军事归来的黄维接替。黄维踌躇满志，一副志在必得的模样，在与日军的争夺战中表现出了特有的韧劲。白天丢失的阵地，夜间偷袭夺回来。白刃相交，贴身肉搏，出现了一寸山河一寸血的激烈战斗场面，直杀得血流成河，天地易色。鏖战一个月，第六十七师伤亡过半，罗店全镇毁于战火，成为一片焦土。后黄维接到上峰命令，于夜间主动后撤到南翔集结。陈诚和罗卓英抽调了第九十九师3000多名官兵和该师及其他师伤愈归队的官兵一并调整补充，并将所损耗的武器弹药进行补给。一个多月之后，该师才基本上恢复了战斗力。

第十八军的抵抗给日军以极其深刻的印象，他们给罗店起了一个恐怖的名字——"血肉磨坊"。

血战石牌，拱卫陪都

1943年世界反法西斯战争发生大转折。德、意军队在北非战场上遭到蒙哥马利的重创。在亚洲战场上，日军为了打破与中国军民对峙的僵局，在鄂西调集重兵，沿长江两岸分进合击，妄图突破拱卫重庆的第一道门户——石牌要塞，然后溯江而上，进攻巴蜀，夺取中国抗战中枢、国民政府的陪都重庆，摧毁抗日大后方根据地，结束对华战争；再与德、意联手，全力对付英、美。

日军使用了第三师团、第五师团、第十三师团、第三十四师团、第三十九师团、第四十师团等六个师团的全部或一部，总兵力在十万人以上。敌总司令官是第十一军军长高木义人，他从武汉进驻宜昌，统一指挥。而且日军有海军和航空部队的大力配合与支援。一时间，战云密布。

5月上旬，战幕拉开。日军开始进犯，与长江两岸的中国军队激战，迭克东西岸重要阵地，形势异常严峻。鉴于此战对抗战全局关系重大，蒋介石亲临前线督战。鄂西属于第六战区，司令长官陈诚时兼远征军司令长官，正在昆明，闻警，立即从昆明飞抵恩施，坐镇指挥。

中国军队能不能守住石牌，成为全国乃至世界的焦点所在。坚守这一地区的是第十八军，军长方天，下辖第十一师和第十八师。守石牌核心要塞的就是第十一师，师长胡琏。他的侧翼是第十八师，师长为罗广文，担任掩护任务。

5月25日，军长方天转来战区司令长官陈诚的电报："石牌要塞之防守，关系江防全局，领袖关念，全国瞩目，责任重大，不言而喻。十八军奉命担任守备，务必以最大决心，誓死固守。每一寸土，必使敌付最高代价，而终于驱逐之，以完成最伟大之任务，发扬我十八军以往之光荣历史，是所切望。希告诫全体官

方天

兵均明此义为要。"

胡琏将电报宣示全师,以激发官兵的斗志和牺牲精神。

5月26日,敌军逼近石牌要塞,与第十八师罗广文部激战。罗广文与胡琏同为黄埔四期同学,同在十八军当师长,自然唇齿相依,竭力而战。27日,罗广文在日军劈头盖脸的打击下,连连失利,部队伤亡惨重,被迫向后转移阵地,过早地将胡琏暴露在日军面前。敌三十九师团开始向十一师防守第一线阵地的三十一团全力进犯。

当时要塞中有不少军马,也派不上用场。胡琏将兽医官崔焕之找到师部,让其把军马送到秭归,免遭无谓的损失。前路凶险,胜负难料,在这样的气氛下分别,两人神色黯然。

罗广文

"师座,还有什么要交代的?"

胡琏慨然答道:"如果要塞陷落,就是我等为国家、民族捐躯的时候,没啥说的。我这里有写好的几封遗书和一些物品,你替我寄出去。"

崔焕之接过来一看,收件地址是"江西赣州建成门外水东乡三十三号",收件人是"曾广瑜夫人"。其时,胡琏的家眷都在赣州。

崔焕之只觉得鼻子一酸,哽咽着叫了一声:"师长——"

在场的参谋、副官都热泪盈眶。

胡琏强笑着:"我平时教育你们成仁取义,轮到我头上就吓拉稀啦?军人战死沙场,是分内之事,俺们陕西爷们儿有句粗话,该死屌朝上。哭啥?别和老娘们一样。"

临别时，胡琏交代："你可暂时待在巴东，等确知军败我亡后，再将这几封信发出，我在九泉之下，也会感激你的。"

崔焕之流着泪说："师长，你放心吧，我一定按你吩咐的去办。但我坚信我军一定会胜利的，这几封信和物品我还会带回来的。"

胡琏的遗书共有五封，分别写给其父、其兄、其妻和其好友。

致父函是这样写的：

父亲大人：儿今奉令担任石牌要塞防守，孤军奋斗，前途莫测。然成功成仁之外，当无他途，而成仁之公算较多。有子能死国，大人情亦足慰。唯儿子于役国事，已十九年，菽水之欢，久亏此职，今兹殊戚戚也。恳大人依时加衣强饭，即所以超拔顽儿灵魂也。敬叩金安。

寄妻函如下：

我今奉命担任石牌要塞守备，军人以死报国，原属本分，故我毫无牵挂。仅亲老家贫，妻少子幼，乡关万里，孤寡无依，稍感戚戚，然亦无可奈何，只好付之命运。诸子长大成人，仍以当军人为父报仇，为国效忠为宜。战争胜利后，留赣（州）抑回陕可自择之。家中能节俭，当可温饱，穷而乐。古有明训，你当能体念及之。……十余年戎马生涯，负你之处良多，今当诀别，感念至深。兹留金表一只，自来水笔一支，日记本一册，聊作纪念。接读此信，毋悲亦毋痛，人生百年，终有一死，死得其所，正宜欢乐。匆匆谨祝珍重。

大战前夕，迷信的胡琏沐浴更衣，率师部人员登上凤凰山，举行祭天仪式。他恭恭敬敬地燃上三炷香，然后带头跪下，"砰砰砰"对苍天叩三个头，嘴里祷告："陆军第十一师师长胡琏，谨以至诚昭告山川神灵曰：我今率堂堂之师，保卫我祖宗艰苦经营遗留吾人之土地，名正言顺，鬼伏神钦，决心至坚，誓死不渝。汉贼不两立，古有明训。华夷须严辨，春秋存义。生为军人，死为军魂。后人视今，亦犹今人之视昔，吾何惴焉！今贼来犯，决予痛歼，力尽，以身殉之。然吾坚信苍苍者天，必佑忠诚，吾人于血战之际，胜利即在握矣。此誓。大中华民国三十二年五月二十七日正午。"

5月28日黎明，激战开始。在飞机的掩护下，日军用大炮猛烈地轰击石牌要塞。阵地上空，浓烟滚滚，土石横飞。紧接着，骄横无比的步兵3000多人向第三十一团牛长坡阵地猛扑上来。第三十一团沉着应战，在要塞炮兵的支援下，多次打退日军的进攻，山谷中到处可见敌人的尸体。敌恼羞成怒，飞机轮番轰炸，阵地上一片火海。残阳如血，将滚滚长江染成绛紫色，与周围炮火交织成一幅惊心动魄的画面。

天黑以前，友军据守的三十一团右后侧的彭家坡阵地被敌攻破，三十一团腹背受敌，第九连伤亡殆尽，阵地一角陷于敌手，给扑朔迷离的战局罩上一片巨大的阴影。入夜，枪炮声不绝于耳。

石牌一战，牵动着多少人的心。

第十一师的第一任师长、第六战区司令长官陈诚非常担心该师的命运，从恩施打来电话，急切地问："胡师长，怎么样？有没有困难？有没有把握？"

"请陈长官放心！此刻前线正在全面拼杀之中，我军虽然孤军奋战，但官兵士气旺盛，敌人若想突破西陵峡口，必须踏着我十一师官兵的尸体而过，否则敌虽尸堆如山，血流成河，也休想望见巫峰！"

"很好！我将把你的决心报告委座。但请你放心，你们不是孤军，我已调精兵，正在途中，大局可以改观。"

胡琏的电话刚放下，第十一师第二任师长、时任军令部次长的罗卓英从重庆发来加急电报曰：

特急，胡师长：密。兄率部锁钥长江，拱卫陪都，接受光荣任务，必能创造光荣的战绩。望激励官兵,坚定决心,坚守要塞,发挥神勇,发扬精神,造成空前胜利,有厚望焉!

不久,江防军总司令吴奇伟从三斗坪打来电话:"一八五师已兼程来援,二十七师已到天岩坪,九十四军主力回守资丘。只要我十一师努力作战,石牌无恙,胜券在握。"

5月29日,太阳还在黑暗中挣扎,日军的大炮就开始地毯式轰炸。8点刚到,敌机成群呼啸而至,将一排排炸弹倾泻在要塞中,硝烟尘土升腾弥漫半天。很快,敌全面发起进攻,嗷嗷叫的日军蜂拥而至,将三十一团阵地撕开几处大口子。

团长尹钟岳用电话报告了这个危急情况,胡琏命令:"对敌强行逆袭,将狗日的揍回去!"

尹团长当即命令吹冲锋号。在激动人心的号声的催促下,官兵纷纷跃出掩体,呐喊着向敌猛冲猛杀。这一下将日军吓得不轻,打了几年仗,还没见过在进攻时中国军人敢反冲锋的,只见雪亮的刺刀上下左右翻飞。一时间,日军手忙脚乱,相持一阵,丢下一片尸体后退了下去。就在中国军队逆袭即将成功之时,凶残的日军竟施放毒气,我军功亏一篑。该团又组织了一次逆袭后,在天黑之前,主动向核心阵地转移。

是日,第三十二团和第三十三团都与强敌血战。负责南面要隘的三十三团游国桢营长被飞机炸成重伤。敌人蜂拥而来。眼看隘口将失,游营长咬紧牙关,裹创力战,等援兵赶来,杀退敌人时,游营长已经血洒黄沙,为国捐躯。

由于负责掩护三十一团右侧的友军全线崩溃,几百名溃兵退进四方湾。这里是要塞核心到三十一团的一个要冲,部分日军乘机跟了进来,猛打猛窜,形势极为混乱。此阵地如果失去,第十一师将被截成两段,而三十一团的后路将失,搞不好,要塞主阵地也有被敌揳入的危险,情况万分危急。

胡琏命令三十二团副团长李树兰:"你带领一个班,半小时之内赶到四方湾,将那里的敌人赶出去！"

李树兰是员虎将，以打仗凶狠出名，这次却心里发毛："师长，人太少了，你是不是多给些？"

胡琏火了："你的眼又不瞎，没看见全线都在激战？我只能给你一个班。"说着照着李树兰的肩轻轻打了一拳，"动动脑子，那里不是还有溃兵吗？枯木朽株都能杀敌！"

李树兰挨了训，却很高兴："明白了，师长瞧好吧！"他敬了个礼，扭身大步流星向外跑。胡琏在后面喊："活着回来，我还要请你喝白干儿！"

李树兰带着八个战士，在炮火中连蹿带蹦，闪转腾挪，终于在规定的时间里赶到了四方湾。他来不及喘口气，便上气不接下气地用电话报告："师长，你的表几分了？"

胡琏在李树兰走后不时地看表，接到电话，长出了一口气："还差一分钟。"

"师长放心吧，耽误不了。"李树兰放下电话，朝天放了两枪，将惊魂未定的溃兵挡住，然后大声嚷嚷："我奉师长指派，负责此地的防务。不管是哪一军哪一师的，都要归我指挥，听我的命令，如有违抗，一律军法从事！"

乱哄哄的溃兵一下子被威慑住了。李树兰将这三四百号人编成几队，划分了各自防守的区域，分配战斗任务，并下令："鬼子上来后，没有命令都不许开枪！"

这时大约一个小队的日军嗷嗷叫着，端着明晃晃的三八大盖冲了上来。待敌人进入有效的射击范围之后，随着李树兰一声"打"，阵地上手榴弹、机枪、步枪包括石头，便雨点般打过去。鬼子措手不及，被打得落花流水，大部分成了釜底游魂，只有少数连滚带爬逃了回去。四方湾化险为夷。

这一天的中午，第十八军军长方天要胡琏接电话，他激动地说："我传达委座电令：石牌乃中国的斯大林格勒，离此一步，便无死所。中华男儿，当有与苏联红军互相辉映之义务与权利。"

胡琏回答："请委座和师座放心，胡琏决不辱命！"

蒋介石与李树兰

激战一天,胡琏盘点了自己的部队,形势相当严峻。是日晚,胡琏下令将师部移驻白石岩,这里是石牌要塞的最高点,四周都是岩石。胡琏召集各团官长说:"要塞如果被敌攻陷,这里就是我们的葬身之处。从明天起,我们将与敌短兵相接,望各就本位,尽其职守,战至最后一人,将敌人的枯骨和我等的英名与血肉涂写在石牌的岩石上。"

5月30日凌晨,陈诚打来电话:"委座已下令陈纳德将军的十四航空队前往助战;七十九军已夺回渔阳关,即向石牌前进,不久就可与敌决战;十八师罗广文已恢复元气。伯玉,可不能丢我的人啊!"

"请陈长官放心,我师苦战数日,虽有伤亡,但士气仍极旺盛,石牌绝可无虞。"

一会儿,军长方天又来电话:"军部已到达三斗坪,就在你的身后。相信

刘云瀚

十一师在胡师长的领导下，必可肩负重大使命。无十一师就无十八军。你必须镇静作战，再坚持几日，大局定会好转……"

电话未完，便被惊雷般的炮声打断，敌人又开始进攻了。

战斗依然激烈。日军似乎知道前面横亘着一座难以逾越的高山，志在必得的信心发生了动摇，虽不断冒死仰攻，但底气不足。在十一师凭险力战、不急不躁的打击下，死伤累累。于是，报复性的狂轰滥炸比前两天更加凶猛。

5月31日，全天仍在激战，但日军进攻的规模大不如前，已属强弩之末。是日午夜，胡琏命令各团组织小分队，每队十人，向敌营不间断地发动袭击。他说："军人应具有英雄气概，三国时东吴的甘宁以百骑劫袭曹操大营。我要求你们放胆奋斗。我已备下重赏，等待你们胜利的消息。"

各小分队的袭击给日军造成极大的心理恐慌，几乎一夜都不敢睡觉。

幸运之神又一次降临到胡伯玉的头上。此时，国民革命军援军源源不断抵达指定的位置，从 6 月 1 日起，全线展开大反攻。战至 6 月 7 日，终于恢复到战前的态势，胡琏防守石牌的任务圆满完成。

蒋介石特意为保卫石牌的有功人员陈诚、方天、胡琏、罗广文、吴奇伟等颁发了青天白日勋章，李树兰因功升为团长。国民党中宣部特意组织驻重庆的中外记者到战地采访，向世界报道第十一师不朽的抗敌业绩，有人称胡琏为"中国的崔可夫"。是年 8 月，罗广文升任第十八军军长，胡琏升为副军长。第十一师师长由刘云瀚继任。

1944 年 8 月，胡琏由第十八军副军长升为该军军长，原军长罗广文调任第八十七军军长。该部位于湖南泸溪地区，隶属王耀武的第四方面军。此期间，胡琏率部参加了湘西会战。此时的第十一师师长由杨伯涛继任，第十八师师长为覃道善。

逐鹿中原，为蒋卖命

抗日战争胜利以后，国共两党剑拔弩张，烽火又燃。

当时国民党军进行了整编，胡琏的第十八军改番号为整编第十一师，与整编第五师（师长邱清泉）、整编第七十四师（师长张灵甫）、新编第一军（军长潘裕昆）、新编第六军（军长廖耀湘）号称"五大主力"。

国民党的整编师其实是军的编制。抗战胜利后，国共谈判，裁减各自军队，国民党计划分三期将其 86 个军改为整编师，师改为旅。到 1946 年 6 月内战全面爆发时，只完成陇海路以南的部队的整编，因此，东北地区仍称为军。

当时国民党军五大主力除了新一军和新六军在关外东北地区与胡琏、张灵甫的同窗、黄埔四期的林彪对阵外，其余三大主力都在中原战场上。自古争天下者必争中原。国共双方均集中精兵强将,在中原战场上演了一幕幕载入史册的经典战役。

1945年9、10月间,刘伯承部与国民党军第十九军、第二十三军、第八十三军等在上党地区大战,结果国民党第十九军史泽波被俘,第七集团军副总司令彭毓斌被击毙,所部十一个师及一个挺进纵队约35000人被歼。10月下旬,第十一战区副司令长官宋肯堂率领第三十军、三十二军、四十军、新八军等四个军北进至彰河地区时,又被刘伯承部一举歼灭。随即,刘伯承率部以飘忽急骤之势,与陈毅往来呼应,忽分忽合,问鼎中原。

1946年8月21日,在陇海路柳河集以西地区,解放军歼灭敌整编第五十五师第一八一旅及第二十九旅一个团约16000人;紧接着在鲁西南的定陶歼灭敌整编第三师17000余人,俘虏了敌中将师长赵锡田。整编第三师在抗战时为第十军,军长方先觉,在第三次长沙大捷和衡阳保卫战中曾立下赫赫战功。没想到这支能征惯战的劲旅遇到解放军,一战便灰飞烟灭。

刘伯承在一年的时间里,取得三战三捷的胜利,所向披靡,吓得国民党军胆战心惊。郑州绥靖公署主任刘峙也因此被撤职,河南省会开封顿告吃紧。

在连遭败绩、士气低落的情况下,南京国防部急令徐州绥靖公署派遣第五军军长邱清泉率领该军及胡琏的整编第十一师,由丰县出砀山、虞城,向鲁西南前进。

出发之前,自持兵精饷足的胡琏夸下海口:"刘伯承是老太太吃柿子——专拣软的捏,要是遇上我部,哼,包准让他疤癞眼儿照镜子,自找难看!"

从1946年9月初到10月上旬,邱清泉在北,胡琏在南,在巨野等与刘伯承激战。刘伯承设下口袋阵,专等胡琏入彀。其作战部署:以陈再道的第二纵队固守龙固集,诱使邱清泉部去围攻,将其牵制住;同时以一部对胡琏采取节节抵抗、节节后退的战术,使胡琏与邱清泉逐渐脱离;然后刘伯承指挥陈锡联的第三纵队、杨勇的第七纵队、王宏坤的第六纵队共27个团,将胡琏的整编十一师一举包围。各部奋勇强攻,前赴后继,毕竟连续作战,得不到休整,在进攻的最后关头总欠一把火，始终无法攻破整编十一师的阵地。

面对如潮的攻势，胡琏也是捏着一把冷汗。但整编十一师毕竟经过石牌那样的守卫战，训练有素，加上全是美式机械化装备，有榴弹炮等重武器，胡琏命令部队依仗优势火力，抑制对方的进攻。双方恶斗十天。最终胡琏撤退了章逢集的第三十二团。刘伯承眼看胡琏这个硬核桃砸不开，笑着说："胡琏这只狐狸，像刺猬一样，缩成一团，一时还真不好对付。"

政委邓小平说："不好对付就先放他一马，以后再收拾他，莫打消耗战嘛。"
刘伯承下令各部脱离战场而去。

这一仗被称作"龙凤之战"，邱清泉未能攻克陈再道的防御，陈锡联、杨勇等也没能一举全歼胡琏，双方战成平手。刘邓大军也损失很重，在做战斗总结时，刘伯承作了几次检讨。

1947年4月，鉴于在中原战场连续失败，蒋介石重新调整部署，集中兵力，以汤恩伯的第一兵团、欧震的第二兵团和范汉杰的第三兵团进攻山东解放区。第一兵团蒋介石的另一大主力——由胡琏的同乡张灵甫率领的整编第七十四师与黄百韬的整编第二十五师之一部前进至沂蒙山区的坦埠附近时，过于突出，其他各部行动迟缓，未能齐头并进。当时，临沂到新泰，正面约有100公里、纵深不过50公里的狭小地区，国民党军总共有十几个整编师。以陈毅、粟裕为首的野战军突然以百万军中取上将首级的气概，向张灵甫逼近。在慌乱之中，名将张灵甫迭出昏招，于5月14日午后退守光秃秃的孟良崮高地。我军跟踪而至，以优势兵力将第七十四师团团围住。张灵甫的几万人马拥挤在寸草不生的石头山上，无法隐蔽，无法展开，火力难以发挥，加上缺乏水源，陷入绝境。他一改以往狂妄自大的脾气，向国防部哀求救命。

徐州绥署急电第二、三兵团，以整编第十一师、整编第九师昼夜兼程，向蒙阴疾进，协同第一兵团的整编二十五师、整编六十五师、整编八十三师解救张灵甫。如果张灵甫能坚持四天以上，就有把握解围。

在所有前往孟良崮的援救部队中，和张灵甫十指连心的，就是他的同乡、同窗老友胡琏。张灵甫知道，其他的将领巴不得他被消灭，只有胡琏会奋不顾身地救他。在解放军强大的攻势下，张灵甫最后与胡琏通电话："伙计，我恐怕不行了，你再不快点儿，咱哥儿俩就见不上了，只能替我收尸了。"

胡琏还给他打气："伙计，我跑得不慢，再有天把就赶到了。你看过《济公传》吧？要学八魔斗济公中的济公！"意思是要张灵甫坚韧沉着，苦撑待援。

胡琏的部队跑得不慢，可是就在快接近孟良崮时，黄百韬的整编二十五师挡住了他的去路。胡琏派人去请黄百韬让道，黄却说："这么多部队挤在一起怎么让？除非第十一师飞过去。"

胡琏气得翻白眼，却干急不淌汗。

顾祝同

陈诚

黄百韬，字焕然，别号寒玉，1900年生于天津。早年就读于河北工业专门学校中学部，后赴江西陆军第九混成旅学兵营。结业后，从排长、连长到营长，继考入陆军军官团第五期。毕业后入北洋军阀张宗昌手下的徐源泉部，先后任团副、团长。1928年徐源泉投降蒋介石后，为四十八师师长。在讨伐冯玉祥的战斗和"剿共"中，为蒋介石立下汗马功劳。后入陆军大学特别班学习。抗战时期曾为冀察战区参谋长、第二十五军军长。抗战后为整编二十五师师长。黄百韬能打仗，但为中央军旁系，一直受天之骄子即黄埔系的挤对和白眼，属于后娘养的孩子，受尽了窝囊气。此次鲁中作战，他和张灵甫动作最快，但张灵甫看不起他的部队。因此，当张灵甫被围后，他心里暗暗高兴。张灵甫向他求救时，他更为得意，有意放慢节奏，在一旁抱着膀子看陈毅猛揍整编七十四师。张灵甫眼看指望不上他，只好向胡琏求救。然而，解放军已容不得张灵甫再坚持，只用了三天时间，在 16 日下午就将整编第七十四师及整编八十三师一个团共 32000 人全歼。

正在途中的胡琏闻讯号啕大哭，大骂黄百韬见死不救，不仗义。

整编七十四师被歼，成为国共双方攻防转换的一个转折点。张灵甫死了，好比蒋介石的食指被斩断了，连着心的疼。他从南京直飞徐州，兴师问罪。

参谋总长陈诚和徐州绥署主任顾祝同都怀着忐忑不安的心情，在机场跑道旁恭迎。

蒋介石一下飞机，一脸愤怒，没好气地对陈诚、顾祝同说："你们两个到我车上来！"

陈、顾二人一上车，蒋介石大骂："你们都是饭桶，怎么指挥的？那么多部队围在外面，竟让灵甫殉国！太令我失望了！"他用拳捶着胸口，"痛杀我也！是谁担负援救张灵甫的任务？有关将领统统给我找来，都脱不了干系！"

陈诚、顾祝同噤若寒蝉，脊梁都汗湿了。

骂归骂，蒋介石还是袒护黄埔出身的将领。经过调查，张灵甫的顶头上司汤恩伯指挥失误，被调职；黄百韬援救不力，但他申述的理由挑不出毛病，因此被严重警告；胡琏经过申述，侥幸过关；只有倒霉蛋李天霞被撤去整编八十三师师长之职。经过总结失败的教训，国防部撤销了郑州、徐州两个绥靖公署，设立陆军总司令部徐州司令部，由陆军总司令顾祝同进驻徐州，统一指挥。为执行蒋介石的"诱敌作战，逼敌会战""捣匪巢穴"的战略，彻底消灭陈毅的野战军，国防部部署了一个普通军、十一个整编师（军），外加一个普通师和两个旅的兵力，再度进攻鲁中山区。范汉杰的第三兵团担任主力，范兵团则以胡琏部为锥端楔入南麻地区（今沂源县，南麻位于鲁中沂蒙山区的中心，是山东我主要根据地之一），作为诱饵，吸引解放军主力来攻，其余各部再将解放军一举包围而歼之。

6 月 27 日，范汉杰兵团向南麻攻击前进。狡猾的胡琏以秘密而迅速的动作，从整编六十五师的右后方超越前进，于 30 日一举攻陷南麻盆地。陈毅立即调动五个纵队的兵力，以二纵韦国清由东北方、六纵王必成及快速纵队由东南方、九纵许世友由西北方，以雷霆万钧之势，直扑南麻；另以第七纵队成钧部担任阻敌任务。陈毅、粟裕赴北马头崮亲自坐镇指挥。

胡琏得知方圆10公里皆是解放军，在战前除了加紧修筑工事外，又在司令部院内设下一座祭坛。7月15日15时整，炮声如雷，隆隆四起，南麻上空腾起蘑菇状的战云。

在外围的国民党军二线兵团一阵欢腾。尤其那些非主力非嫡系，舅舅不疼、姥姥不爱，不招人待见的部队，心里更是产生了无名的快感。在当时国民党军中，五大主力与其他部队之间从编制到待遇乃至装备、给养的差别很大，杂牌军就更没法比了。

就拿第四兵团司令官兼整编第十师罗广文部来说，同为精锐嫡系，名义是一个军的编制，其实只有两旅八团共8000人。罗广文自嘲为："四兵团，四团兵。"而胡琏的整编第十一师为三旅九团将近4万人。胡琏与罗广文在前线比实力，罗广文号称1万人，胡琏谦虚地说不满4万人。罗广文不信有这么大的差距，胡琏请其到曹县城楼阅兵。只见第十一师部队人强马壮，兵分三路，官兵共36000人，汽车290余辆、大车500多辆、骡马6000余匹，浩浩荡荡，罗广文不由目瞪口呆，发出万端感慨。国民党军队待遇如此不公，难免在其主力被包围时，其他部队要看笑话了。

南麻战役打响了，胡琏知晓来者不善，善者不来，赶紧带领司令部人员举行祭天仪式，焚香跪拜，求上天保佑。并给陈诚发去一封悲悲切切的电报："职部已作破釜沉舟之计，不成功则成仁。"

说来也巧，三炷香氤氲缭绕，即将燃尽之时，四野云合，电闪雷鸣，一会儿的工夫，天降倾盆大雨。南麻是个盆地，雨水加山洪，给华东野战军的进攻造成了很大麻烦。部队冒雨蹚水前进，异常艰难，各种战术发挥不到位，损失很大。胡琏则将部队分成小组，以排为单位，占据堡垒、工事和民房，筑成"小而坚"连环的"触角堡垒"，专门对付解放军的人海战术，很有效果。激烈的战事持续了四天，攻势仍未减弱。

胡琏给上峰发电请求援兵："敌伤亡虽属惨重，但仍有余勇可贾，恳饬援兵。"

外线的整编第二十五、第九、第六十四各师，也分别突破华野七纵的防线，逼近南麻。尤其是黄百韬，上次因为救援张灵甫不力，受到申斥。他明白，如果这次再让胡琏部被解放军吃掉，自己的下场就是李天霞第二，于是拼了老本，不要命地来救胡琏。

这一场罕见的大雨整整下了七天七夜，终于浇退了陈、粟的攻势，也挽救了胡琏和整编十一师被歼灭的命运。

7月23日拂晓，华野损失8000人，终于撤围向临朐方向而走，退出沂蒙山区。粟裕由此承担责任，要求辞职。

胡琏神气透了，大发狂言："我的整编十一师可不是张灵甫的整编七十四师，想吃掉我，得有一副铁嘴钢牙好胃口！"

蒋介石兴奋至极，对陈诚、顾祝同等人说："有胡伯玉在，我可高枕无忧了。"

战后，蒋介石论功行赏，颁发给整编第十一师奖金法币五亿元，将胡琏吹捧为"常胜将军"，国防部将胡琏的南麻之战列为国民革命军24个典型胜利战役之一。

黄百韬等气得把大盖帽恶狠狠地摔在地上，咧着大嘴骂道："操！什么鸡巴毛常胜将军？要不是胡伯玉的八字好，早他妈的和张灵甫做伴去了。"

胡琏的胜利，并未扭转国民党军在中原战场上的劣势。国民党气数已尽，靠一两员良将维持不了多少天了。

淮海战场，侥幸逃命

1947年冬，国防部为扭转军事上的失利，将各整编师一律编为军。整编第十一师升为第十八军。

此时的胡琏成为国民党军的"灭火队队长"，哪里有警，就前往哪里救火。针对胡琏所部战斗力极强的特点，毛泽东提出了"拖死胡琏"的战法，即不与之作面对面的硬拼。他在一份下发给部队的文件中批示："十八军胡琏，狡如狐，勇如虎，宜趋避之，以保实力，待机取胜。"

解放军改变战术，在中原战场像逗猴一样，耍得胡琏满世界瞎跑。在数千里的大平原中，常常是哪里情况紧急，胡琏便到哪里。从苏北到皖北，从山东到河南，胡琏部追逐于南阳、玩命于洛阳、救火于开封、奔跑于郑州，受南京、徐州、汉口、郑州四个长官部的调遣和驱使，苦不堪言。由于"婆婆"太多，听这个的，得罪那个，搞得胡琏头昏脑胀。

1948年3月8日，华东野战军陈士榘、唐亮兵团和中野陈赓、谢富治兵团，乘胡琏兵团正自漯河东进商水，寻刘邓主力决战之际，毅然决然发起洛阳战役。至14日晚，全歼青年军第二〇六军，俘虏师长邱行湘。17日，待胡琏率第十八军马不停蹄赶到洛阳时，华野、中野主力主动撤出。

同年5月，中野陈赓兵团指挥二纵、四纵和华野十纵等发起宛西战役，连克镇平、内乡、淅川、邓县、老河口等地。驻守南阳的第二军王凌云拼命求援，胡琏从驻马店长驱救援。刘伯承得知后，立即在驻马店以西和南阳之间的山区布下一张捕狐的大网，专等胡琏往里钻。

狡猾的胡琏嗅出有陷阱在前，便与刘伯承斗法。他不动声色，让先头部队继续前进，自己则在驻马店大张旗鼓地征夫征粮，摆出一副大部队开拔前紧张忙乱的模样。刘伯承遂命令设伏部队放过第十八军先头部队，单等其主力。结果本来去送死的先头部队，安然无恙进了南阳，而胡琏的主力出动了一天，又把头缩回去了。我设伏部队白白候了两天，无功而返。刘伯承围歼"狐狸"的计划落空。

同年6月18日，华野陈士榘、唐亮兵团出其不意闪击河南省会开封，21日占领开封。蒋介石立即飞抵郑州，组织各部收复开封。邱清泉的第五军从城武、曹县来援，被华野一纵、四纵、六纵阻于兰封以东；由郑州东援的孙元良兵团被中野九纵等部阻于中牟。与此同时，胡琏的第十八军奉命从驻马店、西平地区驰援开封。华野首长急令位于舞阳、叶县地区休整的华野十纵立即北上，阻击敌第十八军机械化部队狂潮般的北进。

第十纵第二十八师在师长肖锋的率领下，一昼夜强行军一百八十里，率先赶到阻击地点，与胡琏部在上蔡城下打了个昏天黑地，日月无光，硬是将美式装备的胡琏部阻挡在上蔡，难越雷池一步，保证了兄弟部队于22日攻克开封古城。第十纵著名的上蔡阻击战，是肖锋与胡琏硬碰硬的一场恶战。

刘伯承此番又想捉"狐狸"，在胡琏第十八军遭到华野十纵顽强阻击的同时，中野一纵、三纵分别包抄过来。胡琏一见不妙，当机立断，进驻上蔡县城及其附近地区，互为犄角。刘伯承见时机不成熟，只得放弃"捕狐"行动。

6月26日，解放军主动撤出开封，随即又发动睢杞战役，敲掉了区寿年兵团。待胡琏好不容易进至商水一线时，我军已撤出战斗，主力转移，搞得胡琏疲于奔命。

是年8月，国防部在南京召开军事会议，被迫放弃全面防御而采取重点防御，集中兵力固守战略要点，由白崇禧出任华中"剿匪"总司令。9月，以胡琏的第十八军为主，加上第十军、第十四军、第八十五军，编成第十二兵团，划归白崇禧指挥。胡琏在驻马店组建了第十二兵团司令部。在十二兵团司令官人选问题上，白崇禧要求走马换将。大敌当前，蒋介石不想得罪白崇禧，只能捏着鼻子同意。

据黄维回忆，白崇禧与陈诚矛盾很深。他既想拉拢胡琏，又因为胡琏是陈诚的干将，担心其只听陈诚而不听他的，于是对胡进行攻击，反对胡琏担任兵团司令。蒋介石没有办法，只好另择第十二兵团司令官人选。他派参谋次长林蔚到上海征求陈诚的意见，陈诚将夹袋中的人物一一考虑，虽然对第十二兵团司令官之位觊觎者不少，却无人有驾驭"常胜将军"胡琏之胆量，没有金刚钻，不敢揽瓷器活。

斟酌再三，陈诚推荐原十八军军长、时任新制军官学校校长兼陆军第三训练处处长的黄维出任兵团司令官。尽管白崇禧依旧不同意，但由于总参谋长顾祝同的支持，最终黄维入围。

黄维是黄埔一期生，又毕业于陆军大学，是典型的"黄马褂，绿帽子"。曾在德国学习军事，人称"书呆子"。累迁旅长、副师长、师长、第十八军军长、联勤总司令部副总司令、第十二兵团司令官。

胡琏本以为劳苦功高，在第十八军中威望很高，兵团司令非己莫属，没承想到手的鸭子飞了，只当了副司令官，弄得一肚子气。他与黄维面和心不和，对黄维当年曾压他一级耿耿于怀。因此，1939年在黄维当第十八军军长时，胡琏曾调出第十一师，去预备第九师做师长；到1942年方天任军长时，胡琏才回来做第十一师师长。此番，前度刘郎今又来，黄维任兵团司令官，胡琏决定撂挑子。正巧其父病重，黄维到任后，胡琏即请假回汉口。

黄维不傻，知道胡琏的"船"弯在何处，而且，第十八军的悍将骄兵都不是好包的粽子。在黄维接任的当天，胡琏集合第十八军营以上干部在驻马店的天主教堂与黄维见面。黄维精心准备了演说词，原想露一鼻子，但一见在场的军官个个脸色不善，只好抱着拳说："弟兄们，我来此是不得已，是奉了上峰的命令，军人以服从为天职。但请诸位放心，我来此只是过渡，最多干半年，等你们爱戴的胡副司令官处理完家事，我保证让贤！"

当时李树兰、尹钟岳等就在下面发牢骚："干半年？只怕不到半年，我们大家都成为刘伯承的俘虏了。"

黄维装着没听到，赶快下令解散。

胡琏到家不久，其父便驾鹤西去。他尽了人子孝道，借酒消愁，引发了牙龈炎，于是买舟东下，去上海医治牙病。

1948年11月6日，华东、中原两大野战军联手，拉开了淮海大决战的序幕。在淮海战役第一阶段，华野从山东南下，直插徐州以东陇海线，将黄百韬的第七兵团包围在碾庄地区。

11月8日，蒋介石严令在确山、驻马店一带集结的黄维第十二兵团火速向徐州进发，"不得以任何借口迟延行动"。是日，黄维兵团开始出动。

黄维为救黄百韬而来。毛泽东立即命令中野第二、第六纵队，"应不分昼夜，不惜疲劳，兼程前进，务于十四日，至迟十五日赶到太、阜黄维的前头，由正面阻止该兵团向亳、涡、永前进，不得误事"，"立即动员一切可用的武装力量，在太、阜、亳、涡、永中间地区，迅速破坏黄维通路上的桥梁、道路，迟滞黄兵团行动"。

本来，黄维的机械化快速兵团动作应当很快，无奈沿途"绊马索"太多，部队有榴弹炮营等重武器和汽车营及大量胶轮大车，又需过南汝河、洪河、颍河、西淝河、涡河、北淝河、浍河，所到之处，不乏解放军的拦截、追踪、袭击、阻击。部队变成老牛破车，行动迟缓，18日才到达蒙城地区。刘峙说："黄兵团拖拖拉拉，是造成徐蚌会战失败的一个重要原因。"

对于老对手第十八军为主力的第十二兵团，刘伯承和陈毅都吃过它的亏，是"狗掐狼——两怕"。

刘伯承下定决心："我要打十八军了。"

陈毅支持："拼上整个中野，消灭它也值！"

刘伯承说："过黄泛区时，我的重炮都丢光了。"

陈毅说："只要打十八军，你要多少炮，我华野支援你多少炮。"

"好！下定决心打他个龟儿子！"

11月18日，第十二兵团达到蒙城，遇到涡河北岸解放军中野二纵、六纵激烈抵抗，经过苦战，击溃扼河防守的解放军，第十八军11个师抢渡涡河，掩护兵团主力行动。解放军则撤至北淝河北岸，同时在涡阳方面有中野第一、第三、第六、第十一、第九及第四纵队，对第十二兵团左翼构成威胁。

刘伯承在浍河南岸布置了一个口袋阵，重兵云集，只待黄维兵团来钻。11月21日，第十二兵团由蒙城渡过涡河，向浍河南岸的南坪集猛攻，刘伯承部佯装节节败退，一步步将黄维诱入口袋之中。

"共军跑了——"

第十一师一片欢呼，一水儿的美国枪高高举起。

"兄弟们，辛苦啦！明天打个更漂亮的，向老头子献礼！也冲冲徐蚌战场的晦气！"书呆子黄维呆劲儿十足，着实在行军床上兴奋了半夜。

东方发白，太阳出来了。黄维心中，浍河边的太阳是属于他的，"了却君王天下事，赢得身前身后名"，他开始飘飘然了。

大炮炮口昂然挺起，坦克马达轰鸣，飞机怪叫着首先俯冲浍河北岸，一天的战事又开始了。随着排山倒海的炮弹，第十二兵团第十军主力及第十八军、第十四军各一部先后渡过浍河。太阳越高，攻势越盛。中午12点，战斗呈白热化，浓浓黑黑的硝烟尘土将太阳都遮住了。午后，太阳偏西，十二兵团攻势渐渐减弱。黄昏来临，太阳落下浍河，十二兵团劲撑足撑够了，攻击部队开始向浍河南岸退缩。

月牙挂在柳树梢头，又小又黄。凄冷的寒风像刺刀一样尖利。刘伯承开始收网了，黑暗中，中野第一纵、第二纵、第三纵、第十一纵、第六纵及陕南十二旅以东西两侧实行合围，华野第一纵担任预备队。黄维兵团终于掉进大口袋里了。是晚，王近山的第六纵按刘、陈、邓首长命令，第十七旅和第十二旅为第一梯队，第十六旅和第十八旅为第二梯队，由蒙城西北檀成集以南地区向板桥集、赵集一线出击，将口袋扎紧。

黄维并不甘心，要向南夺一条生路，向固镇转移。他很自负，以训练有素的主力和优势装备的强大火力，杀出一条血路是不成问题的。26日17时左右，黄维派人请八十五军第一一〇师师长廖运周来双堆集附近的兵团司令部。黄维一副自命不凡的样子，口气中一派镇定："刚才空军侦察报告说，今天15时敌人对我兵团的包围圈已经形成，他们正在构筑工事。你有什么主张？"

廖运周胸脯一挺："司令官有何决策尽管下命令，我师保证完成任务。"

黄维很果断："我想乘敌立足未稳，打他个措手不及。决定挑四个主力师，齐头并进，迅猛突围。"

廖运周更爽快："好！司令官的决策真英明。我们师请求打头阵，愿当开路先锋！"

黄维异常高兴，连声称赞："好同学、好同志，你要什么我就给你什么，坦克、榴弹炮随你要，我再通知飞机配合行动！"

廖运周别号冠渊，安徽淮南人，1903年生，黄埔军校第五期毕业。1927年

廖运周

加入共产党，参加叶挺部八一南昌起义。曾任冯玉祥西北军之团长。1933年冯玉祥抗日同盟军失败后，其第二师被编为国民革命军独立第四十六旅，抗战后合并为第一一〇师，廖任团长，累迁至副师长、师长。1947年，廖在该师秘密成立中共地下师党委，直接受中原局邓小平领导。

廖运周回师部后立即派杨振海去解放军六纵送情报，王近山司令员和杜义德政委乐得嘴都合不拢了。王司令表示大力支持一一〇师的战场起义，并规定了起义军的行军路线，让廖部官兵左臂一律扎白毛巾，以沿途放的高粱秸为路标行进，相约两军接触时，打五发枪榴弹作为联络信号。

临起义前，廖运周举杯向黄维预祝胜利，那一晚的白兰地香味扑鼻，多少年后他们都记得清清楚楚。分别时，两人正儿八经地敬了军礼。从此，天各一方。廖运周后来担任过中国人民解放军第十四兵团第四十七师师长、炮兵学校校长、吉林省体委主任、全国政协委员、民革中央委员……

黄维却成了阶下囚，一直关到1975年3月才被特赦。出来后任全国政协文史专员，又与廖运周同时出席第五、六届全国政协会议。

11月27日早晨6时，廖运周指挥第一一〇师开出双堆集附近的周庄、赵庄，解放军六纵参谋武英在前面带路。他们按事先插好的高粱秸标志行进，从第六纵队和第十七师阵地中间穿过，足足用了两个小时。

口袋又扎紧了。

黄维的声音在报话机中异常惊慌："长江、长江，你们到了哪里？"

廖运周很平静地回答："武昌、武昌，我们到赵庄，沿途畅行无阻。"

"书呆子"莫名其妙："跟你师走的第十八军那个师，遭到了密集火力的袭击，伤亡很大……"

"啪哒"，廖运周关了报话机。

13点，在王近山的司令部中，王、杜热情地请廖运周吃饭。

当一一〇师的官兵吃上香喷喷的猪肉炖粉条时，都高兴得直喊："跟共产党走——"

黄维兵团终于掉进大口袋里了。十二兵团逐渐成了压缩饼干，被中野死死围在以双堆集为中心的狭小地区。第十八军，终于同其他部队一样，尝到了四面楚歌的滋味。

"胡伯玉的八字好！"顾祝同半开玩笑半认真地说。

胡琏是在淮海战役爆发前六天称病去上海的，比起杜聿明的确幸运多了。杜聿明当时正在葫芦岛撤兵，黄百韬在碾庄陷入重围后，蒋介石决定走马换将，要杜聿明出任徐州"剿总"司令官。杜想向"校长"请病假（他的腰有病，曾摘去一个肾），但自己不敢，希望太太曹秀清能从上海来南京，替他出面打掩护，说他腰腿疼，或许能不去徐州。然而，人算不如天算，夫人在上海来不了。他只好硬着头皮见蒋介石，在官邸陪蒋介石看了一场电影《文天祥》之后，怀着一种赴死的心情飞往徐州。

古人云："每闻鼙鼓思良将。"黄维兵团被困双堆集后，官兵们每天盼空投，除了希望天上掉下大米和罐头外，还盼望蒋介石能把"胡老头"空投下来，他们认为是黄维带着十二兵团走进陷阱的，只有胡琏能化险为夷。

蒋介石急得要吐血："伯玉，伯玉，胡伯玉在哪里？去把他找来！"

联勤总司令郭忏犯愁了，那么大的上海到哪儿去寻胡琏？手下有个叫何志浩的拍着胸脯说："交给我办！"果然，还真让他找着了。胡琏乘京沪快车连夜进京，在11月28日清晨到达南京，直奔总统官邸。

胡琏一见到精神委顿的蒋介石，马上站起来敬礼，大声说："校长，学生来迟，是为父尽孝去了。现在国家有难，特来为国尽忠！"

蒋介石很是感动，老泪在眼眶中盘旋，也怪，在学生面前，泪花倒像冰珠，冻住了。他一把握住胡琏的双手："伯玉，你是我的好学生，股肱之臣。十二兵团现在陷入绝境，你有何良策去救他们出险？"

胡琏说："这次徐蚌会战，关系党国命运，是我们戡乱的大决战。这一仗我们打胜了，尚可凭淮河、长江之险，拱卫南京，稳定大局，再设法反攻。学生认为，目前应放弃徐州，固守江淮。至于十二兵团，首先要坚持，然后再派部队去援救。

我愿飞双堆集，协助黄司令官共挽危局！"

"好！好！徐州、蚌埠两面援军已经派出；浦口方面亦调来生力军，即可派上去。伯玉，中午在这里吃个便饭，下午参加官邸汇报，了解全盘情况，然后再乘小飞机去双堆集。"蒋介石说着，轻轻拍着胡琏的肩头，"要固守下去，死斗必生，我已叫联勤总司令部尽量空投补给，你们要好好打下去，安定军心，鼓励士气。"

这天晚上，胡琏在总统官邸的二楼上，陪着蒋介石观看电影《文天祥》。窗外是强劲的西风，一阵阵带着哨音，枯叶漫天飞舞。

电影是悲凉的，四周是黑森森的，看电影的氛围很压抑。胡琏借着银幕上的亮光，分明看见坐在前排的蒋介石缩在沙发里，他的肩头微微颤动。

"校长哭了。"胡琏心里默默地说，他的鼻子也酸了起来。

临行前，蒋介石殷殷嘱咐："伯玉，全靠你了，协同黄维再坚持几天，援兵就会到的。"

"请总统放心，有我胡琏在，一定会挽狂澜于既倒！"

那一阶段，蒋介石落下毛病，只要会见他的将领，总要先请吃饭，再看电影，而且总是看《文天祥》，加强气节教育，他害怕他的文臣武将们投降共产党。

12月1日中午，冬天的寒日拨开浓云，给久困的双堆集带来一线的希望。一架小飞机穿云破雾，降落在双堆集临时修建的机场上。胡琏没有回司令部，而是先到第一线视察，看望部队。第十八军的官兵激动地奔走相告："胡老头来了——"

果然，一张狐狸般熟悉的面孔，出现在绝望的部队之中。他微笑着向前来欢迎的人群招手："弟兄们，辛苦了——"

第十八军的士气为之一振，继而报以一片欢呼声。之后，胡琏才去了司令部，人未到，凛冽的气氛悄然而至。各军的军长都在此恭候。胡琏与在场的人一一握手，然后对着第十八军军长杨伯涛和第十军军长覃道善厉声问："我们几年来仗是怎么打的？我临行前又是怎样交代你们的？现在为何弄到如此地步？你们面对的是刘伯承、陈毅两大敌人,我们与他们其中的一个单打独斗都很勉强,你们为何如此轻率?"

杨、覃两人低着头,你看看我,我看看你,满腹苦水,不敢吭声。

黄维不傻,何能听不出这弦外之音?于是,他岔开话题:"伯玉,如果你不回前方,而留在南京联络和催空投补给,可能作用还大些。"

胡琏却满不在乎:"我被共军四面包围已是家常便饭。只要打下去,共军一下子吞不了我们的。"

一群将领这才坐下来研究战况。形势比胡琏想象的还要严峻。第二天,胡琏即组织十一师向外反扑,从早晨打到天黑,夺回两个村庄。正当胡琏沾沾自喜时,这天夜里,解放军一个突袭,又统统收复。胡琏老实了,不敢再轻举妄动。

中野九纵第二十七旅八团在进攻小张庄时,三个战士冲到鹿寨前,被敌火网压制,既攻不上去,又退不下来。情况万分危急,他们被迫先将卧射掩体挖成跪射掩体,再挖成立射掩体,又把工事挖通成堑壕,在敌炮火下整整坚持了一天,并杀伤不少敌人,自己则奇迹般生还。第二十七旅旅长崔建功向纵队司令员秦基伟进行汇报,秦基伟立即肯定了这种掘壕的好办法,命令继续试验。当夜幕降临在阵地上时,各连连长用米袋装满石灰,向敌人阵地匍匐前进,米袋窟窿中漏出石灰形成线,战士们紧跟在后面。距敌阵数十米时,连长发出信号,全连战士便挥锹作业,天不亮便形成规模,以后越挖越深越长,深可没顶,宽可抬担架。这种大规模近迫作业很快在各部得到推广。九纵提出"用工事和敌人作战"的口号,"依沟夺沟,依堡夺堡",这种"挖工事好比挖敌命根子,挖得越快,敌人垮得越快"的口号,说明了人民军队的成长与成熟。

在"困死逼降"的战术下,黄维兵团的兵力越来越少,生存空间也越来越小。"硬核桃"的坚硬外壳在铁拳下,越来越脆弱。包围圈内,弹尽粮绝,官兵们仅靠空投维持,一日一餐尚不得饱,死伤枕藉,为了争夺粮食,甚至自相残杀。

解放军阵地上抬来热气腾腾的大白馒、猪肉粉条,加以政治攻势,进行喊话;

尤其让俘虏和投诚人员现身说法，致使敌人整连整团投奔过来。

　　这一次，胡琏真成了玩把戏的躺地上——没招了。12月7日，他又乘小飞机去南京，向蒋介石请示。过了两天，胡琏又乘飞机降落在双堆集的简易机场上，告诉黄维："老头子让我们突围，不要管杜聿明，也不要指望李延年。"他像只黄土地上的黄狐，利用保护色，来来去去，令围困的人羡慕死了。

　　12月15日17时，黄维与胡琏召集第十八军军长杨伯涛、第十军军长覃道善商量，决定分别突围。第十二兵团残部豕突狼奔，四下逃命。

　　黄维和胡琏分乘两辆坦克向两个方向突围，相约第一集合地为蚌埠之南，第二集合地为滁县。黄维的坦克开到半途发生故障，他跟在乱兵中奔跑，在一片"缴枪不杀"声中，颤抖着举起了双手。另一位兵团副司令官吴绍周、第十一师师长王元直以及覃道善、杨伯涛等都做了俘虏。胡琏的坦克驶上公路，向南疾走。

黄维被俘

从潜望镜中，一批一批的解放军迎面而来，还为坦克让道。在涡河北岸，坦克油料耗尽，胡琏等下车步行时，被解放军发现，枪声大起。胡琏的背上中了流弹，幸好发现一只木船，他在驾驶员的搀扶下上了船，急急如漏网之鱼，在混乱的战场中竟得逃生。

打蛇不死，必被蛇咬。胡琏后在南京、杭州、武昌、南昌等地设立第十二兵团失散官兵收容站；之后，胡琏任第二编练司令部司令官，在江西征集新兵，提出"一甲一兵，一县一团，三县成师，九县成军"的办法，很快重新组建了第十二兵团。

金门恶战，巩固台湾

古宁头大捷被国民党大肆吹捧，认为胡琏力挽狂澜，遏制住了人民解放军攻台的势头，保持了复兴基地，最终形成台海两岸对峙的局面。事实的真相到底如何？是胡琏会打仗，还是由于我军的失误，白白地送分给对方？笔者利用大陆和台湾两方面的材料来回答读者。

1949年7月上旬，人民解放军第三野战军第十兵团司令员叶飞和政治委员韦国清率十兵团，从苏州、常熟、嘉兴等地，顶着骄阳，冒暑南进。部队由嘉兴车运至江山、上饶等地，然后徒步南下，越过崇山峻岭，背着几十斤的重荷长途跋涉。至7月下旬，第二十八军、第二十九军和第三十一军先后到达建瓯、南平、古田等地集结。在叶飞的指挥下，各军配合默契，打得有声有色。8月17日，第二十八军占领福州，只差半个小时，让朱绍良、李延年乘飞机逃逸。我以500人的伤亡代价，歼敌第六兵团5个军、14个师，共5万余人。

叶飞留韦国清主持福州军管工作，自己马不停蹄，挥师南下，解放了泉州、漳州。我军连克湄州岛、南日岛、平潭岛，攻克厦门外围集美镇，完全形成对厦门、金门两岛三面包围的态势。

9月26日，十兵团在泉州召开作战会议，第二十八军副军长肖锋、政治部主任李曼村及第二十九军军长胡炳云、第三十一军军长周志坚等参加了会议。叶飞站在军事地图前，首先介绍敌情，他说："厦门主要由淮海战场我军手下败将刘汝明的第八兵团把守，约有三万人，还有日本人修筑的永久性工事。大、小金门岛由李良荣的第二十二兵团把守，不到二万人。我兵团是金厦并取——"他画了一个大圈，又分开画了两个小圈，"还是先厦后金、先金后厦，这三种方案想听听同志们的意见。"

有人说："金、厦并取最好，可造成敌军指挥及兵力、火力分散，使其顾此失彼，便于我军全歼；但我军需用大量的船只，恐一时难以解决。"

有人说："先厦后金，厦门距离近，便于准备，敌情清楚，攻击容易奏效。但一旦攻下厦门，金门的敌军可能逃跑，就不能全歼，让他们逃到台湾岛去，必会增加解放台湾的困难，这点必须考虑。"

还有人说："先金后厦，金门守敌名义上是一个兵团，实际能作战的不超过12000人。大金门的青年军第二〇一师和小金门的第五军都是我们在豫东战役和淮海战役的手下败将，是打垮后重建的。先打金门，可以形成对厦门的包围圈，但厦门的敌人有乘机逃跑的可能。"

叶飞最后笑着作了总结性发言："兵团认为，指挥金、厦作战的汤恩伯虽然叫喊要固守金、厦，但将军以上的指挥机关都移到兵舰上去办公，种种迹象表明，敌人并没有坚守的决心。我军应趁敌军动摇之际，一鼓作气，同时攻下金、厦。"说着"砰"的一声，两只拳头重重砸向地图上的金门、厦门。

10月4日，十兵团下达金、厦作战预令，以第二十九军两个师、第三十军三个师，进攻厦门；以第二十八军一个加强师并指挥第二十九军两个团，共两个师的兵力进攻金门。

渡海作战，关键在船。

第二十九军搜寻到运载三个团的木船，第三十一军找到了运载三个多团的船。第二十八军肖锋最惨,只控制了运载一个多团的船,而且有不少是断桅穿帮、烂帆透底的破船,还有不少船上没有懂海的水手。肖锋傻眼了,意识到这仗打不好,一再向兵团部要求推迟攻击的时间。

关键的当口,敌情又有了不利于我的新变化。驻守在潮州、汕头的敌十二兵团第十八军、第六十七军和第十九军已准备从海上撤离,有可能向金门方面增援。叶飞、刘培善、肖锋心里都没底。

叶飞企盼着:"但愿汤恩伯不把第十二兵团调到金门、厦门方向,否则……"

刘培善认为:"有这种可能,我们要抢在胡琏前头拿下厦门、金门。"

肖锋心往下一沉:胡琏,既是一个老对头,也是一只老狐狸。

10月11日,第三野战军前委对十兵团作战方案做出批示,发现十兵团有轻敌情绪。

"为防止敌人逃跑,最好同时攻打厦门、金门,但要从敌我双方实际情况考虑,以五个师攻打厦门有把握,同时以两个师攻打金门是否有把握?如果条件成熟,可同时发动攻击。否则,以一部分兵力钳制金门,首先攻打厦门。此方案比较妥当。究竟怎么打,由你们根据实际情况自行决定。总之,要充分准备,在有把握的情况下发起战斗。"

金门是台湾外围的重要桥头堡,也是蒋介石妄图反攻大陆的跳板,蒋介石决定经营台湾金门。1949年8月15日,蒋介石任命陈诚为东南军政长官,在台北成立了东南军政长官公署,主持浙江、福建、台湾的军政大计。

陈诚主持防务后,令李良荣的第二十二兵团从厦门移防金门。10月9日,胡琏的第十二兵团的第十八军从汕头开到金门,该岛共有6个步兵师和2个战车连,共有坦克22辆,汽车12辆,部署如下:

一、高魁元第十八军第十一师、沈向奎第二十五军第四十五师防务大金门东部;第二十五军直属队、第四十师、第二〇一师防守大金门西部。

二、第五军第二〇〇师、第十八军第十一师三十三团担任小金门及大担、二担防务。

高魁元

三、第十八军第一一八师及战车第三团第一营两个连为机动部队。

此外，厦门失守后，国民党第一一六师残部在师长叶会西率领下撤到小金门；厦门海军巡防处之"中荣""楚观"等九艘舰艇撤退金门后，担任金门西北部岛沙水道和大、小金门间防务。

金门岛上从东到西至北三面，部署有10门57mm战防炮、20门25mm机关炮、10盏探照灯，修筑有大量的碉堡、交通壕、土堡、滩头工事、鹿寨和铁丝网，在海边和滩头布下水雷、地雷800余枚，可谓严阵以待。另外，从台湾起飞的飞机，数十分钟便可飞临金门上空，对地面部队予以支持。

敌第二十二兵团司令官李良荣，时年四十一岁，福建省同安县人，熟悉金门海域。此人为黄埔一期生，与徐向前、陈赓和陈诚、宋希濂、杜聿明等是同学。历任排长、连长、营长等职。1927年蒋介石下野后，他离开军队去上大学，

1932年重返军界，抗战前升任旅长。"七七事变"后担任过第四十六师副师长、第二十八军中将军长、第二十五集团军总司令，后一度调任蒋介石侍从室少将参谋。1947年任第九绥靖区司令官兼第二十三军军长，淮海战役前任黄维第十二兵团副司令官，后调任福建省政府主席，改任第二十二兵团司令，1949年8月率兵团移防金门。可见此人调往福建，是蒋介石精心布下的一招棋。

李良荣对第十兵团的行动判断如下：

一、当面的军队系人民解放军第十兵团之第二十八军、第二十九军、第三十一军，炮兵约两个团，短期无增援，无海空军支援；

二、人民解放军攻打金门，以大金门为第一目标之可能性最大，其登陆地点当以金门西部之鸡头至古宁头间广阔平坦之海滩的可能性最大；

三、金门守军除岛上现有的兵力，还可以获得胡琏第十八军和第十九军的支援，并可得到海空军的支援。

可以说李良荣的敌情判断是准确的，有了正确的判断，李良荣作了相应的部署：

一、兵力直接间接配备并用，实行分区防守，控制有力的机动部队；

二、置重点防守于大金门西部，迅速加强野战工事及副防御，坚强固守，务求歼灭来犯敌军于水际、滩头，确保大小金门及大担、二担诸岛；

三、封锁厦门港口，防敌从水上增援，以确保台、澎之外围据点。

兵书云："知己知彼，百战不殆。""上兵伐谋"，谋略正确，已胜了一半。

愚者千虑，终有一得。

10月17日，第十兵团第二十九军、第三十一军大获全胜，解放厦门。汤恩伯从海上逃到金门，将部队人员一半以上留在船上，做随时逃跑的准备。

厦门的胜利，刺激了十兵团首长速夺金门的决心，兵团首长要求肖锋立即攻克金门。

然而，海上风云骤变。厦门的失陷，使台湾方面大为震惊，东南长官公署命令时在海上的胡琏兵团增援金门岛。胡琏的兵船已到达金门海域，但解放军没有飞机空中侦察，无法知道这一重大的敌情变化。

蛛丝马迹还是有的，从10月9日晚起，第二十八军第八十四师和八十二师发起对金门外围大、小嶝岛的攻击，一鼓作气，歼敌三个团。在审讯俘虏时，竟发现了胡琏第十二兵团第十一师三十三团的部分士兵。俘虏供称是增援金门的先头部队。

肖锋的头"嗡"地一下子大了，心急火燎地将此新情况报告兵团首长。对方回答的口气是怀疑的："不大可能吧？胡琏的十二兵团还在潮、汕地区未动，这家伙是只老狐狸，兵不厌诈嘛。"这一重要的情况未引起第十兵团首长的高度重视。

10月22日上午，位于莲河的第二十八军指挥所电话铃声大作。肖锋拿起听筒，里面传来叶飞司令员带有闽南口音的亲切的声音："老肖啊，据报告，广东潮、汕地区胡琏兵团几个军，已乘船向东北方向撤退。"

肖锋不禁打了个冷战，胡琏部如增援金门，敌我力量将发生重大变化，攻金门的后果不堪设想，他略带焦急地问："叶司令员，胡琏部队现在何处？"

叶飞的话音透着镇定和沉着："停在金门、厦门东南海域，他们究竟要往哪里撤，还搞不清楚。老肖，我们要下定决心，抢在胡琏登陆之前攻击金门。"

"叶司令员，我们的船不够，不算第二十九军第二五三团，我军开到战地的仅有120条船，23日不能发起攻击。"肖锋强调客观情况，大诉其苦。

叶飞口气严肃："只能推迟一天，24日发起战斗！"命令下达后，叶飞又缓和下来："根据各方面敌情资料，金门没有增加兵力，还是12000人。我们争取找到可运8000人的船为第一梯队，一夜起码来回两次，可登陆五个团，歼灭金门守敌有把握。当前我们要抢时间，要抢在胡琏兵团前登陆，拿下金门！"

十兵团领导想与胡琏部争抢时间已是幻想。十二年后，在北京301医院，粟裕与老部下肖锋不期而遇，两人谈起金门旧事，相对唏嘘。粟裕痛心疾首："你们打大嶝岛，就已知道胡琏兵团和第十一师来了，可惜不知道他们来了多少……"

信息不灵，葬送了多少指战员宝贵的生命。

事后，国民党参战部队的将领评论金门之战时说："共军作战只有一种设想，只计其胜，未虑失败，打的全是如意算盘。作战命令只讲得手后如何如何，对于发生意外或受挫后如何补救，只字不提，毫不准备。骄傲轻敌，系其他种种失误之根本。"

实际情况是：10月8日，胡琏第十二兵团第十八军第十一师和第一一八师共两万人离开汕头，于9日到达金门海域。军长高魁元派第十一师第三十一团前往大嶝岛协防。与之相反，敌第二十二兵团司令官李良荣接到了情报：解放军准备于10月25日或26日进攻金门。他未雨绸缪，立即决定10月24日下午，以第十一师、第一一八师加上两个战车连，在垄口到古宁头之间宽阔的海滩上进行联合模拟军事演习。

联合演习于15时开始，假想之敌大规模从古宁头登陆，一时间炮声隆隆，枪声激烈，无数交叉火力射向海岸，打得对面不见人。此时，十几辆坦克出动了，伴着猛烈的枪炮，在海滩上往来冲突，如入无人之境。李良荣手执望远镜，频频点头。夜幕降临，李良荣抬起胳膊看了看夜光表，时针正指向19时整，他下令结束战斗，部队回去休息。谁能预料，八小时后，解放军果然在古宁头登陆了，冲锋的方式与进攻的路线几乎与演习同出一辙。

在返回时，三连一排长杨展之的坦克因履带脱落，留在海滩上，连长命令另一辆坦克留下来帮助修理。这两辆因偶尔原因停在前沿的坦克，后来起了很大的作用。

当天下午，金门岛南部的料罗湾港口也热闹非凡。胡琏的第十二兵团部和十九军已有五个团登陆，其余的人正等待运输船送他们上岸。胡琏部是10月19日离开汕头的，22日夜抵达金门南海域。因天气恶劣，无法靠岸，直到23日黄昏后风浪小些了才开始陆续登陆。到24日下午为止，金门地区敌总兵力共计八个师，四万余人，从人数上、装备上已大大超过解放军攻击部队。

24日18时至19时许，第二十八军搜索到约300条木船，利用黑夜，从各隐蔽点陆续开到莲河、大嶝岛、后村等处。第一梯队第八十二师二四四团、加强第二四六团三营、第八十四师第二五一团及第二十九军第八十五师二五三团，总计约八千名英勇的指战员，在第二四四团团长邢永生、参谋长朱斐然、政治处主任孙树亮和第二四六团副团长刘汉斌，第二五一团团长刘天祥、政委田志春、副团长马绍堂、参谋长郝越三、政治部主任王学元，第二五三团团长徐博、政委陈利华、参谋长王剑秋等团级干部率领下，依序登船。

肖锋站在莲河的海边上，默默地注视着健儿们登船，他遥望着金门模糊的轮廓，心里从未有过的不安，像涨大潮的海水，汹涌澎湃。

黑暗中，跑来了气喘吁吁的警卫员，压低了声音："有新情况，请副军长赶快回指挥所！"

兵团指挥部通报：据兵团情报部侦察，今天下午，胡琏兵团已在金门料罗湾登陆了一个团，在小金门也登陆了一个团……兵团决心未变，第二十八军今晚对金门发动攻击的计划不变。

肖锋心里"咯噔"一下，心脏剧烈地跳动起来。他怔了半晌，对政治部主任李曼村说："老李，我上午说过，最坏的情况是我登陆胡琏也登陆……现在胡琏兵团先我登陆，这仗不好打了。"他回头果断地命令军侦察科科长张宪章："敌情有变，通知各单位原地待命。"

肖锋与李曼村迅速交换了意见，决定找兵团政治部主任刘培善想办法。刘培善，原华野十纵政治委员，肖锋的老上级。

电话直接要到刘培善处，肖锋央求说："刘主任啊，您是二十八军的创建者，是老首长，历来关心我军。关键时刻，您要帮我们说话呀！现在可是关系二十八军命运的重要关头。现在敌人到底增加了多少？十多天以前，我们打大嶝岛，就发现胡琏兵团一个团啦！看来敌人增兵是以师为单位了。"

刘培善说："大嶝岛歼灭的敌人，说是胡琏的兵团，恐怕不确切，敌人一贯会吹牛撒谎。据侦察，胡琏兵团在大小金门登陆一个团，是今天下午才上岛的，什么工事也没有筑，情况没有大的变化。兵团已研究过了，我们要抢在胡琏兵团之前占领金门,今晚攻击金门的决心不要改变,按预定方案打吧!"

肖锋心一横,赌气地说:"这个仗肯定是不好打啦,我要求随第一梯队过海指挥战斗,同胡琏兵团拼个你死我活……"

刘培善宽慰肖锋:"只要第一梯队三个团能上去,船只来回两次,运过去五个或六个团,就可以打下金门县城。老肖啊!你要很好地组织第二梯队过海,明天我就到莲河来协助你指挥。"

肖锋只得放下电话,当夜光表指针指向21时30分时,他下达了出发的命令。岸边一下子热闹起来,一只只木船扯起风帆,争先恐后地冲进波涛汹涌的大海,向金门方向而去,消失在黑暗之中。

海上风大浪高,各团船队离岸不久便开始失控,队形大乱,联络小喇叭声一会儿就听不见了。此时,官找不着兵,兵也找不着官,团长手中控制的兵力不到一个排。但是,大家的心往一处想,劲往一处使,只要上了金门岛就好办。

零点过后,大潮逐浪高。10月25日,是金门一年中大潮最盛的日子,高潮在凌晨2时4分。大潮有利于登陆,但是一旦退潮,能退下几十米,船便会搁浅在河滩上。可惜攻击部队对此不了解。

凌晨1时半,在经过连续四个钟头的海上颠簸之后,精疲力竭的战士们前方终于出现了金门岛的身影,登陆地点正是古宁头海滩。

青年军二〇一师六〇一团的防守地段正是古宁头。凌晨1时半左右,二营中尉排长查哨途中,不慎触响前沿的地雷,"轰"一声巨响,爆炸声将熟睡的守军惊醒,值班员迅速拉响了警报,霎时,警报声鬼哭狼嚎般响彻金门岛夜空。

"共军登陆啦——"

士兵们纷纷狂喊。要塞上的哨兵同时打开了雪亮的探照灯,海面上如同白昼。白浪滔天,十多只帆船劈波斩浪,乘风而来,如同天兵天将。"开火!"几乎同时,海口各要塞上像开了锅一样"噼噼啪啪"对打起来。弹如飞蝗,将夜空装点得壮丽辉煌。

司令官李良荣和第二〇一师师长郑果命令要塞开炮轰击,密集的炮弹恰似屏障，阻挡住登陆部队，激起层层水柱。

第二四四团邢永生团长向指挥部发出要求炮火支援的信号。肖锋的指挥部灯火通明，他在电话机房已焦急地等待了几个小时，见到信号后激动地命令驻大嶝岛炮兵指挥部炮团开炮。顿时，惊天动地一阵怒吼，火光闪闪，榴弹炮、山炮共三个炮群轮番开火，金门前沿火光冲天。第一梯队遭到敌炮火拦截，本来混乱的队形更成一盘散沙，兵力无法收拢。但登陆的战士发扬人自为战、船自为战的勇猛作风，纷纷跳下海，向岸边涉水而去。不少不会水的战士，身背几十斤重的枪弹，加上体力消耗很大，一跳下水，便被海潮卷走了。

冲上滩头的部队突然遭到海滩上停留的两辆敌坦克的猛烈轰击，损失很大。尽管如此，解放军还是猛冲猛打，俘虏了不少碉堡中的敌人。第二十八军指挥所的报话机中传出敌军惊慌失措的大喊大叫："共军攻势凶猛，赶快增援！赶快增援！"

指挥部里一片欢呼："我军胜利登陆了！"

肖锋用报话机命令邢永生："迅速收拢部队，向纵深发展！"

登陆的部队陆续增多，但无人组织木船返回接第二梯队。解放军指战员从东到西，突破了约15里的海岸线，占领了垄口、西山、观音亭山、湖尾乡高地和古宁头北山、南山、林厝等要点和村庄，并向安歧、埔头纵深发展，直指金门县城。第二五一团刘天祥团长报告："我团登陆后与守军敌第二〇一师展开血战，予敌重创！俘虏甚多，无人看管，成为负担！"第二五三团团长徐博报告："我团控制了整个古宁头，部队向纵深发展。"

金门岛上火映红了天空，爆炸声、枪炮声、喊杀声震天。敌人也搞不清有多少解放军登陆，呈现出惊恐慌乱的状态。

凌晨3时许，李良荣听到的都是各处失守的警报。他作了如下紧急部署：

一、第十八军军长高魁元指挥第一一八师第三五三团、第三五四团配属战车第三连两个排，由现驻地琼林分向占领西山、观音亭山、湖尾乡及湖南高地等地的共军攻击。第十九军第十八师五十二团已登陆并进驻玉林，就近归第十八军高魁元军长指挥。

二、命第十九军军长刘云瀚即与驻金门县城第二十五军军长沈向奎联络，指挥已登陆的第十四师第四十一、第四十二两个团及第十三师之第三十九团，向埔后以北推进，迎击安歧、埔头南下的共军，并积极向古宁头推进。第四十师的迫击炮全部配属第十四师。由该两军长指挥当面之作战。

三、命战车营营长陈振威即将控制的预备队之两个战车排，进至玉林待命。

四、第十九军第十三师、第十四师和第十八师尚留在船上的四个团迅即直航料罗湾，准备接驳登陆。

接李良荣的命令后，第十八军、第十九军机动部队立即登陆，迅奔第一线，和解放军接上了火。

天渐渐亮了，形势愈发不利于我。木船都搁浅在海滩上。肖锋站在莲河海滩上，眼巴巴望着茫茫无际的大海，连一条船也未返航。第二梯队的指战员急得嗷嗷直叫，却无法过海支援。肖锋只觉得五内俱焚，天旋地转，拿不出一点办法。

天大亮了，国民党的大队轰炸机从台湾出动了，它们对海滩上的木船狂轰滥炸，几百只木船燃起熊熊大火，映红了天空。敌人的舰艇也出动了，一艘艘舰艇一字排开，向在海滩上和隐蔽在山崖下、礁石后的解放军猛烈炮击。在平坦的海滩上，敌坦克往来冲突，大炮、重机枪对着没有重武器的解放军不停地开火，海滩上到处是解放军战士的尸体。为防止解放军第二梯队增援，轰炸机群隆隆过海，对莲河、后村和大嶝岛的解放军炮兵阵地、指挥所、集结地和船只轮番轰炸。肖锋和李曼村等人刚出指挥所，冲进防空洞，"轰轰"两颗重磅炸弹击中指挥所的二层小楼，电台天线被炸飞，电台损坏，报务员身受重伤。

金门岛上陷入绝境的解放军，依然打得英勇顽强，他们都抱着一个信念，只要坚持到天黑，大部队就会上来的。人人拼命，个个争先，重伤员压子弹，轻伤员裹伤再战。这是一场血与火的大厮杀，战士们前仆后继，勇往直前。是日晨，敌第十九军军长刘云瀚和第二十五军军长沈向奎在乘吉普车前往古宁头的途中，一阵枪弹迎面而来，刘、沈二人连滚带爬跳下了车，司机当场中弹，车身被打成了筛子。

刘云瀚在心悸之余，不得不承认解放军顽强的战斗力："正值涨潮，风浪甚大，木造帆船不易控制，以致各船近岸抢滩先后不一，在黑暗中携带武器，离船跳海中，游向岸边，又被海浪冲击……在如此混乱的情况之下，仍能人自为战，纷纷向岸上突击前进，其冒死直冲的精神，实令人惊讶。"

第十九军第十四师副师长夏超心有余悸地说："我军得战车的协力，乘机攻入林厝，跟共军反复肉搏，战斗惨烈异常……"

25日全天，金门上空战云密布。肖锋紧急请示兵团司令员叶飞，以求对策。19时30分，叶飞答复："只要有一线希望，就要派兵增援，同胡琏兵团打到底。"

是日晚，肖锋东拼西凑了几十条船，派出四个连，向金门增援而去。团长孙云秀明知生还无望，对军侦察科科长张宪章说："我这次革命成功啦！"说着把自己的手表、钢笔摘下交给了张："我没有别的东西，只有一支笔和一块表，我老家在洛阳，如果我回不来，告诉我老婆愿随部队随部队，愿回家就回家。"

张宪章心情沉重得很，难过地说："你戴着吧，还要指挥部队呢。"两人挥泪而别。

26日黎明，海上朝霞如血，盘旋在金门上空。孙云秀的四个连登上了金门岛，与岛上的部队取得联系，合兵一处，兵力有所增强。冲锋号再一次"嘀嘀嗒嗒"吹响了，饥疲之军再一次奋起，端起血迹斑斑的刺刀，呐喊着冲向敌阵。第二十八军指挥所的电台扬声器中又传来激动人心的呼喊：

"一团报告：歼敌一个营，现在出击中。"

像狂风中昏黄的火苗，给指挥所中的每一个人带来瞬间的希望，这希望很快就变成失望。

是日上午10时，老狐狸胡琏由台受命，和东南军政副长官罗卓英在金门登陆，

11时许抵达水头村,与汤恩伯交换意见后,便赶赴湖南高地。他接替了李良荣,增加兵力,调整部署:原在前线作战的第一一八师及第五十团统归第一一八师师长李树兰指挥;另第十九军军长刘云瀚配备在一三二高地至垄口一线守备阵地,以防万一。之后下了即刻猛攻的命令,组织部队对解放军实行围攻,并亲自督阵。双方皆打红了眼,都不要命了,逐房逐屋争夺,但我军后援不继,已处下风。到12时,林厝阵地被国民党军夺回。只有被解放军占领的古宁头以北的四座沙滩碉堡仍在坚持。

15时许,二十八军指挥所扬声器中突然传来徐博团长声嘶力竭的呼喊,并夹杂着激烈的枪炮声:

"我的身边还有二十几个人,敌人四面攻击,情况紧急!"

突然"轰轰轰"猛烈的爆炸声传来,报话机立即停止了呼叫……

胡琏下令平射炮和坦克炮集中火力将沙滩碉堡全部摧毁,沿海地区复被国民党军占领。紧接着第十四师十四团和第二○一师六○一团相继夺取南山。胡琏接到各方报告后,不敢稍有松懈,令各部继续猛攻北山高地。在战车第一连坦克的掩护下,第一一八师第三五四团冲上北山高地,将残余解放军压迫至海滩,师长李树兰复命令预备队第三五三团接替损失惨重的第三五二团,并集中全师火力,协同战车,攀缘越壁,对解放军占据的最后阵地猛攻。胡琏与参战的李树兰、尹钟岳等师长直接通话,指示机宜。激战至午夜,终于将解放军占领的最后的核心阵地攻破。最后几十名解放军互相搀扶,边打边撤到无遮无拦的海滩上,在李树兰所部强大的炮火下,壮烈牺牲。

是役,据国民党1949年10月30日的战斗详报:国民党方面伤亡官兵4516人;解放军方面阵亡4000余人,其余被俘。

第二天胡琏巡视战场时,面对遍地解放军的尸体,感叹说:"共军果然厉害,共军如在十八军到达金门之前攻击金门,或在十九军到达之前发动攻击,金门存亡,实难预料!"

蒋经国和东南军政长官陈诚先后乘飞机抵达金门,观察战斗。蒋经国笔下的金门:"俯瞰金岛,触目凄凉,尸横遍野,血肉模糊。"

零零星星的枪声,响了一个多星期。是役,我第三野战军第十兵团第二十八军和第二十九军一部9000余人,当时由于情况不明,我军在总结战役失败的电报中说:"除少数受伤被俘外,均壮烈牺牲。"这是我军解放华东全境所受到的最大损失。其实,我28军被俘者为3900余人,国民党军阵亡人数约3500余人。

最终解放军登岛部队还是失利在胡琏的手中。因此,台湾在研究所谓的古宁头大捷时说:"若无十八军先期增援,金门原有的守军势难达成其任务。若无十九军适时赶到参战,十八军亦难独奏其功。若无胡琏将军亲临指挥,十二兵团的战力,亦难作更高度的发挥。所以说古宁头之捷,由组军到临战决胜,实在是胡琏将军艰难缔造的结果。"

10月27日,第十兵团叶飞等向三野首长报告失利的经过。粟裕流泪了,他致电叶飞等人:"二十七日八时电悉。你们以三个团登陆金门岛,与敌三个军激战两昼夜,后援不继,至全部壮烈牺牲,甚为痛惜。查此次损失,为解放战争以来之最大者。其主要原因,为轻敌与急躁所致。当你们前次部署攻击厦门之时,拟以一个师攻占金门,即为轻敌与急躁表现。当时,我们曾电你们,应先集中力量,攻占厦门,而后再转移兵力攻占金门,不可分散力量。但未引起你们深刻注意,致有此失。除希将此次经验教训深加检讨外,仍希鼓励士气,继续努力,充分准备,周密部署,须有绝对把握时,再行发起攻击。并请福建省委,用大力为该军解决船只及其他战勤问题。至失散人员,仍望设法继续收容。"

败仗惊动了毛泽东。他获悉急攻金门失利,彻夜未眠,抽着烟,紧锁眉头,反复思考着。他走到桌前坐下,亲笔致电各野战军负责同志,以引起严重注意。

"当此整个解放战争结束之期已不再远的时候,各级领导干部中主要是军以上领导干部容易产生轻敌思想及急躁情绪,必须以金门岛事件引为深戒。对于尚在作战的兵团进行教育,务必力戒轻敌急躁,稳步地有计划地歼灭残敌,解放全国,至为重要。"

第二十八军指挥所为了防止敌机轰炸,于10月28日撤离战场。临行前,指战员们哭着喊着,用手中的各种武器一齐向天空狂射,似乎要将天打出个窟窿。

这对华东野战军来说,是一个永远难以愈合的创口。

第十八军与胡琏的结局

第十八军撤台后,1950年台湾进行整军时,不少军的番号被撤销,胡琏的第十八军作战有功,仍辖第十一师、第四十三师和第一一八师。到1954年台湾军队再整编时,原第十八军改编为第七军,原来师的番号也不见了。

1958年"八二三"解放军大规模炮击金门,几发偏离目标的炮弹,飞向金门防守司令胡琏。他来了个就地十八滚,逃得性命,身边的副司令当场身亡。

1957年7月,胡琏作为金门防卫司令官,被蒋介石第二次派到金门岛。他根据美国方面提供的情报,在海峡对面,他的老对手华东野战军即南京军区在华东沿海修筑了多处飞机场,从江西鹰潭到厦门的铁路也已通车。他意识到解放军有攻金门的意图,于是提出"最佳的防御就是进攻"的指导思想,督促部队在岛上大修地下工事,在山中开洞,在地下挖壕,在金门修筑了四通八达的现代化的防御工事。

1958年7月,台北陆军总院的一间特殊病房中,住进一位肩扛中将军衔的方头大脸的汉子。当他脱衣检查时,只见伤痕遍体。他指着伤疤,一口浓郁的河南话:"这是北伐时落下的,这是中原大战落下的,这是在喜峰口抗击日寇被弹片崩的,这是'七七事变'后在河北受的伤……"

医生瞪大了眼睛,夸赞道:"将军姓吉,真是吉人天相,身经百战,九死一生。从学兵开始干起,到如今官至中将、金门防卫司令部副司令官,以后肯定还会继续高升。"

原来,住院的是金门防卫司令部副司令官、吉鸿昌烈士的侄子吉星文。

守金门时的胡琏

1937年"七七事变",就是吉星文下令向日军还击的。一时间,他成为全国人民心目中的抗日英雄,很快从团长升任第一一〇旅旅长,后升任一七九师师长,调任第三十七师师长。1949年9月,吉星文率独立第三六〇师残部渡海来到台湾。后入国防大学联战系深造,毕业后擢升中将,派往金门。此次旧伤复发,回台北医治。

吉星文只在医院里待了几天,便接到金门防卫司令官胡琏的命令:"厦门一带共军夜间有灯光,似有部队行动,恐共军进攻,望速返金门。"

吉星文不敢怠慢,立即返回金门前线。

8月21日下午,在远离金门约1000公里的北戴河,毛泽东与奉命前来的叶飞上将谈话,林彪、彭德怀也在座。

"叶飞同志,谈谈你们那里的情况。"

"主席，我福建前线参加炮击金门的36个炮兵营，连同海军6个海岸炮兵连先后隐蔽进入发射阵地。"

毛泽东风趣地说："好哇，这一次，你又要与老对手胡琏较量一下。"他突然又问："你用这么多的炮打，会不会把美国人打死？"

叶飞"哎呀"一声："那是打得到的啊！"

毛泽东沉默半晌："能不能避免打到美国人？"

叶飞回答得很干脆："主席，那无法避免！"

"照计划打！"毛泽东下了决心。

8月23日，星期六，17时许，金门海面风平浪静，波光粼粼，在夕阳的映照下，一片金黄。金门岛翠谷湖心亭中，正举行周末聚餐，国防部长俞大维特地代表"蒋总统"带着慰劳品莅临慰问。宴会上有白兰地、香槟及丰盛的冷餐，热闹非凡。防卫司令胡琏和吉星文、章杰、赵家骧三位副司令频频举杯。他兴致很高，酒量又好，暗中使劲，要和吉星文较量。吉星文也不含糊，伸出指头和胡琏划拳。胡琏的拳臭，划几次输几次，稀里糊涂喝了好多杯，不觉有些头重脚轻。

宴会结束后，胡琏和俞大维、吉星文、赵家骧、章杰漫步回北太武山国民党军的防卫司令部，经过翠湖岸边的桥头，他们还在海天胡地地吹。

胡琏问吉星文的身体状况，吉说："都是过去的旧伤，大夫说，不要紧，死不了。"

赵家骧一旁插嘴："老吉是大难不死，必有后福！"

吉星文开着玩笑："你老兄不也和我一样吗？当年你在东北'剿总'任参谋长，不也是在辽沈战役的炮火中侥幸逃得性命？要论八字，还是咱们的胡琏司令官，瞧瞧人家，那才够意思。"

胡琏摇头晃脑地说："彼此！彼此！"说着对俞大维做了个"请"的手势，"让他们吹牛，咱们先回去。"

此时，他们的对面，从厦门到莲河，如林的加农炮、榴弹炮，共有459门，不约而同褪下炮衣，向金门方向摇起粗大的炮筒。炮兵官兵严阵以待，只等一声令下，便炮击目标。

17时30分，福建前线指挥部发出炮击命令。一连串红色信号弹徐徐升起，霎时，大地震荡，山摇地动，金门岛被炮火笼罩了。由于没有事先预射，第一轮炮弹飞离目标，飞向了翠湖。

事后有个活下来叫刘毅夫的目击者回忆起那惊心动魄的一幕："突然有阵嘶啸声音，掠过太武山头，骤落翠湖，紧接着是山摇地动的爆炸声，整个翠谷烟雾弥漫，弹片横飞，硝烟冲鼻。翠湖亭塌了，小桥断了，公路出现了无数炮弹坑，石砾、泥土、草木，混杂在连续不断的爆炸声中与弹片一起飞舞……"

胡琏有多年的战场经验，他听到呼啸声，酒立马醒了，知道不妙，立即来了个就地十八滚，爬回司令部的地下室。俞大维吓傻了，被卫士背着，钻到路边的山石下瑟瑟发抖。

正当吉星文与赵家襄、章杰三人兴致勃勃地交谈时，那几发偏离目标的炮弹，鬼使神差般从天而降，在烈焰与爆炸声中，三位副司令当场死亡。

1958年8月23日从17时30分开始，在短短两个小时内，金门岛落下了五万余发炮弹，都是152mm、172mm口径以上的加农炮和榴弹炮。一时间，山崩地裂，火光蔽空，浓烟遍地。炮弹在空中呼啸，和落地的爆炸声交织成片，使人感到世界末日的来临。时在海上的美国军舰上的官兵吓得魂飞魄散，急忙向金门岛司令官胡琏发出电讯："你们是否还活着？"

胡琏还活着，又是一次死里逃生。

1964年，胡志明领导的北越政府和美国支持的南越政府的斗争已达白热化。以吴庭艳集团为首的南越政府和蒋介石商量，想要一位有反共经验的高级将领当"中华民国"驻南越"大使"，以便共同反共。蒋介石便指定胡琏出任。这样胡琏便成为"南越政府"的"最高顾问"，每到周末他便置酒设宴，高朋满座，与政府要员结成了密切的关系。他觉得南越当时的国防部长阮文绍是个"奇货可居"的人物，又打听到阮家庭训很严，于是便以迂回的方法，结识了阮文绍的父亲，与阮老头谈天说地，切磋书法，联络感情，这样逐步与阮文绍结成深交。不久，阮文绍发动军事政变，上台做了总统，胡琏这张牌"自摸"杠上开花。

胡琏到西贡（今胡志明市）以后，频繁出现在各军队、战场和军事院校，又是视察，又是作报告，不断地传授反共经验。通过胡琏，蒋介石的军援顾问团、农技团等机构相继派往南越。

由于胡琏不遗余力地反共，当地游击队将其列为暗杀对象，并暗中摸清了胡琏的行动规律。1967年5月19日上午，两名游击队员化装成维修线路的工人，混入使馆，将炸弹放在二楼胡琏的办公桌下，从容而出。10时30分，胡琏离开办公室去隔壁的会议室主持会议，仅过了不到五秒钟，只听见"轰隆"一声巨响，办公室的桌子被炸飞，楼板被炸塌。他"八字好"，又捡回一条老命。

从1964年到1972年，胡琏在西贡待了八年。是年秋，胡琏因心肌梗死病回台湾，不久便辞职。同年12月任"总统府"战略顾问，升陆军一级上将。

1974年10月，胡琏正式到台湾大学注册，进入历史研究所学习宋史和现代史，每周学习两次，学制为四年；并做了博士论文，题目为《宋太祖雄略之面面观与今昔观》。

1977年6月22日21时30分，胡琏因患大面积的心肌梗死，病逝于台北荣民总医院，享年七十岁。国民党八位一级上将顾祝同、黄杰、王叔铭、彭孟缉、宋长治、高魁元、赖名汤、刘玉章前往吊唁，顾祝同主祭，其余陪祭，护送其遗体去火葬场火化。其家人遵其遗嘱，将其骨灰撒于大、小金门附近的海域。

第七十一军

国民党第七十一军的基本部队是第八十七师、第八十八师。在1928年国民党军事编遣会议期间，这两个番号是不存在的。1930年年初，蒋介石下令成立两个教导师。教导第一师的师长为冯轶裴，该师参加了中原大战。中原大战后，教导一师改为警卫师，第一旅旅长为孙元良，第二旅旅长为蒋伏生。在此基础上，警卫师又扩充为警卫军第一师和警卫军第二师，散驻在京沪、京杭线上。1932年警卫第一师改番号为第八十七师，师长王敬久；警卫第二师改番号为第八十八师，师长俞济时。

1932年"一·二八"事变时，为了抗击日军的侵略，两师合编为第五军，由张治中任军长兼第八十七师师长，前往上海参战。战后，两师分别驻守沪宁线的常州、无锡一带，担负首都南京的警卫工作。

1937年7月，抗日战争爆发。同年9月，军事委员会决定以第八十七师为主，扩建第七十一军，辖第八十七师，王敬久以军长职兼师长；同时第八十八师扩建为

第七十二军,孙元良以军长职兼师长。

1938年5月,第七十一军、第七十二军合并为新第七十一军,军长由宋希濂继任,下辖第三十六师、第六十一师、第八十七师、第八十八师。武汉会战后,第六十一师划出。1940年7月下旬,陈瑞河继任军长。1942年3月,钟彬继任军长,该军奉命编入远征军序列,下辖部队屡有变动,但第八十七、八十八两师一直属于该军序列。1945年6月4日,陈明仁任军长。

抗战胜利后,该军奉调东北,美械装备,全军约三万余人。在四平之战中,击溃林彪所部。1948年辽沈战役,该军被解放军全歼,军长向凤武被俘。1949年2月,该军重建,属于陈明仁第一兵团。是年8月,陈明仁率部在长沙起义,该军军长熊新民率第八十七师、第八十八师投靠桂系军队。在广西战役中,该残部被解放军消灭,熊新民在镇南关被俘虏。

外敌入侵,主动请缨

1931年以降,日本帝国主义加快了侵华的步伐。"九一八"事变后,东北三省沦陷。南京国民政府"攘外必先安内"的误国政策受到了强烈冲击,中央军内部也有波动。蒋介石因此而下野。

1932年1月28日,日军在上海挑衅,驻防淞沪地区的第十九路军奋起抵抗。消息传来,下野的蒋介石发出通电:"中正与诸同志久共患难,今日虽在野,犹愿与诸将士誓同生死,尽我天职。"

此电一出,中央军各部队士气大振。当时,第八十七师第二六一旅驻在南京小营、马标,广大爱国官兵义愤填膺,要求抗日。旅长宋希濂赶到三牌楼军政部面见部长何应钦,请求去上海支援第十九路军抗战,遭到何应钦的训斥与拒绝。是晚,宋希濂召开连以上干部会议,传达何应钦不准抗日的命令,军官们情绪激愤。11时许,宋希濂和营以上军官乘卡车闯进鼓楼斗鸡闸一号何应钦官邸,再次请求前往上海抗战。开始,何应钦板着脸说,日本是世界上头等强国,我们没有自己的工业,机枪大炮都不能造,拿什么和人家打?地方军阀各自为政,目无中央,加上共产党捣乱,怎么抗日?宋旅的军官们纷纷质问何应钦,表达抗日的决心。

黄埔六期生、营长王作霖一席话说得剀切动人:"我是部长的学生,也给部长做过参谋,我多次听您讲话,您总是勉励大家,当军人的要保家卫国,爱国爱民,才算是恪尽了军人的天职。'九一八'事变丧失了整个东北,我们采取不抵抗政策,全国人民都骂国民政府丧权辱国,骂我们军人无耻。现在日本人打到大门口来了,我们还不起来抵抗,这同部长平日教导我们的话多么不相称!"

何应钦哑口无言。双方僵持到凌晨1时许,何应钦搪塞道:"现在南京空虚,日军舰随时可能开进长江,你们旅明天到幕府山、狮子山布防,等二五九旅从徐州开回来,如有必要,再派你部开往上海参战。"

2月初,蒋介石决定复出,与汪精卫谈判后,由洛阳到达浦口,南京中央陆军军官学校教育长张治中在车站迎接。

一见面,张治中就迫不及待地说:"委座,我们中央部队必须参加淞沪战斗。一是第十九路军孤军作战,不能持久;二是反对派会说我们按兵不救,对您的地位和领导权都会产生不好的影响。"

见蒋介石在沉吟,张治中主动请缨:"如果现在没有别人可去,我愿意去!"

蒋介石说:"很好,我马上关照军政部长何应钦,立即调动散驻在京沪、京杭两线上的第八十七师和八十八师合成第五军,你率领参战!"

2月16日,张治中率领第八十七师、八十八师及中央军校教导总队等部开赴上海南翔,奉总指挥蒋光鼐的命令,接替第十九路军江湾北端至吴淞西端防线。

张治中

第八十八师副师长李延年说："我们中央军已经到了前线，可是社会上还有蒋委员长有意让第十九路军孤军作战、听任牺牲的传言，真是令人气愤。"

师长俞济时提议："由我们几个领衔，发个通电，一是表明我们抗日的决心与态度，二是为校长洗刷不抗日的罪名如何？"

副师长李延年，旅长杨步飞、钱体伦，第八十七师旅长宋希濂、孙元良等一致赞同。由俞济时起草通电，几位副师长、旅长都名列其中，交给报馆，略谓："济时等忝列戎行，救国具有决心……值此国家存亡关头，爰本中央团结御侮之旨，请命杀敌。现已全部开抵上海，听命于蒋（即蒋光鼐，第十九路军总指挥）总指挥。誓与第十九路军亲爱将士，喋血沙场，共同生死……宁为战死之鬼，羞作亡国之民。"

此电一出，谣言不攻自破，加上财政部长宋子文将税警总团也划归第八十八师独立旅参战，中央军和第十九路军团结抗战，更加激起淞沪和全国人民抗日的信心与决心。

张治中随即分配了第八十八师（师长俞济时）和自己兼任的第八十七师的防

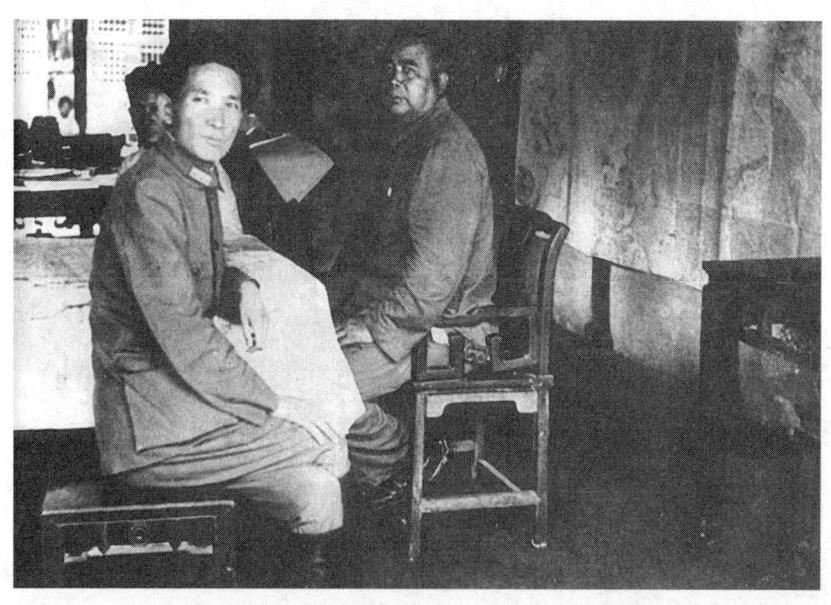

第三战区司令长官冯玉祥（右）与淞沪警备司令张治中（左）一起指挥淞沪会战

线。部队刚刚进驻不久,日军的进攻就开始了。

与之对阵的第九师团是日军王牌劲旅,在狂热的军国主义思想熏陶下,人性尽丧,疯狂如兽,其攻势如狂涛巨浪,奔涌不息。第九师团师团长植田谦吉策划了一个"中央突破"计划,重点指向庙行镇南端地区,企图在突破中国军队防线后以主力向南席卷,将第十九路军歼灭于江湾、闸北地区;再以有力部队向北席卷,将第五军歼灭于杨家行、吴淞地区。

这是中央军与外寇的第一次较量。

2月20日拂晓,日本飞机十余架轮番向第八十八师正面的庙行一带狂轰滥炸,同时以重炮和舰炮对吴淞、庙行一带射击。训练有素的第八十八师官兵蛰伏在战壕内不动。

硝烟逐渐散去,嗷嗷叫的日军冲上前沿。俞济时一声令下,机关枪、步枪对准日军一起开火,无数手榴弹直落敌群,炸得敌人人仰马翻,死伤一片,剩下的支撑不住了,向后狂逃,第一次进攻就这样被击退了。重机枪还击落日军飞机一架。日军休整了一下,很快又在重火器的掩护下冲了上来……经过生与死的搏杀,我军打退了日军数次进攻。

21日午前,日军又以猛烈的炮火向第八十七师阵地猛轰,庙行镇以南阵地工事多毁于炮火,该部官兵沉着应战,放敌人到阵地前,以机关枪和手榴弹予以迎头痛击。午前,敌步兵数百人借炮火掩护,企图强渡蕰藻浜。全旅上下严阵以待,待敌靠近后,立即以炽盛的火力向敌人射击,双方激战两个多小时,日军退出。第二五九旅之第五一七团小炮连迎着敌机疯狂扫射,突然,一架日机尾巴冒起浓浓的黑烟,转了几圈,栽落在地上,我军阵地上顿时一片欢腾。被击落的是日军"八四六"号战斗机。

恰如德国顾问所评价的那样,第五军是中国最好的军队,该部大多由纯朴的农民和青年学生构成,很少有老兵油子,基层干部一律由黄埔毕业生充任,军风相对淳朴,充满朝气,好勇斗狠,很有点德国军队的剽悍。

责任感、荣誉感、正义感鼓荡于第八十七师、八十八师官兵胸间,由无形变有形，化精神为力量，奔腾如火焰，凝重如山岳。战斗呈白热化时，第八十八师师长俞济时、副师长李延年，第八十七师旅长宋希濂都亲自上前线督阵。各团长更是亲临指挥。

22日清晨，日军更是倾巢而出。他们欺负中国军队缺乏重武器，连续四五个小时以重炮五六十门猛轰庙行阵地，火力之猛，威力之大，前所未有，许多工事被炮弹摧毁，许多士兵牺牲于炮火。上午9时许，日军的飞机飞临庙行上空，对中国军队的阵地轰炸、扫射，紧接着，步兵在飞机大炮的掩护下向庙行以南发起猛攻。守卫该处的第八十八师第五二七团伤亡很大。在指挥反击时，第三营营长陈振新当场阵亡。敌人冲上我军阵地，双方士兵短兵相接，形势异常紧张。

军长张治中得报后，立即命令第八十七师第二五九旅旅长孙元良率部紧急增援。张治中亲率中央军校教导总队前往第八十八师指挥所策应。他拿着望远镜观察着，眼看阵地呈现白热化状态，恐怕维持不了多久，阵地就有再度被日军突破的危险，于是抄起电话，命令第八十七师宋希濂："宋旅长，庙行镇方面激战很厉害，敌人集中优势兵力猛攻这一地区，企图突破我阵地，情况十分危险，请你立即派一个团开往庙行镇增援！"

宋希濂说："我派一个团去庙行镇，四五个钟头才能赶到，白昼行军，更容易被敌机发现，恐缓不济急……"

张治中不高兴了，反问："你想怎么样？"

宋希濂说："军座，是否本旅主力立即渡过蕰藻浜，向敌背后侧击，以减少正面的压力？"

张治中问："渡河有无困难？"

宋希濂充满信心地回答："我们会克服的！"

张治中果断地说："好！就这样办吧！"

宋希濂当即电话召来第五二一团团长刘安祺和第五二二团团长沈发藻，命令："两团各留一个营守备阵地，主力正面渡河，第五二一团在右，第五二二团在左，向日军发起攻击！"

15时许，宋希濂带旅司令部一部分人员走向蕰藻浜河边。本来估计渡蕰藻浜要遇到困难，渡河器材恐一时难以筹集，谁知他到河边一看，几乎不敢相信自己的眼睛。他回忆当时的情景说：

"哪里来的这许多五花八门的渡河工具呢？除了几只小木船外，有竹筏子，有用门板扎成的平板船，还有大木桶……形形色色，不一而足。打听之下，才知道两团队伍，除留有一部分在北岸阵地戒备之外，全部渡过河，迅速驱逐或消灭了敌军的哨兵，向前攻击去了。我真没想到这么快的速度！当我登上一只小木船准备过河的时候，突然西面阵地工事跑来五二一团的一个连长，一面向我举手敬礼，一面大声说：'报告旅长，请准许我们这一连也过河去打日本鬼子。'我说：'那怎么行！北岸的戒备还是要紧的。'他说："旅长，我们在南京一再请求要来上海抗日，总算达到了目的，来了十多天，却没有机会和日本鬼子好好干一场，大家都忍不住了！现在有了机会，却不让我们去，全连的士兵难过得不得了，纷纷向我质询责难，弄得我也很难应付他们。'这个连长的一番话，使我恍然理解了有这许许多多的渡河工具和部队这样快就跨过了蕰藻浜的原因，是的，大家都忍不住了。"

由于宋希濂出兵神速，起到了攻敌不备、出其不意的效果。敌军的指挥所根本没有预想到我军会强渡蕰藻浜来攻击他们的侧背，不仅正面参加庙行进攻的日军感到了威胁，右翼在殷行镇附近的敌人炮兵阵地也受到袭击。宋旅某部连长刘宏扬渡河时就发出豪言壮语："昔甘宁以百骑乱曹营，而我岂不能以百余健儿致倭寇死命耶？"

刘宏扬有幸言中，日军陷于数面夹击之中，停止了对庙行的进攻。

第八十七师五八一团三营十一连连长朱明是黄埔六期生，出征前就鼓励士兵说："倭寇乘虚蹈隙，恣意侵略，东北三省沦于万劫，东南半壁岂能瓦全？吾辈军人食国之禄，捍卫国土，奋勇歼敌，马革裹尸，此其时也。好男儿以七尺躯握三尺剑，此役战而胜则成功，战而败则成仁已耳。"

朱明实现了他的诺言，这位来自江西的青年，家道小康，自幼聪明可爱，双亲钟爱如掌上明珠，就学军校期间，每次考试都名列前茅，已显卓尔不群之态。面对日军猖獗，民族感、自尊心油然而生，"吾堂堂中华，巍巍大汉，头可断而身不可屈，命可绝而气不可失"。当战况危急之际，他统率本连官兵向敌猛烈冲击，面对如雨的流弹和炮火，他岿然不动，指挥若定，不料一弹穿喉，遂倒地。呜呼！黄龙之酒未饮，日寇之祸依然，壮志未竟，英灵已杳。

朱明的同窗、第八十七师某部代理连长斐福龙是福建闽侯人。"九一八"事变时，他即惭于政府的不抵抗政策，求战不成，欲脱离该师只身前往前线抗敌，因此这一次随军出征赴沪，喜不自胜之情洋溢于外，歼敌立功之心鼓荡于内。庙行之战，枪弹如织，居然没有改变欣喜之色，远则长枪射击，近则短刺肉搏，酣战中不觉部下已伤亡殆尽，遂大呼扑敌，血溅五步，伏尸数人。

生性平和的第八十七师五一七团三连上尉连副蔡策元，平时闲静少语，临阵却勇猛多谋，从军后，几乎征战不停。但过去打的都是内战，让他心里忧闷，因此每逢论功行赏，都躲开不受，尝谓："仗剑乃因图雪耻，横戈原不为封侯。""九一八"事变后，面对大好河山沦陷，他愤然作诗曰：丈夫当一仰天啸，兄弟阋墙蜗角争。尘海茫茫几侠骨，更谁人去问东屏？

庙行之战，让他有了一泄怒火的机会。

随着日军的猛攻，中方防线多处已呈崩溃之势，蔡策元率部随团作机动策应，拾遗补阙，斩将搴旗，苦战经旬，在一次转移防线中被敌包围，以疲乏之兵挡五倍精锐之敌，从午夜一直杀到第二天午间，仍难出重围。敌军又以一千之众，突袭蔡策元所在团部。危急之际，蔡令战士身上绑手榴弹与敌作同归于尽之搏，幸得友军一部增援，才免遭全军覆灭之灾。突围中，蔡策元率先冲阵，身中数枪，长埋于血雨腥风之中。当其一息犹存时，尚喃喃自语："此死心期殊未了，我头须向东海填。"

第八十八师五二八团排长顾伟此役之表现，更令人拍案击节。此人身世奇特，13岁即从老僧读《春秋》于深山古庙中，吟咏之中不知有世界，但儒家"尊王攘夷"以及民族正气不知不觉中浸透其血液。一日，有客来庙中，与老僧坐谈槐下，论国家多难，外侮濒临，不胜唏嘘。顾伟旁听之下，如梦中警钟，震荡心肺。第二日，老僧呼之，已不知踪影，只有片纸留言："吾觅招兵所去！"

顾伟进了黄埔七期，毕业后被分到第八十八师任排长，平时沉静寡言，视部下如子弟，上级曾有调令让他至别部擢升，全排哭而不舍，顾伟遂不忍去。此次庙行之战，他与全排士兵共同奋战。日军大举进犯，却难动其阵脚，肉搏数次，终不能得逞，遂以排炮轰击，阵地被炸成一片火海。顾伟抄机关枪奋勇还击，突遭弹片横削，右臂齐根尽去。该部营长泪落不止，命令他撤下战场，顾伟怒喝："不见有左臂乎！"

顾伟独臂再战，不久，又遭数创，乃大吼跃起，狂突敌阵。部下之士见长官拼命，也随即出击，呼吼震天。对面日军惧其凶勇，胆魄尽丧，弃战而逃。顾伟却颓卧于血泊之中，长眠不起。

此战，第五军两个师几乎全部投入了战斗，一役之间，伤亡官兵千余名。而日军精锐第九师团以及久留米旅团也遭受重创，敌尸堆积如山，有三四千名之多。其惨烈，实为沪战爆发以来所未有。日军所谓"中央突破"计划，至此完全落空。

八十七、八十八师是中国军队的楷模

尽管淞沪一役最终以当局缺乏信心及战略失误而遭受失败，但其咎不在淞沪守土之兵，他们已向全世界显示了敢战、能战的勇气和力量。"我国、我军声誉，在国际上顿增百倍，各国舆论莫不称颂我军精勇无敌，而倭寇军誉则一落千丈也。"黄埔军虽是南京政府的精锐、蒋介石的嫡系，但他们在"安内"与"攘外"的矛盾冲突中，也不愿一味地将实力消耗在内战之中。连当时负责替蒋介石管理嫡系军队的两大巨头刘峙和顾祝同也分别致电表示：

"谊切同仇，誓为后盾，现已准备一切，静候待命……刘峙电。"

"当率军民，誓为后盾……顾祝同电。"

陈继承也同样表示："分属军人，何甘坐视，理当环甲执兵，以为后盾……"

这些掷地有声的通电证明了中国军人，在外敌入侵、国家危殆的情况下都会挺身而出，并不是像有些人所说，只是第十九路军在淞沪前线浴血抗战。

淞沪抗战，威名远扬

1937 年 7 月下旬，南京酷热难耐，白天的气温在 36 摄氏度以上。蒋介石依然戎装整齐，就连风纪扣都扣得好好的。7 月 30 日这一天，在青岛养病的张治中风尘仆仆地赶回南京，去见蒋介石。

蒋介石一见张治中便迫不及待地问："文白兄，你看怎么打？"

全副戎装的张治中胸有成竹地说："我以为中国对付日寇，可分为三种情况：第一种他打我，我不还手；第二种他打我，我才还手；第三种我判断他要打我，我就打他，这叫作'先发制人'，又叫作'先下手为强'。目前，我军应迅速集结淞沪，出其不意，主动进攻，一举将敌主力击溃，把上海整个拿下。我空军、海军同时出动，打一场立体战争！"

蒋介石频频点头，但又不放心地问："扫荡上海敌军，有无把握？如扫荡不

淞沪会战中，第八十八师与日军激战八字桥

克时，能否站得住？"

张治中回答："我空军和炮兵如能给敌根据地以毁灭性打击，则步兵有把握；如果空军、炮兵未能奏效，则我可采取主力守据点掩护一部攻击稳扎稳打之战术，可以站得住！"

张治中的自信感染了蒋介石，他同意了张治中先发制人的战法，但留下一句话："时机应待命令。"

8月11日晚，铁道线上，一列列军车排成长蛇阵，隆隆前进。张治中的专列挂在一列兵车的最后，所有的窗户遮挡得严严实实。在天色微明之际，进入上海市区。根据大本营的作战计划，淞沪警备司令官张治中所指挥的中央军嫡系部队仍是王敬久的第八十七师、孙元良的第八十八师。

8月13日下午，在上海北站和北四川路之间的日军和中国守军发生冲突。驻沪的日本海军陆战队司令官大川内少将下令向中国军队发动进攻。中国军队当即向虹口、杨树浦的敌根据地发起猛烈进攻。

黄浦江上的日本舰队用大炮进行掩护，空军也狂轰滥炸，协助岸上陆战队固守，等候国内援军到来。张治中原打算的突袭战不得不改变成阵地战。16时，我炮兵开始集中射击，步兵八十八师和八十七师主力分别向各自的目标攻击前进。

双方你争我夺，浴血奋战，打了个旗鼓相当。

外电评论：日军在上海滩遇上了一场德国式的战争。

8月15日，张治中收到蒋介石的电报："星期二早晨，有英国陆军到沪，应准其入口登陆。我军不可误会阻碍，与英国当局接洽办理。"

这意味着还是不能全线进攻，又一次错失良机。

8月16日，蒋介石才向张治中发出命令："最急。南翔。张文白兄：第三十六师钟松旅，加入第八十七师方面，预定明拂晓全线总攻击，一举歼灭敌军，占领虹口为要。中正手令。"

我军展开全线进攻后，第八十八师旅长黄梅兴在指挥部队进攻持志大学时，身先士卒，壮烈牺牲。

黄梅兴，广东平远人，黄埔一期生，是淞沪抗战中牺牲的第一位高级将领。蒋介石得知后，严肃地说："我中央军要为全国军队作出表率，在上海滩打出个模样来。"

张治中认为要在日援军赶到以前夺取虹口和杨树浦两地的敌据点。17日拂晓，他奉令开始全线总攻击。这一天，打得山岳变色，日月无光。张治中亲临前线督战，中央军士气高昂，勇敢拼杀。

8月18日，张治中计划再接再厉，却接到蒋介石暂停进攻的命令。他气愤地将手枪"啪"地拍在桌上："这已是第三次了！这仗还有没有办法再打？"

将在外，军令有所不受，但蒋介石的脾气，让张治中有所顾忌。

截至18日，宋希濂的第三十六师、桂永清的教导总队之一部、夏楚中的第九十八师，以及中央军半嫡系第五十六师、第二十旅和重炮兵、炮兵等部队陆续到达前线。各部对上海日军的进攻，已进至闸北、虹口及杨树浦一线，形成有利

八十七师师长王敬久

的进攻态势。日本增援部队也不断赶到。

19日,我军又开始攻击。敌机俯冲扫射,狂轰滥炸。张治中冒着危险,站在水塔顶端的平台上用望远镜观察战况,颇为兴奋。由于部队平时在德国顾问的帮助下,按德国步兵操典、战术训练,再加上官兵视死如归,打得颇有章法,各处捷报频传。

17时,电话铃急促地响了。张治中一把抓过听筒,里面传来八十七师王敬久师长的声音:"我左翼部队已突入杨树浦租界至岳州路附近。"

张治中一阵欣喜:"王师长,你们要扩大战果,突入贯穿杨树浦租界至汇山码头,截断敌左右翼的联络,向东西压迫,一举而歼灭之!我马上就带人进驻你的司令部,部署一切。"

张治中赶到前线,前方就是汇山码头,一步之遥。敌军利用钢筋水泥的楼房做据点,发射密集的迫击炮弹,加上黄浦江面敌舰炽烈的炮火,我军被压制在杨树浦租界,抬不起头。

张治中心急如焚,看见几辆坦克停在路边,大声问:"谁是长官?为什么不往前冲?"

带领坦克车的连长是中央军校的学生,急忙解释:"教育长,车子太差,是从修理厂拉出来的,而且敌人的火力太猛,我步兵很难跟上。"

张治中火了:"那不行,你的坦克不攻入汇山码头,休来见我!"

坦克连长跳进车里,带着几辆破旧的坦克车,在弹雨中侧侧歪歪往前冲,步兵跟在后面呐喊前行。

张治中拿着望远镜,眼看着连长的车钻过火海,冲上汇山码头,突然一发炮弹击中坦克,熊熊火焰冲天而起……他痛苦地闭上眼睛。

入夜,中国军队继续对日军猛攻。从西安驰援上海的劲旅第三十六师宋希濂

第八十八师师长孙元良(中)、副师长冯圣法(右)、参谋长陈素农(左)在前线

部第二一六团进行汇山码头攻坚战。24时，随着三颗红色信号弹升上天空，攻击开始。第一营在攻击途中遇到日军坚固的防御工事，日军居高临下对我军展开猛烈射击。相持一个多小时后，团长胡家骥下令："不顾一切牺牲，冒着敌人的炮火前进！"他率先向前冲去，身边的两名卫士一名身负重伤，一名英勇牺牲，胡团长本人也五处负轻伤，仍然指挥战斗。日军凭借坚固的工事，并在街巷筑垒以战车阻塞路口，导致我进攻部队进展困难，最终以伤亡570多人的代价，攻下汇山码头。日军死伤不下400人，其余向英军投降。

20日拂晓前，中国军队突破敌战线，西进至欧嘉路，东至大连湾路，南至昆明路。

此时，张治中已被任命为第三战区第九集团军总司令，指挥第八十七师、第八十八师、第三十六师、第十一师、第九十八师等精锐之师投入了战斗。

同年9月，军事委员会决定以第八十七师为主，扩建第七十一军，辖第八十七师，王敬久以军长职兼师长；同时第八十八师扩建为第七十二军，孙元良以军长职兼师长。

10月21日19时，中国守军在援军的支援下，一度向蕴藻浜南岸发起全线反击，激战彻夜，各路均有进展。22日，敌军主力在飞机及炮舰的支援下进行反攻，到23日，这场惊天动地的大血战才以我军退守小石桥、大场、走马塘、新泾桥、汤家桥而告终。

从10月25日起，敌第十一、第十三和第九师团主力向大场方向发起猛攻，突破南翔至大场的公路，进窥南翔，大场形势危急；是日，我军走马塘阵地亦被强敌突破。

26日，日军为扩大战果，向我展开新一轮猛攻。奉命坚守大场一线的我十八师伤亡惨重，师长朱耀华眼看插着日本膏药旗的战车隆隆冲上自己的阵地，迫不得已，举枪自杀。朱耀华的阵地被日军占领，江湾、庙行、闸北的守军自动放弃阵地，迫使主力不得不退守南翔一线。其一部退至苏州河以南，此时，必须留少数部队坚守苏州河北岸的要点阵地，以掩护大部队撤退。

第三战区指挥官顾祝同电话命令第七十二军军长兼第八十八师师长孙元良："委座想要八十八师留在闸北,死守上海,你的意见怎样?"

孙元良略加思索:"我不同意。为什么呢?如果我们死一人、敌人也死一人,甚至我们死十人、敌人死一人,我都愿意留在闸北,死守上海。最可虑的是,我们干部伤亡了,联络隔绝了,在粮弹不继、混乱而无指挥的状态下,被敌军任意屠杀,那才不值……"

顾祝同打断了孙元良,说:"这是委座的命令,淞沪之战事关系国际观瞻,在全线撤退的局面下,我们要留一个团死守闸北。"

孙元良知道无力改变这道命令,也知道这道命令将葬送几百个弟兄的生命,但还得坚决执行。让谁担负这壮举呢?他想到了谢晋元。

谢晋元,字中民,广东焦岭人。黄埔军校四期毕业,参加过北伐战争。1934年任第八十八师补充团少校营长。淞沪抗战打响后,调任第五二四团中校团附。

半小时后,谢晋元奉命赶到四行仓库的师指挥部。所谓四行仓库,即金城银行、盐业银行、大陆银行和中南银行所建的七层仓库,为钢筋混凝土建筑,里面堆放了许多粮食等物资。由于处于苏州河北独特的地理位置,敌军坦克无法展开攻击,而日机轰炸又恐伤及自己人,一时奈何不得。

敬过礼后,谢晋元迫不及待地问:"师长,有什么新任务?"

孙元良看着眼前这位英姿勃勃的优秀军人,沉吟片刻:"委座要我们死守上海的最后阵地。你带领第一营的弟兄坚守四行仓库,你们最好把指挥部和核心部队布置在这里,这幢大楼不仅坚固,易于防守,而且更易于掌握部队。仓库里有足够的粮弹,你们可以坚持下去,好好地打仗……"

谢晋元一挺胸,大声回答:"师长放心,我们不会给本师抹黑的!"

谢晋元就这样接受了任务。

22时许,日军的炮火格外猛烈。一营营长杨瑞符接到谢晋元要他速去团部的电话,带着两名传令兵赶往团部,刚一出门,迎面飞来两发炮弹,杨营长敏捷地卧倒，随着两声爆炸，灼热的气浪和弥漫的尘土几乎使他窒息。硝烟未散，他立即爬起来，冒着炮火迅速跑到团部。

谢晋元把死守闸北四行仓库的命令交给杨瑞符："你赶快回去集合队伍，我先到四行仓库去！"

10月27日上午9时许，守四行仓库的部队全部到齐，一共有400名，对外号称800人，这就是八百壮士的由来。他们一到，就立即投入布置阵地的紧张工作中。

这时，北站大楼已经被日军占领。很快，警戒部队与日军发生接触。警戒部队边打边撤，安然撤回四行仓库内。

当日军接近仓库时，守军登上房顶，向下猛掷手榴弹，当场炸死日军七人，伤二三十人，其余逃跑。第一天日军的几次进攻，均被击退。

28日清晨，当太阳尚在乌云里挣扎时，敌人的迫击炮和机关枪就响成一片。四行仓库被日军包围。守军凭借坚固的工事，沉着应战。

15时许，日军向四行仓库发动进攻。当日军进入我有效射程后，谢晋元一声令下，机关枪、步枪一齐开火，日军大乱，丢下十几具尸体仓皇逃跑。

天色暗下来，枪炮声还在继续。

中夜，清辉冷冷，疏星朦胧。寂静的闸北，突然响起了激烈的枪声。在四行仓库前面的马路对面，一位十八岁的女童子军，凝视着四行仓库，心里冒出一个念头——我要帮助我们勇敢的守军。

她就是杨慧敏。回到住处，她脱下童子军制服，将一面大幅中华民国的国旗紧紧地缠绕在身上，再罩上制服。她溜出门，爬过马路，沿着四行仓库外围的铁丝网匍匐向前。剧烈的枪炮声响彻夜空，她一动不动，任凭流萤般的子弹从头上飞过。终于，她爬到东侧楼下，从一个窗户钻了进去，在守军的帮助下，顺利进入四行仓库。

杨慧敏脱下外衣，将浸透了汗水的国旗呈现在谢晋元、杨瑞符等面前时，这群捍卫祖国的英雄都激动得流下了热泪。谢晋元激动地说："勇敢的同志，你给我们送来的岂止是一面崇高的国旗，而是我们中华民族誓死不屈的坚毅精神！"

他回头命令："准备升旗！"

战士们将国旗高高升起在四行仓库大楼顶上。在晨曦中，平台上聚集了二十来个军人，他们庄严地对着国旗敬礼。楼下几十米外就是凶恶的敌人，四周时不时响起冷枪声，气氛神圣而肃穆，使人热血沸腾。

杨慧敏要求留下来为伤员服务，谢晋元一把将她推出门，喊着："冲过马路，跳下河！"

杨慧敏刚跃下苏州河，日军发现了她，枪声大作。杨慧敏潜入水中，奋力游动，当她抬头时，苏州河畔站满了欢呼的人群，都在向四行仓库屋顶飘扬的国旗欢呼。

"八百壮士"困守闸北四行仓库，力战四昼夜，击退敌人六次围攻，打死敌

谢晋元与守四行仓库的四位连长

人200余人，伤者无数，并击毁敌战车两辆。我军仅伤37人，营长杨瑞符弹穿左胸，身负重伤。

11月1日拂晓，孤军完成任务后，奉统帅部的命令，退入上海公共租界。日军随即全力强渡苏州河，封锁南市。中国军队放弃南翔以东苏州河北岸全部阵地。

"八百壮士"的英勇事迹，轰动整个上海。这是淞沪会战的最后一个闪光点。孤军的精神，使无数军民得到鼓舞，更加坚定了抗战到底的信心。为此，蒋介石手令，予以嘉奖："第八十八师留守闸北之五二四团团附谢晋元以下各官兵，服从命令，尽忠职务，达成目的，殊堪嘉慰，该团各官兵准各升一级，并呈准政府各给荣誉勋章……"

11月10日，日军佐藤支队在浦东登陆，步兵第五旅团向南市发起总攻。11日，南市守军奉令撤出阵地。上海市市长吴铁城向市民发表告市民书，沉痛地宣布上海沦陷。

至此，轰轰烈烈的"八一三"淞沪抗战终于落下了帷幕。

保卫国土，悲壮惨烈

上海弃守后，战事转入首都南京方面。唐生智自告奋勇担任守城司令，南京保卫战开始了。第七十一军第八十七师和第七十二军第八十八师又参加了南京保卫战。

12月9日，死守南京东南牛首山阵地的第七十四军第五十八师与日军激战竟日，血染山河。关键时刻，孙元良第八十八师派出的右翼支队过早撤退，日军一部进占大胜关，且有沿江北犯的企图。第五十八师阵地孤立，不得不于晚间放弃，与后撤的第五十一师联合担任双涧镇至宋家凹守备。

唐生智

12月9日，日军乘王耀武第七十四军第五十一师后撤，王敬久第八十七师仅到了两个团，阵地尚未占领之际，乘隙而来。日军越过中国军队来不及破坏的高桥门、七瓮桥及中和桥，于拂晓前进至光华门外，将大校场、通光营房占领。随即以十辆坦克车为前导，掩护2000余名步兵向光华门发起猛攻。光华门守军为桂永清的教导总队的少数官兵，他们见情况紧急，立即将城门紧闭。日军将野炮和山炮推进到高桥门附近，向光华门实行近距离轰击，将巨大的城门炸开两个大洞。第九师团一个大队日军在损失了300人后，攻进了光华门。第八十八师第五二四团一个营增援上去，夺回了光华门。下午日军再次以坦克为先导，又增援了一个大队的兵力，向光华门猛攻。第五二四团一个营牺牲了两个连300余人。黄自强排长在连长、代理连长先后阵亡的情况下，率领17名士兵撤离战场。

12月10日，日军主力向雨花台、通济门、光华门、紫金山第三峰同时展开攻击，战斗尤为激烈。日军200余人一度攻入中山门，被第三十六师、第八十八师击退；光华门复被日军突破，但冲进城内的百余名敌人均被我守军歼灭。

负责防守雨花台的孙元良的第八十八师在日军大炮的猛轰和步兵的轮番攻击下，右翼阵地发生动摇，失去阵地要点数处，守军拼杀再三，终于被日军攻破，中华门城门门楼亦被日炮火击中而焚毁。当夜幕降临之时，第八十八师缩短阵线，固守城外的主要阵地，又与第七十四军、左与第八十七师密切联系，其城垣的部分防务也与第七十四军和广东部队分担。

12月11日，柳川平助的第六师团和第一一四师团在城南雨花台受到第八十八师等部的顽强阻击。在冬日惨白的阳光下，血肉模糊的尸体遍地皆是。血战一整天，当夜幕降临时，日军的进攻止于坚城之下，但城上的防守部队和城外的进攻部队都认为，南京城的陷落是迟早的事。

12日拂晓起，日军在飞机、重炮的掩护下，向我雨花台主阵地发起更为猛烈的进攻。雨花门、中华门城垣均被日军大炮击毁数处。战至正午止，守军第八十八师雨花台主阵地全部被日军攻占。

是役，第二六二旅旅长朱赤，第二六四旅旅长高致嵩，团长韩宪元、李杰、华品章，中校参谋赵寒星，营长黄琪、符仪廷、周鸿、苏天俊、王宏烈、李强华各率部反复肉搏，奋勇冲杀。上午，团长韩宪元、营长黄琪、周鸿、符仪廷先后殉难；下午，旅长朱赤、高致嵩，团长华品章，营长苏天俊、王宏烈、李强华亦弹尽援绝，或举枪自戕，或阵亡，悲壮惨烈。全师官兵6000余人皆壮烈殉国。

唐生智急令部队增援中华门方向，但第八十八师退入中华门的溃军乱作一团，云梯来不及撤，城门来不及闭，日军就势冲入300余人。孙元良率200余人于14时许向下关方向溃退。经中山路北走，拟出挹江门，北渡长江。当经过中山北路的铁道部附近时，被唐生智卫戍长官司令部特务队和宋希濂第三十六师劝阻，双方发生冲突，互相开枪。第八十七师、八十八师溃军夺路而逃，给南

在南京保卫战牺牲的八十八师二六二旅旅长朱赤

在南京保卫战牺牲的八十八师二六四旅旅长高致嵩

京守军带了一个不光彩的头。城内秩序大乱，有的兵效法他们，开枪强行闯关；有的兵为了逃生，擅自扔掉武器，扮作难民。在宋希濂的劝说下，孙元良不得已返回中华门附近。

日军占领中华门后，第二六四旅残兵 2000 余人，在新接任的旅长廖龄奇的率领下，绕城而走，终于到达下关江边，薄暮，乘辎重营两个连控制的 300 多只木船渡江。

在混乱中，补充旅旅长吴求谦和补充旅第一团团附高健去夫子庙瞻园的宪兵司令部找师长孙元良，但孙元良已不见踪影。他们随即带着十几个人直奔挹江门，但无法通过，于是转向和平门，到达煤炭港，但见人山人海，无法渡江。之后他们前往燕子矶，发现该处有日军兵舰，只得掉头向下关且伏且走。当天 20 时许，他们在江边海军码头找到大木板三块，用铆钉钉在一起，十几个人跳上木板，用钢盔、驳壳枪把划水，穿过敌舰封锁，终于在天明到达浦口。

第七十二军军长兼第八十八师师长孙元良在 12 月 12 日 17 时许到唐生智长官司令部开完会后，就没有回宪兵司令部。他脱去军装，只身藏在秦淮河边夫子庙一个熟悉的妓院里，假扮"大茶壶"，躲过了日军的搜查。一个多月之后，才逃离南京，几经辗转找到部队。因其脱离部队，使部队失去指挥，导致全军覆没，被军政部撤职，交军法执行总监部依军法治罪。后经顾祝同、张治中等说情保释，免于死罪。

第七十一军王敬久部于南京保卫战结束后撤往洛阳整训，原隶属于第八集团军的第六十一师划归该军，又新成立一个师，使用原第八十八师的番号，加上第三十六师，组成该军。但王敬久与洛阳警备司令祝绍周闹得不可开交，蒋介石听说后极为生气，将其撤换。原来，王敬久在 1932 年担任第八十七师副师长时，祝绍周是其参谋长，王敬久地位比祝绍周高；该部调到洛阳后，要受祝绍周指挥，王敬久不乐意。1938 年 5 月，第七十一军和七十八军合为新的七十一军，宋希濂为军长，并立即赶往郑州。

豫东阻敌，功亏一篑

徐州会战后期，日本第十四师团丰岛旅团突然从山东菏泽南下，从濮阳渡过黄河，进至兰封、内黄、民权一带，企图截断陇海路，包围徐州附近的中国军队主力。

蒋介石在郑州召见宋希濂："你的队伍先在兰封一带集结，在兰封的第一〇六师也归你指挥，你与归德的薛岳总司令所指挥的部队合围这股敌军。你要告诉各级军官，我们的兵力较敌军有绝对优势，大家要努力打好这一仗。"

宋希濂正要表态，被蒋介石制止，他补充说："这一仗关系很大，大家一定要奋勇战斗，如有不听指挥或畏葸不前者，严加惩办！"

宋希濂说："请校长放心，学生一定不辜负您的栽培！但我的军队归谁指挥？"

蒋介石说："暂归我指挥，你到兰封后，随即来电话报告，我将在郑州暂住一个时期。"

5月15日，日军在考城附近遭到第七十一军顽强阻击。日军没料到遇见如此强硬的对手，攻了几次，碰得头破血流，被迫放弃夺取兰封的计划，转向仪封前进。

17日，宋希濂到达兰封。此时，土肥原的第十四师团丰岛旅团进至仪封附近，遇上了宋希濂的第七十一军。仇人见面，分外眼红。日军依仗重炮与战车，疯狂向第七十一军发起进攻，双方死伤惨重，战成平手。

此时，第八十八师二六四旅已经东运到归德附近，其师部及直属部队因在内黄车站附近发生情况，便在兰封车站下车。所属沈发藻的第八十七师已有一个团开到兰封，其余正在运输之中。18日，宋希濂刚到兰封城，就去看第一〇六师师长沈克。突然十几架敌机临空，对城内狂轰滥炸，当场炸死炸伤官兵300余人，宋希濂的战马也被炸死。宋希濂侥幸逃过一劫。

就在如此残酷的形势下，宋希濂接任第七十一军军长。

是日，该部打退了日军第十四师团的进攻，乘胜收复内黄车站。土肥原得知内黄失守，亲自组织部队反攻内黄，防守该地的中国另外两个师一触即溃。19日，土肥原率第十四师团攻占内黄、仪封、人和集一线，伺机西攻兰封。

蒋介石命令薛岳指挥第六十四军、第七十四军为东路军，令第七十一军、第二十七军为西路军，此外还有第三十二军等部合围土肥原所部。

第十四师团属于华北方面军第二军之主力，师团长土肥原贤二是日本前驻华北地区的特务机关头子，被称为"土匪源"。该师团两万余人，配有数百辆卡车、装甲车及炮兵牵引车等先进装备，战斗力极强，绝对不是好包的粽子。依仗优势火力，将装备低劣但士气高昂的中国部队的攻势一次次瓦解。

中国军队将日军第十四师团团团包围在兰封及其外围的三义寨、曲兴寨和罗王寨等地，展开围攻。

攻势如潮，一浪高过一浪。

俞济时的第七十四军、王耀武的第五十一师出手不凡，和第三十三师一部击溃马庄寨日军千余人，力克内黄、人和集。

第八十七师师长沈发藻也不甘示弱，一鼓作气收复仪封，迫使日军弃寨而逃。

紧接着宋希濂和俞济时两军各向东西毛姑寨、东西岗头等地的日军展开围攻，围歼日军千余人。日军主力6000余人仓皇拔寨而逃，向西南窜去。

桂永清也要扬名立万、大显威风，他调集了第二十七军三个师加一个旅的兵力，向蒋介石要求配备了邱清泉的战车营和装甲车连，严阵以待，防止日军西进。

面对中国军队的层层围攻，第十四师团一度陷入苦战，被压迫得喘不过气来。土肥原不得不在三义寨、罗王寨等地凭借村寨固守。日军的后方补给线被我军截断，前线只能依靠空投，在被围的七天七夜中，无时无刻不在惊涛骇浪中度过。但日军有强大的空中力量和重炮的支援，加上轻重机关枪的扫射，我方伤亡很重，且中国军队装甲车被击毁多辆，也在一定程度上影响了部队的进攻能力。英勇的中国军队一部一度打到离土肥原司令部500米之处，差点活捉了土肥原。

中国军队不仅收复了兰封、内黄集和罗王火车站等地，还将徐州的军用物资用24列军车安全运输到郑州。此外，滞留在徐州地区的中国第五战区主力包括机械化重炮旅团也乘隙撤往皖西和豫南地区。

5月23日，日军攻势猛烈，加之有重炮和飞机助攻，一下子扯破了桂永清的防线，桂永清只得命令主力退往杞县和开封。日军乘势攻占了兰封以西的曲兴集、罗王寨和罗王车站等地。

黄埔一期生龙慕韩

桂永清在撤退前匆匆下达一道命令，令第八十八师师长龙慕韩守兰封，掩护主力撤退。据守兰封的第八十八师师长龙慕韩见日军火力猛烈，擅自命令该师于深夜撤离阵地。次日，由东岗头西逃的日军意外占领兰封，凭借该地现成的工事固守待援。

兰封失守，打破了薛岳在兰封附近歼灭土肥原师团的计划。日军不但逃脱了灭顶之灾，还得以据守兰封、罗王寨、三义寨、曲兴集、陈留口等黄河南岸一线负隅顽抗，将陇海铁路完全截断。

蒋介石大发脾气，骂他的学生不争气。盛怒之余，他致电第一战区："如有畏葸不前，攻击不力者，按律严惩。"同时，蒋介石令该战区第一兵团于5月25日凌晨发动反攻，务于次日拂晓将土肥原的第十四师团全歼，收复陇海铁路。又下令撤去第八十八师师长龙慕韩的职务，由宋希濂兼任。

5月25日凌晨，中央军各部向第十四师团发起全线进攻。

宋希濂第七十一军攻击兰封，该军斩将搴旗，于当晚夺回兰封车站。

26日，宋部向兰封城外阵地发起猛攻。中国士兵面对敌人强大的火力，用手榴弹、步枪和大刀与日军展开肉搏战，杀得昏天黑地，血流成河，最后以惨重的代价，克复附近要点许楼，但兰封仍在日军手里。当夜，宋希濂召开军事会议，总结前两天的得失，下令无论付出多大代价，务于第二日收复兰封。

27日，宋希濂亲自督战，集中所有大炮猛轰敌阵地。所部士兵怀着报仇雪恨之决心，呐喊前进，血战竟日，终于收复兰封城。

俞济时、桂永清两军在数十辆战车的支援下，与盘踞三义寨的6000余名日军展开厮杀。强攻一天，无功而返。

第二天的战斗尤为惨烈，两部配合，曾一度攻入三义寨内，可惜后继跟不上，未能站住脚，在日军火力扫射下，又退了下来。

第三天，俞济时的第七十四军拼死抵挡日军飞机、大炮、坦克和步骑兵的联合立体进攻，阵地上一片火海。该军以战死两名团长、伤亡官兵2500人的代价，终于艰难地将敌军的进攻止于阵前。

李汉魂的第六十四军也于28日奏凯，相继夺回罗王车站和罗王寨，迫使日军退往曲兴集。

只有桂永清还是打得丢人败兴。28日，在日军优势兵力的狂攻面前，桂永清惊慌失措，命令部队向堌阳集、红庙间地区转移阵地，沿途抛弃无线电机及武器弹药无数。

更令人震惊的事情发生了：26日，中路日军中岛第十六师团攻占虞城，向商丘外围阵地展开攻击。

黄杰的第八军抵挡不住日军的攻势，撤至二线阵地。27日，程潜严令黄杰死守商丘，在我军围歼兰封之敌以前，不得放弃阵地。

黄杰是黄埔一期生，为蒋介石的高足，只听命于蒋介石，不把他人放在眼里。

黄杰

他无视第一战区司令长官程潜的命令，只留下一个师守商丘城和朱集车站，自率两个师于28日向开封撤退。29日凌晨，留守商丘的部队也仓皇撤出，商丘就这样轻易丢掉了。商丘古称归德，为豫东重镇，历来被称为"豫东锁钥"。该城失守，大门洞开，豫东平原一马平川，无险可守。

日军第十六师团占领商丘后，兵分两路西进。其一部越过宁陵，直插开封西南的杞县，使正在包围第十四师团的中国军队侧背受敌；另一部从豫北渡过黄河，支援第十四师团。

蒋介石手忙脚乱，不得不抽调宋希濂军赴淮阳、太康、龙曲集，以阻截西进的第十四师团；同时令李汉魂率三个师分赴睢县、杞县、宁陵布防。包围第十四师团的战斗被迫停滞下来，双方形成对峙状态。土肥原长长地喘了一口气。

参加过兰封会战的第一战区长官司令部参谋长晏勋甫说："据当时估计，再过三五天，我军纵不能将土肥原所部全部消灭，亦可继续予以重创，以挫其孤军深入的锐气。"

日军事后心有余悸地承认："敌人向第十四师团的反攻，力量很强，师团陷入被包围攻击的苦战中。"

形势逆转。

日军第十六师团一部主力占领宁陵，于6月1日攻至杞县。

日第十师团主力于5月31日攻占亳县，继续西进，企图连下太康、扶沟、淮阳、许昌，以切断平汉线。

第十六师团于6月3日攻占杞县、通许、陈留。

第十四师团于4日攻占兰封，与第十六师团会合，进攻河南省会开封。6月6日，开封守军撤出，日军第十六师团占领尉氏，沿陇海铁路进攻中牟。郑州和平汉线咫尺之遥，指日可下。

蒋介石电令：全线停止进攻，将主力转移至平汉线以西。面对汹汹而来的日军，蒋介石知道，要遏制日军席卷郑州、沿平汉线南下、占领武汉的疯狂势头，只有以水代兵。

6月8日，在蒋介石命令下，中国军队在郑州花园口扒开黄河。黄河东南三省几十个县成为一片泽国，日军损失甚大。敌军沿陇海路西进计划被完全粉碎。

"娘希匹！20万军队打不过土肥原的2万人。"

兰封会战完全失败了，薛岳要求追究桂永清的责任，桂永清则把兰封失守的责任推给龙慕韩。蒋介石下令枪毙了擅自撤退的第八十七师师长龙慕韩。龙慕韩，安徽怀宁人，黄埔一期生。他和蒋介石不太对路子，远不如桂永清那样讨喜。蒋介石为保桂永清，让龙慕韩做了替罪羊。而桂永清在蒋介石和何应钦的袒护下，仅被撤掉第二十七军军长一职。

兰封战役之后，宋希濂率第七十一军撤退到郑州以西的河南郏县一带进行整补。

鲜血凝聚，续写辉煌

黄河决口，打破了日军沿郑州南下武汉的作战计划，改由长江两岸溯长江西进武汉。7月4日，日军决定以冈村宁次第十一集团军为主攻，以东久迩宫稔彦王第二集团军为助攻，沿大别山北麓进攻。

8月22日，日军第二集团军在合肥集结后，兵分两路进攻大别山麓：北路第十师团自合肥向六安及河南光山、信阳进击；南路以第十三师团沿安徽霍山至河南商城一线向武汉北面推进。8月下旬，日军攻陷六安、霍山。

第七十一军开到商城附近，奉命在史河地区阻击日军。宋希濂当即率第八十七师师长沈发藻、第八十八师师长钟彬和第三十六师师长陈瑞河去叶家集一带察看地形。宋希濂发现公路南端的富金山有如扇形，居高临下，可以控制公路，而且离叶家集很近，是一处良好的作战要地。

宋希濂当即决定：由两个师在富金山布置阵地，第三十六师为左翼，第

沈发藻

钟彬

八十八师为右翼；另派遣第六十一师开到固始，占领阵地，以阻敌西进。

富金山位于固始南部史河南岸，当叶（家集）商（城）公路要冲，东连六安、合肥，西通潢川、信阳，山势险峻，宋希濂决心在此阻击日军。

9月2日上午10时，24架日机飞临富金山，狂轰守军阵地。是夜，日军第十三师团强渡史河，进攻富金山。宋希濂指挥部队顽强阻击，战斗十分激烈。第三十六师师长陈瑞河亲率预备队猛烈反击。经过两天的激战，日军未能打开富金山大峡口，又调来两个大队，会同第十师团，希望能从左翼突破富金山阵地。富金山炮声隆隆，终夜不息。

9月7日，日军第二集团军为夺取富金山，令正向固始推进的第十师团濑谷支队增援第十三师团作战，还调来第十六师团支援第十三师团。

9月7日，日军第十师团攻占固始，并以一个联队的兵力南下攻击富金山以西的武庙集，严重威胁富金山阵地侧后。宋希濂立即将军预备队第八十八师第五二三团调到日军南下必经之路的坳口塘设伏，予来犯之敌重创，迫其退回固始。而在富金山正面，日军后续部队第十六师团已进至六安以西，为第十三师团解除了后顾之忧，从9日至10日，不分昼夜，猛攻不止。第三十六师浴血苦战，将日军的进攻尽数粉碎。日军第十三师团从11日凌晨起，倾全力猛攻，战至9时许，从富金山与石门口的战线接合部突入，眼看阵地就要动摇。情急之间，师长陈瑞河传令："抱必死之心进行逆袭！"

也就是在日军冲上阵地时，三十六师开始了反冲锋。官兵奋勇拼杀，前赴后继，与日军白刃搏杀，战况殊为惨烈。

宋希濂多次前往第三十六师指挥所，有时还冒着枪林弹雨，深入到各团指挥所。

面对汹涌而来的日军，宋希濂说的唯一的一句话："狠狠地打！"

第三十六师多日血战，虽得到第八十八师一个团的增援，但在此死伤甚重的情况下不过是杯水车薪，难以击退人数、火力均占优势的日军。至9日16时，第三十六师除富金山主峰制高点外，其余阵地全告失守。第三十六师连还能开枪的轻伤员算上，仅剩千人了。

就在这样的紧急时刻，陈瑞河师长还是组织全师残部实施了最后一次强力反击，虽予日军重创，但第三十六师所余兵员已不足千人，难以再战。因此宋希濂以第六十一师从富金山右翼发起反击，抢占800高地至庙高寺一线，以掩护第三十六师后撤。

11日，富金山全线遭敌猛烈炮火轰击，守军伤亡极大，主阵地相继丢失。各部仍在顽强抵抗，欲夺回阵地，但已力不从心。日军施放毒气，掩护步兵向富金山突击。守军阵地成为一片焦土，日军扑向西南，包抄第七十一军后路，守军得到命令，放弃富金山阵地。

整整十天，第七十一军阻击强敌于富金山下，日军的进攻部队损失过半，死伤近万。中国守军也伤亡不小，仅第三十六师就由参战前的一万多人锐减到八九百人。富金山阵地到处是横七竖八的尸体，污血横流，尸遗遍野。有的战士牺牲了，还死死掐着对方的喉咙。

巨大的牺牲换来的是最终阻遏了日军疯狂的进攻势头，但七十一军剩下的官兵还不够编成一个团。宋希濂流着泪说："三十六师就剩下这点血脉了，军人为了国家，为了民族，值！"

该团留在战场，归军部直接指挥，其余由陈瑞河师长带往襄河以西整补。

此次阻击战中国守军以劣势装备，依托有利的地形，以顽强坚韧、不怕牺牲的精神，给日军以沉重的打击。

日军终于承认遇到了真正的对手，日本报纸也出现了诸如"我军遇到强手，束手无策"的字样。

9月9日，日军向商城进攻，与我第三十师展开激战，双方伤亡均重。第三十师主动撤出商城，布防沙窝一线。钟彬第八十八师主力部署在沙窝正面，沈发藻第八十七师防守右翼，田镇南第三十师防守左翼，抵挡日军的凶猛进攻。

第三十师的老底子是西北军，在台儿庄大战中打出了英名。宋希濂与田镇南英雄相惜、互相配合，两个军的指挥部同设在小界岭南面三公里的白果村。一旦发现敌情，不必通电话，两军指挥员一商量，共同制订作战方案。只要日军一进攻，两军即施行两面夹攻，打得日军人仰马翻。敌攻击月余，我军伤亡惨重，但也狠狠打击了侵略者嚣张的气焰。日军始终未能突破，最后不得不改变进攻路线。

富金山及沙窝战役，由于第七十一军英勇抵抗，战绩卓著，军事委员会通令全国军队进行嘉奖，同时给军长宋希濂、师长陈瑞河二人颁发华胄荣誉奖章与奖状。

临危受命，隔河相持

1941年1月，宋希濂担任第十一集团军总司令，兼昆明防守司令，指挥第七十一军、第六十六军及预备第二师。此时的第七十一军军师级指挥官有不少变化，陈瑞河在1942年3月调任第九军军长，军长由钟彬担任，副军长由陈明仁、向凤武担任。向凤武由第八十七师师长升任，而陈明仁则由预备第二师师长升任。

向凤武原来是第八十七师副师长，1939年5月升任师长。而陈明仁则从1938年开始就是预备二师的师长。此人是黄埔一期生，是个老资格。

早在1925年东征时，在攻打惠州城的战斗中，校长蒋介石下令挑选敢死队员，凡敢死队员各赏30块大洋，最先登城者，得头等奖。炮声一响，陈赓与陈明仁并肩冲去，两人同为湖南老乡，又为同窗，互相较劲。就在陈赓被弹片击中的一刹那，陈明仁冒着枪林弹雨，第一个冲上城头。事后政治部主任周恩来命令全军吹号，迎接凯旋的英雄。此人的特点是能打仗，个性倔强，宁折不弯，敢于犯上。当连长时敢打营长，当团长时敢顶撞师长，当师长时更是谁的账都不买，因此，比起与他同期的李默庵、宋希濂、黄杰这些人，升职较慢，属于能打硬仗、不讨

陈明仁

上司喜欢的那种。

1942年3月,蒋介石到昆明视察中国远征军,见预备第二师师长陈明仁穿了件破旧的军棉袄,觉得在美国人面前丢了份儿,于是说:"军人要讲究仪表,军容更要注意,看你穿的,像什么样子?有碍观瞻!"

陈明仁反唇相讥:"这都是你发给我们的,又没有其他的,不穿这个穿什么?"

当时就把蒋介石噎了个干瞪眼,气急败坏地说:"你竟然敢回嘴?"

陈明仁脖子一拧:"是你问我我才说的!"

事后,蒋介石免去了陈明仁预备二师师长一职,表面上升为第七十一军副军长,其实是明升暗降。

同年4月下旬，中国远征军第一次入缅作战失败。日军第五十六师团攻占腊戍后，即以装甲车为先导，用百余辆汽车载运步兵快速部队，沿滇缅公路挺进。

第七十一军第三十六师原驻西昌，4月下旬奉命徒步开拔至滇西祥云一带驻防。

滇缅边境吃紧的消息，引起第十一集团军总司令兼昆明防守司令宋希濂的不安。5月4日17时，他驱车前往五华山昆明行营，会晤了行营主任龙云和参谋长刘耀扬，询问前线的战况。

深夜，昆明防守司令部，宋希濂卧室的电话铃急促地响起来。

"荫国兄吗？打扰你休息了。"

宋希濂一听，熟悉的宁波官腔，迅速从床上坐了起来："校长，是您？这么晚了，您还在为国事操心，学生却已安卧，惭愧，惭愧。"

电话里蒋介石说："有什么办法呢？大局糜烂，焦头烂额，愧对国人。"

宋希濂心头一热，只觉周身血液沸腾："校长，有什么指示，学生万死不辞。"

"好！好！我就要你这句话，挽狂澜于既倒全靠你了。腊戍、畹町皆已失守，敌军沿滇缅路东进，林蔚的参谋团已经一天多没有报告，不知到何处了。你立即设法与他们联系，并迅速征调汽车将祥云的第三十六师先运，沿滇缅路西进阻击敌人，并陆续运送昆明附近的部队。"

"遵命！"

宋希濂立即驱车前往昆明郊外黑林铺滇缅路运输总局找总局长俞飞鹏商洽车辆之事。俞飞鹏不在，宋希濂命立即把在家的副局长和主要负责人叫来。

宋希濂说："军情紧迫，所有军运、商运车子立即停止，凡能够使用的车辆都要服从这一调动，这是委座交办的紧急任务，立即运送第三十六师开往保山布防。"

运输总局副局长说："别的车都好说，就是六十六军军部的车怕动不了。"

宋希濂问："为什么？"

"他们的车是走私的，将缅甸的布匹、化妆品、高级食品运来昆明高价出售，没人敢惹他们。"

宋希濂明白，这是运输局在将他的军。

"好！我立即派出执法队，在各主要路口扣留军车，有反对征调者，一律格杀勿论。"

副局长对部下说："你们听明白了吗？快去各场站查询车辆情况。宋司令，请放心，三天之内，我们提供550辆汽车交贵集团军使用，以后陆续征调，耽误了您枪毙我！"

宋希濂立即说："好！痛快，三天起码运到前线两个多师。"

宋希濂立即吩咐祥云的第三十六师师长李志鹏："迅速将部队集合好，整装待运。李师长，你带师部少数人与第一〇六团先行一步，沿途打听情况，如遇东犯冒进之敌予以迎头痛击。"

与蒋介石通话后不到三个小时，宋希濂即完成了各项部署。

5月3日，从缅境撤回的第六十六军军长张轸带卫士30多人，战防炮2门，占领龙陵以西高地布防，并令刘伯龙师长带残部速来接防。刘伯龙已无兵可带，临时凑集护路队两个中队赶往龙陵。16时，在半途遇敌，经过苦战突围而出。

5月4日，龙陵阵地丢失。我军边打边撤，日军紧随其后，尾追猛射。各种车辆宛如长龙，挤满了道路，敌我前进都颇困难。日军仅有一个大队以下之步兵及少数骑兵跟踪追击。

是日，蒋介石致保山参谋团团长林蔚电，指示其破坏新维至畹町的道路。电文如下：

参谋团林次长：新维至畹町间应一面破路，一面装埋地雷。如无地雷，则埋手榴弹于路中，亦可阻止战车前进，所有桥梁，应尽量破坏，马崇六处长现在何处？应令其全力破路与构筑工事为要。中正，东午。机渝。

5日上午10时，第三十六师一〇六团抵达惠通桥东岸，一下车便与冲过惠通桥的日军先头部队遭遇。为争夺公路两侧的最高山头，双方进行了激烈的战斗。不可一世的敌军从4月20日以来一直所向披靡，未遇劲敌，骄横不可一世。是日首次遇到对手，双方反复冲杀，激战至晚。第一〇六团控制了公路两侧制高点。渡过怒江之敌500多人，仍占据惠通桥东岸一带山地顽抗，其西岸炮兵也不断开炮，向占领制高点的第一〇六团阵地轰击。6日，有4000多日军携带大炮准备渡江，第三十六师第一〇七团正好赶到，将敌人压制于西岸。

5月5日晨，张轸所率第六十六军残部始达惠通桥，在第七十一军第三十六师的掩护下渡过怒江。此时敌快速部队亦有部分乘橡皮艇过江，抢占对岸制高点，与第三十六师对战，等待援兵。

宋希濂急了，命令李志鹏："无论如何要将过江之敌压制下去，否则军法从事！"

5月8日上午，第三十六师第一〇七团攻击部队在炮火掩护下，向敌占山头发起猛攻。迫击炮弹成排在制高点上爆炸，摧毁了不少敌重机枪阵地。战士们勇猛地冲上山头，与敌展开白刃战。经过反复冲杀，除几十名水性好的日本士兵跳进江里泅回西岸之外，其余都被消灭。此次战斗中，第三十六师打死打伤日军百十人，缴获敌轻重机枪、步枪共八十余支。

参谋团团长林蔚得知后，擦着脑门上的冷汗说："谢天谢地，保山保存下来了，不然，要请蒋委员长搬家了，我的脑袋也要搬家了。"

至此，滇缅境内的战争，演变成隔怒江对峙的局面。滇西战场由第十一集团军宋希濂负责指挥，军事委员会复任黄杰为集团军副总司令兼第六军军长。是年冬，又调第五十四军方天部归宋希濂指挥。滇西中国军队为第七十一军、第六军、第五十四军。

战局稳定下来，部队进行整训。军委会将在远征之战中作战不力的第六十六军军长张轸、新编第二十八师师长刘伯龙、新编第二十九师师长马维骥革职惩办；第六十六军及新编第二十九师番号取消，将新编第二十八师归入第七十一军编制，第三十六师改为独立师。第七十一军指挥所部进驻云南保山，建立江防阵地，与日军隔江对峙。

强渡怒江，浴血腾冲

1944年春，新任中国远征军司令长官卫立煌、副总司令黄琪翔和参谋长萧毅肃三位将军到达云南保山。为配合驻印军的军事行动，下车之初便召集第十一集团军总司令宋希濂，第二十集团军总司令霍揆彰，第六军军长黄杰，第七十一

卫立煌

黄琪翔

军军长钟彬、副军长陈明仁，第五十三军军长周福成，第五十四军军长方天，第八军军长何绍周等人开会，研究作战部署。

卫立煌首先发言说："诸位袍泽，近来，我驻印军已开始在密支那行动，密支那克复在即，中印公路亦将全线通车，收复缅北的日子为期不远。我们远征军的任务是策应驻印军，近期作战目标是强渡怒江，趁驻印军进攻密支那而日军无力增援滇西之际，一举攻克腾冲、龙陵等地，与驻印军会师中缅边界。"他看了看在座的少壮派军人，对他们的精神面貌感到满意，说："诸位，我们憋了两年，雪耻之日就在眼前了。"

宋希濂捷足先登，立正说："卫长官，我第十一集团军自防守怒江以来，与敌多次交手，但未打过大仗，这次反攻任务应交我兵团打头阵。我黄埔军人杀敌立功的时候到了！"

宋希濂强调黄埔军人是话中有话，引起非蒋嫡系周福成、何绍周等人的不满。他们相互对视了一下，脸上露出鄙夷的神色。

卫立煌心中有数，有意压压宋希濂的势头，说："这次主攻的是霍总司令的第二十集团军，你部为防守兵团，这是军令部的安排，委座也是同意的。"

宋希濂对卫立煌还是有所敬畏的，早在北伐时期他还是营长时，卫立煌已是赫赫有名的师长了，在龙潭战役中力挽危局，挽救了南京国民政府，是国民党军将领中的佼佼者。此次卫立煌到云南，与北伐名将黄琪翔搭档，第一件事即将远征军长官司令部由后方的楚雄迁驻前线的保山，可见卫的作风不同于常人。他还亲自拜访云南王龙云，化解中央军与地方势力的畛域之见，获得了龙云的信任与支持，保证了后方物资与人员的及时补充。

5月11日拂晓前，攻击部队已集合在怒江边各个渡口，乘黎明前黑暗时刻，开始横渡怒江天险。几百只木船、竹筏、橡皮舟、帆布船悄悄地驶向对岸，水手

第七十一军在腾冲作战

们拼命划桨，在颠簸中前进。黑压压的群山显得阴森可怖，大家的心都提到嗓子眼，生怕渡江行动为敌所察觉。破晓时分，先遣队已平安抵达怒江对岸，并抢占了滩头阵地。日军河防部队稍事抵抗后，便向高黎贡山撤退。

东方发白，真正的大战开始了。日军盘踞高黎贡山的主要据点马蹄山、大塘子、大坪子、唐习山、松山各主要阵地炮声隆隆，火光闪闪，炮弹在江中爆炸，激起的水柱此起彼落。一个竹筏中弹倾斜，沉入江中，竹筏上的炮、士兵、骡马都落入水中。水面上到处漂浮着炸碎的竹筏，士兵在水中奋力挣扎，有些受伤的官兵不幸被大浪卷走。其他的船只仍冒炮火前进。卫立煌命令炮兵压制敌人的炮火。霎时，山摇地动，我军炮兵阵地上大炮开始怒吼，成排的炮弹呼啸着飞过怒江，落在高黎贡山上，一座座敌工事和碉堡飞上天空，敌方的炮兵阵地也被摧毁。

霍揆彰渡过怒江

强渡怒江的宋希濂与美国道恩将军

卫立煌在望远镜中观察着，不时大叫："打得好！我给炮兵请功。"他对传令兵说："叫霍总司令赶快过江指挥，扩大战果。"

在隆隆炮声中，第二十集团军总司令霍揆彰及参谋人员乘坐大木船过江。他头戴白盔太阳帽，手执文明棍立在船心，平常所骑的大白马也安静地上了船。掩护渡江的大炮更密集了，惊天动地。霍揆彰一行安全到达怒江对岸后，立即令集团军右翼向桥头、马面关、北斋公房攻击前进，令左翼向唐习山攻击。

紧接着，宋希濂率部强渡怒江。

远征军工兵部队利用怒江上原来的惠通桥、双虹桥的铁索链，铺上木板，修复桥面，后续部队源源不断跑步过桥。大炮、战车也在炮火中鱼贯过桥。仅两天时间，渡江各部均到达预定位置。

第十一集团军的第七十六师、八十八师两个加强团从三江口渡江后，以钳形攻势会攻平戛。13日，守敌突围而出，逃往芒市。第三十六师由双虹桥渡江后，攻占敌重要据点唐习山要塞。立足未稳，即遭敌大队反扑，阵地失去。该师被敌追击，压制到江边，情况万分危急。霍揆彰的指挥部亦受到严重威胁，他急令周福成的第五十三军火速渡江。该军如出海蛟龙一般，立即扑向敌阵。第一一六师以勇敢顽强之精神，向唐习山、大坪子进攻，勇夺敌盘踞之阵地。第一三〇师在攻打马蹄山、大塘子高地时，遭到敌激烈的反击。双方你争我夺，相持了七八天。师长张玉挺命令第三八九团加强攻击。5月24日，该团终于攻占马蹄山高地。夺取大塘子的战斗仍在进行，为策应该师正面攻击，第一一六师师长赵镇藩命令第三四七团的战车营迂回敌后，切断敌军的补给线。至26日深夜，大塘子高地附近据点被我军全部攻占。

第十一集团军助攻部队新编三十九师的一个加强团11日也抢渡成功，第二天包围了敌重要据点红木树。该山寨是高黎贡山的一个汉傣杂居的村落，又是通往其他山寨和腾冲的唯一隘口。日军在此经营多年，设置了碉堡群与鹿寨，各据点通畅无阻，一据点被攻击，其他据点往来策应自如，易守难攻。我加强团强攻多次均不能奏效，后依靠汉族村民从小道潜伏进寨，内外配合，终于攻克红木树，为大部队前进打通了道路。

至此，反攻滇西的第一阶段，即渡江作战取得了胜利。

在第二阶段中，第十一集团军组成的左集团，担负夺取龙陵、芒市的任务。第七十一军八十七师、八十八师从6月10日起，开始扫荡龙陵外围各据点守敌，进抵龙陵城下。该城东北和西南各有一片山地，东北为老东坡，西南为回龙山，两山互为犄角，居高临下，俯瞰和钳制着狭长的龙陵城和穿城而过的滇缅公路。不夺取老东坡和回龙山这两个制高点，就不可能攻克龙陵城和滇缅公路。艰苦激烈的战斗序幕，首先在这两座山上拉开。

6月开始，缅北滇西地区进入雨季，大雨如注，昼夜不停。由于松山强攻不下，第十一集团军主力绕路翻山转道龙陵发起攻击，但后勤供应只能依靠骡马帮从森林山间小路运输，稍有不慎，人马就有掉下山沟的危险。每天都有几十匹骡马跌毙，损失很大。战机不能坐失，进攻开始了，第八十八师负责攻打老东坡高地。在迫击炮和重机枪掩护下，部队攻势如潮，气势如虹，几经争夺，终于攻上老东坡。

阴雨连绵，副师长熊新民蹲在一个窝棚中，指挥部队打扫战场，电话兵忙于架线，与总部联系。

一个传令兵气喘吁吁地跑来，上气不接下气地报告："副师长——龙、龙陵占——领了。"

"什么？你说龙陵城占领了？"熊新民抓住传令兵问。

"是，是，我们都进了城，敌人还在抵抗，师长让我回来报告！"传令兵从背上取下战利品。

熊新民拿过电话，使劲摇着："喂，总司令部吗？宋总司令，龙陵城已被我军占领啦！"

宋希濂不敢相信："龙陵这么快就占领了，消息确实不确实？"

熊新民喜滋滋地回答："我是八十八师副师长熊新民，我现在就在老东坡阵地上，从城里回来的传令兵说龙陵占领了，他还带回来不少牛肉罐头和饼干，但龙陵的电话还未架通，我看是占领了。"

宋希濂高兴地说："好！好！我要亲自向委座报告，给你们请功。我马上委派龙陵城的戒严司令，让他率部队进城。"

宋希濂立即向重庆的蒋介石及远征军长官卫立煌等报告。他要让卫立煌知道，黄埔就是黄埔，是中国军人的典范，是攻无不克、战无不胜的。是夜，龙陵克复的电波传遍国内外。

第二天拂晓，熊新民率八十八师排着整齐的队列开赴龙陵。晨曦中，熊新民骑在马上，已清楚地看到了龙陵高大的城墙和黑洞洞的城门。他命令："传令下去，跑步前进！"

"哒哒哒""轰轰轰"，机关枪、步枪与手榴弹一起响了，前头的几十名战士倒了下去。"快卧倒，隐蔽！"熊新民命令，"派人去联系一下，是不是误会了？"侦察兵回来报告的情况是：龙陵城头飘的是日本膏药旗，城上都是戴着钢盔、身着黄军装的日本鬼子。

城里突围而出的士兵报告："敌人在城中心占据着一片大碉堡群，还有小炮，正在抵抗，进攻的我军被从后路抄来的日军包围在城中。"此时，回龙山方向传来激烈的枪炮声，盘踞在山上的敌人也向城中我军开火。一切迹象表明，龙陵还在日军手中。

第七十一军第八十七师在城中激烈战斗了几天，终因后援不济，弹尽粮绝，被迫撤出龙陵，据守达摩山、黄草坎附近占领阵地。

6月13日凌晨4时，龙陵城内的敌人向第八十七师阵地发动猛攻。在战车的冲击下，日军潮水般冲上正面的535高地。该师竭力苦战，夺回阵地。下午高地又被日军占领，是晚，我军再度夺回。以后接近半个月，2000多名日军连续猛攻，阵地几次被占领，几次被夺回。该师二〇五团高地终于失守。

面对一而再、再而三的失利，第八十七师师长张绍勋悲愤不已，说："我有何面目见长官、对国人？"他拔枪自杀，经卫士扑救，子弹从左胸射进、左胁贯出，当即被卫士送往后方医院抢救。该师由副师长黄炎代理，率残部与敌相持于黄草坎一带。

不久，何绍周第八军荣誉一师主力开抵龙陵附近进行增援，稳住了龙陵东北郊阵地。8月中旬，宋希濂命八十七师、八十八师、新三十九师和荣誉一师对龙陵发动第二次进攻。日军由芒市等地赶来增援，包围了攻城的新三十九师，几乎将其全歼。

宋希濂要求卫立煌调兵增援，卫立煌紧急报告蒋介石，要求调第五军第二〇〇师增援龙陵。

蒋介石急电昆明城防司令杜聿明：着第五军第二〇〇师即用汽车输送保山，归卫长官指挥。

卫长官即卫立煌，该师暂隶远征军总司令部直接指挥。而第五军主力尚在昆明地区待命。

第二〇〇师在师长高吉人率领下，火速赶到龙陵前线。该师已恢复了主力师的风采，战斗力很强，一举打垮日军的反攻，恢复了第七十一军阵地。

但是，日军还是源源不断地向龙陵增兵。战事进行了三个多月，无大的进展。

蒋介石因宋希濂指挥不力，将其调到在重庆的陆军大学将官班受训，令集团军副总司令黄杰代理总司令。是月下旬，龙陵前线军事行动暂告停止，等待缅北的驻印军进攻八莫，日军无法抽兵增援龙陵，再发动进攻。

10月，缅北的新一军等部发动八莫战役，日军无暇他顾，滇西的远征军于1944年10月29日傍晚再次向龙陵城展开猛攻。中国远征军经过一个多月的休整与重新部署，卫立煌将攻克腾冲的几个师都调往龙陵地区。

这次担任主攻的是第十一集团军所属的第二军、第六军、第五十三军、第七十一军四个师，另有第九师、第七十六师、新三十三师、预备第二师、第九十三师、新三十九师、第一一六师、第一三〇师、第八十七师、第八十八师、新二十八师等十一个步兵师以及第二十集团军的第三十六师、第二〇〇师、荣誉一师及重炮兵第十团、重炮迫击炮第七混合营、通信兵第九连，加上滇康缅特别游击队三个纵队，十几万大军同时进行克复龙陵、芒市、遮放、畹町等日军在滇西最后的四大据点的作战。战役的目的是肃清滇西全部日军，开通中印公路，重开国际路线。

龙陵前线由黄杰全面负责指挥。攻击第一目标仍是回龙山高地，攻击部队八十八师仍蹈上次进攻之覆辙，久攻回龙山而不克。卫立煌下了死命令，令黄杰限期攻克。

黄杰亲自赶赴第七十一军军部，与素有虎将之称的代军长陈明仁及师长们研究对策。

黄杰焦虑地对陈明仁说："子良兄，回龙山久攻不克，卫长官限期让我们克复，是不是调八十七师上去？"

陈明仁沉思不语，第八十八师代师长熊新民插话说："总司令，第八十八师虽然连续攻击，伤亡较大，但士气还很旺盛，也有作战经验，还是由我部继续担负主攻。"

陈明仁担心地说："听说回龙山的工事比松山的还要坚固！还采取老的作战

办法，是要吃大亏的。不在于让哪个部队上去，主要是应采取新的战术。"

黄杰说："熊师长，你明天再用火力侦察一下敌情，与炮兵商量一下配合问题。"

第二天天不亮，熊新民派出火力侦察队潜入敌阵，有意惊动敌人。霎时，草丛中，山崖前，巨石中，大树上，敌人埋伏的火力点胡乱射击。战至天明，侦察队回来汇报侦察结果。

侦察连连长告诉熊新民："除回龙山正面有自下而上一片犬齿般狭窄的石崖是敌火力的死角，其余均是火力封锁的大坡。从石崖下可搭人梯，借助绳索攀登而上，立住脚后，再向敌火力点展开爆破，或用火焰喷射器打掉主要地堡，掩护大部队冲锋。"

熊新民与炮兵指挥官共同制订了作战方案，决定炮兵以猛烈炮火轰击，压制敌火力，掩护步兵从陡崖攀登；另派出一部分兵力绕到敌后扰乱其阵脚。

10月31日，我军阵地上各种口径的大炮一齐向回龙山敌阵地猛轰，浓烟在阵地上翻滚。炮火延伸后，步兵从陡崖攀缘而上，呐喊着用喷火器射向敌碉堡，敌人的射击中断了。步兵们刚发起冲锋，未曾探明的几个暗堡相继侧击，交叉反复。我军士兵猝不及防，伤亡惨重。敌军乘势跳出工事，向我军猛击，攻击失败了。连续的进攻持续了几天，又换上两个步兵团，攻击还是没有效果。

黄杰和陈明仁与师长胡家骥在指挥所中用望远镜看着这一悲壮情景，全身颤抖。黄杰流着泪说："我军将士太英勇了，白白送死也义无反顾。"

陈明仁脱去上衣，怒吼着："炮兵准备射击，我亲自去督战，老子就不信这回龙山是铁打的。"

黄杰摆摆手："子良兄，不要再攻了，问题不在将士们，出在我们身上，明天再说。"

副师长熊新民回来了，刚进指挥所就嚷："我有办法对付狗日的了。"

陈明仁忙问："什么高招？快说！"

熊新民擦擦汗，说："敌人钻我们的空子。我们炮击，狗日的钻进石缝里；

我们的炮火一延伸，狗日的养足精神又钻出来，以逸待劳。我军爬上山崖，体力早已不支，怎么可能打胜？"

陈明仁一拍大腿："说得好，你说我们该怎么办？"

熊新民说："让炮兵不规则地开炮，一会儿延伸，再突然向原目标发炮，让钻出来的敌人来不及隐蔽。"

黄杰说："对，虚虚实实，让敌防不胜防，等他麻痹大意后，我们出其不意，一举冲上去消灭他们。"

进攻又开始了。先是猛烈的轰击，一会儿又炮火延伸，敌人纷纷钻出掩体，准备消灭冲上来的步兵时，炮弹呼啸着又落到阵地上。敌人哭爹叫娘，死伤惨重。然后步兵开始佯攻，剩余敌人组织起来刚一开火，我步兵便快速下撤，连续折腾了几天。

敌人被我军东一炮、西一炮打得晕头转向，后来炮火延伸后，也躲在掩蔽工事中不再出来。

一天，猛烈的炮击开始了，炮火刚一延伸，又回到原来的位置，敌军躲在乌龟壳中不敢探头。我步兵乘其不备，冲上山头，用火焰喷射器向工事中残敌瞄准，一条条带火的汽油直灌碉堡孔。敌人大部分被烧焦在其中，少数刚逃出来，又做了我军枪下之鬼。两个小时后，我军终于全歼回龙山守敌，夺取了阵地。

第八十八师获胜，为后续部队开辟了道路。八十七师主攻龙陵外围庙房坡各山头高地。其中6号山头较高，为敌核心阵地，当我军进攻时，西、南两侧山头阵地之敌以猛烈的火力侧击进攻部队，给我军造成很大的伤亡。一次，在炮兵掩护下，该师二六一团第八连突击队冲上山头，遭敌猛烈侧击，大部伤亡，只剩班长许庆瑞翻滚进了壕沟。他身上挂满了手榴弹，在几分钟内连续投掷了几十枚手榴弹，阻止了敌人的反攻，为后续部队赢得了宝贵的时间。我军一举反扑，攻克了6号山头，并乘胜克复了5号与9号山头，占领了庙房坡阵地。许庆瑞获得"独胆英雄"的称号，并晋升为少尉排长。

11月3日晨，第七十一军率先攻进龙陵城，紧接着各路大军分别从四个城

中国军队用火焰喷射器消灭日军

门和城墙缺口处攻进龙陵城。守敌大半被歼，只有400多人沿小路突围，向芒市方向撤退。

向滇西日军进行犁庭扫穴、彻底打击的日子终于来了。

11月18日，第七十一军配属荣一师向芒市东南进行超越追击，第六军沿滇缅公路向芒市正面攻击前进；第五十三军从右翼迂回运动，占领芒市以南。11月19日，在第六军打击下，芒市之守敌千余人放弃阵地。次日，芒市为我军占领。

第七十一军渡过芒市大河，向三台山攻击，第二军及第六军分别向芒市西南猛戛挺进，第五十三军向遮放进行阻截，占领敌据点多处。12月1日，第五十三军等部攻占遮放。日军第二师团及五十三师团一部交替掩护，向中国边界最后一个据点畹町撤退。

12月27日，各路大军向畹町合围，第二军向畹町东南攻击前进，第六军向畹町西北攻击，第五十三军由龙川江西岸迂回至畹町以南地区，第七十一军位于第二军与第六军之间，作为预备队。从12月28日起，各军对畹町展开攻击。激烈的战事一直在进行。1945年1月20日中午，在各路人马欢呼声中，我军终于克复畹町，中缅印公路打通了，盟国的战略物资将源源不断运送到中国西南。

1945年3月，国民党组建中国陆军各方面军时，第七十一军之新编第二十八师被裁撤，另将第二十九军之第九十一师改隶第七十一军。军长钟彬调青年军任职，由副军长陈明仁代理军长；6月4日，陈明仁实任军长。

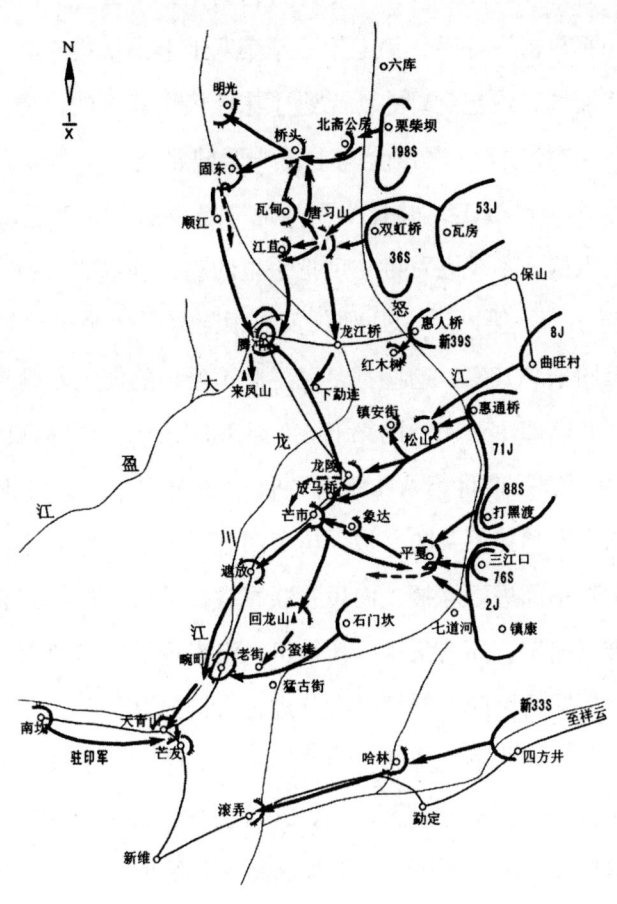

中国远征军反攻滇西缅北要图

海运东北，死守四平

1946年年初，第七十一军奉命海运东北，在东北保安司令部的指挥下，参加了一系列与东北民主联军的战斗。

2月下旬，东北保安司令部决定派副长官梁华盛指挥新一军和第七十一军对四平展开进攻。直到4月1日，新一军才进占昌图，担任左翼的第七十一军进占法库。就在新一军攻击受挫时，第七十一军第八十七师从法库沿公路经通江口北进，企图绕过八面城，没想到却一头钻进了东北民主联军的口袋。

4月15日，当第七十一军由金家屯向八面城北进时，在金家屯以北大洼附近，发现民主联军早已逃走，并且受到当地"老乡们"的夹道欢迎。集市上到处是熙熙攘攘的人群，不少老百姓主动把手里的鸡、赶着的猪和鸡蛋什么的送给第八十七师的将士们。第八十七师师长黄炎很高兴，命令士兵解散，去市场上买吃买喝，与民同乐。其实，这些都是民主联军派出的便衣。梁兴初的第一师、罗华生的第二师和新四军彭明治的第七旅、钟伟的第十旅、吴信泉的独立旅等部，在八面城以南的大洼一带将第八十七师一部团团包围，东北民主联军战士犹如神兵天降，第八十七师猝不及防，被俘虏了四五千人。长官部接到该师求救后，立即命令师长黄炎率部进行增援，向民主联军进行反击。林彪的部队善于打援，不但打得黄炎难以招架，还击落了一架敌机，黄炎惊慌失措地向后溃逃。

郑洞国等人指挥的对四平的第一次分进合击被击退了。

随第七十一军行动的军统特务立即将第八十七师一个团被歼灭的情况报告给远在南京的蒋介石，蒋介石异常震怒。他又接到军长陈明仁未随部队行动的报告，立即给病愈后刚到任的杜聿明下令：着即将该军长陈明仁撤职查办！

杜聿明与参谋长赵家骧商量后，认为东北正是用人之际，撤换陈明仁肯定影

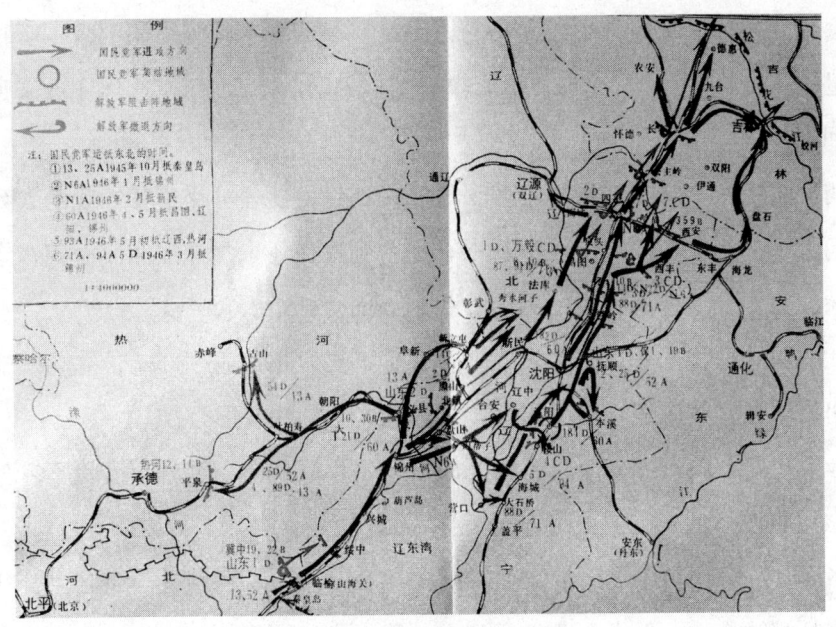

国民党军进攻东北要图

响军心。于是向蒋介石汇报说:"当第八十七师被围时,陈明仁正在前往部队的途中。"

杜聿明让郑洞国通知陈明仁:赶快返回部队,整理残部,继续向八面城进攻。在杜聿明的督促下,陈明仁指挥第七十一军占领八面城,之后几经周折,终于抵达四平城下。

4月下旬,杜聿明决定改变战术,制订了"先打本溪,再打四平"的作战方案,令第七十一军第八十八师师长胡家骥暂归新六军军长廖耀湘指挥。

岂知廖耀湘私心重,让胡家骥打头阵,死伤颇多。胡家骥要求增援,廖耀湘不但不派一兵一卒,反而指责胡家骥攻击不力,消极怠战,双方在前线吵了起来。胡家骥说:"我不能用弟兄们的生命开玩笑,要打你打。"他丢下部队径直返回沈阳。

廖耀湘向杜聿明报告攻击失利的原因是：第八十八师师长胡家骥不听指挥，临阵逃脱。杜非常生气。这时，胡家骥来见杜聿明。杜聿明说："你还敢来见我？还不回部队去！"

胡家骥说："廖耀湘指挥不公，他凭什么将主要任务交给我？我的人死那么多，向他求援，他却按兵不动！新六军主力到现在还未参加战斗，而我八十八师已经精疲力竭！他还骂我畏缩不前，我怎么面对部下？"

杜聿明好言相劝："胡师长，你要顾全大局，迅速返回部队，立功赎罪！"

胡家骥说："有他姓廖的指挥，打死我也不回去！"

杜聿明翻了脸："胡家骥，你既胆怯，又不服从命令，就别怪我不客气！我要将你撤职查办！来人，给我押起来！"

当即，杜聿明命令自己的亲信韩增栋接替第八十八师师长，令其克日到任，指挥该师继续作战。但由于此举事先未与第七十一军军长陈明仁协商，造成了陈明仁与韩增栋之间尖锐的矛盾。

6月5日，第七十一军第八十八师二六三团攻占了松花江东岸的拉发。7日，国共两党东北休战令生效。

拉发是一个孤立的据点，交通补给不便，地势低洼，无险可守，但蒋介石要求派兵占领。第八十八师派出一个加强团占领该地。6月8日，东北民主联军山东一师来攻，该团团长直着脖子喊救命，而师长韩增栋要该团死守待援。等后援部队赶到老爷岭时，该团已经在拉发、新站的战斗中被东北民主联军歼灭1800余人、俘虏900余人，团长被击毙。民主联军买了一口棺材，装殓了团长的尸体，派人送回第七十一军。

东北停战以后，杜聿明在《绥靖第一年重要战役提要、作战检讨》中总结教训说：

一、我军以接收之目的，应进出松花江自有必要，唯就作战方针言，欲压迫共军于松花江而歼灭之，则似过远，以分进合击包围于四平地区而歼灭之，而后向松花江进出为当。其次，就本案压迫松花江歼灭之方针，在兵力部署上，与方针又不相吻合，即逐次使用兵力，致四平街久攻不下，其后增加兵力，亦未着重在四平附近消灭共军之措施。迫攻下以后，即为离心推进，而成为广泛之驱逐，卒未获歼灭共军也。

二、作战初期，我军因兼顾辽东辽南方向之作战，仅以新一军担负四平及解长春之围双重任务，兵力不足，以致四平久攻不下，长春沦于敌手。而后次第以第七十一军和新六军两军加入，虽获得四平作战之胜利，然已迁延两月以上时间，使敌得以从容脱离战场，未能将敌主力击破，贻尔后东北剿共军事以无穷之后患。

可以说，在进攻东北的初期，第七十一军表现平平，损兵折将，灰头土脸。四平收复后，该军就驻防四平地区。

1947年2月16日，郑洞国指挥五个师，向临江发动第三次进攻。南满民主联军前阻后扰，两线夹击。与此同时，北满民主联军十二个师突然二下江南，歼灭城子街新一军一个团，占领九台、农安并围攻德惠新一军第五十师。杜聿明急调第七十一军回援。民主联军很快撤退，杜聿明虚构了"德惠大捷"，宣称歼灭解放军主力十万。蒋介石不明就里，命令第七十一军和新一军过松花江追击。陈明仁想与孙立人争夺"戡平匪乱"的首功，率兵疾进。这时，杜聿明赶到德惠，命令陈明仁停止追击。

陈明仁不服气，说："上次打长春，杜长官把头功给了廖耀湘，得罪了孙立人，这次杜长官是不是想把头功给孙立人？"

杜聿明解释说："子良，咱俩是黄埔同窗，我怎么会胳膊肘往外拐？德惠大捷是糊弄校长的。实话告诉你，共军在德惠并未受到多大损失，有卷土重来之势，切不可贪功冒进，应迅速回防，准备对付共军下一步的进攻！"

然而已经晚了，就在陈明仁火速回防时，北满的民主联军已经开始向德惠迂回。杜聿明在回长春的路上与民主联军的先头部队相遇，幸亏他的吉普车跑得快，后面的卡车和部队被民主联军俘获。

林彪杀个回马枪,将陈明仁第七十一军第八十七师和第八十八师大部歼灭。

同年5月13日,东北民主联军在林彪总司令的命令下,展开了夏季攻势。联军在东北地区四面开花,向长春、四平、吉林等地的国民党军发起多路进攻。

民主联军一纵、二纵及独立一、二师向长春以南发起攻击。二纵司令员刘震长途奔袭怀德,消灭国民党守军一个团,又在怀德黑树林子包围了第七十一军第八十八师,予以全歼。在战斗中杜聿明的亲信、师长韩增栋被击毙。陈明仁率第八十七师随后来援,差点落入民主联军的口袋阵。幸亏杜聿明命令他迅速撤退,陈明仁才躲过一劫。

自进入东北以来,陈明仁没打过几个好仗。新六军、新一军的威风盖过了他的七十一军,这让老资格的陈明仁颇不痛快。

但是,陈明仁毕竟是第一流的将军,有着敏锐的洞察力和判断力。第八十八师被解放军歼灭后,他断定像四平这样的战略要地迟早还要受战火的煎熬。国民党部队屡屡失利的主要原因是离开了坚固的城市防御和坚强的工事,吃了解放军运动战的亏,应该固守城市,以逸待劳,等解放军来攻。于是抓紧时间整顿补充部队,擢拔第八十八师副师长彭锷继任师长,并将由地方保安旅改编的暂编第三师并入该师,迅速恢复了战斗力,并加强防御工事,安定人心。

这对守住四平极为重要。事后,郑洞国在评论四平之战时说:"假如解放军于5月19日在歼灭第八十八师之后,乘胜向四平街攻击,当时国军在混乱的情况下不仅四平街守不住,就是七十一军也有被全部歼灭的可能。由于解放军分兵攻击东丰、西丰、昌图、开源等地,四平街的国军得到将近一个月的准备时间,整顿部队,安定人心,加强防御工事,解放军因而失去了一个重大胜利的机会。"

5月20日,陈明仁对来自哈尔滨共产党电台的一则报道提高了警惕。

报道说,记者于前线某地会见东北民主联军总司令林彪将军,前线各处捷报不断传来。林总司令拿着刚收到的我军本日收复公主岭的捷报,含笑以回忆的神情对记者说:"去年的昨日我们退出四平,今年的昨日我们消灭敌人两个师;去年今日，我们离开公主岭，今天我们又收复公主岭，恰恰是一周年了。……这显然表示出一年来敌我力量的巨大变化。一年来东北人民自卫战争大体上分作三个阶段：从蒋军进攻东北到我军主动撤出四平，直至蒋军侵占安东、通化，这是敌我进退的第一个阶段。这个时期里，我们是采取攻势防御，歼灭敌人的有生力量，保存自己的有生力量，将头等精锐的美械蒋军歼灭了一部分，敌战斗力普遍受到大的损失。第二阶段是去冬今春我军三下江南，和敌人四犯临江，这个时期的战争形势是拉锯式的。在这一来一往的几次战役中，我们歼灭了敌人五个师，南满、西满相继收复了九座城市，使敌人丧失了很大的机动力量，由主动趋被动。现在，我们已经由拉锯式的战争形势走向了全面反攻的新阶段……"

撤出四平、收复公主岭、全面反攻？

他用铅笔将这几个词连在一起，猛地清醒了，林彪下一步必打四平、长春。他立即下令全面改进与构筑四平防御体系，其中最主要的一条是"只靠面，不靠线"，万一突破一点，不致全线崩溃，特别强调纵深保护，强调副防御工事配置，形成立体防御线。调整部署，增加兵力。四平守军为国民党之第八十七师、八十八师残部、第十三军史松泉第五十四师两个团和第七十一军直属炮兵以及一些保安部队，统归七十一军军长陈明仁指挥。

就在南满、西满、热河战场各路劲旅频频出击、屡屡得手之际，一向小心谨慎的林彪也兴奋起来，决定发动四平会战，彻底切断沈阳和长春之间国民党军队的联系。

为了实现这一作战目的，林彪调动一纵、六纵第十七师、七纵及总部炮兵司令部的五个炮兵营组成四平攻城部队，统由第一纵队司令员李天佑、政委万毅指挥；另以二纵、三纵、四纵、六纵（缺第十七师）布置在昌图一线，负责打击沈阳的援军；以东满独立师、独一师、独二师、独三师、独四师等五个师和两个骑兵师等部队在四平长春间布防，准备打击长春出击之敌；南满第四纵队之第十一师、第十二师向抚顺、沈阳前进，相机占领抚顺，配合四平会战。

林彪对他的战将说："你们不要小看陈明仁，他夸下海口，说他'陈明仁防线'万无一失，共军装备低劣，一无飞机，二无大炮，对铜墙铁壁的四平，必将是一筹莫展。"

李天佑和万毅冷冷一笑：陈明仁吹什么牛，他的七十一军系我军手下败将，几个师都吃过解放军的苦头，一提到与共产党作战，就面如土色，至于其他杂牌部队、保安团之类，就更不用放在眼里了。

只有刚刚成立的七纵邓华司令员持比较谨慎态度，向林彪汇报：四平守军据侦察是35000多人，不是预先估计的1万多人，建议增加攻城兵力。

林彪不置可否，他以为看透了邓华的心理：纵队刚成立，害怕失手，故而过分小心谨慎，这也是情有可原的。

林彪的这一不置可否，为打四平埋下了隐患。

1947年6月17日晚，天空中飘着雨丝，李天佑在指挥部大声宣布："谁先突破主要阵地，谁先占领敌军指挥所，就授予谁'四平部队'称号；谁作战协同好，纪律严明，授'模范连队'称号。"

众将士嗷的一声，从指挥所纷纷往外挤，赶回前沿。

20时，三颗信号弹冲上了夜幕。

一师攻西，二师攻南，七纵攻北，三师攻东，四面发难，八方不通。陈明仁感觉到他像被林彪架上了火炉，忍受着来自上下前后左右的煎熬。

人的本质在艰险中凸显，困境中的陈明仁反而没了恐惧。大不了一死，他把人生归宿简单化之后，镇定得就像没有生命的石头。四平城区被他划为五个守备区，部队分区固守，不准超越各自的守备区一步，并将各工事内守军官兵的名字一律贴在墙上，硬性规定：凡后退者，格杀勿论。

两强相撞，四平城被挤成了碎片。仅炸药一项，东北野战军总司令部就用火车、汽车、马车运来了三万多斤。战士们枪杆上贴着"三战四平，再立新功"的口号，前赴后继往四平城里冲，近百门大炮连续响了近十天，直杀得星光惨淡，日月不开。什么叫尸横遍野？什么叫血流成河？去了四平你就会理解战争的残酷，生命的脆弱，和平的难得。

蒋介石6月3日8时飞到沈阳，亲笔给四平城里的陈明仁写下一函，叮嘱道："四平乃东北要地，如失守则东北难保矣！斯时为吾弟成功成仁之际，望砥砺三军，严行防御。"

接到校长的亲笔信，作为学生的陈明仁不敢怠慢，立即召集手下的黄埔高级军官，以此信激励黄埔学生的斗志。

他的副军长向凤武是黄埔四期生，与林彪同期。少将副军长熊新民是黄埔六期生，参谋长王多年是中央陆军军官学校及陆军大学毕业，第八十七师师长黄炎是黄埔六期和陆军大学将官班毕业，第八十八师师长彭锷是黄埔六期生，第九十一师师长戴海荣和副师长马鹤峰都毕业于黄埔七期。

全军高级军官宣誓：死守四平。

当时，城里许多百姓为躲避战火，要求陈明仁开城门放其逃生。陈明仁牙一咬："谁敢出城杀无赦！"

解放军攻入四平街

从 6 月 15 日开始，黄埔四期林彪手下的兵与黄埔一期陈明仁手下的兵逐条街巷进行殊死巷战。

第七十一军每被逐出一个街区，就立刻纵火烧毁街区内所有的民房，不给民主联军做屏障。

6 月 16 日，民主联军占领了四平市区中山公园内国民党军的榴弹炮阵地，陈明仁手下两名营长一个被击毙，一名被俘虏，被歼 400 余人。民主联军已将陈明仁第七十一军指挥部团团围住，前哨阵地距离陈明仁的核心工事只有 500 米之遥。

17 日，四平市内铁西区均为解放军占领，我第一师、第二师已逐渐逼近城区七十一军军部。

19 日，林彪电询李天佑战况。李天佑虎目一酸，战斗激烈异常，部队损失惨重。一师三团副团长黄才方在激战中牺牲；一师师长江拥辉、政委梁必业在进入突围口时，敌一发炮弹打来，掩护他们的一个班战士全部牺牲；一团某部连长李欣兰被炸伤十一处不下火线，直至在指挥位置上停止呼吸；一些连队只剩下七八个人，缩编成一个班继续战斗，有的战士已连续负伤七次了……李天佑声音里有一丝哽咽。

林彪在话筒里打断了他的话："乘胜坚决扩大战果，不惜重大伤亡和疲劳。"他不允许有一丝优柔。"准备以伤亡万人的代价，坚决拿下四平。"

6 月 20 日，东北民主联军六纵第十七师对国民党军第七十一军军部发起总攻。陈明仁下令用吉普车堵死房门，用粮食袋当沙袋垒工事，同时严令手持冲锋枪的督战队："凡有后退者扫射，打死勿论。"自己则坐在核心的地下室里，神情木然，浓眉下的一双眼睛布满血丝。

傍晚时分，军部四周枪声大作，民主联军"缴枪不杀"的呐喊声随之而来。陈明仁被卫士们半推半架着离开军部，转移到路东的预备指挥所，留下他的兄弟——特务团团长陈明信坚守。

从周围地堡里传出的喊杀声、爆炸声越来越近，陈明信抓起电话，打给陈明仁，要求撤退，"不然下辈子再见了"。

关键时刻，陈明仁回答："就是下辈子再见也不能撤！给我顶住！"

因为核心工事早一分钟失守，就意味着民主联军早一分钟打到他这里，四平城也就早一分钟陷落。

二十分钟后，陈明仁的第七十一军军部被攻陷，陈明信举起双手做了俘虏。经三小时激战，四平守敌大部被歼，民主联军总司令林彪特发电报嘉奖："十七师作战甚好，甚慰。"

陈明仁已经顾不上同胞兄弟的死活了。四平城铁路线以西已全部被东北民主联军占领，他把残余部队收缩到道东继续顽抗，凭屋死守，死不缴枪。四平城内到处是枪炮声，到处是白刃肉搏的场面，两军的尸体堆满了街巷。第七十一军军直属队打光了，陈明仁把身边的卫队都派了上去，自己头戴钢盔，手持冲锋枪，两眼布满血丝，亲自督战。

他电告杜聿明："以身殉国，壮志成仁。"并将一支二号勃朗宁手枪顶上了子弹，装在衣兜里，准备随时自戕。有不少人向他提出突围建议，他脸一冷："如有再敢言突围者，以扰乱军心论处，格杀勿论！"

陈明仁差一点没顶住中共部队的进攻。他打电报给杜聿明：已决心"以身殉国"了。

据当时香港《华侨日报》沈阳特讯称："四平街之争夺战愈演愈烈，16日上午，共军以四团兵力冲入市区，当即与国军发生惨烈的白刃战，战况之惨烈未曾有，为东北历次战斗所仅见。"

在攻打四平之役中，东北民主联军损失了大将马仁兴。

马仁兴早年参加西北军，曾任骑兵师参谋长。中原大战后，所部被蒋介石收编，成为团长。抗战爆发后，马仁兴在与日军激战中腿部受伤，伤愈归队后，秘密加入中国共产党。1940年4月，马仁兴率全团1600名官兵参加八路军，后任骑兵团团长。1945年9月，八路军出关向东北进军，马仁兴任保一旅旅长，从日伪残余势力手中夺回四平。

保一旅解放四平后，已占领沈阳的国民党新一军和第七十一军急忙向四平进犯。马仁兴被任命为四平前线总指挥兼四平市卫戍司令，担负起保卫四平的重任。他在城内布置了四道坚固的工事，修筑了许多以十层钢板铺成的防空洞。

在蒋介石的严令下，4月4日，国民党新一军、第七十一军等主力以伤亡2000人的代价占领昌图车站。东北保安司令部副司令长官郑洞国限令4月8日前必须攻占四平，但在我军英勇的抵抗下，屯兵于坚城之下。5月18日夜，马仁兴完成阻击任务后，撤出了四平城。此后，保一旅转战于辽吉地区。

1947年5月，马仁兴率部参加了西满纵队组织的夏季攻势，歼灭了敌第七十一军八十七师一部后，于6月初进入四平西北地区。保一旅改为西满纵队独立一师，马仁兴任师长。

6月11日，解放军第一纵队、第七纵队和第六纵队十七师发起攻击，经过六昼夜激战，全线突入四平外围防线。马仁兴担任中路进攻任务。为了掌握部队战斗进展，马仁兴和政委邓东爬上29米高的铁塔指挥战斗。部队连续发动9次冲锋，敌第七十一军终于顶不住了，向两侧败退。一团在突破口坚守22个小时，粉碎了敌人一次又一次疯狂的反扑，扩大了突破口，使全师突入城中。马仁兴指挥部队将敌第八十八师特务团守卫的城西高大的建筑红楼包围，经过苦战，将守敌1000多人全部歼灭。

20日，马仁兴在铁道公园附近消灭了敌第二六四团和交警大队后，直插陈明仁的第七十一军军部，陈明仁逃往道东。

陈明仁紧急向沈阳发报求救："共军已突破第七十一军军部，四平危在旦夕，速援！"

21日晚，战斗达到了最高潮。针对解放军强大的炮火，陈明仁以烟幕弹来抵消对方的射击效力，并采用分散配备、变换阵地等手段，将他不多的几门炮使唤得出神入化。哪里需要炮火支援，炮弹就打到哪里。我独一师曾一度突入到道东，但随后便被炮火压回，师长马仁兴气冲冲赶到了前沿。

"妈的，陈明仁以豆代兵，我们站不住脚。"有战士骂道。原来，守敌在通往东城的天桥上撒了一层黄豆，并配以密集的火力封锁。战士们刚刚冲上天桥，脚下一滑，身形踉跄，影响了战术动作，成了敌人的靶子。

在蒋介石的严令下，新六军、第九十三军、第五十二军等部十个师的兵力从南北两面向四平压来。

上级决定让马仁兴的独立一师于22日晚撤出战斗，准备南下打援。

是日傍晚，马仁兴撤出四平。当他最后向四平城瞭望时，一颗子弹从油化工厂方向飞来，射中马仁兴的左胸，他倒在血泊之中，伤重不治而死。这是我军自解放战争以来牺牲的最高级别的指挥员之一。

战到23日，一纵一师、二师均呈后力不继之疲态，第六纵队的十六师、十八师相继投入战斗。

当时在前线作战的国民党辽北省保安第二团团长张广居说："战况最激烈是解放军突过铁东的时候。6月23日深夜，解放军已将保二团阵地突破，双方格斗一时余，后解放军撤走，阵地始转危为安。熊新民当时曾严令督阵，如放弃阵地，即以军法从事，算是侥幸应付过去了。在弹尽粮绝已无援军的千钧一发的时刻，陈明仁把军直属队都用光了，最后把他的卫队都派到火线上。"

24日，敌守军在我猛烈攻击下，退至南一马路以东、共荣大街以南。陈明仁向沈阳杜聿明连连告急："共军突破最后防线，危在旦夕，速来援救。"

蒋介石严令杜聿明："不惜一切代价，限于6月30日前解四平之围。"

杜聿明没有让陈明仁失望。新一军由长春南下，至27日占领四平东北60公里处之公主岭。29日，沈阳北援之敌的先头部队也进至四平以南10公里处之牤牛哨，两路援军与打援的民主联军接上了火。作为总预备队的第五十三军周福成部向左翼迂回攻击，攻占本溪，解放军主动后撤。之后，北上解四平之围。

在关键时刻，林彪命令撤出战斗，而参谋长刘亚楼认为："再坚持一两天，战局就会有好转。"

林彪患得患失，担心拿不下四平使全军陷于被动，于是命部队主力向新六军之两翼包围前进。新六军一个团被击溃，军长廖耀湘求援甚急。郑洞国匆忙把第五十三军由左翼抽调下来，向解放军进行反包围，战斗非常激烈。其实林彪只是虚晃一枪，假装围歼新六军，目的是调开第五十三军主力，有计划地分批分期撤出四平。

为山九仞，功亏一篑。6月30日，解放军全线撤出战斗。

当民主联军攻城部队把陈明仁压缩至弹丸一隅，陈明仁几次举起手枪对准太阳穴，又几度放下。就在他几乎完全绝望之际，林彪匆匆撤军了。

陈明仁死里逃生，挺过了最艰难的时刻。

国民党辽北省保安第二团团长张广居认为陈明仁守住四平纯属运气好："假使解放军于怀德黑树林子歼灭八十八师后长驱直入，唾手可得四平，而混乱的第七十一军即有被全歼的可能。或解放军于最后突过铁东，进展再迅速些，并另由其他方面再来共同扩大突破口，使国军腹背受敌，其据守五分之二的地区恐怕早已被解放了。由于解放军失掉了这两个胜利的机会，才迟至1948年春季始将四平解放。"

其实，谁能胜利就在于谁能坚持最后五分钟。陈明仁咬牙挺过来了，林彪就失败了。

四平攻坚，给林彪心理上带来了抹不去的阴影。这一战为出关以来至惨至烈之战，我军伤亡超过一万，却没有啃下四平，还差点遭到敌人的夹攻，使夏季攻势的成果大打折扣。后来在打锦州时，就是因为怕重蹈四平覆辙，因此表现出犹豫、焦虑，这都是在四平落下的病。

四平解围后，陈明仁一下子成为戡乱救国的"大英雄"，国民党的大小报纸不遗余力地吹嘘"四平大捷，共军伤亡五万以上"云云，让陈明仁出尽风头。国防部褒奖令中称赞其"与当地官兵团结奋斗，舍生忘死，英勇防卫，经十八昼夜之血战，前赴后继，屡挫顽锋"。

东北保安司令长官部司令官杜聿明以陈明仁等守四平有功，请蒋介石颁发青天白日勋章。

9月16日，参谋总长陈诚将一枚青天白日勋章挂在陈明仁的胸前。

陈明仁的命运却出现了戏剧性的一幕。

7月8日杜聿明因病离开东北。8月上旬，雄心勃勃的小个子陈诚秘密到沈阳，接替了熊式辉的东北行辕主任，独揽东北的党政军大权。陈明仁性格倔强，常得罪人。当时，他与辽北省主席刘翰东关系很紧张。守四平时，刘翰东曾要求逃跑，被陈明仁制止。美军顾问团在四平视察时，见满大街散落的都是美国支援的粮食，愤怒地向东北当局抗议。刘翰东乘机发难，说陈明仁"纵兵抢粮"，大肆贪污，向陈诚告了一状。陈诚向以清廉标榜，在蒋介石面前数落陈明仁的不是，蒋介石于是将陈明仁撤职查办。当时就有人说："陈明仁胸前挂勋章，手中拿撤职令，真是啼笑皆非。"

陈明仁到南京以后，任总统府中将参军，有职无权，于是终日在家打牌喝酒。

第七十一军由副军长向凤武继任军长。但是，第七十一军的军魂没了。

明仁一去，全军覆没

1947年冬，解放军经过五十多天的秋季攻势后，又在四平街至大石桥的中长铁路沿线和山海关至沈阳的北宁线发动了前所未有的冬季攻势，相继解放了沈阳外围的主要据点，国民党在东北的大本营受到严重的威胁。于是国防部命令第七十一军留下一个师防守四平孤城，军部和另外两个师立即驰援沈阳。经考虑，该军留下第八十八师固守四平街，军部和第八十七师、九十一师南下沈阳外围参战。冬季攻势后，第七十一军驻守在沈阳至新民沿线。第八十八师师长彭锷被派到铁岭、开原等地收容了官兵2000多人，后率师直属队和另外两个团的干部（部分是从四平街逃出者，部分是从军部、第八十七师和九十一师抽调的干部）用飞机空运到锦州接收新兵，留在那里整训，未归还建制就在锦州被解放军歼灭。

1948年3月，解放军再次攻打四平街。此番接受了上次失利的教训，例如攻坚的战术、炮火的运用、兵力的配备、突破点的选择等，并展开了大练兵运动。四战四平，显得从容多了，稳重多了。反观守城的国民党部队，不但人数比第一次守四平时少了许多，尤其是当师长的，解放军大规模攻城后，不是想着如何像陈明仁那样顽强死守，而是把心思用在如何逃出四平上。很快，解放军攻进四平街，全歼守军第八十八师全部及军属一个骑兵团、三个保安团共1.9万人，报了前番一箭之仇。只有第八十八师师长彭锷乔装打扮成贩皮货的商人，骑着一头小毛驴颠颠地逃到沈阳。

1948年9月12日，辽沈战役打响了。东北野战军的铁锤猛砸连接关内外大门的锦州。蒋介石令廖耀湘组成"西进兵团"救援锦州。第七十一军归入廖耀湘兵团序列。全军上下情绪紧张，尤其是军长向凤武及师长黄炎等人，因担心穿廖耀湘的"小鞋"而忧心忡忡。

早在1946年4月下旬攻打本溪时，第七十一军第八十八师临时归新六军廖耀湘指挥，廖耀湘有私心，让该师打头阵，结果被解放军打得筋疲力尽，无法前进。廖耀湘还怪罪该师师长胡家骥畏缩不前，导致胡家骥脱离部队，后被杜聿明撤职查办。事后，杜聿明查明，是廖耀湘指挥不公。是年5月，在四平街外围金山堡一仗，第八十七师损失惨重，当时第七十一军副军长向凤武随军作战，廖耀湘不检讨自己指挥不当，反将责任都推在黄炎身上，上报黄炎"作战不力"，黄炎被撤职查办，副军长向凤武也受到"申斥"。后黄炎去陆大将官班学习，由熊新民任该师师长。黄炎毕业后再次接任第八十七师师长。他们对廖耀湘的指挥心有余悸，害怕再做替罪羊。

10月初，该军刚出新民县，就遭到解放军小股武装的袭扰、阻击。该军机械化装备完全不能发挥作用，部队有时一天前进三五里，有时一天前进十里八里。当他们到达芳山镇，距黑山、大虎山还有30公里，距锦州还有100多公里时，消息传来，锦州已被东野占领。顿时，全军上下惊慌失措、心惊胆战，盼望立即返回沈阳。

10月21日,第七十一军军长向凤武接到兵团部"迅即向黑山、大虎山攻击前进"的命令。两天后,第七十一军沿北宁线南下,向尖子山、胡家窝棚前进。当晚,第八十七师先头部队在尖子山与解放军发生接触,军长向凤武立即组织该师进攻,遭到解放军凶猛的还击。攻上去的部队像兔子一样被撵了回来,官兵斗志全无,被迫停止了攻击。此时,兵团部命令该军次日以一个师的兵力配合新六军向黑山发起进攻。

10月24日,廖耀湘集中几十门大炮向解放军阵地发起猛烈轰击。在飞机的掩护下,第八十七师配合正面向黑山西部地区发起攻击。战斗异常惨烈,该师伤亡惨重。师长黄炎打电话给廖耀湘:"伤亡太大,攻不上去,请给八十七师留下一点血脉吧!"

廖耀湘严令:"不惜一切代价,都打光了,你给我顶上去,也要拿下黑山!"

黄炎无法,只得命令部队继续进攻,但依然毫无进展。

为分散解放军对主攻方向的注意力,第七十一军军长向凤武命令戴海荣的第九十一师向黑山以西的解放军大白台子阵地发起进攻,夺取制高点,以威胁黑山守军主阵地。经过几番冲杀,该师伤亡数百人。师长戴海荣吓得肝胆俱裂,担心部队伤亡过重,输掉老本,又害怕作战不力,受军法处置,于是采取拖延战术,停停打打。

第七十一军遗尸累累,终以惨败结束了全天十多个小时的激战,士气低落,不堪再战。

第八十七师师长黄炎感慨地说:"看来,我们是输定了。早知如此,我绝对不会到东北来当这个王牌师师长!"

一连几天,第八十七师和第九十一师都是无功而返。

也就在廖耀湘兵团全力进攻黑山、大虎山之际,解放军打锦州的部队昼夜兼程北上,与解放长春的解放军和坚守黑山、大虎山的解放军会合,将廖兵团的10万人马围困在黑山、大虎山以东100多平方公里的狭长区域中。

此时，廖耀湘将第七十一军交新一军潘裕昆指挥，向凤武不服，后化装成老百姓逃跑，被解放军俘虏。第九十一师师长戴海荣也换便衣脱离部队，从小道逃回沈阳，偕同他的小老婆和亲信，携带大量黄金飞往北平，在北平机场被宪兵截获，大敲其竹杠。戴海荣不敢声张，忍气吞声，拿出一部分黄金送给宪兵了事。第七十一军残部和廖兵团一道，在10月下旬被解放军全歼。

再说陈明仁被蒋介石任命为总统府中将参军，无所事事。此时，白崇禧与李宗仁正密谋反蒋，极力拉拢与蒋介石、陈诚有矛盾的人。白崇禧保荐陈明仁去武汉任警备司令、"华中剿总"做副总司令。党国多事之秋，蒋介石也不愿战将陈明仁赋闲，答应陈明仁重建第七十一军，将第二十九军划归其统辖，以两个军的兵力成立一个兵团，陈明仁成为第一兵团司令官。

此时，湖南省政府主席、长沙"绥靖"公署主任程潜和湘赣"绥靖"公署副主任李默庵正密谋起义。他们认为，如果解放军进攻武汉，白崇禧势必退保湘省，会对湖南的和平运动造成直接威胁。于是，二人决定将目标放在陈明仁身上。陈明仁与李默庵在上黄埔军校以前都是广州大本营陆军讲武堂程潜的学生，又是同乡，私谊尚好。李默庵说："不如设法将陈明仁调来长沙，以助一臂之力。"

程潜一听便称"极是"，但颇费思量地说："我与白崇禧素不和，我出面准会泡汤。"

李默庵想了一会儿，突然拍着腿叫道："有了，我们请刘为章出面准行。"

刘斐，字为章，湖南醴陵人，是桂系的中坚分子，与白崇禧关系甚深，与程、李交情亦好，其时为国防部次长，更主要的是他也是一位主张走和平道路的干将。

程潜请刘斐出面，刘斐赴武汉找白崇禧说："陈明仁的第一兵团刚成立，兵员、武器、训练均差，难以完成守武汉重任，不如将他移驻长沙，利用乡土关系就地整训，充实力量。这样既可为稳定湖南效力，又能为屏障广西尽力，岂不一举两得？"

白崇禧一向信任刘斐，一听其言有理，便令陈明仁移驻长沙。刘斐转告陈明仁："程颂公（程潜字颂公）诚盼子良（陈明仁字子良）回湘合作。你回到桑梓紧紧靠拢颂公，共同寻求出路。"

1949年2月18日，陈明仁以第一兵团司令官的身份，率第二十九军和第七十一军回湖南编训。兵团司令部设在长沙。

为了掩人耳目，程潜与陈明仁表面上不太往来。程潜有事派程星龄代为联系，陈明仁则派第一兵团办事处李君九和兵团经理处处长温汰沫与程星龄联系。

在程星龄的引荐下，中共湖南地下党工委与李君九、温汰沫联系上，向他们讲清形势，并请二人担任陈明仁与地下党的联系人，争取陈明仁率领部队起义。

陈明仁顾虑重重。他说："我虽然和林彪是黄埔同学，但在四平街与东北民主联军打过四十多天的仗，和林彪结下了仇，他们是不会给我好果子吃的。"

程星龄到香港见到章士钊，将陈明仁的事全都告诉了章士钊。于是，章士钊亲笔给陈明仁、程潜写信，在信中赞扬：

"毛主席是中国历史上从未有过的杰出人物，是我桑梓的骄傲。毛对颂公起义期望甚殷；而对子良，如果能举大义，中共既往不咎，不但不会追究他在四平街的事情，还可以再带兵。毛主席在国共和谈时亲口对我说：'当日，陈明仁是坐在他们的船上，各划各的船，都想划赢，各为其主嘛。这是理所当然的，我们会谅解，只要他站过来就行了，我们还要重用他。'"

章士钊的亲笔信，更加坚定了程潜、陈明仁和平起义的信心。

南京国民政府逃往广州以后，李宗仁与白崇禧合谋，多次要调程潜去广州当考试院院长，均遭到拒绝。白崇禧到湖南以后，形势变得严峻起来。陈明仁腹有良谋，为了迷惑"小诸葛"，他在军事会议上慷慨激昂地说："湖南只有一条路，没有第二条路！只有打下去！白长官决定要打，就只有打，没有别的路。我现在以兵团司令的资格讲话，服从白长官！我将在长沙市郊与共军进行决战！"

谁知，这一"花枪"，竟让程潜恐慌起来，会后对亲信说："子良变了！子良变了！"

事后，陈明仁主动找程潜解释："颂公，我迷惑白崇禧的，怎么您也糊涂起来了？"

6月，程潜向中共中央和毛主席写了要求和平起义的备忘录。毛泽东于7月4日复电程潜说："先生决心采取反蒋反桂及和平解决湖南问题之方针，极为佩慰。所提军事小组联合机构及保存贵部，予以编整教育等项意见均属可行。此间已派李明灏至汉口，请先生亦派人至汉，与林彪将军面洽商定军事小组联合机构及军事处置诸项问题。"

此时，中国人民解放军第十二、十三兵团正从东西两面向长沙方向逼近。为防止程潜与共产党谋和，白崇禧令陈明仁坚守长沙，"劝"程潜"出巡"邵阳。

7月21日，溽暑如蒸，白崇禧亲自带人到省政府，向程潜索要省政府主席大印，监视程潜的车队离开长沙，并将省政府主席大印交给陈明仁，自己退守衡阳。他打电话报告广州方面说："我白某要打一个胜仗给你们看看！"

陈明仁召集湖南省政府人员训话，表示："程潜主席去外地，本人奉命代理省主席职务，一切秉承主席旨意办事。……我竭诚为桑梓服务，决不凭个人意旨，使长沙人民遭到浩劫，决心以三千万人民的利益为利益，个人成败在所不顾。"

7月29日，程潜为了起义之事，由邵阳潜回长沙。白崇禧闻知暴跳如雷，当即发一手令给陈明仁："程潜率带武装人员潜返长沙，图谋不轨，着即解除护卫武装，实行兵谏，迫使其去广州就任考试院院长。"

30日，陈明仁连收到来自广州方面两封电报：

一封云："湖南省主席程潜辞职照准，任命省政府委员陈明仁为湖南省主席。"

另一封云："长沙绥靖公署撤销，成立湖南绥靖总司令部，任陈明仁兼绥靖总司令。"

第四野战军总指挥部以金明为首席代表，副政委兼政治部主任唐天际以及袁任远、解沛然、李明灏等组成的和平代表团到平江，准备和平谈判。而在此关键时刻，蒋介石派陈明仁的同乡、黄埔一期同学、国防部次长黄杰和迁往广州的国民政府国防部政工局局长邓文仪，携带其致陈明仁的亲笔信及黄金、武器等，飞抵长沙，妄图破坏起义。

邓文仪将蒋介石的信交给陈明仁，信中云："弟一生光荣史迹，当自珍惜，为中正所深信也。对卖身投靠分子，应羞与为伍，必要时，不惜大义灭亲，将之明正典刑，然后退守湘西，吾将来四川为尔后盾，余由雪冰（邓文仪字雪冰）面告。"

陈明仁看后冷笑一声："早知今日，何必当初？我打了胜仗，校长却听信谗言，夺了我的兵权，怎么，现在却视我为股肱？"

黄杰听出弦外之音，急忙岔开话题，问起前线的战况。陈明仁说："我的部队正严阵以待，前哨与共军已有了接触。二位同窗，是不是随我同去前线视察？"

黄杰脸色大变，连说："那不必了，有你在此，大家放心。我们告辞，回去向校长复命。"

陈明仁当着黄杰的面，装出一副慷慨激昂的模样："我一定坚定立场，与共军血战到底，引其在长沙外面打，不使长沙城内受损失。我们都是湖南人，个人前途无足轻重，长沙人民生命财产不能毁坏。为党国效劳，赴汤蹈火也在所不辞，若抛弃长沙父老，纵有高官厚禄不为也。"

黄杰与邓文仪慌慌张张溜回广州。

8月4日，由程潜、陈明仁领衔发出起义通电，郑重向全国宣布："率领全湘军民根据中共所示之八条廿四款，为取得和平之基础，贯彻和平主张，正式脱离广州政府。今后当依人民立场，加入中共领导之人民民主政权，与人民军队为伍，俾能以新生之精神，彻底实现革命之三民主义，打倒封建独裁、官僚资本与美帝国主义，共同为建立新民主主义之中国而奋斗。"

湖南省省会长沙宣告和平解放。

毛主席和朱总司令在复程潜、陈明仁将军暨全体起义将士电报中称："接读八月五日通电，义正词严，极为佩慰。中国人民解放事业的胜利，已成为全世界公认的定局。美帝国主义及其走狗蒋介石等残余匪党，不甘失败，尚图最后挣扎，势必被迅速消灭。诸公率三湘健儿，脱离反动阵营，参加人民革命，义声昭著，全国欢迎，南望湘云，谨致礼贺。"

电文最后希望："团结部署，与人民解放军亲密合作，并准备改编为人民解放军，教育部队，改变作风，力求进步，为解放全中国人民而奋斗！"

1949年8月，毛泽东会见陈明仁，并请他吃饭，问他今后有什么打算。

陈明仁说："我是军人，还想在军事上为国家尽点力。"

毛泽东幽默地说："我看你比林彪会打仗！"

陈明仁急忙说："不敢不敢，还是林彪将军会打仗！"

毛泽东说："你仍旧带兵去吧，我决定把你的第一兵团改编成人民解放军第二十一兵团，仍由你当司令员。"

经毛泽东、朱德同意，程潜任湖南人民临时军政委员会主任委员，陈明仁任湖南省临时政府主席兼中国国民党人民解放军第一兵团司令官，作为过渡时期的临时机构。后陈明仁任湖南省军区副司令员和长沙军管会副主任。是年10月，其部改编为第二十一兵团，下辖第五十二军和第五十三军。

陈明仁长沙起义的第三天，在白崇禧的策动下，驻湘潭的熊新民等在特务的煽动下，借口"陈明仁被共产党扣押了"，率第七十一军军部和杨文榜第八十七师、刘塸浩第八十八师叛逃，投奔白崇禧，被编入黄杰的第一兵团，参加了衡宝战役和广西战役，后被解放军全歼。1949年12月4日，解放军第三十九军第一一五师占领南宁后，向西追击国民党残部，抓到两个自称商人的人。经查明，其中一个大个子正是第七十一军军长熊新民。熊新民没想到受了几个月的颠沛流离之苦，最终还是做了解放军的俘虏，于是哀叹："早知道跟老长官陈明仁一起投共，也落个正果。"

第七十一军的番号再也恢复不起来，从国民党军的战斗序列中彻底被抹去。

新编第一军

新一军的产生与发展有个过程。它产生于1930年的财政部税警总团,在1932年"一·二八"淞沪抗战中被编入第八十八师独立旅、战后恢复税警总团番号。在抗日战争中,税警总团参加淞沪战役,损失惨重;之后税警总团改为财政部缉私总队,后又改为新税警总团;1941年改编为新三十八师,孙立人为师长,编入中国远征军序列;1942年5月,中国远征军入缅作战失败后,新三十八师撤退到印度,与另一支中国部队新二十二师合编为中国驻印军。1944年,新编第三十师从国内空运至印度;同年5月,以新三十八师为基础,和新三十师合编为新一军,由孙立人任军长。

　　抗战胜利后，新一军入广州接受日军投降，下辖第五十师、新三十师和新三十八师。1946年2月，该军调往东北吉林，隶属东北保安司令部，下辖第五十师、新三十师、新三十八师，军长孙立人，副军长贾幼慧，全军3.4万人，为国民党军"五大主力"之一。由于孙立人与杜聿明不和，调出东北，新一军军长改为潘裕昆。1948年9月在辽沈战役中，在辽西走廊被解放军歼灭。

新一军的前身——税警总团

新一军的前身是税警总团。税警总团是宋子文在 1930 年任财政部长期间建立的用于缉私征税的一支非正规性的部队。开支不出自军费,而是拿每年摊还八国银行团借款的盐税剩余款项做经费。一切编制、装备、人事全凭宋子文意愿行事,别人无权过问。起初蒋介石以为他的大舅子只是要编练一支无足轻重的小部队,不以为意。戴笠的特务虽然神通广大,但戴笠与宋子文有很好的交情,懂得疏不间亲的道理,也不敢在太岁头上动土。宋子文就乘机把一个微不足道的税警总团搞成了一支精悍的武装。财政部长宋子文组建税警总团之初,对将领的选择更青睐留美的才俊。西点军校高才生王赓文武双全,是最佳人选,于是便任命他为总团长。该团下有六个分团、三万余人。税警总团原驻安徽蚌埠,后来移驻上海地区。

税警总团建成时下属五个团,加总团直属部队,相当于六个团。团的编制相当庞大,每班有士兵 14 人,每班配备轻机枪一挺,六班为一排,三排为一连,每连共计 252 人,相当于甲级正规军两个连。一营辖四连,另配 60mm 炮两门。团统辖三营,另配特种兵连七个,每团战斗兵员共 5000 余人。总团部直辖特务营、高炮营、炮兵营、通讯营等七个营。整个总团拥有兵力三万余人。

宋子文本想以税警总团作为自己的军事资本,但是事与愿违,这支部队后来被蒋介石赚去,在抗战中逐渐发展成为一支劲旅,屡建功勋,并培养了一代虎将、有"中国隆美尔"之称的孙立人将军。

宋子文特别注意人才的选拔,税警总团的高级军官全部由他亲自网罗,亲手提拔。第一任、第四任总团长温应星,第二任总团长王赓,都是美国西点军校毕业生。第三任总团长莫雄,是北伐战争时张发奎第四军中的一员勇将。还招揽了

宋子文

孙立人、赵君迈担任团长。从日本士官学校毕业的宋的妻兄张远南也在税警总团担任过团长。另外还有一个由八名德国军官组成的顾问团。

税警总团武器装备均由财政部自行采购，精良程度非一般部队可比。它博采欧美军事强国之长，开始主要采购美国武器，装备欧立根防空机炮、维克斯两栖战车，步枪主要是德制 1924 年式标准型毛瑟系列枪或比利时的 FN1924/30 步骑枪。到后来，国民政府允许税警总团拥有德国正规军的武器装备，步枪主要是德制 1924 年式标准型毛瑟系列枪，轻机枪多是进口的捷克 ZB26，重机枪则多为马克沁 24 式水冷式重机枪，手枪是闻名遐迩的 7.63 毫米毛瑟 M1932，甚至还配备有"卡登·罗伊德"超轻型坦克。

经过美国军事院校高才生的训练，锐意整顿，税警总团成了一支非正规军的精锐部队，这为以后成为抗战劲旅打下了坚实的基础。

1932年"一·二八"事变爆发，作为行政院副院长兼财政部长的宋子文对日本采取强硬立场，明确向美、英方面表示：中国将以全部军事力量抵抗日本的入侵。

税警总团大部分驻守在上海市区及浦东一带，第一团驻徐家汇，第二团驻南翔，第三团驻闸北，第四团驻清东，总部设在徐家汇。在日军突袭上海时，宋子文毅然决定税警总团参战。因为担心八国银行反对，停拨经费，税警总团没有用自己的番号参战。驻闸北的税警三团和驻南翔的税警二团统归第十九路军指挥，参加抗战序列。后来，当第五军驰援上海时，税警总团的参战部队又改为第五军第八十八师独立旅，以税警总团总团长王赓为旅长，同时接受第五军指挥，配置在龙华、南市一带。税警总团参加了守卫龙华机场等战斗，官兵英勇无畏，奋勇杀敌，税警二团二营官兵几乎全部壮烈牺牲。

就在战斗紧张激烈之际，2月27日晚，王赓在公共租界被日军抓获。次日，上海市政府向南京政府外交部报告说："王赓于感（27）日，因事路经黄浦路，为日方海军士兵追捕，该旅长避入礼查饭店，后为工部局巡捕帮同扭送捕房，由捕头交与日方带去自由处置……"

日本方面指责王赓是间谍，加以审问，以枪毙相威胁。南京国民政府指示上海市政府与日本方面进行交涉，并请在沪的各国领事斡旋。29日晚，上海市政府向美国总领事克宁翰以及各国领事提出严重抗议。在英美法等国的压力下，3月1日，王赓被日军放了回来。

在两国交战的紧张时刻，王赓离开战区，独自到租界干什么呢？当时，上海滩的小报记者就著文：王赓是去看坠机身亡的诗人徐志摩的遗孀——陆小曼。失去了志摩的小曼，身心处于极大的痛苦之中。王赓与陆小曼同处一城，去看望和安慰小曼也是人之常情。

这的确是个可以解释的理由，但第十九路军的高级将领不这样认为。他们指责王赓有出卖军事秘密之嫌疑。此事毕竟不是空穴来风，在上海搞情报的军统行动组组长沈醉也认为确有其事。王赓遂被第十九路军总指挥部看押，解除独立旅旅长之职务，转交军政部军法司关押。

这里面还牵连着国民党内的派系斗争。宋子文当然不愿意自己的部队和将领蒙羞，也不会眼看着他的爱将入狱而无动于衷，肯定要介入，为之缓颊。

王赓多次接受军政部、参谋本部、军法司联合调查审问。关于其丢失军事地图一事，事出有因，查无实据。几个月后，即在同年8月2日，军事法庭对王赓泄密案进行宣判，法官宣读判词如下：

前八十八师独立旅长王赓，当沪战时，擅离职守，经礼查饭店时，被日军拘押，经交涉交十九路军总指挥部，转解军政部军法司看管，当由该司组织高等军法会审。先后会审数次及严密侦察，确无通敌嫌疑与证据；但事先未得长官允许，擅离戒严地点。依陆海空军刑法治罪，判决有期徒刑二年零六个月。

淞沪之战后，八十八师独立旅归还建制，税警总团长由广东籍将领莫雄担任，驻防海州一带，负责缉私。莫雄在宋子文和德国顾问团的支持下，在海州郊区建立了军官队和军事总队，轮流抽调军官、士兵，加强射击训练。孙立人的第四团训练尤其勤奋。孙立人在训练上下了很大功夫，把中国传统教育和美国军校的教育方式结合起来，制订出适合自己部队需要的训练制度和方法，形成了一套与国民党军其他部队不同的训练操典，被大家称为"孙氏操典"。

据莫雄将军讲，在淞沪停战协定签订之后，美国人曾答应给宋子文（宋说是给中国的）500架飞机（当时中国只有100多架战机），宋子文立刻叫下属在连云港云台山附近营建一个周围30公里的大型飞机场。建筑材料先于飞机运到，有足够税警总团三个团驻扎的新型活动木营房，地毯、电话一应俱全。这些东西其他部队见都没见过。不久，宋子文又从法国、捷克等国购进大批包括装甲车在内的新型武器，进一步加强了税警总团的战斗力。

"一·二八"事变以中国方面的让步得以解决。宋子文已经深刻地认识到日本的严重威胁，他置蒋介石"攘外必先安内"的政策于不顾，要求抗日救亡，几度飞往北平与张学良、汤玉麟会谈，并在国际上大力宣传日本的侵略罪行。

为应付华北突发事变,他与陇海铁路局局长钱宗泽秘密商妥,备足三十多列车,集中于海州,把税警总团一下子全部运到郑州,准备开赴北平。此事被河南省主席刘峙发觉,打电话告知蒋介石。蒋大发雷霆,叫税警总团开回原防区,否则缴械。再次担任总团长的温应星不敢违抗,率部返回。宋子文的一系列活动和态度,加上他拒绝为蒋介石"剿共"增加军费,影响了蒋介石的战略部署。蒋非常恼火,逼宋辞去财政部长职务,"出国考察"。

孙立人(1900年12月8日—1990年11月19日)字抚民,号仲能,安徽省巢湖市庐江县人。其父孙熙泽是清光绪年间的举人,曾担任北京中华大学校长。孙立人中学时代是在德国殖民统治下的青岛度过的。一次在海边沙滩上,孙立人捡到一块漂亮的石头,但被德国小孩抢去,还打了他一顿。这件事给了孙立人强烈的刺激,认为中国人一定要自立,使国家变成自立于世界民族之林的强国。这成为他毕生奋斗的目标。

孙立人

孙立人于1921年考入清华大学土木工程系预科。在校期间，由于体格强健，喜爱篮球运动，曾入选篮球国手，给清华带来不少的荣誉。

著名学者梁实秋先生回忆清华的文章中写道："清华的运动员给清华带来不少的荣誉，在各种比赛中总是占领导的位置。在最初几次远东运动会中，清华的选手赢得不少锦标，为国家争了光。我记得最清楚的是一场足球赛和一场篮球赛……另一场篮球赛是对北师大。北师大在体育方面也是人才济济，和清华可说势均力敌。清华阵容是前锋时昭涵、陈崇武，后卫孙立人、王国华，以这一阵容为基本的篮球队曾打垮菲律宾、日本的代表队。鏖战的结果清华占地利因而险胜，孙立人、王国华的截球之稳练不能不令人叹为观止。"

1921年，孙立人作为清华校队主力入选当时的国家队，参加过在上海举行的第五届远东运动会。前四届远东运动会的篮球比赛都由美国人执教的菲律宾队获胜。此次，中国队首战老牌劲旅菲律宾队，作为主力后卫的孙立人打满全场，将他高超的球技发挥得淋漓尽致。他身手敏捷，空中夺球，地上截球，积极拼抢，打得出神入化，博得全场观众雷鸣般的掌声，从而获得"飞将军"的雅号。中国队以30∶27击败称雄远东的菲律宾队，接着又击败日本队，获得第五届远东运动会篮球比赛的冠军。

1923年夏，孙立人从清华毕业，同年秋赴美留学，入普渡大学学土木工程。1925年取得工程学士学位后，即申请得入南方的西点——弗吉尼亚军校。二战时期美国著名的马歇尔将军就是该校毕业生。

孙立人在这里主修英文和世界历史人文课程，同时接受严格的军事训练。该校的校训是诚实、服从、荣誉，强调荣誉和体能的训练，新生要接受老生严格的磨炼，培养克服困难的毅力。孙立人在这里学到的东西影响到他后来职业的选择，乃至他的一生。

1927年孙立人从弗吉尼亚军校毕业，应邀游历欧洲，考察英、德、法等国军事。

1928年孙立人回国，在国民党中央党务学校任中尉队长。1930年孙立人入陆海空军总司令部侍卫总队任上校副总队长。

1932年"一·二八"抗战时，税警总团以第八十八师独立旅的身份参战。这期间税警总团扩充至四个分团，孙立人在这段时间调到税警总团，先任总团特科兵团团长，很快特科兵团撤改扩充为总团的第四团，孙即任第四分团团长。

1933年税警总团调江西"剿共"。其间参加"剿共"的共四十八个单位举行射击比赛，孙立人的第四团占了个人前十名的七位，并夺取团体第一名。当时，红军在新干县七琴镇包围了刘戡的第八十三师，孙立人奉命驰援。当他率部赶到七琴镇时，发现刘戡部队已撤。孙立人以一个团的兵力不但坚守了刘戡一个师的防地，而且成功地打退了红军的多次夜袭，战斗力不容小觑。

1934年，蒋介石命令当时驻防徐州的第二师师长黄杰接任税警总团总团长。宋子文苦心经营的军队，被蒋介石轻而易举地吞并了。然而，黄杰不久迷恋于复兴社活动，疏于本职，导致税警总团训练松弛，战斗力有所下降。但是第四团在孙立人的领导下，保持了原有的风格。

淞沪亮相，血染英名

1937年，"卢沟桥事变"爆发。蒋介石为防止日军过早占领平津地区，沿平汉线南下，占领郑州、汉口，将中国一分为二，从而将中国军队包围在东部，于是主动开辟淞沪战场，将日军主力引向东部沿海，再利用长江节节进行阻击，争取时间，以掩护中国的军队、物资向西部转移。

"八一三"淞沪会战开始，税警总团配属张治中第九集团军参加淞沪抗战，编为一、二两个支队，司令官分别为何绍周、王公亮，总团长由第八军军长黄杰兼。

税警总团参加了蕴藻浜、苏州河以南防御等战斗，广大将士作战十分英勇，给日军重创。第四团在蕴藻浜和大场两处战役中脱颖而出，孙立人因战功而被提升为第二支队少将司令。

10月30日,日军向苏州河以南发动攻势,以税警总团所在的周家桥地区战斗最为激烈。孙立人率部防守苏州河周家桥一线,与日军血战两周,接连击退日军七次强渡。日军最终还是在猛烈炮火的掩护下渡过苏州河,周家桥地区成为整个淞沪会战中日军死伤最重的战场之一。黄杰亲赴第一线指挥,双方在刘家宅反复争夺,阵地几度易手。

11月3日,日军继续猛攻税警总团阵地,第五团团长丘之纪阵亡,全团官兵死伤过半。第四团随即投入战斗,以凌厉的反突击攻入刘家宅,但只夺回了南侧一半的民宅。日军据北侧民宅顽抗,双方在村内逐屋逐室争夺,战斗极其惨烈。孙立人被日军迫击炮击成重伤,全身中弹片十三处。次日,三十六师赶来增援,战至18时,税警总团终因伤亡太大撤出,由三十六师接手周家桥一带的防务。最终,刘家宅和周家桥两地因税警总团死伤惨重而失守。孙立人昏迷三天,危在旦夕。宋子文闻讯,特意派飞机送孙立人去香港治疗。

税警总团在梯次撤退中表现出了较高的素质,基本保留了建制。由于战时税警总团已划归第八军,因此1938年2月被正式改编为陆军第八军第四十师。与此同时,孙立人从香港伤愈归队,在武汉找到财政部长孔祥熙。鉴于原税警总团已在淞沪会战中损耗殆尽,财政部有意重组直辖缉私武装,孙立人即成为重组的最佳人选。孙立人马上辞去第八军为他保留的"高参"职务,赴长沙重组财政部拟名的"缉私总队"。不久,该部在长沙改编成"新税警总团",孙立人任总团长。

1938年10月武汉失守,孙立人率尚在组建中的缉私总队内迁贵州都匀。

在新税警总团的感召下,很多原税警总团人员纷纷归队。孙立人很快组建了一支四个团的队伍,不久扩充到六个团。缉私总队按照陆军标准训练和列装,很快成为一支精锐之师。但蒋介石不允许有独立于他的武装存在,即使是他的连襟孔祥熙也不行。

1941年12月,新税警总团被改编,孙立人被迫交出三个团给戴笠,剩余的第二、三、四团被改编为国民革命军新编陆军第三十八师，孙立人也由军级的缉私总队长降为只管三个团的师长，编入第六十六军序列，成为中国远征军之一部，赴缅参战。

新三十八师，扬名仁安羌

第六十六军出国最晚，这是一支刚刚建立不久的部队。原来的第六十六军是叶肇为军长的粤系军队，在1939年的桂南会战中作战失利，军长叶肇被撤职查办；1940年春，该军番号被撤销，缺编一年。1942年2月，军政部第二补训处改编为第六十六军，由原总处长张轸任军长，成刚为副军长。下辖刘伯龙为师长的新编第二十八师、马维骥为师长的新编第二十九师和以孙立人为师长的新编三十八师，隶属于中国远征军第一路。

接到远征的命令，孙立人率新编第三十八师从贵州兴义进入云南，以汽车输送至缅甸腊戍，再乘火车，于1942年4月初抵达缅甸中部的曼德勒和敏铁拉一带集结，4月9日开抵曼德勒城，负责该城防御（该师尚有一步兵营作为参谋团卫队留在腊戍）。

当时，日军已经占领缅甸南部。4月6日当天，日军第三十三师团先遣队推进至普罗姆一线，一阵猛烈的炮弹过后，硝烟尚未散尽，英印军第十七师阵地即发生动摇。7日，日军便轻而易举占领了普罗姆。普罗姆是重要屏障，屏障一失，该地以北100公里的仁安羌便直接处于日军的威胁之下。

仁安羌，缅语意为"油河"，是亚洲最早开采石油的地区之一，位于缅甸中部，伊洛瓦底江东岸，海拔约120米。气候干热，最热月平均气温30℃以上。该处每日产油百万加仑，是现代化战争离不开的重要战略地区。油田处于沙漠地区，只有仁安羌公路和伊洛瓦底江可以通达。

英军退往仁安羌以南马格威地区,准备抵御北进之敌,布置了坦克阵地。

日本第三十三师团以夺取仁安羌油田为目的,拟订了作战计划:

一、以步兵第二一三联队、独立速射炮第五中队、山炮第三十三联队、工兵第三十三联队为一路,在荒木大佐率领下,沿伊洛瓦底江左岸前进,进攻马格威。

二、以步兵第二一五联队、轻装甲车队、独立速射炮第十一中队、山炮第七中队、独立混成第二十一旅炮兵为一路,在原田大佐率领下,攻击萨斯瓦、东敦枝方面的英军,掩护第三十三师团之右翼。

三、以步兵第二一四联队第一大队、山炮第三大队、一个工兵小队为一路,在作间大佐率领下隐蔽前进,直接袭击仁安羌,以截断英军后路。

四、第三十三师团直属部队尾随先头部队前进。

荒木大佐先头部队于4月12日沿伊洛瓦底江东岸突破英印军新榜卫、米昌耶等防线,14日通过马格威。原田大佐的部队突破英印军固守的科固瓦和萨特丹,击毁英坦克5辆,俘虏英印军157人,并掩护作间大佐的队伍向仁安羌以北迂回。

4月15日,英军总司令亚历山大下令防守仁安羌的英缅军第一军团团长斯利姆立即破坏油田的所有设施,并紧急召见中国驻印缅军军事代表侯腾,请求中国军队立即给予援助。

侯腾立即通过无线电,将西线发生的情况报告给重庆军事委员会军令部部长徐永昌:

限一小时到。渝部长徐:HOB密。(加表)。

一、寒(14日)酉,敌先头部队沿伊洛瓦底江东岸通过马格威。

二、亚历山大将军已下令破坏油田。

除呈林次长、罗长官外,谨闻。职侯腾叩。

巨大的爆炸声在仁安羌油田响起，高大的井架在爆炸中倾斜倒塌，巨大的储油罐遇到明火，引起一连串燃烧与爆炸，仁安羌油田成为一片火海。熊熊燃烧的烈火伴随乌黑的浓烟弥漫了整个油田上空，几十里外都能看见一团团翻滚的蘑菇云。

英军以坦克开道，第一师官兵和一批外国记者7000余人，分乘卡车或步行，缓缓向仁安羌以北地区撤退。

是日下午，中国远征军副司令长官杜聿明召开紧急军事会议，部署如下：

一、着令驻守曼德勒的第六十六军新编第三十八师之一一二团和一一三团开往纳特曼克与乔克巴当两地布防，负责支援英军和掩护正面第五军之侧背；

二、曼德勒之防守任务由该师第一一四团的两个营负责，第一营仍留腊戍担任飞机场的警戒任务。

午夜，日军第三十三师团作间大佐部队已推进到仁安羌以东约5公里处，获悉英军一部连同坦克车、装甲车和卡车已撤至拼墙河以北，立即派出高延大队绕到英军后方，并迅速攻克了拼墙河北岸渡口，截断了英军北逃之路。

4月17日，荒木大佐所部切断了马格威至仁安羌的公路，攻占了马格威。这样日军从南北两个方向夹击，将英缅军第一师和坦克一营共7000多人包围在仁安羌周围。

是日深夜，驻滇缅参谋团团长林蔚向蒋介石报告了西线英军的危急情况：

限二小时到。委员长蒋：夷密。

（表）。筱已电谅阅。综合杜（军长）筱辰、筱午各电：……英缅师主力现向述阳转进，一部沿宾河（拼墙河）两岸向乔克（CHAVK）方向转进中。昨夜戌时，有敌数百向仁安羌进攻，及深夜，有主力不明之敌由东绕至仁安羌之北方约七英里，包围英军运输车及战车一营、步兵一营，激战至晓，方突围出。又朱联络参谋筱申电：缅一军军长已令孙（立人）师之一一三团沿公路开赴仁安羌。职林蔚。

清晨5时许，蒋介石致电林蔚，发出命令派救兵支援英军的电报：

> 腊戍林团长：〇密。着新三十八师速以两个团增援英军方面，并具报为要。中正。

参谋团副处长侯腾和远征军副司令长官杜聿明紧急磋商后，即命孙立人新三十八师迅速赶往仁安羌援救英军。

接到援助仁安羌被围英军命令后，4月16日，驻防在乔克巴当的第一一三团星夜兼程，在第二天黄昏时分，到达宾河北岸，在距河渡口约8公里处，进入准备攻击位置。当晚第一一三团即对占领渡口的日军展开了猛烈的攻击，喊杀声、枪炮声震耳欲聋。双方的炮弹、手榴弹映红半边天，曳光弹、各种枪弹交织成网，比节日的焰火还要壮观。

4月18日拂晓，第一一三团团长刘放吾亲率部队向渡口发起猛攻。孙立人师长从曼德勒赶到前线亲自指挥战斗。激烈的攻击战持续到中午，拼墙河以北之日军终于被肃清。英方被围部队求救电报接踵而来，要求第一一三团速速南渡拼墙河，以解英国军队之围。

师参谋长何钧衡负责与英缅军第一军团军团长斯利姆中将联系，答复说："我军兵力太少，而且南岸为丘地，地形暴露。我军攻击正面太宽，又在仰攻位置上，如果攻势稍一顿挫，日军可能立即窥破我军实力，不仅不能解救英军，反而可能把第一一三团陷于危险境地。"

此时，大不列颠民族个性中的傲慢在日军的穷追猛打下早飞到英伦三岛去了，连亚历山大将军都承认英军已完全丧失了作战的斗志。他对史迪威承认："我的人很害怕日本人。"

史迪威眼中闪出鄙视的光："亚历山大还有点勇气吗？一副萎靡不振的样子。"

英缅军第一军团军团长斯利姆顾不得面子，拼命向新三十八师求援。

孙立人师长命令第一一三团肃清宾河北岸之敌后,暂停渡河作正面攻击。

刘放吾团长擦着满脸的汗水问:"师长,为什么不渡河攻击敌人?"

孙立人胸有成竹地说:"刘团长,你派出侦察小部队,在天黑之前用各种方法把当面的敌情和地形侦察清楚,我们晚上碰碰情况,再部署明天的攻击。"

斯利姆将军得知孙部停止行动后,立即用无线电与孙师长联系。

斯利姆不安地问:"孙将军,为什么不立即渡河而暂停攻击?"

孙立人回答:"我方只到达一个团兵力,第一一二团正赶往这一地区。明天拂晓,我部以第一一二团为左翼,以第一一三团为正面,同时进攻,一举解救贵军。"

斯利姆说:"孙将军,我对阁下的周密部署感到钦佩,但你要明白怎样才能

抗战时期的刘放吾

把我的部队立即解救出来,这才是我最关心的问题。我刚接到包围圈里可怜的第一师师长斯高特将军用无线电告急,他的部队已经断粮两天了,尤其是缺水,在干涸的沙漠中一分钟也坚持不下去了,若是得知今天不能解围,便有立即瓦解的可能。我请求孙将军,今天无论如何要立即渡河,援救被围的第一师,时间不允许我们等到明天,明白吗?看在上帝的分上,帮帮忙!"

孙立人镇静地说:"将军阁下,既然贵部已忍耐了两天,请无论如何坚持最后一日。中国军队一定在明天拂晓时发动进攻,将贵军完全救出来。请转告斯高特师长。"

斯利姆在犹豫不决时,斯高特打来第二次告急电话,说不能再等下去了,每一分钟都有人因干渴而倒下。斯利姆请其咬紧牙关,再坚持一下,明天一切都会好起来的。当他安慰了斯高特师长后,又不放心地问孙立人:"明天上午救出英军是否有把握?"

孙立人师长斩钉截铁地回答说:"中国军队,连我在内,纵使战到最后一个人,也一定要把贵军救出险境!"

4月19日凌晨4时,新编第三十八师第一一三团在山炮、重炮、迫击炮和轻重机枪的掩护下,渡宾河向仁安羌以南的日军发起进攻。敌军的阵地在炮火中颤抖,浓烟夹着火焰,直冲云霄。破晓时,左翼部队将敌军阵地完全攻占,战斗转移到山地里。日军据险疯狂地射击,不顾一切进行反攻,第一一三团夺取的阵地又丢失了。

这天中午,亚历山大、斯利姆和亚历山大的参谋长温特顿少将来访问史迪威,对中国增援部队人数不多又进攻正面较宽感到担心。

史迪威也认为:"仁安羌今天的情况不是很妙,中国人进攻的面过宽了。"

斯利姆担心英缅师会被日本人彻底击溃。然而担心是多余的。孙立人指挥若定,命令团长刘放吾重新组织部队,强攻又开始了。攻势犹如海浪,一轮下去,新的一轮又卷来。经过反复肉搏厮杀,三失三得,终于巩固了阵地。

在激战中,第三营营长张琦负了重伤,仍裹伤大呼:"弟兄们,杀!冲啊!"

直到流尽最后一滴血。

"为营长报仇！"士兵们更是英勇顽强，前仆后继，再加上主攻部队的山炮、迫击炮和轻重机关枪猛烈的火力打击，日军支撑不住了，向后溃逃，从山坳里一直到油田边，到处是敌人的尸体。

到15时许，敌第三十三师团先头部队的抵抗完全被击溃，日军死伤约500多人，终于退出了阵地。我军第一一三团损失官兵亦达100人以上，阵亡营长1人。

17时许，解救英缅师战斗的枪炮声逐渐稀疏，被击溃的日军急速向后撤退，中国军队完全收复仁安羌油区。当中国士兵们出现在被解救出来的英国官兵、美国传教士和新闻记者500余人面前时，他们几乎都不敢相信这是现实，竖起大拇指激动地高呼："中国人，好样的！""中国万岁！"还有许多感情丰富的军官，流着热泪冲过来拥抱中国官兵，又亲又吻；有的还跳起了舞，庆祝自己获救。当他们得知前来营救他们的部队只有一个团时，不禁对自己有7000多人，又有装甲车和重武器，却无法突围这一事实感到羞愧。

孙立人命令部队迅速打扫战场，将从日军手中夺得的战利品100多辆汽车交还给英方。

紧接着，英缅军第一步兵师、骑兵、炮兵、战车部队等7000多人和1000多匹马，在中国军队的掩护下，向拼墙河北岸撤退。被围三天三夜已使他们狼狈不堪，他们互相搀扶着，在夕阳的余晖中向北走去。

4月20日，参谋团团长林蔚以十分激动的心情自腊戍向蒋介石报告新三十八师在仁安羌大捷的喜讯：

限二小时到。委员长蒋：夷密。加表。
谨再将我军在仁安羌之战绩详报如下：
一、我孙师一一三团，经两昼夜激战，至十九日十四时占领仁安羌及全部油田，将敌驱至仁安羌以南三英里处。在仁安羌之（英）缅一师七千余人及辎重车百余辆被我救出。是役敌伤亡五百余人,我伤亡百余人。唯第一营长负伤殉职,所获战利品至多,正在清查中。

二、(英)缅一师解围后,现向乔克巴当开拔中。

谨闻。职林蔚。

同日,远征军第一路司令长官罗卓英也向蒋介石报告我军在仁安羌解救英缅军大捷:

渝。军委会。(加表)。

委员长蒋:孙师原派乔克巴当之一一三团,筱日扫荡拼墙河以北敌人,复进而救援在仁安羌被围之英军,现据孙师长皓(20日)未报称:刘团经两昼夜激战,占领仁安羌,救出被围英缅军第一师七千余人,情形狼狈不堪。我军并由敌人手中夺获之英方辎重百余辆,悉数交还。敌向南退却,其死伤约五百余名,我亦伤亡百余,该团暂在仁安羌占领阵地等候。孙师刘团作战努力,除奖励外,谨闻。

罗卓英

仁安羌大捷,中国新三十八师以少胜多,成功救出被围英军的消息,随着电讯迅速传遍同盟国,轰动了英、美。

据当时报道:……克复油田中心仁安羌一事,直如暴风雨前暂时沉寂中之一道清流,与最近之猛袭东京、大阪及名古屋(按:4月18日,美空军特遣队杜立德大队空袭日本东京、大阪、名古屋等地)同受欢迎(中央社伦敦二十一日电)。缅甸方面,中英军队获得联络之新闻,此间认为十分重要。每日电闻报称:中国已派有力援军向西推进,因而与英军获得联络。同时中国援军亦能发出空前之抗战威力。

仁安羌大捷的消息像旋风一样在盟军中传开,这简直是个了不起的奇迹。新三十八师第一一三团以少胜多，以寡敌众，是中国军队在缅甸战役中创造的一个优秀战例。

但是，仁安羌大捷的胜利，并没有挽回中国远征军在缅甸战场上的劣势。

4月25日，东线日军兵分两路，对腊戍形成钳形攻势。

4月29日拂晓，日军向腊戍发动猛攻。13时许，腊戍失守，中国远征军退往国内的大门被关死了。

中国远征军决定向北转移。新三十八师第一一二团前往铁路线印道以南的温佐占领阵地，掩护主力北撤，但被日军围在温佐；而第一一三团又在卡萨与来自八莫之敌激战，两个团位置相距100公里以上，前、后、右三方均受敌威胁。为了全师的安全，孙立人不得不下令转头向西，进入印度。他当即下令，第一一四团、一一三团向温佐方面集结，打击尾追之敌，救出第一一二团。然后全师向西北行进，转入山林地区。

5月16日拂晓，新三十八师进入两边都是悬崖峭壁的深谷中，谷中有一条河流，别无道路通行。孙立人下令将所有的车辆及辎重焚毁，部队涉河前进。因为雨季尚未来临，河水不深，最深处亦只到腹部，孙立人告诉部队要克服困难，否则到了雨季，后果不堪设想。部队在水中跋涉一昼夜，始出山口，来到亲敦江右岸的榜宾地区。此时日军的大部队和水上炮舰正从下游驶往这一地区，孙立人决定立即渡江。他命部队准备木排，趁黑夜全部渡江。第二天，日军追到榜宾时，与师后卫部队发生激战，恰逢天降大雨，掩护部队亦迅速渡江。

5月27日，新三十八师除第一一三团因在卡萨战斗未赶上主力外，其余安全进入印度英帕尔东南约29公里处的普拉村集结待命。两个星期以后，刘放吾率第一一三团也赶到了英帕尔。

该师在温佐时，副师长齐学启曾在卡萨地区指挥第一一三团阻击八莫方向敌人过江。当第五军主力远离后，第一一三团团长刘放吾便令该团迅速转移进山地。在此之前，齐学启接到孙立人的电话，要他前往师部，并约定第二天凌晨3点派汽车去接他，但负责接齐学启的副官叶遇春在约定地点等了几个小时也未见到人影。

齐学启

原来，齐学启将军从第一一三团出来后赶往曼许第五军军部，向杜军长报告了第一一三团战况。杜军长当即命令部队转移。齐学启找不到汽车前往约定地点，延误了时间，后与该师伤员一同进入山地，寻路西进，追赶部队。

5月19日，齐学启等乘竹筏至霍马林以南约13公里处，被敌军追上，齐学启等被俘。后送至仰光中央监狱，被囚近三年。

1945年5月盟军克复仰光后，14日，重庆《大公报》仰光特派记者黎秀石发自仰光专电："前新三十八师副师长齐学启将军，于3月8日为寇刺伤腹部，于3月13日伤重逝世。那一天，是所有盟俘最伤心的日子，他们齐向齐将军致哀，对日寇刽子手的暴行深恶痛绝。据恢复自由的若干盟国战俘对记者说，齐将军的确是中国的伟大军人，他是中央监狱（仰光）里数百战俘中最受人爱戴与最能给人援助的人物。在英美袍泽的眼里，他是黑暗时期的光明与鼓励的源泉。在这三年的黑暗地狱中,他对盟国最后胜利的信念从未动摇,并曾屡次拒绝了日寇'诱令'加入宁(南京)伪组织的阴谋。3月7日,日伪曾作最后的尝试,但被齐将军臭骂一顿,第二天,齐将军便被刺伤了。有一位解放了的盟国战俘对记者说:'齐将军在解放前夜被谋杀了,这是最惨不过的事,但我向你保证,齐将军将长留在我们心里,他是我们最黑暗的日子中最伟大的友人。'"

齐学启将军的遗体后由仰光空运至加尔各答,再转运回国,葬于湖南长沙岳麓山。

进入印度的远征军由罗卓英负责进行整训。在史迪威、罗卓英与英军负责人商定后,以印度加尔各答西北的兰姆伽作为训练中国军队的基地。史迪威对中国士兵要求严格,部队由美国军官负责具体训练。1942年8月,蒋介石同意成立中国驻印军总指挥部,由史迪威担任总指挥。中国驻印军新三十八师在兰姆伽整整训练了六个月,部队在森林战术、武装泅渡、战术配合、体能训练各方面及武器装备上有了很大的改进,从军装到钢盔、皮靴、背包,直到步枪、机枪、车辆、火炮等全部换成了美式装备。

中国驻印军在训练

史迪威、孙立人检阅军队

史迪威认为,兰姆伽的训练将重新焕发中国军队的活力,不久即可以发起反攻缅甸的行动了。

同年12月,军事委员会决定将在印度的中国远征军改编为新一军,初由中央陆军军官学校第七分校副主任邱清泉担任军长,隶属中国驻印军总指挥部。下辖新编第三十八师,师长孙立人;新编第二十二师,师长廖耀湘。但此时邱清泉尚在国内,未到任。后蒋介石顾虑邱清泉脾气暴躁,担心其与美国人搞不好关系,1943年1月29日,由第八军军长郑洞国改任新一军军长。

反攻缅北,日寇胆寒

此时,盟军决定反攻缅甸,修筑一条从印度东北部阿萨姆邦的雷多经缅北到中国云南边界的中印公路。史迪威和新一军重返缅北，参加打通中印公路的作战。

1942年12月10日，两支美军工程部队开到雷多，他们将负责从雷多修筑一条穿越野人山区的路，进入胡康河谷，经新背洋到达密支那的公路，以便将战略物资运往中国。

驻印军的任务是配合美军工程部队行动，扫除日军对工程队的袭击和破坏，并驱逐缅北的日军。

1943年1月2日，新三十八师师长孙立人前往驻地附近蓝溪的柔拉学校，接受英皇颁授的C.B.E英帝国司令勋章。

受勋仪式按规定应该在新德里的英军司令部由魏菲尔将军代表英皇颁授，因孙立人所部即将重返缅北，以掩护雷多基地和中印公路的修筑，任务紧急，抽不开身，临时改在孙军驻地附近举行。

上午10时，孙立人将军气宇轩昂，英姿焕发，来到授勋礼堂前。几十名锡克族士兵头戴红帽守卫在大门外，孙立人一行进门后，一个印度人手托着一个放着银杯的盘子走到他的面前。孙立人按当地风俗，把手指伸进杯里蘸蘸盛在银杯子里的香水。另一个印度人递上裹着香料的树叶，请孙立人放在嘴里咀嚼。

礼堂的主席台上，悬挂着英皇乔治六世的大幅肖像，正中放着套着猩红毯褥的椅子，褥上绣着各种彩色的花纹。

印度比哈尔省省督身穿黄色大礼服，肩上和胸前佩着肩章和服饰。仪式开始，由军事秘书向省督致辞引见，他用洪亮的声音叫着："孙立人将军——"

孙立人当即走到离台一步的地方，与省督面对而立。

省督打开勋位证书，庄重地朗读颂词："奉皇帝陛下的命令，今天本人代表陛下，将C.B.E勋章授予孙立人将军阁下，以表彰阁下去年在缅甸首创的惊人功绩，和对阁下这种英勇行为致敬。"

读完颂词后，省督从侍者的托盘中拿起系着绶带的英帝国司令勋章，亲自挂在孙立人的脖子上，然后与他热烈地握手，以示祝贺。接着参加典礼的中英高级

孙立人受勋

将领一拥上前，一一与孙立人握手道贺。

13时，比哈尔省省督举行宴会，代表英皇宴请孙将军一行，宾主双方共同举杯，为战胜日军互相祝贺。

1943年1月27日，新三十八师第一一四团作为反攻缅北的先遣支队，在团长李鸿的率领下，从兰姆伽军营乘卡车出发，经过一个多月的车船运输，重返阿萨姆省的雷多地区。该团的任务以掩护修筑中印公路、消灭盘踞在野人山至胡康河谷的日军为主要目的。

第一一四团从雷多向南步行50多里，进入野人山区的鬼门关。从山脚下翘望，山岭连绵，全是阴森森、黑压压的原始森林。森林中央有一盆地，又称胡康河谷，包括打洛盆地和新背洋盆地。河谷中纵横交错着大龙河、大奈河、大宛河、大比河等河流及其支流，在盆地西北汇合，流经缅甸西南部入海。旱季河水很浅，可徒涉而过；雨季山洪暴发，一片汪洋。

防守缅北的日军第十八师团师团长田中新一是位老谋深算的将军，他身体稍

修筑中的雷多公路

胖，一脸横肉，不爱戴战斗帽，经常头顶钢盔，威风凛凛。他的特点是善于抓住一切有利于自己的条件和机会制定战役方针。他根据驻印军先头部队进出野人山区掩护工兵修筑雷多公路，并向新背洋挺进的势头判断，肯定是要让该公路穿过密支那连接滇西。如果让此计划得以实现，缅北局势将不可收拾。但目前公路未通，驻印军的给养靠骡马运输，补给困难，而且先头部队携带重武器有限。他命令各据点守敌沉着应战，死守据点，又调去重武器，使步炮比例达到三比二。田中新一还将其司令部从密支那推进到离胡康河谷很近的乔家、大柏家，以便就近指挥部队，部署反击方案。

从战略部署来看，敌我双方都将胡康河谷作为战略要点，均置精锐部队于此。

中美英联军要通过胡康河谷修筑公路到密支那，与滇西连成一片；日军则在缅北隘路设卡驻兵，要阻滞、破坏中美英联军打通胡康河谷，收复缅北。

部署在这一地区的日军第十八师团训练有素，战斗力很强，且有丰富的森林作战经验。此次，该部在驻印军进攻之先，已按在狭隘路口作战的方针，派出许多小部队据守胡康河谷中必经之路的要隘与山头，并派兵袭击印度边境卡拉卡、唐卡家一带的英国军队。英军千余人遭到日军奇袭后，往后撤退，正在修筑的雷多公路暴露在日军面前。日军派出小股部队不断对修筑大军展开袭扰，负责工程的美军少将惠勒尔将军认为形势严峻，"受到四次坚决的攻击"，要求撤走修路人马。

3月9日，新三十八师第一一四团穿越丛林，步行赶往这一地区。3月30日，正遇上200名日军和克钦人向节节后退的英军展开追击。李鸿下决心打了一仗，一口气夺回几个被日军占领的山头。随即命第一营进占唐卡家，第二营从柏察海方面进击，攻击卡拉卡之敌而占领之。并接替了英印边防军北阿萨姆旅第一团的防务，英军安全后撤。

敌十八师团知道遇上了劲敌，连夜增援1000多人，于3月31日开始，分两路向第一一四团发动进攻。卡拉卡与唐卡家两据点均展开激烈的战斗，连续打了半个多月，敌伤亡200多人，无法攻占哨卡，以达破坏雷多公路的目的，只好改成小股袭扰。第一一四团也因山高路险，密林丛生，与后方联络不便，给养供应跟不上，只能咬牙坚持。

5月22日，孙立人师长认为第一一四团官兵疲劳过甚，加上雨季来临，疟蚊肆扰，乃命第一一二团前往换防，接替野人山防务。敌军因缅北雨季开始，胡康河谷洪水泛滥，补给不济，亦大部撤退，只留少数伺机活动，两军没有大的接触。

田中新一决心乘驻印军主力前出到印缅国境山地之机，予以各个击破。他派步兵第五十六联队及山炮第二大队疾进大龙河，并令沿胡康河谷快速前进中的第十八师团主力各部队迅速向孟关附近集结。

10月底，雨季停止了，新编第三十八师与新编第二十二师陆续开到了雷多附近。总指挥部史迪威将军命令驻印军向胡康河谷前进，占领大龙河西岸各据点，掩护主力进出野人山。

反攻缅北的序幕终于拉开。

新三十八师奉命以一部占领打洛至大奈河与大龙河交汇点下老家一线，以掩

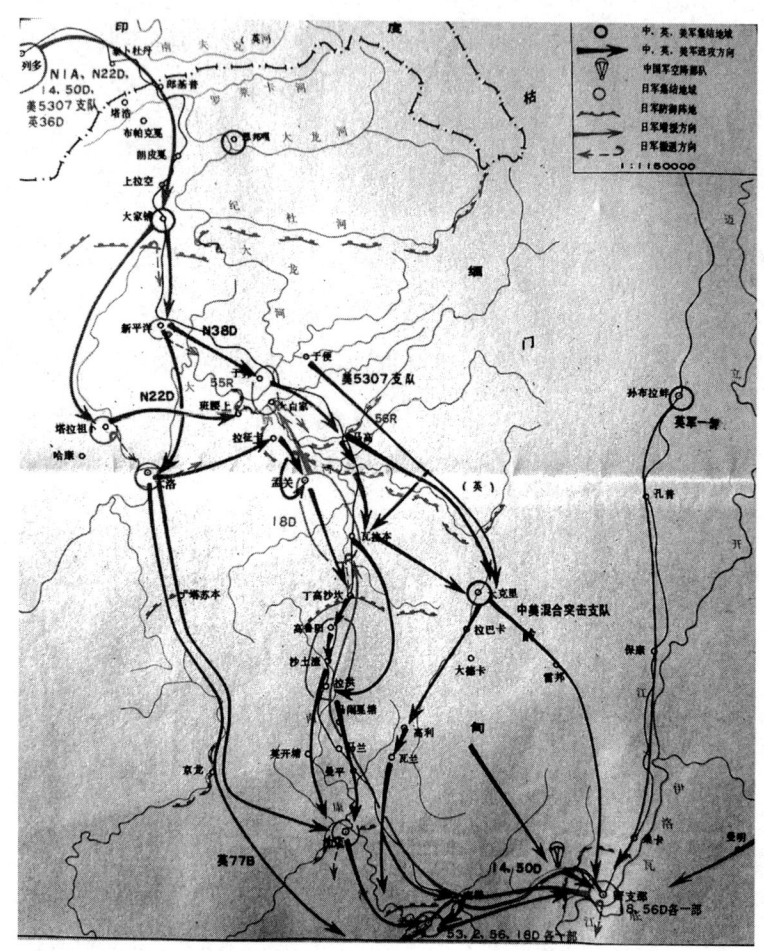

中国驻印军缅北反攻要图（1943.10—1944.8）

护新背洋的前进飞机场、中印公路的构筑，及作盟军后继兵团进出野人山之掩护。第一一二团（欠迫击炮、战防炮、汽车、骡马部队）奉命分为三个纵队，由卡拉卡、唐卡家一线，同时向指定目标分进。

第一一二团团部及第一营为中央纵队，10月24日由唐卡家进发，经唐卡沙坎、清罗沙坎直趋南下，10月29日攻克新背洋，30日攻克宁干，继而南下向于邦之敌攻击。

第三营为右纵队，由卡拉卡进发，经那醒、奴陆向打洛攻击。该营受命以主力占领拉家苏高地，以瞰制打洛，并派出适当兵力占领打洛西北岸要点，以牵制敌之行动，警戒师右侧之安全。11月1日，该营经一昼夜之猛攻，将拉家苏敌阵地攻占，而后即确保该敌无暇与孟关平原方面防守之敌相呼应。自此以后，该营始终与敌保持火力接触。

第二营为左纵队，10月24日由唐卡家出发，辟道经海条由北向南，主力对下老村、宁边之敌同时攻击，使敌各据点守军无法相救援。10月31日，第二营主力开始向下老村之敌阵地攻击，苦战十余天，至11月11日下午将下老村敌阵地完全攻克，其一部第五连于10月31日亦接近于邦，与敌发生接触。

为求迅速击溃大龙河右岸之敌，团部于11月1日饬令第一营以一连固守康道及宁干，二连对宁边之敌展开攻击，余下即会同第二营第五连对于邦敌核心阵地发起攻击。到达宁边的刘益福连被日军一个大队包围，敌人连续发动数次大规模的进攻。血战七天七夜，一连重机枪兵叶先贵、余元亨利用一株被日军炮火炸去大半的树干，筑成机枪阵地，利用树枝葛藤搭成吊铺，几天几夜不下地。当敌人冲入鹿寨攻到阵地前时，树上的重机关枪"嘎嘎"吐出火舌，向密集的敌军反复射击，打得日军屁滚尿流，遗下几十具尸体。敌军大队长田中胜、中队长原良和吉五先后饮弹身亡。

于邦是胡康河谷西北的一个重镇，位于大龙河下游右岸，是水陆交通之要道。该镇北、东、南三面是森林，西边靠着大龙河，地形开阔，易守难攻。日军在镇周围和地面构筑了立体交叉和前后左右皆能呼应的强固的工事群体。主要阵地都以纵深的据点构成，遍布着隐蔽的火力点和密集的鹿寨。

10月31日，第一一二团第二营向于邦发起攻击。第五连连长江晓垣首先率该部进至敌主阵地前。由于地形不熟，误中敌一加强排的埋伏，双方展开恶战。该连消灭敌军70余名，江晓垣连长和刘治排长等30余名官兵亦壮烈牺牲，第一轮攻击受挫。

11月4日，第一营营长李克己亲率一连从宁边赶到于邦外围，将该敌三面包围起来，又在大龙河河边安置好重机关枪，封锁了渡口，防止左岸敌人增援。

于邦被驻印军包围后，敌第十八师团先后将其第五十五、第五十六两个步兵联队由滇西方面抽调出，利用卡车星夜运输，驰援大龙河，并在大龙河左岸展开。敌山炮第十八联队及重炮独立第二十一大队亦火速赶至胡康河谷。

第一一二团右纵队第三营于11月5日至10日间相继攻占瓦南关、拉家苏后，被日军第五十五联队主力包围，战事亦非常激烈。从11月10日起，日军从加迈运来大批增援部队，该团阵地岌岌可危。

左纵队第二营于11月10日攻下下老村后，亦遭到日军围攻。

第一一二团团部及第一营从11月11日以后，每夜遭到敌增援部队猛烈炮击。敌步兵在炮火掩护下强渡宽约200米的大龙河，企图乘驻印军后续部队赶到前，将先遣部队一举歼灭。战斗异常激烈。一日夜，敌约一个营的兵力袭击了第一一二团团指挥所，该处只有一个特务排，拼命抵抗，团长陈鸣人在混战之中杀出重围。一位美军联络官艾吉逊少校在突围时，见弹如雨下，复躲入掩体中，被日军俘虏。第一营被围后坚守阵地，多次击退日军的进攻。

11月22日，大龙河南岸日军调来大量炮兵，对一营两翼封锁渡口的重机枪阵地昼夜轰击，机枪第一连连长吴瑾及士兵全部中炮牺牲。敌第五十五、五十六联队遂得以从下游渡过大龙河，绕到第一营背后，占领制高点，和于邦守敌联成一气，将第一营四面紧紧包围。

第一一二团急调防守新背洋的一个连巩固于邦正面，将该连原防守任务交给在新背洋修筑机场的工兵连接替。但该连一到宁边即被敌第五十六联队派出的加强大队包围。至此，整个大龙河至新背洋间的三角地区，处处皆被日军渗进部队所袭扰，野人山区的清罗沙坎附近也经常有敌小股部队活动，形势很危险。

第一营被敌包围后，粮食、水和弹药都得不到充分的补充，只有依靠飞机空投来维持。某次，一架投粮飞机飞来，飞得高了，将粮食投到了森林中或河里，甚至敌军阵地上；飞低了，被日军高射机枪打伤了机翼。于是连着三天，再也没有飞机来空投。全营官兵便挖芭蕉根充饥。然而最大的困难是水源断绝。胡康河谷的旱季,阵地上一滴水也挖不出来,官兵们口干唇裂,嗓子里像冒火,眼睁睁看着远处滚滚的大龙河,只能拼命舔着带血的嘴唇。营里派出抢水的士兵,非死即伤,有时牺牲几条性命,但带回阵地上的水桶被敌机枪打得像筛子一样,水早就漏光了。官兵们只能从砍断的芭蕉根中和葛藤里吸吮少得可怜的汁液,勉强维持生命。

美国中缅印战区司令兼中国战区参谋长史迪威(中)与新三十八师师长孙立人(左)等在研究战术

第一营的阵地始终巍然屹立。他们的防御工事构筑得十分巧妙。阵地周围筑成八个据点，每班固守一个据点，各据点火力可以互相支援。另有一个班固守阵地北边的一棵大榕树。大树主干有一丈二尺，周围还有二十几个大小树干拱卫着主干。士兵们利用大树筑成天然的碉堡，树上设有瞭望哨，可以观察敌人的一举一动。树干上下部各筑一个机关枪掩体，可以360度扫射。每次敌人发动强攻，冲到大树前便再也无法前进了，往往死伤一大片。敌人用火炮轰击，但树干太密集，不易命中，机枪又扫射不进去，敌人无可奈何。此外，在阵地周边还修了六道鹿寨，周围都埋着用线牵动的手榴弹，一碰就爆炸，敌人每冲至此，伤亡惨重。因此，始终无法攻破一营的阵地。

为解救危局，新三十八师师长孙立人向总指挥部要求将驻唐卡家、卡拉卡的第一一四团调往于邦前线。但总指挥史迪威认为该地敌人绝无强大的兵力，并以公路未修通和补给困难为由，不同意第一一四团驰援。

此时，第一一二团压力越来越大，尽管他们沉着应战，但面对五倍于己的敌人，已感力不从心。孙师长亲自向史迪威反复陈述，史迪威始允第一一三团、第一一四团及炮兵第二营陆续赶往前线，大龙河和于邦各处阵地转危为安。

孙师长重新部署兵力，一方面增加兵力，向于邦之敌据点继续进攻；同时以钳形攻势，由两翼渡过大龙河夹击敌后，迫使于邦之敌崩溃，并期于大龙河畔将该敌歼灭。

12月21日，史迪威赶往雷多基地会见孙立人，研究作战计划。

次日，史迪威与孙立人乘吉普车沿雷多公路抵达胡康河谷。史迪威与孙立人召集第一一二团团长陈鸣人、第一一四团团长李鸿等开会。史迪威说："我们无论如何要将日军赶出大龙河，因为我们的公路要从这里修过去，并要架一座大桥，所以于邦一定要夺过来。"

12月24日上午8时40分，史迪威赶到第一一二团第三营指挥所，亲自指挥部队发起进攻。9时整，炮兵开始轰击。大地在颤动，敌军阵地上空浓烟滚滚。在一个小时内，新三十八师发射了370多发炮弹，成排的炮弹就像长了眼睛一样，

战士们在山林间拉炮

呼啸而至,准确地落在目标上,敌军的尸体伴随着泥土、石块飞上天空。10时5分,步兵从两翼向敌人阵地发起攻击,很快消灭了大部敌人,逐渐向纵深发展。残余的敌人在进行殊死抵抗后,少数伤兵拉响了身边的手榴弹,与冲上来的士兵同归于尽;另一部分做了俘虏。于邦战斗持续到第二天上午9时许,残敌全部被肃清。是役,毙敌连长以下官长4人、士兵51人,伤者100余人,生俘3人,缴获重机枪2挺,轻机枪4挺,步枪20余支,掷弹筒1枚。

据说孙立人在审问俘虏时,先问国籍,令朝鲜人站在左边,日本人集中在右边。然后,孙立人下令将日籍俘虏统统杀死。因此,日军对新三十八师的畏惧由心底而生。

看兄弟团斩将搴旗,李鸿的第一一四团也不甘落后,对于邦主阵地发起攻击。日军已折了一阵,受到新三十八师威力的震撼,士气低落,加之第一一四团憋着要与第一一二团争高下的一股劲,此番未给对手留下任何机会,在12月29日攻陷于邦之敌的主阵地。取得于邦大捷之后,继续扩大战果,占领了大龙河右岸

李鸿在缅北孟阳河畔视察战场

的全部敌阵地,保证了中印公路的顺利修筑。

史迪威对于邦战斗的胜利十分满意,称赞道:"中国人干得很出色。日本人很顽强,中国人打得很好。这些人勇猛无畏,下级军官是好样的,把日本人赶出这片丛林是十分艰难的。"

在孙立人的指挥下,截止到1944年1月14日,进击大柏家成功。以一一二团为预备队,担任河防警戒,其主力在于邦附近。

孙立人向蒋介石报告战果如下:

一、大龙河左岸敌之零星各据点，已于本月13日11时全部占领并肃清残敌，遗尸四十余具，残余漂浮逃生，多毙于河中；获无线电及其他战利品正清查中。

二、奉指挥史（迪威）作战命第八号，饬将当面之敌驱逐于大柏家以南。即饬以一一四团为右翼队，全部由康杂（kantan）渡河，直趋大柏家后，将敌包围而破之。以一一三团为左翼队，先行渗透渡河，与左支队协同，同右侧背威胁压迫，使我主力进击大柏家成功。以一一二团为预备队，担任河防警戒，其主力位置于于邦附近。

三、我左支队一一二团第二营，经周余在密林辟路，于1月11日晨到敌后袭击宁边东岸之敌，毙敌七十余，获步机枪各十余支。同时我左翼队乘机渡沙色河（Sakehka）向敌猛击，于14日晨占领大龙河东岸（右岸）大柏家以北各据点，现仍继续向南进击中。

四、右翼队亦12日开始攻击，战斗正在孟养河附近剧烈展开中，职现在前线指挥。

敌军自于邦失守后，向北退守大柏家及其东西一线，主力集结于大柏家以西地区，以两侧宛托克山及大奈河为依托，构筑了数条地带之坚固据点、阵地，以阻止新三十八师右翼支队。该支队经过八天的攻击，于1月19日先后将孟阳河附近敌之据点完全攻占，前锋进抵并威胁大柏家之敌，2月1日与左翼支队合击大柏家。敌军主力向南溃退，残敌亦完全被驱逐至大奈河以南地区。孟缓平原已无险可守，敌十八师团退守孟缓以南，重新部署，并增加预备队，伺机反攻。

孙立人亲率第一一三团挺进孟缓敌后，迂回穿插，深入敌后90公里，以截断敌之归路。第一一二团与第一一三团互相呼应向敌攻击前进，经过激战，攻克敌后重镇瓦鲁班。

3月5日，新编第二十二师从正面猛攻孟缓。廖耀湘指挥一个团强攻正面，一个团攻击侧翼，另一个团向敌迂回，终于在是日下午占领孟缓。

3月9日下午，新三十八师与孟缓南下的新二十二师及坦克一营会师。

孟缓落入驻印军之手，雷多公路遂经新背洋修至大柏家，经孟缓与密支那原有公路衔接。

日军第十八师团遭受到重大打击后，向南撤退，在胡康河谷与孟拱河谷的分水岭杰布坚山区布置重兵防守。杰布坚山区海拔1300多米，连绵约有10公里长，阴森可怖人迹罕至的山谷中，有一条狭窄的山路。从山谷里向上望去，两面是陡峭高耸的山壁。森林密布，只有中午的短暂时间才能见到一线阳光。

田中新一师团长亲自部署防御阵地，命第五十六联队附重炮两门、山炮两个中队，沿山岭层层设置，在杰布坚山隘以南的沙杜渣卡主阵地，纵深配置了大炮三十余门，由第五十五联队负责正面，另以长久联队配置其左，互为犄角。

田中新一站在主阵地上，对其左右说："杰布坚山谷是一夫当关、万夫莫开之地，大日本皇军要在此消灭驻印军，重新创造辉煌的战绩。"

史迪威与孙立人亲赴前线观察地形，认为日军在山头上设有坚固的碉堡阵地，隘口地带布置两三挺重机枪交叉扫射，便可以阻挡我军大队前进；而我军用于攻坚的坦克和大炮在山壑中难以施展，失去威力。要想攻克杰布坚山，通过峡谷，进克孟拱，当务之急，必须首先攻克两面山头上的日军阵地。

史迪威下达了作战命令：驻印军以最快速度，由瓦鲁班继续南下，攻取沙杜渣卡及其两侧之杰布坚山高地。令新三十八师第一一三团和美军麦支队一营于3月14日出发，沿杰布坚山区左侧山地迂回，披荆斩棘，辟道前进，攻击敌后方交通线上的重要据点拉班，以断日军退路。

3月19日，六十六团占领了山口隘路两侧的据点，以坦克第二营开道，隆隆地冲进杰布坚山山口，新二十二师紧随其后，向前推进。两日后，前进部队遭到日军猛烈反击，好不容易接近沙杜渣卡敌主阵地，遇日军第五十五、五十六联队与长久联队联合顽强固守。敌用大炮向冲上阵地的坦克猛击，坦克第二营最前面的两辆坦克当即中炮起火，另三辆坦克亦被击中履带动弹不得，后继部队攻击随之受挫；第六十六团伤亡很大。26日，第六十五团接替攻击，虽经苦战，攻击无进展。

担负迂回任务的新三十八师第一一三团从左翼沿山岭行进，跋涉很艰苦。在只有山鹰翱翔的高山峻岭之中，他们冒着风雨，在泥水中爬行。驮炮的骡马多半滑落山涧，摔得粉身碎骨。士兵们只好抬着山炮，冒着随时掉下深谷的危险，趔趄而行。在山中的日子里，部队缺粮断水，忍饥挨饿，十四天只迂回了十六公里。3月27日，第一一三团终于出现在沙杜渣卡以南六公里的拉班附近。28日，该部在拂晓蒙蒙的晨雾掩护下，悄悄渡过了南高江，向拉班发起袭击。不少日军尚在睡梦中，万万想不到驻印军已杀到身边，猝不及防，很快便丢失了阵地。攻占了拉班，等于驻印军从日军身后拉开了通往孟拱地区的门闩。转机终于出现，新三十八师所部从北向南，新二十二师从南往北，合击沙杜渣卡敌阵地。日军吹嘘的固若金汤的主阵地，终于在3月29日被驻印军攻克，新三十八师和新二十二师胜利会师。

至此，反攻缅北第一战役胡康河谷的战事结束。此役历时五个月，向南推进100多英里，占领了2500平方英里的土地，击溃日军第十八师团第五十五、五十六两个联队及其师团直属团队，击毙日军第五十五联队大佐藤井小五郎以下官兵3200余名，击伤约3000人，缴获大炮6门，机枪9挺，步枪110支，装甲车2辆，指挥车1辆，卡车3辆，第十八师团关防一枚及弹药、文件、装备无数。

史迪威的下一个目标，是夺取孟拱河谷与密支那。在他率部出印度时，密支那对很多人来说，只是一个词，一个梦想，一个遥不可及的地方。只有史迪威脑海中始终坚定不移地萦绕着这个目标。夺取胡康河谷后，史迪威胸有成竹，知道实施夺取下一目标的计划已为时不远了。

血战孟拱，所向无敌

驻印军攻克杰布坚山天险后，即进入孟拱河谷。这是一个狭长的谷地，从沙杜渣卡到孟拱纵深长约 115 公里。南高江穿过谷地，又称为孟拱河，汇入伊洛瓦底江。两岸连绵起伏，皆是高达 300 米以上的绝壁，在河流与山崖的中间地段，长着比人还高的茅草与灌木，地形十分复杂，利于隐蔽。每年 5 月，当雨季来临之际，山洪暴发，谷地中一片汪洋，道路、灌木与茅草转瞬之间就消失在汹涌咆哮的急流之中，舟船无法行驶，更不用说武装泅渡。

日军退守孟拱地区之后，沿河谷两岸构筑坚固工事，设置鹿寨与地雷，布置重机枪与炮阵地，深沟高垒，以逸待劳，以静制动，准备与驻印军纠缠、胶着在河谷地带，等待雨季到来，将我军困于泥沼与大雨之中，再利用沟壑与马蹄形池沼构成纵深防御阵地，逐次抵抗，以达到迟滞我军南下之目的。

日军在孟拱地区部署了重兵，以五十六联队主力在南高江西岸阻止新二十二师前进；以五十五联队、一四六联队及一一四联队等部集结在南高江东岸，阻止新三十八师前进。

孟拱河谷大战序幕是从 1944 年 4 月 7 日正式拉开的，新三十八师组成的右翼队与新二十二师组成的左翼队，分别沿南高江东西两岸向纵深推进。

新三十八师一一二团沿南高江东侧向山区辟道前进。这一带叫库芒山区，是缅甸著名的高山，白云缭绕，气势挺拔。当地的土人在歌谣中形容为"无顶之山，永不能穿"，由此可见该山区的险峻。

第一一二团当即电令配属该团之炮兵连，归还炮兵二营建制，骡马部队也撤返拉班地区。士兵们攀缘绝壁，辟道前进。

孤军深入的美军"强盗"支队（即麦支队）在山央洋至潘家地区被日军围攻，

麦支队在丛林中作战

师部当即命令一一二团第一营前往支援；而该团主力仍由南沙河迂回，向瓦兰西侧前进。4月21日，总指挥部命令该团二、三两营准备攻占瓦兰西侧至芒干之线，完全切断加迈至瓦兰及克老缅间敌之主要交通线；同时命第一营迅即推进至高利（KAURl）、奥溪（AUCHE）地区，与主力协力夹击瓦兰之敌。

4月24日，第一一二团以迅雷不及掩耳之势突然攻占了瓦兰西侧地区，完全截断了加迈至瓦兰与克老缅之间敌主要交通线，并由敌阵地间隙楔形突入敌在河谷区第一线阵地后方达48公里，使新三十八师正面之敌及加迈地区之敌感到严重的威胁，形成了全军对河谷最有利之态势。

第一一四团亦从正面发起攻击，敌部署在芒干及瓦兰西侧防御阵地上的第十八师团五十五联队一部及第一一四联队一大队兵力，第五十六联队，第一四六联队第二、三大队主力与之展开对攻，但均被一一四团击溃。至5月12日，该团占领了克老缅、东瓦拉、拉吉、大龙阳等重要据点，并和一一二团会合，把五十五联队全部包围在大龙阳西北地区。

该师右路的一一三团主力扫荡瓦拉、马兰、卡劳一带残敌，并以一部兵力从南高江西岸地区与新二十二师第六十四团保持联系，攻击敌十八师团左翼，与敌五十六联队主力相持于马拉高地区。

面对新一军的攻势，敌将全部主力调往第一线，而造成后防线上兵力空虚；同时在滇西的中国远征军即将对密支那发动进攻，策应密支那方面作战。新三十八师师长孙立人决定：师主力由芒平、瓦兰地区攻击南下，迅速占领加迈，夺取孟拱。

命令下达后，各部队积极开始行动。第一一二团团长陈鸣人令全团官兵每人带四天的干粮和一个基数的弹药，翻山越岭，辟路迂回大奈河、瓦拉、棠吉河、西凉河之线。他们冒着大雨不分昼夜绕过瓦兰，偷渡棠吉河，利用各种地形地物，或学猿啼，或学鸟鸣，或学兽嗥，或利用水流、雨声等各种声音的掩护，偷越敌

陈鸣人

人重重封锁线，有时潜伏在敌人阵地一二百米以外偷偷运动，而敌丝毫未发觉。26日上午11时，第一一二团到达加迈以南的南高江东岸。

陈鸣人团长立即派侦察人员选择渡河地点，并令全团利用随身携带的雨布、雨衣、钢盔、水壶、干粮袋等制成简易的渡河工具，悄然无声泅过南高江，进至色当。

色当是敌人后防线上重要的辎重、粮草仓库，敌军在孟拱河谷的后勤供应，主要屯集在这一地区，为日军致命点所在。

防守该地的是敌十二辎重联队、野战重炮第二十一大队一中队和守护仓库的两个中队，总兵力约1500人。但该地远离战线，敌人疏于防守。中午时分，正是敌午饭之时，为数不多的警卫懒散地游逛着，大多数日军手捧着饭盒狼吞虎咽。

第一一二团和先遣队已秘密潜伏到仓库外的铁丝网前，用钢剪剪断了一层层的铁丝网。在5月如火骄阳的暴晒下，战士们的军装全被汗湿透了，他们在蚊虫叮咬下，一动不动地注视着目标。

漫长、难熬的白天终于过去。突然，三颗信号弹带着长长的白烟相继升上天空，总攻开始了。陈鸣人一声令下，各种轻重武器一起开火，仓库在爆炸声中腾起熊熊大火和滚滚浓烟。战士们端着卡宾枪，连冲带打，纷纷越过鹿寨和铁丝网，向目标冲去……

"支那军来了——"

正在吃饭的日军纷纷扔下手中的饭盒，惊慌失措，四处奔逃。不少日军刚拿起武器，便在猛烈的枪炮声中倒下了。第一一二团迅速接近敌人，展开近战，手中的轻武器、手榴弹充分发挥了威力，而敌军的重炮、野战炮均失去了作用。战至天黑，我军大获全胜，共打死日军900余人，缴获战利品150mm重榴弹炮4门，满载弹械的大卡车75辆，骡马500多匹，粮食、弹药库房15座，汽车修理厂1所。

5月27日，陈团继续扩大战果，沿色当公路南北两面展开，乘势夺取日军储藏在孟拱河谷物资总屯集地区的大部分物资,占领公路线长达6.5公里,将固守加迈之敌所倚恃的公路补给线完全截断,并破坏了敌军的通信、联络、运输和指挥机构。28日又夺取沿途敌粮弹转运仓库30多座。

日军丢了后方重要的后勤基地,军心大乱。缅北敌总指挥部立即下令,务必夺回色当等地,以保证后方粮食、弹药的运输。日军第二师团第四联队,第五十三师团一二八联队、二五一联队各一部及十八师团一一四联队之一部,共约两个联队之兵力附重炮4门、野炮12门、速射炮16门、中型坦克5辆,向第一一二团南北两端阵地发起猛烈进攻,企图打通加迈至孟拱间公路,恢复后方交通线,以挽救整个即将崩溃的危局。

第一一二团的阵地上成了一片火的海洋。日军的重炮弹地毯式轰炸,削平了山头泥土一米多厚。日军士兵排着队,端着三八大盖枪嗷嗷叫着往阵地上冲,前排倒下,后排踏着前排的尸体,依然潮水般涌上来。敌敢死队跳进战壕,与第一一二团士兵厮打在一起。士兵们用枪托、树棍、石头与敌殊死搏杀,有的战士被几个日军团团包围后,勇敢地拉响了手榴弹。敌人退下去了,猛烈的炮火又铺天盖地而来,阵地上的碉堡、掩体、壕沟几乎全被摧毁了,我军死伤惨重。仅6月2日拂晓,某营第三连连长周有良率该连阻击敌一个大队以上十四次连续疯狂的进攻。该连顽强抗击日军,反复冲杀。日军急红了眼,用重炮轰击在阵地上搅成一团的双方战斗人员,周有良连长被炸得粉身碎骨。剩下的一个排在排长周浩和的带领下,与敌肉搏达五小时以上,歼敌80余名,但因众寡悬殊,该排全体官兵在炮火中壮烈牺牲。

第一一二团在数倍于己的强敌南北夹攻下,咬紧牙关,始终坚守阵地,经过二十一天激战,日军无法打通加迈至孟拱之间的交通线。到6月16日,该团共歼灭敌大队长增永少佐以下官兵1730多人。加迈以北地区之敌,陷入粮弹殆尽的困境,不得不放弃马拉高以南至加迈间32公里的坚固阵地。第一一二团团长陈鸣人遂获得"拦路虎"的美名。

第一一四团于5月28日集结于芒平附近地区,按孙师长的命令,该团于大班、青道康的高山密林中钻隙潜行。官兵们手脚并用，有时爬上1300多米的高山，有时穿行在万丈深谷里，在悬崖峭壁与原始森林中开道前进，于6月1日出现在敌人后方，并一举攻克拉芒卡道，然后夺取拉瓦各据点，断敌后路。6月5日，该团向南横扫日军，连克数重要据点，并于15日占领孟拱至密支那之间的交通要道巴棱杜。兵锋所指，距日军盘踞重镇孟拱仅6公里多，使该城之敌成为瓮中之鳖。此时，该团已与一一二团遥相呼应，不仅为消灭孟拱之敌十八师团创造了有利条件，同时瞰制孟拱至密支那间公路和铁路，使敌无法分兵增援密支那城守军，减少了中国远征军在密支那侧背安全之顾虑。此举对于缅北整个战局的胜利，起到了决定性的作用。

第一一三团主力于6月1日将西瓦拉、马兰间残敌扫荡后，于4日进至拉芒卡道附近，攻占纳西康，并在西瓦拉与第一一四团一营会合，于7日占领南高江东岸重镇支遵，全歼守敌600余人。该团原准备一鼓作气攻下加迈，但因南高江连降暴雨，江水暴涨，河面陡然加宽到1000多米，波涛翻滚，渡河困难，加上沿岸敌人戒备森严，火力密集，该团虽组织多次偷渡与强渡，皆告失败。

孙立人军长接到报告后，当即饬令第一一三团第三营重新选择渡河地点，从支遵以南地区做好敌前强渡准备；同时申请驻印军总指挥部空投橡皮舟和75mm山炮、烟幕弹；又饬第一一二团由卡清河之线向北猛攻，以牵制加迈增援之敌。

16日晨，强渡南高江行动开始。炮声隆隆，数十只橡皮舟像离弦之箭，向对岸驶去。敌人发现了，轻重机关枪哒哒哒狂扫起来。我新三十八师75mm山炮吐出烟幕弹，一分钟后，敌阵地上浓烟迅速弥漫，对面不见人影。机关枪还在疯狂地扫射，但失去了目标，成为瞎打。橡皮舟上，士兵们头戴钢盔，用小圆锹拼命划水，在急流中起伏颠簸，船头的机枪向岸上吐着火舌。在接近岸边时，战士们纷纷投出手榴弹，端着冲锋枪，呐喊着跳下船，冲上敌阵地。上午10时，第一批渡河的部队冒着猛烈的炮火一举攻占加迈东南侧之637高地，完全瞰制加迈城中之敌。日军因高地失守，加迈顿失屏障，纷纷向城外西南方向逃窜。上午11时许，加迈即被一一三团占领。

加迈被新三十八师夺取后,其北方阵地与新六军新二十二师对峙之敌侧背受到严重威胁,仓促间狼狈溃逃。新二十二师第六十五团乘势夺取阵地,追击残敌,并于是日 15 时 50 分进抵加迈西,与新三十八师一一四团第三营会合。

此时,孟拱河谷的残敌,全部集中到孟拱市区了。孟拱城与加迈一样,同为密支那府的县治,城区位于南高江南岸,为缅北交通重镇。密支那至曼德勒、仰光间的铁路从孟拱通过,公路与加迈相接,水路沿南高江北至加迈,东流入伊洛瓦底江直达八莫。孟拱与加迈、密支那三镇鼎足而立,该城有南高江、南英河作为屏障,易守难攻。

日军在城内和外围阵地兵力有五十三师团一二八联队的主力、一五一联队的一部,第五十六师团一四六联队一部,第二师团第四联队一部、五十三炮兵联队,十八师团一一四联队残部。

新一军新三十八师攻占加迈后,其第一一四团星夜向孟拱东北地区秘密前进。6 月 18 日,团长李鸿率部来到南高江边。连日大雨,河水暴涨,江面已宽达 150 多米,而且波涛翻滚,水流湍急,第一一四团靠过硬的技术,于当晚渡过南高江后,出其不意,向孟拱城的外围据点进行扫荡。当时加迈到孟拱的公路还由日军把守,大多数敌人思想麻痹,万没想到新三十八师会马不停蹄迅速渡江出现在孟拱侧背。外围据点的敌人在天亮时尚在村中游荡,或买香烟,或抢东西,刚一出村,就碰上中国军队。枪一响,五六个敌人当场丧命,其余做了俘虏。此时才知道,孟拱外围高地已被第一一四团占领。

孟拱外围枪声一响,成了惊弓之鸟的日军惊恐万状。因密支那吃紧,日军一个步炮协同联队,正在增援途中,闻孟拱被新三十八师包围,立即反身杀回,欲与孟拱守军夹击第一一四团。6 月 21 日晚,该部行军至威尼附近,被我八连排哨让进伏击圈内,地雷爆炸,前头的几辆卡车顿时起火。日军纷纷跳下车,寻找隐蔽点,几名正欲反抗的日军当即被打倒。敌军阵脚大乱,几个回合过后,探知该排兵力薄弱,遂组织全力反扑,用密集队形连续猛冲七八次,企图突破我阻击阵地。该排官兵利用黑夜和娴熟的射击技术,沉着应战,打退敌人一次又一次的进攻。敌由于队形密，在我军交叉绵密的火力网面前施展不开，伤亡极大，混乱不堪。激战至东方发白，敌第五十三炮兵联队联队长高见量太郎大佐正高举指挥刀，再次命令部队冲锋时，一颗机枪子弹穿胸而过。他全身怔了一下，艰难地低下头，凝视着汩汩的血染红了黄呢军上衣。他一手拄着指挥刀，另一只戴着白手套的手去捂伤口，血还是流了出来。又凝视远方的天空，想竭力再看一眼孟拱城区，"哒哒哒"一阵机枪响过，他的身躯沉重地倒在冰凉的青苔上。

孟拱城内守敌望眼欲穿的增援已成泡影，日军指挥官下令各部利用环城强固的堡垒工事，困兽犹斗，组织抵抗。

6月23日，第一一四团在城外高地上调集各种口径的火炮，居高临下，向孟拱城里各据点实施大规模炮击。三十分钟后，部队发起攻击，一举突入市区，与敌逐街巷战。经过四个小时激战，第一营控制了车站，其他各营也攻占了半个城区。

6月25日晚，孟拱城区被一一四团攻占，残敌纷纷跳入南英河泅水逃命。昔日的屏障，成了日军的归宿，对面河岸上已埋伏好了一一四团的机枪阵地，在一阵秋风扫落叶般的打击下，河中的日军不是被打死，就是负重伤，被汹涌的河水吞没，成了异乡亡魂。

第一一四团乘胜追击，与第一一二团互相配合，于7月10日在孟拱城十公里处会师，加迈至孟拱公路被打通。

第一一三团于6月28日攻克孟拱至密支那铁路线上重镇——南堤，击溃敌守军一个大队，截获火车车厢300余节。残敌溃不成军，三五成群向密支那逃命。7月11日，我追击部队打通了孟拱至密支那之间的铁路，在密支那外围与远征军第三十师会合。

史迪威预想的第二阶段战役胜利结束。新一军军长孙立人向蒋介石报捷。

犁庭扫穴，胜利会师

八莫是日军在缅甸北部盘踞的最后一个水陆交通重镇。该城位于伊洛瓦底江口与大盈江汇流之右岸，南距仰光约959公里，距曼德勒441公里，北距密支那216公里，东北距腾冲179公里。

10月10日，这一天是国庆节，缅北的雨季尚未结束。在蒙蒙的细雨中，新一军军长孙立人在密支那城举行了骑马阅兵仪式。之后，全军跨过伊洛瓦底江上的浮桥，沿密八公路南下，直扑八莫。10月29日，新三十八师夺取八莫外围据点，全歼守敌一个中队，占领大盈江北岸阵地，寻找有利渡河地点。

孙立人带着师长李鸿等亲自到大盈江边观察。江面有300米宽，水流很急，江对面是一块高地，日军在高地上修筑了坚固的工事，我军渡江时会处在敌人强大的火力网之中。为减少牺牲，孙立人决定采取多次奏效的迂回战术，由第一一三团从正面佯攻渡河，其余各团秘密转移到左翼山区，到河的上游，从铁索桥攀过大盈江，再向八莫迂回，以包抄敌人的后路。

部队当即行动，担负佯攻任务的一一三团准备好船只，漂在江上，引起对岸之敌拼命开炮与射击，双方子弹交叉，打得甚是热闹。第一一三团雷声大，雨点小，只管呐喊，人并不真正渡江。时间一长，敌人防守也疲沓起来，每日里胡乱射击一番，以应付上峰。

新三十八师的迂回部队翻山越岭，披荆斩棘，从上游渡过大盈江，再穿越绵密起伏的山地，于11月6日突然冲出山地，将敌占庙提至莫马克间公路东侧的据点一举攻克。

下游的第一一三团的佯攻虚虚实实，使敌人放松了警惕。忽一日夜间，漆黑不见五指之时，先有侦察连泅渡过江，占领有利地形。全团随之扯篷扬帆，迅速

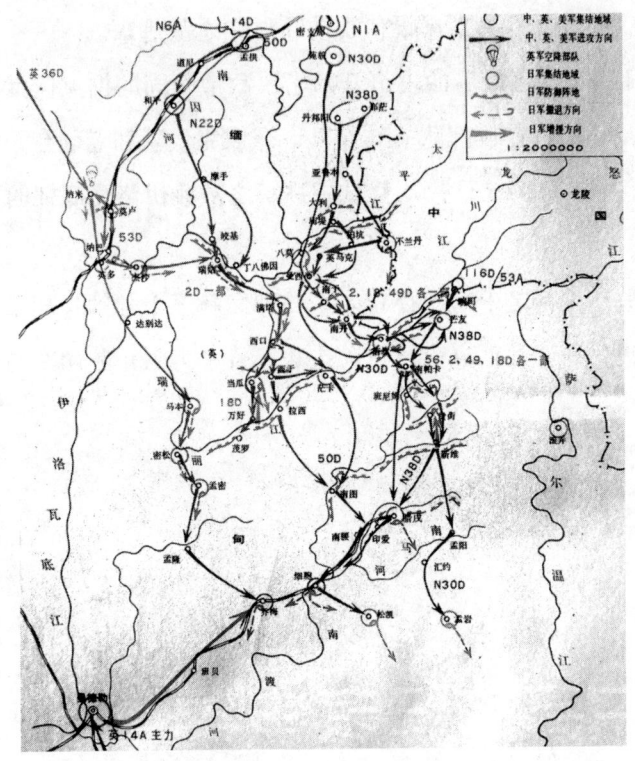

中国驻印军缅中反攻要图（1944.10—1945.3）

渡过大盈江。11月16日，该团将八莫市区外围据点和三个飞机场攻占，并与庙堤南下我军会合。此时，新三十师已到达大盈江北岸，一部过江配合新三十八师行动，八莫完全被我军包围。

11月30日，新三十八师开始突进市区，在美军顾问联络下，轰炸机群飞抵八莫上空，向敌碉堡及重要据点实行地毯式轰炸。新三十八师步兵与炮兵战术配合默契，炮弹落点与步兵冲锋间距离仅50余米，连观阵的美国顾问都伸出大拇指叫好。飞机轰炸和大炮轰击的目标在缩小，步兵的包围圈也在缩小，一个个敌坚固据点被摧毁，未死之敌被冲锋的步兵击毙。八莫市区渐入我军掌握之中，只剩下城北的监狱、宪兵营及老炮台之敌仍在抵抗。孙立人命李鸿派出一部分兵力西渡伊洛瓦底江，在八莫对岸设伏，防止城中之敌逃窜。

12月14日，对八莫最后的攻击开始了。敌最坚固的据点监狱首先被我军炮火准确地摧毁，紧接着进攻部队一鼓作气，夺取宪兵营和老炮台，击毙敌守城司令原好三郎大佐。12月15日，八莫城中逃窜之敌渡伊洛瓦底江时，被我埋伏部队悉数歼灭。

八莫战役尚在进行之中时，孙立人军长即命新三十师师长胡素越过八莫，向滇缅公路缅境最后一个敌据点南坎发动进攻。日军为阻止驻印军与远征军会师，在南坎驻扎重兵防守。

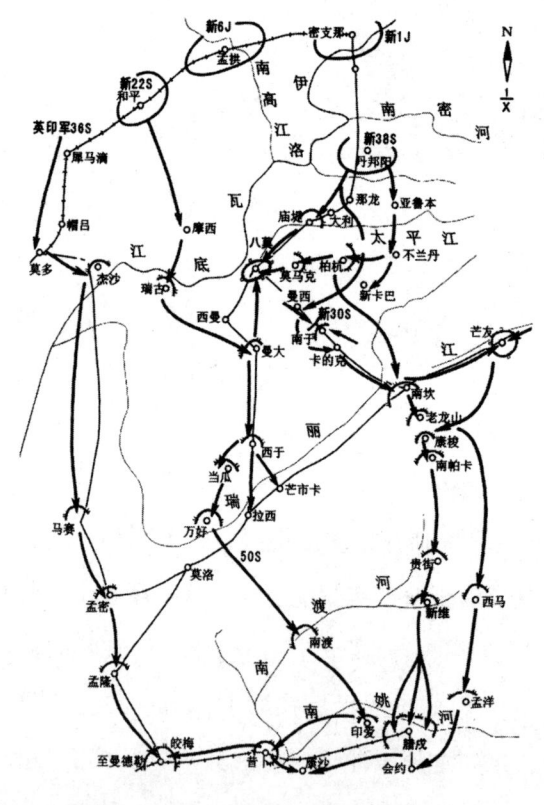

反攻八莫、新维、腊戍要图

胡素

新三十师分成三路纵队,沿八(莫)南(坎)公路及两侧山地长途深入。12月6日,该师先头部队到达八南公路39公里碑附近,与敌遭遇。新三十师将附近制高点5338高地占领,控制了八莫至南坎的公路。12月7日,南坎守敌十八师团五十五联队、四十九师团一六八联队附炮兵一大队及辎重兵、工兵等组成了一支混合队,在五十五联队联队长山崎大佐指挥下,黑夜出发,企图击溃新三十师,再解八莫守敌之围。9日,山崎大佐所部在到达39公里处时,遭到5338高地上新三十师的猛烈阻击。山崎大佐集中了150mm重炮2门,山炮8门,高射炮16门,对准山头长时间猛轰,一时间硝烟弥漫,山头被削去数寸。该敌即分四路,沿山间干涸的溪流旧道,利用茂密的森林作掩护,隐蔽渗进。大批敌军拥上山顶,与新三十师所部发生混战,我军一度危险万分。孙立人接报后,急令八十九团星夜急行军,以增援39公里碑地区;又令新三十八师一个加强团在陈鸣人上校指挥下，迂回深入，向南坎之敌右后方施行钳制性攻击。

14日，5338高地局势更为险恶，敌之各种火炮共发射了3000多发炮弹，高地上的树木、阵地完全被削平。守在阵地上的第九十团三营官兵死伤很多，营长王礼宏的掩体被炸塌，伤重而牺牲。敌炮击延伸后，步兵端着三八大盖枪，嗷嗷叫着，以密集队形向高地发动波浪式进攻，企图以精神战术震慑我军。当敌人进入50米射击圈后，第三营为数不多的战士用轻重机枪、冲锋枪、步枪、手榴弹向敌猛烈开火。日军第一队全体倒下，第二队又跟上来，第二队倒下，第三队、第四队……一队又一队向山顶冲击，阵地前满是交叉压叠的尸体。后队的日军还利用前队的尸体，掩护着往上射击。这一天，从早到晚，日军共发动了15次进攻。第三营的战士誓与阵地共存亡，最后除重伤员外，举起山上的石块砸，用枪托、拳头、树棍打，用牙咬，与敌展开生死搏斗。日军的精神战术终于崩溃了，他们精疲力竭，最后纷纷向密林深处逃窜，遗下大批武器与各种物资。

日军指挥官山崎大佐拼了老命也无法攻克5338高地，知道此番碰上强敌，

中国驻印军接受锦旗

蒋介石（前排左）与孙立人（前排右）

遂改变部署，命令一部就地修筑工事，采取固守方法，以监视当面之敌，其余主力向新三十师右翼的康马方向攻击前进，以图奇袭该师右侧背，继续策应八莫被围之守军。该翼我军已占领有利地形，敌发起数次猛攻，均被我击退。这时，新三十八师的加强团亦迂回至南坎之敌左侧，切断了敌后方交通线。该师主力及其侧翼部队与加强团互相呼应，前后夹击，逐渐将敌包围于八（莫）南（坎）公路之隘路间，从 21 日起将八南山地间沿途之敌据点完全攻占。

1944 年除夕之夜，远离祖国亲人的驻印军用枪炮代替礼炮、鞭炮，将战场之夜点缀得五彩缤纷。中国将士相互祝福，预祝早日打败日军强盗，争取早日回国。1945 年新年钟声刚过，孙立人军长即命新三十八师第一一四团与新三十师第八十九团，由南坎西南古当山脉中杀奔出来。7 日，两支部队渡过瑞丽江，将南坎西南面缺口堵死。第一一四团占领公路，断敌逃路。

1945 年 1 月 11 日清晨，新三十师正面攻击部队向南坎腹心敌阵突击。第九十团在西，第八十九团在南，像两只出海蛟龙直扑南坎，与敌血战三昼夜。

纪念新一军远征画册

14日上午11时，南坎为新一军攻占，驻印军与远征军会师就在眼前。

从1943年1月孙立人从印度向缅北反攻，到1945年1月新一军与中国远征军在云南边界的芒友会师，孙立人所部在缅甸打垮了日军五个师团一个旅团，共消灭日军约九万人。

1944年3月，美国总统罗斯福向缅甸战场派出特种部队麦支队，这是美国在亚洲战场唯一的地面部队。该支队 3000 余人，负责深入敌后，破坏日军的通讯与后勤支援。他们在作战中多次遇险，都是新三十八师支援解围。麦支队的队徽上有青天白日标记，有代表战场所在的缅甸之星和象征长距离作战的闪电，掩护军队的绿色森林和寓意为空降装备的蓝天。美军认为该支队在艰难困苦的亚洲战场上能够完成任务，是一个奇迹。1970 年美国重建游骑兵特种部队时，研究古今中外特种部队，麦支队被视为典范，原因就是以少胜多。新的游骑兵继承麦支队的传统，也继承了麦支队的队徽，这一标志至今仍在美国特种游骑兵部队中使用。这是孙立人带给美国人的特殊荣誉。为表示美国对孙立人将军的钦佩，美国总共颁发了四枚勋章给孙立人。因此，孙立人获得"常胜将军"的美名。

1945 年 1 月，孙立人在远征之战中功勋卓著，获国民政府颁发的青天白日勋章。同年春，盟军统帅艾森豪威尔邀请孙立人到欧洲战场参观。

1946 年春，新一军到东北不久，孙立人前往欧洲，除了拜会艾森豪威尔将军，还拜会了欧洲其他著名将领如巴顿将军和英国元帅蒙哥马利等人，之后他又赴美国参观。去欧洲之前，孙立人去重庆谒见蒋介石。不料，蒋介石勃然大怒，质问孙立人："他们为什么不邀请我而邀请你？"但看在美国人的面子上，蒋介石又不敢不让孙立人前往欧洲，于是便将一腔怒气全撒在孙立人头上。而且史迪威与蒋介石矛盾尖锐，而史迪威又非常欣赏孙立人，这也引起蒋介石的不快，加之蒋介石的黄埔高足杜聿明等将领与孙立人相比皆黯然失色，因此，蒋介石对孙立人心存芥蒂。

抢占东北，大战四平

1945 年 8 月，日本宣布无条件投降。9 月，日军向南京国民政府代表、中国陆军总司令何应钦正式投降。孙立人在广州接受日军投降，之后，前往华盛顿参加联合国参谋长联席会议。不久，国共双方为争夺东北，各施拳脚。

1946年年初，为了与林彪民主联军抢占东北战略要地，国民党重兵云集关外。2月，新一军奉调东北，从广东海运至秦皇岛，与其他国民党军主力集结沈阳。不久，军长孙立人起程前往英国，接受英皇的授勋，之后又去美国考察。此举令蒋介石和他的黄埔将领十分眼红。

3月下旬，新一军占领铁岭，与第七十一军进攻四平街。新六军占领辽阳，第五十二军占领抚顺，除本溪外，沈阳外围重要城市均被国民党军占领。本溪有民主联军十多万人，四平街还有林彪亲自指挥十万大军镇守。

郑洞国到开原指挥，采取分进合击战术，四平攻坚战打响了。新一军第五十师一部在空军与炮兵的掩护下，曾有两个连一度突入四平街，因未能及时策应，后继部队支援不及，被民主联军包围消灭，攻击受挫。后来新一军换上新编三十师为主攻，以新编三十八师从旧四平方向侧击。新三十八师前进到四平街西北，郑洞国认为新一军已经对四平街形成夹攻之态势，亲赴前线督战。新一军代军长贾幼慧命令新编三十师在第五十师的协助下再度发起进攻，由于民主联军的猛烈

民主联军保卫四平

抵抗，攻击毫无进展。部队屯兵于四平城下，一筹莫展。

4月16日，杜聿明回到沈阳，恢复了因病而交出的东北保安司令长官的指挥权，提出先打本溪、再打四平的作战计划，并亲自指挥攻击。第五十二军、新六军一部及第七十一军第八十八师对本溪轮番展开攻击，战至5月4日，民主联军撤出本溪。

之后，新一军、新六军、第七十一军三个军总兵力在十万以上，在东北保安副司令长官郑洞国和梁华盛指挥下，从沈阳向北推进，兵分三路向四平进攻。新一军担任正面进攻，新六军担任右翼，第七十一军担任左翼。双方的兵力虽然差不多，但国民党清一色的美式装备，训练精良的虎狼之师，加上有飞机、大炮和坦克的支援，如虎添翼，占了上风。

与此同时，蒋介石从美国急召回孙立人，令其赶往前线指挥夺取四平，并派"美龄号"专机送孙立人到沈阳。孙立人一下飞机，立即赶赴四平城外，召集新一军各师长开会，重新部署，新一轮的攻击开始了。

毛泽东对新一军非常重视，希望歼灭该军以除心腹大患。他在4月21日致林彪的电报中说："新一军是缅甸远征军蒋军主力，我必须集中绝对优势兵力，养精蓄锐，待其疲劳不堪，弹粮两缺，选择良好地形条件，以数日之内之连续战斗，将其各个击破，全部或大部歼灭之，就可顿挫蒋方攻势""望照林（彪）电令杨国夫、曹里怀及第八旅等星夜南下，南满两个旅兼程北上，必要时还应加调部队，以期集中优势兵力，争取这一有决定性的战役胜利"。

有了孙立人的到位指挥，国民党军士气大增。从5月14日开始，新一军在飞机、坦克和火炮的掩护下，从正面对四平进行轮番进攻。

5月18日，在前线视察的白崇禧向杜聿明转达蒋介石的指示，说："委座的意图是暂时不攻取长春，以待与中共重开谈判，不战而取得长春。我看拿下四平后，最多前进到公主岭就行了。"

杜聿明说："不行。现在攻击各部已达指定位置，孙立人也已参加指挥，我已经向部队下达一举攻占长春、永吉的战斗命令，不容更改。请白老总转告委座，我有绝对的把握达到预期的目的。"

白崇禧见杜聿明雄心勃勃的样子，于是说："好吧，你就按你的计划攻击前进吧，待我回京后再向委座汇报！"

是日，新一军向四平街正面发起强大的攻击。炮火猛烈，攻势犀利，城池失守，几经死战，又夺了回来。林彪看得出，四平城失守，只是时间问题。廖耀湘的新六军攻占四平街东面之平岗，向四平街侧后迂回，进出老爷岭；赵公武第五十二军陈林达的第一百九十五师攻占四平街东侧哈福屯；陈明仁的第七十一军越过四平街之梨树，向四平街侧背夹击。

眼看全军有被消灭的危险，林彪当机立断，撤出四平城。

5月19日，在孙立人的率领下，新一军扬眉吐气，吹起冲锋号，打起得胜鼓，整队进入四平城，历时三十三天的四平攻防战至此结束。这一胜利无疑令孙立人和新一军将士飘飘然。

此役是敌强我弱的一次消耗战，据我方的统计数字：民主联军消灭的敌人总数在万人以上，林彪的部队死伤八千余人。

就在这一天，周恩来与马歇尔举行会谈。会后，周恩来发表对东北时局的态度：在政治方面，将东北政治委员会和经济委员会改组为三三制的行政委员会，由一名无党派人士任长春市长；军事方面，应依双方同意的整军方案实行复员，中共希望在东北驻军五个师。但马歇尔表示：为了避免政府军进攻长春和东北形势恶化，必须达成协议，不同意中共在东北驻军五个师，建议降低兵员总数和调整军队配置。

但是杜聿明得胜不饶人，下令部队继续向北攻击，以一举收复长春、永吉为目的。

四平失守后，远在延安的毛泽东尚不理解东北的形势，为了争取与蒋介石谈判的砝码，仍要求林彪"坚守公主岭"，并保卫长春。这时的林彪已是心有余而力不足。罗荣桓说："长春是大城市，不利于防守，防线又宽；现在部队打得很疲劳，如果守长春，敌人从梅河口沿奉吉线插到吉林，就会把我们的后方打个稀烂，不但长春守不住，而且非退到西满大沙漠不可。"在罗荣桓的支持下，林彪决定放弃长春。

孙立人向北推进，想一举攻占长春，让同僚和下属看看自己攻城略地的手段。但孙立人的桀骜不驯使他的长官杜聿明和郑洞国很不爽。郑洞国对杜聿明说："新一军孙立人回来后，反不如他不回来好指挥。"

杜聿明传令无论新一军、新六军、第七十一军，首先进入长春者奖东北流通券一百万元。但是新六军的作战地域离长春最近，便于捷足先登，孙立人对长官部的安排很不服气，认为杜聿明偏袒黄埔系，明摆着想让廖耀湘露脸，于是便消极起来。

新的命令下达后，廖耀湘和陈明仁都积极行动，只有孙立人按兵不动。

杜聿明心急如焚，立即与郑洞国一道赶往四平街。孙立人则慢腾腾地来见杜聿明。

杜聿明问："孙军长，你的部队为何到现在还不行动？"

孙立人不买账："部队作战过久，疲劳不堪，我要求停止前进，立即整补。"

杜聿明劝说孙立人："陈明仁、廖耀湘各军均照令前进！"

孙立人说："那更说明新一军在四平战役中的贡献，不像有的人只会吃巧食。"

杜聿明忍气吞声："孙军长，我希望你顾全大局。如果你的队伍不动，我军就少了一个重要的指头。万一共军看出破绽，对新六军主力反攻，廖耀湘会吃不消。希望你能遵令向长春追击前进。"

孙立人说："那我只能派五十师前进。"

杜聿明说："如果只令五十师前进，在长春遇到敌人反扑，五十师吃了亏，不仅是新一军的损失，而且也会影响国军的声誉！"

孙立人说："梨树附近尚有大批敌人，扫荡也需三五日，否则大军北进，后路被敌截断，危险甚大。"

杜聿明否认："据各方情报判断，梨树不会有大量的共军，如果今天还有的话，正是压迫他们到辽河河套进行消灭的难得机会，更应迅速出发进行追击！"

孙立人依然坚持："我只能命五十师正面追击，主力将梨树之敌消灭后再行北进！"

杜聿明一步不让："不行！梨树方面派出一个团就行了！"

孙立人反唇指责："长官部不明情况即下命令，部队北进，后方截断，谁负责任？"

杜聿明火了："你看到命令没有？令新一军以一部扫荡梨树方面的敌人，现在还未派出，你看应该谁负责？"

双方你来我往，争执不下。郑洞国从旁规劝，孙立人置之不理。一直吵到中午12点多，没有结果。最后，杜聿明拿出长官的架势："现在已到中午，各路进展极顺利，并未遇到敌人的抵抗。新一军应迅速照令前进，否则长春攻不下，出了问题你要负责！梨树你务必派一个团，出了问题我负责！"

孙立人见事成僵局，怏怏而返，但仍未理睬杜聿明的命令，只派一部前往梨树方面扫荡，并于当晚向杜聿明报告："梨树之敌经扫荡后，已向辽河北岸撤退，正面五十师到达辽河南岸附近。"

对于孙立人的抗命，杜聿明也无可奈何。

就在新一军北上长春时，海城遭民主联军来攻。海城守军第一八四师师长潘朔端狂喊救兵，杜聿明命令孙立人撤回四平街，以火车星夜南运鞍山，以解第一八四师之围。此举令孙立人与新一军将领均感到愤愤不平。他们只能眼睁睁瞧着廖耀湘的新六军率先进入长春，大发战报，大肆宣扬。

救兵如救火，杜聿明令孙立人即刻发动进攻，孙立人却传令部队休息三天。气得杜聿明径直去向蒋介石告状，但蒋介石担心处罚孙立人会遭到美国方面的反对，于是同意了孙立人休息三日的做法。直到5月29日，新一军才到达辽阳，造成潘朔端在海城起义。孙立人即向海城攻击前进，民主联军抵挡不住，撤出海城。

孙立人大肆报捷："收复海城。"

杜聿明却愤愤地说:"你报的哪门功?如果不是你孙立人行动迟缓,早一天到达海城,潘朔端也不会投降共军!"

6月初,林彪的主力一部分到达松花江北岸进行休整,另一部分主力分别转移到北满、西满地区进行休整。孙立人勒不住他的战车,要求乘胜追击,率部渡过松花江,并要攻打哈尔滨,但遭到杜聿明坚决反对,战事只能停止。孙立人对未能乘胜追击、一举消灭林彪的民主联军而扼腕。

1946年12月17日,东北保安司令部集中新一军、新六军、第七十一军、第六十军、第五十二军等各一部向临江地区发起进攻。为打破杜聿明先南后北的作战方针,1947年1月5日,林彪派一纵三个师包围了吉林以北的其塔木,将新三十八师第一一三团一个营及辎重连、工兵排和两个保安中队包围。

当时,新三十八师第一一二团驻吉林地区,第一一三团主力及一个保安团驻九台县,该团一个营驻其塔木。

新一军军长孙立人命第一一三团主力前往解围。民主联军梁兴初一师秘密赶至张麻子沟一带,封锁消息。侦察参谋爬上电线杆,戴上耳机,监听了九台至其塔木新三十八师之间的电话。驻九台的第一一三团团长说:"一营长,一定要坚持其塔木,军座已令我团火速增援你们。我率全团主力和两个保安中队今天下午出发,今晚在卢家屯宿营,明天就能赶到其塔木。另外,军座已令新三十师九十团今天就从德惠出发……"

梁兴初得知新一军的情报后,立即向林彪进行汇报。林彪命令:"在张麻子沟坚决消灭这股敌人!"

梁兴初下令:"我们就在这里布置一个大口袋,一团埋伏路西,二团埋伏路东,三团由段家屯直插卢家屯,切断敌退路。山炮营把炮架在吴家岗子,轰击敌人的队形和装甲车。各团立即组织营连干部勘察地形,布置战斗任务!"

7日拂晓前,各团秘密进至埋伏阵地。中午时分,太阳正当顶,照射在皑皑白雪上,发出耀眼的光芒。新三十八师第一一三团排着队,首尾相衔,逐渐进入了包围圈。师长梁兴初一声令下,各种枪炮、地雷一起响,敌第一一三团猝不及防,阵脚大乱。但该部毕竟有着良好的战术素养，很快清醒过来，纷纷选择适宜的地形进行还击。此时，响起了"嘀嘀嗒嗒"的冲锋号声，埋伏在公路两侧的战士呐喊着冲杀出来，双方混战在一起，新一军第一一三团的重武器失去了威力。民主联军采用一点两面三三制的战术，加上人海战术，新一军的战术素养再好，一个优秀的士兵也挡不住民主联军七八个人的拼杀。敌一一三团团长王东篱见大势已去，急忙逃离战场，被一师的一个战士击毙。激烈的战斗持续了两个多小时，新一军第一一三团（欠一营）和两个保安中队被梁兴初第一师全歼，大量的俘虏以及轻重武器和12辆卡车成为第一师的战利品。

第一一三团第二营营长孙蔚民做了俘虏，却一肚子的不服气，依然嚣张地说："新一军只打胜仗不打败仗。"

一师的战士讥笑说："不打败仗你怎么做了俘虏？"

孙蔚民说："你们这叫什么战法？十个打一个，有本事让你们的林彪将军和我们军座孙立人各带同样的人马再来比试比试！"

"你就等着看孙立人当俘虏吧！"

第二天，第一纵第三师没费多大劲就全歼其塔木守军一营。

此时，新一军第三十师第九十团从德惠增援其塔木，在焦家岭遭遇民主联军第六纵的伏击。激战两昼夜，第九十团也被歼灭，该团团长赵狄被击毙。

短短两天的工夫，孙立人在缅甸作过战的两个精锐团就这样报销了，心高气傲的孙立人气得暴跳如雷，大骂："杜聿明是个大饭桶，让他指挥早晚都得完蛋。这叫什么玩意儿，把我的部队四处分散，让林彪各个击破！"但是孙立人第一次见识解放军围点打援的威力，也深感林彪的指挥才能在其之上，的确是个强劲的对手。

远在陕北延安的毛泽东得悉林彪"一下江南"胜利后，亲自致电曰：

林（彪）、高（岗）、彭（真）：

最近北满、南满开始打胜仗，甚慰。包围其塔木一点，引九台、吉林、德惠三处无计的增援，均被我歼灭或击溃。这一经验指出，围城打援是歼灭敌人的重要方法之一……

1947年2月21日，民主联军第一纵、二纵、六纵和一些独立师共12个师为配合南满作战，突然从松花江南下，经过奋战，歼灭城子街新一军新三十八师第八十九团，占领九台和农安，德惠成为一座孤城。

德惠位于长春以北75公里，松花江以南，在中长铁路线上，是国民党军在北满的前进基地，也是长春北面的屏障。

据守德惠的部队是潘裕昆指挥的新一军第五十师，所辖一四九、一四八两团全系美式装备，训练有素。远征印缅抗日，参与了著名的密支那攻城战，曾与盟军英军第三十六师并肩作战数月，颇富作战经验。在进驻德惠的一年时间中，加强战备，城里城外构筑了连环碉堡、战壕纵横、火网密集、步炮配合、严密封锁的防守体系。

潘裕昆，字孔希，湖南浏阳官桥会同村人，生于1906年8月4日。黄埔军校四期步兵科，与林彪同窗。潘裕昆是黄埔四期步兵一团第五连，林彪则在步兵二团第三连。两人在战场上都是钢刀对钢刀的角色。1945年1月，新一军与中国远征军及盟军会师芒友，使南亚战场发生根本性转折。潘裕昆荣获美国总统罗斯福所颁赠的美国自由勋章，因缅北密支那战役获四等宝鼎勋章、美国立功勋章、美国银星勋章，1946年获英国巴斯荣誉勋章。

潘裕昆接到东北保安司令部司令长官杜聿明的电话，令其放弃德惠，立即突围，向长春方向转移。不战而退，不是潘裕昆的性格，但不执行杜长官的命令也有麻烦，最后决定还是请示孙立人。

孙立人正担心第五十师的命运，接到潘裕昆的电话："军座，当面共军有三四万人包围了德惠，情况万分危急，杜长官命令我部立即撤出德惠，向长春转进。"

孙立人一听就火了："杜长官只会转进，在缅甸转进就毁了远征军，不能听他的，你要保存主力，固守待援，务必坚守三日，我率主力来增援你！三天守不住，你要负全责；三天我赶不到，我负全责！"

林彪指挥民主联军四个师的兵力向驻守德惠的新一军第五十师发起猛攻。担任正面主攻的是民主联军第六纵队洪学智所部，下辖第十六、第十七、第十八师，加上独立二师，总计有四万多人。

2月26日，在炮火延伸之际，第十八师率先对德惠发起攻坚，遭到新一军五十师的坚强抵抗。28日上午，第十七师第五十团向德惠外围发起进攻，该团在二十多门大炮的轰击下，以四辆坦克为先锋，进攻勇猛，先后夺得几个据点，终因火力分散，止步于望河堡，攻击没有达到预定目标。15时许，第五十团在调整部署后，一鼓作气，占领望河堡。之后，部队向火车站推进。由于西边是德惠新修的飞机场，为大片开阔地，加上守军凶猛的火力封锁，部队伤亡很大，无法通过。第十七师又以第四十九团向东北方向发起攻击，守军火力拦截，打得部队抬不起头来，进攻再次受挫。

是日下午，在18门火炮的勇猛压制下，独立二师的冲锋号吹响了。两个营的兵力犹如两把尖刀直插敌阵，硬是将敌人的防线撕开两个口子。硝烟滚滚的城头上，依稀舞动着鲜艳的战旗，指挥部里传来一片欢呼声。

洪学智向林彪报告：经28日激战，我军已经突入城里，夺取了四个大碉堡，但守军地堡多，攻击难，进展慢。

在附近监视增援敌军的一纵也向林彪报告说独立二师、第十八师部队已经攻入城中，战斗甚为激烈，守军集中炮火向被占领房屋轰击并反冲锋，房屋大部起火。

当时，胡宗南部正准备对延安发起进攻，毛泽东得知林彪所部从松花江以北大举南下，十分高兴。他亲自起草了致林彪的电报："此次大举进攻时机甚好，歼灭城子街敌五个营，占领九台、农安，极为欣慰。"指示"在占领德惠后，第二步方针是否可集中主力攻占吉林及吉林、九台以南，盘石、伊通以北地区，并准备打通与南满之间的联系"。

然而，毛泽东、林彪的计划遇到了阻碍。

潘裕昆

第十八师冲进城的部队用炸药爆破了两个巨大的环形地堡,向纵深发展,却突然遭到守军强大的炮火覆盖,缺乏重火器的攻击部队顿时无招架之力,反被敌人包了饺子。在进行顽强抵抗后,终因后援不济,伤亡惨重,坚持到3月1日晚,乘天黑撤出德惠城。

3月1日,进攻山东屯的第十六师第四十七团乘独立二师尖刀营突进城之际,也以一个营的兵力冲进城内。没有重武器,无法通过前面的开阔地,攻击受阻,只占了将近两米的地段。在守敌第五十师强大炮火的轰击下,阵地上一片火海。残部坚持了一昼夜,也随独立二师退出了德惠城。

第十八师的第五十二、五十三团向德惠外围的商家屯、薛家屯进攻。第五十三团攻下薛家屯,迫近德惠城垣,遭到守军阻击,未能突破。第五十二团占领商家屯,与守城军队进行几次争夺后,接近城外壕沟时,遭到守军炮火和轻重机枪的猛烈拦阻,无法再组织突破,加之没有攻城用的梯子和炸药,第五十二团只得撤回。

这一天，其余未进城的部队，几乎在所有的攻击方向上都遭到守军顽强的抵抗，加之在第一轮攻击时，我军的炮弹几乎都打光了，缺乏重炮的支援，只能成为炮灰，于是铩羽而归。

此时，孙立人、陈明仁指挥四个师北上解围德惠，携带大量武器弹药，分为五个纵队，由永吉、长春两方面分头出发。2日黄昏，新一军主力攻击部队迅速越过布海向北猛进。该部是日前进130公里，连夜赶至德惠附近。

与此同时，杜聿明命人打开小丰满水库的水闸放水，使松花江江水大涨，企图截断民主联军的退路，迫使民主联军在松花江南与国民党军进行决战。

为了避免两面受敌，林彪下令3月1日停止攻击。3月2日下午，六纵奉命撤出战斗，向松花江北岸转移，一纵也同时撤到松花江北。

德惠城内外，到处是死尸，盈城盈野。

据战后一位国民党的随军记者报道："在午夜时分，才到达潘裕昆的师部。我们到达德惠后的第一件事，是用温水洗脸，吃饭，听取潘裕昆的简报以后，就钻进带拉链的羊绒被中睡觉。第二天一早，出城去看战争的现场。那是我有生以来，第一次看到堆积起来像座小山似的人的尸体，冻得僵硬，像鱼市场上的冻鱼。因为是冻的僵尸，看上去没有血迹。有些胆小的同业用手挡上了眼睛。战场的四周，用一句'尸积遍野'来形容，实在不能算过分。"

潘裕昆异常兴奋，得意地对记者团说："共军在围城之战中采用的是人海战术，一拨倒下去，一拨又冲上来，但他们的人海，最后还是抵不住火海。"火海指的是新一军第五十师的炮兵部队，不愧是参加过攻击密支那的部队，装备优良，训练有素，射击精准，百发百中，给攻城的民主联军以极大的杀伤。

潘裕昆说："德惠之战，是人海对火海之战。"

林彪攻城失败的主要原因是我军没有集中优势兵力。他在致六纵领导的电报中说："德惠战斗表现你们没有在攻击重点上集中绝对优势的火力、兵力，对一点两面战术强调集中主力攻敌一弱点了解不够。平分兵力分路夹击的打法，对于打弱敌、要逃之敌、败敌还可以用，而对于决心守而有阵地之敌，则一定自己吃亏。"

德惠一役，新一军第五十师第一四九团因成功防守，被蒋介石赐名为"中正团"。第一四九团第一营第二连防守松花江北岸陶赖昭桥头堡，陷于战线后50公里，被数十倍的东北民主联军围攻24天而孤守成功，被蒋介石赐名为"中正连"，并颁发正式关防给予该团、该连。德惠战役后，新一军军长孙立人在长春召开的庆功大会上，代表国民政府颁授勋章给第一四九团上校团长胡煐、中校副团长张永龄及炮兵营中校营长胡德华三人。不久，张永龄升为上校团长。

孙立人再次要求渡过松花江，向北进行追击，却被杜聿明再次下令停止。于是他跑到南京去向蒋介石告状。4月，蒋介石护他的黄埔犊子，调孙立人为东北长官司令部副司令长官，明升暗降，架空了他的兵权，将新一军军长之职由坚守德惠一战成名的黄埔嫡系、第五十师师长潘裕昆接任。

一蹶不振，灰飞烟灭

1947年6月，春风得意的蒋介石认为解放军已经不堪一击，于是将桀骜不驯的孙立人调离东北。7月15日，孙立人出任陆军总司令部副总司令兼陆军训练部司令，在南京成立陆军训练司令部，又在台湾凤山设立训练基地，为蒋介石练兵。

孙立人走后，陈诚赴东北。新一军被肢解、打散，调其他部队重新组成新一军，军长潘裕昆（下辖第五十师、暂第五十三师、新编第三十师）；新七军（由新一军抽调新三十八师，加暂五十六师、第六十一师），该军军长为李鸿，驻守长春。

新七军向解放军缴械

1948年,在国共大决战前,新一军位于辽中一带。该军的战斗力仍属上乘,火力配备为各军之冠,军有直属之105mm榴弹炮一个营,下辖三个连,每连炮4门,共12门。第五十师及新编第三十师各有75mm山炮一个营,每连炮4门,共12门。各团均有81mm迫击炮一个连,每连炮4门;37mm战防炮一个连,炮4门。各步兵营均有小火箭炮一个排,每排配备小火箭4支;7.62mm重机枪一个连,每连机枪8挺。各步兵连均有60mm迫击炮4门。各步兵班均有轻机枪1挺,冲锋枪2支,弹药携带量很充足。序列属于廖耀湘的辽西兵团。

9月下旬,东北野战军发起锦州战役,解放军攻占绥中、兴城,将锦州和山海关交通割断,锦州外围战打响了。为增援锦州,10月8日下午,新一军按照兵团司令部命令开始行动,渡辽河向新民集中。11日晚,全部到达新民集中地。

廖耀湘在巨流河车站列车上的兵团指挥所召集新一军等各部队长官开军事会议,确定了先攻占彰武、新立屯以切断解放军的供应交通线的作战计划。14日晨,新一军突然接到兵团命令，廖耀湘已决定整个兵团立即渡新开河，迅速向新立屯前进，务于15日抵达新立屯。

新一军在行动时曾遭到解放军的迟滞和逐次抵抗，而后占领了新立屯。此时，锦州已被东野解放，林彪的下一个目标正是逡巡不前的廖兵团。在黑山、大虎山方向已经有大批解放军在运动。廖耀湘倒吸了一口凉气，顿时慌了手脚，令各部由新立屯即经黑山、大虎山向大洼、营口方向撤退，并让潘裕昆的新一军和向凤武的第七十一军担任兵团的后卫任务。

黑山为进出大洼、营口或退往沈阳或继续西进的唯一走廊。廖耀湘对潘裕昆说："老弟，必须拿下黑山，这样我军才能安全到达营口，兵团的命运就全靠你了！"

潘裕昆底气却不足："司令官，我一定竭尽全力！谋事在人成事在天！"

攻取黑山的战斗于22日打响了，第七十一军被劈头盖脸打了回来。廖耀湘急了，令潘裕昆亲自指挥新一军、第七十一军和第二〇七师许万寿旅，继续对黑山发起狂攻。

潘裕昆令第七十一军和第二〇七师继续攻击黑山正面，新一军第五十师和骑兵团从西北面对黑山攻击，新编第三十师从北面对黑山攻击，并特别强调加强正面与东面的进攻，将所有的轻重大炮集中轰击，想收到德惠之战炮兵发挥的效果。

没想到新编三十师师长文小山站起来说："我反对！在主攻部队尚未突破正面高地之前，如果我军倾全力进攻黑山，必极困难；而且我们的对手已经不是打德惠时的对手了；再说，廖耀湘平时的指挥多是损人利己，我们不得不有所顾忌！"言下之意，廖耀湘就是要牺牲新一军和第七十一军等部，掩护新六军等逃出险境。

潘裕昆一听有理，于是急电请示廖耀湘改变这一作战计划，主张还以第七十一军攻击黑山，而新一军以强大炮火予以支援。

廖耀湘一听就急了，厉声回答："此战不计牺牲。攻占黑山走廊的命令，必须执行！"

潘裕昆无奈，只得不顾血本，竭其全力发起进攻。

全军的榴弹炮、山炮齐鸣，大地震动，排山倒海，将黑山的守军阵地炸成一片火海，浓烟蔽日，泥土蹿上半空。担任主攻的尖刀团是被蒋介石授予特等荣誉的"中正团"，在团长张永龄的指挥下，步兵怀抱美式冲锋枪，"嗷嗷"叫着往上冲。眼看离守军阵地只有三四百米了，对方却毫无声息。第五十师师长杨温得意地说："看见了吧，还是我中正团的威力大！"眼看部队离阵地不足100米了，解放军各种武器一齐开火，凶猛的反击打得"中正团"人仰马翻，死伤一片。别看"中正团"上去得快，下来得更快，几乎像石头那样滚下山来。其余新编三十师和第五十师的结果都一样，伤亡惨重，攻击受到顿挫。气得潘裕昆直骂："共军实在太狡猾了，炮击时都不知道藏在哪个老鼠洞里，这会全钻出来了。"

文小山说："我早就跟你说过，对手今非昔比，战斗力远在我们之上！"

话音未落，山上传来一阵呐喊和枪声，原来解放军开始反击了。约一个加强营的兵力，手持闪着耀眼光芒的刺刀枪，有的还狂扔手榴弹，犹如天神一般，排山倒海般杀了过来，一举夺得新一军的前进据点。潘裕昆可真急了，大声命令："不惜一切代价，给我把据点拿回来，不然新一军的脸就要藏到裤裆里了！"

在喊杀声里，新一军奋起冲锋，夺回前进阵地。很快，解放军前仆后继，英勇顽强，又将前据点夺回。

长于进攻的新一军这次傻了眼，在黑山守军极其顽强的抵抗与反击下，败下阵来。

眼见得这个阵势，身经百战的潘裕昆感到不寒而栗。

15时，潘裕昆指挥第二次攻击开始了。50分钟后，为了占领有利地形，新一军在击退解放军的反击后，潘裕昆命令新编三十师、第五十师及第七十一军倾巢而出，全面开花，但还是止步于解放军的阵地前。最后一次攻击在17时，开始冲锋很顺利，很快接近解放军的阵地。突然间，解放军开火了，手榴弹漫天飞来。第七十一军第九十师见此情形立即向后狂逃，裹挟着新一军的其他部队争先恐后地败退下来。

潘裕昆气得扔了大檐帽，向廖耀湘报告说："要不是第七十一军第九十师败逃，冲乱了我的部队，我们已经拿下黑山了！"

廖耀湘当即命令："立即将该师师长戴海容就地处决，我看谁还敢逃！"

潘裕昆扣押了戴海容，没想到戴海容收买了看守他的士兵，乘机逃跑了。

24日天气晴朗，潘裕昆以坚决打通黑山走廊、掩护兵团行动自由之目的，对黑山发起了最后一次进攻，除了在解放军阵地前扔下成片成片的尸体外，打到最后，连炮弹和饮水都供应困难。解放军不但猛烈地反击，还向胡家窝棚以西一带新六军控制的高地发起进攻。

潘裕昆知道，这些高地可以瞰制整个黑山走廊，架上大炮就能完全封锁整个走廊的要点，进而截断廖耀湘兵团主力退往营口之路。

是日晚间，廖耀湘率兵团前进指挥所到达胡家窝棚。潘裕昆立即向其建议："必须集中所有兵团主力全面进攻，夺取黑山走廊，彻底摧毁守军，否则后果不堪设想。"

廖耀湘答应第二日全力进攻。

第二天一早，廖耀湘就变卦了，对潘裕昆说："当前情况对我们越来越不利，只有速退营口才是上策。为了加强你们的力量，兵团决定把第七十一军全部编给你们。你们在黄昏后停止对黑山的进攻，立即向营口撤退。"

26日清晨，潘裕昆指挥的第七十一军正与新六军在胡家窝棚以西高地交接防务，韩先楚第三纵队赶到，一举突破新一军阵地，不久就打到军部所在地。另一部解放军从右翼包抄而来，双方混战在一起，潘裕昆好不容易突围出来。新一军主力被包围在胡家窝棚一带不满五平方公里的地区，欲进无力，欲退无路。潘裕昆欲哭无泪。此时，四面八方炮声隆隆，到处是"缴枪不杀"的喊声。新一军就这样彻底干净地被解放军全歼了。潘裕昆在混乱中化装逃到沈阳，和卫立煌一同搭上飞机逃到南京，后来隐居香港。

在1948年10月的辽沈战役中，廖耀湘率领的第九兵团包括新一军主力、新三军和新六军全部共九个师,在辽西走廊被东北野战军包围全歼。最后在长春被解放军团团包围。第六十军曾泽生举行起义,新七军在军长李鸿带领下缴械投降。

至此,孙立人的新三十八师老班底及新一军灰飞烟灭。

新编第六军

解放战争时期，林彪的东北野战军中普遍流传着这样一个顺口溜："吃白菜要吃白菜心，打仗要打新六军。"新六军成为林彪的大敌。

新六军前身为新编第二十二师，师长初为邱清泉，后为廖耀湘。该师是1938年新组建的中央军嫡系部队，隶属新编第十一军，军长为杜聿明。2月，番号改为第五军，参加过桂南会战（详情见第五军有关章节）。1940年5月，邱清泉升任第五军副军长，该师师长由廖耀湘继任。1942年第五军编为中国远征军，入缅作战。同年5月，第一次入缅作战失败，该师进入印度，编为中国驻印军。1944年，从国内调第十四师、

  第五十师空运印度,以新二十二师为基础,合编为新六军,廖耀湘为军长,李涛继任新二十二师师长。1945年3月组建中国陆军各方面军,该军第五十师奉命改隶新一军,另将新组建的青年军第二○七师编入该军。

  1946年2月该军调东北,隶东北保安司令部。军长廖耀湘,后升为第九兵团司令官,李涛继任该军军长,下辖新编第二十二师、第一六九师和暂编第六十二师。1948年9月,在辽沈战役中,该军在辽西走廊被解放军包围歼灭,兵团司令官廖耀湘、军长李涛等被俘。

昆仑关前，初次亮剑

俗话说：兵熊熊一个，将熊熊一窝。部队能不能打仗，有没有勇猛顽强不怕牺牲的精神，很大程度上要看统兵将领的精气神。新二十二师首任师长邱清泉，在蒋介石嫡系和主力部队的将领中绝对是一号人物。邱清泉（1902年1月27日—1949年1月10日），原名青钱，字雨庵，汉族，浙江永嘉蒲州（今属龙湾区）人，出身贫寒。1925年9月黄埔军校二期工兵科毕业。1934年留学于德国柏林陆军大学。

邱清泉绰号为"邱老虎""邱疯子"，意思为打仗凶悍，疯劲儿一上来不要命。他韬略娴熟，专横跋扈，目空一切，脾气暴躁，动不动就大发雷霆，连他的长官杜聿明都怵他，更别说是同僚。

1939年11月，日军从广西钦州湾一带突然登陆，目的是占领广西首府南宁，切断滇越铁路，中止中国广西经越南的国际交通线。

蒋介石立即将精锐第五军调往广西，与日军争夺南宁以北的要地昆仑关。战役之初，新二十二师担任牵制敌军增援部队、截断敌军通信设备的任务。当时担任昆仑关主攻任务的是第五军主力第二〇〇师和荣誉第一师，经过十余日的猛烈攻击，逐次攻略坚固堡垒二十多个。日军困兽犹斗，坚守昆仑关北方数个据点，死守待援。军长杜聿明为了一举攻克昆仑关，将邱清泉的新二十二师调回，加强正面进攻。

在战役进行的关键时刻，军长杜聿明把攻克昆仑关的重任交给了新二十二师师长邱清泉。

1939年12月30日，清晨5时15分，新二十二师60高地上炮兵观察所发出信号，各种口径的大炮炮口对着南方，向界首、同兴以南各高地敌堡垒开始射击。二十分钟后，步兵发射红色信号弹三发，要求炮兵延伸射击，一会儿，大炮的弹着点落在纵深处。5时40分，新二十二师的攻击部队开始攻击。日军利用同兴、界首附近各据点尽力抵抗。日军侧防的机关枪喷出一道道火舌。新二十二师士兵冒着日军强烈炮火向山顶冲击，不断有人倒下，但士兵们一往无前，丝毫不敢有半点停顿。上午9时许，六架敌机疯狂地在阵地上空轮番俯冲扫射、投弹。界首北侧的攻击部队最多，落下的炮弹也最多，官兵们死伤很多。阵地上的高射炮、高射机关枪组织起对空火力网，射击持续到11时，敌机向南宁方向逃去。12时，第五军的大炮压制住界首附近和昆仑关的敌炮兵阵地，同兴、界首附近村落及其东南各高地先后被新二十二师攻克。战车在步兵的指引下，将界首、昆仑关各山麓岩缝、石洞中的敌侧防机关一一打掉。

12月31日，清晨6时整，国民党军的重炮以雷霆万钧之势吼叫起来，密集巨大的爆炸声，震得山岳失色，大海翻腾。轻重机枪的"哒哒哒"声连响不绝。火光冲天，浓烟滚滚，枪炮声就像迎接新年的鞭炮一样令人亢奋、激动。昆仑关刹那间被硝烟、泥土、弹片层层裹了起来，望远镜中什么也看不清了。

"冲啊——"

新二十二师六十五团的士兵们，首先从界首北端高地及公路两侧向界首东南端的日军高地、碉堡发起攻击。公路上，骑兵团的马队向前冲锋，一眼望去，烟尘滚滚，像一条奔驰的巨龙。在骑兵身后，是十几辆轰轰开进的战车。在头一辆战车中，头戴钢盔的师长邱清泉杀气腾腾，亲自指挥。他命令三辆战车一字排开，用炮火压制日军的重机枪，并亲自用无线电为炮兵团指示目标。

榴弹炮的炮弹在空中划出一道巨大的弧线，准确地落在高地上，日军的火力顿时削减。邱清泉大呼："打得好！"六十五团的士兵跃起猛冲上去。

8时30分，界首南端各高地上相继飘起了第五军军旗，兄弟部队成功地完成任务，为新二十二师前进扫平了道路，他们向昆仑关展开最后的攻击。邱清泉大骂："让别人抢了头功，老子毙了你们这些兔崽子！"

六十四团不甘落后，勇猛地向昆仑关攻击前进。11时20分，锐不可当的第六十四团第九连官兵冲进了昆仑关。他们异常兴奋,一阵疯打,日军纷纷向九塘方向溃退。

在呐喊声中,九连士兵不断向前跃进,邱清泉命令战车跟进,新二十二师主力一举冲进了昆仑关。

邱清泉把头伸出战车,手持无线电对讲机与杜聿明通话:"军座,军座……"他激动不已,喉咙嘶哑发不出声音。战车连连长接过邱清泉手中的对讲机:"我师已占领昆仑关!我师占领昆仑关!"

此刻,杜聿明兴奋地将帽子摔在地上:"好!打得好!邱师长,我要在委座面前为你请功!"

邱清泉的眼睛模糊了,耳边尽是士兵们的欢呼声,天空飞舞着无数的军帽……

廖耀湘

1940年5月，邱清泉升任第五军副军长，师长一职由副师长廖耀湘继任。

廖耀湘(1906—1968)，汉族，别号建楚，湖南邵阳北乡酿溪镇(今新邵县县城)人。1921年入长沙私立岳云中学求学。1925年到湖南陆军第三师叶开鑫部第三旅教导总队当学兵。1926年7月考入黄埔军校第六期，1928年毕业。1930年以上士军衔公费赴法国留学，学习机械化骑兵。1936年，以第一名的成绩从圣西尔军校毕业回国，在南京桂永清教导总队骑兵连任少校连长。1937年升该队旅部中校主任参谋并参加南京保卫战。12月13日，日军攻陷南京，赴武汉任军官训练总队上校大队长。1938年年初，国民政府军事委员会成立机械化师（番号二〇〇师），廖耀湘任少将参谋长。后为新二十二师副师长、师长。1941年2月赴缅甸作战。

廖耀湘黄埔六期毕业，后来又去法国圣西尔军官学校镀金，是国民党军中屈指可数的几位"机械化作战专家"，又被誉为"战术专家"。

国民党军队有一个特点，只能打顺风仗，缺乏韧劲。一旦形成僵持，往往坚持不了最后的五分钟。如果落败，那更是一泻千里，无法收拾了。然而廖耀湘是国民党军将领中有名的撤退专家，他在缅甸彬文那一役中的表现完全可以写进战术教科书。

此战发生在1942年3月下旬，中国远征军出征缅甸期间。作为第五军的先头部队，第二〇〇师在缅甸南部的同古被日军包围，军长杜聿明命令新二十二师师长廖耀湘南下应援第二〇〇师，但廖师依靠火车运输部队，由于运输能力太弱，到达的部队不多。日军为阻止廖师增援，越过同古，在同古以北构筑阵地，廖部只有轻战车和炮战车各一部，其余重火器尚在后方的腊戍。

参谋人员问廖耀湘："是不是等重武器和部队全部到达后再发动进攻？"

廖耀湘回答："救兵如救火，必须执行命令。"他当即命令对日军占领的南阳车站展开攻击。新二十二师打得既猛又狠，一时让日军丈二和尚摸不着头脑，大声呼救。日军第五十五师团从同古外围的部队中抽调一部分来增援南阳车站，和廖耀湘的部队展开对攻，你来我往，互不相让。

正是由于新二十二师等部的牵制,日军对同古城攻击减轻,转为炮战。杜聿明当即决定第二〇〇师突围,以保全军力,准备在另一时间、另一地点与敌决战。于是,他命令廖耀湘新编第二十二师继续对南阳车站实行佯攻,牵制日军,以掩护戴安澜第二〇〇师主力撤退。随着第二〇〇师脱离危险,新二十二师的佯攻随之停止。日军明白上了廖耀湘的当,气得暴跳如雷。

而杜聿明已与盟军商定,准备在彬文那一带举行会战。这就需要坚守斯瓦河一线的部队且战且退,掩护主力集中,并将日军主力诱至彬文那一线。

军长杜聿明下达作战命令给新二十二师师长廖耀湘:

当面之敌,为第五五师团主力,似有北进企图。军决定以有力之一部,利用斯瓦河东西之线(斯瓦南侧)及其以北之森林狭长地区拒止敌人,以主力在彬文那占领阵地,依火力摧毁敌人,转取攻势,将敌人包围而歼之……

廖耀湘师即由攻势转为防守,阻敌前进。

然而杜聿明还是担心,彬文那战役的关键就在于廖耀湘能否诱敌深入,搞不好被日军追着屁股打散了架那就麻烦了,因此他特意与廖耀湘一道开着吉普车巡视战场。

新二十二师的诱敌路线为平原向丘陵过渡地带,路很狭窄且高低起伏,加上两边皆为茂密的树林,地形很复杂。

杜聿明指着两边的地形向廖耀湘建议说:这里的地形打伏击最好,可以利用隘路设计出纵深阵地,绝不让日军冲过防线。

杜聿明是老行伍了,说出的话很有分量,但廖耀湘还是很委婉地提出了反对意见。他说:"军座,新二十二师是机械化作战部队,我们的战车、大炮更适宜打运动战而不宜死守一地。"

杜聿明反问:"你说得对!但战场地形狭窄,不利于国军快速部队行动,怎么办?"

廖耀湘自有妙招："我准备以车轮战的方法，一个团一个团地上，由一个营正面担任阻击，其他两个营在两侧树林里，配合正面，节节抵抗，骚扰敌人一阵后，再撤退至下一个阵地，由另一个团再抵抗，循环往复，始终保持部队的战斗力。"

杜聿明连连点头，廖耀湘的主意不错，这样既能延缓日军的追击，又能保存自己的力量，留在彬文那会战时使用。

4月5日，战斗开始后，双方摆开了阵势，敌五十五师团主力又与新二十二师相遇。当得知当面之对手是廖耀湘时，日军发誓报一箭之仇。在飞机的掩护下，20多门大炮一起向斯瓦阵地开火，阵地顿时一片火海。待炮火延伸后，16辆坦克纵深排开，一面开炮轰击，一面隆隆向前，坦克后面是黑压压的步兵，狂喊着向廖师阵地冲来。

因为地形复杂、交通不便，新二十二师仅运上来一辆新型坦克。廖耀湘见坦

新二十二师坦克

克手略有怯意，大声喝道："你怕吗？敢和日军的坦克对阵吗？"

坦克手说："师长，我们只有一辆坦克，你看远处的烟尘，绝对不止十辆！"

廖耀湘说："鬼子也就比我们多一辆。"

众皆不解。

廖耀湘解释说："进攻道路狭窄，仅供两辆坦克并排，起作用的也就这两辆，后面的坦克就是再多，也无法越过前面的坦克，聊以壮胆罢了。"

坦克手怯意顿去，驾驶战车，当道而截，反坦克手也不离战车左右，略补我方炮火之不足。

就是这一辆坦克，瞄准最前面的敌坦克开炮，一下子就将敌坦克打抛锚了。后面坦克无法越过，只得停下。此时，一个山炮营也与日军打起了游击战，打几炮就立即转移阵地。

见通道狭窄，日军部分兵力向两翼扩散，又误入雷区，被炸得人仰马翻、鬼哭狼嚎。随着一阵激烈的枪炮声，廖师埋伏在两侧的人马乘势杀出。

一直杀到太阳偏西，日军利用其兵力、炮火的优势刚刚取得主动，廖耀湘鸣金收兵，转移到下一个有利的阵地，日军一天的辛苦白费了。

如此这般颇为奏效。十多天过去了，新二十二师采用节节抵抗的战术，始终不脱离与日军的接触，掌握着战场上的主动权，将敌引向预设阵地。

从4月5日到10日，新二十二师使敌军遭受了很大损失，却始终摸不清虚实。在敌飞机与步、炮、战车轮番攻击下，新二十二师遭受了相当大的损失，尤其正面抵抗的部队，连日来竟有营长3人、连长9人、士兵千余人伤亡。

杜聿明对新二十二师的表现很满意，尤其对廖耀湘赞不绝口。与此同时，派出军部特务连化装侦察，获取情报。侦察员马玉山会说缅甸语，伪装成仇恨英军的缅人，在敌五十五师团司令部挑水打杂。一天晚饭时，他提着烧开的水壶进入司令部，发现敌办公桌上有绘有部队番号的军事地图，乘敌不备偷出，星夜跑回彬文那，交给杜聿明。杜聿明打开一看，是敌进攻态势图。杜聿明拍着马玉山的肩说："干得好，从图上看，第十八师团的第五十六、第一二四两个联队都调过来了,还有重炮、山炮各一营,说明敌人这次是拼老命了,告诉廖师长,不要轻敌。"

4月17日,杜聿明向蒋介石报告了新二十二师在斯瓦至列威间作战的情况:

> 渝委员长蒋:夷密。(加表)。谨将本军本月10日至16日于斯瓦(SWA)列威间作战经过概要呈述如左:4月10日拂晓起,斯瓦方面敌五十五师团复开始以飞机多架、炮20余门、战车16辆掩护,进攻廖师斯瓦阵地,猛烈合击,并每日不断以炽盛炮火及飞机更番轰炸。我官兵虽伤亡惨重,仍能英勇抵抗,坚强固守。迄本月16日止,已按军预定计划,逐次抵抗,转移至彬文那西南侧山地新阵地。作战一周来,毙伤敌约2500余,我伤亡营长以下官兵千余人。现拟于彬文那附近以攻势防御,待敌攻击胶着时,转移攻势,歼灭当面之敌。

正在此时,西线英军被日军包围在仁安羌油田,中国远征军司令长官罗卓英与史迪威决定取消彬文那会战计划,命令新编第二十二师转移,援救西线的英军。

尽管如此,蒋介石还是夸奖道:"这个廖耀湘是位将才!"

廖耀湘从此声名鹊起。

远征缅甸,败走麦城

第一次远征缅甸的战役,由于1942年4月下旬日军一部长途奔袭缅北的腊戍,封死了中国远征军北归的大门,战局急转直下。紧接着日军兵分两路,一路继续向北追击,另一路在战车的掩护下,回窜曼德勒,转而合围在缅甸中部的中国远征军。在此极端不利的战局下,蒋介石命令中国远征军各部队向伊洛瓦底江西岸撤退，各自寻途撤退回国。而此时缅北的重镇八莫与密支那被日军占领，军长杜聿明判断日军的目的是南北包围歼灭远征军，急忙找各部队长商量对策。这时，蒋介石用无线电台发来命令，即总目标以接近国境为唯一要旨，务使进战退守皆能自如。

紧接着，杜聿明又出示了远征军司令长官罗卓英的命令。此刻，罗卓英已脱离部队，跟随史迪威去了印度。他要求部队向东撤退，经过英帕尔去印度。

杜聿明此时也乱了方寸，征求在座将领的意见：我们是执行委座的命令向北接近国境相机回国，还是服从罗长官的命令去印度呢？

在场的军官七嘴八舌。有的说乘日军尚未完成合围，向印度撤退较为安全。有的说应该执行委座的命令，越接近边界，就越可能得到来自云南部队的接应。一时间，双方争执不下。廖耀湘拍案而起："谁说了也没用，我只听校长的！"

一句定音，没人再敢提反对意见。

5月12日，第五军军部、直属队和新二十二师由缅甸西北的曼许向北撤退；13日，转进缅北的野人山区。野人山纵深400余里，绵延1000余里，是中缅边界上的大山区，全系原始森林，海拔3826米，人迹罕至，难以通行。

一天之后，新二十二师到达洞洞山，车辆已无法再前进，山路狭窄而艰险，加上炮身太重，抬死了70多名士兵，抬病了百十号人。师长廖耀湘眼看无法可想，只有求杜聿明："军座，咱们的重火器是不是……"

"建楚，你知道委员长对这些武器倾注了多大的心血吗？咱们的国家这么穷，还花了许多外汇去购买这些武器，把它们扔在荒山野岭中，你不心疼吗？"

廖耀湘指着士兵的尸体："军座，你面对这些死了的弟兄能不心疼吗？咱们把他们带出来，又让他们在荒山野岭中化为累累白骨。再这样下去，我们走不出野人山就和他们一样了。留得青山在，不愁没柴烧，只要我们都活着，总会有让日本鬼子完蛋的一天！"

杜聿明流下了眼泪，挥了挥手："你看着办吧！"

廖耀湘一声令下，将所有的大炮、重武器、车辆和辎重等统统焚毁，部队除了枪和干粮外，徒步轻装前进。

即便如此，在野人山中行军还是异常艰苦。部队大量减员，很多人走着走着就倒下了，还有的一个班一个班地围坐在一起，等吹集合号时，再没有一个人起来，大部分因为饥饿和疟疾而死。

据军长杜聿明回忆：“各部队经过之处，多是崇山峻岭、山峦起伏的野人山及高黎贡山，森林蔽天，蚊蚋成群，人烟稀少，给养补给困难。本来预计在大雨季前可以到缅北片马附近，可是由于沿途可行之道多为敌人封锁，不得不以小部队牵制敌人，使主力得以安全转进。因此，曲折迂回，费时旷日。至6月1日前后，军直属队的一部及新编第二十二师到达打洛。”

"自6月1日至7月中，缅甸雨水特大，整天倾盆大雨。原来旱季作为交通道路的河沟小渠，此时皆洪水汹涌，既不能徒涉，也无法架桥摆渡。我工兵扎制的无数木筏皆被洪水冲走，有的连人也冲没。"

由于天降暴雨，新二十二师被阻于打洛河边，前有大水，无法渡过，后有追兵，再加上军中断粮，部队陷入绝境。官兵们饿得连站都站不起来，躺在泥水中，任凭蚂蟥在身上叮咬。很快，河边上出现了一片一片的死人，还有的人在水中挣扎，被滔滔的洪水卷走。一两千官兵没死于战场，却饿死在野人山的打洛河边。这其中大部分是新二十二师的官兵。

廖耀湘泪如雨下，望着成片成片的死尸，心如刀绞，发誓喊着："老天爷！只要能让我度过这一劫，我一定要报此仇，否则誓不为人！"

据《第五军转进经过》：

> 6月6日—14日，军被山洪阻于打洛以南河边，全军无粮，掘树根、剥树皮以果腹。8天时间里饿死官兵2000多人。

八天之中死去2000多人，这是一个多么惊人的数字啊，远远超过了战斗减员数。部队就在无时不在的死亡的威胁中煎熬着。

15日，杜聿明给蒋介石的电报中说：

> 特急。渝。委员长蒋：悦密。职辰卅（30）由堪地出发，原定五月到达打洛，中途大雨倾盆，山洪暴发，到处被阻，沿途杳无人烟，官兵绝粮八日，草根罗掘皆空，饥病交加，死亡甚重，经十五日始到达，购十日粮秣及将疾病官兵收容后，即向指定地点前进，谨闻。职杜聿明。

《第五军转进经过》：

> 6月17日，大雨初霁。从印度加尔各答起飞的运输机开始飞抵打洛以西大河旁空投粮秣。一部分大米包掉入河中，另一部分落入悬崖、深谷，剩下的均熬成粥，官兵食此度日……

喝上一口稀粥能让剩下来的人看到活下去的希望，但是更大的威胁还紧紧伴随着廖耀湘的部队。雨季的到来，造成山洪暴发，滔滔的洪水阻挡了前方的道路。先遣团只得派人四处寻找其他道路，等大部队到达后，请示军长，绕道而行。他们艰难地互相搀扶着走了一天又一天，却发现又回到了原地，原来部队迷路了，指北针在山区的磁场中失去了作用……

《第五军转进经过》：

> 6月28日—30日，军被山洪所阻，迷途于新背洋南森林中，官兵无衣无食，饥寒交迫。

直到7月9日，第五军军部及新二十二师还在缅北森林中。

廖耀湘哭着对军长杜聿明说："已经没有可吃的了，这样下去，我们只有等死了。"

蒋介石心如刀绞，这些被遗弃在野人山里的军队都是他的命根子。他大骂驻印度的留守人员，让他们立即想办法组织飞机继续给野人山的部队空投粮食、指挥道路。

直到 8 月 3 日，第五军军部和新二十二师才九死一生，到达印度东北边境的雷多。当看到前来迎接他们的部队时，大多数人的腿软了，再也无力向前迈上一小步，躺在地上，连挥挥手的力气也没有了。

在这场大撤退中，新二十二师死伤人数多达 4000 余人。

杜聿明到达印度不久，即被蒋介石电召回国，廖耀湘和新编二十二师残部留在印度兰姆伽整训。

原来，就在 1942 年 7 月 19 日，史迪威在重庆向蒋介石递交了一份收复缅甸的备忘录，要求中国派出二十个精锐师参加收复缅甸的战役，打通滇缅公路，夺回仰光，这样美国可以以每月三万吨的数量，在六个月内将分配给中国的战略物资运往中国。在中国地面部队发动进攻的同时，英国重新取得在孟加拉湾的制海权，并在仰光实施登陆计划。

蒋介石同意了史迪威的计划。8 月上旬，史迪威被蒋介石正式任命为中国驻印军司令官，双方达成协议。之后，史迪威前往印度，辗转来到兰姆伽的驻印军训练营地。

根据史迪威与蒋介石商定的条件，驻印军的装备包括通信设备、枪械、野战炮、坦克、卡车及军事教官都由美国方面负责，英国方面负责食品供应和军饷以及训练基地，中国将 23000 名士兵从国内空运过来，补充到新二十二师和新三十八师当中去。

按史迪威的设想，从美国国内调来 300 余名各级军官，接替驻印军营以上各级中国军官的职务，这一做法遭到廖耀湘、孙立人等中国军官的坚决抵制。最后，连、营、团、师各级中都配有美国的联络官，师部还派有总联络官。

经过几个月的重新训练和新装备的加入使用，新二十二师和新三十八师成

史迪威将军

为中国最早的美械化部队。1942年12月上旬,中国驻印军编组为新编第一军,新二十二师入新一军作战序列。军长郑洞国兼驻印军副总指挥,史迪威为总指挥。

重返缅北,扬名立万

在史迪威收复缅甸的计划中,要修建一条从印缅边界的雷多穿越野人山,进入胡康河谷,到达缅北的新背洋的公路,从那里再与孟缓、密支那的公路连成一气,与滇缅公路衔接,这样,大批的战略物资便可以运往中国的昆明。为掩护美军工程团修路，1943年年初，新三十八师和新二十二师相继到达雷多。

为防止远征军卷土重来，日军早已在这一带修筑了大量碉堡、工事，驻守着有"森林之狐"之称的第十八师团。部队有丰富的丛林作战经验和很强的战斗力。1942年4月下旬，该师团作为进攻中国远征军的主力，沿曼德勒至密支那铁路向杜聿明的第五军和新二十二师展开攻击，将第五军主力击溃，并乘胜追击到怒江一线，与中国军队对战。可以说新二十二师曾经是十八师团的手下败将，曾被打到无法还手、只顾逃命的地步。

此番，第十八师团师团长田中新一得知对手要来，早就制定了狭隘路口作战方针，派出许多小部队据守前往胡康河谷必经之路的要隘与路口、山头，并派出小部队主动袭击在印度边界卡拉卡、唐卡家一带的英国军队。英军千余人遭到日军奇袭后，惊慌失措地撤退，将正在雷多修筑公路的美军工程团暴露在日军面前。

日军不断对美国的修路部队展开攻击和袭扰，令修路的美军惊恐不安，无心工作。负责工程的美军少将惠勒尔认为形势相当严峻，要求撤走所有的修路人员。史迪威坚决反对撤退，这将使反攻缅甸的计划全部泡汤。因此，他命令新二十二师与新三十八师相互配合，打退袭击雷多之日军。

士别三日，当刮目相看。知耻而后勇是中国人的传统，可惜狂妄自大的日本人不懂这个道理。很快，廖耀湘就让田中新一尝到了苦头，经过顽强作战，新二十二师逐步推进，打到了胡康地区。

随着史迪威印缅公路的向前推进，反攻缅北的计划提上了史迪威的日程。1943年，史迪威制订缅北作战计划：

一、1943年12月中旬先向缅北进攻，夺取孟拱、密支那要点，然后经八莫向曼德勒前进，将敌压迫于曼德勒附近地区，包围消灭之。

二、军队应于攻势开始前集中于利杜（即雷多）附近地区，俟利杜至新平洋公路完成后，即向新平洋附近跃进。

三、军队集中时，应派有力部队占领新平洋以北各山口，掩护集中及筑路。跃进时应增强掩护队兵力，推进至孟缓东西之线，担任掩护及搜索敌情。

四、军队集中后，应分遣有力一部至葡萄附近，扫荡该地区以南及孙布拉蚌附近之敌并与滇西兵团联络。

…………

1944年1月29日，在廖耀湘的指挥下，新二十二师开始了攻打打洛等地的日军据点的战斗。

打洛是廖耀湘心头永远的恨。两年前，廖耀湘和新二十二师残部就在此地进入鬼门关。前有大河，后有追兵，天降大雨，腹中无食，打洛成为一个鬼蜮的世界，到处躺着饿死的兄弟和奄奄一息的伤病员，无药、无医、无粮，很多在战场上没死的战士却死于饥饿，丛林中弥漫着尸臭与腐臭，真是新鬼烦冤旧鬼哭，天阴雨湿声啾啾。

重返打洛，廖耀湘和新二十二师的官兵旧仇新恨一起涌上心头，个个发誓：血用血偿，要奋勇杀敌，让敌人付出双倍、三倍甚至更多的代价，以告慰死去的兄弟们。

新二十二师经过美国军官的训练，有了新的战术，再加上新的装备，如虎添翼。官兵呐喊向前，奋不顾身，一举攻取了百截河、打洛等被日军占据的重要据点，打死日军182人，俘虏7人，夺得山炮1门，迫击炮2门，轻重机枪各4挺，步枪数十支以及弹药、文件甚多，是一个漂亮的歼灭战。

这只是牛刀初试。

在贺电中，廖耀湘兴奋地激励所部官兵："聚歼顽寇，功耀全军。前年我军阻水打洛，牺牲重大，今在旧地，报旧仇，我野人山转进的官兵尤为快慰，特电贺！"

廖耀湘所部同仇敌忾，再接再厉，于2月21日连克腰班卡、拉征卡等日军重要据点，并沿公路南下，对孟缓采取正面攻势。美军战车第一营60余辆轻型

孟缓之战,中国军队步兵协同坦克冲锋

坦克在廖耀湘的指挥下,对孟缓守敌展开攻击。

3月5日,在美军坦克的掩护下,新编第二十二师从正面猛攻孟缓。一个团强攻正面,一个团攻击侧翼,一个团迂回敌后,互相配合,打得日军哭爹喊娘。经过激战,终于是日下午占领了孟缓,为攻克密支那打下了良好的基础。

雷多公路在这里可与孟缓至密支那的两条公路衔接,南距孟拱160公里,北接江心坡、片马。更值得一提的是,两年前,中国远征军正是从孟缓踏上惨败之路的,而两年后的今天,夺取孟缓,为驻印军反攻缅甸奠定了胜利的基础,意义非同一般。驻印军副总指挥郑洞国再电蒋介石报捷:

渝委员长蒋:育密。(加表)。廖师经旬日战斗微(5日)申将孟缓完全占领,斩获甚众,战果续报。职郑洞国叩申。

面对纷至沓来的报捷电报,蒋介石心里很高兴,驻印军打得越好,他的脸上越有光彩。美国佬认为中国军队不行,事实证明,这支部队战斗力是很强的。对孙立人的胜利,他不置可否。因为孙立人是美国军校培养出来的,不是他的黄埔嫡系,孙立人打得好只能反衬他的黄埔生无能。而对廖耀湘的胜利,他却倍加称赞，因为廖是黄埔军校毕业的，是蒋介石的嫡系。而且在前年的缅甸撤退中，孙立人不听号令，跟随史迪威整师撤往印度，落了个全须全尾；而廖耀湘新二十二师一万多精锐，跟随杜聿明进野人山绕了一大圈，残部不满三千人，最后还是退入印度。这令蒋介石心里很窝火，但又不便发作，只希望廖耀湘能不辜负他的殷殷期望。蒋介石与史迪威商议后，下令美军战车一营随同新二十二师作战，目的只有一个，希望他打胜仗。现在廖耀湘在孟缓挣回了失去的面子，蒋介石掩饰不住喜悦致电慰勉：

新二十二师廖师长：此次克复孟关（缓），吾弟声播中外，名振遐迩，足以聊申国军前年在缅失败之憾，而慰阵亡先烈在天之灵。唯新胜之余，易生骄傲，而为他日挫失之因，务希戒慎警惕，自重自勉，对友军对上官更应谦让敬和。对部属尤宜严督勤训，勿使有稍涉傲慢之气，养成我国古名将见胜勿骄、澹泊勿矜之风，是所切盼。中正手启。寅巧。机渝。

3月6日，以16架战斗机护航来到缅北丛林的蒙巴顿亲眼看到了孟缓附近日精锐第十八师团大量的死尸、死马和其他物资，一向瞧不起中国军人的蒙巴顿对新二十二师师长廖耀湘及其军队竖起大拇指："廖师长，你的部队是第一流的！"

史迪威反问蒙巴顿："阁下，现在还认为武装这些中国军人是无济于事的吗？他们正在创造奇迹！"

蒙巴顿只是耸了耸肩膀，对廖耀湘说："好好干！"

当天，史迪威在日记中写下了这样的话："现在，事实已经证明在中国军队问题上我是正确的，对方完全哑口无言了。"

3月9日下午，从孟缓南下的新二十二师及坦克一营与新三十八师胜利会师。

日军第十八师团遭到重大打击后，撤退至南方，在胡康河谷与孟拱河谷的分水岭杰布坚山区布置重兵防守。师团长田中新一命该师团第五十六联队附重炮二门、山炮两个中队，分布在丁高沙坎和沙杜渣卡一线的山头工事中；又在杰布坚山隘南方的沙杜渣卡布置了主阵地，配置大炮三十余门，令第五十五联队坚决防守，另以长久联队配置其左。

军长郑洞国下达了作战命令："军以最快速度，由瓦鲁班继续南下，攻取沙杜渣卡及其两侧之杰布坚山高地。"

杰布坚山海拔1300多米，自丁高沙坎至沙杜渣卡连绵约有10公里长，是山谷中一条狭窄的公路。从山谷里向上望去，两边是高耸陡峭的山岭，森林密布，南下之路只此一条，而山上是日军的碉堡阵地，周围没有地雷和鹿寨，两三挺重机枪交叉扫射，便可阻挡大队前进，而且坦克和大炮在山谷中向上射击困难，无法发挥威力。因此，要通过谷中窄道，必须首先攻克两边山上的日军阵地。

史迪威命令新第三十八师第一一三团和美军麦支队（即美军的特种部队）一营，于3月14日出发，沿杰布坚山区左侧山地迂回，辟道前进，攻击敌后方交通线重要据点拉班，以断其退路。令新二十二师第六十六团进攻丁高沙坎，并沿公路穿过隘路南下。

史迪威头戴钢盔，手中提着一支卡宾枪，带着几个警卫和随军记者前往督战。他出现在新二十二师六十六团阵地时，士兵们异常兴奋。史迪威看到年轻士兵用树叶卷起来当烟抽的时候，从上衣口袋中掏出美国香烟，散给士兵们。他笑眯眯地鼓励说："孩子们，好好打日本狗杂种，我会让他们运来更多的香烟奖励你们。"

士兵们紧紧地围着史迪威，七嘴八舌与"我们的总司令"交谈，非常融洽，这种情形在国民党部队中很少见。

史迪威问："香烟好抽吗？如果喜欢，我让飞机多多地运来。孩子们，你们都很勇敢。"他拍着一个看起来还是孩子的士兵问："你怕不怕日本人？"

年轻的士兵回答："我不怕日本鬼子，我是从四川来的，只是怕……"

"怕什么？大胆地说！"史迪威鼓励着。

"就怕负伤挂彩，轻了不要紧，重了无医疗队及时治疗，死在外国，鬼魂也无法回故乡了。"

史迪威听后，表情很严肃地说："我一定下令各级长官要关心士兵的生命，不允许丢弃一个伤员，保证每一个负伤的士兵都能运送到后方野战医院进行治疗。伤势严重的，我还要用飞机运到雷多基地的第二十医院，我们已在医院附近修建了一个飞机场，新背洋我们也修好了机场！"

士兵们听后欢声雷动，解除了后顾之忧，士气顿时高涨。

一位中国军官说："总指挥对处于社会最底层的士兵往往给予特别的关心。"

师长廖耀湘下达了进攻的命令，坦克、大炮、重机枪一起开火，大地抖动起来。空气灼热，热血沸腾，战士们冒着硝烟，跟随军旗，奋不顾身，前仆后继扑向敌阵。丁高沙坎阵地上厮杀声、呐喊声、枪炮声响成一片。部队被日军反击下来，在激昂的冲锋号声中，又冲了上去，杀了个几进几出。

史迪威在望远镜中观察着，激动地说："中国的士兵打得太勇敢了，个个都是好样的！"

随军记者们记下了血与火的瞬间："有一个驻印军的青年战士为了消灭碉堡内的人，将手榴弹系在身上，跳进碉堡，与敌同归于尽……"

那个战士，正是和史迪威交谈过的四川籍小战士。

经过五昼夜激战，日军被打死67人，军官命令手下杀死己方的30余名伤重人员，然后狼狈逃走。

3月19日，新二十二师六十六团占领了公路两侧的据点。山隘要道打通了，新编二十二师主力与坦克营向前推进了13公里，直叩孟拱河谷的大门。

日军困兽犹斗，3月21日，奇袭了南下的坦克第二营，该营损失坦克五辆。新二十二师第六十六团接近沙杜渣卡日军主阵地时，突然遭到第五十五、五十六联队和长久联队的猛烈反击。在日军三个联队的包围下，新二十二师第六十六团伤亡很大。26日，由第六十五团接替任务。正面进攻受挫，廖耀湘气得直骂娘。

史迪威只得令新二十二师转向佯攻，令新三十八师第一一三团从左翼沿着库芒山脉开路前进。第一一三团在人烟绝迹的丛林深草中披荆斩棘，艰难前进，经过大柏洋、西燕卡道、大奈洋、卡库卡等地，向沙杜渣卡南面的拉班前进。在艰险的山路上，第一一三团战士手抓足蹬，在泥水里爬行前进。骡马无法行走，只好卸下骡马背上的炮，由人抬着，一点点爬行。上山时，士兵走在马前扛着马头，下山时，他们走在马后死命拽着马尾。两天之内，滑跌到山涧中摔死的骡马有二十多匹。部队又缺粮断水，历经十四天艰辛跋涉，迂回十六公里，3月27日迫近沙杜渣卡以南六公里的拉班的东侧。

28日拂晓，新三十八师突然渡过南高江，向拉班展开猛攻，敌猝不及防，很快失去抵抗。第一一三团攻占拉班，从后拉开了孟拱大门的门闩，回师北进。廖耀湘闻讯，立即命新二十二师发起猛攻，与新三十八师南北夹击沙杜渣卡敌主阵地。29日，第一一三团攻占沙杜渣卡，与新二十二师第六十五团胜利会师。至此，胡康河谷战事结束。

这一天，对史迪威来说是具有纪念意义的一天。3月29日是史迪威六十一岁生日，新二十二师六十六团送给史迪威一份最好的生日礼物——拿下了杰布坚山。该团的炊事班做了个上面有"乔大叔"字样的蛋糕。

史迪威很开心，笑得满脸都是褶子，像一只快乐的老火鸡。这天晚上，他久久无法入眠，在马灯下打开日记本写道："无论如何这天很愉快……这里是分界线，就是说现在我们终于走出了胡康，开始下山进入孟拱谷地。（这场战争就是一个谷地接一个谷地。）今天我们得到消息说，日本人昨天撤出了孙布拉蚌，向南退去。这让我轻松了许多，因为它是我们侧翼的一个坚固阵地，我刚刚决定要拿下它。双份生日礼物。"

自1943年10月24日驻印军向卡拉卡、唐卡家之线发动攻势开始，至1944年3月29日攻占拉班、沙杜渣卡结束，历时五个月，驻印军在胡康河谷战斗结束。军队向南推进200余英里，占领面积2500平方英里，击溃日军第十八师团五十五、五十六两个联队及其师团直属团队，打死第五十五联队藤井小五郎大佐以下官兵3200余名，击伤约3000人，虏获火炮6门，机枪9挺，步枪110支，

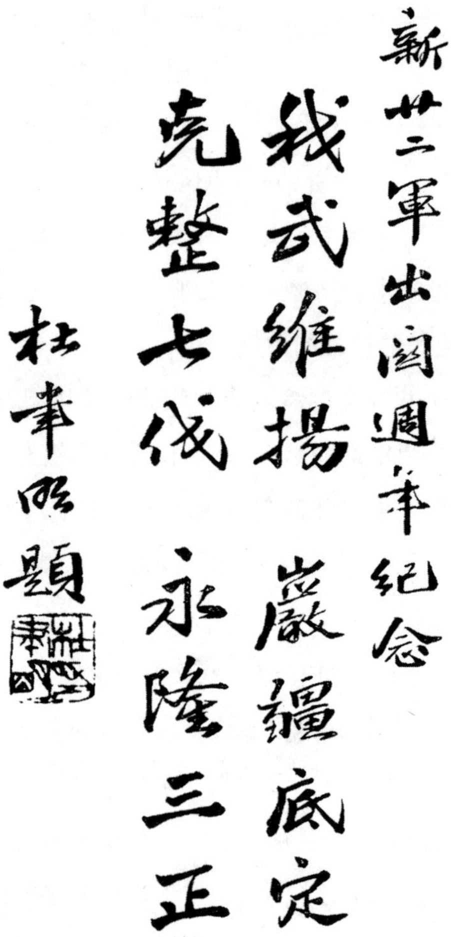

新廿二军出国周年纪念

我武维扬 严疆底定

克整七伐 永隆三正

杜聿明题

杜聿明题字

装甲车 2 辆,指挥车 1 辆,卡车 3 辆,第十八师团关防 1 枚,弹药、文件无数。驻印军阵亡 752 人,伤 1381 人。

史迪威对新二十二师和新三十八师攻占胡康河谷这段日子里的表现非常满意,他认为中国人创造了一个神话。他使英军统帅蒙巴顿将军相信了一条真理:中国士兵不能作战的观点是错误的。

加迈会战，袭夺密城

史迪威的下一个目标是夺取孟拱河谷的加迈和反攻密支那。在1943年12月，他率领驻印军打出印度时，缅北的密支那只是一个词组，一个梦想的标签，没人认真提到或考虑，只有史迪威的脑海之中萦绕着这个仿佛很遥远的地方。而现在，夺取这个战略目标，并使雷多公路修到那里，再连接滇西的中缅公路的日子已经为时不远了。对此，史迪威充满了信心。

驻印军攻破胡康河谷到孟拱河谷的杰布坚山天险后，即进入孟拱河谷。

孟拱河谷是个狭长的谷地，从沙杜渣卡到孟拱纵深长约115公里，南高江穿

史迪威（中）与孙立人（左）、廖耀湘（右）在研究作战计划

过谷地，流经孟拱后下游称为孟拱河流，汇入伊洛瓦底江。河谷的两边都是300米以上的山壁，在河流与山崖之间是长着比人还高的茅草与灌木的山地。5月下旬，雨季来临，山洪暴发，谷地里一片汪洋，树木、道路转眼就消失在急流波涛之中。南高江怒涛恶浪汹涌澎湃，舟船无法行驶。

日军自杰布坚山区失守后，便退守孟拱地区，利用两边高地构筑了坚固的工事，深沟高垒，以逸待劳，以静制动，准备与驻印军胶着在河谷一带，等待雨季到来，将驻印军困顿于泥沼大雨之中，逐渐消耗。同时日军在河谷中构筑纵深防守阵地，并利用特殊地形如干沟和马蹄形池沼筑成防御阵地，逐次抵抗，以迟滞中国驻印军南下。

日军在孟拱河谷最重要的据点即加迈，在这里重兵集结。敌十八师团之五十五、五十六联队在胡康河谷损失的兵员此时得到了补充，并从密支那调来一一四联队和第五十六师团的一四六联队增援这一地区。

其部署兵力如下：以五十六联队主力在南高江西岸地区阻止新二十二师前进；以五十五联队、一四六联队及一一四联队之一部集结在南高江以东地区，并沿着拉克老河、马诺卡塘高地，凭借险要地势和既设的坚固工事，阻止并纠缠新三十八师，以达到迟滞该部前进之目的。

孟拱河谷的加迈会战于1944年4月7日正式开始，以新三十八师组成的右翼队和新二十二师组成的左翼队，沿南高江东、西岸向南推进。孙立人的部队所经之处皆为悬崖峭壁，道路难行。他们克服了种种困难，辟道前进，出现在敌后，完全切断了日军的主要交通线，对正面之敌和加迈地区的日军形成严重的威胁。

而廖耀湘的新二十二师正面遇到田中新一第十八师团在加迈地区的坚固阵地。廖师在坦克、大炮的掩护下，采取正面进攻，双方你来我往，战斗十分激烈。日军拼命抵抗，战斗处于胶着状态。噩耗不断传来，廖耀湘的骨干尤其是下级军官死伤惨重，如此强攻下去，他的老底子早晚都要拼光。加之雨季到了，部队在大雨中战斗，十分困难。廖耀湘的几次攻击受挫，开始信心不足。他不断抱怨着，

中国驻印军坦克部队

进攻明显缓慢下来。

战地指挥所外大雨滂沱,士兵们有的站在齐腰深的水里,有的趴在土堆旁,任凭雨水袭击,动也不动,他们的力气都耗尽了。

廖耀湘原想打个大大的漂亮仗,而眼下的战局让他感到很没有面子。他气急败坏,大步冲进指挥所对史迪威说:"总指挥,天降大雨,我的部队攻击了几天,连续受挫,无法再行动了。"

史迪威耐着性子说:"廖师长,我们已取得了辉煌的战绩,就像打老鼠洞一样,第一个洞,即胡康河谷已钻透,现在第二个洞已钻了一半,眼看就要胜利了,我们困难,敌人更困难,无论如何要坚持住……"

"坚持?怎么坚持?"廖耀湘反驳说,"进攻以来,新二十二师已有57名连一级的军官战死,他们当中的大部分人是跟着我九死一生从野人山中爬出来的。"说到动情之处,他摘去眼镜,用手帕擦着眼泪,"总指挥,我已经尽力了!"

史迪威坚决不同意:"不,廖师长,你没有尽力,你必须振作起来,继续向日军发起不间断的进攻！不然，我就撤了你！"

史迪威很着急，不断催促廖耀湘进攻、进攻、进攻！任凭史迪威如何命令，廖耀湘就是不再行动，并对史迪威狂喊："去你的美国佬的武器吧，老子只要我的官兵的性命！"

这么多优秀的下级军官牺牲，令廖耀湘十分痛心。他们当中的大多数人是第一次远征缅甸时跟着他九死一生从野人山里爬出来的，没想到在攻打加迈的战斗中牺牲了这么多。他一屁股坐在地上，伤心地哭了。

史迪威骂廖耀湘："你只会哭哭啼啼，像个娘儿们，怎么不想办法进攻？"

廖耀湘反唇相讥："老子就是娘儿们，你不是娘儿们你怎么不往前冲？下这么大的雨，坦克都无法行动，我的人怎么往上冲？要打你自己去，没人拦着你！走啊！"

史迪威毫无办法，在5月4日的日记中沮丧地写道："又是阴天。我们沮丧地坐着，新二十二师已有57名连级军官战死。在这种情况下推不动二十二师了，也帮不了他们……"

史迪威日记（5月5日）："1点30分廖来了，长谈，损失使他受到很大影响，尤其是连级军官的损失。"

史迪威请来孙立人，一起劝说廖耀湘鼓足勇气，继续战斗，但廖耀湘就是不干。在另一天（5月4日），史迪威在日记中这样说："……现在廖耀湘正找出一切已知的借口，以便不再前进，他和孙（立人）谈了三天。他要躺倒不干了。"

最后孙立人表态："廖师长，你如果不进攻，就将队伍撤下来，我的人上，你看行不行？"

廖耀湘不服气："别光以为弗吉尼亚军校的人能打仗，黄埔和法国军校的一样行！"

在史迪威和孙立人的激将下，廖耀湘终于发狠了，他下令："拼吧！都战死了，老子一个人也要拿下小鬼子的阵地！"

冲锋号又吹响了，大炮惊天动地，坦克在泥泞之中奋力前进，泥水飞溅。一群中国士兵，已看不出人形，军装上和脸上、胳膊上、腿上到处是稀泥，在泥沼中艰难地向前冲锋，终于支撑不住了。一阵机枪声过后，进攻的部队与其说是后撤，不如说是连滚带爬回到原先的攻击位置上。负责指挥进攻的连长又一个挂了重彩，被抬了下去。

"这已经是第五十八个了！"在指挥所中观察部队冲锋的廖耀湘将望远镜一丢，就势一屁股坐到地上，对史迪威说："我不干了，总指挥，你下令枪毙我也不干了。你都看见了吧？白白送死。"

雨下得更大了，史迪威也沮丧地坐在地图前，半晌不说一句话，最后他说："好吧，你先休息休息，我让孙立人那里抓紧进攻。"

时间一天天地过去，新六军新二十二师还在泥水大雨中，进退不得。

敌十八师团得意之极，田中新一带着嘲讽的口气对部下说："廖的部队，曾是我们的手下败将。这次，他想报上次在野人山惨败之仇，但在大日本皇军的打击之下，复仇是毫无希望的。"

但是，田中新一没得意多久，就笑不出来了。新三十八师迂回袭击，炸毁了日军的补给仓库。日军丧失了后方补给，弹粮两缺，顿时阵脚大乱。田中新一原计划抵抗至8月，因卡马高后方补给线被新三十八师切断，给养仓库全数被占，军心动摇，士气低落。

田中新一慌忙下令撤退。

史迪威立即命令廖耀湘发起进攻。

激战6月1日开始，雨依旧在下，但新二十二师在坦克、大炮的掩护下，全师出动，三个团齐心协力，一举突破卡马高的敌强固据点。日军丢盔弃甲，向后狂逃。廖耀湘兴奋不已，亲自乘战车指挥追击，下令："一定要抓住田中新一，一雪耻辱！"

各部发起勇猛的追击，大胆地在溃敌中穿插包围，终于追上了田中新一的主力。

6月9日，新二十二师在湖沼地带包围了敌十八师团主力。在强大的打击下，包围圈越缩越小，田中新一令所部利用湖沼地构成半圆形、马蹄形工事，拼命抵抗。

新二十二师攻击部队几度失利。最后，廖耀湘下令集中所有的大炮："给我轰，直到把他们统统杀光！"

呼啸的炮弹成排飞向敌工事，山崩地裂，硝烟漫天，对方没有反应了，但廖耀湘还是命令继续开炮，作摧毁性轰击。

6月29日，在强大的炮火过后，坦克部队率先冲上了敌阵地，潮水般的步兵紧随其后，呐喊着冲上。第十八师团主力大半被歼，只有师团长田中新一率残部1500余人，披荆斩棘，攀缘雪邦山崖壁，之后向南逃窜。

廖耀湘终于报了一箭之仇。他立即向重庆的蒋介石报告战果：

> 特急。重庆委员长蒋、总长何：阪密。（表）。卡马英（加迈）会战自六月一日突破马拉关敌坚固阵地，九号包围敌十八师团于湖沼地带，歼其主力，十六晚进克卡马英。赖友军协力，再将敌残部包围于卡马英以南山地及孟拱河间，其虽作困兽之斗，终因我官兵士气旺盛，用命所致，于廿九号完成扫荡任务。田中新一率残卒约一千五百余人，钻隙辟路，攀缘雪邦山崖壁，向南逃窜。我俘大炮共四十门（内150及105重炮十二门，野炮六门，山炮两门，新式47战防炮七门，37平射炮七门，70榴弹炮两门，中迫击炮四门），高射机枪一挺，载重汽车一百六十七辆，田中新一以下乘车十二辆，轻重机枪、掷弹筒一千六百余支，仓库卅余所。生俘敌原藤大尉以下七十余名，重要文件、装具弹药等甚多，尚难统计。

廖耀湘不断接到各处战报，众多的俘虏和大炮、辎重。他脑中不由自主想到兵败野人山时的悲惨情景，但现在惨败的是日本人。他有些陶醉，战报的最后是这样写的："查此次敌重武器及军用车辆遗失之大，人员死伤疾病、转于沟壑者之众，狼狈溃散惨状，有甚于两年前国军野人山之转进。追昔睹今，因此痛雪前耻，官兵大奋。……职新二十二师师长廖耀湘叩。"

1944年5月，军委会决定：新二十二师与国内空运到的缅北孟关的第十四师、第五十师扩编为新六军，军长廖耀湘，副军长舒适存。

第十四师原属第五十四军，是中央军嫡系部队。1944年4月由昆明分批空运印度，脱离第五十四军建制，原师长阙汉骞留在国内，升任第五十四军军长，继任师长由黄埔军校第五期毕业生龙天武担任。

第五十师原隶属第五十四军，1944年4月由昆明空运印度，隶属驻印军，编入新编第六军。原第十四师师长潘裕昆继任该师师长，编入中国驻印军序列。

加迈拿下，下一个目标即夺取密支那。

密支那是缅北重镇，又是缅甸铁道的终点。沿密支那往南，直达孟拱、卡萨、曼德勒、仰光，纵贯缅甸南北。从密支那向北，有公路通孙布拉蚌，南通八莫与腊戍，接滇缅公路，与中国的云南相连。往西至孟拱经加迈可达胡康河谷，与中印公路衔接。此外，密支那还有牛车大道北通片马，东经昔动通腾冲。除铁路、公路等外，水路还有伊洛瓦底江航路，流经缅境，南入大海。另有西北两个飞机场。该市可称是商业与交通的枢纽。日军自1942年5月占领密支那后，大力经营此地，使其成为日军在缅北的重要根据地。密支那市区人口有一万以上，城外有狭小的平地，四周则为崇山峻岭所环绕。其西北乃著名的库芒山（Kumonbum），将密支那与孟拱谷地间断，形成天然障碍。山中只有羊肠小道，森林草莽茂密丛生，人行其中步履维艰。该山区对防御密支那非常有利。

密支那在缅北的战略意义还在于中印公路从这里通过，否则无法从陆上与中国滇西联系，战略物资不能大量进入中国。密支那又是滇西前线日军的后方军火、粮秣和物资的集散地，该地如被占领，滇西的日军第五十六师团将陷于绝地。

史迪威率驻印军打出雷多时，密支那是个遥远的梦，是可从地图上看而不可即的一个战略目标。英国的蒙巴顿、美国的参谋部和中国最高统帅蒋介石均认为史迪威要夺取密支那是天方夜谭，是不可能的事情。

在是否要夺取密支那的问题上，美、英两国及其参谋部产生了分歧。

在印度的东南亚盟军最高司令部和蒙巴顿勋爵制订了一份"公理"作战计划。该计划提出，盟军应立即放弃中印公路与反攻缅甸的军事行动，重新实施以马来西亚、苏门答腊和香港为目标的海上战略。从1944年年底到1945年年初，英国向苏门答腊和马来西亚发起进攻，并从欧洲调来登陆舰保证进攻，然后向中国海与香港发动对日军的进攻。英军统帅的本意是放弃缅甸作战，重新控制新加坡至香港这些地区，抢在中国军队之前进入香港。

史迪威坚决反对，他于1944年1月31日赶到德里，与东南亚盟军最高司令部及蒙巴顿勋爵重新讨论作战计划。

史迪威坚决反对"公理"作战计划，他说："假如英国部队和云南的远征军能按原先计划从南北同时进攻缅甸的话，中国与外界联系的陆上与海上通道就会在较短的时间内被打通。马上就能做的事情为什么要等到1944年年底再进行呢？而且攻打苏门答腊和马来西亚我们会遇到什么困难还不知道。1944年年底能不能打败德国都很难预测，登陆舰的希望建立在没到手的东西之上。在中缅印战区，只有集结一支强大的陆军，打败日本人，再向海上推进。"

盟军司令部则反驳史迪威："在雨季来临前根本不可能拿下密支那，并将中印公路修到那里，而且也不可能在1946年修通到昆明，盟军不可能依靠滇缅公路从太平洋沿岸向中国海发动进攻。"

在会上，史迪威以他特有的尖酸与刻薄大声说："大约200年前，有一个叫罗伯特·克莱夫的英国军官，曾经带领123名士兵便征服了印度。而在座的先生们，光是在这幢大厦里司令部机关本身的人数就达到了这个数字的10倍。"史迪威的话，使众人目瞪口呆，会场"死一般的寂静"。

双方的争论没有结果，当由美国与英国的最高参谋部来决定。

美国当时的太平洋战略是夺取菲律宾—台湾—广东这一地区。参谋长联席会议认为：夺取密支那，可利用该地机场实施远程轰炸计划，以支援美国对菲律宾—台湾—广东所采取的行动。因此，罗斯福总统向丘吉尔施加压力，丘吉尔又向蒙巴顿施加压力，"让他们帮助史迪威将军，而不要阻挠他。"

日军对印度英帕尔的进攻，从客观上帮助了史迪威，蒙巴顿又回到了缅甸战场。

史迪威开始实施他的奇袭密支那的计划。驻印军猛攻加迈和孟拱，吸引了日军的注意力。4月28日，他命令梅里尔的麦支队代号为五〇七暂编团和中国新从云南运至印度的远征军新编第三十师（属新一军）及新六军第五十师第一五〇团和第十四师第八十八团组成中美联合突击部队，分成三个支队：H支队由美军亨特上校指挥，辖新六军第五十师第一五〇团、美军第五三〇七团第一营、兽力辎重团第三连、山炮一连；K支队由美军上校金尼逊指挥，辖第十四师第八十八团，美军第五三〇七团第三营；M支队由美军上校麦吉指挥，辖第五三〇七团第二营、克钦突击队（六百人）分途于孟缓南下，经库芒山区披荆斩棘，秘密向密支那方向开路前进。预计5月12日到达密支那，奇袭飞机场，掩护大队人马空运这一地区，一举夺取密支那城。

中美联合突击队冒着大雨，在人迹罕至的山中择道前进。有一半的骡子累死或掉入深山峡谷中，士兵们在泥泞与大雨之中用脚和手一起努力，甚至爬着前进。他们只能通过飞机与后方基地保持联系。K支队的指挥官金尼逊上校和一些士兵患癍疹伤寒而死，其部在雷班遭到日军伏击，经新六军五十师第八十八团赶来援助，才夺路前进。另一支H部队在亨特上校指挥下，在丁克路高遭到两个中队日军的围攻，第五十师第八十八团从后面赶来解围，并留下第三营实行伴攻，丰力兼程南下。

H支队之第一五〇团自雷班超过K支队向阿兰方面转进，向密支那外围的界尼前进。

指挥官梅里尔因心脏病复发留在后方，中美混合突击队由亨特上校指挥。

前途莫测，困难重重，联系中断，史迪威顶着巨大的压力等待着。他这次秘密夺取密支那的行动蒙巴顿并不知道，一旦失败，东南亚司令部会幸灾乐祸。有时候，史迪威觉得自己都紧张得受不住。

中美联军经过二十多日长途跋涉，终于到达密支那外围。

5月14日，按原定计划，亨特上校是日夜晚发来距密支那还有四十八小时路程的信号，以便史迪威通知空运部队，做好空运准备。史迪威在指挥所里焦急地等待。精神上、体力上的折磨，已使精力充沛、身体健康的史迪威看上去老了许多，也衰弱了许多，只有他的战斗精神始终未减。而这一时期，他的肝区经常疼痛，有时痛苦难耐，然而他不愿意去检查。一旦检查出有病，他将离开缅甸战场，恐怕再也没有机会重新夺取缅甸，完成他昼思夜想，甚至付出重大代价的夺取缅甸的计划。

史迪威看着天空，祈祷雨赶快停下来，并盼望密支那方面的信号能尽早到来。

"48小时信号"终于来了，史迪威激动地说："我要梅里尔立即动身，去指挥他们。"

5月15日，空运部队的飞机及增援的部队都准备好了。亨特上校的H支队离密支那还有一天一夜的路程。14点，收到"24小时信号"。负责指挥空运的美军官奥尔德一直待在史迪威的身边。为了使自己松弛下来，史迪威建议出去散步。他说："亨特定于16日夜晚到达密支那，躲藏到17或18日，我们不必把弦绷得太紧。"他未披雨衣，在雨中悠闲地散起步来。

是日夜，到达密支那附近的新六军第五十师第一五〇团切断了密支那到孟拱的公路。

16日24时，新六军第五十师一五〇团与美军第一营全部到达密支那西边飞机场以南的南圭河，新六军第十四师八十八团主力和美军第三营也赶到密支那以北地区。

5月17日，天未亮，史迪威独自在帐篷外抽着烟，不时抬头看天。当东方浓浓的黑云中透出一丝丝光明时，他如释重负，"是个晴天，老天有眼，总算歇一会儿了"。他立即命令找来增援部队的指挥官，命令部队做好执行任务的一切准备，但未讲明目标是密支那。

"10时50分收到'进入圈子'的电码,这意味着——进入战斗。"(史迪威日记)

奥尔德立即乘飞机飞往密支那,他在目标上空盘旋了几圈,城里城外都很平静。"没有见到任何迹象。"他用无线电告诉史迪威。

史迪威想亨特也许已潜入机场外围,等待发动进攻的时机,回话:"我们只有等到底了。"

14时50分,梅里尔奉史迪威的命令,从后方医院乘飞机来到史迪威的指挥部。他的飞机特地从密支那上空飞过。伊洛瓦底江从城外静静地流过,那里没有动静。密支那城东北方向,而不是西北,一闪一闪地有迫击炮炮火,他将情况汇报给史迪威。

史迪威急得团团转,他想,是不是出了什么错误呢?出了错,士兵可以指责将军,而将军只能指责自己。士兵负担的只是一个人的烦恼,将军则负担所有人的烦恼。他总会意识到肩头上的责任,时常想到托付给他的那些人的亲属,想到他们的感情。他的行为必须使他能够无愧无悔地面对那些父母。

时间分分秒秒地过去。

三颗绿色信号弹在机场外升上天空。15时30分,攻击密支那机场的战斗打响了,迫击炮、手榴弹、轻重机枪、卡宾枪突然对机场守敌开火。日军万没有想到远在大后方的密支那会遭到袭击,顿时被打得晕头转向,有的甚至还没弄清敌人在何处,便糊里糊涂地被打死了。100多名敌人抵抗了不到一个小时,便仓皇向城中溃逃。因敌人以为在不长的时间内就会消灭突击部队,因此未能炸毁机场跑道与设施,只是将大桶机油倒在跑道上。

中国士兵紧张地清理跑道上的油,而美军担负警戒机场、对空联络和向指挥部联络的任务。

15时30分,奇袭密支那机场的特遣部队用无线电向孟拱谷地的史迪威指挥部发去了暗语:"威尼斯商人。"这是占领机场、可以降落的意思。

"好极了!立即空运部队!"史迪威兴奋地大喊。

一架接着一架的美制 C-47 道格拉斯式运输机和滑翔机从雷多机场起飞，在战斗机的掩护下，隆隆地掠过缅北的大片丛林，向密支那飞去。在地面部队的接应下，飞机陆续在密支那机场降落。胡素第十四师第八十九团的士兵一跳出机舱，立即投入对密支那城区守敌的进攻。雨又下起来了，天也黑了下来，雪亮的探照灯照亮了跑道。在飒飒的雨中，飞机不停地起飞与降落。密支那的炮火映红了半天，各种枪弹拖着曳光，成串交叉飞驰，对空探照灯不停转动，加上夜航飞机上红绿信号灯光，将密支那的雨夜装饰得壮丽绚烂、多彩多姿。而后，胡素所部第八十九团、龙天武第十四师四十二团、新二十二师山炮兵一部，在美方战斗机的掩护下，乘坐大型运输机和滑翔机陆续降落在密支那机场上，这些部队当即向密支那日军各个据点发起进攻。

奇袭密支那机场成功了。

新六军新三十师已经运到了前线。乘坐飞机对很多中国士兵来说是第一次，而且对日军发动突然袭击，这对中国军队来说，是破天荒的。士兵们显得异常兴奋，士气高昂。手持卡宾枪、头戴钢盔的士兵们时而卧倒射击，时而立起投掷手榴弹，继而向前跃进。前面的倒下了，后面的没有丝毫停顿，前仆后继，冲向敌人的据点与工事。

第二天上午 10 点多钟，史迪威的飞机钻出层层叠叠的浓云，下面的密支那城呈现在眼前，到处都是滚滚的硝烟、冲天的火光和蘑菇般的黑白烟云，大炮、山炮、迫击炮、轻重机枪和手榴弹的响声恰似一个庞大的交响乐团狂奏着一支交响曲。

"这将使美男子蒙巴顿和东南亚司令部的英国佬们坐卧不宁的。"史迪威对自己奇袭的杰作发出开心的笑。飞机降落在机场上后，史迪威带着十二名随军记者钻出机舱，前往亨特上校的指挥所了解整个战况。

"好极了，亨特。"史迪威拍着他的肩膀，"祝贺你，密支那的英雄。如果日本人再不从猛烈的打击中清醒过来，我们将完成这次任务。"

亨特上校也眉飞色舞，他指着沙盘对记者们说："先生们，我军对夺取这座城市完全有把握,战场北面的敌人目前尚未有动静,第一五〇团正向密支那火车站包抄,只有只光渡口方面,敌有增援部队展开反攻。目前,外围的日军在遭到陆空猛烈打击后,正逐步退入城中。"

一记者说:"先生,日军在密支那城中的防御体系怎样?部队进展顺利吗?"

亨特上校说:"敌军在市区的配置,主要利用街道和民房构成坚固的工事和掩蔽部,而且重要地方还用壕沟连接,重武器都布置在十字路口、民房的房角和公路的进出口,构成立体交叉火网。夺取这些地方,并不比夺取飞机场更容易。密城的东南方地形较复杂,多是长满幼年林的山地,敌军在这里也有坚固阵地。"

史迪威说:"目前最主要的是大胆进攻,不给日军从容布置的机会,这样就能很快取得胜利。"

当天,史迪威返回雷多基地。

5月19日黄昏时分,新六军第一五〇团已攻至火车站附近;新一军第八十八团在铁路沿线担任警戒,防止敌军从孟拱方向向密支那进行增援。

是日,驻印军总指挥史迪威在雷多急向蒋介石、何应钦报告敌情与战果。

特急。渝委员长蒋、总长何:三二号密。情况:(一)H支队辰筱(17日)占领密支那机场,并于占领之后,即有工兵一营,由滑翔机降落该场,新三十师八九团第二营由美空军载运,筱晚降落,迄巧(18日)中午止,我军已占领密支那城郊之一部,八九团其余亦全部运到,守备已占领地区及扩大战果中。(二)K支队刻正向密支那城推进中。(三)M支队阻断密支那至毛贡间公路。雷多。职史迪威,辰皓(19日)总建泌印。

次日,战果继续扩大。史迪威再向蒋介石、何应钦报告战果。

委员长蒋、总长何:(表)。本日情况。战况:密支那区新六军五十师一五〇团，由南机场东进半里后，开始攻击密支那城垣，美军率一营占领密支那以南之另道厝，并向卡脚搜索，俘虏大批战利品。新三十师八八团及美军第三营在大米畏至卡培特之线展开，包括密支那北机场，向城垣攻击，八九团主力守备南机场北端，派出两连至机场南端，江岸美军第二营移至南归河以东阵地……

5月20日，战斗更加激烈。车站附近的新六军第五十师一五〇团两个营，黄昏时一部冲入火车站。

驻印军副总指挥郑洞国立即向蒋介石报功：

> 委员长蒋、总长何：阪密（加表）。我三十师八八、八九两团，五十师一五〇团，十四师之一营及美军支队，于哿（20）日攻克密支那车站，刻正向敌猛攻中……

然而，战局急转直下，攻击车站的后续部队在到达车站北侧时，突遭敌增援部队猛烈的炮火和侧防机枪的急袭。部队遭到突然的打击后，攻势一度受挫。车站里的部队与后续部队联络中断，遂各自为战，与四面八方围攻来的敌军展开殊死战斗，并在炮火中建立了指挥所，几十个官兵借着各种建筑物的掩护，英勇抗敌。第三营营长郭文干壮烈牺牲。而后续部队前进至车站外的铁丝网前，非死即伤，几次攻击都告失利，在敌大举反攻下，伤亡惨重。

在紧急关头，负责联络空军支援和炮火支援的美方总联络官孔姆中校因害怕而离开部队，以致已攻入车站的孤军无法得到空军和炮兵的炮火支援，与顽敌激战至通宵，车站得而复失，守军伤亡殆尽。

车站外围的二营也被敌包围，子弹打光后，士兵们与敌拼起了刺刀。虽然日军是拼刺刀的好手，但在新六军第五十师一五〇团的士兵面前，显得力不从心。在遭受重大牺牲后，第二营杀出一条血路，冲出重围，撤回机场附近。敌乘机跟进，将原有阵地收复并加强。

史迪威得到的消息却说，第一五〇团在攻击车站的行动中与自己的部队打起来了，引起很大的混乱。而由于天降大雨，后续部队无法再增援密支那。美军第三营也陷入日军的包围，仍在苦战之中。

史迪威过于乐观了。

密支那的日军极其顽强，他们依靠市区内所修筑的坚固工事和建筑物拼死抵抗。中国军队虽然占领了城垣的一部分，打死打伤一千余人，并缴获了牟田口廉也第十五师团部队大印，但日军无人投降，死守不退。他们已从第一次打击中清醒过来，重新部署防御。该城守敌兵力雄厚，计有第十八师团一一四联队之第二、三两个大队及直属部队与同师团之工兵十二联队第一中队，五十六师团一四八联队之一加强中队，第十五师团机场守备大队分遣队，宪兵分遣队及少数缅伪军，总数共约3000人。在遭到奇袭后，已从最初的晕头转向中缓过劲来，将密城分为北、中右、中左、中南四个防御区。互相支援、互通声气，利用预设之坚强工事纵深配备，死守不退。

这样，密支那的奇袭战转为阵地战，两军胶着在一起，加上天降大雨，后援不济，特别难打。

史迪威在5月22日的日记中悲伤地说道："……如果这可恶的雨能停下来，让我们用几天机场多好。只要我们的飞机无法降落，部队也就运不上去。"

"这是最让人忧心忡忡的日子，你恨不能死了。22点，雨仍然下得很大。"

5月23日，史迪威与参谋长鲍得诺及新三十师师长胡素、第五十师师长潘裕昆前往前线组建临时指挥部，重新任命胡素和潘裕昆为密支那中方指挥官，又命在雷多的第十四师(师长龙天武)第四十二团增援密支那。中美各部队仍由梅里尔准将统一指挥。

以后，中方又陆续调去新二十二师的炮兵第二营之两个连、重迫击炮团之两个连、辎重兵一个连、工兵营一个连、运输兵两个连，英方高射炮两个中队，美英工兵一部及缅甸游击军一个营。

5月25日，中美军队重新发动总攻。是日，大雨如注，史迪威冒着大雨乘飞机前来密支那，亲自部署进攻之事。飞机在大雨和浓云中颠簸得厉害，连飞行员都吐了，只有史迪威依然端坐着。

事后，他写道："……奇怪的是我并不为自己担心，从未发生过我的飞机将要失事或下一颗炸弹上有我的名字的事。对我来说，这种可能性是存在的，但我根本不把它放在心上。我不知道这表明了什么。许多与上述情况类似的事情在时间或空间上在我身边发生过，但没有给我留下什么危险感。我前头的飞机出过事，我后面的飞机被击落过，某个地方在我来之前或我刚走之后挨过炸……像我一样干着事的别的什么人成了牺牲者，然而我的头脑中没产生过一丝恐惧和忧虑……"

史迪威亲自督战，各级指挥官命令频传，严厉督催，但这些军官没有进一步了解敌情。部队往往冲至街心，在离敌一二十米时，突然遭到敌暗堡或隐蔽火力点的猛烈扫射，伤亡很大。在新一军军长郑洞国5月份的报告中说："新三十师两团（即第八十八、八十九团）已死伤1043名，五十师一五〇团达400余，十四师四十二团亦达200余，似宜加强空运尽速补充。"

6月份，战斗仍无大进展，右翼部队先后突破中南区敌坚固防线，左翼部队在长官严厉督饬下，虽伤亡惨重，还在强行突破敌开阔阵地。前线指挥官经过研究，认为敌依据房舍、大树、暗堡、竹林构成坚固据点，攻击困难，似应采取掘壕及强攻并用之战法。新三十师参谋主任唐泊三上校提出，命令部队强攻不是好办法，在采取堑壕战时，应沿密城周围挖掘三条平行的蛇形堑壕，逐渐向敌阵地延伸。在每条深达五尺的堑壕的前端三面堆放沙袋，设置若干机关枪射击点，掩护前进。其他两条亦采取同样办法，火力互相支援，逐渐向前推进。等接近敌阵地或据点时，将手榴弹捆在两丈长的竹竿前端，安装导火线，事先点燃，待爆炸时送入敌阵地与枪眼中。

这种战术非常有效，各部队逐步推进，壕沟不断地向前延伸，像蚂蚁啃骨头一样，一点一点向市区前进。（后来在淮海战场上，解放军就用壕沟战逐步接近敌核心阵地，最后发动总攻击。）

在盟军空军、炮兵的轮番轰炸、扫射、炮击下，密支那城的建筑物大部分被摧毁，敌运输线和河流也完全在盟军炮火控制下。敌人利用八莫通往密支那的公路，夜间用汽车把粮食和弹药偷运到江边，再利用竹排和木筏偷运过江来维持补给。盟军炮火猛烈攻击时，工事里只留下少数日军士兵，其余的躲入地下室和钢轨筑成的堡垒中，等炮火过后再冲出来，向阵地前的驻印军士兵猛烈开火。密支那的仗打成胶着状态，进展缓慢。

6月下旬，敌第五十六师团步兵指挥官水上源藏少将率步兵一个营、炮兵一个连突入密支那，增援守城部队。

7月1日，孟拱之敌被消灭后，新三十八师一一三团从南堤沿孟密铁路长驱东下。7月11日，新三十八师一一三团和新三十师会合。第五十师一五〇团第一营也由森林地带攻入市区南端。第十四师第四十二团第一营、第三营亦相机进入村落地带作战。7月25日，新三十师第九十团也由雷多基地空运到了密支那。中美军队的军力大增。此时，密城高地及其西南数据点已完全落入盟军手中。

7月25日，对敌展开全面进攻，将敌压迫至市中心的街道中。7月27日晚，新六军第一四九团从八莫调至密支那参战。至7月31日，占领密城大部。同日晚，第十四师四十二团第一、三营冒着敌人的炮火强渡伊洛瓦底江，切断八莫至密支那公路，切断了敌军的补给线。新六军第一五〇团第一营攻占了街市第四条马路。

新三十师第八十八团第二连及八十九团之第二连、第四连、第七连亦进至密支那铁路与公路的交叉点，进入村落战斗。顽敌三五人组成一个战斗小组，凭村屋筑成坚固工事，与攻击部队逐屋争夺，攻击部队伤亡颇大。第九十团第二营接替第八十九团继续攻击。该部用破屋的战法，先炸毁房舍，再用冲锋枪扫射废墟，防止有活着的日军。

第五十师之一五〇团之第三营增援第一营，联手于7月30日占领第七马路，新三十师则占领敌营房两端及第九马路。同时，渡江之部队亦在宛貌与敌发生激战。

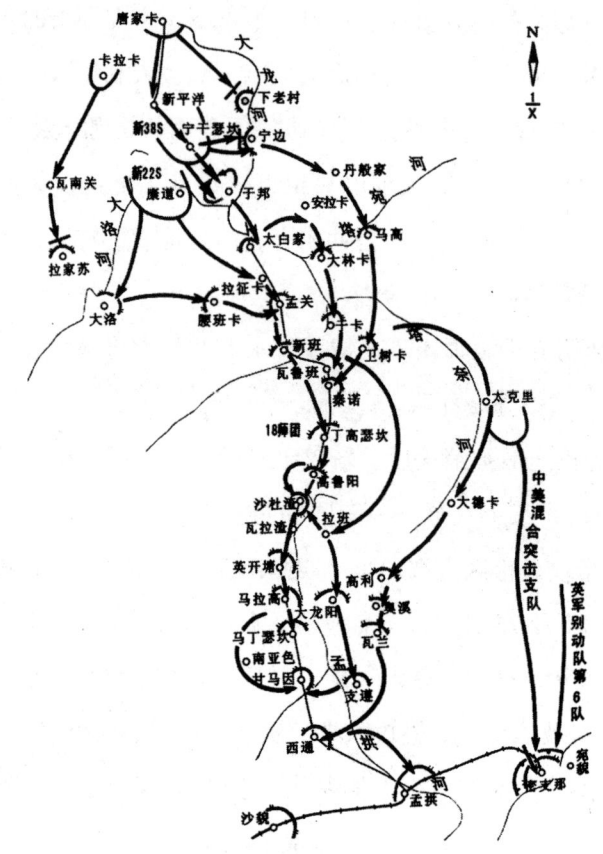

反攻胡康、孟拱、密支那要图

8月1日晚，新六军第五十师师长潘裕昆鉴于密支那城北之敌据守坚固工事顽抗，攻击部队牺牲过大，决定在各团中征选勇士组成突击敢死队一百人，随身携带轻便武器与通信器材，利用黑夜渗透到敌人后方，将敌通信设施完全切断，继而猛烈攻击敌指挥部，并用无线电向指挥部联络，外围部队与之配合，随之发动强攻。敌军首尾难顾，通信设备亦遭到破坏，阵脚大乱。8月2日当天，第五十师即将敌控制的十一条横马路完全占领，并扫荡残敌，向敌营房以东沿江一带搜索前进。8月3日，新三十师占领敌全部营房，美军一营及工兵二营亦将城北西打坡完全占领。三支部队取得了联络。第十四师渡江部队亦攻克宛貌、满那，肃清了密支那东岸的敌人。

8月3日，美空军出动轰炸机群，与地面上的步炮协同，对攻击目标进行地毯式轰炸，炮兵继而施以密集的射击，彻底摧毁敌之防御。前沿观察所则随时向飞机和炮兵通报轰炸、射击成果，一俟炮兵、轰炸转移，攻击部队就利用坑道接近敌阵地，逐步肃清残敌。是夜，敌第五十六师团步兵指挥官水上源藏少将乘黑夜用竹筏将伤病员偷运出城，第一一四联队丸山大佐率残部数百人逃往八莫，水上源藏则在树下剖腹自杀，以示效忠天皇。

至此，密支那战役胜利结束。仅在市区内战斗中中国军队就击毙日本军官3人，打死敌兵200余人，夺获仓库5座，轻重机枪30余挺，步枪400余支，大炮3门，其他战利品无数。

史迪威听到密支那被攻克的捷报后，如释重负。8月3日，史迪威在日记上记下这样的话："密支那来电——终于攻克。谢天谢地。今天上午这个世界上没什么可担心的了。不管怎样歇他五分钟。"

蒋介石听到胜利的捷报，欣喜异常，致电驻印军总指挥史迪威表示祝贺：

> 史迪威将军勋鉴：欣悉密支那城完全克复，敌军虽顽强抵抗，终于全部就歼，不胜欣慰。我盟军获此重大之成就，皆由麾下指挥有方，谋略悉当，我美英中盟军将士协同一致，忠勇效命，克服气候与地理之困难，击灭敌人，造成此光荣之战绩。中正对我部队能达成任务，同所嘉慰，特电驰贺阁下之成功与盟国之胜利，并请转郑洞国、孙立人、廖耀湘各将领暨各师师长副师长参谋长及全体官兵代达余嘉勉之意为盼。蒋中正。八月五日。

8月6日，蒋介石抑制不住喜悦的心情，致电东南亚战区盟军总司令蒙巴顿祝贺克复密支那：

蒙巴顿将军阁下：密支那完全克复，实为东南亚战场一大成就。我英美中盟邦军队一致配合，共同努力，获此重要之胜利，洵堪庆祝，特电达诚挚之贺忱，并祝阁下领导之成功，蒋中正。八月六日。

密支那战役历时80余天，在中美英三国军队共同努力下，终于取得了胜利。打死日军2779人，伤1180人。盟军伤亡官兵6000余人，其中阵亡2000余人。

不久，新六军与新一军攻克八莫、南坎、芒市，打通了遍染鲜血的中缅印公路。

1945年4月，日军为摧毁湘西芷江中美空军基地，集中5个师的兵力，在135架飞机配合下，分别由湖南新宁、邵阳、益阳向湘西发起进攻。第四方面军在武冈、新化间与日军展开决战。第三方面军快速向武冈地区进发，在武阳、新化以东地区集结，策应主力作战。为保证战役的胜利，蒋介石特命令陈纳德将军的第十四航空队将全副美械装备的廖耀湘新六军3万多人从昆明空运到芷江，作为战役的总预备队，以保证芷江会战的胜利。5月5日前后，新六军在廖耀湘的率领下，在芷江、安江地区集中完毕。但该部尚未投入战斗，中国军队便取得了湘西大捷。

新六军第五十师主力在师长潘裕昆的指挥下，继续留在缅甸作战。主力沿西堡通往棠吉的公路及两侧山地向南推进，击破日军第五十六师团一四六联队联队长今冈宗四郎大佐万余人的逐次抵抗，占领南阳，并肃清该地之敌，先后毙敌百余人。从缴获的文件中发现这一带的日军是第十八师团、第五十三师团和第五十六师团各一部及混合编组的野炮、山炮支队。

1945年8月15日，日本宣布无条件投降。8月21日，日军代表今井武夫一行四人前往芷江机场，同中国陆军总司令部参谋长萧毅肃、副参谋长冷欣商谈日军投降事宜。新六军参加了对日洽降签字仪式，负责警戒工作。

1945年9月9日，侵华日军在南京投降，新六军成为首批进驻首都的美械机械化部队。官兵们个个头戴钢盔，身穿笔挺的美式军服，皮靴、卡宾枪、吉普车、

装载军用物资的卡车在中缅印公路上

新六军空运芷江

国民政府颁授新二十二师之荣誉军旗

新二十二师出国周年纪念特刊

十轮大卡车、坦克、榴弹炮、山炮，令南京市民耳目一新，夹道欢迎。有一位跟随冷欣参加受降的新六军的参谋，先期抵达南京来建立前进指挥所，穿着美式军装在大街上走，被几名宪兵拦住，说其违反军风军纪。原来宪兵们没见过美式翻领军服，以为他乱穿军服。不久，该军进入上海市区，接受日军第十三军投降。当时的新六军成为国人心中的模范军队，王牌中的王牌。

抢占东北

1946年2月上旬，新六军在美国第七舰队的帮助下，从上海海运东北，在秦皇岛登陆，参加与共产党争夺东北的内战。隶属东北保安司令长官部，位于辽宁沟帮子地区。军长廖耀湘，下辖第十四师、新二十二师和青年军第二〇七师。

东北保安司令部在得到新六军、新一军的增援后，兵分三路向东北民主联军控制的地区大举进攻。

南路是新六军新二十二师，沿沟帮子、大虎山一线进攻。此为美式机械化部队，自恃武器一流，火力强大，推进迅速。

据时任东北保安司令长官杜聿明回忆：

> 2月中旬，新六军之先头部队新二十二师先头部队到达盘山、台安、辽中，在辽河以北地区形成一条线式防御阵地。其中第六十六团推进至辽河南的沙岭村，成为突出孤立部分。东北民主联军南满军区即以五个旅的兵力，从14日开始，向新二十二师第六十六团的五个连和师属教导营发起围攻。

面对东北民主联军惯用的人海战术，该团龟缩在既设的坚固工事中，镇定异常，固守待援。他们娴熟地运用各种火器，相互配合，距离远就用火炮轰击，稍

杜聿明到达沈阳

近一些就用重机枪、美式冲锋枪狂扫,等民主联军攻上阵地时,火焰喷射器喷射出的火雾时将阵地烧成一片火海,防守部队乘势反冲锋。这些美械装备的威力,共产党部队根本没有尝过,加上新六军的士气旺盛,战斗力和军事素质一流,也是前所未遇的,于是接二连三败阵而回。

担任主攻的第四纵队司令员胡奇才在大冷天浑身冒汗,扔了狗皮帽子大喊:"我就不信砸不开这个硬核桃!"他命令部队不间断地展开进攻。

新六军以绝对优势火力,连续三昼夜,打退了民主联军一次又一次如潮水般奔涌而来的攻势,给民主联军造成相当大的伤亡。战至18日晨,新六军援军将至,民主联军带着大批伤员主动撤退。

此仗是新六军在东北的成名作。杜聿明对自己曾经指挥过的新六军十分佩服,伸出大拇指称赞道:"新六军不愧是国民党军中的王牌部队!"

据战后统计:民主联军伤亡2000余人,而新六军伤亡620多人。

这场战斗滋长了新六军的傲气,更激发了我军必须重创新六军的斗志,战士们喊出了"打仗要打新六军"的口号。《打仗要打新六军》被政工人员写词谱曲，成为战歌，迅速在东北的部队传唱开来。

歌曲《打仗要打新六军》的词作者是东北民主联军第四纵队副政委欧阳文，曲作者是第四纵队第十师宣传股股长葛复惠。该歌曲传唱以后，时任辽东军区副政委的莫文骅将《打仗要打新六军》中的"要"字改为"专"字。

不久，这首《打仗专打新六军》又有了新的版本。当时辽东军区文工团林昂声谱曲的《白菜心》，歌词仍用《打仗专打新六军》的歌词，但歌曲名则改成《白菜心》，表现了民主联军非吃掉新六军不可的无人抵挡的决心。

1946年3月，国民党军进占沈阳，东北保安司令部即令各部向解放区发起进攻。令七十一军向法库进攻，继而进占四平街；令新一军进占铁岭，侵入开原，继而占领昌图；令新六军主力（欠二十七师）、第九十四军第五师和第七十一军第八十八师由辽中附近向辽阳进犯。

3月21日新六军占领辽阳后，又兵分三路向鞍山、海城、营口进犯。经过激烈的战斗，鞍山、营口等地落入廖耀湘的夹袋之中。

4月，在美国人的调停下，共产党与国民党在东北问题上的谈判已经进行到要达成协议的紧要阶段。蒋介石为了使自己处于更加有利的地位，令军队夺占本溪、四平、长春、吉林等地。蒋介石对四平这一战略要地异常重视，认为它是"党国命运之所系""没有四平就没有东北"。当他获悉苏军将于4月末全部撤出东北后，迫不及待地于4月1日在国民参政会第四届第二次全会上声称要撕毁东北停战协议，表示不夺下四平，不停止战争；不打到长春，不商谈和平。同时，蒋介石命令东北保安司令部在4月2日前占领四平街。

毛泽东则指示东北民主联军林彪："马歇尔有于12日动身来华说，东北可能停战。国民党军必将于数日内尽力攻夺四平、本溪。指示望守住四平、本溪，以利谈判。"

东北行营主任熊式辉到沈阳后，积极策划进攻本溪和四平街，双管齐下。4月6日，熊式辉即令第五十二军军长赵公武和新六军第十四师师长龙天武分别从抚顺和辽阳出发，进攻本溪，同时命令新一军和第七十一军进攻四平。

进攻本溪的一路，在东北民主联军第四纵队第十旅金钟山阵地遭遇到顽强抵抗。龙天武所部多次进攻，无功而返。没想到的是，民主联军乘机向溃败中的第十四师发起猛烈的反击，将其部赶至苏家屯东南的长岭子、二道沟子一带。12日，四纵向龙天武在长岭子的守军再次发起猛烈进攻，激战至下午，将第十四师击溃，共击毙击伤该师副师长以下1300余人，俘虏600余人。廖耀湘尝到了东北民主联军的威力。

紧接着，东北民主联军以优势兵力围歼赵公武的第五十二军第二十五师，将该师一个团包围消灭，其中一部分放下了武器，该师师长刘世懋率残部落荒而逃。

与此同时，进攻四平的新一军、第七十一军也屯兵于坚城之下。一时间，东北陷入僵局。

4月6日，在北平动手术回来的杜聿明到达沈阳，立即召集廖耀湘和赵公武等将领开军事会议，研究战术。杜聿明改变了熊式辉的战术，提出了"先打本溪，再打四平"的作战方针。廖耀湘说："杜长官的计划符合我的腹案，先攻取本溪，可安全沈阳门户，再集中优势兵力攻下四平，进攻长春，方可无后顾之忧。在攻击本溪中，我新六军担任右翼，沿太子河两岸向桥头方面包围进攻，可操胜券。"

赵公武说："我也同意先打本溪。只要第五十二军不分割使用，攻下本溪后防守连山关一带阵地，掩护沈阳的安全绝无问题。"

杜聿明当即命令新六军集中辽阳、第五十二军集中苏家屯，于4月28日拂晓后进攻本溪。杜聿明置新六军重点于右，先第五十二军前进到桥头附近，第五十二军置重点于左，正面以空军掩护，迅速猛烈迫近，以两个拳头不间断出击的方法，让民主联军无法轻易转移兵力包围任何一个部队。

是日，新六军和第五十二军进攻颇为顺利，杜聿明和熊式辉都表示满意。不料，进攻两三日后，廖耀湘报告：划归新六军指挥的第七十一军第八十八师师长

赵公武

胡家骥不服从指挥,停滞不前,并临阵脱逃,离开部队去了沈阳。杜聿明十分震怒,要廖耀湘立即找回胡家骥,迅速完成任务。

廖耀湘说:"找胡家骥回来也来不及了,只有我自己设法调整,如期完成任务。"

杜聿明只得命令赵公武迅速攻击前进,以防被民主联军觑破第八十八师的弱点。如此一来,廖耀湘新六军就落在第五十二军之后进出桥头。5月3日,第五十二军已进入本溪,而新六军左翼尚未接近本溪,右翼亦未越过太子河南岸进出桥头。当天,国民党空军发现有万余民主联军向本溪西南运动,判断是抽调部队打击新六军或第八十八师,当即低空投掷美制"面包篮"炸弹,杀伤东北民主联军2000多士兵。

当晚,东北民主联军主动放弃本溪,向南撤退。杜聿明在夺取本溪之后,即命令新六军附第八十八师组成右翼兵团,经西丰、赫尔苏向四平街民主联军之左翼迂回包围攻击前进，协助新一军的中央兵团进占四平街。

5月14日，杜聿明调整兵力后，再次向四平街发起进攻。新六军新二十二师第六十五团在威远堡附近被东北民主联军包围。该团团长李定一上校指挥一个团依靠优势炮火与东北民主联军激战一夜，打退了东北民主联军程世才第三纵队主力。威远堡战斗在东北早期国共较量中意非同小可，威远堡丢失，导致四平保卫战失败。

5月15日，杜聿明集中了十个整师的兵力，组成三个攻击群向四平街发起全面进攻。

新六军先头团在飞机、坦克、大炮的掩护下，向东北民主联军第七旅阵地展开狂攻；东北民主联军第三纵炮兵部队以炮火集中在这一地区，反击新六军，支援三纵反击。廖耀湘乘双方打得难解难分之际，在东北民主联军第七旅和第八旅的接合部，用600辆卡车将主力强行运过，待第三纵发现情况不妙时，新六军主力已在三纵的射程之外，东北民主联军三纵的防线被突破了。是晚，新六军进驻哈福火车站。

第二天拂晓，杜聿明亲自给廖耀湘打来电话："建楚兄，望你部一鼓作气拿下塔子山和三道林子！我已命令空军掩护你部行动！"

廖耀湘回答："请杜长官放心，我部明日清晨发起进攻，决不辱使命！"

塔子山距四平20多里，扼四平防守之咽喉，可以俯瞰四平东北的全部阵地。这个山头面积虽然不足100平方米，却关乎四平全局之安危。

5月17日拂晓，新六军向塔子山阵地发起猛烈进攻。守军不断向总部求救，林彪在指挥部里死死盯住地图，口授："命令第三师十旅火速东调，增援塔子山！"

塔子山守军在援军的协助下，浴血奋战十几个小时，给进攻中的新六军以很大打击，但伤亡惨重，阵地数次被新六军突破。虽然防守部队一次又一次将敌军打回原形，但其攻击的次数越来越频繁，一次比一次猛烈。我军已感力不从心。林彪得到三纵的报告，感到四平失守就在旦夕。林彪坐不住了，当机立断，派人找来后方总政主任陈正人和野战部队政治部副主任陈沂，说："估计明天敌人就可以占领塔子山阵地，一旦廖耀湘占领塔子山，就可以从背后迂回，封死四平守军的退路，那我们就完全处于被动的局面，甚至有被歼灭的危险。我们已经大量消耗了敌人，并赢得了时间，我们的保卫战是顽强的，我们的部队得到了锻炼，我们对全部美械装备的敌人还是估计不足。三纵的防线被新六军迅速突破，影响了保卫战的全局，这是我们最大的教训。你们迅速起草《为撤退四平告全军书》，我们要放弃四平！"

5月18日，国民党军在飞机、大炮、坦克的帮助下攻陷了四平外围塔子山阵地，四平一翼防御洞开，防守部队有被国民党军合围的危险，而且部队伤亡人数超过8000人。为此，林彪没有等待延安的命令，开始部署撤退，命令："七师于三道林子北山，七旅于四平东北高地，掩护我军全线撤退。"

5月18日半夜至19日凌晨，林彪率领保卫四平的民主联军，在夜幕的掩护下，悄悄撤出了四平城。

5月19日上午，毛泽东给林彪发来电报，充分肯定了保卫四平的意义：

一、四平我军坚守一个月，抗击敌军十个师，表现了人民军队高度顽强英勇精神，这一斗争是有历史意义的。

二、如果你觉得继续死守四平已不可能，便应主动放弃四平，以一部在正面迟滞敌人，主动撤至两翼休整，准备由阵地战转变为运动战。

三、如果采取此项方针，我军必能从目前的被动与不利地位转变到主动与有利地位，而敌则愈前进愈分散，粮弹愈困难，其力量必减弱下来。

四、长春以南铁路应迅速彻底破坏。

此外，中共中央还要求林彪"坚守公主岭""如公主岭不能守，应坚守长春，以利谈判"。

但是，东北民主联军已损失惨重。

其实，林彪并不愿意在四平与杜聿明打消耗战。4月11日，他曾致电中共中央和东北局，就包围四平问题谈了自己的看法："在蒋介石继续增兵东北的情况下，我固守四平和夺取长春的可能性和东北和平迅速实现的可能性均不大，因此，我军方针似应以消灭敌人为主，而不以保卫城市，以免被迫作战，其结果既不能保卫城市又损失了力量……故我意目前方针似应脱离被迫作战，采取主动进攻。"

对于四平街一战，在中共内部有争议。根据《黄克诚自述》中说："1959年庐山会议期间，一天毛泽东约我和周小舟、周惠、李锐四人到他住地，我们边谈话边争论问题。当谈起四平保卫战的情况时，毛泽东问我：'难道四平保卫战打错了？'我说：'开始敌人向四平推进，我们打它一下子，以阻敌前进，这并不错。但后来在敌人集结重兵寻我主力决战的情况之下，我们就不应该固守四平了。'毛泽东说：'固守四平当时是我决定的。'我说：'是你决定的也是不对的。'毛泽东说：'那让历史和后人去评说吧！'"

许多年后，原三纵副司令员韩先楚说："四平保卫战是在特定历史条件下形成的城市防御战，虽然取得毙伤敌人一万余的战果，阻滞了敌人的进攻，但是我军处于劣势情况下，过多地看重一城一地的得失，与敌进行不利条件下的作战，在战略上是失策的。我军动用不少兵力，以浅近的防御纵深，在兵力、火力并不得心应手的状态下，在那样长的战线上，打那样长的时间，部队打得相当苦，有的甚至丧失了元气。我军虽然打得很英勇，也取得了作战经验和教训，但付出了8000多战斗骨干伤亡的代价。由于我军果断地撤退，摆脱了战略上的被动，又一次避免了不利条件下的决战，保存了有生力量。经过四平保卫战和大撤退的反面教育，彻底消除了和平幻想，对东北全党全军在和战问题、根据地建设问题上统一思想，产生了积极影响。"

5月19日傍晚，孙立人的新一军率先进入四平城。按理应该把打下四平的头功给孙立人，但杜聿明认为如果没有新六军廖耀湘的迂回，不可能这么快拿下四平；再加上孙立人目空一切，不听指挥，在缅甸与自己有过节，于是，他在蒋介石面前为廖耀湘请功。这样一来，孙立人气得够呛，新一军官兵也愤愤不平。

撤离四平后，林彪的总部转移到四平以北的梨树一带。总部的作战科科长王继芳携带大批文件叛变，投靠了新六军。

王继芳，四川巴中人，时年二十七岁，曾参加长征，嗣后在抗大学习，毕业后留校当教员，给校长林彪做秘书工作。抗战胜利后随林彪到东北，在东北民主联军总部担任作战科科长。

王继芳完全被新六军的美械装备和进攻的威力吓破胆了，对革命的前途丧失了信心，虽然待在总部机关，但从每天部队送来的统计报表和战报中，得悉我军在与国民党王牌作战中伤亡惨重，根本不是对手，认为民主联军根本无法对抗强大的新六军和新一军，就在总部撤退时叛变投敌，并向新六军交代了民主联军的全部撤退计划。

廖耀湘由此了解到东北民主联军实力大损，许多部队半数以上减员，失去战斗力。于是，便放心大胆指挥他的机械化部队多路平行，向北猛追。

杜聿明得到廖耀湘的报告，说在公主岭附近并未发现解放军有大规模抵抗的情况，已顺利占领。杜聿明判断林彪在长春不会有决战性防御，即令新一军之第五十师归廖耀湘指挥，继续向长春、永吉等地追击前进。并分别命令孙立人和廖耀湘两军：首先进入长春者，奖东北流通券100万元。

此时，林彪接到延安的命令，要他率部固守长春。林彪在郑家屯开会，研究下一步行动计划和作战方针。会上，出现了两种截然相反的意见。一部分人认为应当坚守长春，不能再退了，否则部队就要被拖垮了。

林彪主张在优势敌人面前，我军不应固守长春，还是撤到松花江北岸，今后主力仍以打运动战为主。但是，林彪的意见没有得到大多数部下的支持，连彭真也不主张撤退过猛。

林彪则坚持："长春人口近90万，防线百余里，需要大量守军。如果敌人先围城，同时集中飞机、大炮、坦克掩护步兵攻击一点，我军则既不可能守住城市，又要丧失运动战的机会。我看，今后主力仍以打运动战为好！"

在罗荣桓的支持下，5月22日，东北民主联军撤出长春。中共中央东北局和东北民主联军司令部发表公报称：放弃长春，"不是我们没有防卫长春的力量，而是我们希望以自动撤出长春的让步，看国民党在东北是否有停止内战实现和平的诚意,并由于我们不愿使长春 80 多万人民及长春城市遭受战争的毁灭"。

林彪放弃长春,带着部队向北撤退,新六军则紧紧跟在后面。

罗荣桓忧虑地说:"打了这么多年仗,还从来没有这样被动过。我们一个劲儿地撤,敌人一直在屁股后面追,就像拖了个尾巴。"

林彪则乐观地说:"被动过了就主动了,撤到松花江以北就主动了。"

5月21日,廖耀湘新六军进占公主岭、农安、伊春等地。

23日,新六军一马当先,进入长春。国民党欢呼雀跃,认为这是一个历史性的胜利。蒋介石闻讯,立即与夫人宋美龄从南京飞抵沈阳,以示庆贺。

廖耀湘以新六军军长的身份兼长春警备司令。

紧接着廖耀湘又命令所部向松花江南岸方向追击。国民党以多路平行追击,他们坐着美国十轮大卡车、开着坦克,在飞机的扫射掩护下,对民主联军迂回包围。

1946年6月1日,彭真、罗荣桓、高岗给中央的电报中形容:"我军自四平撤至公主岭附近时,敌以多路平行纵队各附汽车坦克向我追击,其受我抵抗之路则停止,而他路则进行包围,飞机进行放肆轰炸,故被割断我军部队甚多,至今尚存数个团,数个营,数个连,落在敌后,尚不知去向……"

5月31日,新六军占领了松花江南岸永吉至农安之线。整个战役只有青年军第二〇七师一个营在桦甸附近被民主联军消灭,其余完好无损。

目空一切,头号主力

新六军已经成为东北人民解放军的头号大敌。

该军军容整齐,装备先进,士兵身着美式翻领卡其布军装,翻毛皮靴,手持卡宾枪；军官则是美国马裤呢军装，美式左轮手枪；士气高昂，部队面貌有别于其他各军。东北的女学生都以嫁给新六军的军官为荣。

据新六军副军长刘建章回忆：新六军进入东北近三年败仗极少。从一开始攻占鞍山、本溪、辽阳到两次四平战斗、安东战役，最终打到伪满洲国首府长春，东北国民党军的势力达到了顶峰。

1947年7月，蒋介石在东北连遭败绩，走马换将，派陈诚替换杜聿明。陈诚到东北后，取消东北保安司令长官部，改为东北行辕，陈任主任。为笼络新六军将领为其卖命，他向国防部申请，给廖耀湘和他的高级军官颁发勋章，并报请蒋介石批准，提升廖耀湘为第九兵团司令官。陈诚上任不到两个月，民主联军就在秋季攻势中连连胜利。陈诚不得已，将东北战场上唯一的机动兵团新六军紧急调至辽西，这样就造成沈阳和锦州之间的兵力不足。民主联军当即以第一、第三、第四纵队协同作战，歼灭集结在昌图、开原和西丰地区的敌第五十三军。

在民主联军的秋季攻势中，陈诚忙于应付，捉襟见肘，损兵折将，一筹莫展。秋季攻势结束后，民主联军进行休整。东北国民党军也进行了整顿，新六军原辖的第十四师扩编为新三军，军长为龙天武；青年军第二〇七师亦脱离新六军，直隶东北"剿总"总司令部；另新建第一六九师，师长张羽仙，编入新六军作战序列。不管如何变化，该军的基本队伍即新二十二师始终不变，师长李涛升任新六军军长后，罗英继任该师师长，副师长周璞。

是年11月25日，中共中央军委副主席周恩来代表中央军委致电东北民主联军总部：确定从1948年1月1日起，东北民主联军改称东北人民解放军，民主联军总部改称为东北军区兼东北野战军领导机关。

1947年11月16日，东北军区兼东北野战军总部向各纵队提出："今年冬季我们更必须利用河流失去障碍作用、有利于大兵团运动的宝贵时机，实行更大的兵力。我军将集中主力七八个纵队统一行动，对较大的目标，我们能集中四五个纵队攻城，还有力量打援；或集中六七个纵队打运动战，还有力量阻击敌人。"

解放军攻占东北"剿总"大楼

东北解放军也在与新六军等国民党王牌军的多次战斗中,逐渐摸索出了一整套作战经验,行之有效地对付新六军,其中一个有效的方法即:伤其十指不如断其一指。哪怕集中数倍或十倍的力量,在一次战斗中彻底消灭新六军成营或成团以上的建制,用人海战术,一点一点地消灭新六军的力量。廖耀湘在缅甸的老底子多被消灭,取而代之的是重新补充进来的力量,比起老部队逊色很多。林彪的这个战术令廖耀湘头疼不已。

12月15日,东北人民解放军发起了猛烈的冬季攻势,二纵、七纵、十纵第二十九师插至沈阳外围,包围法库、彰武等城,并以一部分兵力进击锦州、义县地区;一纵、三纵、六纵主力分别插入新民、法库、铁岭、沈阳之间,准备打援;十纵抵昌图、开原地区;四纵进至辽中,会同主力作战。

在刘震第二纵第四师进攻沙后所的战斗中，陈金钰指挥第四师进攻新二十二师第六十四团。

第四师采取掏心战术，猛冲猛打，突击营刚占领第六十四团团部，就遭到该团疯狂的反冲锋，重机枪和迫击炮对解放军进行压制。之后，步兵发起反冲锋，用火焰喷射器向解放军狂扫，突击营死伤惨重，仅营以上指挥员就被打死六人。紧接着，新二十二师两个团凭借工事顽强抵抗，与解放军反复搏杀至天明。

第二纵第四师原来战斗设想是全歼守军，结果非但没有完成战斗任务，骨干基本打光，第四师十团副团长王国华阵亡，第四师损失942人。新二十二师六十四团损失801人，该团打败四师后，从容撤退。

第二纵公开史料不提这一战斗，但四师军内总结完全承认，说："主要教训：指挥员轻敌麻痹，对敌情掌握不准，未具体贯彻林总的战术思想，造成严重的战斗失利。"

1948年1月1日，陈诚调集5个军共15个师的兵力，在近100公里的正面上，呈扇形向沈阳西北推进。新六军、新三军主力为右路，第七十一军、新一军为中路，新五军为左路，由新民向法库进击。

在研究敌情时，参谋长刘亚楼提出，应集中兵力先歼灭敌人力量最弱的左路，即歼灭新五军。林彪认为可行。

洪学智六纵诱敌深入，边打边撤，将陈林达的新五军诱至公主屯附近后，突然顽强阻击，劈头盖脸打击进犯的新五军。该敌连续进攻三天，无法前进一步。与此同时，各路大军迅速包围过来。

陈林达发现不妙，急电陈诚放弃原来的进攻计划，退守巨流河一线。陈诚犹豫不决，致使新五军被解放军团团包围。

1月5日拂晓，东北野战军第二、第三、第六、第七纵队以及三个炮兵团向公主屯的新五军发起总攻。陈林达连连向陈诚、廖耀湘和新六军军长李涛以及第七十一军军长刘安琪求救。新六军离新五军的距离最近。李涛请示廖耀湘是否行动,廖耀湘却对李涛说:"林彪志在必得,表面上是打新五军,其实是诱我新六军,千万不能轻举妄动。"于是采取隔岸观火的态度。

陈诚得知新五军被林彪大军包围的信息,慌了手脚,直到这时才命令陈林达撤退。但新五军一开动,便被数路解放军分路截击,像没头的苍蝇一样,四下乱撞。

延至1月7日,在强大炮火压制下,东北野战军向新五军发起总攻,一举将文家台村的新五军军部和两个师(欠暂五十四师)全部歼灭,俘虏中将军长陈林达、第四十三师少将师长留光天、第一九五师少将师长谢代蒸以下1.3万人。

蒋介石闻新五军被消灭,立即从南京飞往沈阳,一下飞机便通知东北国民党师以上军官开会,追究作战失败的责任。

陈诚事先已在蒋介石面前打过小报告,将新五军覆没的责任推在九兵团司令官廖耀湘身上,认为完全是他和新六军军长李涛救援不力所致。因此,蒋介石一上来就对廖耀湘和李涛吹胡子瞪眼,骂他们"不服从命令,不顾大局,不顾党国利益,坐视新五军被共军消灭"。

陈诚暗暗高兴,装模作样对蒋介石说:"委座,请息怒!"

不料,廖耀湘和李涛双双站起来,叫屈喊冤:"委座,不要被谗言蛊惑。我等并没有接到救援新五军的命令,请委座到作战部去查一下,看看有无此作战电令,如果真是我们奉令而不救援和行动不力,甘受军法处置!"

蒋介石扭过头问陈诚:"是这个情况吗?"

陈诚慌了神,看了一眼东北行辕副主任罗卓英,说:"我不是部署你们下达作战命令吗?"

罗卓英站起来,支支吾吾地说:"我、我是用电话通知廖司令官和李军长的!"

廖耀湘和李涛乘胜追击,大声嚷嚷:"你给谁打的电话?我们再说一遍,我们没有接到书面作战命令!"

蒋介石火了，质问罗卓英："如此重大的行动，为什么不下发书面作战命令？"

罗卓英的脑门上沁出密密麻麻的汗珠，他原想替陈诚挡一下，但是知道搞不好厄运会降临到自己头上，也不敢为此事担责任，一时间站在那里竟无话可说。

陈诚见状，知道躲不过去了，只得站起来说："新五军被共军歼灭，责任完全在我，卑职指挥无方，不怪各位将领，请委座按党纪国法惩办我吧！"

蒋介石气得浑身发抖："仗还没结束，追究什么责任？等战争结束后再说吧！"

会议没有任何结果，蒋介石第二天便飞回北平。

陈诚此时已经知道东北战局毫无希望，而且得罪了廖耀湘和李涛等一大批新六军和东北的将领，继续待在东北只能是送死，于是通过夫人谭祥走宋美龄内线。宋美龄对蒋介石说："辞修已经病得起不来床了。东北局面如此混乱，应该换个得力的人去接替。"

蒋介石说："我何尝不知道陈诚不是林彪的对手？他与东北的将领不和，陈明仁、廖耀湘、李涛没有一个服他的。"

宋美龄问："是不是派卫立煌去？"

蒋介石说："看来只有派卫俊如去了，可是他桀骜不驯啊！"

这时共产党报纸上刊登了一篇《教师爷滚蛋了》的文章。其中说："5 日 10 时 13 分，夜郎自大的常败匹夫陈诚，夹起尾巴坐着美国飞机，逃出危巢沈阳了……"

廖耀湘看后，指着报纸对参谋长说："陈小鬼到东北五个月，来时牛皮哄哄，什么'六个月恢复东北局势''我们一定要从共军手里收复满洲一切失地'，等等。共产党为他统计一下五个月来的成绩：丧失城市 18 座，土地面积 6.3 万平方公里，人口 550 万，损兵折将 128337 名（其中将官 30 名），损失各种炮 1164 门，机步枪等 59586 支……这位常败将军不仅把他来到东北以后新添的卖命本钱四十九军和新五军都弄完蛋了，二十一师遭到毁灭性打击，而且把一一六师等老本钱也都全部送了礼，将战火一直引到沈阳市郊，这就是这个'足智多谋'的蒋匪参谋长恢复东北优势的卓著成绩。不用咱们说，人家给他统计得一清二楚，还想把账赖到咱们头上，门都没有！"

1948年1月17日，南京政府发表了卫立煌为东北"剿匪"总司令部总司令，郑洞国、范汉杰为副总司令的明令。1月22日，卫立煌乘专机飞抵沈阳，走马上任。卫立煌一改陈诚在东北排斥异己的做法，对东北原班将领一律留用，大加笼络，尤其对廖耀湘及其第九兵团的高级将领更是言听计从。

卫立煌到东北后，总兵力为4个兵团14个军44个师，加上杂牌部队共计55万人。他采取了"集中兵力，重点守备，确保沈阳、锦州、长春，相机打通北宁线"的方针，将主要兵力集中在长春、沈阳、锦州三大据点。由东北"剿总"副总司令郑洞国率10万人马驻守长春，卫立煌本人率30万人马驻沈阳及卫星城市本溪、抚顺、铁岭、新民地区，范汉杰率领15万兵力驻守锦州、锦西地区。

郑洞国（右二）在长春

无力回天,全军覆没

1948年2月7日,毛泽东通盘考虑了东北的决战形势后,致电林彪、罗荣桓、刘亚楼,提出:"对我军战略利益来说,是以封闭蒋军在东北加以各个歼灭为有利。"

作为国民党军统帅,蒋介石也把眼睛盯在东北地区,经过反复思考,他决定将沈阳地区的国民党军主力撤到锦州,于是秘密通知时任东北"剿总"司令官的卫立煌去南京面商。行前,卫立煌与第九兵团司令官廖耀湘商量对策。

卫立煌说:"总统要我们放弃沈阳,撤回关内。"

廖耀湘一惊,忙问:"长春的军队怎么办?"

卫立煌说:"怎么办?他们不能走,否则谁也走不了,只能让他们牵制林彪,自生自灭呗!"

廖耀湘说:"这怎么行,卫司令官的意思呢?"

卫立煌叹了口气说:"总统曾答应增派军队到东北,打通沈锦交通,并已经增派第九军和第五十四军到锦州,现在却要放弃沈阳。如果真要撤退沈阳的主力,也应该实践诺言先多派几个军到锦州来,向东先打通锦沈交通,沈阳部队西去,与东进部队会师,再一同北上,去把长春被围部队拉出来,然后才能撤出东北!"

廖耀湘感动地说:"司令官考虑得对。"

卫立煌忧心忡忡地说:"林彪的大军就位于辽北和辽西地区,如果我沈阳主力单独向辽西地区撤退,背辽河、新开河与绕阳河三条大河侧敌行动,有被共军层层截断、分别围歼的危险。现在就撤出沈阳,定会瓦解长春守军的斗志,长春马上就成问题。"

廖耀湘同意卫立煌的观点:"这个情况一定要告知总统知晓,否则自乱步伐。"

卫立煌说："建楚兄，我直接去南京，一定会和总统顶起来，我想请你代表我去南京见总统，陈述东北将领的意见。"

廖耀湘说："既然总座相信我，那我就代劳！"

卫立煌很高兴，决定派参谋长赵家骧、第六军军长罗又伦一起去南京向蒋介石建言。

廖耀湘到达南京后，蒋介石明确指示："我之所以要撤退沈阳主力，首先是考虑东北共军未进攻锦州之前，先主动把沈阳主力撤往锦州；其次是当时国军的空运能力有限，不能够负担沈阳十几万大军的补给。何况，长春守军被共军包围，使我感到十分苦恼。"

廖耀湘："总统考虑得对，但是卫长官的意思是把长春主力拉出来，我们不能眼睁睁看着十万大军被林彪困死！"

蒋介石沉吟着："我本来打算另调一些部队去东北，傅作义那里说可以抽调一部分，我想从山东再抽调一部分，现在王耀武那里一时抽调不出来。沈阳主力撤退，可稍推迟一个时期，但必须做好准备。必要时，把新一军、新六军和新三军转运至南京地区，作机动预备队，巩固南京！"

第二天，蒋介石召集廖耀湘、赵家骧、罗又伦等人开会，明确指示："沈阳主力撤退可稍推迟一个时期，但必须立即做好准备，待抽调的部队到达后，即开始行动。我已经决定，把周福成的第五十三军编为防御兵团，担任沈阳的防卫；新一军、新六军、新三军和第五十二、第四十九、第七十一六个军加第二〇七师编为机动兵团，由廖耀湘指挥，随时准备行动。"

廖耀湘说："我对兵团的编组有两点意见。第一，这样彻底改组沈阳部队的方案，最好暂不发表，因泄露出去会引起周福成及其他地方部队的不安，可把这个决定交赵家骧参谋长带回去交卫长官，在适当的时机发表。第二，在机动兵团行动期间，沈阳还是机动兵团的后方补给与空运基地，绝不能发生意外。因此，我建议把第二〇七师编入周福成的防御兵团，这样可以增强沈阳的防御力量。"

蒋介石点头:"可以这样办!"

罗泽闿提出:"万一沈阳主力撤出以前共军就打锦州,那怎么办?"

廖耀湘说:"在这种情况下,应由关内迅速增兵葫芦岛,直接解锦州之围,因为那里距离近,后方安全,侧翼有依托,补给无问题。沈阳部队应待葫芦岛与锦州部队会师后,东渡大凌河出沟帮子向东推进时,才能够西进,与东进的部队会合,打通锦沈交通。"

罗泽闿说:"这样,锦州可能发生意外。"

廖耀湘说:"共军可能围点打援,沈阳主力如果单独西出,背三条大河,侧敌前进,增援锦州,更有被节节截断、包围分割、各个击破的危险。"

罗泽闿竟毫不客气地说:"将来东北战局要由廖司令官负全部责任,因为全

罗泽闿

部精锐部队都在廖司令官手里！"

廖耀湘急了："你这是什么意思？"

赵家骧急忙站起来调解说："这应该是卫总司令的责任，我们回去要与卫总司令详细商量。"

蒋介石哼哼两声："这个问题留待以后再详细商量。"

廖耀湘虽然遭到罗泽闿的讥讽，但对蒋介石赋予他建立机动兵团、掌握更大军权的做法还是很高兴，于是改变了支持卫立煌的态度，倒向了蒋介石。但没想到回来后，卫立煌坚决反对廖耀湘把沈阳主力都拉走的做法，反对成立机动兵团，卫立煌与廖耀湘的矛盾加剧了。

是年8月，形势进一步恶化，廖耀湘忧心忡忡，他向卫立煌建议速将沈阳大军撤出。

由于蒋介石与卫立煌、廖耀湘等人意见不一致，始终在争吵，直到9月，辽沈战役爆发，沈阳主力还未撤出。解放军包围锦州后，蒋介石意识到问题的严重性，下令沈阳主力直出辽西，以解锦州之围。卫立煌认为应等关内增援部队解围锦州后，共同向辽西前进，沈阳部队才能西出，与东进兵团会师。

廖耀湘则认为应该趁解放军包围锦州，辽南空虚时，尽快向营口集中。

林彪的作战设想也与毛泽东的部署不同。此时，他披着军大衣，绕室徘徊。每当林彪将自己关在屋里时，门外便鸦雀无声，参谋们大气都不敢出。

林彪将口袋里的豆子一粒一粒慢慢送往口中，脑子却像车轱辘一样飞快地转。他的眼睛死死盯着在彰武、新立屯地区不进不退的廖耀湘兵团，如果廖耀湘缩回沈阳，据城防守，依托固守的工事，我军攻城必然遭到很大损失；如该敌转赴营口，从海上撤至华东，就将给华野、中野增加负担，应该不失时机地在运动中歼灭廖耀湘兵团。

他放下手中的豆子，对刘亚楼说："我们立即向中央军委建议：如敌援军继续向锦州前进，即采取诱敌深入的方针，将廖耀湘兵团歼灭在沈阳和锦州之间；如该兵团停止在现地区或向沈阳收缩转向营口时，我军立即迅速包围彰武、新立屯，以各个歼灭的办法歼灭之，使其不能退回新民、沈阳和营口。"

"这与军委的作战方案不一致。"罗荣桓道出了他的担心。

林彪指着地图对罗荣桓、刘亚楼说："打锦西、葫芦岛，对我不利！一是这个地方地形狭窄，我兵力难以展开；二是敌人重兵云集，有十一个师，还有原有工事可作坚强抵抗；我则水牛落井，有劲使不上，这样战斗可能旷日持久，而这时廖耀湘可能乘虚进占锦州，这样我们就被动了。我们不能按军委的方案打！"

罗荣桓同意林彪的方案，转问刘亚楼："你的意见呢？"

刘亚楼说："我也同意林总的意见，采取诱敌深入、打大歼灭战的方针，全歼廖耀湘兵团。"

意见一致。林彪脸上露出笑容。罗荣桓、刘亚楼也发出朗朗笑声。参谋们欢腾了。

林彪与罗荣桓、刘亚楼于10月19日制定了围歼廖兵团的方案，并呈报中央军委。

毛泽东从善如流，当即复电："完全同意你们的建议，如廖耀湘兵团继进，则等敌再进一步再进攻之；一经发觉敌不再进，或有退沈阳、营口的征象时，则立即包围彰武、新立屯两处敌人，以各个击破方法全歼廖兵团为目的。望本此方针立即部署，鼓励全军达成任务。因敌有随时退至营口可能，望令十纵准备，一经发觉敌有此征象，即兼程开营口守备。"

卫立煌不俗，已经看出林彪的意图，让廖耀湘立即撤回沈阳。

他说："锦州失守，廖兵团再无西进的必要，应迅速撤回沈阳，否则又有被解放军包围消灭的危险。此时，从彰武、新立屯撤回新民、沈阳是很容易的。"

廖耀湘很自负，反唇相讥："这是一个慢性自杀的方案，充其量不过得到长春守军的结果。"他认为只有向营口方向转进，从新立屯经黑山、大虎山以东以南地区向营口撤退，"虽然有危险和带冒险性，但距离短，不经过大河流，两天半急行军，可望到达目的地，也可望出敌意表"。

蒋介石刚愎自用，对卫立煌和廖耀湘的意见一概否定。在沈阳的军事会议上分析形势时，蒋介石说："据连日空军侦察，共军大批向北票、阜新撤退。我料定共军不会守锦州，现锦州已没有什么共军。"因此，他以命令的口气说："廖兵团应该重占锦州，打通与关内的联系，东北部队可从陆路撤入华北。沈阳我军不能在共军的威胁下从营口撤退，这样风险极大，何况哪有这么多的船只？"

卫立煌撇撇嘴说："强攻锦州，将导致全军覆没，目前只能集中兵力固守沈阳。"

"剿总"参谋长赵家骧也反对西进锦州的方案，说："共军的兵力超过我军近两倍，而且无后顾之忧，可以集中兵力与我决战。我军既要守沈阳，又要收复锦州，南北分进，既不能合击，又有被敌军各个击破的危险。"

蒋介石坚持己见，僵持不下。

卫立煌、杜聿明同飞北平，再度商议。杜聿明最懂得校长心思，老蒋为顾全个人尊严，迫于国内的政治压力并顾虑到国际影响，他是绝不会明令放弃东北、撤退部队的，他希望由部属替他出主意并承担责任。于是，杜聿明本着替校长受过的心态，提出了两个方案：第一个方案是令东北国民党军有计划地从营口迅速撤退；第二个方案是以营口为后方，以一部守沈阳，主力归廖耀湘指挥，先转移到大虎山、黑山以南，将营口后方掩护确实，再向大虎山、黑山攻击。如攻击成功，进而收复锦州；攻击不成功，即逐次抵抗并迅速向营口撤退。

蒋介石当即表态："光亭的第二个方案好，望各部按此执行。"

蒋介石的瞎指挥和杜聿明的拍马屁，将东北战局拖入绝境。

在蒋介石的严令下，廖耀湘组成辽西兵团开始向巨流河、新民地区集中，威胁锦州解放军的侧背，10月12日向彰武进犯。

新三军龙天武部担任主攻，新六军先头部队担任侧背掩护。经过两天的激烈战斗，新三军占领彰武。廖耀湘得知解放军已突破锦州西南的外围阵地，而国民党从葫芦岛东进攻塔山的部队却毫无进展，犹豫起来，徘徊在彰武一线不进不退。

蒋介石与卫立煌

此时,蒋介石亲赴沈阳督战,严令廖耀湘亲率主力星夜渡新开河进至新立屯,向锦州前进。如再延误,军法从事!

于是,廖耀湘只得强打精神,继续西进。

10月16日,廖耀湘得到一直参加对塔山攻击的暂编第六十二师师长的报告,说:"锦州已被共军占领。"廖耀湘大惊失色,立即报告卫立煌:"须重新考虑。"同时,廖耀湘主张"由新立屯经黑山、大虎山以东和以南地区立即向营口撤退"。

但廖耀湘的路线和卫立煌要其兵团撤回沈阳,杜聿明要其兵团出北票,再经义县、锦西以西向葫芦岛撤退以及蒋介石要其继续向锦州方向前进、收复锦州的方案互相矛盾,经过几天的争吵,直到10月20日晚上,蒋介石终于同意廖耀湘直接退营口的方案,但已经太晚了。

10月20日晚,廖耀湘以电话通知第七十一军军长向凤武,于21日拂晓开始攻击黑山。

黑山与大虎山是沈阳通往锦州的唯一通道，是廖兵团重占锦州和转进营口的必经之地。廖耀湘部署如下：第二〇七师许万寿旅在兵团直属重炮掩护下，从胡家窝棚由东向西从正面攻击黑山；以第七十一军的两个师为攻击主力，由北向南从黑山以北侧击并包围黑山。

廖耀湘以为黑山守军兵力不多，以绝对优势兵力对付个把纵队不在话下，但他不幸碰上了以梁兴初任司令员、周赤萍为政治委员的东野第十纵队以及一纵的一个师。从早到晚打了整整一天，山头都削平了，攻击却没有丝毫进展。

21日晚，廖耀湘急得一头火，决定增加攻击部队的火力，急调新一军所属重炮交七十一军军长向凤武指挥；又令新一军军长潘裕昆率两个师投入战斗，并亲至前沿七十一军指挥所视察，督导攻击，参加黑山战斗。

第二天上午，在空军的掩护下，国民党军的重炮猛烈轰击解放军黑山、大虎山阵地，黑山顿时成了一片火海，黑烟滚滚，直冲云霄。高地被炮火削去两层，天昏地暗。当第二〇七师和第七十一军发起冲锋时，解放军的阻击更加勇猛惨烈，多次打退了敌整营、整团的进攻，有些连队只剩下十多人。阵地上，战士们个个抱着"人在阵地在，誓与阵地共存亡"的信念，敌人终不能前进一步。

东北野战军总部给梁兴初下了一道死命令："务使敌在我阵地前弃尸遍野而不得前进。只要你们坚守三天，西逃之敌必遭全歼。"

此时，围歼廖兵团的各纵队正日夜兼程，赶往这一地区。

国民党军要夺路而逃，进攻一次比一次疯狂。从22日黄昏以后，新一军进入攻击位置，23日拂晓开始参加对黑山的猛攻。激战一整天，还是无进展。廖耀湘慌了神，他知道锦州方面的解放军正快速向这里运动，于是当机立断，于21时下令全军经黑山、大虎山以东以南退营口，立即开始行动。

廖耀湘命令新三军军长龙天武为先头部队，第四十九军殿后，主力于25日开始由新立屯撤退。同时要求后卫部队在黑山至新立屯公路以北走廊地区占领交通要点，阻止解放军追击，以等待新一军撤下来。

廖耀湘为达到隐蔽撤退的目的，仍令潘裕昆于24日和25日对黑山实行猛攻，希望占领黑山。不能占领，则以猛烈的攻击阻止黑山解放军反击，以保障兵团主力安全转移。

国民党第四十九军一〇五师前卫团进至台安以北六间房地区时，被解放军东野独立第二师和东野第八纵队先头部队包围，该部与师部、军部失去联系，随即被解放军歼灭。由于前线混乱，这一消息廖耀湘和兵团部并不知道，他们还指望能退到营口去。

直到26日，廖耀湘才知道退营口之路被关闭了。坏消息接踵而来，黑山经新民至沈阳的公路被解放军截断，廖兵团回沈阳的路也被切断，东北野战军对廖兵团的合围之势已经形成。

26日下午，解放军东野大军在黑山、大虎山以东，绕阳河以西，无梁殿以南，魏家窝棚以北约120平方公里的地区，展开了大规模的歼灭战。东野一纵、二纵、三纵和十纵，由黑山、大虎山正面向东突击；五纵、六纵跨越北宁路，由东向西突击；七纵、八纵、九纵由大虎山东南向绕阳河方向突击。东野主力挺进辽西战场，围歼廖耀湘兵团。韩先楚的三纵乱中取胜，第七师二十一团正好冲向胡家窝棚，第三营占领了胡家窝棚北山，又猛攻西坡，在兄弟部队策应下一举打进廖耀湘第九兵团的前进指挥所。

据廖耀湘后来回忆："26日早晨，解放军三纵队及其以北的友邻部队第一棒就打碎了国民党辽西兵团的'脑袋'即兵团前进指挥所，同时打碎了新三军、新一军及新六军三个军的司令部。因为这些部队都是处于行军的状态，未建好通讯联络体系，所以当兵团部及两个重要的军部被打碎之后，指挥官陷于无法指挥、不能掌握部队的境地，而部队则因失去首脑而无所适从，以致陷于瘫痪和分崩离析的状态。显然，兵团的命运已万分危殆。"

东野参谋长刘亚楼兴奋地说："廖耀湘兵团包括蒋介石五大主力的新一、新六军等五个军，共十万人马被团团围住了。"

林彪的胃口大开，一边听着各方不断传来的捷报，一边吃着黄豆，一粒一粒

解放军在胡家窝棚缴获廖耀湘兵团的汽车

被解放军俘虏的新六军官兵

被他嚼得"嘎嘣"乱响。

廖耀湘和新六军军长李涛、新二十二师副师长周璞等人脱离部队，落荒而逃。周璞慌不择路，掉进一个没顶的深坑，吓得没命地呼救，引来了解放军的搜索队，慌乱中李涛顾不得其他，独自跑了。廖耀湘身边只剩下周璞一人，两人钻进高粱秸中藏匿了一天。天黑以后，两人化装而行，还是被解放军给抓获了。

新六军的番号从此在国民党军序列上被抹去。

THE HISTORY OF THE KUOMINTANG ARMY

国民党军史

【中】

王晓华　张庆军　戚厚杰　著

国民党二十大主力军的建立、发展
直至在中国大陆失败、撤到台湾的全部历史

团结出版社

目录

第一军
001----------086

第十三军
087----------162

第七十四军
163----------236

第二十五军
237----------296

青年军
297----------352

第一军

在国民党军队中，第一军的地位是特殊的。无论是号称五大主力的十八军、七十四军等，还是风光一时的八十七师、八十八师，一律无出其右者。可以说，它是国民党中央军的发源，成为国民党军队的脊梁、骨干。

第一军成军于黄埔建军时期，其前身是以黄埔军校教官和学生为骨干，由从各地招收来的革命青年为主体组成的教导团，号称"党军"。不久，即扩编为两个团，指挥官为蒋介石，党代表为廖仲恺，下辖何应钦为团长的教导第一团，王柏龄为团长的教导第二团，每团辖3个营。另外，还辖炮兵第一营和暂编第一营。

1925年4月，教导团扩编为党军第一旅，蒋介石任司令官，廖仲恺为党代表，旅长为何应钦，下辖一、二、三3个团（每团辖三个营）及一个炮兵营，团长分别为何应钦、王柏龄、钱大均，炮兵营营长为蔡忠笏。

广州国民政府成立后，根据军事委员会会议决定，取消党军名称，原党军第一旅扩编为国民革命军第一军，蒋介石为首任军长。下面是1925年8月第一军的编成情况：

第一军军长蒋介石、党代表廖仲恺、政治部主任周恩来，下辖何应钦之第一师、王懋功之第二师、谭曙卿之第三师，每师辖3个团。

中国共产党人为第一军的发展作出了重大贡献，为第一军输送了大量优秀人才。然而中山舰事件后，蒋介石清理门户，逐共产党人于军中，第一军的战斗力也从此

大打折扣。

　　北伐战争爆发后，第一军迅速扩张，其编制一度多达20个师。至北伐胜利，根据编遣方案，蒋介石之中央军系统编为20个师，其中刘峙之第一师被视为第一军的衣钵传人。中原大战爆发后，第一军恢复番号，军长为顾祝同，下辖一、二、三3个师，师长分别为刘峙、顾祝同和陈继承。

　　1936年春，胡宗南担任第一军军长，下辖第一师和第七十八师及一个补充旅。七十八师原为十九路军建制部队，"闽变"后彻底改造划归第一军。

　　抗战军兴，第一军历经淞沪战役、兰封战役、武汉战役等，后胡宗南因升任军团长，第一军军长之职先后由李铁军、陶峙岳、丁德隆、韩锡侯、张卓等继任。在此期间，第一百六十七师也改隶该军。

　　抗战胜利后，国民党军进行改编，第一军番号改为整编第一师，师长为罗列，师则改为旅，然实力不减。随着内战爆发，第一军成为内战主力，转战于晋南战场和西北战场。1948年后，第一军恢复原有番号，军长为陈鞠旅，下辖陈坚之第一师、沈策第七十八师、曹祥庭第一百六十七师。

　　1949年底，第一军最终在邛崃一带被解放军围困，被迫接受改编。国民党建军史上大名鼎鼎的第一军从此消失。

黄埔建军

第一军的前身是黄埔教导团。早在成立黄埔军校之初，孙中山就打算"要用这个学校内的学生做根本，成立革命军"，"诸位学生就是将来革命军的骨干。有了这种好骨干，成了革命军，我们的革命事业便可以成功。如果没有革命军，中国的革命永远还是要失败。所以，今天在这里开这个军官学校，独一无二的希望，就是创造革命军，来挽救中国的危亡"（见《孙中山选集》下卷"陆军军官

孙中山在广州，蒋介石成为其建军、掌军的主要助手。图为孙中山在主席台上对黄埔军校师生训话。左起：廖仲恺、蒋介石、孙中山、宋庆龄

学校开学演说"）。

1924年10月，一艘苏联船舰满载着援助中国革命的军火直抵黄埔，长枪、短枪、山炮、野炮、轻重机关枪一应俱全，各种弹药也配备充足。孙中山当即发出指示："新到之武器，当用以训练一支决死之革命军。""其兵员当向广东之农团、工团，并各省之决心革命的同志召集，用黄埔学生为骨干。"（《中央陆军军官学校史稿》插图说明）

这就是黄埔教导团的由来。这支部队，由一个团变为两个团，后又扩建成国民革命军第一军，再由此枝枝蔓蔓生发开来，最后构成整个"中央军"集团。因此，在国民党军界，它有"千军之源"的美称。蒋介石对它的感情是不用说了，谁都知道，他挑选军事干部的一条重要标准就是按"黄、浙、陆、一"的顺序排列，用黄埔人，用浙江人，用陆军大学的人，用第一军的人。而第一军的前身教导团更是珍中之珍，那都是标准的子弟兵。

黄埔教导团的建立，中国共产党人也起到了至关重要的作用。从兵源上来说，在很短的时间内组建一支队伍，而且对士兵的素质要求很高，不是一件容易的事。第一批教导团学兵的录取，名为招考，实为保送。73名录取生中，68名是由湘军总司令部选送的，时任黄埔军校校长的蒋介石对此很不满意，结果又在投考的学生中挑录了27名。

在兵源问题上，蒋介石有自己的想法。当时湘、桂、鄂、粤各军都纷纷保送人选，他都敬谢不敏。他不想用自己的锅烧别人的饭，决定不在广东附近招兵，他不想让这支部队带有任何派系的色彩，因此专门托在黄埔军校办公厅任英文秘书的陈立夫的哥哥陈果夫在上海成立了招兵办事处。因为一则上海有广阔的腹地，人源充足；二则陈果夫是曾在上海做过都督的陈其美的亲侄子，他有不少关系和人脉可资利用。

但是，陈果夫在上海的工作遇到了困难，蒋介石特别指示招兵的重点要放在苏、浙、皖三省，因为江浙来的兵让他感到乡音亲切，苏北和安徽的汉子憨厚而壮实，所谓"青徐兵"的战斗力是久负盛名的。但是，这三省都在北洋军阀控制之下，陈果夫好不容易招来一些人，往往在半道上就被截去。如从温州招来 100 余人，被浙督卢永祥掠走；从徐州、安徽等地来的青壮年又一路被齐燮元、张宗昌等军阀拦留；控制上海的北洋军后起之秀孙传芳最是手辣，几个来上海帮助陈果夫工作的黄埔干部都做了他的刀下之鬼（见陈果夫《建军史之一页》）。

纵使他们千辛万苦来到广州，还水过地皮湿，滇桂各军招兵买马，岂容黄埔军壮大。他们分兵把守，见有人往黄埔送精壮青年就截留下来，闹得蒋介石数次去函索人，为此大伤脑筋。

共产党人知道了孙中山的建军计划后，立即予以积极响应，发出了第六十二号通告：

各级同学们：

广州黄埔军校正拟招收三千名入伍生，望各地速速多选工作不甚重要之同学、少校同学及民校左派同学，自备川资和旅费，前往广州投选，以免该校为反动派所据。此事关系甚大，各地万勿忽视……

钟英白　1925 年 11 月 1 日
（《黄埔军校史料》第 70 页）

这是一份绝密通知，"钟英"是（中共）中央的谐音，"钟英白"意为中央告白；"各级同学"指"各级党组织"；"少校"指"共青团"；"民校"指"国民党"。

通告发出不久，各地组织选送来的报考青年络绎不绝来到黄埔。蒋介石看到这些充满朝气、身健体壮的青年时，真是从心里感到满意。

教导团各级干部的配备如下：

团长：何应钦，党代表：王登云。

第一营营长：沈应时，党代表：胡公冕。

第二营营长：陈继承，党代表：茅延桢。

第三营营长：王俊，党代表：蔡光举。

教导团采用党代表制，这不仅是孙中山、廖仲恺的意思，蒋介石也是赞同的。他在苏联参观红军时，就对党代表制发生了浓厚的兴趣，认为有助于加强军队的管理与建设。他还担心士兵不了解党代表的责任与权限，因此在东征途中，特地邀请苏联顾问斯他维诺夫专门就苏联党代表制度作了介绍。

根据建军计划，党代表的权限十分宽广，除实施政治训练外，凡军队一举一动，一兴一废，都要受其节制，以示党化云（毛思诚：《蒋公介石年谱初稿》1924年11月30日）。11月11日，由孙中山下令将教导团改称为"党军"。

随着新兵的不断补充，教导二团也很快地组建起来，教导二团各级干部配备如下：

团长：王柏龄，党代表：张静愚。

第一营营长：顾祝同，党代表：胡公冕（由教导团第一营党代表改任）。

第二营营长：林鼎祺，党代表：季方。

第三营营长：金佛庄，党代表：郑洞国。

另外，还辖有炮兵第一营，营长为蔡忠笏，暂编独立营，营长为罗为雄。

教导团采用三三编制，每团三营，每营三连，每连三排，另有特务连、侦察队、机关枪连、辎重连、通信队、卫生队等，均在团建制内。这是一支充满朝气的队伍，全团建制满员，绝无吃空饷、喝兵血的现象。滇军首领杨希闵曾派人打探过虚实，探子吓得面如土色：这哪里是两个团？就当时一般军阀武装来看，调两个军也打不赢它。

杨希闵不信，黄埔军不过两三千人而已。

探子报告，黄埔军是一个人当一个人用，两千人是实实在在之数。他问杨希闵，是否敢保证有哪一支军队没有开小差、临阵退缩的现象。

杨希闵不敢保证，中国所有的军阀都不敢保证。他们心中有数，自己军队的实力从来都是言过其实的。上了战场，一个军能顶一个师用，或者一个旅用，就心满意足了。

但蒋介石敢保证他的黄埔军不掺水分。为了防止士兵开小差和临阵脱逃，他采取了一些行之有效的办法。

蒋介石分析士兵开小差的一个主要原因是经济问题，他特别指点过何应钦："夫防逃之法，第一不可使其身边有钱，当发饷时，当令其缴存营部代为邮寄回家，总不许其袋中过三毫之银，故此时最要者，查其寄银回家之通信处也。第二不准请假外出，即星期日亦令作别种勤务，勿使其闲暇。第三，本月饷银均发足十元，以后如有成绩者，再行酌加一两元。此外务须晓以大义，令明白当兵之意义。"每逢战仗，教导团的饷银总是提前支发，除留下必需的零用外，一律由校方寄到各士兵家中。蒋介石拍着胸脯对士兵保证："本校长在这里一天，绝不少你们一天的饷，本校长有衣穿，有饭吃，你们也有衣穿，有饭吃；你们没有衣穿，没有饭吃，本校长也没有衣穿没有饭吃。就是你们打仗被打死的时候，本校长还要给抚恤金安顿你们家里的父母老小。"（毛思诚：《蒋公介石年谱初稿》）

蒋介石也有板起脸来的时候，为了防止临阵退缩的现象，他主持制定了《革命军连坐法》。按此规定，各级指挥官如擅自率本部退却，则杀该指挥官。如指挥官不退部下退，以致该指挥官阵亡，则杀下一级所属之指挥官。蒋介石咬牙切齿地解释说：比方打仗的时候，上官没有命令，一班人同退，就枪毙班长；一排人同退，就枪毙排长；一连人同退，就枪毙连长。一直到一营一团退下来，就枪毙营长、团长。所杀不过三五个人，似与士兵完全没有关系，其实不然。你不曾细思此法一行，就是百万兵士一时前进后退，我也都有查考。所枪毙的虽只有几个人，不怕你百万人都退不得。你听我说这缘故。比方一团人同退，那司令官必定枪毙他们的团长，如此团长见他部下退时，他绝不敢退；若是他不退，必被敌人打死，我便要枪毙他的营长来偿他的命，如此营长也不敢退；营长不退，若阵亡，他的部下连长就该杀，连长怕被枪毙便不敢退；他部下排长怕连长阵亡了，司令官枪毙他，他也不敢退；排下士兵恐怕排长阵亡，一排士兵都要被枪毙，便都护着排长不退。如此不是我军所死的只有阵亡的部下三五个人，便是百万人也要同心，哪个还敢轻言退去呢？

尽管蒋介石豪言壮语不绝于耳，开口必谈为主义而献身，闭口辄取义成仁，在思想上却不相信革命道理能教育广大官兵，不以杀头相威胁，官兵就不能拼命

蒋介石为协助孙中山建军队,将家也搬到了广州。图为蒋介石与妻子陈洁如在广州

杀敌。这与旧军阀的治军思想是一脉相承的,带有浓厚的封建主义残暴性。然而客观地说,在当时复杂的形势之下,敌我殊死搏斗之际,连坐法的残酷也是可以理解的。非常时期当用非常手段,这对保证战争的胜利也起到了一定作用。故素来宽厚仁慈的党代表廖仲恺也在"连坐法"下签了名,黄埔全体师生也未表示过多意见,并由政治部主任、共产党员周恩来兼军法处处长。

东征奏凯

"党军"成立不久,即走上了东征战场。

陈炯明自叛变，被孙中山赶出广州后，他人在惠州，心在羊城。他打听到孙中山自 1924 年 11 月离穗北上，商讨国是，如今在北京已是疾病缠身，手下一班得力大员日夜侍奉在侧，不敢须臾离之，广东政府群龙无首，大有可乘之机。于是立刻升帐点兵，于 1925 年 1 月聚集了 10 万兵马，下达了反攻广州的命令。

此时，广东政府可依靠的兵力只有许崇智率领的粤军和黄埔军校的教导团，他们不甘示弱于叛逆，决定施以镇压和讨伐。1925 年 2 月 1 日，广东革命政府发布总动员令，宣布第一次东征开始。

东征军的进兵计划是分左、中、右三路进击，右翼军由蒋介石指挥，黄埔军作先锋，直指淡水、平山，攻击陈部大将洪兆麟。

2 月 1 日，黄埔军教导一团乘福安舰驶离黄埔岛开向前线。一路上，蒋介石不停地嘱咐官兵："这次我们出去打仗，一定可以消灭陈炯明，肃清东江，因为我们处处爱护百姓，百姓也处处帮助我们。军队只要有百姓帮忙，必打胜仗，这是天经地义，不能更改的。"他知道，民心的向背，是决定战争胜负的关键，因此没少对他的部下耳提面命，反复交代，不准扰民，"如有骚扰人民，违反军纪的，上自校长，下至士兵，都要枪毙。因为法律无情，能守法就是革命军，否则就是反革命军，人人都可以杀他。"

这番话不是一纸空文，说说就算了。后来有人报告黄埔一期生桂永清违反了军纪，私自将缴获之细软打包邮家，蒋介石就动过杀机，拍着桌子吼道："这是黄埔军校第一耻辱。"

桂永清吓得面如土色。

幸亏廖仲恺宽仁厚道，念其初犯，连忙相劝，终于说动了蒋介石。否则，桂永清肯定人头不保，国民党今后也就少了一位一级上将、海军司令了。

2 月 5 日，黄埔军行至东莞，与敌首次接触，敌稍战即溃。此后一路顺风，石龙、樟木头、平湖等地次第收复。身着陈果夫刚从上海定制运来的新式翻领军服的黄埔军意气风发，其精神面貌远非旧军队可比。

罕见之一是，这支军队的士兵每人颈上都挂有一条红巾，鲜艳夺目。这条红巾是根据黄埔军校颁布的服装整齐令而统一配备的,大概目的在于装饰和标记。当时红色在人们眼中已具有了某种特殊的意义,红即"赤",许多人对它敏感得很,蒋介石却欣然接受了,可见他当时并不忌讳。黄埔军校乃国共合作的产物,谁也不能否认这点。黄埔军校校章即铸有"青天白日"和"镰刀斧头步枪"的两党标志。

罕见之二是,这支军队还带着一个"戏班子",每到一地,又是唱,又是说。有的地方老百姓为躲战事已经避开,但又被热闹声吸引了过来,不知不觉跟着台上的人一起高喊"打倒陈炯明",最终意识到这支军队和以往的大兵确实有点不一样。共产党人在这次东征中,充分发挥了政治宣传工作的作用。周恩来是黄埔军中最忙碌的人之一,对内训练,对外宣传,交流信息,检查新闻,无一不亲自过问,一一落实到位,其精力过人让人惊叹。他在军中的地位与何应钦一时并立,一为政治,一为军事,蒋介石对他们十分依赖,倚为左右手。

14日,黄埔军兵临淡水城,这是出征以来的第一场硬仗。第二天早晨6时战斗打响,炮兵首先发难,轰然一声巨响后,步枪、机关枪继之。炮兵上尉连长陈诚将大炮移到距城不过800米处,效果极佳,步枪、机关枪则被城墙所阻,不过略壮奋勇队前进之胆量耳(《第一次东征纪略》中国第二历史档案馆藏)。

淡水守敌是洪兆麟所属的一支精锐,由翁辉腾指挥。他把淡水城修筑得如铁桶一般,防御工事有上、中、下三层,进攻部队一迫近到200米左右,城垣上的三层枪眼就喷射出火网。

进攻部队在敌人强大的火力下受阻。淡水守敌有相当一部分是老兵油子、老江湖出身,他们枪打得准,经验丰富,如果胶着下去,敌增援部队一到,肯定对黄埔军不利。

就在敌军欲喘一口气的时候,在攻城步兵的后面,突然跃起一队人马,他们猛如狮虎,疾似狂飙,直向淡水城扑来。

这支敢死队由110人组成,10名带队长官除了营党代表蔡光举、连党代表冷欣,其余都是中共党员。

挑选敢死队员时的情景十分感人，未被选中的，居然牢骚满腹："长官，你只是要我们在散兵线上死，攻城就不要我们了？"

蒋介石见到这场面也大动感情，后来他感到很奇怪：自抗战胜利后，为什么在中央军中这种现象就不见了？他不由得回忆起往日的一幕，不断以此为例，激励将士，却收效甚微。其中的原因，一直到他逃到台湾后也没总结出来，抑或是他不敢正视也未可知。

担任攻城主力的是教导一团一营，有"拼命三郎"之称的一营副营长蒋鼎文却不在敢死队的名单上，这是蒋介石划掉的。他很看重很喜欢这员虎将，不愿让他壮年早夭。但蒋鼎文对这份厚爱并不领情，他喜欢鲜血淋漓的场面。敢死队刚一出发，他已冲在敢死队的前面。此时一颗子弹正击中蔡光举的肚子，蒋鼎文连忙上前扶持，但已是满手鲜血，蔡党代表肠流腹破仆倒于地。

敢死队突击到城墙火力死角处后束手无策，由于缺乏经验，他们未带攀城工具，现在面对着高耸的城墙，只能望城兴叹。

蒋鼎文眼眦尽裂，蔡光举就死在他的怀中，鲜血刺激了他的野性，撩起了他的狂热。他在后面观察到了敢死队员所面临的窘境，心一急，一猫腰，冲了出去。

枪声又激烈地响了起来，蒋鼎文蛇行虎伏，灵敏快捷如同猎豹，每一个战术动作都那样利落，无可挑剔，几个起落，已经冲到了城下。他召集起队员，亲自示范搭人梯的方法，只一会儿工夫，几组人马已缘墙而上。

在蒋介石的望远镜里，出现了一个壮观的场面，一名战士手舞军旗，穿过弹雨，率先登上城墙。黄埔健儿，蜂拥城下，颈间的红巾在朝阳下格外鲜艳夺目，淡水城终于被攻破了。

打下淡水后，蒋介石很开心，决定论功行赏。他的办法很奇怪，得了赏钱的人，就得不到金牌勋章，两样只能选择一样。第一个攻进淡水城的人，蒋介石挑他去执掌校旗，这是一个特别的荣誉。

有赏就有罚，战斗打到最激烈处，曾有人经受不住死亡的威胁，脚下开溜。

此次出征前，为了防止临阵退缩，蒋介石专门主持制定了《革命军连坐法》。按此规定，各级指挥官如擅自率本部退却，则杀该指挥官；如指挥官不退部下退，以致该指挥官阵亡，则杀下一级所属之指挥官。所以蒋介石脸一沉，眼光扫到已被五花大绑的上尉连长孙良："临阵逃脱，懦夫也，汝不配为革命军人。"蒋介石伸过手，向随从要过一支手枪，放在孙良面前。

有人欲上前求情，黄埔师生之间情谊一向深厚。

蒋介石瞪了瞪眼，阻止了求情者，走到孙良前，为他解开绳索，那一脸的冷酷化作了痛惜："不要怪本校长心狠，军法无情。从今以后，你的母亲就是我的母亲，我会按时给你家中寄补贴的。"

说罢，掩泪而去。

随着一声枪响，孙良成了"连坐法"的第一个祭品。

战事仍在继续，形势不容乐观，由于东征军的左翼杨希闵部、中路刘震寰部与陈炯明部将林虎早有勾结，始终按兵不动，致使林虎可以从容集中主力两万余人从兴宁、五华一带抄了右翼黄埔军的后路。此时，右翼军已出师一个多月，攻击前进达400多公里，后方补给困难，陷入进退维谷之地。敌我双方对这一态势都看得很清楚。因此，当蒋介石亲率教导一、二团回师棉湖时，林虎也正率精兵，分数路疾扑棉湖。

这是一场生死战。

3月12日，蒋介石下达总攻击令。次日凌晨，教导一团一营与敌万余人遭遇，被团团围住，因营长沈应时、党代表蔡光举在淡水一役中分别受伤、阵亡，副营长蒋鼎文出任指挥，面对着叛军如浪如涛的进攻，咬着牙死战不退。

闻知一营告急，刘峙之第二营、王俊之第三营火速增援。林虎冷哼一声，仗着人多，一股脑围上去，死缠烂打，如蛆附骨。

在陈炯明部将中，林虎是最善打恶仗的，此役充分展示了他的作战风格，死围不退。近中午时，敌前锋已离团指挥部仅二三百米远，唯有依靠陈诚指挥的炮兵勉强支撑。

战至下午，敌发动最后进攻，团指挥部只剩下数十人，在前沿指挥作战的蒋介石、廖仲恺、周恩来和苏联顾问都焦急万分。蒋介石急红了眼，令何应钦坚决顶住，不准后退。他明白，此役"万一惨败，不惟总理手创之党军尽歼，广东策源地亦不保"。

危急关头，更见何应钦良好的军人素养。他平时不苟言笑，那张四平八稳的面孔总是板着，此时却轻松得每一条皱纹里都荡漾着暖意，偶尔还和别人打打趣，这真是难得一见的稀罕事。他命令手下将能找着的旗帜遍插阵地四周，复命陈诚炮兵连加紧轰击，切切不能间断。果然，敌军在旗帜林立、炮声隆隆之中，顿生疑虑，徘徊顾盼，踌躇不前，攻势减弱了许多。

何应钦的眉头反而皱了起来，他知道"空城计"是有时效的，林虎马上就会看出破绽。他必须主动进攻，始终给对手造成震慑。

但是巧妇难为无米之炊，就凭手上这支几十人的卫队，上门叫阵，无疑是羊入虎群。

刘峙的第二营终于恰到好处地赶到了，这位一脸憨厚的中校教官作战时并不乏凶悍，拼死命挣脱了林虎的纠缠，投入了主战场。

何应钦连称侥幸，因为在最关键处、节骨眼上，刘峙飞兵赶到，所以也给他留下极深刻的印象，从此对刘峙另眼相看，特别照顾。

反击开始了，黄埔军终于腾出手来。教导二团自经湖疾趋增援，林虎腹背受敌，不得不打马而逃。

棉湖之战，黄埔军损失惨重，仅一天工夫，教导一团阵亡官兵就超过了300名。蒋介石在视察一营阵地时，只见尸体枕藉，有人从死人堆中将蒋鼎文扒了出来。

"蒋营长肺部中弹，可能没救了。"卫兵道。

"胡说！蒋营长只要有一口气，就不准停止抢救。"蒋介石动了感情。

"如果不是一营拼死挡住正面之敌，指挥部早就土崩瓦解了。"

棉湖之战，黄埔军损失惨重，但也打出了威风，令陈炯明部闻风而逃。教导团连续攻克五华、河婆，于3月21日进入兴宁县城，第一次东征遂告一段落。

第一次东征结束后，校政治部将第一期同学录编辑成集，开卷即见全体师生之合影，让人百感交集。东征烈士，音容笑貌犹在，却已归诸九泉，昔日同生死共患难者，至今几不足十之七。蒋介石在序言中也表达了痛悼与悲怆：

"而乃出征两月，上自总理，下至诸生及各将士，如蔡光举、刁前云、胡仕勋、余海滨、章琰、叶琢龙、林冠亚、樊崧华、江世麟、王家修、陈述、刘赤忱、袁荣、鲍崇汉等阵亡者四十余人；伤者如营长蒋鼎文、连长郭俊等十余人，尚在危病中，死生未可卜；其余如刘畴西、赵履强、陈志达、赵子俊、邓文仪诸子，折股断臂，洞胸穿肠，伤势更剧，几至残废终身，见之但有对泪而已。其中死者之尤惨者，为杨厚卿、章琰、刁前云、余海滨、陈述、胡仕勋五（六）同志，捡起遗骸，其弹颗之中脑部与胸部者，有五弹以至十一弹者，几使中正目不忍睹。其他伤者如沈营长应时、刘营长尧宸、丘生飞龙、宋生文彬、张生际春、项生传远、陈生琪、江生霁、王生治中、孙生元良、张生人玉、刘生明厦、马生励武、萧生赞育、王生梦、杨生前飞、刘生云龙、马生辉汉、关生麟征、彭生宣经、侯生镜如、张生宴宾、吴生斌、唐生星、冯生春申、唐生同德、甘生丽初、刘生干等数人。呜呼！可谓惨矣！可谓义而烈矣！而士兵之阵亡及因伤残废者，共计六百余人，以第一期随余出征五百之子弟，与教导团三千同志之军，死伤几达三分之一，言念及此，能不痛心！呜呼！吾校同志前赴后继，每于肉搏登城碧血淋漓之时，毫无悸怖状，浩然捐生，乐如还乡，其果何为而使然也？无他，总理主义之所感，而诸生精神之所出也。"（蒋介石：《黄埔第一期同学录序言》）

字字泣血，句句椎心，在蒋介石所列的这份英烈名单中，有不少还是共产党人。国共两党共同铸造了这支新型军队，刚一亮相，即赢得碰头彩，让世人不敢小觑。

第一次东征后来之所以中途而返，乃因为东征联军内部出现了分裂。在东征中，由刘震寰、杨希闵率领的滇军与桂军本以友军地位担任左翼和中路夹击任务，却按兵广州，坐山观虎斗，致使右翼军孤军深入，棉湖一战，险遭于难，其意叵测，其心可诛。3月12日，东征军攻克西宁，在林虎的司令部里搜到了杨希闵与陈炯明往来密电多封。蒋介石阅后大惊，派人进行秘密调查。果然，杨、刘不是善类，他们最初的目的就是要借重孙中山的威望割据称雄。1925年3月12日，孙中山因病与世长辞，杨、刘随即蠢蠢欲动，刘震寰往云南，联络唐继尧；杨希闵去香港，勾结英国人。北洋政府也见缝插针，以许诺杨希闵为广东军务督办、刘震寰事成之后可分得广西地盘为诱饵，促其二人背叛广东革命政府。到了4月下旬，杨、刘反迹显露，拒绝广东政府号令，部队开始由东江向广州集中。至5月中下旬，已相继占领了广州市城北的狗头山、观音山等要地及电报局、车站等处。代帅胡汉民及广东政府各机关均已撤离，广州危急！

对于杨、刘叛行，蒋介石态度坚决。当汪精卫、廖仲恺与其商量时，他慷慨言道："但有八千杆步枪，尽可前往，歼灭广州反革命各军。"

此战，刚刚毕业不久的黄埔一期生陈赓立下了首功。正是他化装成学生进入广州城，摸清了对手的布置，绘制了地图。

有了陈赓的准确情报，黄埔军如虎添翼，对杨、刘叛军如鹰搏兔，几万叛军竟不堪一击。陈赓先行赶到了广九车站，与那里的工会接上头，通过工会中的共产党员做工作，把工人集合到沙面。当叛军残部上车准备逃跑时，火车司机和铁路工人早在动员下逃跑一空，留在车上的叛军只得束手就擒。而杨、刘见大势已去，只能躲进沙面英租界保全残生。

广州形势进入了一段相对稳定的时期。

7月1日，中华民国国民政府在广州正式成立；7月26日，军事委员会决议编组国民革命军，以黄埔学生为骨干，不久前刚编组的"校军"列入国民革命军系列，为第一军，军长蒋介石。

同时编入国民革命军系列的还有原建国湘军（第二军，军长谭延闿），原建国滇军（第三军，军长朱培德），原建国粤军（第四军，军长李济深），原福军（第五军，军长李福林）。

这次军队改组,其积极意义不言而喻,不仅使军队趋于正规化,便于管理和指挥,而且以国民革命军名号取代那些冠以地区名称和带有军阀时代遗留痕迹的部队,显示了广州国民政府统一全国的决心和大志。

黄埔军由教导团演变为国民革命军第一军的经过如下:

教导一团、二团相继成立后,随即投入了第一次东征。战斗中,王柏龄所率的第二团表现不尽如人意,行动迟缓,作战不力,棉湖一役,险些让一团遭聚歼之灾,蒋介石后来在学生面前公开点名责备:"教导二团误了时间,害事实在不小。如果他们不误时间,我们不会受这么大的损失,一定还可以完全包围敌人,使敌人完全缴械的。"他叹了口气,王柏龄是他在振武学堂的同窗,又绝对忠心,狠不下心将其一把撸掉,于是找了一个台阶,宣布王身体不佳,调回军校任参谋长,团长由一团一营的营长沈应时担任。

教导团的成立,奠定了"党军"的基础。1925年4月6日,国民党中执会第七十七次会议根据廖仲恺的提议,通过了建立党军案。4月13日,国民党中央决议以黄埔军校两个教导团为基础,建立国民党党军,将教导一团、二团编为党军第一旅,何应钦为旅长,全旅仍归蒋介石节制调遣。随后又任命廖仲恺为"党军"党代表,蒋介石为司令官,组建了司令部。

4月21日,教导三团成立。当时黄埔军事干部中,钱大钧资历学问俱佳,蒋介石对其印象甚好,遂任命他为三团团长。何应钦苦笑了一声,他是知道钱大钧底细的,金玉其外,败絮其中,整个一个花架子,根本上不得战场,刘峙、蒋鼎文都比此人强。

三团也属第一旅建制,不久,整支部队即宣布"与军校分离",形成单独系统。

国民党党军第一旅的编成:

中国国民党党军	司令官	蒋介石	党代表	廖仲恺
党军第一旅	旅长	何应钦		
教导第一团	团长	何应钦(兼)	党代表	缪斌

		孙常钧（继任）		
	第一营营长	蒋鼎文	党代表	胡公冕
	第二营营长	陈继承	党代表	刘峙
	第三营营长	严风仪	党代表	蔡光举
教导第二团	团长	王柏龄（后沈应时）	党代表	张静愚
	第一营营长	顾祝同	党代表	季方
	第二营营长	林鼎祺	党代表	不详
	第三营营长	金佛庄	党代表	宋文斌
教导第三团	团长	钱大钧		
	第一营营长	王俊		
	第二营营长	郭俊		
	第三营营长	文素松		
	炮兵营营长	蔡忠笏		

"党军"的扩充如同滚雪球一样，四团、五团、炮兵营、宪兵营等相继成立。1925年8月20日，"党军"第一旅扩充为第一师、第二师，"廖案"发生后，又借机将许崇智属下精锐第四师的两个团吞并改编为第三师，终于凑成了第一军的全部人马。

第一军编制如下：

军长蒋介石，党代表廖仲恺，副军长何应钦，政治部主任周恩来，参谋长先后为王懋功、胡谦、林振雄。

第一师师长何应钦（兼），参谋长刘秉粹，一团团长刘峙，二团团长沈应时，三团团长钱大钧，另有炮兵营和宪兵营。

第二师师长王懋功，参谋长张治中，四团团长刘尧宸，五团团长蒋鼎文，六团团长惠东升。

第三师师长谭曙卿，七团团长涂思聪，八团团长徐庭瑶，九团团长卫立煌，补充团团长陆瑞荣。

第一军几乎集所有国民党军事精华所在，蒋介石集团的高级军事将领凡不出自该军的，即难称嫡系。尽管当时在国民革命军序列中，它的资历最浅，但是它代表了国民党党军的建军模式和方向，潜力无穷，"天之骄子"的地位已于此时奠定。

国民革命军成立以后，第一个开刀祭旗的目标仍然是陈炯明。由于广东军政界要人汪精卫、胡汉民、许崇智争夺权力，加上"廖案"的发生，人心惶惶，陈炯明重新调兵遣将，再度兴兵犯境。

广州国民政府军事委员会匆忙之中决定再度东征，1925年9月28日，任命蒋介石为东征军总指挥，采用中央突破的办法，直捣陈炯明的老巢惠州。

惠州城三面临水，一面临山，飞鹅岭横亘于南，形势险峻，加之城高墙坚，雄险无比，易守难攻，是东江的要塞，兵家必争之要地。传说自宋代以后几百年里，曾发生过37次攻城尝试，全都无功而返。惠州守敌杨坤如正是倚仗这险要地形，率300人据险固守，他要把这惠州城变为黄埔军人的埋骨之所，创造第三十八次惠州城不破之纪录。

10月10日，蒋介石由石龙乘船驰向惠州。

是日，风劲浪急，蒋介石因鼻炎手术不久，不能受风，一整天都在船舱里翻阅古代兵书，消磨时间。

蒋介石嗜书如命这一点与他后来的主要对手——中国共产党的领袖毛泽东有相似之处。每次出去，虽戎马倥偬，舟车逆旅，都要随身带上大批书籍。此次东征，他开出一张书单，以备随时精讨。

从他开出的书单看，蒋介石更偏重于对中国传统文化的吸收而缺少对西方资产阶级学说思想的关注，重军事而轻科技，对社会科学的兴趣远远超过自然科学。

中国共产党领导人毛泽东也有类似的特点。但是，他俩在对传统文化的取舍与态度上还是有质的区别的。毛泽东具有浓烈的反抗精神，有着诗人般的潇洒和一代伟人的气概。对传统文化，他是继承与批判并重，高屋建瓴，以古鉴今，为我所用。纵观毛泽东的思想，博大宽广，恣肆汪洋，不为陈规所囿，不为教条所限，他一生都在努力探索着一条独具特色的、符合实际的中国革命的道路。

蒋介石则不同，他自命为中国儒家道统的正宗传人，对儒家经典学说唯恭唯谨，不敢越雷池一步，多继承而少批评，甚至试图把儒家学说变为现代中国占主导地位的国民意识，并以此造就国民心理和国民素质。

蒋介石翻完了《吴子》又取来了《孙子》。前些日子，他总结了第一次东征的经验，认为收获颇丰，特撰成战斗秘诀一篇，供学生、官兵浏览。文曰：

> 凡临阵时，离敌数里列阵，须一息而定，列阵时勿使敌见尤妙。列阵完毕，火器在前排列而进，或寇来冲我，或其列阵待我，俟到五十步内（现在应到五百步至三百步之间），听长官命令，火器齐发，只有一次，兵士乘此大烟如云时，一齐拥进，须以飞走，密布刺刀，如蜂丛蚁附，一齐拥上，不可毫发迟疑，短兵济之（刺刀直冲），无有不胜。此非击伤之力，乃大烟之势，跃进之雄，夺其心目，经前交锋，敌自靡矣。兵法谓："势险节短，始如处女，敌人开户，终如脱兔，敌不及拒。"不其然乎！

周恩来仔细地研究了一番蒋介石的高论，这本战斗秘诀委实不见高明之处，甚至还带有冷兵器时代某种战术思想的残余。他在心里评道：一进入某一具体的战斗中，蒋介石就忘了统帅的身份，总喜欢把自己扮演成一个敢死队长的角色，而缺乏冷静、从容。

11日，部队兵临惠州城下，蒋介石下令挑选敢死队员，凡敢死队员各犒赏30元，最先登城者，得头等奖赏。

中共党员、时任上尉连长的陈赓认为蒋介石的这种做法已经与革命军队的精神大有格格不入之处，以金钱作激励将士冲杀的诱饵，这本是军阀部队的一贯做法，说明他的资本主义、封建主义治军思想已经抬头。

后来成为红一军军长的许继慎也是陈赓的党内同志，他当时已是少校军衔，在钱大钧的手下，对陈赓的忧虑也有同感。蒋介石在淡水之役后就出现了这些苗头，但还知道遮掩，一面发放赏钱，一面训诫说："就赏钱来说，本来革命军拼命牺牲，皆是为他自己的主义，不要什么赏钱，至多有个勋章。但因为此次各团长已有了这赏钱的命令，只得照团长所讲的数目赏给你们。"

现在，蒋介石已经公开以金钱为激赏了，这说明他的资本主义、封建主义治军思想已经占了上风。

惠州之战，打得激烈、艰苦。战斗自13日上午打起，双方大炮互击，弹雨横飞，甚至有几发炮弹掠过了蒋介石的头顶，距离仅尺许，尽管他神色未动，却也暗惊出一身冷汗。

下午2时，攻城部队发动总攻击，步兵四团扑北门，七团扑南门，八团扑西门，补充团扑东门。各山炮、野炮分轰各城门堞楼，整个惠州城被炸翻了。

四团团长刘尧宸是此役中的英雄，他指挥全团官兵，在敌人密集的火力下连续冲锋。这个团主要是由黄埔军校的学生组成，全团12个连长半数是共产党员，战斗力之强为各军之冠，国共两党出色的战将陈赓、陈明仁都曾在这个团里当连长。

惠州守将杨坤如凶悍异常，他见已被围困，更是困兽犹斗，不仅使用枪炮、刀箭，而且还浇下滚烫的焦油，扔下燃烧的火把，许多攻城士兵还没冲到城墙脚下就牺牲了。

厮杀将近一天，残阳如血，腥风怒号，四团连续发动五次冲锋均无功而返。刘尧宸望着前沿累累陈尸，不禁虎目落泪，心如刀割。革命军人当马革裹尸，战死疆场，他命令副团长代替自己指挥，身先士卒冲了出去。

一颗子弹击中了正在奋进中的刘尧宸，他挣扎了几下，终于倒了下去。当士兵扶起他时，他拼尽最后一口力气，大喊："你们要打进城去。"

这是英雄的遗言。

攻城失利，蒋介石没有心思用晚餐，匆匆忙忙将何应钦、周恩来、苏联军事顾问切列潘诺夫招来，一同研究破城事宜。

苏联顾问批评何应钦攻击令下得太早，应集中炮火先摧毁敌人的火力，何应钦满脸不服气。

蒋介石沉默不语，他要先听听别人的意见再作决定，这是他的习惯。

周恩来抱着膀子来回踱步，两道浓眉紧锁，他考虑了好久才提出自己的意见。

他建议围城部队应该网开一面，否则杨坤如狗急跳墙，作拼死一搏，从而增加攻城部队的伤亡。他分析形势后认为，此役重点在攻破惠州，拿下要塞，鼓舞士气，而杨坤如见有生路，必定斗志涣散，惠州城也就指日可破。

入夜，炮兵阵地，指挥官陈诚仍未入睡。

他们刚刚抓到一个越城逃跑的俘虏，陈诚没有吓唬他，反而温言相慰，并拿来酒食，请俘虏谈谈惠州城火力布置情况。

原来惠州守军早在北门城楼旁边的小棚内修筑了一个机枪工事，它利用城楼隐蔽，既不易发觉，更不易击中。刘尧宸所率四团久攻不下，症结大多应归于此。了解这一情况后，陈诚星夜移动炮兵位置，准备天明施以致命一击。

14日，蒋介石将八团由西门调到北门，加强四团的攻击力，他又采纳苏联顾问的意见，集中炮火先将敌人工事摧毁。陈诚早将火炮推至离城四五百米处，亲自瞄准点火。一阵炮击以后，敌火力点被摧毁。

四团已经杀红了眼，他们要为死去的团长报仇。陈赓一马当先，挥舞着手枪指挥战士前进。一块弹片打中了他的脚跟，他晃了一下，一咬牙将弹片拔了下来，顺手一扔，又冲了上去。

只是这片刻耽搁，原来和他并膀子冲阵的陈明仁已杀到前面。陈明仁和陈赓是湖南老乡，性格也相仿，敢作敢为，但政治上单纯天真，以为军人的天职就是服从命令，就是不怕死。枪声一响，他的血就往头上涌，是个标准的"拼命三郎"。

陈明仁今天玩命了，枪林弹雨中，他根本顾不上隐蔽，一手挥动一面青天白日旗，一手舞着驳壳枪，腰里还别着一圈手榴弹，最先跑到城墙下，竖起云梯，抬腿就往上蹿。

真是一夫拼命，万夫莫当，陈明仁的勇武吓呆了守军，那枪子也失去了准星，眼瞅着陈明仁爬上了城墙，一把插牢青天白日旗，然后将腰间的手榴弹成串甩出，硬生生打开一个缺口。

陈赓也率队攻到了城下，顺着云梯蚁附而上。守军见大势已去，遂无斗志，如鸟兽散。

惠州攻克，蒋介石一扫昨日之愁云，立即向广州报捷：

> 惠州夙称天险，自宋以来，从未破城，今为我革命军一举攻克，虽将士奋勇用命，亦我先大元帅在天之灵有以佑之。从此努力前驱，肃清逆氛，指日可期，吾党前途大放光明，除抚辑地方外，捷电以闻。

得意之情溢于言表。

沉浸在攻克惠州喜悦中尚未完全清醒过来的蒋介石，不久就在华阳遭遇战中险些丧命。这件事，他应该一辈子感谢陈赓。

惠州一下，东征军即长驱直入，何应钦、周恩来率第一师于20日攻克海丰。当时陈炯明的叛军林虎的主力集中在华阳，靠近总指挥部行动的第三师刚由粤军改编而成，素少训练，军纪松弛。师长谭曙卿在未明虚实的情况下便向华阳冒进，与敌遭遇，结果在人数、火力均占优势的林虎军前，陷入苦战。

蒋介石接到谭曙卿的告急后，初不以为意。他对敌情判断发生了错误，以为此乃敌军后卫掩护退却之举，却不知是林虎刻意设计的扭转战局之圈套。他马上传令立即启程，准备亲自督阵，一展总指挥之雄才大略。

岂料蒋介石刚进入阵地，三师前沿已经动摇。他一看情形不妙，叫来了刚刚调到总指挥部担任警卫连连长的陈赓，命他去前线向谭曙卿传达"不准退却"的命令，凡临阵脱逃者，格杀勿论！

陈赓带着命令赶到的时候，情况已经不可收拾，兵败如山倒，溃兵如潮，蒋介石也弹压不下来。

林虎抓紧战机，命令部队迂回冲击，先锋直抵指挥部脚下。

望着眼前这一片乱纷纷景象，不久前还在惠州城接受欢呼的蒋介石感到面上无光，举起手枪抵着太阳穴，跺脚嚷道："我唯有自杀以成仁，我没有脸回去见江东父老。"

蒋介石此招学的是曾国藩，每逢大败，曾国藩总会使出这一手，一则以示自己决死之心，一则用以激励部下。帅死兵辱，这是人们正常的心理。

三师官兵可不理会这一套，逃命要紧，纷纷从蒋介石身边拔腿开溜。

倒是从前沿刚刚返回的陈赓一把抓住蒋介石的手，劝慰说："你是总指挥，你的行动会对整个战局发生影响。这终究不过一个师，毕竟不是黄埔训练出来的部队。现在离开这里，我们回头把部队整理一下，再报这一箭之仇不迟。"

这几句话蒋介石爱听，第三师不是他的黄埔子弟兵，打败仗也不是自己丢面子。找到了借口，他脸色缓和多了。

眼看林虎兵冲了过来，蒋介石又惊又急，腰酥腿软，竟挪不开步子。陈赓连忙背起他往后撤，足足跑了好几里路，又渡过一条河，才将他放下来，并布置士兵沿河警戒。

脱队后的蒋介石上下仔细打量着陈赓，没有过多言语，但神色之间流露着一种特别的亲切。他是在上海滩上打过滚的人，江湖习气在他身上有浓厚的反应，那就是睚眦必报，快意恩仇。不久，陈赓就被他调任侍从参谋，可以随便进出其居所，乃当时之"近臣"。如果陈赓是个贪图功名富贵的人，以他的才华，以蒋介石的性格脾气，早就青云直上成为蒋介石的心腹之心腹，纵然胡宗南、汤恩伯之流怕也难争其宠。

华阳遭遇战的第二天，东征军终于在梅林、安流、河婆一带顶住敌人主力，一纵队与二纵队联手夹击，终使敌军大败，陈炯明的叛军从此一蹶不振。蒋介石后来回忆此役时，仍余悸未定，他说："华阳之役，实为东征成败最大之关键，幸仗总理在天之灵，出奇制胜，转危为安，战后感慨不置。"

从此东征军胜券在握,传檄而定。11月初,东江各地敌军渐次被扫清。6日,蒋介石率部抵汕头,发表收复东江通电。此时的蒋介石正志得意满,他在日记中记载了当时的场面:

> 中正受命东征,赖将士一心,人民赞助。自上月6日出师,至本日适为一月,终将逆军主力完全击溃,先后缴枪六千余支,大炮七门,机关枪三十余架,俘虏六千余人,东江各城次第收复,直达潮梅,本日已行抵汕头。此次师行六百余里,国民簇拥而观,箪食壶浆以迎,至汕头登岸时,群众欢迎尤为热烈,自愧无以当此,念我伤亡将士,益为泫然……

第一军的声望已是如日中天。

清理门户

东征奏凯,广东统一,蒋介石与各方面的关系却陡然紧张起来。

他越来越不能容忍共产党的力量在黄埔、在第一军中继续发展壮大了。

其实,黄埔军校乃至后来的"党军",本来就是国共合作的产物。踏进黄埔岛的教员和学员中,有不少是共产党选送来的优秀干部。

共产党最初在黄埔的影响并不大,尽管人数不少,有五六十人,占学生总数的十分之一。但这时是陈独秀执掌中共大权,他为了避免刺激国民党右派,严格限制党在军队和军校中的活动,因此,黄埔岛一时处于相对平静之中。

这也与当时的形势有关,黄埔岛孤悬城外,杨希闵、刘震寰各路诸侯虎视眈眈,继而又是商团叛乱,黄埔师生枕戈待旦,不敢稍有松懈。再加上学习训练重压在肩,无人不兢兢业业。因此,军校内共产党活动未能积极展开。

但是，蒋先云、陈赓、李之龙等一批中共党员毕竟为中共在黄埔军校的事业发展打下了基础。第一个中共黄埔支部不久就成立了，由蒋先云任书记，王逸常、杨其纲分别为宣传干事和组织干事。他们接受"明星"的领导，"明星"是广东区军委的代号，常由周恩来直接将党的指示传达给他们。

根据周恩来的意见，要在学生中成立一个组织，使它成为政治部联系学生的桥梁。因此，在蒋先云等人的奔走和努力下，成立了青年军人联合会，旨在以革命的黄埔学生来影响各军官学校的学生，以免成为各军在广东争夺地盘、各霸一方的工具。

青年军人联合会的影响很大，引起了黄埔军校一些右派人士的嫉妒。蒋介石的心腹王柏龄如此攻击青军会："认识不清、意识不定的人，都加入了青军会，在我们各组织中，发挥其党团作用，弄得鱼目混珠，简直为他人作嫁衣。有心人，悬然忧之，如任其发展，不必一两年，共产党就可以偷天换日了。"

为了与青年军人联合会相抗衡，右派组织孙文学会也随之成立，其成立宣言赤裸裸地打出了反共旗号："一般平素以依附中山先生旗帜之下而别有所图的人们，难免不变化其信仰的量数，渐露其本来的真面目；一般平素视先生为眼中钉的，当然正在那里狞笑，要更大肆其鬼蜮的伎俩了。我们中山主义者处这种环境，要团结我们的团体，只有以主义为维系的唯一方法，要以主义维系，除非人人心中对它深印了很透彻的观念，才具有万分坚强的信仰……我们见了现在中国的危险，我们的热血沸腾了，我们的眼眦爆裂了，我们只有与敌人拼死决战。同胞们！我们要救国民救自己，只有从事研究中山主义，才能知道革命的方法呀！愿大家起来研究中山主义，实行中山主义的革命。"

黄埔岛从此失去了宁静，第一军从此失去了团结。两派学生冲突时而发生，甚至在东征期间也没消停。部队驻扎在梅县一带时，双方因争夺宣传阵地而大打出手，严重影响了黄埔军的声誉。

蒋介石闻讯大怒，两军对垒之前，自家人却先打了起来，成何体统！一道命令下来，将主要肇事者贺衷寒撤职查办，李之龙调回黄埔本校，各打五十大板。

周恩来脸色也很严肃,这一阶段,第一军对敌人动刀枪,对自己人动拳头,打架冲突,时有所闻,他因为在前线,难以面面俱到,一一亲自解决。

蒋介石找他商量。为了清除学生之间的隔阂,他必须统一思想,统一领导,因此他建议周恩来,交出共产党人在第一军的名单。

周恩来拒绝了蒋介石的建议,共产党人有自己的组织与纪律,怎么能随便由他人摆布。

蒋介石对周恩来的态度表示了强烈的不满,意识到与共产党的关系已经有了微妙的变化,到了必须调整的阶段。中共的可怕之处在于已将势力渗入他的核心范围——第一军中。在此之前,他对共产党是利用为主,防范为辅,现在却有尾大不掉之势。1925年1月,校特别党部选出来的第三届执行委员,5人中就有4人是共产党员。到1926年初,军校和各军的政治部,几乎都有共产党人在活动。第一军中3个师党代表,共产党员占两位;9个团党代表中,共产党员占7个;士兵中还建立了共产党组织。根据以往的经验和今天周恩来的态度,第一军中的中共党员具有一定的独立性,并不完全按照他的个人意愿行事,这是他所不能容忍的。

因此,他发下话来:"有未经许可秘密加入各项团体者,即以植党营私论,在所必惩。"

在警惕共产党的同时,蒋介石也在防范着时任国民政府主席、军事委员会主席汪精卫。

随着廖仲恺遭到右派的刺杀,胡汉民、许崇智也因此遭到牵连而被驱逐,在通向权力巅峰的道路上,陡然就剩下汪精卫与蒋介石在虎视眈眈了。

汪精卫的实力在政不在军,这一点许多人都明白。国民党元老吴稚晖与他交厚,有一次,他手捧一顶军帽,严肃地献给汪精卫:

"你戴上吧,今后要革命,要救国,要实现主张,要贯彻主义,一定要依靠武力。我希望你不仅要做个政治领袖,还要做个军事领袖。你如果挺身以当大任,我第一个就愿向你磕头。"说完,双膝一弯,跪在了汪精卫面前。

但是，人各有志，勉强不得，汪精卫文人习气太重，对军事不感兴趣，他所擅长的，是政客之间的那种纵横捭阖、斗智斗巧。

然而蒋介石却认为汪精卫有插手军队之嫌，比如最近李之龙开始火箭式提升，由一个普通尉官一跃成为海军局代局长，挂中将军衔，就是一个例子。贺衷寒如此挑拨道："李之龙刚刚因打架而遭到校长处分，就被中共和苏联顾问推荐而调到海军局，官一升再升，由尉官而至少将，由少将而至中将，执掌中山舰，兼管海军局，坐镇一方。相形之下，一贯追随校长的黄埔同学，却要寒酸得多。荣辱得失，最能动人心，而疏校长、近共党之李之龙有如此好造化，难免不在第一军中引起羡慕，而被仿而效之。"

其实，李之龙之所以能挂上中将肩花，一方面固然是他才华出众，另一方面也是机遇。当时在中共队伍里，系统地接受过正规海军训练的人不多（李之龙曾就读于烟台海军军官学校），再加上当时任海军局局长的是苏联人斯米洛夫，李进黄埔前担任过苏联政治总顾问鲍罗廷的英文秘书，因此苏联顾问见到他总是在感情上更深了一层。这几种因素综合起来，很快就使这个年轻人脱颖而出了。1926年1月，斯米洛夫离职回国，因此提议李之龙接任他的工作。

汪精卫对李之龙的提拔也是支持的，他当时是以左派形象出现的，因此李之龙对他也很尊敬。很快，军事委员会的委任状就下到了李之龙的手里，他正式成为共产党人掌握海军大权的第一位海军将领。

由于这一任命是国民政府主席汪精卫和苏联顾问研究决定，由中央军事委员会委任的，这些，都没有征求蒋介石的意见，李之龙事先也没有向蒋介石汇报，这触动了蒋介石多疑的神经，李之龙也不知不觉地蹚进了蒋汪斗争的浑水。

汪精卫与蒋介石的矛盾从1926年起进入高潮，争论的焦点集中在北伐问题上。

1926年1月4日，中国国民党第二次全国代表大会在广州正式召开。晚上，汪精卫以国民政府的名义举行盛大宴会，为与会代表洗尘接风。

但蒋介石喧宾夺主，宴会进行期间，突然提出了北伐的口号，声称一年内即可统一中国，奉迎孙中山灵柩至南京紫金山安葬。

此语甫出，满座哗然。绝大多数人为蒋介石的雄心所倾倒，掌声阵阵如珠江的潮水。

苏联军事总顾问季山嘉却压低了浓眉，心事沉沉。他是一位具有丰富斗争经验的战士，一眼就看出了问题的症结，蒋介石倡言北伐，其中一个目的，就是要握住军权不放。

季山嘉来到中国以后，潜心研究了中国革命的历史与现状，从孙中山历次斗争的实践找经验找教训。他发现，孙中山之所以屡遭失败，一个重要的原因就是没有一支革命的武装，过分依赖军阀的力量，也就是说对旧式军队的利用，这无异于以暴易暴，与虎谋皮。

这种现象至今也没有彻底消除，虽然已成立了军事委员会，但由于历史的原因，辖下的军队仍带有浓厚的地域性和私人性。这些军队长期聚集在某个人的旗下，再加上地域、僚属、亲情等关系的作用，已经产生了一种强烈的认同性和排他性，除非他原来的长官，别人休想插手。

季山嘉很为自己国家的红军骄傲，那是一支铁的队伍，统一于一个号令之下。他梦想有朝一日，在中国改造出一支这样的武装。

因此，他很想乘现在形势相对稳定之际做一番工作，将军权集中于军事委员会，统一指挥与管理。从理论上说，他的设想可以成立，现在广东境内的战事已结束，各军事将领理应协助他完成这项工作。为什么把军队当成私人财产抓住不放？除非他抱有个人的目的。所以，蒋介石一提出北伐，他就本能地反感，如果这样，整顿军队就成为一句空话。试想，一支没有统一号令的军队与乌合之众又有何区别？中国有一句古语："工欲善其事，必先利其器。"不把军队整顿好，北伐又有什么把握？

遗憾的是，季山嘉对中国似懂非懂，他既看到中国军阀的本质——视军队如生命、如私有，虽立志改造，却又忽视了它的复杂性。他的同事，正在黄埔军校担任顾问的切列潘诺夫这样评价他："接替加伦担任南方政府总顾问的季山嘉（古比雪夫）就比较直来直去。他错误地认为，南方军队中转折时期已经过去，现在该是转向严格集中，并使军队具有明确的任务，统一组织和统一纪律，服从于中央军事机构的时候了。顾问们的全部工作经验证明，季山嘉把国民革命军的建设阶段——在这个阶段里尚需进行长期的艰苦的斗争——当成已经建成的阶段。"

汪精卫是从另一个角度理解季山嘉用意的，他苦于自己是一介书生，对军事既不懂行，也没有兴趣，但这并不说明他不知道掌握军队的重要性。他一向是个喜欢走捷径、投机取巧的人，让他扎扎实实地深入军队，做一番改造工作，他绝对吃不了那份苦。所以，季山嘉的意见就十分让他心动，如果能利用这段时间，通过苏联顾问的工作，以一纸命令或一道决议，将兵权尽归己手，那真是天遂人愿的大好事。

因此，他拍着脑门埋怨自己糊涂，为什么看不出蒋介石倡言北伐的真正用心？如果说季山嘉的目的是建设一支革命的武装，而认为北伐时机尚未成熟，汪精卫则是希望尽快把蒋介石的军权收归己有。

然而，蒋介石的北伐提议也的确十分冠冕堂皇，让你挑不出半点毛病，他打着完成孙中山遗愿的口号，令人不好拒绝。于是汪精卫来个"留中不发"，束之高阁而置之不理，在国民党第二次全国代表大会上，闭口不提北伐，直将蒋介石气得"心闷足痛"，连大会闭幕式也拒绝参加。

各种矛盾激化之下，蒋介石为了建立起个人独裁统治，猝然发动了震惊中外的"中山舰事件"。1926年3月18日，海军学校校长欧阳格以黄埔军校驻省办事处名义，"矫诏"海军局代理局长——共产党员李之龙调中山舰去黄埔候用。后李之龙得悉无此命令，即征得蒋介石同意返回广州，遂招致右派分子诬陷，被谓为"阴谋"。3月20日，蒋介石突然宣布戒严，以图谋叛乱罪逮捕李之龙，制造"中山舰事件"，包围省港罢工委员会和苏联顾问住宅，通缉监视共产党，逼迫中共党员退出第一军，彻底撕掉了汪精卫的面子，大扫了苏联顾问的威信。

由于苏联顾问的软弱，中共方面也犹豫不决，延误了向蒋介石反击的最佳时机，致使他顺利地按着既定的步骤有条不紊、坚定不移地向前推进。

蒋介石的目标很清晰，中共目前还不能赶尽杀绝，未来的北伐还要借助他们的力量，但至少不能让隐患留在身边。他的看家之本第一军中的共产党员必须开路，以免让共产党近在肘腋，钻进心脏。

驱逐共产党的行动开始了，他要求第一军的共产党员或跨党分子一一登记，然后礼送中共分子退出。其实，这一招是日后"整理党务案"的预演，蒋介石正是根据这一行动的实践，才将此总结成那份反动的纲领性文件的。

共产党也留了一手，他们指示每一个党员，凡身份未暴露者，可以秘密留下来，继续发挥作用。

尽管蒋介石一心想把共产党人从身边赶走，但清理的结果让他感到震惊和遗憾，共产党居然在第一军内荟萃了那么多的精英良才，让他们离开，又何尝不心疼！他一再强调，只要愿意脱离共产党，仍然可以留下来带兵，他蒋校长保证一视同仁，重用如常。尽管有李默庵等数十人留了下来，但他最得意的门生，号称"黄埔三杰"之首的蒋先云却义无反顾，第一个宣布决不脱离共产党。陈赓、陈其涵等一批共产党员也同样作出了上述的选择。据说在此之前，曾扩情专门找到陈赓，递给他一张国民党党员登记表，轻声说："校长并未忘记你，只是希望你脱离c.p.，跟他走。"见陈赓不语，曾扩情强调了一句，"这是顶顶重要的时刻！顶顶重要的时刻！"

陈赓用令人难堪的眼光盯着曾扩情，突然爆发道："本人也当着众同学宣布，我曾经是个跨党分子。现在声明，本人也是一个主义——共产主义，一个党——共产党！"

蒋介石惋惜之余，私下里更佩服共产党人的高风亮节。眼下的形势谁看不清楚？留下来平步青云；离开者，则前途多艰，荆棘密布。利害动人心，蒋先云、陈赓等人此举，更见其威武不能屈，富贵不能淫，蒋介石也一向是这样教导自己学生的。如今虽说是"道不同，不相为谋"，但共产党人的人格，却令人起敬。1926年4月10日，蒋介石因中共退出第一军而在日记中长叹："团体分裂，操戈同室，损失莫大。两年来心血，尽于此矣。"可见他心里并不轻松。

蒋介石"清理"门户的第二个举措就是在第一军中逐渐取消党代表制度，这获得了诸如王柏龄、刘峙之流右派军官的一致喝彩。

黄埔军号称"党军"，党代表的职权可想而知了，不仅有监督所属人事经费的权责，还有权监督同级主官。军事长官发布命令，必须有党代表的签字才能生效。在必要时，还可以采取紧急措施，便宜行事，先斩后奏。这样的制度认真执行起来，军事长官的行动必然大受限制，不能为所欲为了。

当时第一军中有一个非常明显的现象，中上级的军事长官大都是从保定军校、日本士官学校或云南讲武堂来的，其中不少是由蒋介石招揽的，封建习气较重，升官发财心理强烈。党代表制度一实行，若想克扣军饷，挪用军费，任用私人，可就困难了。因为党代表一职一个最基本条件就是要有较强的理论水平和活动组织能力，而这方面恰恰是共产党人的特长，故党代表一职由共产党人充当的不少。

蒋介石也知道党代表权限的重要，也竭力想控制其委派权，经常直接插手，亲自指定党代表的任免。一些右派分子如缪斌、张静愚、贺衷寒也任过此职。但这些人做党代表，无非是与那些同级军官一团和气，共同吃喝嫖赌，起不到任何作用。如在第一次东征的"淡水之战"中，团长王柏龄临阵逃跑，党代表张静愚也跟着往后溜，这让蒋介石大为恼火，也大为失望。他明白这样一个事实，他招来的那班旧式军人多少都有点暮气沉沉，为了加强部队的活力，需要有一些初生牛犊补充进来。因此，在第一军中，年轻的共产党员在党代表中的比例逐渐加大了。

这就让王柏龄派军官不安了，共产党人个个自律甚严，是由不得他们胡来的。于是，漫天的谣言又包围了蒋介石："共产党团结力量大，组织活动的办法多，又有苏俄政治势力的支持。所以在军队中十个国民党员也不及一个共产党员能量大。这样发展下去，整个第一军将来都要姓共不姓蒋了。"

没有任何的劝说比这更能打动蒋介石了，一不做，二不休，将党代表制度取消，使共产党彻底失去在第一军活动的地盘。在一次专门讲座上，就党代表制度的废留问题，他拍板作了决定，既然党代表制由他初兴之，则可由他废之。

"本来军队里设党代表这个制度，是在中国，是由我一人提倡出来的。党代表这个制度，是仿效苏俄红军组织的办法。"

党代表的作用如何呢？蒋介石解释说："老实讲就是党派人来监督带兵官的。比方一个团长，因为他不是党员，党不相信他，就派一个党代表去监督他，不许他有背叛的行为。党代表的作用完全如此。"

这番解释太有挑拨煽动的味道了，将军事长官与党代表对立了起来。蒋鼎文站起来喊道：

"苏俄设党代表是因为带兵官不是党员，所以由党派代表去监督他，现在我们的带兵官都是党员，为什么还要党代表来监督呢？"

"是啊，蒋团长的话我实在不能批驳他的。"蒋介石装出一副为难的样子，顺势一转舵，进入了关键，"现在军队长官都是党员，用不着什么监督，所以党代表制度就可以废除。然而现在我们国民革命军的党代表，是否可以废止，这还要研究。依我观察，今日的结果，并不是党代表制度不良，实在是委任不平和处置不当的毛病多些。不过第一军的党代表，因为发生了许多的困难，所以主张统统调回政治训练部再去训练。"

实际上，党代表制度首先在黄埔军校里绝迹，待到1927年"四一二"反革命政变以后，军队中的党代表也一律被撤销，师以上的政治部改为政训处。政治工作的地位降低，相关人员完全成了军事长官的附属品，而政训处则成了军队的特务机构。

走了共产党人的第一军，就像被抽去了精、气、神，往日的朝气蓬勃、奋勇果敢、浩然之气荡然无存，代之以"骄""娇"二字，不可一世，眼高手低。

出征北伐

在发动"中山舰事件"过程中，延缓北伐大计，一直是蒋介石攻击中共和苏联顾问的重要理由。其实，他根本没有做好北伐准备，而是把精力几乎全部放到了权术运用方面。

当时，单从敌我双方态势看，广州国民政府是处于劣势的，它的主要对手分别是三股北洋势力。

一为声名赫赫的直系头目吴佩孚。他虽然在直奉战争中因冯玉祥倒戈而惨败，但旋败旋起，宣称受十四省拥护，控制湖南、湖北、陕西、河南、河北一带，拥兵20万，声势一时极盛。

二为北洋系后起之秀孙传芳。他据有江苏、安徽、浙江、江西、福建五省，拥兵20万。作为北洋系后辈，孙传芳摆出一副谦逊姿态，遥尊吴佩孚，结好张作霖，暗藏雄心，整理地方，树保境安民之帜，存见可而进之想，实为一野心勃勃之军阀。

三为控制东北各省和平津地区的奉系军阀张作霖。此人虽为马贼出身，却堪称一代枭雄，兵强马壮，拥有兵力35万，进退自如，进则入主中原，退则割据称王。

尽管表面看来，敌人兵强将强，然而，在其内部，却有不可克服的弱点。果然，湖南军阀唐生智的驱赵（恒惕）之举，立刻在敌人阵营中打开了缺口。

唐生智，字孟潇，湖南省东安县人。唐家为当地望族，他本人是保定军校第一期步科出身，尽管他现在不过是湘军中一个师长，但在湖南是实力派，是省长赵恒惕部下省防军第四师师长。该师在省防军中训练和配备最佳，人数也最多，以致逐渐尾大不掉，遂有驱赵之举。

唐生智驱赵取湘，立刻遭到吴佩孚的压迫和威胁，他本与广西方面李宗仁等有约，因此邀其助阵。但广西兵毕竟有限，难以独木支撑，湖南战事呈胶着状态。

刚刚统一广西的李宗仁、黄绍竑、白崇禧等，正意气风发。他们加入广州国民政府后，所部被编为第七军，李、黄、白分任军长、党代表、参谋长。湖南战事一起，李宗仁立即感觉到，发动北伐的大好时机来到了。于是，他亲赴广州，策动北伐。

李宗仁乘兴而来，却被兜头浇了一盆冷水。他发现，因为"中山舰事件"的影响，广州还没缓过劲来，党政军各首脑人人自危，何敢奢言北伐。

李宗仁的心已冷了一半，却不得不硬着头皮坚持。他的军队入湘助唐作战，已是骑虎难下，欲罢不能。

他把希望寄托在蒋介石身上，谁不知此公北伐口号喊得最响。

黄昏时分，蒋介石特地将上门拜访的李宗仁留在黄埔。

李宗仁貌似忠厚，却不木讷，颇善言辞。他滔滔不绝，力陈加速北伐之利害，很能动摇人心。

李宗仁再三强调，唐生智既然表示依附广州国民政府，湖南这块北伐必经之地已经唾手可得，但湘局不稳，唐氏态度也不坚定，"时机稍纵即逝，不容我们蹉跎，正所谓'畏首畏尾，身余其几'"。希望蒋介石速下决心，促其北伐早日实现。

蒋介石静听良久，脸上始终有种一言难尽的表情，终于长叹一声，似有无限感慨："你初到广州，不知道广州的情形复杂，现在谈北伐，还不是时候呀。"

李宗仁心里更冷，原来蒋介石对北伐也不热心，好在他反应灵敏，察觉出蒋介石的心病所在，因此辩白说："正因为我们内部问题复杂，大家情绪不稳，才应该北伐，好让大家有一个新目标，一致去奋斗，以减少内部的摩擦。"

一番话让蒋介石怦然心动。"中山舰事件"后，他虽然占了上风，也遭到了各方面的指责，如今正好借北伐为题转移矛盾，并作夺天下之举。

1926年5月21日，中国国民党二届二中全会发布《对时局宣言》，接受海内外北伐的请愿。不久，任命蒋介石为国民革命军总司令，筹划北伐事宜。7月9日，国民革命军举行北伐誓师，28日，蒋介石率兵由韶关向前线进发。

作为三军统帅，蒋介石自然要对北伐的战略有个通盘的筹划，他仔细掂量一下自己的力量，敌强我弱，是不言自明的事。

准备参加北伐的国民革命军总兵力，计8个军，约10万人，但其中可以出动的部队，不过5万人。各军军长为：第一军何应钦，第二军谭延闿，第三军朱培德，第四军李济深，第五军李福林，第六军程潜，第七军李宗仁，第八军唐生智。此外，有以8艘军舰构成的海军舰队及拥有3架飞机的空军队。但是，较之北方军阀吴佩孚、孙传芳、张作霖，国民革命军的兵力不及十分之一。

蒋介石在苏联顾问、中共及有关方面帮助下，制定了各个击破的战略，先将虎踞中原的吴佩孚打倒，继之击败孙传芳，最后与张作霖决战，统一中国。

根据这一战略，蒋介石将他的第一军分作三路，分别为：

第一军军长何应钦

西路：以刘峙第二师为主力，协同第四、七、八军及叶挺独立团，目标夺取两湖，饮马武昌。

中路：由王柏龄率第一师，协同第二、六及五军一部，对手为孙传芳，主战场在江西。

东路：由何应钦率第三师、第十四师（由粤军改编而来）镇守闽粤，以防侧背之敌。

就在出征前两天，蒋介石还特地给驻扎在郴州的第一军第一师师长王柏龄和第二师师长刘峙拍了一封电报，电饬王、刘等严肃军纪。原来第一军官兵自恃是总司令嫡系，骄纵之气于战事未起之时已有所暴露，弄得啧有烦言。蒋介石申饬说："此次第一、二两师行军纪律未尽严肃，曷胜骇叹。中正平日与尔等申儆者何事，我革命军北伐之目的何在？行军时不能爱护人民，临阵即能杀贼，亦有何用？况纪律稍弛，作战必无胜理。万不料我最有光荣历史之第一军，阅时未久，即已堕落。须知第一军在精神上已成为革命政府之模范军队，今不能严振风纪，败坏第一军之名誉，其害犹小；而减损人民对革命之信仰，其害更大。尔等自问能在革命史上负此重咎否。务须各发天良，严约所部，微细事项，概应严密注意，重大过失，更应切实查惩。倘再不知奋勉，中正唯有执军法以绳其后，其政治工作人员，尤须与劳动群众谋切实之联络，稍有傲慢轻蔑态度，仰各凛遵勿违。"

关于第一军在北伐时的表现，国民党方面没少吹嘘，夸赞它"无役不从，无战不力，前赴后继，视死如归者又踵相接焉"。

中共方面的评价却大相径庭，周恩来不客气地指出，自共产党人退出第一军后，"第一军的元气完全丧失，战斗力一落千丈了"。有的人还以更激烈的语言指责第一军"其纪律之坏，战斗力之弱，甲于全军"。

北伐队伍中其他军事将领如李宗仁、唐生智、程潜等对第一军也颇多诟病。以两湖战场为例，他们认为第一军无攻城略地之能，无尺寸之功，根本无法和战功卓著的第四、七两军相比，即使与弱旅第二、三、六、八各军亦难相等。

事实究竟如何，且看第一军的表现。

蒋介石虽然将刘峙的第二师投入两湖战场，却不是留作冲锋陷阵，而是作为御林军使唤的。刘峙这个人，在国民党将领中素有"福将"之称，这绰号略带贬义。也就是说，他运气比较好，论及才识和胆量，却不敢恭维。此人对蒋介石而言最大的优点就是听话，放在哪里都放心。"中山舰事件"时，充当打手的就是刘峙的第二师。

一路上，第二师没打一场像模像样的仗。蒋介石私心自用，恶仗都留给了友军，待胜局将定之时，再由第二师毕其功于一役。

因此，直到两湖战场最惨最激烈的贺胜桥之役硝烟散尽，北伐军兵抵武汉三镇，在首次攻击失败后，蒋介石才恰到好处地赶了上来，让第二师露把脸，大大方方地将刘峙交由李宗仁指挥。

李宗仁心中一阵冷笑，蒋某人今天舍得花血本，自有他的道理，是针对唐生

第一军军长刘峙

智的第八军的。

　　唐生智参加北伐，原本就是出于割地称王之心，这一点，广州政府有一定的认识。因此，在讨论北伐战略时，蒋介石主张修改计划，对鄂暂取守势，而将主力移向江西取攻势，防止唐得志于武汉后形成尾大不掉的局面。蒋以为如果对武汉取守势，全师东移，则吴佩孚主力南下，与其作消耗战者，将是唐生智。待其两败俱伤，就可以防止唐称霸两湖了。

　　这一计划自然遭到唐生智的反对，其他将领在讨论时也认为，在政治上说，此议无可厚非；纯就军事观点来说，实犯了兵家大忌。因此一致决定先行图鄂，拿下武汉。蒋唐之间由此种下了芥蒂。

　　果然，唐生智不改军阀本色，一路上避实就虚，第四、七两军忙于歼敌，他则忙于搜罗败兵，接管地盘。第八军迅速膨胀，论人多势众，已甲于各军。

　　根据"三三制"的编制制度，每个军应该下辖3个师，师辖3个团，团辖3个营，营辖3个连，连辖3个排，排辖3个班。每班编制12人，排38人，连116人，营350人，团1056人，师3717人，军9516人（其中军官768人、士兵8748人）。到了1926年10月，国民革命军总司令部制定了国民党军的第一个《国民革命军编制表（草案）》，颁布执行。按规定，军除辖有3个步兵团的师外，军直属部队可编一个炮兵团，一个工兵指挥处，一个通信处，一个特务队；军部设政治部、参谋处、副官处、经理处、军医处、军法处，军、师、团三级均设党代表。草案还规定：师属步兵团除直辖3个步兵营外，团直分队可编一个机关枪连，一个特务队，一个侦探队，一个通信队，一个辎重队，一个卫生队，团部编制团长、党代表各一人，团副三人、副官二人，旗官、司号长、文书、军需各一人。

　　然而，这些只是纸上文章，第一军建军不久就突破了这些规定，到了北伐发动时，已由3个师扩充到5个师，新增加了第十四师（该师由粤军改编而成，师长冯轶裴，下辖邓振铨第四十团、蔡熙盛第四十一团、周址第四十二团）、第二十师（该师由粤军改编而成，师长钱大钧，下辖王文翰第五十八团、赵锦雯第五十九团、李果第六十团）。如果再加上两个补充团、一个直辖炮兵团和警卫团，人数已经远远超过两万。

既然总司令不知自忌，那么其他各军也就放开了手脚扩充兵马，根本不在乎编制规定，多数军都超过两万。尤其是第八军，不仅辖下有5个师，而且有的师下辖4个团，其声势让人一时目眩。

蒋介石将这一切看在眼里，急在心里。"前方胜仗愈大，武昌距离越近，而忧患与之俱增，个中心事，其谁知之。"他与唐氏有约，由第八军攻汉口、汉阳。他原先估计"武汉之险在龟山，该地又是兵工厂，吴佩孚必以重兵扼守，定不易下。至于武昌，则地势卑下，攻取甚易"，如果先得武昌，便可以在那里组织政府，实现"占领京城，号令全国"的目的。

但人算不如天算，汉阳守将刘佐龙在中共党员龚培元和左派人士耿丹的说服下，答应阵前起义。与此同时，第八军已自嘉鱼渡江，逼近汉口，眼看着唐生智要捡个现成的便宜。

为了赶在唐生智拿下汉口、汉阳之前拿下武昌，蒋介石下了一道死命令：限于48小时内攻下武昌。

斩钉截铁，毫无让步余地。

临战前，他召来刘峙，话说得很明白："虽至全军覆没，积尸累丘，亦非所惜！"他许愿，只要第二师能夺取首功，武汉卫戍司令一职就非刘峙莫属。

刘峙精神一振，闻美味而食指大动。

战斗于9月5日凌晨打响，这是蒋介石自北伐出师以来第一次直接指挥作战，也是第一军首次大规模正式登台表演。

第二师负责攻打忠孝门，六团团长陈继承率敢死队员负责冲城，12名队员为一组，每组抬长梯一具。

敢死队由战士、军官主动报名组成。蒋介石宣布，最先登上城垣的，官长赏200元，士兵赏100元，最先攻进城的部队赏3万元，他越来越喜欢用这种手段刺激部下了。

敢死队身后约50米处是攻城的先锋部队，他们一律短枪，手榴弹挂在胸前，以利于爬城。再后面，才是大部队。这套阵势，蒋介石自率黄埔军出征以来，就没有变换过，屡试不爽。

登城准备完毕，在嘹亮的冲锋号声中，士兵们齐喊"革命万岁！"，奋勇向城头扑去。

武昌守军也是有备而待，攻城部队刚刚进入射程，已是枪炮齐鸣，震耳欲聋。但是敢死队员奋勇争先，于枪林弹雨中迅速运动到城墙脚下，云梯高耸，战士猿登，厮杀声响彻武昌城下。

敌军的反击也是凶猛的，武昌守将刘玉春光着膀子在城头上督战，火药包、手榴弹、爆炸罐雨点般掷下，烈焰熊熊，火光冲天，更兼以烧得沸腾之油、漆诸物，自高倾下，如一层燃烧的雨幕，罩在攻城战士的头上。云梯被一架架扒倒，尸体一层层叠高，战状之可怖、惨烈，足以惊天地、泣鬼神。

陈继承死战不退，六团战士死战不退，自建军起就刻意培养的那股狠劲、韧劲，现在还有余威。

双方已经打红了眼，10余名六团的连排长从血泊中挺起身来，脚下是牺牲的战友。他们一律短枪，颈上的红巾在朝霞中分外醒目，排成一字线，缓缓向城墙逼来。

战士们围了上来，用身体护住长官。根据"连坐法"，长官不退，部下不准退，否则，长官阵亡，下一级长官则受军法处置，蒋介石称此为："人人似刀架在头上，似绳子缚住脚跟，一节一节互相顾瞻，连坐牵扯，谁亦不能脱身。""强者不得独进，弱者不得独退。"因此，每当第一军的军官摆出这等架势，即标志着新一轮的冲锋又将开始。

听到前面的枪声越来越急，指挥所里的刘峙坐立不安。平时，他是有名的温吞水性子，但今天不同，蒋介石对他的期望值太高了，他有点承受不了，因此这一仗就打得有点紧张。他举起望远镜，只见第二师官兵轮番冲城，可就是难越雷池。

突然之间，通湘门方向枪声大作，并伴有白刃搏斗声。刘峙知道那是第四军的攻击点，莫非友邻部队已先行攻上城墙了？

刘峙这一急非同小可，如果他不能率先进城，那第二师在两湖战场上再没机会露脸了。他睁大眼睛，期待着忠孝门的城墙上也能看到他的第二师士兵。一阵硝烟散过，终于如愿以偿，他分明看见第二师的官兵正一串串挂在高耸的城墙上鱼贯而上。他痛快地吐出从昨天就憋在心里的一口气，连忙唤过副官，吩咐向总司令报捷。这个头功，不能让别人抢去。

刘峙的判断出现了失误，负责攻打通湘门的叶挺独立团只是攻上了城墙，却没有破城。

蒋介石一向攻击共产党阻挠北伐，事实上，倒是共产党掌握的唯一一支正规武装叶挺独立团最先投入了北伐战场，居功厥伟，打渌田，攻攸县，占醴陵，奔袭咸宁城，血战贺胜桥，马不停蹄，人不解甲。现在，他们正榨出自己极限外的精力在拼杀。

强弩之末，不能穿鲁缟。独立团久战之师，尽管他们凶猛无比，毕竟已是筋疲力尽，力不从心。就在一营营长曹渊所部登上城墙，即将破城的关键时刻，敌人调集援兵，用一道道严密的火力网阻断了登城战士和后续部队的联系，孤军奋战在城墙上的独立团官兵相继倒下，全部壮烈捐躯，他们的尸体被敌人一具具抛下城壕。

优秀共产党员、一营营长曹渊也在此役中中流弹而死。

刘峙第二师率先破城的消息迅速传到各军，人心大振，愈发奋勇争先，死伤已至整连整排，但仍无入城之望。

负责攻打中和门、保安门、望山门的第七军军长李宗仁侧耳细听，城内敌人丝毫未乱，炮火依然猛烈而有序，凭此判断，第二师断不可能破城。

原来刘峙贪功心切，六团虽然突破第一道城关，却未能扩大战果、守住阵地，在敌人疯狂反扑下，只得退了回来。

有目击者回忆："实际上，六团并未进入城内，他们只是突破了第一道城关。

按照中国的习惯，城门有两道，在冲进第一道门之后，第二道城门如果没有冲过，就如同坠入陷阱一样危险。在这种情况下，六团不得不撤退。"

刘峙这一纸报捷令，成了他一生的耻辱、其他各军的笑柄，它给当时攻城部队带来的损失不言而喻，也给蒋介石脸上抹了一道黑。眼看着攻城无望，蒋介石不得不鸣金收兵。

唐生智在一旁暗笑，他主动建议蒋介石去江西开辟新的战场，武昌这弹丸之地，已不足挂齿。

蒋介石再能容忍，也不由大光其火，他痛骂刘峙："指挥无能，致该部损伤奇重，又痛又惜，悲耻交至！"

失之桑榆，补之东隅，他勒转马头进入江西战场，想在那里挽回第一军的面子。

岂知王柏龄难成大器，朽木难雕，丢尽了第一军的脸面。

除了蒋介石，没人能管束王柏龄。现任第一师的党代表缪斌原是王柏龄在黄埔教授部的下属，又是极右分子，两人臭味相投，沆瀣一气，第一师被搞得乌烟瘴气，往日之荣耀，落上了斑斑污点。抽鸦片者有之，酗酒者有之，强买强卖者有之，欺负百姓者有之，恨得蒋介石指着王柏龄的鼻子骂："这是第一军的无比耻辱，是第一军的蟊贼，谁都可以枪毙。"

王柏龄依然我行我素，为了抢功，他违反了原来的战略计划，孤军深入，直取江西省会南昌，破得城后，马放南山，一头钻进了妓院，醉倒于花丛。殊不知，这时孙传芳已调集精兵，乘夜偷袭南昌。乍逢强敌，第一师却军中无主，上下举止失措，一团长孙元良仓皇而逃，幸亏薛岳三团拼死力战，方脱被全歼之厄。第一军的弱点在这次突然袭击中暴露无遗，自共产党人离开后，第一军的战斗力已呈江河日下之势。

对此，蒋介石决定有所动作，必须整顿军心。10月3日、4日，他连续召集第一师官兵训话，痛斥："这次失败，是我们革命军最不名誉的一件事，也是北伐史上最耻辱的一页。倘使第一师不退下来的话，我们的战事，一定不会失败。

所以孙团长没有得到命令擅自退了下来，一定要按法枪毙。我们第一师，从前是最光荣、最有名誉的军队，现在被孙团长个人毁坏，难道我们还能容忍这种败类，不枪毙他吗？"

所有人都一震，蒋介石杀气腾腾，看来孙元良是死定了，按"连坐法"，孙元良也确实是罪无可赦。李宗仁就认为："如果蒋介石真能挥泪斩马谡，对于整顿第一军军纪，提高士气无疑甚有好处。否则，必然助长'天子门生'的观念，自我特殊化，革命阵营便无法兼容并蓄而后患无穷。"

就在孙元良人头即将落地的那一刻，蒋介石突然手软起来，后悔说出的话。孙是黄埔一期生，又是孙文学会的骨干，平时对自己忠心耿耿，杀之未免可惜。因此不惜自食其言，私下里网开一面，吩咐孙元良暂时藏匿一段时间，不久将其送到国外留学，以躲过这场厄运。

孙元良的命保住了，森森军法却从此打了折扣。

为了驱散连战连败的阴影，蒋介石决定二打南昌。

随蒋介石一道来南昌的北伐军副总参谋长白崇禧巡视了战场，南昌城垣高大结实，再加上城前大片开阔的水田，真是易守难攻。因此他建议蒋介石要谨慎。

蒋介石却觉得白崇禧在泼冷水。武昌之败，他铭记于心，这面子，他急着要找回来。

白崇禧暗暗叹了口气，他知道说服不了蒋介石，于是密令工兵于赣江上游搭了两座浮桥，有备无患。

刘峙重新披挂上阵，率领第二师攻打得胜门、章江门。"先入城者赏，怯阵者杀无赦。"他一再向攻城部队重复着。

自武昌败后，蒋介石常迁怒于刘峙，不给他好脸色看，今天来督阵，也只讲了一句话："经扶（刘峙字）要争气。"

这句话包含多少责备、多少期待，刘峙掂得出它的分量，心理压力陡然增加了。

他两眼冒火，嗓子早已嘶哑，记不清这是第几次冲锋了，只见得胜门前尸积如山，章江门前血流成河，纵然将士拼死攻城，无奈南昌城城高壁坚，徒叹奈何，顿挫难前。一览无余的开阔水田，进有所碍，退无所避，战士们跋涉其间，行动迟缓，无异成了城墙上敌人射击的靶子，休说破城，连接近城墙都难于登天。

刘峙依然死战不退，他懂得一将功成万骨枯的道理，胸前的勋章，肩上的星花，正是获得于这累累白骨之上。

蒋介石突然鸣金收兵。

这让攻城部队指挥员感到不解。蒋介石的性格谁都清楚，不达目的，绝不罢休。早晨战前动员，他还发誓今天一定要拿下南昌，难道他也知难而退了？

守城敌军也迷惑了，对方虽未得手，却也未露败象，打得正在酣畅之际，戛然而止，令人生疑。南昌三守将岳思寅、张凤歧、唐福山聚到一起商量，蒋介石究竟玩什么花样。

蒋介石果然有花样。自战斗开始，他一直在前线指挥部观察指挥，望着刘峙在城下束手无策，望着第二师在城下久劳无功，他脸上阵阵发烧。怎么净让他碰上这些棘手的活？武昌失败，还可说是偶然，南昌再败，就不好解释了，威信势必大受影响。

白崇禧一再劝他收兵，他执意不肯，反而心中起了怨恨，认为这是在看他笑话。他已经注意到，白崇禧与李宗仁的桂系有一种割不断的血缘关系，当然希望自己被第七军比下去。

蒋介石气愤地走出指挥部，一阵清风拂过，却突发奇想，强攻不成，可否偷袭？屈指一算，恰逢月亏之时，正宜夜袭。

夜半时分，各部队准备完毕，为了辨明敌我，官兵脖子上都挂着一条红白相间的布条，又规定了两长一短的灯光联络信号，蒋介石信心十足地期待着偷袭成功。

"周郎妙计安天下，赔了夫人又折兵。"蒋介石的妙计没有瞒过南昌三守将，他们一致肯定，攻城军不败而退，必有所谋。

于是城中放出了暗探，乘着夜幕的掩护，悄悄潜至阵前，不仅了解了北伐军的夜袭行动，甚至摸清了对方标志及联络的暗号。

三守将相视一笑，击掌约定，今夜将计就计，以其人之道还治其人之身。

夜幕降临，南昌城头灯笼高挂，通明一片，口令声声，一副戒备森严的架势。大队人马一批批悄悄潜至城外四周，士兵们脖子上挂着与北伐军一样的布条，他们准备浑水摸鱼，以偷袭应对偷袭。

望着满城灯火，北伐军万没想到敌人已经出城，危险正在逼近。刘峙督促着部队隐蔽前进，虽然隐隐约约感觉到一些异常，却怕暴露而不敢声张。好几次有人向他报告有黑影向队伍后面迂回，定睛一看，依稀见到对方脖子上挂着同样的布条，两长一短的灯光暗号也应对正确，当然就释疑了。

眼看就要接近城墙了，刘峙压抑住兴奋，传令准备抢城，却听到背后枪声大作，火光冲天，第二师首先乱了阵脚，并影响到友军。城中敌人见偷袭得手，炮声连响，城门大开，反向北伐军冲杀过来。

偷袭的敌人攻北伐军之不备，横冲直撞如入无人之境，他们齐声呐喊，黑暗中也不知有多少人马。北伐军总司令部以下的各级指挥机关均已失去控制，陷入了空前的混乱。

蒋介石早已惊慌失措，全仗着卫兵队拼死保护，情急之下，已顾不得尊严，数度执白崇禧的手，语无伦次，连连问道："怎么办？怎么办？"

蒋介石那只冰凉的手传递着恐惧的信息，白崇禧却镇定如常，大声传令各部队从前线沿赣江上游撤退。今天早晨，他临时铺就的两座浮桥派上了大用场。

全仗着白崇禧未雨绸缪，攻击南昌的部队虽败未溃，侥幸全师而退。

第一军出师不利，三路折了两路，蒋介石纵然要强，也不得不承认无能："这一次我们第一军第二师的战斗，非常艰危，死伤的官长士兵最多，损失亦最大。但我们没有得到一种相当的价值，没有打过一次胜仗，看不出什么效力来。这一点，本总司令对于各位同志是非常抱歉的。"

他总算有点自知之明。

所幸东路战场的胜利使他稍稍挽回点颜面。

东路大捷

与两湖战场形势不同，东路军的主力完全由黄埔嫡系组成，坐镇指挥的何应钦握有两师一团的兵力，分别为原粤军改编的第三师和冯轶裴的第十四师及张贞的第一军独立团。

第三师和独立团虽然不是黄埔的老班底，但部队基层干部基本由黄埔生担任，已完全调动自如。第十四师实际上就是第一师的衍生，蒋介石只抽走了原该师的二团去充实钱大钧的第二十师，而以东征期间表现较好的一个团补充之，故该师的战斗力较强，是标准嫡系。

东路军的任务就是看好门户，阻止北洋军由闽南叩粤东，在西路、中路得手之前，使闽粤间不要过早燃起战火，以免多面作战。

许多人都批评蒋介石把嫡系主力留在东路是私心自用，避重就轻，这种批评有一定的道理，但也不能就此否认何应钦肩上担子的分量，将第一军看作不堪作战的牛腩之师。

何应钦的正面对手是孙传芳旗下闽督周荫人的部队，但周荫人所部第三师官兵均有归顺之心。因此，何应钦乐得与他们虚与委蛇，保持一种安定局面。

随着北伐军两湖战场的胜利，双方都坐不住了，周荫人经不住孙传芳一日数催，决定联络此时居住在香港的陈炯明，准备发兵犯粤，以减轻江西战场的压力。

何应钦也正建功心切，早就跃跃欲试，他请来苏联顾问切列潘诺夫，说服他一起请战。

何应钦从天时、地利、人和各方面进行分析，一连列出十条理由说服蒋介石，保证攻必克、守必固。

何应钦这份请战报告是他平生得意之笔，完备翔实，中肯有据。但蒋介石始终拒绝何应钦的要求，他不愿意冒险，让第一军随便去刀口上打滚。

将在外，君命有所不受，何应钦实在按捺不住建功立业的欲望。9月17日，点起兵马，杀向福建，直扑周荫人的后勤补给基地——永定。

兵行诡道，何应钦布下疑兵阵，为了掩护主力部队行动，将少量部队留在松口，虚张声势。周荫人果然不识此计，居然只率一个旅的兵力增援永定，并将前线指挥部设于此。进驻永定后，日则宴宾，夜则高卧，酒池肉林，笙歌满堂。然而乐极生悲。10月6日，轰然一声炮响，何应钦集中五个团的兵力，突然出现在永定城下。

后来官至中将、兵团司令官的郑洞国当时任第三师八团一营营长，是最先与永定守敌交上火的。

郑洞国早年也是共产党员，蒋介石清理门户时，他正在梅县一带整训，当时的心情既复杂又痛苦。他和后来成为红军著名将领的王尔琢、黄鳌都是极好的朋友，说句笑话，当初考进黄埔，还是顶着黄鳌的名字进来的，让他从此与共产党一刀两断，他真有剜心之痛。

但是郑洞国最终还是跟着蒋介石走了，因为在他眼里蒋校长是一个励精图治、令人敬畏的长官，他的嘴里时刻不离三民主义，且爱兵如子，让人感到他是孙中山的正宗传人。第二次东征时，郑洞国在潮州野战医院任党代表，亲眼见到蒋介石来巡视医院时的认真负责，当他发现医院的条件与服务态度不尽如人意后，当场撤换了院长，而对他这个刚刚上任的党代表却勉励有加，这使郑洞国大为感动，从此追随蒋介石。

在国民党将领中，郑洞国一向以持重而闻名，他原想指挥部队乘虚攻占永定，但侧耳聆听，敌军炮火猛烈，显然有大部队驻守。

战场上的这种情况出乎双方的预料：敌人方面绝没料到东路军主力会突然出现在永定城下，一时惊慌失措；东路军亦未料到敌人已增兵永定，周荫人坐镇指挥，双方均成骑虎之势。

两军相逢勇者胜，东路军指挥部果断决定第二日攻城，主攻任务就落在了郑洞国所在的八团。

八团团长徐庭瑶是一位骁将，虽非黄埔出身，却与来自黄埔的将士关系十分融洽，杜聿明、郑洞国、邱清泉这群目空一切的"天之骄子"都视其为尊长，对他执礼甚恭。

夜晚，徐庭瑶隔着夜幕眺望敌阵，只见城东群山耸立，俯瞰着永定城，他已有了攻城主意。他将主攻方向放在城东高地的争夺上，只要拿下这些山头，再以火力俯击城内，敌人的抵抗势难持久。

这一战术被事实证明是正确的。

攻打城东高地之战进行得十分激烈，闽军据险而守，以密集的火力将攻山部队卡在山腰中动弹不得，使之处于十分窘迫的境地。

负责指挥战斗的郑洞国正在焦虑之时，他的好友，现任三营营长、后来官至国防部次长的李及兰率队增援上来。保全实力、互看笑话这类事在国民党嫡系部队与杂牌军之间是常发生的事，而北伐时期黄埔军人内部犹如手足，很少坐视不管的。

郑洞国与李及兰隐蔽在一块巨石后指挥战斗，敌人的枪弹飞蝗一样打来，碎石、泥土溅了他们一身，但谁都顾不上。

这一带的山势虽不算高，却很陡峭，站在山下，仰头观望山顶都很困难。所幸攻山官兵大都是湘、浙、粤籍人氏，惯于山地作战，他们以班排为单位，借山石树木为掩护，灵敏如猿，与敌在山顶附近激烈厮杀，白刃搏击。

正当两军混战之际，东路军右翼三连迂回成功，百余名战士像旋风一样斜插入敌人主阵地，转眼之间，敌人大溃而逃。郑洞国随即喝令机枪连控制制高点，向永定城作猛烈俯射，另一部直扑城下。

守军见城东屏障已失，头顶弹如雨下，斗志尽失，争先恐后地溃败而逃。除了敌将周荫人率少数亲信随从夺路逃窜外，余皆被歼。在周荫人的办公桌上，请援的电报墨迹犹未干透，他所遗留的大衣尚带体温，可见逃命时的狼狈。

如果说奔袭永定，展示了何应钦用兵神速这一特点，那么之后的松口夹击，则体现了他的战术素养和韬略。

攻克永定的硝烟未散，他立即发出了命令：以第十四师作先锋即刻启程，限11日午时占领峰市，做好攻击松口的准备。

几乎无人不面面相觑，露出难色。刚刚在永定打了一场恶仗，现在天色已晚，部队人困马乏，极需休整。

何应钦刻板的脸上没有一丝表情，他的命令不容置疑，兵贵神速，就是要打对方个措手不及。

一夜急行军，总算不负使命，部队按时赶到了指定地点。这一夜，说不清有多少战士走着走着就歪倒在路边，人的体力、精力毕竟有一个限度。

有一位亲历者后来回忆，当时许多人的知觉都麻木了，只知道盯住前面的人影，双腿作机械的迈进。

早期的黄埔军确实有令人称道的地方，共产党的战斗精神和思想影响还没有消失殆尽。

峰市守敌是张毅的第一军。据侦骑来报，何应钦率东路军主力激战于永定时，张毅还派出过一支援兵。

早晨一睁眼，满耳都是枪声，张毅还以为是兵变，及至出来一看，遍野皆是北伐军，分明是大部队前来进袭。张毅不解，昨天永定城还打得热火朝天，怎么今天一早枪声响到了自家门口？

何应钦这有力一击，对手竟毫无还手之力，几乎没有组织起像模像样的抵抗，已兵溃如潮。

一切都在精心算计中。午时，何应钦进驻峰市，将兵马分成三路：谭曙卿的第三师为右纵队，冯轶裴的第十四师为左纵队，展开于大岭、狗尾岭一线，准备对松口之敌展开攻击；总预备队由四十一团三营充任，作拦截敌人援兵之用。

10月12日拂晓，何应钦下达对松口攻击令，左右纵队齐头并进，向敌阵冲击。谭曙卿部进展顺利，午后3时，已杀入敌阵中心观音口，像钉子一样扎地生根，吸引了敌军的主力。

担任左翼进攻的第十四师发现右纵队正陷入苦战，急调一个加强营，从侧翼抄袭。他们来得恰到好处，与第三师左右夹击，立刻使敌军防线松动。是晚，攻击部队已进展至大金坑附近，松口之敌已成虎口之食。

13日接着再战，左右两纵队向敌作最后冲击。敌将刘军、李宝衍也知这是最后一搏，阵前修筑起层层防线，与对手绞杀成一团，几番挣扎，几番期望，却是徒劳，落花流水春去也。

至下午5时，何应钦又使撒手锏，调第三师虎将卫立煌率其所部九团，突然从上游渡河抄袭敌后，飞将军犹如从天而降。刘军、李宝衍终于彻底绝望了，向隆文圩方向溃退。何应钦当即挥师掩杀，一直追到五星桥附近，因夜幕降临才罢兵。此一役，获枪4000余支、炮10门，俘敌半万之数，生擒敌支队长李宝衍及团营长约50人。至此，周荫人之主力已大部消灭，不仅彻底解除了敌人对广东的威胁，而且为东路军顺利进军闽、浙创造了条件，使后来的战斗成了一种装饰，闽省重镇漳州、福州，均传檄而定，敌人整团整营而降，何应钦挟屡胜之威，自广东出发，经福建，入浙江，进江苏，如入无人之境，声名鹊起，春风得意。

福建战场的胜利，在时间上也恰到好处，正是蒋介石两打南昌失手之时，此消彼长，蒋介石因此信心大增，而孙传芳则因侧背遭袭，后院起火，顾虑江南重地，不得不撤退江西作战主力。

蒋介石趁势挥师再围南昌。

南昌三守将唐福山、张凤歧、蒋镇臣相顾愕然，南昌已成孤城，不足3000人马，何堪一战？为谋生路，他们央求南昌总商会与北伐军第三军军长朱培德协商，愿意弃城投降。

经过谈判，双方达成协议，议定守军退至城外七里街，听候改编。11月7日，唐、张、蒋三守将依议出城，南昌城大门洞开，各团体领袖往城外迎接，蒋介石率领各部整队入城，第一军自然走在前列。历史名城南昌，历经三番炮火，终于挂起青天白日旗。

恶战龙潭

有人注意到，自江西战场获胜后，蒋介石的脸就没有晴朗过。

军事形势是喜人的，何应钦趁势下闽浙，一路上顺风顺水，连战皆捷；共产党人也在上海显示了力量，领导工人连续发动三次武装起义，像迎接客人一样把北伐军请进了这座号称远东第一繁华的国际大都市；程潜之第六军、鲁涤平所率之第二军借道安徽，径取南京，至1927年3月底，北伐军已经平定东南，握有半壁江山。

第一军的力量也得到了迅速的发展和壮大。由于军事上的胜利，降兵如潮，第一军加紧了招兵买马，1926年10月将总预备队由军阀投降部队整编的补充师改编为第一军第二十一、第二十二师，严重、涂思宗分任师长。而东路的张贞的补充团也扩编为独立第四师。至此，第一军辖下已达到8个师之多。此外，军部直属的警卫团也扩大为警备师。

蒋介石却平添了几块心病。

心病之一是中国共产党及左派人士已成为他通往最高权力宝座的障碍。随着北伐的节节胜利，中国共产党的力量得到了迅速的发展。1925年中共"四大"时，全党仅有900多名党员，到了1926年11月，全国党员总数增加到1.8万多人，在斗争中显示越来越重要的作用。

工农运动的发展也迅猛有力，1927年春，全国工会会员达到200万人，农民协会会员达到900万人，形成了中国共产党赖以发展、活动、壮大的社会基础。

中国共产党的能量还有让蒋介石吃惊的地方，上海这样一个重要的都市，居然是共产党凭借一己之力独立领导工人发动武装起义而占领下来的，虽说北伐军兵不血刃进入大上海，但毕竟未出一点力，因而有客居之感。

种种迹象表明，中国共产党的力量正在迅速壮大，这使蒋介石感到寝食难安。他首先在南昌制造了一系列反共暴行，接着又开始不满足于那些小打小闹，决心撕破脸皮和共产党真刀真枪干一场。

同共产党人翻脸，即使在他的第一军，也有人难以接受。刚刚升任第一师师长的薛岳、第二十一师师长严重都有同情中共的倾向，还有一些黄埔军校出身的下级军官，他们不仅斥责何应钦，还成群结队到上海来质询校长，主要内容就是蒋校长昔日在黄埔一再强调"服从第三国际""反共便是反革命"等，弄得蒋介石为此事终日唇焦舌敝地剖白、责骂、劝慰，无片刻宁暇，卒至声音喑哑面色苍白。

何应钦也向蒋介石递上辞呈，表示他已经不能控制军队了。

唯其如此，反而更坚定了蒋介石彻底反共的决心。他又想起了在"中山舰事件"中打头阵的刘峙，这位对蒋介石忠贞不贰的将军，对中国共产党也够心狠手辣的，在"四一二"政变中，其驻扎在闸北一带的第二师成为主要行动部队，再一次得到了蒋介石的赏识。

蒋介石大开杀戒，共产党人血流成河，纵然蒋之嫡系第一军，也是阴风怒号，一片白色恐怖，甚至后来成为国民党二号人物的陈诚也认为蒋介石干得过火，向他的上级——原黄埔军校军事教官、时任第二十一师师长（由补充师改编，隶属第一军）严重诉苦道："现在凡是积极肯干的，都被当成共产党，这样谁还肯干？"

关于第一军中屠杀共产党（"中山舰事件"后隐蔽下来的）及左派人士的情况，郑洞国先生后来在回忆录中曾有披露。他心有余悸地回忆道：一夜之间，军队中许多老熟人、老同事就突然"失踪"了，许多人都上了黑名单，搞得人人自危。即使如他这样对蒋介石忠心耿耿者，也因为曾与共产党有瓜葛，被人打了小报告，上了黑名单。幸亏他的同窗、当时在黄埔同学会工作的黄雍将他名字抹去，否则也将生死难测。

向共产党人亮完刀子，蒋介石的心病好了一半。另一方面则是北伐各军的不断扩充，已形成尾大不掉之势，尤其是李宗仁的第七军，更是张狂得很，摆开架势要与第一军分庭抗礼。第七军自北伐以来，连战连捷，八面威风。两湖贺胜桥一战，一举奠定胜局；在江西，孙传芳之联军打第一军毫无怯意，战第七军则恐惧莫名。德安之战、马回岭之战、王家铺之战，战战俱是恶仗，双方杀得血肉横飞，尸横遍野，广西兵终于杀出了"钢军"的威名，与号称"铁军"的第四军难分伯仲，第一军则难望其项背。

于是，第七军自李宗仁以下，逐渐起了轻视第一军之心。

蒋介石立即采取措施，开始暗中削弱第七军。他将第七军调至江北前线，而第一军则大踏步回防，使第七军整个地突出于正面，形成孤军奋战之势。对此，李宗仁焉能不怒？他干脆将第七军撤回到安徽一带，导致前线空虚，徐州城得而复失，南京为之震动。

蒋介石将这一切归罪于李宗仁，李宗仁则反讥曰："既然第一军可回防，第七军又为何不可？"

"好吧，你的第七军尽可回撤，我自带第一军反攻徐州。"蒋介石气鼓鼓地打断李宗仁的申辩，"打不下徐州，我不回南京。"

李宗仁后来在回忆录中这样评价说："身为主帅，徒逞意气，焉有不败之理。"

果然被李宗仁不幸言中。7月25日，蒋介石专程北上，率军投入收复徐州之战，却误中了孙传芳诱敌深入之计，被打得一败涂地。直鲁联军得势不饶人，一路追杀，蒋军忙于逃命，连铁路、桥梁都来不及拆。追兵顺势掩杀，从徐州一直杀到长江边。北伐以来，如此之败绩，如此之狼狈，北伐军尚首次品尝。

蒋介石屡战屡败倒也罢了，却又透过他人，杀第十军军长王天培解气。王天培是李宗仁所指挥的三路军前敌总指挥，这一手分明是杀鸡儆猴，这就将蒋介石与李宗仁的矛盾激化了，由李宗仁、白崇禧主演的一场逼宫戏也有声有色地拉开了帷幕。

首先由白崇禧发难，因为宁汉对立的局面已经形成，所以蒋介石要白崇禧部署军队准备与汉方作战时，白氏却不同意，他认为：宁汉本是一家，这种自相残杀的事，不做也罢。

李宗仁也随声附和。

蒋介石一怔，他忍住气，隐隐意识到，李、白在赶他下台，连忙试探口风："好吧，二位说得有理，徐州新败，军心不稳，这次吃亏就是没有听德邻（李宗仁字）的劝告，也说明我指挥无方，不孚众望。我现在决心下野，休息一下。"说完，他的眼睛紧盯着在一旁的何应钦，只要何挽留一下，他就可以赖着不走了。

何应钦恨不得钻进地缝，这出逼宫戏他是知情的，他也认为蒋介石对王天培的处理太过绝情，对第七军的排挤也太过明显，容易激成变故。平心而论，他对蒋介石很忠诚，但与白崇禧也私交甚好，现在蒋桂变脸，却让他扮演这样一个角色。

白崇禧见状大急，轻轻咳嗽了一声，打破了何应钦的窘迫："总司令是应该歇一歇了，否则汉方不依不饶，避避风头也好。"他顺水推舟接过了蒋介石的话。

8月14日，蒋介石在上海宣布下野。

蒋介石突然下野，第一军顿失所依，"天子门生"成了没人疼的孩子。黄埔一期生酆悌可怜巴巴地给蒋介石去了一封信，说自校长下野后，反对者毁谤讥笑，无所不用其极，不但抹杀了他们以往的历史，还污辱他们的人格，使其没有立足之地，真是昔日之芳草今日之萧艾，第一军被贬得一钱不值。

蒋介石则是痛定思痛，第一军假如能稍微争一点气，打几个漂亮仗，李宗仁、白崇禧敢这样逼他吗？他认为，让这群天之骄子吃点苦头也未尝不是一件好事。黄埔系一直在他的羽翼下飞黄腾达，骄横十足，文武之功很少建树，攀功抢禄却一马当先，嫡系队伍的这种状况让他担心。

于是，他唤来了刚刚礼聘的"文胆"陈布雷，嘱他就此问题写一篇文章。陈布雷果然大手笔，一纸《告黄埔同学书》写得铿锵有力。蒋介石最欣赏其中的一段："现在我们已不能讳言失败了，我们更不能把失败的责任专归于他人而宽恕自己。我们的同学应当一致反省，何以一往无前的胜利中会造成不可挽救的失败呢？第一个重大的原因，当然是全体同学意志不能统一，精神不能团结，不顾团体的重要，只逞私人的意气，同室操戈，自相残杀，这是我们最不幸的一点。"蒋介石大声疾呼："清党难，清心更难。"他要求他的黄埔生，不要只想当官，还要甘心做下层工作，不要依赖别人，要自己努力去闯，去拼，去奋斗。

言罢，他又唤来何应钦，忍住怒气叮嘱道：千万要珍惜第一军这点血本，轻易不要使用，以便东山再起。

就在蒋介石下野之际，孙传芳不甘失败，在江北组织对南京的反攻。前文说过，孙传芳特别善于组织大规模会战，集中优势兵力，企图一箭定江山。此次作战，更是志在必得，精锐尽出，兵分三路，由浦口至镇江一线，抢渡长江。

孙氏传令，渡江部队一律只带数日干粮，江面上只留有限船只供联络之用，取"背水一战"之法，以示有进无退，置之死地而后生。

进攻之初，孙军士气旺盛。1927年8月25日，其主力一部由划子口、望江亭、大河口三处向乌龙山、栖霞山、龙潭强渡，一部由八卦洲、十二圩向燕子矶、笆斗山、镇江偷渡。段承泽师首先在张家大湾、高家村等处登陆占领栖霞车站及附近高地，京沪线及电信均被切断，孙军的先遣队已出现在尧化门一带。南京城里一片混乱，政府机关、党部、报馆纷纷将招牌取下，收拾行李、文件，准备向汤山方向逃避。

面对孙军的进攻，第一军最初采取消极态度，反正南京由李宗仁的桂系当家，犯不着为此拼命，于是将主力调至沪杭路一带，何应钦也收拾起行装，准备溜之乎也。

幸亏李宗仁及时喝住了何应钦："丢掉南京，军心、人心尽失，前途不堪设想。"他硬拉着何应钦，返回阵地就地指挥。

李宗仁这一吼，让何应钦顿时清醒。如果就此一走，无异于临阵脱逃，因此亲往麒麟门督师，遏止住了溃兵。

第一军最早投入战局的是第十四师，因为该师的驻地镇江是孙传芳的一个攻击点，非应战不行。

师长卫立煌是公认的一员骁将，素有能战之名，但一生都不为蒋介石、何应钦所喜。其原因很简单，此人非正宗黄埔出身，又生性耿直，蒋、何总觉得在感情上与他隔了一层。

卫立煌是安徽合肥人，生于1897年，年龄虽轻，出道却早，20岁就在粤军中当了营长。粤军地域观念很强，讲究资历，卫立煌能脱颖而出，凭的是勇敢善战。

所以，为了装老成，卫立煌从那时起蓄起了胡须。这一撮胡须就成了他外貌的显著特征，历时三十载，直到1949年在南京为摆脱国民党特务，化装潜逃香港时才剃去。

卫立煌原是粤军许崇智的部下，后来因"廖案"发生，许被逼而走，他的部分部下也被编进第一军序列，卫立煌成了谭曙卿第三师的一个团长，从此跟上了蒋介石。

北伐中，第一军迅速扩大队伍，待何应钦轻取福建，到达福州后，卫立煌已调任第十四师师长。这个师，可是地道的黄埔老底子。

以外人任嫡系带兵官，这是十分罕见的，但没有人对卫立煌不服。他坐上师长的位置，靠的是战场上真刀真枪的搏杀。

比如此次龙潭之战，他的师驻防镇江一带，面对孙军反复进攻，他犹如在南岸筑起了一道铜墙铁壁，任凭狂涛骇浪，只能碰壁而回。不仅如此，卫立煌居然还能抽出一支力量，亲自率领，协攻龙潭之地。

就因为镇江攻不下，孙传芳才难以扩大战线，增加攻击点，南京的右翼才免受偷袭。正因为镇江始终控制在国民革命军手中，白崇禧才能从上海赶到，在此组织力量，调动第一军主力来援，与南京方面部队对龙潭形成夹攻之势，出现胜负逆转的契机。

白宗禧紧急抽调第一军主力北上增援龙潭的命令传达后，黄埔少壮派军人一片哗然，意见分歧。由于此事关系重大，不容迟缓，于是由现任黄埔同学会交通股股长宋希濂居间奔走，将各部带兵官聚到了一起。

宋希濂原来也是中共党员，"中山舰事件"时，他刚刚提升为新编第二十一师六十三团一营营长。在他的头脑里，光宗耀祖的思想是很占分量的，他每一次提升，总忘不了去信给家中报喜，可见他的人生目标定位在何处。因此，蒋介石一清党，他马上夹起尾巴做人。好在他加入中共不久，新编二十一师又刚刚成立，没有共产党人活动，他的共产党员身份也就没被发现。他之所以决定跟蒋介石走，是因为觉得蒋介石已经掌握了半壁江山，跟着他总比跟着尚在襁褓中的共产党要有出息得多。

现在，宋希濂已是黄埔同学会交通股股长，官不大，权不小，他要在座的各位校友赶快拿定主意，这仗是打还是不打。

黄埔生果然是黄埔生，这点政治眼光还是有的。尽管蒋介石临走时一再叮嘱他们要"保存实力"，但是大敌当前，覆巢之下岂有完卵，再一味避战，连根本之地都要丢了。

他们终于作出了决定，先打垮孙传芳再说，暂时接受白崇禧的指挥。

刘峙带着第二师沿沪宁线杀了过来。

胡宗南（副师长）的第一师、陈诚的第二十一师、顾祝同的第三师也拍马赶到。龙潭成了血海。因为是生死之战，第一军放手一搏，虎将卫立煌死战镇江不退，让孙军难以扩大战线。陈诚胃疼甚剧，坐在轿子里指挥战斗，在青龙山争夺战中三退三进。该部团长李树森稍露怯意，被他当场撤换，丝毫不假颜色。

第一师参谋长罗群也是身先士卒，按官职他也属高级将领行列，却将指挥部安在了第一线，直接与敌处于面对面的交锋状态，直至弹尽，拔剑出鞘，大呼冲入敌阵，壮烈成仁。

总司令部警卫师中校营长谢翰周负责守龙潭、栖霞一带，那里也是战斗最激烈的地方，阵地屡失屡夺，整整血战七昼夜，最后在一次冲锋中身中数弹而亡。

由此可见，第一军并非不能战，他们身上的潜能无限，只是看如何激发。

这一战，双方将士死伤无数。仅北伐军方面，"全部伤亡亦以万计，即黄埔

"剿共"时期的第一师师长胡宗南

各期学生阵亡者及至数百人之多,伤者不计其数,其中尤以第五期学生死亡最多,计在 500 名以上。自革命军作战以来,除惠州一役外,当以此役为最烈,诚恶战也"。

孙传芳方面,曾七次渡江,被歼人数达 5 万余,最后只好丧气而退。龙潭一役遂以北伐军大获全胜而告终。蒋介石事后也有评论:"此役关系到首都之安危,革命之成败,在国民革命军史上实占重要地位;而战斗之激烈,可与棉湖、松口、汀泗桥、武昌、南昌诸役相埒,或且过之。"他还专门表扬了黄埔军的两位将领:"刘峙师长之头部受伤,卫立煌师长之落水不顾,仍行指挥,均能表现军人奋斗精神也。"

内战中坚

龙潭取胜后，北伐阵营内的矛盾不见减少，反而更趋激化，因此北方冯玉祥之国民军、阎锡山之晋军都要求蒋介石出山，黄埔系的军官更是一片鼓噪之声。他们走遍津浦线、陇海线上的每一座军营，拉拉扯扯，封官许愿，诱劝各军发表拥蒋通电。于是，在千呼万唤声中，蒋介石终于重出江湖。

蒋介石甫一亮相，即宣布举行"第二期北伐"，将所有兵马分成四个集团军，第一集团军为蒋系部队，第二集团军为冯系部队，第三集团军为阎系部队，第四集团军为桂系部队，人数近百万之众。

第一军为第一集团军主力。由于第一军编制过大，驻地分散，指挥不便，龙潭战役后不久，即1927年9月26日将该军所辖各师分编为第一军、第九军、第三十二军。其中第一师、第二师、第二十二师编成第一军，军长仍为刘峙。第三师、第十四师、第二十一师合编成第九军，任命顾祝同为军长，卫立煌为副军长。第二十师、独立第四师、新编第一师编成第三十二军，军长为钱大钧。

10月26日，第一师代师长胡宗南调任第二十二师师长，蒋鼎文任第一师师长。11月25日，刘峙辞第二师师长兼职，徐庭瑶任师长。第二十二师，师长原为蒋鼎文，因蒋10月升任第十一军副军长，由胡宗南继任师长。1928年初，蒋鼎文升任第一军副军长，仍兼第一师师长。

第二期北伐发动后，战事进行得异常顺利，呈一边倒的局势。龙潭战后，孙传芳、张宗昌的直鲁联军已经不堪一击，奉军主力又在与冯玉祥、阎锡山部队的作战中耗尽实力。1928年5月30日，张作霖无奈下达总退却令。6月上旬，北伐军不战而下北京，至此，战事告一段落。

随着北伐的落幕，军队编遣问题又提上了议事日程。根据国民党军编遣会议决定，计划全国陆军裁减后共编为65个师约80万人。

第一军也发生了巨大的变化。经过衍化，它其实已变身为第一师、第二师、第三师、第九师、第十一师，构成了蒋介石中央军的嫡系。而第一师，则更被认为是第一军的正宗衣钵传承。

下面是编遣后的第一师情况：

第一师师长刘峙、副师长张克瑶，下辖徐庭瑶第一旅、胡宗南第二旅、张承治第三旅，由原第一师、第二十二师一部及改编的张克瑶之鲁军第七十六师编成。

然而新军阀混战抵消了军队编遣的成果，第一军在蒋桂战争发生后不久就恢复了番号，下辖所部除了上述的第一师外，第二师、第三师也进入了第一军的建制。

下面是第二师、第三师的情况：

第二师师长顾祝同，兼第一军军长；副师长李明扬。下辖黄国梁第四旅、涂思宗第五旅、李明扬第六旅（兼），由原蒋系第三师、第十四师、第二十一师以及李明扬之赣军一部编成。

第三师师长钱大钧，副师长陈继成，辖蔡忠笏第七旅、蔡熙盛第八旅、赵锦雯第九旅。

这一阶段，第一军参加了一系列的军阀混战，蒋桂战争中疾趋武汉，蒋冯之争中陈兵以威，蒋唐之战中雪夜奔袭，起到了中央军的中坚作用，尤其在中原大战中更是表现出色。

中原大战发生在1930年5月，第一军归第二路军指挥，第二路军总指挥为刘峙。路军，又称"路"，本是作战中临时编组的战役、战术指挥层次，拟替代军的指挥职能。但是，由于国民党军队的编制始终混乱，因此从路军的编成看也同样复杂。从职务级别上来看，路军下辖的部队中有建制军的部队，应该是大于军的。但有的路军下辖部队只有师而没有军，级别则相当于军。还有的路军作战部队全无，只是个空架子。

但刘峙这个二路军总指挥则是位高权重，同时节制指挥有第一、第三、第八、第十五军，第五、第十一、第四十五师和第一、第二教导师以及骑兵二师及第二炮兵团。

战争初期，蒋系部队主攻方向在陇海线，第一军担纲主力，首先进攻归德，迫使守军万殿尊、石振清的两个师投降，并乘胜急进，攻下兰封。

没想到冯玉祥的西北军布置好了口袋阵，将长驱直入之中央军截杀于腹地。由于武器精锐，士气高涨，虽然第一军及其他兄弟参战部队如第十一师、第九师、第二教导师等陷入苦战，伤亡惨重，但毕竟杀出生天，稳住了阵脚。

在这一段战役中，第一师的代师长徐庭瑶在李庄战斗中因右臂受伤无法指挥战斗，所遗职务由胡宗南代替。

不久，蒋军改变作战策略，将进攻重点调整至津浦线，第一军表现更加出彩，或强攻，或奔袭，或坚守，无不如意，利用装备上及心理上的优势，始终给予反蒋军以军事上和政治上的压迫，几乎未尝败绩。特别是黄埔系的一些青年将领如

胡宗南与蒋介石的合影

胡宗南、黄杰、郑洞国、李玉堂等已经挑起了大梁，成为师旅一级的高级指挥官。他们锐意进取，作战勇敢，训练积极，使部队在作战能力和作风上都上了一个新台阶。

中原大战刚刚结束，国民党政府为了减轻巨额军费压力和优化中央军嫡系部队，又开始对军队进行裁编和整理，修订了1929年制定的《陆军暂行编制表》，规定：陆军师编为甲、乙、丙三种师。甲种师编三个步兵旅，每旅辖两个步兵团，师直分队编炮兵、工兵、辎重兵各一个营，骑兵连、特务连各一个；乙种师则辖两个步兵旅，每旅辖三个步兵团，师直分队编成同甲种师；丙种师辖两个步兵旅，每旅辖两个步兵团，师直分队编炮兵、工兵各一个营，骑兵、特务、辎重各一个连。

到了1932年，国民党军事委员会又对上述规定进行了修改，甲、乙、丙三种师的编制一概取消，以军为陆军的基本编成单位。然而这些如纸上文章，根本没有得到严格的执行。

第一军有了很大的变化，继任军长陈继承只是个摆设，辖下只有已经升任师长的胡宗南的第一师。

作为中央军的风向标，第一师自然属于甲种编制，下辖三个旅。后来取消了甲乙丙师的编制，但第一师辖下仍有三个满建制的旅。

第一军编制如下：

军长陈继承，参谋长陈琢如。

第一师师长胡宗南，副师长彭启彪/彭进之/范汉杰，参谋长胡受谦/于达。

第一旅，旅长李铁军/李正先。

第二旅，旅长黄杰/袁朴/李文。

独立旅，旅长彭进之/丁德隆。

由于第一军只有第一师，因此所有资源由着第一师享用。而这一时期，国民党军队开始了加强军队建设的工作，大量购置外国新式武器，更新军队武器装备。在这一过程中，第一军是近水楼台先得月，占尽了好处。比如说从德国进口的花

第一军军长陈继承

机关枪,这在当时还是个稀罕物,但在第一师,已经配属到排一级单位。军官自连以上,已普遍配备了德国造镜面匣子,而且弹药供给充足,军饷按时拨发,保证了部队的稳定。

中原大战后,蒋介石将用兵的重点放在了对苏区的"围剿"上,第一军自然不甘人后,参加了对鄂豫皖苏区的第四次"围剿"。

对鄂豫皖苏区的"围剿"发生在1932年夏,由于受到张国焘左倾路线的干扰,红四方面军出现战略失误,始终打不破敌人包围,于是从皖西突然西进,直逼武汉,希望打开一个缺口。

被编入右路军的胡宗南部拍马赶至河口镇一线,将红军退路堵住,于是著名的河口之役就此打响。

此战为南京方面对鄂豫皖苏区的最后一仗，双方都是以主力出战。红军虽然作战勇猛，屡次击溃胡部防线，却始终不能完成突破，达不到战役目标，于是只能撤退转移。

此战，红十一师政委甘济时和红二十五军军长蔡申熙先后阵亡，部队不得不向黄柴畈转移。

眼看着红军的周旋余地越来越小，经过会议讨论，决定由张国焘、徐向前率主力跳到外线，到平汉路以西活动。

胡宗南却是紧追不舍。

面对着一支疲乏之师，战略态势又发生了变化，对胡宗南十分有利。以前红军在根据地作战，占尽天时、地利、人和，战略上不计较一城一地之得失，大退大进，飘忽作战；而现在撤退途中，每一役都奋力死拼，一山一寨之得失都关系战局成败。作为红四方面军总指挥的徐向前深知儿戏不得。以漫川关突围战为例，胡宗南率第一师从南面恶狠狠扑来，其余敌军分三路合击，形势危急万分，红四方面军被团团围在康家坪至任岭的深山峡谷中。胡宗南已叫嚣：要让漫川关成为红军的葬身之所。

幸亏战情复杂，敌我战线犬牙交错，胡宗南弄不清前面到底是哪一支部队，竟吹号联络。红十二师师长旷继勋也犯了错误，未能抓住战机，被徐向前阵前撤职。张国焘惊慌失措，主张部队分散突围，遭到了徐向前的反对，毅然派出虎将许世友、韩亮臣夺战北山垭口，为全军打开通道。此战凶险异常，双方均为猛将精兵。许世友团的一个营，500人被打得只剩下100余人，韩亮臣也牺牲了。但红四方面军总算突围了。

胡宗南也发起狠劲，红军为摆脱他，越秦岭，走关中，马不停蹄地来到了户县以南的彷徨镇。刚休息不久，徐向前起床一看，第一师又排开散兵线扑了上来。此战激斗几小时，双方互有损伤，红十师代师长曹光南不幸牺牲。

徐向前再越秦岭，南渡汉水，终于甩脱第一师。尽管红军保存了下来，但在张国焘主持的"黄柴畈会议"上做出了红军越平汉路撤向四川的决定。从此，中央苏区失去了掎角之势，大大增加了今后反"围剿"战争的困难。胡宗南部队的参战，对这一战略构想的破坏起到了一定的作用。

徐向前和不少国民党精锐部队交过手，如黄杰的第二师、汤恩伯的第八十九师等，胜多负少。据他感受，在蒋介石嫡系部队中，倒是非蒋所喜的卫立煌的第十师和徐庭瑶的第四师最难对付，余者就数胡宗南了。红四方面军到了四川，第一师还追了过去，在广元、昭化一带打得难分难解。对此，徐向前颇不服气，认为不能取胜的原因是胡宗南部队的装备实在太好了，又占了地利之便。如果换个位置，他有取胜的把握。这不是夸口，不久之后，在山城堡一役中，第一师就被原红四方面军骁将陈赓打得溃不成军。

山城堡之战发生在"西安事变"前夕，这时候胡宗南已经是第一军军长了，创了黄埔生的升官纪录。

蒋介石想给胡宗南升官是早有打算。第一师追踪红军离开鄂豫皖后，军长陈继承反而留了下来，担任驻赣和驻湘鄂赣边区"剿匪总指挥"兼武汉警备司令，因此第一师完全由胡宗南说了算。

与此同时，军委会将原属十九路军的第七十八师调拨第一师。七十八师原是粤系陈铭枢集团之部队，1931年编入十九路军后调防上海，参加了"一·二八"淞沪抗战，表现极为出色，战斗力极强。淞沪抗战结束后，该师又随十九路军被调至福建参加对中央苏区的"围剿"，作战期间，参加了"福建事变"，该师扩编为福建人民政府军第三军。"闽变"失败后，该师被调离福建整编，师长区寿年被免职，连以上军官全部被撤换为蒋系军官。为了彻底地让这支部队脱胎换骨，蒋介石最终将该师划拨给了第一师，进行彻底的改造。

有了第七十八师的充实，第一师迅速扩大了编制，下辖四旅十一个团，这在国民政府军中是绝无仅有的，超出了常规。明眼人都看出，胡宗南升军长已是早晚的事。

果然，蒋介石很快就宣布第一师正式扩编为第一军，由胡宗南任中将军长，下辖两个师，分别为第一师和第七十八师。第一师师长由胡宗南自兼，下辖两个旅四个团；第七十八师师长为丁德隆，下辖两个旅四个团。另外还有军直辖骑兵、炮兵、辎重、通信部队等。

下面是第一军这一时期的编制情况：

第一军军长胡宗南，副军长范汉杰，参谋长于达。

第一师师长胡宗南（兼），副师长李文，参谋长于达（兼）。

第一旅，旅长李正先，下辖熊志一之第一团、杨定南之第二团。

第二旅，旅长詹忠言，下辖刘超寰之第三团、李友梅之第四团。

第七十八师师长丁德隆，副师长罗历戎，参谋长吴允周。

第二三二旅，旅长廖昂，下辖晏俭之四六四团、徐保之四六五团。

第二三四旅，旅长李用章，下辖许良玉之四六七团、谢义峰之四六八团。

西北补充旅，旅长杨德亮。

军直骑兵团（原第一师骑兵团），团长马戴文。

经过这次扩编，第一军各级军官多有升调，许多士兵被提为下级军官，士气为之一振。

第一师扩编不久，就接到蒋介石征调命令。红军三大主力已在甘肃会宁胜利会师，这让蒋介石非常震惊，于是调集重兵，对红军进行"围剿"。

胡宗南部充当进攻红军的主力。刚刚完成会师的红军早就瞄着胡宗南了，有心要拿他开刀立威，于是利用胡部的轻率冒进，在山城堡设下了战场。

这次伏击是红军的精心安排，早就开始计划了，先是知会已与红军达成默契的与第一军配合作战的东北军王以哲部，让他们延缓进军，使胡部形成孤军作战。同时考察了地形，发现洪德、豫旺、盐池这一带除山城堡有供大军使用水源外，其他都不适应宿营，因此在山城堡设下战场，不怕胡宗南不来。

果然，1936年11月下旬，丁德隆的第七十八师陆续开进山城堡，早就埋伏好的红军开始扎紧口袋，将廖昂的二三二旅罩住。最初，丁德隆见之并不担心，他一面报告胡宗南，催促王以哲部进兵配合作战；一面吩咐摆好阵形，凭着第一军的优良装备，红军想生吞它并不容易。

胡宗南的电台滴滴作响，王以哲竟是充耳不闻，最后干脆关了机。他早想好了托词，就说是电台出了故障，谅胡宗南也无可奈何。

现在只剩下第七十八师与红军单独打斗了。红军方面指挥作战的是红一军团代军团长左权，此人为黄埔一期生，与胡宗南、丁德隆及时任第九十五师师长李铁军都是同窗，不久前还以老同学身份与他们通过信，希望他们以国家利益为重，放弃内战，一致抗日。但道不同不相为谋，这三位老同学竟拿着左权的信讽刺嘲笑了一番，并以胡宗南的名义回书一封，反而劝左权投降归顺，所以左权也是憋着劲要教训一下第一军。

红军的总攻在无声无息中进行着。那一天夜晚，没有半点星月，真个是伸手不见五指。同样是黄埔一期毕业的红军将领陈赓率领一个主力团操着大刀片摸到了阵前，只听一声呐喊，双方已经搅在了一起。

这一战打得凶险异常，天太黑了，根本难辨敌我，机枪大炮一概用不上。红军战士只是摸对方的脑袋，只要摸到对方军帽上那个圆巴巴的国民党帽徽，就痛下杀手，或用大刀招呼，或用手榴弹砸。而蒋军尽管也上了刺刀，但这种混战中毕竟不顺手，因此落入被动。等到天亮，第一军已经被打垮了，个个脸色发白，浑身都是冷汗，完全没有力气重新组织反击了。

想不到威震天下的第一军败得如此狼狈，整整一个旅几乎被全歼。自胡宗南出道以来也从未遭遇如此败绩，这让他痛心疾首。

山城堡一战为十年内战的收官之战，不久就发生了"西安事变"，国共两党开始形成合作抗日的局面。胡宗南的第一军则从西北调防江苏徐州一带，准备对日战事。

喋血抗倭

在国民党高级将领中，胡宗南一向是被认为颇有政治眼光的。他早就断言，中日之间必有一战。他的部队刚刚由西北调到徐州，以前因一直与红军作战，缺乏对日作战经验，所以他抓紧这段时间，以日军为作战对象进行大练兵。这是第一军自组建以来，第一次不以中国人为作战对象进行演练。

临阵磨枪，不快也光。所以他接到作战命令后，部队立即进入了临战状态。

1937年9月4日，胡宗南率第一军前锋乘夜幕掩护进入上海，其任务是支援宝山作战的守军。但棋慢一着，5日晨，宝山守军姚子青营全部壮烈殉国。眼望着烧成焦炭似的宝山城，第一军官兵怒火中烧，就地占领刘行、杨行等二线阵地，迎战宝山、吴淞扑过来的日军。

第一军素称装备精良，但这只是比较中国军队而言，与日军一比就相形见绌了。对手一上来就给第一军一个下马威，陆海空立体作战，日机超低空轮番进行轰炸，机翼下的膏药旗红得刺眼，黄浦江上的军舰架起了大口径的重炮，一颗炸弹就能炸翻半个连。不到半个时辰，第一军已被折腾得昏天黑地。

但是，当日军步兵在飞机大炮的助威下冲上来的时候，第一军的神勇在突然之中爆发了出来，小钢炮打得清脆响亮，机枪组成密集的火网，几番冲杀，几番纠缠，寸土必争，逐屋苦战。胡宗南指挥所里的日历已经撕过了一星期，凝眸而顾，阵地依然稳如山岳。

胡宗南的黄埔老师、负责淞沪战事三战区的副司令长官顾祝同感到纳闷，杨行一线战斗激烈，各部都要求增援，唯独胡宗南不吭声，难道第一军伤亡不大？

待第一军撤下休整，检点伤亡人数，顾祝同大惊，第一军的两个师都几乎打残了。以第一师第一旅为例，旅长刘超寰负伤，三个团长一伤二亡，营长以下军官和士兵伤亡达 80%。

第七十八师李文部伤亡情况也与第一师相似，营长中除留下一个严映皋，其余全部阵亡。

"胡军长，第一军打成这般模样，你为什么不吭声，也好早一点撤下来。"顾祝同不无埋怨，他担心蒋介石责备他不爱惜第一军。

从前线撤下后，第一军拉到昆山附近进行补充，这就看出了蒋介石对第一军的偏爱，一切优先由第一军挑选。不仅如此，还将第一军扩编为十七军团，胡宗南为军团长，所辖部队除第一军外，还有陶峙岳的第八师。

昆山休整结束后，胡部再上前线，奉命到蕴藻浜、陈行、大场一线阻击。此战更为激烈，几天下来，全军官兵伤亡达 80% 以上，营以下的基层干部打得所剩无几，其中四六七团第三营营长三易三亡。第八师师长陶峙岳回忆此次战斗时说："我们必须与阵地共存亡。无论官兵，思想上只有国家民族，个人安危均已置之度外。因此，在敌强我弱的情况下，我们在蕴藻浜与敌人周旋了 21 个日日夜夜，阵地安如磐石。部队每天处在战火硝烟之中，休息和进餐只有在战斗的间隙里进行。战斗之频繁激烈为前所未见。我们由于缺乏空军和重武器，除偶然夜袭外，主要是防御，以免消耗实力。后来有人问我，在当时那种艰苦条件下，怎么能坚守 21 个日夜。我说，就是两个字：'死守'。"

第一军因伤亡惨重，又被换下进行第二次补充，接防的是广西部队。一上阵，高低立判，三天后这支队伍就被打光了。在地方实力派中，桂系军队虽称强悍，但这种硬碰硬的阵地战不是他们的强项，与中央军精锐相比，还是有差距的。

在整个淞沪战期间，胡宗南始终在阵前指挥，神色镇定，不怒而自威。主将如此，第一军像吃了定心丸，打得从容不迫，有声有色。他们先后补充兵员 4 次，接防换防 5 次，总是能顶住，总是能不辱使命，日军未在第一军身上占到半分便宜。

正当胡宗南指挥所部与友军在上海滩苦战之际，11 月 5 日，日本援军突然在杭州湾北岸登陆，并迅速推进，切断了沪杭线，从南面向上海包抄，在淞沪的中国军队即将陷入敌人包围，前后被夹击的险境。

蒋介石无奈下了总撤退令。

从上海撤退后，胡宗南率领着刚成立的十七军团（实际上只有第一军），进驻南京长江北岸的浦口至滁州一线地区，这也是蒋介石对第一军的特别偏爱，担心它再遭创伤。

南京沦陷后，第一军再退至安徽，后又调防以西安为中心的陕西关中。这里的战略地位十分重要，东隔黄河与山西日军相峙，北防中共军队南下，屏障西北与西南。而目前关中兵力薄弱，西安行营主任蒋鼎文独木难支，胡宗南部为中央军嫡系，久驻西北，人地相宜。

在西安期间，胡宗南被免去第一军军长之职，专任军团长。所遗军长一职由第一师师长李铁军担任。

李铁军，广东梅县人，黄埔一期毕业，后分配在第一军任职，从基层逐级而上，是第一军的老人了，也为胡宗南所信任。后来，为了加速非中央军嫡系部队的嫡系化过程，以交流干部为名，让原为湘系部队第七十六军军长（兼第八师师长）陶峙岳改任第一军军长。陶峙岳没有黄埔背景，他是湖南人氏，保定二期毕业，之所以能在第一军军长的位置上停留，更多的是一种姿态，对杂牌军同化的作用。

下面分别是李铁军和陶峙岳任第一军军长时的编制：

1938年5月李铁军任军长时序列：

军长李铁军，副军长范汉杰，参谋长罗列。

第一师师长李正先，副师长陈鞠旅，参谋长张仲雷。

第一旅，旅长陈鞠旅（兼）。

第二旅，旅长曹日晖。

第七十八师师长李文，副师长李用章，参谋长沈策。

第二三二旅，旅长康庄。

第二三四旅，旅长许良玉。

1938年7月陶峙岳任军长时序列：

军长陶峙岳，副军长范汉杰，参谋长曾震五。

第一师，师长李正先，副师长陈鞠旅，参谋长张仲雷。

第一旅，旅长陈鞠旅（兼）。

第二旅，旅长曹日晖。

第七十八师，师长刘安祺，副师长李用章，参谋长沈策。

第二三二旅，旅长康庄。

第二三四旅，旅长许良玉。

李铁军在任期间，第一军奉命参加了兰封会战。

1938年5月，原在豫北的土肥原第十四师团突然在濮阳一带强渡黄河，攻

第一军军长陶峙岳

陷鲁西，企图占领兰封，随后直取开封、郑州，与沿平汉线南下之日军会攻武汉。"得中原者得天下。"日军大本营在讨论这次作战意义时一致认为，"只要控制中原，实际上即能支配中国。"

中国方面也知道此战的重要性，蒋介石亲赴郑州指挥，调集精兵，发动兰封战役。

第六十四军军长李汉魂、第七十四军军长俞济时、第二十七军军长桂永清、第七十一军军长宋希濂一齐披挂上阵。5月下旬，终于将土肥原师团压迫围困于罗王寨、曲兴集一带。

抗战初期，国民党军队作战虽然比较积极，但战斗力不敢恭维，与日军的差距是不争的事实。土肥原师团原本就是日军的精锐，眼见被中国军队包围，反而激起他们的疯狂，一阵猛打猛冲，顿时杀出一条血路。镇守兰封的第二十七军第八十八师师长龙慕韩慑于日军凶焰，竟擅自放弃兰封，土肥原师团当即占领该城，截断陇海线，威胁开封，郑州震动。

正是在这种形势下，胡宗南部被紧急征调，东出潼关，星夜驰援。

生力军加入，蒋介石信心百倍，重新收缩包围圈，以桂永清部攻击三义寨、丁寨之日军；以李汉魂部攻击罗王车站之日军；以宋希濂部进攻兰封城；以俞济时部由兰封向北横扫。至于第一军，则特别委以重任，负责向日军核心阵地曲兴集、罗王寨进攻。

虽然第一军的军长是李铁军，但指挥大权还是在胡宗南手中。战斗打响，细心的人会发现，胡宗南作战的热情大大低于淞沪战场，颇有点应付的味道。胡宗南变了，自从驻防关中，他的野心就开始滋生，甚至有开创帝业之想。因此，他现在想的，是如何拥兵自重。至于事关中华民族生死存亡的中日战争，他反而冷漠了许多。

战斗持续了三天，胡宗南部始终被日军挡在外围。蒋介石也恼火了，一个电话摇到了前线。罗王寨不是阎王寨，第一军怎么到现在还未拿下？从前的第一军可不像今天这样无能！

胡宗南辩解说："罗王寨防守坚固，火力猛烈，部队已经竭尽全力了。"

蒋介石语调更冷："难道罗王寨比兰封城还要坚固？宋希濂已经把七十一军的军旗插上了兰封城头。第十七军团是刚刚成立的军团，第一仗就打不好，会引起议论的。"

胡宗南猛然清醒过来，他是黄埔生中第一个被提为军团长的，嫉妒的人肯定不少，如不拿出点真功夫，会被人说长道短的。

胡宗南又拿出淞沪一役的狠劲，指挥部队猛扑罗王寨。一夫拼命，万夫莫当，战况顿时改观。蒋介石电话打来的第二天凌晨，罗王寨已被踩在胡宗南的脚下。

夺得罗王寨，胡部官兵征衣未解，一口气没喘匀，立即兵分三路向曲兴集进攻。其时，天上有日机轰炸，地面有炮火拦截，胡宗南丝毫不为所动，他知道趁热打铁的道理，乘着这股锐气，又拿下曲兴集。

可惜桂永清的第二十七军未能完成战斗目标拿下三义寨，使土肥原师团阵脚未乱。

黄杰的第八军也未能守住归德，从徐州西进之日军第十六师团迅速向兰封推进，与土肥原师团形成策应之势。

眼见中方军队陷入腹背受敌的困境，蒋介石悻悻然鸣金收兵，并以水代兵，掘开黄河花园口，阻住日军西进之路。

日军大本营则迅速改变进攻方向，于1938年6月中旬开始，以主力沿长江两岸，一部沿大别山北麓，分途会攻武汉。根据军委会布置，陈诚第九战区负责长江以南防务，李宗仁第五战区负责长江以北防务，其中以孙连仲负责镇守大别山北麓，胡宗南部则充当孙连仲的后卫，在罗山到信阳间布防。

信阳位于河南省南部，是扼守武汉的北大门，平汉铁路绕城而过，在信阳以东数十里，罗山城掎角相望。胡宗南将赶来增援的川军用于罗山防务，第一军则重点守信阳。

1938年8月，日军沿大别山北麓杀入，会攻武汉。此役，孙连仲、宋希濂作战英勇，日军进展困难，始终未能突破我军防线。为了早日策应长江南岸的攻势，日军被迫改变进攻路线，从潢川、罗山、信阳一线打开缺口。

9月中旬，日军绕过潢川，进入胡宗南防区的前哨阵地。经过5天的激战，9月24日，日军冲过竹竿铺，漫天盖地压向罗山城。守将川军第一二四师师长曾生元心惊胆战，不战而逃，罗山城被日军唾手而得。日军乘胜追击，在五里店建立起阵地，准备叩关信阳，截断平汉路。

军情紧急，第一军所有主力悉数披挂上阵，与日军展开对攻。由于装备好、训练精，加上长期培养出来的那种"天下第一"的霸气，第一军并不怯阵。几天打下来，双方损失相当。照这样的斗志，这样的韧劲，第一军守住信阳并非不可能。

从中日战争一开始，日军的战略战术就有一个特点，偏爱迂回作战，正面攻不下攻侧面，明袭不成改暗袭。胡宗南与日军交手也不是第一次，但偏偏忽略了这一点，放松了山间小道的防守，让日军一支轻骑部队经青山店小道迂回，一举占领信阳右翼的柳林车站，截断了武汉至信阳间的铁路线。

胡宗南心里一阵阵发虚，信阳已陷入腹背受敌的困境，如果继续死守，第一军的命运凶多吉少。

胡宗南的勇气大不如前了。兵法云："十则围之，倍则分之。"信阳虽然腹背受敌，但中日双方的力量对比并无悬殊之处，放手一搏，尚不知鹿死谁手呢。

但胡宗南不作此想，现在，他已进入一个新的发展时期，关中基业刚刚建立，需要本钱，需要发展，而第一军就是他手中最大的王牌，轻易损失不得，牺牲不得。

于是，他立刻传令撤兵。参谋长罗列很担心，因为这会危及友军，建议胡宗南通知一下李宗仁，作全局统筹安排。

"告诉李宗仁，就走不了啦。"

罗列仍然犹豫，像这样擅自撤退，是犯天条的。前不久的兰封战役，还因此枪毙了龙慕韩师长，记忆犹新啊。

胡宗南与李宗仁合影

胡宗南却大大咧咧:"校长那里我负责,去吧,赶快集合部队。"

第一军就这样不告而别,走得干脆,走得利落,全然不顾并肩作战的友军安危,全然不顾即将出现的严重后果。

因为信阳的失守,险些使五战区遭受灭顶之灾。日军从此突出,切断平汉线,迅速向路西的应山、安陆、花园等地突进,配合南面攻击武汉的日军,在平汉路形成包围圈,将五战区的10万部队一举罩在网里。

幸亏防守信阳南部三关的罗卓英部、刘汝明部凭险固撑,我被围部队才侥幸从日军网眼中逸出。

闲居西北

从信阳撤出不久，1938年10月，第一军撤回陕西，进行整补。1939年1月，第一六七师加入第一军序列，师长赵锡光。该师原为川军刘湘之部队，隶属第二十三军，后改隶第一军。至此，第一军下属三个师，兵员充实，装备精良，成为胡宗南军事集团之王牌部队。

这一阶段，第一军甚少参加军事行动。1939年1月，第一军担任第一战区的总预备队，军部驻扎在合阳；第一师驻扎在韩城，第七十八师、第一六七师驻扎在合阳。

1939年3月，根据南岳军事会议精神，第一军下属各师取消旅级编制，部队改编为三团制（另有野战补充团）。

1939年11月，第一师移防潼关，第一六七师驻守阌底镇，倚天险与日军隔黄河对峙。

1940年6月，蒋介石指定陆军大学特别班第四期第一名毕业的丁德隆接任第一军军长。

丁德隆，黄埔一期生，号称"知兵"，喜研究易经，同学间称其为"道士"，长期供职于第一军。山城堡之战中败于陈赓之手，为此曾一度心灰意冷，欲学道出家。抗日战争爆发后，率部参加上海保卫战、兰封战役和武汉会战。1940年在陆军大学特别班第四期以第一名成绩毕业后，蒋介石手令任命为国民革命军第一军军长。

1940年6月丁德隆任军长时序列：

军长丁德隆，副军长罗历戎，参谋长冯龙。

第一师，师长李正先，副师长陈鞠旅，参谋长张仲雷。

第七十八师，师长刘安祺，副师长许良玉，参谋长温祖铨。

第一六七师，师长周士冕，副师长王隆玑。

1941 年 5 月，第一军军长又有了新的人选，由原九十七师师长韩锡侯担任。九十七师最初的底子是孙传芳的五省联军，后来被陈诚集团吞并，成了中央军的嫡系。韩锡侯也不是黄埔系的人，保定八期毕业生。现在调到第一军任军长，他也很知趣，只当自己是个摆设，一切都听胡宗南的。

下面是 1941 年 5 月韩锡侯任军长时序列：

军长韩锡侯，副军长罗历戎，参谋长冯龙。

第一师，师长李正先，副师长杲春涌，参谋长张仲雷。

第七十八师，师长许良玉，副师长温祖铨，参谋长乐典。

第一六七师，师长周士冕，副师长王隆玑。

就在韩锡侯任上，国民政府军事委员会在全国成立四个攻击军作为战略机动部队。第一军虽然是少经阵仗，又战功平平，但依然名列其中。军的直属部队有炮兵团、工兵团、辎重兵团、搜索营、高射炮营、战车防御炮营、通信兵营、特务营等，人数超过一个师。

由于地处西北，第一军没有及时享受到战略机动部队的待遇，直到 1945 年 3 月，才赴贵州赤水整训，进行美械化换装。

韩锡侯在第一军军长位置上待了不足一年，就被贵州人氏张卓取代。张卓是位军事教育家，曾入日本士官学校十三期步科就读，民国十一年（1922 年）学成回国。历任施洞区立高等小学教员，云南、湖南讲武学堂教官，北伐国民革命军第十军咨谋官，陆军整理处教育处长，遵义、渭潼警备司令，庐山军官团办公厅副主任，将官班班长，第一军军长，第二十九集团军副总司令等职，主编中国近代第一部《步兵操典》。后接任中央步校教育长，在步校任职 10 年，培养师职以下军官近万余人。蒋介石赞赏其才，时嘉奖召见，并亲书"艰苦卓绝"四字相赠。军政部授予"干城勋章"和"云麾宝鼎勋章"各一枚。

下面是张卓任军长时序列：

军长张卓，副军长罗历戎，参谋长李汝和。

第一师，师长李正先，副师长杲春涌，参谋长张仲雷。

第七十八师，师长许良玉，副师长严映皋，参谋长乐典。

第一六七师，师长周士冕，副师长王隆玑。

张卓虽然是位出色的军事教育家，但实战本领不敢恭维。1944春，养精蓄锐已久的第一军迎来了灵宝之役。当时，日军为了打通平汉、粤汉铁路，掌握一条陆上交通线，首先发动了打通平汉路的中原战役，"中原王"汤恩伯的40万大军闻风而逃，在一个多月的时间里，连失中原38城，河南全境沦陷。为阻止第八战区出潼关救援，日军一部乘胜追击，沿陇海路疾进。5月末，前锋抵达陕州，潼关告急，西安震动。

胡宗南立即提兵迎敌，日军已经危及他的关中地盘，切身利益不能不保。然而在排兵布阵上，却露出了他的偏心。第一军虽然人数最多，装备最好，却作为偏师使用，只派出了第一六七师出战，且躲在其他部队的身后，在整个战役中也表现平平，乏善可陈。

适足爱之，适足害之。蒋介石、胡宗南对第一军的无限溺爱，恰恰宠坏了第一军。第一军既少经阵仗，缺乏实战经验，又妄自尊大，眼高手低。果然，后来在解放战争中就吃尽了苦头，露出了银样镴枪头的本来面目。

由于日军的主攻方向并不在陕西，因此，在遭遇到胡宗南所部的抵抗后浅尝辄止，不再西进。因此灵宝之战，第一军侥幸称捷。

张卓的继任者是罗列，黄埔四期生，也是长期在第一军服役，是胡宗南的囊中人物，为人比较精干。他担任第一军军长，可以说是众望所归。

覆灭

随着抗战的胜利,蒋介石为了实行一党专制,又将中国推向了内战的火海,第一军再次走向内战的战场。

这时候的第一军按照1946年度国军整编计划,将集团军总部改编为军,军改为整编师,师改为整编旅,因此,第一军整编为整编第一师。其编制情况如下:

师长罗列,副师长刘超寰,参谋长朱侠。

整编第一旅,旅长黄正诚,副旅长杨厚采,参谋长戴涛。

整编第七十八旅,旅长许良玉,副旅长陈坚,参谋长乐典。

整编第一六七旅,旅长李昆岗,副旅长涂建、匡泉美,参谋长柳届春。

指挥歼灭"天下第一旅"的陈赓将军(中)

"天下第一旅旅长"黄正诚

第一军整编完成不久,就在晋南的闻喜附近,与中共军队打了一场遭遇战,对手就是胡宗南的黄埔同学、晋冀鲁豫军区四纵司令陈赓。这一战打得很激烈,双方相持了半个月,第一师的一六七旅被打垮,损失兵力在一个团以上;此外,还有其他的参战部队也有不同程度的损失。

闻喜之败,让胡宗南太丢面子了。到了1946年8月间,当陈赓率军大闹同蒲路时,他伙同阎锡山,拼凑了15个旅,共计10万人,其中还有他的看家部队"天下第一旅",在浮山一带与陈赓大打出手。

第一旅虽称为旅,但在建制上是标准的一个师。它虽然不在"五大主力"之列,但真正的实力怕是只在其上而不在其下,所以被称为"天下第一",公认的国民党军队中的无冕之王,甚至连蒋介石也同意这样的说法。因为第一旅当过他的警卫部队,装备精良,训练有素,它的指挥官军衔普遍比其他部队高一级,旅长黄正诚就是中将了,团长都是少将,基层骨干清一色的黄埔军人。

两强相遇,本以为有的一拼,让陈赓失望的是,第一旅根本不经打,不过三天的工夫,浮山成了第一旅的葬身之地,全旅自旅长黄正诚之下4000余人无一漏网。

第一军命运的"拐点"即将到来。

到了1947年,国民党对解放区的全面进攻已告失败,转而进行所谓重点进攻,而延安则是他们的主要打击目标。

1947年3月13日,胡宗南以第一战区司令长官的名义,向参战各军正式下达了对延安的攻击令。

整编第一师被编在右路兵团,充当攻击重点,打先锋的却是整编第九十师,恶仗、苦仗也尽由九十师来承担。4天后,眼看着整编第九十师逼近延安,第一军军长董钊秉胡宗南的意思,突然按住了整编第九十师的攻击势头,让落在后头的整编第一师赶到前头,以夺得抢占延安的首功,以至整编第九十师师长陈

胡宗南"攻占"延安后,蒋介石到延安视察,前左一为胡宗南

胡宗南(蒋介石左)陪同蒋介石(掐腰者)登上延安宝塔山

胡宗南"攻占"延安后,经戴笠牵线与叶霞翟结婚

武愤愤不平："我们九十师从17日起连续两天担任强攻，牺牲很大，而第一师未遇激烈战斗，并且行动迟缓，落后十五里。现在眼看延安唾手可得，却来限制九十师的行动，偏袒第一师，要他去立功。"（见《陕西文史资料选辑第四辑"国民党进犯延安陕甘宁边区初期的失败"》）

3月19日，第一旅最先进入了延安城。其实，在临浮战役中第一旅已经全军覆灭，现在让它亮相，是胡宗南在表示第一旅还存在，依然是"天下第一"。

然而这是第一师的最后"辉煌"，它的历史拐点就此出现。在后来的一系列战斗中，第一师被打得千疮百孔。1947年5月初，在蟠龙战役中，第一师所辖第一六七旅全军覆灭，旅长李昆岗、副旅长涂建被俘，6700人全军覆没，蟠龙被解放军占领。1947年6月以第一六七旅副旅长匡泉美为旅长，将延安的残部撤到潼关接收三个团的新兵整补。而第一六七旅五〇〇团改称第三团，编入整编第一旅。

1948年3月，第一师师长罗列升任整编第一军（相当于兵团）军长，调第十六军（未整编的军，相当于整编的师）副军长陈鞠旅任该整编第一师师长。9月，

占领延安后的胡宗南（中）

整编第一师恢复原军番号，第一军军长由黄埔五期的陈鞠旅担任。

1948年9月陈鞠旅任军长时序列：

军长陈鞠旅，副军长许良玉，参谋长张铭梓。

第一师，师长周环，副师长王菱舟，参谋长王学勤。

第七十八师，师长陈坚，副师长景纯庵，参谋长徐海涛。

第一六七师，师长曾祥廷，副师长赵仁，参谋长高锐。

然而第一军仍然不见起色，在接下来的荔北战役中，第一军第七十八师又遭重创，该部二三二团几被全歼，团长景纯庵（兼副师长）战死。

眼看着对陕北的控制已无能为力，胡宗南不得不放弃这座对国民党来说除了欺骗宣传，在军事上却毫无意义的延安城。

退出延安后的第一军，一路上惶惶不可终日，窜汉中，过秦岭，退防大巴山。

1949年11月下旬，第一军最后一次充当"御林军"，赶到重庆护驾坐镇在那里的蒋介石。同年12月，胡系军事集团在四川被解放军包围，胡宗南此时已胆魄尽丧，连他赖以起家的第一军也撒手不管了，交给了第五兵团司令官李文指挥，匆匆飞往海南避难。25日，李文率兵团突围，在邛崃被解放军咬住，在前有阻、后有追，走投无路的情况下，被迫派其副参谋长袁致中、第一军参谋长乔治为代表，于26日晚与解放军第十二军接头，联系起义。第二天一早，袁、乔二人如释重负地带着刘伯承、邓小平欢迎起义的电报返回，第五兵团遂接受改编。"第一军军长陈鞠旅在召集该军团营以上干部进行说服时，全体人员都流下了眼泪，有的甚至放声大哭。他们知道，一直引为自豪的第一军从此消失了"。

第十三军

第十三军是1932年国民党建立的嫡系部队，下辖第八十八、第八十九两师，军长钱大钧，参加了对鄂豫皖苏区和红四方面军的"围剿"。第八十八师，师长孙元良，在1932年1月的淞沪抗战中隶属第五军。之后，该师调鄂豫皖对红四方面军作战。1933年11月，第十九路军发动"福建事变"，该师赴闽作战，后改隶钱大钧第十三军。1935年，第八十九师师长汤恩伯正式继任第十三军军长。该军下辖第四师、第八十九师，为汤恩伯集团起家部队。

抗战中，该军参加南口防御作战、台儿庄大战、武汉会战等一系列对日军作战，

　成为劲旅，为日军处心积虑要消灭的部队。1944年，日军为打通豫湘桂大陆交通线，在豫中对汤恩伯部发起进攻，该军一触即溃；后千里驰援贵州独山，挽回了面子。

　　抗战胜利后，第十三军成为国民党打内战的急先锋。该军为美械装备，全军约3万人，辖第四、第五十四、第八十九三个师。第一批海运东北、攻占山海关和锦州沿线，在秀水河子战斗和对临江的第四次作战等一系列战斗中，遭到重大损失。辽沈战役结束后，该军残部由承德撤到北平附近。在平津战役中，该军被迫参加和平起义，编入解放军第四十四军。

"剿共"战争中成为主力

第十三军是国民党军三大军事集团——汤恩伯集团的起家部队,提起该军,就不能不从汤恩伯的发迹谈起。

汤恩伯原名克勤,1900年9月19日生,浙江武义县人。1916年,升入省立金华中学,中途又转入浙江体育专科学校,练就一身结实的肌肉。1920年赴广州考入援闽浙军讲武堂学习,20岁毕业,在浙军中任排长。未几,这支部队被击溃,汤克勤辗转颠沛,流浪街头,恰遇同乡、武义富商童维梓准备东渡扶桑,急需一名保镖随行,他毛遂自荐,和童一起到了日本。1922年3月,汤克勤考入日本东京明治大学法科。但他志在从军,想报考日本陆军士官学校。当时该校有规定,需要国内官方的推荐。

汤恩伯

他通过关系找到浙军第一师师长陈仪，命运从此转向。在陈仪的推荐和资助下，1924年顺利地进入了日本陆军士官学校第十八期步兵科学习。这是他登龙大道的起点。

为了感谢陈仪的知遇之恩，他奉陈仪为恩师，改名恩伯；又抛弃糟糠之妻，与陈仪的义女王竞白结为伉俪。

1926年夏，汤恩伯学成回国，在陈仪手下任浙军少校参谋。当时国内的形势又发生了翻天覆地的变化。就在北伐军打到浙江之际，陈仪宣布脱离北洋孙传芳的系统，归附蒋介石的北伐军。在陈仪的推荐下，汤恩伯来到南京的国民革命军总司令部参谋处二科任中校参谋。科长是后来很有名的新疆王盛世才。

1928年，蒋介石将黄埔军校迁至南京马标，易名为中央陆军军官学校。蒋介石任校长，教育长为何应钦，不久张治中继任教育长。汤恩伯调入该校，任第

张治中将军

蒋介石与汤恩伯

六期学生第一大队上校大队长。

为了引起蒋介石和张治中对他的重视,每天清晨,汤恩伯带着一大队的学生,高呼口号,从营房跑步到中山门外,来回大约几里路的光景。而其他大队则在大院内的操场上跑几圈。汤恩伯的大队便引起了蒋介石的注意。

蒋介石对张治中说:"这个大队作风不错。"

张治中趁机说:"校长,这个大队大队长是汤恩伯,是你的同乡,又是日本士官学校出身,踏实肯干,文武兼备。"

蒋介石用人喜欢浙江人,听张治中介绍这个小同乡,来了兴趣:"文武兼备?"

"这是汤恩伯写的手本。"张治中拿出汤恩伯写的《步兵连教练之研究》呈给蒋介石。

蒋介石翻看着："嗯，嗯，不错，我们就需要这样的人才！"

汤恩伯以此被蒋介石提拔到军校教育处任少将副处长。

1929年蒋介石要张治中训练新部队，成立教导团，从军校选拔干部，张治中提拔汤恩伯担任教导团副团长。

1930年1月，汤恩伯任教导旅第一旅旅长。是年5月，蒋、冯、阎中原大战爆发。中央军陈诚、张治中、刘峙、蒋鼎文等部由杞县、太康之间揳入，奇袭开封，不料落入冯玉祥的口袋阵中，撤退不及，被冯军扭住，截为数段，首尾不能相顾。张治中命汤恩伯率部与吉鸿昌、孙良诚等部死战，损失尤重。汤恩伯拼死杀出重围，撤往商丘。蒋介石驻节柳河，汤恩伯负责保卫蒋介石的安全。

一夕，冯玉祥的骑兵队奔袭商丘飞机场，当时蒋介石正在朱集车站，措手不及，差点做了俘虏，幸亏汤恩伯率部死命防守。冯军并不知道蒋介石就在咫尺，烧了飞机场以后离去。汤恩伯保卫领袖有功，得到蒋介石的青睐。中原大战结束后，汤部改编为第四师，汤任副师长兼第十旅旅长。

1931年，汤恩伯在"围剿"赣东北红军时表现不俗，奉调升中央军主力第二师中将师长。不久奉命"围剿"鄂豫皖红色根据地。汤恩伯和曾万钟、陈耀汉、戴民权四个师及唐云山一个旅的兵力，企图以商城、潢川、固始地区为阵地，构成隔离地带，以分割鄂豫边和皖西两块红色根据地，在"围剿"中，各个击破红四方面军。汤恩伯志在必得，而他的对手正是黄埔军校一期的徐向前。徐向前率红军三个师北进，同时又命皖西红二十五军七十三师西进，以便在商城、潢川地区突破，计划第一步打击汤恩伯的第二师，控制商潢公路，切断商城与潢川两地的联系；第二步相机夺取县城。汤恩伯却没把徐向前放在眼里。

1932年1月中旬，徐向前挥师发起进攻，四个主力师合力作战，"腰斩"汤恩伯。汤丢盔卸甲，和曾万钟第十二师仓皇逃往潢川，红军控制了商潢公路。鉴于汤恩伯等部主力尚未受到重创，徐向前决定采取"围点打援"，对商城第五十八师陈耀汉围而不取，吸引汤恩伯等来援，在运动中歼敌。

果然，汤恩伯等四个师出动19个团的兵力，气势汹汹来救商城。徐向前将主力集中于豆腐店地区。时天降大雪，红军冒雪前进，以一个师担任正面突破，另两个师在左，一个师在右，担任两翼迂回包抄。

2月1日上午，汤恩伯率第二师等来攻红军阵地。红军正面死死抵住汤恩伯的疯狂进攻，两翼部队开始迂回。激战至下午，左翼部队迂回成功，抵刘寨包围了汤恩伯和曾万钟的两个指挥部，令汤恩伯、曾万钟、张钫等三个师长动弹不得；同时红军抢占了傅流店渡口，切断了右路敌人的后路。

汤恩伯没见过这等急风暴雨般的阵势，惊慌失措，带头向后狂逃，兵败如山倒，数万名敌军纷纷向北夺路逃命。徐向前挥军猛打猛追，一口气追到潢川附近，歼敌4000人，缴枪2000多支。商城守敌扔下大炮和物资，连夜弃城逃跑。红军乘胜夺取商城。

徐向前在回忆录中说："（红军）十多个团的兵力击败了优势装备的敌人十九个团，打断了蒋介石嫡系第二师的脊梁骨，很有意义。汤恩伯因此而被撤了职，北线的敌军龟缩潢川、固始等据点，不敢再轻举妄动，我根据地进一步巩固和扩大。"

国民党对鄂豫皖的第三次"围剿"就这样完了，蒋介石大骂汤恩伯是脓包，罢了他的第二师师长之职。

是年6月，蒋介石亲自指挥50万大军对鄂豫皖红色根据地进行第四次"围剿"，采取分进合击的战术；再度起用汤恩伯为第八十九师师长，隶属钱大钧的第十三军。第十三军下辖孙元良的第八十八师和汤恩伯的第八十九师。

钱大钧，字慕尹，江苏吴县人。保定军校毕业，1924年参与筹备黄埔军校，任代理总教官、教导第二团团长、第二十师师长、第三十三军军长。1928年初任淞沪警备司令，后为教导第三师师长，中原大战后任第八十九师师长，1932年任第十三军军长。

是年7月，蒋介石以黄埔系将领率领的10个整师，对阵鄂豫皖徐向前的红军。8月7日，汤恩伯的第八十九师、李默庵的第十师和蒋伏生的第八十三师在花园一带集结，决定经河口，直趋根据地中心地区黄安、七里坪。

第十三军前任军长钱大钧

汤恩伯吃过徐向前的大亏,知道惹不起,于是跟在李默庵第十师的后面,避开了与陈赓红十二师的对战,与曾中生率领的独立第一师在高桥河展开激战。岂料,这位黄埔军校毕业的学生也如此凶悍,打得汤恩伯闪腰岔气,招架不住。正在这时,红军援军赶到,汤恩伯是光棍不吃眼前亏,立即回撤缩进据点里,依托坚强的工事,竭力固守。

不久,陈继承纵队从宣化店向七里坪开进,红军后路有被抄袭的危险,徐向前决定放弃黄安,转向七里坪迎敌。红军从正面突破黄杰第二师阵地,占领其指挥所,向纵深前进。陈继承准备撤退,但卫立煌赶到,要陈继承坚守。陈继承最终顶了下来,汤恩伯这才喘过气来,率师跟踪到七里坪,与红军激战。

由于敌众我寡,徐向前指挥的红军未能击破敌军一路,只得放弃鄂豫皖根据地，向川陕地区作战略转移。

汤恩伯在此役中，虽然遭到重大的损失，但顶住了红军的攻势，多少挽回了一些面子。他所率领的第八十九师成为主力师，为后来汤集团的起家部队。

1934年3月下旬，在蒋介石对中央红军的第五次"围剿"中，汤恩伯为第四纵队司令官，指挥第八十九师、第四师、第八十八师进攻福建泰宁等地。汤恩伯仗着兵额、武器弹药和经费特别充足，人多势众，根本没把红军放在眼里。他令三个师分三路前进，每师相隔40里。这犯了兵家大忌。三个师分别在新桥、太阳障和泰宁之线，被红军包围，红一军团击败汤部王万龄第四师于新桥，红三军团击溃汤部王仲廉第八十九师于太阳障，汤恩伯率孙元良第八十八师躲在泰宁城里不敢动弹，直着脖子向蒋介石喊救命。于是蒋介石电令第三纵队指挥官樊崧甫率第七十六师外加步兵一个旅丁友松部驰援。实际上樊崧甫就派了一个团前往解救。

汤恩伯认为，所部三个师还打不过红军，樊崧甫只派一个团来增援，这完全是在糊弄鬼，于是致电蒋介石以"弹尽粮绝，援兵坐视不救，请钧座严令樊指挥官火速进援"。蒋介石严电质问樊崧甫："该指挥官按兵不进，是何用意，限立即电复。"

樊崧甫放下电话大骂："汤恩伯这脓包危言耸听，他的第四、第八十九两师虽败，并未被红军歼灭；红军虽胜，但伤亡也很大，也须后退整补。他完全可以自派部队解围，却躲在城里乱喊救援。"

在蒋介石的严电下，樊崧甫还是命令一个团向红军进攻，顺利将王万龄从新桥救出，红军遂退出新桥。

事后，樊崧甫致电蒋介石说："我纵队已派补充团解新桥之围，其实汤纵队弹既未尽，粮亦未绝，职决不会坐视不救，请钧座放心。"言外之意，挖苦汤恩伯是个草包饭桶。

同年4月，蒋军收复福建后，汤恩伯部改隶北路，继续南进，进攻赣南。陈诚以重兵攻克广昌，敲开中央苏区的大门。此时，红军在李德的指挥下，改变以往机动灵活的特长，与蒋军硬碰硬，打起阵地战，消耗越来越大，根据地也越打越小。

陈诚指挥第三路军13个师的兵力，以碉堡步步跃进，蚕食战术，逐步向前推进。樊崧甫的第三纵队攻占了贯桥后，陈诚命令贯桥正面归汤恩伯纵队主攻，樊崧甫协助汤恩伯进攻，目的让蒋介石的嫡系部队收功。

于是汤恩伯扬扬得意地对樊崧甫说："明日拂晓总攻，请你老兄看我纵队如何打仗，看我如何夺取高虎垴立头功！"

樊崧甫说："祝你顺利，我派一个师协同你进攻，另派一个师掩护你的右翼。"

汤恩伯疑心樊崧甫要与他分功，拒人于千里之外："不需要老兄帮忙！我力量很充足。"

第二天，汤部气势汹汹对高虎垴阵地发动进攻。高虎垴阵地最多可容一个营的兵力向上进攻，汤恩伯却令5个团编制的第八十九师一起拥挤着往上攻，导致兵力施展不开。每个山头密密麻麻都挤满了士兵。

在红军勇猛的反击下，前面的部队溃败往下撤，与后面潮水般涌来的部队互相踩踏，加之红军的侧射，伤亡惨重，该部官兵死伤2000多人。

汤恩伯打电话埋怨樊崧甫袖手旁观。樊崧甫则一语道破失败原因："重叠布置、密集战斗所致。敌人一颗子弹可穿你们5层，你们后面的部队放枪，也可将前面的人打倒。这样打下去，不失败才怪！"

之后，樊崧甫协助汤恩伯部进攻，最后终于攻陷了高虎垴阵地。

汤恩伯自觉伤亡人数太多，脸上无光，恶人先告状，就把失利的责任嫁祸于樊崧甫，密报到北路总司令顾祝同那里。顾祝同亲自到前线查办，后听了双方的申述，终于明白了其中原委，此事遂不了了之。之后，汤恩伯改进了进攻方法，终于夺取了驿前等据点。

1934年10月，中央红军退出瑞金等地，进行战略大转移。汤恩伯率部进入瑞金，命令各部在苏区大开杀戒，大烧房屋。据悉有数千红军俘虏、家属和赤卫队员惨死在汤部的屠刀下。

第十三军在集宁接受检阅

由于攻克瑞金的"赫赫战功",1935年9月30日,汤恩伯正式升为第十三军中将军长,辖第四师、第八十八师和第八十九师。为了防御日军对华北的入侵,第十三军驻扎在绥远的集宁地区。

1937年元旦,《大公报》记者范长江跟随广西劳军代表团去绥远地区采访。在他的笔下,第十三军是一支有素养有文化、快速机动的一流部队。他写道:"特别是此时驻平地泉的主力是汤恩伯所部中央军,中央军是以机动性著名的,他们无时无地不在寻求'动'的机会。他们初到平地泉时,即把平地泉市街马路修理一遍,在这种新年时节,他们的活动,转到集体娱乐方面来。他们每一个师有一个俱乐部,统筹全师娱乐工作,二日、三日两天,王万龄师俱乐部和平地泉的戏院合作演戏,军队方面参加的多半是士兵。平时看他们穿上二尺五的灰布军衣,脚缠绑腿,似乎是粗陋无文,然而他们化装上台之后,有的居然是九五之尊,威仪十足,有的紫袍玉带,一品当朝。最有趣味的是《四郎探母》《游龙戏凤》和《女起解》等剧,饰旦角的俨然若有其事,曲尽柔情。这里表现出士兵群众中艺术才能之普遍。三日晚间汤恩伯军长的晚餐席上,彭毓斌师长(骑兵第一师)即席作了一首诗来答谢广西劳军代表团。饭后,他亲笔直书:'君等来南国,雪飞草色黄,何以答雅意。'这三句写完时,我的热血立即兴奋到沸点。我此时的思想,想到薛仁贵三箭定天山,同时想到当年军中对薛仁贵赞服的歌词:'将军三箭定天山,将士长歌出汉关!'这是如何令人扬眉吐气的史事,这是如何动人的讴歌。我们现在正需要气吞牛斗的将军,我们现在欢迎决复失土的战士,我的思想还在急转,而彭氏笔下已显出'三箭定辽阳'了!"

范长江还采访了当时只有29岁的第四师第十二旅旅长石觉。

石觉,字为开,广西桂林人,黄埔三期生,后在美国陆军参谋大学深造,历

石觉

任排长、队长、营长、团长、旅长，也是一员得力的干将。

"老乡见老乡，两眼泪汪汪。"石觉见到来自家乡广西的劳军团，自然十分亲热。

范长江写道："他的司令部十分简单，七八个人就塞满了那间屋子，一张桌子，几个凳子，一个赤裸裸的土炕，土炕上面支起一张帆布床。墙上有几条做人做事治军的自书标语，表示他精神生活的奋发；简单的卧具和用具，表现他自己锻炼的勤苦。他还有一支生动紧张的笔，随时写出慷慨热烈的文章。他有封致绥东前线将士的公开信，简明地说明敌我之形势，和战争将来的发展，乃至我们应有的态度和决心，以及我们最后胜利的把握，精辟热烈，气动三军。桂南多才，实非妄语。"

之后，范长江等又来到马励武旅长的驻地。马部担任绥东防务的正面。为防止察北方面日伪的进攻，基于汤恩伯所谓"逢山挖洞，遇村掘壕"的战术，前线士兵现皆加工赶筑防御工程。在天寒地冻的塞外，土坚如石，施工困难。初时有人曾用火烤方法，先燃火地上，俟土内冰解，然后兴工。但因燃料缺乏，不能实现，故只好以铁锥与冰土颉颃，毫厘进展，工作艰难，故往往长二三尺之铁锥，施工不及一个月，已磨耗至剩余不及三分之一。而工作区域，往往在离村庄甚远之山头及荒野，官兵夜间休息，即在野地搭临时棚席小屋，略避风雪。但塞上风冽，棚席不御风寒，往往一夜醒来，覆盖之皮衣毛毯皆已结冰，头足多被冻失灵活。现有少数士兵，因做工关系，手足冻坏，将成废人。

这就是真实的第十三军，让我们从另一个方面了解中央军，了解它的官长和士兵。

喋血南口　英勇抗日

1937年7月7日，日军在北平的卢沟桥进行挑衅，守军第二十九军一部奋勇抵抗，抗日战争由此爆发。29日，日军占领古城北平，随即天津也落入日军囊中。日军将主力向北平以北的沙河、昌平一带集结。

北平陷落的消息传到南京，国民政府于7月29日召开特别会议，商讨华北局势及政府的抗战方针。会议决定：派徐永昌为保定行营主任、林蔚为参谋长，统一指挥河北战事。同时调兵遣将。要旨为：宋哲元部担任任丘以东惠（丰桥）保（定）线阵地防御；中央军刘峙担任平汉路方面的作战；韩复榘担任胶济路方面作战；以刘汝明部和高桂滋所部合编为察哈尔省守备兵团，以刘汝明为总指挥，负责收复绥东、察北；汤恩伯所部十三军向怀来、宣化集结，为预备军。

8月5日，日参谋本部在"形势判断"中认为，日中已处于全面战争状态，决定从国内增兵华北，发动华北会战，把战线进一步扩大到石家庄—沧州一线，迅速对中国军队特别是中央军予以沉重打击。

8月7日，日本华北驻屯军制定了第二期作战方针：把主战场放在河北省北部的平汉线沿线，等国内援军到达后，在保定、沧州一线与中国军队决战；为了掩护主力部队进行保定决战，又决定以第五师团为基干，在关东军配合下，沿平绥路向山西、绥远等地推进，攻占张家口，以牵制和吸引中国军队，以保证主力部队在保定地区与中国军队决战。蒋介石也不是庸才，他也料到日军会走这一步棋，要保证中国军队能从山西侧击日军，就必须保证平绥铁路在我军手中，而平绥铁路的得失，与南口阵地的得失有直接关联。

平绥铁路东起北平，西经张家口、大同，至绥远的包头，是联系华北和蒙疆的大动脉。从南口的居庸关，往西至宣化、怀来，到张家口，是一个东西向的狭

南口居庸关长城

窄的盆地。平绥铁路纵贯其间,并有公路相辅,使之成为连通西北、华北及东北的交通孔道。

日军欲进犯张家口,占领察哈尔,分兵晋绥,南口是其必争之地。南口之得失,影响华北与西北的存亡得失。平绥路东段的重镇南口,属于燕山山脉,崇山峻岭,关隘重重,是北平通往西北的门户,号称华北第一天险。南口处于绵延于高山之巅的内长城上,山上只有羊肠小道,素有"察绥之前门,平津之后户,华北之咽喉,冀西之心腹"的说法。

7月30日,即在北平陷落的第二天,蒋介石电令驻军平地泉(今集宁)的第十三军军长汤恩伯:"该部在前方配备少数部队,俟派兵接替,其主力从速集中,准备向张家口挺进。"汤恩伯部的具体任务是保卫南口,以10天为限,瓜代而返。

汤恩伯当即查看地图,布置任务,通知所部第四、第八十九师分别在集宁、丰镇待命,用火车向张家口方向输送。他忙了一上午,还没顾上吃午饭,蒋介石电报又到,指示机宜:"我军无论何地、无论何部队,到达地点,必须星夜赶筑据点之强固野战工事,深沟宽壕,须使敌坦克车不能侵入我阵地,我能固守无失,然后再向左右方面照所规定之战线工事,竭力延长。万一我全线工事未成,敌来进攻时,我军亦固原阵地,沉着应战,勿稍慌张,俾后方部队,得以如期赴援。"汤恩伯不敢怠慢,立即命令部队切实实施。

汤恩伯第十三军东进南口,必须通过察哈尔省主席刘汝明的防地。汤恩伯派他的参谋长吴绍周先行赶到张家口,向刘汝明商量借路之事,没想到却被一口

刘汝明

回绝。刘汝明说得很干脆:"南口有我军把守,问题不大,虽然有敌骑兵的骚扰,已被我军击退,目前已无大碍。对贵军的接防一事,我还没有接到上峰的命令。"

原来,刘汝明担心的是蒋介石借抗日为名,采用假途灭虢之计,消灭杂牌部队,吞并华北的地盘。

吴绍周回到平地泉,向汤恩伯说明借路被阻一事。汤恩伯咧着大嘴骂道:"南口是敌人必争之地,大战迫在眉睫,刘汝明意欲何为?"他当即命人起草电报,将刘汝明不让通过之事报告蒋介石。

大敌当前,刘汝明不顾大局、以邻为壑的做法,令蒋介石十分恼火。他抓起汤恩伯的电报,用红铅笔唰唰在上面批了几个字:请冯副委员长酌办。

蒋介石把球踢给冯玉祥,也让冯感到棘手。因为刘汝明曾经是他一手提拔起来的西北军重要将领,虽说儿大不由爷,但蒋介石的做法显然让他面子上不好看。

冯玉祥

鹿钟麟

于是他也唰唰地在电报上批了几个字:如所报属实,请依法拿办。

球又回到蒋介石那里。

蒋介石大声骂娘:"拿办?上哪儿去拿?又如何办?"如果能拿能办,早就将这些西北军旧部收拾了。想来想去,只得请出西北军老人、军法执行总监部副监鹿钟麟到张家口去说服刘汝明,并请参谋部电令刘汝明,令其准许汤军通过张家口。

7月30日,鹿钟麟飞到晋北大同,汤恩伯偕吴绍周亲自前往迎接。汤恩伯寒暄道:"劳你老兄大驾,实在是不得已而为之。"鹿钟麟风趣地说:"我是子亮(刘汝明的字)的老上司,子亮那里我已去了电报,我想这个面子他是会给的。都是为了国事,我送你们去!"

一行人驱车到了张家口,这回,刘汝明倒没有再阻拦,说:"汤军团可以通过张家口,但不准停车滞留,再者不得在宣化设立司令部。"

军情似火,容不得半点延宕,而一个借路风波就已经使汤恩伯军的行动耽误了 4 天。这时南口的形势已经万分危急，第十三军即便按时到达，也已处十分不利之态势，第十三军将领个个义愤填膺。

8月1日，国民政府军事委员会为了阻击入侵日寇，保卫南口，巩固晋绥，特组建第七集团军，任命绥远省主席傅作义兼任总司令，任命第十三军军长汤恩伯为前敌总指挥，负责平绥路南口方向作战。汤恩伯决定第八十九师罗芳珪团先由大同出发。2日晨，汤恩伯本人自集宁乘专车东行，于当日下午到达张家口，在郭磊庄车站，与刘汝明、高桂滋等将领举行会谈，商定了南口、张家口和独石口一带的防御配置，部署如下：

一、张家口方面，西自洗马林沿蠢恳台、神威台、常峪口，东迄关底止，防御由第一四三师师长兼察哈尔省主席刘汝明担任，其主力控于宣化、张家口。

二、赤城、独石口方面，自龙虎关起，沿赤城至宁疆堡，由第八十四师高桂滋担任，其主力控制于雕鄂堡、赤城等地。

三、南口方面，自靖安堡起，延永宁、延庆至南口，由第十三军之一师担任；另一师位置于沙城以北地区，为总预备队，策应各方。

以上各项规定，约定于8月5日完成。

日本飞机从8月2日起开始轰炸南口、张家口及平绥铁路上各交通点，拉开了大战的序幕。

8月3日，汤恩伯根据郭磊庄的分工部署，下达了第一道防御配备令。第十三军仓促上阵，加上运输紧张和时间上的耽误，全军除了作战的武器外，把一切东西全扔掉了，以示必死作战的决心。而火车白天不能运输，要等到夜幕降临，铁路运输才间断恢复。5日，王仲廉的第八十九师运抵南口，接替了刘汝明部在南口、延庆等地的防务。第十三军进入南口，防务几乎一片空白，没有任何工事，也没有住房，刘汝明部原有的几间住房，也没有移交。汤恩伯憋了一肚子气，只得仓促派人进行实地勘察，决定布防地点，把两个师的兵力摆在30里长的防御线上。

王仲廉察看了南口一带崇山峻岭和关隘重重的复杂地形，决定将第八十九师

守南口的第四师师长王万龄

配置纵深阵地,缩小南北正面防御阵地,巩固两翼高山,将南口车站、龙虎台、大红门等地改为前进阵地,而将主阵地移至南口两翼山麓山腰;防御要点为南口至居庸关、得胜口、青龙桥等地,总预备队控制于康庄附近,师部设在康庄南之榆林堡。

第四师王万龄部在南口右翼布防,师部设于横岭城。

两个师一开进阵地,立即热火朝天地修筑工事。由于山高隘深,山石坚硬,军情紧迫,防御部队只能挖一些简单的壕沟掩体,或利用山上的石块,堆石为垒,聊作掩蔽而已。

8月5日,日军铃木和酒井隆混成旅团进抵昌平,部署进犯南口的计划。8月8日拂晓,敌步骑千余、山炮10门,向得胜口进犯。我守军谭乃大团奋起反击,经过一小时的激战,将来犯之敌击退。是晚,第八十九师调整布防,放弃了南口车站,将前线支点放在龙虎台,派重兵把守。

敌人初战受挫，发誓予以报复。从9日拂晓前，前线炮声隆隆，在10余辆战车的掩护下，铃木混成旅团，附炮兵一个联队，向南口、关东岭、鹿山峪诸阵地发起猛烈的进攻。我阵地上不断腾起爆炸的烟雾，此起彼伏，灼热的气浪令人窒息。守军沉着应战，一次次击退凶悍的日军。

8月10日晨，敌新一轮的攻势又开始了。先是几架日机临头，将炸弹扔在我军阵地；紧接着，无数发炮弹呼啸而来；然后是战车在前开路，轰击我军的火力点，千余步兵蜂拥跟在后面，向我军阵地发动一次又一次的进攻。

师长王仲廉冒着枪林弹雨，亲赴居庸关督战。经过4个多小时的恶战，我守军的血肉之躯与简单的工事化为齑粉。王师长在望远镜里清楚地看见：龙虎台的阵地上，大火熊熊；守军被迫撤离龙虎台。苦战到太阳偏西，另一重要阵地虎峪村被日军攻陷；直到深夜，该村后的高地仍有激烈的枪声，表明部分阵地仍旧在我军手里。

是日，军长汤恩伯冒着日本飞机的轰炸和扫射，来到居庸关视察。他和师长王仲廉判断，日军将要发动更大规模的进攻。经过紧急磋商，他们决定加强南口正面各阵地的防务，令前线部队在阵地前埋设地雷，以防止敌坦克突入阵地。汤恩伯复令将南口机车车辆厂的7辆重力火车头集中隐蔽在一个涵洞中，然后将该厂焚毁，以免资敌。同时，破坏了青龙桥通往南口的桥梁8座和八达岭的涵洞1处。

8月11日，敌2000余人，携带炮20门，在9架飞机的配合下，猛攻南口。第八十九师也好生了得，在武器装备不如人的情况下，依托山石等简陋工事，用陈旧的日式大炮和机枪、步枪、手榴弹沉着应战。双方在得胜口鏖战，你来我往，短兵相接。子弹打完了，用枪托、用拳头打，用牙咬，惊天动地的肉搏竟达10余次，敌人的尸体遍布山野，而我军也付出伤亡300余人的惨重代价。

汤恩伯不失时机地把惨烈的战况向统帅部进行了报告。同日，蒋介石电令在石家庄附近的卫立煌：率第十四集团军三个师由平汉路输送到易县，由北平西部山地向南口迂回，直接支援南口作战，限其在10日内到达；又电令孙连仲率第一军团之一部进占房山高地,掩护第十四集团军前进。

8月12日,太阳尚在厚厚的云层中挣扎,日军进攻的大炮就打响了。五六十门大炮铺天盖地,震耳欲聋,霎时间,整个山头泥石横飞,遮天蔽日;炮击刚完,30余架隆隆的轰炸机临头,威力巨大的炸弹倾泻在南口的阵地上,山摇地动,天地易色。

日军酒井旅团出动了5000余人,凭借强大火力,在二三十辆坦克车、装甲车的掩护下,气势汹汹地向我南口、虎峪、苏林口、得胜口一线发起全面进攻。汤恩伯在指挥部里不断接到阵地失守的消息。他急得一个劲地用军帽擦汗,大叫:"反击!"

敌我之间在龙虎台和南口之间激战,有时敌军突入我阵地,尚未站稳脚跟,

王仲廉

又被我一个反冲锋，夺回阵地。你进我退，你死我活，反复争夺竟达6次之多。激烈的战斗持续到中午，日军被迫退回原地。酒井隆大发雷霆，命令再次组织攻击。日军经过短暂的休整，复以20辆战车为先导，转动的炮塔和打红了的炮管不断喷出炽热的炮弹，终于将我守军的阵地撕开一个长达20多米的缺口。我守军一个排全部壮烈殉国。

汤恩伯大声骂娘，气急败坏地对王仲廉嚷道："你要不惜一切代价夺回阵地，你我虽多年袍泽，但军法无情！"

当晚，王仲廉命团长罗芳珪亲率两个排乘夜色反击，人抱炸药，呐喊前进，迎着战车而上，前仆后继，以大无畏的气概，压倒对手，击毁敌战车6辆，毙伤敌300余人，终于夺回南口阵地。

是日，敌骑兵1000余人，向王万龄第四师防守的白羊城、九港、禾子洞等地进犯，均被该师守军击退。

8月13日，日河边师团一部开至南口参战；汤恩伯也将控制之预备队拉上来，推进至青龙桥、居庸关一线，以策应作战。

日军在武器装备和火力上完全占了上风，其猛烈的炮火可以摧毁第十三军第一线、第二线阵地，其重炮和铁道重炮可以隔着几个山头轰击汤部的第三线阵地和后方补给线，给第十三军造成了极大的困难。

汤恩伯的部队，在国民党军队中装备是比较好的。第八十九师有日式炮9门，但很陈旧，射程仅为4500米；该师的两个旅都配有山炮连，但每连仅有山炮两门、炮弹100发。第四师有几门小炮，平时从来没有进行过实弹射击，等到战场作战时，才发现是试射炮弹，威力很小。而且在战斗中，只要守军射出一发炮弹，日军马上就有成百上千发炮弹砸向守军的炮兵阵地。所以，守军的山炮、小炮被敌压制得无法抬头；怕暴露目标，迫击炮、重机枪也轻易不敢开火。

经过几日恶战，守军只能在几乎被炸得光秃秃的山坡上，依靠爆炸后的弹坑和简易工事，用步枪和手榴弹抗击强敌。

罗芳珪

为了减少不必要的伤亡,第八十九师士兵放弃散兵式的防御,改为每两人一组的作战单位,利用南口两侧高山的石缝、石洞、大树以及掩体和弹坑来抗击日军,即使被敌炮火击中,也只是牺牲两个人。仗,打得极为艰苦。

截至8月13日,汤军团第八十九师已经在南口苦战了六天六夜,敌我双方都伤亡惨重,尤其第十三军在失去后方补给的情况下,只能靠啃干粮喝凉水来坚持了。

日军为了早日占领南口,派出千余人由羊坑向高家口迂回,再向跑马泉急进。

8月14日,南口的战事更加凶险。天刚拂晓,日军步骑兵约7000人,大炮100余门,在20架飞机和40多辆战车的配合下,向南口正面发动了更大规模的进攻。步兵在飞机、战车的掩护下,轮番冲锋。攻势犹如八月的海潮,一浪高过一浪。南口前沿防御工事全部被毁,滚烫的土地,被深翻了几尺。日军在强大的火力掩护下,沿公路直扑居庸关。幸亏居庸关一带配备了纵深防御,守军罗芳珪团拼死抵抗,肉搏10余次,激烈的战斗一直持续到太阳落山,直到晚上9时,才将日军击退。是日,毙敌数百,守军牺牲三分之二,罗团长身负重伤。

汤恩伯对南口的危局忧心忡忡,他告诫部下,要咬紧牙关,不管有多大牺牲,再坚持4天,就算完成任务了。就在这时,他接到蒋介石的电报:"孤军抗战系念之至,刻已一面催晋绥出兵增援,一面派卫俊如(即卫立煌)率三师之众,由易县、涞源向南口增援,望激励军心,持久抗战,再过数日,即可转危为安;应星夜构筑后方阵地,完成纵深配备为妥。"

汤恩伯立即找来师长王仲廉,组织部队,连夜袭击突入居庸关的日军,血战通宵,反复冲杀10余次。日军未料汤军所部还有这一手,在睡梦中惊醒,仓促应战,被打死430多人,另有5辆坦克被毁,32挺歪把子机枪被虏获。战至天明,日军一个联队的援兵开到,敌众我寡,加上部队已极度疲劳,伤亡惨重。汤恩伯命令改攻为守,撤回阵地。

至此,南口战事已经超过一周。第十三军伤痕累累,而日军也遭到重创,被阻于雄关要塞之前,动弹不得。日军只得调动更多的兵力,企图以更猛烈的火力夺取南口。整个上午,南口阵地一片宁静,静得可怕,连飞鸟的鸣叫声也听不见。只有久经战阵的守军明白,日军在酝酿更大规模的军事行动。

果然,晌午一过,日军的大炮开始轰鸣。这一次的炮火不同以往,不但正面的阵地一片火海,令人喘不过气来,南口右翼阵地也被炸得尘土蔽天,就连后方阵地也未能幸免。

在这场铺天盖地的炮击过后,黑压压的步兵端着三八大枪,嗷嗷叫着冲上阵地。守军寥寥无几的几声微弱的还击,令王仲廉师长心里"咯噔"一下,难道这些弟兄都已殉国?于是他立即派待增援部队上去,等打退敌军,再检查负责防守右翼阵地的一营部队,只见大部分士兵已经牺牲。地毯式的惨烈炮轰,使久经战阵的老兵也未能幸免。王仲廉听完汇报后热泪盈眶。

这一天下午,另一部日军迂回横岭城,在飞机的掩护下,由锅顶山进犯老渔沟、禾子彰阵地,并突入第四师防守的850高地。

防守850高地的是第四师第十二旅石觉的部队。几经血战,日军虽被击退,但石觉的第十二旅也元气大伤,不得不撤出要隘,退守居庸关南面一带山地。

日军屡屡攻击南口正面,均未奏效,于是再一次调整部署,自8月17日起,集中兵力、火力向王万龄第四师坚守的右翼阵地发动猛攻。

此时,日军在察东的独石口发起攻势,在热河伪教导第五团的配合下,进犯高桂滋第八十四师阵地。一时间,南口和独石口两方面形势都显得十分紧张。

第二战区司令长官阎锡山电令傅作义亲率大军星夜驰援,以图挽回败局;同

阎锡山

时电令保定行营主任徐永昌：令卫立煌率部出房山，迅速击日军侧背。

18日、19日两天，日军攻击的重点，完全移到右侧的黄楼院、850高地一线。守军马励武、石觉两个旅依托高地据守，与来犯之敌进行10余次的拉锯战，终于将强敌击退。

居庸关方面，敌步兵2000余人由苏林口潜入，抄袭居庸关后方阵地，敌我两方均排出最强兵力搏战。我军渐渐处于下风。关键时刻，汤恩伯发布悬赏令：凡参加反攻之部队，如能先行攻下羊圈子和河西高地两点中之任何一处，赏国币1万元。此令一出，军心大振，守军喊杀震天。经过4小时激战，我军奋力夺回河西高地，杀敌630余人，遏制了日军疯狂的进攻势头。

汤恩伯部在南口已经死守了10多天，却撤不下来。守军的兵力严重不足，凡是能用的兵力，汤恩伯都已经投入了战场。由于平绥路运力薄弱，加上日机轰炸、扫射，每天能增援的兵力不足一个团，大约在1500人，而每天的伤亡人数却大大超过这个数字；且前线有大批的伤员也急待运到后方，前线急需的军用品却运不上去，致使我军战斗力锐减。再看对手，日军虽也是次第增兵，但后方运输线畅通无阻，行动相对比较自由，他们可等到兵力集中到一定数量再发起新一轮的进攻。而且，日军处于积极主动的进攻态势，进攻时间、进攻地点可作选择，减员可以得到及时的补充。双方优劣可想而知。

那时的汤恩伯的确是个抗日的铁汉。著名的《大公报》记者范长江在战地通讯中报道："他们（指日军）凭借平绥路作后方交通，大炮战车运用自如。我们前线的工事被破坏了，官兵伤亡大半了，他们的炮同时轰击后方，使增援的部队无法前进，然后以战车掩护步队冲锋。日方之意，满以为如此优势的军火压迫下，一定可以胜利，最多三天可以攻下南口。谁知炮火如此厉害，中国军人却早已定下决心，非让官兵死尽，你休想顺利前进。因此每天两三千发的重炮弹，爆炸得南口山脉地覆天翻，而南口我军阵地，仍无丝毫变化。中国兵仍然雄踞着南口山头。"

在《怀来回忆》一文中，范长江写道："汤恩伯先生因为日夜辛劳的结果，

范长江

瘦得不成样子，两个眼睛深深地凹入，整个身体剩了皮包骨头。我们惊异他消耗得如此厉害，几乎有几分认不清楚。原来猛攻南口的日军，在优势的兵器条件下，汤恩伯实遭受空前的劲敌，故日夜操劳，精密指挥，已半月未曾得一安眠机会，整天和电话地图接近，时时注意敌人一寸一尺的移动、我们一次一次的战斗经过。而其人察抗日以来，所遭受之常人意料以外的打击，尤觉痛心。间有人提及此等伤心事，汤则不言，但见其眼泪往往盈眶欲坠，默对客人出神。人不畏外在之强敌，而忌内在之困难，汤氏处境，唯身临其境者，始能知其有难言之痛也。"

范长江在《西线通讯》中这样写道："他（指汤恩伯）穿一件短衬衣和短裤，手被香烟熏得黄透了，一切的精神都被香烟维持着；……从战事发动以来，就没有睡眠时间了，……汤所能指挥之部队，已全部加入前线，本身已成为光棍总指挥了。"

第二战区司令长官阎锡山为策应南口方面作战,命令刘汝明第六十八军和赵承绶骑兵第一军,分向察北一带的伪蒙军进攻。但刘汝明为保存实力,对张北的攻击令,迟迟不下达;提出日军增加兵力,威胁张家口和平绥铁路。因此,阎锡山只有另派队伍夺取张北,驱逐敌军,才可确保张家口。傅作义无奈,只好决定由自己所部先进攻张北,并将骑兵推进至多伦,以确保张家口的安全;然后再转移兵力,增援南口。

傅作义把自己的作战意图电告阎锡山后,阎锡山复电:"即率大军增援南口。"傅作义迫不得已,停止了进攻张北的计划,将兵力转移至南口前线。

8月18日晚9时,傅作义发布作战电:集团军拟先推进主力部队守下花园、怀来地区,由汤军攻击南口正面之敌;同时命第七十二师陈长捷、独立第七旅马

傅作义

延守两部，于8月19日开往怀来参战，后续部队19日于大庙附近开出。

8月19日，汤恩伯得到情报：坂垣第五师团已集中昌平，待机参加南口决战。他立即向南京统帅部做了汇报。20日，阎锡山到怀来前敌指挥部召开军事会议，汤恩伯、朱怀冰、陈长捷等出席。会议在进行之时，阎锡山收到卫立煌的一封十万火急的电报。卫立煌电称，其率第十、第八十三及第八十五等三个师，已分别由涿县、周口店、涞水等地兼程北上，预计于21日可以到达马创泉、镇边城等地，进击日军侧背等情。阎锡山看后一拍桌子："这太好了。"汤恩伯等伸长了脖子问何事，阎锡山将电报内容如此一说，汤恩伯建议："何不利用援军到达这一有利时机，发动一次大规模的军事进攻，将敌赶出阵地，恢复原有态势？"阎锡山说可以考虑。

战场形势瞬息万变。这边军事会议刚刚制定了作战计划，后方张家口形势逆转。日本关东军察哈尔兵团攻陷外长城的神威台、汉诺坝，威胁张家口。驰援南口的傅作义大军，一分为二，除一部继续前进外，傅作义亲率两个旅回援张家口。

日军则利用张北作战的胜利，积极进攻南口。8月21日拂晓，日军分三路向南口右翼阵地横城岭、镇边城发动进攻。每路三五千人，以15架飞机轰炸和密集的炮火，将守军压在壕沟里无法抬头。当日步兵冲上我阵地后，我守军才从地底下、壕沟里和弹坑中跳出来，与敌展开殊死肉搏。阵地上到处是捉对厮杀的军人，浑身泥土已分不出敌我，一日间奋力搏斗了10余次。

是日，横岭城被敌突破，汤恩伯部伤亡过半，只得撤出阵地，退守居庸关、怀来、延庆等地待援。

汤恩伯这边被日军压得喘不过气来，那边张家口也被日军围得铁桶一般。先前，汤恩伯直着

汤恩伯在第十三军部门前

脖子喊援军；现在，傅作义转向汤恩伯要增援。他在电报上说："敌分数路冲至旧万全城附近与我混战，张垣危急万分，请饬陈长捷、马延守两部，开到张垣，如不能全来，即先来一部，愈快愈好。"汤恩伯急得跳脚，说："我这儿还一筹莫展呢，哪有多余的兵给你？"他回电称："此间情况万急，卫纵队迄未赶到，陈、马两部在此尚感苦撑困难，如该两部即行他调，则此间阵地极易动摇，居庸关一失，察绥非我所有，乞顾念全局，暂留陈、马两部稳固阵地；俟与卫纵队取得联络，再行抽调。"同时，汤恩伯还致电卫立煌、李默庵，请其"火速向大村猛攻，以一部向镇边城攻击，并占领该地，与我右翼阵地相联络"。

汤恩伯的确是有苦衷的。其时南口防守正面和侧翼防线伸展已达500多里，兵力十分单薄，空隙甚多；防守各部伤亡惨重，已成"残兵镇守居庸关"的局面。傅作义却还向他要救兵。在这种形势下，他只得收缩兵力，改为固守据点的战术，并向各部明确了任务如下：

1. 居庸关为第一固守据点，归第二十一师及第八十九师守备；以第二十一师师长李仙洲为指挥官，王仲廉为副指挥官。

2. 横岭城为第二固守点，由第七十二师和第四师守备，第七十二师长陈长捷和第四师师长王万龄分别为正、副指挥官。

3. 延庆为第三固守点，归第九十四师守备，该师副师长潘善斋为指挥官。

4. 怀来为第四固守点，归独立第七旅守备，该旅旅长马延守为指挥官。

汤恩伯令各守备区指挥官要加强工事，沉着固守，非有命令，不得移动或放弃。

此时，张家口以西的孔家庄车站被日军占领，驻扎在这里的刘汝明部5300人被日军毙伤，这些人本来应该是去支援南口的。汤恩伯接到驻张家口的联络参谋刘觉民的密报："张家口当局，闻即将部队秘密南开蔚县，张垣有朝不保夕之现象。"

局势还在恶化：8月24日，镇边城方面的日军，已前进到距怀来不到10公里的十八家，兵分两路向怀来、榆林堡进击。此时，汤恩伯已令各部固守据点，无兵可调，而且他的指挥部与各部队的联络已被日军切断。

8月25日，怀来城外发现日军活动。汤恩伯大惊，急令马延守率第四十七旅迎击窜入之敌，以确保十八家至康庄的交通要道。但马旅与敌稍一接触即溃退，致使十八家至怀来、榆林堡，怀来至桑园的通道皆沦于敌手。躲在防空洞里的汤恩伯所能指挥的部队已全部加入前线，他已经成为光杆司令，只好将驻怀来的前敌指挥部向樊石堡转移。

此时，卫立煌率援军仍被阻于黄石岗、青峪口、庄村一带，因通信联络不畅，加之永定河涨水，渡河困难，与汤军差一天的路程而不能与汤军团合击日军，只得折返入山西。

当天下午5时，各部告急电纷至沓来。第二十一师李仙洲报告："榆林堡、

卫立煌

陈家堡被敌重围，伤亡惨重。张家口、宣化既以情况不明，情势严重，恳速决示办法。"

晚7时，王仲廉急电汤恩伯："敌从羊圈子抄过青龙桥后方，康庄岔道间铁路已为敌据，我第二十一师崔旅之一二四团，已被敌冲成数段，与居庸关及陈家堡李指挥官间已失去联络。……我第二十四师司令部被敌数次围攻；张家口已有失守说；我第八十九师已伤亡殆尽，粮弹两缺，情势险恶，恳请决定大局。"

26日0时53分，汤恩伯接到高桂滋急电："派往黑岱山及上花园之部队，受宣化方面突来之敌所袭击，张家口早已陷落，我军前后左右均在敌包围之中，形势危殆，恳设法应付此紧急情况。"

此时，总指挥部留在怀来的观察员报告："敌正向怀来包围。"

汤恩伯长叹一声："张家口失守，南口已处于两面夹击之中，如再死守，徒作无谓牺牲。"他将南口危局报告给了蒋介石。

蒋介石手令："兄部到不得已时可向蔚县、广灵、涞源移动，但对卫（立煌）纵队仍应积极联系。"

康庄是汤军团总预备队所在地

青龙桥车站都是第十三军士兵

汤恩伯命令参谋长："给固守各据点的指挥官发电报，电到即自行部署突围。"

其时，天降大雨，各部在仓促中接到突围命令，为尽快与当面胶着之敌脱离，立即向后转移。日军很快发现了中国军队在撤退，于是跟踪追击，飞机在天上轰炸、扫射，地面步骑穷追不舍。中国军队在泥泞中且战且走，损失惨重。在渡沟河与洋河时，河水暴涨，水深无船，有百余名官兵被滔滔河水卷走。

9月2日，撤退各部相继到达集结地点。是日中午，汤恩伯发表南口作战中的最后一道命令：着第七十二师、独立第七旅和炮兵第二十七团开至广灵、阳原一带归还建制；第四师、第八十九师，开至易县乘车向顺德输送，进行整理补充。

迂回台儿庄　日军惨败

汤恩伯由于在南口的英勇抵抗，声名远扬，1937年10月升为第二十军团军团长。该军团下辖第十三军（军长汤恩伯兼）、第五十二军（军长关麟征）、第八十五军（军长王仲廉）。

1938年1月，日军板垣征四郎第五师团从青岛登陆，沿胶济线西进，经潍县近迫临沂，与津浦线上的矶谷廉介师团呼应，齐头并进，妄图会师台儿庄。

蒋介石急调尚在河南整训的汤恩伯第二十军团驰援台儿庄。

作为第五战区司令长官的李宗仁说："我当时的作战腹案，是相机着汤军团让开津浦路正面，诱敌深入。我判断以敌军之骄狂，矶谷师团一定不待蚌埠方面援军北进呼应，便直扑台儿庄，以期一举而下徐州，夺取打通津浦路的首功。我主要利用敌将此种心理，设成圈套，请君入瓮。待我军在台儿庄发挥防御战至最高效能之时，则命汤军团潜行南下，拊敌之背，包围而歼灭之。"

李宗仁在台儿庄西南车辐山督战

因此,台儿庄之战要想取得胜利,全靠汤军团出现在敌后,予敌包围而消灭。

果然,"汤集团在津浦线上与敌作间断而微弱的抵抗后,即奉命陆续让开正面,退入抱犊崮东南的山区。重炮营则调回台儿庄运河南岸,归长官部指挥。敌军果不出我所料,舍汤军团而不顾,尽其所有,循津浦路临枣支线而下,直扑台儿庄。敌军总数约有4万,拥有大小坦克七八十辆,山野炮和重炮共百余尊,轻重机枪不计其数，更有大批飞机助威。徐州城和铁路沿线桥梁车站，被敌机炸得一片糜烂"。

就在孙连仲第二集团军拼死抵抗日军对台儿庄的狂攻时，李宗仁严令汤恩伯军团迅速南下，夹击敌军。汤恩伯似乎表现不佳，在"三令五申之后，汤军团仍在姑婆山区。最后，李宗仁训汤军团长说，如再不听军令，致误戎机，当照韩复榘的前例严办。汤军团才全师南下"。

而此时的台儿庄守军已经伤亡殆尽，全庄三分之二已为敌有，就连孙连仲也认为不行了，恳请李宗仁转移阵地，退过运河。李宗仁因汤军团援军快到，于是下令死守，决不许后撤。孙连仲只好说："长官，我绝对服从命令，整个集团军打完为止。"

孙连仲对师长池峰城说："士兵打完了你自己上前填进去，你填过了，我就

孙连仲（左）、田镇南（中）、池峰城（右）在台儿庄

来填进去。有谁敢退过运河者，杀无赦！"就在最后的关头，汤恩伯军团近迫台儿庄北边，在敌后出现，日军陷入重围。

现在的书刊在记载台儿庄大捷时都是很片面地谈及汤恩伯机动兵团的避战，实际的情况，还要看看当时战地记者范长江的报道。他在《大兵团的运动战》一文中是这样评价台儿庄和汤恩伯的作用的："片野支队在公路沿线被我袭击之同时，其一部离开公路线，西向绕出我军之北翼，在峄县东南一带会合矶谷之师，并力攻台儿庄。故四月三日台儿庄情势几不能保。至此汤军团全体将士，无不称赞池峰城师之坚忍，及孙连仲军全体将士之苦撑，以五分之一台儿庄残余家屋，终使敌军用尽方法不能得手，因此始能给予汤军团再度回师侧击台儿庄之时机。

"汤军团回师东北向，迂回侧击片野支队之时，敌除猛攻台儿庄而外，更以约很大的兵力，向东蔓延，活动于邹县西北一带，一则威胁台儿庄之右，一则以侧背攻击之姿态，应援片野支队。谁知片野支队被我迅速击败，余部西随矶谷，汤军团乘势掉过剑锋，西向攻击，以关麟征军为北路，以王仲廉军为南路，猛力攻打临（城）台（儿庄）铁路附近之敌人。

"此时我汤军团之张（雪中）师亦举前方统帅令，由韩庄渡河一直出临台铁路之西，攻峄县南之獐山等要地，东西合围之势且成，在台儿庄附近之敌约二万人，实已陷于全灭之境，当时若干人皆预料可造成大规模之歼灭战，惜某部稍欠协同，致王军略受牵制。敌于四月五、六两日之强烈战斗，知我主力兵团已无顾忌地攻其侧背，攻台之敌，已逼处全部覆没之前途。乃乘王军迟滞之际，赶紧将攻台主力，绕过关、王两军之前锋，退至峄县东南，转而侧击关军之右侧。

"敌军三次猛攻台儿庄，皆被池峰城师韧力支撑，未能得手，四、五两日之形势，敌对于台儿庄之占领，实已完全绝望，不得不狼狈北退。故六日晚我各路总攻，敌即仓皇逃。七日池峰城师正面收复台儿庄，关麟征、王仲廉两军亦转向西北，攻击前进。七日敌势已动摇，被我汤军团将其正面击破，关、王两军同时追击前进，得敌炮弹千余发，粮食枪械亦众，开津浦战争中追击前进的首次纪录。我官兵对于追击敌人一事，至今言之犹感兴味也。"

正是由于汤军团及时向台儿庄以北的出击，和池峰城师里应外合，敌军撤退不及，遂陷入重围。我军全线出击，锐不可当，取得台儿庄大捷。日军死伤当在2万人以上，坦克被毁30余辆。这是抗战以来的一个空前的胜利。这完全是中国军队合力杀敌的结果。

而后来的文献、史书都把功劳记在坚守台儿庄的孙连仲部上，很少有人提及汤军团的功劳。

著名记者曹聚仁的评价颇为公正，他说："汤军团因迂回攻击敌军的侧翼，所占胜利的比重是很大的。"

在战地记者的眼里："汤恩伯也就是那么一位大兵样儿，他的总司令部，就在一个小村落中。他只能煮了一锅小米稀饭招待我们，他自己就在漱口杯中吃粥。

蒋介石、白崇禧（右）、李宗仁（左）在徐州

这样一位身临前线和士兵同冒炮火的总司令,那自然会打得胜仗了。"

根据汤恩伯兵团的特点,蒋介石令其担任机动兵团的任务,策应第一、五两战区。豫南、鲁南、鄂北、苏北、武汉、枣宜、广西等地,无不有汤军团的出现,先后参加过南口之役、台儿庄大战、武汉外围之战、随枣会战、冬季攻势、枣宜会战等战役。因此,日军认为汤恩伯作战机动飘忽,是日军的劲敌。在日军中汤恩伯有"中将汤"之称。

台儿庄大捷后,蒋介石亲赴徐州,慰劳参战部队。汤恩伯向蒋介石汇报时说:"凡是人家所不愿做的难事,都交给我做;凡是人家所不愿打的难仗,都交给我打;凡是人家所不肯去的险地,也让我去。"

蒋介石对汤恩伯很是满意。由于汤恩伯军团对台儿庄大战的贡献,是年5月

张雪中

11日，蒋介石授予汤恩伯"青天白日勋章"一枚。

不久，汤恩伯任第一战区第一兵团总司令，主持平汉路东地区作战，6月8日被任命为第三十一集团军总司令，副总司令为关麟征、周碞。该集团军下辖第十三、第五、第二十七、第五十三、第八十五军，第一五六师、荣誉一师等作战单位。

1939年2月，第十三军军长由张雪中担任。

张雪中，江西乐平人，黄埔一期生，在台儿庄大战中作战英勇，获"青天白日勋章"。

枣宜会战　血战湖阳

1940年5月，日军以摧毁第五战区主力，消灭汤恩伯集团之企图，纠集第三、第十三、第十六等师团，骑兵第四旅团，战车第三联队之主力，分别由荆州、钟祥和襄阳、花园两路向第五战区进攻。第五战区襄阳、枣阳间的交通被其截断，右翼友军顿失联络。日军长驱直入，向右旋回，企图包围汤恩伯集团而一举歼灭。

汤恩伯第三十一集团军（下辖第十三军、第八十五军，独立第一、第二旅）作为机动部队即总预备队参战。关于这支部队的使用，重庆军委会曾于4月3日电令李宗仁，对汤集团应作机动部队，须呈候本会核准，方得使用。即不经请示，该战区不得擅自指挥。为此，第五战区参谋长徐祖贻13日去电军令部次长刘斐，内称：随、枣依托桐柏、大洪两山战略地位十分重要，进攻退守，均极便利，如果守不住，不仅增加之后作战困难，而且襄西不产粮食，数十万人，将成饿殍。现在战区左、右兵团兵力均十分薄弱，万不得已，是否可使用控制部队一部，支援战斗，还是无须死守占领的一点一线，以便维持实力？请通盘筹划，早日指示。

第五战区对军委会偏护汤恩伯集团的做法是有意见的，徐祖贻说得很明白，

第五战区将领合影

要么可以随时使用,要么不战不守,大家都保存实力。

刘斐于13日下午立即回电:能保大洪、桐柏山之战略要地足矣。新占之点线,自无坚决固守之必要。至于控制部队,委座为准备长期战争,及策应贵战区与第一战区危急状况时的事先部署,故坚决不准轻易使用。

蒋介石于4月26日对反击日军作了指示:

1. 第五战区以主力保持桐柏、大洪两山地带打击敌人,阻其西进之方针,同意。

2. 以二十六军(肖之楚)之三十二、四十四两师,控制于十里铺及五里铺,作河防预备队。

3. 汤恩伯集团可在襄花方面,为战区总预备队,使用时机,不可过早。

第五战区司令长官部令汤恩伯集团5个师以桐柏山为依托,在侧面监视敌人,待正面守军将敌人主力吸入随枣地区后,汤部即以迅雷不及掩耳之势自桐柏山冲出，一举截断襄花路，会同正面部队，将敌人包围而歼灭之。军情似火，汤恩伯从南岳飞赴老河口，转赴樊城第五战区长官部看望李宗仁，李宗仁向汤转达作战部署。未等李宗仁将歼敌计划解释完，汤恩伯便大发脾气，说："不行，不行，你不能胡乱拿我的部队来牺牲！"李宗仁耐心解释："你以桐柏为后方，有什么危险……"不待说完，汤恩伯竟拂袖而去。汤恩伯之所以如此放肆，不听命于战区司令长官的作战部署，恐怕在于蒋介石"使用时机，不可过早"的吩咐吧！及至日军向襄花路正面突击时，其掩护部队一部曾与汤部接触，汤部竟全部北撤，退往豫西舞阳一带。李宗仁认为，若汤部执行作战计划，出击日军，敌方机械化部队在襄花公路上，将永无东归之日。

第三十一集团军第十三军张雪中部、第八十五军王仲廉部于5月2日分别由随县及随县东南地区、随县东北地区之现防地出发，向东推进。第十三军一部"占领高城迄天河口市之线，主力控制于唐县镇、唐王店、太山庙镇、青苔镇附近地区。八十五军全部控制于鹿头镇、远家堂、吴山店、马家集附近地区"。

5月2日，敌军一部附炮12门，在飞机的配合下，向第十三军第八十九师、第一一〇师阵地猛攻，守军勇猛还击，重创敌军。

日军第十一军司令官冈村宁次部署了对汤恩伯集团军的包围：命令第三师团派出一支右翼梯队，沿信阳、西新集、湖阳镇大道前进。

第八十五军军长王仲廉奉总司令汤恩伯之令，率部南下攻击日军第三师团。第四师作为其先头部队，在师长石觉指挥下向枣阳方向攻击前进。

5月14日，第四师万宅仁第十一团开抵枣阳以北河南境内的湖阳镇宿营。

万宅仁（1904—？），别号德人，安徽东至人，黄埔军校第六期步科毕业。参加了第二次东征和北伐战争。抗战爆发后，参加台儿庄战役、豫西战役、鄂中战役，任预备第十六师副师长、第十三军新编第十六师师长，1944年后任第八十九师师长，1948年任浙江省第六区行政督察专员兼保安司令，1949年任青年军第二〇四师（重建）师长。1949年到台湾。

当晚11时许，接到逃难的老百姓报告，说有四五百日本兵进了王庄，正在做饭吃，还有大炮和洋马。

团长万宅仁当即派人前往侦察，并命令各部做好战斗准备。不久，侦察人员报告："王庄确有数百敌军，人马嘈杂声很大。"

15日凌晨3时，万团长电话命令：第一营作预备队并向信阳方向警戒，第二营由王庄北向南攻，第三营由王庄南向北攻，钳击敌人；军部将急调两门山炮支援。

部队刚调动，即被敌人发觉，枪号声响起，战斗开始。日军迅速沿村外布阵，进行还击，火力猛烈。激战到拂晓时分，天降大雨，因天气原因，整个白天敌机无法轰炸。军长王仲廉和师长石觉迅速组织山炮、战防炮和迫击炮参战，团长万宅仁指挥炮击敌人。官兵奋勇反复冲杀，到下午2时左右，敌人被压退，龟缩于村内，敌我双方呈胶着对峙状态，双方都有很大伤亡。

被包围的日军第四十师团第二三四联队昭上大队，训练有素，应变迅速，兵力运用到位，火网组织严密，射击精准，打得顽强，并用山炮向万团不间断轰击，企图坚守待援。万宅仁组织的多次冲锋都未能奏效。

当时湖阳镇附近的老百姓自发地冒着敌人的炮火枪弹，匍匐前行，给部队送水送饭，帮助运送弹药和伤员，帮助护理伤员。老百姓的行动激励了官兵的斗志。利用战斗间隙，三营营长韩声涛在壕沟里召集副营长、连、排长和部分班长组成突击队，韩任队长。每人1挺机关枪、600发子弹、4个手榴弹。韩营长说："今晚以前必须结束战斗。如果明天无雨敌机轰炸，或者敌增援到达，这仗就难打了。成败在此一举，不成功便成仁，如果这次冲不进去，我们就不要再见面了，要与日本鬼子同归于尽！"

黄昏时，韩营长带队协同第二营突击队发起最后进攻。该部利用打夜战的特长，经过勇猛顽强的拼杀，于晚上10时左右，二、三营分别从西北、东南冲进村内。此后不久，敌人枪声完全停止。残敌约50人从西南面逃跑了。

拂晓清扫战场，只见敌尸横陈，有400多具。正值初夏，臭气扑鼻。村中一块地面覆有新土，挖开一看是一个大红薯窖，里面有用白布包着的一具尸体，剥开检查,方知是日军昭上大队长,从其身上搜出一个笔记本,上面写有类似中文的"支那军弹如雨"等字样。再往下挖,发现用白布包着的被拆卸的两门山炮。

缴获的日军大队部一传令兵的日记记载:"(五月)十五日,晨七时许,昭上大队长早餐时,为敌炮弹击中毙命,大队部伤亡殆尽……"

是役激战一昼两夜,歼敌一个大队,万团两个营亦伤亡官兵近400人。毕业于黄埔军校第五期第二营的营长沈金生,在指挥冲锋时中弹牺牲。

与此同时,在湖阳镇周围,第四师第十团团长张荣田(黄埔军校第五期毕业)和第十二团团长骆振韶(黄埔军校第六期毕业),也指挥各部与日军奋勇作战。张荣田团伏击日军野篠大队,击毙野篠大队长。

在整个湖阳镇战斗中,师长石觉指挥第四师击溃日军第四十师团第二三四联队,击毙其大队长两名,毙敌1000多人,打出了国军的威风。湖阳镇战斗结束后,第三十一集团军总司令汤恩伯传令嘉奖。第十一团团长万宅仁升任第四师参谋长(后任第八十九师师长,官至军长)。此战获胜亦有客观因素:其一,雨天敌机无法轰炸;其二,第十三军、师各部火炮支援及时;其三,各团突袭钳击,战术到位;其四,充分发挥了夜战的特长。

枣宜会战中的湖阳镇战斗当时是很有名的。汤恩伯对参战官兵慰勉有加,第三十一集团军引以为荣,友军亦极为赞赏,并多有赴战地考察访问者。由于枣宜会战整体失利,故湖阳镇战斗未获大范围宣传。

日军攻占桐柏城,然后向西突进,进占唐河沿岸湖阳镇一线,截断汤军的退路。骑兵第四旅团之第二十六联队,超越第十六师团,迅速抢占张家集、双沟镇,切断枣阳、襄阳之间的联系,待第十六师团赶到,移交防地,继续向白河沿岸新野方面突进;第三师团主力和第十三师团,在随县枣阳大道右侧山地,对汤军进行正面攻击。

汤恩伯发现第三十一集团军已经最为突前,有遭日军围攻的危险,经与日军接触交战之后,便令主力迅速向唐河一带撤退。军令部在关于第五战区随枣会战经过的总结报告中说:汤恩伯集团在桐柏迄枣阳以北山地,自5月7日起,敌由三合店、唐王店、倒峡流、江头店等地包围，积极进攻，我汤部仍与敌彻夜鏖战，肉搏相拼。迄 11 日，敌终未得逞。复以战略上无固守之必要，更无其他部队能相互策应，为保持战力，应付而后战斗起见，汤总司令恩伯遂留张轸率两师兵力，于桐柏山内担任游击，并掩护主力之撤退，（汤）亲率四个师向唐河转进。汤部在"转进"途中，遭到敌之轻快部队的袭击，部队被截成数段，"于 12 日到达泌阳以北之二十里铺地区，迄 14 日始收容完毕"。

日军虽未能完成重点围歼汤恩伯第三十一集团军的既定任务，但"扫荡"了鄂北和襄东，搅乱了中国守军的防线，在一定程度上减轻了武汉西北方向的威胁。日军华中派遣军司令部认为已基本完成了"扫荡"任务，便下令各参战部队按照预定方针，返回原占领地区。

1941 年 1 月上旬，第三十一集团军汤恩伯部为进攻皖南方面的新四军而进

五战区将领（前排右起：胡宗南、李宗仁、张自忠、汤恩伯）

至信阳一带。是年冬，国民党第一战区司令长官卫立煌因中条山失守被蒋介石撤职，改调蒋鼎文为第一战区司令长官，汤恩伯是副司令长官兼第三十一集团军总司令。他手下的部队有五个集团军、数十个挺进纵队，号称百万。蒋鼎文没有自己的基本部队，只是挂着司令官的头衔，私下里忙于走私、做生意，大发战争财；汤恩伯实际控制着长官部，大权在握，飞扬跋扈。汤恩伯的几十万大军进驻河南，给当地人民带来沉重的负担。

汤部军纪太坏，给老百姓带来的苦难甚至超过日军的残暴，将汤恩伯比作"水旱黄汤"四大灾害之一。更有甚者，河南的老百姓中流传着这样一句顺口溜："不怕日本军来烧杀，只怕汤恩伯来驻扎。"可见，人民对其恨，堪比夏桀、商纣。①

1944年4月，日军发动旨在打通大陆交通线的豫中会战。日军迅雷不及掩耳的攻势，打得汤恩伯目瞪口呆。

汤恩伯的几十万大军一触即溃，闻风丧胆，向嵩山山区狂逃，河南全省沦陷敌手。蒋鼎文忙于将搜刮来的大批物资分装数辆大卡车，逃往安全地带；汤恩伯的指挥部一直

蒋鼎文

---

① 其实这只是过去的宣传，事实上不是这种情况。民国时期，豫西土匪多如牛毛，被称为"蹚将"，"水、旱、蝗、蹚"祸害人民，后为抹黑汤恩伯，这个"蹚"变成"汤"，以讹传讹。笔者2015年初夏去平顶山、叶县一带调查，据当地人反映，汤恩伯部与当地关系不错，每逢演戏便开放欢迎群众与军人一起看戏，逢荒年蒸馒头发给百姓，过年时汤恩伯夫妻上街，见小孩就发压岁钱。但是汤恩伯在河南祸民档案上有记载，有国民参政党的弹劾。十三军的驻地叶县有"十三军不保国，光牵骡子后扒皮"的民谣，文史资料也有佐证。

逃往陕西商南地区。汤军在撤退途中,豫西的民众自发组织起来,到处截击溃兵,甚至围攻汤部、枪杀官兵;有的地方练保甲长逃避一空,将仓库存粮抢走,让汤部官兵数日不得一餐。第三十一集团军总司令王仲廉所率总部直属部队被民团包围在一个土围子中缴了械,王仲廉仅以身免。汤恩伯的卫队也被地方武装包围缴械,汤恩伯本人化装成伙夫逃了出来,指挥部电台也丢失于途。豫中会战不及半个月,就以汤恩伯50万大军的溃败而告结束。

蒋介石对豫中会战的失败大为恼火,撤去蒋鼎文第一战区司令长官之职,调离了汤恩伯。

豫中会战结束后,日军势如破竹,发动了长衡会战,打下长沙、衡阳,并攻入广西,桂柳会战开始。是年11月上旬,日军夺取桂林、柳州,攻下南宁。11

蒋介石与石觉

月21日，日本第十三师团进攻独山，并于12月2日占领独山；日第三师团向贵州都匀追击，云南、四川受到威胁，重庆震动。

汤恩伯奉召前往重庆，蒋介石任命其为黔桂湘边区总司令，无论如何要挡住日军的步伐。

汤恩伯令石觉第十三军、陈素农第九十七军、孙元良第二十九军等部千里驰援。汤令其副司令官张雪中率两个师驰赴马场坪一带布置新的掩护阵地，以保卫贵阳地区。以石觉第十三军为主力，负责守备贵阳市。由于日军已是强弩之末，于12月4日退出独山，开始南撤不久，返回广西境内，宣布完成这个时期预定的任务，最终打通了华北到华中、华南的纵贯中国大陆的交通线。但第十三军等驰援是成功的，打退了日军的攻势。

《中央日报》声称，汤恩伯在桂、柳失陷后，顶住了日军西进。但大多数人认为，汤恩伯为抗战时期所谓"中央军"中的战将，其实他并不善战。李宗仁这样说道："汤恩伯专喜欢打飘忽无常的机动战，看到形势绝对有利时，便迅速加入，来个突击。"

不久，汤恩伯改任中国陆军第三方面军司令官晋陆军上将衔。第十三军位于贵阳地区，隶属第三方面军，下辖第四、第八十九和第五十四师。

1945年8月21日，中国陆军总司令部下属4个方面军总司令齐聚湖南芷江，参加日本洽降活动，并受领各自的受降区域，作为第三方面军司令官的汤恩伯参加是会。

内战先锋　占领榆关

抗日战争胜利以后，汤恩伯率第三方面军进驻上海。10月18日重庆国民政府宣布杜聿明为东北保安司令部司令长官，将石觉的第十三军列入东北保安司令长官部序列。从此,第十三军脱离了汤恩伯军事集团,成为蒋介石与共产党争夺东北的急先锋。

当时,中共热冀辽军区司令员李运昌、副司令员兼参谋长沙克已率部挺进东北,番号为东北人民自治军。

蒋介石为了从苏军手中接收东北,与美国顾问团协商,用美国军舰运输国民党军到东北营口之事,几经磋商达成协定,第一批运输至秦皇岛的国民党军就有石觉的第十三军和赵公武的第五十二军。由于营口落入东北人民自治军之手,第十三军于11月1日起,由九龙陆续抵达秦皇岛登陆,并推进至山海关以西沙河附近。接踵而来的是从越南运抵的第五十二军。

当时山海关、九门口和义院口一带已被东北人民自治军李运昌等3万多部队占领,蒋介石命令由杜聿明指挥第十三军、第五十二军先打出山海关。

第十三军系全部美械装备,火力强大,战斗力很强;第五十二军系半美械装备,火力中等,但两军的弹药、补给依靠秦皇岛以及北宁路来运输,非常便利。

11月6日,石觉想夺头功,命令万宅仁第八十九师率先进攻山海关以西的沙河。

当夜,东北人民自治军派出一小部深入第十三军阵地内部,分别向第八十九师沙河驻地发起袭击,之后又向第八十九师和第五十四师结合部开火,引起两师之间的混战。打至天明,发现情况不对,未见一个共军,自相残杀却伤亡了不少人。

第八十九师师长万宅仁领着从沙河逃回来的连长去见军长石觉,报告:"八路军接受了日本的武器,又有沈阳兵工厂制造的大量武器弹药供应,而且战术神妙,战力坚强,火力强大。"石觉认为形势很严峻,主观地说:"看来,我们得到的山海关的敌军武器破烂,没有炮火的情报全是胡说八道!"他立即召集全军召开紧急会议,研究对策。

万宅仁煞有介事地介绍了与共军作战的经过,之后又说:"共军有大炮,专门轰击我军驻扎的村庄，我军猝不及防，损失惨重！"

石觉说："共军的火力强大，而且他们在暗处，我军在明处，唯一的对策是让部队离开村落，构筑各个散兵坑阵地，以免被敌炮火所伤，造成无谓伤亡。我命令全军离开村落，改变阵地，构筑工事！"

杜聿明接到第十三军军长石觉报告："11月11日晚，共军集中了优势炮火，连续轰击了数十分钟，将第八十九师一个连驻扎的村落房屋工事完全予以摧毁，该连死伤殆尽，因而阵地丢失。我已让各部离开村落，构筑散兵坑。五十四师也同时遭到攻击，伤亡不小。"

杜聿明大吃一惊："共军有大炮？不会吧？情报没说共军有重武器啊。"

石觉解释："怎么不会？肯定是从日本人手中得到的。"

杜聿明问："遭到炮击的部队还有活着的吗？"

石觉说："有一个连长逃回来了。"

杜聿明想了想："石军长，不管共军武器炮火是否真像你说的那样邪乎，但是你部的装备和火力全是美式的，共军无论如何也无法与你部相比。我们多年没和共军正面交手了，你要总结教训，先行回去，将沙河阵地恢复！"

石觉与万宅仁（左）

李运昌、沙克等当即将打退第十三军的作战经过报告延安方面和东北局。11月10日，中央军委致电东北局："望山海关我军坚持半个月，待我军集中沈阳、锦州线，即有办法。"同时电报指出："国民党美械师战斗力不强，你们面前只有敌军三个军约8万人，孤军深入，地理民情不熟，脱离群众，南方人怕冷，又多新兵，弱点甚多……"

中央军委的这封电报暴露出对国民党第十三军和第五十二军的情况不是很熟悉，过于乐观。此时，林彪已任东北人民自治军总司令，将派部队增援。

李运昌、沙克坚决执行中央的指示，命令师长杨国夫不惜一切代价，务必坚守山海关半个月以上。但是，他们不了解杜聿明，更不了解美式装备的厉害。

杜聿明认为山海关共军没有重武器，首战失利，完全是第十三军士气低落，战斗意志消沉所致，美式重武器则根本没有有效的发挥，要实现蒋介石下达的攻下山海关、收复东北的目标，非亲自去第一线了解真实情况不可。

11月13日一早，杜聿明乘专列从秦皇岛赶到沙河第十三军军部，召集军长石觉和万宅仁等师长、团长和那个逃回来的连长了解情况。

杜聿明问："哪个村庄是被共军打毁的？"

连长指着地图嗫嚅着："是北头的一个。"

杜聿明命："走！带我去看看。"

石觉面有难色："杜长官，万一共军再炮击，您的安全……"

杜聿明自负地说："我怎么觉得共军打我的炮弹还没有造出来呢。走！"

在连长的带领下，一行人进了村，在北头转了一圈，没有找到一间被炮火摧毁的房屋，杜聿明问连长："你说在北头，怎么没有？"

连长吓得哆哆嗦嗦地说："我记错了，应该是村的中间那家。"

他们又来到村中间那家，杜聿明率先进屋内，发现没有一处被炮弹打过的痕迹。他看见有个老农坐在炕上，于是问："老乡，前天晚上这里打得咋样？"

老农说："啊，长官，打得好邪乎！"

杜聿明问："那打仗时你在哪里？"

老农说:"我就搁这屋里啊。"

杜聿明很奇怪:"屋里?你不怕吗?"

老农抽着旱烟说:"不怕,手榴弹打不倒这堵墙,我就蹲在墙角下,破片也打不上。八路一来就把村庄包围,你们老总慌忙跑出去,就被手榴弹打死几个人,其余都缴枪了。八路打得可刁哩。从前日本鬼子大炮机关枪都打不过八路军。"

杜聿明夸奖着:"你很有军事常识,你知道八路军在山海关的情况吗?"

老农说:"俺一个老百姓知道啥?"

杜聿明又问:"有没有炮弹打到院子里?"

老农说:"那倒没有,只在东面墙上打了几炮。"

杜聿明出去一看,发现东边墙上是手榴弹炸的弹痕,就什么都明白了。心想:看来在抗日后期,第十三军未打过什么硬仗,难怪在豫中会战中被日军一触即溃,实力虽然保存得不错,但是战斗力不行了。

于是他对石觉说:"召集各长官开会。"

石觉紧急命令后,两个师的官长都赶来了。杜聿明说:"诸位都看见了,所谓沙河战斗,共军方面并无炮火,只有手榴弹,火力远不及十三军。该连长谎报军情,石军长,你看怎么处置啊?"

石觉的脸红一阵白一阵:"谎报军情,按军法处死刑。"

那连长腿都软了,浑身哆嗦着大喊:"长官饶命,长官饶命!"

杜聿明心想如果处罚严厉,会挫伤该军作战决心,于是说:"谎报军情,应予处分,这样吧,记处死刑,允其戴罪立功。"

石觉骂道:"还不谢谢杜长官!"

那连长咕咚跪倒:"谢谢杜长官,小的一定戴罪立功,消灭共军!"

杜聿明摆摆手:"你下去吧。"他又说:"石军长,你部在两日内,用威力搜索,掳获八路人员以明了当前情况,待第五十二军集中后,立即进攻山海关!"

正是得知山海关的共军没有重武器,而且只有一个师防守,杜聿明底气十足,有了必胜的把握，在 11 月 14 日晚，向第十三军和第五十二军下达进攻山海关的命令：

（一）令第十三军主力第四师、第八十九师于 15 日黄昏前在山海关以西沙河西岸就攻击准备位置，准备 16 日拂晓后向山海关包围进攻，保持重点于右翼。以有力之一部即第五十四师于 15 日先攻占九门口以策应第二十五师之迂回，于 16 日拂晓开始协同主力向山海关城东三里堡攻击前进，协同主力将共军包围于山海关城郊附近而歼灭之。如共军先行撤退，即应尾追前进。

（二）令第五十二军第二十五师为迂回部队，于 15 日联系第五十四师先攻占义院口，一面休整，一面侦察情况及道路地形，于 15 日晚出发，向山海关以东十公里之某地迂回攻击前进，截断共军后路，阻止共军东退，协同主力第十三军将共军包围于海阳镇以东地区，随战况之推移向山海关前进。

在飞机、重炮的掩护下，11 月 15 日凌晨 4 时前后，第十三军史松泉第五十四师从正面向九门口攻击前进；第五十二军第二十五师开始迂回，向义院口攻击前进，占领山海关东面的前所，切断山海关守军的退路。

杜聿明对第二十五师的攻击充满信心，认为师长刘世懋可以彻底执行自己的命令；但对第十三军第五十四师是否能执行命令，依限攻击前进，颇不放心。于是，他将自己的司令部设在火车上，亲自赶往九门附近近距离进行视察。

有了杜长官的督战，第五十四师哪敢不用命？在师长史松泉的指挥下，与守卫九门口的自治军激战数小时，于当日午后 1 时左右，顺利占领九门口。

杜聿明很高兴，当即对第五十四师师长史松泉等予以嘉奖鼓励，并指示其"必须发扬勇敢善战的精神，一气打到山海关以东三里堡铁路附近，协同主力将共军包围消灭"。

第八十九师的进攻，也取得进展。在飞机和重炮的掩护下，师长万宅仁亲自指挥部队向山海关发起猛攻，一举占领了二郎庙和角山。

防守山海关的是山东第七师，师长杨国夫眼见形势危急，部队伤亡很大，加之敌第二十五师经义院口、城子峪出长城，将切断山海关防守部队的退路，于是，他下达撤退命令。但李运昌不同意部队放弃山海关。杨国夫说:"敌人已经迂回到我后方,坚守山海关已经失去了意义,部队应逐次撤退,脱离山海关战场。以后上级追查擅自撤离山海关的责任,由我负责!"在他的指挥下,防守山海关的自治军陆续撤离。

晚间,杜聿明接到第二十五师师长刘世懋报告,该师亦顺利占领了义院口,仅有少数共军未经激战向东撤退。同时,他又接到第十三军军长石觉电话报告,经本日侦察结果,山海关正面之共军正在加强构筑工事,尚无动摇迹象。

杜聿明认为石觉在谎报军情,他有把握地同参谋长赵家骧、总顾问焦实斋等说:"石觉说山海关共军毫无动摇的模样,但我的看法正好相反,共军已经撤退,我军打出山海关已有完全把握。现在要解决我军进占山海关之后的问题,政治、军事各项措施都要跟得上。"

赵家骧说:"不知杜长官有何高见?"

杜聿明说:"政治上,由焦实斋总顾问召集地方人士开会调查研究,选举县长。军事上,由赵家骧在司令部处理一切业务;拟定而后前进计划及部署,深入共区搜集情报。我明日随十三军军部指挥前进,拂晓总攻山海关!"

16日拂晓,杜聿明指挥第十三军正式开始向自治军进攻,炮弹呼啸而落,八路军阵地上腾起了一阵阵巨大的烟雾。炮击过后,第十三军士兵黑压压地往上冲。打到7时左右,第十三军左翼的第八十九师有所进展,而担任右翼主攻的第五十四师仍在原地未动。

杜聿明拿着望远镜观察着,问:"石军长,史师长那面怎么不发动进攻?"

石觉回答:"不是不动,是共军顽强异常,打到现在,阵地屹然未动。"

杜聿明说:"我们一起去前面看看。"

他们来到铁路以南炮兵阵地视察。杜聿明命令师长史松泉督促第一线部队前进。

史松泉说:"敌人机枪掩体未打毁,不能发起冲锋。"

杜聿明火了:"山海关以南阵地上仅有少数机枪掩体,并无火力射出,右翼的部队应不失时机立即抢渡沙河发起冲锋！"

史松泉只得命令一个团行动，在渡河时，对面自治军阵地上仅有少数枪声，经第十三军掩护渡河的重机枪和炮火压制，自治军阵地上的机枪立即停止射击。右翼第五十四师安全渡河，进攻自治军阵地，才发现空无一人，自治军早已撤退。

进占绥中　夺取锦州

杜聿明判断迂回部队第二十五师及第五十四师皆应到达铁路附近，令石觉给各师下追击命令，迅速与迂回部队会师包围消灭共军。

下午4时左右，杜聿明乐观地问："石军长，估计各部已到山海关以东十公里附近，该会师了吧？"

石觉说："尚未得到会师的报告。"

杜聿明："我得到前面去！"

石觉阻拦不住，杜聿明当即上了美式吉普车，从山海关车站出发，顺着公路一直往前，沿途均未看到第十三军部队。当行至三里堡附近时，见第五十四师有一个连正在公路附近准备宿营警戒，杜聿明命人将连长找来。

杜聿明问："你们是哪部分的？什么时候打到这里的？"

连长："回长官的话，我们是第十三军第五十四师一团三营二连的。今天中午在这里缴了共军几十人的枪，这里往南往东各村落皆有退下来的共军，零乱异常。"

杜聿明问："第四师及八十九师的部队在哪里？"

该连长说："附近只有我们一个连，其余部队皆未看到。"

杜聿明问；"那为什么不继续前进？"

连长报告:"团长说奉师长命令就在这里警戒待命。"

杜聿明问:"团长、师长在什么地方?"

该连长回答:"团部离这里三里多路,师部还在九门口山脚下,离这里有十来里路。"

杜聿明听了这个连长的话心里非常恼火,一则认为石觉、史松泉这两个家伙未照命令进行追击,这样打下去,对接收东北的前途影响很大;二则是以少数部队分散突击,有被共产党军队消灭的危险;三则担心共产党军队主力集中消灭第二十五师。

当晚杜聿明返回秦皇岛,接第五十二军第二十五师刘世懋的电话:山海关共军主力已于本日午前经北宁路西侧向绥中方面溃退,明日如何行动?

杜聿明综合各方情况研究后,决心乘林彪的主力未到达,继续向绥中追击前进。

下达作战命令:

(1)昨在山海关附近击退之共军分数路向绥中方向溃退。我军以继续击灭共军、收复东北之目的,明日(17日)分两路向绥中追击前进。

(2)右追击队:第十三军于明日午前6时出发,沿榆沈公路两侧向绥中追击前进,左与第五十二军第二十五师切取联系。沿途如遇共军后尾掩护部队,应迅速包围击灭继续前进。如遇共军主力占领阵地,即寻求其左翼协同我左追击队包围击灭之。

(3)左追击队:第五十二军第二十五师,于明日(17日)午前6时由现地出发,沿榆沈公路以北大道向绥中追击前进,右与第十三军切取联系。沿途如遇共军少数掩护部队,应迅速包围击灭,继续前进。如遇共军主力占领阵地,即寻求其右翼协同我右追击队包围击灭之。

(4)第二梯队:第五十二军(欠第二十五师及第一九五师)为第二梯队,在右追击队后跟进,特别注重两翼搜索。

(5)令将山海关铁路大桥修好,长官部指挥列车即开往绥中。

17日清晨6时,各部依令出发。

上午,杜聿明还是担心第十三军在执行命令上打折扣,于是电话要到石觉司令部,令其集合所部连长以上官长,他要进行训话。

各部官长集合后,杜聿明先问第四师各营、连长追击情况,这些连营长都回答:我们都实行了战场追击扫荡,掳获一部分共军及武器。

杜聿明追问:"你们为什么不实行战场外追击?"

大家都无言对答。

石觉气哼哼地说:"我认为共军早已脱离战场,恐怕追不上,所以未令各师追击。"

杜聿明一肚子火,本来想追究第十三军各部不实行追击的责任,但由于石觉把责任承担起来,为了避免与石觉正面冲突,只好临时改口:"五十四师先头部队能照命令到达三里堡附近,缴获人员武器甚多,该连勇敢善战,除当众宣布表扬全连外,并将这次有功官兵呈请另行奖励。我希望各将领督率所部奋勇前进,再接再厉,不给共军以喘息的机会!今晚一定要占领绥中!"

石觉令各官长回部队,自己率军部前进。杜聿明为了与石觉搞好关系,让其更好地执行命令,于是乘吉普车赶往前方,沿途听见官兵骂声不断。

有的士兵说:"长官真神气,在战斗行军中还召集官长开会。"

有的骂:"他妈的,官长坐着车子跑,他不知道老子两条腿跑了几个钟头还未休息,又要加油跑。"

有的骂:"这样一望无际的大坝子(四川语),要老子把腿跑断也跑不完。"

杜聿明只有装作听不着,午后3时左右,车到绥中以西,忽见第十三军军部及直属部队掉头向后跑。杜聿明命令执法队当即鸣枪阻拦。

杜聿明问:"为什么往后跑?"

一个下级军官说:"前面发生情况,奉军长命令,退后五里宿营。"

杜聿明急忙赶上前去,只见石觉指挥部队正向绥中西关外某高地攻击。

杜聿明忙问:"石军长,情况怎么样?"

石觉气馁地说:"共军十分顽强,恐怕今天打不到绥中。"

杜聿明用望远镜进行观测后,令石觉:"调上预备队,向共军左翼包围攻击!"

石觉只得下令:"预备队向共军左翼攻击!"

预备队随即出动了,向西关外高地冲去,然而,对方自治军阵地却没有枪声,待预备队冲上高地,发现共军已经自动撤退。同时左追击队二十五师方面之枪炮声逐渐停止。

杜聿明看着地图对石觉说:"石军长,我判断共军将利用夜间退出绥中,应该立即追进绥中!"

石觉摇着头说:"杜长官,共军必守绥中,肯定会拼死抵抗,部队已很疲劳,明天再发起进攻如何?"

杜聿明则坚决命令:"不行,一定要乘胜追击,今天必须占领绥中!"

石觉也提高了声音:"我是军长,我要对部队负责,如果遭到共军强大的阻击,损失大了,我担不起这个责任!"

两人各不相让,你一句我一句吵了起来。

最后,杜聿明拿出长官的派头:"石军长,你部的装备比共军强十倍,却一再避战、抗命不遵,到底想干什么?"

石觉无奈地说:"你是长官,好吧,我让先遣部队侦察后再下追击令。"

天色已晚,各部队皆已宿营。

杜聿明在前卫附近的一个独立的院落内住下,并令石觉将前卫团的电话与自己的营地直接架通。杜聿明和前卫团的团长进行通话,该团长说:"绥中情况尚未侦察清楚,队伍正在吃饭,饭后即向绥中搜索前进。"

杜聿明鼓励这个团长说:"你这一团今晚进了绥中,我给重赏。"

在杜聿明的恩威并施下,该团在黑暗中磨磨蹭蹭向绥中搜索前进。大约夜间12时左右,未放一枪,前卫团已经进入绥中。

该团长兴奋地向杜聿明报告:"我部已经进占绥中!"

第十三军进入绥中后,杜聿明要求该军继续追击共军。石觉摆出种种理由:什么伤病兵无处收容;后方交通、通信、补给都赶不上;对兴城以北锦西、葫芦岛情况都不明了,需要整补;等等。

经过侦察,杜聿明得知情报:

一、兴城、锦西、葫芦岛一带山峦重叠,地形险要,共军方面仍属冀热辽军区部队,有依据既设工事阻止国民党军进犯、等待主力到达,然后打击我军之企图;

二、乐亭附近之游击队不断出现于北宁路附近,袭击国民党军交通运输;

三、林彪之主力已经由热河到达绥中西北某镇附近,并有指战员曾与绥中电话局通话了解情况……

杜聿明立即部署如下:

决心在共军主力集结以前,以我军主力迅速击破兴城、锦西、葫芦岛共军向锦州前进,以有力之一小部汽车输送向某镇佯攻,以牵制共军主力。

处置:

(1)令十三军主力为右攻击兵团,于22日晨开始向兴城攻击前进,协同左兵团迂回部队将共军包围于兴城附近消灭之。以有力之一小部加强团用汽车输向某镇佯攻牵制共军主力。

(2)令第五十二军(欠一个师)为左攻击兵团,连接右兵团于22日晨向兴城西北攻击前进,但应先遣一个师(第二师)于21日晚出发于22日晨向兴城东北迂回到达铁路附近,协同右翼兵团将共军包围于兴城附近而消灭之。

(3)令第五十二军第一九五师继续担任乐亭附近之扫荡。

作战命令下达后,各部队于11月22日分别开始行动。

约午前9时,杜聿明得到长官部派至兴城的便探回报说:"兴城共军昨晚开始至今晨已全部向北撤退。"他命令该军迅速追击,石觉却说:"我军的战斗搜索根据居民反映,兴城内外全是共军,我军不能贸然前进。"

这时,左翼五十二军方面有稀疏炮声,兴城内异常沉寂。杜聿明判断便探情报较为正确，即驱车前往前卫部队督促迅速前进。约10时先头部队进入兴城，杜聿明即令兴城的国民党军迅速向锦西前进。午后又接第五十二军第二师师长刘玉章电话：葫芦岛共军全部撤退，已派部收复该岛，码头完整，锦西工厂甚多，大部分完整。

杜聿明大喜，严令第十三军继续进攻。国民党军又占领锦西、葫芦岛各要点。

蒋介石连电嘉奖，鼓励第十三、第五十二军"击灭共军，完成收复东北任务"。

11月22日，是林彪进入东北以来最为艰难的一天，兴城、锦西、葫芦岛相继失守，锦州危在旦夕。他致中央军委和东北局的电报中说："连日我在兴城、锦州一带所见所闻，我部队已参加作战者疲惫涣散，战斗力甚弱。新兵甚多，缺乏训练。梁兴初师刚到，黄克诚师尚未到，远落敌后。各部皆疲劳，武器弹药不足而未得补充，衣鞋缺乏，吃不惯高粱，缺少费用。此外，自总部起各级缺乏地图，对地理形势常不了解；通信联络至今混乱，未能畅通；地方群众则未发动，土匪甚多。故迂回包围时，无从知道。敌人利用我以上弱点，向我推进，并采取包围迂回。依据以上情况，我有一个根本意见，即准备放弃锦州以及以北二三百里，让敌拉长分散后，再选弱点突击。因此在沈阳、营口各地之我军，不必赶来增援，应就地进行装备与训练，养精蓄锐，特别加强炮兵的建设，以待以后之作战……"

也就在这一天的午后，杜聿明到达锦西，得悉守备锦州的只有自治军第十一、十二、十九、二十等旅及警备第一旅、炮兵旅等不完整部队，装备较差，弹药缺乏，而林彪之主力正沿辽热边区向锦州方向前进，于是决心在林彪主力到之前拿下锦州。

他下达了作战命令要旨如下：

1.我军以一举收复锦州、奠定迅速接收东北基础之目的，于24日开始向锦州包围攻击前进。

2. 第五十二军（欠一九五师）为右攻击兵团经×××向大凌河东岸攻击前进，到达大凌河甸子后，以一部向沟帮子挺进，主力相机策应锦州之战斗。

3. 第十三军为左攻击兵团，主力沿塔山高桥向锦州攻击前进，以有力之一部沿大小红螺山道向锦州西面攻击前进，到达锦州后即以有力之一部进入千军寨构筑工事，以防共军反攻。

4. 第一九五师即由乐亭开昌黎东运锦西为总预备队，陆战况之推移前进（对该师以个别命令由无线电拍发）。

命令下达后，各兵团于24日开始行动。担任正面攻击兵团的第十三军在锦州、锦县、二郎山等对东北人民自治军各部地发起强大的攻势，担任迂回任务的第五十二军兵分两路，渡过小凌河，向锦州侧后迂回。八路军有计划地撤出阵地，放弃锦州，中间仅有局部前哨战斗。

国民党军于26日晨即进入锦州，是日，山海关至锦州火车亦通。

国民党军进至锦州的当晚，林彪决定在锦西、高桥以西地区进行一场歼灭战。他命令梁兴初的第一师与黄克诚的第三师火速赶到江家屯集结，截断国民党军后路；北面千军寨附近，锦州方面的八路军杨国夫亦开始反攻。国民党军一时仓促应战，杜聿明一面令第十三军（欠五十四师）固守锦州，一面令第五十四师回师南下，令由昌黎抵锦西之第一九五师星夜北上，南北夹击自治军。经过激战，自治军自行撤退；而向千军寨附近反攻的自治军梁兴初、黄克诚部经过激烈的进攻，将第八十九师主力击溃，千军寨附近的主要阵地大部失守。第十三军军长石觉及第八十九师师长万宅仁先后告急。正在这千钧一发之际，北路自治军亦开始北撤，第十三军始免于被歼。

在杜聿明的指挥下，第十三军和第五十二军从进攻山海关，到攻占锦州，仅仅用了10天时间，蒋介石大喜，发电嘉奖，并严令非有他的手令不准继续前进。杜聿明不满意蒋介石的命令，说："老头子也是的，为什么不让我们乘胜追击，一口气打到沈阳？"而石觉暗自高兴，说："谁敢违抗老头子的命令？再说不及时整补中央军，就有被共军消灭的危险。"

杜聿明不得不令第十三军停止于锦州附近。

秀水丧团　临江丧师

1945年底，第十三军及第五十二军之第一九五师奉命向义县、北票、阜新等地进攻，先后占领义县、阜新、北票、朝阳、叶柏寿等地。

鉴于目前的对手是国民党王牌第十三军等部队，有强大的炮兵、自动武器多、机动性强的特点，1945年12月下旬，林彪在阜新召开了营以上干部会议，总结山海关防御战失利以来的经验教训，首次提出了"等、忍、狠"的作战指导方针和"一点两面""三三制""不打主观主义的仗"三条战术原则。林彪提出："必须以熟练的夜战、近战和发挥手榴弹与炸药的作用，作为战胜敌军的手段。"

1946年1月10日，国民党政府代表张群和中共代表周恩来在重庆签订了《关于停止国内冲突的命令和声明》，同时，国共双方向各自的军队发布了停战令。由于国民党军在东北的军事进展顺利，国民党单方面宣布"国共停战，东北除外"的声明。东北保安司令长官杜聿明接到蒋介石的密电，大意为：停战令将于10日下达，于13日午夜生效，着令各部将领督促所部星夜攻击前进，务于停战令下达生效前占领平泉等重要城市。

第十三军在停战令下达前，占领朝阳、平泉等地。一方面掩护北宁路西侧的安全，一方面为进攻热河做准备。该军和第五十二军借停战之机，大肆整训，在辽西走廊各县大抓壮丁万余人进行了补充。

1946年1月14日，东北人民自治军改称东北民主联军，以林彪为总司令，调整划分北满、南满、东满、西满四大军区。2月9日，杜聿明与林彪一争高下，下达向北宁线两侧进攻的命令，为国民党从苏军手中接收沈阳做准备。

要旨为：

1. 为确保北宁路交通之安全，着自 2 月 9 日起编两个扫荡队向盘山、台安、辽中及公主屯、秀水河子、鸳欢池等处扫荡。

2. 着新六军新二十二师为南路扫荡队，向盘山、台安、辽中等县扫荡。

3. 着第五十二军第二师为中路扫荡队，沿北宁路两侧向新民以东扫荡。

4. 着第十三军第八十九师为北路扫荡队，分向公主屯、秀水河子、鸳欢池等地扫荡。

扫荡队开始扫荡后，南路新二十二师在 2 月 10 日以一部占领盘山、台安，"日占辽中，共军皆主动撤退，未发生重大战斗。北路第八十九师于 10 日占据公主屯、鸳欢池"。

此时，第八十九师越发胆子大了起来，对撤退的共军衔尾直追。

2 月 11 日，第十三军第八十九师一个加强团一路疾进，占领秀水河子镇。秀水河子镇位于彰武到法库的公路上，是一个拥有几百户人家的小镇，秀水河从镇边流过。

此时，东北民主联军总司令林彪见第八十九师加强团位置过于突出，已经远离主力部队，决定聚歼该部。他在秀水河子地区集中了东北民主联军梁兴初第一师、彭明治第三师第七旅和保安第一旅第一团共计 7 个团的兵力，加上炮兵旅各部，迅速将秀水河子包围。

是日黄昏，总攻开始了。在秀水河子北河西北高地一带，双方军队展开猛烈的反复争夺。当夜幕降临后，人民解放军利用夜战、近战的优势，将第八十九师加强团逐渐压迫在数个村镇之中。双方逐房逐屋，拼死争夺，战至次日凌晨，敌团团长指挥敌一部企图突围，另一部退向后街的西北角进行死守。

林彪总司令从法库赶到秀水河子，发现了进攻存在的问题，立即重新进行调整：由第七旅第十九团和第一师二团担任主攻；第七旅第二十一团和第一师第一团做辅助攻击；第一师第三团为预备队，兼打可能西窜之敌；第七旅第二十团和保安团负责阻击敌援军任务。并一再强调必须坚决贯彻"一点两面"的战术精神。

13 日凌晨 1 时许，敌第五十二军一个团已由大虎山赶来，距离秀水河子不到10里路。林彪要求阻援部队坚决阻敌前进，令进攻部队迅速结束战斗。

拂晓时分，我军吹起了冲锋号，最后的总攻开始了。梁兴初和彭明治两部猛攻猛打，顺利会师，天明后结束战斗。是仗，东北民主联军消灭第十三军第八十九师第二六六团全部和第二六五团一个营，共计四个营、一个师属山炮连和一个运输连，共毙伤及俘虏1600余人，缴获了大批的武器弹药；只有团长只身逃回。

秀水河子战斗是东北民主联军成立以来对国民党军队作战取得的第一次重大胜利，也是国民党军在东北第一次整个团被民主联军消灭，意义非同寻常。林彪特意通令嘉奖：

  此次歼灭敌八十九师之战，我军各部队皆为英勇，尤以梁兴初、梁必业师全体指战员士气极高，战斗中甚为英勇，在指挥上能掌握一点两面的战斗精神，彻底集中兵力，在战斗中进展迅速，连克敌数村庄。此种作战精神与作战指挥方式，殊值得效仿。望我军各部今后发扬勇敢精神与集中兵力猛攻一点，并对该点采取局部性的迂回包围（绝不可分散兵力同时进攻数点），则所向无敌，获战果必然甚大。特此通令，以资学习。

  此令

总司令林彪

不久，中央军委也发贺电表彰。

打了败仗，石觉垂头丧气，杜聿明也非常沮丧，连夜给蒋介石去电，略谓："以两个军兵力接收东北领土主权，以秀水河子战斗经验看来，势不可能。共军日益强大，战术非常机动神勇，势非增加兵力不可。"

蒋介石得到美国的大力支持，集中美太平洋第七舰队的运输舰，从上海、广州、越南等地陆续运输新六军（已先到一部）、新一军、第七十一军、第六十军、第九十三军等5个军在秦皇岛登陆，转运东北，扩大内战规模。

3月13日，杜聿明派第五十二军赵公武部正式接收苏军在沈阳的全部防务，而第十三军占领锦（州）承（德）线上的朝阳、平泉等地。

石觉非常不满意，大骂："打头阵有我们，掩护北宁线的安全还是我们，接收沈阳这样大的城市为什么没我们的份儿？熟人多吃四两豆腐，不就是五十二军许多将领都是杜聿明的旧部吗？"

赵公武则不屑地说："他有何等脸面进沈阳？国军的脸面都让十三军丢尽了。"

为了接收的肥差，石觉与杜聿明、赵公武之间矛盾很深。

同年6月30日，中原地区国民党部队进攻中原解放区首府宣化店。7月1日，蒋介石向国民党军各司令官发布命令，向解放区大举进攻，国共之间全面内战爆发。

8月上旬，杜聿明令东北保安司令长官部在锦州设立指挥所，派副长官郑洞

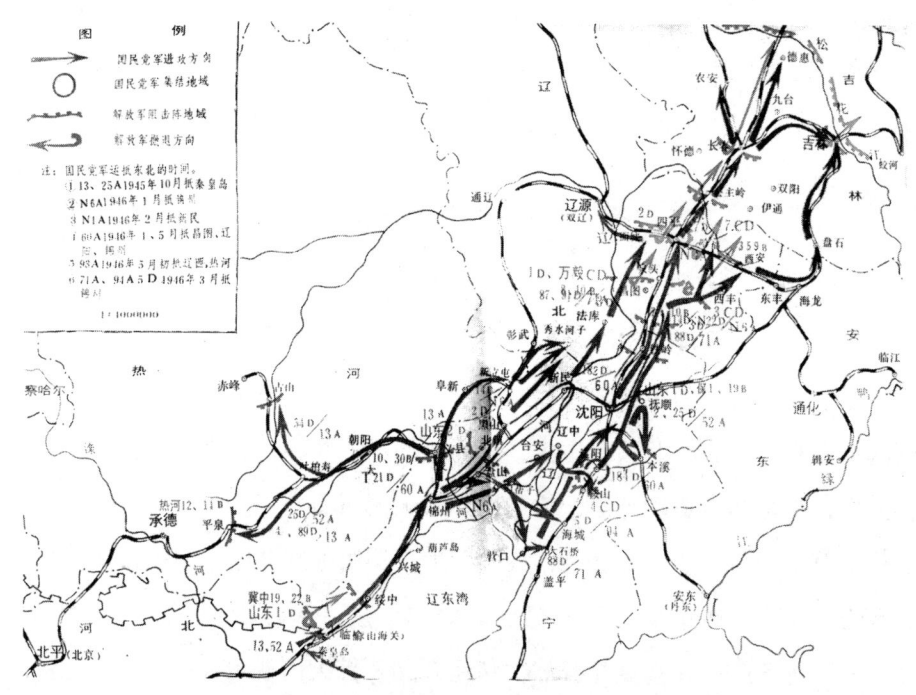

国民党军进攻东北要图

国坐镇，指挥国民党军等部对热河省境内的共产党军队进行扫荡，以保持北宁路的安全，并相机占领承德，确保东北与华北的联系。

当时参加热河作战的国民党军队主要有石觉的第十三军、卢浚泉的第九十三军和陈明仁的第七十一军之九十一师，此外还有几个保安支队等部。

石觉很看重这次作战，他对各师长说："辽宁、吉林、黑龙江这些大地方、大城市是没有我们十三军的份儿了，占领热河省城承德，就算我们的栖身之地，请诸位大加努力。"

热河作战要点如下：

先以有力之一部扫荡平泉以东、锦州、古北口铁路以北地区之共军后，以主力一举攻略承德，相机占领赤峰、围场、丰宁等重要据点。

兵力部署：

一、第十三军（附保安骑兵支队）先肃清天义、宁城以南锦州、古北口路以北地区之小股共军后，集结于平泉附近，一举攻略承德并进出隆化、围场附近。

二、第三十九军（欠暂编第二十师附骑兵支队之一部）先肃清凌源、绥中公路以东地区小股共军后集结于朝阳、叶柏寿附近，接替朝阳地区第十三军的防务，并向赤峰方面警戒，掩护第十三军之侧背。俟第十三军攻占承德后，相机向建平、赤峰进出。

8月21日，石觉指挥第十三军开始行动，以史松泉第五十四师由黄土梁子、万宅仁第八十九师由天义分向宁城进行扫荡战。民主联军稍事抵抗后就撤出了宁城。次日，第五十四师占领宁城。之后，将宁城防务交由地方保安团接防，即向平泉集结。

不久，传来消息说：承德大批共产党军队为晋察冀野战军第一纵队，司令员为杨得志、政治委员为苏振华，正向承德北撤退中。为适时攻略承德，占领属于自己的地盘，石觉将第十三军分成左右两个纵队，右纵队以第五十四师附八十九师之一团，由黄土梁子攻击前进。

28日，毛泽东为中央军委起草致程子华、李运昌并告聂荣臻、肖克、刘澜涛电：蒋军进攻计划是先攻热东、冀东及长城线，一部佯攻承德，俟热东、冀东及长城线得手后，再全力进攻承德。你们应动员全力在热东、冀东及长城线上打击与消耗敌人，迟滞其前进时间。对佯攻承德之敌必须给予有力回击以阻止之……

右纵队史松泉第五十四师于 28 日克大庙，29 日迂回到承德北部；左纵队第十三军主力（欠第五十四师及八十九师之一团）由平泉攻击前进。在毛泽东的指示下，晋察冀野战军杨得志、苏振华纵队与第十三军展开激战，但终因第十三军有备而来，志在必得，且火力强大，杨得志命令部队撤出承德城区，向延庆方向转移。

29 日，第十三军占领热河省城承德城。石觉得意至极，命令部队继续向北推进。30 日，第十三军又相继占领滦平、隆化县城。该军攻下丰宁后，又进攻围场、多伦、沽源等地，均顺利占领，同时为策应张家口作战，派出两个师占领赤城。该军占领热河后，主要担任热河守备和局部地区机动作战任务。

第十三军在攻打热河的过程中，并未发生实质性的主力大战。郑洞国评价说：由于解放军不事强攻，不事死守，不争一城一地的得失，避强击弱，兵力集散灵活，国民党军虽占领了许多城镇，处处分兵把守，反而陷于被动局面。

1947 年 2 月，东北保安司令长官杜聿明以 5 个师的兵力三犯临江时，南满的民主联军以一部正面阻敌，另一部深入敌后，广泛出击，在北满民主联军的配合下，大举过江破敌。杜聿明急调第十三军主力和新六军防守长春。

到了春暖花开的 3 月上旬，杜聿明趁松花江即将解冻，过江南下作战的东北民主联军被迫撤回江北之机，调动了 7 个师的优势兵力，四犯临江，向南满根据地发动大规模进攻。

杜聿明派刚从热河调来的第十三军第八十九师担任主攻。该师曾在秀水河子被民主联军歼灭过一个团，此次来到临江地区，抱着必报一箭之仇的决心，将主攻任务夺在手中。

他的对手是辽东军区司令员肖劲光，前线的正副指挥员为辽东军区三纵司令员曾克林与四纵副司令员韩先楚。

辽东军区司令员肖劲光和政委陈云作战前动员，号召部队要以不怕牺牲、敢于啃硬骨头的大无畏精神积极捕捉战机，以集中优势兵力各个歼灭敌人为方针，围点打援，消灭一路强敌，以粉碎敌人的进攻。

肖劲光司令员决定集中三纵第七、第八师和四纵第十师，以绝对优势兵力一举吃掉第八十九师。具体部署为：三纵七师以一部迂回敌后，断敌退路；三纵八师和七师主力以及四纵十师，三面包围该敌，同时发起强攻；三纵九师负责阻击新六军新编二十二师之增援，保证正面作战。

第八十九师和第五十四师一个团依仗全套美械装备，根本就没有把对手放在眼里，大摇大摆地进入到包围圈中。4月3日凌晨，民主联军各参战部队相继到达红石镇地区，进入攻击位置，悄悄做好战斗准备。天蒙蒙亮时，第八十九师集合号吹响了，就在这时，3颗红色信号弹徐徐飞上天空，民主联军大炮发威了，铺天盖地而来，爆炸声此起彼伏，第八十九师完全被打蒙了，四下乱窜，溃不成军。在响亮的冲锋号声中，民主联军枪炮震天，杀声动地，犹如神兵天降，踏雪前进，纵深穿插，大胆分割，迂回包围，一下子将第八十九师切割成无数豆腐块，美式装备失去了作用，"缴枪不杀"的喊声响彻以油家街为中心方圆六十里的地域。第八十九师代师长张校堂不知所措，该部纷纷向兰山方向逃窜。担任迂回任务的民主联军三纵七师十九团，犹如一把锋利的钢刀直插敌后，占领兰山主峰，截断了第八十九师的退路，将第八十九师包围在各个山沟里。在民主联军凶猛的打击和强大的政治攻势下，第八十九师官兵丧失斗志，纷纷缴枪投降，还互相招呼着"去三浦集合，去三浦开饭啊"。民主联军九连一个连就俘虏第八十九师团长以下3000多人，并缴获各种炮50多门。

下午4时多，战斗结束。是役，民主联军全歼第八十九师与第五十四师第一二六团，毙敌660余人，俘虏代师长张校堂和手下7500余人。

新华社播发的军事评论员文章指出：此次南满民主联军在柳河南战役中，在10个小时内歼灭美械嫡系一个师和一个团，并击溃一个师，粉碎了蒋介石、杜聿明第四次进攻，创造了解放区军民爱国自卫战争的光辉战例。

杜聿明的"南攻北守，先南后北"的战略计划，彻底画上了一个句号。此后，南满民主联军转入战略反攻。

固守隆化　放弃承德

1947年，石觉的第十三军下辖骆振韶之第四师、万宅仁之第八十九师和史松泉之第五十四师。秋季战役后，国民党军重新进行调整，从第十三军中调出第五十四师与新六军第十四师及新建的暂编第五十九师合编为新三军。

1948年5月，国民党军调整作战部署，热河省划归傅作义的华北"剿总"司令部管辖，第十三军隶属华北"剿总"，仅辖有两个师，即第四师和第八十九师，第四师师长为骆振韶，第八十九师师长为胡冠田。军部直属部队有几个营，即特务营、辎重营（有载重卡车40余辆）、工兵营、炮兵营（有105mm炮12门）和通信连等，全军总计不足1.3万人，战斗力并不太强。除"王牌"第四师外，第八十九师是在1947年遭东北民主联军歼灭后，以空头番号于1947年5月在热河平泉重新拼凑整编的。

石觉以嫡系部队第四师和军部直属部队以承德为核心驻守承德附近地区，以第八十九师的3个团分布在各距承德百余里以外的3个外围据点上，师长胡冠田率师部直属部队和第二六七团驻守承德以东的平泉，第二六五团驻守承德以北的隆化，第二六六团驻守承德以西的古北口。

石觉曾梦想长期控制热河，以策应东北国民党军的作战，并企图以热河作为他保存实力、扩充实力的根据地。他在两次团长以上的会议上口出狂言："有十三军在，就有热河在，热河存在，大家就有发展前途。"

1948年5月至6月，人民解放军华北军区部队及东北军区部队一部在河北、热河（今分属河北、辽宁、内蒙古自治区等）、察哈尔（今河北省、内蒙古自治区等各一部）三省边区，对华北国民党军发起了一次进攻战役。

华北军区第二兵团司令员杨得志、政治委员罗瑞卿率第二兵团所属第三、第四纵队及第二纵队第四旅，采取大踏步进退的机动作战方针，向国民党统治区热（河）西、冀（河北）东地区挺进，另以第二纵队主力，第六纵队和第一、第七纵队在保定以北地区寻机策应作战。

热冀辽军区所部担负进攻第十三军第八十九师第二六五团把守的隆化县城。隆化是承德的屏障，它背靠苔山，左边是隆化中学。苔山的火力控制着整个隆化，而隆化中学又是第二六五团防守的核心。为了防止解放军的进攻，该团在隆化中学和苔山修建了很多美式碉堡群以及坑道与堑壕。要夺取隆化，就必须拔掉这两颗钉子。

5月25日，随着3颗红色信号弹腾空而起，一阵急风暴雨般的炮击开始了。很快，苔山顶上的火力点被打掉。

董存瑞所在的六连的任务是拔除敌人的核心阵地——隆化中学东北角的4个炮楼和5个碉堡。董存瑞在战友的配合下，一口气炸掉了敌人3个炮楼和5个碉堡。隆化中学的东北角被打开了，部队正在顺利推进中，这时隆化中学外侧旱河上的"桥型碉堡"中，突然喷射出几条恶毒的火舌，重机枪嗒嗒嗒地向冲上来的解放军疯狂扫射着。部队遭到猛烈的火力阻拦，被打得抬不起头来。董存瑞抱着炸药包冲了上去，在战友的掩护下，扑到"桥型碉堡"的下面，但桥离地面有一人多高，两旁是光滑的墙壁，顶上是平平的桥板。正当董存瑞在寻找支撑物时，总攻开始了，四下响起了嘹亮的冲锋号声。这时，"桥型碉堡"上的砖被一块一块推开了，出现了6个暗藏的枪眼，子弹如暴雨般射向冲锋的部队。

在千钧一发的当口，董存瑞用手托起了炸药包，呐喊着："同志们，为了新中国冲啊——"

随着一声惊天动地的爆炸，一团火光冲上半空。年仅19岁的董存瑞英勇牺牲了，隆化中学被解放军占领了。第二六五团困兽犹斗，惨烈的战斗持续到26日，防守隆化的第八十九师第二六五团整个被解放军消灭，团长汤池当场被击毙，隆化获得解放。

1950年全国战斗英雄、劳动模范代表会议决定追认董存瑞为全国战斗英雄。1988年，纪念董存瑞烈士牺牲四十周年，聂荣臻题词："舍己为国，人之楷模。"张爱萍题词："为国勇捐躯，万代颂英雄。"

截至6月2日，在东北军区所属第十一纵队和冀热辽军区部队配合下，人民解放军切断了北平至承德间铁路，分别攻克了鞍匠营（今滦平县）、丰宁、隆化、平泉等城镇，造成了北围承德、南逼北平之势。

石觉遭受了隆化这次沉重打击之后，深感手臂伸得太长，兵力过于分散，不得不缩小防守地区。1948年7月下旬，他下令放弃平泉，把第八十九师的主力撤到承德、滦平一带集结。

是年10月底，东北人民解放军取得辽沈战役的辉煌胜利，东北战场国民党军队全军覆没。石觉越发感到形势不妙，日益恐惧东北野战军入关。而承德突出口外，石觉担心自己势孤力薄，终不能保，极欲扩充实力，以策后图。此时，石觉即以第十三军军长兼热河省保安司令名义，由原来的两个师扩充为5个师，即除原有的第四师、第八十九师外，收编地方保安团编成的欧孝全之暂编第六十三师，后来改为第二九七师；另组建了师长巫剑锋第二九九师和暂编第一五五师，暂编第一五五师完全是由热河省保安司令部所属的3个保安团改编的。这时第四师师长仍为骆振韶，第八十九师师长为胡冠天，暂编第六十三师师长为欧孝全，第二九九师师长为巫剑峰，暂编第一五五师师长先由第八十九师副师长汪君勃代理，后来该师撤至密云，始由石觉的老部下国民党第五十四师副师长杨齐正式接替该师。

1948年11月10日国民党中央始发表石觉为第九兵团司令官，第十三军军长由骆振韶担任，石觉以惶恐不安的心情在承德统辖5个师。

东北解放大军分两路入关的消息，粉碎了国民党军抵抗的决心，也粉碎了石觉"有十三军就有承德"的迷梦。在一次紧急会议上，石觉决定了"放弃热河"这样一条"走为上策"的"妙计"。有人提及眷属安排问题，石觉以十分不悦的语调回答道："时间紧迫，只有迅速把部队安全撤退，保存力量，才有一切；没有了部队，什么老婆孩子，房子金子，都是空的。"其时，石觉的家眷和房子全在澳门。

1948年11月20日夜12时许，石觉以电话告知各师长："明晨各部队听由骆军长部署行动，各师要加强警戒，派出小部队进行警戒和侦察活动。"

石觉本人则只携带亲信卫士一人独自驾驶了一辆吉普车于21日凌晨4时左右，自承德先行狼狈逃跑。大约一小时后，又有装载石觉行李细软和武装警卫人员的两辆卡车由承德向古北口飞驰而去。

在逃跑的前一两天，石觉命令他的嫡系部队第四师兼程前进，开到古北口以南的石匣至密云线上（今石匣地名已无，原地已成密云水库库区），而他的次嫡系部队第八十九师胡冠田部又接踵开往密云。

11月21日清晨，石觉逃跑途经滦平时，甚至不愿在第二九七师的第八九团团长熊中岳那里停留吃早饭。在他看来，只要窜进长城以内，就会安全。因此，石觉坐着吉普车飞奔古北口。11月22日石觉逃到密云，23日逃到通州。12月5日，石觉逃进北平城内的圆恩寺住宅。是日，驻密云的第一五五师被解放军消灭，该师师长杨齐仅以身免，由密云逃到北平。

石觉手中只剩下4个师，即第四师、第八十九、第二九七师和第二九九师。石觉当时就以第九兵团司令官名义统辖这几个师，防守东直门到朝阳门一带，企图孤注一掷，作最后的绝望挣扎。

傅作义即派石觉所部防守北平城防。石觉率领团长以上人员登临崇文门、朝阳门、东直门城楼视察防御工事，兀自叫嚷道："北平目下还有20余万兵力，如能协力同心，还能决一死战，天津战事如能得手，时机尚可有望。"

自傅作义的第三十五军在新保安被歼，第一〇四军遭到溃败之后，平张、平津两线全被切断，北平已成为孤城，而解放军又兵临城下，将北平围得水泄不通。此时，困守孤城、负隅顽抗的华北国民党军，大有插翅难飞、坐以待毙之感。

石觉在台湾

石觉原想伺机循天津水路率领嫡系部队乘船逃跑，但是，天津很快就被林彪大军攻克了。石觉又不愿追随傅作义逃往绥远，向西北寻求出路。于是他不得不寻求空中逃跑的途径。他在1949年之后，数电南京告急求援，希望南京政府能派机空运。石觉只是希望能把他的嫡系部队第四师全部和其他各师的亲信骨干军官带走，南京方面也承诺实行空运。

当时解放军虽然大兵压境，但为保护北平故都文物和人民的生命财产，并未发动猛烈攻势，南京来的飞机只接走了第四师第十二团王化仁部两个步兵营和军部辎重营。为防止敌人空逃，解放军曾对天坛机场加以炮火封锁。这一行动起到积极的警告作用，南京的飞机在天坛机场不敢降落，盘旋一圈就飞回去了。

傅作义将军于 1949 年 1 月 21 日夜通过广播正式宣告接受和平谈判条款。这一行动，受到北平国民党大多数官兵的拥护和全城居民的热烈欢迎，只有石觉、李文等少数人心怀不满而又无可奈何。他向傅作义提出，由于与蒋介石的特殊关系，不能执行改编任务，要求带师长以上将领回南京。傅作义予以同意，令其指定接替人员，保持军队安定，不得破坏和平，否则军法论处。石觉、李文表示服从。傅作义即将协议条文下达各部，并颁布《关于全部守城部队开出城外听候改编的通告》。

1 月 22 日，石觉、李文被迫召开两兵团团以上军官大会。会上，石觉言不由衷地仅仅说了这么两句话："傅总司令投了八路军，我们从此也当了八路。"表情极不自然。

因为东单小型机场的限制，石觉乘小型飞机仓皇逃跑了，同时还带走了骆振韶等团以上军官 10 余人。国民党王牌军第十三军的番号从此不复存在。

第七十四军

七十四军成军于抗战爆发。军长俞济时，下辖王耀武之五十一师、俞济时之五十八师。而五十一师的前身是补充第一旅，五十八师的前身由国民政府警卫旅组成，若追根溯源，则是由浙江地方部队演化而成。这两支部队都凶悍能战，因此七十四军也传染上此种气质。

七十四军一成军，就投身战场，参加过淞沪会战、南京保卫战、鄂豫皖边战斗等，并崭露锋芒。为了加强该军战斗力，在此期间，又划拨原属皖系统的第五十七师归该军。下面是1938年9月的七十四军编成情况：

七十四军军长俞济时，隶属第十五军团，下辖王耀武之五十一师、施中诚之五十七师、冯圣法之五十八师。

七十四军的战斗名作是1938年秋发生的万家岭战役。是役，七十四军充当主力，在三〇五团团长张灵甫率领下奇袭张古山，阻断日军退路，为万家岭之战奠定了胜基。从此，七十四军成为公认的"国军精锐"，俞济时也升任第十集团军副总司令，军长一职由王耀武继任。

日军对七十四军也颇为忌惮，称之为"虎部队"。特别是在常德保卫战中，双方抵死相拼，七十四军伤亡惨重，却取得了战役的胜利。此役，也被称为自淞沪战

役后国军最为顽强的防御战。

抗战胜利后，七十四军驻防南京，隶属军委会直辖，担任国民政府首都卫戍任务。军长施中诚，后由张灵甫继任。下辖五十一师，师长周志道、邱维达（继任）；五十七师，师长李琰；第五十八师，师长蔡仁杰。

不久，国民党军进行改编，七十四军改为整编七十四师。师则改为旅，每旅达8000人。辖两个团。全师将近3万人，全副美式装备，号称"五大主力"之首。师长为张灵甫。

1947年5月，七十四师在所谓"重点进攻"中贪功冒进，在孟良崮遭解放军全歼。

战后，国民党重建七十四师，师长邱维达，下辖邱维达第五十一旅、李镇第五十七旅、王奎昌第五十八旅。然战斗力不可与原部队同日而语。

1948年，七十四师参加了淮海战役，全军再遭全歼。蒋介石依然不舍这块招牌，重新组建七十四军，军长为劳冠英，除辖有原来五十一、五十七、五十八师外，还辖有暂编第二师，参加了福州战役。后在平潭岛战斗中再度被全歼。

七十四军前身

论及国民党精锐部队,第七十四军无论战斗作风、军事素养、装备配给还是战斗表现,都属上上之选,因此列名于五大王牌。其实它的出身并不显赫,与第一军、第二军、第五军这些天生贵胄不同,只是由原来名不见经传的补充第一旅和浙江地方保安部队扩充改编而成的。这两支部队的主官精明强干,手眼通天,这也是造就七十四军成名的一个重要原因。

补充旅的旅长是王耀武。

七十四军军长王耀武

王耀武，字佐民，1904年出生于泰山脚下的一户贫寒人家，上过几年私塾，粗通文墨。19岁那年，开始外出谋生，先在天津烟草公司打工，后来又到了十里洋场的上海，在一家饼干公司当小伙计，尝尽了人间的白眼，但也学会了察言观色和讨好奉承，这也是生活所需、社会所迫。

读过几年私塾的王耀武是不满足一辈子给老板卖饼干的，不久，他就千里迢迢来到了广州，报考黄埔军校，成为黄埔军校的第三期学员。黄埔岛上的回忆有许多，但鲜少提及王耀武，由此可见他当时并不引人注目。

但是，王耀武的低调作风换来了好人缘，各级长官都认为他为人稳重，做事踏实。黄埔岛上有两个人特别欣赏他，一个是何应钦，一个是严重。前者位高权重，曾是黄埔系仅次于蒋介石的二号人物，并形成了黄埔系中的"何系"；后者则是蒋介石一号宠臣陈诚的恩师，陈诚后来居上，地位凌驾于何应钦之上，并形成了自己的"土木系"。双方互相倾轧，但何、陈二人对王耀武都不排斥，能做到这一点并不容易，说明了王耀武的心机和圆滑。

有了何应钦的器重，加上与同僚关系的和谐，王耀武的仕途平平坦坦，出道以后即由排长升连长，连长升营长，营长升团长。一步一个脚印，虽然平淡无奇，却是稳健踏实。

直至第二次宜黄之战，王耀武进入了腾飞的通道。

第二次宜黄之战发生在1933年6月，当时国民党第四次"围剿"中央苏区已宣告失败，红军乘机扩大战果，挟不久前黄陂、草台岗连胜之威，围攻宜黄。

镇守宜黄的是国民党独立第三十二旅，旅长柏天民，黄埔一期生，能力一般。听说红军攻打宜黄，蒋介石心里很担心，他不看好柏天民。前不久，陈诚的十一师尚在红军手中折戟，被打得七零八落。十一师是王牌中的王牌、精锐中的精锐，无论武器装备还是战斗经验、凶悍精神，在国民党所有部队中都是屈指可数的。因此独立三十二旅怕不是红军的对手。

所以，他破例给柏天民下了一道赦令，可以相机撤守宜黄。

接到蒋介石的命令，柏天民立即打点行装，准备跑路。

一团团长王耀武拦住了他。王耀武认为红军作战，历来长于运动拙于强攻，因此建议不如倚仗宜黄城垣和强大火力，或许能置之死地而后生。

果然，仗着墙高壁厚，武器优良，三十二旅竟然力保宜黄而不失。

接到宜黄胜讯，蒋介石亲自探望负伤养病的柏天民。

面对蒋介石的褒奖，柏天民没有贪功，他实事求是地指出，若是没有王耀武，怕是也没有宜黄之捷。

于是蒋介石召见了王耀武。

虽然王耀武来自泰山脚下一户农家，但他是见过世面的，在天津、上海这样的大都市讨过生活，懂得人情冷暖，说话举止皆有分寸，把农家子弟的淳朴和职业军人的风范充分地展现在蒋介石的面前。

抑制不住对王耀武的喜爱，蒋介石当即决定提拔他为补充第一旅少将旅长。

惊喜之余，王耀武也有所不解，他在独立三十二旅已经有根基了，柏天民负伤后，又力荐他为继任者，为什么蒋校长不顺水推舟？

像是看透了王耀武的疑惑，蒋介石十分体贴地告诉他，独立三十二旅是支老部队，有许多黄埔一期生和二期生，黄埔系很讲究资历排行的，王耀武是三期生，怕是镇不住这些人，今后管理起来困难。

蒋介石如此关心爱护让王耀武着实感动了一番，几十年后写回忆录时，还是心存感激。

补充第一旅是一支新成立的部队，自成系统，这有助于王耀武将它经营成具有自身烙印的军事小集团，成为日后起家的资本。

补充第一旅下辖3个团，这3个团都是该年（1933）冬刚由保定编练处组建的，士兵大多数为北方人，但军官多由黄埔系人担任，比如3位团长分别是刘保定、周志道、李天霞，他们都来自黄埔军校，因此自然被纳入中央军系统。

补充第一旅组建不久，就在谭家桥战斗中露出峥嵘。然而对王耀武而言，更重要的是结识了时任浙江省保安处处长俞济时。

在国民党高级将领中，俞济时是一位特殊人物。他的特殊之处在于他和蒋介

七十四军首任军长俞济时

石非同寻常的关系。他长期担任蒋介石的侍卫长,类似于封建社会的"大内总管",用他自己的话说是"太监头子",纵然蒋介石的宠信如陈诚、胡宗南、戴笠之流,见到他也是要抛媚眼、讨好奉承的。

俞济时如此特殊的地位源于他的背景:其一是黄埔一期生,而且他的族叔俞飞鹏是与蒋介石一道筹办黄埔军校的;其二他来自浙江奉化,几乎就是蒋介石的邻居了,那份亲近是从骨子里带来的。所以,从军后他几乎一直在蒋介石身边任警卫工作,只是到了淞沪抗战前,警卫军裁撤,所部改为八十七师、八十八师,俞济时续任八十八师师长,驻防杭州。这两个师也是当时中国最好的师,由德国人一手训练的，后来在淞沪抗战中大显身手，颇受好评。俞济时当时也躬逢其役，并在战斗中负伤，肠子都被打出来了。

离开八十八师后，1933年初，俞济时被调到浙江省任省保安处处长，这是蒋介石对他的奖赏，夸官故里，那是何等荣耀和风光！

在去浙江前，蒋介石曾吩咐："你此去之主要任务，乃切实整编各县保安队，使其成为一支统一领导的地方队伍。"说白了，就是要抓牢浙江的枪杆子。

有了蒋介石的尚方宝剑，俞济时行事大胆泼辣，很快就将浙江省保安处整顿一新，编练起7个团的队伍，基层军官多由原八十八师旧部担任，其武器装备之优良，连正规军也不遑多让。

就在俞济时浙江省任上时，中共中央为推动抗日救国民族运动，牵制和分散国民党军，减轻敌人对中央苏区的压力，组建北上抗日先遣队。蒋介石急调俞济时率浙兵阻拦。俞济时陆续派出浙江保安第二、六、七、八等团会同其他部队出战，无奈红军作战飘忽，逐步进入国民党统治的中心地带。

俞济时的作战不力遭到蒋介石的呵斥。先遣队进入了方志敏领导的闽浙赣根据地，与红十军会合，被编为红十军团，并分两路向皖浙行动。也恰在此时，王耀武的补充一旅接到命令，划归俞济时指挥，参加对先遣队的围剿。

谭家桥战斗发生在1934年12月24日，当时参加"围剿"的其他国民党部队如赵观涛部、刘镇华部，包括俞济时部大都犹豫观望，只有王耀武建功心切，率补充一旅一路紧追红十军团，伺机作战。红十军团领导人方志敏、刘畴西等一商量，认为补充一旅刚成立不久，缺乏战斗经验，且是孤军追击，于是决定在乌泥关一带设下伏击，先教训它一番。

具体负责指挥此役的是军团长刘畴西，此人也是黄埔一期生，毕业后又留学苏联，入伏龙芝军事学院学习，军事理论、实战经验都是一流的。此番伏击战，以红军两个师的兵力对付王耀武的一个补充旅，又是打他一个冷不防，应该说是胜算在胸。

没想到打雁不成，反叫雁啄。

王耀武虽然立功心切，行军布阵却仍谨慎，搜索营在前，大部队在后，前后衔接十分紧凑。他一再强调，这是补充旅的初战，必须慎而又慎。

大约上午10时，搜索营接近红军设伏阵地。阵前指挥的是红十九师师长寻淮洲，他的眉头锁了起来。这股敌人非常谨慎，不放过每一寸地面，怕是不容易钻进红军预先设下的埋伏。

寻淮洲当即决定先吃掉这股敌人。随着一声枪响，埋伏在山道两边的红军一起发难，枪声顿时打破了山林的寂静。

王耀武果然治兵有方，搜索部队在遭到伏击之际，虽惊而不乱，部队立即收缩，就地抵抗。与此同时，后续部队不退反进，分两路迂回红军侧背，并迅速抢占630高地，控制了乌泥关一带的公路，迫使红军回师增援。

630高地一失，顿时主客易势，红军势必一争，寻淮洲端着机枪亲率部队反攻，王耀武举着望远镜看得分明，不禁赞道："真虎将也！"他牙一咬，命令炮兵集中火力，向寻淮洲方向轰击。

一阵硝烟过后，寻淮洲倒下了，周围的红军一时止不住悲愤、惊慌，竟有点举止失措。

王耀武乘势催动兵马，指挥部下进行反冲锋。他的眼睛又狠又毒，专找红军各部队之间的接合部下刀子。很快就将红军的阵形打乱，掌握了战场上的主动。

眼看一场伏击战打成这番模样，方志敏、刘畴西也徒叹奈何，为了避免更多的伤亡，只能罢兵撤退。

王耀武却是得势不饶人，挥兵掩杀，红二十一师师长胡天陶被捕。

谭家桥之败，对于北上抗日先遣队是致命的打击。此战让红十军团大伤元气，已经没有了与敌周旋抗衡的力量。几个月后，部队就在怀玉山一带被占绝对优势的国民党军队团团包围，方志敏、刘畴西双双被捕，后英勇就义，抗日先遣队从此成了历史名词。

北上抗日先遣队的全军覆没，让蒋介石去了一块心病。他猛夸了一番俞济时，说他"知兵""才堪大用"等等。得到蒋介石表扬的俞济时心里很受用，但他明白，取胜的关键人物是王耀武，从此记住了这份人情。

随着"剿共"战役进入到另一阶段，王耀武部队调防汉中，这里是后来成为西北王的胡宗南活动的地盘。当时胡宗南已经是第一军的军长，隐隐露出称雄一方的霸气。他瞄上了补充一旅，想将补充一旅编入第一军的体系。

第一军号称国民党的"千军之源"，中央军的所有部队几乎都是从它身上枝枝蔓蔓发展起来的，是蒋介石在黄埔岛上一手打造的，其地位凌驾于各军之上。而且，在遴选军事干部时，有一个不成文的标准，即"黄浙陆一"，意思是黄埔系、浙江人、陆军大学毕业、第一军这四项条件必须占其一。因此，在许多人眼里，进入第一军，不啻是跳入龙门，身价倍增。

王耀武却不愿进入第一军。第一军的各级指挥官都是清一色的黄埔军人，其中一期生、二期生不在少数，他这个三期生的少将旅长根本算不上角色，前面障碍太多，想熬成坐镇一方的诸侯不容易。

于是王耀武埋头经营他的补充一旅，在汉中尽量招兵买马，又派人去军政部打通关节。何应钦一向对他很青睐，于是将补充一旅扩编成了新十一师，由王耀武任师长。然而这时候的新十一师，其实还是旅的规模，其辖下还是原来的3个团。

时值抗战前夕，国民党正在进行军队整编，对蒋介石而言，也正是削弱杂牌，扶持嫡系的大好机会。他一直对五十一师耿耿于怀，这支部队原为滇军范石生的队伍，范石生当年在广州的时候就与蒋介石有隔阂，还威胁说要派兵上黄埔岛缴了他的枪，弄得他一夕三惊。南昌起义发动后，又风闻范石生与他的云南讲武堂的同学朱德暗通款曲，所以趁这个机会逼着范石生离开五十一师。

蒋介石吞并杂牌的手法有很多，或者换汤又换药，将原有番号撤销，部队打乱；或者旧瓶装新酒。对五十一师他采取了后者，保存了五十一师的番号，却由新十一师鸠占鹊巢。转瞬之间，此五十一师已非彼五十一师，姓蒋不姓石了。

在民国时期，师长一职是相当重要和敏感的，因为它是一个独立的作战单位，有着举足轻重的分量。荣膺五十一师师长之职的王耀武,又进入了一个新的上升通道。

王耀武也很励精图治,升任师长后,锐意整军,成立了军官训练班,培养自己的班底,轮流集训连排长基层干部,并招募学兵充任军士,提高部队的素质。他的这些努力换来了奖励,1936年11月底,军政部以陕西警备旅的一个团并入五十一师,于是五十一师由三团制"剿匪"师升级为三旅六团制。

一支王牌师就此有了雏形。

抗战爆发后,国民党军委会加快了自1936年以来就进行的对军队的整理和调整,出现了一批新的军级番号。五十一师也在这次调整之列。最初,五十一师划拨给正在平汉线作战的关麟征的五十二军,后来因淞沪战事紧张,被飞调到上海战场。

七十四军首任军长俞济时与后任军长王耀武(前左二)、施中诚(前左四)等与高级幕僚合影

如此一个变动，造就了后来的王牌七十四军。设想如果五十一师划归了五十二军，以关麟征的火暴脾气，与陈诚的紧张关系，五十二军有前途也不会大，极有可能就此耽搁了王耀武的前程。事实上，后来关麟征也离开了军中，五十二军也罕有奇迹创造。

至于为什么被编入了七十四军，俞济时自然起到了重要作用。谭家桥之战，让他见识了王耀武的作战能力，加上王耀武做人乖巧，性格上也没有棱角，很好合作，所以，作为新任主官，俞济时点将点到了王耀武。

除五十一师外，刚组建的七十四军还辖有也是组建不久的第五十八师，师长由军长俞济时兼任，这支部队其实就是原来的浙江省那些保安团，顶了陈耀汉的五十八师番号。因为原五十八师是中央军当年在北伐战争中俘获的原张宗昌之直鲁联军的一部分扩编而成，也参加过对红军的"围剿"，然而却在1935年春被红军在陈家河、桃子溪战斗中全歼。战后，该师被裁撤，番号被取消，师长陈耀汉调任军事参议院参议。因此说，眼下的五十八师与陈耀汉的五十八师完全没有渊源关系。

前文说过，浙江省保安团虽然是支地方武装，武器装备在当时中国军队中却属精良，战斗力也不俗。另外，由于多由浙江省子弟组成，又由黄埔军人为骨干，因此被人视为蒋介石之嫡系部队也就不足为奇了。

下面是七十四军的编制：

军长俞济时，下辖五十一师、五十八师。

五十一师师长王耀武，下辖周志道第一五一旅、李天霞一五三旅。

五十八师师长俞济时（兼）、冯圣法（继任），下辖吴继光第一七四旅、邱维达一七二旅。

崛起于淞沪

赴上海作战前，即 1937 年 8 月 20 日左右，五十一师的全体官兵就被一股脑装进了四列闷罐子军列，从驻地陕西宝鸡径直拉到了淞沪前线。

根据上峰命令，五十一师开赴罗店—施相公庙一线，与十一师配合作战，抵御正面进攻的日军第十一师团。

罗店位于淞沪侧背，沪太公路中段，是江苏与上海之间的交通枢纽。罗店一失，中国军队与后方联系的陆上交通线将瘫痪，因此不可不争。十一师在这里已经打了将近一个星期。

能和十一师同场竞技，对刚刚组建的五十一师是个考验。

十一师是蒋介石宠将陈诚的看家部队，乃王牌中的王牌，然而五十一师却一点也不怯场。

十一师作战，讲究一个"拼"字，扎好阵脚后，就像钉子一样轻易难让它再动分毫。面对日军的进攻，寸土必争，逐室而斗，以强制强，以猛打猛，反复绞杀，罗店一带如同被血洗了一番，连凶悍的日军也为之胆寒，称罗店为血肉磨坊。

五十一师作战，却是绵里藏针，阵形变幻多端。进入阵地不久，该师邱维达的三〇六团就乘夜偷袭敌阵，撩拨起日军后又浅尝辄止，迅速回撤诱敌。

这一下惹恼了日军，竹田联队长举着战刀追了过来。早就埋伏好的邱维达见猎心喜，一挥手，轻重武器一齐开火。不过一顿饭的工夫，几十名日军成了异乡之鬼，中队长秀吉也当场毙命。

五十一师首战告捷，上海《申报》与《大公报》都报道了这次夜袭行动，还配发了王耀武的照片。

与此同时，五十八师也激战于罗店以北一带。

淞沪战役前，五十八师驻防于沙市，他们与五十一师几乎同时接到赴上海作战命令，现在两支兄弟部队并肩战斗，不免特别关照。所以，当五十一师吃紧之时，吴继光专门抽调兵力支援罗店，让王耀武特别感动。

其实，五十八师的压力也很大。他们的正面之敌是日军第八旅团，仗着火力凶猛，一上来就施展集团式的冲锋，被五十八师用机枪和手榴弹硬生生压制下去。

日军的凶焰也被激发了出来，拿出了撒手锏，以坦克为先锋，掩护步兵进行冲阵。

面对着钢铁堡垒，火力薄弱的中国军队显得缺少办法，只能凭着血肉之躯硬撑，眼看着阵线出现了动摇。

就在危难之际，只听炮声隆隆，日军坦克被掀翻，跟随其后的日军步兵暴露在枪林弹雨中成了挨打的靶子。

这是五十八师的 105 口径榴弹炮在发威，这还是俞济时在浙江省保安处长的位置上置下的家当，他是轻易不舍得用的。战前，他把这 6 门榴弹炮藏在附近一片竹林中，没想到炮兵营长在接待新闻记者采访的时候炫耀出来，并被拍了照片登在新闻纸上。当时俞济时就意识到了危险，命令立即转移炮兵阵地。果然，大炮刚刚转移，日军飞机就飞临这片竹林上空，将这一带炸成一片火海。

躲过一劫的炮兵营在关键处发挥了重大作用。受到大炮的制约，日军的坦克也有了忌惮，不敢像以往那样大摇大摆，横冲直撞。

直到接到撤退命令，五十八师的阵地始终坚如磐石。

血溅南京

虽然淞沪之战最终以失败而结束，但五十一师、五十八师表现出色，甫成立的七十四军一亮相就引起了人们的注意。

大部队开始从上海撤退，七十四军负责殿后，掩护兄弟部队。这时候已经是溃兵如潮，但七十四军且战且退，阵形丝毫不乱。

待撤退至青浦附近的白鹤港时，日军追兵已将至。由于中方军队撤退时慌乱而无秩序，已有被日军扭住的危险。五十八师之吴继光旅主动求战，坚守白鹤港，保护大部队安全撤离。

日军的追兵是后来制造了南京大屠杀的元凶谷寿夫的部队，一向嚣张而凶残，见到前方有中国军队进行阻击，立即以排炮施以轰炸，飞机也赶来助战，硝烟尚未散尽，已排成散兵线冲向一七四旅的阵地。

在日军的强大炮火下，一七四旅的前沿阵地很快被突破，日军随之蜂拥而上，按照以往的作战经验，下面的步骤就是乘胜追击了。

仿佛狂风骤起，一阵猛烈的弹雨扑面而来，一七四旅防线布置得极有纵深，日军越是向前深入，中方防线的反弹愈是有力。

将近3天时间，一七四旅在中方军队全面崩溃、军队士气普遍瓦解的情况下，为了掩护大部队，在白鹤港一线有效地阻击着日军追兵。

一七四旅的顽强让日军恼羞成怒，炮弹无休止地砸向一七四旅的阵地，冲锋的浪头一波接着一波，守军伤亡极重，少将旅长吴继光也阵前中炮，战死沙场。这是七十四军牺牲的第一位将军级的人物。

日军继续穷追不已，七十四军又在苏州望亭一线摆下战场。这一次担任断后任务的是五十一师一五三旅，旅长为李天霞，此人也是久经沙场，他巡视了一下战场，将扼守交通要道137号铁路桥的任务交给了张灵甫的三〇五团。

张灵甫是七十四军历史上最具传奇色彩的人物。他出生于陕西西安一户普通的耕读之家，从小就头角峥嵘，早年就读于陕西省立第一师范学校，即以书法轰动古城，甚至引来了于右任的惊叹，连赞"后生可畏"，并从此结为忘年交。于右任是国民党元老，书法界的泰斗，能得到他的褒奖，张灵甫在书法上的造诣也就可想而知了。据说后来在南京，求字者甚多，太平南路、三山街等一些商业繁华区的商铺多挂有他的墨宝。

从陕西一师毕业后，张灵甫回乡当了一名教师，三尺书斋自然容不下他那颗躁动的心，于是打点行装，来到北京继续求学，并进入了北京大学。

北京大学是中国最高学府，也是新思想、新思潮的发源地、集积地。然而，

张灵甫与其妻王玉龄合影

无论在学问研究还是社会活动方面,天资聪颖又不乏激情的张灵甫都没留下痕迹。究其原因,张灵甫志不在此,钻故纸堆或是卷入政治风潮,都不是他兴趣所在。在他的性格深处,崇尚的是一种轰轰烈烈,而不是空泛清谈。

所以,一年以后,张灵甫就告别了北大(自然也有经济上的原因,囊中羞涩让他感到京城居大不易),回到了陕西。他也不耐烦继续做孩子王了,径直投军,来到了河南,加入了胡景翼的国民二军。

胡景翼的国民二军属西北军一支,胡景翼本人也是一位老同盟会员,他知道自己这支队伍素质不高,兵匪杂糅其间,因此有意识结交国共两党的朋友,希望对他的部队进行改造和提高。

被胡景翼请来的朋友中,就有于右任先生。

于右任在国民二军中见到了忘年交张灵甫,他暗为张灵甫可惜,因此起了提携之心,唤过张灵甫道:

"这国民二军说到底还是地方军阀武装,没理想、没素质、没前途,不是适合你的地方。"

张灵甫连忙请教。

于右任指点他说:前不久,孙中山在广州开办了一所黄埔军校,为建立一支真正的革命军打基础。这所军校是国共合作的产物,是得到苏联人支持的。从成立之初,就受到全国有志青年的热捧,八方贤才蜂拥黄埔。于右任断言:"不出数载,黄埔必开一时代新气象。"

一番话,说得张灵甫热血贲张,当即赶赴广州,投考黄埔,被编入了第四期步科。张灵甫入学时,正值黄埔岛上政治斗争激烈、左右两派交锋尖锐之时,著名的"中山舰事件"以及在第一军中清理共产党人都是在此期间发生的,不少学生也卷入其间。而张灵甫却对所有的政治风潮和争论都避而远之,他只埋首于军事课程、军事训练之中。虽然张灵甫是受过高等教育的,但是在他的思想里,还是以儒家的伦理标准来衡量,"食君之禄,忠君之事",视蒋介石独裁统治为天子正朔,随时准备奉献自己的生命和鲜血。

就在北伐进行之时，第四期学生毕业离校，张灵甫被分配进了第一军。在国民党军队系统中，第一军是具有特殊地位的，它的前身由黄埔教导团发展起来，是标准的黄埔子弟兵，所谓"天子门生"。后来扩充为旅，扩充为师，几乎集国民党军事精华所在。蒋介石集团高级军事干部几乎尽出此门。

张灵甫在第一军中的表现非常出色，屡建战功，他参加过北伐，参加过军阀混战，也与红军几次交手。历次战斗中，他都表现得勇猛顽强，并数度负伤。

就在张灵甫平稳发展的时候，一场古城杀妻案毁了他在第一军的前程。

张灵甫的严厉、心狠、暴躁是出了名的，在家庭问题上也有反映，前两任妻子均不堪打骂，被他无理休去。第三任妻子吴海兰，美丽温柔，张灵甫也顿生怜香惜玉之心，殷勤体贴，倒也其乐融融。

岂知他本性难移，一次同僚史安银探亲归队，张灵甫询问家中娇妻，史安银开玩笑地让张灵甫先冷静下来，然后告之吴海兰房闱不严。张灵甫不辨真伪，怒气冲冲径回西安，声色不动地冲着欢天喜地伺候着丈夫的吴海兰就是一枪，可怜吴海兰临死尚不知是一句玩笑话让她香消玉殒。

张灵甫杀妻暴行在西安妇女界引起公愤，连宋美龄都出面了，蒋介石也不便过于偏袒自己的学生。于是令张灵甫徒涉千里，来南京服刑。

全面抗战爆发后，国民政府下了道命令，所有服刑官兵，除"政治犯"外，一律调服军役，戴罪立功，并保留原先军衔。

张灵甫原打算是回老部队的，于是给胡宗南去了一封信，表达了自己的意愿；然而胡宗南置之不理。

张灵甫转而投奔正驻扎在汉中的王耀武。

王耀武当时正缺人手，他刚刚由新编一旅旅长升任为新十一师师长，后来又鸠占鹊巢地顶了原为黔系的范石生的五十一师番号，该师也由三团制扩为三旅六团制。显然，部队的迅速扩张，造成了干部的大量匮乏，不敷使用。

所以，王耀武当即表示对张灵甫的欢迎。王耀武也出自第一军，曾和张灵甫同属一个旅，感情上自然很亲近。

由于五十一师当时没有带兵官的实缺，王耀武给了张灵甫一个上校参谋的名义。张灵甫走马上任没多久，就迎来了淞沪之战。

惯于冲锋陷阵的张灵甫这一次只能袖手旁观，因为没有带兵权，只能在一旁摩拳擦掌。到战役后期，刚刚补充到的新兵团才输送到前线，张灵甫担任了这支番号为三〇五团的新兵团团长。

张灵甫带着他的新兵团刚刚走上战场，日军已经从金山卫登陆。中国军队担心被抄了后路，不得不转入总撤退，几十万大军如退了潮一般撤出了战场。

张灵甫所部也随着大部队撤退，一直退到苏州的望亭镇。三〇五团止住了脚步，旅长李天霞告诉他们，第一五三旅为全军断后，而三〇五团则为全旅断后。

张灵甫率队扼守137号铁路桥，这是日军追击的必经之路，当然全力争之，日军第九师团以主力一部开道，汹汹而来。

中日战争之初，日军的战斗力不容小觑，普遍高出中国军队几个档次，说其以一敌十并不夸张。然而，张灵甫的一个新兵团面对心理上、装备上、数量上占绝对优势之敌，居然坚持了整整3天，没有让日军越雷池一步，而且从容全身而退。所以王耀武见到张灵甫安全归队后，喜出望外地连连道："你们真是命大。"

11月27日，七十四军退到南京近郊句容、汤山一带驻扎，军师旅一级的高级长官经过商议，认为部队损失太大，需要进行整训和补充再宜参战。但是蒋介石已经定下了守卫南京的决心，他认为七十四军虽然损失惨重，但建制齐全，尚可一战。现在正是用人之际，希望七十四军能够加入保卫南京的序列。

根据守卫南京的会议决定，七十四军守卫淳化镇与牛首山一线。12月6日，由土桥前进之日军一部进至索墅镇，并派队向淳化镇进行武力搜索。守卫湖熟阵地的虽然只是五十一师驻扎的一个连，竟主动出击，奇袭索墅，打了日军一个冷不防，"得敌旗数面，枪十余支，收获颇多"。然后乘势脱离战斗，加入主阵地淳化镇的守卫。

真正的恶战在淳化镇展开。12月7日晨，由湖熟北进之敌约500人，由戚墅、李墅向五十一师的宋墅、下王墅阵地攻击，并向方山迂回，与五十一师三〇二团接触，复以一部约 200 人，向上庄攻击，企图由左翼窜入，威胁淳化之侧背；对淳化正面，则以炮火、飞机竞相轰炸，其前锋再施以猛烈攻击，战况异常激烈。第五十一师不甘示弱，以硬抗硬，整整两个昼夜，打退日军进攻 10 余次，缴获敌步枪 30 余支、战旗 13 面、地图 2 幅，毙敌 200 余名，伤敌 300 余名，守军官兵伤亡亦达 900 余人。

日军知道遇上了劲敌，12 月 8 日，由湖熟又调集援兵 2000 余人、炮 10 余门，加入战团，复以主力部队由上庄抄袭破口山，切断守军退路。第五十一师奋起抗击，分兵把关，仅一天，伤亡即达 1400 余人。有人请示王耀武是否撤退，王耀武急得掏出了手枪，操着一口山东腔骂道："妈个巴子，谁再敢扰乱军心，老子用'连坐法'对付他。"

如果不是唐生智晚间下了撤退令，第五十一师即使打到最后一个人，也不会晃一晃脚跟。

王耀武苦苦鏖战于湖熟、淳化的同时，七十四军另一部冯圣法之五十八师也在牛首山一线与日军杀得难分难解。

牛首山阵地位于南京南郊，双峰耸立，状如牛首，形势十分险要。南宋时，岳飞曾在此设立营垒，大破金兵。

缅怀古人，心旌激荡，冯圣法特地换上了一身笔挺的戎装，大马金刀坐在指挥所。有参谋赞叹他的军容："好久没见师长这样威风了。"他淡淡一笑："我要是在战场上阵亡，按惯例，敌军官兵看到后要行军礼，还要保护尸体，允许对方将尸体领回。所以我要穿戴整齐，好让日军认得我冯圣法。"

五十八师又拿出了他们的"镇师之宝"105 口径的榴弹炮，因此当日军以坦克车进行集团冲锋时就吃了大亏。刚一交手，就有 5 辆坦克被打趴了窝。中央通讯社曾对当时的战况有所报道："我居高临下，以手榴弹及钢炮弹阻截敌机械化部队。我某师一营死守山前高地，为敌射击牺牲殆尽，另一营立即挺身而出，继续奋战。敌机二三十架在殷巷镇和高井巷间滥事投弹，终日未歇。我营长阵亡 2 员，伤 1 员；团长轻重伤各一员，士兵死伤数百；同时敌亦死伤 300 余人，遗坦克车5辆。"

牛首山战斗持续了3天，敌我反复冲杀达30余次。尽管第五十八师最终撤离了阵地，但他们可以自豪地说，在接到撤退命令前，日军未能跨上牛首山一步。

牛首山防线一破，日军直接叩关城下。12月10日，日军对南京正式发动总攻击。是时，阴风怒号，天空晦暗，一场惨绝人寰的大搏杀刻进了石头城的历史。

先行迁至江西的蒋介石密切关注着南京战况的发展，然而战局急转直下，为了保存部队的有生力量，他不敢耽搁，接连发出两份命令，催促守城部队迅速撤出战斗。

命令来迟了，其时中华门阵地、水西门阵地、雨花台阵地均遭日军突破，守军已处于混乱。由于唐生智"置之死地而后生"的战略思想，长江上只留下极少的船只。于是，那一条白练似的长江，顿时成了生和死的分界线。

十万溃军拥向长江边，一位外侨这样形容中央军撤退时的狼狈："去下关和江边的路上，情形狼狈异常，堆满了中国军队抛弃下来的来复枪、子弹、皮带、军装、汽车等，无数的车辆燃烧着，一片可怕的大火海。通下关和江边的城门已经关闭，恐怖万分的士兵纷纷用绳、绑腿布、皮带和布条吊上城墙，很多人是跌死的。"

才从水西门阵地撤下来的张灵甫虎目流泪，刚刚还在浴血奋战的中央军，转眼间就争相逃命。这说明，这支军队还有瑕疵，远远称不上劲旅，还够不上国之脊梁。他不由得仰天长啸："枉自称男儿，甘受倭奴犯。不战送金陵，万世同羞耻。"

在逃命的队伍里，王耀武也在其间，好不容易挤到了江边，只见下关一带的码头更是麇集着黑压压的军队和难民，寥寥落落的几只船哪里载得下呀？还是俞济时未雨绸缪，悄悄准备了一只小火轮，才算将王耀武载出了死亡，载出了危险。

从南京逃生后，七十四军撤到了湖北荆门进行休整。撤退途中，王耀武看着七零八落的队伍，不禁心疼得虎目流泪。他的五十一师被打惨了，四位团长一死三伤，连排一级的基层军官损失达三分之二，部队伤亡超过了半数。

蒋介石很快召见了王耀武，师生一见面，王耀武就立正请罪："学生未能完成任务，请校长严惩。"

蒋介石连忙安慰："第七十四军何罪之有？你们不畏强敌，浴血奋战，我要向全军通报表扬。"他下达了指示："必须尽快补足第五十一师的损失，这是全军最能战斗的一个师。"

蒋介石的一句褒奖，第五十一师身价倍增，连陈诚都起了好胜之心，逼着王耀武当面表态，他的第十一师与五十一师相比，孰强孰弱。

扬威万家岭

为了重新打造七十四军，俞济时亲自过问部队的补充事宜。当时，国军在江西九江有一个补充基地，俞济时一切拣好的挑。他是很有眼光的人，专门挑选青年学生作为新兵补充，因为这些青年学生不是被抓壮丁而来，而是主动请缨，弃笔从戎，他们有理想、有文化、有抱负、有热血，稍加训练，就成劲旅。

部队休整未久，七十四军又被征调至河南战场。1938年5月，日军土肥原第十四师团突然在濮阳一线强渡黄河，攻陷鲁西，企图占领兰封，随后直取开封、郑州，与沿平汉线南下之日军会攻武汉。"得中原者得天下。"日军大本营在讨论这次作战意义时一致认为："只要能控制中原，实质上能支配中国。"

中国方面也知道此战的重要性，蒋介石亲赴郑州指挥，调集精兵，发动了兰封战役。

参加此战的除了七十四军外，还有李汉魂的六十四军、宋希濂的七十一军、桂永清的二十七军、胡宗南的第一军、黄杰的第二军（在外围阻援）。除了李汉魂的六十四军外，都是黄埔精锐。他们利用土肥原师团的狂妄，乘其孤军深入之际，终于在罗王寨、曲兴集一带将其扭住，并团团包围。

然而此战的结果却让人失望。当时，被压迫在黄河岸边的土肥原师团不过两万余人，经多日激战，伤亡严重，后援又被截断，中方参战部队多为中央军嫡系，有13个师近15万人。从1938年5月21日开始，到5月29日，围攻敌人达9日，结果是非但未将敌军吃掉，反而被狠狠咬了一口。

但这一切与七十四军无关。大家公认，参战的中央军中，宋希濂的七十一军与七十四军表现最好，无可挑剔。当时七十四军与二十七军配合作战，七十四军负责兰封以北战场，一路横扫，日军闻风丧胆，只要听说是七十四军的名头，宁愿绕路而避战。在攻击日军据点马庄寨时，五十一师强势作战，只用了一天的时间就将日军千余人击溃。而同类型的一个据点，胡宗南的第一军竟打了整整3天还是无功而返。

这一切，蒋介石都看在眼里，各路参战将领都看在眼里，七十四军已经被公认为国军中最优秀的军队。

虽然七十四军对日作战表现出色，但从战役的角度看，却一直是战败的一方，直至万家岭战役的打响，才终于打出了威风，打出了名气。

万家岭战役发生在1938年九、十月份，当时日军兵分两路，沿大别山北麓和长江两岸夹击武汉。日军波田支队首先攻陷长江要塞马当，后续部队随即蜂拥而上，溯江西行，至9月下旬，已经进至南浔、瑞武公路之间。中方防线被切割得支离破碎，处处留下破绽。

日军第一〇六师团长松浦淳六郎中将见状心喜，以为有空隙可钻，立即命令部队，带足六天干粮，轻装向前疾进，企图彻底搅乱中方阵线，立下奇功。

说起一〇六师团，许多日本军人很不屑，称它是"日军第一弱师团"，因为它组建时间短，新兵多。其实这是偏见。一〇六师团的新兵多为青年学生，这些人受军国主义思想浸润，特别狂热，特别残暴，自进入中国以来，一路烧杀。他们参加过进攻南京，协助过波田支队攻陷马当，应该说已经积累了相当的作战经

万家岭大战中的中国军队向日军猛烈射击

验。师团长又是参加过日俄战争的老资格职业军人,已经是三度踏上中国战场了。

然而这一次松浦中将却是弄巧成拙了,他不知这一带地形复杂,贸然闯了进来,无异踏进了鬼门关。

负责中方作战的是被称为"百胜将"的薛岳,当年做过孙中山的警卫营长,与叶挺、张发奎并称粤军"三剑客"。此人作战最善乘虚蹈隙,见缝插针,眼见得一〇六师团孤军冒进,立即命令收缩防线,两翼的部队同时挤压,将一〇六师团关闭在万家岭一带。

松浦淳六郎发现坏事,立刻组织部队突围,谁知忙中出错,突围方向恰恰选在了七十四军防守地区。

双方一交手,一〇六师团马上发现了对手的厉害。

首先对手镇静异常,不像以往与之作战的中国杂牌部队,一顿炮火就能让其乱了套。第七十四军是见过大场面的,当日军进行炮火攻击时,阵地上只留少量警备部队,其余进入隐蔽所,准备迎击日军步兵。待日军大炮一作延伸射击,立即冲出阵地进行反击。已经习惯于中国军队防守观念的一〇六师团被打个猝不及防,连连后退。

松浦大怒,命令部队实施不间歇冲锋,然而撞上七十四军的防线,却如潮打城头,无功而返。松浦急了,如此缠斗下去,一〇六师团就死定了。他牙一咬,使出丧心病狂的一着,命令部队使用化学武器,企图打出一条生路。

可以想象七十四军的损失惨重,五十八师所属某团6位营长,非死即伤,全师战斗人员凑起来也只剩两个连。前沿阵地,中国兵和鬼子兵的尸体互相叠在一起,铺满了水田。蒋介石听说七十四军伤亡惨重,心疼起来,他打电报与薛岳商量,能否让七十四军下来休整。

薛岳自然是满脸的不快,就七十四军是金枝玉叶,磕碰不得,其他部队不都在这里盯着吗?但他又不便违抗蒋介石的意旨,于是拿着电报来找王耀武。

已经升任副军长的王耀武谢绝了蒋介石的照顾,他认为七十四军能有今天这样的战斗力,全靠一股精气神。如果碰到硬仗就后撤,这股精气神就散了,七十四军也就成为一支庸军了。

指挥万家岭大战的第九战区第一兵团总司令官薛岳(中)

王耀武换上了自己的五十一师。

两军相逢勇者胜,胜利就产生于这最后的坚持之中。松浦也打累了,失望了,命令停止突围,依阵而守,静待援兵。由于他们占据着张古山高地,控制了万家岭战场的制高点,形成了阻止中国军队进攻的有力屏障。

所以,要想全歼一〇六师团,必须拿下张古山,否则日军援兵一到,不仅是煮熟的鸭子飞走了,中国军队也立刻会腹背受敌。

然而张古山山势陡峭,易守难攻,加上缺少重武器攻坚,如果力战,只怕是积尸成丘、血流成河,也只能望山兴叹。

五十一师师长王耀武眉头打成了结,其他将领也是面面相觑。

张灵甫挺身而出,主动请缨。他引用了古代成功的战例说:"昔日魏国大将邓艾为了攻取成都,出蜀将之不意,带精兵暗渡阴平,飞取摩天岭,一举攻克了江油、涪城和成都。我们也可以仿此战例,大军从正面进攻的同时,再挑选一批精兵强将,从人迹罕至的张古山背面进行偷袭,以收两面之效。"

王耀武和参战各旅团长都深以为然。

于是张灵甫亲率一支突击队轻装出发,攀木挂树,穿过深山峡谷,翻越悬崖峭壁,打了日军一个冷不防,果然成功夺取了张古山高地。

奇袭张古山用的是一个"巧"字,然而守住张古山,则要比拼内功和韧劲了。一〇六师团要保住一线生机,就不得不夺回张古山,于是倾其全力,向张古山发动猛攻。冈村宁次也命令增援部队全力前进,并派出飞机助战。一时间,张古山阵地成了火海,炸弹鱼贯而下,弹片横飞,交织成一张死亡的密网。生与死往往就在毫厘分寸间,张灵甫身上竟中了7块弹片,血流如注。他甚至顾不上止血,红着双眼在阵前指挥。

主将如此,三军用命,整整五天五夜,张灵甫所部钉在这张古山上,与日军反复争夺,阵地得而复失,失而复得。让张灵甫骄傲的是,日军没有一兵一卒是从他眼前这块阵地逃脱的。

由于张灵甫在张古山堵住了一〇六师团的逃生之路,冈村宁次也只能眼睁睁看着他的部队被中国军队所宰割。

轮到七十四军进攻了,他们有一个惯用的套路,即所谓的"宝塔式的冲锋",集中几十挺机枪铺成一个扇面,形成一个"塔尖",揳入敌人的阵地;紧随其后的是端着刺刀的突击队,形成庞大的"塔身",他们盯着一个方向打,冲开一个缺口;大部队随之拥上,解决左右侧背之敌,迅速扩充阵地,构筑起稳固的"塔座"。

在七十四军的强大冲击波前,敌一〇六师团的阵地一天天缩小,勇气一天天丧失。几天后,也就是1938年的双十节,第七十四军和其他参战部队终于形成合围,将一〇六师团啃得只剩下皮毛。一万余人战死,300余人被俘,松浦本人也身中数创,仅率千余人侥幸出逃。

此战意义非同小可,就连叶挺也高调赞美:"万家岭大捷,挽洪都于垂危,作江汉之保障,并与平型关、台儿庄鼎足而三,盛名当永垂不朽。"著名文化人田汉也为此创作了剧本《德安大捷》,引起轰动,剧中的主角就是张灵甫。田汉

万家岭——日军之坟墓

还与著名作曲家任光合作,分别作词作曲,谱写了七十四军军歌,歌词如下:

起来,弟兄们,是时候了。我们向日本强盗反攻。他,强占我们国土,残杀妇女儿童。我们保卫过京沪,大战过开封,南浔线,显精忠,张古山,血染红。我们是人民的武力,抗日的先锋。人民的武力,抗日的先锋!我们在战斗中成长,我们在炮火里相从。我们死守过罗店,保卫过首都,驰援过徐州,大战过兰封!南浔线,显精忠,张古山,血染红。我们是国家的武力,我们是民族的先锋!起来!弟兄们,是时候了。踏着先烈的血迹,瞄准敌人的心胸,我们愈战愈勇,愈杀愈勇。抗战必定胜利!杀!建国必定成功!杀!

从此,七十四军的名声响遍大江南北,日军闻之丧胆。

军中王牌

随着七十四军的声名鹊起,军长俞济时也水涨船高,地位一路攀升,现在已经是第十集团军副总司令,浙江省抗敌自卫团副司令。因为浙江沿海一带战事紧张,他工作重心转移,已经不太具体过问七十四军军中事务了。

于是,他着力推荐王耀武为七十四军的后续军长。

1939年6月,王耀武正式走马上任。现在的七十四军,正处于全盛时期,下辖3个师,分别为王耀武(军长兼师长)的第五十一师、施中诚的五十七师、冯圣法的五十八师。需要指出的是,第五十七师刚刚编入七十四军,它原属于阮肇昌的六十九军,是由北洋系中陈调元的皖军发展而来。因为陈调元北伐附义,且一直对蒋介石没有异心,故蒋介石对其也比较放心,六十九军一直被视为中央军半嫡系部队。

然而嫡系与半嫡系还是有差别的，淞沪战争中，六十九军损失惨重，军委会借口该部伤亡过半，已无法补充成军，干脆取消了六十九军的番号，降军为师，军长阮肇昌也由军长降为五十七师师长。不久，五十七师编入了七十四军，自然也容不下阮肇昌这样的外来户，于是又将他调到了军训部步兵监，由施中诚继任五十七师师长。

如今的七十四军，是标准的"三三制"配制。本来，按军委会的打算，还要在各军队中加强军和师两级的编制，军部设参谋、副官、军械、军需、军医、军法等处，军直属部队有骑兵、炮兵各一团，工兵、通信兵、辎重兵、特务各一个营及战防炮一个连和一所野战医院。师的编成除下辖三个步兵团外，直属分队有炮兵（迫击炮）、辎重兵各一个营，骑兵、特务各一个连，及一个卫生队或一所野战医院。步兵团的编成下辖三个步兵营、一个通信排，营辖三个步兵连、一个机关枪连、一个迫击炮排。

设想是好的，但武器太缺乏，所以，这一方案大都停留在执行过程中。但七十四军不存在这样的问题，他们是第一批完成配制的，一切按新的编制执行，全军总兵力达3.1万人。

新官上任三把火，这一阶段的王耀武可谓励精图治，重点加强部队的训练。王耀武治兵一向以严厉著称，甚至近于苛刻。烈日炎炎之盛夏，他让部队作50公里负重行军，一口气跑下来，中途喝水、吃饭都在行进中完成，成群的官兵因不耐酷暑而晕倒。王耀武没有一丝怜悯之色，一切按惩罚条例执行，"掉队者，训练量加倍"。

所以，每次军队系统进行训练考评，七十四军总是名列前茅。

带兵之道，一张一弛。王耀武也不是一味地用强用狠，经常在训练结束后，他会吩咐给部队加餐，如果伙食费不够，他还会自掏腰包，让士兵打打牙祭。他开了几家饼干厂，不在乎几个小钱。有时候他也会混在大兵堆中，与他们大碗喝酒，大块吃肉，从而拉近与普通士兵的距离，让他们产生一种认同感。

有道是"功夫在诗外"，王耀武也不只埋首于七十四军的小圈子，他是个很懂钻营的人。据说王耀武平时生活很简朴，但在军部养了好几个厨子，而且手艺都不错，只要上头来人视察，他都恭敬相陪，殷勤招待。来者是川人，就有川菜招待；若是粤人，就用粤菜招待。总之哄得对方开心、受用，这样才能上天言好事。

王耀武曾自夸过，只有他敢当着蒋介石的面行贿。他给人送礼，特别自然，特别考虑对方的感受，因此不落痕迹。当时，派克金笔是非常时尚和昂贵的，王耀武专门订购了几十支，每逢去侍从室、军政部、战区司令部这些衙门办事，他口袋里总是揣上几支，遇到什么主任、处长，包括一些有实权的办事人员，他总会借口自己没带笔而向对方借用，待用完之后却是狸猫换了太子。对方发现之后，王耀武则是一脸恭敬，原来，金笔上已经刻好受赠人的姓名和"耀武敬赠"的字样。这份诚恳，这份周到，真的是让人却之不恭。

当王耀武的圆滑与七十四军的强悍结合到一起，他们在军中的地位扶摇直上则是顺理成章的事。1940年，根据美国"援华法案"的协议，国民政府利用美方的贷款购买美式装备，武装其中央军的精锐。在遴选名单时，初步决定为4个军，前三位没有争议，分别为第一军、第二军、第五军，因为第一、二军成军时间早，又是由黄埔子弟兵组成，在蒋介石的感情上占着很重的分量，而第五军则是国军着力打造的第一支机械化部队，给它换装备理所当然。

剩下的一个名额在十八军和七十四军中挑选。因为王耀武的好人缘，意见呈一边倒，大家认为，十八军只是十一师一枝独秀，而七十四军的3个师（五十一、五十七、五十八师）却各有特色，被日本人称为"三个五部队"。另外，十八军军长频繁变换，内部结构也不稳定，除了当家花旦十一师外，其他几个师如走马灯似的不停进出，相形之下，七十四军则稳定许多。

换了美式装备的七十四军焕然一新。现在，论武器装备，别说在国军中名列前茅，就连日本人也要羡慕了。部队按美式标准配备，每军成立一个榴弹炮营，每营配备105厘米榴弹炮12门；每师成立一个山炮营，每营配备75厘米山炮12门；每个步兵营成立一个战车防御炮连，配备战车防御炮4门；每个步兵营

战斗中的中国迫击炮

成立一个迫击炮排，配备"八一"迫击炮两门和"伯楚克"式火箭筒两具；每个步兵营重机枪连配备重机枪 6 挺；每个步兵连配备轻机枪 9 挺，"汤姆森"式手提机关枪 18 支，"六〇"迫击炮 6 门及火焰喷射器一个。

另外，军、师都配有设备完善的野战医院一所，军、师、团、营都配备完整的通信设备，包括有线电话和无线电话报两用机，此外还有工兵器材和运输工具等。

因此，七十四军的官兵心理上普遍都很优越。他们身上一身橄榄绿的军装较之其他国军的灰色军服显得很骄傲，很张扬，很鹤立鸡群。

对此，王耀武很兴奋，也很有压力。他私下对人说，校长如此厚爱七十四军，让他战战兢兢，生怕有所辜负，遭人诟病。因此，每逢战阵，王耀武从不作保存实力之想，一概全力相拼。如此压力之下，倒也成就了七十四军的敢战之名。

随着战争进程的发展，日军感到了中国战场所产生的压力，首先在兵力上左支右绌，上高战役就是在这种情况下发生的。1941年三、四月间，日军中国派遣军为减轻位于晋南地区国民党第一战区军队对其华北方面军的威胁，决定集中兵力以多路突击方式对卫立煌之第一战区实施攻击。但是，华北方面军当时最多可集中5个师团又3个旅团，尚缺两个师团的兵力，故决定缺额由华中派遣军抽调。于是，日军第十一军辖下驻扎在江西义安地区的第三十三师团被限令于1941年4月赶赴晋南作战。

如此，留在南昌一带作战的日军就只剩下第三十四师团了，而他们的直接对手，将是包括七十四军在内的由罗卓英指挥的第十九集团军。平心而论，日第十一军军长圆部认为他们将无法与之抗衡。

因此，他们打算，乘三十三师团尚未调走之际，再抽调独立混成第二十旅团，对南昌附近之高安、上高地区的罗卓英之十九集团军进行攻击。其主要目标是王耀武的七十四军，只有给七十四军以重创性的打击，才能对中国军队产生一种震慑力。

1941年3月14日，日军分三路发起攻击。其第三十三师团由安义向奉新、棠浦进攻，第三十四师团由南昌附近的万寿宫出发，沿锦江北岸向高安、上高正面进攻，兵锋直指七十四军；独立混成旅第二十旅团则南渡锦江，由夏口向灰埠方向进攻。

其实，早在战前，王耀武就通过日军大量征集民夫为其搬运物资弹药判断出日军的企图，于是他建议十九集团军总司令罗卓英，将九战区所属李觉的七十军和刘多荃的四十九军并于七十四军左右两侧，突出在前，以便在退却中诱敌，运动中歼敌。

诱敌之计很成功，左路日军第三十三师团一路上并没遇到像模像样的抵抗，很快就占领了奉新、上富，于是以为进攻任务已经完成，撤回安义，准备北撤。这样，战场上的日军就剩下了中路的第三十四师团和右路的第二十混成旅团，阵形也出现了破绽。

就在这一瞬间，中方军队出手了，四十九军突然将第二十混成旅团扭在了灰埠。四十九军原是东北军的部队，装备差，炮火弱，王耀武担心他们撑不住，于是派五十一师前往助战，将第二十混成旅团截成数段，环绕而攻。四十九军军长刘多荃很感动。自"西安事变"后，东北军在蒋介石的眼里就是异类，每逢与中央军配合作战，也是处处给小鞋穿，拼命在前，立功在后。然而这一切在王耀武这里有了改变，七十四军专拣重担子挑、硬骨头啃，这让他心悦诚服。

整整三天三夜，炮声就没有停顿过。王耀武有令，自团长以下，每一个人都要钉在前线，有退缩者，当场执行"连坐法"，决不姑息。第二十混成旅团终于领教了王牌军的厉害，好容易才夺路而逃，检点人马，损失已达千余。

真正的激战发生在中路。敌第三十四师团一路飙进，来势汹汹，他们寻找中方主力作战的心情最迫切。因为三十三师团调走之后他们将单独面对这一带之国军，为了减少今后的压力，所以这次行动拼尽了全力。

三十四师团的风风火火也让王耀武大吃了一惊，负责诱敌任务的第七十军竟被他们追得如兔子一般。三十四师团很快就打到了七十四军的帐前，直逼上高城。

王耀武也急了，沿泗水一线布置好防线，静等日军来犯。

日军也是势在必得，集中大炮 10 余门，又调来飞机助战，先给七十四军来个下马威。

王耀武作战机灵着呢，他指示部队暂时示弱，待日军强渡泗水时再发作。

这一招果然见效，日第三十四师团见占了上风，立即抢渡过河，不提防七十四军杀了个回马枪，山炮、野炮、迫击炮，王耀武拿出了七十四军的全部家当招呼三十四师团。刚才为什么示弱？那是因为日本飞机的骚扰。如今没有空中的支援，三十四师团就少了一只拳头，立即处于下风。

待过了泗水，第三十四师团的一个后卫大队几乎全部葬身于炮火之中。除此之外，如辎重大队、野战医院、师团直属炮兵队都受到了巨大的伤亡。

第三十四师团被打急了，如同疯狗一样，逮谁咬谁，竟然与七十四军的 3 个师轮流打斗。王耀武当然乐得玩这场车轮战了。真不能低估日军的战斗力，占据绝对兵力优势的中方军队竟然一时擒它不住。

王耀武急忙催促罗卓英，迅调增援部队，争取全歼第三十四师团。

于是夏楚中的七十九军与川军王陵基军也调了上来，将三十四师团团围紧。

闻听第三十四师团遭困，日方也是大急，想不到这一次行动是适得其反了，于是只能让已经准备启程北调的三十三师团重返战场。这一招倒是出乎所有人的意料，一时阻截不及，只能眼睁睁望着三十四师团在援兵接应下落荒而逃。

虽然未获全胜，战果却很辉煌，除了使第三十三师团推迟北调外，歼敌总数达1500人，击落日机一架，击毙日军少将指挥官岩永、大佐联队长滨田，缴获各种火炮10余门。4月10日，王耀武给蒋介石发电，对此次会战七十四军的表现及伤亡情况作了总结：

齐机渝，手启电奉悉：

一、此次上高会战，因敌集中兵力与职军争夺，战斗较为激烈，敌军惨败伤亡亦重。职军计自寅铣开至30日追击终至，先后作战16日，伤亡人数经详查为10591万名，其轻伤官兵均留军。

二、作战成绩，以五十一师、五十七师为优，参加部队者计12个团，各师补充团在内，一五一、一五三、一七〇、一七一、一七三等5团为优。

三、师蒙购特别费，当以一部犒赏负伤官兵、阵亡遗族，其余扩充职军已办之眷属工厂，及中正小学基金，俾官兵同给恩惠。

四、职军此项作战积胜原因，起自遵钧座"我不怕死，敌必怕我，及当坚百忍以图成"之训示，并不断向敌反击。所有存亡及出力人员已另案报呈。

上高战役虽然中方军队前后参战达4个军之多，但七十四军始终担纲主力，它也再一次给日本人留下了深刻的印象。第十一军司令部认为，今后对王耀武之七十四军作战，须特别慎重。

战后论功行赏，七十四军自然厥功至伟，特授"飞虎旗"一面，这已是国民党军中最高的荣誉了。

自上高战役后，七十四军已经被日军盯上。1941年9月，新任"中国派遣军"

总司令畑俊六和新任第十一军司令官阿南惟几讨论了对华战略，认为必须彻底摧毁中国继续战斗的企图。其具体行动就是对国民党九战区实行打击，而七十四军又是他们的主要目标。因为对七十四军这样的王牌部队予以重创，将对中国的抗日军队是个震慑。

由于日军事先已经获得中方的密码，因此在调兵遣将中有如神助，处处指向中方的软肋。根据作战命令，七十四军向浏阳前线移动，以保卫长沙，行进到浏阳西北之蕉溪岭一带时就遭到日军飞机轰炸。由于山道狭隘，躲无可躲，藏无可藏，部队损失严重，尤其是军心受到影响。

9月25日黄昏时分，余程万的五十七师的先头部队行至春华山南面时，与日军第三师团的花谷旅团搜索队相遇，双方立刻展开激战。在消灭面前小股日军后，部队立即展开阵形，以两个团的兵力占领春华山阵地。

日军主力也随之源源不断开进。

26日晨，王耀武已经察觉到形势的危急，一场大战随将而至，因此发出了作战命令：一、日军有各个击破我军的企图，各部应密切配合。二、七十四军此次是奉命确保长沙，击破正面敌人的进攻，应立即向沙市街、路口余、麻林市方向南进之敌攻击。三、第五十七师到达大观以南至赤色河地区后，占领了家山、黄狮渡、枫林港等要点，准备向麻林市之敌攻击，其春华山附近部队等第五十八师到达，即交于第五十八师防守；第五十一师速向枫浆桥、李家港地区前进，准备对沙市街方向之敌攻击。四、军部及直属部队向黄花市附近前进。五、各部队均限26日12时以前抵达指定地区。

日军随着主力到来，开始展开了对春华山阵地的争夺。日军采用两面夹击向五十七师进攻，半天下来，五十七师的伤亡就达3000人左右。

李天霞的五十一师也投入了战斗，从侧翼掩护五十七师作战。廖龄奇的第五十八师一线阵地则在遭受日机的轰炸下，被日军突破。至傍晚，日军第六师团匆匆赶到，从捞刀河左岸一侧对七十四军展开攻击。与此同时，日军第四十师团也进入了北盛仓附近，向永安城发动进攻。七十四军顿时陷入腹背受敌的困境。

夜幕降临了，双方激战正酣。由于双方互相打对攻，互相穿插，敌我阵地早没了明显界限，呈现出犬牙交错的态势。七十四军在日军3个师团的合力攻击下，逐渐落了下风。

日军得势不饶人，首先从侧翼突破春华山，开始将五十七师分割包围，同时出动伞兵部队空袭七十四军军部所在地黄花市。这一招相当毒辣，直指七十四军中枢所在。就连王耀武也沉不住气了，居然让日军摸到了鼻子底下，双方都拼上了刺刀。若不是警卫拼死保护，王耀武的性命怕也是没有了保障。

眼看着七十四军陷入了苦战，薛岳急忙下了撤退令。五十一师与五十七师最先与敌脱离了接触，五十八师却因为与敌缠斗太深，身陷敌阵。想全身而退，谈何容易！

沧海横流，方显英雄本色。关键时刻更能看出五十八师的实力和战斗素质。五十八师虽惊而不乱，师长廖龄奇与副师长张灵甫分头指挥，有配合，有呼应，竟然在敌军的重兵包围下成功脱逸，这不能不说是奇迹。

出了包围圈的廖龄奇犯下了大错，竟然拒绝了战区长官指定的集结位置，擅自将部队拉到了镇头市一带，然后又拦下一列火车，将部队拉到了株洲休整，廖本人则顺道回老家祁阳探亲。

战局到了后期，发生了有利于我方的变化，第三战区、第六战区相继发难，主动向当面日军出击，有力地策动了第九战区的行动，日军的攻势日渐减弱，中国军队开始反击。蒋介石电令薛岳："第九战区应乘敌疲惫，果敢追击，乘机占领岳阳并应积极破坏武（汉）岳（阳）铁路，并向各路退却敌人沿途袭击、伏击、猛烈打击，使其不能退回原防；并牵致迟滞其向武汉方向转移，以利第三、第五、第六战区之作战。"遵照上峰的命令，五十一师、五十七师就近进行反攻，并取得战果。但五十八师因为脱离了战场，只能作壁上观，受此牵累，胜利的成果也打了折扣。

所以战后总结，薛岳狠狠奏了廖龄奇一本，上纲上线，以临阵脱逃罪控告廖龄奇。

1941年11月，廖龄奇被枪决，师长一职由副师长张灵甫继任。

与王耀武的春风得意相比，离开了七十四军的俞济时就有点运交华盖了。在1941年日军发动的所谓"宁绍作战"中，负责浙省战事的俞济时束手无策，仅3天时间就丢失了宁波，被蒋介石批了"作战不力，指挥失误"八字评语。本来还要予以撤职处分，后因第三战区司令长官顾祝同说情，才以功过相抵的理由免予处罚。

反观王耀武，特别在上高战役的表现，足以证明能够担起更大的责任了。他以主官的身份独立指挥七十四军作战，表现得无可挑剔，而且他还辅佐罗卓英，将10余万大军调动得如行云流水一般，表现出了大将之才。过去，蒋介石总以为王耀武憨态可掬，虽然能打，但还缺少杀伐果断，现在看来，王耀武是可以独当一面了。

因此，到了常德保卫战时，王耀武已经升任为第五集团军副总司令，有了参与指挥大兵团作战的机会。

苦守常德

自1942年起，中国远征军进入缅甸作战，这给日军以很大的震撼。此后，国民党军抽调了大量部队编入远征军和中国驻印军，给侵缅日军构成极大威胁。为了拖住中国军队，阻止其继续向滇西增调部队，侵华日军从各战区抽调了10余万的作战兵团，决心发动以攻占常德为主要目标的常德会战。

常德，地处沅水下游，为洞庭湖西一大县市，东接洞庭，西倚武陵山脉，南靠雪峰山北脉，其北面以太阳、大浮两山隔澧水平原，与南面的德山隔江相望，土地肥沃，物产丰富，是滨湖一带著名的鱼米之乡。这里不但是战略要地，而且是抗战军队补给命脉。湘黔公路东通长沙，西连川贵，如能取下重镇常德，则可以东下长衡，西窥黔桂，甚至染指川东而威胁重庆，动摇中国抗战中心。因此，日军以原据湘北鄂西的第四十、十三两师团各一部，占领华容、石首、藕池口等处的前沿阵地，并以此为掩护，分别从赣北、荆沙、安庆、芜湖各方面抽调第三、六十八、一一六等师团全部，第三十四师团大部，第三十九师团及独立第十七旅团一部，共10余万人，由日军第十一军司令官横山通指挥，分路向南进犯。

第六战区司令长官陈诚召集军事会议，决定守势作战，中国军队层层截杀，以损耗日军有生力量为目的，同时调动有力部队，在常德西北一带布置战场，与敌决战。

战况如预先设计的那样发展。陈诚回忆说："11月1日以前，战区据各方情报，早已审知敌之行动。我各部官兵莫不勇气百倍，严阵以待。2日下午6时，战斗勃发，敌于华容、百弓咀、闸口、黄金口、弥陀寺、新江口之线，分十二路向我阵地猛犯。我前进部队依预定计划沉着应战，逐步向西方山地转移，敌亦持重，未敢前进。"

为了诱敌深入，"土木系"骨干夏楚中之第七十九军一部主动挑战。这无疑是捅了马蜂窝，日军主力一拥而上，顿时将七十九军的一个营在煖水街围住。

混战由此而始。第六战区是"土木系"地盘，自然手足情深，新任军长的方靖带着他的第六十六军，方天带着他的第十八军，还有方日英的第八十六军，一齐发难，向各自面前日军进攻，以减轻七十九军的压力。

这场混战，持续了半个月之久。日军强渡澧水，战火已经从澧水北岸延至南岸，越烧越猛，陈诚紧急命令第一线部队逐渐脱离与敌接触，抓紧休整，布置阵地，准备会战。

第二线部队迎了上来，其中第七十四军横挡于常德一线，阻住了日军的退路。

久经战阵的王耀武知道他肩上的分量，第七十四军固守常德，不仅是单纯的防守，而且要将日军纠缠于此，一直等到我军合围之势形成，方算完成了任务。

守常德的任务交给了五十七师，王耀武一再叮嘱："记住，常德丢不得，日军跑不得，五十七师要黏住他，要如影随形，如蛆附骨，让鬼子想甩也甩不掉。"

五十一师是王耀武的看家部队，成名最早，特点是冲击力强。王耀武指挥作战喜欢先声夺人，一开始就造足声势，给对手一个下马威。比如淞沪会战，甫一上阵，就大打攻击战，与敌扭杀混战；在南京保卫战中，也是以攻助守，纵然在最危急之际，依然不忘阵前突击，袭扰对方；在武汉会战期间的万家岭战役中，更是咄咄逼人，原本让它打阻击，但它不但压住了敌人的攻势，还将阵地推前了数公里，将敌压迫在更小的范围内。

相比五十一师，五十七师则难缠得多，它不像五十一师那样风风火火，而是绵里藏针。师长余程万的性格本来就稳重，踏踏实实，因此第五十七师从表面上看，也就不显山不露水。最初与它交手，甚至会掉以轻心，但是一旦被缠住，它却如牛皮糖一样摆脱不掉。

从不轻易表扬别人的陈诚也对此役中的第五十七师的表现赞不绝口："我余程万师奉命坚守常德，士气至为高昂。11月8日，由洞庭湖西窜之敌到达牛鼻滩附近，其由北南下之敌，先头俱到达柳叶湖、竹根潭、石板滩、河洑迤北之线，与我外围守军激战。同时，敌机亦开始狂炸。该师诸战频捷，尤增义愤。至22日，敌分五路并进，一股由黄家渡扑德山，一股由牛鼻滩扑德山市、新民桥，另三股向七里桥、黄土山、河洑猛犯。该师喋血会战，勇迈无前。敌更番进袭，昼夜不息。激战至25日，由桃源东窜及陬市南渡之敌进至常德南站。该师凭城郊核心，痛创围攻之敌。敌为迅夺各城沟通沅水计，不惜驱彼编氓，膏兹流弹；更悍然置国际公法之不顾，滥施毒弹，为人类正义所不容。27日，敌一部藉东北城垣突入城内，为我歼灭过半。敌寇一再增援，攻城之卒，不下3万，与我于城东北角展开激烈巷战。29日一日内，毙敌十一六师团和尔基隆联队长以下千余名，获机枪30余挺，步枪500余支。敌机亦反复投弹，一日达13次之多。守城之战，其半死无经逾此。12月3日，我各路大军俱已抵达城郊，我以常城庐舍为墟，工事全毁，遂全部转移至常城西北，继续开战。"

常德之战，罕见激烈，在抗战史上也是空前绝后的。从 11 月 8 日起，交战双方开始接触，到 22 日，日军进攻的人马已达到 1 万人，分五路并进，在空军的配合下，轮番进攻，就连夜间也不停止。

此日的战斗，体现了五十七师的风格。日军压迫得越厉害，它反弹得越厉害，仗打得不急不躁，有板有眼，像牛皮糖一样黏得人难受，让你欲罢不能。攻，攻不上；撤，撤不下来。稍有松动，守军就乘隙而进。激战至夜，日军毫无所得，反而身陷战局而难以自拔。

23 日，攻城日军达到 3 万人，摆出合围姿势。陈诚喜忧参半，喜日军已被吸引至常德一带，正宜聚歼；忧第五十七师独力难撑，日军一旦冲破常德，则如虎入深山，野马脱缰，战局将急转直下。

他亲自撰写电文，发至常德，明确指示五十七师血战到底，与城共存亡。

余程万的回电是："职现四面受敌，血战七昼夜矣，虽伤亡惨重，将所有杂兵均编入战斗，然士气旺盛，全体官兵谨遵钧座意旨，抱决心愿与常德共存亡。"说完，他就戴起钢盔，拉着卫队投入了战斗。

25 日，天降大雨，日军一部借大雨掩护，偷袭入城。第五十七师虽惊不乱，先以炮火阻截攻城日军，再以重兵封锁缺口，形成关门打狗之势，将入城 500 名日军悉数杀尽。

26 日，雨依然不停，我军各支援部队星夜兼程，已赶至常德附近。日寇作垂死一搏，冒雨作战，并施放毒气。我军沉着应战，数度退敌。战斗间隙中，余程万给家中亲人留书一封，详尽介绍了当时战场上的险恶形势以及五十七师奋勇作战的过程："先谈西线河洑那边，已是打了三天三夜，敌人除了大炮飞机，进攻的兵力是 3000 多人。我们呢？只有一营人，那简直是十比一。我们的连排长跳出战壕去肉搏，用刺刀把逼近防线的敌人杀死在地上。敌人是波状战，也是轮战，来一波，又一波，去一轮，再换一轮。单是罗家冲，就这样打退了敌人的七次冲锋。你要知道，我们的战士，是没有人换班的，打退敌人第一次冲锋的是他们，打退敌人第七次冲锋的还是他们。敌人走马换将，轮流上。战事演变到今天上午，守河洑的袁营长自强和全营兄弟，实在已经尽其所有能力了。而敌人呢，后续部队还是不断地开到。我们为了对付敌人的波状密集部队，曾调两尊迫击炮到河洑，用炮弹轰击这种波状部队。我还曾命令他们，在大树上架起鸟巢工事，用机枪俯瞰射击敌人的密集部队。这些办法都应当是有效的。但不仅是迫击炮的门数少，而且炮弹的数量也少。鸟巢工事呢，最好的是用轻机枪，但我们的机枪在地面上都不够使用，又怎能拿到树上去？只好用步枪代替，结果效果就差远了。我们完全是在惨淡经营……自今天拂晓起，敌人调集了大小炮十七八门，用远距离射击，对准河洑核心猛轰，只轰了两个小时，河洑街市全部烧着，就是附近的树林，也都在屡次中弹之下，冒着烟焰。所有的工事，全翻了个身。我在这里想补充一句，就是今天在河洑出动的飞机，也增加到24架，它低飞轰炸过了，敌炮又根据轰炮的爆发点作目标射击。袁营长虽然带着弟兄扛过两小时，可是弟兄们阵亡者，已达十分之八。后来敌人再用波状密集部队进攻，袁营长带着残存弟兄三四十人，撤出防线，从侧面山坡上对敌人来了个逆袭。他们大声喊杀，冲进敌人的阵中。这是袁营长亲口告诉我的，到了稳不住阵地的时候，他绝对不退，要带所有的生存弟兄来个自杀性的攻势。他真的这样去做了。当他们冲进敌阵的时候，人像疯狂了一般，向前面冲过去，已来不及用枪，他们除了把身上的所有的手榴弹一齐向敌人抛了去，就是拿了刺刀劈刺。敌人仗恃着他们优势的火力，对我们寸寸逼迫，但到了优势火力用不上，而中国士兵又要拼命的场合，他们就只有后退。因为袁营长这回自杀性逆袭，打死敌人100多名，敌人后退两华里。然而我们自身，也阵亡了20多人。受伤的弟兄，如果是轻伤，就根本不理会。重伤的弟兄，料到他也回不了阵地，也不愿负累别人来担架，各人把枪口对着自己，喊一声'中华民族万岁！'就尽忠了——这一场恶战，袁营的伤亡人数，增加到十分之九，只剩30多人，壮烈呀！壮烈！

"再说北路，这里也分东西两路和正面，西路来的敌人已和正面来的敌人取得联络，整个阵线是弧形的，大概由长安桥穿过竹根潭，到唐家铺，合计敌人的总数是1.5万人，大小炮共有30多门。这里的左地区是我师一七〇团第二营邓鸿钧营，右地区是一六九团第三营郭嘉章营，对敌人的比率也是一比十。今日下午，敌人的波状密集队伍分作五路冲杀了七八次，我接报告后就命令用山炮对付。军炮团的一门炮，实在值得歌颂。他们在北门外瞄准了波状日军发射，简直没有一颗炮弹是落空的，落地开花的炮弹打得敌兵和尘土一齐飞扬。望着敌军血肉横飞，在堑壕作战的我军弟兄，会大声地叫起好来。日本军人勇猛是真的，但他们也是血肉之躯，在这种惨烈的牺牲之下，也就把波状进攻暂时停止了。不过经敌炮两日的猛烈轰击，我们守军的防御工事也完全毁坏。现邓营已转移到望城巷、米铺市、白马庙、长安桥附近。一六九团的郭营，为了与东路呼应，战线拉得较长，在八人岗、二十里铺两处的警戒部队就各驻防一个班。敌军在此，也用尽全力，每个小据点，都用几百人围着打。由开始打到我执笔给你写信的时间，这郭营每个据点一班人，都冲杀在 20 小时以上。弟兄们死也不退，阵地让大炮毁完了，他们的身躯血肉也就完了。一群英魂升在常德天空，俯瞰着祖国的山河，留下了永久的光荣。

"其次是东路的战事，由于五十七师以外的一团人守德山，造成了不可挽回的危局。这位团长不战而退，带了他的部队撤出了德山，退往南岸。于是这一线由石公庙、新民桥一直向后紧缩，缩到岩凸，又陷入敌手。现在是一六九团的副团长高子日在那里指挥。

"我还要说一件更不幸的事，沅江在常德城南，流成一个倒写的英文字母 V，我们的出路，在那 V 字包围的一块河套里。援军将来要救常德，也就由那里来。今天上午，西路的敌人约 700 人，附炮两门，在 V 字左上角的甲街市渡过了沅江，进到了东岸的菜码头。东路德山那里，原有敌人 1000 多，渡过沅江，窜到 V 字右边一直下端的乌峰岭，两股敌人合流，同犯 V 字顶端的南站。就是说，我们的南路，已被敌人截断，这座城已在四面包围中了。有一个星期之久，南岸始终没有枪声，我们愿意那里有声音，有了声音，就是援军到了。现在声音倒是有了，却是敌人的枪炮声。敌人四面八方，把钢铁烧成的火流，向这个斗大的城区灌注。我们在枪林弹雨里，在炮弹堆里，在火海里。但我们五十七师是不会害怕的，我们唯一的答复是血，是死，是光荣！"

27日，日军狂炸愈烈，守军损失惨重。余程万艺高胆大，行了一着险棋，放日军进城，进行巷战，使日机失去了作用。

日军蜂拥进城，守军奋勇迎敌，逐街而斗，逐室而斗，枪刺上挑着死亡，大刀上滴着鲜血，或单打，或群殴。不过半日，常德城里腥臭逼人，积尸满街，血流成河。

28日，连日苦战，第五十七师伤亡殆尽，许多一线作战单位只剩下了番号。王耀武看看墙上的日历，五十七师已经连续作战20天了，他铁青着脸找到陈诚："五十七师就是铁打的身板，也经不住这样熬啊。"

陈诚神色一惊，命令夏楚中率七十九军火速支援："不得有任何借口中途耽搁。"然后他转向王耀武，毫不含糊地说："五十七师必须拼死支撑，不见援兵不准撤，直到最后一人。"

29日，在上峰的死命令下，五十七师已走到了绝境。日军冲进了常德城，余程万本人率师部及卫队固守位于城西南的中央银行，与敌作最后较量，各团长划分区域，扼守一屋，作拼命之搏。至下午，我核心阵地已进入日军步枪射程之内，余程万发电告急："弹尽、援绝、人无、城已破。"

正在开罗参加国际会议的蒋介石急得绕室而走，命第六战区代长官孙连仲向余程万传达他的口谕，谓此次守卫常德，与斯大林格勒保卫战价值相等，实为国家民族的光荣。

12月2日，刚刚从开罗回国的蒋介石发电五十七师，鼓励其英勇战斗：余师长程万，李邱各副师长，本委员长已于昨日由北非洲与罗、邱会议完毕归渝，欣悉我五十七师全体官兵保卫常德，奋勇歼敌，已引起全世界各友邦之最大敬意。今已严令我中美全部空军力量以后专来掩护我常德之守军，并令六、九两战区主力向常德直接挺进，夹击常德之残寇，务希严督所部与常德城共存亡，以完成此次辉煌之战绩，勿使斯大林格勒之战史独美于前也。一切粮弹之接济与物力之增援，皆由本委员长负责主持。勿再有所顾虑，只要我全体官兵决心死守，则以一当百内应外合，日内不能达成预期之目的，以后不必再发乞援之电，以此时只有安心杀敌之一道也。接电盼复，中正手启。

蒋介石不知道，五十七师的命运已经到了生死之际，他们所有阵地已被日军分割、包围，许多人身绑炸药包，高呼"第七十四军万岁""第五十七师万岁""中华民国万岁"，冲向敌阵，与敌同归于尽。壮烈情形，催人泪下。

余程万拔出手枪，顶上了太阳穴："五十七师完了，我做师长的独活为耻。"

副官连忙抢过手枪，几名士兵强行架住师长，离城而走。

恰在此时，夏楚中的七十九军拍马杀到，五十七师终于死里逃生，免去全师覆灭的命运。

由于五十七师成功地固守常德，日军久挫城下，中国军队转入了反攻，全线告捷。战后陈诚统计战果，此役毙死毙伤日军3000人以上、马匹约1000匹，俘日官兵78名，毁日机75架、汽船33只，缴枪千支以上，史称"常德大捷"。

然而五十七师付出的代价也是惨重的，全师最后仅剩下300人。有位烈士叫宁维钧，河北大名人，中央军校军训班第七期毕业，任该师一七一团九连上尉连长。11月30日，宁维钧奉命担任师部警卫，日军冲进中央银行防御阵地，宁氏持刀争先冲杀，力戳日军数名，不料侧后突来敌兵，直刺勇士腹部，血涌如注。宁维钧怒目圆睁，盘肠大战，力竭而死。战后，常德居民钦佩五十七师的忠勇，辟常德公园为公墓，永慰忠魂。

鉴于七十四军在战场上的优异表现，1944年2月王耀武升任第二十四集团军司令，下辖第七十三、七十四、一〇〇军。这是一个由中央军嫡系部队组成的作战兵团，乃国民党军队中主力之主力。到1945年春，第二十四集团军又改为第四方面军，仍由王耀武执掌，驻防于湘西一带。而七十四军军长一职，则由第一〇〇军军长施中诚接任。施中诚曾担任过五十七师师长、七十四军副军长，现在主管七十四军，人地相宜。

下面是施中诚任军长时七十四军的编制：

七十四军军长施中诚，副军长余程万、张灵甫，下辖：

七十四军军长施中诚

五十一师，师长周志道。

五十七师，师长李琰。

五十八师，师长蔡仁杰。

逞威香峰山

施中诚任七十四军军长期间，迎来了湘西会战。

战役的发起者是日军大本营，这是以攻代守的一招。当中日战争进行到第八个年头，整个战略形势已经发生了巨大的变化。1945年初，美军攻占菲律宾后，日军大本营担心美军在中国东南沿海登陆夹击台湾、琉球，要求侵华日军加强对苏、浙、闽、粤的防务。4月，美军在冲绳登陆，苏联宣布废除《日苏中立协定》，表明盟军对日最后一击的时刻已经为时不远。日本为了防卫本土，必须加强满洲、朝鲜的防务。但这时在中国大陆的日军兵力极其分散，而且主力又远陷华南，中国派遣军司令冈村宁次为掩护两广的日军撤退，遂进攻湘西，作最后退兵一战。

湘西为川黔门户，为负责掩护战时首都重庆安全任务的陈诚第六战区左翼。境内雪峰、武陵两山纵列，资、沅、澧诸水交错东流。位于雪峰西麓的芷江大型飞机场为美国飞机起飞轰炸沿海日军的基地。为了达到"攻敌之必救"的目的，冈村宁次调集坂西之第二十军，数路并进，合击芷江。按冈村宁次的设计，只要将中国军队吸引，减轻两翼压力，湘西作战部队立即浅尝辄止，全身而退，就算完成任务了。

第二十军司令官坂西一良偏偏未能理解他的意图。

坂西，属日本陆军少壮派，他是1944年10月横山勇第十一军下长沙、破衡阳后担任第二十军司令官的，亲眼看到担任衡阳守备的方先觉的第十军举白旗投降的场面。1945年初，又是他配合田中久一的第二十三军轻易打通粤汉线，击败余汉谋的粤军，更是把眼睛抬到了天上，认为中国军队不堪一击。曾有人提醒他，这次入湘作战，面对的是中国王牌军第七十四军，不能掉以轻心。但坂西始终对中国军队抱有轻视之心，甚至有心要找七十四军决战。

因为求战心切，坂西在邵阳前进指挥所只拼凑了三四万人马，即匆匆出发，一路上，倒也进展顺利，渡资水，陷禾青，破新宁，向芷江靠近，纵横驰骋，积极寻找决战时机，欲与第七十四军一决高下。

王耀武一直按兵不动，以常理分析，侵华日军已是强弩之末，此次进攻湘西，是虚招，意欲乘我军应付之际，抽身撤退华南。所以，王耀武命令部队做好追击准备，不要为眼前的日军的行动所迷惑。

但是，坂西的表现不像是佯攻，而是动起了真格的。否则，他不会兴师远犯，积极寻找中方主力部队决战。

蒋介石对坂西部队的行动很慎重，急忙调汤恩伯兵团和胡琏第十八军入湘作战，助王耀武一臂之力。他还亲自打电话，勉励王耀武："湘西一战，你是主角，

向湘西集结参加会战之中国部队

第七十四军团刚刚换了美式装备,不要给我丢脸。"

既然蒋介石已下达命令,王耀武不再犹豫,先吃掉眼前这股日军再说。

对此,王耀武有必胜信心。湘西一隅之地,五大主力聚其三,连廖耀湘的新六军也赶来助战。王耀武摊开地图,目光被雪峰山地形所吸引。

雪峰山为湘西南北走向的山丘地带,山脉相连,高峻陡峭,难以逾越,又系沅、资两江的分水岭,水深谷险,道路狭窄,汽车牵引的重炮不易运转,山下系水田,一览无余,无法构筑有力阵地,形成芷江机场的最有力屏障。

王耀武决定选雪峰山为进攻日军的葬身之所。

经过与重庆军委会商量,中方作战方案如下:

第一期作战,第一线兵团各军应密切配合空军轰炸,充分利用既设阵地和有利地形,发扬我军优势装备和火力,必要时使用第二梯队兵力进行猛烈反冲击,相互配合作战,节节消耗敌有生力量。

第二期作战，预期当面之敌业已受到最大伤亡，进攻受挫时，第二线兵团及时进驻有利地区，断然采取攻势，配合第一线作战，将进入雪峰山深谷之敌军包围聚歼。

第五十八师首先接敌，已经升任副军长的张灵甫随军作战。

甫一交手，日军就感到了对方训练有素。第五十八师利用小股部队，且战且退，在每一段道路上，都让日军遭受损失。

待退到主阵地珠玉山防线，第五十八师就成了铜墙铁壁，再不后移半寸了。

如果能攻下珠玉山，等于捅开中方防线一个缺口，所以日军调集近2000人马，自朝至暮，不停地进行攻击。

五十八师并不惊慌，坂西明显犯了战术错误，因为山势险峻，日军的重武器并没有随队运来，仅凭三八大盖，就想踏平珠玉山，白日做梦。

因此张灵甫在前沿阵地铺下一条草绿色军用毛毯，仰天而卧，叮嘱道，鬼子

张灵甫

不退，不准打搅他好梦。

主帅如此镇定，部下官兵更是自信，仗打得从容不迫。客观而论，如今的七十四军，论武器，论训练，论士气，论作战经验，比对手有过之而无不及，像这类的防御战，完全不在话下。

夕阳西下时，有人叫醒了张灵甫："鬼子退了，要不要追击？"

张灵甫摇摇头，认为日军余勇尚存。

第二天再战，张灵甫没有睡觉，守在前线，却让精锐留在后面休息。他对第一线部队命令道：不要使鬼子绝望，要让他们的力气使完，耐心耗尽。

战士们心领神会，火力顿时弱了许多，除非日军接近山顶时才稍微振作一些。

正因为看到了希望，日军这一天才特别卖力。但是，每一次进攻都功亏一篑。直到下午，才怏怏收兵。他们在精神上已大打折扣，不复来时的嚣张和狂妄。

张灵甫这才将养精蓄锐休息一天的部队调上，命令部队进行反击。

只听一声炮响，五十八师官兵如下山猛虎，扑向敌阵。

这是日军万没想到的。由于他们营部设在平地，根本没有什么障碍和倚恃，只能由着五十八师横冲直撞，如入无人之境。

这种反击，是五十八师常用的手段，屡试不爽。

与五十八师的情况相同，五十一师和五十七师也在自己的作战地域与日军周旋，采取诱敌深入的战法，将其战线拉长，以连续不断的作战方式使其削弱或疲惫。

战斗很快进入到了第二阶段，中方各参战部队顶住了日军的三斧头后，先后转入了反攻。由于日军长期顿挫于雪峰山一线，已知攻占芷江机场无望，决定立即撤兵，后卫变前队，企图逃离战场。

中方随即展开了反攻，第十八军杨伯涛师拍马杀到，占取了山门以西隘路，将日军主力第一一六师团堵在了雪峰山谷。

五十八师率先冲阵。

困兽犹斗，日军残余扎下铁桶阵，首尾相连，互相策应，互相保护，外围挖了深壕，以轻重机枪封锁所有进攻通道。师团长夔田两眼布满血丝，决定与中国军队拼个鱼死网破。

第一〇〇军长李天霞、十八军军长胡琏都建议暂缓攻击。虽然已经形成了关门打狗之势，但日军战斗力犹存，他们担心部队伤亡太大。

但张灵甫求胜心切。

攻坚不同于防御，这一战，五十八师损失惨重，连续发动6次冲锋，都被日军打退，部将心疼地劝张灵甫暂停进攻。

张灵甫拒绝了部下的意见，认为攻必克、守必固一向是七十四军的规矩，必须保持住这种士气。

于是重整旗鼓再战，发动第七次冲锋。

在王耀武的指挥下，在几支国军主力的围攻下，坂西的主力部队一一六师团已经在雪峰山一带陷入了绝境。若想全歼之，那也是指日可待的。然而负责全面指挥的中国陆军总司令何应钦急于回重庆向国民党四中全会作湘西大捷的报告，拖延时日解决战斗岂不是不圆满？王耀武本着何应钦的意思，让胡琏在洞口公路放开一个口子，使日军一一六师团免了全军覆没的厄运。据说，这也并非王耀武为了讨好何应钦，而是因为他看到许多日本俘虏都是些未脱稚气的孩子，不禁动了仁慈之心。他判断，日军的彻底失败，也就是眼面前的事了，留下一些年轻的生命，要比报仇雪恨更有意义。果然，雪峰山战役不久，日本就宣告投降。许多活下来的日本士兵应该感谢王耀武，是他的一念之仁，让他们免去了抛骨异乡的下场。

两淮之战

抗战胜利后,七十四军调到南京驻防,负责拱卫京畿,成为蒋家王朝的御林军。军长施中诚升任第十一绥靖区副司令,军长一职空缺。

蒋介石向七十四军第一任军长、现任军务局长兼侍卫长的俞济时征询意见。俞济时态度很肯定,认为七十四军军长一职由副军长张灵甫升补,名正言顺,部队也好带。

蒋介石又征询王耀武,他的意见和俞济时一致。

蒋介石本来对张灵甫的印象也特别好,当即就下令晋升张灵甫为七十四军军长兼"首都"南京警备司令。

七十四军跃上了自它成军以来的巅峰,身列国民党五大主力和四大攻击军之列。清一色的美式装备,是完全按照美军正规部队的规模装备起来的,长期受美国顾问训练。每个师约有冲锋枪1008支,卡宾枪约540支,步枪约4500支,重机枪70挺,轻机枪约270挺,六〇迫击炮约170门,八一迫击炮约36门,山炮12门,此外还有军属105口径榴弹炮12门及军师工兵和通信器材。每师辖步兵3个团,炮兵一个营,装备175口径山炮12门,还有工兵一营、通信兵一营、辎重兵一营、卫生队一部和一个特务连。每团辖步兵3个营,迫击炮、平射炮各一连,一个通信连,一个卫生连,一个特务排,每个团3000人。每营辖3个连,一个机枪连(配备重机枪6挺),一个"八一"迫击炮排,一个火箭炮排(各配炮两门)。每连辖3个排,每排步兵3个班,"六〇"迫击炮一班,全连配备机枪9挺,汤姆森手提枪18支,"六〇"小炮两门,还有一副火焰喷射器。此外,军部还直辖炮兵、骑兵、工兵、装甲兵、汽车兵、辎重团各一,通信、高射机枪、战防炮、平射炮、特务营各一及新兵训练处等。全军兵力达到5万人左右。

此时的张灵甫踌躇满志,他不知道,他的人生及部队的悲剧已经拉开了帷幕。

抗战的硝烟刚散,内战的烽火又起,蒋介石开始向中国共产党大打出手了。长城内外,大江南北,到处都是隆隆的炮声。

闻鼙鼓思良将,蒋介石又想到了张灵甫,想到了七十四军,于是让其进攻中共苏北根据地,攻打中共苏北重镇两淮(淮阴、淮安)。

七十四军重新走向了战场,然而此战的性质已变,七十四军由抗战的英雄沦为蒋介石发动内战的打手。

现在的七十四军已改为整编七十四师,从1946年3月起,国民党分期改编了黄河以南地区的正规军,将原来的军改编为师,张灵甫由军长改为师长,全军由5万人减少为3万人,全部美械,战斗力并未减弱。

下面是整编七十四师的编成:

整编七十四师师长张灵甫,下辖:

张灵甫(前左二)与整编七十四师属下军官合影

第五十一旅，旅长邱维达。

第五十七旅，旅长李镇。

第五十八旅，旅长卢华，又名卢醒。

此番进攻两淮，张灵甫建功心切，因为淮阴是华中解放区首府，如能攻陷，政治、军事意义都非同小可。

张灵甫用兵一向诡秘，他根据作战区域的地形，向李延年建议，由李率其他参战部队沿睢宁、宿迁、沭阳一线从北面向淮阴进攻，他则带上主力，悄悄地沿运河向淮阴袭来。

张灵甫的正面对手是才华横溢的陈毅，最近也是刚刚率领山东野战军进入淮北。听说整编七十四师来犯，立即以主力九纵拱卫淮阴，同时急调华中部队北上增援，在淮阴以西的运河南岸阻敌。

陈毅这一套阵法取的是常规之势，因为淮阴以南已属水网地带，不利机械化部队展开。岂料张灵甫钻的就是这个空子，他让配合作战的桂系军队在淮阴西北虚张声势，自己则率整编七十四师主力移形换位，从南面直扑淮阴城下，大有迅雷不及掩耳之势。9月10日，整编七十四师的大炮已经炸向了淮阴城头，飞机也盘旋在淮阴上空，为张灵甫助战。

华中野战军九纵第一次碰到这样强劲的对手。过去在山东境内作战，一律是横扫千军如卷席，此番与七十四师交手，才知道什么叫王牌军，什么叫五大主力。别的暂且不论，谁见过国民党军敢打夜战？整编七十四师就有这个胆量，居然派出小股部队夜间袭击我纵深，弄得守卫部队一夕三惊。

张灵甫也在承受着对手的压力，一个星期下来，淮阴城还是可望而不可即，还没有人能这样挡着整编七十四师的道。

整编七十四师使出了吃奶的劲，9月17日天刚亮，数十架飞机一起飞临战场，先把九纵阵地犁了一遍。硝烟未散，整编七十四师就冲了上来，子弹、鲜血、刺刀、死亡，都不能阻止它进攻的势头，淮阴城危在旦夕。

陈毅在指挥所里着急起来，他知道，仅凭山东野战军的力量，挡不住七十四师。

一封急电传向了正在苏中指挥作战的粟裕。刚抖开电报,他的脸就变了色,如果不是情况危急至极,陈毅不会这样焦灼的,电文写道:"五内如焚,力图挽救。"

这八个字敲击着粟裕,他几乎来不及考虑,带上主力六师当即就上了路。稍后,第一师也赶向了淮阴。前不久,粟裕在苏中七战七捷,士气正旺着呢。

18日晚,华中野战军九纵司令员兼政治委员张震来到淮阴北大门前,粟裕和谭震林已在那里布置好指挥所,一切都匆匆忙忙,形势已急转直下,难于收拾了。

粟裕临时变阵,调整布置,力图挽回败局。张灵甫好厉害,岂能让优势失去。"凡用兵者,攻坚则韧,乘瑕则神。"夜色中,他来到前沿观阵,只见守城部队调动频繁,心中一动,今晚是他的最后机会,一旦粟裕稳住阵脚,再想夺淮阴谈何容易。

已经入睡的士兵又被当官的从睡梦中唤醒,借着黑暗摸向淮阴城,拂晓前到达了突击地点。张灵甫的眼睛又狠又毒,他把进攻的方向正好选在我山东野战军与援军的接合部,像一把利刃插进我军的纵深。

由于远道而来,立足未稳,苏中的部队还未展开手脚,就遭到整编七十四师的重拳打击,一时组织不起有效的抵抗,眼看着七十四师耀武扬威地进入了淮阴城。

淮阴,这座苏北重镇,终于碾在整编七十四师的铁蹄下。22日,淮安失陷,山东野战军、华中野战军纷纷北撤。淮阴保卫战至此结束,张灵甫捡了个便宜。

但这个便宜不大,以当时的情况,如果他衔尾急追,陈毅、粟裕很难招架,但张灵甫忙于报功。也难怪他得意,能在陈毅、粟裕面前占到上风,委实稀罕。

他开着吉普车进了南京城,身上穿着缴获来的新四军军服和草鞋,跨进了蒋介石的官邸。

蒋介石降尊纡贵地迎出好几步,夸他忠勇,称他敢战,满脸的欣赏与爱惜。

整编七十四师师长张灵甫

他要张灵甫将整编七十四师带回南京休整,从此就守卫在他身边,拱卫首都。

张灵甫口出狂言:"赤匪不灭,何以家为?"他向蒋介石请缨,再接再厉,趁热打铁,把共产党全部赶出苏北。

蒋介石认为眼下关键是要收复涟水,只要收复涟水,共产党的山东根据地就门户洞开……

张灵甫主动请缨,要求批准七十四师攻打涟水。

面对张灵甫的请战,蒋介石的心绪有点激动。环顾手下将领,能像张灵甫这样用命的人不多,不由得感叹道:

"有十个整编七十四师,我就能统一中国了。"

有这一句褒奖,整编七十四师被抬上了天。有记者来采访张灵甫,他一把遮住照相机镜头:"等我站在涟水城头再拍吧。"他似乎成竹在胸。

记者问:"张将军以为有必胜把握?"

张灵甫不屑一答:"共军能吃掉整编七十四师,那它可以一枪不放进南京。"

二打涟水

如果说两淮之战张灵甫是以奇制胜,那么涟水争夺战中,他则是奇正结合,旋相为用,颇合兵法。

两淮之战失利后,陈毅、粟裕撤到了涟水,喘息未定,整编七十四师又冲了过来。10月5日,第五十一旅攻占淮阴东西马厂,张灵甫将指挥所移驻于此,就近指挥。6日,第五十八旅进驻涟水西的悦来集,不断放出前卫部队进行火力侦察、道路勘探,为大战做好准备。

涟水城位于废黄河和盐河之间,西南距淮阴35公里,南距淮安30公里,是

华东野战军指挥者陈毅(右)、粟裕

苏北地区的重要门户,也是联系山东解放区和苏中地区的枢纽。尽管不计较一城一地之得失,但涟水的战略地位太重要了,陈毅、粟裕不能不与张灵甫为之一争。

还有一个想法则是陈毅、粟裕埋在心中,轻易不与外人言的,就是他们都想掂掂整编七十四师究竟有多少斤两。特别是听说张灵甫穿着缴获来的新四军军服去南京报功,更是怒发冲冠,总想早一天与张灵甫再度交手,一洗前耻。

粟裕亲自布阵迎接来敌。在中共高级将领中,粟裕是超一流的军事指挥家,对付张灵甫,他是花了心思了,不是单纯的防守,而是守中寓攻,防线极具弹性。他建议陈毅率部队佯攻宿迁,吸引其他敌军,放七十四师攻涟水,然后集中主力,就地歼灭。

陈毅批准了粟裕的作战方针,保证密切配合,让他专心对付整编七十四师。

10月19日,第一次涟水之战的帷幕在晨曦中拉开。

依然是大张旗鼓,依然是不可一世,张灵甫率领他的整编七十四师全部及整编第二十八师兵临涟水城下,按照陆军作战典范令,分三路对涟水城进行宽大正面的攻击,根据装备优势的特点,以力取胜,所部四个旅竟拿出三个旅一齐操家伙上,仅留一个旅作预备队。

守军的第一道防线是涟水城正面废黄河北岸的大堤,双方为争夺这道大堤,拼上了无数生命。年轻的躯体铺满了河滩,废黄河的混浊里又染上了血的鲜红。防守南门渡口的是我十一纵队某部三排,打了不到半天,排长邢献良检查一下部队,只剩下十来人。整编七十四师的大炮砸得又准又狠,既不停歇,也不移动,死对着这片阵地,一个劲地轰击,辛辛苦苦修起来的地堡被犁翻了,墙被炸垮了,沙土向天空喷射,又暴雨似的洒落下来,泥沙把战壕都填平了。

邢献良从泥沙中抬起头来,一眼望去,心里一紧。河心里密密麻麻,纷纷拥拥,尽是蒋军的橡皮船,船上挤满了暗绿色的钢盔,钢盔下是与他同样年轻的面孔,精神状况与他以往所见的国民党兵明显不同,杀气腾腾。

阵地被打烂了,整编七十四师的大炮让一切都处于麻木瘫痪的状态,机枪手被炸得血肉模糊倒在一边。邢献良从尘土中拖出机枪,一扣扳机,一串子弹像跳动的火焰射向敌群。

枪声里，阵地又复活了，活着的人，一个个从泥土中钻了出来，挤到渡口两侧，轻重火器组成死亡之网，几只橡皮船翻倒了，不断有士兵落水，溅起串串水花。

但是，更多的七十四师士兵冲上了岸，数量上、装备上的绝对优势决定着战场上天平的倾斜。

南门渡口失守了，但这绝非战之罪，三排没有一个战士从这片破碎的土地上往后逃，邢献良是揣着手榴弹冲向敌阵的。

突破大堤后，张灵甫以为涟水城已无险可守，唾手可得，命令部队巩固阵地，准备攻城。他这一套是严格按照美国人的军事教材布置的，但给了守城部队以喘息之机。应该说，张灵甫这一恪守成规，也是黄埔将领的通病。

镇守涟水的十一纵司令员成均乘着战斗的间隙进行动员，他转遍了涟水城，说来说去只是一个意思："坚决守住。""要准备巷战，准备肉搏战，准备打到直剩下一个人。""对付像七十四师这样的劲敌，什么样的情况都要考虑到。"

第二天早晨，冲入大堤防线的整编七十四师直接攻城，云梯三番五次架上城墙，但就是差一把火候，涟水城就是可望不可得。眼看着日头偏西，张灵甫身旁的参谋建议撤下进攻。

张灵甫拒绝了参谋的建议，他知道对面的共产党也一定疲惫不堪，他还要赶在天黑前发动最后一轮进攻，所谓"一鼓作气"，看看共产党的神经有多坚强。

守城部队也在咬牙支撑，这最后一轮的冲击差点让整编七十四师得手。城北、城西的防线多处被突破，从墙上爬下来的七十四师士兵已经端着枪冲上了涟水城的大街。幸亏粟裕的部下早有思想准备，遇惊不乱，先把城墙下的敌人堵住，然后再瓮中捉鳖，将冲进城内的敌人一一扫荡殆尽。

熬过最艰难的时刻，胜利的曙光便依稀可见，共军主力相继赶到了城下，整编七十四师只能是知难而退了。

粟裕乘机挥师掩杀，前锋直抵张灵甫的指挥部所在地钦工。因为张灵甫平日目高于顶，老子天下第一，对友军颐指气使，近在咫尺的第一九二旅旅长曾振如就是坐视不理，打道回了淮安。张灵甫孤掌难鸣，悻悻然收兵退回马厂、淮阴。历时14天（10月19日至11月1日）的第一次涟水之战就此结束。张灵甫第一次知道，他的整编七十四师并非战无不胜。

此战对七十四师影响甚大，因为它太狂妄，太不知天高地厚，如果让他们打疯了，打出了士气，连带传染到其他国民党军队，问题就严重了。所以此战陈毅、粟裕非打赢不可，打得张灵甫终于承认："本师元气亏损，一蹶不振。"不败金身的神话从此被打破。

陈毅、粟裕的损失也不小，军队伤亡人数达6000左右，花这么大力气，也未将整编七十四师降伏。但无论如何，涟水城仍在手中，这就是胜利。蒋介石、张灵甫都无法忍受这一事实。

于是，就有了二打涟水。

枪声甫歇，整编七十四师卷土重来。蒋介石的脸色很不好看，电报里也有了责备之意。"结束苏北战争。"这是他对整编七十四师的要求。

陈毅、粟裕的脸色都很严峻。什么叫棋逢对手，将遇良才？陈毅、粟裕都是百战之将，过去对付一般蒋军，那是何等的潇洒自如，谈笑间，樯橹灰飞烟灭。如今对手换了张灵甫，顿时就不那么轻松了，需要打起十二分的精神与之周旋。

张灵甫用兵，虽不能说神出鬼没，达到炉火纯青的境地，但也虚实有序，张弛得法，再配以占绝对优势的炮火，就变得十分不好对付。且看他第二次进攻涟水，先以"仙人指路"作虚招，以偏师作正面攻击，一路上逢阻开道、遇水搭桥，造足了声势。然后将主力集积隐蔽，待机发动，作致命一击。果然，守军将注意力都集中到正面，所以，在战役的最初阶段，尚能将敌有效地阻击于城门之外。

正当正面攻防战打得激烈之际，张灵甫突出奇兵。12月14日，其主力在空军掩护下，从右翼向涟水城发动猛攻。守卫部队猝不及防，再次退到大堤防线，背倚涟水城而战。

得势不饶人，整编七十四师孤注一掷，集中全师的炮火，炮声一停，就是集团式的冲锋，犹如山洪暴发，气势汹汹，一个浪头接一个浪头没有间歇，有时一连持续达八九次之多。还从未见过哪一支国民党军队有这样的勇气，有这样的韧劲，有这样的前赴后继。在张灵甫的调教下，整编七十四师的战斗力、战斗意志的确不俗，"其官兵对蒋贼甚为信仰""军官、射手，甚至马夫都经过一定标准的训练"。共军参战部队尽管也骁勇善战，但在兵员、火力都处劣势的情况下，想与剽悍的整编七十四师争一日之长短，现在还不是时候。12月16日，敌人的云梯已经挂在了涟水城的城垣上。日头刚过中天，满大街跑的都是七十四师的士兵了，涟水城终于被他们踩在了脚下。

客观而论，两淮之战和两次涟水之战，张灵甫达到了战略目的，其重要一点，就是战术的成功，后来蒋介石制定的"重点进攻""哑铃战术"就是在此役的基础上形成的。但"祸兮福所倚"，由于整编七十四师消耗太大，又成了众矢之的，孟良崮全军覆没的结局已经埋下了伏笔。

折戟荒山

再说陈毅、粟裕自两淮和涟水战役后，知耻而后勇，重抖精神，相继组织了宿北战役、鲁南战役、莱芜战役，大获全胜。特别是莱芜战役，歼敌 5 万人，活捉自李仙洲以下国军将领 19 人，气得蒋介石一腔火撒向了薛岳，免去其徐州绥靖公署长官职，派顾祝同率陆军总部移驻徐州，统一指挥原徐州、郑州两绥署部队。

当初，顾祝同可是兴冲冲赴徐州上任的，有陈诚在国防部做参谋总长，陆军总司令就是个花架子，远不如到哪个绥署、战区做司令，开疆封府，坐镇一方。现在，顾祝同一下子掌握了两个绥署，尤其是从黄埔时期就与他不和的郑州绥署司令刘峙也归他指挥，心中自然得意。

他把所拟的作战计划捧到了国防部，号称小诸葛的白崇禧非常认可，这份计划体现了顾的作战特点——稳，尽管看不出新奇高妙之处，但也绝少错误，于平淡中见功夫。

顾祝同拟订的作战计划主要内容为："为了实施国军'重点进攻'的战略，山东调集了全国进攻总兵力的27%，'重点进攻'总兵力的66%，五大主力中的三大主力整十一师、整编七十四师、第五军都集中了骨干，编成三个机动集团，形成宽大正面，压迫共军，与其主力决战。"（中国第二历史档案馆馆藏档案）

白崇禧对于顾祝同的作战计划评价是"有宽度，有保护，有梯次"。同时提醒他八个字："齐头并进，靠拢作战。"

比胡宗南占领延安略迟几日，1947年3月下旬，顾祝同开始对山东发难，这是国民党重点进攻的另一只拳头。

顾祝同作战果然沉稳，陈毅、粟裕刚看出一点破绽，敌第二兵团稍有突前，正准备将其分割包围，顾祝同就在徐州跳起了脚，连连警告兵团司令王敬久，"万勿冒进！"吓得王敬久连忙止住了脚步。

对此，陈毅、粟裕也感到无奈。顾祝同这套连环阵简直风雨不透，三个作战兵团滚动前进，瞪大眼睛也找不到下手的地方。陈毅气得将军帽摔在桌上："我看顾祝同这套老母猪战术能坚持多久，设个套子让他钻。"

部队开始大范围穿插跑动，时分时合，有时甚至故意露出空当，即使小股敌人落进嘴里，也忍住不吃。"不准占小便宜，"陈毅警告部下，"我们要让敌人放心前进，张开大网捉大鱼。"毛泽东和中央军委也发出指示："敌军密集不好打，忍耐时机处置甚妥，只要有耐心，总有歼敌机会。"（转引自《孟良崮战役》第6页，山东人民出版社1987年出版）

七十四师终于从所属的第一兵团中冲了出来，张灵甫早就不耐烦这种谨小慎微了，脱开了主力，直接叫阵到陈、粟军前。

"好，就怕你不来！"陈毅激动起来。从两淮保卫战后，他的眼睛就没离开过整编七十四师。什么宿北大捷、莱芜大捷，这些胜利他不放在心上，满筐的桃子只有吃掉整编七十四师才过瘾。

此战,华东野战军倾其全力,以许世友的九纵占坦埠,堵住七十四师的去路;王必成的六纵卡垛庄,截了退道;叶飞的一纵、陶勇的四纵、王建安的八纵打主攻;七纵则负责阻援,务必擒住七十四师。

张灵甫也是心头冒火,突破涟水防线后,他就忍不住要发起进攻,结果被南京、徐州紧紧按住,他们害怕七十四师有所闪失,那是谁也承担不起责任的。

所以顾祝同将整编七十四师裹在大军中,以它为骨干,以它来壮胆,虽然推进缓慢,却是放心安全。

自打侦听到坦埠发现共军踪迹,张灵甫终于耐不住性子窜了出去。他立功心切,顾不得向左右邻军李天霞之整八十三师、黄百韬之整二十五师打招呼,便命令部队火速抢占坦埠,抢夺首功。

5月13日晚,整编七十四师兵抵天马山等地,准备第二天清晨即占领坦埠。就是这么一耽搁,许世友的九纵、陶勇的四纵飞兵赶到,乘着夜色与整编七十四

向前线急速前进之解放军华东野战军部队

师激战了一个通宵，一举占领黄混寨、佛山、马牧池等要塞，在整编七十四师面前筑起一道铜墙铁壁。

第二天晨，我第八纵队占领天马山，切断整编七十四师与友军的联系。与此同时，王必成六纵也攻占垛庄，扎紧了口袋。

一夜未睡的张灵甫眼睛里布满血丝，神情却异常兴奋。他的骄纵也是没了边际，此时不仅没感到指挥失误，反而命令部队退守孟良崮，同时给蒋介石拍发电报，建议以整编七十四师为诱饵，中心开花，里应外合，将华东野战军主力吸引并消灭于蒙阴山区。

接到张灵甫的电报，蒋介石一跃而起。这才是黄埔生！这才是中央军！这才是整编七十四师！他自己首先感动得热泪涟涟，急忙电令顾祝同，调集10个整编师增援张灵甫，以实现所谓中心开花、里应外合之战略构想。一兵团司令部还给张灵甫发电，称：匪来犯我，实难得之歼匪良机，贵师为全局之枢纽，务希激励全体将士，坚强沉毅，固守孟良崮，并以一部占领垛庄，协同友军予匪痛击，以收预期之伟大成绩。

陈毅、粟裕的脸沉了下来，形势十分严峻，主动与被动的转换，就在这一转念之间。虽然他们以5个主力纵队包围了整编七十四师，而蒋军则以10个整编师又进行了反包围。双方都明白，取胜的关键在于整编七十四师的盾有多坚，陈、粟大军的矛有多利，不是鱼死，就是网破。因此陈毅向参战官兵动员说：打赢这一仗，我们就能在山东的石头上站得住脚，就走上坡路，上高山，坐北朝南；蒋介石就走下坡路，下泥坑。打不赢，我们就得屁股朝南，过黄河。战争就是这个样子，不是我们消灭敌人，就是敌人消灭我们。我们必须克服一切困难，发扬大智大勇，歼灭敌人在孟良崮一线。

为了表示战斗的决心，部队战士还编了一首打整编七十四师的歌曲：

端起愤怒的刺刀，刀刀血染红！
射出仇恨的子弹，打进敌人的心胸！

人民战士个个是英雄，

飞跨沂蒙山万重。

攻上孟良崮，活捉张灵甫，

消灭七十四师立奇功！

红旗插上最高峰！

15日下午1时战斗打响，整编七十四师扼险而战，居高临下，不断发动反击，机关枪、汤姆枪打得滚烫，一直打到暮云飞卷，依然阵脚未乱。像这样的恶战，这样的血肉横飞，换上其他国民党军队，早就魂飞胆丧，精神崩溃，意志瓦解了，整编七十四师居然挺了一日，没有寸步退让。

南京的感觉也很好，接到战报后，国民党新闻局长董显光召开记者招待会，说"政府对山东之军事发展行为满意，国军已与共军主力接触而击破之，相信该省大规模战事，不久可以结束"。

谁知到了薄暮时分情况就发生陡变。陈毅、粟裕眼光何等锐利，战斗打响不久就想出了克敌之道。孟良崮一片沙砾，寸草不生，如果在冷兵器时代，算得上是易守难攻之地，但在近现代化战争中，观念就要改变，一发炮弹炸开，弹片夹着石头，一弹就成了多弹，往往死伤一片。陈毅的指示很快就传到了各纵队司令部："用炮弹教训张灵甫。"

一阵轰炸，整编七十四师的阵形立刻乱七八糟的，像满山的石头，不成章法。

最后决战的时刻到了，王必成、叶飞不约而同地使上最后一把劲，所有预备队都投入了战斗。许世友扯开大嗓门喊道："冲，师长当团长，团长当营长，营长当连长，不冲上孟良崮，别给我下来！"

死亡向整编七十四师张开了巨口。

与此同时，李天霞的整八十三师、黄百韬的整二十五师也在企图突破共军防线，向整编七十四师靠拢。汤恩伯也在电报里拼命催促各救援部队加快动作："我张灵甫师连日固守孟良崮孤军苦战，处境艰危，我奉令应援各部队，必须以果

整编七十四师被华东野战军围歼

敢之行动，不顾一切，昼夜进击，破匪军之包围，以发扬我革命军亲爱精诚之无上武德与光荣，岂有徘徊不前、见危不救者，绝非我同胞所忍，亦恩伯所不忍言也。"

汤恩伯的指责事出有因，李天霞的整八十三师就出工不出力。李天霞的部下，整八十三师五十七团团长罗文浪认为，这是国民党军队将领之间矛盾的结果。"李天霞是黄埔三期，与王耀武是同期同学，曾当过张灵甫的上司，比张资格老。但李为人跋扈而又狡猾，为王耀武所忌；而张灵甫头脑比较简单，性情比较憨直，对王耀武表示绝对服从。因此，在抗战期间，王将李调为一〇〇军军长，以施中诚为七十四军军长作为过渡，在胜利后以张灵甫接充。"

所以，李天霞对张灵甫起了嫉妒之心，不但在行军布阵中暴露了整编七十四师的侧背，而且在救援行动中也是雷声大，雨点小，未能做到全力以赴。然而就当时形势进行客观分析，即使整八十三师一齐投入，怕也是冲不过共军的阻击。

黄百韬的整二十五师就十分卖力，因为顾祝同私下里向他透露，如果让七十四师完蛋，南京怪罪下来，谁也兜不住。所以黄百韬拼了血本。"只许前进，不许后退。"他下了道死命令。

在整编七十四师与黄百韬之间，只隔着一座黄崖山，冲过去，前面就是开阔地，就能与整编七十四师鼓角相闻，并肩战斗。但就这一山之隔，犹如天堑，黄百韬使了吃奶的劲，打了一昼夜，还在山脚下没挪窝。陈毅、粟裕在报话机里听得明白，张灵甫一个劲地狂呼："黄先生，请你动作快点，快点。"黄百韬也一个劲地安慰他："张先生放心，放心，我们相距只有四五里了，马上就会会合。"听了这对话，陈毅讽刺张灵甫和黄百韬是在说梦话。

张灵甫终于失望了，黄百韬那边始终是只闻其声，不见其人，解放军已经漫山遍野冲了上来，黑压压的，就是由着你用枪打也打不及。陈毅、粟裕横下了一条心，要一鼓作气击败这支王牌军中的王牌军。

张灵甫回到了山洞，眼光扫向部下，副师长蔡仁杰、第五旅旅长卢醒拿出了老婆孩子的照片，相向而哭。此情此景，昭示着整编七十四师的气数已经是灯尽油枯了。

张灵甫最后一次抄起话筒："南京，蒋先生。"

"你是谁？"这是蒋介石的宁波口音。

"我是张灵甫，黄百韬见死不救，李天霞见死不救，我已到了尽忠报国的时候。"

蒋介石在沉默，两眼失神，心痛如焚。

孟良崮战役获得的胜利对中共而言是巨大的。共歼13000人，俘虏19676人；缴获山野炮28门，步兵炮、战防炮14门，轻重迫击炮235门，轻重机枪987挺，火箭筒43具，掷弹筒61件，各种炮弹7202发，各种枪弹2082580发，汽车3辆，马匹1397匹，电台28台；击毁击伤坦克、装甲车4辆。全歼王牌军整编七十四师。中共中央特此发出贺电："陈（毅）、粟（裕）、谭（震林）请转全体指战员：庆祝你们歼灭进犯军七十四师的伟大胜利。"《大众日报》也发表了题为《有

击毙张灵甫之山洞

决定意义的大胜利》的社论,称"七十四师的歼灭,对整个战局意义是大的",因为"七十四师是蒋介石政府迁回后的南京卫戍部队,蒋介石最亲信的'御林军',经过美国顾问长期训练,装配既好,作战经验又多,是蒋介石第一等主力中的第一位。去年蒋介石发动进犯解放区的内战,七十四师连续进犯淮北和苏北,在其他蒋军付出整师整旅覆没的惨重代价后,由该师侵占我宿迁、泗阳、淮阴、淮安、宝应、涟水等县城。今春我军为便利歼敌,主动放弃沭阳、郯城、临沂,也都是该师首先侵入。因此,该师成为蒋介石进攻华北解放区80万军队的骨干。在涟水战役中放下武器的该师营长说过:'如果七十四师被歼灭了,就没有任何部队能抵抗解放军了;解放军不仅可以收复一切失地,就是要到南京,也没有人能够阻拦。'这句话可以看到七十四师军官的自负程度,也可以说明七十四师在蒋介石军队中所占地位的重要。七十四师被歼灭了,既说明人民军队的强大,足以粉碎蒋美反动派的一切进攻力量;另一方面也可以断定蒋介石反动集团所受到的打击,异常严重,比起歼灭其他部队几个师还要厉害"。

屡建屡灭

对于整编七十四师这块已经被打破了的金字招牌,蒋介石仍然舍不得放弃,因此重新组建的工作很快就全面展开。七十四军的两位前长官俞济时、王耀武现在都是炙手可热的人物,对打造新的七十四军也有浓厚的兴趣,因此组建工作也很迅速有力。不数月间,一个新的七十四师又出现在国民党军队序列中。

新建的七十四师的战斗力显然比不上老七十四师,它的精干来自未参加孟良崮战役的三个新兵教导团和一个榴弹炮营,另外还有一些伤愈归队的老兵,其余就都是新兵了。师长为邱维达,1906年出生,湖南平江人,字力行,号青白,黄埔军校第四期步兵科、陆军大学第六期特别班毕业。历任国民革命军一军一师排长、四军教导团十连连长、四十六军五十四团连长、一师五团副营长、独立三十二旅六九四团营长、九十二师六九四团副团长、补充一旅参谋主任、九十九师二九五旅五九〇团副团长、五十一师一五三旅三〇六团团长。抗战爆发后任五十一师五一五旅副旅长、五十八师一八三旅旅长、五十七师副师长、十四集团军参谋长、四方面军参谋长、七十四军五十一师师长。孟良崮战役时任台枣警备司令,所以没有参加此役。因他是七十四军的"老人",便由他来负责重建七十四师。

新建的七十四师仍然保持原来建制,下辖3个旅,新五十一旅有80%以上是新兵,因此组建之初主要是训练,不敢担负作战任务。

第五十七旅的重建任务则被时任第二绥靖区司令官王耀武掌握,一切都在他的辖区内进行,青岛则成了五十七旅重建的主要基地,五十七旅的旅长则仍由李镇担任(后杨品继任)。王耀武对五十七旅掌控得很严,并未将五十七旅归还到七十四师的建制,而是将它先后编在整九师、整六十四师、整三十二师,由第二绥靖区临时指挥,转战于胶济铁路沿线。该旅曾在整九师的编成内参加过胶东战役。1948年春,该旅才归回七十四军建制,担任徐州地区守备任务。8月上旬,又奉命由徐州空运济南,改隶第二绥靖区指挥,以加强济南城防力量。客观而论,第五十七旅的战斗力不能与以前相比较,但与其他国民党部队相比,仍然具有一定的战斗力。

重建后的第五十八旅旅长为王奎昌,也是一支主要由新兵组成的队伍,因此也是主要担任守备任务。

大约半年后,蒋介石决定重新将七十四师派上战场。邱维达认为,虽然部队整训的目的是要参战的,但目前的训练尚未结束,战斗力未能有效地恢复,因此最好不要上主要战场,先执行一些次要任务,锻炼一个时期,等全体官兵有了一定的作战经验,再到主要方面担任任务。但由于国民党战场上的形势危急,邱维达的意见遭到了否决。1948年1月,七十四师被调到大别山一带执行军事任务。五十八旅进驻阜阳,五十一旅向蒙城集结,准备参与同共军的作战。同年3月下旬,解放军第二野战军以四个纵队的兵力突然袭击阜阳,将五十八旅及第八绥靖区司令长官李觉围困于城中。

面对解放军的强大攻势,五十八旅决心死守阜阳,连夜抢修城防工事,加紧构筑工事,并在西南城墙上设置山炮阵地,市内拐角楼到大东门的城墙上设置迫击炮阵地。四门主要街道上各修筑了两座钢筋水泥碉堡,密布铁丝网和障碍物,以负隅顽抗。

战斗进行得异常激烈,解放军以一纵为主攻,第一步以第二旅攻击南关,第二十旅攻击东关,然后第一旅攻击城垣,十一纵则在北关助攻。3月29日,第二十旅终于杀进城内。按过去惯例,胜利就向解放军招手了。

然而五十八旅又祭起它们成名的法宝,阵前突击,突然从阵中杀出,并以火焰喷射器开道,使得攻城部队猝不及防,遭受巨大损失。接着,又派出一个营的奇兵,突然杀向解放军第二旅和第二十旅的接合部,一时造成其混乱。

随着国民党援军的陆续赶来，解放军被迫放弃攻城，分路撤出战斗。蒋介石和顾祝同均发电嘉奖，一致认为七十四师重建后初试锋芒就能有此战绩，说明其战斗力趋于成熟，具备了老七十四师的风范。

3个月后，七十四师再度亮相。1948年6月下旬，解放军发起豫东战役。战役第三阶段，解放军对帝丘店地区黄百韬兵团组织围歼，七十四师奉命驰援，从阜阳、蒙城地区兼程疾进，于7月5日进至宁陵以西，与中原野战军第十一纵队接战。七十四师的迅速增援，有力策应了邱清泉、胡琏两主力兵团的增援，在多路国军迫近、难以迅速解决黄百韬兵团的情况下，解放军被迫于7月6日晚撤出战斗。此役，七十四师作为援军的一路偏师，行止迅速，对主力的增援行动起到了积极的配合作用。

1948年夏，七十四师恢复军的番号，下辖3个师，下面是七十四军的编成：

军长邱维达，隶属第二兵团。下辖：

王梦庚之五十一师。下辖：

王克己之一五一团，毛如德之一五二团，傅玄武之一五三团。

杨品（冯寄异继任）之五十七师，初隶属整三十二师，即三十二军，1948年8月由青岛空运至济南，改隶第二绥靖区指挥，在济南战役中被解放军全歼，杨品被俘。因此五十七师由七十四军现次重建，冯寄异任师长。下辖：

张海啸之一六九团，胡国强之一七〇团，方承荷之一七一团。

王奎昌之五十八师。下辖：

蔡亚鄂之一七二团，王爱民之一七三团，刘炳钧之一七四团。

淮海战役爆发后，七十四军隶属第二兵团参加作战，由邱清泉负责具体指挥，移驻徐州机场和潘塘。潘塘位于徐州东南8000米，毗邻徐州机场，是徐州东南的门户，也是陇海、徐淮两条陆路交通干线的咽喉。

此时，国民党黄百韬兵团已在碾庄被围，形势吃紧，在徐州的以邱兵团为主力的国民党军队正全力东援，但遭到解放军有力拦截，部队进展缓慢。邱清泉决定派出七十四军，攻击共军侧背，打乱对手的指挥系统。

根据邱清泉的命令，七十四军作如下布置：以第五十一师一个团及一个山炮连为右侧支队，沿徐睢公路南侧向双沟以南地区前进，掩护主力纵队。

以五十一师主力及山炮营（缺一个连）为前卫，沿徐睢公路向双沟前进，到达双沟后，就地占领要点，掩护军主力展开，协同向北突击。

以五十八师及特种兵为主力纵队，循前卫路逐次前进。

部队行进的当天晚上，前卫就在周楼附近与解放军主力遭遇。邱维达回忆道："16日晚，解放军使用三个纵队的主力向二陈集、张集地区进行主要突击，来势甚猛，战至午夜，第五十一师与五十八师接合部受到解放军六次猛烈冲击，经火力与反冲击压制，二陈集阵地未被攻破。停顿约两小时，解放军的第二梯队兵力又陆续增援上来。战斗再起，远较第一次激烈，反复受到猛烈冲击后，全线有数处得而复失，失而复得多次。战至午夜4时许，第五十一师二陈集阵地有一部分被突破，成为犬牙交错的形势，双方均以白刃和近战火力互相冲杀。"

老七十四军的凶悍果然有所传承，这支组建不久的部队竟然顶住了解放军的攻击，眼看着国民党的援军将到，解放军主动撤兵。

邱清泉却将共军暂时撤离战场以进行布置调整视为总溃退行动，夸大战果，谎称徐东大捷，蒋介石还派出"南京慰问团"到徐州授给邱清泉"青天白日"勋章。岂知慰问团还未离开徐州，前线的炮声又响，解放军卷土重来。

随着黄百韬兵团在碾庄的被歼，七十四军的作战任务也有所改变，主力向宿县方向运动，企图打通津浦线，与北上部队形成南北夹攻之势。11月25日8时，七十四军在飞机掩护下向南猛攻。

这一次，解放军部队是寸土不让，经一天的激战，七十四军仅推进3000米。

第二天七十四军再攻，军长邱维达都上了第一线亲自督战，但打了一天，七十四军也只挪了1000米。

到了28日，因战场形势更趋恶化，黄维兵团在双堆集被围，原来的作战布置全盘落空。于是蒋介石决定放弃徐州，几十万兵马开始全面撤退。七十四军于29日晚9时向解放军发起最后一次攻击，便脱离接触，沿徐萧公路南撤。

12月4日，徐州国军在陈官庄、青龙集地区被解放军包围。七十四军作为全军先锋，当晚向南突击，以求打开缺口。连续攻占5个村庄，但由于两翼部队进展迟缓，致使五十一师侧翼暴露，遭到解放军反击，损失不小，攻势受挫。

12月5日，七十四军和七十军并肩向南猛攻，前进了四五千米。

6日，解放军防御逐渐增强，七十四军的攻击进展甚微。邱清泉召集会议，提出分头突围的计划。

8日，七十四军在坦克团和榴弹炮团支援下，倾尽全力猛攻刘集，企图为全军打开缺口，但突围未能成功。

1949年1月6日晚，解放军经过20多天的休整围困，发起总攻。

9日上午，被围国军开始突围，解放军也乘势发起攻击，战场上呈现出混乱局面，国民党军队已经是兵败如山倒。激战至午夜时分，邱维达接到邱清泉电话，表示至此停止统一指挥，由邱维达自行处理。邱知道情况已十分危急，便决定由五十八师坚守阵地掩护主力突围，五十一师于次日凌晨首先突围，由炮兵进行掩护性轰炸，撕开口子后再掩护五十八师突围，最后到阜阳集中。

10日凌晨3时，邱维达亲率五十一师向刘集以西猛攻，在突破了解放军防线时，侧翼遭到解放军的反击，五十一师师长王梦庚中弹身亡，五十一师随即被歼灭，邱维达被俘。而坚守阵地的五十八师则一直坚持到10日下午2时才被解放军消灭，五十八师师长王昌奎被俘，但旋即逃脱。至此，重建的七十四军再次被全歼。

显然，蒋介石不甘心他的王牌军再次被歼的命运，1949年2月又在浙江第三次重建七十四军，兵员基本是第九编练司令部征招的浙江籍新兵，劳冠英任军长。该军下辖第五十一、五十七、五十八、暂二师共5个师（各师主官不详），由于缺乏有战斗经验的骨干，战斗力比以前之七十四军不可同日而语，因此被作为二线部队使用。在随后发生的江防战役（解放军称之为渡江战役）中被配置在浙赣线作为长江防线的二线部队。长江防线被解放军突破后，七十四军南撤福建，侥幸逃脱了被歼的命运。隶属第六兵团，归李延年指挥，担任福州外围罗源、连江、琅岐地段的防御任务。8月初解放军发动福州战役,此时的七十四军已不堪一击了,军长劳冠英率残部退往平潭岛。9月中旬,解放军攻占平潭岛,七十四军残部被彻底消灭。

第二十五军

国民党军属于中央军系统的曾有两个第二十五军番号。第一个是万耀煌为军长的第二十五军，下辖第十三师和第一六五师，属于中央军半嫡系部队。抗战爆发后，该军率第十三师参加了淞沪会战，因损失惨重、无力补充，被军事委员会取消建制与番号。

第二个第二十五军是1938年中央军新组建的一支嫡系部队，首任军长为王敬久，该军参加了武汉会战、冬季攻势作战。继任军长为张文清。在皖南事变中，该军第

四十、第五十二、第一〇八三个师积极围攻新四军，是围攻新四军的主要参战部队之一。1942年参加了浙赣会战。后由黄百韬任军长。抗战胜利后，该军改为整第二十五师，参加了苏中、莱芜、孟良崮等战役，成为华东、中原两大野战军的心腹大患。在淮海战役中，被华东野战军全歼于碾庄地区。军长陈士章逃回，重建该军。江防、福州战役后，该军残部逃至厦门，后去金门。解放军发起金门战役，该军参加围攻，使解放军遭到重大打击。1950年台湾国民党军整军，该军番号被撤销。

抗战建军　孤山阻敌

国民党的第二十五军番号，先有黔系军阀毛光翔、王家烈的第二十五军，该军于1935年4月底被裁撤。

1935年10月，鄂系夏斗寅部第二十一路军改编为中央军半嫡系部队，番号为第二十五军，任命第十三师师长万耀煌为军长。该部曾在鄂豫皖与徐向前、在湘鄂西与贺龙的红军作战。红军长征以后，该部一路追剿，途经赣、湘、黔、滇、西康、川、陕数省，1936年调洛阳。"西安事变"前三天，军长万耀煌赴西安，在事变中被幽禁。1937年"八一三"淞沪抗战爆发，万耀煌第二十五军（其实只有第十三师）归第三战区顾祝同指挥，为长官部直属部队，赶赴前线作战，后撤至屯溪，军部驻徽州。该军损失惨重，被军事委员会取消建制与番号。

1938年，国民党新组建一支嫡系部队，番号第二十五军。首任军长为蒋介石黄埔一期的高足王敬久。当时黄埔一期有著名的徐州"三王"，即王敬久、王仲廉、王家修，与山东的"三李"即李仙洲、李玉堂、李延年，皆为翘楚，传为佳话。

在淞沪会战中，王敬久为第七十一军军长兼第八十七师师长。1938年，中央军新组建嫡系第二十五军，王敬久为首任军长。下辖第五十二师，师长唐云山，黄埔一期生；第一九〇师，师长梁华盛，黄埔一期、陆军大学第三期生，为典型的"穿黄马褂、戴绿帽子"的蒋介石的得意门生。在王敬久任军长期间，参加了南浔会战，隶属第九战区，由第九集团军总司令吴奇伟指挥。

1938年7月25日，九江被日军攻陷。日军随即狂轰小池口，并由太湖、宿松、黄梅方向进袭，遭到中国军队坚决抗击，战况激烈。

日华中派遣军司令畑俊六率大军30余万，溯江奔武汉而来；日军第一〇一、

二十五军首任军长王敬久

第一〇六、第九、第二十七师团、近卫师团一部，配合波田支队，战舰80余艘，飞机数十架，陆海军遥相呼应，咄咄逼人，顺湖口、九江南下。其意图相当明显：拿下德安、南昌，然后再向西攻长沙，消灭长江以南中国野战军，切断粤汉线交通，形成对武汉的彻底包围，或拿下武汉，或逼迫蒋介石作城下之盟。

所谓"南浔会战"，是由国民党第九战区第一兵团总司令薛岳指挥所部在九江、南昌一线与日军展开的一系列战斗。薛岳之下属部队：王敬久第二十五军、李觉第七十军、黄杰第八军、欧震第四军、李汉魂第六十四军、俞济时第七十四军、叶肇第六十六军，在九江星子一带防御南浔路正面金官桥、德安等地。

日军第一〇六师团，占领九江后，稍加整理，于8月3日开始，在师团长松浦淳六郎率领下，向南浔线正面金官桥一线发起攻击，遭到李觉、李玉堂、欧震率部的坚决阻击。松浦淳六郎占领九江的骄横被中国军队的三员大将打得烟消云散，日军死伤惨重，市川联队长被击毙。从8月3日打到8月15日，松浦淳六郎没能前进一步，攻势萎退，不敢妄动。

日军见沿铁道正面进攻难以奏效，便以伊东政喜率领的第一〇一师团，在海空军配合之下，企图由星子方面，沿德（安）星（子）公路攻打德安，乘势包围中国军队右侧背，切断南浔路。

8月19日，日军第一〇一师团向星子进犯，21日占领星子后继续沿德星公路向隘口进攻。王敬久率领第二十五军当即给予迎头痛击。双方互不相让。23日，日军以野炮20余门及飞机、军舰连续轰击第二十五军东孤岭、鼓子塞、七贤峰之线阵地。

在正面与日军交手的是第五十二军梁华盛的第一九〇师。该师前身为1937年9月在湖南衡阳组建并训练的预备第四师，其时梁华盛刚从陆军大学三期毕业，

梁华盛

由最高统帅部派遣，担任预备第四师师长。经过3个月的严格训练，1938年1月，预备四师以整编成绩优良而奉令改番号为一九〇师。该师全体官兵衣袖上都绣织着"忠勇"二字，该师因而号称"忠勇师"。

梁华盛第一九〇师共有3个团，团长分别为粤籍的朱岳、湘籍的何恃气、鄂籍的陈士章。3位团长分别是黄埔四、五期的毕业生，深具学术修养，而且作战经验丰富。全师士兵多为勇猛豪爽的两湖两广和四川健儿，全师编制完整，战斗力强。

东、西孤岭位于德星公路两侧，这是两座高耸而又互不关联的独立山峰。德星公路如一条巨蟒，从东、西孤岭的间隙向前延伸而去。这里地形险峻，易守难攻。9月1日，第一九〇师奉命从第六十六军手中接防东孤岭。

梁华盛根据东、西孤岭的地形地貌，迅速将部队作了布防。他命令朱团和陈团担任第一线布防，何团作为师部的总预备队。

陈士章团防守的西孤岭，满山乔木，隐蔽良好，而且山地属酸性红壤土质，易于构筑深沟堡垒。

朱岳团防守的东孤岭，却是光秃秃的山头，满山找不到一棵像样的树木，几丛灌木和焦黄的野草，就像是癞痢头上的毛发一般稀少。高耸的悬崖和一堆堆风化的巨石，让东孤岭的防守变得十分艰难。

梁华盛深知日军火力强大，装备精良，每次进攻前都是以重炮、飞机轮番轰炸。若工事不坚固，守军虽然以血肉之躯和顽强的意志固守阵地，但毕竟难以持久。

为防备敌人的炮火，梁华盛命令部队在山棱线背后反斜面百米处挖掘隐蔽阵地，壕沟工事以坚固广阔为原则，可以掩护部队不为日军强大的炮火所伤，而防御的主阵地却仍然设置在棱线高处。当日军白天炮轰时，大部分兵力撤到山棱线背后反斜面百米处隐蔽工事内，阵地上只留下少数观察哨及通信兵，随时监视、报告敌人的动向。他还命令战士用稻草和衣服做成假人，遍插军旗，以为疑兵，迷惑敌人。

8月22日，伊东第一〇一师团首先向东孤岭发起猛攻。日军的大炮和飞机向东孤岭倾泻了成千上万颗炮弹，一时间，东孤岭上浓烟滚滚，山石夹着弹片漫天横飞，硝烟弥漫，震耳欲聋。在狂轰滥炸之后，伊东第一〇一师团的步兵向东孤岭发起强攻，待日军快冲上阵地时，守军官兵从棱线后反斜面百米处的隐蔽阵地扑上来，顷刻之间便占领主阵地，居高临下组成无数严密的火网，从不同的角度，朝蜂拥而至的日军猛烈地射击。敌军猝不及防，死伤不少。日军便采取报复性措施，用山炮对着孤山上阵地猛轰，然后再次组织步兵发起进攻。你来我往，殊死激战一整天，守军仅失去前沿阵地，主阵地却岿然不动。

第二天一早，日军飞机大炮轮番交替轰炸，将整个东孤岭的山头削矮了三分。就是这样，伊东还嫌不解恨，又令飞机施放芥子毒气。轰炸机群拖着长长的尾巴，在东孤岭的上空盘旋，顷刻之间，山头上毒雾弥漫，对面不见人。

梁华盛立即传令，取下钢盔撒上尿，用毛巾蘸湿后捂在脸上，以减轻毒气的伤害，尽管如此，还是有不少战士晕倒在阵地上。当毒气开始消散时，日军又开始进攻了。这时，第二营阵地伤亡惨重，阵地岌岌可危之际，朱岳团长命令第三营迅速从掩蔽阵地中杀出，几经冲锋，终于稳住了阵脚。

就在敌我双方在东孤岭打得难解难分的时候，日军约一个骑兵中队的兵力竟然突破东、西孤岭公路线，朝着梁华盛第一九〇师师部指挥所冲来。梁华盛临危不惊，沉着地率领作为师部总预备队的何团，给来犯之敌以迎头痛击。日军骑兵中队偷袭的阴谋不但没有得逞，反而被打得抱头鼠窜、溃不成军。

8月24日，伊东政喜第一〇一师团不甘失败，又开始了新一轮的进攻，在加大轰炸和施放毒气力度的同时，从星子派出大量兵力增援。终因日军兵力数倍于我，朱团第二、第三两营伤亡惨重，最后只得一同撤退到东孤岭最高峰一线。双方打了几进几出，激战兼旬，日军伤亡甚众，有锐无气，始终未能进展。

由星子和金官桥方面的日军第一〇一师团，从9月1日起，向中国第二十五军、第六十六军的阵地发起更猛烈的进攻。9月8日，第二十五军退守西孤岭。

第二十五军第五十二师也出手不凡。该师的前身为1937年秋成立的第三预备师。10月16日，冷欣被任命为第三预备师师长；12月上旬，部队集结完毕，向湖北黄陂进发。经过半个多月，步行1000多里，到达目的地后，开始了严格的军事训练，又奉命开赴湖南湘乡。

1938年4月，第三预备师奉命改为陆军第五十二师，列入建制。由于训练成绩显著，士气昂扬，冷欣入武昌珞珈山军官训练团将官班接受短期训练。

武汉会战开始，第五十二师奉命改隶王敬久第二十五军，参加武汉保卫战，扼守江西省九江鄱阳湖西边的星子县。

8月24日晨，日军汽艇10余只，载兵数百人在牛屎墩登陆，攻击第五十二师阵地的右侧背，守军予以坚决阻止。25日夜，第五十二师师长冷欣利用擅长的夜战，率队进行反击，将该处的日军包围。日军在睡梦中闻四下枪响惊慌失措，组织不了有效的抵抗，石田道一少佐以下官兵200余人被击毙。26日夜，因第五十二师连日激战，各级指挥员伤亡了三分之二，士兵伤亡半数。因伤亡过大，南调花龙山整理。防地交由第六十六军接管。

就在王敬久、叶肇同伊东政喜厮杀之时，吉佳良辅的第九师团、稻叶四郎的第六师团，已由九江连陷王陵基第三十集团军防守的瑞昌、鲤鱼山、杨坪山、北极峰一线阵地，这无疑给中国军队造成了心理压力。

与此同时，日军第九师团、第六师团，被中国第四军、第七十四军等部，夹击于小阳铺、和尚洼地区，双方一口气又打了5天。日军前进受阻，又不甘心，连续不断地进攻。

日军作战的指导思想是"速战速决"，国民党军虽然是节节后退，但每一步都使日军不那么顺利，战线拉得过长，已使日军事大本营深感焦虑，开始怀疑蒋介石是有意采取且战且退之战术，要把日军拖垮。眼下，已经打入中国腹地，直取武汉指日可待，却不料想又碰到淞沪战役之后又一次顽强防御。第一〇一师团受挫于东、西孤岭，第一〇六师团又被阻于马回岭，屡战无功。身为华中派遣军司令的畑俊六焦急万分，不得不再选择一条进攻路线。他命令从九江登陆的本间雅晴的第二十七师团，于9月6日以后发动对瑞武路的攻击，意在占领箬溪、武宁，切断修水北岸上下游中国军队的联络，将其分割，以便日军全面进攻之需要。

本间雅晴第二十七师团于9月18日占领茶园陵、白石崖。黄维的第十八军陷于苦战之中。9月26日，日军进至小坳西南地区，不敢恋战，经箬溪、大桥河向辛潭铺前进。

为迟滞日军西进，薛岳将德星、南浔线上所有部队集结，由德安方向向小坳地区的东西进攻，以切断日军与其后方联络线，使之不能西进。同时让瑞武路上的中国军队，一由瑞武路的西侧向东进攻，一由瑞武路的正面迎击日军。激战两天，薛岳下令，以瑞武路的兵力去围攻万家岭日军第一〇六师团的西面。

自25日以来，日军向麒麟峰、覆血山进攻。由于防御阵地过长，南浔路、瑞武路间形成一块甚大的空隙，转移于瑞武路的中国军队一部，被日机空中侦察得知。日军认为由此空隙插入，可避开正面攻击的不利，且可解救处于危难之中的本间雅晴的第二十七师团。畑俊六命令松浦淳六郎率第一〇六师团，带足六天干粮，轻装向西疾进，钻入中国军队防守空隙，撕开缺口，解救第二十七师团，从而分割中国军队之阵地。

松浦淳六郎率他的第一〇六师团，经闵家铺于27日先头部队挺进至面前山、竹坊桂。欧震指挥的第四军，与日军一〇六师团的前卫展开激战。随后第四军让开通路，第一〇六师团于10月2日全部窜至万家岭、哔其街、老虎尖、石堡山地区。此刻，薛岳兴奋至极，他要包围聚歼第一〇六师团于万家岭地区。决定抽出德星路、南浔路、瑞武路三方面兵力，分别是叶肇的第六十六军、欧震的第四军、俞济时的七十四军、孔可权的第一八七师（属李汉魂第六十四军）、李兆瑛一三九师之一旅、冯占海的第九十一师（属李觉第七十军）、刘若弼的新编十三师（属王陵基第七十二军）、邓国璋新编十五师之一旅、傅立平的第一四二师、陈沛的第六十师、张琪的预备第六师（属周嵒第七十五军）、李觉的第十九师，切断松浦淳六郎第一〇六师团之后路。薛岳指挥大军围击而来。松浦淳六郎发觉坏事，不顾一切想冲出重围，但为时已晚，依于阵地作最后抵抗。一连七日作困兽之斗，筋疲力尽杀不出重围。薛岳大军愈发激奋，层层将包围缩小，终在双十节那天，围歼第一〇六师团，"遗尸塞谷，山林溪间，虏血几洒遍矣"，好一副惨状。

万家岭战斗中，日军第一〇六师团被歼3000余人，丧失了进攻南昌的能力，而第一〇一师团被阻于东、西孤岭，也无法与一〇六师团合攻南昌，只得不断向德安以北实施小规模的攻击，以图牵制薛岳兵团的行动。等到武汉失守后，薛岳兵团向南转移，日军才占领德安。

不久，第二十五军有了较大的变化，梁华盛以第二十五军副军长接替第十军军长，第一九〇师奉命改隶梁华盛部，另将第二十九军第四十师、第七十九军第一〇八师改隶该军。军长王敬久升任第三十二集团军副总司令，张文清继任军长。下辖第四十、第五十二、第一〇八师和海军布雷第一大队。

张文清，河南新乡金家营村人。1918年新乡县立师范学校毕业，同年入北洋第九师当兵。1919年入保定军校第九期，后为东北军团长、师参谋长、师长，1939年升任第二十五军副军长兼第一〇八师师长，同年升任第二十五军军长。

该军在对日作战中表现平平，在1939年12月各战区发动的冬季攻势中，第二十五军隶属第三战区，编为长江方面攻击军，在大通、荻港之间突破日军第一一六师团左翼防线，到达江边，炮击日舰，敷设水雷。在第二次长沙会战、浙赣会战中都无亮点。但是该军最大的特点是在内战时成为国民党的一把利剑，"皖南事变"中，为蒋介石和顾祝同立下汗马功劳。

秘密之剑　悄然拔出

1940年7月初，新四军挺进纵队从江南挺进苏北泰兴地区，取得郭村战斗、黄桥战斗一系列胜利。蒋介石终于坐不住了，决心彻底改变这一不利的局面。

1940年10月19日，国民政府军事委员会参谋总长何应钦、副参谋总长白崇禧向第十八集团军办事处叶剑英参谋长转朱德、彭德怀、叶挺关于限令活动的代令。因为19日是韵目代日的皓日，故又称为皓电。这是一个充满杀机的电报。其中曰：

"关于第十八集团军及新四军之各部队，奉限于电到一个月内全部开到中央提示案第三问题所规定之作战地境内，并对本问题所提示其他规定，切实遵行，静候中央颁发对于执行提示案其他各问题之命令……"

12月9日，蒋介石关于八路军、新四军展期北移致电朱德、彭德怀、叶挺、项英：前令第十八集团军及新四军各部，限期开到黄河以北作战，兹再分别地区宽展时期。凡长江以南之新四军全部，限本年十二月三十一日开到长江以北地区，明年一月三十日以前，开到黄河以北地区作战；现在黄河以南之第十八集团军所有部队，限本年十二月三十一日止开到黄河以北地区。希即遵照何白正副参谋总长十月皓电所示之作战地境内共同作战，恪尽职守，毋得再误。此令！

按照第三战区划定的新四军北移路线，是经苏南北渡长江，即沿马头镇、杨柳铺、孙家埠、郎溪、南渡镇至竹箦桥，然后经苏南敌占区过长江至苏北。皖南新四军部队非战斗人员于12月8日前，已分批沿此路线，穿过国民党二十五军第五十二师防区，前往苏南。

据驻防在皖南宣城附近的国民党第二十五军军长张文清报告，12月11日"新四军经过杨柳铺人员、物品，计：官兵6000余，政工队240余，卫生队250余，步枪约千支，迫击炮一门，无炮架，弹药、轻重约2000担，骡马60余匹，其余部队于12日前出发，经章村、马头、奚家滩、施家渡、寒亭东进"。

12日，军令部长徐永昌下达《"剿灭"黄河以南"匪军"作战计划》致蒋介石签呈。其中说："观察江南新四军行动，仍不外推脱延宕。且现在距12月31日之时期不远，该军是否能遵命北渡长江，尚成问题。此时似应即令第三战区妥为准备，如发现江北'匪'伪敢进攻兴化，或届时尚未遵令北移，应即将江南新四军立予解决。"

同日，蒋介石致电第三战区司令长官顾祝同："特急。上饶。顾长官：密。

徐永昌

顾祝同

（一）查苏北"匪"伪不断进攻韩（笔者注：即韩德勤）部，为使该军江南部队不致直接参加对韩部之进攻，应不准其由镇江北渡，只准其由江南原地北渡，或由该长官另予规定路线亦可。（二）该战区对江南匪部，应按照前定计划，妥为部署并准备，如发现江北匪伪竟敢进攻兴化，或至限期（本年十二月卅一日）该军仍不遵令北渡，应立即将其解决，毋再宽容。……"

顾祝同把消灭江南新四军的任务交给第三十二集团军总司令上官云相执行。

1940年12月29日，皖南阴风瑟瑟，浓云四伏，第三十二集团军总司令上官云相在歙县城东郊的东淇兵站召开军事部署会议。晚8时，会议召开。到会者有第二十三集团军总司令唐式遵、第二十五军军长张文清、第五十军军长范子英、第五十二师师长刘秉哲、第四十师师长方日英、第七十九师师长段茂霖、第二四六师师长戴传新、上官云相的参谋长陈以忠、兵站分监李锡庆等人。第三战区长官处参谋处长岳星明传达了顾祝同的指示："顾长官于本月20日、26日两次来电，指示各部立即解决江南新四军，以防止其策应苏北、山东友军作战。我们的任务是扫荡皖南与苏南一带匪军匪党，以主力逐步构筑碉堡，稳进稳打，摧毁皖南方面之'匪'巢，务求彻底肃清之。皖南必须统一指挥，顾长官决定由上官副长官负责统一指挥。为防止消息走漏，进剿时间开始时日另下命令。"

接着，上官云相站起来，很有把握地说："此次新四军北移可能性小，南窜的可能性大，还有他们会先劫夺我徽州仓库的弹药，再实行黄山、天目山、仙霞山之三山计划的企图。我军作战要领，即封锁苏南金坛、溧阳的长荡湖至高淳的固城湖间，及泾县至马头镇间'匪'军行军路线，确实隔断苏南、皖南'匪'军之联系，并肃清各防区内沿途残留'匪'军及其秘密组织，斩草除根，不能再让其有燎原之势。这次诸位可要好好表现，打出个样子给委座瞧瞧！担任皖南方面的'进剿'部队，应于12月31日前，秘密推进至南陵、泾县、茂林村、铜山徐、小河口、水东翟、包村、乔家湾、钱家桥、丫山镇之线，构筑工事，确取联系，对'匪'区严密警戒，随时防止'匪'军乘隙逃窜，并防其以各个击破的手段，集中主力向我反攻。"

上官云相

上官云相走到地图前布置任务："诸位，我与冷欣副总指挥，指挥第八十八军、忠义救国军、第六十三师、独立三十三师、挺进二纵队及苏南地方武装，担任原阵地守备，并适当控制机动部队，防止该方面'匪'军策应皖南匪军，并截断'匪'军苏皖交通。"

他大声命令："'剿匪'右翼军指挥官第二十五军军长张文清！"

张文清立即站起立正："有！"

"你指挥第二十五军（欠四十师），附炮一团第二营，以一部担任宣城方面之守备，主力与左翼军确取联系，展开于南陵、泾县、水济桥、丁家渡之线，向戴家会、三里店、汀潭附近'匪'军攻击，而后向繁昌方面追击。"

张文清胸口一挺，大声回答："坚决完成任务！"

上官云相又命令："'剿匪'左翼军指挥官副总指挥刘雨卿——"

刘雨卿慌忙起立。

"你指挥第五十军第一四四师、新七师之第二旅、附炮一团第二营战炮总队直属第四营,展开于湾滩、茂林村、苏口、包村、乔林湾、钱家桥、丫山镇之线,向云岭、何家湾、沙土角各附近匪军攻击而占领之,而后与右翼军协力向繁昌、荻港、坝埂头江岸'追剿'。"

方日英站起来:"报告,我部的任务呢?"

上官云相故弄玄虚,一指地图:"这是云岭,这是它南面的三溪,你就待在这里!"

方日英不解:"如果新四军不走南面而向北走呢?而北边我们并未设防,长官,若其往北,岂不是鱼脱金钩,鸟出樊笼?"

"哈哈哈——"上官云相大笑起来,"顾长官为什么让我指挥?因为我和顾长官还有叶挺同是保定军校的同学。我太熟悉叶希夷的性格了,我让他往北,他

方日英

必定往南，正好投入我的包围圈。我在他周围布置了八个师的兵力，在他南面隘处，就是你的第四十师！"

方日英，字厚明，广东中山沙溪濠涌村人。农民出身，后从军，任孙中山卫士。1922年6月陈炯明叛变革命时，参加保卫观音山总统府的战斗，得孙中山赏识，后保送至黄埔军校第一期学习。曾任排长、连长、营长、团长、旅长等。1938年2月授国民革命军陆军少将，同年冬升任第四十师师长。上官云相很看重方日英。

最后，上官云相又令第七十九师师长段茂霖和第二十八军六十二师师长："第七十九师位于太平、石碌间，六十二师位于榔桥河镇、三溪间，随时保持机动。第二线部队务竭力准备，须能随时立即出动，以便追剿与应援。都明白了吗？"

全体军官一致回答："明白！"

上官云相说："各部在开始攻击前，对新四军应取防守姿态，避免与其冲突，麻痹敌'匪'。第一线各部队到达位置后，立即构筑工事，并派队占领附近主要山峰，截断或堵塞通敌道路，严查行人，严防走漏风声，并与友军妥密联系。"

方日英的第四十师由皖南宁国，经胡乐司、绩溪、旌德，在1941年1月2日下午到达三溪镇附近。此处距新四军集结地茂林有40公里，部队刚进入三溪宿营地，新四军军长叶挺派人送来一封信。方日英召集副师长陈士章、参谋长朱恺仁、师新闻室主任严毅等研究对策。

叶挺在信中云："本军要向敌后进军，不日按照预定路线行动，请多多协助，并望在本军经过的路线上予以让路，以免发生误会。"

大家看信后都觉奇怪，陈士章说："新四军既向敌后进军，应该向北去，为什么要我们让路朝南去呢？总部并没有下达变更新四军渡江路线的命令呀！"

方日英说："诸位，前几天我去徽州参加上官副长官的军事会议，上官副长官说新四军北移是虚，其实是要夺我徽州军火仓库，流窜黄山、天目山、仙霞山一带搞三山计划。在会上，制定了剿灭新四军的计划，这才急调我师来三溪堵截新四军。"

陈士章建议："从叶挺的来信中可以看出他对我们的行动很清楚。这里离茂林不过几十里，友军的情况还未联系上，我们应该先求稳当，作适当部署，以免措手不及，晚上与友军联系了解情况后明天再作部署。"

方日英说："对！先稳住叶挺，派人告诉他们，我部保证协助。"

这时，副官送来电报，只见上写："即限到，极机密。奉司令长官顾鱼未电：'叶挺、项英不遵命令以主力由皖南渡江就指定位置，乃擅率驻皖南所部于支（4日）晚开始移动，企图窜踞苏南，勾结敌伪，挟制中央。似此违背命令自由行动，破坏抗战阵线，殊堪痛恨。为整饬纪纲，贯彻军令，对该军擅自行动部队决予'剿灭'。仰贵总司令迅速部署所部开始进剿，务期于原京赣铁路以西地区彻底加以肃清……"

方日英看完后说："好了，我师现立即布置如下：（一）第一一八团即由三溪出发到达三溪东北方约6公里之某地宿营；（二）第一一九团立即由三溪出发到三溪西北8公里之某地宿营；（三）第一二〇团立即由三溪通往茂林的大路推进约4公里之某地宿营；（四）各团到达宿营地后立即对茂林方向的通路派出警戒部队，严密封锁道路，并构筑工事，做随时应战准备；（五）师司令部及直属部队仍在三溪宿营，由工兵营长统一指挥直属部队构筑工事。"

同室操戈　相煎何急

1941年1月6日拂晓，三溪镇上的第四十师师部电话铃紧急响了，躺在床上的方日英睡眼蒙眬，伸手抓起电话，里面传来报告："我前卫部队在西南与新四军前卫部队发生了战斗。"

方日英命令："给我坚决顶住——"刚放下电话，突然电话铃声又起，第一二〇团团长苏子俊报告："我部与新四军打起来了，在山口隘路，新四军企图夺路而逃！"

方日英从床铺上一跃而起，边扣纽扣边说："叶挺真的来啦！好啊，我就怕他不来，这一下他可上我的当了。上官副长官将我部调三溪，真是棋高一着，果不出其所料。"

在山口隘路，新四军冲得坚决、果敢，打得英勇顽强，但山口地形狭窄，1000多人的部队施展不开，冲上一个连，几乎全部牺牲，后续者踏着前面的血迹呐喊着再次冲杀，犹如长江怒潮，一浪高似一浪。上午10时许，新四军增加兵力，从榧岭以南高地攻上，占领榧岭、沥岭，继向牛栏岭、山口猛攻。

担任正面阻击新四军任务的第四十师第一二〇团阵地，首先被新四军突破。团长苏子俊报告："该团有两个营长负伤，阵地一部已被新四军突破，官兵已有动摇之势，师座赶快派队增援吧，否则来不及了。"

方日英跳着脚，在电话中破口大骂："你这个团是豆腐吗？打共产党都打不了，要你有什么用？你命令下去，谁敢后退，我就杀谁的头。"他对副师长陈士章说："你赶快去一二〇团看一下吧！"

陈士章立即带着一个特务连、一个班士兵和两名卫士，骑着马赶往一二〇团阵地。在陈副师长亲自督战下，该团不敢再退，咬牙死守。冲上阵地的新四军战士奋力拼杀后，大都牺牲了。加上该团火力太猛，后续冲上的新四军都被压制在阵地前。

云幕低垂，冷雨腥风，松涛呜咽。

激烈的枪声逐渐停了下来，此时传来新四军战士悲壮的呼喊：

"四十师士兵兄弟们——中国人不打中国人——"

"兄弟们！我们要死在抗日战场上——"

"新四军要向敌后进军，你们不打鬼子，为什么打新四军？"

"新四军要抗日，你们为什么来打抗日的部队——"

"第四十师的弟兄们，你们愿意当亡国奴吗——"

四十师不少士兵在沉思，有的士兵甚至转过头去，不忍再听。

陈士章急了，大喊："兄弟们，不要听他们卖狗皮膏药，抗日应该往北去，为什么来打我们？那么多弟兄被打死了，这不是造反是什么？我们不能允许这种拉我们后腿的部队存在，我们也喊，都给我喊——"

第四十师的官兵受了蒙蔽，也纷纷大喊起来：

"新四军既然是抗日部队，为什么不过江去抗日？为什么打我们？"

"新四军应立即向北去——"

在此起彼伏的喊声中，枪声又激烈地响起来。双方对峙着，枪弹对飞，互有伤亡，从下午到深夜，各自都有部队增援。新四军太轻敌了，他们认为打四十师是不成问题的，但这一次成了大问题。

第四十师原为财政部税警总团改编，在淞沪会战中，税警总团将士浴血奋战，奋勇杀敌，遭受严重伤亡。会战结束不久，总团长黄杰被第三战区长官顾祝同拉拢，将税警总团余部编为四十师，隶陈安宝第二十九军，武汉会战后，第四十师改隶第二十五军。

6日下午，叶挺决定作战部署，以第一纵队出涵岭向南攻击榔桥河；以第二纵队出高坦向北攻击星潭，并钳制三溪之敌；以第三纵队出中岭，直攻星潭，军部随第三纵队前进。这样的部署，未能将部队集中使用，三路平推，分散兵力，已犯了兵家大忌。

是日下午3时起，各线战事激烈，均达白热化程度。深夜，敌我双方兵力都在不断加强。

上官云相得知战斗发生后，得意地说："不出我所料，新四军由云岭南渡舒溪，必进出旌德，袭我后方。"他对其幕僚们说："据我多年剿共作战经验，判明敌情就得当机立断，下了决心立即行动。各部队先作推进行动，并派员来部受领命令。我们和共产党势不两立，共产党若是成功，我们都将死无葬身之地。"

参谋处长武之棻立即下达作战命令：

方针：对日军仅留少数部队守备防线，集中优势兵力一举将新四军包围而歼灭之。

指导要领：（一）以第二十五军及第五十军主力包围新四军主力于云岭地区消灭之。（二）新四军如南移，则索敌主力包围消灭之。

部署：第二十五军之第五十二师展开于泾县以南，向西推进；第一〇八师展开于黄村附近，向西推进，以一部支援第四十师的山口争夺战。第五十军之第七十九师展开于太平东北，向榧岭推进；第一一四师从章家渡以南向东南推进；新七师第二旅以主力向南广正面，向舒溪北岸前进。

上官云相对武之棻说："这次作战敌我胜败的关键，是第四十师能否守住隘路。如果让新四军冲到旌德，那里空虚，没有驻军队，纵然再加一倍兵力，也难达到消灭新四军的目的。故必须坚决封锁住山口隘路，包围新四军于山区而消灭之。"

他接通第四十师师部："方师长吗？你们今天打得好，希望你们一点也不要放松，把叶挺主力吸住，不要让他跑了。现在东南西北各方面部队均已到达预定位置，合围态势已成，只要到明天下午就可以合围，他再想跑也跑不掉了。方师长，架起你的德国造大炮给我猛轰，新四军只有迫击炮，打不过你。坚持到晚上，我派第五十二师接替你一一八团阵地，第七十九师接替你第一一九团。你加强正面纵深，应即令一一八团部署在第一二〇团后方附近，第一一九团于明日拂晓撤回三溪，为师预备队，好好干吧！"

武之棻提醒道："副长官，茂林东南有榧岭、东流山做屏障，新四军必会死守。如果我们攻下榧岭、东流山，他就无险可守了。"

上官云相一拍大腿，兴奋地说："对对对，占领榧岭和东流山，不仅有居高临下瞰制作用，并且茂林如同口袋，我们扼住袋口，新四军就是有天大的本事也插翅难逃。命令第四十师全力攻击榧岭和东流山，第五十二师攻击其东北山地！"

他命令各部："除以必要部队留守要隘，包围残敌及与敌对峙于原阵地主要的山峰外，努力抽出攻击部队，加紧缩小包围圈。"

经过拼死血战，第四十师攻占了新四军最重要的据守阵地——东流山。

7日晨，新四军第三纵队攻克中岭（即牛栏岭），方日英第四十师一一九团拼命堵口，第三营营长杨孝忠被击毙。第三纵队到达百户坑，坑口已被第四十师坚强工事及猛烈火力所阻塞。此道路窄狭，两旁山势陡峭，新四军在枪林弹雨中发起数次冲锋，终因伤亡惨重，被迫退回。山口到处是尸体，血和雨汇成流水，遍地泥沼。

是日，第一纵队在傅秋涛率领下，勇猛冲出求岭、剪口，但为当面河流所阻，终被敌压迫退回原地，遂不能直攻星潭。第二纵队在高岭、坑口与敌肉搏，杀得天昏地暗。此时，外线包围各部已迅速向茂林地区合围。

当日下午，在一个祠堂里，叶挺召集项英、袁国平、周子昆等人开紧急会议。

叶挺说："打了两天，部队伤亡很大，我们处于被动与不利地步，战局发展出乎我们的预料，大家说怎么办？"

项英没有说话。

周子昆说："你是军长，你说怎么办，我们执行。"

叶挺说："我提两个方案，供大家研究。第一，立即后撤，循来路回茂林，再渡青弋江（即舒溪），打太平、洋溪、石埭、青阳，甚至出其不意，再南出祁门、景德镇。"

书生气十足的袁国平，推推眼镜说："叶军长的方案可以考虑。"

项英大声说："我反对，我们是北移，到景德镇政治上说不过去，会被军事委员会军令部和战区长官部抓把柄！"

叶挺激动地说："求生存是第一的，政治上说得过去与否，是第二位的。"

项英、周子昆等否决了叶的第一方案。

叶挺说："第二方案，翻百户坑右侧山梁由另一坑口打出，但要翻无路的山，右侧坑口是否亦为敌所封锁还不知道，待侦察地形与敌情后再出发。"

项英说："这也不好办，那么多辎重只能抛弃，何况现在天已黄昏，非明晨不能决定，既耽搁时间，又无把握。"

参谋处李志高、叶超建议："我们不如决心继续加强正面攻击，一定要打垮第四十师，任何牺牲亦在所不惜。"

项英摇摇头："白白损失力量，不行！"

叶挺说："我再提出一个方案，即由高岭南之园岭翻出，避免与四十师作战，可与第二纵队会合，以便转至太平、洋溪间丘陵地带，可避免第一纵队与四十师及五十二师相持，但必然与第七十九师遭遇。"

7日午夜，新四军领导人采取了叶挺的第四方案，部队后撤。

当晚，第二十五军军长张文清接到上官云相的电话，命令其督饬所部，务必抓紧时间消灭新四军残部，如贻误战机，定军法从事。

8日拂晓，第二十五军各部加紧行动。第五十二师主力向榜山搜索，并与山林中隐藏的新四军展开激战。

第五十二师师长刘秉哲，字锺吾，号曙寰，江苏宿迁人。黄埔军校第三期毕业。曾任第二十五军五十二师副师长，1939年底任第二十五军五十二师师长，1940年兼任第三战区第二游击区副总指挥。

刘秉哲亲自指挥第五十二师从清晨激战至中午，逐步向前推进，终于占领榜山南无名高地及附近山峰，居高临下，将新四军压制在山下。

此时，第八十六军段茂霖第七十九师也不甘落后，先后攻占牛栏岭、沥岭等地。

新四军主力在牛栏岭至坦里口拼死一搏，死伤极重，敌军架起大炮向牛栏岭猛烈射击，血肉之躯与泥土、山石飞向四面八方。新四军据守一个狭长的隘路，阵地暴露在国民党军炮火下，玉石皆焚。

第七十九师经过激战，占领高岭东之无名山、狮子山、椅子山、杨家南容、王家一带，会同第四十师向高坦乡前进，并攻击茂林新四军之侧背。

是日，川军唐名昭第一四四师三四一团占领新四军军部所在地云岭，第四三〇团占领章家渡，第四三二团向铜山村、茂林前进，新四军的退路完全封绝。

是日晚，第一四四师进占茂林。当新四军军部和教导队退往高坦乡一带时，于距茂林15里处与第一四四师发生遭遇战。

9日，战斗更为激烈，新四军被逼至死路，只有拼命了。上午10时40分，坚守东面屏障榧岭的新四军战士绝大部分战死，其余被俘虏；榧岭被第四十师之第一二〇团占领，该团一部继续和第一一八团向高坦乡前进，并攻击茂林。

新四军第五团于8日向园岭进攻，激战至下午，虽夺园岭，但第七十九师亦于当日到达园岭山下，向园岭攻击前进。战局更加不利，园岭占不成，星潭又攻不克，军部被迫由原路退回茂林。叶挺认为，只有向繁昌、铜陵方向转移，相机北渡长江至皖北。

10日，新四军军部在高坦乡，此时四面八方都传来激烈的枪炮声、爆炸声。到了最危急的关头了，叶挺命令："将教导队拉上去，加入攻击战斗！"这是叶挺的一张王牌，教导队皆由干部组成，不到万不得已，绝不动用。

叶挺站在队伍前面慷慨激昂地说："考验我们的时候到了，我寄希望于你们，大家努力拼杀，杀出一条血路来！"

在他的号召下，新四军不顾一切地反攻东流山第四十师阵地，遭到该师一一九团的顽强阻击，不但未攻克东流山反遭受重大损失。第四十师第一一九团和第五十二师趁新四军攻击东流山之际，向东流山西半部、腹部和山脚村落一带猛攻。第四十师第一一八团也在拂晓攻占榧岭的制高点，将新四军死死压制在石井坑、大坑、高坦乡的凹地中。

上官云相在电话中得意地对陈士章说："第四十师攻下东流以后，可以瞰制榧岭的左侧，使守榧岭的新四军受到威胁。按各师到达的位置看，新四军现在只有比鸭蛋稍大的一小块地方，方圆不到几十华里。我们第一线就有6个师的兵力，那还有什么问题呢？但千万不能放松一点。你告诉各师长，狮子搏虎需要全力，搏鸡也要用全力。占东流山打中了他们的要害，今天夜里可能会反扑一下，务要确保东流山阵地。我有命令给第五十二师刘师长，要他把一个团的兵力控制在东流山第四十师第一一九团的右后方，以加强那里的兵力，并命第五十二师明天拂晓攻茂林，第七十九师和西北方面的部队均以茂林为目标，尽力缩小包围圈。"

是日晚，新四军军部为摆脱困境，决定由来路仍折回茂林，转至铜陵、繁昌地区作战及准备渡江。但军部已与第一纵队、第二纵队及第三纵队之新三团失去联络，随同军部行动的只有教导队残部及第三团，由于天黑、路滑，部队行动迟缓，在距茂林20里山谷出口处，与川军一四四师遭遇，再加天降大雨，使突围愈加困难。军部只得转移至石井坑，辗转之中，教导队也不知去向。

副军长项英密令军需处将现金进行分配，自己将马背上的行李分交4个卫士随身携带，一切机要文件，概行烧毁。项英与政治部主任袁国平、副参谋长周子昆等紧急商议，决定与军部脱离，单独突围。之后，便带少数人脱离大队而去。

12日晨，叶挺派人清点部队，五团、三团、特务团、教导队及一团残部会合后，总人数还有4000人，只是编制零乱，弹药缺乏。此时项英、袁国平、饶漱石等都未突围出去，相继回到石井坑。

叶挺主张："我们在此坚持四五天，看看延安方面有何办法。"

大家默默不语。此时，茂林以北枪声大作，坚守大坑的特务团与第五十二师战在一处，战士们用枪托、用刺刀、用石头、用拳脚、用牙咬，激战一天，全部壮烈牺牲。合围圈更小了。新四军已无力量再行突击，可谓弹尽粮绝，又被大雨困在狭窄的山谷中。残余部队凡能拿起武器的都参加了战斗。入夜，四面山上的国民党军篝火漫烧，借着火光，用机关枪、步枪向山洼中射击，子弹光芒如萤如箭从四外飞来，新四军后方阵地已被击破。

叶挺命令大家转移。他向中共发了最后一份电报，之后令电报员砸毁电台，烧掉密电码和重要文件。灰烬像纷纷扬扬的灰蝴蝶，带着星星点点的火星飞向夜空。

队伍一批批分头突围了。夜12时，一支新四军队伍在溪里风一带突围，与川军一四四师混战。新四军战士冲到唐名昭司令部门前，将卫兵打死十几人。唐名昭师长吓出一身冷汗，急调部队阻击，但终未截住。突围的新四军向章家渡冲击，化装分散渡河北去。据报是项英率领的一部分。

上官云相得知后，大为震怒，大骂唐名昭无能："姓唐的包围不力，部队夜晚睡大觉，新四军就找他那里的薄弱点，以致放走了共军重要人员，使我们功败垂成，令人不能容忍。"他亲自用电话命令第七十九师师长段茂霖："唐名昭撤职查办，你派人将他押在你的师部，第一四四师你兼指挥，执行原任务，不使发生空隙。"

1月14日，叶挺带少数队伍隐蔽在鹿角山西侧。而政治部副主任、敌工部部长林植夫、政治少将秘书黄诚率手枪队向求岭以东突围，几番苦战，皆被阻击而回。林植夫等人与第二十五军戎纪五的一〇八师谈判，不料中计，林植夫、黄诚、军医处长陈延生及官兵500多人被俘。

下午，第五十二师师长刘秉哲派人至鹿角山要求与叶挺谈判。叶挺说："我不能去，现在是败兵之将，还有什么可谈的？"

饶漱石说："是党叫你去的，你去不是投降，是为了挽救干部。"

叶挺五内俱焚，难过地说："如果是党的决定，我服从。"

叶挺遂与叶钦和等人下山，来到第五十二师师部见刘秉哲，当即被扣押。该师部电告第二十五军军长张文清，张要其副师长朱惠荣，将叶挺押解至军部，询问项英的下落，令收容其残部。张文清并向上官云相报功。

上官云相指示如下：（一）将叶挺将军及随员速送本部，告诉张文清沿途优予招待。（二）各军师所俘新四军官兵统交第四十师看管，不准自留补充缺额。战利品各军自清查，交由兵站运交战区。（三）第四十师接管所有战俘完毕，派部队押送上饶，交战区感训大队……

1月17日，国民政府军事委员会发布关于撤销新四军番号的通令。

1月18日，叶挺及其随员8人被送至第三十二集团军总部，次日被押解至上饶第三战区长官部。同日，上官云相命令右翼军第五十二师以一部置鹿角山、大坑一带继续清扫，以主力"剿"泾县、南陵及该军作战境地以内散"匪"，并任南陵至梅山村之线守备；左翼军第四十师以一部搜"剿"东流山附近散"匪"，主力集结三溪、棚桥河待命。

1月20日，第五十二师第一六五团第三营营长殷广金报告，该营在"清剿"

新四军残余时，打死新四军政治部主任袁国平。

"皖南事变"，新四军军部及9000余人的队伍在遭到国民党8万余人的包围下，奋战十昼夜，约2000人分散突出重围，余者全军覆没。军长叶挺被俘，政治部主任袁国平牺牲，副军长项英、副参谋长周子昆自章家渡突围后，躲在一个山洞中。后项英的亲信、军部特务营的刘厚总，为了贪得项英等身上的黄金而杀害了他们。

"焕然"军长　焕然一新

1943年10月5日，第二十五军军长张文清升任第一集团军副总司令，调第三战区参谋长黄百韬继任该军军长。

黄百韬，字焕然，号寒玉，祖籍广东梅县，将门出身。其祖父是曾国藩的部将，官至曹州总兵；其父是李鸿章的部将。1900年9月9日，黄百韬生于天津。毕业于河北工专中学部。黄百韬志不在此，投笔从戎，入陆军第九旅学兵营，历任排长、连长、营长，后在北洋军阀张宗昌的直鲁联军徐源泉的师长手下担任团长。

1928年"二次北伐"中，徐源泉率部反正，归附蒋介石，所部编为国民革命军第十军，徐源泉任第十军军长。1932年在对洪湖红色根据地"围剿"中，黄百韬左腿负伤，痊愈后任第四十一师第一二三旅旅长，升陆军少将。1935年贺龙的红二六军团在鄂西中堡歼灭第四十一师所部4000余人，旅长黄百韬救援不力，致使师长张振汉被红军俘虏。后张振汉在红军大学当教员，跟随红军长征到陕北。抗战爆发后，为搞统战，张振汉从延安回到长沙。张振汉被俘后，黄百韬接任了张振汉的第四十一师师长一职，不久，晋升陆军中将。

1936年黄百韬进陆军大学特别班第三期学习，和王凌云等人同学。

黄百韬

抗战时期，徐源泉的军长被蒋介石借故撤换，由黄埔一期的梁华盛担任第十军军长，所部亦被第二十九军第七十九师和第二十五军第一九〇师替代。原来的第四十一师和第四十八师合编为第四十一师，改隶第二十六军。由于黄百韬不是黄埔出身，陆大毕业后，初任冯玉祥第六战区参谋处长，1939年为鹿钟麟冀察战区参谋长，再调第三战区任参谋长。

在三战区，黄百韬与司令官顾祝同关系很好，在对付江南新四军的问题上，黄百韬给顾祝同出了不少"好"点子。顾祝同对其另眼相看，认为黄是个将才，大胆擢其为第二十五军军长。黄百韬上任伊始，大刀阔斧对该军进行整顿，严肃军纪，着重训练，很快提高了该军的战斗力。该军还针对日军特点，经常进行夜间训练，是国民党军队不多的敢打夜战的部队之一。在抗日战争胜利的最后阶段，该军参加了湘粤赣边区、南战场赣西等作战。

抗战胜利后，黄百韬第二十五军隶属第一绥靖区，位于扬州地区，下辖陈士章第四十师、顾宏扬第一〇八师、廖静安第一四八师。不久，国民党军进行整编，改军为整编师，改师为旅。第二十五军改为整二十五师，黄百韬为师长。

第一绥靖区部队下辖黄百韬整编第二十五师，李天霞整编第八十三师，刘雨卿整编第二十一师，李振整编第六十五师，整编第六十九师九十九旅（旅长朱志席），新编第七旅（旅长黄伯先），外加两个交警总队，总兵力达12万人。司令官为李默庵。

1946年6月，国防部下达给第一绥靖区的作战任务是占领苏中、苏北的解放区。分两个阶段进行，第一期：攻占东台、兴化、高邮以南地区；第二期：攻占东台、阜宁、淮阴地区。

李默庵的对手为粟裕所部华中野战军，在苏中、苏北的黄桥、如皋、海安等地，约3万人。他认为12万消灭3万还不是和喝汤一样！

李默庵制定了作战计划后，即在无锡的绥靖区司令部召开作战会议。当时参加会议的各位师长、旅长，凭借良好的装备和众多的兵力，并不把江北解放军放在眼里，踌躇满志，都有灭此朝食的决心。这些人多数没有与解放军作战的经验，还不知道解放军的厉害。整编八十三师原是王耀武的基本部队，也是蒋介石的嫡系部队，半美式装备，战斗力较强。粟裕将首战就放在实力最强、目高于顶的李天霞美械化的整编八十三师身上。该师第十九旅，旅长杨荫，下辖两个步兵团，第五十七团守泰兴，第五十六团守宣家堡。李天霞万没想到粟裕敢打他，急忙派兵支援，但已经来不及了。经过一夜的激战，宣家堡守军及山炮营被全歼，泰兴守军大部被歼灭，只剩下一个营负隅顽抗。粟裕见目的达到，转移兵力。此战，李天霞被歼灭3000余人。

紧接着，粟裕打了王铁汉的整编第四十九师，歼敌万余。之后，又在海安打了运动防御战，与整二十五师、整八十三师、整六十五师、整四十九师等部共7个旅作战，歼敌3000余人；在李堡又消灭了新编第七旅6000余人；在丁堰、林梓歼敌交警总队3000余人。

此时，由宿县地区东进的邱清泉第五军占领睢宁，紧逼华中根据地首府淮阴，

李默庵

为策应第五军作战，李默庵命令驻扬州的黄百韬整二十五师沿运河北上，攻取江都县邵伯镇。8月23日，黄百韬指挥所部向邵伯、乔墅、丁沟等地进犯。

粟裕得知黄百韬的行动后，采取了"攻黄桥救邵伯"的战术，决定以第十纵队和第二军分区在邵伯防御，主力部队除以第七纵队在姜堰、海安间发动牵制性进攻外，第一师、第六师、第五旅、特务团3万余人大踏步机动，由丁堰、林梓越通榆公路向西开进，寻歼敌于运动之中。此时，如皋的王铁汉师在华中野战军三面包围之中。李默庵令驻黄桥的整编九十九旅东进如皋，以加强防守，王铁汉派驻海安的第一八七旅、第七十九旅一个团和留驻如皋的一个营，兵分三路去接应第九十九旅。

王铁汉接应受阻后，李默庵又急调驻扬州的整二十五师一个旅乘汽车增援第九十九旅，但黄师这个旅在中途即遭到粟裕主力的进攻。激战到第二天，第九十九旅被歼，旅长朱志席被俘。粟裕又将一部分主力东调，围歼王铁汉各部。在黄桥至如皋的公路上，又歼灭两个半旅约 1.7 万人。

8 月 23 日，黄百韬整二十五师在飞机、炮艇的配合下，向守卫邵伯、乔墅一带的粟裕第十纵和第二军分区发起猛烈的进攻，邵伯保卫战开始。

毛泽东致电粟裕等，询问邵伯、高邮方面我防御部队数量及战力情况。

由于邵伯、高邮为水网湖泊地带，正面狭窄，黄百韬的优势兵力和武器都无法展开，而守军依托工事和河流湖泊，英勇抗击敌军。各团采取轮番守备的战法，以连续的反冲锋和白刃格斗，敢于刺刀见红。经过四昼夜激战，守军的工事大部被炮火击中坍塌，许多指挥员坚持在齐腰深的水中指挥作战，整二十五师才勉强突破乔墅阵地，所部约 2000 人被打死打伤，而解放军邵伯主阵地坚如磐石。这时，又传来第九十九旅、第一八七旅等部被歼的消息，全线震动。机警的黄百韬深知粟裕不好惹，如（皋）黄（桥）战斗失利，自己的侧背受到威胁，遂以"出师不利，影响军心，再战无益"为由，要求李默庵准其部撤回扬州。经李默庵同意，所部撤回。黄部该次行动本来是为了策应邱清泉的第五军，由于黄部未能策应邱清泉，使邱清泉进攻失利，于是邱嫉恨黄百韬，二人结下梁子。

尽管李默庵损失惨重，但还是实现了第一阶段作战目标。

10 月，第一绥靖区奉命执行第二期作战任务，主要是进出盐城、阜宁、淮阴，与徐州一带的部队会合。11 月中旬，以李天霞整编八十三师打头阵，以李振整编第六十五师右侧后跟进。11 月下旬攻占东台县城。李默庵随即在东台设司令部。李天霞在伍佑场遇到解放军坚强抵抗，李振加入右翼。此时，黄百韬整二十五师亦到达东台。李默庵决定以整二十五师、整八十三师并兼向盐城反扑，整六十五师作为预备队。

1946 年 12 月 16 日，张灵甫指挥整编七十四师占领涟水。

12 月 26 日黄昏，整二十五、整八十三师攻占盐城。在此情况下，华中解放军退进山东。

占领盐城是国民党苏北作战计划第二期的目标。至此，得以全部实现。之后，国防部调整编第二十五师、整编第八十三师、整编第六十五师继续向阜宁以北进攻。

1947年1月10日，黄百韬率部攻占苏北沭阳，18日进攻新安镇地区。战事推向鲁南地区。

救援不力　险遭罢免

1947年3月，国民党军向山东解放区重点进攻，在兵力上用于山东方向的已达24个整编师、60个整编旅，45.5万人。分别编成3个机动兵团，全线出击。汤恩伯第一兵团下辖整编七十四师、整编八十三师、整编二十五师、整编二十八师、整编六十五师、整编五十七师，行动积极，从临沂向蒙阴、沂水方向进犯。4月28日，汤恩伯兵团进占河阳、青驼寺、垛庄、桃墟、蒙阴等地。

5月上旬，汤恩伯命令以整编七十四师为中心，整二十五师、整八十二师分别为其左右翼，又以第六十五师保障整二十五师侧翼，实行中央突破，限于14日占领华东野战军指挥中心坦埠，陷华东共军以混乱与四面包围之中。鉴于整编七十四师位置前出，粟裕决定歼灭整编七十四师。以第一、第八纵队从整编七十四师左右两翼迂回穿插，抢占芦山，并会同由鲁南兼程北上的第六纵队断其退路，封闭合围口；以第四、第九纵队正面出击；五纵队协同围歼该敌。

5月13日，张灵甫整编七十四师攻占了马山等地，距离坦埠不到10公里，踌躇满志。黄百韬和李天霞分别进到旧寨和依汶庄地区。

李天霞，黄埔军校第三期毕业生。1940年，黄埔三期的王耀武调任第七十四军军长，由李天霞继任第五十一师师长。1942年12月4日，李天霞由第五十一师师长升任第七十四军副军长。1944年5月,军长王耀武升为第二十四集团军总司令,副军长李天霞原以为能升为该军军长,没想到军令部任非嫡系的施中诚为军长,调李天霞任第一〇〇军军长,而第七十四军副军长一职却由第五十八师师长、黄埔四期的张灵甫调任。这明摆着是为张灵甫腾位置的。抗战胜利后,1946年,国民党军队在整编时,李天霞的第一〇〇军改为整编第八十三师,隶属陆军总司令部临沂指挥部。而第七十四军改为整编师,张灵甫任师长,亦属陆军总司令部临沂指挥部。但是整编七十四师在抗战时期战功卓著,有"五大主力"之首和蒋介石御林军之称。张灵甫和李天霞虽然同为师长,但哪能相提并论?李天霞认为张灵甫是黄埔四期小老弟,在资历上、战斗经验上绝不比自己强,内心大为不满。

5月13日黄百韬部进至黄斗顶山,张灵甫整编七十四师进至马牧池,遭到华东野战军第一、四、八、九纵队的反击。解放军以第七纵队牵制在汤头的第七军、整四十八师,以第一纵队截断黄百韬整二十五师和张灵甫整编七十四师之间的联系。一纵利用敌军各求自保的心理,于13日晚,以小部队向黄百韬整二十五师发起进攻,目的是让黄百韬以为自己受攻击而无暇他顾,主力则乘机向纵深猛插,割断整编七十四师与左右两翼的联系。第八、九两纵队即向整编七十四师右翼形成包围之势。华东野战军第九、第四两纵队在正面抗击整编七十四师进攻的同时,第六纵队飞奔北上,抢占垛庄,断敌退路。

黄百韬是个老军旅了,见状危急,立即率部退回南北桃墟,掩护张灵甫右翼的李天霞之一部也急忙缩回孟良崮南侧一高地。黄百韬发现解放军有围歼张灵甫的趋势,于是命令张灵甫回撤至垛庄、桃墟之线,在解放军彻底合围前,向整二十五师、整八十三师靠拢。

张灵甫发现被解放军包围,也急忙令部队撤退,试图退回原驻地垛庄、界牌一带。未料此时华东野战军六纵第十八师第五十三团作为先锋,其第四连于14日凌晨到达垛庄以西的彭家岚子,正与整二十五师一个连迎头相遇,当即猛冲猛打,激战十几分钟便将敌人打退。在友邻部队一纵的协同下,对垛庄发起攻击,

李天霞

一顿猛打,很快占领垛庄。张灵甫的退路被堵死了。

张灵甫不甘示弱,认为自己作为诱饵,吸引共军大部来攻,外线部队可以迅速跟进,包围共军,于是命令所部扔掉笨重的火炮和卡车,率部上了孟良崮。他自信虽然被华东野战军10万大军包围,援军近则10多公里,远则100多公里,很快就能增援,不但能解围,还能实现"里应外合,中心开花"的效果,于是要黄百韬等部迅速向他靠拢,一举消灭共军。

第一兵团司令官汤恩伯认为张灵甫实为全局之枢纽,"务系激励将士坚强沉毅守孟良崮",同时令各部迅速向孟良崮靠拢。他向蒋介石和国防部报告张灵甫已将共军主力全部吸引在自己的周围,而李天霞和黄百韬两部离张灵甫最近。

蒋介石要整八十三师、整二十五师、整六十五师、整四十八师和第七军从东西南北各方向迅速向张灵甫靠拢,命令整九师和王牌整十一师胡琏从新泰星夜南下增援。

14日上午，华东野战军一纵攻占界牌、天马山等要点，割裂了张灵甫整编七十四师与黄百韬整二十五师的联系。黄百韬平时受够了黄埔嫡系将领的气，有意无意要张灵甫好看。他的两个旅摆在孟良崮西北极有利的桃墟阵地的山窝里，所谓救援只是虚张声势，做做样子。

蒋介石的电话却直接要到黄百韬司令部，命令他不惜一切代价向张灵甫靠拢！

黄百韬哪敢消极，当即使出浑身解数，先派出陈士章一个整编旅先后攻战了三山店、交界礅，又向界牌发起进攻。

陈士章动用两个营的兵力向一纵的界牌阵地展开强攻。炮声、轻重机枪声、冲锋枪声、手榴弹声交织成一片，阵地上尘土飞扬，硝烟弥漫，打了大半天，始终未能突破解放军的阵地。下午，黄部又开始向解放军界牌阵地炮击。按常规，一般在炮击过后将近五六分钟时，敌军才冲上阵地；这时守军才从后面的隐蔽壕中跃出，进入阵地阻击敌人。此次，黄部改变战术，利用在训练中步炮协同的优势，冒着被自己的炮弹炸死的危险，命令部队紧跟在离炮弹炸点五六十米的距离前进。炮击未停，已经前进到离解放军阵地不到50米的树林中。

硝烟未尽，一纵某部六连战士突然发现敌军冲上阵地。这时，连长组织反击时身负重伤，指导员指挥所有的兵力。只有一个排的战士，面对黑压压冲上来的几百号敌人勇猛射击，所有的人只有一个信念：决不能让一个敌人从自己的阵地上过去，否则就踏着尸体过去。敌军在督战队的威逼下，密密麻麻往前猛冲，前仆后继，阵势十分吓人。但这种心理战对早已将生死置之度外的解放军不起作用，黄百韬的炮兵打了上万发炮弹，上千步兵轮番进攻，终未越雷池一步。

从5月15日起，在华东野战军的猛烈攻击下，整编七十四师龟缩在孟良崮狭小的地域内。孟良崮是一个光秃秃的石头山，山上严重缺水，张灵甫部使用的是水冷马克沁重机枪，无水发挥不了威力，而且解放军枪弹密集如飞蝗，射击在石头上，弹跳横飞，一粒子弹壳都可能连伤数人，余部损失惨重。

张灵甫没咒念了，只有向蒋介石、汤恩伯和黄百韬等呼救。蒋介石、陈诚下达死命令，各部务必为张灵甫解围，"贻误战机，军法从事！"

在蒋介石的高压下，黄百韬所部和整六十五师向天马山发起狂攻。天马山的南边就是垛庄和孟良崮，在张灵甫与黄百韬之间，只隔着一座天马山，冲过天马山，前面就是开阔地，就能和张灵甫接上气。上午 10 时起，黄百韬命令以两个团的兵力向天马山、界牌一线猛攻。黄百韬亲自指挥，在铺天盖地的炮火的掩护下，以连、营规模发起集团冲锋。激战至下午，整二十五师已攻到天马山的山腰处，再有百十米就可以冲到山顶了，胜利离他只有一步之遥。黄百韬乐观地告诉陈士章："过了天马山，就可以救出张灵甫！"

此刻，担任天马山阻击任务的华东野战军一纵第一师的阻击部队几乎伤亡殆尽，只剩下零星的枪声，表示还有人在抵抗。

第一师师长廖政国将最后一个连的预备队和师部的警卫排都拉上阵地，手里只剩一个警卫班。他在指挥部里急得乱转。到最后时刻，只有自己带着十来个人以死相拼了。

奇迹出现了，这时华东野战军四纵第十师二十八团第三营正巧路过此地。廖政国上前拦住："哪儿都别去了，就留在此地！"

三营郭营长面有难色："不行，首长，我部奉命前往芦山……"

廖政国急了："如果让整二十五师越过天马山，就和张灵甫会合了，你听听，我们的阵地上还有多少枪声？"

郭营长当机立断，带着人跑步增援，当赶到阵地时，只见黑压压的敌人已爬上阵地。

郭营长还未及命令，一个营的武器几乎同时开火，一下子把狂攻的部队打得死伤一片，活着的争先恐后地逃了回去。黄百韬没脾气了，功亏一篑，就这一山之隔，犹如天堑，黄百韬使尽吃奶的劲，还是被打回原形。

这或许是天意，如果没有第三营碰巧经过，整编七十四师将被黄百韬救出。

整编第九师师长王凌云率部从新泰向蒙阴急进，于 15 日下午抵达距离孟良崮5公里的巨山，与解放军发生接触。王凌云和黄百韬有同窗之谊，关系不错，与黄百韬都不是蒋介石嫡系，正所谓和尚不亲帽儿亲。当晚，王凌云过了几道关卡才找到黄百韬的师部。他问黄百韬情况如何，是不是立即出击。

黄百韬说："我从今天下午起，就与张灵甫失去了联系。我的部队和共军打得很激烈，攻不动啊。"

王凌云说："要不要我部配合，向共军攻击前进？"

黄百韬皱着眉头："共军很强大，而且夜战是他们的拿手好戏，你远道而来，我看还是采取稳扎稳打的战术，夜间就不必出击了。"

16日拂晓，王凌云整九师一面向黄百韬靠拢，一面采取黄百韬稳扎稳打的办法向解放军进攻。此时其左侧背遭到解放军的攻击，于是迟滞了向孟良崮的进攻。是日下午，孟良崮方向枪声非常紧，王凌云知道这是解放军向张灵甫发起强攻，反而让部队停止前进。

下午2时左右，解放军发起总攻，整编七十四师全线崩溃。

王凌云

张灵甫与胡琏为陕西老乡，又是黄埔四期的同学，交情很好，当时，他与胡琏通电话："伙计，我恐怕不行了，你得赶快来救。"

胡琏答："我正在加紧进行，你看过《济公传》那部小说吧？要学八魔斗济公中的济公。"

但是张灵甫已经无法支撑了，满山遍野都是解放军。

借景生情，陈毅赋诗曰："孟良崮上鬼神号，七十四师无路逃。"

张灵甫死了，整编七十四师覆没了，蒋介石哭了，哀叹道："张灵甫之死，是最痛心、最惋惜的一件事，是无可补偿的损失。"

解放军消灭整编七十四师后，很快撤出了战场。王凌云整九师于17日上午赶到孟良崮时，满山遍野，到处是死尸，只找到一门美式75mm山炮和一些零星的军用品，是张灵甫带不上山而埋在沙土里的。

孟良崮战役后，黄百韬率整二十五师经蒙阴抵达新泰附近。

6月中旬，蒋介石在南京孝陵卫召开孟良崮战役检讨会，指名道姓让黄百韬

胡琏

参加。黄百韬非常焦虑，惶惶不可终日。

第一四八旅副旅长武之棻来到师部，黄百韬正在伏案核对孟良崮战役经过图表。

武之棻原是上官云相的参谋处长，后跟着黄百韬有几年了。他向参谋长李世镜汇报了工作，就要返回。李世镜则对武之棻说："黄师长快要去南京开会了，凶多吉少，你去看看他。"

武之棻随李世镜进去，黄百韬一抬头："你来得好，你看师部参谋处绘制的作战经过图多么粗心，简直不能表达实际情况。我曾亲自率领四个步兵团绕出本师作战境线增援解围，可以说全力以赴，可是在地图上竟没有显示出来。"

武之棻心领神会："师座，现在标上也不晚，不能自己埋没自己呀！"

黄百韬一连声："对对对，我们绝不造假，也不能埋没自己不是？"他拿起红蓝铅笔在图上画了一条路线，然后命令身边的副参谋长陶文焕："你拿去重画一张。"他转过头问武之棻："干什么来了？"

武之棻回答："我来请示构筑工事问题！"

黄百韬说："好好！我要去南京开会，都靠你们了。工事要加强，别叫共军钻了空子！"

武之棻问："师座，几时起身？何时回来？"

黄百韬叹道："一两天就走，何时回来不敢说。"半晌，他冷笑着，"也许不回来了。这次孟良崮打仗，汤老总叫我指挥张灵甫，张灵甫不听李天霞指挥，难道会听我指挥？如今吃了败仗，汤老总称病，一走了事，我们就吃不消了。唉，我们是干儿子，紧要关头，谁替我们说话……"

武之棻看着黄百韬的脸色说："你去看看顾老总嘛。"

黄百韬心领神会，一去南京，带着礼物径直先去看参谋总长顾祝同，对顾祝同说了一番作战经过。末了，他说："顾老总，我可是你一手提拔起来的，现在汤恩伯躲了，你可要替我多说话呀！"

顾祝同笑着说："你去吧，我为你负责。可有一条，可不敢再有这种情况了。"

黄百韬一个立正："放心吧，属下就是肝脑涂地，也不敢丢您的人！"

国防部大楼里，灯火辉煌。军事会议在严肃的气氛中开始。会上，首先顾祝同宣布："先由各部长官报告作战经过。"

在此期间，蒋介石一直阴沉着脸，让在座的参战将领黄百韬、李天霞、胡琏、王凌云等人不寒而栗，各自琢磨如何逃过眼前这一劫。

顾祝同先令李天霞报告经过，李天霞喋喋不休地汇报完后。蒋介石站起来，对张灵甫一再褒奖，对汤恩伯的指挥一言带过，接着指责："李天霞在此次战役中指挥不当，使张灵甫陷于孤立，而且坐视不救，立即撤职查办。"

李天霞强辩说："张灵甫不把我这个三期的学兄放在眼里，根本不听我指挥，一味贪功冒进，以致被陈毅大军包围，我又奈何？何况围点打援是共军的一贯战法，安排重兵阻击我的部队，致使我伤亡惨重，我有什么办法？"

蒋介石大怒："古人都懂胜则举杯相庆，败则出死力相救，你做到了吗？还敢强词夺理！押下去，一定要严办！严办！"

当场有宪兵数人将气哼哼的李天霞强行押走。

黄百韬小声对身边的王凌云说："这次老头子是来真的了，老兄，你无论如何要帮我。"

王凌云说："咳，校长和学生，做做样子罢了。你放心，咱们才是拴在一根绳上的蚂蚱……"

蒋介石气愤地坐了下来问："黄百韬呢？"

黄百韬战战兢兢地站起来说："汤司令官先叫李天霞指挥张灵甫由垛庄进攻坦埠，失利后，张师长直接向徐州总部和汤司令官报告，并不向李师长报告，这是张、李二位师长之间的问题，我不敢妄加评论。后来，汤司令官命令我来指挥整编七十四师，说实话，我一时接不上头。我遵令和张师长联络，无线电报很难联系上，有一次联络上了，我问张师长现有战力、当前情况，他说得很简单。我与他商量，要他把后方靠近我部，我说纵然通往临沂的联络点被共军切断，我们还可以利用费县的后方联络点，两个师靠在一起，就可以顶得住打。他说，我部已占领孟良崮，阵形已成定局，不能动了，势必继续挺下去。"

蒋介石问："那你干什么啦？"

"我只能通知他，你师不能靠近我，我改变计划，决心靠近你，于是我亲率四个团的兵力，越过作战境线，增援孟良崮。我想如果能争得一个山脚，可使共军不能合围，也好转面向东顶，也可以保全西边的安全。"

蒋介石余怒未消，斥道："四个团？一派胡言。你巴不得张灵甫被共军消灭……"

黄百韬不敢申述，偷偷看了顾祝同一眼。

顾祝同站起来，对蒋介石轻声说："总裁，是不是让黄师长把经过说完？"

蒋介石哼了一声。

黄百韬接着说："这是我部一〇八旅旅长杨廷宴的建议。他说张师长若有差错，虽然未归师长指挥，可是关系重大，我们牺牲几个营，也在所不惜。于是我亲自带四个团救援张师长。"

蒋介石仍不信，大骂："该死该死！都是鬼话！"

黄百韬拿出作战地图交给顾祝同，说："总长，这是我率四个团的行动路线，你可以派人核对。"

顾祝同说："你继续。"

黄百韬说："我打到界牌时，伤亡千余，但时机已晚，张灵甫已经牺牲了。我只得停下来，急谋自救。这是经过实情，请总裁调查。若我指挥不当，坐视不救，或是所报战斗经过不实，请总裁将我立即正法！我别无可说，听候命令！"

王凌云站起来说："总裁，黄师长说的属实。当时，我的部队就在黄师长旁边，亲耳听见他那边的枪声激烈……"

蒋介石的脸色已经不像刚才那样难看，说："打了，没打过去等于白说。这次孟良崮之战，对黄师长百韬的表现予以严重警告，再有此援救不力的情况，定以军法从事，绝不姑宽！"

黄百韬擦擦一头冷汗，侥幸过关。

帮助黄百韬逃过一劫的参谋总长顾祝同

努力增援　荣获勋章

经过总结孟良崮失败的教训，国防部撤销了郑州、徐州两个绥靖公署，设立陆军总司令部徐州司令部，由陆军总司令顾祝同进驻徐州，统一指挥。

为执行蒋介石的"诱敌作战，逼敌会战，捣匪巢穴"的战略，彻底消灭陈毅的野战军，国防部部署了一个普通军、11个整编师（军），外加一个普通师和两个旅的兵力，再度进攻鲁中山区。以范汉杰的第三兵团担任主力。

6月27日，范汉杰兵团向南麻攻击前进；以黄百韬整二十五师、刘镇湘整六十四师和胡琏整十一师由大张庄以东、南麻以南进击，以保障欧震兵团左翼

范汉杰

安全。所部突然以强行军超越刘镇湘的整六十四师,形成锥端,揳入南麻(今沂源县)地区,于 30 日,一举攻陷南麻盆地。胡琏以己部作为诱饵,吸引解放军主力来攻,以图其余各部将解放军一举包围而歼之。

7 月中旬,陈毅、粟裕决心先歼灭南麻的胡琏整十一师 5 个团,得手后再求歼黄百韬的整二十五师和刘镇湘的整六十四师。

陈毅立即调动了 5 个纵队的兵力,以二纵韦国清由东北方,六纵王必成及快速纵队(特纵)由东南方,九纵许世友由西北方,以雷霆万钧之势,直扑南麻;另以第七纵队成钧部担任阻敌任务。陈毅、粟裕赴北马头崮坐镇指挥。

胡琏得知方圆 20 里皆是解放军后,在战前除了加紧修筑密如蜂窝的地堡和蜘蛛网般的工事外,还向黄百韬等部发出求援电报。

7 月 18 日,华东野战军的攻击正式开始。此时天降倾盆大雨,加上南麻是个盆地,雨水加山洪不期而至,部队冒雨蹚水前进,在泥泞中挣扎,各种战术水平发挥不到位,异常艰难,损失很大。胡琏则将部队分成小组,以排为单位,占据堡垒、工事和民房，成为"小而坚"连环的"触角堡垒"，专门对付解放军的人海战术，很有效果。

华东野战军在雨中连续发动进攻，激烈的战事持续了三天三夜，守军的几百个地堡，只攻克了一小部分。胡琏的兵力化整为零，损失不大。由于华东野战军各部的顽强进攻，胡琏发电请求兵团司令官范汉杰："敌伤亡虽属惨重，但仍有余勇可贾，恳饬援兵。"

范汉杰令黄百韬和刘镇湘两个师6个旅的兵力，增援胡琏。黄百韬因刚受过申斥，自然不敢保存实力，亲自部署，展开约4个旅的兵力，从19日晚起开始向华东野战军七纵阵地发起强攻，可谓不遗余力。黄百韬还多次打电话到第一线，指挥部队连续发动10多次的攻击。截止到22日上午，整二十五师成功突破了七纵两个阵地，并向两翼扩大战果。

粟裕对陈毅说："如按黄百韬的势头，最多再有两天就能与胡琏会合，否则必须增加打援的兵力，我们手中已没有预备队了。"

陈毅沉吟片刻："为了不被迫后撤，我看今晚停止进攻，把部队撤至临朐地区，休整补充后，再寻机作战。就怕黄百韬不撤口……"

粟裕："我同意老总的意见，估计黄百韬不敢乘机向前猛进，如果他真敢追，我们就歼灭其一部。"

7月23日拂晓，华东野战军以损失8000人的代价，终于撤围向临朐方向而走，主动退出沂蒙山区。胡琏终于守住了南麻，打退了华东野战军的主力部队。他神气透了，大发狂言："我的十一师可不是张灵甫的七十四师，想吃掉我，得有一副铁嘴、钢牙、好胃口！"

战后，蒋介石论功行赏，颁发给胡琏整十一师奖金法币5亿元，将胡琏吹捧为"常胜将军"；国防部将胡琏的南麻之战列为国民革命军24个典型胜利战役之一。

黄百韬气得将中将大盖帽恶狠狠地摔在地上，咧着大嘴骂道："操！什么鸡巴毛常胜将军？要不是老子拼死命相救，早他妈的和张灵甫做伴去了。"

8月，粟裕在《南麻临朐等役初步检讨》中分析战略指导上失利的一个重要原因是"过去敌人不敢增援，但近来在蒋（介石）顾（祝同）连坐法及所谓'总动员'和高价奖励下，较前大为积极，其增援部队攻击甚猛。而我军重心则又置于攻坚方面，故南麻、临朐两役因援军逼近而撤围"。这里也反证了黄百韬的救援是及时和成功的。

因南麻等战役未打好，粟裕向中央军委提出"应负全责，为此，请求给予应得之处分"。

1948年5月下旬，华东野战军为了寻歼邱清泉的第五军，令陈士榘、唐亮的第三纵队和第八纵队向淮阳方向前进。果然，位于商丘地区的邱清泉被吸引南下。5月30日、31日，黄河以北华东野战军各纵突然南渡黄河。国防部闻讯，命令邱清泉第五军和沈澄年整七十五师北返，迎击华东野战军渡河各部；同时又向鲁西南增调黄百韬整二十五师、周志道整八十三师、余锦源整七十二师和林湛整六十三师一个旅，企图与渡河的华东野战军主力部队决战。这样，在鲁西南，国民党的兵力最多达11个整编师，且队形密集，不易分割。此时，华东野战军第三纵队、第八纵队到达通许、杞县位置，距开封只有一日行程。粟裕抓住战机，立即制定了"先攻开封，后打援敌"的作战计划。以三、八纵队组成攻城集团，并以第一、四、六纵队为打援兵团，用运动防御坚决阻击邱兵团西援开封。

6月17日，华东野战军攻城部队兵临开封城下，向开封的东、西、南、北四关发起猛烈攻击。19日，攻城部队突破了城垣，与守敌展开激烈的巷战。23日，攻克敌最后的据点龙亭，全歼守敌，开封战役结束。

此时，邱清泉兵团全力西援开封，遭到华东野战军一、四、六纵队的阻击，伤亡惨重。为挽回败局，蒋介石以区寿年组成第一兵团，经民权、睢县、杞县迂回开封，企图与华东野战军决战。由于邱清泉和区寿年两路间有40公里的间隙，华东野战军于29日晨迅速包围区兵团部于龙王店附近地区。经两昼夜激战，将敌整编第七十五师的第六旅及新二十一旅全部歼灭。

开封战役时，华东野战军第二兵团包围山东兖州，吸引黄百韬整二十五师北上。

就在邱清泉兵团在西线与阻援部队激战时，北援兖州的黄百韬整二十五师突然掉头来援，与第三快速纵队和交警第二总队组成一个兵团，行动迅速，很快就抵达被华东野战军包围的整七十二师所在地——开封铁佛寺以东约10公里的帝丘店地区，与邱清泉兵团东西对进，遥相呼应。

粟裕决心乘黄百韬兵团长途跋涉，尚未全部展开之际，先声夺人，给运动中的黄兵团以歼灭性打击，并迅速歼灭整七十五师残余。他命令以三纵、十纵、八纵阻击邱清泉兵团，以八纵大部和六纵一部围歼整七十五师第十六旅两个团，以第一、第四纵队和两广纵队攻击黄百韬兵团。

黄百韬部气势汹汹，凶猛异常，与华东野战军激战至7月4日拂晓，约两个团被解放军歼灭，黄百韬下令所部退守帝丘店及其外围10多个村庄内。

5日，黄百韬部在飞机、坦克和炮火的掩护下，向华东野战军进攻部队实行勇猛反扑。经过惨烈的激战，且援敌将近，7月6日，粟裕放弃围歼黄百韬的计划，命令部队当晚撤出战斗，分别向睢县以北及鲁西南转移。由于华东野战军伤员约万人，在敌机扫射下，抬担架的民工都四下而逃，部队被迫转回来掩护伤员撤退，损失不小。

粟裕在致中央军委等关于"北撤中部队情况"中承认："部队本来就很疲乏，又要看俘房、抬伤员、抬枪炮（缴获的与自己的）、打掩护，颇为混乱。而邱匪则乘机尾我进击，以部队将伤员抬至路北，地方担架又跑光，致先后损失伤员数百名。"

黄百韬、邱清泉挥军跟踪追击，沿途打死并抓获不少解放军，乘胜收复考城、曹县，近迫定陶，豫东战场和沿途尸横遍野。双方均称打死对方4万多人。

黄百韬大肆宣扬胜利，就连被俘的区寿年也认为粟裕的胃口太大，才致有此结局。

7月13日，国民党《中央日报》以一个整版发表所谓"黄泛区大捷"，声称"陆空配合，围歼'匪'军主力十万，整个华中战局此次稳定"，是"稳定江淮的一次大胜利"。

这显然是在吹牛皮了，华中战局此次非但不能稳定，两个月后，济南战役爆发。当战役还在进行中，粟裕又向中央建议打淮海战役。这证明国民党和国民党军已经江河日下了。

但是，由于黄百韬部的作战表现明显优于其他各部，与第五军和第十八军比肩，也成为中原战场一大主力。是年9月8日，为表彰黄百韬在南麻战役和豫东黄泛区战役中的英勇表现与战功，也为了提振萎靡不振的士气，蒋介石特意授予黄百韬"青天白日勋章"一枚。

该勋章中心为青天白日国徽，"代表国家，四周为光芒，象征荣获此章者，有御侮克敌，使国家光辉四射之功"。

有人说，黄百韬打了20多年仗，才得到一枚"青天白日勋章"，这一定是一枚催命章。果然，不幸而言中了。

淮海之战　兵败自杀

"黄泛区大捷"以后，8月，蒋介石亲自主持了南京军事作战会议。国民党陆军陆续进行了改编，废除了整编师、整编旅的编制与序号，重新规定了新的序列和番号，恢复了原各军、师的编成和番号。黄百韬因其卓越的指挥能力与勇猛顽强的作战精神，升为第七兵团司令官，第七兵团副司令官为黄国梁、唐云山，参谋长魏翱，隶属徐州"剿匪"总司令部，下辖陈士章第二十五军、陈章第六十三军、刘镇湘第六十四军、余锦源第七十二军。

黄百韬的第二十五军，军长由陈士章升任，杨廷宴因与黄百韬私交不错，做了副军长，参谋长陶修，下辖曾正我的第四十师、李世镜的第一〇八师和刘清昶的第一四八师。七兵团位于新安镇以东的铁路线上，为徐州北面屏障。

照理说黄百韬以非黄埔身份混到这个份儿上应该春风得意了。在与解放军的多次交战中，黄百韬已经感到力不从心，气数已尽。济南失守后，为守住中原地区，国防部制定了"徐蚌会战"计划。由于白崇禧拒绝统一指挥徐州和华中两"剿总"，蒋介石决定亲自出马，11月4日去徐州部署与共军决战计划。国防部作战厅长郭汝瑰一清早就在南京大校场机场等候，早上7时半，到了起飞的时间，"中正号"飞机的螺旋桨飞快地转动起来，还是不见蒋介石的人影。

8时多，一辆黑色的别克轿车匆匆而来，车门开启处，参谋总长顾祝同钻了出来。

郭汝瑰迎上前去："顾总长！校长还没来呢。"

顾祝同摘下帽子，用手绢擦着额头上的汗："校长不来了，让我代替他去徐州。"

"怎么？不是板上钉钉的事吗？怎么又起变化？"

"走吧，我们坐上飞机再说！"

这样来回一折腾，到上午11时多，飞机才到达徐州云龙山的上空。当飞机降落在机场上时，刘峙、邱清泉、李弥、孙元良、黄百韬等一群等候多时的兵团司令和军、师长都肃立在停机坪上。舱门开启，只有顾祝同、郭汝瑰等人下了飞机。众将官见久候的蒋总统没来，不免泄气。

刘峙迎上前来，给顾祝同敬了个礼，问："怎么是你们几个？总统呢？"

顾祝同说："总统有急事，让我们代他来部署徐蚌会战计划。"

刘峙说："好好，我们做属下的就应该替总统分忧嘛！"

郭汝瑰与邱清泉、李弥、孙元良等黄埔学兄一一握手寒暄后，来到黄百韬身边。两人很熟，曾经有一度，郭汝瑰想去黄百韬的第二十五军任副军长，黄百韬也欣然同意。但郭是中共地下党员，组织上要他留在国防部，以便获取情报，所以郭汝瑰最后没有去二十五军。

此番见面，郭汝瑰见黄百韬面容憔悴，关心地问："焕然兄，你的脸色不好啊，是不是有病了？"

郭汝瑰

黄百韬无精打采地说:"是啊,我新近患了疟疾,冷来时冰窖里卧,热来时蒸笼里坐,流年不利,该倒霉了。"

郭汝瑰宽慰地说:"吃五谷杂粮,谁不害病?焕然兄怎么会让一场小病弄得如此悲观?"

黄百韬摇头说:"不是悲观,这是命!算命的说我50岁有大难,看来此言不虚啊!"

"对了,我记得老兄的生日是阴历八月十六,阳历9月18日,我还没表示祝贺呢。"郭汝瑰岔开话题。

"祝贺?能不能挨过天命之年还很难说。"

郭汝瑰劝道:"老话说病来如山倒,病去如抽丝,好好康复。病好了,心情与时运自然会好的。"

黄百韬叹了口气:"我不怕病来如山倒,就怕兵败如山倒啊。"

"焕然兄，放心吧，兄弟此次就是来传达蒋总统的徐蚌会战计划，我们是能够战胜共军的。"郭汝瑰言不由衷。

寒风袭来，黄百韬拉了拉衣领，把半个脸藏在其中没再言语。

当他们一行到达文亭街的徐州"剿总"后，顾祝同首先对司令官、军师长们训话，无非是打气和鼓劲；之后，郭汝瑰汇报了全国形势和东北作战的经过，听得在座将领个个摇头叹气，像泄了气的皮球。

第二天上午，即11月5日，顾祝同召集徐州"剿总"司令部的高级军官和邱清泉、李弥、孙元良、黄百韬及军、师长们研究徐州方面的作战计划。还没开始讨论，邱清泉与黄百韬就较上劲了。

邱清泉指着作战地图说："共军华东野战军三、八、十、十一纵队在鲁西南，先头已到曹县、城武，我二兵团位于徐州以西的商丘。以兄弟多年与共军作战的经验判断，这次共军攻击的目标肯定是我的二兵团！"

黄百韬冷笑道："未必、未必，空军飞机在鲁南郯城以北地区已发现共军强大部队，我认为共军可能就要先向我七兵团发起攻击！"

邱清泉讥讽说："你也算盘大菜？共军会放弃我二兵团反打你的七兵团？"

黄百韬见其出言不逊，也一步不让："我是不算盘大菜，我看啊，有你邱老总在，陈毅、刘伯承谁敢打你！"

顾祝同连忙劝阻："好了，二位司令官，不管共军是先攻打徐州以西还是徐州以东，无论华东野战军主力何在，都是要在徐蚌地区与我军会战的，而徐州'剿总'的各兵团在陇海路上一字排开，态势极为不利。我们应该讨论如何作战！"

黄百韬说："我先谈谈我的想法。"

"剿总"司令官刘峙阻止说："焕然兄，你那个计划还是不要谈了，我们是不是听听总统的计划？"

"不！我一定要讲。"黄百韬不依不饶，"我不是天子门生，又不是嫡系，不像有些人只会听总统的，这是对党国不负责的表现。作为军人必须有自己的主张！"

刘峙在国民党中被称为福将，不是战将。他做徐州"剿总"司令官时，就有人说：徐州是南京大门，不派虎，也得派一只恶狗，谁知派来一只猪。

面对刘伯承、陈毅两大高手，刘峙自知不是对手，提出派一位黄埔系当过兵团司令官能孚众望的做副手，于是要求杜聿明来做副总司令兼前进指挥所主任。但此时杜聿明还在葫芦岛指挥撤退东北的败兵，无暇分身。

黄百韬话中有话，大腹便便的刘峙只当没听见。

邱清泉不高兴了，他认为黄百韬在讥讽他们黄埔系，于是说："黄老兄，你不要以为黄泛区大捷得了青天白日勋章就了不起了，连刘总司令也不放在眼里！"

黄百韬一步不让："我再了不起也没有你了不起，我对此次徐蚌会战有我的想法。我跟刘老总说过，没有下文，现在顾总长来了，既然讨论战法，我为什么不能在会上说？"

刘峙

郭汝瑰打圆场："顾总长，我们既然研究徐蚌会战，让焕然兄谈谈也行。"

顾祝同本来就与黄百韬关系不错，顺水推舟："好，焕然，你就谈谈吧。"

黄百韬说："陈毅主力业已由鲁西、鲁南南下，将会合在苏北的三个纵队，夹击我兵团。刘伯承部将由西南方向，牵制我各主力兵团。而我兵团分布在陇海线东段沿线，战线辽阔，备左则右寡，备前则后寡，无所不备而无所不寡。兄弟以为，唯有效拿破仑的团式集中法，结合各兵团于徐州四周，然后掌握战机，趁刘伯承、陈毅尚未合流，而各个击破之。"他指着地图说，"以徐州为中心，集合各兵团抱成团，对东南西北各个方向备战，深沟高垒，做持久战的打算。"

顾祝同说："黄司令官的主张与国防部的中原会战计划有不谋而合之处，我们制订了两个方案：第一案是徐州'剿总'除以一至两个军坚守徐州据点外，将所有陇海路上的城市放弃，集中一切可以集中的兵力于徐州、蚌埠间津浦路两侧地区做攻势防御，与共军决战；第二案是退守淮河南岸，凭河川防御，待共军攻势顿挫时，机动转移攻势，击破共军。至于采取哪一案，就是我们今天讨论的内容。"

经过研究与争论，徐州"剿总"司令官刘峙作出了如下决定：

（一）黄百韬第七兵团撤过运河，确保徐州以东的运河西岸地区。

（二）邱清泉第二兵团迅速集结于徐州以西的永城、砀山地区。

（三）李弥第十三兵团集结于皖北的灵璧、泗县地区。

（四）孙元良第十六兵团以蒙城为中心，掩护津浦路之安全。

（五）第三绥靖区冯治安部向徐州附近集结。

（六）第四绥靖区刘汝明部移驻蚌埠、徐州间的临淮关。

（七）第九绥靖区李延年部撤守海州，向徐州西撤，所属之第四十四军拨归第七兵团。

（八）徐州"剿总"移蚌埠。

布置完"徐蚌会战"计划后，顾祝同和郭汝瑰打道回府。国民党的将军们谁也没有意识到两天后一场大决战就要爆发了。

11月6日，解放军中原、华东两大野战军联手，发起淮海战役。是日下午，徐州"剿总"司令官刘峙命令：向徐州撤退的黄百韬第七兵团在新安镇暂停撤退，等候并掩护海州方向的第九绥靖区李延年部，待该部到达新安镇后，再一同向徐州撤退，并令王泽浚的第四十四军归第七兵团指挥。

黄昏时分，第九绥靖区司令官李延年，偕总统府参军、战地视察官李以劻，由海州乘车赶到新安镇的黄百韬第七兵团司令部。黄百韬指着敌我态势图对李延年说："共军主力十多个纵队南下，陈毅的部署是想先打我第七兵团，现我兵团的战略位置非常不利。我如在这里打，则孤军无援，如侧敌西进，到不了徐州便会遇敌。徐州工兵团迄今未来架设运河浮桥，十几万人马和老百姓一下子怎么过得去？"

李延年说："现在看来，转进太迟了，要赶快行动，不能再贻误戎机了。"

黄百韬气愤地说："国防部作战计划一再变更，先让我们走，又令我们停。贻误战机，处处被动，正所谓将帅无才，累死三军！"

黄百韬考虑到5个军如果拥挤在一座运河桥上，肯定耽误时间，于是命令第六十三军陈章部，先期从新安镇出发，南向窑湾方向而去，企图从窑湾镇渡河，转赴徐州。

谁知第六十三军刚刚行军了40余里，便被华东野战军一纵追上。第六十三军边打边逃，撤至窑湾，就被解放军包围消灭；军长陈章在渡河时负伤，到西岸后拔枪自杀。

7日凌晨5时，黄百韬第七兵团各部才从新安镇附近开始行动。第二十五军、第四十四军、第六十四军及第一〇〇军依次缓缓西撤，公路上烟尘腾空而起，连绵十几里。

此时，驻防贾汪前线的第三绥靖区部队，在张克侠、何基沣两将军率领下，举行战场起义，让开运河防线，整个陇海路东段暴露在山东南下的解放军面前，各纵队直扑向徐州西进的黄百韬兵团。

8日下午2时许，黄百韬的第七兵团第二十五军、第一〇〇军刚刚到达运河

李延年

东岸,南面枪声大作,解放军如从天而降,横扫过来。黄百韬急令两个团担任掩护,自己率兵团部好不容易抢过了拥塞不堪的运河桥。望着桥上人马践踏、自相残杀的部队,他知道解放军很快就要追到桥东,于是面无表情地断然令工兵:"炸桥!将西岸的船只立即烧掉。"

随着"轰隆隆"的巨响,运河桥飞上半空。黄部后卫的两个团被隔在东岸,喊声、骂声、哭声乱成一片,打到天黑,全部成了解放军的俘虏。

华东野战军参谋长陈士榘渡过运河后,经古邳向西北斜插至离碾庄约5公里的土山镇,设立了前敌指挥部,指挥六纵王必成部、九纵聂凤智部、十一纵胡炳云部,由南向北,积极配合陇海路北四纵陶勇部、八纵张仁初部、十三纵周志坚部,由北向南,合围西窜的黄百韬兵团。

侥幸过了运河的黄百韬兵团以急行军的队形,拥着、挤着,狼狈不堪地逃到碾庄圩地区。眼看离徐州不到100里了，惊魂略定的黄百韬喘了口气，下令：部队在碾庄一带整顿，明早再行。通信兵在村庄里架起了电台，黄百韬边擦着脑门上的冷汗，边向徐州的刘峙报告："连日战况惨烈，各部损失约9000人，仰赖钧座德威，幸未遭匪算，兵团脱离险境，现已到达碾庄。"

但是黄百韬又失一招。他万万没想到，就是在碾庄停留的一个晚上，使他和他的第七兵团永远失去了逃回徐州的机会。

9日清晨，黄百韬召开各军军长会议。多数人已成惊弓之鸟，主张兼程前进，抵达大许家再说。第六十四军军长刘镇湘因已构筑了防御阵地，不愿马上走。第二十五军军长陈士章急了，大声嚷嚷："西进一里是一里，黄泛区战役时，二十五军与七十二军只隔10公里，炮火相接，最终也冲不开共军的阻隔。现在不快走，被围就来不及了。"

正在商议时，黄百韬接到空军侦察通报："共军约有3万人，正从碾庄圩西北约20里宿羊山跑步南下；另有万余人正从铁路南向西疾进。"

"行动！行动！立即开拔！"黄百韬立即下令。

就在七兵团准备行动时，说时迟那时快，前方的八义集方向枪声大作，解放军已及时赶至黄兵团的前面，拦住去路。

黄百韬急红了眼，急令部队进行突围。但激战一天，七兵团也不能向西前进一里。

10日，华东野战军十纵逼近徐州东北的东贺村，第七纵控制大许家、单集之间地区，十三纵攻占曹八集，彻底切断了黄百韬撤回徐州之路。后面的四纵、八纵、六纵、九纵，千方百计渡过运河追了过来。11日，将黄百韬兵团4个军团团包围在碾庄地区，如铁桶一般。

黄百韬被围后，知道走不了了，但相信徐州一定会派部队接应，遂以碾庄圩为中心，纵横10公里内，村村设防，形成集团固守态势，在空军的掩护下，加强地面火力，固守待援。

蒋介石派飞机空投亲笔信给黄百韬，为其壮胆打气，信中说：

黄百韬被围碾庄,《中央日报》犹吹嘘"徐东大捷"

焕然司令弟勋鉴:

此次徐州会战,实为我革命成败国家存亡最大之关键,务希严督所部,切实训导,同心一德,团结苦干,期在必胜,完成重大之使命,是为至要。顺颂戎祺。中正。

13日，徐州"剿总"派出强大的东进兵团，倚仗强大的火力以及飞机、坦克的援助，突破大庙、苑山线以西盛山、董庄线的解放军阵地，向前推进了3至6公里。黄百韬心中燃起一丝希望。

徐州东进的邱清泉、李弥两兵团连战8天，损失近万人，被击毁坦克数十辆，消耗炮弹12万发，把徐东的土地打得滚烫，像犁过一样。最多的一天进展几公里，少的进展一两公里，解放军的阻击却打得越加顽强，就像铜墙铁壁。

徐州到碾庄大约百十里，照这样的进度，猴年马月也打不过去。急得邱清泉直蹦，骂道："我们拼老本，黄百韬不能坐等吃现成的。"于是，他在电报中对黄百韬说，"甚盼兄部向西出击，在曹八集附近会师。"

此时的黄百韬，别说是出击，连招架之力也丧失了。解放军攻坚部队在炮火掩护下，利用挖坑道的办法，推进到离碾庄圩不到100米处。11月21日晚，总攻开始了，碾庄圩的夜空，各种炮弹明灭闪烁，机枪步枪流弹如梭，令人眼花缭乱。冲锋号"滴滴答答"，从四面八方响起，华东野战军六纵王必成部、七纵陶勇部、九纵聂凤智部、八纵张仁初部，一个比一个打得邪乎。黄百韬的据点接二连三被爆破，他的人马好像掉进一个巨大的笸箩之中，来往瞎撞。

眼看解放军打到兵团部，黄百韬逃到大街上，到处都是"缴枪不杀"的喊声。堂堂的兵团司令官，十来万人马，几天工夫就成了光杆司令，身边只剩下第二十五军副军长杨廷宴。漂亮的美式军装、大盖帽、闪闪的中将领花都不见了，两人穿着士兵又脏又臭的破棉袄，躲在一个茅棚中。"这是什么地方？"黄百韬问一个当地的老乡。

"油坊。"

"油坊？"黄百韬长叹一声，"我大限已到！"

杨廷宴说："司令官何出此言？胜败乃兵家常事，留得青山在，不怕没柴烧……"

黄百韬说："你哪里知道，我有个小名叫黄豆，现在掉到'油坊'里，还有救吗？"

解放军攻入碾庄黄百韬兵团指挥部

杨廷宴摇摇头，欲言又止。

黄百韬躺在茅棚里，望着外面的天空，过了一会儿，又喟然叹道："我有三不解，死了心也不甘。第一，我为什么那么傻，我用四个军在新安镇等一个军，白白花去两天时间，不然我早到徐州了。第二，我在新安镇等了两天，却为何不知道在运河上架设浮桥？多架一座桥，我也跑回徐州了。第三，李弥兵团既然以后要东进援助我，为什么当初不在曹八集掩护我西撤？古人说：'胜利举杯相庆，败则出死力相救。'我们做不到，我们是打不过共产党的。"

他拿出名片一张，在背后写上"黄百韬尽忠报国"，交给副军长杨廷宴，请其转交蒋介石，然后掏出手枪，朝脑门上开了一枪，颓然倒在血泊中，全身抽搐，兀自不肯咽气。杨廷宴上去又补了一枪。

黄百韬死了，在淮海战役的第一个阶段中，他的七兵团就像掉在盛满开水的大铁锅里，迅速被融化了。各部的结局如下：

第二十五军被全歼于碾庄，少将参谋长陶修被俘。

黄百韬的胸章与照片

第六十三军被全歼于邳县窑湾镇，中将军长陈章被击毙，少将参谋长宋建人、上校代参谋长陈文瑞等被俘。

第六十四军被全歼于碾庄圩，中将军长刘镇湘、少将副军长韦德、上校代参谋长黄觉被俘。

第七十二军在淮海战役第三阶段被全歼于陈官庄地区，中将军长余锦源、少将副军长谭心等向解放军投诚。

青年军

1944年，国民党为挽救抗日战场上的颓势，发起了知识青年从军运动，编成青年军。在国民党领导的100多个军中，由蒋介石为首的国民党中央进行动员，倾全国之力，在全国遴选知识青年入伍编练成军者，青年军是仅见的。其供应、装备与上峰的重视程度也是其他军一级部队不能相比的，特别是蒋介石将自己的两个儿子送到该军，并由蒋经国负责该军的政工，这在其他军一级单位是没有的。它是嫡系中的嫡系，天子中的宠儿。蒋介石对它寄予厚望、希望它成为蒋经国主持的第二个"黄埔军

校",心存望子成龙之念。但由于它在抗战中没有参加过实战,缺乏锻炼,地位特殊,官兵骄横,目中无人,纪律荡然,横行于社会,以至于演变成社会五毒之一,被讥为"青年虫('从'之谐音)"。1946年首批抗战中从军的知识青年复员。1947年为加强内战,国民党征兵充实该部队,投入内战。虽然这时的部队组成与原来不同,但人们仍以青年军称之。在内战中,除一小部分撤至台湾外,大部被人民解放军歼灭。青年军的编成与灭亡从一个方面反映了国民党统治行将崩溃时的政治与军事状况。

日寇进逼　号召从军

　　1941年底，太平洋战争爆发，英、美参战，开辟印缅战场，中国派出军队，组成远征军配合盟军作战，由英、美直接补充装备、器材，使之现代化。因特种兵如汽车、装甲、通信等兵种的兵员必须具有一定的文化水平，国民政府军政当局从1942年9月开始在四川各大、中学动员几千学生志愿参军，出国参战，名之曰"青年远征军"。这批兵搭乘驼峰空运返程飞机到印度东北部比哈尔邦的兰姆伽训练营，经过美国教官的训练后，和1944年初运到的新三十师，1944年4月运到的第十四、五十师一起编入中国驻印军。因为这些知识青年具有较高的文化水准，很多人可以直接和美国教官进行沟通，同时接受和理解能力比较强，在训练中成为中美沟通的桥梁，大部分被编入汽车、坦克、运输、辎重和宪兵部队等技术要求比较高的部门。其中由北京大学、清华大学、南开大学合组而成的西南联大分别于1942年、1944年征调部分外文系学生到中国空军美国志愿航空大队担任翻译。中国驻印军步兵受训的主要内容包括队列操练、体格训练、战术理论、武器操作、单兵射击、格斗术、丛林作战、夜间作战、侦察捕俘、反坦克战斗等。军官受训内容有队列操练、体格训练、单兵射击、战术指挥、沙盘演练、无线电联络、步炮协同、地空协同、反空降等。在兰姆伽受训的中国军队后勤由英军负责，军械装备全部由美军根据租借法案提供，各种供应十分充足，装备了全套美式装备，掌握了地空协调、丛林战术等各种新技术，初步成为一支具有很强战斗力的新式军队。该部队后来被改编为新一军和新六军，成为国民党军五大主力中的两支精锐之师，在随后的反攻缅甸和滇西作战中，发挥了较大的作用。可以说这是最早的"青年军"。虽然它与后来的都称为"青年军"，但这批"青年军"始终没有组成成建制的部队，另外在时机与目的上也是不相同的。

1944年秋，日军以打通大陆交通线为目的"一号作战"，疯狂地向湘桂进攻，做垂死挣扎。当时国民党军队士气低落，节节败退。柳州陷落后，日军一支部队侵入贵州独山，有危及陪都重庆之势，大后方人心惶惶。正在学校读书的知识青年，深感民族危亡，急欲奋起抵抗。于是投书报刊，主动请缨，放弃学业，奔赴战场。这样一呼百应，从大学到机关，从城市到农村，从内地到闽浙和陕甘宁青，甚至东北、华北敌占区的知识青年都纷纷响应，冲过敌伪封锁线，参军杀敌。一时街头宣传的、到政府报名登记的、学校展开论战辩论的，都是义正词严，慷慨激昂。这股保国杀敌的义愤精神，令人感动。

值此民族存亡关键时刻，蒋介石利用青年人的爱国心理，借口兵源缺乏，救亡图存，征集青年以补充部队。1944年9月16日，蒋介石在国民参政会上演讲时说："国家在此紧急战时关头，要先其所急，使知识青年效命于战场，因为知识青年有知识，有自动判断的能力，队伍中增加一个知识青年，就不啻增加了十个普通士兵。"他号召知识青年积极从军，提出"一寸山河一寸血，十万青年十万军""青年要立志为军人"的口号，号召青年从军。而后蒋介石自己在中央训练团发表讲话，报纸上也扩大宣传，并鼓吹青年从军不仅为救亡图存，还在于锻炼青年，培养青年干部，等等。另外一个原因是当时美式装备源源运来中国，部队面临着更换装备，但由于兵员没有文化，素质低下，根本无法操纵使用新装备。其时，国统区物价飞涨，青年人失学、失业严重，客观上也为组建青年军提供了条件。

蒋介石组建青年军的另一目的，在于和共产党争夺青年。青年是未来的希望，当时许多爱国青年都认为到延安去是"抗日救亡"之道。不少人，甚至一些国民党官员都将子弟送到延安。而蒋介石为了与共产党争夺知识青年，利用青年急于求知成才的心理，声称要把青年军办成一个训练干部的大学校，重建"黄埔精神"，创立新军，为大规模扩军、反共打内战做准备。蒋经国在与人谈话中说："我们虽战胜了日本人，但和共产党的斗争更为长期，更为艰巨。他们善于利用青年人，我们不争取青年人，就会为他们所用。过去三青团和学校军训对这方面工作做得不够、不好，因而采用以青年军统驭、团结青年人的办法。"后来的事实也证明，以抗战为借口而组建的青年军成为蒋介石的工具。

成立机构　培训骨干

蒋介石对青年军的组建十分重视，专门找有关部门的主要长官谈话，其要点为：中央决定号召知识青年从军；要对过去一般军队编制中的缺点详加检讨，切实改革；我必将这个部队使用于发挥最大战斗效能的方面；我必亲自负责督导，尽其心力做极周到的准备。

1944年10月，国民党中央秉承蒋介石意图，出台了《知识青年志愿从军征集办法》《专科以上学校知识青年志愿从军征集委员会组织办法》《志愿从军学生学业优待办法》《知识青年志愿从军征集委员会组织规程》等文件。随后成立"全国知识青年志愿从军指导委员会"，由党、政、军各部门所有主要负责人15至31人为委员，由军事委员会聘请之，其成员除了军政大员外，一些社会名流如张伯苓、蒋梦麟、莫德惠、顾毓琇等参加，并以何应钦、陈果夫、吴铁城、张治中、白崇禧、陈立夫、张定璠、康泽、徐思平等为常务委员，并规定在各省、市和大专院校成立分会以及征集机构，省、市知识青年志愿从军征集委员会主任由省主席与市长兼任，副主任委员由省、市政府在本省、市有关学校民众团体地方绅士中聘任。

蒋介石对知识青年从军的指导和负责征集工作十分重视，直接指示陈诚、罗卓英、蒋经国等去办理。各省、市、县的"知识青年志愿从军征集分会"在"青年兵"征集中做具体工作。

罗卓英在豫湘桂会战前任军委会军令部次长兼驻桂林督训处处长和军委会东

军事委员会全国知识青年从军编练总监部总监罗卓英

南干训团教育长(团长由蒋介石兼任),负责督训美械装备的各军、师,且轮训接受美械装备各军、师高级干部,其任务主要是学会对美制武器的使用和一般战斗、战术训练。及至桂林陷落,督训处和干训团都奉命迁至重庆的大坪,先改称"军委会干部训练团",仍由蒋介石自兼团长,罗卓英任教育长负实际责任,黄维、彭善任副教育长。为筹建青年军,遂将督训处改组为"军事委员会全国知识青年从军编练总监部",以罗卓英任总监,黄维为副监(后又增彭位仁、霍揆彰、郜子举为副监),张言傅为参谋长,专负编组、训练青年军之责。编练总监部设参谋、军务、副官、军械、军需、军医、军法各处,负责各项业务。罗卓英是陈诚的重要助手,黄维是陈诚的亲信干部。各师的主要官佐不少是陈系的人,以二〇四师为例:副师长吴啸亚是陈的小同乡;参谋长唐肇谟、参谋处长卢庆善、六一〇团团长胡一、六一一团团长黄绥绅、六一二团团长蓝啸声,山炮营、野炮营、工兵营的营长等,都是十八军土木系(陈的基本部队)的人。

总监部内设政治部,以蒋经国为主任,负责青年军各级政工人员的选拔、培

军事委员会全国知识青年从军编练总监部副监黄维

军事委员会全国知识青年从军编练总监部副监霍揆彰

训和使用。小蒋的政治部摆脱国民党军队老政工系统，自成体系，其班底以蒋经国原任三青团中央干部学校教育长的干校人员为基础，设立军委会干训团政工人员训练班，蒋经国自兼主任，亲自选调学员，亲自训练，对团以上的政工人员亲自谈话、选任。因而青年军政工人员的特点，一是文人多，二是党、团骨干分子多，三是必须经过政训班培训。

至于军事干部的选拔、培训、任用，考虑到青年军士兵大都是高中以上学历，长官水平低，不能使士兵信服，所以在编练之初，蒋介石便指示，要精选干部。团以上军官的确定，均由罗卓英在蒋介石的嫡系部队，特别是陈诚、胡宗南的部队中挑选，蒋介石亦多亲自过问并亲自召见审查，然后派赴各师任用。在决定成立青年军的同时，蒋介石就命令罗卓英在干部训练团设立干部研究班（也称将官班或将官队），以培训、选拔青年军团以上干部。又设立步兵、特种兵大队，以选拔中、下级干部。将官班由副监黄维（后黄维调江西编练总监分部，由彭位仁接替）任主任，方天、金典戎为副主任（方天后调任军政部军务处处长）。学员一部分由蒋介石指调，一部分由各部队、机关保荐。第一期被培训的共40余人，训练时间为一个月，训练采用讨论、见学、听课、现地作业各种方式，内容为兵器训练、编制研究、战术、政治（国际外交形势、政治工作等）。因时间仓促，培训不过是走过场，而决定去留的关键，是蒋介石最后的接见。接见是在重庆上清寺蒋的官邸进行，逐个进见，根据蒋对个人了解的情况，问话内容各有不同，但一般是"哪里人？""多大岁数？""什么学校毕业？""打过那些仗？"等，每人谈话不过四五分钟。而后召集将官班第二期，其办法大体与第一期相同，结业后陆续派往青年军各师任职。因为青年军要求士兵有专科以上文化水平，因而军事干部素质也要提高，所以团长以上军官多数是陆军大学毕业，个别虽然没有陆军大学的文凭，也是经过国外留学深造过的，且规定降职使用，如具备军长资历的改任师长，具备师长资历的改任团长，依此类推，各级干部大都是降级任用，出现少将团长、上（中）校营长、少校连长、上尉排长等情况。干训团培训的中、下级干部，规定各部队择优选送，要求：1. 军校出身；2. 35岁以下；3. 身体

青年军臂章

条件好;4.有实战经历。训练项目侧重在兵器使用和部队管理,时间也为一个月,由编练总监部加以考核,决定去留和分配使用。

为了组建第二〇八、二〇九两师,1945年初派黄维以干训团东南分团主任的名义兼任编练总监部东南分部主任,在江西横峰县的莲荷负责征集、编组苏、浙、皖、闽、赣、湘、粤各省知识青年入伍,且受第三战区司令长官顾祝同的督导,蒋经国的政治部也在该地建立政治工作的分支机构,处理政工人员的培训、使用事宜。

1945年8月,罗卓英调任广东省主席,青年军编练总监曾一度由副监霍揆彰代理。同年10月,蒋介石认为青年军的编练任务已经完成,遂撤销青年军编练总监部,改组青年军为第六、第九、第三十一共3个军,分辖各师,并直接由军委会指挥,同时着手办理第一批青年军的复员准备工作。

各地动员　青年入伍

在爱国热潮的鼓舞下，知识青年从军的情绪高涨，最高当局亦制定政策，定出办法。在学校入伍者，为从军青年保留工作和学籍，保证定时入营；在机关工矿行业报名的，安排好工作。各单位知识青年互相激励，踊跃报名。如在中央政治大学，师生们通过出壁报，写大字报，以"大学生从军划算吗？"为题组织大会辩论，然后报名，结果有300余人报名从军，占全校学生五分之一。为让这部分学生完成学业，学校抓紧利用入伍前时间，分年级系科组织赶课，教授学生都不休息，争取在入伍前将课程基本完成。入伍学生的目的很明确，就是上战场与日军面对面地作战。一些机关、部队利用他们的文化优势和国民党员的政治素质，来招考"翻译官"和"政工人员"。但绝大多数同学决定"以身许国，甘当普通一兵，去战死沙场"而不愿去拿高薪做"侍候外国人"的翻译官，或当"卖狗皮膏药"的政工人员。其从军热情可见一斑。

在青年军干部配备、营舍准备的同时，各地开始了征集工作。各地政府、学校征集分会，在国民党、三青团协助下进行，依据青年军各师分布情况，由地方政府负责送到部队所在地。青年兵的条件要求年龄在18岁以上、35岁以下，身体健壮，具有中等教育或相当程度的男性青年（有部分女青年被用作医护、宣传工作），但要求并不严格，年幼或年稍长的占有少数。其中党、政机构中志愿从军的，多半年龄稍大。有行政或党务工作经历者，多为接收部队作为军佐属或政工人员使用。

经过多方面的发动，到1944年底报名人数已达125500人，来源地区非常广泛，几乎所有国统区省份都有人员应征，特别是南方未沦陷各省人数最多。其中大中专以上在校学生15500人，这些学生不仅包括来自国民政府军工专门学校的学生，更多是来自像西南联大那样的高等学校。另外，还有国民党党部、行政机关青年工作人员2620人。其余为国统区各省市选送的合格人员。当时全国4.5亿人中大学生仅有64097人，高中学生116771人，初中学生586985人，其中报名的大、中学生占总数的四分之一。不难知道当时知识青年们的报国热情有多么高涨了。

以福建省为例，据福建省志记载，"1944年9月，福建省成立青年军征集委员会，征集年满18至25岁男女青年，各县分配征集名额。除了县成立征集委员会外，一些规模较大、征集名额较多的中学也相应成立机构。报名应征的青年相当踊跃，绝大部分是爱国心切，抱还我河山的壮志，准备献身国家。翌年3月，福建征集志愿青年11500人入伍，与邻省部分志愿青年编为第二〇八、二〇九师，分驻邵武、上杭。8月抗战胜利，两师开往浙江编为陆军第三十一军"。

知识青年入伍后，对实在不能服役的（老弱、残病或没有文化的），曾淘汰6453人，遣返原籍。接着又征集7000多人，去有关单位，接受训练。计有：

中央军校，700人；

中央军校第七分校，296人；

去印度学习驾驶汽车，4467人；

去美国学习民航，180人；

昆明突击总队，1000人；

昆明无线电训练班，200人；

军委会外事局译员，133人；

特种宪兵，200人。

就全国统计，各地征集的青年兵共在10万人以上，各省、市、县为97380人，大专学校2500人，党政机关620人。其各师接收入伍配备如下表：

师	青年兵被征集地区分配入伍人数
二〇一	重庆市 5000　四川东部各县市 4000 党政机关 65　大专学校 545
二〇二	贵州南部县市 2000　党政机构 185 大专学校 180 人　重庆市 2000 四川部分县市 2100
二〇三	四川西部、北部各县市 9000 西康省 900　成都、宜宾大专学校 333
二〇四	河南省各县市 6500 湖北省各县市 3500 武汉市 50　大专学校 64
二〇五	湖南湘西地区 6000 贵州省北部县市 2080 党政机关 85　大专学校 80
二〇六	甘肃 5000　青海 400　绥远 400 青海 1000　河北 600　平津 200 江苏 500　安徽 2000　大专学校 54　党政机关 287
二〇七	陕西 6000　云南 2120 党政机关 28　大专学校 292
二〇八	福建 6500　浙江 3000　安徽 1800 江西省北部 3000　大专学校 150 第三战区收容沦陷区青年 2000
二〇九	广东 7500　广州市 50　大专学校 280 江西南部县市 3500　湖南东南县市 3000 福建南部县市 2000

表列数字，是计划中的数字，在执行时，远少于表上人数。但也有特殊情况，如二〇三师原定接收成都、宜宾大学在校学生 333 人，但送来入伍时，成都五大学有近 200 人，宜宾同济大学一个学校就超过 200 人，比预定人数超过近百人。

编制现代　待遇优厚

青年军原定编成10个师，赋予二〇一至二一〇 10个师的番号，后因志愿兵人数不足，实际只编成9个师另两个团（后分拨二〇八、二〇九两师建制）。当时公布入伍青年人数为97380人，各师组建、征集、接收工作同步进行。师的组建以一个撤销番号的普通步兵师作为基础，留用部分干部（也必须经过干训团培训选留）、士兵（即征来的普通兵，用于辎重、担架、炊事等任务），干部由编练总监部重新调配，其青年军各师与原为基干和驻地情况为：

第二〇一师于1944年12月在四川璧山，由第九十四师为基干改编；第二〇二师于1944年12月在四川綦江，由新编第三十四师为基干改编；第二〇三师于1944年12月在四川泸江，由新编第五师为基干改编；第二〇四师于1945年2月在四川万县，由暂编第五十六师为基干改编；第二〇五师于1945年2月在贵州扎佐，由新编第二十三师为基干改编；第二〇六师于1945年1月在陕西汉中，由陕南师管区为基干改编；第二〇七师于1945年1月在云南曲靖，由昆明防守司令部与第四十八师改编；第二〇八师于1945年3月在江西黎川，由第一四四师为基干改编；第二〇九师于1945年4月在江西铅山，由第七十五师为基干改编；第二一〇师，原拟于1945年4月在江西瑞金成立，但因只成立两个团，不符合师建制，便取消番号，所属两个团分别拨隶第二〇八、二〇九师。

青年军的基础师多为各军中的后调师（当时规定为一军中的两师担任前方作战任务，一师后调整补充训练，进行轮换），改为青年军师后，原装备、骡马、车辆全部留下，再调整补充。青年军各师采用当时驻印军编制，故装备绝大部分为新配。全师编制军官、军佐为752人，青年兵7659人，一般兵（征来的）4194人，共12605人。

美式大炮

当时国军的美械师正式名称为美械轻装备师,青年军各师也在其中。每个师部配备有设备完善的野战医院一所。师至每个营连都配有完善的通信设备,包括有线电话和无线电报话两用机。其他还有工兵器材和运输工具若干。

每师下辖三个步兵团,两个炮兵营(105mm榴弹炮、75mm山炮各一)及工兵、辎重各一营,特务连、搜索连、卫生队、无线电队各一;每团编制三个步兵营、迫击炮一连、37mm或者57mm反坦克炮一连,特务排、卫生队各一;营辖3个步兵连与一个机炮连。每个师应装备有冲锋枪约1080支,卡宾枪约540支,M1步枪约4500支,重机枪72挺,轻机枪约270挺,火焰喷射器约27个,60mm

迫击炮约170门，81mm迫击炮约36门，75mm山炮12门，105mm榴弹炮12门。全师人员11000人左右。当时一般美械师仅有一个师属炮兵营，装备75mm山炮，但是青年军出于其特殊的地位，基本都达到了满编两个炮兵营的情况。

以上兵器，全照编制配齐，在国民党军队中，装备是最充分的。内战期间，一些部队武器供应困难，因此有过以青年军一个旅（3个团）的装备，扩建为一个军（两师）的情况。

青年军对供应、运输、装备与医疗都提出了严格的要求，尤其医疗卫生人员，不但要求具备高素质，有良佳之技术，且须有充分之勤务经验与服务精神。为此，全部抽调军医学校毕业生及全国高等医药院校高年级学生、全国医药院校的教授、中央及各省市政府所属卫生机关卫生人员十分之一担任。受征调人员服役期为两年。

正在进行美式喷火器训练试射

新式运兵车

运输方面，在不少步兵师骡马很少的情况下，青年军每师配备2.5吨汽车32辆，0.25吨、0.5吨、0.75吨汽车205辆，机踏车37辆，脚踏车192辆，大车248辆。每师配备通信军官73名，通信军士135名。

青年军的生活待遇，远远超过一般部队。在筹办期间，军政部动用大批物力、人力，分赴各师预定驻地，筹办营舍、营具。营舍来源：1. 利用因抗战而停办的学校房舍；2. 利用祠堂、庙宇；3. 征用部分民房；4. 修建部分营舍。凡利用或征用的房屋，都根据部队需要加以改建和修缮，新建的更是昼夜赶工，限期完成。营具全部新置，士兵均用双层木床，或通铺木床，课桌除利用学校的部分外，桌、凳均赶制而成，设备胜过内迁的一些军事学校。

被服装具择优配给。饷项虽与一般部队相似，但伙食远胜于一般部队，按驻印军办法，采用实物配给，不受物价上涨影响，且保证品类、质量。其每日配给标准是：

中熟米	二十四两（十六两制，下同）
食盐	四钱（另月刷牙用盐二两）
植物油	六钱
蔬菜	一斤
肉类	一两四钱
豆类	一两四钱
燃料	二十四两

按上述食用标准，一般公务员和军队干部都自叹弗如，曾引起不少人私下议论，但大多敢怒而不敢公开反对。在社会经济困窘，失学、失业严重的情况下，一般青年有如此生活待遇已属不易，因此大家还比较满意。和一般部队相比，其逃亡率当然很低。

至知识青年从军时，国民党军营的黑暗恐怖，带兵官的凶残贪婪，达到了令人深恶痛绝、闻之心颤的地步。士兵吃不饱，穿不暖，睡湿地，生病无法医，动辄被打骂，甚至被活埋，实在令人恐惧，当兵成了让人望而生畏的事，因而形成了抓壮丁、捆壮丁到兵营的现象，逃兵、开小差更是司空见惯。对此，舆论揭发兵役的黑暗、士兵家属大力呼吁改善士兵生活待遇之声不绝于耳，社会各界对部队的战斗力都很担忧。国民党给以青年军这样优厚的待遇，一是为了显示改革兵役、改善士兵生活待遇的决心，做给同盟国和新闻记者看；二是从军的知识青年社会地位高，惹不起；三是从军的知识青年联系广泛，影响大，从而以他们之口向社会宣传，以改变形象，平息社会对兵役的诟病。

军官配备　高职低就

俗话说：兵熊熊一个，将熊熊一窝。蒋介石对青年军的师团长的配备确实费了一番心思。除了事前对他们进行有关训练、审查外，每一个军官都由蒋介石亲自谈话、圈定，最后确定的有钟彬、刘安祺、戴之奇、杨彬、刘树勋、肖劲、胡一、林廼宾、黄焕荣、赵秀昆、曹永湘、孙金铭、赵德树、赵云飞、潘华国、孟广珍、肖西清、罗友伦等。这些人大都毕业于正规军校，历经战阵，对蒋介石十分忠诚，来青年军前大都为军长、副军长职，高配低就，阵容壮观。编成后的各师人事与

第二〇六师师长杨彬

主要长官情况为：

第二〇一师，师长戴之奇，副师长邹轸善，参谋长王寓，政治部主任俞秀虞。辖六〇一团，团长赵德树；六〇二团，团长肖西清；六〇三团，团长韩迪。师长戴之奇，贵州兴义人。黄埔军校潮州分校第四期、陆军大学第九期毕业。曾任第一二一师师长。调来青年军前为第十八军副军长。

第二〇二师，师长罗泽闿，副师长潘华国，参谋长方懋锴，政治部主任杨伯森。辖六〇四团，团长曹永湘；六〇五团，团长孙金铭；六〇六团，团长张止戈。师长罗泽闿，湖南常德人，黄埔军校第六期、陆军大学第十一期毕业，曾任预备第七师、第一九一师师长，调来青年军前为第一战区参谋长。

第二〇三师，师长钟彬，副师长姚秉勋，参谋长赵秀昆，政治部主任余纪忠。辖六〇七团，团长杨宾；六〇八团，团长黄焕荣；六〇九团，团长李培。师长钟彬，字中兵，广东兴宁人。黄埔军校第一期、陆军大学第九期毕业。曾任第八十八师师长、第七十一军副军长、第十军军长，调来青年军前为第七十一军军长。

第二〇四师，师长覃异之，副师长吴啸亚，参谋长唐肇谟，政治部主任刘炳黎。辖六一〇团，团长胡一；六一一团，团长黄绥申；六一二团，团长蓝啸声。师长覃异之，原名异存，广西安定人，壮族。黄埔军校第二期毕业。曾任第一九五师师长等，调来青年军前为第五十二军副军长。

第二〇五师，师长刘安祺，副师长刘树勋，参谋长刘理雄，政治部主任钟焕臻。辖六一三团，团长黎广珍；六一四团，团长张钦安；六一五团，团长邓文伟。师长刘安祺，字寿如，山东峄县人。黄埔军校第三期毕业。曾任第七十八师、第九十七师师长，调来青年军前为第五十七军军长。

第二〇六师，师长杨彬，副师长肖劲，参谋长王果夫，政治部主任谢仁剑。辖六一六团，团长赵云飞；六一七团，团长蒋公敏；六一八团，团长盛钟岳。师长杨彬，字东屏，浙江诸暨人，黄埔军校第二期、陆军大学毕业，曾到德国学习军事。曾任第八十八师师长、第七十一军副军长、第三十七军副军长。调来青年

第二〇三师师长钟彬

第二〇五师师长刘安祺

军前为中央军校第一分校主任。

第二〇七师，师长方先觉，副师长李修业，政治部主任葛建时。辖六一九、六二〇、六二一团。师长方先觉，字子珊，安徽萧县人。黄埔军校第三期、陆军大学乙级将官班毕业。曾任预备第十师师长、第十军军长。调来青年军前为第二十八集团军副总司令。

第二〇八师，师长黄珍吾，副师长王晏清，参谋长贺锄非，政治部主任詹纯鉴。辖六二二团，团长王大均；六二三团，团长王永树；六二四团，团长陆静澄。师长黄珍吾，字静山，广东文昌人。黄埔军校第一期毕业。曾任黄埔军校同学会秘书长、复兴社总书记。调来青年军前为福建省保安处处长。

第二〇九师，师长温鸣剑，副师长喻英奇，参谋长吴万玉，政治部主任刘汉清。辖六二五团，团长涂澄清；六二六团，团长郭发鳌；六二七团，团长顾容君；六二八团团长李道群。师长温鸣剑，字磨须，又名明剑、明敬，广东梅县人。陆军大学第九期及兵学研究院第一期毕业。曾任陆军大学第十三期战术教官、新编

第二〇八师师长黄珍吾

第二十师师长。调来青年军前为第三战区参谋长。

第二一〇师，该师原拟于1945年4月在江西瑞金成立，但因只成立两个团，不符合师建制，便取消番号，所属第六二八团、第六二九团两个团分别拨隶第二〇八、二〇九师。师长刘安祺未到职，由胡素代理。

小蒋主政工　着手抓军队

蒋介石是靠办黄埔军校、抓枪杆子起家的，其子蒋经国1937年自苏联回国后曾被安排在赣南任行政督察专员等职。小蒋虽然在赣南曾推行"赣南新政"引人瞩目，但老蒋认为一个从政者如果没有掌握军队在社会上是无法立足的。蒋介石安排小蒋任青年军政治部主任，有给其建设一支"新黄埔部队"的意思。因此小蒋自青年军搭架子起就抓住了人事大权，并安排自己主办的三青团江西训练班毕业者到青年军各部队任基层军官。

蒋经国从苏联回国后，向蒋介石建议，仿照苏联"共青团"，把原来学习英美的青少年组织"童子军团"，改组为"三民主义青年团"。蒋介石采纳了他的建议，成立了三青团并自任三青团团长，虽然另派有陈诚、张治中等相继任书记长负全责，实际把小蒋派进去任组织处长执掌实权，并趁机将他的一些亲信分配到各部门、各地区负责三青团的组织发展工作，很快形成了一个人称"新太子派"的政治集团。到了重庆召开三青团第一次代表大会时，范围更扩大发展到大专院校和行政县、乡。为培养骨干，还成立了三青团中央干部学校，蒋经国为教育长，专门培训三青团的骨干，无孔不入地渗透其势力。青年军成立，蒋经国又被任命为青年军的政治部主任，大权在握，各师的大小政工人员，都是小蒋培养安插进来的，俯首帖耳听从指挥，成为他的骨干。

青年军的政工人员大都来自蒋经国领导的三青团中央干校。1943年3月29

蒋介石到昆明视察青年军的训练

日，三青团全国代表大会通过创办中央干校决议（校址设在重庆）。蒋经国于7月5日向三青团团长蒋介石打报告提出具体建校意见，蒋介石很快批准。7月9日，三青团中央干事会下令，"中央干校校长由团长（蒋介石）自兼"，派蒋经国为教育长。蒋介石在黄埔军校当校长尝到了甜头，由此养成了当"校长"的嗜好，当时各军事学校如陆军军官学校以及中央政校、中央警官学校等几十个学校的校长都由军事委员会委员长蒋介石兼任，而学校的实际事务则由教育长负责，这已经成为一种法定的"内规"。这样，三青团中央干校由里到外的管理大权就都操控在蒋氏父子手中。

1943年12月，三青团中央干校在重庆正式成立。开学时，校长蒋介石到校致辞。蒋经国根据老蒋的训示向学生提出"中央干校的学生必须以校长的意志为意志""中央干校的学生必须以团为家，以校为家"。蒋经国为了办好干校，自招生起，包括入学报到、新生训练、生活管理、政治组训与课程配置等无不亲自参与。蒋经国规定了三条教学重点：一要教育学生具有"高深的政治素养"，二要教育学生具有"高深的领导才能",三要训练学生能文能武,要求干校与军队一样也实行军事化管理。青年军组成后不久,又成立了政工训练班,老蒋将青年军的政治工作交给了儿子。同年11月,蒋经国被任命为青年军编练总监部政治工作人员训练班中将主任。

政训班班址设在三青团中央干校原址内,训练期一个月。其教育,基本上搬用赣南江西青干班那一套。蒋经国常常与青年一道活动。特别令人瞩目的是,他往往在寒冷的早晨,光着膀子带青年们跑步。他这种作风,当时曾博得青年人的好感。政工班名义上虽属总监部领导,实际上除经费补给由总监部转发外,一切都是小蒋自搞一套。青年军成立政治部时,由蒋经国任中将主任。各师政治部主任,除余纪忠、范魁书(蒋经国的亲信)有实权外,大多都是挂名的,实际工作由他的亲信副主任负责,如二〇四师政治部主任刘炳黎(复兴社分子)

青年军政治部主任蒋经国

是教授，除到各团作政治演讲外，一切具体工作都由副主任洪长铭掌握。各团督导员及师政治部组训科长、总干事等主要干部，均由三青团中央干校研究部学员担任。一般连级政工干部，则由政工班结业学员担任。从青年军的人事安排，已经初步看出"蒋介石——陈诚——蒋经国"的布局。有人说青年军是蒋经国登上政治舞台准备接班的"热身"，这种说法不无道理。

蒋经国在青年军的政治工作，主要抓以下几点：一、通过康乐活动（文体活动）使政工干部与士兵打成一片（团有俱乐部、连有康乐室）；二、通过小组活动，了解士兵的思想情况；三、逐步在士兵中培养爪牙。具体做法是：从每班士兵中各选出一两名，组成全团"小组长训练班"，由团督导员亲自负责，在师政治部协助下，经过一个月的训练后，回到各连任学习小组长；师政治部从每排士兵中各选出一名或两名，组成师"康乐干部训练班"，经过一个月的训练，回连协助连训导员搞康乐活动。以上这些经过短期训练的士兵，后来大多数成了蒋经国在青年军士兵中的骨干分子。

蒋介石最初并未考虑到第一批青年军很快就复员，因而未做复员的准备。约在1946年初，各师都有一部分青年要求复员升学、就业。蒋经国怀疑有共产党分子从中鼓动，乃密令政工干部在各连队组织"防奸小组"；同时为了安定军心，宣布复员前必须进行3个月的预备军官教育，期满后发给预备军官证书。在这3个月期间，一方面加强反共宣传，派一些反共教师到各师巡回演讲，如反共专家叶青曾到二〇四师作过两星期的宣传；一方面集体参加三青团。青年军的师长刘安祺、覃异之，师政治部主任余纪忠、范魁书等成了三青团的中央干事，有些师长和政治部主任成了中央监事。有人认为这是蒋经国用青年军来吞并三青团，曾提出过反对意见，但小蒋的政治班底已成气候，根本撼不动。至此，蒋经国实际上已控制了三青团。

1946年秋在庐山召开三青团代表大会时，蒋介石曾企图以三青团为骨干去改组国民党，因元老派及CC系反对，结果用"党团合并"来解决这个矛盾，三青团的中央干事成了党的中央委员，团的中央监事成了党的中央监察委员，蒋经国的亲信郑彦棻成了中央委员会的副秘书长。从此，蒋经国在国民党中央委员会中也有了自己的一派。

青年军的复员管理工作，实际上是控制复员青年军的工作。"复员管理处"名义上由陈诚任处长，实际上由副处长蒋经国负责。管理处后来改为国防部预备干部局，由蒋经国任局长。1946年6月3日，正式宣布第一批青年军复员，并规定这一天是"复员节"。蒋经国控制复员青年军的做法是：一、复员前夕，以地区为单位成立通讯小组（如武汉通讯小组、郑州通讯小组等），并创办《曙光报》作为通讯联络的刊物。各小组负责人是复员青年中拥蒋的骨干分子，直接与预备干部局联系。在各地上学和就业的复员青年军，既受当地三青团组织的领导，又参加当地的通讯小组。二、通讯小组1947年改为"青年军联谊会"。三、每年夏季在各地组织夏令营活动，把各地的复员青年军集中起来，进行一次短期训练。

因三青团中央干校毕业生全部分到了青年军，复员人员有不少是当年蒋经国任教育长时的学生。对此，蒋主动要求成立一个"校友会"，企图在感情上拉拢这些人，使其终生为蒋氏政权效忠。蒋经国在一次"校友会"上讲话时就露骨地说："干校同学是我们校长（蒋介石）最忠实的纯洁青年，要始终忠于校长。"1949年国民党迁台后，三青团中央干校校友会随同去台的不少，而且多能出人头地，有的还担任了要职，如李焕、王升。李焕是以大专毕业生身份考入干校的，后出任国民党要职，做到国民党中央委员会秘书长、行政院长。王升是青年团江西支团保送到干校的，后在军队任职，做到国防部总政治作战部主任，军衔升到陆军二级上将。

第一批青年军大部分复员，其中一部分志愿留营的，由各师根据留营的人数，编成教导团或教导营（二〇五师编成教导团），准备担任第二批青年军的班长或副排长，一律以预备军官待遇，以后根据工作成绩，分批送中央军校受训。复员的青年军分为"升学""就业"两部分。就业的送入新成立的就业训练班，训练结业后陆续分配到各机关团体工作。升学部分中，上大专院校的，送入各地成立的补习班或直接进入各院校；上中学的，除介绍到各地中学外，可进入三青团在各地成立的"青年中学"。各校的复员青年军人不少成了破坏学生运动的打手。重庆的青年中学在解放战争中扩充成反共的武装部队。许多复员青年军后来成了蒋经国"青年戡乱建国大队"的骨干分子，也是其建立自己特务系统的基本力量。

纪律涣散　由"龙"成"虫"

青年军部队的编制完全是按照美国军队的标准进行的，不仅有步兵，还包括炮、通信、工兵、运输、辎重以及医疗等其他特殊军种。青年军部队的基层军官基本来自国军各主力部队，同时还有相当数量的中央军校毕业生。青年军和国民党其他部队最大的不同之处在于参加部队的人员文化素质都比较高，从军的目的也非常明确：就是为了国家和民族，保家卫国！这样的部队战斗力和那些到处抓丁拉夫成立的部队相比，无疑会有一个很明显的提高。在当时还有一半多人口是文盲半文盲的社会里，能够组建一支以中等以上学历为主的部队，其训练质量、战斗精神都是不可小视的。正是在以上几方面因素的共同作用下，青年军自从组建开始，在精神面貌方面就表现出了和其他旧式军队众多的不同之处。蒋纬国在其回忆中讲了他在青年军的经历：我到汉中第二〇六师报到后，发现每一个连里面都有两三个回教兵，我就向师长方先觉报告，如此编排非常不方便，因为回教徒不吃猪肉，我们也没有钱为他们买牛肉，而且这些回教兵每人身上都有一把小刀，经常到街上闹事，不如集中管理。师长说："这些回教兵刚来时是一个队，为了方便管理才在每个连编排两三个，几乎是全连的人在看管这两三个人，你再把他们集中起来，那可不得了，他们每个人身上都有刀子。"我就请师长先把他们集合起来，看看我能不能制服他们。我对这些回教兵说："各位弟兄，我知道各位在各连的生活起居习惯不同，非常不方便，我很想把你们编成一个连，我也向师长建议了。我这个营里面有步兵第一连、第二连、第三连，重兵器连只有武器没有兵，如果你们能够依我一句话，我愿意把你们集合在我的重兵器连下，从指导员到排长、连长，都是回教徒。以前师长要你们把身上佩刀交出来，你们不肯交，现在我非但不要你们把刀交出来，我还要训练你们，我唯一的条件是如果你不会用刀，你就不配带刀，因为你不会用刀，挨刀反而是你。现在你们派出一个人来，只要能够刺伤我，我就不管你们；如果刺不着我，你们就得听我的，接受我的训练。"

他们推选了一个人出来，可是他说什么也不愿意动手，因为万一伤了营长，可是一件严重的事。我就叫他把枪上的刺刀套上刺刀鞘来刺我，只要刺刀鞘碰到，我就算输了。起先他还是有一点不好意思，我就说你再不动手，我就要下重手了，所以他就冲上来刺我，结果我轻轻一带，他的刺刀就到了我的手里，人也摔了出去，全队的人拍手叫好。我要他们再挑一个比较好的人，结果他们挑了一个高大健壮的人出来。我看他的动作就知道他也不是一个高手，他和我交手时，

蒋纬国

蒋介石与蒋纬国在一起

我一手抓他,另一手一拖,就把那位大汉甩了出去,刀又落在我的手里。其他回教兵也顾不了纪律,连喊带跳地说:"营长好!营长好!"我就喊:"立正!"部队立正后,我就转身向师长报告:"报告师长,演习完毕,请求师长下决心,可不可以把他们集中在一起,派到我们营里。"师长说:"马上带走!"就这样,这些回教兵就成了我营里重兵器连的士兵,连指导员是武宦宏。后来,这个连纪律很好,也不在外闹事了。

青年军新兵经过教官的严格挑选和训练,一个个文弱书生变成了标准的军人,有了明确的作战思想,加上掌握了多种战斗技能,装备了全套的美式武器,青年军部队的战斗力远非一般新编国军可比。

青年军士兵入伍后的训练,根据第一批参军青年情况和因国内外形势变化的需要,大体区分为编组教育、一般教育、复习教育、特种教育、预备干部教育。

编组教育目的在于使青年军士兵习惯军营生活，整理军营环境，进行着装、内务整理、军队礼节、基本动作等教育，同时选配兵种，调整入伍连队以及淘汰病残、老弱等项工作，时间为一至两个月。

一般教育亦即部队的正规教育，要求能掌握作战要求的个人动作以及班、排、连的战斗动作。教育训练方法采用美军训练方法，分别在课堂和野外进行，大体采取准备、讲解、示范、实习、测验、检讨等步骤。一般教育的时间为4个月，由于青年军士兵具有一定文化，故经过一般训练，大都能达到预定要求。

复习教育目的在经过一般教育之后，针对考核中不足之处，有重点地进行复习和全面复习结合进行，时间约为两个月。

在一般教育和复习教育期间，军事理论教育和政治教育配合进行，其内容大体同一般部队。政治教育由政工人员负责，军事理论教育除由各级军事干部担任外，各师还有专配的军事教官担任各营、连的军事理论课程教学。

1945年8月，日本投降后，国民党军事当局曾一度设想派青年军出国任占领军，故命令各青年军师，实施一个月特种教育，亦即出国教育，其教育内容，多属理论性的，有日、台、朝鲜兵要地理、国际公法、俘虏处理、出国须知、宪兵勤务、卫戍勤务、外语等课程。

其后，青年军出国计划未能实现，而蒋介石蓄意发动内战，鉴于军队扩充，内战中干部消耗的补充，尽靠中央军校培养，不能满足需要，因而想利用青年军培养初级军事干部，规定青年军各师进行6个月的预备干部教育，前两个月为预备军士教育，后4个月为预备军官教育。

以上教育程序，各师大体相同，但完成时间稍有参差。以二〇三师为例，其各阶段教育训练时间是：

编组教育　1945年1月4日开始，3月1日完成。
一般教育　1945年3月2日开始，7月15日完成。
复习教育　1945年7月16日开始，8月27日完成。

特种教育 1945 年 8 月 28 日开始，10 月初完成。

预备干部教育 1945 年 10 月初开始，1946 年 5 月初结束。

青年军训练的主要目的是使学生养成遵守军纪的习惯，教学内容也侧重于各种典、范、令。其生活规律是每天早晨 4 时半起床，整理内务，点名，出操，唱"党歌"，背诵"总理遗训"，7 时吃早饭，8 时开始上室内课，午饭后休息一小时，下午在训练场学习军事术科，晚餐后自由活动一小时，然后又是两个小时的自修课，晚上 9 时熄灯睡觉。

枯燥乏味的生活使得初入行伍的青年学生们觉得很不耐烦，再加上班长、组长、区队长们都是些老军棍，他们还是用训练文盲兵的老方法，遇到不顺眼的学员不是打就是骂，这更让大家对军事管理产生了抵触情绪，一些不安分的人就找机会惹事捣乱。晚饭后自由活动，几个调皮鬼把拖拽大炮的军马骑出去玩，结果在大街上撞倒了行人。第二天上炮术课的时候，又有几个家伙不按照指令行事，教官正在讲解要领，底下已经把炮弹"咣当咣当"地发射出去，还推脱说是"走火了"。教官气得直哆嗦："老子干了十几年炮兵，从来没有听说过大炮会走火⋯⋯"连营长召集训话："原以为你们这些学生是军队的希望，现在看来尽是一帮乌合之众！甚至连乌合之众也不如！乌合之众至少是一种颜色的，依我看，你们中间除了白的黑的，还有赤色分子⋯⋯"

在他们看来，黑的、白的都镇不住这些有意捣蛋的学生兵，只有用赤色才能镇压住。结果，把几个特别捣蛋的棘手的学员当作"共党嫌疑犯"送交军法处了。

从军的青年学生，不习惯军营生活，较难管理，不少人未能坚持到复员，借故、借病甚至不请假而逃者大有人在。因此，二○三师把成都五大学参军学生，都编在师直属搜索连，同济大学学生均在工兵营（该营营长原为中央军校工兵大队上校大队长，带学生较有经验）。又将同济大学参军的教授杨宝林（东北人，德国留学归来不久）擢升为上尉连指导员，在搜索连参军的四川大学教授张继正（张群的儿子，从美国留学归来不久）也同时擢为该连上尉指导员，都有借以羁縻青年学生之意。就因这一因缘,张继正、杨宝林后来在台湾都成为蒋经国的亲信,久居高位。

知识青年从军者有一些富家子弟,一般平民百姓衣食不给,能读书上到中学以上者大都是一些富二代或官二代,有些人就是地道的少爷。他们到部队后,都有被抓来的一般炊事兵、辎重兵为他们做饭、挑运行李,仍是少爷派头,因此为他们服务的勤杂兵讥称他们为"少爷兵"。当然蒋介石是始作俑者,蒋经国任青年军政治部主任自不必说,蒋介石又将其次子蒋纬国由胡宗南部的第一军第一师第一团的连长调到第二〇六师第一团任营长,为此搞得团长赵云飞诚惶诚恐,团里的重要事情,必先请示小蒋。小蒋的家属在西安,来去都是专机,而且都是高规格,赵云飞都亲自带军乐队去机场接送,视之为长官,在军中传为笑谈。

有蒋介石的公子到青年军服役在先,国民党的党、政、军要人为迎合蒋介石,产生一股送子参军风。这些人的从军,让带兵的长官在安排他们时颇费了一番脑筋。二〇三师将他们安排在师搜索连,这一连几乎是清一色的官二代:有新近由美国留学回国的在四川大学任教授的张群的长子张继正、罗卓英的儿子、杨森的儿子、顾祝同的儿子与陕西省政府主席祝绍周的儿子祝源远等,省主席以下高层人物家的子弟,更不胜枚举。这批兵目中无人,谁也惹不起、带不了。二〇三师只得选一个曾读过大学而在军校毕业的中校军官任连长,并将护送来入伍的燕京大学体育教授林启武留下,兼任师的上校体育教官,陪少爷们从军,负责部队和学生间的联系,为此补助林以上校阶薪金。由于该连另类、特殊,被视为师里的"特区"。青年军军部为讨好张群,特擢升张继正为该连上尉指导员。张群之妻怕其子受苦,经常派车由成都送食品到部队,就是这样,张仍经常借故请假离队不归。在张的影响下,其他人纷纷不辞而别,少爷兵坚持到复员的只有祝源远一人。

"少爷兵"有恃无恐,到处滋事是经常的事。1946年春末,第二〇三师奉命由泸州移防成都,当队伍行进到简阳时,适逢川籍国大代表由南京开会后,由重庆乘大客车回成都。与行军队伍交会时,因车行速度快,尘土飞扬,一些青年兵大声喊"慢一点"，司机不理。一个青年兵捡起大石块迎头猛击车窗，国大代表、川军老人但懋辛坐在副驾驶的位置上，被击中而头破血流，但下车包扎伤口后，找来该团团长李培，怒斥："我没见过这样无法无天乱糟糟的队伍，我到成都后马上打电话给陈诚（参谋总长）。"李培见祸闯大了，恐惧异常，报告到师部，希望师里长官到成都去赔礼道歉，但要求不要上告。师里长官备了一份厚礼，去但家慰问道歉，此事才告了结。

青年军的文体生活很丰富，除经常放电影外，各师都建有剧团、球队，但这仍不能满足青年军精神生活的需要，成为他们在社会上滋事，如无票看戏、砸戏院等主要的原因。

青年军的风气、纪律远次于一般的蒋系部队。因为干部来自各方，品类不齐，他们利用青年军的优异条件，贪污营私的不在少数，暗中经商的也不乏其人。如二〇五师在抗战胜利后，移驻台湾，利用车船，公然走私，案发后蒋介石枪决了该师参谋长彭奇超，师长却逃往香港一走了事。至于聚赌、狂嫖、吃吃喝喝更是普遍现象。对青年军管理、训练全委于基层干部，因而纪律废弛，大小事端不时发生，社会上讥讽其为"青年虫（'从'之谐音）"，为社会上五害之一。其余四害为"国大代（国大代表）""新闻记（新闻记者）""军官总（为编余军官所设的军官总队）""立监委（立法委员、监察委员）"，意思是这些都是一般人惹不起的人物。由于纪律松懈，各师都发生过不少大大小小的事故，如二〇四师驻梁平县的六一一团就发生过守戍飞机场的青年兵误杀团长黄绶申事件。黄乘卡车驶入机场，青年兵喝令停止，因系夜间且车有噪音听不见，青年兵即向车连击数枪，团长黄绶申当即毙命。

复员、整编与重建

1945年10月，青年军各师训练已经完成，军委会遂命令撤销青年军编练总监部，以各师（二〇七师已编入新六军除外）编为六、九、三十一共3个军，人事略有调整。改制后的各师编制如前，军队也采用驻印军编制，军直属部队甚多，但未及编制就绪，军部就被撤销了，故青年军各军的番号存在不过6个月。此时，各军编成和人事情况如下：

第六军，驻贵阳，不久开到粤汉路护路。军长霍揆彰，副军长刘安琪，霍揆彰未到职，以刘安琪为军长。辖二〇二师，师长罗泽闿；二〇四师，师长覃异之；

第二〇二师师长罗泽闿

第二〇四师师长覃异之

二〇五师,师长刘树勋。

第九军,驻四川泸县。军长钟彬,副军长胡素,参谋长赵秀昆。辖二〇一师,师长潘华国;二〇三师,师长姚秉勋;二〇六师,师长肖劲。

第三十一军,驻江西赣州。编成后初移福州,待船运台湾,后移杭州附近。军长黄维。辖二〇八师,师长黄珍吾;二〇九师,师长温鸣剑。

1946年夏初,国民政府军事机构全面改组,成立国防部。陆军同时改制,取消军一级机构,改为整编师,师下设整编旅,初为一旅两团,不久应内战需要,又增为一旅三团。青年军亦不例外,取消3个军部,各师整编情况如下:

第二〇一师,师长戴之奇,1945年11月易潘华国。1946年9月整编为第二〇三师第二旅。

整编二〇二师,1946年9月在四川成立。1947年扩编为两旅六团制。以原二〇二师和第六军的军直属部队合编而成,张止戈、方懋锴分任旅长。该师编成后,即由四川开赴沪宁沿线,一方面续招苏、浙地区第二批青年兵入伍,一方面

第二〇一师师长戴之奇

担任沪宁线防务。师司令部率一个旅驻苏州附近,一个旅驻常州附近。

整编二〇三师。以姚秉勋任师长,辖一、二两旅。第一旅由原二〇三师改建,第二旅由原二〇一师改建,以赵秀昆、王寓农分任旅长。师司令部及第二旅驻重庆、璧山地区,第一旅移驻成都、新津地区,一面就地接收第二批青年兵入伍,一面执行镇戍任务。

第二〇四师,师长覃异之,1946年9月整编为第二〇五师第二旅。

整编二〇五师。以覃异之任师长,辖一、二两旅。第一旅由原二〇四师改建,第二旅由原二〇五师改建,分以邓文僖、蓝啸声任旅长。该师整编后,分由四川、贵州开驻粤汉路沿线,一方面就近接收当地青年兵入伍,一方面担任护路任务。

整编二〇六师。以肖劲任师长,辖一、二两旅。第一旅以原第二〇六师的主力编成,第二旅以第九军直属部队及二〇六师的一部合编而成,分别由赵云飞、蒋公敏任旅长,在汉中附近原驻地,招募和接收陕、甘、豫各省社会青年入伍。

第二〇七师,师长方先觉。方任职第十军军长时,在衡阳保卫战时曾向日本投降,形象不佳,没有威信,蒋介石当即改以罗友伦任师长,并拨归新六军廖耀湘部建制,实际上脱离了青年军编练总监部管辖,人事、经理总监部都已无法过问。但该师为了兵源补充容易和待遇,仍一直沿用青年军番号。1946年随杜聿明开赴东北参与接收和参加内战,不像其他各师有第一批青年复员和招收第二批青年入伍的经过。故在整编中,以一个普通师扩编为整编师,辖两个旅,仍以罗友伦为师长,因而该师不是整编而是扩编了。

整编二〇八师,以吴啸亚任师长,辖一、二旅,由三十一军所属二〇八、二

曾任青年军第二〇七师、第二〇六师师长的方先觉

第二〇九师师长温鸣剑

〇七两师改建,以王大均、王永树分任旅长,在浙江整编完毕,即船运至华北。最初师部率一个旅驻北平,一面就地招募青年兵入伍,一面归北平警备总司令陈继承指挥,维持当地治安。一个旅驻青岛附近,招募第二批青年兵入伍,并维持青岛及胶济路东段沿路治安,1948年初船运至北平附近归建。北平和平解放前扩建为3个旅。

第二〇九师,师长温鸣剑。1946年9月缩编为整编第二〇二师第二旅。

青年军是借"抗战"为名而组建的,所以当1945年8月日军投降后,蒋介石及其政府能否履行青年兵入伍一年如期复员的诺言,为社会舆论特别是参军青年的家长所关注。蒋介石既不能忽视这方面的关注,又不能放弃骗取青年为其所用的目的,因而决定第一批青年兵以极优厚条件复员;保留青年军建制,继续动员知识青年入伍。1946年夏初,第一批青年军从军士兵开始办理复员,同年秋初基本结束。在办理复员期间,青年军编练司令部撤销,改设"青年军复员管理处"

主持其事，由军政部部长陈诚兼任处长，以蒋经国、彭位仁任副处长，负责实际工作。其后，军委会改组，成立国防部，在参谋长隶属下，复员管理处改组成国防部预备干部局，蒋经国任局长，彭位仁任副局长，负责管理青年兵复员后的一切工作。该局对青年军本身的指挥、人事、经理不过问而由国防部有关厅、局直接处理，以国防部名义执行。

青年军复员后的待遇极为优厚，采用上级要求和个人自愿的办法，决定去处。其去向和安排，大体有：

1. 由行政院通知地方政府和有关单位，对复员的青年兵优先安排升学、复学、复职或就业。因而有一部分青年兵复员后自愿回原校、原单位、原征集地复学、复职或就业。

2. 因课程荒疏，立即复学跟不上班的，在重庆、贵阳、杭州等地设青年军大学补习班，聘请教师补课，以便寒假前补考入学就读。

3. 对无原校可复学，而又须要完成中学课程的，在重庆、泸县、万县、贵阳、汉中、嘉兴、绍兴等地设立青年中学，收容复员青年士兵就学，各校人数几百人到千余人不等。

4. 对年龄较大不宜就学且又无就业能力的，在泸县、万县、汉中、贵阳、杭州等地设青年军职业训练班，内设邮电、交通、农业等班次，培训复员青年兵的就业能力。

5. 设新闻训练班培训初级新闻（即政工）干部。该班由国防部新闻局（后改政工局）主办，一般要求有高中以上文化程度而又志愿从事军队政治工作者，经考试后入班，训练6个月结业，分发各部队工作。该班在南京、杭州、重庆等地各设过一所。

以上各训练校、班，受训复员青年士兵均享受原来入伍时生活待遇，而干部及教员均由青年军各部队中政工人员调充，并聘请一部分社会人员专任或兼任教员。以上各校、班的受训青年士兵，直到1949年初还没有处理完毕，除以其中一部就近交付编训第二线兵团的陆军训练处（编练司令部）充任初级干部外，在重庆、嘉兴两地组建"青年军教导总队"以作收容之所。

除以上安排外，青年军各师还留用了青年兵五六百人，准备作为军士或初级干部使用。此外，蒋介石、蒋经国父子为了拉拢和控制复员青年兵，还采取了如下措施：

1. 凡复员青年兵，均发给"少尉预备军官"证书。
2. 在大、中城市和大专院校建立青年联谊会组织，由预备干部局派出专职干部领导，由青年军在各地或各校复员士兵中选出人员负责，作为复员青年兵和预备干部局之间的联系机构。

由于第一批青年兵复员后待遇优厚，且当时国内因内战时局动荡，社会上失学、失业的青年流散情况更为严重，所以第二批青年兵入伍更为顺利，有的是由各市、县保荐而来，有的是就地招募，很快各师就补充满员。但这批青年兵的素质远远不如第一批了。首先是高中以上青年从军少了，其次是年龄、体格要求不像第一批青年兵那样严格了。在待遇上，除伙食仍照实物补给外，驻地大都经过调整，营房、营具就谈不上了。训练环境大不如前，训练计划的实施也不能按部就班，各师因情况不同，进度也不一致。但在1947年夏，新兵训练基本上都告完成。并先后扩建为一旅三团的编制。

投入内战　大部被歼

组建青年军的目的是抗日，所以在第一批青年兵入伍时，其政治教育反共、反人民的内容有所收敛，除宣传三民主义和抗战必胜的信念外，青年军中党、团很少活动和发展组织。抗战胜利后，第一批青年兵复员之际，蒋介石曾亲自到各师检阅，讲话中强调青年应学习技能，复员后为"建国"服务，没有作反共、反人民的鼓动。蒋经国作为青年军政治工作领导人，经常到部队巡视，轻车简从，平易近人，很少对部队讲话，仅聘用部分文人如托派分子叶青等到部队演讲，叶青曾宣扬过"共产主义不适合中国国情"的谬论。蒋经国每次到部队多为检查政工人员工作，督饬政工干部和军事干部搞好团结。蒋经国对青年军各师领导干部，也很尊重，对部队人事、经理，均不过问，故青年军各级军事干部，对蒋经国多有较好印象。但在青年军整编为师、旅后，蒋介石准备将青年军用于内战。第一步是将青年军各旅分驻在重要战略点线上，如重庆、成都、粤汉线、沪宁线、青岛、北平等要地，并接受当地军事长官指挥，抽出原驻各地区部队，用于内战的第一线（其时二〇七师已在东北参与了内战）。第二步加强了党、团对青年兵的控制和反共、反人民教育。先是利用三青团开代表大会时，使青年军部分军、政领导干部当选为中央团部的干事、监制。以后党团合并，又自然成了党中央的委员和监委，以后则规定不是党、团员的青年兵，普遍发表填写，要求集体加入三青团。在政治教育上重复过去反共老调，叫嚣"建国"必须先"消灭共产党"以及"共产主义不适合中国国情"等谬论。在连队开展"除奸小组"和"防谍"活动，以迫害进步青年。1947年夏，全面内战已经爆发，蒋介石以各战场失利，军队到处被歼，后方补充不及，决心令青年军各师全部投入内战战场。事先令黄维为首组成"国防部校阅组"，对青年军各旅进行校阅。校阅后只二〇三、二〇八、二〇二3个师中的赵秀昆、王永树、张止戈三旅被认为训练成绩较优，受到国防部"传令嘉奖"的奖励，其余各旅尚须进一步训练。但情势所迫，仍不得不先后投入内战第一线。到解放战争后期，为掩人耳目且避免一般部队不愿与之协同的关系，干脆取消了青年军番号，而代之以普通军、师番号。

投入内战的青年军，由于训练较差，官兵普遍怯战，加上解放军的士气高涨，战斗力强大，故多数部队一触即溃。截至1949年底，随着蒋介石在军事上彻底失败，青年军也宣告消亡。青年军各师在内战中被消灭的概要情况为：

第二〇一师。1948年由独立第一旅改称，辖3个团。师长彭战存，1949年2月易郑果，同时开赴台湾。1952年11月，该师师部与所属两团与第三四〇师并编为第四十九师。

整编第二〇二师。该师在苏、常地区整编完成后，师长罗泽闿调任国防部第三厅厅长，遗师长职以整编二〇三师副师长姚秉勋升任。1949年初，淮海战役结束后，宁、沪形势紧张，国防部遂将该师扩编为第三十七军，调罗泽闿任军长，将所辖的两个旅扩编为第二〇二、二〇九两师，分别以王大均、方懋锴任师长，归沪杭警备总司令指挥。1949年2月，由苏、常地区移防上海，担任郊区的工事构筑。同年4月，国防部复将由塘沽脱逃到沪的二〇四师拨为该军建制。二〇八师残部也由该军整理，企图重建，但因时间仓促，未得实现。1949年5月中旬，该军在解放军围攻下，在上海郊区曾进行顽抗，损失颇重，二〇四师六一二团被全歼，团长张海商被俘。最后，除二〇八师残部在横沙岛、二〇四师一个团在崇明岛未参战得以脱逃去台湾外，三十七军各部均被歼或被俘，军长罗泽闿仅以身免。

整编二〇三师。该师两个旅整编后，分驻重庆、成都两地，这是在内战开始之初留在四川的青年军两个旅。该师除维持治安外，还兼负有监视四川地方军的任务。但到1947年下半年解放军展开战略进攻后，蒋军在各战场节节失利，年底刘邓大军跃进大别山，威胁到华中重镇武汉的安全，白崇禧向蒋介石告急。华东与华北实在无兵可调，乃令二〇三师驻璧山的第二旅由重庆船运至安庆。此时该旅旅长已易赵德树。该旅因立足未稳且官兵士气低落，仅数日即被歼，师长潘华国也因此被免职，旋由胡宗南保荐陈鞠旅继任该师师长。1948年初，解放军向关中进击，胡宗南先请调该师及其第一旅移驻陕南汉中。不及两个月，因陕北吃紧，仓促调该师第一旅去增援。行至陕北永兴镇附近，受到解放军伏击，颇有损失，该旅第三团团长雷夏电被俘。在此之前，原旅长赵秀昆调任他职，旅长易为黄焕荣。陕北战后，师长陈鞠旅调任第一军军长，二〇三师师长改以胡宗南的副参谋长徐汝诚继任，并略加补充，扩建为第一、第二两个旅，分以黄焕荣、索本勤任旅长，在西安附近整训。1949年夏曾参加防守西安、秦岭的战役。在解放军越秦岭进军川西时，该师随胡宗南撤向成都附近，所余兵力已不多。此时改番号为五十七军，陈诚以徐汝诚任军长，两旅改称二一四、二一五师，分别以林为周、刘钊铭任师长。在成都战役中，除徐汝诚、林为周脱逃外，刘钊铭被俘，其余官兵皆被歼。

第二〇四师。1948年5月在上海由整编第二〇五师第二旅扩编，师长蓝啸声。1949年5月，师长易万宅仁，同时参加上海保卫战。不久在浦东被人民解放军消灭。

整编二〇五师。该师在粤汉沿线整编完成后，于1947年8月向广州黄埔集中，船运至台湾，准备接受美械装备，因运输缓慢，年底才全部抵台，驻高雄，归台湾警备总部指挥。在此期间，师长覃异之调东北任五十二军军长，遗缺以副师长刘树勋升任，旋因利用运兵船走私案事发，刘潜逃去香港，该师参谋长彭奇超被枪决。国防部命令该师改称为第三十一军，以廖慷任军长，将所辖第一、二旅扩编为二〇四、二〇五师，分别以蓝啸声、邓文僖任师长。在解放军逼近北平期间，傅作义向蒋介石告急，蒋介石遂将该军船运至塘沽登陆，支援北平作战。军部及二〇五师进入北平，驻守西直门、安定门。二〇四师留驻塘沽。北平和平解放前夕，该军除团长以上人员以飞机运至台湾外，其余接受和平改编。而二〇四师则于塘沽乘军舰脱逃至上海，拨归三十七军罗泽闿指挥。

整编二〇六师。1946年，该师还没整编完竣，就被拨归西安绥靖公署指挥，参加内战。除二〇七师外，该师是最早参与内战的青年军部队。1947年4月，该师曾以一个旅拨归整编第十师师长罗广文指挥，在运城阻截解放军，遭受很大损失。其后，全师奉命守备洛阳，师长易邱行湘。

邱行湘，字辽峰，1908年生，江苏溧阳人。黄埔军校第五期毕业。在陈诚手下历任警卫团排长、特务队队长、第十一师连长，参加过中原大战，后任陈诚的副官、第十八军特务营营长、陈诚的随从参谋，参加了对红军的"围剿"作战。1937年1月任军政部补充一团团长，抗战爆发后任第十八军六十七师二〇一旅副旅长兼四〇二团团长，参加淞沪会战。1938年参加武汉会战，1940年任第六战区特务第二团团长兼恩施警备指挥官。1941年冬任第八军五师副师长兼政治部主任。1943年3月任中国远征军司令长官部副官处长，5月任第九十四军五师副师长兼政治部主任，参加鄂西会战。1945年参加湘西会战。因打仗不怕死，

邱行湘

被人称为"邱老虎"。

俗话说：跟着什么人学什么人。邱行湘在黄埔军校时，是蒋介石的铁杆粉丝，时时处处学蒋介石。例如，蒋介石不嗜烟酒，他也烟酒不沾；蒋介石总是剃光头，邱也决不蓄发；蒋介石走路时总是挺着腰，不苟言笑，他也很少露出笑脸，整天正儿八经。更可笑的是，蒋介石喜欢披一件黑色大氅，邱行湘在当上团长之后，也特地做了两件，总是披在身上。邱甚至举止行动亦刻意模仿蒋介石，久而久之，人们便送他一个贴切的外号——"小委员长"。邱行湘从黄埔军校分到部队后，是跟着陈诚成长递升的，因此陈诚的作风对他影响很大。陈诚以"苦干、实干、硬干"著称，邱行湘在接受任务时无论困难有多大都是一句话："是长官，保证完成任务！"从来不讲困难、不提条件。由于这些原因，1947年11月邱由第五师师长升任青年军整编第二〇六师师长。这是军长才能担任的职位，邱行湘受宠若惊，倍感荣幸。

1948年3月初，解放军西北野战军在宜川消灭了刘戡、严明后，胡宗南的军事指挥中心西安暴露在解放军的枪口下。为保西安，胡宗南急调陇海路洛阳附近的裴昌会兵团西援，仅留青年军第二〇六师驻守洛阳，洛阳孤立。毛泽东为掩护西北野战军主力休整，命令华东野战军陈唐兵团第三、第八纵队和晋冀鲁豫野战军陈谢兵团的第四、第九纵队攻克洛阳。华东野战军的第三纵队和陈赓的第四纵队担任攻城任务。3月5日，解放军各部开始向洛阳方向运动。

解放军的动向，很快被国民党军所觉察。蒋介石令邱行湘到南京总统官邸，向他面授机宜。

这时的蒋介石被西北的战局搅得心烦意乱，一年前得到的延安又被解放军占领了自不必说，他的心腹爱将一个个不是被俘，就是被打死。邱行湘一到南京，国防部的人就告诉他：守洛阳就看你的了，老头子这一段听到的都是坏消息，心情不好，你要打一个漂亮仗，让他开心，为校长争光。作为蒋的学生、一个堂堂的青年军师长，邱行湘何尝不是这样想。但在他周围，他的黄埔军校学长、号称天下第一旅的黄正诚、整编第二十九军军长刘戡、整编第九十师师长严明，哪一个比他弱？可一个个被解放军吃掉，特别是他现在要面对的是解放军的名将、他的黄埔军校老学长陈赓！陈赓可是万军中取上将首级如囊中取物的人物。他越想步子越沉重，怀着忐忑不安的心情走进了蒋介石的官邸。他到蒋介石办公室门前，一声响亮的"报告"，侍卫官示意让他进去。他面向端坐在办公桌前的蒋介石，两脚一靠，"咔"一个立正、敬礼："第二〇六师师长邱行湘恭听校长训示！"这是德国顾问在庐山军官训练团训练出来的标准动作。

蒋介石满意地上下打量邱行湘，然后招招手，叫他到了地图前，说："刘戡、严明在宜川疏于防范，部署不周，让共军得手，现在陈赓、陈士榘在洛阳周围逆动，有图洛阳之势，未雨绸缪。你应该知道，洛阳是连接中原西北孔道、秦晋陕豫四省之要冲，素有九朝都会之称，历代兵家必争之地。你的学长陈明仁在四平街表现可嘉，在洛阳你这个'邱老虎'要发起威来，要像守四平一样，一定要牢牢守住，要作长期固守的打算。只要洛阳守住了，中原地区就有希望，西北的胡宗南也能尽快恢复实力。你回去之后要以洛阳为中心，组织民众，训练民众，加强保甲工作，扩大地方武装力量，构筑工事。洛阳的防守，关系西北与中原两方面军事的成败，关系到党国的安危。"

蒋介石言之切切，邱行湘也是句句在耳，但想想洛阳的形势与自己的兵力，邱行湘心里不免打鼓：自己一个师，要面对解放军两个兵团，我这点兵力怎么能守得住？他很想向蒋介石叫叫苦，但想想蒋介石已经无兵可调，捉襟见肘，也有他的苦衷，话到舌头尖上，觉得自己对上峰从来都是说一不二，从未叫过苦的，又不得不咽下去，只得狠狠心，装出一副轻松状说："请校长放心，就是有天大的困难，也要完成任务，保证洛阳安然无恙。"

邱行湘走出总统官邸，心里沉甸甸的，迎面遇见蒋经国。小蒋时为国防部预备干部局局长，负责预备干部配备训练与青年军复员未了工作。现在的青年军虽然与往日不同，小蒋毕竟担任过政治部主任，而且还正在做着青年军的事，听到邱行湘到南京来，便请邱行湘到附近一家酒店设宴招待。蒋氏父子无论黑脸白脸，对邱行湘都是笑脸，使邱不禁流露出对蒋氏父子的感激之情。仗还没打，老子为他加官晋爵，儿子为他设宴洗尘，他感到受宠若惊，不自然地搓着双手，面露愧色说："卑职对党国贡献甚微，承蒙厚爱，实在不敢当。"

邱行湘见蒋氏父子如此器重自己，不禁诚惶诚恐："主任放心，我受校长栽培，一日为师，终身为父。我邱行湘知恩图报，效命校长，以为党国捐躯为己职责。我回洛阳后，一定带领全师官兵，鞠躬尽瘁，为保卫洛阳，战斗到最后一息。"

两人推杯换盏，酒酣耳热之际，蒋经国又对邱行湘说："行宪国民大会召开在即，要选举正副总统。延安失守、宜川失利，黄埔同袍被人诟病，如果洛阳再不保，就更要授人以柄了。前线如果总是打败仗，对主席的威望有很大影响。"蒋介石在庐山军官训练团讲话时，曾多次提到：要体会领袖的苦衷。小蒋的一席话，使邱行湘十分理解蒋介石的处境，更憎恨那些和蒋介石作对的人。几杯酒下肚，他全身热血沸腾。他腾地站起身来，大声说："请主任放心。我邱行湘一定会战斗到只剩一兵一卒，用我的血肉之躯为校长守住洛阳。"

邱行湘回到洛阳后，便展开了全面备战。他以警备司令的名义召开会议，公布了蒋介石给他的手谕，建立了党政军联席会议制度，发出《保卫洛阳告将士书》，领着营以上军官庄严宣誓："誓死保卫洛阳，人在洛阳在，不成功便成仁！"

邱行湘与副师长赵云飞巡视各阵地。赵云飞与他并排走着，脸上布满了愁云，他没有邱行湘那样的信心。他对邱行湘说："师座，我们3个月前兵力不足3个团，年初才从西安、郑州、开封、许昌招收了3000壮丁，扩充到6个团，加上新兵未经训练，又缺乏作战经验，洛阳城面积这么大，6个团兵力是难以坚守的啊！"

邱行湘心想，大战在即，连副师长都没有信心，这仗怎么打？这情绪要是再传给部队，更是不堪设想。他拿出了从陈诚那里学来的硬干作风，对赵云飞说："干什么都事在人为，杨虎城是怎样守西安的？傅作义是怎样守涿州的？陈明仁是怎样守四平的？我们一定要尽力而为，战斗到最后一刻。再说，洛阳这么重要，战斗打响后，校长也会派兵来增援的。"几句话，讲得赵云飞不吭声了，不是赵被说服，而是赵认为与邱行湘没有话可讲了。邱行湘见赵云飞不讲话，更来劲了，他指着前方的工事说："与共军作战，首要在工事。以前我们在江西打共军，靠的就是工事，只要将工事修好，仗就好打。我有一个想法：加修工事，把每个工事修成三层楼房那么高。第一层用于观察和射击；第二层是交叉火力网，用于对付共军的人海战术；第三层专防共军抬云梯越壕，防止共军爆破工事。"第二天，邱部从乡下强征了10万民工，把洛阳的东门和西门全部拆光，加固工事。

为了准备长期固守，邱行湘还派部队下乡抢了100万斤粮食和300万斤木柴。

陈士榘和陈赓决定以两个纵队攻城，一个纵队阻击郑州援军，一个纵队阻击潼关援军。3月8日，解放军八纵、九纵分别袭战偃师和新安，控制了阻援阵地。3月9日，三纵、四纵完成对洛阳的包围，并突入东西南北四关。3月11日黄昏，解放军未等外围之国民党军守军完全肃清即发起总攻。此时国民党派出孙元良第四十七军自巩县沿陇海路向西，胡琏第十八军自登封向西北救援洛阳，但在中共部队的坚决阻击下，援军一时无法赶到。

3月9日晚，解放军华东野战军三纵、四纵、八纵万炮齐发，向洛阳城发起了猛烈攻击。黑暗中的洛阳城一时间火光闪闪，炮声震天。炮击过后，营长张明率该营的指战员，如离弦之箭冲向敌人的防御阵地，如一把锋利的钢刀，将敌人的阵地劈成两半，迅速攻占了东关。

解放军攻城一开始，邱行湘就乱了方寸。他见解放军攻势猛烈，便调动了预备队，但到城垣被突破后，他已无机动兵力填补缺口，只能在12日晚率残部退至城内核心阵地固守待援。

12日中午，张明率先突破了东门。二十一团、二十二团跟着张明的突击营杀进城内，同敌人展开了激烈的巷战。攻打西门和南门的陈谢兵团四纵的几个团也攻进洛阳。两路大军十万人马入城会合，并肩战斗。当逼近邱行湘核心阵地的西北角小圩子时，方得知邱行湘在核心阵地外围200米之内修了无数个暗堡，除了坦克外，一般步兵难以接近。部队便决定停止攻击，召开干部会议，大家想了不少办法和建议，最后决定向西北角炮击。

14日下午4时30分，解放军的几十门大炮一齐发射，炮弹呼啸着飞向敌人的核心阵地。那里顿时电闪雷鸣，山崩地裂，被一片硝烟与火光所笼罩。解放军如蛟龙出海，从西南方向冲进来。经过近8小时的争夺战，八师与十旅终于攻占了邱行湘的核心阵地。

邱行湘听到解放军潮水般的喊叫声，失望地举起了手中的枪，准备了却自己的生命。可是，他的子弹还没出膛，手枪已被一名解放军战士击落在地。邱行湘被俘，二〇六师被歼，解放军攻占洛阳。

1948年4月在南京新建第二〇六师，师长唐守治。1949年1月改以邱希贺为师长。不久到台湾，1952年11月改称第五十一师。

第二〇七师。二〇七师在云南曲靖编成后，物资按青年军的标准供应了一阵子。好日子没过几天，在上层人物的指使下，云南各兵站断绝了对二〇七师的物资供应，伙食水准急剧下降，每天萝卜青菜、青菜萝卜，不仅没有肉，菜汤里连油星子也见不到，到后来甚至连糙米饭也吃不饱了。按照政府在征兵时的宣传，青年军的士兵待遇和后勤供应标准应该比其他军队高一个档次。现在可好，别说是高水准，就连保安团的饭菜都比不上。吃油嘴的兵马上炸了窝，开饭的时候，有的摔碗，有的砸锅，先是闹到师部，质问：物资紧张，供应不上，为什么师长方先觉"每天要吃一只小乳猪"？于是，愤怒的学生兵殴打后勤主任、师部副官和勤务兵，并且提出了"驱逐贪污腐败的方先觉"的口号。有的甚至将方先觉守衡阳投降日本的事也端了出来，使方威风扫地，讲话没人听。事情越搞越大，最后闹到了中央。蒋介石也无可奈何，于1945年4月将方先觉调到陕西，改派罗又伦接任师长。

罗又伦，号思扬，广东梅县人，黄埔军校第七期骑兵科、陆军大学正则班第十五期毕业，曾任第五军参谋处长、参谋长，汽车团团长，第五军二〇〇师副师长、师长，是杜聿明第五军的老人。罗又伦上任以后，首先抓伙食改善。由于师的军官大多来自杜聿明的第五军，罗又伦讲话他们都听，这样米有了，面有了，

第二〇七师师长罗又伦

猪肉香油都有了，部队伙食大为改善，部队的情绪才稳定下来。

可安稳的日子没多久，军营里又开始闹事了。原来是学兵训练即将结束的时候，杜聿明提出要将二〇七师辎汽大队的学生兵补充到印度的汽车团。罗又伦是杜的老部下，当然遵命照办。"铁打的营盘流水的兵"，对于被调动的人员来讲，似乎也只有服从军令的本分。但二〇七师是青年军，驻印度的军队是远征军，两者间的待遇是不一样的，政府在招兵的时候就明确规定了不同的政策。大家都是奔着青年军的招牌来的，谁也不愿意自降一格变成远征军。一旦丢掉了青年军的名号，那些上大学、找工作的优惠待遇不就全部泡汤了吗？还有人传言，说杜聿明准备撤销二〇七师的番号，把所有人员和装备分散到远征军各个部队去。所以，把青年军里的学生调到远征军去，相当于"政府违约"了。辎汽大队的学员们可都是具有维权意识的知识分子，立刻就闹腾起来，使用的还是先前的那一招——罢课、罢训练、示威抗议。其他两个大队也觉得唇亡齿寒，兔死狐悲。毕竟，这下子大家都愤怒了，于是纷纷响应辎汽大队的号召，罢课、罢训。

这时候，上峰送来了准备发放给"精锐部队"的美式军服。但没有人去领那些衣服，更没有穿戴新式服装。

夜里，不知道是什么人在操场的旗杆上升起了几只美式步兵靴，还在墙上张贴了两幅标语，一条写着"我是中国人，不穿美国衣"，另一条是："驱逐出卖二〇七师的罗又伦，恭迎方先觉师长回滇重掌旧部！"

折腾了一阵子，罗又伦没有被驱逐，胳膊拧不过大腿，辎汽大队的学生兵终于还是去了印度。上级同时又补充了一个政策，规定被征调到远征军的青年军的官兵还可以继续享受青年军的各种优惠待遇，这才算是平息了各方面的怨气。

二〇七师被编入新六军，成为远征军的一部分。抗战胜利后，曾参与解决龙云的作战，负责曲靖附近收缴龙云保安部队武器和占领飞机场的任务，事后即驻曲靖附近整训。1946年初，由美军舰队运送至营口登陆，随即投入东北的内战，曾先后参与四平街的攻防战及抢占长春的作战。该师是青年军中最先投入内战的部队。1946年9月整编为两旅六团制。1947年7月扩编为三旅九团制。

1948年9月，辽沈战役的时候，二〇七师师长为戴朴。第一旅，旅长李定一；第二旅，旅长王启瑞；第三旅，旅长许万寿。师直属炮兵团，团长何树立，论实力相当于一个军。

解放军在取得辽西黑山、大虎山全歼廖耀湘兵团的胜利后，立即挥师会攻沈阳。当时第二〇七师一部分与五十三军凭借天柱山的有利地形和美式武器、坦克等，妄图阻止解放军进攻沈阳。10月29日夜，解放军独立十二、十三师从抚顺开过来，在接近沈阳后，隐蔽于天柱山东侧的树林中。战斗打响后，解放军约两个团的兵力突然向二〇七师等部发起进攻。二〇七师出动了坦克，但被解放军击毁4辆。步兵部队见坦克被击毁，遂节节败退。二〇七师第一旅二十团龟缩在东大营内，另一部残敌退向市内。解放军一方面包围、封锁了东大营，另一方面继续向市内挺进。驻东大营的炮兵团由于与外界联系中断，仍然负隅顽抗，在解放军包围攻击下，见大势已去，全部缴械投降。11月2日被困在东大营的二〇七师残敌全部被歼。解放军占领了天柱山、马官桥、八里堡等地。

二〇七师一个连防守旧站火车站，另以一个团防守大仁境，两处相互策应。火车站前后和铁路两侧修筑了5个碉堡群，包括一个明堡、四个暗堡，周围配置铁丝网，戒备森严。10月30日零点，解放军李红光支队，由抚顺沿沈抚公路急行军进入大仁境，立即分兵三路包围了旧站火车站的第五号碉堡群。早晨5时战斗打响。开始，解放军部队用轻武器、炸药包进攻，又派兵迂回至铁路南黄天霸小庙处，利用周围有利地形，顺利拿下了铁路南侧的暗堡，将守敌全部俘获。铁路北部守敌凭借碉堡、暗堡疯狂挣扎，顽固据守，解放军几次穿越战壕，组织爆破，均未成功。二〇七师部队耍阴谋假投降，出示白旗，解放军停止射击后，敌人又突然扫射，这样战斗持续到午后2时。由于敌人工事坚固，火力比较强，解放军部队伤亡较大。后来解放军调来迫击炮，摧毁了碉堡，敌人机枪哑了。步兵立即冲了上去，俘获了60余名残敌，攻下了五号碉堡群，结束了战斗。

沈阳解放时，东陵地区除了以上三次规模较大的战斗外，小规模战斗还在进行。11月2日，解放军第二纵队第六师十七团沿浑堡自西向东搜索，上午在浑堡阻击了企图南逃的二〇七师二旅，迫使其投降。

这时候师长戴朴考虑到在南京还有家眷，死战到底，他不愿意；投降吧，又于心不甘。既然降和死都不行，那就干脆突围赌一下吧。为了迷惑解放军，戴朴派出了代表表示愿意投诚以拖延时间，而在暗地里下令将所剩物资全部销毁，并且召集了所属的旅、团长下达突围命令。戴朴决定将所属两个旅残部分两路突围，自己随第二旅行动。11月1日，部队按照既定计划开始突围。由于第一旅在之前的作战中已经遭受了一定损失，所以这个旅很快便被解放军包围歼灭，旅长李定一被俘。但第一旅的行动吸引了解放军的注意力，戴朴带着第二旅成功地突出了包围圈。可是东北此时已经被解放军解放，突围部队沿途遭到解放军节节阻击，要想将部队成功带到山海关十分困难。戴朴和第二旅旅长王启瑞商量，决定将部队以连、排为单位分成数路突围，他本人则化装成老百姓另觅小路潜行。

12月中旬，形容憔悴的戴朴终于艰难地抵达山海关。经过收容，加上第一旅的散兵，第六军一共收容到3000来人。戴见实力尚存，便向国防部打出了突围成功的报告。戴朴的报告一到国防部，一扫部里的消沉气氛。本来国防部以为沈阳守军已经全部完蛋了，没承想戴朴竟然能带着部队突围成功，当即开动宣传机器，将戴朴捧为英雄，并且提升他当上了第六军中将军长，要他到上海重新组建部队。

戴朴在上海组建了第六军军部，并且保荐了和他共患难的第二旅旅长王启瑞为新成立的第二〇七师师长。由于招兵困难，第六军又奉命开赴台湾新竹整补，后成为台湾军队的一部分。

第二〇八师。该师移驻北平后，虽然没有打仗，却遇到比打仗还倒霉的事。1947年底，中共东北民主联军继夏、秋季攻势之后，发起冬季攻势。在3个月内，歼灭国民党军近14万人，解放城市18座，将国民党军压缩在沈阳、长春、锦州等几个孤立地区。在溃败中，国民党政府为争夺利用东北青年，以建立东北临时大学、临时中学为名，将大批东北大、中学生骗入关内，流亡在北平。这么多的学生流亡在外，没有吃，没有喝，也没有住的地方，生活状况极其悲惨。

这时有人给二〇八师师长吴啸亚说：我们师缺额这么多，何不在这批流亡学生中征收一批兵员，也算是又一次知识青年从军。吴啸亚一听有道理，马上报告到华北"剿总"副总司令陈继承那里，并马上得到陈的同意。

吴啸亚派出二〇八师的人员到东北流亡学生中进行登记、动员。但东北流亡学生根本不买账，他们对国民党的内战与独裁政策十分不满，拒绝当国民党内战的炮灰。于是，陈继承逼迫北平市参议会，于1948年7月4日通过了《救济来平学生办法》与《征召全部东北（流亡）学生当兵的议案》，企图将学生集中起来进行军事训练，然后投入内战前线。同意参加训练者，则发放东北流亡学生的救济费；不同意者，则停发东北流亡学生的救济费。受北平反内战、反饥饿影响的东北青年学生，本来就对国民党的内战政策不满，这些荒谬的办法一公布，如同在已经燃烧的火焰上浇了油。7月5日，流亡北平的东北大中学生数千人，群集到北平东交民巷市参议会议长许惠东住宅，愤怒抗议市参议会通过《征召全部东北（流亡）学生当兵的议案》。吴啸亚本来就对东北流亡学生拒绝从军一肚子火，听到他们又到市参议会议抗议的消息后，认为一定是共产党鼓动组织的，随即向陈继承报告。陈告诉吴啸亚：现在前方吃紧，后院不能起火。1936年东北的张学良在西安闹事，现在东北的学生又要在北平闹事，都是毁害党国事业的行为，你要派出部队，采取严厉措施，制止他们的反政府行为。吴啸亚马上派出二〇八师的部队，当东北流亡学生游行到东交民巷市参议会议长许惠东住宅附近时，预先部署的二〇八师士兵向学生行列开枪，当场打死学生、市民17人，重伤24人，轻伤100余人，制造了"七五"惨案。

"七五"惨案的发生，震动了整个社会。北平的市民恨之入骨，纷纷指责，大学的校长、教授提出抗议，就连支持国民党内战的美国人也向北平当局与华北"剿总"傅作义提出批评。华北的军事形势搞得傅作义焦头烂额，现在陈继承与青年军第二〇八师又捅出这么大的娄子，无疑给华北与北平的形势雪上加霜。

傅作义当上华北"剿总"总司令后，是将北平与华北当作家业来经营的。傅作义曾对部下说：我们光有军队还不行，必须有地盘，而且要经营好，这样军队

1948年,人们不满国民党的黑暗统治,纷纷走上街头游行抗议。图为骑着高头大马的军警包围游行的学生队伍

才能站得住。张学良的军队很多,东北一丢,军队就被人家(蒋介石)瓦解了,成了流浪儿。现在陈继承与青年军二〇八师制造"七五"惨案,搞得民怨沸腾,不啻在拆他的台。面对社会舆论的强烈谴责,傅作义心烦意乱,在司令部办公室里两手插在裤腰来回走动,自言自语:我在向前走,他(陈继承)在我脚下挖坑。青年虫,青年虫,中看不中用。这帮人靠不住,惹不起,用不上。

傅作义毕竟是久经战阵、政治上老辣的人。他一面派人处理"七五"惨案的善后,一面违心地将"七五"惨案的责任揽下,致电蒋介石请求"处分"和"引咎辞职"。采取以退为进的办法:你的嫡系惹了事,我来擦屁股、担责任。这局面我收拾不了,你看着办吧。傅作义撂挑子,将球抛给蒋介石,使蒋面临着是要傅作义还是要陈继承的选择。蒋介石确实对傅作义有看法,但除了傅谁又能挑起华北的军政责任?在才能与人望上,蒋介石的嫡系将领确实找不出能代替傅作义的人。就说陈继承,恐怕十个也抵不上一个傅作义。蒋介石不得不撤换了陈继承和市政府其他几个中统、军统特务骨干。但陈继承毕竟是自己的人，蒋介石将其调离北平，任南京卫戍总司令，不降职反而升了官。

傅作义赶走了陈继承，下一步轮到处理二〇八师了。1948年9月，东北的人民解放军发起辽沈战役，首先进攻北宁线上的战略要地锦州，蒋介石令华北部队增援。傅作义调二〇八师至唐山地区布防，同时将师长吴啸亚调任他职，师长由段沄继任。该师在北平期间，已扩建为3个旅。1948年9月，国防部将该师扩编成第八十七军，仍以段沄为军长。所辖各旅扩编为师，依序给以二二〇、二二一、二二二师的番号，并以陆静澄、王永树、周雨震分任师长。该军防守唐山时，曾受到解放军的打击。1948年10月，第八十七军放弃唐山，退据塘沽，归第十七兵团司令官侯镜如指挥。1948年11月中旬，为逃脱解放军围歼，在海军支援下逃至上海。因被歼和流散的官员较多，军师严重缺额，拨归三十七军军长罗泽闿指挥、整编。

撤逃到台湾的青年军各师官兵，虽受到蒋介石、蒋经国父子重用，但青年军未再重建。青年军遂随大陆的解放而宣告消亡，成为一个历史名称。

THE HISTORY OF THE KUOMINTANG ARMY

国民党军史

【下】

王晓华 张庆军 戚厚杰 著

国民党二十大主力军的建立、发展
直至在中国大陆失败、撤到台湾的全部历史

团结出版社

目录

第四军

001------------046

第七军

047------------098

第十九军

099------------138

第二十一军

139------------186

第二十九军

187------------224

第三十军

225------------268

第三十五军

269----------320

第三十八军

321----------368

第五十一军

369----------402

第六十军

403----------437

第四军

北伐铁军所向披靡
卷入内战失败解体

说起北伐战争、南昌起义、广州起义与人民军队的创建,不能不讲到第四军。该军是粤军的精华,是北伐军中的尖刀前锋,是当时最有战斗力的部队。它因战绩辉煌而独负盛名,被誉为"铁军"。李济深、邓演达、张发奎、陈铭枢、蒋光鼐、蔡廷锴、黄琪翔等皆出身于第四军。叶挺在第四军担任过高级职务,后来成为共和国元帅的聂荣臻、叶剑英、林彪,将军粟裕、张云逸等皆在第四军战斗过。为创建人民军队而牺牲的江西苏区的卢德铭、王尔琢、刘畴西、贺昌、周子昆等,鄂豫皖苏区的许继慎、蔡申熙,湘鄂西苏区的董朗、孙德清(孙一中),左右江苏区的徐光英(改名徐开光),浙南红十三军的胡公冕等,湘鄂赣苏区的高咏生、湘赣苏区的谭家述、湖南省委军委书记廖乾吾等也出自第四军。战场是勇士的苗圃,军功是将帅的花环,说第四军是将帅的摇篮一点也不为过。在国民党执政时期一百多个军中,能被国共两党共同推崇者,只有该军。

  南昌起义、秋收起义与广州起义是中国共产党创建军队的开端，其起义武装的力量最初来源于第四军，连初创时的名称也是借用"铁军"第四军，井冈山朱德、毛泽东部、湘鄂西贺龙部，都称四军。全面抗战开始后，中国共产党将南方红军游击队改编时，也称四军。新四军军歌唱道："光荣北伐，武昌城下，血染着我们的名字……"人民军队继承了"铁军"之名，并将其精神发扬光大，成为举世闻名的钢铁军队。

  1927年4月12日以后，国民党背叛孙中山的联共政策进行"清党"反共，第四军共产党员被迫退出，先进分子被排挤，官兵没有了灵魂，部队失去了战斗精英，战斗力大不如前。卷入内战的旋涡后，其战斗作风更黯然失色。在八年抗战中表现平平，最后在解放战争中被消灭。尽管如此，第四军的辉煌与荣耀在中国历史也是不可磨灭的，值得后人怀念与研究。

孙中山缔造　粤军精华

第四军由粤军一部发展而成，因此首先要从粤军讲起。

广东简称"粤"，该省的部队称为粤军。最早的粤军为辛亥革命时期由胡汉民、陈炯明组织的广东民军，该部除参加了广东省内的革命外，还参加了上海、南京的光复与北伐作战，为民国的建立贡献良多。

为纪念在光复战斗中粤军的牺牲者，南京莫愁湖建有"粤军阵亡将士墓"。但是在"二次革命"中，粤军被袁世凯、龙济光摧毁殆尽。

1917年孙中山南下"护法"，虽有海军方面支持，然本身并无基本武装力量，实际上受桂系势力掣肘。护国战争后，在孙中山的支持下，以陈炯明掌握的亲军二十营为基础成立粤军，陈炯明为总司令，邓铿为参谋长，蒋介石为参谋，移驻汕头。成立后的粤军即进军"援闽"。此时编有七个支队，是近代粤军的雏形。

陈炯明、许崇智等在闽粤边境编练军队后，于1920年的驱桂战争中赶走了桂系的广东督军莫荣新。11月，孙中山由上海返回广东，重组广东革命政府，任命陈炯明为广东省省长兼粤军总司令。这时，粤军编有两个军，第一军军长由陈炯明兼任，军未设司令部，辖三个师、六个独立旅和五个路，师长为邓铿、洪兆麟、魏邦平。独立旅旅长为邓本殷、翁式亮、杨坤如、熊略、陈炯光、李炳荣。李福林、钟景棠、黄大伟、罗绍雄、黄明堂任路司令。第二军军长为许崇智，辖四个旅，吴忠信、蒋国斌、谢文炳、关国雄任旅长。孙中山调邓铿的第一师拱卫广州，并责成邓铿编组训练该师，以期训练成一支精锐部队。

邓铿，原名士元，字仲元，1886年生。原籍广东梅县，7岁随父居惠阳淡水。1905年入广东将弁学堂第四期步科，秘密加入同盟会。次年任将弁学堂步科助教、公立陆政学堂教习。1907年任广东新军学兵营排长，代理左队队官。1909年任黄埔陆军小学堂学长。参加了广州新军及黄花岗起义，失败后出走香港。辛亥武昌起义后，在东江率民军起义响应，攻占淡水，旋与陈炯明等攻下惠州。民国元年任广东陆军第一混成协协统，广东都督府陆军司长兼稽查局长，后改任都督府参谋长。1913年授陆军中将衔，任琼崖镇守使兼民政长，后回省任都督府参谋长，一心一意追随孙中山。1914年在日本加入中华革命党，任军务部副部长。1916年5月，任中华革命军东江讨逆总司令，主持广东讨袁驱龙（济光）军事，击溃广州、惠州、东莞三面来犯之敌。1917年夏参与组建粤军，任总部参谋长。1918年粤军援闽，任右翼指挥官，连克闽西二十余县，进入漳州。

邓铿出身于广东新军，受过正规军事教育，追随孙中山多年，他深刻体会到，屡次革命之所以不能成功，一是在于国民党内部组织松弛，纪律不严，缺乏训练；二是缺少自己的武装，不得不利用军阀的力量去攻击军阀，以暴易暴，于国于民都没有好处。新兴的粤军是在战争中依封建关系建立起来的，没有受过严格的政治教育与军事训练，官兵缺乏政治目标与现代军事素养，带有旧巡防营时代的恶习。邓铿决定彻底整顿该师。首先他废除旧的编制，完全依照新式国防军的师旅团营连编制，他在编组部队的时候想方设法罗致新式军事专门学校出身的有朝气的军官，吸收保定军校新近毕业的青年军官做骨干。在邓演达的建议与协助下，对官兵施以现代军事学术、政治常识和一些工业生产知识的教育。目的是培养具有政治觉悟、意志坚强、团结一致、英勇善战的新型军人，能担负国民革命的使命，并在此基础上再改造粤军其他各部。

当时粤军内抽大烟、赌博、花天酒地，恶习横行。在驻地，军队为了搞钱，

粤军第一师师长邓铿

以保护为名，公开包庇烟毒赌，走私漏税，鱼肉地方。老百姓与商人像怕匪一样畏惧当兵的。邓铿励精图治，采取严厉措施，严格治军，坚决杜绝一切陋习，使其成为比较有政治觉悟和训练有素的部队。

张发奎在回忆中，讲了他所经历的邓铿教育训练粤军众多事例的其中一件。一次张发奎的战友陆志云告诉他，汕头缉私队有个负责人的肥缺，建议他请求邓铿出面向陈炯明推荐他去担任此职。缉私队的任务是巡视各个盐场，执行稽核分所征税、查缉漏税案件的任务。当时张的月饷为128元，到了缉私队每月可得三千大洋，这样一年之内可拿三四万大洋，只要三四年就能赚下足够享受一辈子的巨款，当然也不必再上战场了，十分诱人。

张发奎将自己的想法告诉邓铿。

邓铿问张:"你今年几岁了?"

"二十六岁。"张发奎回答。

邓铿问:"你几时死?"

张猜不透他的意思,咕咕哝哝地答道:"不知道,我相信近期不会死去。"

邓铿马上厉声指着张说:"我从未想到你是这么糟糕的年轻人,你只想去赚钱,国家还有什么希望呢?现在我明白了,我看错你了!"

张发奎被邓铿批评哭了。他说:"我知错了。今后再也不考虑这类坏主意了。我决心听您的教诲,做一个好青年。"

张发奎说,在邓铿的熏陶下,他再也不迷失于"求官搞钱"的诱惑了。

俗话说,兵熊熊一个,将熊熊一窝。同样,兵强强一个,将强强一群。在邓铿的选配、训练下,第一师集中了邓演达、李济深、陈可钰、张发奎、黄琪翔、叶挺、叶剑英、陈铭枢、蒋光鼐、蔡廷锴、戴戟、薛岳等青年才俊,包括以后统治广东多年与在国民党军队中有影响的著名人物,如陈济棠、余汉谋、李汉魂、黄镇球、黄慕松等。他们大都是有文化、有军事知识和有指挥才能的人物,该师成为支持孙中山的重要武装之一。

1922年3月22日,邓铿在广州被刺身死。邓铿早逝,令人扼腕,但他在粤军罗致的一批高素质的军官群仍在,他所培养的团结向上、能攻善守的作风还在继续发扬,特别是之后一批共产党人进入该部,输入了新鲜血液,增强了战斗力。强兵在将,在1925年扩编成第四军前夕,这个师已经成为战功彪炳、战力强大的一支劲旅。在整个广东的本土部队中,包括陈炯明的救粤军、广东南路的邓本殷八属联军、许崇智的讨贼军、据守粤中的李福林部与一些小队伍如魏邦平部、黄明堂部等,与第一师相比均相形失色。东征战争开始之后几乎所有老粤军部队都逐渐走向消亡,唯独该部一枝独秀,之后军界中所谓的粤军,可以说清一色渊源于粤军第一师,因此人称该师是"粤军之母"。

邓铿死后,梁鸿楷接任第一师师长。此后经过孙中山督师北伐、陈炯明叛变,

第四军第一任军长李济深

粤军分裂。

1923年2月,孙中山在陈炯明被驱逐后,由上海返广州设立大本营,脱离陈炯明的粤军一律改由大元帅府直辖,梁鸿楷调升粤军第四军军长,李济深接任第一师师长。

李济深,字任潮,1885年生,广西苍梧人。早年就读于广州黄埔陆军中学、陆军速成学堂。毕业后,在新军任见习官、排长,后入云南陆军讲武堂继续学习。1909年,被保送到设在保定的军咨府军官学校即后来的陆军大学学习。毕业后,留校任教官,历时五年。

1920年,李济深南下广州,参加孙中山领导的军政府。由于粤军第一师没有陆军大学毕业的军官,邓铿要求李到该师来,初任师副官长,后任师参谋长。

曾任粤军第一师团长、国民革命军政治部主任的邓演达

李济深升任师长后仍兼参谋长,并兼任西江善后督办、大元帅大本营西江办事处处长等职。

1924年1月国民党改组后决定开办黄埔军校,粤军第一师抽调了大批骨干到军校担任教育与训练骨干。李济深被任命为军校筹备委员会委员(委员长为蒋介石)。同年2月,任黄埔军校教练部临时主任。3月,任军校入伍试验委员会代理委员长。5月,李济深被孙中山任命为黄埔军校教练部少将主任。第一师派出的邓演达、叶剑英、严重、陈诚等均在黄埔军校担任重要职务。

1925年7月1日,国民政府在广州成立,原大元帅府所辖部队皆改编为国民革命军。这次整编的特点是学习苏联红军的政治工作经验,规定军队不拉夫,不筹款，不扰民，军人不准嫖赌抽大烟，进行三民主义和反帝国主义、反封建主义与反军阀制度的教育。军、师两级设党代表和政治部，各团、连设政治指导员。各部政治工作人员多由共产党员及左派担任。粤军第一师扩编成第四军，李济深任军长，陈可钰任副军长，邓演存（邓演达的弟弟）任参谋长，罗汉（共产党员）、张善铭（共产党员）、麦朝枢（国民党左派）、廖乾吾（共产党员）先后任政治部主任，下辖第十、十一、十二、十三师四个师。这支部队不仅保留了粤军的精锐，又从黄埔军校补充了一批具有革命理想和献身精神的基层官佐，更为重要的是，在国民革命军各军中，第四军中的共产党员最多，政治工作机构也最为完整。有这么一大批共产党员起着模范作用，全军上下士气奋发，斗志昂扬。

各师的人事情况为：

第十师，由原第一旅扩编而成，师长陈铭枢，副师长蒋光鼐，参谋长戴石孚，政治部主任李笠农，后为徐名鸿。辖第二十八团，团长蔡廷锴；第二十九团，团长孙绳；第三十团，团长戴戟。

第十一师，由原第二旅和补充团、工兵营扩编而成，师长陈济棠，副师长先为徐景唐，后为邓世增，参谋长李扬敬，政治部主任林翼中。辖第三十一团，团长余汉谋；第三十二团，团长先为邓世增，邓升任副师长后，香翰屏接任；第三十三团，团长黄镇球。

第十二师，该师为第一团扩编，梁鸿林任师长。1925年9月，蒋介石驱逐许崇智，扣押梁鸿楷（梁鸿林之兄），梁鸿林率部叛变，被解决，于是将张发奎独立旅扩编为该师，师长张发奎，副师长朱晖日，参谋长李汉魂，政治部主任廖乾吾。辖第三十四团，团长许志锐；第三十五团，团长缪培南；第三十六团，团长黄琪翔。

第十三师，本属于第五军，拨归第四军节制。师长徐景唐，副师长陈章甫，参谋长余华沐，政治部主任翟瑞元。辖三十七团，团长云瀛桥；第三十八团，团长李务滋；第三十九团，团长谭邃。

独立团是共产党直接掌握的一支武装，其前身是陆海军大元帅府大本营铁甲车队。它是由苏联顾问向孙中山建议而建立的。在筹建中由中共两广区委军事部选派徐成章、周士弟、廖乾吾、赵自选、曹汝谦五位共产党员负责。1925年11月，以铁甲车队全部和从黄埔军校抽调的部分人员为骨干，组成三十四团，北伐战争开始后，作为第四军先遣队改称独立团。该团连以上干部大部分是共产党员，班排长也有一部分是共产党员，团成立了一个共产党支部，支部成员又是团的主要指挥官和若干负责军官，党的政策指导方针可以直接贯彻到部队。

所向披靡　北伐铁军

1926年春，湖南发生了省长赵恒惕与倾向广东国民政府的师长唐生智的内战。5月初广西李宗仁接到唐生智的求援电后，决定派钟祖培的第八旅为"北伐先遣队"增援，揭开了北伐战争的序幕。5月底，第四军叶挺独立团首先进入湖南，途中接唐生智告急电，叶挺未待后续部队到来，即于6月2日进军到湖南安仁县城，应援在敌重兵攻击下开始溃退的第八军第二十九团，经两三天苦战，打垮谢文炳独立旅四个团和赣军两个团，解安仁方面唐军之危，并粉碎敌人占领湘南的企图，初战告捷，开北伐胜利之先声。

7月1日，广州国民政府发布了《北伐宣言》，各军开始北伐作战。第四军以军长李济深率第十一师和十三师留守广东，副军长陈可钰率领十师和十二师共五个团参加北伐。第十师，师长陈铭枢，副师长蒋光鼐，政治部主任徐名鸿（共产党员）。辖二十八团，团长蔡廷锴；二十九团，团长范汉杰；三十团，团长戴戟。第十二师，师长张发奎，副师长朱晖日，政治部主任廖乾吾。辖三十五团，团长缪培南；三十六团，团长黄琪翔。该师的叶挺第三十四团改为独立团先期北伐后，另组建三十四团，团长许志锐，留守琼州，北伐军攻下武昌后，该团还归第十二师建制。四军北伐到湖南后，叶挺独立团归十二师指挥。此时，第十二师有四个团。

7月10日,第四军攻占醴陵,一路攻击前进,于8月19日抵近平江。防守平江者为直系军阀吴佩孚的爱将、平通司令陆沄。为阻挡北伐军,陆沄指挥十万人沿山地构筑了坚固的防御工事,遍设地雷与铁丝网,配属的山炮就有几十门,据险抵抗。第四军以第十二师正面攻击,第十师攻击右翼。平江的农民自动组织队伍担任向导,他们熟悉敌主力阵地、地雷铁丝网的部署。攻击于19日拂晓开始,未及两小时,便攻占平江城东北的古城岭。接着,黄琪翔率领第三十六团经过肉搏,首先攻入城内,再经过激烈巷战,至中午12时,将敌人全部歼灭。陆沄拒绝投降,自杀而死。

第四军攻克平江后,日夜兼程挺进,于8月26日到达汀泗桥南。

汀泗桥镇为湖北的南大门,也是通往武汉的必经要隘,前临巨湖,东枕高山,西、南、北三面环水,粤汉铁路自西南向东北纵贯其间,镇东有一片比较陡峭起伏连绵的山冈,其中最高的一座山名叫塔脑山,敌军的阵地就设在这片山冈之上,修筑了防御工事。

为阻止北伐军向北挺进,敌军在汀泗桥一带集中了两万兵力,其中包括从湖南汨罗、岳阳一线溃逃下来的残部,也有从平江、通城一线溃逃下来的敌军,还有从武汉增援过来的敌人。

第四军以第十师为右翼,自古塘角至张兴国一线向敌人进攻;以第十二师为左翼,自张兴国至铁路一线向敌人攻击。叶挺独立团为总预备队。

独立团在攻打汀泗桥之前,于8月25日在蒲圻中伙铺截击了向汀泗桥退却之敌孙建业部之第二团,俘获自团长以下官兵四百多人,首立战功。26日清晨,北伐军第十二师以第三十五团为先锋,独立团、炮兵营及师部相随,自中伙铺出发向汀泗桥攻击。同时北伐军第十师以第三十团为先锋、第二十九团为中路、二十八团炮兵营为后备队,依次从山峡冲出发,向汀泗桥西南的赤岗亭方向挺进,第三十六团则从石坑渡起程,以其第一营为前锋向汀泗桥右翼前进。

26日上午10点半左右,第十二师第三十五团尖兵连进抵敌军前哨阵地高猪山，双方交火，汀泗桥战役正式打响。此时敌军欲退至铁路桥以东，第三十五团因受敌人机关枪封锁，无法越过铁路，两军隔河相峙。正午，第三十六团在农民的向导下，将枪顶在头上，涉过齐胸深的河水，从上游越过汀泗河，进抵汀泗桥东南边高地附近，因敌军居高临下大力扫射，不宜前进，于是疏散队形，侦察敌人阵地配备情况，等待增援部队到来，再齐头并进。当第十师行至骆家湾附近时，听到汀泗桥方向枪炮声甚密，知第十二师已与敌军接战，部队迅速前进，并以第二十八团、第二十九团向三十六团右翼延伸增援。三十团位于三十六团左翼，独立团一营同时在三十六团后方，以策应各方。四军在形成对敌军阵地半月形的包围之后，开始攻击，炮兵也开始向正面的敌军进行攻击，激战一天，无所进展，一时间两军形成胶着状态。

当时吴佩孚的增援部队不日可到，孙传芳也正调兵进入江西。四军士气旺盛，装备不良；勇于进攻，不长防御。如敌人援军一到，北伐军势必陷入被动，战斗必须速战速决。26日黄昏，副军长陈可钰和各师、团长亲临前线侦察地形。大家见汀泗桥敌防守兵力雄厚，地形险要，工事坚固，易守难攻，在讨论打法时，意见不一。这时黄琪翔建议以所部三十六团为前锋，于当晚开赴桥之上游，强渡北岸，迂回至桥北，夺取敌最高峰阵地，桥南部队发起正面攻击，桥北部队配合作战，当可一举成功。黄陈述意见后，大家都表示赞成，苏联顾问尼基金称此为奇谋胜算。陈可钰接受黄琪翔的建议：全线夜袭，突破敌人高地。独立团团长叶挺也建议派部队绕道古塘角，抄攻敌军背后，使敌军腹背受击。

夜12时，三十六团、二十八团、二十九团乘着黑暗逼近敌人阵地，敌人枪炮声不断，而四军各团衔枚疾进，一枪不发，待接近敌人阵地后，用刺刀冲破敌军中部阵地，占领了阵地数处，为总攻夺得了有利的据点。27日清晨，北伐军全线发起进攻，三十团及独立团一营亦加入战斗。这时敌军数次组织反攻，妄图夺回失地，终因北伐军奋勇还击，未能得逞。经过两个小时的激战，各高地相继被四军占领，敌军阵线破裂，开始向咸宁城关方向撤退，其中一部分敌军被二十八团截击缴械。

27日晨4时，左翼的十二师一部与敌隔铁路桥相峙。为歼灭该部，十二师决定实施抄攻敌人后背之作战。独立团在当地群众引导下于同日上午7点多钟到达铁路敌前。这时，敌军正在撤退，独立团突然发起攻击，敌军顿时变撤退为溃逃，一部分敌军被缴械，一部分被消灭。

汀泗桥战役，四军共俘虏敌军官佐150多人，士兵近2300人，缴获了大量的枪支弹药。是役，四军也付出了代价，尤其是黄琪翔的第三十六团，伤亡近三分之一。

汀泗桥之战结束，直军余部退往贺胜桥地区，此地为武汉的最后一道屏障。为加强防御，吴佩孚亲率直军第八师、第二十五师、第十三混成旅，会同由汀泗桥后退部队共45000余人，在贺胜桥地区构筑三道防御阵地，准备实行逐次防守。第一道防御阵地在杨林塘至王本立一线，第二道在桃林铺至孟家山一线，第三道在贺胜桥至烟斗山、余花坪一线。29日，第四军、第七军分左右两路沿粤汉铁路向贺胜桥开进。30日凌晨1时，直军派出的主力部队被第四军、第七军合力击退。5时，第四军向杨林塘直军阵地发起总攻。7时，第七军向王本立直军阵地发起进攻。8时，直军第一线阵地被完全突破。第四军叶挺独立团在突破直军第一线阵地后，立即向第二线阵地发起猛攻，桃林铺直军尚未来得及组织抵抗，已被独立团突破。独立团冒着孤军深入的危险，继续攻击前进，乘势向烟斗山直军主阵地发起进攻。9时，烟斗山被攻克。吴佩孚为死守贺胜桥，以执法队手持大刀砍杀后退官兵，将砍杀的人头挂在树上，以阻挡溃退。第四军的第二十八团、第二十九团、第三十团、第三十六团协同发起猛攻，直军左翼各道防线均被突破。11时，第四军突破贺胜铁桥，攻占贺胜桥镇。同时，第七军攻克直军孟家山防线。直军退往余花坪。第七军追至余花坪后，直军使用八个团兵力组织十余次冲锋，均被击退。是日夜，余花坪直军因闻贺胜桥主阵地失守，乘夜退往武昌。贺胜桥战斗遂告结束。此役，国民革命军伤亡846人，俘获直军3235人。

汀泗桥、贺胜桥之战，打败了吴佩孚亲自指挥的直军主力，奠定了北伐战争胜利的基础。8月31日至10月10日，第四军各部队又参加围攻武昌的战斗。

9月初，北伐军组成攻城司令部，以李宗仁、陈可钰为正副司令，指挥第四军、第七军经过四十余天的激战，于10月10日攻克武昌。此役共俘获守敌湖北督军陈嘉谟、守城总司令刘玉春以下万余人，完全打败了兵力最强的北洋军阀吴佩孚。11月初，第四军驰援江西方面的作战，配合第七军先后攻克德安、马回岭、九江、南昌等地，歼灭了孙传芳五省联军的主力，迫使孙传芳仓皇逃回南京。至此，第四军在半年时间里，奔驰数千里，转战于湘鄂赣三省，经历了七个重要战役，其战绩之辉煌，为诸军之首。

1927年11月下旬，第四军从赣北凯旋武汉，各界联电致贺。第四军自北伐以来，过关斩将，所向披靡，1927年1月15日，武汉粤侨联欢社把在汉阳兵工厂特制的一面铁盾赠给第四军。这面铁盾正面铸有"铁军"二字，上款写着"国民革命军第四军全体同志伟鉴"。铁盾背面有一首四言题词，全文是："烈士之血，主义之花，四军伟绩，威振遐迩。能守纪律，能毋怠夸，能爱百姓，能救国家。摧锋陷阵，如铁之坚，革命担负，如铁之肩。功用若铁，人民倚焉，愿寿如铁，垂亿万年。"此题词概括了铁军之名的来历和含义。

铁军是群众叫出来的，是社会公认的，是对四军战斗精神的赞誉，是对该军战功的肯定。1926年9月30日《广州民国日报》发表的《第四军前方破敌志要》一文中提道，第四军"自克平江之后，即兼程追敌，奋不顾身，故汀泗桥与贺胜桥，独奏奇功，将吴贼精锐，全数扫灭，铁军之号，遂扬溢于湘鄂间"。战争是将帅的学校，战功是将帅的荣光，由第四军脱颖而出的国共两党的将帅，都经过了北伐战争血与火的历练，其顽强勇猛的革命精神在之后的战争中发扬光大。

二次北伐　血战临颍

1926年11月27日，北伐军光复江西后，武汉政府将第四军在湖北的两个师，扩编成第四、第十一两个军。

第四军仍以李济深为军长，留守广州。副军长陈可钰因病离职赴上海就医，由张发奎升任副军长，廖乾吾为政治部主任。指挥前方的第十二、二十五两个师。第十二师师长黄琪翔，副师长缪培南。下辖三十四团，团长许志锐；三十五团，团长马少屏；三十六团，团长李汉魂。第二十五师师长朱晖日，副师长叶挺。下辖七十三团（独立团改编），团长周士弟；七十四团，团长张驰；七十五团，团长开始由叶挺兼，后为李江。另由第四军分出一部分扩编为第十一军。

北伐军攻下南昌后，蒋介石开始了军事独裁，反对工农运动，并企图将由广州赴武汉的部分国民政府委员和国民党中央委员抑留南昌，以军队控制党和政府。1927年3月底，北伐军占领南京、上海，蒋介石与帝国主义、买办资产阶级和封建军阀勾结日益紧密，变本加厉地进行反革命分裂活动。武汉革命政府在国民党左派与共产党合作下发起了"党权运动"，反对蒋介石的个人独裁。武汉及两湖党政军民，纷纷卷入这一汹涌澎湃的洪流中。在这种情势下，铁军高级军官发生分化，其中一些倾向蒋介石的高级军官离开武汉，跑到南京去了，如第十一军军长陈铭枢、第十师师长蒋光鼐、第二十四师师长戴戟，还有一些团长离队而去。武汉政府遂对第四军的高级军官进行了一次调整：张发奎为第四军军长，黄琪翔任副军长，廖乾吾为政治部主任，各师大致未变。由于第十一军军长陈铭枢、副军长蒋光鼐离去，军长一职暂由张发奎兼任。

张发奎，又名逸斌，字向华，广东始兴县人。广东陆军小学、武昌陆军中学毕业。张在陆军小学学习期间，在3000名学生中以《吴起将兵与士卒同甘苦论》一文名列前茅，升入武昌第三陆军中学。毕业后参加了粤军的护国、反袁世凯复辟、援闽诸役。曾任粤军邓铿第一师少校副官。1922年任孙中山驻广东大本营警卫团第三营营长，陈炯明叛变时，与叶挺等将士同数倍于己的陈炯明军队作战，保卫中山先生脱险。后率部与叛军战于翁源。陈炯明知道张发奎能战，曾遣前陆军小学校长翁式亮致函拉拢之，称："师生之情，爱护之心，始终如一，希迅速来归，免贻后悔。"张旋以"师恩难忘，恕难从命"回绝，毅然率部退

北伐战争中的铁军军长张发奎

入始兴仙人洞据山相抗，为时半年，故后有"大王"的绰号。关于张发奎的"大王"绰号还有一个说法，说是他在签名写"奎"字时，老是上下分得过开，把"圭"写得潦草如"王"，乍看去，"奎"字很容易看成大王。成名后，袍泽、部下有时干脆当面叫他大王，他也不应答，只是抬起削细的竹签，眯起眼剔牙，冲喊他的人淡淡地点点头，不以为忤。

张发奎在任粤军第一师的团长、独立旅少将旅长期间，于1925年参加广东战役，历经党军（即黄埔学生军）与滇、桂、粤、湘联军东征陈炯明、南征琼崖邓本殷诸役。第四军成立后，任第十二师副师长，参加第二次东征。

张发奎主张联共，支持农民运动，在北伐作战中依靠民众。他在回忆录中曾说："我钦佩共产党员的热忱与战斗精神。"他评价北伐战争中的共产党"他们对北伐的最大贡献是从事群众工作，他们全力把军民结合在一起，而且充当二者之间的桥梁"。

1927年4月，武汉国民政府决定举行第二次北伐，在湖北的部队编成三个纵队，其部署是：第一纵队司令张发奎率第四军、第十一军和贺龙的独立第十五师沿京汉铁路东侧前进，目标是攻占开封；第三纵队的第三十六军和第二十三军第二师沿京汉铁路攻占郑州；第二纵队为新收编的武装，在第二纵队左方朝荥阳方向进攻。

4月18日，第四军与第十一军在武昌南湖机场举行北伐誓师。5月1日，两军在驻马店完成了集结。5月中旬开始向上蔡、西平一带的奉军进攻。16日，张发奎指挥第四军两个团包围上蔡奉军的富双英部，其余部队挺进东洪桥和西洪桥。奉军装备精良，在连天的炮火硝烟中，第四军部队在东、西洪桥来回运动，哪里战斗激烈，指挥官就奔向哪里。由于部队频繁调动，以至于一些士兵没有牺牲在敌人的枪炮下，反被累死在来回奔跑的行军中。战至17日，终将东、西洪桥占领，防守上蔡的奉军旅长富双英被迫向第四军投诚。而后，黄琪翔指挥十二师、二十六师与贺龙的独立十五师向逍遥镇前进。5月24日，独立十五师与十二师占领逍遥镇，于27日抵近临颍。

临颍是豫中重镇，平汉路上战略要地，北伐军如占领该地，便可直抵郑州、开封；同样，奉军如在此失守，郑州、开封亦失去屏障。因此奉军出动了第十军全部与第十七军、第八军共十余万人及飞机、坦克大炮等装备，修筑了良好的工事进行防御，张学良亲自到前线指挥。张发奎的第一纵队以蔡廷锴的第十师担任后卫，前线仅为黄琪翔指挥第四军的第十二师与第十一军的第二十六师，双方兵力对比为十比一，奉军在各方面都占有优势。狭路相逢，这是一场力量悬殊，但又生死攸关的战斗。

27日战斗一开始，奉军就集中所有的火力射击，炮火连天，弹如雨下，第四军在血风弹雨中坚守阵地，伤亡很大。战斗最紧急时，阵地上出现了不稳的苗头,有些部队坚持不住甚至后撤。张发奎听说后火冒三丈,马上冒着炮火赶到前线,因为自北伐作战以来,第四军从来没有退却过。张发奎一到前线,士兵的心理马上稳定下来,纷纷回到自己的战斗岗位,继续攻击战斗。

部队伤亡很重,第二十六师七十七团团长蒋先云身负重伤,被人从前线抬下来,经过张发奎的指挥部。张去看望,蒋先云睁着眼,说不出话,但还挥动手臂表示要到前线去,不久便牺牲了。蒋先云的精神与事迹感动着前线的每一个人。

28日,奉军的进攻更为猛烈,北伐军伤亡与紧急求援的报告不断传来,苏联顾问建议张发奎下令立即退却,否则会发生混乱。张发奎坚决不同意,他说:第一,白天撤退是危险的,这样会发生溃散。由于我们没有足够的火车厢把部队转移到后方,因此很可能被消灭。第二,我们必须等待担任后卫的蔡廷锴师到来,我已命令蔡师急行军赶来临颍,我计划将蔡的第十师投入战场继续战斗,以稳定我们的战线,我军坚持到黄昏才可以撤退,因为夜间撤退比白天安全得多。此时,张发奎本人也感到情况紧急,无法继续战斗下去。

不久,蔡廷锴带领部队赶到,旋即投入战斗。下午4时,李汉魂从前线赶来向张发奎报告:奉军张学良撤走了。张发奎在最后的五分钟坚定不移,扭转了战局。

临颍战役是第二次北伐以来最激烈、最紧张、最残酷的一次战役。如果说,汀泗桥战役消灭了直系吴佩孚的主力,那么,这次临颍作战,乃是消灭了奉军在河南的主力。此次作战也是第四军伤亡最大的一次:七十七团团长蒋先云牺牲,七十六团参谋长阵亡,三十四团团长吴奇伟、七十六团团长沈久成负伤,共死伤将校40余人。

攻占临颍后,第四军等几乎没有经过战斗便占领了开封。6月10日,汪精卫与冯玉祥在郑州举行会议,其议题之一是决定将进入河南的武汉国民政府北伐军全部撤回武汉地区,河南的军事交与冯玉祥。张发奎部奉命回师武汉。不久,成立第二方面军,由张发奎任总指挥,郭沫若任副党代表,谢膺白任参谋长,吴仲禧为副官长,辖第四军、第十一军和由独立第十五师扩编而成的贺龙第二十军,

第四军军长黄琪翔

黄琪翔接张发奎升任第四军军长。

黄琪翔，字御行，广东梅县人。童年在村塾就学，后进梅县务本中学、广州优级师范附中求学。从1912年起，黄琪翔先后在广东陆军小学、湖北第三陆军中学、保定入伍生队、保定陆军军官学校炮兵科第六期学习，由于聪颖过人，成绩优异，为师友所期许。1919年，黄于保定军校毕业后，分配到北洋边防军第一师炮兵团第三营任排长。1920年调回保定军校任炮兵队队长，陈诚为其队上的学生。

受孙中山革命思想影响，黄琪翔于1922年辞去保定军校职务，回到广东参加革命。到广州时，正值孙中山率师北伐，黄入粤军第一师，先任师司令部后方办事处参谋。同年6月，应第一团辎重营营长张发奎之邀，任该营副营长。从此，黄与张共事到1927年底离开广东为止。1924年1月，国民党改组后，黄琪翔加入国民党。次年，任粤军第一师第一旅第一团第三营营长，参加了第一次东征，讨伐陈炯明；接着，参加了平定杨希闵、刘震寰叛乱之役。战后，第一团扩编为独立旅（旅长张发奎），黄琪翔升任该旅第二团团长。同年8月，粤军第一师扩编为国民革命军第四军，随后独立旅扩编为第十二师（师长陈可钰、副师长张发

1938年，北伐战争中的战友为抗战在武汉相聚。左起：叶挺、张发奎、郭沫若、陈铭枢、黄琪翔

奎），黄任该师第三十六团团长。10月，黄又参加了第二次东征，在讨伐南路的邓本殷之役中，一直打到琼崖。

1926年7月，广州国民政府举行北伐。黄琪翔随第四军第十二师进入湖南、湖北和江西、河南，在平江、汀泗桥、马回岭、上蔡、临颍等重要战役中，都建立了功劳，成为北伐著名的战将之一。

黄琪翔任军长后，该军的人事情况为：叶剑英任参谋长，政治部主任廖乾吾。辖第十二师，黄琪翔升任军长后，缪培南接任师长；第二十五师，师长李汉魂；第二十一师，师长富双英，该部由上蔡投诚的奉军的一个旅编成。

两次起义　精华尽失

1927年7月15日，武汉的汪精卫发动了反共事变。汪本想以反共为条件，实现宁、汉、沪三方合流，借以保住国民党"正统"领袖的地位。但南京竭力攻击汪是"勾结共产党"的祸首，拒与合作。汪精卫遂决定以武力与蒋介石进行较量。7月17日，武汉政府组织东征军，以唐生智为总司令，程潜、张发奎部在长江右（南）岸，唐生智（兼）、何健在长江左（北）岸，沿江而下，东征讨蒋。

7月11日，第四军随第二方面军向九江进发，抵达九江后驻扎于马回岭、涂家埠一带。7月24日，中共决定举行武装起义，设法把二十五师拉到南昌，由于该师师长李汉魂不倾向革命，不能过早行动，因此约定，南昌一起义，立即放列火车到马回岭，火车一到，先把辎重装车运走，随后部队开往南昌。为此聂荣臻赶到马回岭，做好二十五师七十三团、七十五团和七十四团部队准备起义的工作。

7月29日，汪精卫在庐山召集在赣的第二、第五方面军将领开会，会上决定在第二方面军内实行"分共"，严令贺龙、叶挺限期将部队撤回九江，并由张发奎电告贺、叶，但叶、贺对此不予理睬。当天傍晚，参加会议的第四军参谋长叶剑英下山，把会议情况告诉了高语罕、廖乾吾，并说张发奎靠不住。高语罕、廖乾吾与在浔的中共领导人商量，决定脱离第二方面军与第四军，于30日搭二十九团的军车赴南昌参加起义。

7月30日、31日，汪精卫继续在庐山开会，张发奎感到南昌有异，于31日上午又给贺、叶发电报："准一日到南昌"。8月1日凌晨2时，中共发动了南昌起义。是日晨，张发奎知道南昌有变，担心驻马回岭一带二十五师的命运，中午与该师师长李汉魂带领卫队营从九江坐火车赶去，企图阻止二十五师赴南昌起义，行至德安万家垄、邹家垄时，被担任起义部队后卫的七十三团一营猛烈射击，张发奎、李汉魂弃车逃回九江，张的卫队营被包围缴械。

国民党、汪精卫的"清共"政策，逼迫共产党人同国民党中革命分子与其分道扬镳，举行起义，这一举动，使第四军的精华流失。国民党的反共行为，也使一些正直、有为的国民党军官迷惘灰心，黄琪翔就说："北伐至此，最觉痛心，拟将第四军所有枪炮抛沉大江中，军中所存款项，平分全军做路费还家，做个真的解甲归田。"此后，四军的政工人员出走，部队取消了政治教育，丧失了革命精神，没有了政治方向。这支曾经朝气蓬勃、有生气、有战斗力的部队，从此走向了迷途，也走向了没落。

八一南昌起义之举，震惊了国民党内部，在广东的李济深慑于南昌起义部队趋向广东，除派军队堵截之外，另与张发奎妥协，欢迎在九江的第四军回粤休整，以增声势。8月中旬，李济深特派陈可钰携巨款入赣，拉第四军回粤。张发奎早有心图粤，正欲南归，便命黄琪翔率领部队，经南昌、丰城、清江、吉安、泰和、赣州开回广东。

南昌起义前，富双英的第二十一师在长江以北，起义后拨归唐生智。第四军回广东的部队为第十二师、第二十五师与原来属于第十一军的许志锐的第二十六师。

第四军回师广东后，张发奎将从江西带到广东的第十一军残余部队编入第四军，归黄琪翔统一指挥。第十一军军长朱晖日调任广州市公安局局长。缪培南的第十二师驻广州，李汉魂的二十五师驻东江地区惠州石龙一带，许志锐的二十六师驻韶关，李恒华的炮兵团驻广州市郊。

这时，张发奎、陈公博、顾孟余等会集广州，勾通原在广东的薛岳、黄镇球两师，并与原在广东的第五军李福林妥协，阴谋取代李济深，夺取广东地盘作政治资本。11月16日汪精卫与李济深同船由香港往上海，同时借李济深的名义致电黄绍竑来广州。17日凌晨，黄琪翔会同第五军军长李福林、新编第二师师长薛岳，派兵突然包围黄绍竑的住所，将桂系驻广州的部队缴械。但黄绍竑事先闻讯已逃离住处赴香港。黄琪翔派兵占领国民党在广州的中央各机关和地方各军政机关，改组广东省政府和政治分会，成立新的军政机关，是为"张黄事变"。

事变中黄琪翔以第四军军长兼任广州卫戍司令，以参谋长叶剑英兼任卫戍司令部参谋长，拱卫广州。由于事变后军事紧张，他们当即决策，采取东守西攻的方针：对东江方面以吴奇伟、李汉魂等师为主力防守增城、石龙一线；西江方面则采取打击计划，集中力量对广西来敌予以严重打击。由黄琪翔统率薛岳、许志锐等师为主力迎击西来之敌。广州卫戍事宜由参谋长叶剑英代拆代行。黄琪翔认为事变已经发生，现处于四面楚歌之下，集中全力打击西来之敌，是当前关键；卫戍广州只是维持后方秩序，有教导团和后方留守的少数兵力以及公安局长朱晖日指挥的公安部队就可以了。

12月11日，共产党人乘广州空虚之机，以第四军教导团为主力发动广州起义，占领了广州。黄琪翔于是日深夜接到军部值班参谋电话报告军部附近发生枪声，因起义突然，黄无从判断，乃告诉参谋急报叶剑英参谋长处理。黄已定日内出发西江，一切广州卫戍事宜由叶负责指挥。时黄与张发奎共住东山一座楼房，黄住楼上，张住楼下。此时枪声愈紧，黄乃下楼找张，叩门时张发奎一手持枪，一手开门，迎黄进入。紧急中黄与张逃出住宅，渡过珠江往广州河南李福林家。李福林亦不知所措，经调查得悉广州市内发生起义。乃由张发奎急调在广州附近的薛岳等部回广州协同李福林的部队镇压。第二天薛岳部队即向广州进击。参加广州起义的部队仅是由第四军教导团和若干临时组成的工人队伍，力量不大，在第四军强大兵力压迫下，广州起义被镇压下去了。之后，黄琪翔回到设于肇庆会馆的第四军司令部，薛岳等一些将领亦先后来到军部。众议纷纷，莫衷一是，黄琪翔建议请叶剑英参谋长来商议善后事宜。会场有一军官大声对黄说："军长你不清楚，有人看见叶参谋长在公安局指挥暴动作战，叶参谋长请不来了！"黄琪翔此时才略明真相。大家面面相觑，一时静默。其后张发奎还派人搜查叶住宅，但无所获。

广州起义是在"张黄事变"反对李济深运动后二十余天内发生的。李济深以此为口实，攻击第四军"勾结共产党"，甚至说第四军与共产党唱双簧，在上海、香港、南京各报上纷登其事。汪精卫为洗脱自己，保护张发奎，将一切责任推到黄琪翔身上，通电指责黄掩护和利用共产党，造成广州起义。第四军内部亦因此对黄不满，在纷乱矛盾局势下，黄无以自解，乃只身逃往香港。

黄琪翔出走后，军长一职由缪培南接任。

缪培南，别号育群，1896年生于广东五华县一贫苦的农民之家。幼时发愤向学，苦读经书，渴求仕进。稍长考入官费的黄埔陆军小学，毕业后升入武昌陆军中学，两年后转入保定陆军军官学校第六期步兵科，1918年毕业后进入属于皖系的边防军中当见习排长。直皖战争皖败后，边防军解散，缪回广东，在粤军第一师当连长。陈炯明叛变孙中山后，缪在粤军第一师张发奎部当营长，参加了第一次东征讨伐陈炯明。后回师广州讨伐杨希闵、刘震寰，参加了南征邓本殷等战斗。在瘦狗岭附近作战负伤，失去左耳。

北伐战争开始时缪培南任第四军十二师三十五团团长，参加作战。在攻取汀泗桥一役中，作战勇敢，颇获好评。1927年4月参加第二次北伐，在上蔡与临颍作战中表现不凡，以战功升为第十二师师长。不久升任第四军副军长，仍兼十二师师长。

南昌起义后，张发奎回到广州，趁蒋介石把李济深诱去南京开会之际，召集师长以上将领密谋赶走李济深，打击桂系，想一举占领广东。缪对此颇不以为然，认为张发奎以下犯上，军纪不容，表示宁可不当师长也不反李。当 11 月 16 日张发奎揭起所谓"护党救国"的招牌，发动"张黄事变"袭击桂系时，缪称病不回部队。张发奎只得以副师长吴奇伟代师长，将桂系部队赶回广西。当他们追到肇庆以西的封川、江口一带，准备攻取梧州时，却发生了广州起义。这时缪仍在广州市文德路第十二师办事处附近家里，仓皇指挥留守的一个连，堆积米包为工事，负隅顽抗。

广州起义后，张发奎、黄琪翔被迫离职。此时第四军的人事情况为：军长缪培南，副军长薛岳，参谋长谢膺白。辖有五个师：第十二师，师长吴奇伟；第二十五师，师长李汉魂；第二十六师，师长许志锐；教导第一师，师长邓龙光；教导第二师，师长黄镇球。时第四军到处树敌，缪培南除了自己的五个师外，另有李福林第五军的两个师。而对方除了黄绍竑的第十五军外，还有徐景唐的一个师、陈济棠的一个师、陈铭枢的两个师及舒宗鎏的飞鹰军舰。

1927 年 12 月中旬，桂系黄绍竑部沿粤汉铁路及西江，兵分两路进攻广州，先后占领了肇庆、三水、河口等地。缪培南按计划放弃广州，以全力出击东江，先消灭陈铭枢、陈济棠部，再回师广州打黄绍竑。桂系遂改变会攻广州的计划，令黄旭初、吕焕炎、徐景唐各师向东江进击。1928 年 1 月上旬，缪急命部队集中惠阳，立即东进五华，在岐岭、蓝关一带迎击陈铭枢、陈济棠、钱大钧和徐景唐共六个师，后在潭下、鹤市一带遭黄绍竑和徐景唐三个师的夹击，腹背受敌。激战三昼夜，在 1 月 14 日激烈的战斗中，二十六师师长许志锐战死，黄镇球受重伤。第四军损失惨重，逃往江西安远、会昌一带，投靠了蒋介石。

广州起义后，第四军虽然将起义者镇压下去，但在该军以共产党人为代表的精华也损失殆尽，特别是在这次两广战争中，豆萁相煎、兄弟相残，也使一些经过北伐战争考验的官兵作了无谓的牺牲。此役后，第四军的战斗力大不如前，在而后的内战、抗战中，再也没有北伐时的辉煌了。

内战旋涡　几经沉浮

缪培南率领第四军在会昌地区收容、整顿后，奉令开赴徐州附近集结，蒋介石亲去慰问、打气，于1928年4月编入刘峙的第一军团，参加第二次北伐对直鲁联军的作战。第四军沿津浦路北上山东，接连攻下枣庄、藤县、兖州。在进攻泰安的战斗中，刘峙指挥第一军部队屡攻不下，改由第四军进攻。缪培南见蒋器重，受宠若惊，率部奋力冲杀，拿下泰安并乘胜进迫至济南，占领了飞机场。当时，日本出兵干涉，制造了济南惨案，阻止国民党军北进。蒋介石接受日本提出的要求，命令围攻济南的部队撤离济南百里以外，第四军退回菏泽，渡过黄河，进攻德州和沧州。但由平汉路北上的李（宗仁）白（崇禧）部队，早已占领北京，奉军与直鲁联军败走关外。缪为蒋介石第二次北伐、统一关内出了力，在国民党军中颇有声望。但是，无论第四军表现有多好，它毕竟是广东地方部队，它的勇敢善战，更为蒋所忌讳。1928年夏，蒋介石命缪率部回泰安整编、编遣。8月，第四军被编为陆军第四师，兵员减少了三分之一。编遣后的人事情况为：师长缪培南，副师长朱晖日。谢膺白、黄镇球、吴奇伟分任第十、第十一、第十二旅旅长。

缪培南之所以愿为蒋介石效忠，冀青云直上，以遂初衷。但蒋只顾培植嫡系，极力削弱地方部队，且张发奎自"张黄事变"被迫离职后，仍然掌握第四军的大批公积金不放，念念不忘控制第四军，缪备受束缚，感前途无望，便称病离职，去了香港，师长一职由朱晖日代理。

1929年3月，驻湖北的桂系部队举兵反蒋。蒋介石兴兵讨伐桂系，蒋桂战争爆发。这时在日本游历的张发奎回国，蒋介石正需要人指挥部队，便令张回到部队。4月8日，张发奎被任命为讨逆军第一路右翼军司令官，指挥第四、第十、第十一师讨桂。但张的目的不在于与桂系作战，而是要重掌第四师。

张发奎在湖北东山附近追上第四师。这时，反蒋的桂系因李明瑞在前线倒戈而土崩瓦解。张收编了桂系李朝芳的部队，淘汰老弱，留用优秀，将每个班扩编为16人，大大充实了部队。随后，张发奎率领第四师开到了宜昌。

1929年5月，国民党内的改组派纠合各反蒋团体，发起成立国民党护党革命大同盟，号召"恢复党权"，铲除蒋介石的一切势力，"重建革命政府"。6月下旬，汪精卫派陈公博由法国回到国内，着手组织护党救国军。随之国民党内的反蒋势力纷纷与改组派接头，表示愿意反蒋，拥护汪精卫。张发奎是死心拥汪反蒋者，为拉拢张，蒋介石使出了金钱收买与政治拉拢的手段，张发奎未予理会。9月8、9、10日，蒋接连发电报与张发奎，令其至少于18日将宜昌防务交与曹万顺的新编第一师，率领第四师开往陇海路讨伐冯玉祥。

当时冯玉祥的部队驻扎在潼关、郑州与开封一带。按理第四师应到汉口，再乘火车沿平汉路北上。但蒋介石要其乘船到浦口，再搭火车沿津浦路北上，而且还指定要三路行进，蒋的阴谋是在乘船前往浦口途中将第四师缴械。蒋介石的心思被张发奎看破。

9月14日，汪精卫、陈公博联名发表讨蒋宣言。18日，张发奎在枝江召集四师28000人，举兵通电反蒋。次日，当曹万顺的新编第一师乘三艘轮船前来接防时，第四师将其缴械，取得了一批精良武器。搬不动的枪支，为防止追击部队利用，就拔掉枪栓，一路行军，一路丢弃。还在俘虏中挑选了身强力壮者作挑夫，挑运辎重物资。部队随之向广西开进。

张发奎带领第四师进入湖南石门后，于9月23日在澧水消灭了独立第九旅李韫珩一部。此后，几乎是无日不战，但都是小战。因为湖南的何键等都是反蒋的唐生智的原部下，他们对蒋介石也是三心二意，在追击时不卖气力，有时同第四师保持一天的行程，有时保持二三十里的距离。10月31日，第四师到达广西的龙胜，受到广西吕焕炎、杨腾辉派来代表的欢迎。

11月22日，张发奎与黄绍竑在梧州相会，制定了张军与桂军进攻广东的战略及进军路线。此时，李宗仁、白崇禧均回到广西，图谋再起反蒋，于是在南宁成立了护党救国军总司令部，李宗仁任总司令，黄绍竑任副总司令，白崇禧任前敌总指挥。张发奎任第三路军总司令，李宗仁兼任第八路总司令。

11月26日，张桂联军号称五万之众，分路东下袭取广州。蒋介石派何应钦赴粤，调集朱绍良率领毛炳文、陈继承、谭道源三师由海道运来广东助战。张发奎对中央军的朱绍良、毛炳文的部队亦以"朱毛军"呼之。桂军担任右翼，张发奎担任左翼。右翼桂军由清远银盏坳铁道线向南到达军田、大乌石一带。左翼张军则由清远横石圩渡河，直攻花县两龙圩。以粤汉铁路为界线分为东西两战场，战区之广达四十余公里。双方展开作战，颇为激烈。桂军向陈济棠部队进攻，互有胜负，双方一时处于胶着状态。张军则进展迅速，节节胜利，从花县攻至两龙圩，一连激战四昼夜。12月10日晚前锋达到仁和圩，广州市已闻枪声，白云山历历在目。朱绍良部退缩于龙眼洞。这时张发奎踌躇满志，跑到理发店，理发洗面，笑顾左右曰："搞清爽些，明晨到广州活捉陈和尚。"陈铭枢好佛法，曾在南京学佛，法号"真如"，系张老同袍，常戏呼陈为和尚。

是夜陈铭枢即电调蒋光鼐、蔡廷锴、戴戟部队星夜挥师应战。以飞机、大炮集中轰炸，蒋、蔡指挥部队猛烈攻击，直打得天昏地暗。第四军在前线的一个营的连排长伤亡殆尽，独立营营长黄克白阵亡，三十五团团长李汉炯受伤。在万分紧急中，第十旅的团长黄世途失踪，第一旅的团长孟敏也不知去向，前线无人指挥，各班独立苦战，死伤惨重。这时，李宗仁的第八路军不知跑到什么地方去了，全是第四军一支部队在苦战。这时张发奎从被俘房的蒋光鼐手下一军官携带的密函中得知，蔡廷锴正指挥第六十师准备偷袭他，抄他后路。张发奎自忖这样打下去很有可能被消灭，于是在12月12日下令撤退。部队败退至钟山平乐时已溃不成军。检点只存步枪3000余支、炮6门、炮弹10余枚，步枪每支仅存子弹30余发。

失败归来，有人对张发奎说：你不知道当兵的打靶、作战前不要理发的规矩？如要理发，打靶打光头，打仗输老本。那天你就不应该理发，理了发就不发，理了旧发，将老本都快输光了。这时的张发奎除了沮丧，还有什么话说？1930年1月初，为振作士气，张将剩余部队编成两个师，恢复第四军，以李汉魂、邓龙光为师长，韩汉英为军参谋长。

第四军攻粤失败，损失惨重，归来后，还有比打败仗好不了多少的事又找到了张发奎。这时，李宗仁找上门来对他讲，从今之后第四军要受桂系指挥，说是汪精卫讲的。其实，桂军内以白崇禧为首的一些人对"张桂联军"中"张"字排在桂军前面早就不满意了，在第四军失利实力削弱的情况下，他们提出第四军受桂系指挥正是时候，这样桂军心理上也平衡了。这时第四军几近弹尽粮绝，发不下饷银，遇到了该军自组建以来最大的困境，不得不要求李宗仁提供军饷。从第四军来讲，寄桂军篱下，吃人家的饭，当然要听人家的指挥，这是无可奈何的事，张发奎只得答应。

桂系发给第四军每一个士兵每天两角钱、军官每天四角钱的饷银。广西比不得广东，物资稀缺，货币不值钱。在每天两角钱的饷银中，就有一角五分花在燃料与食物上。当桂系资金短绌时，就发给第四军鸦片代饷，如果市面上的鸦片是每两20元，桂军就照这个价格发鸦片，但再卖给老百姓时，只能收回十七八元，而且李宗仁还以护党救国军总司令的名义规定，第四军不能直接出售鸦片，所以只得接受更低的价格。最困难时，第四军的士兵多少天都见不到肉。

桂军内部比粤军还复杂，除了艰苦难过的日子，第四军还要参与桂军内部的纠纷。攻粤失败后，桂军的黄权与蒙志作战不力，李宗仁与白崇禧怀疑黄、蒙二人心怀异志，李宗仁于1930年1月命令张发奎将二人监禁，缴了两个旅的械。此后，桂军的吕焕炎与陈济棠勾结发动叛变，黄绍竑与张发奎指挥部队在贵县和桂平进击吕部，将其击败。

1930年2月，张发奎与黄绍竑在北流与蒋光鼐、蔡廷锴的部队开战，开战时，第四军士兵将所有的装备都带上了，准备孤注一掷，他们说：如果打了胜仗，上级不会在乎，会补充装备；如果战死，那就无所谓了。这一仗真正是生铁碰上了钢，对手是蒋光鼐、蔡廷锴的六十师、六十一师。开战后，士兵一上战场就普遍怯战，师长邓龙光亲自上前线督战，阻止后退，击毙了一些后退的士兵，但无济于事。第四军最后还是被打败了，伤亡了一千多人，连战死者的遗体都没有来得及收，伤员也都留在战场上。战后，张发奎收到了蔡廷锴的亲笔信，他奚落张说："人们称你是勇士，如今我发现你只不过是豆腐军。你不敢勇敢地面对我！你以后不要再用铁军的称号了，我们才是真正的铁军、钢军！"张发奎与蔡廷锴是老冤家对头，早在北伐打平江时，因蔡廷锴私自率领一个连去袭击敌军炮兵阵地，遭到张的斥骂。张发奎认为蔡身为团长，应该指挥全团，此举是匹夫之勇。蔡廷锴是否还记得这件事不敢说，反正这封信讲得张发奎没有话回。军人的话语权在战场，打了败仗还能说什么。

北流之役后，第四军与桂军伤亡都很大。第四军只剩下五六千人，张发奎将部队编为三个团，分别由吴奇伟、薛岳、韩汉英指挥。

正在这时，北方的阎锡山与冯玉祥等派人来，联合张桂联军共同反蒋，为了北进，张发奎与桂系招募新兵，扩充部队。

1930年5月末，为配合中原地区阎锡山、冯玉祥反蒋军的作战，第四军与桂军共同向湖南进攻。第四军攻占醴陵后，与桂系的第七军共同攻下了长沙。6月初第四军又从长沙进军平江。这时张发奎收到黄绍竑自衡阳发来的急电，说他的部队受到蒋光鼐、蔡廷锴的攻击，希望第四军回师增援。这时，摆在第四军面前有三条路：一是折回去攻击蒋光鼐与蔡廷锴；二是不顾黄绍竑，继续进军武汉；三是进军江西，因为江西的鲁涤平已经派人来联络，说是到江西后不与第四军交战。

薛岳竭力主张进军江西，然后直指浙江，不同意回援黄绍竑。但薛岳的主张遭到大多数将领的否定，因为这样干就断了第四军的后路。白崇禧与薛岳历来有隙，当然不同意薛岳的主张，他认为第四军应该回师与蒋光鼐、蔡廷锴作战，救援黄绍竑。

俗话说，斗败的鹌鹑扭败的鸡。说的是一旦惨败便丧失斗志，不能再与对手交战了。第四军的基层官兵犹如斗败的鹌鹑，一听说又要与蒋光鼐、蔡廷锴的军队作战，士气顿时颓丧，一路逃亡，战斗力大减。果然第四军在衡阳西之洪桥与蒋、蔡的部队激战两昼夜，又告失败，二十三团团长李汉炯战死，部队伤亡惨重，只剩下一千多人。战后，各将领心灰意懒，将所余薪饷分发，自寻出路。邓龙光、李汉魂他去，张发奎与薛岳、吴奇伟守着第四军的烂摊子，以图再起。

接下来是四军与桂系的七军重新整编，这是白崇禧的点子。按白的设想，将第四军与桂军两部混编，即桂军调来一个团，第四军调去一个团；接下来，桂军调到第四军那个团中的几个营要同第四军其他团的几个营对调。如此这般，后者团长就失去原来几个营的控制权；最后交换到连一级。白崇禧表面上说这样混合编组通过交流，第四军严明的纪律可以影响桂军，但实际上第四军的军官调到桂军后，桂军将他们调职，目的通过混编来吞并四军。张发奎心里虽然不同意这种做法，但嘴上还要表示赞成，因为他们在桂系的控制下，有苦说不出。

混合编组后，第四军的吴奇伟任桂系第七军二十一师师长，张德能任二十一师六十一团团长，经理处长陈劲节调到李宗仁总司令部任兵站总监；桂军的苏祖馨调到第四军任第十师三十团团长，王景宋与阚维雍调到十二师任团长。

1930年底，张发奎指挥第四军打败了进入广西的滇军卢汉，解了南宁之围。第四军虽然获胜，但自身损失重大。由于人数减少，经济拮据，张发奎被迫裁撤了军部，取消了第十师，官兵调到吴奇伟的第十二师编成三个团，以沈久成、欧震与阚维雍任团长。

1931年6月，两广合作反蒋，恢复第四军番号，张发奎仍为军长，隶属西南军政委员会第四集团军，但仍在桂军的掌控之下。白崇禧号称"小诸葛"，对第四军始终虎视眈眈，一心想吞并它，说不定哪天他又想出什么馊点子，再来挖第四军一块，这也是张发奎等第四军上下官兵时刻提防的事。用吴奇伟的话说，如果第四军继续留在广西，用不了几年就完蛋了。

九一八事变发生后，东北的马占山奋起抗日，全国掀起一个援马（占山）的热潮。张发奎与汪精卫讨论了第四军怎样在广西解套的事。汪建议第四军可以以通电要求北上抗日增援马占山为名离桂，因为抗日是头等重要的大事，桂军不敢阻挡。于是汪精卫以张发奎的名义亲自起草了一系列电文，渴望以抗日为名，率第四军由广西北上抗日。

李宗仁与白崇禧认为第四军北上黑龙江援马是不可能的事，只是张发奎离桂的一个借口，就是不同意。这时，由第四军调到桂军任兵站总监的陈劲节，手里握有桂系从国外采购军火的合约，一怒之下去了香港，他向桂系发狠：你不让四军离桂，我也不会将合约交给你桂系。

李宗仁打电报给汪精卫控告张发奎，说是张唆使陈劲节带合约出走，张则否认李的指控，说对陈劲节的举动他根本不知情。

僵持中，张发奎私下通过宋子文与蒋介石秘密联系上了，他们讨论了第四军离桂后急需的军饷问题。不久，陈劲节的威吓产生了效果，李宗仁最终允许第四军离桂。

1932年2月，蒋介石与汪精卫合作，南京形成了蒋主军、汪主政的局面。3月10日，第四军离开广西全州开往湖南。这时第四军实有人数，包括挑夫七八千人。为了多要军饷，张发奎向蒋介石报告第四军实力时，说是六个团，实际只有四个团，团长为沈久成、欧震、阚维雍与梁层云。阚维雍是桂军调来的团长，梁层云原为保安团的团长，是1929年第四军进攻花县时加入第四军的。

张发奎亲历了第四军攻必克、战必胜的北伐战争，目睹了第四军的发展、壮大，也指挥第四军参加了国民党内的混战，几起几落，第四军的香火虽然延续下来，但雄风成昨，辉煌不在。真是成也萧何，败也萧何。

参加"剿共" 铩羽而归

1932年2月9日，南京政府重新任命张发奎为第四军军长，陈芝馨为副军长，并将原第十二师改为第九十师，仍以吴奇伟为师长。同年8月30日，张发奎辞军长职，吴奇伟接任军长兼师长。

吴奇伟，名晴云，字奇伟，别号梧生。1890年出生于广东大埔县一个贫困的农民家庭，在兄弟中排行第四。因家境贫寒，10岁时在店铺里当小伙计。后在伯父资助下，读完小学和中学。后考入广州黄埔陆军小学，继而进入武昌陆军第二预备学校，1917年考入保定陆军军官学校深造。1919年以优异成绩从第六期步科毕业，回广东投入粤军，先后任第一师见习排长、连长、营附等职。1922年后参加了讨伐陈炯明叛变的第一次东征作战，和敉平杨希闵、刘震寰叛变的战斗，而后又参加了第二次东征。1926年1月，参与指挥所部强渡琼州海峡，打垮邓本殷，收复琼州，统一广东全境作战。吴奇伟在数役中屡立战功，提升为团附、三十六团参谋长。

1926年7月，北伐战争开始。吴奇伟和黄琪翔一道攻平江，夜袭汀泗桥，进攻贺胜桥，攻打武昌城等，战绩卓著，于1927年春升任第十二师副师长兼三十四团团长。11月任第四军十二师师长，1928年8月，第四军缩编后任第四师十二旅旅长。吴奇伟参加了第四军自北伐到内战一系列的战役，目睹了该军由于强盛到衰弱的全过程。吴奇伟正直廉洁，待人忠厚，没有什么官架子，他衣着朴素，不抽烟，不赌钱，熟悉他的官兵都称他为"阿婆"，在第四军中颇有威信。

第四军自广西拉出来以后，蒋介石马上发了饷。拿了钱就要卖命，蒋介石马上令其投入"围剿"红军的内战。1933年1月，蒋介石发动对湘赣红军的第四次"围剿"，第四军隶属陈诚的中路军第二纵队，吴奇伟任纵队指挥官，由南城、南丰向黎川、建宁、泰宁侧击，截击红军主力。1月下旬，该路军的第一纵队第五十二、五十九师进至黄陂附近，被红军第一方面军在山地伏击，经过两天战斗，第五十二师全军覆没，师长李明负伤被擒后身死。第五十九师遭围歼，师长陈时骥被活捉。同年5月，陈诚请准蒋介石重建第五十九师，以第九十师二七〇旅扩编为第五十九师，韩汉英为师长。辖三个团，隶属第四军。此时该军所辖除了第九十师外，又增加了第五十九师。后第四军隶属北路军第三路军第七纵队，参加了对中央红军的第五次"围剿"。

1934年10月，中央红军主力进行长征，第四军参加追堵红军，隶属"追剿军"第二兵团第二路军第七纵队，尾追红军。1935年1月19日，中央红军由遵义地区出发，分三路向川南开进。于同月29日一渡赤水，歼灭黔、川军一部后，于2月18日至20日再次渡过赤水，继续向桐梓、遵义方向前进。24日占领桐梓。25日夜占领娄山关。27日，在董公祠击溃了国民党三个团的阻击，28日晨再次攻占了遵义城。

　　蒋介石令吴奇伟与黔军的王家烈与中央军一部反攻遵义。2月28日上午8时，吴奇伟指挥五十九师与九十三师主力陆续到达忠庄铺，吴奇伟、王家烈的前方指挥所设在忠庄铺。吴奇伟与黔军军长王家烈商定：中央军主力攻取遵义老城制高点红花岗，黔军第八团一个营在公路正面筑工事坚守，以两个营配合中央军反攻遵义。战斗打响，五十九师师长韩汉英集中全师火炮、吴奇伟调来飞机助战，集中火力轰击老鸦山红军阵地。红军第十团团长张宗逊身负重伤，参谋长钟伟剑阵亡，一度丢失阵地。朱德命令十一团抽出部队仰攻老鸦山；随即又命令干部团出击后山，协同红十一团、红十团一举夺回丢失的老鸦山阵地。16时，彭德怀、杨尚昆下达总攻命令，红一军团两个师经甘堰塘、南宫山直捣吴奇伟忠庄铺指挥所及以南的九十三师；红一师另一个团向进攻红花岗、老鸦山的五十九师发起兜击。吴奇伟部和王家烈的第八团陷入红军三面夹击之中，王家烈见形势不妙，跨马逃离战场。吴奇伟下达撤退命令后，同贵阳薛岳通了一次电话，薛岳令五十九师撤到乌江北岸，守住乌江两个渡口，不许退回南岸。但此时在前沿的五十九师三四九团、三五一团和九十三师一个团被红三军团和军委干部团粘住，已无法改变撤退计划。吴奇伟率领九十三师两个团和五十九师三五四团，沿公路向南溃逃。红军红一师（缺一个团）、红二师衔尾猛追。

　　晚上7时许，吴奇伟率卫士数十人逃到刀靶水（离乌江链子桥渡口15公里），前面夺路而逃的士兵挡住吴奇伟的汽车，红军又从后面猛追上来。吴奇伟进不能，退不得，急得大哭起来。身边参谋魏鉴贤、姚大年听到后面枪声越来越近，急令卫士挟着浑身瘫软的吴奇伟逃到乌江北岸链子桥桥头。时接到从贵阳开往遵义接应的九十师电话，说该师已到乌江南岸。吴奇伟令其过江接应遭到拒绝。守链子桥的工兵连长请示：是否拆桥？何时拆桥？吴奇伟甩下一句"待武装部队过后拆桥"，率领卫士、参谋首先渡过乌江。聚集在乌江北岸的溃兵见吴奇伟过江了，蜂拥挤上桥逃命，桥头秩序大乱，守桥部队无法维持。吴奇伟刚走上乌江南岸半山腰，链子桥超负荷断了。未及过江的溃兵，仅有1000余人夺路沿北岸向上游渡口逃去，其余尽成红军俘虏。

韩汉英指挥的三四九、三五一、五五八团没有按照吴奇伟的命令立即撤退。3月1日拂晓才在九十三师一部掩护下撤离战场，向八里水、鸭溪方向逃去。

红军遵义大捷后，蒋介石于3月2日急忙飞往重庆，亲自指挥对红军的围攻，采取堡垒与重点进攻相结合的战法，南守北攻，企图"围歼"红军于遵义、鸭溪这一狭窄地区。为粉碎敌人的围攻，红军将计就计，伪装在遵义地区徘徊寻敌，以诱敌迫进，然后转兵西北。同时，以红军一部向西南方向的金沙佯动，调动敌周浑元部向南、吴奇伟部向西，而后转用兵力攻击鲁班场守敌。红军这一行动果然奏效，当吴奇伟部北渡乌江和滇军孙渡部靠近红军之际，3月11日，红军突然转兵向北，于15日进占仁怀，16日从茅台第三次渡过赤水河，再入川南，渡过金沙江，挥师北上。红军南渡乌江后，开辟了进军云南、从金沙江北渡入川的前景。但黔滇边境有数旅滇军据守，不利红军北进。

红军采取声东击西的战术调动滇军出来，首先以部分兵力向黔东的瓮安、黄平方向佯动，摆出东出湖南与红二、六军团会合的姿态，主力则经息烽、扎左，直趋贵阳。此时，蒋介石已由重庆赶赴贵阳坐镇。当时贵阳及近郊守敌仅有四个团，蒋介石感到守备空虚，既怕红军乘虚攻占贵阳，又怕红军东进湖南与红二、六军团会师，故而急调龙云的主力三个旅兼程增援贵阳，令薛岳兵团和湘军何键部在川黔湘边界布防堵截。在滇军主力已完全东调的情况下，红一军团于4月9日突然对贵阳东南之龙里镇实施佯攻，虚张声势，迷惑敌人，红军主力却从贵阳、龙里之间突过敌军防线，以每天120里的行军速度，向敌人兵力空虚的云南疾进。15日渡过了北盘江，并相继攻克贞丰、龙安、兴仁、兴义等城。蒋介石对红军神速西进大为震惊，急调吴奇伟与周浑元两个纵队和湘军三个师以及滇军一部，沿黔滇公路对红军实施追击。与此同时，原留乌江以北的红九军团在胜利完成了牵制任务后，业已进至黔西的水城附近地区。

在"追剿"红军的作战中，薛岳、吴奇伟指挥的包括第四军在内的部队最卖力，他们被红军牵着鼻子在西南崇山峻岭中转悠，磨破了脚板挨了打，后来有人调侃说："红军二万五千里长征，薛岳、吴奇伟走了二万里。"

抗日作战　战绩平平

1936年6月两广事变爆发，第四军由四川调至贵州整训。1937年7月，全面抗战爆发，第四军由四川调至上海，参加淞沪会战。会战后，由于损失严重，调至皖南整补，将第五军之九十二师拨隶该军。1938年2月，第四军由宁国开往江西。6月吴奇伟升任第九集团军总司令，欧震接任军长。

欧震，字雨辰，1899年生于广东曲江。在励群小学和省立韶州中学毕业后，投笔从戎，先在粤军担任排长。1924年，欧震在粤军讲武堂毕业后被编入第四军第十二师，任叶挺独立团营长。1926年7月北伐战争开始后，欧震参加了湖南平江和汀泗桥战役。在汀泗桥一役，欧震在张发奎师长指挥下，率部夜袭敌军主阵地，白刃相搏，占领阵地。接着，北伐大军兵临武汉，围攻武昌，欧震担任敢死队队长，率先攻城。随后，参加驰援江西作战；后又随军北伐军入豫，与奉军激战临颍。

1927年南昌起义时欧震任第二十四师七十一团团长，后随起义队伍南下，阵前倒戈，使南下潮汕的南昌起义部队遭重创。在第五次"围剿"中追随薛岳，后又参加"追剿"红军作战，升任第九十师师长。

欧震任军长后，将第九十二师调归第五军，将第一〇二师调隶第四军。此时

抗战中的第四军军长欧震

第四军辖第九十、第五十九、第一〇二师。1938年6月，第四军参加武汉会战。9月，日军一〇六师团孤军深入至德安雷鸣谷刘村一带，第九战区第一兵团总司令薛岳利用丘陵地形，在万家岭一带设下"口袋阵"。

9月20日，第一兵团主力进入万家岭一带。其中第四军第九十师进驻德安西南万家岭战场，防守万家岭、杨家岭、小金山、大金山、扁担山、狮子岩等一线。九十师二营以倒"品"字形布置兵力，第一线阵地部署四连、五连，一左一右，相互支援；第二线阵地部署第六连和营属部队。重机枪连有六挺德国造马克沁式重机枪，被分配给四、五、六连，每连两挺。而后开始构筑工事。

9月23日，薛岳调兵布好阵势后，日军一〇六师团先锋部队一三六旅团青木部队 6000 余骑兵、步兵、炮兵进入万家岭口袋阵地。随后，一〇六师团将司令部设在雷鸣谷刘村。

10 月 1 日至 3 日间，第四军附第五十八师向已占领万家岭、哔叽街一带的日军连续攻击。日军在飞机掩护下拼死反击，双方伤亡均很重。激战至 10 月 10 日晨，第六十六军收复万家岭、田步苏，第四军收复大金山西南高地和箭炉苏以东高地。第四军与其他部队一道，经过血战，取得了万家岭大捷。

1939 年 9 月至 1942 年 1 月，第四军先后参加了第一、第二、第三次长沙会战。第三次长沙会战后，在长沙整训。此时欧震升任第二十七集团军副总司令兼军长，柏辉章、张德能任副军长。1943 年 3 月，张德能接欧震署任军长，次年 3 月实任。

张德能，字礼嬴，从军后改为镇瀛，意为镇住东瀛（日本）。1899 年出生于广东一个华侨家庭。1922 年入云南讲武学堂第二期。1924 年学成毕业，被分配到第四军任排长，参加了北伐战争，屡立战功，亦多次负伤。从排长、连长晋升为营长、团长，1933 年升任副师长，1934 年升任五十九师师长。抗战开始后，张德能先后参加了淞沪、武汉会战。1939 年秋，日军再次调动大批兵力，进犯长沙。时张德能兼任长沙警奋司令，为保卫长沙，他采取向外分兵合围战法，先埋伏兵力于长沙外围，以小部队诱敌，将敌人分割围而歼之。浴血奋战十多天，痛歼来犯日寇，取得长沙第二次会战的胜利。此战后，被晋升为第四军副军长兼五十九师师长。

自武汉会战后，湖南成为西南大后方的重要屏障，为防守的重点，同样，日军也一直盯住长沙，必欲占领之，中日双方的重兵在这里会合、厮杀。第四军在 1939 年后一直被部署在以长沙为中心的地区，担任防守任务。部队长驻于此，日久兵疲，军官没有打仗的思想准备，部队缺乏教育训练，纪律涣散，战斗力每况愈下。军长张德能整天沉湎于绘画、书法与吟诗，不关注工事的修筑，也不亲近士兵。军长是这样，其他军官"平时管教疏忽，虚图表面，实则官兵骄傲任情，对上级阳奉阴违；部队主官因营商应酬，脱离部队，致使部队精神不能团结"。军官对"部队教育无暇顾及；平时教练偏重基本教练，战斗动作生疏；忽略实弹射击演习，以致士兵射击技术不精；师各级主官忙于应酬，对部队训练敷衍塞责"。长衡会战前，军事委员会第四军风纪巡视团主任委员石敬亭在长沙巡视第四军后路过柳州时，对张发奎说："向华老弟，我要告诉你一件事，第四军没希望了，它的军纪很差。"

1944年4月，日军发动了旨在打通大陆交通线的"一号作战"。日军在打通平汉线以后，继续向粤汉铁路进攻，企图打通南北交通，以增强其战略上之优势。

5月26日，日军分三路向南挺进，其左翼于29日一举突破通城，向渣津、平江挺进；中间一路击败守军后，攻陷新墙，奔汨罗江北岸；右翼日军沿洞庭湖赴沅江、益阳，形成钳形向广东正面进犯之势，于6月10日左右进抵长沙附近。

第四军担任防守长沙及其外围岳麓山的任务，具体部署是以第九十师守岳麓山外银盘岭、望城坡、竹山口之线；第五十九师、第一〇二师守长沙城北方一带。日军进抵长沙，由霞凝港西渡10000余人，与新河、三汊矶、白沙河中国守军接触后推进至银盘岭、望城坡以北地区，向岳麓山主阵地攻击。

6月3日，长沙开始疏散，第四军各级官兵不是积极部署作战，而是擅入民房，争夺财物；军部副官处负责控制船只，该处处长潘孔昭假公济私擅扣商船，重价勒索，以饱私囊，并将夺取财物用五艘火轮装出，致长沙战斗紧急，转用兵力晚、渡河困难，贻误战机；城防团第五十九师第一七七团与警备部官兵以强迫疏散为名，大肆发洋财；红山头守备部队，日军攻击时，尚在掩蔽部中赌牌，以致失守，影响全线战斗。

6月14日上午10时许，由东山、蠡斯港偷渡的日军第一一六师团一部3000余人，开始向城南攻击。日暮，日军占领乌龟冲、猴子石以北之间红山头中国守军据点，第五十九师以四个连兵力反攻，而后与日军在该据点对峙。

16日，日军增援部队到达，向该地猛攻，虽经中国军队炮兵竭力压制，终因寡不敌众，伤亡过大，午后被迫放弃该线阵地。日军转向南大十字路推进，日落之后，派便衣队数十名偷袭修械所，以致第五十九师全部动摇，撤守妙高峰、天心阁核心地带。同时，河西方面日军由望城坡转用兵力，南攻桃花山要点。

17日，日军在空军掩护下，向妙高峰、天心阁及桃花山阵地进攻，守军炮兵用优势火力死守。中午，日军大量增援，猛扑桃花山，由红山头偷渡牛头洲并使用大量毒气，企图扰乱守军指挥系统。守军顽强坚守，战斗激烈，双方死伤惨重，日军仍不断增兵，反复冲锋，守军第九十师第二六八团已损过半，虽经增援，但支持困难。是日，守军决心先将军预备突击部队西移至岳麓山附近，并从第五十九师、第一〇二师各抽调一个团，增加桃花山正面，与日军作决死之斗，以确保岳麓山炮兵阵地，控制长沙。但在张德能军长决心渡湘江时，军参谋长罗涛溪并未制订渡河计划，船舶、渡口、渡河后的集中地点均无着落，指挥人员亦未指派，以致秩序混乱，无法掌控，坠江溺毙者不下千余。

直到18日晨，增援部队始得渡河，但为时已晚，日军已突破竹山，冲至岳麓山，袭击了中国军队控置长沙的炮兵阵地。紧接着，桃花山亦告失守。增援部队渡河未毕之际，第九十师师长陈侃失守岳麓山阵地，部队溃散，无法支持战斗，被迫退出岳麓山。日军一路尾击，队伍被打散；官不见兵，兵不见官，无人掌握，直溃退至邵阳，始得收容，为数不及4000人。而残留在长沙的四个团遭日军打击后，一部千余人由北门冲出，沿途与敌厮斗，退至茶陵归第二十七集团军欧震副总部收容。

战后经收容统计，全军尚有官兵（战斗员及非战斗员）6500余人。后由各兵站、机关及师管区补充新兵4700余人，共计兵力约万人每师编成不足两团。武器装备尚未补充。

第四军调驻郴州附近整训。官兵精神萎靡，短期内，难以恢复元气。

丢了长沙，损失了这么多人和枪，蒋介石要杀人了。蒋介石亲拟了杀头名单："……第五十九师一七七团团长杨继震、第四军副官处处长潘孔昭、军务处长刘瑞卿、副官处中校股长陈继虞、长沙船舶管理所长夏德达，均于8月27日判处死刑，执行枪决。"

死的死了，活着的也不好过：第九十师师长林贤察、第五十九师师长陈侃、第一〇二师师长柏辉章均被撤职。

对张德能，张发奎与白崇禧都想救他。白崇禧为保住张德能的脑袋，在呈送给蒋介石的报告电中，最后这样写道："……窃查张军长在四军服务多年，向以勇敢著称，过去北伐、剿匪，此次抗日，无役不从；尤以第三次长沙会战，协同友军侧击攻城之敌，因而获得胜利，厥功尤伟。此次守备长沙，因有种种原因，未能尽持久防御之责。恳请钧座体念前劳，从轻议处，无任感祷。"蒋介石没理会白崇禧的请求，张德能还是被枪毙了。

参加内战　折戟沉沙

长衡会战失败，第四军自军长到团长几乎全部换了人。欧震不能老是兼任军长，过了不久，军长一职由沈久成接任。

沈久成，又名恒先，1901年生，贵州遵义人。贵州陆军讲武堂毕业。后入粤军，参加北伐战争。1927年1月任第十一军二十六师七十六团团长，6月任第二十六师副师长兼七十六团团长；1928年8月任第四师十二旅副旅长；1930年6月任第四军十二师三十四团团长；1934年3月任第四军五十九师少将副师长；1935年3月任新编第二十五师师长，10月任第一四〇师师长；1936年10月调任军事参议院少将参议，12月入陆军大学学习；1939年1月任新编第六军中将副军长，9月参加第一次长沙会战；1942年7月任第七十八军中将军长；1943年6月任第九战区司令长官部中将高参。

第四军自成立以来，军师长几乎是非广东人莫属，沈久成虽然也是第四军的老人，但是个贵州人，这次提拔他来担任军长，真是粤中无大将，沈久成做先锋。军长换了，师长是清一色的新面孔：第五十九师师长谢铮，第九十师师长薛仲述，第一〇二师师长梁勃。部队经过补充整顿后，调至江西泰和、吉安地区担任守备任务。

第四军自 1938 年武汉会战开始，一直在薛岳的指挥与庇护下，虽然在这次人事变动中伤筋动骨，但薛岳提拔弟弟薛仲述做了该军基本部队的师长，这为今后的人事安排埋下了伏笔。

1946 年 6 月，国民党发动了内战，薛岳任徐州绥署主任，将第四军由江西调到自己辖区的苏北参战。部队调来后，军长马上换人，薛岳选定了王作华。

王作华，广东罗定人，黄埔军校第二期毕业。曾任第十八军参谋处长，广东保安团长、旅长，古鼎华的暂编第二军的师长，第九战区司令长官部高参，参加过常德会战与长衡会战。王作华不是第四军的老人，但他是广东人，又有第九战区长官部工作的经历，得到薛岳的信任与青睐。又由于他在十八军做过参谋处长，与土木系沾边，得到陈诚的重视，因此在第四军被打烂的情况下，于 1945 年被派至第四军任副军长。

第四军在苏北隶属薛岳的徐州绥靖公署的第一绥靖区。1946 年 5 月第四军被改编为整编第四师，王作华为师长，下属各师均改编为整编旅，原师长改任旅长，每旅辖有步兵两个团。1947 年 3 月，薛岳因"剿共不利"被免去了徐州绥署主任一职，薛仲述带着整编第九十旅在苏北与解放军周旋。盐南一战，整个九十旅旅部被端，副旅长张晓柳、参谋长罗立被俘，薛仲述只身脱逃。

1948 年秋第四军恢复军、师番号。一〇二师的两个步兵团分别编入九十师和五十九师，一〇二师番号及师部人员一律拨归四十五军建制，重新组建。第四军经过这次整编，第九十师辖二六八、二六九、二七〇三个团，第五十九师辖一七五、一七六、一七七三个团，全军共有步兵六个团。

淮海战役结束，解放军直抵长江北岸，国民党政权摇摇欲坠，人心惶惶，一面向广州搬家，一面积极作江防部署，企图借长江天堑，在京沪杭地区作最后挣扎。当时在苏北两淮地区（淮阴、淮安）担任防守的第四军等已呈孤立状态，在解放军南下部队的压迫下，第四军沿运河线向镇江、丹阳地区南撤，归第一绥靖区司令官丁治磐指挥，担任长江南岸的防务。绥靖区司令部驻常州。第四军担任镇江正面谏壁至下蜀之间正面宽约 60 华里的防务；右邻是五十一军，担任扬中正面的防务；左邻是四十五军，担任龙潭至南京之间的防务。

这时，第四军以防守宽、兵力不敷分配为由，增编了一个二六八师。该师的干部由军直属队和九十、五十九两个师抽调配备。成立不到一个月，即由新任师长陈治中率领开赴广东接收新兵，并留驻广东训练。

第四军具体配备如下：五十九师师部率该师一七五团、一七六团之第二营驻瓜洲。一七六团（欠第二营）驻十二圩，并由该团派兵一部驻仪征，分别在瓜洲、十二圩、仪征南侧构筑桥头堡，坚决固守，掩护长江南岸主阵地之安全，并配合海军第二舰队林遵部所属舰艇在江面上之活动。

五十九师第一七七团由副军长李子亮指挥，担任谏壁至镇江东侧之间的防务。

九十师师部率二六八、二七〇两个团，担任镇江至下蜀之间的防务。

九十师之二六九团为军总预备队，位于镇江西南侧地区。

军部及直属队驻镇江市。

4 月 21 日晨，解放军开始渡江，在南京以东分别从荻港、江阴两地一举突破长江天堑，而后向安徽广德方向猛插，对南京、镇江江防部队形成钳形包围；在镇江、南京正面则采取牵制手段，进行佯攻。这时第四军军部对于上述情况略有所闻，几次同绥靖区联络，均未得到证实。22 日上午仪征桥头堡被拔除，第四军参谋处再用电话向南京国防部第三厅（管作战的）询问解放军渡江情况，第三厅某处长回答说："不要紧的，在芜湖方面只过来几千人，已窜入繁昌以南山地打游击去了，江阴方面情况无多大变化。"在这样的紧急情况下，国防部和绥靖区还讳莫如深，不肯将真实情况转知所属部队，甚至捏造情报，欺骗下级。23 日下午，接到绥靖区司令官丁治磐命第四军于当晚撤退的预令，王作华即将江北防守的部队全部撤退到镇江，入夜后才根据正式退却电令匆忙部署向杭州退却。

自 4 月 24 日起，第四军经句容、南渡逃入广德以北山地，于 28 日抵达泗安以北。此时解放军已缩小包围圈，并将网袋口子堵住，迫使国民党军十余万人挤作一团。第四军与而后赶到之第四十五军第一〇二师陈朝章部企图突围，狼奔豕突，终不得逞。29日上午即被解放军全部歼灭。除军长王作华只身化装逃跑外，副军长李子亮以下全部被俘。

1950年1月，升任海南防卫总司令的薛岳决心为歼灭的第四军续上香火，他将暂五、暂六两个军并为新的第四军，军长一职由薛仲述出任。

薛仲述，字力生，广东乐昌人，生于1906年。薛岳哥四个，薛岳居长，他是老二。薛仲述在黄埔军校第五期步兵科毕业后，已经是师长的薛岳决心让他走一条与自己不同的道路，培养他干空军。在薛岳的努力下，薛仲述留学法国学习航空。学成归国后，被安排在广东的航空学校任教。当时薛岳属于张发奎一派，航校却被另一派陈济棠所掌握，不久薛仲达便被排挤出广东，到了薛岳所在的第四军，当了特务团中校团附。

薛仲述学的是空军，干的却是陆军，隔行如隔山。为了使二弟能在陆军有所发展，在薛岳的指点、努力下，薛仲述考上了陆军大学正规班十六期。毕业后，在薛岳的第九战区司令长官部参谋处任科长。后调到第九十师当参谋长，旋升副师长。长衡会战时，薛仲述在印度接受美国顾问的培训，到会战结束前夕才返回部队。这时参加长衡会战的第四军军官，杀头的杀头，撤职的撤职，薛仲述未闻炮声，寸功未立，便当上了师长。

解放军发起渡江战役时，第四军全军覆没，薛仲述幸运逃脱。这时候薛岳被任命为广东保安司令，在大哥的安排下，薛仲述被任命为省府干训团教育长。1949年11月，薛仲述和老三薛叔达又被提拔为暂编第五军和暂编第六军军长。

新的第四军是名副其实的薛家军，该军担负琼西守备任务。1950年4月，解放军发起解放海南战役，没有作战指挥经验的薛仲述一听到炮声心里就发怵。解放军进攻一开始，他就带着第四军不顾一切地向海港逃跑，登上海船抵达台湾基隆。在薛岳兄弟手里，第四军结束了它二十多年的历史。

第七军

"李白"崛起核心力量
蒋桂混战几起几落

在中华民国国民政府二十多年的历史上，一共有两支部队使用过第七军的番号，一个是杨虎城的陕西部队，军长冯钦哉；另一个是广西的第七军。陕西的第七军我们在第三十军中介绍，这里说的是桂系的第七军。

第七军是桂系起家的资本，是其基本部队。新桂系代表人物李宗仁、白崇禧等能立足于民国政坛，并长期与以蒋中正为首的中央相抗衡，所倚恃的基本军事力量就是这个第七军，以及以第七军为酵母派生出的第三十一、第四十六、第四十八、第八十四等多个军组成的军事集团。一个军事或政治集团的形成与成长靠的是军队

与人才，从第七军出来的李宗仁、白崇禧不必说，黄绍竑、黄旭初、李品仙、廖磊也个个赫赫有名。北伐战争中，李济深的第四军被人誉为"铁军"，第七军打出"钢军"的旗号，声名远扬，而且迅速发展成一个与蒋介石不相伯仲的军事集团，继而逼蒋介石下野。经过龙潭大战、西征讨唐，桂系发展成从广西到平津，天下有其半的集团。抗日战争中，从中央指挥要枢到战区指挥，都有桂系参与，安徽成为其除广西以外第二个根据地。从1926年编成到1949年在广西被消灭，第七军几乎与中华民国国民政府相始终。它的兴衰与灭亡从一个侧面反映了新桂系的兴亡。

李黄联合　新桂系崭露头角

第七军的前身主要分为两支：一为由李宗仁掌握的，原林虎护国军第七旅十三团第二营；一为由黄绍竑指挥的原广西陆军模范营。

中华民国建立后，广西的政权为老桂系陆荣廷所把持。1921年，孙中山发动讨陆之战，李宗仁聚集十一个连的兵力，响应孙中山的号召，指挥部队参加讨陆。

李宗仁，字德邻。1891年8月13日（清光绪十七年七月初九）出生于广西省临桂县西乡（今两江镇）一户农民家庭。1897年李宗仁入私塾接受启蒙教育。1905年考入临桂县立二等小学，一年后因学习成绩不好辍学。1906年到省立公费纺织习艺厂当学徒。1907年12月改考广西陆军小学第二期，又因迟到被取消入学资格。一直到1908年12月陆小召收第三期时，李宗仁才吸取教训，成为三期生。1910年10月，李宗仁加入同盟会，辛亥革命爆发后参加广西革命。1912年春，陆军小学改为陆军速成学堂，李宗仁被编到第二队步兵科继续学习，他胆大敏捷，喜欢骑马，其骑术在同学中首屈一指，学习成绩也颇优秀。1913年秋毕业后历任南宁将校讲习所准尉见习官、少尉队附、中尉队附。1914年秋南宁将校讲习所停办后，李宗仁回家种地。1915年春应聘到桂林省模范小学任高级班军训教官。

李宗仁与白崇禧人称"李白",两人为桂系、第七军的核心人物。图为抗日战争中的李宗仁(左)、白崇禧(右)在徐州第五战区司令长官部前的合影

　　护国战争爆发时,李宗仁决定再次从军。1916年5月经故旧介绍,在林虎的护国军第七旅十三团第二营担任中尉排长。这个第二营,就是日后李宗仁起家的资本。李宗仁在第二营作战英勇,升迁极快,到部队一个月后即代理连长,至1918年6月已积功升至营长。1920年8月第一次粤桂战争爆发,李宗仁所属

桂军作战不利纷纷由广东撤回广西，关键时刻，李宗仁营在莲塘口主攻，突破天险峡谷，开辟了通往四会和肇庆的唯一通道，使桂军数万人顺利通过，李宗仁也随之名声大噪。

1921年6月第二次粤桂战争爆发，李宗仁于战场上升任第十三团帮统，随陆荣廷右翼南路主力堵截陈炯明部入桂。7月随陆荣廷回救玉林。同月17日，桂军战败，陆荣廷宣布下野。李宗仁在桂军四分五裂的时候带着他的第二营，以及边防军第一路直属炮兵连、机关枪连等，退入十万大山，没有粮食，就卖枪买粮，自己种菜，绝不允许抢劫老百姓。李部严明的纪律赢得民众称赞，也吸引许多散兵来投，兵力激增到2000余人。1921年8月李宗仁部开赴北流，被陈炯明收编为粤桂边防军第三路，所属部队分别改编为两个支队四个营（统领），黄旭初为参谋长。第一支队司令李石愚，下辖两个统领，第一统领俞作柏，第二统领钟祖培；第二支队司令何武，下辖两个统领，第一统领伍廷飏，第二统领陆超。1922年6月陈炯明背叛革命时，李宗仁毅然宣布脱离陈的辖制，自任广西自治军第二路司令。一个月后，黄绍竑率领所部来到李处，被委任为第三支队司令。黄的来附，使李宗仁的实力顿时增强。1923年4月，黄绍竑率部随刘震寰入粤，7月，孙中山任命黄为广西讨贼军总指挥，白崇禧为参谋长，下辖三个团，俞作柏、伍廷飏、夏威为团长。

黄绍竑部的来源是陆荣廷于1917年成立的模范营，营长为马晓军。自保定军校毕业的黄绍竑、白崇禧等人，此时皆在马营担任连附。护法战争开始后，黄绍竑以功升为连长。1921年陈炯明占据广西之后，黄等随马晓军投靠陈，此时马升任田南警备军第五路司令，营长职由黄绍竑接任。由于马晓军犹豫胆小，当所部在百色遭到刘日福等地方部队进攻时，竟然弃职逃往南宁，黄绍竑也在混战中被俘虏。获释后他收拢残部，曾一时依附黔军团长刘端裳。

1922年2月马晓军重掌田南警备军第五路司令，黄绍竑亦率部重回马部效力，并被马晓军提拔为第一路统领，此时白崇禧也升任第二路统领。1924年4月陈炯明背叛孙中山，将驻广西的粤军调回广东，于是旧军阀们纷纷起兵割据一方，

第七军为李宗仁、黄绍竑、白崇禧三部合并而成，可谓三位一体，人称"李白黄"，后黄他走。图为黄绍竑

攻城略地。黄绍竑受马晓军委托指挥第五路增援南宁，至南宁时，守军刘震寰已开始突围，于是黄部随刘部向钦廉撤退，当部队撤抵灵县后，马晓军见前途渺茫，萌生退意，遂将部队交由黄绍竑指挥，自个儿跑到香港当寓公去了。黄绍竑接手部队后，自感势单力孤，此时正巧李宗仁以陆小同学的关系，派黄绍竑的哥哥黄天泽前来联络，黄绍竑同意加入李宗仁部。李、黄的合作，形成了新桂系军队的最初阵容。李宗仁任自治军第二路司令，委任黄绍竑为第三支队司令，使广西自治军第二路的兵力达三个支队十一个营。

1922年9月，重新上台的广西边防督办陆荣廷任命李宗仁为广西第五独立旅旅长，但李宗仁权衡利弊，对陆荣廷的任命不正式接受也不公开拒绝，对内使用原番号，对外则以旅长名义视事。

1923年2月，黄绍竑图谋向外发展，并得到了李宗仁的支持，这一决定使自治军第二路暂时分为两部。此后，李宗仁以"定桂军"司令的名义占据玉林等地，黄绍竑以"讨贼军"司令的名义占据梧州，两部互为犄角，一旦一部有难，另一部即行支援。两部的人事情况为：

定桂军，总指挥李宗仁（兼），参谋长黄旭初，辖有李石愚、何武、钟祖培、刘权中、何中权、韦肇隆为司令的六个纵队。

讨贼军，黄绍竑兼任总指挥，白崇禧为参谋长，辖有俞作柏、伍廷飏、夏威、蔡振云、吕焕炎五个纵队和马夏军、何正明、黄桂丹、陈智辉、封辅军、卢文驹为司令的游击队。

同年11月，羽翼渐丰的李、黄两部再次联合行动，并于月底在桂平会师，打通了梧州上游，使广西局势形成了以李、黄为首的新兴势力与旧桂系军阀陆荣廷、沈鸿英三分鼎立之势。

消灭陆、沈　统一广西

广西的"三雄并立"格局只是一种暂时现象。当时，三大势力各有野心，陆荣廷企图依靠昔日声望和地位，重新统一广西；沈鸿英也怀有以其实力统一广西之志；以李宗仁为首的新兴势力时刻准备依靠广东的革命政府来统一广西，以取代旧桂系在广西的统治。这三派势力各怀大志，但又相互牵制难以实现心中宏愿。终于，陆荣廷按捺不住，准备首先攻打势力较弱的黄绍竑部，李宗仁认为这样势必削弱自己的实力，不如说服陆攻沈，造成两雄一弱，而后再取之，遂对陆晓以大义，加上广东的军事压力，陆荣廷决定改攻沈鸿英。就在陆、沈两军激战的时候，李宗仁歼灭了威胁到自身安全的宿敌陆云高部，黄绍竑也于1924年6月偷袭了陆荣廷的老巢——南宁。

占领南宁之后，李、黄两部因为争权夺利而一度陷入分裂的危险。经过李宗仁、黄绍竑、白崇禧三人商议，为平息矛盾，决定再次统一军政大权，李、黄两部于7月16日合编为"定桂讨贼联军"，以李宗任担任总指挥兼定桂军总指挥，黄绍竑担任副总指挥兼讨贼军总指挥，白崇禧任总部参谋长兼讨贼军参谋，定桂军参谋由黄旭初担任。其中定桂军辖六个纵队，李石愚、何武、钟祖培、刘权中、韦肇隆分任纵队司令；讨贼军辖五个纵队又六个游击支队，俞作柏、伍廷飏、夏威、蔡振云、吕焕炎分任纵队司令，马夏军、何正明、黄桂丹、陈智辉、封辅军、卢文驹分任支队司令。全军官兵约九千人。

李、黄两军重新合并后，即着手进攻陆荣廷。其作战部署是由李宗仁、白崇禧指挥主力夏威、伍廷飏、何武、钟祖培、韦肇隆五个纵队为右路军，向柳州、桂林进攻；以俞作柏指挥所部与蔡振云纵队为中路军，向武鸣进攻；以胡宗铎（总参议）指挥吕焕炎、刘权中两个纵队为左路军，向龙州进攻；黄绍竑留守南宁，策应各部。

7月22日，各部按时发起进攻，由于陆荣廷在同沈鸿英作战时实力大损，故联军一路势如破竹。7月31日占柳城，8月6日占柳州，23日在古化、中渡击溃陆荣廷主力韩彩凤、谭浩明两部。作战中，何武因违令被李宗仁撤去定桂军第二纵队司令职，遗缺以陆超升任。月底，中路军在都安将陆荣廷残部陆福像、蒙仁潜部击溃，驻防百色的刘日福见大势已去投降李宗仁，李将刘部两个团编为独立旅，以刘日福为旅长。

9月12日，退据全州的陆荣廷收拢残部准备孤注一掷发起反扑，又遭到沈鸿英部进攻。21日，全州被沈部攻占，陆荣廷部完结，陆本人逃入湖南，10月9日在永州通电下野。

陆荣廷垮台后，广西由"三雄并立"改为李、沈对峙的局面。此时，李宗仁占有梧州、玉林、南宁、龙州、百色、柳州等约占广西三分之二的地盘，且多为富庶之地，但兵力仅万余人；而沈鸿英辖境虽小，但兵员多出李一倍，如发动战争，在补给上沈居于劣势。从总体实力来看，双方旗鼓相当，如对峙局面维持下去，广西人民可以暂时得到休养之机。

然而就在此时，广东军政府任命刘震寰回桂担任省长，此事再次引发了战火。起初，李、黄、白认为刘之回桂将威胁到自身的生存，如刘、沈联合，则自己势必陷入被动，所以积极向广州方面活动，阻止刘震寰回桂。李、黄、白的活动产生了效果，1924年11月25日李宗仁被孙中山任命为广西全省绥靖督办。刘震寰见回桂失败，便游说沈鸿英向李宗仁发起战争，加上在广东的滇军范石生部也准备经广西返回云南，于是，刘、沈、范联军就这样组成了。

沈鸿英见有了刘、范两部作为后盾，便在12月1日宣布就任广西建国军总司令，使自己在名义上能统辖广西驻军各部。李宗仁识破了沈的诡计，也于12月3日正式就任广西全省绥靖督办，以黄绍竑为会办，白崇禧为参谋长。所部改编为两个军：第一军由定桂军改称，李宗仁兼任军长；第二军由讨贼军改称，黄绍竑兼任军长。督办公署增编两个警卫团，团长由郭凤岗、陶钧分任。第一军增编一个统领，由封高英担任；第二军增编两个边防司令，由徐启明、龙得云分任；一个游击司令，由陈先觉担任；两个统领，由黄桂丹、岑孟达分任；一个支队司令，由陈济桓担任。这样在名义上李宗仁与沈鸿英都具备了领导广西军政的资格，一山难容二虎，局势逼迫沈只能走以武力解决李部一条路。

李、沈的火并自1925年1月开始。此时，在广东的刘震寰说通云南都督唐继尧以堵截范石生回滇为名囤兵于滇桂边界，以声援沈鸿英，这使李宗仁部陷入两面夹击的局面。

权衡利弊之后，李决定冒险施以各个击破的方针，准备乘唐继尧部还未进入广西之时，首先集中力量以速战速决的战术一举击溃沈鸿英部，然后再回过头来对付唐。李宗仁以夏威纵队作为右路，在李济深粤军第一师第二旅的配合下向昭平、信都、贺县发起进攻；以俞作柏所属并黄超武部为中路，向蒙山、荔浦发起进攻，然后同右路军在桂林会师；李自率主力吕焕炎、钟祖培等纵队为左路，向迁江方面前进，与在这里的李石愚纵队会合攻击柳州。

1925年1月29日，已经洞悉李宗仁即将发起进攻的沈鸿英决定先发制人。他以右、中两路秘密南下，于30日向李宗仁的左路军发起猛烈进攻，双方在武宣近郊发生激战。此时还未部署就绪的李宗仁决定避免硬碰，命前敌指挥白崇禧退守武宣以争取时间调动部队。31日，李宗仁率主力6000余人抵达武宣，同城内的白崇禧部夹攻沈鸿英部，沈部主将邓右文坚持不住，于2月1日开始后撤。李宗仁指挥所部紧追不舍，于6日直迫柳州城下。7日，李石愚部攻占柳州，李宗仁则继续攻击前进，进逼桂林，并于14日将其占领。

由俞作柏指挥的中路军在1月31日发起进攻，在击溃当面之敌陆云高部后，于7日占领蒙山，9日占领荔浦。此时沈鸿英决定亲率所属实施反攻，但经过两天激战，被俞作柏击溃，被迫向富川、钟山逃窜。11日，中路军兵不血刃，占领了平乐。夏威的右路军，由于沈军采取守势，一直到2月3日才取得进展，并在龙窝渡击溃沈健飞、邓竹林两部。8日占领昭平，15日占领贺县。2月16日，已经丧失了大部分地盘的沈鸿英率领残部逃入广东境内，被迫于17日宣告下野。至此，李宗仁统一了广西全境。沈鸿英的失败，标志着盘踞广西的旧桂系势力彻底瓦解。

在李、沈激战之时，唐继尧已派兵攻入广西，并占领了广西省会南宁。李宗仁解决了沈鸿英后，根据原先制订的作战计划火速调集主力布置在桂平、贵县地区，并且争取到早就想回滇的范石生部的协助。李、范经过协商，决定兵分两路，以范石生滇军为左路向横县、永淳进击南宁，黄绍竑率领右路军由贵县经宾阳进攻南宁。

3月28日，两部同时发起进攻，右路军在宾阳经两昼夜激战，击溃唐继尧部陈铎、周文人两旅。左路的范石生部也在永淳击溃唐部阻击部队，并迫使滇军前敌总指挥龙云将部队全部撤入南宁。唐继尧见龙云在南宁作战失利，遂调派胡若愚部入桂增援。4月16日，胡部在武鸣被范石生左路军击溃，其残部逃往南宁，与城内龙云会合。5月初，黄绍竑同范石生将南宁团团包围，李宗仁为早日攻下南宁，亲往前线视察。

5月15日，李宗仁下达总攻令，李、黄、范分三路发起进攻，在南宁近郊与龙、胡两军发生激战。战斗持续数日，双方互有伤亡，陷入僵持局面。就在南宁激战正酣时，唐继尧为减缓南宁方面的压力，又遣唐继虞部入桂向柳城发起进攻。李部守将李石愚力战不敌，于阵前殉职。为了应付这一新的情况，李宗仁决定将围攻南宁的主力东调柳州，南宁方面留范石生部应付。28日，李部主力钟祖培、陆超、刘权中、韦肇隆、吕焕炎五个纵队赶至柳江南岸，时唐继虞新胜疏于防备，被李部一举击溃，柳州重回李宗仁掌握之中。唐继虞率领残部退守沙浦，又遭到李部攻击，几近溃散，狼狈逃回云南。柳州之围既解，李宗仁随即调集兵力围攻南宁。南宁守将龙云、胡若愚见援军已溃，早已丧失斗志，被迫放弃南宁，突围返回云南。7月7日，李宗仁再次入主南宁。至此，广西完全由李宗仁所掌握。此后，李、黄、白开始整顿广西军政，将原来的定桂、讨贼军及收编的老桂系的部队统一改编成二十五个团，按正规陆军教程进行训练。1926年1月，两广正式合作，随着李宗仁主动融入大革命的洪流，广西迎来了一个辉煌的时代。

血战鄂赣北伐钢军

1926年3月，国民党中央决定成立两广统一委员会，规定广西遵照国民政府命令处理全省政务。同月26日，李宗仁、白崇禧将广西绥靖督办公署改为广西全省军务督办公署，将第一、第二两军改编为国民革命军第七军，军长李宗仁，党代表先为黄日葵，1927年"四一二"政变前夕更换为黄绍竑，参谋长白崇禧。该军虽为国民革命军，但在编制上与其他各军不同，没有师的编制，以旅团为编制单位，作战的时候将若干团编成纵队，任命某人为临时指挥官，战役完毕即取消。全军辖九个旅、二十一个团及炮兵营、工兵营。其人事情况为：第一旅，旅长白崇禧（兼），辖陶钧、吕演新两个团；第二旅，旅长俞作柏，辖李明瑞、李朝芳两个团；第三旅，旅长刘日福，辖张国柱、龚寿仪两个团；第四旅，旅长黄旭初，辖许宗武、林畅茂两个团；第五旅，旅长伍廷飏，辖陆受祺、梁朝玑两个团；第六旅，旅长夏威，辖韦云淞、叶丛华两个团；第七旅，旅长胡宗铎，辖杨腾辉等（其中一个团缺团长）两个团；第八旅，旅长钟祖培，辖尹承纲、周祖晃两个团；第九旅，旅长吕焕炎，辖杨义、蒙自两个团。另两个独立团和一个入伍生团，团长分别是陈济桓、罗浩忠、吕竟存。时国民革命军各军仿效苏联编制为"三三制"，即军辖三师、师辖三团、团辖三营，而该军非"三三制"，继续沿用北洋政府时的陆军编制：三班一排，三排一连，四连一营，三营一团，二团一旅，旅以上不设师。共有战斗员四万余人，步枪3万余支，山炮20余门，重机枪80余挺。兵员虽然是在广西招募，中下级军官也有外省来投者，如胡宗铎、陶钧便是湖北人。在旅团长中，有保定军校毕业者如俞作柏、夏威、吕焕炎、胡宗铎、周祖晃、尹承纲、陆受祺、李朝芳、吕梦熊等，也有广西干部学堂毕业者如伍廷飏和广西陆军速成学校以及其他军事学校出身者。由于两广战事频仍，官兵都经十数战，战斗经验丰富。在当时国民革命军各军中，第七军是颇有战斗力的部队。

广东国民政府在该军派有苏联顾问，初来者为马迈耶夫，为工人出身，但对军事是外行，因会讲中国话，才被苏方派来。后北伐进军到江西，马氏去职，以军事学校毕业的西干为顾问，此人懂军事，在指挥上比马氏强。第七军的政治部主任原由总政治部派来的黄日葵担任。黄干劲十足，吃苦耐劳，全军上下都极敬重佩服他，但因其是共产党员，李宗仁等害怕他在军中发展共产党员，故在北伐出征时将黄留在后方，另行推荐留法归来，与吴稚晖、张静江、李石曾私谊很好的麦焕章为政治部主任。

1926年春，湖南发生了省长赵恒惕与师长唐生智的内战，唐将赵赶下台之后，吴佩孚出兵攻唐生智，唐不敌退至湘南。李宗仁等认为如不援唐制吴，吴佩孚拿下湖南后势必进攻两广。接到唐生智的求援电后，李宗仁决定派兵增援，并选中钟祖培的第八旅为"北伐先遣队"，而在第八旅没有全部集结完毕时，先以该旅所属尹承纲第十五团入湘作战。尹团入湘，揭开了北伐战争的序幕。

尹承纲团进入湖南后，暂时受唐生智指挥。该团于5月5日抵达零陵，12日推进到衡阳，随即投入到衡山战场。当时唐生智部正在衡山抵御叶开鑫部的进攻，尹团初入战场，便向敌军发起猛烈进攻，其勇猛顽强的作战精神使唐生智第八军士气得到提升，很快便在衡山将叶部击退。此后，第八军更是在十五团的支援下发起反攻，先后夺回宝庆、永丰、湘乡等地。5月下旬，钟祖培的第八旅主力进入湖南，尹团归还了钟旅建制。22日，叶开鑫不甘失败，集中主力兵分三路实施反击。在衡阳休整的第八旅奉第八军军部命令，于29日开赴西线阻击敌军。6月1日，第八旅抵达前线洪罗庙。此时第八军所属何键师阵地在敌军的强大压力下有被突破的危险，钟祖培立即命令部队投入战斗。该旅再次发扬勇猛顽强的战斗作风，带着何键师反攻，击溃当面之敌。西线作战告捷，广州方面又派遣第四军叶挺独立团入湘增援，唐生智决定发起全线进攻，将叶开鑫部击退至涟水、渌水北岸，使湖南局势得到了暂时的稳定。此后，第七军又收编武卫军一部改编为第十旅，以陈良佐担任旅长（时该旅仅辖第十九团，正式北伐后以俘虏增编第二十团）。

7月1日，广州国民政府发布了《北伐宣言》，李宗仁抽调十二个团亲自指挥入湘作战，称为"前方七军"；其余八个团由党代表黄绍竑率领留守后方，称为"后方七军"。参加北伐部队的指挥官为：军长李宗仁，党代表黄绍竑，参谋长王应榆，政治部主任麦焕章。第一路指挥官夏威、第二路指挥官胡宗铎。第一旅旅长韦云淞，指挥第一团团长陶钧、第二团团长吕演新；第二旅旅长李明瑞，指挥第三团团长俞作豫、第四团团长李朝芳；第七旅旅长胡宗铎（兼），指挥第九团团长陆受祺、第十四团团长杨腾辉；第八旅旅长钟祖培，指挥第十五团团长尹承纲、第十六团团长周祖晃。军直属独立第一营营长李少杰、炮兵营

（辖三连）营长罗传英、工兵营（辖三连）营长马典符、兵站分监曾其新、通讯大队（辖三连）大队长覃连芳。初期参加北伐的部队计2万余人，70mm口径德国制造架退炮4门，75mm口径的日造架退炮2门。每团有一机关枪连，配有德制水冷重机枪4挺至6挺，全军共有重机枪40余挺。

李宗仁将四个旅分别编为两个纵队，以夏威为第一纵队指挥官，指挥第一旅和第二旅；以胡宗铎为第二纵队指挥官，指挥第七旅和第八旅。7月5日，作为北伐军前敌总指挥的唐生智决定分兵三路向涟水、渌水北岸的叶开鑫部发起进攻。他将第七军第八旅编入左路军，配合第八军主力两个师担负主攻任务，第二、第七两个旅作为预备队（第一旅一天后才赶到前线）。7月6日，第八旅强渡涟水，并攻占娄底，随后第八旅会同友军在湘潭击溃叶开鑫部主力，乘胜追击。11日，第八军主力攻占湘潭，第七军第八旅则配合第八军教导师攻占宁乡；次日又接连攻占益阳、湘阴。作为预备队的第二、第七两个旅配合主力追击敌军，接连攻占湘潭、靖港。

8月12日，蒋介石将国民革命军总司令部由广州移驻长沙，随后召开军事会议，讨论北伐第二期的作战计划。会上，李宗仁竭力主张乘吴佩孚军南北疲于奔命之时，进攻两湖，底定武汉。会后，俄籍军事总顾问加仑将军问李宗仁，你主张进攻武汉最力，你估计要多少天我们革命军才能打到武汉？李宗仁回答说，我看只要二十天的时间便可打到武汉。加仑听罢十分惊讶，他认为至少要四十天。两人便以两打白兰地为赌注打赌。结果第七军与第四军等确实用了二十天的时间攻到武昌城下。

长沙会议后，第七军作为主攻部队，向蒲圻、羊楼洞方向的敌军发起攻击，并截断敌军退路，与第八军围歼黄盖湖以南的敌军。19日，第一纵队指挥官夏威指挥所属两个旅由平江以西地区向防守浯口的叶开鑫部孙建业第二混成旅发起进攻，当天便攻占该地。随后夏威分兵两路，强渡汨罗江，猛攻江北猴形山和将军坪之敌，敌军不支向桃林方向溃败。由胡宗铎指挥的第二纵队两个旅也于同日上午向将军山的敌军发起进攻，经半天激战将敌军击溃，叶开鑫部署的汨罗江防线被迅速瓦解。20日，第七军所属两路纵队继续向敌军发起追击，并于23日在北港会师，次日进入湖北，25日在蒲圻同友军第八军会师。29日，第七军协同第四军继续向盘踞贺胜桥的吴佩孚主力展开进攻。由于双方皆投入精锐作战，战况十分激烈。战至30日黄昏，吴部终于不支，全线溃败。李宗仁随即命令第一纵队向金牛、鄂城追击，第二纵队直攻吴佩孚在湖北的老巢——武汉。

9月1日晚，第二纵队逼近武昌城下。两天后，第一纵队攻占武昌以东六十公里的鄂东重镇——鄂城，切断了吴佩孚与孙传芳的联系。9月3日，李宗仁作为攻城总指挥下达了进攻命令，胡宗铎所属两个旅与第一军第二师等部先投入进攻。由于武昌城坚防固，守军刘玉春又督促所部拼死抵抗，攻城部队战至5日，付出惨重代价仍没能取得进展。李宗仁见此下令改攻为围。

9月初，江西方面的第一、三、六军作战吃紧，蒋介石令第七军往江西增援。9月11日，李宗仁率部由武昌出发，先歼鄂城之敌，随即经黄石港，渡大冶湖，进抵阳新。李宗仁闻江西部队在向南昌进攻，正欲出鄂境进入江西作战，忽接邓演达由武汉行营发来的急电，告知敌海军正溯江西上，将在黄石港登陆，占领大冶，威胁武昌，令第七军指日回师。旋又接电，敌人已在黄石港登陆，正向大冶进攻。第七军处于回师与入赣两可之间。李宗仁认为军队已到赣鄂边界，进与退所需时日大体相当，如进攻九江，既有利于江西全盘战局，又可收迫攻鄂之敌回援之效。遂决定进军江西，进攻九江。次日晚，第七军主力进抵横港，欲往武宁与第六军会合，不料此处为敌重兵把守，友军不知去向。李宗仁决定放弃进攻九江，南越羊肠山向箬溪前进。箬溪为孙传芳部精锐谢鸿勋两万多人驻守，李宗仁决定先发制人，突然向敌进攻。激战一天，战况无进展，李改取迂回战术，派李明瑞部由左翼隐蔽地带向敌右翼逼近。李明瑞率部突然出现在敌后方，猛冲向敌阵，敌人全线动摇，继而崩溃，向修水、德安逃窜。第七军将士奋勇追击，俘虏近万人，敌主将谢鸿勋伤重而逃，不治而死。

第七军入赣，首战获胜，士气陡然高涨。李宗仁从缴获的敌文件得知，第一军、第六军失守南昌，已西撤。此时第七军如返武宁，不仅劳师费时，还会招致敌全线追袭于后，甚至西向威胁武汉。若前进攻击，不仅可制敌西侵，还可使友军有整顿反攻的余暇。李宗仁当即决定，冒孤军深入的危险，挥兵东进。

10月2日，第七军由箬溪出发，次日拂晓到达德安城下。德安位于南浔路中间，战略地位十分重要。谢鸿勋在箬溪失败后，孙传芳派卢香亭率三万多人防守，已加修了工事。3日清晨，李宗仁指挥第七军向德安发起攻击，守军的山炮、野炮、机关枪等各种武器向第七军猛烈射击，其炮火之猛烈，枪声之密集，较贺胜桥有过之。李宗仁亲自上前线督战，全军官兵个个奋勇，至下午，伤亡已达2000余人，团长陆受祺阵亡，全团仅剩团附、连长、排长各一人，其余非死即伤，但七军攻势未稍懈。下午6时，陶钧团在与敌肉搏后攻破敌右翼阵地，占据了南浔铁路桥，并迅速南下扩大战果，敌阵线大乱。李宗仁立即指挥正面部队发起猛攻，敌不支，弃阵而逃，渡河溺死者数百，未得逃跑被俘或投降者达数千，孙传芳部卢香亭、李俊义两方面军的精锐俱告覆灭。德安落入第七军手中。此役为该军北伐以来战斗最激烈、伤亡最大的战斗。

由于德安被七军占领，南浔路被截为两段，赣南之敌失去退路，九江部队亦无法南下增援。孙传芳为打通南浔路，令南昌、九江的部队向德安反扑。李宗仁为免被敌夹击，果断令部队放弃德安，于10月5日晚向箬溪撤退。但当七军到达箬溪时，孙军陈调元部已占领附近的王家铺，有将第七军包围之势。这时第七军官兵仅存7000人，部队已极度疲劳。为死中求生，李宗仁激励部队以攻为守，以快速、猛烈的行动向王家铺的敌人发起进攻。由于敌众我寡，战势呈胶着状态，第二团团长昌演新在攻击中阵亡。战至午后7时，王俊率第一师赶到，合力将敌击溃，向瑞昌逃去。第七军由鄂入赣，孤军连战箬溪、德安和王家铺，打硬仗、打苦仗，取得以劣势兵力连克强敌的战果，三战皆捷，对北伐军光复江西起到了至为重大的作用，因第四军已称"铁军"在先，第七军被称为"钢军"。

"钢军"的称呼最先是由北伐军的对手、倒戈过来的孙传芳的五省联军第五方面军总指挥陈调元叫出来的。在王家铺作战时，第七军已连续作战多日，陈的兵力强过第七军，但在李宗仁的指挥下，第七军以破釜沉舟之决心与血战到底之斗志，硬是将陈部打败，陈对第七军佩服至极，称该军为"钢军"。陈调元曾任保定军校地理教员，讲课时口若悬河，人称"陈大炮"。从他口中叫出"钢军"，不仅是佩服，亦有讨好之意。

第七军虽然在赣北取胜，但没有扭转友军进攻南昌失利的态势。国民革命军总司令部决定改变战略方针，让第七军进攻九江，以吸引南昌敌军北上，扭转局面。第七军于11月1日在第四军一部的配合下再次向德安发起进攻，并于2日中午击溃守军颜景琮师，再次占领德安。5日，第七军在涂家铺与友军第六军会师，配属第七军作战的独立第二师贺耀组部则在5日占领九江。

九江的光复，使坚守南昌的孙传芳陷入孤立状态。在此情况下，第七军回师南昌，于11月6日投入到进攻南昌的战斗，其第一、第七两个旅进展迅速，很快便击溃了丧失斗志的孙部第一军，并俘虏军长刘士林。当晚，第七旅攻至牛行车站，参加进攻的其他部队也进展顺利，进逼南昌城头。孙传芳见大势已去，于11月7日经水路逃回南京。8日，守军指挥官邓如琢开城投降，南昌终于宣告光复。

江西底定后，第七军被调往九江整理补充。1927年1月中旬，第七军被调到鄂东的广济、黄梅、罗田地区布防。不久，第七军被编入中路军江左军第一纵队序列投入安徽战场。2月下旬，第七军与第六军协同作战，自鄂东向安徽安庆、芜湖进迫。驻守该地的孙传芳部闻得第七军前来的消息，纷纷逃窜，安徽省长陈调元、军长王普等宣布倒戈。这样，第七军兵不血刃占领安庆，继又进占合肥。

是年2月，第七军根据国民革命军总部的命令扩编为两个军，其参加北伐的部队保留第七军番号，统编为三个师又三个独立团。李宗仁仍任军长，所辖三个师的师长分别由夏威、胡宗铎和钟祖培担任，其中第三、第十九、第二十、第二十一团（原独一团）编为第一师，第一、第四、第二十二团（原独二团）编为第二师，第十五、第十六、第二十三团（新编）编为第三师，留下了第二、第九、第十四团。留守广西的部队则统一改编为第十五军，由原第七军党代表黄绍竑担任军长，其中第六、第十、第十三团编为第四师，第十一、第十二团编为第五师，第五、第十七、第十八团编为第六师。此时原第七军一分为二，新第七军继续在前线担负作战任务，第十五军则仍担任广西的守备任务。

龙潭大捷　西征讨唐

1927年4月，南京国民政府决定继续北伐，作为第三路军总指挥兼第七军军长的李宗仁将所属三个师分编为两个纵队，以第一、第三两个师编为第二纵队，由第一师师长夏威担任纵队指挥官；第二师编入第三纵队，由第二师师长胡宗铎担任纵队指挥官。5月，夏威的第二纵队进驻巢湖，等第三纵队前来会合后于13日向拓石、店埠、梁园方向的直鲁联军发起进攻。次日拂晓，夏威与胡宗铎以两翼包抄的战术一举击溃敌军，重创直鲁联军第七军，随后第七军乘胜追击，接连攻克明光、临淮关和凤阳，22日进占蚌埠。6月2日，徐州光复。夏威升任副军长，所留师长一职由副师长李明瑞接任。第七军第二师调出另组第十九军，原师长胡宗铎升任军长；第七军所属三个独立团编为第三师，以尹承纲担任师长；原第三师改称第二师，师长仍为钟祖培。

就在北伐军连战告捷的情况下，宁汉分裂，汪精卫武汉国民政府开始出兵攻打蒋中正的南京国民政府。蒋中正为保南京，急命前线主力火速回防。北进各部只得收缩，第七军沿原路与敌军且战且退，于8月上旬撤至长江以南，其中第七军回驻芜湖，副军长夏威指挥第七军同第十九军、第四十军、第四十四军等部协力担负乌龙山以西、东西梁山以东的防务。当南京国民政府军队由徐州前线收缩之时，直鲁联军见有机可乘，发起反扑，前敌总指挥王天培独战不敌，被迫放弃徐州，整个江北地区被直鲁联军占领。

此时桂系兵多将广，李宗仁、白崇禧功高震主，蒋介石在桂系压迫与武汉东征军事压力下，被迫宣布下野。此时，孙传芳的五省联军亦趁机获得喘息，孙联合直鲁联军决定孤注一掷，集中所部主力11个师、6个混成旅共七万余人，兵分三路反攻南京。

8月23日，孙传芳指挥军队由乌龙山至龙潭一带渡江向江南反攻。是时李宗仁等正由九江返宁，船至兔耳矶时与南渡之敌在江面上相遇交火，将敌击退。李宗仁到宁后速将八个团调到乌龙山后方集结，做出部署，准备击敌。8月24日夜，孙传芳向第七军据守的乌龙山东南方向发起进攻。第七军未料到敌军的进攻，仓促间连失四座炮台。夏威见状，急命第一、第三两个师死守剩余的三座炮台，坚持到第二天黎明时分，等到援军后随即发起反攻，终将敌人击溃。

25日，孙传芳部攻占第一军据守的栖霞山阵地，第一军向南京后撤。夏威见友军阵地一失，所部右侧受到威胁，当即决定向乌龙山阵地以东出击，经过激战，夺回栖霞山部分阵地。26日，七军与孙军在栖霞山麓再次发生战斗，双方激战一昼夜。27日，孙军不支，退守栖霞山顶，死守待援，夏威遂将山顶团团包围继续强攻。第一师师长李明瑞亲率所部发起冲锋，全军士气顿时为之一振，终于在当天下午全部收复栖霞山，将渡江攻击乌龙、栖霞一带的孙军全部歼灭。

第七军在栖霞山与孙军激战的同时，友军各部也在龙潭方向与敌激战。第七军收复栖霞山全歼当面之敌军后，奉李宗仁之命增援龙潭。8月30日，第七军协同第十九军自栖霞山向东进攻，沿铁路及江边推进。同时，何应钦的第一军主力自东阳出击，会同进攻。孙传芳据守龙潭的部队有6万余人，他们依据龙潭以西的黄龙山，以南的青龙山、虎头山，以及东西的大石山、雷台山等有利地形企图作殊死搏斗。但当国民革命军各部发起进攻时，孙部官兵纷纷溃败，孙传芳被迫放弃龙潭。31日，孙传芳企图作最后一搏，再次向龙潭发起反扑，但在第一军、第七军等部的奋战之下再次落败，部队全部被歼，残部也纷纷被包围缴械，孙氏本人仓皇登上汽艇逃往江北，从此一蹶不振。

龙潭大捷，第七军威震全军，声震江南。

9月1日，第七军渡江追击，先后克复浦口、扬州等地。六天后，已经身兼数职的李宗仁决定辞去军长兼职，由副军长夏威接任军长。9月19日，夏威正式宣誓就职，是为第七军的第二任军长。

夏威，原名夏钧善，号煦苍。1893年3月2日出生在广西省容县沙田乡一户农民家庭。夏威初入私塾，1911年入桂林陆军小学接受军事教育，继入武昌陆军中学，再升入保定军校第三期，习步科。其间和同学黄绍竑、白崇禧相识，三人感情融洽，亲密无间。1916年夏威在军校毕业后分到广西督军署候差。1917年5月广西模范营成立后，被派到该部担任少尉连附。同年10月模范营参加护法战争，夏威升任机枪连代理连长，和时任模范营步兵连长的黄绍竑、白崇禧、张淦平起平坐。

1920年马晓军出任田南警备司令，模范营被扩编为三个营，黄绍竑、白崇禧和夏威分任营长。一年后，马部在百色作战时，被广西自治军刘日福部包围缴械，夏威同白崇禧等突围而出，并拥护白任田南警备军指挥官，夏威任第一营少校营长，此后协助白氏将部队成功带到田东，重归马晓军指挥。陈炯明攻桂时，马晓军的田南警备军力量薄弱，很快便被击溃，其残部由黄绍竑率领投归李宗仁，夏威则因病返回容县老家。当他得知黄绍竑已归入李宗仁被编为第三支队后，便携带军费前往投效，被任命为广西自治军第二路第三支队第一营营长。此后在黄绍竑麾下参加了驱逐陆荣廷、讨伐沈鸿英、击退唐继尧的作战，出力颇多，累积战功。1924年7月升任讨贼军第三纵队上校司令。1926年3月，李、黄所部改编为国民革命军第七军，夏威改任第六旅旅长，旋调任第一旅少将旅长。同年7月第七军参加北伐，夏威升任第一纵队指挥官，指挥第一旅和李明瑞第二旅。1927年2月第七军撤旅改师，夏威担任第一师师长，5月升兼副军长。由于军长李宗仁担任第三路军总指挥需统揽全局，第七军实际上由夏威担负指挥之责。李宗仁辞去军长兼职后，夏威顺理成章成为第七军的第二任军长，副军长由第二师师长钟祖培升任，所属三个师长分别为李明瑞、李朝芳和尹承纲。

1927年8月蒋介石下野，桂系把持了中国国民党特别委员会之后，急于打通南京与广西的联系，而武汉与湖南又是南京与广西连接的枢纽与通道。此时，割据两湖的唐生智成为桂系扩张的严重障碍。为了夺取两湖，桂系发动了对唐生智的武力征讨。10月20日，南京国民政府军事委员会下令讨唐。根据部署，第七军仍为李宗仁第三路军序列，同第十九军（军长胡宗铎）、第三十七军（军长陈调元）沿长江北岸西进，扫荡盘踞西梁山、巢县、合肥、舒城、三河地区的唐军，目标为安庆。10月17日，第七军发起进攻，在第十九军的协同下一路进展顺利，于21日攻占巢县。随后夏威命令所属主力继续向安庆攻击前进，以李明瑞第一师沿江北岸前进，向三桥头方向迂回。24日，李明瑞的第一师绕过敌军防线突然出现在枞阳镇，守安庆的敌人未料到第七军进展如此迅速，连夜向宿松撤退，安庆被第七军占领。此后第一师跟踪追击，同第十九军在太湖、潜山地区再创敌军。

11月3日，李宗仁命令第七军继续向广济、蕲水方向进攻，继而在黄梅地区同第十九军、第四十四军等包围唐部第三十五军、第三十六军主力，经数日激战，第七军在左翼打开缺口，第十九军集中两个师的兵力从正面突破，遂将唐军击溃。11月7日，唐部第三十五军突围至蕲水，第七军第一师追踵而至，经一昼夜激战，第三十五军不支。此时，第七军第三师也投入战斗，第三十五军终告溃散，蕲水遂被占领。10日，第七军追近武汉。12日，唐生智宣布下野。14日，第十九军进占汉口，唐生智所属四个军纷纷接受改编。西征之役就此结束。

蒋桂混战　几起几落

讨唐结束后第七军进驻武汉，并驻扎于此。南京政府于1928年2月统一改换各军各师番号时，第七军所属三个师分别改称第三十三师、第三十四师、第三十五师，各军、师长职仍维持原状。同年3月，蒋、冯、阎、李联合对张作霖作战，开始了最后一次北伐，第七军奉命留守武昌未参加这次军事行动。北伐结束后，第七军根据编遣会议的决定，先是缩编为第四集团军暂编第二师，夏威由军长降任师长。10月8日，根据中央统一番号，暂二师改称第十五师，夏威仍任师长，其人事情况为：

第十五师，师长夏威，副师长李明瑞，参谋长黎行恕。

第四十三旅，旅长李明瑞（兼）。辖第一团、第二团、第三团。

第四十四旅，旅长李朝芳。辖第四团、第五团、第六团。

第四十五旅，旅长尹承纲。辖第七团、第八团、第九团。

警卫团，团长周宗棠。

1929年元旦，蒋介石在南京主持召开编遣会议，在决议中，蒋中正的第一集团军和冯玉祥的第二集团军各缩编为十二个师，阎锡山的第三集团军和李宗仁的第四集团军则各缩编为八个师。对这一决定，李宗仁等新桂系首脑非常抵触。李宗仁认为中央此举无异于排斥异己，但又不能公开反对。所以第四集团军各部在名义上虽然由军缩为师，但所辖各师仅改以旅为番号，各团建制依旧。李宗仁准备依靠自己的部队与蒋中正的中央分庭抗礼。蒋也拟利用中央的领导地位分化桂系。1928年12月，蒋介石运送大量枪支弹药装备在湖南的鲁涤平，被桂系截获。1929年2月，李宗仁侦知蒋要取消桂系把持的武汉政治分会，决定提前扳倒亲蒋的鲁涤平，遂于2月19日，以武汉政治分会的名义撤免鲁湖南省主席兼第十八师师长职，同时派叶琪等进兵长沙，是为"湘案"。双方的矛盾激化，蒋介石决定讨桂，爆发了蒋桂战争。

在讨桂开始前，蒋介石策划了三项倒桂阴谋：策反李明瑞阵前倒戈，瓦解桂系；囚禁李济深，拆散粤桂联盟；扶唐（生智）倒白（崇禧），控制桂系在北方的军事力量。别的不讲，为什么蒋介石要首先策反李明瑞，要从李明瑞身上打开缺口呢？这要从桂系的内部矛盾说起。

北伐战争开始，新桂系的军队由第七军逐渐扩大，终于发展成具有庞大实力，与蒋、冯、阎并列的军事集团，其地盘由广西经两湖直达河北。由于发展过于迅速，李宗仁、白崇禧必须依靠湘、鄂籍将领掌控湖南与湖北，于是大力提拔鄂籍将领，并维持投靠过来的湘籍将领的地位，这自然就引起了桂籍将领的抵触，第七军的著名虎将李明瑞就是其中之一。

李明瑞是广西北流人，毕业于韶关云南讲武堂分校炮兵科。他在新桂系军队中作风硬派，打仗雷厉风行又敢作敢为，深得第七军士兵拥护。就是这样一位身经百战、能力拔萃的勇将，却在第七军分编为第七、第十九两个军后，仅升任第七军副军长，而当初仅为团长的鄂籍将领胡宗铎却越过他成为第十九军军长。此后白崇禧增编第十八军，又以鄂籍将领陶钧担任军长。一直到第七军缩编为第十五师后，李明瑞仍是副职。这种情况，使桂籍官兵与鄂籍官兵逐渐分化，而以李明瑞为首的一批桂籍将领更是对李宗仁、白崇禧等不照顾嫡系将领而感到愤愤不平。李明瑞的这种情绪逐渐被李、白所得知，加上当时谣传蒋介石要升任李明瑞为第十五师师长，钟毅、李毅也要被提拔为旅长，这使李、白对李明瑞有所顾忌。为保部队稳定，李宗仁决定架空李明瑞，将其第四三旅旅长一职交由旅参谋主任程树芬担任，而钟毅和李毅也被调到第四集团军总司令部担任参议，团长职务改由亲信谢东山和秦开明担任。

当李宗仁的第四集团军开始调兵遣将准备与蒋介石交锋时，蒋便利用这种矛盾，暗中收买拉拢李明瑞于阵前倒戈。

蒋桂开战前，湖北的军政主要由胡宗铎、陶钧、夏威三人负责指挥，恰巧当时夏威因病离部住院，将军事指挥权交给了李明瑞。早就对胡、陶有怨恨之心的李明瑞在南京当局的拉拢分化下，决定于阵前倒戈。他首先召集团长以上军官开会，历数胡宗铎、陶钧等鄂籍军官对桂籍军官的排挤，得到了大部分军官的支持，在这种情况下，程树芬、谢东山、秦开明等人虽不同意，但见势孤力单被迫赞同了李的倒戈主张。李明瑞一倒戈，就将他的防区黄陂至祁家湾一线让给南京方面，这就使胡宗铎满以为牢不可破的防线未战即打开了一个大缺口，随后李明瑞作为前导接引中央军开往武汉。

夏威与胡宗铎、陶钧闻李明瑞倒戈，惊惶不已，自知无力抵抗，决定放弃武汉，向荆州、沙市、宜昌撤退。中央军刘峙等兵不血刃占领武汉。夏、胡、陶等见大势已去，于4月21日宣布下野。胡宗铎、陶钧出国。夏威去香港，将所部交与程汝怀、李石樵、石毓灵、张义纯、尹承纲、李宜煊等率领，移驻鄂西改编。初令程汝怀、张义纯仍为第五十五师、五十六师师长，李石樵为第十六师师长，石毓灵为第十七师师长，尹承纲、李宜煊为新编第九师、第十师师长。旋因张义纯辞职，改以刘和鼎为第五十六师师长。不久，蒋介石以程汝怀等各部与李宗仁、白崇禧暗中联络，令驻宜都的谭道源将李宜煊师缴械；令朱绍良、张发奎各师将驻鄂西荆沙的程汝怀、石毓灵、尹承纲包围缴械；驻黄州的李石樵部被当地驻军缴械遣散。各部所余部队编为三旅，以万倚吾、彭进之、徐声钰为旅长，至此桂系在鄂六师除刘和鼎师开往芜湖外，被完全瓦解。

李宗仁、白崇禧逃回广西，与黄绍竑在梧州聚首。桂系由四万人起家，从镇南关打到山海关，部队发展到二十多万人，顷刻之间手中只剩下留在广西的三个多师的兵力。三人正商量怎样与蒋介石交涉时，接到蒋介石打给黄绍竑的电报，蒋令黄将李、白拿解来京，听候查办，不准黄收容从武汉退回的部队等。在蒋的高压威逼下，李、白、黄只得铤而走险，反攻为守，于5月5日联合周边的反蒋力量，打起"护党救国"的旗号，向广东进攻。起初进展顺利，一度席卷西江各县。广东东江忠于李济深的徐景唐起兵响应，驻粤海军舰队陈策也驱舰进袭广州，协同桂军作战。贵州周西成也陈兵黔湘边境，威胁湖南。

蒋介石为彻底解决桂系，乃任命何键为第四路总指挥、陈济棠为第八路总指挥、龙云为第十路总指挥，张贞为纵队司令，会同攻击广西。何键率部进驻衡阳，时桂系部队进攻广东肇庆，势头猛烈，蒋介石乃派第四纵队范石生前往增援，会同第八路共击之。另派周斓、刘建绪、吴尚为第一、二、三纵队司令，分向桂林、平乐推进，作战中黄旭初受重伤，桂军伤亡无数，进粤部队退回广西。

5月10日，刘建绪部占领桂林。这时倒戈的李明瑞、杨腾辉部在俞作柏的率领下，由湖北船运经上海到广州，再由广州开回梧州，准备收拾桂省残局。6月7日，俞作柏受命为广西省政府主席。27日，李明瑞、杨腾辉率部入南宁。白崇禧、黄绍竑势穷力蹙，无计可施，只得将所部交与师长吕焕炎、梁朝玑，嘱其率部与回桂之俞作柏、李明瑞合作，"保存实力，待日后寻机再起"。而后转往越南。早在香港的李宗仁因南京方面屡与港方交涉，被逼改名换姓出境逃到越南，在西贡与白、黄会合。

7月7日，俞作柏、李明瑞在南宁分别就任广西政府主席、广西编遣分区特派员。李、白、黄留下的残部与俞、李"取得谅解"，被俞、李收编为新编第十六师。蒋桂战争以桂系的失败而告结束。

俞作柏、李明瑞等人回到广西不久，就受到了汪精卫改组派的拉拢，准备再次反蒋。俞、李皆认为如能联合欲返回广东的张发奎第四军，会对己方十分有利，也可使南京中央将焦点暂时集中于广东。9月，在鄂西反蒋的张发奎发出反蒋通电，称正由宜昌取道湘西入桂，欲与俞、李会师。9月27日，俞作柏、李明瑞在南宁发出反蒋通电，欢迎张发奎率部来桂。但蒋介石故技重演，对俞、李早有防备，收买了其手下的将领吕焕炎、杨腾辉、黄权等。这样，俞、李在广西的羽翼尽失。俞作柏见势难挽，去了香港。李明瑞则率部到左、右江，跟随共产党参加了百色起义。李明瑞的亲信将领第十五师四十四旅旅长黄权将李赶走后，自任第十五师师长。蛰居在香港的黄绍竑趁混乱之机回桂，重新执掌军政大权。

10月31日，张发奎率部由鄂西来到广西龙胜。11月13日，改组派的国民党第二届执监委员联席会议任命李宗仁为护党救国军第八路总司令兼中央命令传达所所长，黄绍竑为副司令，白崇禧为前敌总指挥。11月24日，黄绍竑与张发奎会晤，商定了军事合作事宜。数日后，李宗仁、白崇禧由越南回到广西。李宗仁返回广西后重新整顿军队，他将第十五师和第五十七师合编为第七军，以杨腾辉担任第七军的第三任军长。

杨腾辉，1890年1月出生在广西省上林县澄泰乡的一个富农家庭。幼时上过私塾，后在宾阳、上林、迁江读中小学。1913年经同乡李彦的介绍入省防军第二军当兵，从此开始了戎马生涯。1918年，时为总部副官的杨腾辉得到第二军司令林俊廷保送，入广西讲武堂步兵科学习军事。1920年毕业后被任命为警卫营营长，一年后升任团长，可说是林氏的亲信。1924年林俊廷兵败后，杨腾辉带着所部拟投靠邓本殷，想请邓氏收编他的部队。这个时候，与杨素有交情的胡宗铎作为李宗仁的代表前往劝说杨率部投李，杨腾辉考虑再三，两边都不愿意放弃，于是两边就职，脚踩两条船，加上杨为取得立足资本，谎称自己拥有一旅兵力，被两边都委任为旅长。一直到国民革命军准备北伐，杨腾辉才放弃邓本殷，正式投入李宗仁麾下，其部队被整编为第七旅第十四团，杨任团长，并在旅长胡宗铎的指挥下出师北伐。此后曾在贺胜桥战斗中集中兵力攻敌薄弱之处，打开缺口，为该役的胜利创造了条件。第七军扩编为第七、第十九两个军时，杨腾辉的第十四团改为第七军直接指挥的独立团，后该团编入新成立的第三师，杨腾辉调任第二师副师长。在龙潭战役中，杨腾辉指挥两个团收复了丢失的炮台，歼敌数千，缴获枪支数万。第二师改称第三十四师后，仍任副师长。

杨腾辉心计颇深，而且善于寻找靠山。他之所以投靠李宗仁，主要是受当时的形势所迫，桂系反蒋时，杨腾辉料到桂系必败，便同李明瑞一同倒戈，遂被蒋介石提升为第五十七师师长。李明瑞在广西又要反蒋，杨腾辉受到了李宗仁的拉拢，便改投李氏，被提拔为新成立的第七军军长。杨腾辉任军长，副军长为廖磊，参谋长王哲渔，原来的第十五师和第五十七师分别改编为第十九师和第二十一师，由雷飙和梁重熙担任师长，这两个师分别驻防在柳州和桂林。

1929年11月底，在南宁的反蒋部队正式成立了"护党救国军"，总司令为李宗仁，下辖第三、第八路军。第三路军以张发奎为总司令，薛岳为副总司令；第八路军为桂军，总司令为李宗仁自兼。所辖两个纵队：第一纵队指挥官吕焕炎，下有三个师与一个独立旅，第一师师长梁朝玑、第二师师长蒙志、第三师师长杨义、第一独立旅旅长封克鲁；第二纵队指挥官杨腾辉，下有三个师，第一师师长黄权、第二师师长许宗武、第三师师长梁重熙。

11月26日，李宗仁在梧州设立了攻粤大本营，桂军一部7000人由黄绍竑指挥入粤，经肇庆，出广利，侧击三水；张发奎率第三路军向广东北江挺进，斜出四会，谋与黄部会合后，再攻清远。至此，粤桂大战复起，桂、张出征时声势之大，士气之盛，直有朝发梧州、夕取广州之概。

正当桂、张联军气势汹汹攻粤之时，蒋介石派何应钦在广州设立行营，指挥讨桂。何带来了援军与械弹，朱绍良师和陈绍宽的海军第二舰队被派到广东作战，在粤的陈济棠、陈铭枢也怕桂、张联军入粤，更是严阵以待。12月4日，桂、张军在清远会合，与何应钦军接火，粤军与中央军竭力反扑，且有空军助战，桂、张军力不能敌，败下阵来，伤亡万余。李宗仁的第八路军也在军田遭蔡廷锴军的阻击，因张发奎部败退，侧翼暴露，李不敢恋战，下令撤退。桂、张联军败北，退至平乐。梧州为粤军占领。

1930年1月5日，桂、张军在经过休整后决定取消第三、第八路军，恢复第四、第七、第十五军的番号。三个军的军长分别为张发奎、杨腾辉与黄绍竑（兼）。

其时蒋军已分别进至平乐、荔浦附近，形势危急。留守后方的第一纵队指挥官吕焕炎因李宗仁等回桂后大权被削，心存怨恨，加上蒋介石派人收买，乘桂、张军攻粤新败，率部叛变投蒋，在玉林就任广西省政府主席。吕叛变时，李、黄、白三人当机立断，将与吕接洽企图叛变的黄权、蒙志两师长扣押，重新任命了师长。吕焕炎叛变后准备与粤军夹击桂军、张军。为避免两面受敌，李宗仁以第七军守荔浦，以张发奎的第四军与黄绍竑的第十五军之一部向修仁方向主动出击，讨伐贵县、桂平的吕焕炎。吕部寡不敌众，部队溃散，吕焕炎只身逃往广州。这时粤军蒋光鼐部等进至北流，将张发奎、黄绍竑打败，玉林一带为粤军所据。唯白崇禧将进入平乐的中央军朱绍良、谭道源等击破，逐出桂境，于是形成桂、张军与粤军隔郁江对峙的局面。

在桂军、张军与粤军及中央军大战之际，北方的阎锡山等也在酝酿着更大的反蒋活动。1930年2月28日，阎锡山在太原召开了反蒋军事会议。3月5日，阎派代表来桂联络。14日，原第二、三、四集团军的将领57人联名发出"请蒋下野"之函电，历数蒋介石之十大罪状，推阎锡山为中华民国军总司令，冯玉祥、李宗仁等为副总司令。4月1日，阎、冯、李等分别在各自驻地就职，按照反蒋军的统一部署，桂系的任务是出桂由湖南攻击北上，而后与南下的冯军夹攻武汉。

5月11日，桂军、张军倾师北上。李宗仁将先行部队分为两路：张发奎率第四军和第十五军之一师由桂林出全县，白崇禧率第七军和第十五军之一师经龙虎关至零陵，待两军会合后再攻衡阳。5月22日，桂军、张军前锋抵永州，这时湘军唐生明率部来投，被编为第八军。当时部队的编制为：第一方面军总司令李宗仁兼，副总司令黄绍竑，总参谋长白崇禧，参谋长陈翰誉。第一路指挥官张发奎，指挥第四军与第四十三师；第二路指挥官白崇禧（兼），指挥第七军与第四十五师；第三路指挥官黄绍竑（兼），指挥第八军与教导第一、二师。湖南的何键本来就游移动摇，见桂军、张军攻势凌厉，便退避三舍，桂、张军兵不血刃而下衡阳。6月4日，桂军、张军破渌口、株洲之敌，5日入据长沙。前来阻挡的朱绍良、夏斗寅、钱大钧都被打败。6月8日，第七军占领岳阳，旌旗所指，武汉震动。张发奎的第四军也在醴陵击败增援的鲁涤平部，进抵平江。由于桂、张军进展神速，川黔军也有呼应之势，武汉的占领在指顾之间。

　　桂军势如破竹，蒋介石令蒋光鼐、蔡廷锴两个师由广东北上直插衡阳，将桂军后方补给线突然掐断。李宗仁、白崇禧等权衡利弊，决定暂时放弃进攻武汉的计划，命令第七军回师衡阳，以期同北上的第十五师会攻衡阳，打通补给线。由于蒋、蔡两师布置严密，第七军攻击数次始终没有取得突破，随后李宗仁听取了黄绍竑的意见，决定停止进攻，集中兵力固守祁阳至宝庆一线，占据有利地形采取守势，诱敌出击。黄绍竑的这个错误建议直接使南京中央的广东方面从容调兵，而蒋光鼐等部始终坚守不出，李宗仁对此一点办法都没有。不久云南方面也出兵攻桂，李宗仁被迫命令第七军等部退回广西，此时粤军迅速出击，给桂军以重创，第七军且战且退，师长梁重熙战殁，部队伤亡过半，退入广西时仅剩4000余人，另一路撤退的第四军则仅剩2000人不到。

　　桂军、张军损兵折将，铩羽而归，个个垂头丧气，怨气冲天。张发奎"愤慨已极"，与黄绍竑公开反目，白崇禧对黄也加以责备。黄绍竑心灰意懒，请求辞职，李宗仁一再劝勉、挽留，但黄绍竑对蒋桂之争前途悲观，于是年底离桂去香港。1931年1月13日，北上投蒋。这样桂系的李、黄、白"三巨头，三去一"矣。

第七军退入广西后集中在宾阳整顿,此时参谋长为陈良佐,第十九师师长由团长莫树杰升任,第二十一师师长则由副军长廖磊兼任。桂军、张军败退回桂之时,滇军将南宁韦云淞部围困已有月余,韦部有不支之势。第七军整顿完毕后即开赴南宁解韦部之围。为此,李宗仁派遣莫树杰第十九师一部携带粮饷和弹药潜入南宁与守军韦云淞部会合,随后以第十九师另一部向武鸣方向潜行,监视滇军孙渡部。第七军主力则由副军长廖磊指挥,同第四军穿过银屏山经葛圩从山路插入宾、邕路之间三角地带,抵达邕宾路四塘附近,并与城内部队商定同时发起进攻,内外夹击包围南宁的滇军。10月13日战斗开始后,各军皆按计划发起攻击,围城滇军措手不及,经两昼夜激战,滇军溃败。第十九师也在武鸣阻击孙渡所部,不让其增援南宁,激战中第十九师参谋长覃广亮阵亡。南宁解围后,第七军由军长杨腾辉统一指挥,继续追击滇军溃兵,在武鸣将孙渡所部击溃。随后白崇禧率后续部队抵达,在平马镇地区再次重创滇军,终将入桂滇军全部赶回云南。滇军一败,进攻广西的粤军也随之返回广东,广西之危遂解。

11月4日,阎锡山、冯玉祥通电取消反蒋的陆海空军总司令部,所辖军队被蒋介石收编,反蒋军烟消云散,阎逃往大连,冯无立足之地,唯桂系在本土广西有一席之地且有一部分军队。

整补部队　进攻红军

广西局势稳定后,李宗仁便着手重新整顿驻桂各部。李在南宁召开的部队整训会议上,提出了"为了减轻军政开支,休养生息,以解民困,军队首先缩减,裁军留师"的方针。由于第七军损失很大,被缩编为第十九师,新成立不久的第八军缩编为第二十四师,以这两师编为第七军。军长杨腾辉被调任财政委员会主任,遗职由副军长廖磊升任。对于这一调动,杨腾辉十分不悦,这等于是剥夺了他的军权。事实上，李宗仁也确实对杨腾辉不放心，早在桂军撤回广西时，杨腾辉就与南京方面有所接触，其后陈济棠粤军攻桂，杨又和陈取得联络，此行为已经对李、白构成了危胁。此番李宗仁整顿军队，正是解除杨氏兵权的最佳时机。杨腾辉虽然不满，但也自知行为败露，被迫离开部队。1931年1月，白崇禧借视察防务为名，前往杨腾辉所在的龙州将杨扣押并准备枪毙，幸得张发奎劝说，杨腾辉才保住了性命，但被长期拘押。抗战爆发时，杨腾辉获得释放，举家迁居香港。此后因存款和房屋被小妾骗走导致精神失常，于1939年8月因病逝世。

杨腾辉被免职后，李宗仁遂命廖磊执掌第七军，是为该军的第四任军长。

廖磊，原名廖梦祥，字元戎，后改燕农，号伯符。1890年2月出生于广西省陆川县清湖乡永平廖村的一个富农家庭。廖家境优越，从小便受到良好的教育，曾在陆川县小学读书。1906年入广西陆军小学第二期，随后升入武昌陆军中学。武昌起义时，廖磊曾参加行动，其臂膀受伤仍坚持作战，受到教官的赏识。1913年进入清河陆军第一预备学校继续接受军事教育，并于一年后升入保定军校第二期习步科。1916年6月毕业后被派到湖南陆军第一师二旅三团三营三连任中尉连附。当时的第三营营长是唐生智，廖磊便在唐氏麾下长期任职。

1917年9月，廖磊随部参加护法战争，以功升连长。又过一年，被提拔为唐生智第三团第三营少校营长。湘军发起驱张（敬尧）战争后，廖磊随部自衡州出兵，攻永丰。廖以一营士兵勇猛冲杀，击溃张敬汤部一个旅，并俘其近半人枪，受到唐生智赏识。1923年唐生智奉督军赵恒惕之命攻打沅陵镇守使蔡矩猷，廖营作为先锋参战，曾在醴陵神福港以一营兵力力敌一团，并出奇兵取胜，将敌人击溃，俘获3000余人，唐又提拔其为所部第三团团长。唐生智响应北伐，接受了国民革命军第八军军长的任命，廖仍任团长，并在李宗仁第七军的增援下在涟水北岸击退了进攻第八军的叶开鑫部。1926年6月2日，国民革命军第八军正式成立，廖磊升任第四师少将副师长兼第三团团长。7月，廖磊随师长刘兴在湘乡、湘潭击溃叶开鑫部主力，并光复宁乡，为稳定湘中局势做出了贡献。此后廖磊随部队攻入湖北，连战皆捷。

曾任第七军军长的廖磊

1927年2月第四师扩编为第三十六军，刘兴任军长，廖磊升任该军第一师师长，在湖北广水整训。同年5月，第一师进入河南作战，在西平再次告捷，6月廖磊升任第三十六军军长。宁汉对立时，廖磊所在的部队拥护武汉国民政府，并挥师东进南京讨蒋。10月，南京方面以李宗仁为总指挥开始西征，双方在安徽、湖北交锋，第三十六军不支，被西征军击破。11月11日，唐生智宣布下野，第三十六军接受桂系改编。李宗仁在取得湖北后，为笼络人心，仍委任廖磊为第三十六军军长，廖感其恩，从此加入桂系阵营，成为李宗仁、白崇禧手下的一名重要将领。1928年4月廖磊率部继续参加北伐，一直打到北平。后根据编遣会议的决定，将所部缩编为第五十三师，在天津至唐山一线驻防。

蒋桂战争爆发后，唐生智受蒋介石之托返回湖北拉拢旧部，被廖磊拒绝，但念及唐氏旧情，他决定辞职离部，避居香港。李宗仁在广西重新掌权后，廖磊受到邀请，出任护党救国军前敌总指挥部参谋长。第七军成立时，又调任该军副军长。廖磊任军长时，七军的人事为：

军长廖磊，副军长周祖晃，参谋长莫树杰。

第十九师，师长周祖晃（兼），副师长徐启明，参谋长杨赞谟。辖第五十五团、第五十六团、第五十七团。

第二十一师，师长覃联芳，副师长漆道征，参谋长方钦。辖第六十一团、六十二团、第六十三团。

1931年2月，蒋介石囚禁了胡汉民，促使反蒋联盟又一次形成，也促成了桂粤的和解与合作。5月28日，反蒋的广州国民政府成立，而后在军事上作了调整：两广一律取消当时的称号，改编为第一、第四集团军，第二、第三集团军番长留与阎、冯参加军队。第四集团军以李宗仁为总司令，白崇禧为副总司令，叶琪为参谋长。下辖第四军、第七军、第十五军、第八军。

1932年3月，蒋介石与汪精卫合作，形成了蒋介石主军、汪精卫主政的局面，新军阀间的纷争暂时停息，李宗仁、白崇禧趁机大力整顿广西，采取了"自卫、自治、自给"与"寓兵于团、寓将于学、寓征于募"的政策，使广西的经济、军事实力大为增长。

在1930年李宗仁重掌广西时，中共也在右江地区开辟了根据地。为此，重新编组完毕的第七军又投入到"围剿"红军的战斗中。1931年3月，廖磊指挥所属军特务营一部和第六十一团在第四军十二师一部及百色民团的配合下向东兰、凤山的红军第二十一师发起进攻。但廖磊低估了红军的实力，其所属罗活第六十二团虽然一度占领东兰，但终被红军击退。在这次战斗结束后，廖磊为避免自己的二十一师番号和红军的二十一师相同发生问题，呈请白崇禧将二十一师改称第二十四师，获得批准。

11月，廖磊指挥所部发起对东兰的第二次进攻，先后占领红军的外围数个据点。1932年8月又以第十九师两个团、第二十四师一个团第三次进攻东兰。这次进攻，第七军将红军根据地附近纵横三四百里的地区团团包围，逐山搜索。但红军利用机动灵活的优势与第七军周旋，第七军搜索近两个月，始终无法找到红军主力。最后廖磊呈请白崇禧，公开悬赏缉拿红二十一师师长韦拔群，致使韦被部属出卖杀害，红二十一师群龙无首，遭到重创。第七军"围剿"红军的任务也就此告一段落。

1933年2月19日，位于兴安、灌阳、全州、龙胜地区的瑶民举行暴动，并提出了"杀财王佬，杀官兵"的口号，其声势震动了桂系当局。第七军于3月初被调到该地区平变，廖磊以第十九师为镇压主力，由师长周祖晃指挥分区进攻，将兴安、全州、灌阳先后包围，此外还命令配属作战的桂林区民团在龙胜防堵。3月4日，第十九师正式发起进攻，经过二十一天清剿，暴动被平息。

1934年8月，红军第六军团长征到达湘南地区。李宗仁为防止红六军团由湘江上游渡江进入广西，除调兵在湘南地区防堵外，另命第七军军长廖磊在桂林统一指挥前线各部。廖磊受命后，以所属第七军和桂林、柳州、平乐三个区民团担负守备湘桂边界的任务，其中以周祖晃第十九师主力开赴恭城龙虎关，灌阳永安关、雷公关布防，命桂林区民团指挥部参谋长虞世熙镇守桂林，第十九师副师长陈恩元前往桂北各县组织民团协助防守。同年9月，红六军团通过永安关进入广西，廖磊立即命令第七军出击，在文市地区依靠空军的掩护不断袭击红军。红六军团无心恋战，欲摆脱战斗，但第七军始终尾随追击一直到西延山区，迫使红六军团转道贵州。

红军进入贵州，广西当局又根据南京当局的命令命第七军追击红军入黔，与湘军配合继续"追剿"。廖磊以所属第二十四师协同湘军第十九师在大、小广地区进行追击，一度发生激战。10月，红六军团一部进至甘溪场，又遭到第二十四师的猛烈进攻，经四小时激战，红军被迫后撤。此后，第七军主力一直尾追红军达一个月之久。11月上旬，广西方面获得了红军第一方面军主力即将入桂的情报后，又急忙将第七军调回广西。经过研究，白崇禧决定一面阻挡红军主力入桂，一面防止南京方面的中央军入桂，于是要第七军对红军只施以追击，而不能堵击的方针。廖磊领命后将所属两个师分别布防在灌阳、恭城地区，与第十五军互通声气，并在空军的支援下，在桂北湘江以东地区分别截击红军，但红军主力仍突破了湘江封锁线。白崇禧为尽快将红军赶出广西，并防止红军在城步地区受阻后回师龙胜、三江威胁柳州，命令廖磊的第七军二十四师驻守义宁，第十九师向龙胜推进，并命令廖磊将军指挥部推进到龙胜县城，督促各部作战。

12月12日，蒋介石电命桂军派遣部队迅速由长安、古宜进至榕江，协助黔军第二十五军堵截红军。白崇禧把这个任务又交给了第七军。廖磊以所属第十九师由古宜经下江向榕江进击，配合黔军防堵，以第二十四师由长安向牙屯堡追击红军。至1935年1月初，两部皆抵达贵州都匀地区。红军见黔、桂两军已有准备，便改向黔北挺进，乘第二十五军军长王家烈疏于黔北防务，连占遵义、绥阳、桐梓，并一度佯攻贵阳。当时蒋介石正驻贵阳督战，见红军有来袭之可能，急命周边各部迅速驰援。命令下到第七军时，却被廖磊所拒，声言"容请示白副总司令允许，才能前进"，按兵不动。不久，中央军驰援贵阳成功，廖磊又担心中央军乘追击红军的机会侵入广西，当即命令部队集中至都匀以北，在文德布防，一面防备红军，一面防备中央军。待红军由贵定经惠水抵达安顺后，廖磊又担心红军会中途南折进入广西，将二十四师调到独山，再经平塘、通州、罗甸一线撤回广西，于乐业、天蛾地区布防。后红军进入四川，广西安全，第七军已无追击的必要，便回师柳州，结束了与红军的作战。战后，广西当局为宣传战果，还拍摄了一部名为《七千俘虏》的电影，以向南京中央交差。

1936年6月1日，胡汉民突然逝世，引发了两广事变，亦称"六一事变"。蒋介石为进攻两广，又施分化收买与军事施压之故技，蒋的举措在广东奏效。首先是广东空军投蒋，而后是陆军分化，陈济棠无计可施，只得下野去香港。蒋续向广西施压力，桂系不屈，只得在军事上做准备。广西部队原有第七军、第十五军、第四军和第八军。1932年，张发奎率第四军出桂，第八军亦取消番号，只余第七军、第十五军，分以廖磊、夏威任军长。"六一事变"发生后，又以第十九路军在桂旧部编成新编第一师，以翁照垣为师长。7月2日，李宗仁、白崇禧将第四集团军扩编为两个纵队，以廖磊、夏威分任司令，第七军、第十五军军长由王赞斌、周祖晃升充。其中第七军增编第二十一师，以杨俊昌任师长，第二十四师师长改由程树芬担任。7月13日，南京国民党五届二中全会决定撤销西南执行部和西南政委会，并任命李宗仁为广西绥靖主任，白崇禧为副主任。15日，西南政委会与国民党西南执行部拒绝上述决定，并任命李宗仁为中华民国国民革命抗日救国军第四集团军总司令，统辖广西部队。7月25日，南京国民政府下令免去李、白的广西绥靖主任、副主任职，调李宗仁为军事委员会常务委员、白崇禧为浙江省政府主席，以黄绍竑、李品仙为广西绥靖主任、副主任。李、白等认为蒋介石违反五届二中全会决议，遂召集广西将领会议部署备战，将军队重新编组，李宗仁为总司令，李济深为总参谋长，黄琪翔为参谋团主任，白崇禧任第一路总指挥，蔡廷锴为第二路总指挥，廖磊、李品仙、夏威分任第一路第一、第二、第三纵队司令，翁照垣、周祖晃、王赞斌分任第二路第一、第二、第三纵队司令，分向广东、湖南用兵。廖磊即派第十九师为先遣部队向梧州推进，在到达梧州戎圩时，忽闻陈济棠的粤军被中央分化收买而瓦解，陈氏宣布下野避居香港。这一突然事件的发生，使李宗仁被迫采取守势。蒋介石瓦解粤军后即命粤军余汉谋部向广西进攻，正巧与向桂东前进的第十九师遭遇，双方发生激战，余汉谋部不支后撤。此后桂军严守省防，与中央对峙。

在广东方面被蒋介石分化瓦解后，李宗仁以自身势力薄弱，最终接受救国会和其他抗日力量的建议，同意与蒋介石会谈。9月中旬，蒋桂和议达成。10月26日，李宗仁宣布解散入桂的蔡廷锴第十九路军旧部，保留翁照垣的新编第一师，将广西部队编成两个军六个师：第七军军长廖磊，副军长周祖晃。辖第十九师，师长徐启明；第二十一师，师长杨俊昌；第二十四师，师长程树芬。

1937年3月1日，李宗仁、白崇禧、李品仙就任南京政府任命的第五路军正副总指挥和参谋长，第四集团军的名义取消。其中第七军仍维持原番号，所属第十九师、第二十一师、第二十四师分别改编为第一七〇师、第一七一师、第一七二师，此时该军的人事情况为：

第七军，军长廖磊，副军长周祖晃，参谋长刘清凡。

第一七〇师，师长徐启明，副师长罗活，参谋长陆廷选。第五〇八旅，旅长罗活（兼），辖第一〇〇五团、第一〇〇六团；第五一〇旅，旅长庞汉桢，辖第一〇〇九团、第一〇一〇团。

第一七一师，师长杨俊昌，副师长漆道征，参谋长方钦。第五一一旅，旅长漆道征（兼），辖第一〇一〇团、第一〇一二团；第五一三旅，旅长秦霖，辖第一〇一五团、第一〇一六团。

第一七二师，师长程树芬，副师长张光玮，参谋长陈大敦。第五一四旅，旅长张光玮（兼），辖第一〇一七团、第一〇一八团；第五一六旅，旅长高仰如，辖第一〇二一团、第一〇二二团。

抗敌上海滩　坚守大别山

1937年7月7日日军挑起卢沟桥事变，全面抗战爆发。广西各部的抗日热情高涨，尤以第七军官兵热情最高，屡次请命开赴前线参战。8月初，第七军获准北上参战，由于该军一半部队仍在编训中，故廖磊先行率领第一七〇、第一七一、第一七二师师部，及第五〇八旅、第五一一旅、第五一四旅北上。8月22日，第五一四旅作为第七军的先头部队由梧州乘船至广州，随后车运武汉，再转至徐州待命。第五〇八旅和第五一一旅也先后开拔，由柳州步行至衡阳，再由铁路运至徐州，同先期抵达的第五一四旅会合。第七军留桂第五一〇旅、第五一三旅和第五一六旅则仍在积极整训，准备随后出发。9月25日，先行的三个旅在徐州集中完毕，根据最高统帅部的部署，被调往海州，协同第八军担任连云港至日照海防任务，防敌登陆。

10月初，中国军队在华北与华东地区上海与日军激战。同月11日，军委会决定调第七军主力增援淞沪战场，由于时间紧迫，后期出发的三个旅先在武汉集中，海州的三个旅则由第一七一师师长杨俊昌代为指挥向徐州集中，至于所缺的三个旅，先调第四十八军所属第五一九旅、第五二二旅和第五二八旅配属，以补充第七军的实力。10月17日，第七军开始向徐州集中。就在这个时候，廖磊于10月19日升任第二十一集团军总司令，统一指挥第七、第四十八两个军，其第七军军长一职由副军长周祖晃升任。

周祖晃，字敬生，1891年出生于广西省临桂县城，先后就读于广西陆军小学堂、武昌陆军第三中学。1914年11月在保定军校第一期骑兵科毕业后返回广西陆军任职。讨袁军兴后，前往湖南第一师第三团任排长。此后即长期在湘军服务，积功累升至团长。1923年底，李宗仁在广西打开了局面，特邀请周祖晃返桂效力，周祖晃应李之邀，在广西绥靖督办公署任副官处处长。第七军成立后又调任第八旅第一六团团长。1926年参加北伐，为第二批入湘作战的部队，先后在湘乡、宁乡、长沙与吴佩孚部作战。1927年在安徽梁园以一个团的兵力阻击张宗昌部，坚持到友军发起反攻，"虎将"之名在七军中由此传开。唐生智系的第十七军被新桂系收编后，周祖晃被派到该军担任第三师副师长，后该师被缩编为第四集团军暂编第十师第二十九旅，周改任旅长。1929年1月该旅又改称第五十三师第一五八旅，周仍任旅长。

1929年4月桂系反蒋，随后以李明瑞为首的一批将领拥护南京，周祖晃也起而响应，并就任改编之后的第十五师副师长兼第四十三旅旅长。李明瑞在广西反蒋失败，周祖晃也随之赋闲。1930年中原大战结束后，周祖晃被李宗仁重新起用，担任桂林区民团指挥官，继又调任浔梧区民团指挥官。周在任内重新获得了李宗仁的信任，于1931年调任第七军参谋长，一年后又调任第十九师师长，从此便跟随李氏左右，成为其亲信。第七军重新接受国民政府改编后，周祖晃任第七军副军长，待军长廖磊升任集团军总司令后，便被李宗仁保举为第七军的第五任军长。周祖晃到任后，以徐启明为副军长，杨赞谟为参谋长，师以下人事没有更动。

周祖晃接任军长时，第七军主力正被火速运往无锡集结，准备投入到淞沪战场。由于前线战况激烈，杨俊昌的第一七一师主力已先行于10月12日出发，直接投入上海战场。之前，白崇禧亲往部队训话鼓劲，提出：只许输人，不许输仗。我们广西部队名声在外，出来后你得表现，在战场上，我们的人哪怕都输光了，都打死了，没关系，但是我们不能输仗。17日，第一七一师接替胡宗南第十七军团的阵地，在蕴藻浜与日军血战七昼夜。激战中，第五一三旅旅长秦霖殉国，团长颜僧武、黎式谷、沈治先后负伤，全师官兵伤亡过三分之二，遂奉命于10月24日撤往嘉定整补。与此同时，最高统帅部鉴于上海战局已处不利态势，命第三战区在沪作战部队陆续撤退。此时已在无锡集结完毕的第七军奉命开赴吴兴、南浔布防，以掩护由上海后撤军队的安全。周祖晃率领军主力抵达吴兴地区时，日军已追击而来，第七军的先头部队、配属于第一七〇师的第五二二旅附第五〇八旅一团与日军发生激战，第一七〇师、第一七二师皆损失惨重，旅长夏国璋、第一〇四三团团长韦健森先后殉国。第一〇四四团团长李发因擅自撤退，被副军长兼师长的徐启明逮捕法办。

已撤抵嘉定的一七一师残部与日军发生激战，师长杨俊昌将部队编为一个战斗团，撤往山东日照整补，余留部队继续与日军血战，团长谭何易在指挥反冲锋时负伤，代理团长谢志恒阵亡，该团在阻击到仅剩300余人的情况下才奉命撤出战斗，归还第一七一师建制。此外，配属第四十八军在上海作战的第五一〇旅、第五一一旅、第五一四旅等部也在战斗中损失惨重，第五一〇旅旅长庞汉桢、团长褚兆月等先后殉国，营以下军官伤亡殆尽。淞沪之战，是第七军第一次与日军正面交锋，由于该军不熟悉日军战法，且装备、人员军事素质皆与日军有较大悬殊，这支被李宗仁、白崇禧誉为嫡系精锐的部队作战未及一个月，即损失惨重，此后虽几经整补，始终没有恢复元气。

1937年12月初，第七军残部奉命开赴浙江孝丰整补。半个月后，奉第二十一集团军总部的命令，周祖晃以所属第一七〇师驻防浙江桐庐，第一七一

桂系军人在抗战中有突出表现，可圈可点。图为李宗仁（左）与白崇禧（右）陪同在徐州前线视察的蒋介石（中）

师和第一七二师分别在分水、新登向杭州、富阳布防。1938年1月，第七军转调到李宗仁的第五战区，周祖晃率部徒步行军，经黄梅、太湖、舒城，于2月初在合肥集结完毕，随后接替了刘士毅第三十一军的防务。第二十一集团军总司令廖磊为了打击由津浦路南段北进的日军，命令所属三个军都派出部队实施游击。于是周祖晃命令所属第一七〇师副师长罗活率领由师独立营附安徽省保安第七团开赴全椒实施游击作战，第一七二师则抽调精锐编为一个加强团由副师长张光玮指挥在珠龙桥、池河镇、桑家涧、老人仓等地游击日军，使沿津浦路北进的日军不得不分散兵力以对付之。

1938年4月，第七军奉命开赴怀远以西地区，接替第三十一军在涡河两岸的阵地，参加徐州会战。5月2日，第一七〇、第一七一两个师刚刚进入阵地后不久，即与日军第十二师团一部发生激战。此时的第七军虽经过一个月的整补，但三个师都只恢复了两个团的兵力，且新兵过多，战力远不及以前。第七军阻击日军两天后，其第一七〇师左翼阵地被日军突破。军长周祖晃急命预备队第一七二师投入战斗，填补缺口。未几第一七一师担负的宿县城防又被日军突破，守军第五一三旅旅长丘清英见势不好，下令撤退。第七军防线被日军全面突破。

徐州会战结束后，周祖晃带着第一七〇师撤到商城整编，第一七二师、第一七一师也先后到商城归建。宿县的失守致使第七军的防线被全面突破，同时对徐州的失守也有重大影响，师长杨俊昌被撤职押送重庆法办，第五一一旅长漆道征升任师长。军长周祖晃也因指挥无方而被撤职，遗缺调第二十一集团军总司令部参谋长张淦接充。

张淦，原名张守义，字洁斋，号济公。1897年9月17日出生在广西省桂林县城。张淦在广西陆军速成学堂步兵科毕业后入广西将校讲习所任教。广西陆军模范营成立时，张被调任第二连中尉连附，与黄绍竑、白崇禧交好，可谓黄、白部队的元老级人物。后由于张收取贿赂事发，被调离模范营，一度离开了黄、白。李、黄、白合作之后，张淦于1922年10月得白氏之邀，出任独立第五旅干部教练所第一军士队队长，继又调升为广西讨贼军第三纵队参谋长。第七军成立后，张淦改任第六旅参谋长，并随部北伐。历经两湖与江西数次恶战。夏威升任军长时，张淦也随之升任军部副官长。第七军缩编为第十五师后，张淦仍任副官长，新桂系反蒋失败后，随夏威一起下野。李宗仁重新掌握广西军政大权后，张淦随夏威返回部队，任第八军参谋长。第八军裁编后，调任桂林区民团指挥官，后入陆军大学正则班第十二期当旁听生。两广事变发生时，张淦响应回桂，出任第十五军参谋长。随后军队接受南京中央改编，张改任第七军参谋长，继升任第二十一集团军参谋长。张淦于落魄时得白崇禧之助重回军队，心存感激之情，一直死心塌地为白效力，直至兵败被俘。

1938年6月21日，张淦正式就任第七军的第六任军长。此时前任军长周祖晃尚在军部。张淦为避免尴尬，避开周氏，径直前往部队训话。周祖晃自觉无趣，携带少许行李，黯然离部。此时第一七〇师已经奉命将所属部队并编为两个团补入第一七一师，后脱离第七军序列返回广西征补新兵，所属各团番号进行了调整，该军人事情况为：

第七军，军长张淦，副军长王赞斌，参谋长杨赞谟。

第一七一师，师长漆道征，副师长曹茂琮，参谋长马拔萃。第五一一旅，旅长曹茂琮（兼），辖第一〇二一团、第一〇二二团；第五一三旅，旅长李瑞金，辖第一〇二五团、第一〇二六团。

第一七二师，师长程树芬，副师长朱乃瑞，参谋长刘文潮。第五一四旅，旅长陈树森，辖第一〇二七团、第一〇二八团；第五一六旅，旅长颜僧武，辖第一〇三一团、第一〇三二团。

张淦接任军长后，即奉命指挥所部接替第三十一军的太湖防务。张淦为有所表现，主动命令所属第一七一师向当面之日军发起进攻。8月27日，漆道征率领第一七一师主力收复太湖县城，所属李本一第一〇二六团也于一天后收复宿松。不久日军进犯广济，张淦又奉命指挥第七军由太湖转向广济西北地区实施阻击，自9月9日起至10月15日，第七军顽强阻击日军37天，其中在四顾、平山、岳山等阵地上与日军展开激烈的拉锯战，战地数度易手，在付出1500余人的代价后终将日军击退。此后第七军又被调到麻城地区策应战区主力牵制日军。11月，张淦率部随第二十一集团军总部进入大别山区，从此脱离了与日军的正面接触，在此后六年里，即以大别山为中心，利用山区的复杂地形与日军周旋。张淦将军部放在罗田的滕家堡，第一七一师师部驻麻城木子店夏家湾，所部布防在麻城至黄安一线的山区；第一七二师布防在罗田、英山一带。

第二十一集团军总司令廖磊为不负李宗仁、白崇禧的重托，保住第七军，令该军从今往后主要执行游击任务，以避免成建制损失。但廖的命令引起了第七军官兵的愤慨，他们都认为大敌当前，应努力杀敌以保家卫国。1939年2月，第一〇二二团面对日军的进攻时，团长周文富命令所属部队发起猛烈进攻，将日军扫荡部队击溃，但该团也损失了一个连。廖磊得知后，责备第一七一师师长漆道征督导部队不力，漆氏迁怒于周，周文富一怒之下自杀身亡。这一事件震撼了整个新桂系集团，廖磊知道自己的这个命令确实离谱，在从优抚恤周文富团长之后，不再谈保存实力的话了。

1939年11月，第七军奉命参加冬季攻势，该军的任务是以主力向平汉路广水以南花园至汉口间地区实施进攻。12月6日，第七军根据战区长官部的命令发动进攻，其中第一七一师在游击队、自卫队的配合下以主力向日军据点发起猛烈进攻，破坏铁路，切断日军交通。第一七二师则在地方军队的配合下攻击兰汉、田家镇、武穴等日军沿江据点，其中所属第一〇三一团一度收复田家镇，并在山铺附近击沉日军小型运输艇数艘。到1940年1月战区结束冬季攻势为止，第七军共歼灭日伪军2200余人，但自身也损失4000余人。1940年5月，日军又分别向豫南、鄂北进犯，第七军奉命以主力截断平汉路南段，配合战区主力阻击日军。张淦受领任务之后，以所属第一七一师进出澧山及罗山，歼灭日军一个大队，收复柳林。第一七二师则奉命开赴黄安、澧山以南，其中所属第一〇二八团利用夜色突入日军孝感机场，摧毁日机三架，并一度收复黄陂。7月，第七军完成出击任务返回原防。

1940年7月，第七军根据战区长官部的整训命令集中到滕家堡木子店实施整编。其中各师旅部皆被裁撤，第一七一师所属四个团中第一〇一一、一〇二二、一〇二五团改称第五一一、五一二、五一三团，第一〇二六团改称师补充团，第一七二师所属四个团中第一〇二七、一〇二八、一〇三一团改称第五一四、五一五、五一六团，第一〇三二团改称师补充团，两个师原来的补充团则改称军直第一、第二补充团。此时该军序列如下：

军长张淦，副军长王赞斌，参谋长姜一华。

第一七一师，师长漆道征，副师长曹茂琮，参谋长马拔萃，步兵指挥官丘清英。辖第五一一团、第五一二团、第五一三团。

第一七二师，师长程树芬，副师长朱乃瑞，参谋长刘文潮，步兵指挥官颜僧武。辖第五一四团、第五一五团、第五一六团。

此时的大别山区尚驻有中共领导的新四军一部。由于继任廖磊职务的李品仙改变了廖联合新四军抗战的政策，使得国共间的冲突日益增多。张淦在第七军整编完成后不久，就奉命抽调所属第一七二师进入皖东六安地区实施"清剿"，以驱逐当地的新四军。1941年1月，程树芬指挥第一七二师以及配属该军的第一三八师（师长莫德宏）在六安、霍山间集结完毕。2月下旬，对新四军发起进攻，接连攻占银屏山等地。新四军为扭转局势，集中一部猛攻第一三八师，师长莫德宏急忙请求增援，张淦便抽调第一七二师补充团增援，双方混战十昼夜，新四军不支，向庐江方向转移，又遭到第一七一师截击，损失颇重。而第七军方面亦损失不小，其中补充团团长卢明在指挥作战时阵亡。战后，师长程树芬调升鄂东游击指挥官，遗缺由钟纪接任。

1941年8月，为配合第二次长沙会战，第七军奉命主动出击合肥，以牵制日军兵力。张淦以第一七二师主力附第一七一师一个团围攻合肥，以第一七一师主力攻击淮南路北段以及寿县县城。8月25日，两个师皆按时发起进攻，但日军凭借坚固的防御工事顽强抵抗，第七军所属皆无进展，日军在长沙落败后，第七军也在破坏日军交通、通信设备之后撤围。1942年5月，为了配合浙赣会战，张淦又调第一七二师主力附第一七一师一个团再围合肥。此次围攻，张淦学习中共动员民众的力量，破坏了合肥、巢湖地区的铁路，以阻止日军增援。5月25日，第一七二师对合肥日军发起猛烈进攻，连续攻克外围据点，日军见合肥受到威胁，急忙从南京、芜湖、蚌埠三个方向调集援军，第七军见牵制日军兵力的目的已经达到，便于27日撤围回防。此时战区为增加第七军的实力，调第一七三师（师长粟廷勋）编入该军序列。

1943年1月，日军出动兵力向大别山地区的第二十一集团军进攻，不久便攻占了立煌。当时的立煌为安徽省政府所在地，该地的丢失非同小可，势必遭到重庆的指责和舆论的责难。兼任省主席的第二十一集团军总司令李品仙急忙调集两个军的兵力发起反攻，以收复立煌。第七军军长张淦接到收复立煌的命令后，立即以所属第一七二师将淮南路防务交给地方部队，该师主力在师长钟纪的指挥下在苏家埠集结后连夜向立煌急进，以期打占领立煌的日军一个措手不及。与此同时，日军也抽调合肥、巢县的部队向皖东地区发起进攻，第一七一师和第一七三师在梁园与日军激战三昼夜，歼灭日军八百余人，迫使日军撤退。日军并没有长期占领立煌的打算，在达到打击国军士气的目的后将立煌掠夺一空便放弃了，一七二师未经战斗便收复了立煌。

1943年7月19日，张淦调升为第二十一集团军副总司令，遗缺调第二十一集团军总司令部参谋长徐启明接任。

徐启明，字光华。1893年1月17日出生于广西省榴江县寨沙镇。1908年入广西陆军小学堂，继升入武昌陆军中学，曾参加过武昌起义。1915年在保定军校第二期步兵科毕业后被派到广东任职。1917年回桂，出任模范营连附，与白崇禧交往颇深，此后跟随白氏征战，第七军成立时，任第五旅参谋长。北伐时，调任第六旅第一一团团长，留守广西。新桂系反蒋失败后，徐启明一度失去兵权，李宗仁回桂重新掌权后，徐启明被任命为参军。两广事变发生后，徐启明调任第二十五师师长，后该师被国民政府改编，并入第一七〇师，徐担任师长。全面抗战爆发时，徐启明率部投入淞沪战场，并升任第七军副军长。徐州会战结束后，因军长周祖晃被撤职，徐也受到牵连，被调任第二十一集团军参谋长。张淦调升为第二十一集团军副总司令后，第七军官兵都以为副军长漆道征最有希望继任军长，但以韦永成、钟纪等为首的少壮派坚决反对漆氏升职，时任第一七二师师长的钟纪甚至扬言要赶走漆道征，自任军长。白崇禧、李品仙等考虑再三，决定既不升漆为军长，也不支持钟的行动，并将钟调离第七军，任集团军参谋长。于是，作为第七军老人的徐启明成为该军的第七任军长。此时该军的人事情况为：

军长徐启明，副军长漆道征，参谋长姜一华。

第一七一师，师长曹茂琮，副师长陈开荣，参谋长姜一华。辖第五一一团、第五一二团、第五一三团。

第一七二师，师长朱乃瑞，副师长马拔萃，参谋长李人翘。辖第五一四团、第五一五团、第五一六团。

第一七三师，师长刘昉，副师长凌云上，参谋长不详。辖第五一七团、第五一八团、第五一九团。

徐启明到任后，第七军的任务仍旧是在大别山区与日军相持。在1944年4月间，日军集中优势兵力在平汉路西侧地区发起进攻，企图打通平汉线。其中以步骑5000余人进犯第十五集团军防区颖上、阜阳。第七军奉命增援，该军除留第一七二师一个团担负防务外，徐启明率主力部队开赴寿县正阳关布防，阻击进犯之日军，并掩护第十五集团军侧翼。同时以第一七一师一部出动进攻寿阳，截击淮河日军之交通补给线。该军的行动，给日军造成了极大混乱。然而由于汤恩伯集团抵御不力，造成了豫中地区的大溃败。第七军同第十五集团军各部在与日军激战五昼夜并迫使该股日军向蚌埠撤退后，也随之奉命脱离战斗撤回原防地。

由于日军战线过长，兵力不敷使用，故在此后的作战中，始终对大别山地区的国军采取守势。与此同时，在皖东地区的新四军第二师在抗日作战中扩大解放区，故第七军不仅要监视当面日军的动向，还要随时注意新四军的行动，并不时主动挑起摩擦。1944年11月，第一七一师所属第五一二团在占鸡岗与新四军发生激战，所部被新四军击溃，团长蒙培琼以下1000余人被俘，情况十分狼狈。此次战斗的结果使徐启明十分震惊，开始正视新四军的实力，此后徐命驻防皖东地区的第一七一师巩固原防，并抽调第一七二师一个团配属第一七一师，由副军长漆道征统一指挥以应对新四军第二师。

1945年4月，新四军第二师主力开始向合肥地区之陈集、定远集中，并迫近第七军防区的唐井子、八斗岭、王子城地区。副军长漆道征侦知此动向，为阻击新四军对外扩展，他立即集中四个营的兵力于4月15日分向王子城攻击前进，另以四个营的兵力向三官集集结，作预备队。16日，第一七一师五一三团三个营附五一二团一营在王子城与新四军发生激战，战斗至入夜，双方皆无进展。漆命师长曹茂琮率预备队三个营投入战斗。17日，第一七一师发起反攻，第五一一团团长黄振雄带头冲锋，被击中负伤，所部失去指挥，一度被新四军反包围，曹茂琮见状立即命五一二团团长谢尧率部增援，激战中，谢腹部中弹失去指挥能力，进攻的部队再度陷入混乱。漆道征见情况危急，一面命令曹茂琮将部队全部压上，一面命第一七二师的潘雄飞第五一五团投入战斗，此外徐启明也从一七二师抽调第五一六团予以增援。战至20日，新四军呈疲惫态势，漆道征立即命令所属部队全线发起反攻，经八昼夜激战，终于将新四军击退，并于5月2日恢复了全部防区。此战，第一七一师师长曹茂琮因指挥不力被撤职，遗缺调李本一继任。

到了1945年7月，日本战败已经是一个时间问题了。第七军也适应形势，对日军发起进攻。其中第一七一师在师长李本一的指挥下进攻含山县城的日军，经两天激战，歼灭日军200余人，收复含山。残余日军在向巢县撤退时，又遭到该军预伏部队打击。同月下旬，第一七二师与新四军在白龙厂、青龙厂地区发生战斗。师长朱乃瑞以所属第五一四团、第五一六团为主于23日向新四军发起进攻，经五天战斗击退新四军。根据第七军的战报，此战新四军损失1000余人，而第一七二师仅阵亡官兵131人。1945年8月15日，日本宣布投降，第七军旋开赴蚌埠受降，军长徐启明奉调第二十一集团军任副总司令，遗缺以第二十一集团军总司令部参谋长钟纪调任。

钟纪，字之平，号桂南。1904年8月16日出生于广西省扶南县。钟纪在广西省第三师范学校毕业后投笔从戎，考入黄埔军校第四期步兵科。军校毕业后，钟纪留校任职，后改入第七军服务。钟纪在新桂系无资历，但以其学识和刻苦实干的精神逐渐受到了白崇禧的赏识，被白保荐入陆军大学正则班第九期深造。1931年10月钟纪在陆大毕业后仍回到广西效力，被任命为广西边防督办公署第一科（军事科）科长，后又调任广西航空学校协办空军，1936年调任南宁军校高级班主任，被誉为新桂系中的后起之秀。抗日战争爆发后，钟纪调任第一三一师三九一旅旅长，一年后又调任第八十四军参谋长、第十补充兵训练处处长等职。1941年6月，新桂系中的少壮派为掌握军队，在第五战区政治部主任韦永成的安排下，钟纪被任命为第一七二师师长。此后韦、钟等人利用李品仙对钟纪的器重，随时准备取得第七军的指挥权。早在张淦离任时，钟纪即开始活动以夺取军长的位置，但因闹得过火而被调到集团军总部出任参谋长。此番与漆道征交厚的徐启明见抗战胜利，准备将军长的位置让与老友漆氏，但钟纪利用其在第五战区长官部和第二十一集团军总部的关系，将第七军军长的位置夺到了手中，使得漆道征在当了近三年的副军长且仍不得升军长之后，怀着满腹的失意离开了部队。钟纪于是成为第七军的第八任军长。此时该军的人事情况为：

军长钟纪，副军长李本一，参谋长马拔萃。

第一七一师，师长李本一（兼），副师长陈开荣，参谋长不详。辖第五一一团、第五一二团、第五一三团。

第一七二师，师长朱乃瑞，副师长李人翘，参谋长不详。辖第五一四团、第五一五团、第五一六团。

第一七三师，师长刘昉，副师长凌云上，参谋长秦国祥。辖第五一七团、第五一八团、第五一九团。

钟纪到任后，自带第一七二师和第一七三师进驻蚌埠受降。而副军长兼师长李本一则带着第一七一师向南京方向疾进。重庆当局得知后为使首都由中央军嫡系部队进驻，严令李本一停止前进，但李氏不顾禁令于8月19日自驾吉普车率先进入南京，并命所属一团进驻浦口。此举触怒了在重庆的蒋介石，蒋当即命令将李本一撤职扣押，但在白崇禧的庇护下，蒋的命令迟迟不予执行，只命令李本一于23日立即率部离开南京返回蚌埠。此后由于第七军调往中原地区进攻新四军，这事便一直拖延了下来。

中原内战　广西灭亡

1946年4月，国防部命令第七军整编为两旅四团制师。这一决定遭到了白崇禧的坚决反对，经过协商，白氏同意裁撤第一七三师，所属部队并入第一七一、第一七二两个师，但军番号不变，维持了该军两师六团建制。此时，李本一虽被逮捕，但李、白不买国防部的账，他仍挂着副军长的职务，第一七一师师长由第一七三师师长刘昉担任，第一七二师师长仍为朱乃瑞。同年6月，内战全面爆发，第七军先后在中原、华东两大战场上与人民解放军作战，并在灵璧、泗县、淮阴等地取得小胜。1947年3月，第七军参加对沂蒙山人民解放军的重点进攻。钟纪先是奉命在藤县同整四十八师会师，随后根据第三纵队司令张淦的命令，第七军与整四十八师左右协同，齐头并进向临沂推进。4月，第七军改攻郯城，以配合主力截击从鲁东南下的苏北的解放军，所属第一七一师在河阳镇击退解放军一部，解放军遂改向沂水方向撤退。5月，整编第七十四师在孟良崮被解放军包围，张灵甫连连叫急呼援。第七军奉命回师解围。根据徐州绥署的命令，钟纪指挥第一七一师向东西太阳港方向进攻，第一七二师配属整编第八十三师在孤山地区与解放军僵持。5月16日，第一七二师突破解放军防线，但在前进到留田地区时遭到解放军阻击，而钟纪指挥的一七一师则无进展。此时奉命解围的部队计有整编第二十五师、整编第八十三师、整编第六十五师以及第七军等部，但由于解放军部队的坚决阻击，各部皆前进缓慢，而整七十四师由于在山地作战，补给不济，在解放军的凌厉攻势下覆没。5月18日，解放军主动放弃阻击，第七军才得以前进。此时，解放军主力已经转移，第七军只得望孟良崮兴叹。

整七十四师虽然覆没，但徐州绥署仍在执行蒋介石的重点进攻计划，第七军在解放军主力转移之后，奉命向孙祖、汶河右岸实施追击，旋又奉命回驻临沂休整。一个月后进入鲁西南地区的城武、定陶一线，以阻止解放军刘邓大军进入大别山。8月，第七军在城武集结，与在定陶集结的整四十八师互相配合，采取据点式防堵，企图在此阻挡解放军。但刘邓大军利用国军布防分散的弱点，以小部兵力进攻定陶，造成猛攻整四十八师的假象，主力则分多路纵队，在第七军等各据点间隙穿插而过，顺利进入了大别山。解放军已穿插而过，而钟纪没发觉，还在积极调遣部队准备替"困守"定陶的整四十八师解围。刘邓大军进入大别山后，第七军如梦方醒，急忙赶到浠水以北，经罗田、英山，向立煌攻击前进，向大别山区实施"扫荡"作战。而刘邓大军则实行灵活机动的战法，始终避免与敌主力接触。第七军进入大别山"扫荡"两个月，仅所属第一七一师在漫水河地区与解放军小股部队遭遇，此后再也没有发生过战斗。此时，钟纪被调任第三兵团参谋长，遗缺改由副军长李本一担任。

李本一，原名李善宽，1902年出生于广西容县杨村镇横山关垌村，毕业于南宁军校第一期。由于出身贫寒，李本一没有受过文化教育，以混饭吃的目的进入军队。李本一，在军中素有"死打烂打"的绰号，其右手三指皆被打断，身上伤痕亦有近十处，因作战英勇、指挥果敢，在新桂系军队中被逐步提拔，并被白崇禧保送军校受训。抗日战争爆发后，李本一在皖东地区与日军展开游击战，此后又因奉行李品仙的反共政策，经常与新四军发生摩擦而受到李品仙的青睐。

抗日战争胜利时，国民政府军事委员会对接收南京颇费踌躇，比如由哪支部队进驻，怎么进去，进去后要承担什么责任，等等。就在这帮人纸上谈兵的时候，李本一带着他的第一七一师由皖北径直开进南京受降，这是第一支进入首都的国军接收部队。李本一的行动，不仅使中央嫡系部队大跌眼镜，也使国民政府当局大失颜面。陆军总司令部当即下令，严令李本一退出首都，等候授过权的受降部队前来接收。李本一在南京潇洒了几天，便悻悻地撤离南京，前往他的受降地蚌埠去了。李本一的行为使他成了中央军嫡系将领的攻击目标，诸将领纷纷要求惩办，不过一切有他的后台白崇禧挡着，李本一毫发无损，仍旧当他的第七军中将副军长兼第一七一师师长。

1947年5月16日，整编第七十四师在孟良崮被围被歼。离该师最近的第七军、整二十五师和整八十三师各怀鬼胎，出兵不出力，坐看整七十四师覆没，张灵甫等将领阵亡。事后国防部追究责任，对整二十五师和整八十三师的黄百韬与李天霞做出了处罚，但是第七军有国防部部长白崇禧的庇护，如真下手，容易落得个打压杂牌军的名声。这时，有人就出了个主意，拿李本一开刀，重算李当年擅自进京接收的老账。白崇禧要保第七军整体，就不便顾及个体，于是在白对李再三保证之后，李本一"归案"了。1947年7月25日，国民政府明令公布"陆军少将李本一着即免官，并剥夺原授该员之忠勤勋章及陆海空军甲种一等奖章、干城甲种一等奖章、华胄荣誉奖章"，此外军事法庭判处他三年有期徒刑。不过一切都只是做做样子，李本一在监狱里"坐"了三个月，就重回第七军当副军长了。而且在钟纪离职后，作为副军长的李本一接任军长一职。此时，第七军奉命整编为第七师，但其建制仍维持两旅六团制，实与原本的第七军编制无异。此时该军人事情况为：

师长李本一，副师长凌云上，参谋长邓达之。

整编第一七一旅，旅长马拔萃，副旅长莫敌，参谋长不详。辖第五一一团、第五一二团、第五一三团。

第一七二旅，旅长凌云上（兼），副旅长秦国祥，参谋长不详。辖第五一四团、第五一五团、第五一六团。

从1948年1月起，整七师调回华中，虽为第三兵团建制，实则由华中"剿总"总司令白崇禧直接指挥，担任卫戍武汉外围的任务，在长江埠、应城、云梦、花园、孝感等地布防，师部驻孝感。此后整七师与中共江汉军区部队时有交锋，双方互有胜败。1948年9月恢复为第七军番号时，又增编第二二四师，以刘昆阳任师长。随着国民党军在东北、华北、华东以及江防的惨败，国军一溃千里，解放军先头部队攻入江西。第七军紧急调往江西阻击解放军前进，曾在南昌谢埠取得小胜利，不久长沙的程潜、陈明仁举行起义，又被火速调入湖南镇压。1949年6月20日，当参加起义的第三一四师由宁乡向岳麓山开进时，被白崇禧侦知，白秘密调第七军等十三个步兵团、一个炮兵团的兵力，埋伏于三一四师必经之地，待三一四师进入伏击圈，突然发起攻击，三一四师猝不及防，激战一夜，被击溃散。8月在青树坪地区与解放军作战中侥幸获胜，此战被誉为国民党军"十大武功"之一。第七军在国军大溃败之际能创佳绩，一时间被誉为"救命稻草"，李本一也不由得骄傲起来，并秉承白崇禧的命令寻找解放军主力决战。

1949年10月2日，当白崇禧得知人民解放军前进到蒋市、永丰一线时，立即命令李本一指挥所属第一七一师、第一七二师，以及第四十八军的第一三八师和第一七六师共四个师四万余人的兵力投入衡（阳）宝（庆）地区以图与解放军决战。可能是李本一被前几次的胜利冲昏了头脑，一天后，第七军各部刚进入指定位置，就遭到解放军的猛烈进攻，由副军长凌云上指挥的第一七一师和第一七六师不支，被迫向衡宝地区以南的大云山地区撤退，沿途又被解放军分段截击，损失惨重。而李本一指挥的第一七二师和第一三八师也在演陂桥以北地区遭到解放军痛击，到10月9日时，四个师全部溃散，李本一带着军部突围而出，副军长凌云上、参谋长邓达之，以及新任第一七一师师长张瑞生和第一七二师师长刘月鉴都被解放军俘虏。此战第七军损失惨重，两个主力师损失殆尽，从此一蹶不振。

李本一带着残兵败将撤到广西后，白崇禧抽调四个保安团和两个游击纵队重新编组为第一七一师和第一七二师，加上未被歼灭的第二二四师，勉强凑出了第七军的架子。以马展鸿为第七军副军长、江棠为参谋长。但第七军未及整顿，第一七二师就调离第七军序列。11月30日，李本一带着第七军在博白被解放军围歼，副军长马展鸿和参谋长江棠被俘，李本一虽然只身脱逃，但在七天后仍被俘虏。脱离序列的第一七二师也于12月13日由师长刘维楷率领在桂林向解放军投诚。第七军这个番号，从此成为历史名词。

第十九军

喋血淞沪　使日军三易主帅
举义福建　致该军永留青史

中华民国国民政府时期,第十九军编成过多次:有北伐时期由浙江陈仪部编成者,有桂系胡宗铎部编成者,有粤军蔡廷锴部编成者,还有晋军李生达、王靖国部编成者,等等。尽管派系多,但把这些部队拉出来遛遛,还是蔡廷锴的第十九军最为有名。这支部队几乎打败天下无敌手,它曾三次击败号称"铁军""钢军"的张(发奎)桂(系)联军。在"一·二八"抗战中与驻沪日军单挑,力战不退,使日军三易主帅,全国振奋,该军也因此誉满华夏。其他部队虽然也称十九军,但是在蔡廷锴的军面

前都黯然失色。该军在社会上的名声最响。它在北伐战争中是"铁军"第四军的一部，当时就因英勇善战而闻名。1933年底又因在福建反对蒋介石的独裁和对日妥协政策举行事变而赢得全国人民的钦佩，可以说，在国民革命军中，该军是当时最有战斗力的部队，它对中国社会的影响与贡献无出其右。对这支部队，人们往往只记住了第十九路军，而忽略了第十九军。其实在当时，第十九军与第十九路军是两块牌子一支部队，都是由陈铭枢、蒋光鼐、蔡廷锴所率领、指挥的一支劲旅。

北伐"铁军" 鄂豫立功

旧时军队,兵为将有,或以一人为核心,或以一团体为中心。讲到第十九军,不能不说它的指挥者陈铭枢、蒋光鼐与蔡廷锴三将军。三人创造了第十九军的辉煌战绩,成就了民国史上的军事奇迹。

先说蔡廷锴,他是该军实际指挥者。自该军的前身第四军第十师、第十一军、第六十师起到第十九军成立,他从未离开过部队,无役不从。一般书上称他为第十九路军军长,实际上根据档案记载他是第十九军军长。

蔡廷锴,字贤初,1892年4月出生于广东省罗定县一个贫苦农民家庭。9岁入塾,12岁辍学后,即随父做裁缝、学医。为寻生活出路,于1909年投入广东新军。1911年10月武昌起义后广东独立,蔡转入广东省卫军,后经辗转,于1918年到肇军的陈铭枢营当排长。1919年肇军解体,陈铭枢营改属于护国军林虎部,蔡廷锴被选入护国第二军陆军讲武堂学习一年。

1920年孙中山返广州重组护法军政府,派邓铿组建粤军第一师,陈铭枢部被编为粤军第一师第四团,蔡任团本部掌旗官,后调任排长。邓铿对粤军第一师训练甚严,对士兵进行现代军事技术、政治常识、社会知识和工业生产教育,蔡在该师受到熏陶和锻炼,并加入中国国民党。1921年,参加讨伐桂军沈鸿英

第十九军军长蔡廷锴

的战斗，升上尉连长。1922年5月，孙中山督师北伐，蔡参加攻克赣州的激战。6月，陈炯明叛变。次年1月，蔡参加驱逐陈炯明、重占广州的战斗。4月，沈鸿英进攻广州，第一师奉命讨伐。5月占肇庆，蔡廷锴以战功升任蒋光鼐营连长，开始了与蒋光鼐并肩战斗的军事生涯。

蒋光鼐为第十九路军总指挥。他原名煾，后改为光鼐，字憬然，1888年12月生于广东省东莞县虎门一个书香之家。1904年，以优异的成绩被东莞师范学堂录取。1906年，位于黄埔的广州陆军小学第二期招生，蒋报名应试，被录取。入学后不久，经同学陈铭枢介绍加入同盟会。1909年，蒋自陆军小学毕业，升入南京第四陆军中学。1911年10月10日，武昌新军发动起义的消息传到南京后，

第十九路军总指挥蒋光鼐

第四陆军中学的同盟会会员立即筹备起事。因校方藏匿武器,学生们赤手空拳难以成功,遂决定到武昌参加起义队伍。蒋光鼐与李章达、张廷辅等由陈铭枢带领,于10月下旬到武昌都督府报到,被编为中央第二敢死队,第二天即参加了汉口龙王庙的登陆作战,失利后撤回武昌。1917年9月,国会非常会议选举孙中山为中华民国军政府大元帅,蒋光鼐出任大元帅府警卫营第一连连长,后改任参谋。孙中山组建援闽粤军时,以陈炯明为司令,蒋光鼐在司令部任参谋。1921年5月,孙中山就任中华民国非常大总统,蒋任总统府警卫团副官。次年6月,升任警卫第二团团附。6月16日陈炯明炮击总统府时,蒋光鼐率队参加保卫总统府的战斗。后受孙中山委派,到香港等地去招抚被打散的官兵。返回广东后,蒋光鼐调任第二旅第四团第三营营长。但在到任之前，听到该营连长蔡廷锴弃职而去的消息。原来蔡廷锴是该营资历最老的连长，又战功卓著，故在营长升迁后，全营官兵都认为蔡会升任营长，已经纷纷祝贺，当得知蒋光鼐为营长，蔡大出意外，一气之下遂弃职而去。蒋光鼐上任后以非常诚恳的态度邀蔡回部队，很快就以自己的能力与处事公正、待人宽厚的态度得到部属的拥戴。后蔡廷锴发觉蒋光鼐也是个优秀的军官，两人遂建立起深厚的战斗情谊。1923年8月，蒋光鼐升任第一师补充团团长。1924年1月，孙中山改组粤军，蒋光鼐调任建国粤军第一师第一旅第二团团长，蔡廷锴升任该团第一营营长，从此开始了他们长达十多年的合作经历。蒋蔡鱼水相依，甘苦共尝，乃至在第十九军，蒋蔡不可分。

蒋光鼐与蔡廷锴的军事生涯与成长都与陈铭枢有关，他们在共同的战斗中同心相求，结成了战斗友谊。

陈铭枢，字真如，1889年10月生，广东省合浦县（今属广西壮族自治区）人。1906年入读黄埔陆军小学，在校期间加入中国同盟会。1909年考入南京陆军第四中学。武昌起义后，加入起义军总司令部学生队，任广东革命军连长。后入读保定陆军军官学校第三期。1913年夏在广州进行革命活动时被捕，获释后东渡日本，进革命党主办的军事学校和政治学校学习。1916年返保定军校读至毕业。1919年加入粤军，任广东地方军肇军游击营营长。1920年任护国军第二军陆军游击第四十三营营长，1921年任粤军第六军第一纵队司令。1922年任粤军第一师第四团团长，6月辞职往南京钻研佛学。北伐时，他的公文箱里很少有军事书，却带了好些佛学方面的书，军书旁午，他却经常手不释卷，令同行的苏联顾问惊诧不已。其实对于一个成熟的军人来讲，除了军事对另一方面的知识感兴趣，无可非议。战争的历练使陈铭枢、蒋光鼐与蔡廷锴彼此相依，陈铭枢主政治，蒋光鼐主运筹，蔡廷锴主督战。连年转战，血与火的锻炼，三人也形成了不同的性格：陈铭枢长于谋略，指挥若定；蒋光鼐宽厚持重，谋划有方；蔡廷锴英勇果敢，豪爽刚毅。三人珠联璧合，使十九路军这支部队发展壮大，并形成了能攻会守、踔厉无前的战斗作风。

1924年1月,孙中山改组粤军,陈铭枢任建国粤军第一师第一旅旅长,下辖第一团团长张发奎、第二团团长蒋光鼐。蔡廷锴在第二团第三营任营长。

1925年7月,粤军第一师改编为第四军,原第一旅改编为该军第十师,师长陈铭枢,副师长蒋光鼐,参谋长戴石孚,政治部主任李笠农,不久易徐名鸿(共产党员)。辖第二十八团、二十九团、三十团,蔡廷锴、孙绳、戴戟分任团长。除第十师外,第四军还辖有陈济棠第十一师、张发奎第十二师、徐景唐第十三师与叶挺独立团。从部队来源来看,第十师属于广(州)肇(庆)系,来自广州和珠三角;第十一师来自粤西的钦(州)廉(江)高(州)雷(州)一带;第十二师是客家系,来自梅州和韶关。共产党领导的独立团与十二师较为亲近,张发奎、邓演达与叶挺是客家人。第四军官兵因为来的地域不同,方言也不一样。第十师说广州话;在陈济棠的第十一师,会讲湛江、雷州话的人很吃香;而张发奎的第十二师与叶挺独立团说的是客家话。

1926年7月,第十师随第四军参加北伐,第二十九团团长蔡廷锴因功升任副师长,团长由范汉杰继任。是年11月,北伐军攻下江西,第四军扩编,第十师扩编为第十一军,陈铭枢为军长,蒋光鼐为副军长,政治部主任徐名鸿。辖第十师、第二十四师和第二十六师。第十师师长由蒋光鼐兼任,副师长范汉杰。辖第二十八团,团长先为蔡廷锴,后为黄质胜;第二十九团,团长张世德;第三十团,团长范德星。第二十四师,师长戴戟,蔡廷锴为副师长,政治部主任陈兴霖。辖第七十团,团长古鼎华;第七十一团,团长欧震;第七十二团,团长许继慎。同年3月,该军将收编的黔军陈汉章的第九军第二师编为第二十六师,以杨其昌为师长。1927年3月10日,陈铭枢、蒋光鼐、戴戟因与武汉国民政府意见不合,相继辞职他去,军长职由第四军军长张发奎兼任,蔡廷锴升任第十师师长,叶挺任副军长兼第二十四师师长。时该军团以上的长官为:军长张发奎,副军长叶挺,参谋长谢婴白。下辖三个师。第十师,师长蔡廷锴,副师长许志锐,参谋长丘兆琛。辖第二十八团,团长黄质胜;第二十九团,团长张世德;第三十团,团长刘占雄。第二十四师,师长叶挺(兼)。辖第七十团,团长古勋铭;第七十一团,团长刘明夏；第七十二团，团长许继慎。第二十六师，师长杨其昌，副师长吴仲禧（杨其昌病由吴代理），参谋长陈师许。辖第七十六团，团长沈久成；第七十七团，团长蒋先云；第七十八团，团长林祥。

4月18日，武汉国民政府在武昌南湖机场举行北伐誓师大会，以该军的第二十四师第七十二团与第四军第七十五团留守后方，卫戍武汉，其余隶属张发奎的第一纵队参加河南境内对奉军的作战，在平汉铁路的右翼参加作战。5月16日包围上蔡，其余部队挺进东洪桥与西洪桥。次日占领东、西洪桥，迫使防守上蔡的奉军富双英旅投诚。而后，第二十六师与第四军的第十二师与独立第十五师向逍遥镇前进，并于24日将其占领，向临颍进发。

5月27日拂晓，第一纵队向临颍的奉军主力发起进攻。除了蔡廷锴的第十师担任后卫，第一纵队的主力都投入战斗。奉军出动了十余万官兵，将坦克、大炮与航空队都拿上了前线，兵力十倍于武汉政府军。战斗一开始就十分激烈，奉军集中火力，弹如雨下，攻击十分猛烈。最紧急时，苏联顾问都很紧张，曾一度建议退却，但被张发奎拒绝。张将蔡廷锴师调上来增援，才将战场局势稳住。作战中，第七十七团团长蒋先云身先士卒，率部攻击，不幸腿部中弹，血流不止，但其"不之顾，指挥如故"，下午又负伤，仍不退出战场，当日晚第三次负伤，胸口流血不止，"犹呼杀喊进者再"，不幸牺牲。蒋先云率领全团坚守阵地，为稳定战局与取得战役胜利做出了贡献。临颍之战，是在河南境内最大、最激烈的一次作战，此战消灭了奉军的主力，为占领开封创造了条件。此战结束后，张发奎、徐名鸿、吴仲禧集合第二十六师部队讲话。张发奎对部队在上蔡作战中的英勇表现进行表扬，特别指出："这一仗证明第二十六师也是铁军！"同时对蒋先云的牺牲表示痛惜。

武汉国民政府的部队出师北伐后，驻鄂西宜昌的夏斗寅与四川的杨森相勾结，收买了鄂南的地主武装，企图切断武汉至长沙的铁路，乘武汉空虚之机，偷袭武汉，形势危急。叶挺迅速调动留守的第七十二团、第七十五团，和由中央军事政治学校学生编成的中央警卫师，在湖北纸坊附近击败夏斗寅，收复了土地堂、贺胜桥，夏斗寅部溃败逃往鄂东。叶挺又指挥部队进攻杨森，在仙桃大获全胜，杨逃往四川，北伐军收复宜昌，使蒋介石消灭武汉政权的企图破灭。

参加南昌起义　脱队入闽

6月15日，武汉北伐军由豫返鄂，朱晖日继张发奎任第十一军军长，蔡廷锴、叶挺仍为第十、第二十四师师长，许志锐接吴仲禧任第二十六师师长。7月，第十军王天培部在徐州前线溃败，其教导第二师退到湖北，被编入第二十六师。

7月15日汪精卫策动反革命政变，旋令张发奎率领第二方面军东征讨蒋，进攻南京。7月20日，讨蒋军到达九江。为了挽救革命，周恩来与朱德、叶挺、贺龙、刘伯承等于8月1日领导了南昌起义。8月3日，起义军南下广东，第二方面军就此瓦解。该军的第二十四师在南昌起义后由叶挺率领南下潮汕；第二十六师师长杨其昌脱离部队，由许志锐率领回广东，归第四军。军长朱晖日随张发奎经上海回粤。蔡廷锴的第十师参加了南昌起义，但在南下抵江西进贤城后脱离了起义部队，蔡一面将本师以第三十团团长范德星、政治部主任张建侯为首的共产党人资遣，派兵护送他们离开，并让坚请回张发奎第四军的本师第二十八团团长陈芝馨自由离去；一面将部队开到铅山（河口）集中。

9月，蒋光鼐自上海携带现金十万元抵达河口，解决了部队最急需的伙食费用，并决定服从宁汉合流之后的南京中央政府。恢复第十一军建制，蒋光鼐仍任副军长，由第十师分编出第二十四师，以黄质胜任师长，蔡廷锴仍任第十师师长。后又恢复第二十六师，戴戟任师长。11月戴辞师长，黄质文接任师长。蒋、蔡率部队到达福州后，应当地民众代表的要求，将新编第一军谭曙卿部8000人缴械，所获枪械充实第二十四师。福州局势稳定后，蒋、蔡去电欢迎在日本的陈铭枢回军复职，陈接电即回国。陈铭枢与时任广州政治分会主席的李济深联系后，决定返回广东休整。

参加混战　为蒋救急

当时张发奎等已先率第四军进入广东，对十一军入粤持有戒心，所以十一军先开至闽、粤边境待命。是年12月，广东发生了张发奎联合黄琪翔驱逐第八路军总指挥李济深的"张黄事变"。李济深邀第十一军入粤，在陈济棠及桂系黄绍竑部的配合下，与第四军在东江紫金东北地区的潭落圩展开大战，原来的铁军同袍兄弟兵戎相见，双方激战三昼夜。这是一场铁对铁、硬碰硬的战斗。狭路相逢勇者胜，战至1928年1月14日，第四军败下阵来。南昌起义后转隶第四军的二十六师师长许志锐被打死，黄镇球负了重伤，遍体鳞伤的第四军退出广东，移驻赣南。

1929年1月，广东编遣区主任李济深按照编遣会议的决定，将驻广东的三个军一律缩编为师。第十一军缩编为广东编遣区第三师和独立第二旅，原军长陈铭枢任广东省主席，以副军长蒋光鼐任第十师师长、戴戟为副师长；蔡廷锴为独立第二旅旅长，沈光汉为副旅长。

1929年3月12日，蒋介石无端囚禁李济深，投蒋代理第八路军总指挥的陈济棠将驻在粤北的桂系部队赶离粤境。两个月后，白崇禧指挥桂系16个团兵力攻打广东，掀起了第一次粤桂战争。桂系攻势凌厉，广州一度陷入危机，由于蒋光鼐师戴戟旅的驰援，陈济棠转败为胜。

8月间，陈济棠按中央的番号序列，将蔡廷锴的独立第二旅改为第六十师，蔡廷锴任师长。辖二旅，旅长为沈光汉、区寿年。蒋光鼐的第三师改为第六十一师，蒋光鼐为师长，戴戟为副师长。辖二旅，旅长为毛维寿、张炎。12月初，由鄂西宜昌反蒋的张发奎驱兵南下入桂，联合广西部队反蒋攻粤，掀起了第二次粤桂战争。蒋、蔡两师奋力死战，将其击败。

1930年5月，蒋介石、阎锡山、冯玉祥在以河南为中心的广大地区进行混战，桂系为助阎、冯，倾广西兵力向湘鄂攻击，并于6月5日相继攻占了长沙、醴陵、平江，直指岳阳，武汉震动。蒋介石急调蒋、蔡两师攻击桂系，占领了粤汉路上的衡阳，截断其后路，桂军退回广西，解除了蒋军南面的威胁。7月，蒋介石为扑灭津浦路上的阎军，又调第六十师、第六十一师北上增援。两师编为一纵队，以蒋光鼐为司令官，统一指挥。7月22日，两师在浦口登车，经徐州到邹县，再经泗水迂回大汶河及泰安阎军之左后方，将敌击破，占领泰安，截断津浦路上阎军退路，阎军不战而退，逃向黄河北岸。

蒋介石总览全局，电令蒋光鼐、蔡廷锴迅速占领济南，并颁赏令，谓"若能在十天之内占领济南，则犒赏该军一百万元"。蒋、蔡置泰安于不顾，于8月9日向济南进军。第六十师先攻泰山背长城岭之敌，而后占领党家庄，断敌退路；第六十一师占领仲弓镇后即速攻济南，经六天激战，阎军遭受重大挫折，军心已乱，争相向黄河以北败退。8月15日下午，该部占领济南。蒋介石亲临济南进行嘉奖，并调十九路军到陇海线进攻冯玉祥部。同月17日，蒋介石任命蒋光鼐为第十九路军总指挥，蔡廷锴为第十九军军长，指挥第六十、第六十一师。

济南克复，津浦路大局已定。第十九军来不及休整，即转向河南战场。蒋光鼐被委任为第六纵队司令，率领第十九路军及胡宗南的第一师攻击位于汝南、新郑一带的冯玉祥部队，在新郑与冯玉祥部激战，占领新郑北之郭店，截断冯军退路，迫使新郑冯军三万余人向十九军投诚。十九军伤亡三千余人，第六十一师团长蒋光鲁阵亡。攻下新郑后，第十九军向豫西攻击前进，旋接到蒋介石的命令，谓开封、郑州已被蒋军攻占，各处敌军已投降，令第十九军停止西进，先回驻许昌，后到武汉待命。

江西"围剿" 遭到重创

第十九军于1930年12月中旬由武汉到长沙,而后入赣,经莲花、永新、泰和向兴国挺进,参加对湘赣红军的"围剿"。该军于1931年1月8日到达兴国。这时国民党对湘赣红军的第一次"围剿"已失败,何应钦布置第二次"围剿",总兵力20万,分东西两路"进剿"。东路军为主攻,兵力有孙连仲的第二十六路军、朱绍良的第八路军等,由吉安、吉水、抚州、宜黄等地向南进攻,企图在建宁、泰宁、黎川围攻红一方面军;西路军为策应,由王金钰、公秉藩等部组成,由北向南进攻,第十九军在该路的编成内,由兴国经老营盘向北攻进,企图与其他部队一道在富田"围剿"红一方面军第三军团。

1931年5月初,第十九军除留第六十一师第七旅华振中部驻守兴国外,全军主力出发向富田"进剿"。"围剿"刚开始,蒋光鼐就因病离开部队,到上海同济医院治疗,部队由蔡廷锴指挥。苏区的人民为了反"围剿"早已坚壁清野,人走房空,部队在烈日下行军,吃无食物,住无居所,行军中不时受冷枪冷炮的打击,夜晚宿营,更是受红军小部队的袭扰,得不到休息,第十九军打过很多大仗恶仗,但从没有像这样窝囊,官兵牢骚满腹,怨气冲天。5月16日,从富田方向传来了激烈的枪炮声,第十九军知道部队与红军接上了火,正欲赶往增援时,忽然传来消息说王金钰第五路的唐云山的第四十七师与公秉藩的第二十八师被红军歼灭,孙连仲与朱绍良部增援时,也被红军歼灭大半,这次"围剿"国民党军反被红军歼灭了三万多人,损失了两万多枪支及大量弹药给养。第十九军没有与红军接触,侥幸保存了实力。

1931年6月,因蒋介石囚禁胡汉民,国民党内发生了宁粤之争,双方都想拉拢第十九军。这时蒋光鼐由广东来到部队,提出将部队拉到广东潮梅,就地筹备给养，进行休整，静观变化。十九军官兵早已厌恶"剿共"内战，思乡心切，非常赞同蒋光鼐的意见。正在这时，从日本回国的陈铭枢由南京来到军部，极力说服官兵不要回广东。陈是该军的老长官，经他劝说，官兵都软了下来，但蒋光鼐不愿参加"剿共"，称病离开部队到上海就医。陈铭枢认为蒋介石在拉拢第十九军，便向蒋介石提出两个条件：扩编一个师；由中央每月提供一百万元作为全军的经费，军部及直属单位和每师为二十五万元。蒋介石为了使其进攻红军，同意了这一要求。

第十九军于1931年7月扩编了一个第七十八师，师长为区寿年，副师长为谭启秀，参谋长为李扩。辖二旅六团，旅长为黄固、翁照垣。同时沈光汉、毛维寿分别升任第六十、第六十一师师长。毛维寿因病请假，由副师长张炎代理。邓志才升任第六十师的旅长，递补区寿年的缺。第十九军进行过扩编与人事变动后即参加第三次对湘赣红军的"围剿"。

第二次"围剿"失败后，蒋介石于1931年6月21日，带着德国军事顾问到南昌，亲任"围剿"军总司令，何应钦为前敌总司令，调集二十三个师另三个旅，约三十万人的兵力，准备发动第三次"围剿"。这次"围剿"采取长驱直入的作战方针，企图先击破红军主力，捣毁根据地，再深入进行"清剿"。蒋介石军参战军队编成左右两个集团军，何应钦兼左翼集团军总司令，陈铭枢任右翼集团军总司令。

第十九军隶属陈铭枢的右路军参加作战。该军除留第七十八师及第四、五两团在吉安，担任右翼集团军总司令部的警卫任务外，第一、二两团归第六十师指挥，由吉安东南向富田、水南市截击准备北进的红军主力。十九军以第六十师为前卫，第七十八师之云应霖、谢琼生两团左右两侧搜索前进。这次"围剿"遇到了与上次作战相同的情况，部队行动极为困难，六七十里的路程竟走了两天，对东固赤卫队固守的阵地，第六十师三天攻击不下，更为糟糕的是左右相邻的部队不断被红军歼灭，噩耗传来，部队的士气十分低落。

7月底，蒋介石发现红军主力已转移到兴国地区后，立即命令其主力部队分路由北向南、由东向西进攻，企图压迫红军于赣江东岸而消灭之。在敌重压境的情况下，红军决定采取避敌主力、打其虚弱的作战方针，指挥红军由兴国经万安突破富田一点，然后由西向东，向敌之后方联络线上横扫过去，让"进剿"军主力深入赣南根据地却置于无用之地。但当红军向富田开进之际，被"进剿"军发觉，第十一、第十四两师先红军到达富田。在红军西临赣江，东、南、北三面受敌的危急形势下，总部决定改为中间突破，向东面的莲塘、良村、黄陂方向突进。为给敌造成错觉，红军以三十五军和十二军第三十五师伪装成主力，向赣江方向佯动，主力于8月4日晚巧妙地通过蒋鼎文师（江背墟）和蒋、蔡、韩（德勤）之间四十里的空隙地带，迅速转移到莲塘地区。8月7日，在莲塘歼敌第四十七师一个多旅；接着，在良村歼敌第五十四师大部；8月11日，在黄陂歼敌第八师约四个团，取得三战三捷的胜利。

敌人发觉红军主力东去，从8月9日起，将其向西向南的部队改为向东，取密集包围之势，接近红军的集中地君埠以东地区。红军以十二军（欠第三十五师）向乐安方向佯动，将敌诱向东北方向，主力由敌军之间二十里间隙的大山中秘密越过，返回兴国地区集中。待敌发现红军集结地，再向西进时，红军已休整半月，而敌已被红军拖得疲惫不堪，无能为力，不得不于9月初开始退却。红军乘敌退却之际进行追击，于9月7日在老营盘歼敌第九师一个旅；9月15日，在方石岭全歼敌第五十二师及第九师一部。至此，红军六战五捷，击溃敌人七个师，歼敌十七个团，毙伤俘敌三万余人，缴枪两万余支。

蒋鼎文师为蒋军嫡系，红军未集中主力便歼他一个旅，俘两千人枪，其他杂牌如韩德勤等更是不堪一击，唯独在高兴圩与蔡廷锴的第六十师、第六十一师相遇，强者相逢，竟打成了一场持续数日的血战。

朱德、毛泽东指挥红军主动退出战斗。蔡军也因伤亡过大，未加追击。红军低估了蔡军的战斗力，低估了蔡廷锴的作战意志与决心。

9月15日，蒋介石指挥的第三次"围剿"以失败而告终。第十九军特别是第六十师伤亡二千余人，团长黄茂权、第一一九旅参谋主任刘应时受重伤。这次与红军作战，可以说是第十九军自建立以来从未遇到过的一次硬仗、恶仗。

卫戍京沪　组织"西南国民义勇军"

第三次"围剿"刚刚结束，蒋介石为了图粤，就令陈铭枢率部进攻陈济棠。第十九军在"围剿"红军的作战中受到了惩罚，吃尽了苦头，官兵纷纷表示不愿再当蒋介石内战的炮灰。军长蔡廷锴目睹战争给地方造成的破坏，人民饱受战争灾难的情景，令他伤心怵目，他感到与巧妙莫测的红军作战，前途渺茫，毫无意义。他曾对左右说："宁可将全部枪械丢到长江，也不愿长此参加内战。"

正当十九军的官兵对蒋介石用广东人打广东人表示不满时，日本侵略者发动了"九一八"事变，日本的铁蹄踏遍了东北的河山。全国掀起了抗日的热潮，在"枪口一致对外"的正义号召下，第十九军三万多官兵在赣州一致表示反对内战，团结抗日。

全国抗日热潮的高涨与第十九军反对内战的态度，促使陈铭枢向蒋介石建议：中央应主动与两广和好。蒋介石被迫做出与两广和解的姿态，派陈铭枢、蔡元培、张继为代表去广东议和。粤方提出，应首先释放胡汉民，调第十九军警卫京沪，作为粤方代表来南京开会的安全保证，宁方被迫接受。

1931年10月下旬，第十九军陆续开往京（宁）沪铁路沿线驻防。京沪卫戍司令长官陈铭枢驻南京。第十九路军总指挥部与第十九军军部驻南京两广会馆。第六十一师驻南京、镇江，师部在镇江；第六十师驻苏州、常州，师部驻苏州；第七十八师驻上海市区、南翔，师部驻南翔。第十九路军及第十九军的编制及团以上官长姓名如下：

第十九路军总指挥蒋光鼐，参谋长郭思演（后为张襄），补充团团长余立奎。

第十九军军长蔡廷锴，参谋长黄强。下辖三个师：

第六十师，师长沈光汉，副师长李盛宗，参谋长陈心菉。辖两旅六团：

第一一九旅，旅长刘占雄。辖第三五五团，团长黄茂权；第三五六团，团长刘汉忠；第三五七团，团长黄汉廷。

第一二〇旅，旅长邓志才。辖第三五八团，团长杨昌璜；第三五九团，团长梁佐勋；第三六〇团，团长华兆东。

第六十一师，师长毛维寿，副师长张炎，参谋长赵锦雯。辖两旅六团：

第一二一旅，旅长张励。辖第三六一团，团长梁世骥；第三六二团，团长谢鼎新；第三六三团，团长朱炎晖。

第一二二旅，旅长张炎（兼）。辖第三六四团，团长邹敏夫；第三六五团，团长黄镇；第三六六团，团长郑为楣。

第七十八师，师长区寿年，副师长谭启秀，参谋长李扩。辖两旅六团：

第一五五旅，旅长黄固。辖第一团，团长云应霖；第二团，团长谢琼生；第三团，团长杨富强。

第一五六旅，旅长翁照垣。辖第四团，团长钟经锐；第五团，团长丁荣光；第六团，团长张君嵩。

淞沪抗战结束后，第七十八师各团番号改为第四六三至四六八团。

淞沪警备司令戴戟，驻上海龙华。

"九一八"事变后，东北军抗日义勇军风起云涌，振奋人心，但蒋介石不予支持，马占山孤军奋战，无以为继。第十九军官兵激于义愤，争先请缨。1931年12月，蔡廷锴召集旅以上的军官商谈今后大计，蔡提出："拟组织本军志愿官兵，由我率领，往东北援马，其余不出发的则缩编归还中央。"各将领都表示赞同，并选出张炎、翁照垣为两个独立旅旅长，中下级军官及士兵均以志愿为标准，稍有疑虑，则不许参加。蔡嘱各师限十天内选定报来。

蒋介石对此事持否定态度，回示说："其勇可嘉，其事必败，千万不可行。"但该军官兵心极坚决，势在必行。不久各师选出志愿官兵，计第六十师2500名、第六十一师2700名、第七十八师2400名，均超出预定名额，即令各师定员2000名，共6000名,编为两个独立旅,一个警卫营,一个山炮连,定名为"西南国民义勇军",推定蔡廷锴为总指挥,张炎、翁照垣为独立旅旅长。人员已定,但北方寒冷,非有皮衣、皮绒帽、皮手套不能成行。决定由各师公积金备办,并筹足四个月饷项。旗帜、印信均由军需人员秘密办理,准备翌年出动;届时蔡即辞去第十九军军长职。1932年1月8日,张炎、翁照垣向蔡廷锴报告:"北上部队各级人员已编配妥当。"蔡打算于2月1日乘车北上,为此让人代拟了自动解除军职的电稿。不料,日本侵略者竟突然于1月28日向第十九军发动进攻,"一·二八"淞沪抗战爆发,"西南国民义勇军"一事无形取消了。

义无反顾 奋起抗日

日本在制造"九一八"事变后,日本关东军为掩护炮制伪满洲国傀儡政府的阴谋,由关东军高级参谋板垣征四郎串通日本上海公使馆助理武官田中隆吉,蓄意在上海制造事端。田中隆吉与女间谍川岛芳子策划,唆使日僧天崎启升等五人于1932年1月18日向马玉山路中国三友实业社总厂的工人义勇军投石挑衅,与工人发生互殴。日本随即以此为借口于19日指使日侨青年同志会一伙暴徒于深夜焚烧三友实业社,砍死砍伤三名中国警察。田中隆吉于1月20日又煽动千余名日侨集会游行,强烈要求日本总领事和海军陆战队出面干涉。

21日,日本总领事村井苍松向上海市长提出道歉、惩凶、赔偿、解散抗日团体四项无理要求。22日,日本驻上海第一遣外舰队司令盐泽幸一发表恫吓性声明,以保护侨民为由加紧备战,并从日本调兵到上海。盐泽狂妄叫嚣:"一旦发生战斗四小时即可了事。"

日本频频肇事,战争气氛弥漫上海滩。23日,第十九路军召开驻上海部队营长以上军官紧急军事会议。会上,蔡廷锴首先发表讲话,他说:"日本人这几天处处都在向我们挑衅，处处都在压迫我们，商店被其捣毁，人民被其侮辱，并加派兵船及飞机母舰来沪，大有占据上海的企图。我最近同戴司令一再商量，觉得实在忍不下去，所以下了决心，就是决心去死。但死也要有死的方法，所以今天召集大家来研究。……兄弟只有决死的心肠，愿意同大家同生同死！"

蒋光鼐在会上指出："十九路军是很负名誉的军队，现恰驻扎在上海，此时真是十九路军生死存亡的关头，也可说是我们国家生死存亡的关头。到这种时期，我们军人只有根据自己的人格、责任、职守、声誉来死力抵抗了！从物质方面说，我们当然远不如他，但是我们有这种决死的精神，就是全部牺牲亦在所不计。我们的死，可唤醒国魂；我们的血，可寒敌胆。"

当日，蔡廷锴电呈国民政府："据报，日本海军及陆战队强迫我接受不能忍受之条件，并闻将取断然处置。职等为国家人格计，如该寇来犯，决在上海附近抵抗，即使牺牲全军，亦非所顾！"表明了第十九路军坚决抗战的决心。同时陈铭枢、蒋光鼐、蔡廷锴、戴戟联名发表《告十九路军全体官兵同志书》：

"日本帝国主义的兽行鬼态，在我面前已尽量暴露：夺我东三省，占我锦州，袭我热河，扰乱我平津、汉口、广州、福州，最近更在上海派来炮舰多只，封锁我海口，震动我京畿，杀人放火，烧我三友实业社，杀我警察。四顾神州，版图变色，皇皇五千余年之华胄，将沦为奴隶牛马万劫不复之惨境。是可忍，孰不可忍！我不自救，谁能救我!?……挥洒一点血，即挽回一分国运……我们负京沪淞沪守土之责，决不叫仇日来损我们一草一木！决定死守！……我们不要感觉我们物质敌不过人，我们要以伟大牺牲的精神来战胜一切，我们必定能操胜算，我们必定能救中国。"

27日，村井向上海当局发出最后通牒，限28日18时45分以前给予满意答复，否则采取必要行动。国民党政府为了集中兵力在江西"剿共"，对日继续执行不抵抗政策。军政部长何应钦急电第十九路军忍辱求全，令上海市长吴铁城于28日13时45分全部接受日方提出的无理要求。

暂时下野的蒋介石委托国民党元老张静江说服蔡廷锴避免与日军冲突，并调

蔡廷锴在淞沪前线视察阵地

宪兵第十六团接替上海第十九路军防务。日方接到吴铁城答复表示"满意",却又以保护侨民为由,要求中国军队必须撤出闸北,不待答复便于当晚突袭闸北。

1月28日23时30分,日本第一遣外舰队司令官盐泽幸一又发出新的通牒:"目下上海租界内外人心动摇,形势不稳,时刻恶化,工部局已经宣布戒严,而各国军队亦已严密戒备。帝国海军鉴于多数邦人住居闸北一带,为维持治安计,欲以兵力配备该处,以负保安之责。本司令希望中国方面将闸北方面所有中国军队及其敌对设施从速撤退。"

中方尚未对通牒做出反应,日本海军上海陆战队在指挥官鲛岛指挥下,以二十余辆装甲车为前导,在炮兵支援下,向闸北宝山路、虬江路、广东路、宝兴路、横浜路、天通庵路、青云路等各路口中国守军阵地进攻。防守闸北的中国第十九路军第七十八师第一五六旅,依照总部23日下达的密令第二项之规定,当即奋起抵抗,双方展开激烈巷战。

第十九路军总部在接到关于日军发动进攻的报告后，蒋光鼐、蔡廷锴、戴戟星夜赶至真如车站，设立临时指挥部，依照原定部署，命令后方部队迅速向上海推进。中日两军人员虽在数量与装备上相差悬殊，但十九路军抗日意志坚决。有日本记者说：十九路军兵少武器差，抗日好比以卵击石。蔡坚定地表示：守国土乃军人职责，就是日军增至10万也要誓死抵抗。他还反问，假设日军无故进攻贵国，贵军亦撤退乎？记者哑口无言。

1月29日1时，蒋、蔡、戴三人联名向全国各界发出通电："暴日占我东三省，版图变色，国族垂亡，最近更在上海杀人放火，浪人四出，极世界卑劣凶暴之举动，无所不至。而炮舰纷来，陆战队全数登岸，竟于俭（28日）夜12时在上海闸北公然侵我防线，向我挑衅。光鼐等分属军人，唯知正当防卫，捍患守土，是其天职，尺土寸草，不能放弃，为救国保种而抵抗，虽牺牲至一卒一弹，绝不退缩，以丧失中华民国军人之人格。此心此志，质天日而昭世界，炎黄祖宗在天之灵，实式凭之。"天亮以后，日军在装甲车的掩护下，连续发起猛攻，日机也从航空母舰上起飞，对闸北、南市一带狂轰滥炸，战火迅速蔓延。守军第一五六旅所部顽强抗击日军的进攻，以集束手榴弹对付日军的装甲车，坚守阵地，并在炮火掩护下适时向敌实施反击，打退日军的连续进攻。在北站及商务印书馆两处起大火后，日军趁机向北站猛攻，守军与日军激战一小时后退出北站。

1月29日17时，第一五六旅主力加入战斗，进行反击，夺回北站及天通庵车站，并乘胜追击，一度攻占日军上海陆战队司令部，迫使日军退至四川路以东、靶子路以南地区。闸北的阵地在日军的多次强攻下安然若是，而日军却损失甚重。盐泽原先以为四个小时就能拿下的闸北，动用了上海所有兵力，历时二十个小时后，守军依然固若金汤。在十九军面前，日军感到兵力与武器明显不足。

盐泽幸一感到遇到了硬手，他在开战前所吹的牛皮被十九军捅破了。十九军是经过孙中山教导、经过大革命熏陶与共产党革命思想影响的一支劲旅。严格的训练和血与火的磨炼，使该军成为当时国民党军队军政素质最好的部队。单就军事上讲，十九军有自己的绝技：马眼、铁腿、神仙肚。马眼就是黑夜识途，晚上能打仗；铁腿就是能跑，在崎岖的山路如履平地；神仙肚，就是能忍受饥寒，饿着肚皮一天行一百多里不在话下。

这次抗战，第十九军官兵斗志昂扬，得到上海广大市民热烈拥护。驻沪外国记者这样报道蔡廷锴与十九军：我见过许多中国将领，但是从未见过一个使人信任而又具有自信心的。蔡廷锴能做到这一点。他的举止粗犷，言谈直爽，衣着简朴，生活艰苦，都给了我极深的印象。他对日本军队在武器方面的优势绝不抱幻想。"日本人有现代化战争的一切手段。"他说，"他们有坦克、装甲车、重炮和东方最好的舰队。我们除了步枪和机枪，实际上什么都没有。但我们在这里进行抵抗，是要建立一个原则。那就是，任何民族在外来的侵犯威胁到国家的生死存亡时，有权保卫自己。我的士兵懂得这一点，所以他们打起仗来，斗志昂扬。"

美国记者斯诺记述了十九军最初的战斗：几颗准确的子弹引起日军的溃败和混乱，使中国人一下子便粉碎了皇军机器不可战胜的神话，从此树立了中国士兵的信心，越战越勇。

《大美晚报》、路透社等国外媒体报道说：十九路军英勇无比，中方沉着应战，迎着弹雨冲入敌群，前仆后继使日军大乱。华军共夺机枪17挺、野战炮7门、子弹无数。十九路军所驻战壕极其巧妙，每平方米几毛钱的成本，却将日方耗费千元的炮火挡住。

"中国步兵一人所守之地，日方十人亦难取胜。"德国军事专家赴前线视察后非常感慨地对中国记者说。外人以为华军体弱，但他亲眼见一名十九路军战士与数名日军肉搏竟占上风，又称赞华军省子弹百发百中，实在是没有见过如此英勇善战的军队，而领导这支军队的就是著名的"广东高佬"蔡廷锴将军。

盐泽幸一敌不过十九军，急让日本驻上海总领事村井出面，请英、美等中立国家出面调停，以拖延时间，增援兵力。蔡廷锴明白这是日军的缓兵伎俩，但考虑到因战火而被困在闸北的大批居民的生活，而且十九军亦需要补充，便同意停战谈判。由于日军在谈判中提出了不合理要求，双方并未就停战达成协议，仅订了停火三天的协议，即从1月31日下午到2月3日下午。

停火期间，日本大量增派兵力，加贺、凤翔两艘航空母舰抵达黄浦江口，三十多架战斗机和轰炸机随之而来，日本海军第三舰队多艘巡洋舰及鱼雷艇也到队前来。

而蒋光鼐、蔡廷锴等也于1月29日命令十九路军所有部队向淞沪集结，驻守镇江、南京等地的三个师均调入上海，以应付日军的增兵之举。

双方都在为重新开战紧张地准备着。

日军破坏停火协议，在真如车站轰炸了我方载有调往前线的士兵和义勇军战士的军列后，又出动了大批飞机对青天路、天通庵路等路线防御工事进行轰炸。但是国民党方面，何应钦于2月2日严令第十九路军："如日兵舰或军队未向我攻击时，不许发弹射击，避免南市糜烂为要。"这样，长江口和黄浦江内的日本海军舰只可任意行动，日机可在战地自由飞翔，以支援地面陆军作战。

尽管这样，十九军战斗不止，他们主动抵抗攻击的日军，七十八师五团三营还对虹口日军司令部进行奇袭，杀了日军个措手不及。

2月4日，日军发起总攻，战火从闸北蔓延到江湾、吴淞一带，结果在闸北青云路被十九军击退，吴淞屹立无恙。攻江湾的日军一联队被围歼，十九军几个小时之内就打退了日军的总攻，盐泽幸一因此被免职。

接任盐泽幸一的海军第三舰队总司令野村吹嘘说，日军踏平淞沪之日不远。2月11日，倭寇飞机在闸北投下大量燃烧弹，同时大炮狂轰，继而日军开始步兵攻击。十九路军近战肉搏毙敌数百，傍晚将所来之敌全部击退。野村屡战屡败，迫使东京再次易帅。

2月13日，根据日本天皇敕令，日军参谋总长闲院宫载仁急令陆军第九师团火速增援上海。16日，该师团在吴淞码头登陆。在沪日军三易主帅，改由植田统一指挥。此时，在沪日军已达3万余人，野炮近70门，飞机60余架，并有舰艇数十艘集中于吴淞口。其部署是：海军陆战队位于闸北、八字桥一线；第九师团位于八字桥、江湾一线；混成第二十四旅团位于张华浜、蕰藻浜一线。

2月18日，植田向第十九路军军长蔡廷锴发出最后通牒。第十九路军收到

第十九军抗日敢死队整装上前线

日军的通牒后,召开了高级军官会议,与会者群情激愤,怒不可遏。指挥部立即令前线部队集中炮火向日军阵地猛轰,作为对植田通牒的回答和警告。

2月20日7时30分,日军从正面向闸北至吴淞发起全线进攻,主攻方向为江湾、庙行,企图从中国守军阵地中央突破,而后袭击吴淞、闸北。中国守军沉着应敌,战至18时,挫败日军的进攻。入夜,日军调整部署。

2月21日,日军再度进攻,仍无进展,且伤亡惨重。

2月22日拂晓,日军再次发起进攻。总指挥蒋光鼐下令由江湾镇、庙行镇、蕴藻浜三个方向同时实施反突击,合围歼灭庙行镇之敌,进攻庙行镇的日军全部陷入反突击部队的包围之中。

1932年3月1日,日军在上海发起全线攻击。总攻之前,上海日军已达7万

淞沪前线与日军作战的第十九军战士

余人,飞机约150架(另有海军飞机160架),此外还有海军第一、第三舰队。此时,中国第十九路军(包括后来投入战斗的张治中的第五军)总兵力只有4万余人,且几经战斗,力量减弱,加上防守线绵延五十余公里,武器损耗极大,仅正面防守就感力不从心。迭次急电求援,蒋介石仅令"固守""加强戒备",却迟迟不发兵增援。

日军为掩护其主力第十一师团在浏河方面登陆,在庙行镇方面实施猛烈进攻,以便紧紧拖住第十九路军主力,使其难以向第十一师团登陆方面转移。同时为了迷惑中方守军,在多处实施佯攻,特别是在闸北八字桥、天通庵路等地展开频繁进攻。第十九军在各处顽强抵抗。在天通庵路附近,双方激战持续八小时之久,守军第六十师不断派敢死队跃出战壕,与敌人短兵相接,迫使日军退向狄思威路。其他各处战斗也甚为剧烈。闸北八字桥形成拉锯战,守军阵地三失三得,伤亡很大;日军伤亡也极为惨重,遗尸累累,团长林崛上校被击毙。

在与日军作战中,十九军不仅能打,而且善打。防守战斗中,蔡廷锴命令战士们把作战掩体挖得很深,战士们站在小凳子上向外射击。战斗一阵后,指挥员下令部队带上凳子后撤,故意将阵地让给敌军,由于战壕很深,身材矮小的日本兵根本看不到地面,更无法举枪射击,十九军趁势反击,将日军消灭在战壕里。

3月1日6时30分,日军对淞沪地区发起全线攻击,日军首先以飞机、大炮连续轰击守军阵地,时间持续三个半小时,然后步兵在坦克、装甲车掩护下发起攻击。第九师团、混成第二十四旅团和海军陆战队向庙行、江湾以西、闸北八字桥一线进行猛攻,同时以舰炮袭击狮子林、杨林口、七丫口等处。7时许,又出动飞机轰炸大场镇。守军在优势日军猛攻之下,虽阵地多次被日军突破,但仍顽强与敌争夺。日军第九师团左翼队于午前攻至广东义地、麦王宅、陆家宅一线;至12时,第七十八师正面伤亡殆尽,日军遂将阵地占领。蔡廷锴令师长谭启秀反攻,谭指挥师预备队反攻,方将日军击退,但日军仍停滞于阵地前沿,与守军对峙。

正当第十九路军和第五军与日军胶着在正面战线顽强奋战之时,日军第十一师团从3月1日6时开始,分别从七丫口、杨林口和六洪口登陆。警戒浏河地区的中央军校教导总队一个连及少数义勇军,在登陆日军强大炮火和步兵攻击下,以寡敌众,顽强抵抗。第十九路军总部急调第八十七师第二六一旅驰援,但因缺乏运输工具,加之沿途遭日机轰炸,直至18时,才有一个团赶到浏河,此时浏河已沦入敌手,日军正向嘉定方向疾进。

浏河危急之时,第十九路军无机动兵力可以增援,曾请求军政部速派两师兵力驰援浏河,但军政部置之不理。浏河失陷,守军侧面及后方均遭严重威胁,不得已于3月1日晚退守第二道防线,即黄渡、方泰、嘉定、太仓之线。

进攻能反映一个部队的战斗力,撤退最能看出一支部队是否训练有素。第十九路军的撤退是主动、有序向新防御地转移。美国记者埃德加·斯诺在看到十九军的撤退后说:"出乎许多人意料之外,这次撤退并不是溃防。……和我谈过话的外国军事观察家全都称赞蔡将军指挥这一有秩序的战略撤退很能干,在战术上也很正确。在所有能移动的大炮都撤走以后,部队才撤出前线。几乎没有发生抢劫和混乱。撤退进行得这样安静,掩护得这样巧妙,闸北的日本海军到大亮才发现敌人已经离开,他们整夜炮轰的已是空的战壕和工事。"

日军发现中国军队全线撤退后,于3月2日占领了闸北、大场、真如。3日进抵南翔。3月3日,国联开会决定,要求中日双方停止战争。至此,淞沪战事乃告结束。

第十九军在淞沪的抗战是顶着巨大压力进行的,蒋介石对他们的抗战不仅百般阻挠,对该军的饷项也是一减再减,甚至不发。该军在淞沪抗战中做出了巨大的牺牲,旅长黄固,团长云应霖、谢鼎新负伤,阵亡官佐115名、士兵4300余人,受伤7000余人。

为纪念第十九路军抗日牺牲的官兵,在广州市修建的十九路军淞沪抗日阵亡将士陵园纪念碑

这次作战，以国民政府签订屈辱的《淞沪停战协定》而告结束。该协定签订后，第十九军按当局的命令，令各师复员，恢复平时状态，暂驻昆山、苏州、常州、镇江等处，军部驻苏州城内。

5月16日，第十九军与后来参加作战的第五军在苏州举行"一·二八"抗日阵亡将士追悼会，国民政府派立法院院长居正前来祭奠，参加的各机关团体民众约四万人，何香凝女士在发表演说时放声大哭。全场祭文、挽联极多，对阵亡的将士深切悼念。后在南京灵谷寺前安葬"一·二八"抗日阵亡将士遗骸128具，还建有"一·二八抗日阵亡将士纪念碑"。第十九军在淞沪抗战的英雄业绩将铭记史册。

徘徊在"剿共"与抗战的十字路口

京沪地区是国民党的统治中心，蒋介石认为不听其指挥的第十九军是心腹大患，淞沪协定一签订，蒋介石就将该军调往福建，这样不仅可以令其"围剿"红军，削减其力量，还可牵制与其分庭抗礼的广东的陈济棠。1932年5月，该军全部由京沪海运到泉州、厦门，进驻福建。

十九军部队开闽时，蒋介石即将陈铭枢的京沪卫戍长官部撤销，将该部改组为驻闽绥靖公署，升蒋光鼐为主任，以蔡廷锴继任十九路军总指挥兼十九军军长。部队抵闽后，蒋光鼐不愿再与红军作战，撂下挑子，回广东原籍去了。蔡廷锴认为蒋光鼐迟迟不肯回闽就职，久拖下去，如蒋介石另派员接替蒋的职务，则对蔡与第十九军极为不利。同时，蒋光鼐走后，蔡独力维持十九军，感到势单力孤，遇事没人商量，很棘手。特别是入闽以来，官兵不满于内战的心理与日俱增。在上海，打日本，血里拼，火里滚，光荣！上海的工人、市民像待自己的亲人一样，只要看见戴十九军臂章的军人，是微笑、是赞扬，街上的小吃摊拉你坐下，吃饭不要钱。可到福建打红军，与在上海相比是冷热两重天，行军中不时遭冷枪袭击，老百姓看军队的眼光是冷漠的，部队吃不上饭，睡不好觉，官兵怨气冲天，逃跑的事情时时发生，这样下去，很有可能发生兵变。

蔡对形势颇失信心，于9月间，亲自到广东，约陈济棠手下的军长香翰屏一道到东莞南栅找蒋光鼐。

蒋光鼐回乡后莳花弄草，脱离了紧张的军务与烦琐的政务，精神上轻松了许多，日子挺惬意。他没想到蔡廷锴突然会找上门来：

"你将部队扔在福建不管，跑到我这里来干什么？"

"干什么？与你一块过清闲的生活。在上海抗战，我们一块干，现在'剿共'、打内战，坏名声的事，你不干，跑了，让我单干，我干不了。"

"在江西你不是干了？"

"你是哪壶不开提哪壶。那打的是什么仗？可以说是我们第十九军最窝囊的仗，差一点将我的命丢在了高兴圩。你没有与红军照过面，那是我们碰到的最难啃的骨头，碰掉了几颗牙，也没啃动。你是一到与共产党作战就走人，可我走不了。"

"你先回去，掌握好部队，我过一段时间再回去。"

"不行，你现在必须回去。你不回去，位子空着，你姓蒋的一家子（指蒋介石），马上安排别的人来顶你，再想出别的坏点子，咱们的部队就完了。再说，咱们虽然不是一家子，但我的蔡与你的蒋都是草字头，心能想一块，事情就好办。你要不回去，我也辞职，都回家去，不干了！"

蒋光鼐知道蔡廷锴的犟脾气，他要上了劲，八头壮牛也拉不回来，只得与蔡一同回了十九军。

蒋光鼐回闽后，与蔡廷锴计划对闽西红军采取守势，安定防区的秩序。针对官兵不想打内战的思想情绪，制定了防止各部队兵变的措施，特别是对"一·二八"战役后从在湖南、河南各地招募来的新兵万余人着意防范。一面将留置在广东的补充旅数千人，调回福州归绥靖公署直辖，以巩固闽东防务；一面计划绥靖闽东南泉州迄福州地区，作为十九路军的后方基地。并决定将横行闽东南永春、大田、仙游、莆田等地的陈国辉部用武力解决。不久将陈国辉扣留，在当地人民请求下，加以处决，并派兵将该部数千人彻底肃清，使福建东南安定下来，为福建开辟新局面打下一点政治基础。

1933年1月，蒋介石为分裂陈铭枢、蒋光鼐与蔡廷锴的关系，调蒋光鼐为福建省主席，提拔蔡廷锴为驻闽绥靖主任。绥靖主任是指挥全省军政的，省主席也归其领导。蒋介石一个命令，将多年领导蔡廷锴的上级蒋光鼐，一下变成为受蔡领导的下级，蔡廷锴顿感别扭，表示不愿干。蒋光鼐坦然地对蔡廷锴说：要以大局为重，从十九军的长远发展出发，还要干下去。蔡向蒋光鼐谈了自己的想法后，蒋光鼐对他说："蒋介石这个人，对他的心思、他的手腕你还不清楚吗？我们心里有数就行了。"这时，第十九路军总指挥部与十九军军部驻漳州，省政府和绥靖公署驻福州。部队分驻闽南、闽西地区，以第六十师进出龙岩，六十一师集中泉州，七十八师进出漳平。

1932年6月，第十九军抵闽不及一月，南昌行营即来电要该军派兵往龙岩、永定、闽西等处与红军作战。这时红军主力已由闽西转向江西作战，在长汀、龙岩、新泉以西，在闽北邵武、将乐以西地区，只有一部守备苏区红军部队，没有进攻企图，前线虽接触频仍，但没有大战斗。从1932年8月至1933年春相安无事。蔡廷锴对蒋介石的对策是谎报敌情与虚报战果。南昌行营当时派督战官蔡荣驻在十九路军总部监视，并向部队派来了一些军统特务。

1933年4月间，蒋介石部署对中央苏区的第五次"围剿"，南昌行营宣布顾祝同为浙闽赣粤湘五省北路军总司令，陈诚为北路军前敌总指挥。同时蒋介石派黄绍竑南下与粤当局洽商"剿共"诸问题，蔡廷锴被指派回粤参加。粤方则请桂省李宗仁、白崇禧等人来广州讨论关于"剿共"及拥护政府等问题，并提出一个方案：桂军（称为第四集团军）允派兵六个团，粤军（称为第一集团军）允派兵二十个团开赣南，每月由南京国民党中央资助广西80万元，广东100万元，以陈济棠为浙闽赣粤湘五省南路军总司令，以蔡廷锴为五省南路前敌总指挥，将十九军绑在"剿共"的战车上。随后，南昌行营一再来电要十九路军派兵八个团进占连城、朋口、芷溪之线，限期到达具报。蔡廷锴违抗，命令第七十八师区寿年部由南靖、永安西进连城，并将长汀的保安团马鸿兴部拨归该师指挥，并指示该师取守势，万不可孤军深入。不料该师抵连城不久，即遇红军彭德怀的第三军团主力东进。7月间，区寿年师一部被红军包围。区向在福州的蔡廷锴告急："红军主力向连城进攻，外围部队均被包围，请援救。"蔡复电令其死守。苦战不足三天，该师即弃城东撤，损失达两团。行营来电申斥，蔡乃令第六十师沈光汉由龙岩进至永安。连城失守，永安濒于危险，将乐、归化又失，刘和鼎的五十六师火急求援，蔡乃令第六十一师毛维寿部主力由泉州经大田向沙县集中。蔡廷锴亲率补充师进至水口、尤溪口西岸地区。当时红军有进攻延平迹象，第六十一师郑为楫团在延平、青州附近又被击败。蔡认为红军有消灭十九路军的企图，蒋介石留在江西的部队几十个师，而福建方面兵力却如此薄弱，如此分散，一旦军事失败，蒋一味追究责任，却无援兵调来。蔡感到积极反共固然败，消极反共也难以立足，不愿"剿共"必为蒋介石消灭，如服从蒋介石命令积极"剿共"，官兵不愿打，孤军深入，后无援兵，也必为红军所消灭。归根到底，两条路变成一条路："剿"也败，不"剿"也败；打也完，不打也完。在红军的进攻下，在蒋介石的申斥下，蔡廷锴与第十九军徘徊在十字路口。

1933年初，日军在制造榆关事变、出兵攻占热河后，继而猛攻冀东长城各口，当时在河北地区的宋哲元第二十九军和中央军第二师、第二十五师与第八十三师及长城内外的义勇军均奋起抵抗。在福州的蔡廷锴和蒋光鼐研究，十九军是参加过"一·二八"抗日的部队，为打乱蒋介石不抗日政策，应向国民党中央请缨北上增援热河，继续抗日。即使不能将该军全部北调，也应以一部先遣策应，以资鼓励前方士气。一再请求，始允许十九军由各师抽调志愿官兵编成十九路军援热先遣队两个纵队北上。蔡廷锴回漳州召集各师长会议，取得一致同意，以补充旅旅长谭启秀为第一纵队司令，以六十一师副师长张炎为第二纵队司令，共抽出步兵六个团，粤、桂两省各编成一个师援热。广州西南执行部推蔡廷锴为援热联军前敌总指挥。蒋介石对此举不满意，但碍于当时形势，允许北上。先遣纵队由闽西进入粤境时，受到地方阻碍，蔡廷锴乃回粤和陈济棠商量，令十九路军援热先遣队迂回至广东老隆出源潭乘火车北上。当前锋抵湖南之耒阳时，热河及各关口相继失陷。5月，日军逼近北平、天津，何应钦负责军委会北平分会，和日军签订塘沽协定，承认日寇占领东北，又把冀东、察北、绥东划为非武装区。从这个协定看出，南京政府在签署淞沪停战协定以后忍让辱国，真正的目的乃是对内加紧"围剿"。塘沽协定签署后几天，蒋介石致电蔡廷锴，令援热军火速回闽。此次出师，白白花去军费二十万元。蒋光鼐命秘书长孙希文草拟了一个反对塘沽协定出卖华北主权的通电，蒋和蔡签字之后发出，引起南京政府来电相责。

部队扩编　举行反蒋事变

第十九军入闽后，蒋介石不断对其施加压力，不仅压低饷项，甚至不发，还要调该军的两个师"剿共"，肢解该军，现实使该军的领导人认识到只有推翻蒋介石的反动统治，才能促成全国团结一致抗日。1933年六七月间，第十九军的老长官李济深、陈铭枢酝酿反蒋，派人到该军活动。蒋光鼐与蔡廷锴暗中响应，并积极扩充部队。第十九军入闽时，福建的地方部队有省防军4个旅17个团，第一旅旅长陈国辉，辖有兵力7个团；第二旅旅长萧叔萱，辖有兵力3个团；第三旅旅长陈维远，辖有兵力3个团；第四旅旅长黄炳武，辖有兵力4个团。

第十九军到福建后，即将省防军第一、四旅解散；第二、三旅则改为保安队第一、二两个旅，以陈齐煊、陈维远为旅长，并于1932年6月派谭启秀到广东招募新兵三个团，编为一个补充旅，以谭为旅长。

7月，蔡廷锴将驻防在闽南一带的张贞第四十九师裁并为两个团，合抗日先遣军张炎部重新编组为第四十九师，免张贞师长职，以张炎为师长；将谭启秀补充旅、陈维远保安队第二旅及由陈策之海军陆战队改编的司徒非特务团合编为补充第一师，以谭启秀为师长；将保安第一旅陈齐煊部、第六十一师教导团及收编的闽南地方部队彭相部等合编为补充第二师，以翁照垣为师长。这时，第十九军已辖有六个师。另外，驻闽的刘和鼎第五十六师、卢兴邦的新编第二师、周志群的新编第四旅以及驻厦门的海军陆战队等亦归蔡廷锴的驻闽绥靖公署指挥。

1933年9月间，十九路军和红军通过谈判停止敌对行动后，蔡廷锴即令各部悉数将缺额迅速补足，加急训练。10月间，又将团长以上人事分别调整。在蒋光鼐、陈铭枢一致同意后，11月上旬蔡召集各师长在福州开会，计划将所辖五个师十个旅扩为五个军十个师。在师的番号中，仍保留历史较久的六十、六十一、七十八及后来改编的第四十九师四个师的番号，取消补充师名义，其余改名一、二、三、四、五、六师。其目的在于壮大声势，鼓励高级将领的情绪。

部队扩编后团长以上长官情况及序列如下：

以第六十师扩充为第一军，原任该师师长沈光汉升军长，原副师长李盛宗升副军长，原师参谋长陈心萦升军参谋长，政治部主任魏育怀。原一二〇旅旅长邓志才升第一师师长，原一一九旅旅长刘占雄升第六十师师长。原六十师所属各团番号取消，另赋予一至六团的番号，以黄茂权、陈生、梁佐勋、谭忠、汤毅生、华兆东等人分任各团团长。

以六十一师扩充为第二军，原任该师师长毛维寿升军长，原副师长张励升副军长，原师参谋长赵锦雯升军参谋长，参谋处处长黄衡，政治部主任陶若存。原一二一旅旅长梁世骥升第六十一师师长，原第一二二旅旅长庞成升第二师师长，原六十一师所属各团番号取消，另赋予七至十二团的番号，以邱昌朝（朱炎晖）、郑为楫、吴康南、石抱奇、廖起荣、黄镇等人分任各团团长。

以七十八师扩充为第三军，原该师师长区寿年升任军长，原副师长黄固升副军长，原师参谋长李扩升军参谋长，林一元为政治部主任。原一五五旅旅长云应霖升七十八师师长，原一五六旅旅长张君嵩升第三师师长，原七十八师所属各团番号取消，另赋予十三至十八团的番号，以丁荣光、云吕材、黄瑞能（林卓忻）、邹融、钟经瑞、赖棻荣等人分任各团团长。

以四十九师扩充为第四军，原该师师长张炎升任军长（原副师长缺），原师参谋长余仲麒升军参谋长，参谋处处长高华麟，政治部主任郑丰。原九十七旅旅长阮宝洪升四十九师师长，以原九十八旅旅长谢琼生升第四师师长，原四十九师所属各团番号取消，另赋予十九至二十四团番号，以谢鼎新、杨昌璜、周力行（士第）、谭光球、杨富强、梁美南等人分任各团团长。

以补充师扩充为第五军，原该师师长谭启秀升任军长（原副师长缺），原师参谋长沈重熙升军参谋长，参谋处处长容天石，政治部主任谭冬菁。原第一旅旅长赵一肩升第五师师长，原第二旅旅长司徒非升第六师师长，原补充师所属各团番号取消，另赋予二十五至三十团番号，以孙兰泉、郑星槎、萧组、蒋静庵、廖木云、曾涤平等人分任各团团长。

以补充第二师扩编为第六军，军长翁照垣。辖洪文德、余承尧两个师。另一独立旅，旅长陈齐煊。

以上各军在福建事变发生后，均冠以"人民革命军"的称号。

还有海军陆战队第一、第二两旅，旅长杨廷英、林秉周；先遣队，指挥丘兆琛；延平行营，主任邓世增；漳州行营，主任黄强；泉永支队，支队长洪文德、彭棠、张雄南、林清。

不久，又将在漳州的零星部队，包括周士第的一个团及第十九路军军官补习所（教育长余华沐）第一期学员编为一个旅，以黄和春为旅长。

另有飞机两个队，邓粤铭为飞机教导队队长，刘植炎为飞机战斗队队长。

经过酝酿，中华共和国人民革命政府于1933年11月22日在福州成立。成立后的人民革命政府下设军事委员会，主席由人民革命政府主席李济深兼任，陈铭枢以人民革命政府文化委员会主席兼任军事委员会政治部主任，徐名鸿为副主任。参谋团（即参谋部）主任为黄琪翔，副主任徐景唐。军事委员会委员为李济深、陈铭枢、蒋光鼐、蔡廷锴、戴戟、黄琪翔、邓世增、徐景唐、沈光汉、毛维寿、谭启秀、区寿年、张炎、李章达、方范、徐名鸿。第十九路军扩编为第一方面军，总司令兼第十九路军总指挥为蔡廷锴，副总指挥兼参谋长为邓世增，副参谋长范汉杰，政治部主任徐名鸿，参谋处处长尹时中，秘书处处长吴楚璜，经理处处长叶少泉，军法处处长陈权，副官处处长谢东山，交通处处长唐德煌，军医处处长周务洪，闽东警备司令丘兆琛，特务团团长李金波，独立团团长马鸿兴。

福建事变发生后不久，蒋介石即调集张治中、卫立煌、蒋鼎文三路大军并海、空军向第十九路军进攻，同时，蒋介石以官职、金钱收买第十九路军的军、师长，并派遣了大批特务窃取情报。

一方面军即第十九路军为防御蒋军的进攻，军部署如下：

第一军沈光汉部，全部集结在闽北沙县及其以西地区。

第二军毛维寿部，一个师在闽北沙县、延平间，军部及另一个师在闽南之泉州、惠安地区。

第三军区寿年部，一个师在福州及马江地区，军部及另一个师在闽东南之莆田、涵江地区整训。

第四军张炎部，全部集结在闽西的龙岩、永定地区。

第五军谭启秀部，在福州以西水口、延平间地区，一部在古田。

总部直辖的特种部队，有部分驻在漳州、厦门两地。

整个部队散布在闽东南西北，布防千余里。七万多人的兵力散布在四方，处处设防，处处薄弱，特别是广东的陈济棠背约投蒋之后，第十九军在战略上没有后方根据地。除此以外，第十九军内部也发生了变化，使该军的战斗力迅速下降。首先是第十九军自"一·二八"抗战后成分日趋复杂，中上级军官趾高气扬，享受、腐化倾向严重。久战之后，一旦有了地盘就想安逸，过去长期流动，一旦停止下来，成立家室的风气很普通。还有下级官兵打过日寇之后，不想再打自己同胞的观念很重。比如绥署参谋长邓世增，十九路军参谋长黄强，这两个人都是该部的老参谋长，生活很腐化，对反蒋一向不大积极。其次是蒋介石等早就对该军军官进行拉拢收买。宋子文曾拉拢谭启秀。十九军高级军官大部为广东人，但毛维寿是江西人，1930年夏秋间十九军参加中原大战，毛任六十一师第八旅长，途经归德附近，蒋介石曾直接召见，送过他一笔钱。1931年10月毛升六十一师师长不久，蒋介石通过南昌行营参谋长江西人熊式辉策动毛脱离十九路军，并送特支费一笔。何应钦并派云南人赵锦雯为六十一师参谋长，作为策划毛维寿亲蒋的牵线人。为拉拢第四十九师师长张炎，蒋介石的秘书长杨永泰曾想将长女杨培熙嫁给张炎，杨永泰和张炎都是广东高州人，所以张、杨之间拉上了关系，张炎为蒋介石所收买。为培养亲蒋人员，蒋介石以分配黄埔军校毕业生的名义，将蓝衣社（复兴社）组织渗透到该军，如第十九路军总部上校参谋、黄埔一期生黎庶望利用广东罗定同乡关系钻进十九路军来当坐探，译电科长也被收买。福建事变发生后，蒋介石派特务头子郑介民在厦门仓前山、戴笠在鼓浪屿设立情报站，进行破坏活动。这些都大大削弱了十九军的战斗力。

在蒋军的进攻面前，福建人民革命政府军事委员会内意见不一，经过辩论，军委会和参谋团成员大多数主张守福州，于是通过了放弃闽北守福州案。这个错误的决定，将闽北原建宁府属的建阳、建瓯、浦城、崇安、邵武、松溪等县，原延平府属的顺昌、将乐、泰宁、永安、清流、沙县、宁化等县不战而失，所剩下的只有延平一个孤城。

蔡廷锴根据军委会的决定，于12月20日左右重新部署部队，随后乘飞机至漳州、泉州、龙岩等地区与二、三、四军的指挥官作动员，传达作战计划。其要旨是：

命第五军作为前方战略据点守备部队，以该军军长率兵一团及直属部队守水口。以该军第五师师长赵一肩部（欠一团）守古田，以该军第六师师长司徒非部守延平。水口、古田、延平三个战略据点务须储足一月粮弹，构筑半永久式坚固工事死守，以确保福州外围安全。

命第一军放弃沙县、顺昌、洋口地区，将延平防务移交第五军谭启秀部之后，火速东下集结福州西北附近。

命第二军以第二师师长庞成率兵一团及军直属队一部留戍泉州维护闽南治安，担任沿海要点戒备外，其余部队沿福泉公路北进，集结福州以北地区。该军在闽北的六十一师将防务移谭启秀军后，直接开回福州，归还建制。

命第三军以一个团留戍闽东南莆田、仙游地区，担任福泉公路护路及涵江、海口等沿海口岸戒备外，主力北进集结福州附近地区，该军之七十八师仍担负守备马尾要塞之任务。

命第四军以一个团（周士第团）留戍闽西龙岩、永定外，主力取道漳州、泉州，沿福泉公路北进，限 12 月底到达福州作本方面军的总预备队。

命闽东警备司令部率一方面军总部独立团马鸿兴、聂进龙等部，特务团李金波部（该团留下一营守厦门，归漳厦警备司令黄强指挥）仍留置于罗源、宁德地区警备闽东北安全。

一方面军全部兵力三十三个团，除留置前方后方守点守线，散在东南西北沿海各港口占去十一个整团之外，实际集结福州的部队虽号称四个军，实有兵力只二十一个团。和当时蒋军犯闽的兵力比较，悬殊甚大。尤其福建地形南北有闽河相隔，兵力调用困难，加上福州三面环水一面靠山，空军与蒋军相比为绝对劣势，在漫长海岸线上又无海军巡逻，在这种情况下，单一的陆军防御确有捉襟见肘之感。

1934 年 1 月 3 日，综合各方面的情报，得知蒋军的进攻部署与进展情况是：

蒋鼎文所率的第二路军，辖第三师李玉堂、第九师李延年两个师，由赣东窜入闽境后，经崇安、建安、建阳，通过建瓯南进中，先头已抵延平附近。

张治中所率的第四路军，辖第八十七师王敬久、八十八师孙元良两师，由浙江窜入闽境，经仙霞岭、浦城、建瓯，前锋已迫近古田附近。

卫立煌所率的第五路军，辖三十六师宋希濂、第十师李默庵、第八十三师刘戡三个师，由赣东窜入闽境后，经邵武、顺昌等，先头第三十六师已抵延平附近。

被蒋介石新提升的第三十九军军长刘和鼎部，所辖第五十六师已由建瓯南进行达延平以北地区，有进攻延平迹象。

蒋军后续部队汤恩伯纵队，所辖的第四师冷欣、八十九师王仲廉两师，由赣东窜入闽境后，已经邵武向顺昌前进中。

蒋介石已乘飞机抵闽北建瓯坐镇，直接指挥进犯十九军。

综合敌情分析，从兵力来看已超过十九军一倍以上。而且指挥官均是蒋的嫡系将领。除刘和鼎部队外，都是蒋起家、看家、护院的亲信武装。

1934年1月2日晚，守古田的第五师师长赵一肩部与前来进攻的张治中部开始接触。3日发生前哨战。

1月5日，古田、延平两地激战甚烈。是夜军委会李济深、陈铭枢等人召开会议，变更原订计划，认为只要古田、延平守军支持下去，十九军就可以击败张、卫、蒋等部敌军。要蔡廷锴火速率部驰援古田、延平，指挥前线官兵将阻击来犯之敌，以保福州安全。

蔡廷锴据此即变更战略部署：

命毛维寿为右路军指挥官，指挥该军及第三军之一部，沿大湖经雪峰向古田疾进，解赵师之围后加以确保。

命沈光汉为左路军指挥官，指挥该军及第三军之一部，沿白沙、甘蔗经水口向延平推进。陈铭枢、蒋光鼐、黄琪翔随蔡廷锴的一方面军总部行营离福州向白沙前进。

以第四军为总预备队，限令该军于1月7日到达福州待命。

1月7日，古田赵一肩师苦战几天，被张治中部八十七、八十八两师围困，在张治中诱骗下，该师副师长陈任之出城接洽，停止抵抗，向张军投降。延平司徒非师所守九峰山阵地被三十六师宋希濂部攻破后，司徒非在刘和鼎的诱骗下也向刘师投降。

1月8日夜，守水口圩的第五军谭启秀的军部及守备部队（不足两团）被蒋鼎文部所属第三、第九两师之一部，沿延平东下袭击。谭军在水口背水作战，不足一昼夜，水口失守，谭本人只身乘木筏逃出重围。第五军全军覆没。此时援古田之右路军毛维寿部情况不明，援延平之左路军沈光汉等部也无战斗意志。

1月8、9日两日，蒋军卫立煌进至闽江以南，有趋永泰迹象。蔡廷锴向陈铭枢、蒋光鼐、黄琪翔等人建议火速向闽南撤退，否则后方联络被切断，全军将陷入重围。

1月10日至13日，李济深、陈铭枢等匆匆布置解散政府人员，人民政府解体，人员于1月13日先后离开。未足两月的人民政府就这样结束了。

1月8日左右，蔡廷锴以张炎为福州戒严司令。蔡召各军、师长以上开会，决定向泉州退却。

以区寿年率第三军首先渡江南撤，急行军进占仙游，掩护方面军总撤退。该军之七十八师在马尾监视敌方行动，俟主力退出福州后继续南撤。

第二军在第三军之后，在区军掩护通过仙游、莆田地区后，即在惠安、泉州间派出掩护部队更番主力退泉州。

第一军在第二军之后跟进。总部在第一军之后跟进。区寿年军之七十八师在总部之后跟进。

第四军掩护主力渡过乌龙江后继续跟进。以原闽东警备司令兼先遣纵队司令丘兆琛率所部为总掩护，俟第四军撤退完毕后继续南撤。

1月17日，蔡廷锴在泉州召集军、师长及参谋长会议，布置撤退大计，会上，蔡将军队的指挥权交与毛维寿。蔡廷锴离军飞至龙岩等待部队，筹备补给，布置防务。

部队撤退至泉州，因蒋介石早就对毛维寿、张炎等进行过拉拢，他们在蔡廷锴离开之后便投蒋，第十九路军很快就失败了。

1934年1月28日，蒋介石手令第六十、第六十一、第七十八、第四十九师均改编为三团制师，任命毛维寿、张炎为赣粤闽湘鄂第七路军正副总指挥（张炎未就），任命陈沛、杨步飞、文朝籍、伍诚仁为上述四个师的师长，第十九路军的下层官兵或编入中央军部队，或遣散。改编后的各师分别开赴开封、归德、蚌埠、武昌等地参加"剿共"。随着中华共和国人民革命政府的失败，第十九军亦告结束。

1936年6月1日，两广事变发生，广西增编军队，将退到广西的原第十九军的部队扩编为师，以翁照垣为师长。7月下旬，蔡廷锴等由香港入桂，发表恢复第十九路军宣言，并在南宁设立第十九路军总指挥部，蔡任总指挥，恢复三个师的编制，以翁照垣、丘兆琛、区寿年为第六十、第六十一、第七十八师师长。是年9月，两广事变结束，蒋介石与桂系和好，经蔡廷锴与李宗仁、白崇禧商量，三个师保留一个，归广西部队建制，余则解散。保留的一个师被编为广西第二十六师，后依中央军队番号改为第一七六师，区寿年为师长，是为十九军消失后的一点余音。

第二十一军

内战恶名传巴蜀
抗日业绩耀浙皖

自入民国以来，四川军队派别分歧，此起彼伏，打仗是家常便饭，执政为轮流坐庄，四川大地硝烟弥漫，王寇难分。北伐战争起，川军纷纷改旗易帜，但内战依旧，川无宁日。至全面抗战爆发前，川军划地自雄、征发由己，发生了大大小小数百次战争，将天府之国变成了人间地狱。川军虽然派系纷杂，但按其出身而论，不过速成系、武备系、保定系而已。讲到四川内战的主导者，少不了速成系的头领、二十一军首任军长刘湘；论军队，二十一军为四川诸军的龙头老大，四川的内战与

各军的发展几乎都与该军有渊源。四川境内的一二军之战、二刘之战、进攻红军之战等，二十一军都是打头阵。川军内战内行，外战也内行。抗战开始后，二十一军与广大川军弟兄一起，足蹬草鞋、肩扛步枪，义无反顾地走向抗日战场，转战于浙、皖、赣等地，表现突出，师长饶国华壮烈殉国。直到现在，人们提起川军抗日，还不禁竖起大拇指。抗战胜利后，二十一军卷入全国内战。1947年，台湾爆发了"二二八"事件，该军到台镇抚。后于1949年5月在上海被歼。

改换旗帜　继续混战

国民革命军第二十一军是1926年12月17日由川军第二军改编而成，而川军第二军是由清末编练的新军第十七镇一部发展而成。讲到该军的发展历史，必然要说到该军的创始者刘湘。刘湘，字甫澄，四川大邑人，1889年生。1906年入四川陆军弁目队。1908年入四川陆军速成学堂。1909年被保送四川陆军讲武堂深造，毕业后在川军中任职。

历任川军第一师营长、团长、旅长等职，曾与扩国军作战。1918年任四川陕军第二师师长，追随熊克武参加护法战争。1920年四川籍军官不满滇黔军人干涉川政，发动驱逐滇黔军的作战，刘湘任第三军军长。此后受熊克武的扶植升任川军总司令兼四川省长。1923年出任吴佩孚所委之四川善后督办，其后率军将熊克武驱逐出四川。1925年2月，杨森发动"统一之战"，刘湘联合刘文辉与贵州的袁祖铭，组成川黔联军，于同年9月将杨森打败，并收编其余部。

1926年刘湘又联合杨森打败了袁祖铭，将黔军驱逐出四川。刘湘翻云覆雨，纵横捭阖，在混战中壮大，主导着四川的军政。

1926年7月9日，国民政府誓师北伐，以吴佩孚为进攻第一目标。8月13日，刘湘领衔川军各部通电声讨吴佩孚，并表示愿出师参加北伐。11月27日，刘湘被任命为国民革命军第二十一军军长。该军在讨伐袁祖铭之战后共有十三个

第二十一军军长刘湘

师之多,计有中央陆军第十六师(师长)王瓒绪、第三十二师(师长)唐式遵、第三十三师(师长)潘文华,四川陆军第二师(师长)李雅材、第三师(师长)王陵基、第十师(师长)鲜英、第十六师(师长)蓝文彬,及讨袁祖铭之战中扩编的不明番号的许绍宗师、罗纬师、张邦本师、杨国祯师、朱宗悫师,收编的黔军的穆瀛洲旅也扩编为师。各部队虽号称为师,但经历年混战多不足额,如王陵基师仅一团人,世称"王半团";鲜英第十师仅九个连,人称"鲜九连"。

1926年12月17日,第二十一军改编完成,序列为:第一师,师长唐式遵,该师前身为中央陆军第三十二师,实辖三个团;第二师,师长许绍宗,该师前身为川军许绍宗旅与黔军穆瀛洲旅及李雅材第二师合编;第三师,师长王陵基,该师前身为四川陆军第三师（仅一团）并入鲜英川军第十师（仅九个连）而成；第四师，师长罗纬，该师前身为讨贼第一路军所辖一师，仅两个团；第五师，师长王缵绪，该师前身为中央陆军第十六师；第六师，师长潘文华，该师前身为中央陆军第三十三师（仅两个团），并入朱宗懋师缩编而成的一团，共三个团；第七师，师长蓝文彬，该师前身为四川陆军第十六师，三个团；第八师，师长杨国祯，为第一混成旅扩编。炮工兵司令张邦本，该司令部工兵团系原张邦本旅仅有之一步兵团改编而成，另将全军炮兵集中编为一团。

12月26日，刘湘发出通电，称12月8日已经在重庆就任国民革命军第二十一军军长职。

1927年3月31日，驻重庆的王陵基第三师、蓝文彬第七师在重庆制造了"3·31惨案"，镇压共产党人和国民党左派，造成群众重大伤亡，比蒋介石在上海发动"4·12政变"还早十二天。

1927年4月，宁、汉对立，南京方面委任刘湘为国民革命军第五路总指挥，该军唐式遵师趁杨森出兵湖北，进驻夔、万之机，潘文华师、张邦本部进驻江北。1927年11月，刘湘将部队缩编为七个师（师下直辖三个团）又一混成旅及若干特科部队，原川军第二师旅长李宗昉、团长孙为武因不满刘湘缩编部队而去永川投靠李家钰。

刘湘自易帜后，对外积极投靠蒋介石，对内则大力发展势力，不断分化和打击异己。1928年8月，刘湘为响应南京军事编遣会议，决定裁兵，将所部七个师缩编为三个师，每师三旅，每旅三团。同年9月23日，刘湘与保定系刘文辉、邓锡侯、田颂尧三军长在资中县举行会议，就统一意志、裁编军队及组织省政府三大问题达成了协议，由刘湘出任川康裁编军队委员会委员长，刘文辉为四川省政府主席，邓锡侯、田颂尧等为委员。这次会议将川军其他各部屏之于外，激起各军怨恨。10月末蒋介石发布新任命，邓、田均为闲职，激起了邓锡侯的不满。在邓的授意下，其师一级将领黄隐、李家钰、陈书农、罗泽洲与怀着各种目的想反刘的杨森、刘存厚、赖心辉、郭汝栋四部联合成立"国民革命军同盟各军军事委员会",简称"八部同盟",推杨森为主席,李家钰、陈书农为副主席,决定联合向重庆刘湘进攻,发动了下川东之战。刘湘见各军环伺,形势严峻,遂联结刘文辉集中兵力于巴县、江北,将王瓒绪第二师的资中、内江、隆昌、永川防区让出,以牵制赖心辉、陈书农部。其后又将璧山让与陈书农部,换取该部中立。11月初同盟军罗泽洲师前锋直逼一碗水地区,刘湘急忙派王陵基赴万县拉拢杨森,但刘、杨二人积怨已深,未成功。刘湘决定先将罗泽洲部击溃。

12月17日,经过一天一夜激战,王瓒绪师、王陵基师于镇沱场、宝兴场将罗泽洲师击溃。范绍增也积极配合,正式纳入刘湘建制,击溃罗部谢无圻混成旅,指挥官陈鸿文受伤。接着杨军前锋达张关铁山,二十一军主力部队与杨军展开激战,22日蓝文彬旅将杨军先锋雷中厚旅击溃,杨汉域师退洛,刘湘电调驻重庆唐式遵师张竭诚团乘船登岸抄击杨汉域后路,以蓝文彬部、潘文华部合围,将其缴械,杨汉域仅以身免。经过两天激战,杨军溃退。29日,杨森于长寿反攻,又被刘湘击溃,刘军进长寿。范绍增师下邻水向垫江逼近。

1929年1月3日,刘湘许绍宗旅一鼓作气连下垫江、忠县、酆都、万县。杨军于分水岭布防,刘湘郭勋祺旅克万县后向分水岭进军,王陵基师抄袭梁山,又下开江、开县。范绍增师也向分水岭逼近。杨军不支溃逃,刘军连下云阳、夔门、巫山各县,进占罗泽洲地盘长寿、邻水、大竹、垫江。第五师师长何光烈尾追罗泽洲部于邻水时,饮弹而亡。此役刘湘大获全胜,得下川东二十余县,收编杨森军三万余众,范绍增师正式被划入二十一军建制,并得郭汝栋归附。

1929年1月,二十一军收编赖心辉部杨勤安团,新组建一警卫旅。所部共五万五千余人。2月,赖心辉反川入江津,再次为刘湘击溃,所部第二师范子英部被刘湘收编为独立第二旅。6月曾派许绍宗旅围剿旷继勋起义。1929年下半年,王陵基师再次出兵川黔边境酉、秀地区,将赖心辉师再次驱逐入贵州。

1930年4月中原大战爆发,刘湘积极响应中央,站在蒋介石一方,而刘文辉则与反蒋派来往,因相隔太远,没有动作。7月,中原战事变幻莫测,在一旁按兵不动的张学良成为关键。刘湘派其智囊邓汉祥赴东北打探张学良的态度,同时获悉前川军总司令吕超在鄂受桂系支持，召集旧部张秉之、李汉维组织三团人马就任反蒋联军后援总司令，拟从湖北入川，与刘文辉前后夹击刘湘。刘湘急派谋士邱甲、张再到南京活动，由独立第二旅旅长郭勋祺率四个团出兵湖北进驻沙市增防。9月刘文辉等通电反蒋，刘湘派二十一军主和派谋士杜少棠赴成都劝刘文辉谨慎出兵。刘湘为深谋远虑之人，在蒋介石与其他派系激烈争夺中央权力时，静观风色，不仅押对了宝，其实力还有了发展壮大。

部队大发展：海空陆神四大军种

近代四川，不仅军阀混战不休，而且道会门四处横行，黑社会组织多如牛毛。1920年初，有道人刘从云在川中布道并广招徒弟，势力很大，影响亦广，一般群众、军队士兵多信从。刘从云是四川省威远县人，号白鹤，出名之后被人称为"刘神仙"，本名反而不显。刘从云幼年时读了几年书，后来跟从一名大术士学了术数，人又聪明，自他"挂帐"以来，不论是测字、算命、看相、卜卦，从未砸过锅。刘从云工于心计，能言善道，掌握大量情报，又雇了一些"谋"（内线），为他提供消息。四川钩心斗角、尔虞我诈的混乱局势，正好是刘神仙此类人浑水摸鱼、借机发达的好机会，因此他的声名渐起，其信徒由烟赌、娼、匪、袍哥、士绅泛滥至工、商、财、学、党、政、军。二十一军最先信道者为军参谋长郭昌明与政务处长李公度。刘湘也于1925年拜入刘神仙门下，法号"玉宪"。随后在刘湘的引领下，二十一军军长以下的师、旅、团、营长纷纷入道，唐式遵法号"玉美"，潘文华法号"玉羽"，王陵基法号"玉豹"，范绍增法号"玉泉"，许绍宗法号"玉英"。川军其他各军为了讨好刘神仙，对付刘湘，也纷纷入道。邓锡侯法号"玉齐"。1933年杨森入道，法号"玉勇"。二十一军营以上军官入道者达百分之八九十，其他如田颂尧、孙震、李家钰等也都入道了。

刘湘信道是想借刘从云之道会扩大影响，扩充部队，约束部队。另外他还想通过刘神仙拘束川中其他各部队，这和当时冯玉祥全军信基督、唐生智以佛治军是一个道理，不过刘湘是以神治军。1929年下川东之战发兵之前，刘湘请刘从云占了一卦，刘从云对刘湘说："今年是您的流年，'流年留刘，羊子无头'，杨子惠（杨森）这龟儿子活腻了。"杨森被刘湘打败，被这刘神仙言中。此战过后，刘湘对刘从云言听计从，拜其为军师。刘湘和刘神仙之间是互相利用的关系，刘从云想组织武装力量，刘湘想借助刘神仙的力量扩编部队，于是二十一军在1931年成立了"神军"模范师。

1929年11月刘从云从其根据地威远、荣昌、内江、富顺四县挑选一百名青年道徒，集中于重庆南岸大佛寺，定名为百子训练班，挂"二十一军干部训练班"的招牌，以李任湘为教育长，下分三个分队，分队长一职分以忠实道徒王荫槐、周文彬、谢作孚任之。1930年3月3日，又以百子为各级骨干，成立二十一军第一师新兵大队，有士兵3000多人，买枪购械装备成军。是年夏，刘从云又将新兵大队改编为模范队九个营，营长为吴善堂、刘晓岚、蒋尚朴、王玉光、董荣彬、周文彬、刘军佐、蓝斌成；一个手枪大队，队长为刘启武。并于1931年至1932年间在重庆浮图关开办军事教导队和军官传习所，培养下级军官。

1931年上半年刘湘以模范队九个营为基干，组建模范师。模范队九个营改番号为第一旅，手枪大队缩编为旅部机关枪营。刘湘的军警卫旅何克修改隶为该师，番号为第二旅，原二十军郭汝栋部廖海涛第五师缩编为该师第三旅。刘湘又派蒋尚朴、刘晓岚从上海购进路易式机关枪600挺、德造步枪3000支、子弹数万发装备该师。

四川地理形势特殊，河流密布。刘早有心建立一支海军，将来可溯江而上，直取成都，统一四川。同时刘湘了解到世界各国纷纷发展空军，中国的东北、北京、广东及南京地区也出现了空军，他从中受到启发，决定建立空军，以便在日后的川战中取得空中优势。时值川人蒋逵由南京回川，蒋逵毕业于上海商船学校和北京航空学校，正是不可多得的人才，刘湘遂任命其为二十一军航空副司令（刘湘兼任司令）与川江公安舰队司令。

二十一军飞行大队由四架英国飞机、六架法国飞机（飞行途中坠毁两架）组成。分队长为二十一军高参张再之侄张斐然和同蒋逵有同学关系的高在田。1931年春，二十一军航空司令部改组为四川善后督办航空司令部，以张画一为参谋处长，汪烈武为机械处长兼飞机工厂厂长，由副司令蒋逵负实责。1931年秋成立航空学校，以刘湘为校长，蒋逵为教育长，高在田、李士一为分队长，培养飞行员。

1930年底，蒋逵在上海订造浅水兵舰两艘，并一巡逻小艇。次年底，第一艘兵舰成型，刘湘命名为"巴渝"号，以蒋逵同学周崇道为舰长。1932年初，第二艘军舰成型，是为"长江"号，舰长由蒋逵兼任，徐钰为副舰长。另任命谢世恩为由商船改装的"嵯峨"号舰长、潘炽昌为副舰长。另一艘小艇名为"绥靖"号。以上四舰艇成立川江公安舰队，蒋逵为司令，乐述严为军需处长，倪启之为副官长。主力三舰装备七五或三七大炮一尊及机枪八挺。由于刘湘陆续建立海空军和模范师，时人谓二十一军有海、空、陆、神四大兵种。到1932年6月，仅陆军就辖有十多个师：第一师唐式遵、第二师王缵绪、第三师许绍宗、第四师范绍增、第五师陈万仞、教导师潘文华、模范师刘湘（兼）、川东边防第一路陈兰亭、川东边防第二路穆瀛洲、川东边防第三路魏楷、暂编第一师陈兰亭、暂编第二师彭韩、暂编第三师彭诚孚。其他兵种不算，陆军实力在四川首屈一指，在而后与第二十四军刘文辉争雄时，将其一举击败，二十一军的海、空、陆、神军都发挥了重要作用。

叔侄大战　川民涂炭

刘湘与刘文辉都是四川大邑县人，二人是堂叔侄关系，刘文辉是刘湘的叔叔，但刘湘比刘文辉年长六岁，称刘文辉为幺爸。刘湘毕业于四川陆军速成学堂，在川军中属于"速成系"。刘文辉毕业于保定军校，在川军中属"保定系"。刘文辉投身戎武之时，刘湘早已是少将旅长，刘文辉虽不在刘湘系统中任职，但他的发展壮大与刘湘的提携扶持是分不开的。刘文辉对刘湘也有过不少的帮助，如军事上的支持、经济上的援助、政治上的掩护等。刘湘与刘文辉在四川的军阀混战中一直互相依赖，时人称为"川军二刘"。到了20世纪30年代初，经过长期的混战，四川的一些老牌实力派，如熊克武、刘存厚、杨森等人，或失败下野，或被严重削弱，都丧失了争夺四川霸权的实力，二刘则成了最强大的两支势力。刘文辉起步虽晚，但没有经过大的混战，后来居上，到1928年身兼四川省政府主席、川康边防总指挥、二十四军军长等职，其防区包括成都在内的川康一带八十一县，几乎占四川总面积的一半，地盘大而且富裕，兵力达12万人，在四川各派中首屈一指。刘湘此时任四川善后督办、二十一军军长，其防区包括川东南和鄂西一带共计四十六个县，特别是控制着四川水陆交通枢纽、进出口要津重庆，兵力约11万人。地盘上虽稍次于刘文辉，但兵力上与之旗鼓相当。

当二刘成为四川压倒群雄的两大势力之时，二人之间的矛盾也逐渐产生了。刘湘早有统一四川的野心，他经常公开声言统一四川后将如何如何。他的神仙军师刘从云也经常在其耳边吹"一林不藏二虎，一川不容二流（刘）"邪风，这更助长了刘湘要做"四川王"的野心。刘文辉亦是野心勃勃，他常向人问计："你看四川要如何统一？"俨然以统一四川为己任。同时，刘文辉还支持滇军胡若愚打回云南，支持王家烈独占贵州。这表明刘文辉之志不仅在独霸四川，还力图控制西南。

叔侄二人都想称霸四川，必然以对方为敌。为削弱和搞垮对方，二刘明争暗斗。1931年，刘文辉以200万元巨款从外国购买了一批军火，由上海运往成都，途经万县码头时，被刘湘部师长王陵基扣留，刘文辉亲往重庆与刘湘交涉，但毫无结果。刘文辉也还以颜色，暗中以巨款收买刘湘的部队师长范绍增和旅长蓝文彬，并命令驻江津所部切断重庆粮道。刘文辉之兄刘文彩还收买刺客，企图暗杀刘湘。这些冲突表明，二人的矛盾已经到了不可调和的程度。

1926年，二刘爷俩虽然都改换了旗帜，都称国民革命军，但政见迥异，在国民党新军阀的几次混战中，刘湘始终站在蒋介石一边。中原大战时，蒋调湖北的部队到河南前线，刘湘出兵到鄂填防，极力支持蒋介石。而刘文辉则不然，他数次与反蒋派结盟反蒋，曾任反蒋派的北平国民政府委员。蒋介石对二刘的爱憎可想而知。1932年夏，刘湘拟订了攻打刘文辉的"安川"计划，转交正在江西"剿共"前线的蒋介石，得到了蒋的支持。与此同时，刘湘尽力拉拢和收买川军将领，壮大自己的阵营。他利用刘文辉与田颂尧的矛盾，分化保定系，拉拢田颂尧反对刘文辉。继而又加紧与属于保定系的邓锡侯联络，致使田颂尧、邓锡侯都站到了刘湘一边。当一切都准备好以后，刘湘下决心向刘文辉开战。刘文辉别无选择，唯有积极应战。

1932年10月1日，刘湘唆使四川边防军总司令李家钰和新编第二十二师师长罗泽洲，首先从南充下游李渡场向刘文辉部林云根旅开火，揭开了二刘大战的序幕。10月12日，以刘湘部师长唐式遵为首的全川九十四名师、旅长通电讨伐刘文辉，并向刘文辉驻防的顺庆、隆昌、泸州等地进攻，二刘大战正式爆发。

战争开始，田颂尧在刘湘的支持下，胁迫刘文辉撤出成都，刘文辉决定先解决田颂尧，免除后顾之忧，再集中力量对付刘湘，于是，集结兵力于成都东大街、春熙路和少城一带，刘、田双方爆发了省门之战（又称刘田成都巷战）。11月16日，两军打响，战斗在市内进行，自西到东，无街不战，无巷不争。经历了煤山争夺战、东郊之战、北门簸箕街决战几个阶段后，田颂尧部被困于城内西北一隅。这时，号称"水晶猴子"的邓锡侯以"中立"的面目出面调停，刘文辉急于结束战争，同意了邓的调停。11月22日，刘、田双方达成休战协议：三军重新合作；刘军让出北道交通线；田军向新都撤退；城内两军恢复原状，由邓军执行"中立"任务。11月25日，省门之战结束。经这场浩劫，刘军死五千余人，田军死四千余人，双方伤者一万余人，因战祸受灾的成都难民则达二万七千余人。古城成都断壁残垣，尸横遍地，市民流落街头。

省门之战结束后，刘文辉急将大部分兵员东调，与刘湘又在沱江一带进行了一场大混战。此战，刘湘以唐式遵为东路军总指挥，潘文华为南路军总指挥，王缵绪为北路军总指挥，兵分三路攻打永川、江津、潼南、大足等县。刘文辉则退守隆昌、泸州一线，以资中、内江、富顺、泸州县城为主要据点，企图扼沱江之险以抵挡刘湘之师。10月28日，刘湘出动飞机、军舰轰击泸州。11月18日，刘湘越过沱江，王缵绪攻打内江，唐式遵攻打富顺，潘文华攻打自流井。11月30日，唐式遵、王缵绪联合李家钰、罗泽洲、杨森三部沿沱江进攻泸州。刘文辉之师长夏首勋率第二、第三师主力阻击，刘湘久攻不下，只好放弃围攻泸州，集中主力攻打富顺、内江。两军对峙，战线长达四十余里。在刘湘的强攻之下，刘文辉抵挡不住，将资中、富顺、内江等地丢失。刘湘秘密买通泸州守军，并加紧进行炮击、轰炸。12月23日，泸州守军军心动摇，被迫接受刘湘收编。12月26日，刘湘进驻泸州，并溯江而上，直取宜宾，刘文辉败退荣县、威远，沱江大战结束。

沱江大战之后，刘文辉以所部夏首勋为第一路，张清平为第二路，林云根为第三路，陈鸿文为第四路，冷寅东为第一预备总指挥，唐英为第二预备总指挥，集中主力于乐山、井研、仁寿、荣县、威远一带，以荣、威为重点，设总指挥部于眉山。刘湘则以第一路总指挥唐式遵在自流井、荣县、威远一线；第二、三路总指挥王缵绪、范绍曾在资中、内江一线；第四路总指挥潘文华在富顺、宜宾一线迎战。12月4日，荣、威之战在宝马场打响。12月10日，战斗全面展开，刘文辉投入七万兵力，刘湘出动五万人马，双方展开连场血战，伤亡惨重。由于刘文辉部顽强抵抗，刘湘部节节后退，转攻为守。刘湘见战局对自己不利，于是派人向刘文辉议和。刘文辉打算乘胜进击，消灭刘湘，但12月19日，刘文辉部旅长陈万仞（字鸣谦）突然在资中倒戈叛变，所部被刘湘改编为师。邓锡侯、田颂尧又背叛成都协议，放弃中立，出师援助刘湘，袭击刘文辉后路。杨森、李家钰也有对刘文辉进攻之动向。刘文辉权衡利害，不得不于12月21日令冷寅东在老君台与刘湘签订停战书：刘文辉前线部队移驻乐山之笋子山及井研一线，其余部队仍屯原地，军部仍回省城；刘湘前线部队移驻荣县之白石沟、老林口、文昌宫一线。两军隔岷江对峙。

荣威之战后，刘文辉力量被削弱，内部军心涣散，将领相互埋怨，上下不和。1933年春，刘文辉在成都召开军事会议。会上，刘文辉与不少将领都认为，在省门大战和荣威之战中，邓锡侯都暗中作祟，应该加以讨伐，这意见遭到保定系军官的反对，认为保定系互相残杀，实属不明智之举。但刘文辉认为这"水晶猴子"是保定系中的另类、叛逆，一定要讨伐之，便于4月间以川西平原为中心，重新布置兵力，向邓锡侯开战。刘、邓之战在毗河两岸展开。5月6日，刘文辉开始发动进攻。邓锡侯沿毗河布防，并主动放弃温江。邓锡侯部师长黄隐为阻止刘军进攻，将都江堰调剂流量的杩槎砍去，毗河水顿时猛涨，两岸泛滥成灾。刘军数次强渡未成，两军对峙一个多月。鏖战之际，邓锡侯决定依附刘湘，将部队交由刘湘指挥。6月25日，刘湘、田颂尧、刘存厚、杨森、李家钰、罗泽洲六人联名通电，准备武力制止刘、邓纷争。刘、邓两军内保定系同学也无心再战，于新都三河场开会，签订和约，并打算脱离刘文辉。7月2日，刘湘指挥联军向刘文辉进攻。7月3日，刘文辉放弃井研，他自知无法取胜，遂由冷寅东出面于同日致电刘湘，称"二十四军退出成都，拥戴其促进川事的统一"。7月8日，刘文辉率部撤出成都，通电辞去四川省政府主席职。7月14日，邓锡侯返回成都。7月21日，刘湘率部进入成都。

刘湘进入成都以后，蒋介石委任刘湘为四川"剿匪"总司令，进攻入川红军。刘湘为彻底消灭刘文辉，乘势提出"先安川后剿赤"的口号，联合全川大小军阀在成都成立了安川军，分东、南、北三路，共一百一十个团，开赴岷江东岸与刘文辉对峙，岷江大战（又称安川大战）爆发。8月1日，刘文辉退集岷江右岸，发起反攻，但徒劳无功。双方隔江炮战，均无进展。刘文辉派参谋长刘吉甫到成都请刘湘息兵，要求政治解决争端，但谈判未成功。8月13日，刘湘下令总攻。邓锡侯派人收买了刘文辉河防部队营长叶青莲投诚，岷江防线开了一个缺口，邓军立即抢渡过江，刘文辉守江部队惊惶溃败，旅长彭韩倒戈，刘军全线军心动摇，土崩瓦解。8月16日，刘文辉退至雅安，师长陈鸿文、旅长石肇武在邛崃被俘，石肇武被枪决。8月17日，刘文辉撤离雅安，所部夏首勋、林云根、张清平、冷寅东等被刘湘改编。

刘文辉战败，一退再退，退至雅安，又退入西康。刘文辉没有办法，只好求和，他的捷径就是拜刘神仙为师。刘文辉让三姨太杨蕴光去见刘从云，给刘神仙叩头，代刘文辉行弟子礼。以刘湘的名义介绍入门为刘神仙弟子，赐号"玉献"。刘从云高兴之余，劝解刘湘："自己两叔侄'打破脑壳都镇得起'，得饶人处且饶人，不要将事情做绝，留下同宗同族亲情。"刘湘得知刘文辉已服软，也顾念叔侄之情分，不忍置刘文辉于绝路，便令各军停止追击。9月，两军媾和，刘湘同意将雅安、荥经、天全、芦山、宝兴、名山、洪雅等县划给刘文辉，刘文辉总算能偏安西康一隅，有个立足之地。而刘湘，则占有川东、川南、川西地区八十余县，军队扩展至十余万人，登上了四川霸主宝座，为全川归于统一奠定了根基。

二刘大战是四川历史上规模最大的军阀混战，战线绵亘千余里，川北、川西、川南战火纷飞达一年多，四川大小军阀邓锡侯、田颂尧、杨森、刘存厚、李家钰、罗泽洲等均卷入其中。双方投入兵力约三十万人，死亡达六万余人，耗资五千万元。

进攻红军　失败告终

1933年，湘鄂红军有了很大发展，一直发展到四川境内。红四方面军也对川军发动攻势，并攻占了万源、宣汉等地。二十一军军长刘湘感到形势危急，于是派出大量兵力，向红四方面军所在地进犯。此时，红二军团贺龙部已由洪湖转移到了湘、鄂边区，游击于鄂西宣（恩）、咸（丰）、来（凤）间，与国民党湘军之陈光中、周燮卿及黔军之沈久成、谢彬、罗启疆等部激战甚烈，曾击毙黔军师长谢彬，力量逐渐扩大。蒋介石自任五省"剿匪"总司令，以便亲自提调几省的军队合力围攻，并以武汉行营主任何成浚代行指挥。1933年10月，刘湘被任命为四川"剿匪"总司令。蒋介石的企图是借对红军作战的机会来消耗削弱川军，继而达到以中央军控制四川的目的。而刘湘的愿望是，只要红军不进入四川，就可以抵制蒋军，闭关自守。另外，川黔地区土匪多如牛毛，还有八德会、联英会等各种不同名称的"教匪"，直接影响二十一军境内的治安。对此，刘湘做出了"内清土匪，外御红军"的决策，他的防御部署是：酉、秀、黔、彭地区距重庆较远，交通不便，山崎林密，素来极不安定，且距红军根据地较近，需增兵防守。除派第五师陈万仞率所部并指挥田钟毅独立第二旅及周化成保安团两部担任此地防务外，又以王陵基的第三师分驻夔（府）、万（县）沿江一带，互为援应。

1933年12月，湘西红军向酉阳、黔江进攻，并将其占领，在歼灭田钟毅旅一部后主动撤向湖北省的利川，又于1934年1月占领利川，继而转向奉节。刘湘见红军逼近他的地盘，急令驻云阳的佟毅团等堵截，并与鄂西的徐源泉呼应，企图夹击红军。但红军的歼敌目的已达，遂脱离两军的进攻，向南撤去。而后在4月、8月、10月，刘湘指挥二十一军一部与湘鄂西红军战于彭水、酉阳间，但都是小规模的作战，损失都不大。

1932年10月，红四方面军未能粉碎蒋军对鄂豫皖苏区的第四次"围剿"，徐向前率领四个主力师跳出敌人的包围圈，穿过平汉铁路，越过秦岭，进入汉中地区。因汉中地区狭小，敌兵势众，又于1933年1月抵达川北的通江、南江、巴中一带。至是年5月，红军粉碎了田颂尧三路"围剿"，又举兵讨伐田颂尧、杨森、刘本厚并取得胜利，使苏区得到扩大。

红军的胜利使刘湘大为震惊，他于1933年10月任命邓锡侯、田颂尧、李家钰、杨森、王陵基、刘存厚为四川"剿匪"军第一至第六路总指挥，对红四方面军发起进攻。红军总部根据粉碎田颂尧军三路进攻的经验，决定采取收紧阵地、诱敌深入、集中兵力、待机反攻的方针，集中20个团于东线，专门对付刘湘；

以16个团配置在广元至营山、渠县以北的西线广大地区,以钳制邓锡侯、田颂尧、杨森、李家钰等路。

12月初,刘湘指挥部队发起全线总攻击。经过两天激战,范楠煊旅被阻于杨柳垭不得前进,右翼迂回部队亦被阻于周鸡公梁。2日晚,红军自绥定、罗江口两地调来生力军一千余人,连同原有部队共四五千人,分向杨柳垭当面曹家寨等反攻,经过彻夜战斗,范楠煊、廖震两旅共伤亡二百余人,至3日拂晓,双方仍处于相持中。3日,范绍增以总预备队孟浩然旅投入战斗。其后范旅郑团夺占了杨柳垭。廖旅之饶、叶两团亦冲至火烽山、天宝寨之间,但遭到红军交叉火网射击,死伤颇重,全线势将动摇。范绍增见势不佳,以大竹云雾山的松杉教头子吴和尚率领神兵(徒子徒孙)五六十人,左手挽诀,右手持刀棍,头顶黄钱纸,狂呼乱叫直向火烽山、天宝寨冲扑,廖旅挑选的敢死队随"神兵"之后跟进。将冲到棱线时,吴和尚被打死,其徒子徒孙及敢死队伤亡殆尽。红军乘势反击,猛烈围攻宝盒寨,范、廖各军势已不支,适范绍增飞调两团赶到,同时飞机亦临空助战,始得稳住阵脚。红军随即退走。次日,廖旅方面增加了孟旅之徐团为进攻部队,拂晓发起攻击,但红军阵地上寂然无声,始知红军已连夜撤退过河扼守达县城、凤凰山亘城南之铁山一线。范、廖各军推进至绥定河南岸右起小河嘴亘滥井坝至大滩河之线,与红军隔河对峙(到12月15日渡河进攻为止)。此役廖、范两旅共伤亡一千五六百人。

东线红军主力在给予进攻之刘湘、刘邦俊以大量杀伤后,于12月17日、18日放弃宣汉、达县,撤至东起庙坝、西至北山场一线,占领新阵地。田颂尧、李家钰两路的进攻遭到红军一部的顽强阻击,至翌年1月1日,卒将该敌驱逐回阆中。与此同时,另一部红军亦击退了邓锡侯军的进攻。西线红军在达到消耗敌人有生力量目的之后,亦于1月11日主动退出仪陇,撤至北起旺苍坝沿东河南达鼎山场一线。1934年1月下旬,为创造战机,东线红军再次主动后撤。王陵基以为红军全线崩溃,命令五、六两路猛追。刘邦俊军之郝耀廷路为抢头功,2月10日突然进至罗大湾、沿山场一线。当夜,红军一个师以秘密突然的袭击,突破郝部的阵地,将其两个团消灭,并击毙了郝耀廷。11日,红军又歼灭了王陵基师一个旅的大部,挫败了刘湘在东线的攻势。刘湘为防红军南下,急调唐式遵、王缵绪两个师和一个独立旅增援,并撤换了王陵基,以唐式遵为第五路总指挥。

刘湘发动六路围攻已逾三个月,不但未能达到第一期作战歼灭红军主力的目的,反而受到很大损失。至此,刘湘始认识到短期内消灭红军是办不到的,遂于2月17日召开各路"剿匪"总指挥会议,将第二期作战战术改为逐段推进。3月3日,刘湘下达总攻击令,企图在西线将红军"压迫到通江、巴中、木门以北地区,再行包围歼灭",在东线"占领万源,推进到石盘关到竹峪关之线,封锁川陕边界至镇巴门户",以截断红军通往陕南的道路。

3月4日,西线的邓锡侯、田颂尧等首先向红军发起了进攻。12日,刘湘在东线也发起重点进攻。刘湘以范绍增和杨国桢猛攻东线右翼之红灵台,经红军阻击,范师死伤累累,至14日攻势顿挫。22日,唐式遵又指挥五个旅的兵力,对东线中段老鹰嘴、毛坪一线猛攻。红军猛烈反击,刘军遭受重大伤亡,丝毫未取得进展。

3月28日,刘湘又发布第三期攻击令,妄图在东线占领万源,西线占领南江、通江,将红军压缩到川陕边境,对红军进行围歼。4月初,东、西路同时攻击前进。红军为进一步集中兵力,主动后撤,并乘敌人立足未稳之际,予以杀伤。4月23日,许绍宗率领六个旅连续进犯镇龙关、石窝场一线阵地,妄图从中央突破,割断红军东西两线的联系。激战六日,被红军歼灭四千余人,狼狈溃退。

两线发动三期进攻,虽然夺取了部分城镇,但第二十一军也消耗兵力三万五千人以上,并未达到消灭红军主力的目的。为此,刘湘于5月13日召开各路总指挥会议,确定第四期的作战方略为"攻克通江,万源,并自通江北部沿川陕边界向万源方向横扫",以取得围攻的最后胜利。非二十一军的其他部队顾虑重重,观望不前。刘湘最后请出他的高等顾问"神仙"刘从云为"剿匪"总司令部前方军事委员会委员长,代他统一指挥各路"剿匪"军,并将自己嫡系八十八个团全部投入战场。

红四方面军扩充了兵力，对部队进行了整训，决定利用居高临下的地形，粉碎刘湘的围攻，因为刘部力量最强，只要将其击败，其他各路不攻自破。为引诱刘湘北上，红四方面军于6月21日主动放弃通江，并派出一个团出击，打垮王三春、陈国枢两部，追杀二百余里，直下城口、镇巴等地。唐式遵误以为红军将"由城口出巫溪、奉节，直冲云阳、万县"，赶忙将第五路主力东移。这时正值刘"神仙"飞赴前方督师，刘胡说"占卜有灵"，红军"消灭在即"，督促唐式遵率主力五十几个团，向万源迄通江以北红军阵地猛扑，妄图一举攻下万源。许世友指挥红九军二十五师顽强阻击，万源屹立未动。

7月中旬，川军开始了以万源为目标的全线猛攻。邓锡侯向两河口推进，田颂尧、李家钰两路攻得汉城，杨森军直趋竹峪关，唐式遵、刘邦俊两军企图攻占万源及其以西一线，双方在万源展开了一场激烈的攻防战。11日，唐式遵投入八个旅的兵力进攻万源的孔家山、南天门等阵地，二十一军在猛烈炮火掩护下进行波浪式攻击，付出很大的代价夺取一块阵地，但很快又被红军一个反冲锋夺回。进攻十余日，二十一军死伤团长以下万余人，红军阵地屹立不动。8月6日，刘湘指挥发动第三次猛攻，以唐式遵、王三春、陈国枢等部攻甑子坪、花萼山，迂回万源东侧；廖震、汪铸龙两师攻南天门，迂回万源西侧；王缵绪、许绍宗两师向万源正面孔家山进攻。刘湘唯恐攻击不力，向部队颁布了连坐法，并亲临前线指挥，监督官兵冲锋。红军也抱着与阵地共存亡的决心，一时间只见阵地上硝烟滚滚，杀声震天，二十一军不得前进一步。当日下午，红军发起反攻，二十一军纷纷退下，遗尸累累，伤亡四千有余。西线各军见唐式遵败退，也纷纷溃退逃跑。

红军趁刘湘新败，又连日阴雨，及战线长而供应乏力的时机，决定以奇袭的方式歼灭二十一军一部。8月9日，红四方面军以一个团在伸手不见五指的黑夜，穿山越涧，攀藤附葛，抵达川军宿营地，将刘本厚部汪铸龙师的一个旅全部歼灭，夺取了青龙关要隘。该部为刘本厚部与二十一军唐式遵部的结合部，红军攻占后随即撕开了二十余里的大口子,后续部队赶到后,向左右两翼发起进攻。二十一军的杨国桢、刘光瑜旅在红军的攻击下纷纷败逃。红军主力向二十一军的侧后方迂回,范绍增、陈兰亭等见势不妙,拔腿就跑,连续五昼夜跑了四百里,逃回渠县以北的三汇场。

西线各路川军见刘湘已全线溃退,甚为恐慌,急忙调整部署。徐向前指挥红四方面军实施大迂回,在黄木垭、旺苍坝歼灭田颂尧、邓锡侯部旅长以下四千余人,取得粉碎川军六路围攻中最大的一次胜利。

刘湘奉蒋介石令组织的六路围攻,历时十个月又二十天,被红军打死打伤旅长以下官兵六万余人、俘虏旅长以下官兵两万余人,最后以失败而告终。

参谋团进川　整理军队

1935年1月,蒋介石以追击红军为由,派贺国光率"国民政府军事委员会行营参谋团"进驻重庆。"参谋团"入川后,大搞针对刘湘等实力派的破坏活动。刘湘虽然执行蒋介石"攘外必先安内"的政策,积极参加"围剿"红军,但是骨子里与蒋介石不是一条心,他与蒋介石不断进行明争暗斗。两广事变爆发后,刘湘暗中响应,刘、蒋矛盾升级。西安事变中,刘湘同情张学良、杨虎城,蒋介石更为恼恨。因此,蒋介石欲借川康整军来彻底控制川康各地实力派。刘湘与蒋介石的矛盾,成为川康整军的诱因。

川康整军是在抗日救亡形势下不得不采取的举措。"九一八事变",特别是1935年华北事变后,中华民族面临亡国灭种的危险,"中、日矛盾成为主要的矛盾,国内矛盾降到次要和服从的地位",中国共产党制定了抗日民族统一战线政策,主张停止内战,一致抗日,得到全国人民的拥护。而川康各地方实力派仍然手握28万重兵,特别是刘湘的二十一军多达十万人,中央政府不能控制。这在当时抗日救亡的形势下，是不合时宜的。因此，在民族危亡的紧要关头，通过川康整军，将川康军队"国家化""中央化"，有利于集中国民党内部各方面的力量共同抗日，有利于挽救民族危亡，符合抗战的需要，是具有进步性的正义之举。

要抗战，不但要进行川康整军，使其成为"中央化"的国家军队，还要使其成为一支高素质的国家军队。而当时川军素质低下，编制混乱不一，有的连只有几十个人，有的师只有几千人；若以团为单位计，共167个团，"竟有日本全国军队数量二倍半之多"；装备十分落后，武器制式不一；拖欠、侵吞军饷时有发生；军队的战斗力低下。

川康整军的一个重要内容，就是统一编制，充实装备，提高军队素质，增强战斗力。可见，川康整军，有利于提高川军素质、有利于日后抗战。

1937年5月，国民政府提出川康整军，刘湘当即表示"愿将军政军令交还中央，并愿将川军一律国军化"。此后，刘湘派出代表刘航琛（时任四川省政府财政厅厅长）、关吉玉（时任四川省政府委员）、卢作孚（时任四川省建设厅厅长）、何北衡（时任川江航务管理处处长）等与中央政府协商川康整军有关事宜。

经过几度修改，到6月22日，双方达成川康整军原则，在对川康将领的利益给予一定照顾的同时，中央收回川康军队的人事、指挥、经理等权。整军原则的确定，标志着整军的第一阶段进展顺利。

6月29日，国民政府召开例会，任命何应钦为川康军事整理委员会主任委员，顾祝同、刘湘为副主任委员，贺国光、邓锡侯、刘文辉、杨森、唐式遵、潘文华、王缵绪、孙震、李家钰、范绍增、向传义、董宋珩、郭勋祺、许绍宗、张邦本、徐源泉、夏斗寅、李蕴珩、周浑元为委员。军事整理委员会颁布了《川康军事整理委员会组织大纲》。

根据规定，"全川军原为一百六十七团，改编为一百一十三团，照重质不重量之整编原则，汰弱留强，将原来兵额二十八万余人，合并编足十六万余人（被裁编官兵安插办法，另案规定），川康绥靖主任刘湘直属各部，改编为三军、三独立师、六独立旅三独立团"。刘湘的部队保留得最多。

第二十一军军长唐式遵

川康整军后第二十一军主官及驻地情况如下：

军长唐式遵，副军长范绍增。辖三师。

第一四五师，师长饶国华，副师长刘光瑜，驻邛崃。第一旅，旅长彭焕章，驻邛崃；第二旅，旅长佟毅，驻邛崃；第三旅，旅长周绍轩，驻新津。由该军原第一师改编而成。

第一四六师，师长范绍增，驻新都。第一旅，旅长刘兆藜，驻广汉；第二旅，旅长傅楠，驻什邡；第三旅，旅长孟浩然，驻新都。由该军原第四师改编而成。

第一六二师，师长彭诚孚，驻成都。第一旅，旅长严啸虎，驻成都；第二旅，旅长周成虎，驻璧山。由暂编第二师改编而成。

出川抗战　泗安阻敌

1937年7月全面抗战爆发。8月7日，刘湘抵南京参加国民政府召开的国防联席会议。刘湘在会上表示：要抗战才能救亡图存，要先攘外才能安内。抗战，四川可以出兵三十万，提供壮丁五百万，供给粮食若干万石。刘湘的讲话得到全场赞许。

8月13日淞沪会战爆发了。国民政府任命刘湘为第二预备军司令官，邓锡侯为副司令官，命令四川出兵抗战。9月5日，四川各界欢送川军出川抗敌大会在成都少城公园（今人民公园）举行。是月下旬，第二十一军在二十三集团军的编成内，第一六二师留川，第一四五、一四六师与军部由水路乘轮船，出夔门，经宜昌到汉口，而后沿江东下。11月19日，刘兆藜一四六师在芜湖上岸。次日，饶国华率领一四五师亦到达芜湖。

恰巧这时，传来日军已从浙江金山卫登陆，分向浙江、苏南进犯的消息。刘湘见情况紧急，决定将二十一军、二十三军布署重点放在泗安、广德方面，担任阻击自金山卫登陆的日军的任务。

11月22日下午，刘湘下令唐式遵、潘文华率二十一军、二十三军，经句容县分道向溧阳沿太湖西岸宜兴、长兴、泗安、吴兴一线构筑阵地，阻击入侵日军。

11月22日，唐式遵在广德后面十里铺的誓节渡设司令部，所部田钟毅独立十三旅和刘兆藜的一四六师于11月24日到达泗安镇。

泗安镇在浙江省境内，地势平坦，仅南北有浅山，全镇分为上泗安、中泗安、下泗安，位于芜湖至杭州的公路上，东距长兴二三十公里，西距皖东的广德有三十公里。潘文华率第一四五师的先头部队四三三旅于11月23日到达广德。

中央军主力大部已后撤到达目的地，仅有部分辎重尚在后撤中。一四五师师长饶国华为掩护友军安全撤退，令先头部队四三三旅一团推进至泗安，占领阵地。一团与日军前锋遭遇，展开战斗，苦战三昼夜。饶师兵力单薄，伤亡惨重。26日，日军出动装甲车、坦克向泗安进攻。饶师官兵未见过坦克和战车，纷纷往两侧后退。饶国华派四三三旅副旅长何秉文到吉安同第一四六师协商，请派兵威胁日军侧背，可是一四六师未及时派部队支援。

日军仗着优势火力，用中央突破的战术，沿着广德大道突破了林城守军的防线及第一四五师守卫的泗安机场当面的阵地。守机场的一四五师的刘子生团在机场的边沿与日军恶战一天。师长饶国华深知情势严重，当夜通电全师所属官兵宣誓说："国家养兵是为了保国卫民，人谁不死，死有重于泰山，有轻于鸿毛。今天是我们报国之时，要不惜一切努力报国，以争取我川军为谋人民的利益而献身。"第二天，刘子生团与日军在机场血战，日机对一四五师轰炸、扫射，刘子生团长身负重伤，全团官兵损失四分之三以上。饶国华见机场不保，便命令将飞机及航空器材焚毁，然后全师后撤，泗安失陷。日军以主力沿吴嘉公路直趋广德。饶国华率四三三旅佟毅部刘团，拒日军于广德前方五华里的界牌。饶部官兵孤军困守，死亡枕藉，形势十分危急。他命令未投入战斗的刘汝斋团全团反攻，刘汝斋竟不服从命令，未出兵而后撤。

第一四五师饶国华部与日军苦战时，潘文华军团长一面电话紧急报告刘湘：一四五师怕支持不住，一面亲赴前敌，一面指挥作战。潘文华到前线时，泗安、广德俱已失守，经电话请示刘湘后，下令："田钟毅独立十三旅从右翼、一四六师刘兆藜从左翼，包围泗安敌人。"这时第七战区副司令长官陈诚到达芜湖，改变了潘文华的作战布置。他一面指挥吴奇伟部向徽州撤退，一面命令唐式遵、潘文华部队向黄山方面（太平）撤退。唐、潘二人将陈诚的命令转一四五师孟浩然、佟毅两旅。正在执行潘文华命令的田钟毅已率部包围泗安的日军，他虽然未接到陈诚的撤退命令，但见孟、佟两旅已奉命撤退，也就停止了进攻。二十一军旋转移至誓节渡附近，拒止敌之前进。饶师于泗安鏖战之际，即令一四六师自泗安以南侧击敌人，因该师电台被炸，联络困难，导致未达成协同夹击敌人之目的。

二十一军在广德附近激战之际，在泗安以南地区之一四六师亦积极向敌之侧背进击。刘兆藜师四三六旅旅长廖静安、七十五团团长潘寅久对师部不及时出兵支援一四五师表示不满，潘寅久要主动率全团打击日军。这时，一四六师刘兆藜部还未收到撤退命令，仍按潘文华军团长的原命令执行。26日晚，廖旅潘寅久等团由吉安阵地出其不意向泗安日军进击，先以手榴弹轰击，继则使用马刀肉搏，白刃相向，杀日军如砍瓜切菜一般。日军仓皇溃逃，阵地上遗下不少血淋淋的日军官兵头颅，日军二女护士被俘，一名日军官来不及退逃，剖腹自杀。泗安镇全部克复。同时，占领广德的日军经正面川军的猛压，以为后路被截，纷纷退出广德。这时第一四六师及从芜湖登岸的刘湘部独立十四旅周绍轩部赶到，一齐推向大小界牌一线。

日军又来进攻，以坦克开始。刘师周绍轩旅先将广德附近的桥梁炸毁，以阻日军坦克。日军坦克绕开炸断的桥梁再来攻击，周旅长命六四一团一营营长周镐荣率全营在道路两旁埋伏，准备打坦克。日军坦克一队大摇大摆地开来，连长胡云程抱着一捆手榴弹，跃出战壕，爬上坦克，从瞭望孔中将一捆手榴弹塞了进去。手榴弹一爆炸，日坦克被炸毁。接着，排长赵学桂又抱着手榴弹冲上去炸毁了第二辆坦克。胡云程、赵学桂当场壮烈牺牲。日军坦克一炸毁，川军官兵冲出战壕向日军杀去，大败日军，战况空前激烈，就连敌寇也不得不叹服："这些草鞋兵能打仗。"

一四六师和独立十四旅在泗安、广德的几次战斗中，歼灭日军数千，其中击毙装甲车队长一名，缴获装甲车十几辆，载有日军呢军服、呢大衣、毛毯等物的载货汽车四五辆，卡车二十余辆，汽油数百桶，还有枪炮弹等军用物资。缴获日军两门野炮，因未及时拖走，只将零件卸去。有的战利品难以运走，就一把火烧毁，弹药爆炸，火光冲天。

同时，刘兆藜师王团的便衣队以最快的速度，追击日军至东湖亭镇。日军退逃时遗下大批战马及防毒面具，便衣队占了东亭湖，除得到战利品外还俘日军三十名。从缴获的日军文件中，才知道退逃的日军是国崎支队。

11月28日，饶国华师长率佟旅向泗安之敌反攻。到达泗安附近，天已渐明，敌军飞机、大炮、坦克车联合反攻，饶部官兵整夜疲劳，且夜间攻击队形不免混乱，经敌猛攻，不支后退，午后复与敌接触于大界牌附近，双方发生激烈战斗，伤亡甚大。一四八师在十里岗、大塘口之线拒止敌人。同日，本部转移于十字铺指挥。

11月29日夜，敌继续进犯一四八师十里岗、大塘口一带阵地，该师拼命固守，激战至深夜，敌包围该师两翼，因阵地工事构筑时间太短，左右又无友军，该师被迫向广德附近转移。在广德整顿之一四五师佟旅迅往增援，一时战况至为激烈，敌我肉搏血战，往复冲锋不下十余次。一四五师师长饶国华亲临前敌督师，士气为之大振，虽伤亡甚重，仍拼命不退。

11月30日，饶国华见泗安从自己手中丢失，又失界牌，令刘汝斋团反攻，刘汝斋擅自后退；而兄弟师旅在泗安、广德之战中均痛击日军，为国立功。

作为一师之长，饶国华深感对不起国家，对不起百姓。饶出身行伍，禀性忠贞，笃信佛学，持身勤俭，人称"饶菩萨"，仰慕文天祥、史可法。饶国华在奉命限期收复广德时，已下定"与城为殉"的决心，他亲率一营官兵反攻，终因寡不敌众，被日军重重包围于十字铺据点。日军一再劝降，饶国华威武不屈，紧握雪耻刀对官兵讲道："我从'七七'事变发生之日起，就渴望能到前方杀敌，洗雪国耻，收复失地。'八一三'事变后，国共合作抗日。我幸能如愿以偿，奉命出川抗战，引为平生快事。诸君还记得罢！我们离川时，蜀中父老兄弟姐妹曾举行盛大仪式欢送。潘文华军长代表我们川军将士致答词，表示我们一定要血战到底，收复失地，把日本侵略者赶出中国，做到胜则生，败则死，不成功便成仁。我们要牢记当时的誓言，绝不能在敌人面前屈膝示弱，给中国人民丢脸！"当天晚上，饶国华在弹尽援绝、人马伤残的情势下，沐浴焚香，给刘湘写了绝命书。写毕，让身边卫士顾元兴去休息，30日凌晨2时，他单独一人步入树林中以手枪自戕殉职。嗣后，国民政府为表彰他的忠烈，特追赠为陆军上将。

饶国华殉国后，佟毅代理一四五师师长。12月1日，第二十三集团军又向广德之敌攻击，以策应一四六师之作战，佟毅率所部并指挥一四七师之章安平旅、一四八师之潘左旅,于2日5时向广德及其以南地区攻击前进。同时,敌与孟浩然旅于广德东郊地区发生激烈之遭遇战,结果被击毁坦克车六辆,击落飞机一架,敌我伤亡均重,川军攻击未竟全功,仍撤回誓节渡附近,与敌对峙。一四五师和一四六师在泗安作战以后,潘文华军团长也跟着从广德下来。一四七师担任宜兴附近太湖沿岸警戒,与集团军主力失去联络,直至集团军转移至誓节渡之线时,始得取道郎溪,归还建制。

陈诚在太平小学堂召开了川军营长以上军事会议。认为这次广德、泗安战役第一四六师调动兵力和运用战术都很灵活,作战应当以此为例,并对泗安、广德战役给予了高度评价。

广德、泗安战役是川军千里跃进抗日前线在第七战区向日寇打响的第一战。装备简陋的川军将士不畏强敌,前仆后继,勇猛杀敌,打出了军威。战役中,一四四师师长郭勋祺将军英勇负伤,一四五师师长饶国华将军壮烈殉国,一四六师出奇制胜,表现了川军将士视死如归、精忠报国的英雄气概。广德、泗安战役沉重打击了日军的嚣张气焰,有效地迟滞了日军的行动,打破了日军速占首都南京的企图,保障了国民政府机关的安全撤离,为参加南京保卫战的国民党中央军主力完成战略集结创造了有利条件。

长江两岸　腰击敌舰

1938年1月,日军攻陷南京后,即以其主力北渡,协同津浦铁路北段之敌,南北夹击,企图夺取徐州。第三战区为策应第五战区作战,奉命向当面之敌攻击。第二十一军在二十三集团军编成内,于1月、2月两次进攻芜湖日军。2月13日,为配合第五十军一四四师在湾址场一带的作战,集团军司令部令一四五师驻南陵之孟浩然旅,日夜兼程向方村镇推进,策应该师之作战。该旅到达后，即编组有力之一支队，向黄池、乌溪、当涂方面挺进，主力会同周旅进攻湾址。

1938年4月下旬，日军以第六师团由芜湖渡江，分别由淮南铁路和京（南京）合（肥）公路进犯合肥。同时，日海军溯江西上，企图冲破安庆、马当、彭泽、湖口等封锁线，直捣武汉。敌若攻占合肥，北可以威胁淮北第五战区之侧翼，南可以协同海军夹攻安庆。为协助二十七集团军杨森部确保合肥，第二十三集团军奉命抽派一四六师（缺一团）及一四五师全部于5月19日渡江。一四五师四三三旅渡江后即担任汤家沟以南江防守备任务，敌曾数度登陆，均未得逞。一四五师四三五旅于5月31日，奉命由舒城推进至桃溪镇，赶筑工事，拒止由合肥南下之敌。一四六师四三八旅渡江后戍守怀宁，继以无为方面情况紧急，即奉命向该方面增援，与敌在无为东北地区之三义河、运漕镇一带血战数次，敌我伤亡均重。

5月14日，日军攻占合肥后，遂以主力渡巢湖，由巢湖东岸登陆，包围巢县杨森二十军之侧背，二十一军遂转移运漕西岸布防。5月23日，日军大野联队由运漕东岸之三汊河、运漕、淋头一带，分三路向运漕西岸一四六师四三八旅及二十军一三四师阵地进攻，战至6月5日，卒将日军击溃，先后毙敌千余，第二十一军亦伤亡营长以下八百余人。6月6日，日第六师团由合肥南下，企图协同长江敌海军第三舰队及佐藤水兵团，配属飞机数十架，会攻安庆。此时，一四五师四三五旅已到桃溪，在花子岗、董家岗之线与敌先头部队接触；一四六师四三八旅由无为向庐江、第二十军主力亦经庐江向大关转用。至6月8日，桃溪阵地被日军突破，一四五师四三五旅转移至舒城附近之七里河继续抵抗。10日，日军以主力由上七里河迂回包围一四五师四三五旅之左侧翼。该旅鉴于态势之不利，遂转移大关之线，与二十军主力利用地形阻击敌人。

6月11日，日军由舒城分两路南犯，以主力沿公路攻击大关，以一部攻击中梅河，与川军于东汤池、界牌石、下横山、木鱼山、朱葛岭、鹿起山、大王庙、中梅河之线反复争夺。敌炮十余门，敌机九架，亦集中轰炸大关、小关。二十军与一四五师一部奋勇迎击，数度冲杀，激战至 12 日晚，阵地全毁，右翼东汤池方面被突破，官兵伤亡惨重，二十军遂向源潭铺，一四五师、一四六师各一部向潜山附近转进，继续抵抗。时日海军陆战队在飞机数十架掩护下，突由贵池溯江上驶至安庆附近，一面以舰炮轰击安庆城，一面以陆军波田旅团在安庆附近之新河口登陆，经牛公坝飞机场直侵入安庆之东北门，江防城防部队经激战后，阵地大部被毁，死伤惨重。12 日晚，安庆城迄无外援，遂被敌陷。

6月14日，日军连陷舒城、桐城，继续南下，在高河埠与攻陷安庆之敌会合后，即分三股向潜山进犯：以主力沿公路攻击源潭铺；以有力之一部攻击余家井，截断源潭铺后方之公路；以一部经五横岭，直犯潜山。同时，在安庆上陆之日军波田旅团又向上下石牌猛进，先后与二十军及一四五师、一四六师在上下石牌、三桥头、五横岭、源潭铺之线激战。至 15 日 17 时，日军突破余家井阵地，包围左侧翼，第二十一军遂转进至潜山附近，继续抵抗。

6月16日，日军继续向潜山城、七里岗、马口山之线猛攻，激战至 13 时，突破七里岗阵地后，猛攻三祖寺，守军浴血奋战，前仆后继，激战至 6 月 17 日，敌势稍煞。6 月 18 日拂晓，敌军主力沿公路突渡潜山河，潜山守城军乃转移望虎墩之线，持续抵抗。

6月下旬，第二十七集团军奉命转进太湖，担任该地区之守备。一四五师四三三旅因 6 月 12 日安庆失守后与师部失去联络，不得已在汤家沟暗渡至江南岸，归还第二十三集团军建制。一四六师四三八旅于 6 月 19 日到达李渡店附近，由佟毅师长指挥，渡江由九江、南昌归还建制。

1938 年 7 月，日军开始沿江西犯，武汉会战开始。7 月 9 日，日军突破马当封锁线后，以大量舰艇沿江西进。为策应武汉方面作战，二十一军奉命以炮兵腰击敌舰。副军长陈万仞指挥配属集团军炮三团第一营（欠一连）驻青阳之一连，于 7 月 11 日开赴贵池，二十一军军部设在贵池城外河边姜村姜家大屋。在上下江口及前江口一带选择阵地，开始腰击敌舰。在荻港方面配置炮二门，于铜陵至大通江面腰击敌舰，为第一区游动炮兵，归一四八师潘佐师长指挥；另以炮二门于梅埂至牛头山江面腰击敌舰，为第二区游动炮兵，归副军长陈万仞直接指挥；并于每区派步兵一营，担任该游动炮兵之协助与掩护，其射击指挥由该地区之步兵旅长任之。自8月5日至31日，共计发射炮弹三千余发，击伤击沉日舰达一百五十艘之多。至9月，因九江被敌攻陷，游动炮兵腰击敌舰之任务愈趋积极，先后配属轻重各炮达十四连之多，并划分荻港至大通间地带为第一游动区，以第一炮兵群配置之，指定以羊山矶、何家坳一带为主要阵地。大通至殷家汇间地带，为第二游动区，以第二、三、四炮兵群配置之，以观前、馒头山、前江口、宝寨一带为主要阵地。第一、第二两群均按照部署，不分昼夜，努力施行腰击。10月11日，中央军校高射炮连，遵命进入馒头山附近阵地。第二十一军自开始对长江日军舰艇射击以来，总计共击伤敌舰在四百艘以上。日军受损害过甚，不惜孤注一掷，倾其海陆军之大部，拼命扫荡沿江游动炮兵，与二十一军激战之烈，殊难以言语形容。10月下旬，武汉会战结束，参加腰击敌舰重炮各连乃先后奉命撤出阵地。

在腰击敌舰期间，盘踞荻港日军于8月28日协同登陆之敌五六百，敌舰五艘，以陆海军与航空个人联合，猛烈向五十军一四八师长塘埂阵地进攻。该师不支，乃转移于小天堂、马鞍山、曹家凹之线，拼力拒止敌人。次日，千余敌人在飞机、舰掩护下，继续攻击马鞍山之阵地，战斗甚烈。至13时许，日军开来大舰六艘，集中炮火轰击，守军工事全毁，伤亡众多，马鞍山于15时被敌占领。军部令新七师之刘克用旅进驻顺安，并令该师死守现阵地，一四六师杨团推进孙村铺，以策应该师之作战。9月1、2日两日，全线沉寂，3日敌开始攻击，守军官兵英勇用命，激战至丑时，敌力不支，纷向江边溃退，中国军队将马鞍山收复。

9月6日，敌舰二十余艘，驶至大通附近之横港、羊山矶一带江面，以机炮掩护敌兵三千余登陆。五十军一四八师四四二旅因伤亡过大，不得已退扼铜官山、石耳山、马鞍山、五贵桥、大士阁之线。集团军为确保江岸、掩护江防炮兵计，决心以主力一举歼灭登陆之敌，当令参加贵池作战之五十军郭勋祺军长率所部一四四师及二十一军一四六师梁旅之杨团与新七师之刘旅转用于大通,于10日向敌采取有效之攻击。12日,先后攻占马鞍山、朱家山、广教寺、五里亭等地。是日,敌集结兵力,在兵舰十余艘、飞机十余架掩护之下,大举自羊山矶、大通镇方面猛烈反攻,守军因伤亡过大,乃退扼朱家山、牌坊头、盘龙树之原阵线,待机进击。

日军于大通登陆,遭二十一军等强有力之反攻,未逞,乃改以主力于9月13日拂晓自梅埂附近登陆,与守军一营及增援之一四七师四三九旅八七八团龚营及一四六师四三八旅八七六团龚营等部反复血战至12时,伤亡过半。战至27日,双方伤亡均重。28日,二十三集团军令六十七师主力接替一四四师梅埂附近及上下江口迄清溪间江岸之守备,一部置于灵芝塔、五溪桥附近,掩护炮兵,实施射击。该师进入阵地后,即饬归二十一军军长陈万仞指挥。29日至10月1日,阵地表面沉寂,实际双方都在准备更加激烈地作战。3日,陈万仞令六十七师迅速接防,先击退松毛冲、江家冲附近之敌,确实占领六七〇及七二五高地,掩护重炮实施射击。5日,该师即按部署攻击前进,一部突入敌阵后,日军竟施放毒气,突入部队几乎全部牺牲,后续部队亦不能前进。6日,继续进攻,甫进入敌军阵地外壕,受敌侧防火力之压制,障碍物之阻止及毒气之奇袭,伤亡官兵二百余,不得已仍撤回原阵地。为减少牺牲计,当令该师暂固守现阵,确实掩护炮兵,续行腰击敌舰。

9月29日,日军在前江口强行登陆后,第一四六师与敌激战,迭进出于前江口附近,伤亡颇众,尤以八七二团为甚。集团军曾派一部前往增援,因敌顽据前江口,当令一四六师自10月9日起改攻为守,对该方面之敌实施封锁。但敌于17日拂晓忽以大量机炮掩护其步兵七八百人,开始向守军宝寨、苏祠之线进犯。守军官兵虽奋勇冲击,然因伤亡重大,阵地被毁,苦撑至17时,乃转移于俞家山、罗汉山、排山之线,与敌相持至18日拂晓。敌又增加六七百人,续向排山之线猛犯,血战至14时,排山阵地被敌突破,乃退扼山茅岭,拒止敌之前进。集团军严令一四六师及一四七师周旅,务确保殷家汇,同时饬赶来增援之一四八师徐旅向敌侧击反攻，并令潘左师长率所部一旅由青阳驰赴高坦附近策应。该部与敌在贵池周围攻守作战至10月底。敌占贵池后，川军各部转移。

11月下旬以来，日军步炮联合二千余人在机、舰掩护之下，由大通、铜陵一带登陆向五十军猛犯，并迭陷龙口岭、顺安镇等地，企图侵扰南繁，进占青阳。守备该方面之新七师与敌往复激战，损失重大，阵地被敌突破，当即转移于成山铺、甘山铺、天坪山、五峰山之线，与敌对峙。12月10日，郭勋祺军长指挥二十一军一四五师（欠一旅）、六十七师之一九九旅等部，迅速向敌反攻，恢复原阵地。12月11日，敌自占丁桥、木镇后，兵力骤增至数千人，自木镇、丁桥等处，积极向长山门、茶山、鸟鱼塘一带阵地猛烈进攻，企图迅速攻略青阳。二十一军一四七师之四四一旅受命构筑东蓉桥、燕窝山至青山一线之工事，以策应六十七师之作战。战至17日，敌虽一再进犯青阳，均被击退，双方于东蓉桥、焦家埠之线相持。自11月中旬以来，二十一军、五十军与日军战于铜陵、大通、顺安、木镇及青阳附近一带，敌伤亡损失之重，不可胜计，尤以青阳附近一役，敌受创尤大，判断伤亡在二三千人，第二十一军等军亦伤亡二千余人。

浙赣会战　干掉了酒井直次

1939年2月，第二十三军撤销，所属第一四七师划归第二十一军，该军辖第一四五、一四六、一四七三个师。同时副军长陈万仞升为军长。

陈万仞，字鸣谦，生于1888年，四川仁寿县人，毕业于四川武备学堂。曾到日本考察军事，并在日加入同盟会。后入陆军大学将官班甲二期深造，在川军任职，深得刘湘赏识，1932年任川军第五师师长。抗战初期任第一四八师长出川抗战，后任第二十一军副军长。参加了南京保卫战、武汉会战，并在长江两岸与日军作战，拦击敌舰，投水雷，阻击日军。他曾对部队说："我们对敌人

第二十一军军长陈万仞

要像蚕子吃桑叶一样,一口一口地吃,积小胜为大胜。即是我们以很小的代价,换得敌人几倍甚至几十倍的损失,才是真正的胜利。我们击沉击伤敌舰就是这样。因为一颗炮弹,一枚水雷,只花了几十元、几百元的代价,就炸沉了敌人价值几十万、几百万的兵舰,这是一本万利的生意。"

1940年5月,军长陈万仞他调,第二十三集团军副总司令刘雨卿兼任军长。刘成为该军第五任军长。

刘雨卿,字献廷,四川三台人。1892年3月6日生于三台县南乡。1909年考入潼川复式蚕桑学校。1912年在成都考入第四镇弁目养成营工兵队。毕业后在川军中任职,历任排、连、营、团长。参加过护国、护法、靖国、靖川战

第二十一军军长刘雨卿

役。1927年任第二十一军第三师第五旅旅长,并加入中国国民党。1929年任第二十一军第二师副师长兼四川涪陵市市长。1930年冬率部到湖北"围剿"红军,后任第四十三军副军长兼第二十六师副师长。不久进入中央陆军军官学校高等教育班学习。10月任第二十六师师长。抗日战争开始后,率部参加了淞沪抗战。1939年5月任第二十九军军长。刘雨卿接任二十一军军长后,指挥所部在皖南与日军作战。

1941年12月太平洋战争爆发后,日军恐惧盟军利用丽水、衢州、玉山各机场为基地袭击其本土,于1942年5月发动了旨在摧毁金华、兰溪、衢州等地机场为目的的浙赣会战。

会战开始后，第二十三集团军以第一四六师、第一四七师先后集结于贵溪附近。第一四六师由贵溪登车，以火车输送至龙游下车，开赴寿昌附近参加浙东作战。第一四七师于南昌敌人南犯东窜时，归第一〇〇军指挥，参加赣东作战。第一四五师由防地经歙县开赴淳安附近，参加浙东作战。

5月15日，第一四五师之四三四团挺进至上饶东北八都镇、皇固附近，16日6时，突击沙溪祝同中学约一中队之敌，毙敌约三分之二，俘日兵石川前贤一名，夺轻机枪一挺。敌旋由沙溪增兵三百余人，该团逐次撤回皇固附近。

5月26日晚，第一四六师之四三八团分向上饶东北沙溪街、吉阳山之敌突击，22时冲入沙溪街，感子冲至吉阳山麓，敌我白刃肉搏，各有伤亡。旋敌由上饶等处增援，将四三八团分别包围，该团撤至皇固附近，阻止敌人北窜。

5月27日，当第一四七师与日军战于库桥附近时，一四六师一部，在皇固以西水口庙附近与敌对峙。第二十一军一四六师在大小长山与酒井直次所部进行激战。

同时，该师独立工兵第八营，在四三八团团长马国荣派出的一个步兵营（阎哲明营）的掩护下，突进兰江东岸。独立工兵第八营在副营长代营长黄士伟的带领下，在日军向金华和兰溪攻击方向上埋设了大批地雷，酒井直次及其他日军部队在向金华和兰溪的进攻中遭遇雷群轰炸，死伤累累。

狡诈的酒井见正面强攻兰溪不成，便采取迂回战术，亲率第十五师团主力，绕过兰溪坚固阵地，27日攻陷龙游，继而向兰溪发起攻击。由于二十一军在兰溪城四周布设了大量的地雷群，阻滞了第十五师团的行动，日军数日攻不下兰溪，酒井恼羞成怒，遂亲自到兰溪前线进行督战。

5月28日凌晨，酒井师团在攻击中进入雷区，伤亡惨重，被迫停止前进。7时许，酒井命令工兵第十五联队联队长河野顺治中佐派出一个工兵小分队，搜索、清除前进道路上的地雷，结果有许多日军工兵在清雷中被炸死。虽然工兵小分队报告地雷已全部被清除，但酒井仍不放心。行进中，酒井为确保自己的安全，命令骑兵卫队在前边开道，步兵尖兵分队跟进，其后是师团本部。情报参谋间濑淳二少佐、第十三军总部参谋古谷金次郎走在师团本部前面，酒井和其副官走在中间，后面是参谋长川久保镇马少将、兵器部部长宫下、兽医部部长佐野、兽医部部员佐山以及作战参谋吉村芳次中佐等，一行人向位于兰溪城北的中国守军防御前沿阵地出发。

上午10时45分，酒井一行人马行至距兰溪城一千五百米处的三岔路口观察情况时，被守军前沿部队发现，守城官兵以为是前来搜索的日军前哨，当即用轻机枪和步枪一齐向该队日军扫射。遭此突然打击的日军惊慌失措，四散隐蔽，仓皇中撞入雷区，一时爆炸声四起，瞬间日军人、马血肉横飞。酒井直次骑马也踏响了地雷。"轰"的一声巨响，弹片和沙石腾空而起，爆炸的气浪把酒井从马背上掀起，飞上了天空，又摔在地上。酒井的马当场被炸死，酒井本人的左脚被炸碎，左腿皮肉绽裂。酒井因失血过多，抢救无效毙命。与酒井同时中雷负伤者，还有随行的师团兵器部部长、兽医部部长和兽医部部员等多人，师团参谋长川久保少将则死里逃生，并暂时负责指挥该师团作战。

日军为确保占领地安全，不断与第二十一军等，在硖口以西山地及杉溪、广丰、上饶、信江南北岸地区发生局部争夺战。日军三联队兵力陆续被击溃。6月下旬，日军将第十五师团主力增强广丰方面。原第二十二师团移至上饶，协力第三十二师团西犯，于7月1日与东犯之敌攻陷横峰，浙赣线遂被贯通。

到7月，刘雨卿将军部推进至德兴，指挥所部三个师及鄱湖警备部，对沿浙赣路及信江沿岸，东自常山、玉山、上饶、横峰、弋阳、贵溪、余江、余干、鄱阳的敌人，发动袭击。

7月中旬，浙赣线两侧第三战区发动局部攻势。15日，钱塘江以北敌后部队第六十二、第一九二两师克桐庐，19日克建德。敌兵力疲竭，顾此失彼，占领地区不易确保，其第十七师团一部即向兰溪撤退。第七十五、第十八、第一四七各师于18日、19日两日先后克复横峰、弋阳，日军退贵溪、上饶。同时赣东守军围攻南城，16日克金溪，敌第十三师团之第六十八联队退据浒湾，第三十四师团据守贵溪以东地区，已濒崩溃之势。

日军以战局无进展，占领区难期巩固，为掩饰败迹计，乃向第二十三集团军侧背发动进攻。第三十二师团一部自常山北犯开化。另一部自玉山西犯德兴，于球川镇与二十一军之第一四五师发生战斗。上饶敌第二十二师团窜郑家坊，与第一四六师对战。赣东敌第三十四师团亦于同时蠢动，与第三十二集团军各军不断发生争夺战，守军奋勇迎击，日军进攻均未得逞。

8月11日，二十一军全部抵达游埠附近，原向兰溪方面进击之一四五师归还军建制。为加强金华方面攻势力量计，复以该军之一四七师增援一〇五师方面，并暂归第四十九军指挥。是日，一四七师进抵临江、沈村之线，相机北渡，策应军主力之作战。

8月19日一四七师一团，向贵溪城进击。在一〇八师一团协同下攻占贵溪城。贵溪东南流口附近残敌二百余，被我一四七师一团重创，向鹰潭溃窜，该师继向该敌追击。

二十一军在浙赣边作战的同时，到8月20日，第一四四师、第一四八师仍守备铜陵经湖口迄鄱阳、四十里街沿江南岸及鄱湖东岸，而刘雨卿军长指挥第一四五、一四六、一四七师，对贵溪、常山两城反复攻击。克复两城后，该部改归第十集团军总司令王敬久指挥，沿衢江北岸向衢州逃溃之敌追击。

日军自8月上旬窜扰企图失败后，即一蹶不振。第三战区遂利用各第一线部队之局部胜利，掀起全线反攻，敌即分向原方向退却。23日，第一四五师克常山。鄱湖地区之敌自我克复贵溪后，即分由信江及鄱阳湖向康山、南昌退却。

二十一军一四五师于8月23日克常山后，进抵衢州附近，于28日攻占其外围据点后向衢城进迫；并与一〇五师联络，战至29日7时，协力攻占衢州城，日军纷纷向大洲镇、樟树潭方向逃窜。

一四五师在军主力未到达前暂归四十九军指挥，在铁道以左衢江北岸，故该师当经杜泽，向兰溪方向追击前进。鄱湖警备部队所属于8月20日克余江，21日克余干，22日克瑞洪，23日克鄱阳，24日克都昌，恢复原阵地。

8月28日，克衢州后，一四五师经杜泽向兰溪方面追击。至9月2日，该师四三三、四三五两团分别进抵塔山、五里亭，与该地之敌发生激战。迄 12 日拂晓，该师攻占兰溪外各据点，并向市区挺进。

浙赣会战自 5 月 15 日开始，至 8 月 30 日止，前后共达百余日。会战时间之长，突破纪录。会战中第二十一军除了担任守备外，还在作战中以地雷炸死了酒井直次，贡献良多，为该军的历史增添了光彩。

淞沪受降　进驻台湾

1945 年 8 月 15 日，日本天皇裕仁宣布无条件投降。日本投降后，按照中国陆军总司令部的受降安排，京（宁）沪地区的受降由第三方面军汤恩伯部负责，但汤的部队远在湘黔地区，不能马上赶到。沪宁地区为新四军抗日活动区，为了不让南京、上海的受降权落入新四军手中，陆军总司令何应钦紧接着发布了一道命令给冈村宁次：本总司令已令第三战区顾长官祝同上将，即派有力之部队向南京上海挺进，接收各该地机场车站，同时已命令本总司令中字第一号备忘录附表所列各地区受降主官派遣部队向就近各重要城市挺进，以便接收。希转饬所属日本军队知照。

第三战区长官司令部接到命令后，立即转达距上海最近的"有力之部队"第二十一军一四六师驻沪宁线上的部队，一四六师副师长马国荣当即率领该师四三八团作为先头部队赶赴上海，从日本占领军第十三军军长松井太久郎手中接管了上海，控制了在江湾和大场的军用机场和车站、码头，以及重要的军用仓库。紧接着第二十一军一四六师在师长戴传薪的率领下全部开进上海，成为上海的卫戍部队，同时负责看管回国的 40 万投降日军和侨民。

第二十一军军部及其他部队奉命由江西贵溪到达江苏镇江，军部先驻镇江，后迁到昆山。第一四五师驻防镇江、丹阳、无锡、苏州一线，负责沪宁铁路沿线的警戒。二十一军从此隶属于第三方面军，归汤恩伯指挥。

1946年6月，国民党仿照美国军制进行整编，第二十一军整编为第二十一师，所属师改为旅，但部队虽改变了名称，关防没有更换，还是用军、师的印信。裁撤了年老体弱的官兵和一些勤务部门，收编了一些游击部队，部队实力大增。此时，第二十一师辖三旅（一四五旅、一四六旅、新七旅），每旅辖三团，每团辖三营，师部还有炮兵营、辎重营、工兵营、特务连等，全军约有三万人。

1947年2月28日台湾爆发"二二八事变"，岳星明奉命率部赴台，与戴传薪对调，任整编第二十一师一四六旅少将旅长。1947年3月7日，所部四三八团（欠一营及直属部队）从上海吴淞口乘申字102号登陆舰出发，3月9日在台湾基隆港登陆，以第二营担任基隆警戒，主力驻台北。3月8日，所部四三八团一营及直属部队从上海吴淞口乘申字103号登陆舰出发，3月10日在台湾基隆港登陆。3月9日，所部四三六团从上海吴淞口乘海宙轮出发，3月11日在台湾基隆港登陆，以第三营空运嘉义，主力军运台中。3月10日，旅部及直属部队从上海吴淞口乘台安轮出发，3月12日在台湾基隆港登陆，军运新竹担任绥靖与清乡工作，负责整个新竹地区（包括新竹县、新竹市、中坜、苗栗），担任绥靖区司令。

两败李堡　魂断江防

1946年6月，国民党发动了全面内战。中共华中军区第七纵队（四个团）于1946年8月2日由海安撤退后，一部住富安（海安北三十华里），主力住东台附近。华中野战军第一师、第六师于5、6日自西场、丁家所、李堡、角斜、栟茶等地向北撤至东台以东地区。10日17时，解放军全部在李堡北约四公里东腰灶、十八灶、姜八灶、新河边、大墩头地区。

10日17时，国民党军队整编第四十九师（师长王铁汉）第一〇五旅（欠三一五团)在李堡东三里杨村,整编二十一师新七旅,一部官兵与受训官佐由副旅长田云从率领驻李堡构筑工事,旅长黄伯光同二十一团及一〇五旅之三一五团在海安。

8月9日,新七旅在海安奉第一绥靖区司令官李(默庵)命令:该旅受整编师王铁汉师长指挥。同日16时,奉王师长命令,该旅限10日先以一个团前往李堡镇,接替该师一〇五旅防务,余一个团11日由该旅长率往李堡镇防守。

新七旅即遵命由副旅长田云从率十九团大部及旅直属各部,于10日赴李堡镇接替一〇五旅防务,旅长率二十一团(欠团搜索排)于11日4时半由海安向李堡出发。

十九团团长介景和奉命,于10日4时随同副旅长田云从,以十九团第一营、团部暨直属部队第二营、旅直属各部队第三营(欠第九连)之顺序,向李堡镇前进。午后3时到达李堡。午后5时将李堡镇一〇五旅防务接收清楚,即率全团各营长侦察地势,分配防区,构筑工事。李堡镇市区广大,地形复杂,周围高粱、玉米丛生,数步外即不能通视,河沟多干涸无水,构不成障碍。

十九团系新七旅先遣部队,在旅未全都到达及团任务地区未详细确定前,只好全镇防守,以俟后续部队到达。当时所构筑工事,均系临时野战工事,而且一时不易完成。午后,接派出搜兵报告:李堡镇北约四公里处之东腰灶、姜八灶、新河边、大墩头附近,有解放军部队数团向该部行动,并在东腰灶南端河流架设浮桥三座,已分头向李堡镇包围前进。接报后发刘汉玉认为,只能固守市区,以待明日;若要转移必遭解放军攻击,部队发生混乱,更难掌握,无法应战。即与新七旅副旅长田云从商定,决心固守李堡,加强工事待援,俟二十一团11日到达后,再行决战,当饬部队在李堡组织防御。

新七旅与第一〇五旅部署尚未就绪,四面已发生断续枪声,午后11时许,解放军大部已迫近镇北、镇西沿河之线,开始攻击。北端三桥梁处最为猛烈,其附近有河一段,干涸无水,其攻击重点即在该处。解放军在猛烈炮火机枪掩护下以密集队形冲击前进,顿时将国民党军队的编制打乱,官兵纷纷乱窜,陷入混乱状态。十九团团长介景和见大势已去，挽回困难，即报告副旅长田云从，决心以第一营苦守李堡东端，掩护撤退，其余部队即向三一四团阵地南二里许之洪家庄、金家庄中间地区转移，整顿之后再战。然因干部伤亡过半，经收容后，已无作战能力，微经接触，即纷纷溃散，解放军四面蜂拥而来，重重包围，介景和被俘房，官兵大都被俘。介景和被俘后，冒充病兵，在解放军第一团团部拘留两夜一昼，乘拂晓解放军转移之机，扮作伤兵逃回被俘官兵，解放军将壮者即补充部队，级别高者送解放区管押，伤病者均予放回。

新七旅旅长黄伯光率二十一团（欠团搜索排）于11日4时半由海安出发，以该团第一营为前卫，团直属部队、第二营、第三营之顺序，向李堡前进。7时至洋马河，与解放军之小部队接触，同时闻李堡方面机炮声浓密，当即决定继续向海安出发，增援李堡，夹击解放军。

12时，新七旅与解放军战斗打响，进至距西场西端二里附近，解放军利用强固工事与障碍物阻击敌人，新七旅正面及两侧枪炮声浓密，前后部队均有伤亡。黄伯光据情况判断，北边已陷入解放军重围，而李堡方面早无枪声，前进不能，只有集结兵力守一据点，等李堡将情况搞清后再进行攻击。为免四方受敌，乃令两连向后方搜索，该两连行未百米，即与隐蔽在玉米地的解放军发生肉搏，反复冲杀，死伤枕藉。战至19时半，黄伯光目睹该两连几乎全部覆灭，继而各营团被解放军分割，联系中断。黄伯光与解放军距不过十余步，在解放军炽盛火力之下渡过南岸，率卫士数人，于20时逃到海安南四公里，以电话向王铁汉报告作战经过。此次作战，伤亡甚巨，副旅长田云从被俘。15日，第一绥靖区司令官李默庵在如皋召见黄伯光，垂询作战经过，之后该部奉命移平潮整理。截至16日，在如皋计收官佐74员，士兵1563名，以残余官兵缩编为整编第二十一师独立团。

李堡被国民党称为"苏北重镇"。整编第二十一师在李堡失败后，总结了被歼的教训，决定以该师一四六旅四三七团1500多人，还有保安团、还乡团1700多人，固守李堡。该部构筑了坚固的防御工事：四周围有三丈多高、四尺多深的大土圩，圩外挖有二三丈宽、一丈多深的大壕沟，并布设鹿寨、铁丝网等障碍物，大碉堡、暗地堡一百余座，外围东北、东南两角有泰山庙、药师庵两个卫星据点。

1947年9月，陈（毅）粟（裕）大军分五路越过陇海路南下，直入豫皖苏北平原。第十一纵队（兼苏中军区）遵照华东军区和第三野战军指令，积极配合主力战役行动。为在敌后打开作战局面，决定再次攻打李堡，由三十二旅担任主攻任务。

11月22日，经过周密侦察，解放军研究制订了作战方案，提出以东南为主攻方向，以西北为次攻方向，明确了各团的具体任务。各团进行了认真、细致的研究，作了战前动员。战前，三十二旅于27日派出精干侦察分队，以疲劳战消耗守军兵力和弹药。他们东一枪，西一枪，夜以继日，白天不断放枪，入夜不断佯攻，使国军胆战心惊，一听枪声，机枪就盲目扫射，入夜尤甚。

11月30日，解放军十一纵队决定攻打李堡，担任主攻的三十二旅各部队于午夜前在寒风疾雨中进入李堡镇郊，按计划到达指定位置，将李堡包围，并步步逼进。二十一师四三七团发觉解放军后，即用山炮、重机枪、榴弹彻夜向外乱射，聊以壮胆，并多次向师部求援。

次日（12月1日）上午10时，解放军开始炮击，摧毁李堡外围碉堡。11时，向泰山庙、药师庵两个据点攻击。战斗一小时，守军两个排除少数逃进镇内外，大部就歼。傍晚，守军以各种炮火连续猛射，企图阻止解放军前进。彻夜枪声隆隆，山炮、轻重机枪不断射击，守军坚持不住，不断向绥靖区请求支援。

2日守军于晚7时收缩于李堡镇西南的团部小圩子里。3日零时，解放军发起总攻，先集中数十门炮猛轰，炮弹成排飞落守军大小碉堡与指挥阵地上，顿时烟火弥漫，天空火红一片，炮声震天动地，守军电台震坏，联络中断，士兵在巷里乱窜逃命。解放军突击队员在火力掩护下迅速突进圩子，四三七团团长何军章、副团长戴荣廷企图在混乱中向西南突围，为解放军预伏部队活捉。

李堡再次被解放军攻克，二十一师损失炮兵连、四三七团全部、四三三团一个连，共 1700 余人。这是二十一师一年前在李堡战败后的又一次惨败，被俘官兵说，李堡简直就是二十一师的死亡禁地。

1948 年 4 月，师长刘雨卿他调，王克俊接任师长。王克俊，号杰夫，1903 年生，四川岳池人。四川第一混成旅随营学校毕业，历任川军连、营、团、旅长。抗日战争爆发后，曾入中央军校高教班受训，后任第二十六师师长。1941 年 3 月参加上高战役，后入中央训练团受训。1943 年 12 月任第四十九军副军长，后调任国防部部附。1947 年任沈阳警备副司令。

二十一师经过如皋、李堡、清江、黄桥及两泰地区历次战役，损失在三个团以上，兵员不足，士气消沉。1948 年秋，该部恢复军的番号，整编师长称军长，以下整编旅一律改为师：一四五师，师长李志熙，下辖四三三、四三四、四三五团；一四六师，师长李前荣，下辖四三六、四三七、四三八团；二三〇师，师长骆周能，下辖六八九、六九〇团。三个师除一四六师有 5300 多人，战斗力稍强外，其他两个师战斗力薄弱。1948 年 12 月底，该军奉命由苏北如皋、南通等地撤退到江南的江阴一带，受京沪杭警备总司令汤恩伯的指挥，任江防守备。

二十一军的江防部署是以一四五师（缺四三三团）占领江阴要塞对岸的八圩港桥头堡阵地，固守桥头堡，掩护江阴要塞，巩固江防；以二三〇师担任江阴县城以西黄田港至魏村之线的江防守备；以一四五师的四三三团（团长张劲竹）在黄山要塞以东长山及江心洲设防，掩护要塞侧翼；以一四六师为总预备队，位于江阴南；军指挥所设在江阴南闸西南。

八圩港桥头堡的守备，除江阴要塞火力支援外，在江阴附近的江面还时有海军舰艇游弋巡逻，一旦桥头堡阵地遭到攻击，可以及时得到海军的配合作战。另外师部在八圩港控制有机帆船二十余艘，供机动调遣。当时部队忙于整理补充，对防守长江缺乏信心，寄希望于国共和谈成功。同时认为，即令和谈破裂，解放军也得三个月以上时间准备，短期内不至渡江；渡江地点会在南京上游，不会在江阴附近，因江阴附近有要塞，又有长江舰队，能确保控制江面。因此该军除构筑八圩桥头堡工事外，对南岸防务有些松懈，仅筑成简单野战工事，至

4月初始奉令加强工事，增筑掩体及掩蔽部等，并修筑沿江公路。

4月初，汤恩伯派遣高级参谋人员及美军顾问到八圩港视察，询问了守备部署及与要塞协同作战等情况，并视察了阵地工事，称赞工事坚牢，兵力雄厚（两个团防御正面不到2000公尺），步炮协同作战计划周密，火力集中，可以固守。

4月20日21时左右，北岸解放军突然万炮轰鸣，千万条火龙飞过长江直泻二十一军江防阵地。须臾，解放军千帆竞发，一时枪炮声密如连珠，声震夜空，战斗之激烈无与伦比。可是在战斗最紧要急迫之时，江阴要塞一炮未发，桥头堡前沿阵地也一枪未鸣，异常沉寂。时近午夜时，枪炮声渐趋稀疏，似已远离江岸；一四五师桥头堡阵地仍未遭到攻击，唯见各色信号弹在一四五师阵地两侧掠空而过。而后，前沿阵地发现大批解放军活动，一四五师参谋长要求江阴要塞开炮，结果炮弹全落在一四五师桥头堡前沿阵地，经与要塞司令部参谋长电话联系，始知要塞司令戴戎光已被其起义的部下软禁，他含糊其词，没有多讲。一四五师判断要塞情况有异。是时一四五师与二三〇师的联络已中断，与军部仍保持电讯联系，军长令一四五师严阵以待，不得轻举妄动。

约至22时，二三〇师沿江阵地大部被解放军炮火摧毁，解放军已突破该师六九〇团第三营申港西北阵地。解放军登陆后，由突破口向两翼及纵深扩大战果。

一四五师四三三团张劲竹指挥所部与长山的左翼登陆的解放军作战。该团第二营首先被解放军击溃，张劲竹率特务连赶到长山指挥所，被解放军包围，张劲竹指挥团部特务连顽强抵抗，张被击伤，遂和军部及四三七团电话联系，请求支援。战斗至21日拂晓，电话中断，与军部和四三七团失去联系，第三营营长张长宽在长山脚下被击毙，各连溃散，张劲竹被俘，全团只有一个营长及少数官兵逃脱，其余被击毙或被俘。

21日清晨，一四六师四三六团赶来申港。此时解放军正向申港附近之二三〇师积极进逼，该师即令四三六团立刻投入战斗，阻止解放军向正面前进，但发现解放军一部从两侧迂回到申港东南之舜歌山附近地区。

21日12时许，援军五十四军二九一师在武进到申港途中被解放军阻击，一四六师在夏港附近亦被阻击。与此同时，二三〇师得知四三三团正面解放军大部已渡江，该团已退至黄泥港附近抵抗；申港至江阴公路已被解放军截断，解放军正向六八九团及一四六师部队进攻；解放军大部在江阴至武进公路集结；申港当面登陆解放军分割国民党军后向两翼席卷，积极向师部进攻，并以一部迂回师部向纵深穿插，有形成包围之势。二三〇师遂决定缩短战线，调整部署，从申港南逃。行至舜歌山南端，受到解放军截击，师及直属部队大部被歼，师长骆周能、参谋长梁国光、四三六团团长郭政被俘。六九〇团团长在解放军南进集结的空隙中，率残部约两个营及团直属部队逃到无锡附近。六八九团在一四六师的掩护下撤至青阳镇。

解放军顺利突破二十一军二三〇师江防后，置一四五师八圩港桥头堡于不顾，乘胜直取沪宁线，向西席卷。

22日11时许，军长王克俊命令一四五师，留四三五团在原阵地掩护，其余立即撤过长江，向无锡以东撤退。一四五师师部及师直属部队残部与四三三团、四三四团残部约四个营撤至青阳镇；留在八圩的掩护部队四三五团在团长何聘儒的率领下，举行战地起义，投奔了解放军。23日，一四五师、一四六师及二三〇师之六八九团、六九〇团残部撤至无锡集结，随即乘火车撤至上海。

二十一军逃到上海后，在江湾五角场一带驻下，经过整补后担任浏河方面的守备。部队征集器材、材料，构筑了钢筋混凝土工事，自诩是"马其诺防线"，坚不可摧。

5月24日夜，汤恩伯以调整部署名义，下令将二十一军与五十二军换防。25日拂晓至午后2时，二十一军接替了五十二军在月浦、杨行地区的防务。一四六师师长李前荣率各团团长亲到第一线视察，指示加修工事，固守阵地。当日入暮后，解放军发起攻击，二十一军顽强抵抗，并进行了阵地争夺。但至当晚8时，王克俊忽以电话通知前线两个师团长以上主官急往吴淞军部参加紧急会议，部队由副主官暂时指挥，实际是准备带他们逃跑。一四五、一四六师师长李志熙、李前荣率团长胡彤有、蒲其昌等赶至吴淞后，就由王克俊率领他们连同军直属部队与其他少数亲信一起登船逃走。这时前线部队仍蒙在鼓里，继续抵抗，激战达数小时之久。后因解放军攻击猛烈，各团感到兵力不足，纷纷向师部请求增援和指示，有的电话不通，有的得不到答复，才知情况有异。

至深夜，汤恩伯总部派在二十一军担任联络的高参、已经起义的周屏中来到前线，对各团进行说服，告诉他们：上海市区业已解放，汤恩伯已率嫡系各军逃跑，你们的军、师、团长业已逃走，他们把你们当作牺牲品，为他们卖命。这才使营连军官知道了情况。同时周对解放军的宽大政策作了解释。26日，周屏中同解放军参谋一人又来劝他们立即停止抵抗，听候处理；接着解放军首长亦晓以大义，说明利害关系。这样，一四六师四三六、四三七两团在周屏中说服之下一并放下武器，集体缴械。继而周又陪同解放军首长到达一四五师前进指挥所，经过同样晓谕，该师由参谋主任艾鹏率领缴械投降。解放军顺利通过该军阵地，迅速占领吴淞。

27日，二十一军二三〇师八百多人在副师长许照、参谋长梁国光的率领下退至杨树浦发电厂和自来水厂负隅顽抗，被解放军二十七军包围，军长聂凤智亲自指挥战斗，但由于怕损坏机器设备，投鼠忌器，不敢使用重型火力，久攻不下。陈毅司令员亲临现场，了解情况后，告诉聂凤智："立刻查一下国民党陆军大学教官蒋子英的电话，二三〇师副师长许照是他在陆军大学的得意门生，通过他去做许照的工作。"通过在上海的地下工作人员，很快打通了蒋子英的电话。蒋子英接到聂凤智军长的电话后，立刻给许照打了电话，向他说明了整个形势，劝说许照率部放下武器投诚。许照的投诚，保护了发电厂和自来水厂，从而全面结束战局。

王克俊率领二十一军主要军官与一部分兵员从上海仓皇逃出后，乘三艘登陆艇到达舟山沈家门，收拾残余仅7000余（在沪人数全军为15000人），而且武器装备也严重损毁，但基本上保持了一四五、一四六师的架子。军长王克俊发电到台北请示行止，旋得台湾省主席陈诚复电：拒绝入台。不得已乃电告重庆西南行政长官张群，拟在四川招兵买马，企图再振军威，部队粮饷则暂由驻定海的浙江省政府主席周嵒调拨，但这时周自己也是泥菩萨过河自身难保了。

在台湾的陈诚考虑到二十一军还有不少士兵，撤退到台湾的嫡系部队损失严重，且官多兵少，需要补充，乃令该军来台。6月2日下午，二十一军撤退到台湾，在基隆上岸，当天乘火车前往宜兰、罗东等地驻扎。6月下旬到7月间，驻扎高雄、屏东、台南、嘉义地区，先经过点检，核实人数，然后进行整编：二十一军在台湾撤销番号，抽调3000人补充五十二军，其余官兵由军长王克俊率领回四川重建。这时在重庆的张群来电同意二十一军入川，乃于8月底乘登陆艇直驶广州，统计官兵包括眷属在内约4000人。

10月上旬，部队徒步从广州经广西、贵州到达四川綦江，拨归第七编练司令部编训。除军部外，编练了一个师，使用的是王克俊军长起家的二十六师的番号，老番号的一四五、一四六师因兵源不足且时间紧迫没有编成，两师的番号彻底消失。军长王克俊，副军长凌谏衔，参谋长吴泽炫，二十六师师长李志熙，副师长胡荡，参谋长刘世训。

这时，人民解放军已挺进四川，在川各军风声鹤唳，紧张不安。11月初，二十一军由綦江经泸州一直退到乐山的夹江县，归郭汝瑰的第二十二兵团指挥。12月11日，郭汝瑰率第二十二兵团部与七十二军在宜宾起义，解放军迅速占领乐山。王克俊率部向彭山逃跑。12月18日，解放军占领了彭山。王又率部逃到新津，次日，又由新津逃至邛崃。由于解放军紧追不放，王克俊他们不敢走川康公路大道，只得沿乡村道行进。

20日清晨，二十一军丢下辎重，悄悄取道石坡，欲由邛西翻越镇西山，逃向天全、芦山、宝兴大山里。行进中不料与川康边人民游击纵队一起行动的民革川康分会组织的民主联军相遇。民主联军川西军区司令员王蕴兹1933年曾任二十六师副师长，是王克俊的老长官。经过谈判，二十一军同意游击队提出的取下国民党旗帜，摘下帽徽，赔偿游击队的损失，以及游击队派人将他们送交解放军等条件。

21日下午3点，川康边人民游击纵队与民主联军研究决定，由民主联军负责受降二十一军并将二十一军改编为民主联军之一部，游击队派人带路，令二十一军（实际是一个师的两个团和一个军部）共4000余人，向成都方向行进，与解放军会合。行进到大邑境内，与解放军第二野战军第十二军的先头部队第三十六师相遇。军长王近山派人前来联络，并要求民主联军驻下待命。接着，二野十二军政治部联络部部长裴光、秘书苏黎前来会晤，要求按《共同纲领》将全部武装人员移交解放军。

移交之后，二十一军作为起义部队接受改编。参加起义的主要将领有：军长王克俊、副军长凌谏衔、军参谋长吴泽炫，二十六师师长李志熙、副师长胡荡、师参谋长刘世训。二十一军被永久地画上了句号。

第二十九军

长城抗战大刀队杀敌显神威
卢沟桥事变打响抗战第一枪

"大刀向鬼子们的头上砍去,二十九军的弟兄们,抗战的一天来到了……"这是《大刀进行曲》歌词,是作曲家麦新根据二十九军大刀队长城抗战歼灭日军的事迹而创作的。一首歌曲使二十九军的威名传遍了全中国。第二十九军不仅在长城抗战中用大刀杀出了威风,还在卢沟桥上打响了全面抗战的第一枪。

在中华民国国民政府的二十二年中,第二十九军的番号出现多次,既有川军田颂尧的部队,也有河南镇嵩军改编的部队,更有国民党中央军的部队,但它们都没

有由西北军改编的第二十九军英勇善战。在全面抗战爆发的前几年,该军驻扎在以平津为中心的华北一带。当时的华北处于中日关系中的政治、外交旋涡的中心。该军站在与日本抗争的最前线,如中流砥柱。在长城抗战中,该军以大刀砍杀日军,杀出了威风,让侵略者闻风丧胆,使国人扬眉吐气。该军涌现了佟麟阁、赵登禹、张自忠等抗日英雄。他们的英名与《大刀进行曲》一起被载入抗日战争的史册。

苦心经营　组建成军

1930年4月至9月，蒋介石、阎锡山、冯玉祥几十万人在中原展开血战，中原大地千疮百孔，白骨蔽野。由于中央军占有政治、财政上的优势，又有东北军入关相助，胜利的天平倒向了蒋介石。阎锡山、冯玉祥军事失利，处于包围圈中的西北军人困马乏，怨声四起，军心涣散。

这时，蒋介石施展他的惯用伎俩，对西北军采取银弹（金钱收买）、肉弹（美女引诱）与高官收买策略，并利用先前投蒋的韩复榘、石友三及与西北军有历史渊源的政客对冯玉祥手下的将领进行封官许愿，分化瓦解。蒋介石的政治手段很快产生了效果，冯玉祥的后"五虎上将"之一、有"钢军"之称的吉鸿昌（其他的四人为：张自忠、赵登禹、冯治安、郑大章）在河南睢县投蒋，蒋介石给吉以第二十二路总指挥的职务。西北军中期"五虎上将"之一的孙连仲（其他四人为：孙良诚、韩复榘、石友三和刘汝明）也在河南荥阳投蒋，蒋介石给其以第二十六路总指挥的职务。另一位西北军的宿将梁冠英也在河南博爱清华镇投蒋，蒋介石任命其为第二十五路总指挥。冯玉祥眼见军事上胜利无望，遂宣布下野，一时间，原来臣服冯玉祥的地方势力纷纷倒戈，宣布反冯拥蒋，他们攻击冯的部队、收缴武器装备。这样，在中国北方风云多年、雄视天下的西北军如同溃堤，顷刻间便土崩瓦解了。

旧军队是兵为将有。西北军是冯玉祥一手创建、训练出来的军队。现在冯玉祥他去，群龙无首，西北军的各将领对投奔谁各有想法，有的认为应该投奔蒋介石，说蒋介石代表"中央"，有滚滚的财源，以后不愁粮饷。也有的认为蒋介石的饭不是那么好吃，说不定哪天将你的部队吃掉，兵权被夺。大多数人认为西北军到了这样的地步，早晚会被老蒋收编，就是收编，我们西北军在北方起家，社会关系在北方，要想办法留在北方；另外，我们多少年的弟兄要在一起，要保住这个团体，以求重振军威。在这种思想指导下，宋哲元、孙良诚、刘汝明、张自忠、过之纲等拒绝蒋介石的金钱、高官引诱，率领部下渡过黄河到了山西。

入晋的西北军残部计有：宋哲元部三个师，约16000人；孙良诚部四个师，约24000人；刘汝明部，约8000人；过之纲部，约15000人；张人杰部，四五千人；张自忠部，数千人。另外还有与西北军关系密切参加反蒋的军队，庞炳勋部，约13000人；高桂滋部，约6000人。经过清点，共有7万人左右。这些部队经过千里溃退，后有大军追击，沿途有民团、红枪会截杀，屡遭打击，已不成建制，衣衫褴褛，饥寒交迫，人心不振，面临绝境。但这些部队是西北军的精华，他们在思考着部队的出路。就在人心惶惶、意见纷呈时，一个关键人物走了出来，这个人就是萧振瀛。

萧振瀛，字仙阁，1890生，吉林省扶余县人。父亲务农，家境贫寒，得族人资助，得以半工半读求学，1912年就读于吉林省法政专门学校。干过农活，当过工人，做过职员。目睹国事日非，愤然弃读，投笔从戎。1916年从张作霖奉军，先后任军法官、参谋、营长、团长等职。1920年萧担任吉林省田赋管理局局长，力倡开荒，发展农业，因其勤恳经营，成绩卓著，全省粮食产量大增。1922年被选为北洋政府国会众议院议员，与冯玉祥西北军第八混成旅旅长李鸣钟结识并成为至交。奉系军阀是由一帮胡子地痞结成的集团，他们无文化无远见且十分贪婪固执，只图升官发财享受，萧振瀛深感"那帮人真是顽固，太腐败"。为了改革政治，他在吉林省组织"民治促进会"，宣传三民主义，为省长王树翰不容，将其扣押。经东北元老莫德惠、刘哲力保得以离开到北京。萧对西北军纪律严明、训练有素耳有所闻，并从同乡、西北军将领石友三口中得到证实。好友李鸣钟得知萧振瀛落魄到京，亲往寓所邀请，萧很高兴前往。李鸣钟笑着对他说："我们这里比不得奉军，西北军太苦，怕您生活上受不了。"萧说："中国太苦了，我们吃苦才能救国救民，从这一点，愿入西北军。"笑问："西北军许不许喝茶？"李说："不许抽烟、喝酒，但茶是可以喝的。"萧说："我是茶也不喝。"

1924年秋，萧出任西北督统府咨议兼临河县县长、包（头）临（河）道尹兼五原县县长。任内，组织民众兴修河套水利，移民垦殖，粮油丰产。1926年夏，西北军与直奉作战失利，由南口败退，残兵败将衣衫褴褛，面带菜色。到了河套地区，粮食有了保障，官兵吃饱了肚子，军心稳定。萧振瀛善于交际，人缘极好。西北军大小头目都与他互拜兄弟，以相拉拢。萧在西北军中被称"萧大哥"，极受信赖。9月17日，冯玉祥在五原誓师，成立国民联军，确定了"固甘援陕，联晋图豫"的战略方针。10月，部队顶着寒风出发，穿着萧振瀛征集来的羊皮做的衣服，官兵衣食无虞，军中将其比作汉初三杰中安抚百姓、供应军粮的萧何。因西北军中的蒋鸿遇有"二萧何"之雅号，萧振瀛被官兵赞为"赛萧何"。

萧长于东北，熟悉苏俄情况，又聪明机警，口齿伶俐，被冯玉祥委为谈判代表，赴苏俄接洽军援，圆满完成任务，受到冯玉祥、宋哲元等人的器重。1926年，在北伐胜利影响下，冯玉祥重整被直、奉军和阎锡山打垮的国民军，进入河南。宋哲元任第九方面军总司令兼陕西省主席，萧为西安市市长。萧在规划西安新市区时，注意保留古都遗址，大力开展赈灾救济。

1927年，蒋介石发动"四·一二"政变。冯玉祥参加6月10日、19日郑州、徐州会议后，在西安等地举行反共清党，仅西安一地就有三千余进步青年被捕。当时一片白色恐怖，无人敢讲话，而萧振瀛却公然说："我们每天都喊救国救民，今天这样滥杀无辜，就是军阀。"他终日不出西安市府，晚上也不回家，在军法处绕室竟夜。天将亮，他喊来卫队长苏占元，命令立即去监狱放人。苏问："放哪些人？"他说："16岁以下都放。"苏刚出门，他追着说："18岁以下都放。"苏走出几步，他又追出门："20岁以下都放！青年人爱国，何罪之有？"此举受到军政界进步人士的赞赏，也遭到韩复榘等人攻击，韩复榘等人到冯玉祥处拨弄是非。冯盛怒之下下令处决萧。宋哲元联络张自忠、冯治安等拒不执行命令保萧，又请西北军元老闻承烈出面说情，此事方了。但萧从此不再为冯信任，冯将其调离西安市，改任第二集团军总参议。从此萧振瀛与冯玉祥隔阂加深，终生不和。

萧振瀛能在复杂多变的形势下纵横捭阖，在长于军事拙于政治的西北军高层干部中的确是不可多得的人才，虽被冯玉祥视为异类，但为宋哲元等赏识，两人成为知己。

冯玉祥、阎锡山等在中原大战中失败后，西北军解体。国民党于1930年11月召开三届四中全会，由于张学良率领东北军入关助蒋有功，会议决定由张负责华北军政，主持对华北地区的晋军与西北军残部的改编，处理冯、阎善后。张学良曾令张自忠出任军长。萧振瀛认为在资历与人望上，张自忠不如宋哲元。萧与宋共同分析所面临的形势后，认为必须把撤退到山西的各将领团结起来，保持西北军的团体与传统，但宋本人对各将领能否服从自己没有把握。萧振瀛在西北军中结义甚多，颇负众望，众将领便推萧出面召集余部，重组军队。萧亦认为自己与各方面的关系都不错，便主动出面，在运城召开了有张自忠、赵登禹、李文田、冯治安、何基沣、张维藩与宋哲元等人参加的军官会议。会上说明部队随时有被分化、消灭的险恶处境，认为要保持西北军的完整性，必须团结，达成了求生存、要团结的共识。萧主张推宋为军长，张自忠为"二头儿"。有人对宋哲元任军长有异议，萧说："都是患难弟兄，你等该听我的，我拥宋，都是兄弟之义！"张自忠姿态很高，说："干不干由大哥你定，能报国，当营长、团长都行。"认为自己威信不足统率一军，以宋哲元"平日宽大厚重，深孚人心，物望所归"为由，也主张宋为军长。

当时与宋争夺军长宝座的还有孙良诚。孙以带来的兵最多为由，向张学良要军长当。张自忠、宋哲元密商，认为孙良诚薄情寡义，信用极差，不能服众，特别是宋与孙良诚的矛盾较深，如孙良诚任军长，会造成新的分裂，那样便葬送了的西北军的前程，使西北军这一点余烬也完全熄灭。于是，在与诸将领取得一致意见后，萧振瀛备足厚礼，到北平的张学良处活动。萧通过北平行营办公厅主任鲍文樾与秘书长王树翰说项，终于受到张学良的接见，他向张学良表示了宋哲元等西北军将领对张的拥戴之情，给张留下了很深的印象，最终使宋哲元的军长任命成为既成事实。

西北军有了新的头领，下面的职位怎样分配安排，也是一个大问题。冯治安是宋哲元嫡系，又与张自忠关系甚好，张自忠推荐冯治安为主力师三十七师师长，自任三十八师师长。刘汝明带来8000人，因编制限制，当不成师长，只能任副军长。后经宋哲元、秦德纯、萧振瀛到张学良处活动，又扩编了一个暂编第二师，刘汝明出任师长。佟麟阁为人宽厚，有长者之风，人缘颇好，做过宋哲元的副职，与刘汝明关系莫逆，在刘汝明任师长后被任命为副军长兼军官教导团长。赵登禹资历较浅，但他是跟着宋哲元突围出来的，暂任旅长。西北军跟随冯玉祥二十余年，南征北战，几经变迁与淘汰，可以说，二十九军是西北军千锤百炼剩下的精英，也是气味相投的一个团体。何基沣说，萧振瀛"是二十九军缔造者"。二十九军官兵一致认为，组建二十九军，萧为首功。

西北军中的地域观念很重，地域间的矛盾很大，早就有以刘郁芬与李鸣钟为首分成河北派与河南派，曾经相互攻讦。新成立的第二十九军为山东人与河北人组成，安徽蒙城人过之纲带来的兵虽多，但二十九军没有安排他的职位，只得含屈他去。

1931年1月16日，蒋介石以陆海空军总司令的名义与副总司令张学良联名发表铣电，任命宋哲元为东北边防军第三军军长，将在晋的西北军残部改编成两个师六个旅。从此，西北军的番号在历史上消失了。6月17日，国民党按照全国统一番号进行调整，该部改番号为第二十九军，军部驻山西阳泉，军长宋哲元，副军长刘汝明，总参议萧振瀛，参谋长张维藩；第三十七师，师长冯治安，辖一〇九、一一〇、一一三三个旅，旅长为赵登禹、王治邦、李金田；第三十八师师长张自忠，辖一一二、一一三、一一四三个旅，旅长为黄维纲、佟泽光、张人

第二十九军军长宋哲元

杰。部队分驻阳泉、运城、辽县、解县、汾阳、沁县、翼县一带。还有一些军直属部队,全军近三万人。

1931年2月5日,宋哲元等将领在山西阳泉通电就职。宋在就职通电中鉴于连年内战给国家带来的伤害,第一次提出了"枪口不对内""中国人不打中国人"的口号。

宋哲元,字明轩,山东乐陵人,1885年生。幼时入私塾,读过四书、《左传》与《春秋》。1907年考入北京武卫右军随营武备学堂,受训五年,毕业后分配到第六镇见习。1913年调入京卫军第二团(团长冯玉祥),先后任营长、团长等职,在参加讨伐张勋复辟的战斗中一战击溃了张勋的军队,迫使张退回北京。

1922年第一次直奉战争，宋再建奇功，晋升为旅长。当时冯玉祥部辖五旅，旅长张之江、李鸣钟、宋哲元、鹿钟麟、刘郁芬，均骁勇善战，时人称为"五虎将"。

1924年，第二次直奉战争爆发后，冯玉祥部自热河班师回京，完成了"首都革命"并电请孙中山北上共商国是。同时冯玉祥、胡景翼、孙岳三人联盟，正式组成国民革命军，冯任总司令兼国民革命军第一军军长，宋哲元任第十一师师长。1925年，宋兼任热河都统。

1926年，国民军受奉张（作霖）、吴（佩孚）攻击，冯玉祥赴俄，宋任第四路军总司令，由热河退转多伦，旋退绥远。及9月，冯自俄归，宋迎于五原。9月17日誓师入陕，并率全军参加中国国民党，誓为中国革命而效命，这就是著名的五原誓师。

1927年，冯部入陕，宋任北路军总指挥，11月，任陕西省政府主席。宋亲率所部剿灭匪众十数万，结束了陕西十数年割据之局面，巩固了后方，为冯部北伐作战成功奠定了基础。

1929年冯玉祥反蒋，被阎锡山软禁在山西。是年10月10日，宋哲元代理国民军总司令，举兵反蒋，率部出潼关进军河南。因与孙良诚不和，指挥失调而失利，后退回陕西。

宋哲元忠于长官，忠于团体，执行命令坚决，深得冯玉祥的喜爱；为人正派朴实，性格倔强，爱护官兵，颇受官兵拥护。因此，领帅入晋的西北军非他莫属。

二十九军编成后，张学良给了50万元的安置费以后就撒手不管了。晋东南是阎锡山经营多年的地盘，二十九军驻扎在此，寄人篱下，军费捉襟见肘，穷困潦倒，士兵们衣衫褴褛，形同乞丐。吃不好，穿不上，队伍坚持下去很困难。宋哲元等与萧振瀛商量后认为很有必要到南京走一趟，除了要点军费以外，也需要与中央机关方方面面进行通融。这时，二十九军的粮饷已到了山穷水尽的地步，宋哲元派人到银号贷款作为萧振瀛去南京的盘缠与活动经费。

萧振瀛到南京后首先谒见国民党元老于右任。于为陕西三原人,在五原誓师时为监督及授旗的国民党代表,在西安解围之后任革命联军驻陕总司令。他对西北军的情况十分熟悉,对萧振瀛任西安市市长时保护文物,做了一些有益于乡党的事印象很深。听了萧振瀛对二十九军生存现状的介绍之后,很是同情,愿意引荐萧去见蒋介石。

俗话说大门好进,小门难入。尽管有于右任的引荐,萧振瀛见蒋介石也不那么容易。待到萧要见蒋的时候,侍从人员向萧交代:"委员长事务很忙,谈话不要超过五分钟。"萧笑着对侍从人员说:"我会遵守时间规定,不会超过。"心里想,只要见到蒋介石,需要多长时间,那是我说了算,不是你说了算。

萧振瀛向蒋介石作了自我介绍,蒋介石说:"你是东北人!""是,我与张副总司令是同乡。我这次来,是经过他同意的。"蒋的脸上出现了笑容。接着蒋询问了二十九军人事等情况,并提及萧联苏及释放数千被捕青年之事,萧答:"当时联苏是总理与委员长共同的思想,振瀛我秉承冯总司令的命令,与苏俄斡旋,得到一些武器,对北伐战争、对委员长与总司令会师河南大有裨益。""关于释放被捕青年的事,我当时主持西安市政,必须公正执法才能服众,释放青年是秉法救民。虽有人有歧见,但老百姓欢迎,市民没有意见。"萧所说"歧见",暗指冯玉祥反对。此时冯新败下野,蒋正讨厌冯,萧与蒋两人有了共同感受。"现在宋哲元军长和我等心怀救国救民之志重组军队。在委员长的指挥下我们一定把此事办好。"萧凭三寸不烂之舌,说得蒋介石很满意。蒋说:"你为于院长推荐的西北军之革命同志,希望今后共同为国效力。至于部队的收编与军费事宜,你与军政部长何应钦洽商。"

萧振瀛在南京转寰于国民党中央各部门间。一天,恰与韩复榘照面,韩嘲笑他说:"你曾骂我和石友三是魏延,今天你和宋哲元怎么也来当魏延了?"萧说:"我等乃是黄忠,今后战定军山还要靠我们。"

萧振瀛在南京花销很大,所带钱款有限,没几天就花得差不多了。他心想钱花光了,要军费的事还没办成,那怎么行?于是再次求见蒋介石。这次,萧先不

宋哲元与该军师长检阅二十九军部队

提军费之事，先向蒋介石讲太原地理位置重要："古有'得太原者得天下'之说，自古辽金以来未得上党（即太原）而不能保有天下，元占上党而入主中原。今晋绥军虽败，但兵将依然完整；阎锡山虽走大连，部队仍旧听其遥控指挥。张副总司令虽主持华北军事，但能得太原而尽得地利乎！张与阎孰弱孰强？"蒋听此话，由开始的勉强变为认真。萧振瀛见蒋介石听得进他的话，遂将话转向正题："现在，在山西的二十九军弟兄们服从您，听从您的指挥，这股力量何不成为稳定华北的柱石，是您占太原得天下得力的武装？"萧见蒋听得入神，便接着说："现在二十九军的弟兄们人多经费少，一个军抵不上人家一个师的经费，到了难以举炊的地步，几万弟兄嗷嗷待哺。这次我到这里来见委员长，弟兄们对我寄予莫大的希望，而将您当成救星，只有您才能救我们二十九军。"萧振瀛滔滔不绝，直说得蒋介石不得不掏腰包，答应军饷除张学良发的之外，另拨特别费每月30万元。具体拨发事宜，蒋介石让萧去找财政部部长孔祥熙。

对萧振瀛这次见蒋介石，有人评价说，萧熟稔大谋略的运用，能洞悉时代潮流，变危机为转机，很有点像诸葛亮的"隆中对"。

俗话讲，阎王好对付，小鬼难缠。蒋介石这一关过了，孔祥熙这一关还不好过。孔是蒋介石的钱袋子，爱财如命，向他要钱，必须先送钱。对此，萧振瀛早有所闻，但心想：我现在囊中空空，回去的盘缠都成问题，拿什么送给他？看来没有特殊的办法，他是不会掏出钱来的。

萧振瀛晚上想好之后，第二天便早早来到孔的官邸前等着，他见孔祥熙夹着皮包走向汽车，便大步向前，"扑通"一声跪在孔的面前："二十九军总参议萧振瀛晋见孔部长！""你有什么事，何必跪着，站起来讲。""我为委员长批给二十九军30万军费来见您。"萧振瀛依然跪着。"军费的事到部里讲。"萧振瀛给孔祥熙磕了一个头，说："二十九军的弟兄们几个月不仅没发饷，现在连吃饭的钱都没有，我是为了团体和朋友才给你磕这个头的，如果你不答应帮忙，我就不站起来。"孔祥熙没有办法，说："我马上就办！"

萧振瀛这一跪，解决了二十九军将士多时未能得饷的难题。孔祥熙后来说，萧振瀛这一跪确实他没有想到，男儿膝下有黄金，萧真讲义气够朋友。

长城烽烟起　大刀队显神威

第二十九军初建之时，在装备方面是极为窳劣。中原大战溃败后，武器损坏、遗失不少。整编后经过多方努力筹集才初具规模，多数是汉阳造和日造三八式步枪，还有一部分是由甘肃调出来供参加反蒋的地方部队使用的枪支，大都是老毛瑟枪，再有一部分是在二十九军成军后由本军修械所制造的，另有一部分是从孙殿英那儿买来的土枪。枪械陈旧，口径不一，子弹供应困难，有的根本无法补充，如老毛瑟枪的弹药，各兵工厂早就不制造了。全军只有野、山炮十几门，重机枪也不过百挺。步枪上没有刺刀，就利用西北军原有的特点，打造了一些大刀，发给士兵用。由于子弹奇缺，就多造手榴弹，以资补救。至于饷项方面，虽经萧振瀛在南京活动要了一部分，但要养活三万人的部队还是感到紧张，因此官兵只能领六七成的饷。

更麻烦的是地盘问题，二十九军的驻地原来都驻有晋军，虽然晋军在中原大战中也损失不小，但晋军撤退得快，建制完整，两军混驻，矛盾很大。1931年4月，在汾阳的二十九军一部与晋军的杨爱源部为争夺营房而大打出手，宋哲元急令部队撤出，将营房让给晋军，这充分反映了二十九军寄人篱下，不敢得罪山西军政当局的处境。蒋介石得知二十九军与晋军的摩擦情况，提出干脆将二十九军南调"剿共"，但宋哲元等心中明白，南调绝对没有出路，不是在"剿共"中被消灭，就是被蒋介石分化吃掉。正在这时，一个偶然的事情使二十九军的处境有了转机。

1931年7月，石友三在日本的挑唆下，在河北举兵反张学良，石为壮大声势，曾致函宋哲元要其出兵。宋深知石友三反复无常的个性，念及张学良对二十九军的好处，拒绝了石友三的要求，并将情况及时报告了张学良。后石友三的反张以失败告终，张学良对宋哲元在关键时刻的表现很满意，特地从河北西部划出高邑、元氏、内邱和赞皇四个县作为二十九军的驻防区，该军的处境有了改善。

不久，阎锡山由大连回到山西，重掌军队。二十九军在晋阎如芒刺在身，拟设法调动其离开山西。萧振瀛当机立断，经张学良同意，借调动部队的机会，由赵登禹部进占榆次车站，张自忠部进驻阳泉，冯治安、刘汝明两部进入和顺，与阳泉相呼应。阎派代表到榆次，提出山西地界不得任意驻军，萧即答："山西亦中国土地，我军愿意驻此，即可驻此。"萧之举措是与蒋讲过的，深得蒋介石赞许，二十九军驻留华北，成为稳定北方政局的擎天大柱。为钳制阎锡山，二十九军南调"剿共"的事蒋也不再提了。

第二十九军编成后，在"枪口不对内"的思想指导下，以日本侵略者为假想敌进行练兵。1931年，"九一八"事变爆发。9月20日，宋哲元率领属下将领通电全国，喊出了"宁为战死鬼，不为亡国奴"的口号，这不仅是二十九军首次在全国民众面前亮相，也使全国军人为之振奋。1932年1月28日，日本侵略者在上海肇事，第十九路军奋起抗战，宋哲元派何基沣率领一个参观团到淞沪参观作战情况，并将参观所得材料印发全军研讨，向官兵说明日军是可以打败和能够打败的，鼓舞了官兵的战斗精神。

针对"九一八"事变后日军在东北不断扩大侵略的行为，宋哲元于1932年8月7日上书张学良，要求早定抗日大计，张学良深感热河、察哈尔危机四伏，向蒋介石推荐调二十九军到察哈尔驻防。8月17日，国民政府任命宋哲元为察哈尔省政府主席，以察省为二十九军的驻防区，该军终于有了自己的落脚之地。

1933年1月3日，日军占领山海关，热河吃紧，平津震动。时二十九军大部还驻在山西，为抗击日本侵略军，军事委员会任命宋哲元为第三军团总指挥，急调第二十九军移防平东，宋即指挥第二十九军开驻通州、三河、蓟县、玉田一带，总指挥部初设通州，继移蓟县，后来设在遵化。2月25日，日本进攻热河，守军不战而退，不几天，日军百余骑就占领了承德。华北当局手忙脚乱，命令第二十九军以一部兵力出冷口御敌。宋哲元接到命令之后，令何基沣率两营到冷口执行警戒任务，又令王长海团开到建昌营，以为策应。大部队随后向长城各口前进。

3月6日，二十九军奉命防守冷口迤西至马兰关一线的长城各关口。7日，二十九军接防喜峰口，由凌源、平泉战败退兵喜峰口一带的万福麟部无力再战。9日，日军步骑兵和伪军一部，乘万福麟部和二十九军三十七师交接阵地之时，向喜峰口外约二十里的一个前哨据点孟子岭发起猛攻。傍晚，日军占领高地，控制了口门。王长海团以半天时间前进一百多里，从遵化赶到喜峰口。当时部队的装备情况是"火力弱，有兵无枪，有枪缺弹，只是每人大刀一把，手榴弹六枚"。面对日军以空、炮协同的猛烈火力攻击，中国官兵只能依托长城抗击，部队守在

手持大刀的第二十九军士兵

工事里被动挨打，伤亡很大。

　　王长海团赶到喜峰口时，日军先头部队已占领口外东北方长城制高点，并有敌步骑500名向喜峰口方面冲击。王团天黑时潜登山头，以大刀砍杀一批日军，将制高点夺回。3月10日，宋哲元赴喜峰口前线与诸将领商讨作战事宜。是日，第三十七师与敌激战竟日，由于日军炮火猛烈，该师损失惨重，旅长赵登禹负伤。大家认为日军枪械精良，这样拼杀下去对我甚为不利，应当发扬我军之长处，利用近战、夜战，出其不意，予以袭击。决定于次日采取迂回夜袭的战术，歼灭当面日军。遂将第一线的正面防守交与王治邦旅固守，赵登禹率董升堂团及王长海团，从左翼出潘家口，绕至敌右侧背，攻击喜峰口西侧高山之敌；佟泽光率李九思团及仝瑾莹团，从右翼经铁门关出董家口，绕攻敌左侧背，攻击喜峰口东侧高山之敌；王治邦旅佚赵、佟两路袭击得手，即行正面出击。当日深夜，二十九军健儿身背大刀，冒着小雪，向敌阵地出发前进。赵登禹旅长在10日的作战中负伤，也自告奋勇，裹创出发。

大刀队勇士们攀垣越墙分头进入敌占村后，如神兵天降，以迅雷不及掩耳之势抡起大刀横砍直劈。日军正在高卧鼾睡，不及还击，就被砍杀，脑袋落地，身首异处。不少人梦中便做了刀下鬼。随后支援日军包围而来，双方短兵相接，大刀队边战边撤，喊杀之声震撼大地。当时报道是"夜杀敌千余"肯定有所高估，不过日军的确伤亡不小，第二日二十九军阵地前沉寂了半天，就是证明。参加夜袭的500名大刀队员大部分壮烈牺牲。10日凌晨3时，中国军队乘黑夜烧毁敌行李车数十辆，歼敌500余人。

日军自制造"九一八"事变占领东北后，从没有遭受这样的打击，所以夜间都是脱衣大睡，骄蛮万分，轻视我中华民族。据说日本人迷信，被砍掉脑袋的人死后是无头鬼，而且不能转世，日军受此打击后，惊恐万分，睡觉都戴上钢盔，预防大刀砍头。日本《朝日新闻》评论道："明治大帝造兵以来，皇军名誉尽丧于喜峰口外，而遭受六十年来未有之侮辱。"

这一仗后，二十九军大刀队名震天下，成了全民族抵御外侮的偶像。何香凝女士曾赋诗一首称赞：杀敌何须更渡海，数万倭奴引颈待。钢脚夜眼青龙刀，捷音传来齐喝彩。二十九军民族光，挞汝倭国军阀狂。国仇重重何日忘，誓到东京饮琼浆。

为鼓励全军将士杀敌，宋哲元手书"宁为战死鬼，不作亡国奴"和"有进无退，死而后已"的手令，传令全军。后敌在喜峰口进攻多次，由于二十九军坚守，均未突破，敌将进攻重点转到罗文峪方向。

罗文峪在喜峰口以西、遵化北十八里处，处于长城的凹入处，倘被敌占，势必影响喜峰口防御的稳定。3月16日，日军攻击罗文峪，第二十九军暂二师在师长刘汝明的指挥和二十九军各部的支援下顽强抵抗日军的进攻，战斗异常激

1933年长城抗战时宋哲元向部队下达的手令

烈。18日,刘汝明师长到前线指挥。当晚,该部仍采取夜袭的战法,冲入敌营,砍杀日军,取得了罗文峪大捷。

第二十九军在喜峰口、罗文峪的胜利,使全国人民精神振奋,扬眉吐气。这是中国自"九一八"以来的首次大捷,全国上下一片欢腾。社会各界纷纷组成慰问团前来劳军,各报记者也蜂拥而至。记录二十九军的新闻电影在全国各大城市的影院上映,每当电影中出现宋哲元的镜头时,观众都要起立鼓掌。作家麦新将二十九军的抗日事迹编成《大刀进行曲》，该军的大刀队从此名扬天下。《大刀进行曲》也成为流传至今的著名歌曲。为表彰第二十九军在长城抗战中的卓越表现，国民政府向宋哲元、赵登禹颁发了青天白日勋章，同时增编第一三二师，以赵登禹为师长；将暂编第二师改编为第一四三师，仍以刘汝明为师长。从此该军有四个正规师，也在华北站稳了脚跟。

外御日寇　内求发展

虽然二十九军在喜峰口、罗文峪获得胜利，但中央军系统的第十七军三个师在古北口相继被打残，日军从此处突破，造成中国军队长城防线的崩溃。何应钦以军委会北平军分会委员长的身份，于1933年5月和日本签订了丧权辱国的"塘沽协定"，事实上承认了日本对东三省的占领，并将冀东、察东列为"非武装区"，任由日军进入。

1933年5月26日，冯玉祥、方振武、吉鸿昌在张家口成立了察哈尔抗日同盟军，接连收复了日伪占领的沽源、多伦等地，声震全国。对此，国民党政府十分惊恐，以破坏军令、政令统一为名进行讨伐，并令第二十九军攻击抗日同盟军。宋哲元经多方权衡，采取了既不攻击抗日同盟军，也不与冯玉祥合作的办法。最后，抗日同盟军在国民党军队与日伪军的联合进攻下失败了。军委会北平分会责成第二十九军收编抗日同盟军事宜，该军遇到了历史上第一个扩充实力的时机。

抗日同盟军各部中，除方振武、吉鸿昌和刘桂堂三部拒绝改编外，余众尚存一部，其中大部分属于旧西北军。还有原热河省汤玉鳞残部，号称三旅一团。总计三万多人。

由于上述部队战斗素质良莠不齐，加之军饷保障困难，宋哲元采取了先编后遣政策，即先将其收编，而后再存优汰劣，实行编并。由于收编，二十九军一度膨胀，经淘汰编并后才基本恢复正常。至1935年初，接受改编的抗日同盟军只剩下十二个团；而汤玉麟残部三旅一团，经一再编遣，只留下一个团。另外，汤玉鳞残部的枪支弹药也都移交给二十九军，三十几门大炮也编入各师，各师首次成立了炮兵营。这时，二十九军的总兵力约有五十个团，不包括察哈尔地方军，兵力在四万人左右，已远远超出了一个军的规模。刘汝明回忆说："经过这一番整编，二十九军的人员装备大为充实，战斗力也大为增长，在当时华北部队来说，以军为单位，要说算是最强也不为过。"

第二十九军驻守的察哈尔地区与日本占领的"满洲国"毗邻，他们发扬长城抗战的余威，与日本侵略者多次针锋相对，寸土不让。1934年，热河丰宁县境的伪军在日本特务机关的唆使下，常到察哈尔沽源县抢掠，导致驻沽源二十九军与日伪军不断发生冲突。1935年1月15日，二十九军一部将前来抢掠的四十余名伪军缴械，日本关东军驻热河的谷寿夫旅团借口二十九军侵犯了"满洲国"，出动飞机、大炮和步兵进攻二十九军的独石口防地，制造了"察东事件"。1935年5月，四名日本特务秘密潜入察哈尔二十九军的防地偷绘军用地图，被一三二师官兵扣留，日本侵略者反向中国方面提出抗议，史称"张北事件"。事件发生后，在日本的逼迫下，军委会北平军分会代理委员长何应钦与日本华北驻屯军司令梅津美治郎进行会谈，日本提出：（1）取消国民党在河北境内的一切党部，包括铁路党部在内；（2）撤退驻扎在河北的东北军第五十一军，国民党中央军第二师、第二十五师及宪兵第三团；（3）解散军事委员会北平分会政训处、国民党蓝衣社、励志社等机关；（4）撤免河北省主席于学忠及其他日方要求撤换的官员；（5）取消全国一切反日团体及活动。这就是臭名昭著的《何梅协定》。

通过《何梅协定》，日本将国民党的势力全部排挤出华北，为扶植傀儡政权、不战而取得华北创造了条件。

1935年6月19日，南京行政院迫于日本的压力以"屡生事端"为由，免去宋哲元察哈尔省主席职务，以该军副军长秦德纯代理主席。秦与日方代表土肥原贤二谈判，于6月27日签订了《秦土协定》，内容有：（1）撤换与"张北事件"

有关的中国军官，向日军道歉，允许日本人在察哈尔自由行动；（2）取消察哈尔省境内的一切国民党机关；（3）划定察东非武装区，第二十九军的部队从该地区全部撤退。《秦土协定》割让了察东六县，二十九军撤到张家口以南。

宋哲元在察哈尔同日本人周旋，忍辱负重，委曲求全，不想仍然被罢官，愤懑异常，他离开察哈尔前往天津私宅休养，临行前在张家口火车站公开指责蒋介石："谁再相信蒋介石抗战，谁就是傻瓜。"宋到天津以后，更有消息传来，说蒋介石要调二十九军南下剿共。听说部队要离开华北南调，部队官兵心绪不安。接着北平发生了一件事，使二十九军南调"剿共"的事化为泡影。

《何梅协定》签署以后，中央军黄杰、关麟徵两师撤出河北省，造成平津出现权力真空。这时前西北军将领石友三在日本人的支持下，纠集汉奸白坚武、潘毓桂和几千号地痞流氓在湾平起事，打着自治的旗号，公然向北平进军，进行武装叛乱。平津地区人心惶惶，大有山雨欲来风满楼之势。在这关键时刻，何应钦逃回南京，军委会北平分会能调动利用的兵力只有二十九军。萧振瀛以北平防务空虚为借口，趁机建议抽调二十九军一部开入北平，得到军委会北平分会代理主任鲍文樾的首肯。该军在最近的《秦土协定》中吃了亏，正憋着一肚子气，军委会北平分会的命令一到，冯治安率第三十七师迅速出动，很快控制了北平各要点，造成了占据北平的既成事实，粉碎了日伪叛乱占领北平的阴谋。

随后，二十九军各部队源源南开，迅速接防了中央军和东北军在河北、天津的防区，控制了平津与冀察地区。在当时的华北，山西的阎锡山阴险狡诈，且与日本勾勾搭搭；山东的韩复榘反复无常，蒋介石对他信不过，而认为宋哲元等二十九军将领都是纯粹、服从命令的军人，没有什么政治上的花样，对他们十分信赖，因此，二十九军占领平津与河北的举动很快得到蒋介石的认可。1935年8月，蒋介石任命宋哲元为平津卫戍司令。国民政府为鼓励二十九军将领不屈服日军压力、维护祖国主权的行为，特别加授秦德纯、张自忠、冯治安、刘汝明四人青天白日勋章。

二十九军进驻平津后，该军进入了发展的黄金时代。昔日的西北军将领也纷纷投奔效力。曾任西北军参谋长、极为冯玉祥赏识的石敬亭从泰山赶到北平，被宋哲元委任为总参议。高树勋自江西赶来，也受到任用。

1935年底，冀察政务委员会成立，宋哲元接管了冀察两省和平津两市，这更给二十九军的发展创造了有利条件。蒋介石鉴于中央军被日本人驱出了华北，只好命宋哲元"忍辱负重"，维持华北，而宋哲元以防地太大，"负重"需要力量为借口，向蒋要求扩充部队。

华北人口众多，仅山东、河北两省即达六千七百多万人，兵源毫无问题，关键在于军饷和装备。宋哲元就此特命冀察政务委员会驻南京代表李世军负责与蒋交涉。他曾对李世军说："冀察防区大，兵力单薄，万一有事，分配布置不够，加之冀、察、平、津一带有许多人原来参加过抗日活动，现在愿为国家效力。这些人，就是平地不卧（不安分）的人，如果拉不到一起，将来走了岔路，就来不及了。"要李对蒋介石说明他的苦衷所在。蒋介石作了让步，原则上应允宋哲元扩充二十九军。

1936年1月，宋哲元又派遣二十九军教育处长兼三十七师参谋长张樾亭赴南京见蒋，催其落实扩军的具体事宜。宋哲元的打算是成立八个团，并组建八个保安旅。张樾亭在一篇文章里回忆了当时的交涉情形。到了南京以后，他首先谒见了蒋介石，蒋介石令其与军政部长何应钦具体接洽，张樾亭对何应钦陈述利害说：二十九军现有四个师，不到四万人，再加上八个团，计不到六万人。日本关东军能进山海关的兵力至少有三个军，计有十二万人左右，装备又好，敌我两相比较，人数还差六万多。因此想再成立八个保安旅，计三万二千人，连同四个师八个团，共不到十万人，与日军可能进关的十二万人相较，还差两万多人。

何应钦沉吟半晌，才说，"得研究研究，隔日答复"。

两天后，何应钦召见张樾亭答复说："明轩（指宋哲元）可以成立四个混成旅，每旅以步兵两团为基干……装备和饷项由中央筹给，保安旅由地方自筹。"这个答复虽然打了折扣，但还是部分满足了宋哲元的要求。张樾亭离京北返前，蒋介石请张吃饭，并对他说："宋军长遇有困难，可随时派人或写信来。"

不久，二十九军增编的四个混成旅和八个保安旅相继成立。

8月，何应钦批准发给二十九军湖北汉阳造步枪两千支，步兵炮八门，步枪子弹四百万发，还决定每月补助军费八十万元，军械不足部分由宋哲元筹款向国外购买，中央发给护照。

5月间，宋哲元用巨款从国外购买捷克式步枪一万支，自来得手枪四百支，附子弹数百万发及高射炮十二门，陆续运到。

在向国外采购和申请中央拨发的同时，宋哲元还利用冀察辖区内的大沽造船厂制造轻重机关枪、迫击炮和掷弹筒等，并在天津制造子弹作补充。

至此，二十九军的装备大大改善。各部队每连补充轻机枪四挺、掷弹筒两门，连长每人发自来得手枪一支，排长用手枪或冲锋枪；每班装备有枪榴弹两枚；战斗列兵每人发捷克式步枪一支，刺刀一把，手榴弹四个。此外，通信器材、骡马及军需用品也均有改善。在长城抗战中大显神威的大刀，仍旧保留。

二十九军高级将领同时也是冀察辖区内的高级行政官员，担负着守疆土的重任。其中，冯治安任河北省主席（1936年11月任命），所部三十七师驻防在北平的南苑、西苑；一四三师师长刘汝明任察哈尔省主席（1936年6月任命），所部分驻防察哈尔省和北平、大沽一带；赵登禹被任命为河北保安司令，所部由察哈尔开到河北，驻防任丘、固安、河间一带。1936年6月，张自忠出任天津市长。天津因《辛丑条约》限制，市区只能由保安队防守，不过其保安队全由张自忠师一部改换军装而成，仍为正规部队，张自忠师另一部驻于天津郊外。此外，秦德纯早在1935年11月调任北平市长。这样，二十九军的高级将领都成为守土大员，控制着冀察两省和平津两市。

不久，南京国民政府批准二十九军组建骑兵第九师，以郑大章为师长，辖骑兵第一旅、骑兵第二旅和骑兵第十三旅及军特务旅，加上以前增编的独立旅、保安旅，二十九军已有五个师约十二万人。

但随着国民党的妥协政策，华北的危机也在一天天加剧。1935年11月，日本在制造华北五省"自治运动"遭到宋哲元等人的抵制失败后，气急败坏，于同月抛出了以傀儡殷汝耕为首的冀东防共自治委员会，回过头来再次逼迫宋哲元。以宋为首的二十九军将领既不愿投降卖国，又希望能从南京政府那里得到更多的实权，扩充自己的实力。他们摸透了蒋介石的心理，在这危机的关头，蒋介石需要二十九军在华北维持局面，华北与其让日本人占领，倒不如让二十九军掌握。所以当何应钦到北平传达南京政府的决定，并要求宋哲元等人不屈服于人、绝对听命中央时，萧振瀛当即表示："中央如果真的信任我们，我们绝对可以替中央分忧，撑持这个局面，保证一切听命中央。"

第二十九军沿袭了西北军的传统，对部队的训练非常扎实，要求严格，冬练三九，夏练三伏，官长个个都能带头，身怀绝技。该军长期进行爱国教育，在"国耻"纪念日，全体官兵都要吃印有"勿忘国耻"四个字的馒头或禁食一天，有的分队还用伙食尾子买来活猪，贴上"日本帝国主义"的标签，让士兵用刺刀刺向猪的要害部位，谁刺死谁抬走吃肉，以提醒官兵不忘国家被日本侵略造成的灾难、耻辱，牢记军人救国的职责。

在"国耻日"，还要由官长领导官兵用问答的形式进行抗日教育。

"弟兄们，东北是哪一国的地方？"

"是我们中国的。"

"东三省被日本人占去了，你们痛恨吗？"

"十分痛恨！"

"我们的国家快要灭亡了，你们还不警醒吗？你们该怎么办？"

"我们早就警醒了，我们一定要团结一致，共同奋斗！"

这种教育在二十九军是长期的、认真的。经过军政训练，部队军容严整，在华北是抗击日军、稳定人心的强有力的武装。

随着日军在华北的步步进逼，二十九军与日军的冲突也日益加剧。第三十八师在天津与日军发生多次冲突，其中包括"大沽事件"与"金刚桥事件"，双方互有伤亡。

1936年9月18日，在北京，二十九军一个连在纪念"九一八"事变五周年演习返回驻地时，与日军狭路相逢，双方互不相让，发生冲突。日军与二十九军分别增兵，相互包围，相持一昼夜。是年10月26日至11月4日，日本华北驻屯军举行了以攻占北平为目标的军事大演习。日本军队在中国的土地上耀武扬威，横行霸道，激起了二十九军的极大义愤，他们针锋相对，于11月14至24日在河北固安举行了有五万人参加的反侵略大演习，宋哲元亲往现场指挥。针对日军的不断挑衅行为，宋哲元在1937年1月20日表示："国家三大要素，即主权、土地、人民，誓尽军人之天职，尽力保护之。"

保卫卢沟桥　打响全面抗战第一枪

这时第二十九军驻防北平部队的处境十分险恶：北有日本关东军和伪满部队的压迫，西北有伪蒙军队的制约，东有日本人控制的冀东反共自治政府，西南的丰台、长辛店也控制在日本人的手中，就是在北平城内也有驻扎在日本使馆区的军队，天津有日本驻屯军司令部，可以直接指挥北平的军队。二十九军对外联络的孔道只有卢沟桥，旁边的铁路桥更是平汉路的咽喉，为该军后勤供应的唯一道路。

为加强卢沟桥的防卫，二十九军增强了对北平市城区的巡逻，加强了守卫城门的兵力，卢沟桥及宛平城阵地的兵力也得到了增强。驻守该地的部队是第三十七师第一一〇旅第二一九团第三营，该部为加强营，辖有四个步兵连及重机枪连和轻、重迫击炮各一连，官兵共有1400人，颇有战斗力。

7月7日晚10时40分，演习日军借口一名士兵丢失，要求进入宛平城搜查，遭到守城部队的拒绝。于是日军调集兵力，于7月8日5时30分向卢沟桥附近的龙王庙和宛平城东门突然发起攻击，守军奋起还击。由于日军兵多装备好，不久占领了龙王庙与铁路桥。傍晚日军又进攻宛平城，双方激战三小时，日军被击

守卫卢沟桥的第二十九军士兵

退。这就是"卢沟桥事变"。

"卢沟桥事变"发生后,二十九军军部发出命令:"卢沟桥即为尔等坟墓,应与桥共存亡,不得后退。"副军长秦德纯指示部队:"保卫领土是军人天职,对外战争是我军人的荣誉,务即晓谕全体官兵,牺牲奋斗,坚守阵地,即以宛平城与卢沟桥为吾军坟墓,一尺一寸国土,不可轻易让人。"第二十九军军长宋哲元也从山东乐陵老家打来电报,令部队"扑灭当面之敌"。7月9日凌晨,驻宛平城的二十九军组织大刀队,夜袭龙王庙和铁路桥的日军,消灭日军一个中队,夺回了阵地。

正当二十九军官兵在全国抗日高潮的鼓舞下,乘龙王庙之战胜利的余威,准备再次进攻日军的时候,宋哲元等执行国民党中央"应战而不求战"的指示,害

守卫卢沟桥的第三十七师第二一九团团长吉星文，该团打响了全面抗战的第一枪

怕事态扩大，不准部队进攻，同意与日军谈判。

7月9日4时，中日双方达成三条协议：一、双方立即停止射击；二、日军撤退到丰台，中国军队撤向卢沟桥；三、宛平城内防务除原有保安队外，另由冀北保安队（限300人）协同担任。但日军对协定置若罔闻，屡屡违反，不断与中国军队发生冲突，同时制造战争舆论，大举增兵，于7月11日出兵三个师团到华北。关东军与日本朝鲜驻军也向华北派出增援部队。

10日，日本华北驻屯军向第二十九军提出四项要求：一、第二十九军代表向日本军表示道歉，并声明负责防止今后不再发生类似事件；二、给肇事者以处分；三、卢沟桥附近永定河东岸不得驻扎中国军队；四、鉴于此次事件出于各种抗日势力的指导，今后必须对此作出彻底取缔办法。

11日，副军长秦德纯对日方谈判代表松井表示，其他条件都可让步，但绝不同意从卢沟桥撤退中国军队。当晚8时，秦德纯与松井签订了《卢沟桥事件现地协定》（以下简称秦松协定），内容是：一、二十九军声明向日军表示道歉，并对责任者给以处分，负责防止今后再惹起类似事件；二、中国军队和丰台驻屯日军过于接近，容易引起事件，因此卢沟桥周围及龙王庙驻军改为保安队维持治安；三、鉴于本次事件孕育于蓝衣社、共产党及其他抗日各团体的指导，今后要采取措施并彻底取缔。宋哲元在7月12日至15日发表讲话，称"主和平"，并取消北平戒严，释放冲突中被俘的日军，通电谢绝国人"捐款募军之举"，以免让日军找到借口。

但日本军部决定向中国派兵四十万，以消灭在华北的中国军队。日军在增兵之后，于16日提出了下列要求：一、宋哲元正式道歉；二、处罚责任者，包括罢免冯治安；三、撤退八宝山附近的军队；四、在7月11日提出的解决条件上，改为由宋哲元签字。

19日11时，宋哲元为表达和平诚意，采取了一系列和平措施：一、撤除北平城内工事；二、将冯治安师与赵登禹师换防；三、搁置备战计划；四、向城外增兵的军队开始部分撤退；五、电请北上的中央军停止前进；六、将《秦松协定》报请南京政府核议；七、平汉铁路试行通车。

但日本不理睬中国方面积极的反应，继续向华北增兵，对第二十九军形成了强大的优势。鉴于日本毫无和平诚意、继续扩大战争的行为，7月17日，蒋介石在庐山发表了关于抗战"最后关头"的谈话，同时派遣部队增援华北。

7月22日晚，参谋次长熊斌等秘密到达北平，与宋哲元会晤，熊向其通报了中央的抗战决心，使宋了解了蒋介石对这场战争的态度。同时，蒋介石命令军需署补充第二十九军子弹三百万发，并令河南一部分高炮部队调至保定，归宋指挥节制，这些举措对宋的抗日态度有一定的影响。

24日，宋哲元召集第二十九军将领商议了一个作战计划：决定以第一三二师一部守北平，其余的和第三十七师进攻丰台和通州之敌；第三十八师进攻天津海光寺；第一四三师自南口出击，进攻昌平、密云、高丽营等地，截断古北口到北平的通路。

25日，北平、天津的日军业已部署到位，当然不会放过处在平津咽喉上的重镇廊坊。当日下午4时半左右，日军第二十师团第七十七联队的一个中队乘列车行进到廊坊站，以修理电话线为名，趁机占领车站，并抢占有利地形，修筑工事。在这种形势下，第三十八师主官还是命令部队"不能先敌开火"。廊坊守军不满其妥协的做法，先敌开火，打响了廊坊战斗。由于作战部队士气高涨，敌伤亡惨重。

战斗结束后，廊坊守军和平津失去联系，一一三旅既不了解平津两地的战况，也得不到师部和军部的指导，形成了孤立与盲目作战的局面。26日，在日军飞机轰炸和重兵的围攻下，主动撤出廊坊。撤退至安次的一一三旅旅长刘振三觉得没有上级的命令而擅自撤出廊坊，怕事后不好交代，于是命令第二二六团团长崔振伦于27日晚夜袭廊坊。午夜，夜袭部队乘敌不备，发起猛攻。日军从睡梦中惊醒，仓皇应战。夜袭部队报国心切，斗志旺盛，且熟悉地形，与敌激战一小时，歼敌大部，敌小部逃入车站建筑物内。日军一列伤兵车上的伤员、保卫人员及医务人员全部被歼，廊坊车站被占领。此时旅部了解到平津形势险恶，便于拂晓前撤离廊坊。

日军占领廊坊，切断了平津之间的交通，也切断了二十九军军部与天津所属部队的联系，使二十九军在军事上陷入了被动的局面。

在廊坊战斗打响的同时，何基沣之第一一〇旅炮兵一个营乘敌不备，向丰台发起猛攻，战士们压抑许久的抗日怒火像火山一样喷发了，他们冒着日军的炮火勇猛冲杀，到中午已收复丰台大部，只有丰台东南一隅日军在拼死挣扎抵抗。

丰台胜利的消息传到北平市里，人们欣喜若狂，点燃鞭炮，像过节一样热闹。局部的胜利并不能扭转整体战略上的被动。丰台的胜利只是局部的反攻作战，既没有全局的计划，也没有其他部队的增援配合。攻击丰台部队经过十个小时的激战，疲惫不堪。日军的增援部队由天津到丰台没有遇到阻挡，到下午4时，与丰台的日军相配合，一齐反攻，又占领了丰台。

26日上午，日参谋本部对驻屯军下达了对二十九军"坚决予以讨伐"的命令。华北驻屯军派北平特务机关长对二十九军下达了最后通牒。这样，经过近二十天的战争酝酿，日军的大举进攻开始了。

是日下午2时，由天津增援丰台的华北驻屯军第二联队第二大队的五百名日军赶到丰台，随即换乘二十六辆大卡车，径直开往北平，于晚7时开至广安门，他们佯称是日本使馆的卫队，从野外演习归来，企图闯入北平，守军刘汝珍部关闭城门，不准进城，被阻日军摆开了攻城的架势。刘汝珍请示宋哲元，宋令刘汝珍备战。守城部队接令后将城门开启，诱敌入城。狂傲的日军认为中国军队又妥协了，便毫无顾忌地鱼贯入城。当日军半数入城后，守军官兵突然向车队猛烈开火，日军顿时混乱不堪，损失惨重。

日军在广安门受挫，香月清司十分恼怒，于27日中午下令平津日军向中国军队发起猛攻，当日，通县、团河均告失守。日军的先头部队占领了南苑及南苑至北平市内通路的各要点。当时第二十九军军部已移驻北平城内，驻南苑的兵力有四个步兵团和一个骑兵团，约七千人。宋哲元命赵登禹为南苑方面指挥官。

28日一大早，日军大举向南苑进攻。飞机轰炸，大炮轰击，步兵冲锋，气势汹汹。集结于团河附近的日军第二十师团主力与华北驻屯军一部，在四十架飞机的配合下，从西、南两面向南苑进攻，另以一部切断南苑至北平的公路。日本数十架飞机低空向守军轮番轰炸，日机对着骑兵师成排的营房疯狂地轰炸扫射，密集的马匹和士兵来不及疏散、隐蔽，一片接着一片倒在血泊中，堑壕内到处是人马尸体。部队受钳制不能活动。

佟麟阁决定到团河至北平间的大红门去指挥掩护收容。他率领部队撇开公路循小径，利用青纱帐作掩护，很快就到了大红门。佟麟阁令自己的卫队首先阻止部队毫无秩序地后撤，并命令不论哪个部队的士兵，现在统一编组，凡是军官就要出来指挥。将军是士兵的胆。溃退的士兵看到副军长，顿时安定下来，并很快

第二十九军副军长佟麟阁,在卢沟桥事变后在南苑与日军作战中殉国

有组织地形成了临时部队。佟指挥临时部队掩护大部队撤退。下午1时许,大部队撤退完毕之后,佟麟阁才和几个随从一起向北平城撤去。佟一行没有走多远,就和一股日军遭遇。日军利用青纱帐掩护对佟射击,佟腿部负伤,部下劝其撤退裹伤,他坚定地说:"情况紧急,抗战事大,个人安危事小。"带伤坚持战斗。此时日军飞机对佟部投弹扫射,佟不幸被击中头部,壮烈殉国。他身边的副官余某及卫士同时殉国。

从早晨到中午,日军片刻不停进攻,给二十九军以重创,通信器材也被炸毁。

第二十九军第一三二师师长赵登禹,卢沟桥事变后在南苑与日军作战中殉国

激战至下午4时许,伤亡惨重,赵登禹除身边的战斗部队外,无兵可使,形同班排长。焦急中,遇到由北平城里来的传令兵,赵向部队传达了宋哲元关于放弃南苑,各部队立即撤回城里的命令。由于事先没有组织安排,无人指挥,无人掩护,各部队各自为战,纷纷后撤,秩序极为混乱。

此时,赵登禹骑在马上,成为敌机追逐的目标,又是机枪扫射,又是投弹轰炸,赵师长被追急跳下马,以一棵大树为掩护,掏出手枪向迎面俯冲而来的敌机"啪啪啪"地开火,突然他前胸被机枪射中,血流如注,牺牲于阵地上。

佟麟阁、赵登禹的牺牲,是二十九军的极大损失,在二十九军内乃至全国引起巨大的震动。宋哲元得知噩耗，顿足大哭说："断我左臂矣，此仇不共戴天！"

7月31日，国民政府发布褒扬令，表彰佟、赵的抗日功绩，同时追赠二人为陆军上将。

在南苑坚持战斗的第二十九军军训团在突围中付出了巨大的牺牲，全团一千多官兵光荣牺牲，突围而出的仅七百余人。

第三十八师驻南苑部队没有接到撤退命令，一直坚持战斗到晚8时，面对日军越来越小的包围圈，战士们毫不畏缩，顽强地进行还击，最后被迫退至一堵围墙下，全部壮烈牺牲。

天津是日本华北驻屯军司令部的所在地，因而自卢沟桥事变开始后，日军就加紧做攻击天津的各项准备。

这时，第三十八师师长张自忠在北平，师长职由副师长李文田代理。由于形势越来越危急，李文田预感大战迫在眉睫，是主动出击，还是就地固守，他拿不定主意，便于7月27日召集第一一二旅旅长黄维纲、独立第二十六旅旅长李致远、天津警备司令刘家鸾、天津市政府秘书长马彦翀、天津保安队队长宁殿武和第三十八师手枪团团长祁光远等到静海县李公馆开会，筹划作战。此时，天津市及郊区部队及保安、警察部队共计五千余人，总兵力多于日军。

摆在大家面前的形势很清楚：必须迅速消灭天津市内日军，否则增援日军一到，内外夹击，就有被消灭的危险。大家一致认为，必须立即主动出击，先机制敌，才能变被动为主动。会议推举李文田为临时总指挥，刘家鸾为副总指挥，于28日凌晨1时发动进攻。部队攻击的部署是：宁殿武指挥保安一中队攻东站；祁光远指挥手枪团全部和配属独立第二六六旅一个营及保安第三中队攻占海光寺日本兵营；李致远指挥独立第二十六旅和配属的保安第二中队攻占天津总站和东局子日本飞机场；武装警察负责各战场交通向导；黄维纲旅为总预备队。总指挥部设在西南哨门。

28日凌晨1时，驻津部队主动攻击日军的战斗打响了，日军仓促应战，最初的进攻很顺利。在东站，保安一中队将日军包围，激战两小时，日军被迫放弃车站退守在一个仓库中。保安队占领车站后，奉总指挥部的命令，除留一个小队监视敌人外，余部支援攻打海光寺。在天津总站，独立第二十六旅朱春芳团在火炮的协同下先克复天津总站，而后又乘胜攻占了日军盘踞的北宁铁路总局。

进攻东局子飞机场的部队每人携带一小壶汽油和一盒火柴，飞速抵达机场，他们趁两辆汽车从机场内开出来的机会冲进机场，战斗打响了。进攻部队一冲进机场，日军的飞机即起飞，原来日军飞行员都睡在飞机里，听见枪声便迅速发动飞机逃跑；进攻部奔向飞机，将汽油倒在飞机上，但由于汗水浸湿了火柴，怎么也划不着，战士们急红了眼，情急之下，有的抢起大刀砍，有的用刺刀捅，用枪打，用手榴弹炸，还有的撕破衣服，点着火引到飞机上。

一会儿，十多架飞机着火，机场上烟火冲天。机场守军躲进楼房工事里，起飞的飞机在天空乱飞，东局子机场的战斗取得了很大的胜利，但天亮之后，进攻部队没有采取防卫措施，躲在工事内的敌人和飞机向暴露在机场的部队交叉射击，损失很大。

进攻海光寺的手枪团和保安第三中队在祁光远的指挥下，冒着日军猛烈的炮火，前仆后继，几经冲锋，到天快亮时冲至日兵营外围，并占领了东停车场，日军龟缩在兵营工事内射击，天亮之后，日军出动飞机向中国军队扫射，进攻部队伤亡虽大，但也给敌人以打击。中国军队的突然进攻，打乱了日军的部署，使驻津日军特别被动。

大沽战斗是由日军进攻开始的。28日凌晨3时，锚泊在海河中的日本军舰和配置于海河堤岸的二十多门大炮突然向大沽口开火，猛轰大沽炮台、造船厂和第三十八师第一一二旅第二二四团第二营的驻地。随后，敌登陆艇十余艘强渡海河，企图围攻大沽镇。

第二营官兵奋起还击，连续击退日军多次进攻，并击伤敌舰多艘，破坏了日军的军用栈桥。

29日，李文田、刘家鸾等得知日军大举进攻南苑和冀东保安队反正的消息后，随即发出通电，表示"誓与津市共存亡，喋血抗战，义无反顾"。

29日凌晨2时，日军分四路向天津市区进攻。第三十八师及天津保安队奋力抵抗，并对日租界实施包围，大举反攻。经过反复争夺，中国军队攻入日租界，从三方包围日军守备部队，日军把警官也推上前沿，甚至把侨民也组织成义勇军作困兽之斗。

早晨8时，大沽口的驻军也对停泊于海面的日本军舰进行轰击，日陆海军联合反扑，大沽口激战不休。

在日军进攻天津市区的同时，保安队员一百多人进攻日军盘踞的公大第七厂，保安队兵分三路：第一路占据全厂的制高点发电机房和水塔；第二路攻占日本人的办公室；第三路到厂门口袭击厂内日军。战至29日下午，保安队员一天没吃没喝，弹药将尽，依然斗志不减。

29日下午，日军第二十师团高木支队迅速增援天津，关东军的增援队也由承德转道天津。当天下午，日军开始轰炸北宁路总站以北的保安队总部、北宁公园、市政府，金汤桥西畔的警察总部、电话局、东站和万国桥之间的邮务总局及南开大学。日本飞机对南开大学狂轰滥炸，随后，数百名日军乘汽车带煤油放火焚烧校园，使这所具有四十年历史的著名高等学府变成一片废墟。北宁铁路总局大楼、天津市政府也变成一片瓦砾。由于第三十八师分散作战，又被进攻日军分割包围，伤亡惨重。29日下午3时，李文田等人决定从天津市区各点撤退，到静海县和马厂两地集中。但进攻的战士抱与敌人血战到底的决心，宁死不撤，攻占公大七厂的保安队员不愿放弃已攻占的水塔，一直战斗到30日下午，流尽了最后一滴血。也就在这一天，华北的重镇——天津也沦陷了。

28日，南苑失守，北平四面告急，岌岌可危，随时都有陷入敌手的可能。当天下午，宋哲元召集在北平的军政首脑举行紧急会议，他向大家介绍了战况，请到会的各位提出对策，到会人员面面相觑，不知说什么才好。正在这时，从南苑溃退入城的骑兵师长郑大章闯进会场，惊慌地报告说，南苑官兵伤亡惨重，北平大有被围之虞。会议只得暂时变换内容。宋哲元沉思良久，对大家说："为了照顾全局和长远利益，我决定离开北平赴保定。"于是宋将冀察政务委员会主

第二十九军第三十八师师长张自忠

任、北平绥靖公署和北平市长等职务交与张自忠。

正好这时蒋介石发来电令，让宋哲元撤到保定。宋哲元此时保存实力的心思很重，他对张自忠说："二十九军是冯先生一生心血所建，留下的这点底子，我们得给他保留着。此事非你不能做到。二十九军现在战线过长，我们要把部队收容起来，只有你能和日本人谈判，拖延一个星期……"张自忠临危受命，代理宋哲元的职务，他对秦德纯说："你同宋先生成了民族英雄，我怕成了汉奸了！"29日凌晨，二十九军除留下四个团维持治安以外，其余全部撤走。

是日夜，宋哲元偕同冯治安、秦德纯、张维藩等离开北平去保定，第二十九军驻北平部队和保安部队相继撤出北平，经门头沟向南撤退。驻宛平至八宝山一线的何基沣旅掩护各部撤退完后，于30日夜撤出阵地，与当地默默无语的人民群众洒泪而别，退至长辛店。

北平、天津虽然陷落了，但卢沟桥第二十九军官兵打响了全面抗战的第一枪，用鲜血和生命换来了中华民族全民族的觉醒与全民族的抗战，功不可没。

8月下旬，第二十九军扩编为第一集团军，宋哲元为总司令，将二十九军部队扩编为三个军：以原第三十七师和第一三二师编为第七十七军，冯治安为军长；第三十八师扩编为第五十九军，李文田代理军长；第一四三师扩编为第六十八军，刘汝明为军长。据说第二十九军扩编的这三个军的番号是别具匠心的，都是为了纪念"七七"卢沟桥事变，第七十七军不用说，这是明"七七"；第五十九军和第六十八军中的五加九和六加八都等于十四，也是两个"七七"，人们称为暗"七七"。

部队扩编后，各军以新的姿态走向各抗日战场，其中第五十九军在张自忠的指挥下，在徐州会战中的淮河阻击战与临沂保卫战中力战强敌，给进犯日军以歼灭性打击，赢得国人赞赏。1940年5月初，张自忠在第三十三集团军任上率部由宜城渡襄河截击日军，激战九昼夜，壮烈殉国。该军与第七十七军一道于1948年11月在淮海前线毅然起义，回到了革命队伍中。

第三十军

台儿庄大战立功勋

太原城举义留英名

"决不撤退！士兵打完了，你就自己上前填进去，你填过了，我就来填进去。有敢退过河者，杀无赦。"这是1938年4月3日，第二集团军总司令孙连仲对防守台儿庄第三十军第三十一师师长池峰城下的命令。字字如炸弹，句句都是血。三十军官兵上下一心，挥舞着大刀，死撑硬顶，浴血奋战，使台儿庄变成了第二次世界大战中著名的血肉磨坊、歼灭日军的绞肉机。该军坚守血战，钉住了日军，给友军部队以包围歼敌的机会，最终取得了台儿庄大捷，以血与火铸就了辉煌的历史。

在中华民国的历史上先后有两个三十军,这就是由东北军演变出来的三十军和由西北军编成的第三十军。前一个是郭松龄倒戈反奉失败的残部,被魏益三带到中原地区改编为三十军,后发展成为郝梦龄的第九军。这里所介绍的是由西北军一部编成的第三十军。该军除了台儿庄大战,其著名的人物有吉鸿昌、孙连仲、池峰城、黄樵松等,都是在民国史上响当当的人物。该军走过了艰难曲折的道路,最后在四川起义,回到人民一边。

西安解围　北伐立功

要讲由西北军编成的第三十军，首先要从它最初的指挥者吉鸿昌说起。

吉鸿昌，字世五。1895年出生在河南扶沟吕潭镇一个贫寒的家庭中。1913年，冯玉祥部在河南招兵，18岁的吉鸿昌此时正在作坊里做学徒，因不甘被驱使，赶赴郾城应募从军，从此开启了军旅生涯。吉鸿昌入伍后，冯玉祥见其身材魁梧，眉宇间有一股豪气，便将其编入模范连充学兵。一次，冯玉祥集合部队讲话，主题是日本逼迫中国承认"二十一条"。冯说："'二十一条'是灭亡中国的条件，如果实行了，你们在街上碰见日本人，他让你趴在地上，他骑在你身上当板凳，你们怎么办呢？"吉鸿昌立即举手高喊："我有办法，日本人要骑在我身上，我就回过头来咬死他！"全场官兵哄然大笑。吉鸿昌不仅训练极其认真，作战也英勇无比，屡立战功，冯玉祥对其欣赏有加，不时升擢。吉善于练兵、用兵，常常身先士卒，冒弹雨炮火，袒臂挥舞着大刀冲锋在前，几乎无战不胜，是有名的"吉大胆"。

1925年，冯玉祥任西北边防督办，吉鸿昌因与团长韩复榘闹别扭，被撤职，被调任绥远都督署警务处处长。警务处警察平时吊儿郎当，吃拿卡要，鱼肉百姓，民众敢怒不敢言。吉鸿昌到任后认真整顿，严肃纪律，将一帮欺压人民的警察训练成一支有战斗力的部队，后被编为蒋鸿遇第十二师第三十六旅，吉任旅长。

1926年，当国民军与直奉军在南口打得难解难分之际，甘肃地方军张兆钾、孔繁锦认为西北军无暇西顾，趁机向兰州进攻。西北吃紧，吉鸿昌率领这支由警察改编的部队援甘，于8月30日将叛军击溃，甘肃东南一带底定。是年3月，刘镇华率十万之众入陕，将国民三军的杨虎城、李虎臣包围在西安。到10月，西安城内罗掘俱穷，岌岌可危，频频告急求援。时国民军在南口战败，五原誓师后，南下援陕，千里行军，疲敝之兵，难解西安燃眉之急。冯玉祥乃令孙良诚为援陕总指挥，指挥吉鸿昌等部由甘肃东进援陕。

吉鸿昌部虽在甘肃取胜，但部队未及休整补充，械弹粮秣不足，远道跋涉之师，与围城部队相较，处于劣势。吉鸿昌与士兵一样，单衣赤足，共同行军，一块蹲战壕，全旅官兵深受感动，均愿效命。部队进迫西安城下，吉鸿昌亲自到前线侦察，趁刘镇华部队调防之际，率部突然袭击，将其击败，刘部向临潼、渭南方向狼狈逃窜。吉鸿昌率部乘胜追击，将敌赶到潼关以东，西安之围遂解。西安民众为赞颂吉旅战功，曾有"城里两只虎（指挥守城的杨虎城、李虎臣），不如西来一只鸡（鸡是吉的谐音）"的民谣。

1927年初冯玉祥进驻西安，5月1日就任国民革命军第二集团军总司令，誓师北伐。以孙良诚为第二方面军总指挥，以共产党员宣侠父为政治部主任，所属编为三个师，以梁冠英为第二师师长，程心明为第十八师师长，第三十六旅被扩编为第十九师，吉鸿昌任师长，出潼关参加北伐作战。吉部为第二集团军的先遣队，辖第五十五旅，旅长张印湘；第五十六旅，旅长徐福胜。直属手枪队一队，骑兵一连，工兵一营，迫击炮兵一营。

时值国共合作时期，各军建立了以共产党人为首的政治部，在军队中开展政治教育。政治工作人员深入连队，传播革命理论，讲解孙中山的三大政策。政工人员不畏艰苦、任劳任怨的作风，深得官兵们的敬佩。吉鸿昌乐于亲近政工人员，常同他们一起，学习革命道理，或一起到村镇上作宣传。

吉鸿昌指挥部队出潼关，克复洛阳后到达巩县。按照孙良诚的计划，部队要继续沿陇海线向郑州、开封进攻前进。吉认为这样作战损失太大，如在此渡过黄河，直捣新乡，抄其后路，则郑州、开封之敌不战自退，非但壮军威，还比在陇海线节节推进事半功倍。但此举遭到旅团长反对，他们认为："部队偷渡黄河，如被敌发觉，乘我半渡而击，官兵尽葬鱼腹。"背后发牢骚呼吉为"送命大王"。吉召集团长以上军官讲话，再次说明："敌前渡河，固然危险，但敌恃黄河天险，认为我们绝不敢偷渡，出其不意，攻其不备，是可以成功的。"并表示：我头一船先过，部队在后迅速渡河，即刻行动。7月3日，部队夜半在黄沙峪以迅雷不及掩耳之势渡过黄河，正如吉鸿昌所料，奉军守兵还在睡大觉，吉部将守敌全部俘虏。吉以俘兵作向导，向温县挺进，温县之敌闻风北遁。吉师继续向焦作前进。这时孙良诚来电，责吉轻率渡河，影响方面军整个作战计划，命令部队撤回黄河南岸。吉将孙电转报冯玉祥。冯知吉师已渡过黄河，大为兴奋，复电嘉奖，并发给奖金一万元。事后，吉鸿昌令人在黄沙峪竖碑纪念，上镌刻吉书"天堑飞渡"四字，下题小跋，云："奉军祸豫，屯集河北，七月三日夜，吉公世五率队由黄沙峪渡河，敌披靡。"冯玉祥对吉师的嘉奖电中以"铁军"褒之，吉鸿昌遂让部队做了大批"铁军"字样的红旗，行军时红旗列于队首。又印制了"19D"（D为师的英文首字母）的胸章，令全师官兵佩戴，十分威风。吉师乘胜接连攻陷焦作、新乡，奉军不得不收缩，放弃黄河铁桥，退到漳河以北。此后，奉军在战场上只要一碰到第十九师，就不敢应战，几乎是望风而逃。同年秋，刘镇华部姜明玉等在鲁西叛变，劫持方面军副总指挥郑金声等投张宗昌，吉鸿昌率部平叛，进攻曹县。在攻城最紧张时，吉鸿昌令制一面特大白旗，大书"出城官兵往东北方向大吉"，竖立于本师阵地上，意思说：如果城破，你们全到我这里来。吉指挥所部将曹县攻破，全歼敌军，姜明玉被迫自杀，师长范龙章等被俘。

1928年初，张宗昌指挥直鲁联军，内有很多白俄兵，沿陇海线反扑，直趋开封。第十九师在最前线作战，一口气将直鲁联军赶到归德，吉鸿昌在作战中负伤。这一仗，第十九师伤亡大，战果也最大，在第二集团军中为佼佼者。

1928年9月，第二集团军按照国民党编遣会议的决议，实行缩编，第三军与第十九师合并，缩编为第二集团军暂编第三师，由于冯玉祥对吉鸿昌的偏爱，孙良诚在部队缩编后被调走，师长一职由吉来担任。一个月后，暂编第三师改称第二十二师，吉鸿昌仍任师长，所属三个旅的旅长分别由安树德、张印湘、王和民担任。

1928年4月，甘肃河州西乡、南乡回民新老教派之间发生争执，甘肃河州（今临夏）镇守使赵席聘派军镇压，大肆杀害回民。此时，在西宁宁海军任营长的马仲英（河州人）联络回族地方武装，以取消苛捐杂税和反对强征学兵为口号，招收人马起事。

1929年4月12日，马仲英率部经苏峪口越贺兰山，直扑宁夏省城。早在1927年8月马仲英部第三次围攻河州时，甘肃省省长刘郁芬令驻防宁夏的国民革命第七军军长门致中率其主力吴鹏举、冯安邦两旅增援河州，后因甘肃战乱不止，吴、冯两旅一直未回宁夏，因而宁夏防务空虚，仅有三百余名官兵，由副师长赵军文带领，编为城防队，暂时负责省城防务。

马仲英攻入宁夏境内，省城官员民众极为恐慌。省主席门致中一面催调驻后方的苏雨生部队星夜增援宁夏，一面命令政府官员及全城居民组织防守。4月13日，马仲英率部攻打省城，门致中率仅有的三百余名官兵奋力抵抗，但由于双方兵力悬殊，省城很快即被马部攻占。佟麟阁的三十师无力镇压，反遭重创，于是冯玉祥把吉鸿昌从二十二师调到三十师担任师长。吉奉命后接替佟麟阁任师长，吉到任后将残缺不全的部队进行整顿。5月上旬，吉鸿昌指挥所部由镇番、凉州、甘浪到达中卫县城，与门致中会合。两军合力，终于赶走了马仲英，收复了宁夏省城。

门致中任宁夏省主席时，任人唯亲，大兴土木，营造官邸，造成军民关系、官兵关系十分紧张，民变不断，伤兵索饷闹事，门干不下去，不得不辞去省主席职务离开宁夏。1929年7月，吉鸿昌代任宁夏省政府主席职。7月25日，吉鸿昌宣誓就职。吉在宁夏励精图治，提出"当官即不准发财"的口号。吉鸿昌在省主席的任上还被冯玉祥任命为第十军军长。吉趁机将第三十师进行整顿充实，一共编了两个步兵旅和一个骑兵旅，彭振山任第二十一旅旅长，冯安邦任第二十二旅旅长，彭国桢任骑兵第八旅旅长。全师官兵达 16000 人。

西北军地域观念很重，地域间的矛盾很大，以刘郁芬与李鸣钟为首分成河北派与河南派，吉鸿昌接门致中宁夏省主席一职，有逼走门之嫌，刘郁芬便伙同几个担任要职的河北人在冯玉祥面前对吉大加攻讦，搬弄是非。冯玉祥在几个老部下众口一词的攻击下，撤去了吉鸿昌的第三十师师长职，派赵席聘接任，吉在宁夏省主席任上只有八九个月。

吉鸿昌在三十师中威信很高，赵席聘从未打过胜仗，三十师的官兵对冯玉祥的这一举措颇为不满。因此，不到一个月，冯玉祥便恢复了吉的第三十师师长职务。

1930 年 4 月中原大战开始，第十军番号撤销，第三十师改为第十一师，吉鸿昌为师长。5 月，冯玉祥调吉鸿昌部到豫东杞县，时彭国桢任骑兵第八旅旅长，调归骑兵军的席液池指挥。由于刘茂恩在前线叛变，将万选才劫持，万的第六路军差不多全垮了，睢杞地区露出了一个大缺口，蒋介石的中央军长驱直入，直逼冯玉祥在开封的指挥部。冯玉祥急调吉的十一师抵挡蒋军，吉鸿昌率部从杞县东南六七十里外连夜急行军赶来，比蒋军早到五个多小时。当时守杞县的只有四个步兵团，而敌人除了蒋鼎文与赵观涛的两个师外，还陆续增加了张治中和冯轶裴的两个教导师，众寡悬殊，所以蒋军很快就把杞县城三面包围，仅留下了西门一条通往陈留、开封的道路。吉鸿昌的部队用手榴弹和大刀片阻击敌人的进攻，吉在前线袒背持刀，任凭敌人轰炸扫射，巍然屹立，官兵唯吉马首是瞻，拼命厮杀。夜间则施行夜袭，砍杀敌人。蒋介石的部队被大刀片砍怕了，一看见大刀，抱着脑袋回头就跑。经过十几天的激烈战斗，蒋军主力第六师、第九师、教导第一师、教导第二师四个师伤亡惨重，被迫向东南方向溃退。到了 6 月中旬，又经过几次激烈的战斗，蒋介石的四个师实在撑不住了，继续从许屯岗、陶林岗向东溃退。吉率领十一师跟踪追击，一直追到睢县东南河堤岗一带。蒋介石在睢县一线的进攻遭到严重的打击后，令刘峙、陈诚等组织了一次大的反攻，从周口以东向北偷袭，企图迂回到杞县、通许以西，切断吉师的后路，进击开封。于是陈诚的十一师碰上了吉鸿昌的十一师,狭路相逢,陈诚的十一师被打得落花流水,望风而逃。

宋埠举义失败　张彭内讧被杀

1930年9月18日,东北军入关,中原战场的形势急转直下,加上西北军内部的矛盾,吉鸿昌经人联系投蒋,接受改编。吉在豫东作战时,还担任着孙良诚第二路的副总指挥,和几个师关系搞得都很好。张印湘原系十九师吉的旧部,彼此十分亲厚,梁冠英与吉鸿昌过从甚密,二人也有过密约,所以吉的投蒋行动引起了连锁反应,影响很大。

10月中旬,部队集中淮阳整编,吉鸿昌被蒋委为第二十二路军总指挥,辖有第三十师与张印湘的第三十军。吉的原第十一师依中央军序列被改编为第三十师,吉兼师长,万阐民和刘止鹏先后任副师长。三十师为甲种师,辖三个旅:第八十八旅,旅长彭振山;第八十九旅,旅长彭国桢;第九十旅,旅长徐华荣。

张印湘的第三十军辖第三十一师。该师由冯玉祥反蒋失败后西北军第二军的残部编成。讲起该师,话要讲得远点才说得清。1928年秋,冯玉祥的第二集团军编遣后,第三军与第十九师合并缩编为第二集团军暂编第三师,以吉鸿昌任师长。一个月后,暂编第三师改称第二十二师,仍以吉为师长。吉得以担任师长,一方面与其才干有关,另一方面也与冯的偏爱有一定关系。但是吉担任二十二师师长,并没有得到原第三军将领的认同,以副师长程心明为首的将领对吉阳奉阴违。经过一番人事争斗,吉被调到第三十师当师长,程心明接任了第二十二师师长。中原大战开始后,二十二师扩编为冯玉祥部第二军,程心明担任军长,所属三个旅分别扩编为师,并增编一个混成旅,其中尚德成任第三师师长、张印湘任第四师师长、王和民任第三十七师师长、王康德任第四混成旅旅长。中原大

吉鸿昌将军

战爆发后,第二军主要在陇海线与中央军作战。1930年10月冯部战败时,第二军也遭到重创,军长程心明抛弃部队只身逃脱。这个时候,第四师师长张印湘挺身而出,承担起了指挥第二军残部的重任。

张印湘,字巨川。1904年3月出生于山东省乐陵县的一户农民家庭。张印湘小时候受到过良好的启蒙教育,18岁从戎,在冯玉祥的部队里当学兵。毕业后历任排长、连长。冯玉祥在北京发动政变后部队得到扩编,张印湘也因此升任营长。1926年在吉鸿昌的第十九旅任团长,参加了援甘与西安解围之战。此后跟随孙良诚征战沙场,逐渐成为孙的亲信。孙良诚升任第三军军长之后,就将第二师师长的位置让给了张。第三军缩编为第二十二师后,张并没有和老三军的其他将领一样反对吉鸿昌，反而对吉友好，这为以后两人的短暂合作埋下了伏笔。

第二十二师扩编为第二军且在中原大战战败后，敏锐的张印湘抓住了这次机遇，果断担负起指挥第二军残部的责任，并且率部向吉鸿昌靠拢。当吉接受南京中央政府的改编之后，张印湘也被委任为第三十军军长，原第二军残部则缩编为第三十一师，张以军长兼任第三十一师师长。三十一师也属甲种师，辖三个旅：第九十一旅，旅长王康德；第九十二旅，旅长李敬明；第九十三旅，旅长王某。部队到达潢川后，葛运隆的三十三师也拨归二十二路军指挥，该师的经费独立，直接向"中央"领，在南京设有办事处。总指挥部还有直属部队，如工兵营、辎重营、机枪营、骑兵营、特务团等。1931年又成立了一个特务旅。

张印湘于1930年10月3日在河南淮阳就任第三十军军长后，并没有着手组织军部。因为他的部队只有一师三旅的兵力。张为了能抓住军权，决定不设军部，以三十军军长的身份兼任第三十一师师长，所有军务统一在师部办理。三十军成立后受第二十二路军总指挥吉鸿昌的指挥，一个月后调到湖北黄陂、横店地区驻防。此时该军的人事情况为：

军长张印湘，副军长空缺，参谋长空缺。

第三十一师，师长张印湘（兼），副师长空缺，参谋长张维礼。第九十一旅，旅长王康德，辖第一八一团、第一八二团；第九十二旅，旅长李敬明，辖第一八三团、第一八四团；第九十三旅，旅长章辅卿，辖第一八五团、第一八六团。

师另有野炮一团。

李敬明、王康德都是吉在十九师任师长时的团长。

吉鸿昌虽然投蒋并接受了中央的改编，但蒋介石对吉并不放心。为了控制部队，以防后患，蒋介石想方设法地分化这支部队，不久便派以黄埔军校毕业生、军政部参事冷欣为首的一批人来到该军。冷欣奉有特殊使命，他们携带电台，驻在各级指挥部，名为联络，实为监军。冷欣到了二十二路军之后，在总部成立了政训处。此外，他利用从事政治工作的便利在二十二路军总部以及所属各部从事分化工作。

吉鸿昌不满蒋介石的分化政策，更反对其"剿共"行为，欲将部队开往苏区，参加红军，乃在潢川东南江家集召开紧急会议，统一思想。不料第三十一师师长张印湘及所属各旅长均拒绝出席会议，其他旅长意见也有分歧。吉鸿昌意识到事不可为，要想将部队拉出去已不可能，在内外各种压力之下被迫于1931年8月辞职"出国考察"。

吉鸿昌走后，第二十二路军总指挥一职，引起了该部高级将领的争夺，其中第三十军军长张印湘和第三十师八十八旅旅长彭振山都想争夺这个位置，但最终蒋介石另派早就投蒋的西北军老将、豫鄂皖边区绥靖督办李鸣钟来当总指挥。而李在到任后对部队不闻不问，仅派督办公署参谋长王镇淮代行总指挥和三十师师长之职。王同李一样都是西北军老人，但他既不下部队了解情况，也不替部队解决问题，只是盲目执行李鸣钟的命令。这引起了三十军和三十师官兵的不满，他们联名反对。

李鸣钟见压制不住，又委派陈毓耀去三十师当副师长，以缓解王与下级的矛盾。陈毓耀到部队后能深入基层了解情况，很得部下拥护，这就引起了王镇淮的嫉妒，结果陈到任仅二十天就被王排挤被迫离任。王的行为引起了三十师的抗议，于是他们联名反对李、王，李鸣钟一气之下辞去总指挥职务，王失去靠山，被迫离开。第二十二路军内部的种种矛盾正是蒋介石所期待的，所以当李鸣钟辞职之后，蒋便于1931年12月撤消了第二十二路军番号，将三十师编入三十军序列，统归张印湘指挥。二十二路军撤销后，旅长彭振山当上了三十师师长。而张印湘在拥有两个师的兵力之后，终于组建起了三十军军部。此时该军人事情况为：

军长张印湘，副军长空缺，参谋长冷欣。

第三十师，师长彭振山，副师长刘止戈，参谋长李同华。

第八十八旅，旅长张金照，辖第一七五团、第一七六团；第八十九旅，旅长彭国桢，辖第一七七团、第一七八团；第九十旅，旅长张思贤，辖第一七九团、第一八〇团。

第三十一师,师长张印湘(兼),副师长空缺,参谋长张维礼。第九十一旅,旅长王康德,辖第一八一团、第一八二团;第九十二旅,旅长李敬明,辖第一八三团、第一八四团;第九十三旅,旅长章辅卿,辖第一八五、第一八六团。

张印湘扩大了实力,但他也知道蒋介石对于他的部队并不放心。为了保住这点资本,当三十军奉命进攻红军时,他故意出兵不出力,以"养敌自重"的方式来维护自己的地位。这时,张印湘与彭振山产生了矛盾。彭想撵走张,以取而代之任军长;张则想撤掉彭,以自己的亲信当师长,两人闹得越来越僵,几成水火。

1932年2月,吉鸿昌由国外返回上海,不久秘密加入了共产党。吉了解张彭间的矛盾及旧部对自己的拥戴,欲借此将旧部拉向苏区,便写信给彭振山。彭对吉返回部队还是很欢迎的,但这一情况被师政训处处长侯镜如察觉,他在报告上级后迫使彭振山邀请吉鸿昌到宋埠会谈,阴谋在会谈地将吉逮捕,判其勾结部队、图谋不轨的罪名。布置停当后,彭振山受良心责备很感不安,于是他招来八十九旅旅长彭国桢,将此事全部告诉了他。彭国桢建议干脆拒绝吉鸿昌返回部队,以待时机。但吉鸿昌还是前往三十师驻地宋埠,结果彭振山为避嫌疑,主动离开部队,军长张印湘也避而不见,这使吉鸿昌很是尴尬,气愤之余将三十师九十旅千余人拉走起义,开往苏区。蒋介石得知情况后,立即命令张印湘、彭振山火速率队追歼,又派嫡系部队尾追督战,另派飞机跟踪侦察轰炸,阻截吉的去路。当起义部队行进到一个叫作羊角山的地方时,被张印湘与彭振山派出的部队包围。吉鸿昌见事已不可为,乃突围,只身进入苏区。后来辗转返回上海,旋又到了天津。

1933年5月,吉鸿昌到察哈尔参与组织抗日同盟军,任第二军军长,指挥部队攻占了日伪占领的宝昌、康宝与多伦。同年8月,抗日同盟军在日伪的进攻与国民党的围攻下失败后,吉潜回天津,继续从事抗日救亡工作。1934年11月9日,在天津法租界秘密开会时遭军统特务暗杀受伤而被捕。同月24日,吉鸿昌在北平陆军监狱英勇就义，留下了"恨不抗日死，留作今日羞。国破尚如此，我何惜此头"震撼历史的绝唱。

吉鸿昌事件，使蒋介石加重了对三十军的顾虑。此时孙连仲的二十六路军正因宁都起义而折损了大部实力，于是蒋介石干脆将三十军拨归二十六路序列，希望能以亲近中央的孙连仲来改造该军。为了使孙连仲改造顺利，蒋介石亲自前往武汉召开军事会议，并在会上命令张印湘调任第四十二军军长，张称病拒绝，更引起蒋介石的不满，张印湘被军参谋长冷欣设计带到南昌行营，被军法处拘押。

张印湘于1933年6月被捕后，孙连仲为缓解三十军的抵触情绪，于是保举彭振山接任军长。彭振山，字嵩峰。1892年10月出生于河南省方城县的一户农民家庭，由于家境贫穷，彭在小时候没受过文化教育。1918年入冯玉祥部当学兵，后任排长。1922年冯部移驻陕西后，彭振山因在汉中剿匪立功，被提拔为连长。第一次直奉战争中又以功升任副营长。1922年入军官教导团受训，毕业后被派任营长。吉鸿昌担任国民联军第三十六旅旅长时，彭被调到该旅担任团长，此后即跟随吉氏，参加北伐和中原大战。吉鸿昌投蒋接受中央改编后，彭振山被任命为第八十八旅旅长。吉鸿昌离部后彭升任第三十师师长，张印湘离部后彭又升任第三十军军长。此时第三十军人事情况为：

军长彭振山，副军长空缺，参谋长郝鹏举。

第三十师，师长张金照，副师长郝鹏举（兼），参谋长李同华。第八十八旅，旅长张金照，辖第一七五团、第一七六团；第八十九旅，旅长任泮兰，辖第一七七团、第一七八团；第九十旅，旅长张思贤，辖第一七九团、第一八〇团。

第三十一师，师长李敬明，副师长王康德，参谋长李葆全。第九十一旅，旅长张孝性，辖第一八一团、第一八二团；第九十二旅，旅长刘恒德，辖第一八三团、第一八四团；第九十三旅，旅长康法如，辖第一八五团、第一八六团。

彭振山虽由孙连仲保荐而当上军长，实际上并不买孙的账，当孙调第三十军去江西"围剿"红军时，遭到了彭振山的拒绝。这一行为迫使孙连仲决定解决彭振山，孙暗中收买了三十师和三十一师的几名旅长，指使他们联名写信支持部队开赴江西，彭见无法再拒绝，被迫率领部队移驻江西滕田。1934 年 6 月，彭振山落得了和前任军长张印湘相同的命运，在前往南昌行营报告工作时被逮捕拘押。张印湘、彭振山这对难兄难弟最终在 1935 年 8 月 14 日被南昌军法处以"违抗军令"罪一同枪决。

张印湘与彭振山死后，三十军军长由第二十六路军总指挥孙连仲兼任。孙连仲，字仿鲁。1893 年 2 月出生于河北省雄县龙湾村的一户富裕家庭。从小受过良好教育，并且随父亲经过商，是西北军高级干部中少有的文化人。孙连仲虽然受到过较好的文化教育，却未受过正规军校的军事教育。1912 年北洋陆军第二镇在雄县招兵时，孙连仲应募入伍开始了其戎马生涯。1914 年投入第十六混成旅炮兵营当炮兵班长，在一次考问中，孙连仲流利地背诵出该部的"五十二条精神训条"，事为冯玉祥所知，冯对他刮目相看，并立即提拔他为排长。1915 年又提拔为炮兵第一连连长。1917 年孙连仲指挥炮兵连在万庄阻击张勋的辫子军立功，随即被提拔为营长。1922 年 10 月，第十六混成旅扩编为第十一师时，孙连仲又被提拔为团长，并被列入冯玉祥的"十三太保"中，由此可见孙在冯部的地位。

1924 年 10 月，冯玉祥秘密准备在北京发动推翻贿选总统曹锟的政变，事先提拔孙连仲为卫队旅旅长，由孙指挥所部秘密开赴北京。10 月 22 日晚包围总统府，扣押贿选总统曹锟。事后调任国民一军炮兵旅旅长，再升调骑兵第二师师长。此后跟随冯玉祥参加天津、南口、西安诸役，屡立战功。国民联军改编为国民革命军第二集团军后，孙连仲师奉命开赴豫西作战，先后击败直军于学忠部和阎德胜部，以功升任第十四军军长。1928 年 5 月，孙军奉调陕西绥靖地方，又因甘肃马家军发动叛乱，奉调入甘平叛。国民政府召开编遣会议后，第十四军缩编为第三十一师，孙以青海省政府主席兼任该师师长。

1929 年 2 月，驻防青海湟源的马子乾旅发动兵变，孙连仲果断命令所属三个旅迅速行动，一举歼灭马旅，并俘虏马子乾。1929 年，冯玉祥率部反蒋，孙仍率部驻防青海稳定地方。同年 8 月调驻甘肃。1930 年中原大战爆发后，孙连

第三十军军长孙连仲

仲以第八路军总指挥的名义指挥所部开赴河南参战,先后击败何成浚部、朱绍良部。战后冯玉祥垮台,孙部接受中央改编,为第二十六路军,所属部队则分别改编为第二十五师、第二十七师和骑兵第四师。当孙连仲率部开赴江西"围剿"红军时,该部在参谋长赵博生的率领下举行宁都起义,使孙部实力大损,但由于孙连仲能切实联络中央,并与陈诚关系较好,所以第二十六路军番号予以保留,部队则缩编为第二十七师和独立第四十四旅。此后中央又调吉鸿昌部缩编的第三十军给孙连仲指挥,以充实该部实力。

孙连仲在除去彭振山、自己兼任该军军长之后,开始了吞并、改造三十军的具体行动。他首先通过连襟冯安邦与张金照的关系,得到了张的支持,随后派遣亲信池峰城去三十一师当师长，将原师长李敬明提拔为副军长以架空。紧接着逐步以第二十七师军官到三十师和三十一师掺沙子，再根据中央颁布的规定缩编各师建制，遣散大量三十军旧部，把三十军牢牢掌握在手中。此时该军的人事情况为：

军长孙连仲（兼），副军长李敬明，参谋长鲁崇义（第二十六路军参谋处处长兼）。

第三十师，师长孙连仲（兼），副师长张金照，参谋长王伯骧。第八十八旅，旅长任泮兰，辖第一七五团、第一七六团；第八十九旅，旅长侯镜如，辖第一七七团、第一七八团。

第三十一师，师长池峰城，副师长黄鼎新，参谋长傅同善。第九十二旅，旅长刘恒德，辖第一八三团、第一八四团；第九十三旅，旅长乜子彬，辖第一八五团、第一八六团。

第三十军自成立起，其内部人事几经变更。这时江西红军已经长征，作战任务虽有，但都是零星战斗。为加强改造该军，这支部队始终在后方驻防，1936年2月被调往江苏江北驻防，西安事变发生后开赴洛阳，事变结束后调往河南信阳构筑国防工事。

涿州抗敌　晋东布防

1937年抗日战争全面爆发后，孙连仲奉命率第二十六路军北上参战。孙为方便指挥所属第三十、第四十二两个军，辞去了第三十军军长的兼职，由副军长田镇南升任。

田镇南，号柱峰。1889年11月出生于河南省项城县的一户官宦之家。自小受到良好教育，1908年毕业于保定陆军速成学堂第二期步兵科，后长期在北洋陆军服务。1921年由湖北督军署咨议调到河南督军冯玉祥部担任参谋官，从此服务于西北军。1923年升任陆军检阅使署上校参军。一年后升任国民一军第一师第一旅副旅长，参加过南口大战。1927年跟随韩多峰前往河南编练民团，并出任民团第四军军长。中原大战时任冯玉祥第二方面军高级参赞，同年10月投靠孙连仲，被任命为第二十六路军总部高级参议。在跟随孙连仲的头几年里，田镇南任劳任怨，多次替孙出谋划策，取得了孙的信任。当第三十军副军长李敬明因故失去军权之后，孙便建议提拔田当副军长。由于孙连仲是第二十六路军总指挥，主要精力放在总部，所以名为副军长的田镇南实际上担负起三十军的全部军务。至抗战全面爆发，田镇南在三十军内已经驾轻就熟，于是孙连仲便将军长一职正式交其担任。此时该军人事情况为：

军长田镇南，副军长张华棠，参谋长鲁崇义。

第三十师，师长张金照，副师长张孝慎，参谋长王玉泉。第八十八旅，旅长任泮兰，辖第一七五团、第一七六团；第八十九旅，旅长侯镜如，辖第一七七团、第一七八团。

第三十一师，师长池峰城，副师长黄鼎新，参谋长傅同善。第九十二旅，旅长刘恒德，辖第一八三团、第一八四团；第九十三旅，旅长乜子彬，辖第一八五团、第一八六团。

1937年7月12日，第三十军开始北上增援河北。孙连仲命三十军在涿州以南布防。田镇南接到命令后，以第三十师担负房山防务，第三十一师担负明顶山防务。8月5日，日军对三十军阵地发起猛烈进攻，第三十一师遭现代化装备的日本军队进攻，损失惨重，尽管如此，师长池峰城仍命令所部坚守阵地，经两昼夜血战，终因损失过重奉命退往涿州休整。而张金照的三十师也因三十一师撤退而被日军突破阵地，孙连仲无奈只得命令田镇南将部队撤至涿州，固守城池。

田镇南接到命令后，考虑到三十师损失较大，于是将该师调到位于涿州之外的赤土村休整，将涿州防务交由三十一师单独防守。三十一师在明顶山也遭受惨重损失，池峰城接到这个命令后，部下纷纷表示反对。其中第九十二旅旅长刘恒德见池峰城准备接受这个命令，为保三十一师的种子，私自命令所部撤出涿州，致池峰城指挥九十三旅孤军奋战，涿州仅战斗一天便告失守。事后刘恒德被撤职查办，第九十二旅番号撤销，三十一师另组第九十二旅。

9月，田镇南带着三十师退到定县，三十一师残部退到唐县，月底撤至石家庄休整。9月29日，第三十军未经补充，便奉命调到山西配合晋军作战。三十军的任务是在太原集结，配合守城，但因友军在娘子关陷入苦战，便又奉调至娘子关参战。由于三十一师损失过重，田镇南将该师留作预备队，命令三十师于10月16日主动向井陉方向的日军发起进攻，以配合友军第四十二军的战斗。19日，三十一师奉命投入战斗，并配合第四十二军反攻旧关，重创日军第七十七联队。但由于日军增援及时，旧关屡攻不克。23日，孙连仲鉴于所部连日作战未得补充，下令各部向阳泉方向撤退。26日，娘子关失守，第三十军再退寿阳，此后该军节节抵抗，有力迟缓了日军的进攻速度，为太原守军调整部署争取了时间。至11月2日，第三十军经过两个月的激战，仅剩官兵一千余人，基本丧失战斗力，于是奉命开赴临汾整补。1938年1月，又调到河南信阳、罗山整补。

经过两个多月的补充，第三十军所属两个师皆恢复到六千余人，其中部分为河北、河南的地方保安团，但多数是新兵，战斗力并未完全恢复。三十军就是在这样一个情况下投入到台儿庄战役之中的，并于此役创造了该军最为辉煌的历史。

血战台儿庄　抗敌大别山

1937年12月，日军在攻占南京之后，将下一个目标指向了津浦与陇海线的交会点的战略重镇徐州。为此，日军成立了以畑俊六大将为司令官的"华中派遣军"，企图与寺内寿一大将指挥的"华北方面军"南北对进，夹击徐州。对于日军的企图，第五战区司令长官李宗仁于 1937 年 12 月底制订了以"第三集团军坚守济南，争取时间使五战区主力部队集结于兖州地区，准备对日军展开全线反攻。如兖州反攻失利，亦可利用在徐州地区构筑的防御工事以抗击日军"的作战方针。未料负责黄河沿线防务的第三集团军总司令韩复榘接连放弃济南、泰安、济宁等重要城市，以致日军长驱直入，山东大部沦陷，使李宗仁先前制订的作战计划流产。

华北方面的日军占领济南后，遂以第五、第十两个师团为主攻部队，并编组了坂本支队（以第五师团二十一旅团为基干）和濑谷支队（以第十师团三十三旅团为基干）分别向临沂、藤县方向进击，但遭到了中国军队第二十二集团军、第三军团、第五十九军等部的顽强阻击，进展受阻。

根据李宗仁的命令，台儿庄地区的守备任务是由从河南许昌调来的第三十军来担负。军长田镇南受领任务后，第三十一师附独立四十四旅于 3 月 19 日夜到达徐州，三十一师部队未下火车即奉李宗仁之命直接开赴"台枣路之宿羊山站下车"，"在汴塘以北附近集结，暂归关（麟征）军长指挥，准备接替二十五师之河防"。20 日凌晨，师主力集结于车辐山附近，以第一八六团接替台儿庄防务，第一八二团接替台儿庄北车站防务。而后到达的第三十师，一开始是作为战区预备队使用的，在徐州驻了三五天，后应孙连仲请求，调赴台儿庄，归还建制。

3 月 21 日，第三十一师抵达台儿庄后奉命配属给汤恩伯的第二十军团指挥。根据汤恩伯的计划，二十军团正奉命对日军濑谷支队发起进攻。汤恩伯决定以三十一师先行出击，自己的第五十二、第八十五两个军于侧翼发起进攻，将日军一举击溃。但是由于连降大雨，第五十二、第八十五两个军并没有按时抵达攻击发起地，使池峰城的三十一师按时发起进攻时孤军作战，最终退守台儿庄。

台儿庄在峄县东南，紧靠大运河向西拐弯处的北岸，既是运河水运码头，又是沟通津浦铁路和陇海铁路联络的临（城）、枣（庄）、台（儿庄）铁路支线与台（儿庄）赵（墩）铁路支线的连结点，还是潍（坊）台（儿庄）和运（河）台（儿庄）公路的交会处。台儿庄位于徐州东北方，二者间的距离仅六十多公里，称得上徐州的门户。台儿庄的特殊地理位置，使之在军事上具有重要地位，这个名不见经传的小地方一时间成为双方所关注的焦点。

3月23日晨，日军第六十三联队第二大队从峄县出发，沿铁路攻向台儿庄，途中与第三十一师遭遇，发生战斗。第三十一师奉命接防台儿庄，部队在车辐山附近集结后，作了如下部署：以骑兵连为前锋，向峄县搜索前进；以第一八三团一部为尖兵，在骑兵连后利用地形向前跃进，与骑兵连间距离视地形而定；以一八三团一营为前卫，在尖兵后跟进，一八三团其他部队在前卫营后跟进；以第一八一团控制台儿庄；以一八六团为台儿庄守备队；以一八二团担任运河南岸警戒。骑兵连3月23日向峄县"搜索前进"，正与由峄县出发向台儿庄进攻的敌军相遇，骑兵连与敌接触后，即向潘家庵撤退，敌军未跟踪追击，第三十一师遂令骑兵连在敌后灵活"游动"，侦察、袭扰敌人，迫不得已时可退往运河以南。

日军第六十三联队第二大队击退三十一师骑兵连之后，即猛攻獐山一八三团阵地。防守獐山者皆系该团惯战老兵，又占据有利地形，他们以逸待劳，沉着应战，狠狠地打击敌人。日军展开主力，并以骑兵、坦克袭击守军侧背，截断该部与后方的联络。日军集中炮火猛轰守军阵地，并发动异常猛烈的冲锋，一百多名防守官兵几乎全部壮烈牺牲。

日军占领獐山之后，继续向前推进。在泥沟，遇到三十一师一八三团前卫营的抵抗，该部且战且退，黄昏时退至南洛，日军也跟进到距台儿庄西北约十公里的北洛。南洛由一八一团构筑工事驻防，一八三团退守该地以后，增强了南洛的防御能力。在前线指挥作战竟日的三十一师师长池峰城和副师长屈伸回到车辐山师部之后，根据一天的战况和敌情判断：一、敌以有力之一部，牵制汤恩伯军团，使之不能顺利南下，以主力部队对三十一师采取攻势，将三十一师击溃后，占领台儿庄，然后便可席卷运河防线或乘虚进窥徐州。二、台儿庄是三十一师作战的轴心，轴心一失，攻防两个兵团就失去联系；汤恩伯军团后方联络中断，也势难持久。台儿庄既为中国守军"要害之点"，敌军必将以尽可能多的兵力攻夺台儿庄。三十一师师长池峰城遂决定："我军为今之计，应确保台儿庄及北车站之安全，

台儿庄前线的第三十军军长田镇南（左）与第三十一师师长池峰城（右）

互为犄角，坚决顶住敌人的进攻，另以一旅兵力灵活作战，扰袭敌军，受敌压迫不得已时，可依赖台儿庄和北车站之掩护，撤退到运河南岸，以确保运河防线的安全。待汤恩伯军团回师后，转移攻势，包围夹击敌人而歼灭之。"

对台儿庄的正面防守，由第二集团军总司令孙连仲统一指挥。孙连仲的部署是：第三十一师池峰城部防守台儿庄城厢一带；第二十七师黄樵松部防守台儿庄城外右翼地区；原打算作为战区总预备队使用的第三十师张金照部归还建制后防守台儿庄城外左翼一带；独立第四十四旅吴鹏举部以一团负责运河南岸顿河闸至万年闸防务，另一团为集团军总部预备队；第三十军军长田镇南，第四十二军军长冯安邦，各就指挥位置；第二集团军总部指挥所设在台儿庄南车辐山车站。

3月24日，日军"台儿庄派遣队"向台儿庄发起猛烈进攻，一举占领城墙的东北角，其一部突入城内。池峰城立即命令第一八六团团长王震组织反击，王震团长集中全团的轻重机枪向日军猛烈扫射，随后以步兵冲锋，双方展开激烈的巷战，终于将突入的日军压迫于城内的大庙附近。王震负伤后，池峰城又命令师部上校附员王冠五前往接替指挥，继续作战。

3月25日凌晨，第三十一师各部纷纷向城外出击。第一八二、第一八五、第一八六三个团先后取得进展。一八五团王郁彬部主动攻击进逼南洛的日军，当该团行至刘家湖时，发现敌军十余门大炮正向台儿庄轰击，三营营长高鸿立便率全营官兵扑向敌炮兵阵地。日军为保住大炮，以二十多辆坦克掩护五六百名步兵向三营反冲锋。一八五团团长王郁彬急率一、二两营增援三营，双方展开激战，血战两昼夜，中国守军以血肉之躯与敌军大炮、坦克相拼，至死不退。该团两名营长阵亡，团长王郁彬和营长高鸿立负伤，全团伤亡惨重。日军进攻的部队逐步败退。随着日军援军抵达，池峰城为了确保台儿庄，命令第一八一、第一八五团占领即设阵地部署防御，第一八六团迅速回撤城内，担负城防卫任务，第一八二团则集中北站，做师预备队。此后池峰城先后三次发起进攻，友军第二十七师也一度与日军发生激战，但日军占据火力优势，三十一师被迫退回原防。

在前四天的作战中，第三十一师伤亡2800余人。池峰城为了便于今后作战，将全师整编为七个战斗营。此时，田镇南已率第三十师抵达台儿庄以西的顿庄闸，开始向占领刘家湖、三里庄的日军发起进攻。而日军方面也在逐次增兵，三十一师虽然得到友军增援，但形势仍不容乐观。

从3月23日与第三十一师开始接触，到27日，日军几次攻入台儿庄内，虽然都被三十一师赶出，但由兵力、火力不足，三十一师始终未把进抵台儿庄附近之敌肃清，敌军仍有一定攻击能力，不断发动新的攻势。三十一师死守不退，双方处于胶着状态，短兵相接，敌军的大炮、飞机也不易发挥威力。而且在这弹丸之地，双方都无法投入更多的兵力。敌军每次突入庄内，一开始时总是兵力密集，但这样往往伤亡更大。自27日开始，中日双方实际上已在台儿庄寨内展开了拉锯式肉搏战。

27日拂晓，敌炮开始轰炸台儿庄和附近守军阵地。虽然中方炮兵尽力袭击敌炮兵阵地，压制敌炮火力，但因火炮少于敌方，无法扼制敌炮对台儿庄的轰击。早饭前后，敌军步兵在炮火掩护下，由北门突破中国守军防线。敌军重点攻击中国守军的清真寺据点。26日的战斗中，北城墙已被敌轰毁，不易修复。中国守军把突入之敌打退之后，主力撤到清真寺，城墙附近只留一部分兵力作为警戒阵地。刚调入城内的一八六团第二营（一、二营已布防城内，分守东、西两半部，三营原配备在西门外附近），立即对敌展开逆袭。该营第八连连长裴克先身先士卒，率部冲入敌阵，与敌展开肉搏，苦战到中午，裴克先连长以下全部壮烈牺牲。七、九两连全力反击，阻止敌人向纵深和左右发展。第三十一师随即调工兵营彭定一部冒着敌人炮火跑步进城，从西向东沿南部街道前进填补守军薄弱部位。

入夜，战况空前激烈，敌人轮番猛攻，城内一片混战局面。一八六团王冠五团长为守城指挥，他向池峰城师长电话报告，敌军距团指挥所只有五六公尺了，要求退却下来，转移阵地。池峰城一面说服王冠五要坚守阵地，一面咳嗽不止，大口吐血。副师长屈伸接过话筒，向王冠五发出命令："一定要顶住！台儿庄必须保住，即使成了火海，也不能退出，必要时不但我要去，师长也要去。民族战争，谁牺牲流血都义不容辞。"王冠五明白了师首长的守城决心，把生死置之度外，率部全力反击，终于稳住了阵脚。但守军未能将突入城内的敌人全部赶出城外，敌人在北门内附近盘踞，一时也无力扩大战果。

28日晨，第三十一师副师长屈伸到台儿庄城内火线视察，但见"前线战士及营连长以下军官，无不精神振奋，表现出与敌血战到底的英雄气概和坚定不移的必胜信念。他们在加修阵地弥补、防御死角，调整部署，毫无连续残酷战斗后的疲倦精神"。

早饭前后，日军发起猛烈进攻。敌军炮火猛烈，攻城部队使用掷弹筒和步兵小炮，而台儿庄城内守军除几门迫击炮外，主要靠手榴弹消灭敌人。在敌人掷弹筒发射时，守军利用掩蔽部保护自己，等爆炸一停，便立即跳出掩蔽部，投掷手

第三十军勇士在台儿庄与日军展开巷战

榴弹打击敌人,阻敌前进。待敌进入肉搏距离时,守军便蜂拥向前,连营长更是身先士卒,与敌展开肉搏,这支老西北军的"后裔",着实让敌人"品尝"到了"大刀片"的厉害。敌军每向前推进一座房屋,都要付出代价,都极其艰难。

池峰城28日夜向孙连仲报告:"(一)敌于20时由台儿庄城西破口冲入三百余人,联合原在之敌与我复发生激战,城内一时混乱。经王副师长冠五督队将新侵入之敌歼灭中。(二)刻令三十师袁团长(一七六团)率兵两营进台儿庄,协力肃清城内之敌。职亦于斯时率手枪队入城整顿,已恢复今日20时前状态。"

29日,日军继续攻击台儿庄。一百多名日军曾突入西北城角,附有步兵平射炮两门,利用城角下守军的掩蔽部,疯狂攻击。守军组织反击,"城西部呈现一片混战局面",日军进展不大。同时,敌军猛攻北车站,被第三十一师守军奋勇击退。当夜,第三十一师守城部队对突入之敌展开反击,"官兵勇敢用命,冒最大牺牲,卒将城西北角盘踞之敌歼灭大半"。

29日，第三十师（欠八十九旅）沿铁路西侧渡河，切断敌军联络线，并侧击刘家湖敌军。

日军进攻台儿庄受阻，汤恩伯部又南下向台儿庄靠近，西尾寿造第二军根据这一战场态势，于29日令第五师团在临沂的坂本顺第二十一旅团暂停对临沂的进攻，急速向西绕过临沂南下增援台儿庄；并命令濑谷启旅团长亲率步兵第十联队至台儿庄，以扭转台儿庄正面战局。在临沂外围的坂本顺第二十一旅团，于当晚收缩战场，只留两个步兵大队在临沂附近就地坚持，其余四个步兵大队、两个野炮兵大队，于29日夜绕过临沂向台儿庄进发。30日晨，敌第三十三旅团旅团长濑谷启率其第十联队与战车部队从峄县分两路攻向台儿庄，沿途遇到守军的连续阻击，进展缓慢。30日21时30分左右，该部到达台儿庄以西约六公里的范口，遭到在该地布防的第三十师张金照部的有力阻击。

突入台儿庄内的敌军知其援兵将至，在航空队支援下连续发动猛攻。三十一师利用民房、巷口、街道、院墙及工事奋力抵抗，勇猛杀敌，与敌军在庄内展开激烈的巷战。至"午后六时，孙部告急。台儿庄东西被敌包围，且街市敌人又突破第二防御线，有不支之势"。池峰城师长急令一八二团韩世俊团长派一排兵力，在西北角城外敌战车残骸附近利用地形伏击敌人，截断敌军城内外交通；又令第九十三旅旅长乜子彬整理第一八三团残部（仅一二百人），加强西门防守。孙连仲也于当晚抽调第三十师吴明林团增援台儿庄，该团仵德厚营立即进城参加恢复西北城角阵地的战斗，吴明林则率其余部队留在西门，归乜子彬指挥，准备策应城内作战。经过顽强拼杀，终使战局稳定。

4月1日，第三十师、第二十七师主力仍在台儿庄外围与敌激战，第二十七师一部在岔路口与敌激战最为猛烈。第三十一师主力及三十师、二十七师增援的部队在台儿庄内与敌继续进行巷战，双方拉锯，扼制了敌军攻击的势头。

4月3日，在台儿庄内的敌六十三联队，知道第五师团增援部队已达台儿庄以东地区，便从东门地区猛烈地向西攻击，向前推进了一百米左右，并占领了东南寨门。敌步兵第十联队主力向台儿庄以东迂回，向南攻占了台儿庄东南约二公里大运河边上的黄庄,并施放烟幕准备强渡运河,被独立四十四旅击退。台儿庄正面的中国守军加紧进攻北洛敌军据点,敌第十联队立即回援北洛,仅以一个中队留守黄庄。已到达台儿庄以东附近地区的坂本顺第二十一旅团,在台儿庄东南约五公里的大石埠、蒲汪一带遇到周碞第七十五军第六师张琪部的顽强抵抗,没有进展。

据孙连仲致李宗仁电,台儿庄守城战极其艰苦。"盘踞台儿庄寨内之敌,本日以平射炮十余门向我三十一师守寨部队连续炮击,并以飞机四五架竟日轰炸,步兵乘势反攻,迄夜未息。该寨守兵现犹顽强苦撑中",而且,"敌连日在台儿庄城内使用催泪性瓦斯(毒气),我军受其损害颇重"。三十一师连日苦战,部队伤亡严重,仅剩战斗人员1400余人。台儿庄内已有三分之二被敌军占领,中国守军仅据守南关一隅,死拼苦撑不退。日军以重炮轰击、坦克猛冲,志在必得,日方电台宣称已经全部占领了台儿庄。面对守城官兵成排、成连的伤亡,敌军又疯狂猛攻,守军退守一隅无法展开,且被敌军火力压得抬不起头,第三十一师师长池峰城认为如此坚持下去,必致全军灭亡,最终也难以守住阵地,于是电话请示孙连仲:"可否将阵地移至运河南岸?"

孙连仲与第五战区司令长官部通电话请示是否可以转移阵地,长官部严令死守。最后孙连仲直接与李宗仁通话,十分哀婉地说道:"报告长官,第二集团军已伤亡十分之七,敌人火力太强,攻势过猛,但是我们把敌人也消耗得差不多了。可否请长官答应暂时撤退到运河南岸,好让第二集团军留点种子,也是长官的大恩大德!"

李宗仁以为,汤恩伯军团次日中午可进至台儿庄北部,如果第二集团军此时放弃台儿庄,岂不功亏一篑?李宗仁对孙连仲说:"敌我在台儿庄已血战一周,胜负之数决定于最后五分钟。援军明日中午可到,我本人也将于明晨亲来台儿庄督战。你务必守至明天拂晓。这是我的命令,如违抗命令,当军法从事。"

孙连仲知道李宗仁态度坚决,便说:"好罢,长官,我绝对服从命令,整个集团军打完为止。连仲也以一死报国!"

李宗仁在电话中还指示孙连仲,不但要坚守到第二天拂晓,今夜还须向敌夜袭,以打破敌军明晨拂晓攻击的计划,待汤军团明日中午到达后,便可对敌人实行内外夹击。孙连仲回答道:"我的预备队已全部用完,夜袭甚为不易。"李宗仁说:"我现在悬赏十万元.你将后方凡可拿枪的士兵、担架兵、炊事兵与前线士兵一齐集合起来,组织一敢死队,实行夜袭。这十万块钱将来按人平分。重赏之下,必有勇夫,你好自为之。胜负之数,在此一举!"

孙连仲说:"服从长官命令,绝对照办!"

据说最高统帅部、蒋介石得到前线将领孙连仲等人报告之后,也认为台儿庄难以坚守,电告李宗仁,允许孙连仲部转移运河以南再作坚持。但李宗仁以死守命令已下、临阵变更命令必致混乱为由,坚决不同意孙部退却,力主"再坚持最后五分钟"。蒋介石等人见李宗仁态度坚决,守城决心大,便同意李宗仁坚守台儿庄的意见,并饬令李宗仁务必守住,以收内外夹击敌军之效。

孙连仲与李宗仁通完电话后,亲自到台儿庄督战。池峰城再次来电话请求撤退,孙连仲命令道:"决不撤退!士兵打完了,你就自己上前填进去,你填过了,我就来填进去。有敢退过河者,杀无赦。"

池峰城知道总司令守城决心已定,乃抱定与台儿庄共存亡的决心,组织抵抗。他下令拆毁运河桥,以作背水一战。孙连仲为整饬军纪,鼓励士气,将作战不力的右翼旅长侯象麟撤职,交军法审处;将贪生怕死的左翼营长张某枪毙于阵前。令左右翼部队以钳形攻势抄袭围攻台儿庄的敌军,断敌归路;令守城部队坚持死守。池峰城率部逐屋抵抗,死守不退。

同时,还把蒋介石、李宗仁、程潜的几份电报内容在官兵中公布,以激励士气,报国杀敌。蒋介石的电报大意是:限令4月10日前击退台儿庄当面之敌,首先击退敌人之部队者,赏洋十万元,出力将士从优奖叙,如限期内仍不能击退该敌,师长以上各级指挥官一律以军法从事。李宗仁重申此令,并谓:"委座严令谅已奉悉,本长官亦对首先立功部队加赏十万元,望各努力,勿干法纪。"第一战区司令长官程潜的电报曰:"会战参加部队,多属本战区序列部队,望各服从李长官如服从本长官一样，凛于国军一体，休戚相关之精神，望鼓励所属奋发图强，为国立功，本长官亦刻日前往徐州，协助德公（李宗仁字德邻）指挥，委座及李长官悬赏首先击退该敌之部队，奖洋十万元，本长官亦加赏十万元。"

午夜，池峰城组织敢死队，许多担架兵、伙夫也报名参加。孙连仲战前训话，鼓励大家奋勇杀敌。军需官把仅有的大洋（银元）分给敢死队员，敢死队员纷纷把大洋扔在地上，他们声泪俱下："我们以死相拼，是为了报效国家，不是为了几块大洋！"孙连仲感动得放声大哭，再次表示，一定与弟兄们生死与共，战斗到底。敢死队分组向敌逆袭，他们手执大刀，冲进敌阵，见敌就砍就杀，奋勇异常。台儿庄之战，双方血战经旬，守城、攻城部队都已精疲力竭，"战至此最后五分钟"，中国守军尚能乘夜出击，大大出乎敌军意料。敌军仓皇应战，乱作一团，血战数日为敌所据的台儿庄内市街，竟被中国守军一举夺回四分之三。激战通宵，敌军被逼退守北门一隅。果然是"狭路相逢勇者胜"，胜利确实往往就在于坚持一下的努力之中。尽管三十一师付出了惨重代价，但坚守住了台儿庄的支撑点，创造了取得最后夹击歼敌大胜不可或缺的条件。

4月5日，台儿庄内仍然枪炮声不断。5日，濑谷启令北洛附近的第十联队从台儿庄西面发动进攻，但遭到第三十师、第一一〇师的顽强阻击，日军无法突破中国守军台儿庄外围防线而直接进攻台儿庄。枪炮声终日未绝，坂本顺自忖与濑谷启会合无望，便于当日夜8时30分率部向北退去。

台儿庄附近的日军一直与中国守军处于胶着状态，从战场撤退并不容易，日军被中国守军咬住的部队和负责殿后的部队无法逃脱，全部被歼。如台儿庄内的日军，遭到第三十一师池峰城部的重重封锁、射杀，无法脱逃，有些日军集体自焚。第三十一师的勇士们在烈火纷飞、处处爆炸的台儿庄内，逐屋清查，至4月7日晨4时左右，肃清了残敌。

4月7日，李宗仁命令台儿庄地区部队追击逃敌。第三十军成功地守住了台儿庄，并在友军的全力支援下创造了自抗战爆发以来的第一次大捷。此战第三十军伤亡一万余人，日军亦伤亡七千余人。战后，军委会为了嘉奖在这次战役中做出贡献的部队，授予田镇南、张金照、池峰城等高级将领以青天白日勋章。然而三十军在台儿庄的损失并没有立即得到补充，待至武汉会战爆发时，三十一师恢复到六千余人，三十师仅恢复至四千余人。

1938年8月，第三十军军长田镇南奉命以所属第三十一师在武汉外围的大别山麻城、黄陂地区布防，第三十师则在河南商城地区待命。与此同时，日军在六安、金陵寺地区突破中国守军第五十一军防线后向第七十一军阵地进攻。田镇南接到总司令孙连仲增援七十一军的命令，以所属张金照第三十师开赴商城以北的固始，策应坚守富金山的第七十一军。

张金照接到命令后以所属部队在沙窝、马鞍山一线紧急构筑防御工事。但时间仓促，当三十师还在构筑阵地时，日军第十师团一部已向三十师阵地发起进攻。同一时间，在麻城地区的三十一师也与日军发生激战。

由于日军主攻方向在七十一军方面，第三十军阵地压力相对较轻。9月8日，孙连仲拟乘日军集中主力第十、第十三两个师团猛攻富金山时发起一次反击，其中三十军的任务是在11日以池峰城的三十一师向叶家集发起进攻，张金照的三十师则向郭滩、新集子发起进攻。

9月11日，第三十军在日军猛攻富金山与800高地时发起攻势，但日军反应迅速，马上抽调第十六师团一部沿叶商公路进攻段家集第三十一师侧背。池峰城得到这个情报后马上报告军长田镇南。田分析利弊，在报请孙连仲同意后，命令所部退守方家集、赵家棚一线，同时出击的第四十二军也随之后撤。第三十军仓促退到方家集还没部署完毕，日军第十六师团一部在十七辆战车的掩护下抢先发起进攻，双方发生激战，配置在最前线的三十一师一八二团拼死抵抗，其所属一营在仅剩十八人的情况下终于顶住了日军的进攻。部队日夜作战，战至15日，只有六千余人的三十一师已损失两千余人，池峰城在所部战斗兵员大部损失的情况下，被迫放弃方家集。

三十一师阵地一失，田镇南只能命令所部退守商城，而日军紧追不舍，一路追击。9月16日，三十军根据孙连仲的命令，在商城以北的十里铺与日军稍事接触之后即放弃了商城。该军在退守小界岭时，与友军第四十二军、第七十一军互相配合，继续阻击日军。10月6日，日军第十三师团从商麻公路以东向三十军右翼阵地迂回攻击，张金照发现敌情后指挥所部英勇作战，再次击退日军的进攻。第三十军与第四十二军、第七十一军等部始终坚持在沙窝至小界岭一线，再未让日军第十三、第十六两个师团前进一步，以至武汉沦陷时，这两个师团没起到作用。21日，损失惨重的三十军奉命撤出战斗，开赴枣阳整补。

转战中原　防守鄂西

1939年2月，第三十军北调荥阳、汜水，担负黄河河防任务。同年3月25日，军长田镇南调升第二集团军副总司令，遗缺由曾在台儿庄大战中起到关键作用的池峰城接任。

池峰城，原名池凤臣，1903年12月8日出生于直隶省景州杨八刀屯（今河北景县北屯村）。池家三代务农，家里有兄弟六人，他排行第三。池峰城7岁上私塾，三年后因家贫辍学。1920年7月，第十六混成旅在景州招兵。池峰城闻讯后决定从军，成为学兵大队的一名学兵。1923年2月，池峰城升任学兵团步兵营第一连班长，负责学兵的入伍教育。1924年9月，升任学兵团第一营第二连排长。次年升任连长。1926年9月，池峰城调任手枪团营长。次年5月，改任国民联军第四师十旅三十团营长。6月随部攻打南阳。7月，调任第十二师三十六旅一〇八团营长。此后，随部参与漯河、郾城、马牧集、兰封、卫辉、彰德等地的战斗。1928年6月，池峰城调任第二集团军军官学校第一大队队长。同年9月，改任工兵第二团团长。11月，又调任第三十一师手枪营营长。1929年2月，由于第三十一师九十二旅一八三团疏于防范，为马仲英部袭击，池峰城被任命为第九十二旅（旅长施积枢）一八三团团长。中原大战爆发后，池峰城部编入二十一师参加了围攻归德的战斗。1930年10月随孙连仲投蒋，任第二十七师第七十九旅旅长。此后随部参加"围剿"红军的战斗。1931年5月，第二十七师奉命救援友军第五十四师，在行至中村时遭红十军三面伏击。第二十七师困守中村三天，师部被歼，第八十旅溃败，第七十九旅在池峰城的率领下向乐安突围成功。此后池峰城随部驻军宁都。

1931年12月14日，第二十六路军在总部参谋长赵博生等人的率领下发动了震惊全国的"宁都起义"，人数达到1.7万余人，其规模为国民政府"围剿"红军时期最大的一次。这次起义发生时，池峰城正在北上北平途中，后跟随孙连仲返回部队，仍任七十九旅旅长。半年后入中央军校高教班第三期受训。1933年7月毕业后升任副师长兼第二十六路军干部训练所副所长。次年11月提升为第三十一师少将师长。

为了表彰台儿庄战役中的有功将领，军政部于1938年6月7日颁发青天白日勋章给池峰城。当时池在重庆参加军事会议，有天在电影院看《台儿庄大捷》的影片，放映完后，影院的经理向观众大喊："电影中的神将池峰城现在就在这里看电影，你们想听他讲话吗？"一时影院内掌声如雷……池讲完话后，青年男女学生有的拿着日记本，有的拿着纪念册，把他围了个水泄不通，嚷着请他签字留念。1938年9月，池峰城奉命率领所部及独立第四十四旅作为第二集团军的先头部队开赴湖北麻城参加武汉会战。在与日军的战斗中，三十一师所部元气大伤，终因损失惨重而撤出战场。

池峰城接任军长时，正值第四十二军裁撤，其所属第二十七师编入第三十军序列。此时该军人事情况为：

军长池峰城，副军长鲁崇义，参谋长郑锡钧。

第二十七师，师长黄樵松，副师长阎廷俊，参谋长田席珍。第七十九旅，旅长杨守道，辖第一五七团、第一五八团；第八十旅，旅长黄宗颜，辖第一五九团、第一六〇团。

第三十师，师长张华棠，副师长刘鼎新，参谋长王文显。第八十八旅，旅长任泮兰，辖第一七五团、第一七六团；第九十旅，旅长李俊荣，辖第一七九团、第一八〇团。

第三十一师，师长乜子彬，副师长康法如，参谋长金典戎。第九十一旅，旅长王冠五，辖第一八一团、第一八二团；第九十三旅，旅长王震，辖第一八三团、第一八四团。

池峰城指挥三十军担负黄河河防时与日军隔河相峙，仅侦察部队偶有小规模遭遇战发生。1939年5月随枣会战开始后，池峰城所部南下唐河，阻击进犯南阳之敌，并歼灭日军一部，受到了战区的嘉奖。战后三十军开赴舞阳休整。同年11月，第三十军所属三个师皆列入全国第二期军队整编计划。根据该计划，各师由原来的两旅四团制缩编为三团制。冬季攻势开始后，刚刚缩编完的三十军又奉命投入到进攻日军的作战中。池峰城以三十一师为主攻部队开赴桐柏山区，向盘踞在信阳的日军发起猛烈进攻，并一度攻下平昌关，歼灭日军百余人。同时，第三十军所属第二十七师在三十一师的掩护下突入信阳，焚毁日军仓库，给日军以重大损失。冬季攻势结束之后，第三十军长期在豫鄂两省边境与日军作战。

1941年3月，第三十军与第五十五军、第六十八军人事交流，第二十七师师长黄樵松调任第六十八军一四三师师长，遗缺由第五十五军二十九师师长许文耀接任。1942年，第三十军一度挺进敌后，有力地牵制了武汉以北的日军。

1943年5月鄂西会战结束后，第三十军由河南新郑开赴湖北接替第十八军的石牌要塞防务，与占据宜昌的日军对峙。位于宜昌西岸的制高点翠福山为日军核心炮兵阵地，该地日军炮兵不断炮击，或摧毁国军前沿阵地，或掩护步兵渡河发起进攻。战区长官部决定将这个阵地彻底端掉，以减少己方损失。池峰城受领任务后立即召集所属各师长商议具体攻击计划，经过研究决定，这次歼灭日军炮兵阵地的任务由第三十一师师长乜子彬来指挥，参加进攻的部队有二十七师的第八十团和三十一师的第九十二、第九十三团一共三个团的兵力。1944年9月，乜子彬指挥三个团兵分三路，其中第八十团沿江岸发起进攻，第九十二团从正面突击，第九十三团则向右翼迂回。战斗打响前，守军以七十多门山炮、野炮以及空军轰炸机猛烈轰炸日军的翠福山观察所、炮兵阵地，随后三个步兵团向日军炮兵阵地发起猛烈进攻，接连攻占日军1号、2号、3号阵地。但第九十二团在向4号阵地前进时，遭到了日军几个交叉火力据点的猛烈扫射，担负主攻任务的九十二团损失惨重，被迫停止进攻。池峰城原以为此次进攻在炮兵、轰炸机的火力掩护下可以顺利完成，但是没想到在攻击4号阵地受挫，而继续进攻，日军的援军会随时抵达，部队有被歼灭的危险，于是决定放弃进攻，参战的三团全部撤回原防。这次战斗虽然没有完全摧毁日军炮兵阵地，却让日军在此后三个月内再也没有对守军阵地发起炮击。

1944年11月，池峰城被保送到陆军大学将官班甲级第一期受训，三十军军长一职由副军长鲁崇义担任。

鲁崇义，字宜轩。1898年9月出生于山东省德州市的一户普通市民家庭。初入私塾，后升入市第一中学。1917年春投笔从戎，入第十六混成旅当兵。鲁崇义在模范连毕业后初任电信排排长，1921年8月混十六旅扩编为第十一师，他升任学兵大队第一连上尉连长。由于吃苦耐劳，深得上级冯治安、张自忠等人的赏识，一年后保送入南苑高级军官教导团受训。1924年第二次直奉战争爆发后，鲁崇义结束训练，调到由学兵大队扩编的学兵团，任第一营中校营长。张自忠调离学兵团后，鲁崇义接任团长之职。从1917年入伍到1925年当上团长，仅仅用了八年，由此可见，鲁崇义在当时的西北军中是较受器重的一员。

冯玉祥响应国民政府北伐后，鲁崇义调任第二集团军总司令部上校参谋，参与戎机，直到北伐胜利为止。1928年10月，第二集团军根据编遣会议的决定开始陆续缩编部队，冯玉祥亲自批示，鲁崇义调到暂编第十二师第三十五旅任少将旅长。1929年1月暂十二师改称第三十一师后，鲁也随之改任第九十二旅少将旅长。此时九十二旅驻防西宁，正碰上地方军阀马步元率部叛乱，九十二旅一八三团遭到袭击，旋即溃散。鲁崇义得报后，立即组织部队反击，随后在九十三旅增援下发起反攻，终于将马步元的叛军予以歼灭，平定了西北大后方的局势。中原大战爆发后，鲁崇义被调到第二方面第五路军任参谋长，继又改任甘肃省政府军事厅厅长。阎锡山、冯玉祥的部队在中原战败之后，鲁崇义找到了曾任三十一师师长的孙连仲，并随其一起接受了南京政府的改编。

孙连仲的部队被改编为第二十六路军，鲁崇义被任命为参谋处少将处长。参谋长赵博生在宁都举行起义后，鲁崇义被调任第四十二军参谋长，协助兼任军长的孙连仲整顿部队。1936年12月考入陆军大学特别班第三期，毕业后升任第三十军副军长，协助军长池峰城与日军作战。1942年兼任豫鄂边区游击总指挥，指挥游击部队深入敌后破坏日军交通补给线。池峰城调走后，孙连仲原拟升常年跟随他的三十一师师长乜子彬来当军长，但是军委会为了切断孙与三十军的联系，拒绝了孙的这个提案，改鲁崇义来接任军长之职。不久，三十一师被军委会下令裁撤，所属部队编入第二十七师和第三十师。第三十军在1945年6月的人事情况为：

军长鲁崇义，副军长张华棠，参谋长全教曾。

第二十七师，师长许文耀，副师长田席珍，参谋长欧耐农。辖第七十九团、第八十团、第八十一团。

第三十师，师长王震，副师长尹瀛洲，参谋长不详。辖第八十八团、第八十九团、第九十团。

邯郸受挫　临汾被歼

1945年8月15日，日本宣布无条件投降。随着抗战胜利的来临，三十军被编入第十一战区，并奉调北上，开赴河南新乡受降。10月，第十一战区司令长官孙连仲为确保北平、保定地区，命令第三十军沿平汉路北上，进驻北平。当鲁崇义指挥所属部队开拔时，又接到了新的命令。孙连仲要三十军在第四十军、新编第八军之后沿平汉线北进，计划与占领石门（石家庄）的第三军、第十六军等部夹击位于邯郸的中共刘邓军队，以解保定地区的安全。

10月20日，第三十军进占漳河附近的岳镇、丰乐镇等桥头阵地，并开始架桥渡河。22日，友军第四十军占领磁县，并在一天后向人民解放军据守的临漳地区发起进攻。24日，双方展开激烈战斗，第三十军随后也投入战斗。人民解放军的计划是将第三十军、第四十军与新八军围而聚歼，等到鲁崇义、马法五、高树勋三位军长发现这个情况后，形势已经对其不利了。于是三位军长决定收缩阵地，坚守现有阵地等待援军，未料高树勋的新八军在30日阵前举行起义，参加了八路军，以致四十军阵地全线崩溃。鲁崇义见固守已不可能，便下达了突围命令。31日凌晨，三十军的两个师兵分两路开始突围，沿途遭到人民解放军截击，损失惨重，第三十师师长王震在突围时阵亡。12月2日，第三十军残部脱离包围圈抵达汲县。

第三十军在安阳整补了三个月，恢复了元气，新编入了李学正的第六十七师，使原本是两师制的乙种军升格为三师制甲种军。1946年4月，第三十军整编为第三十师，军所属的三个师分别整编为第二十七旅、第三十旅、第六十七旅。军长鲁崇义改任师长，原师长许文耀、尹瀛洲、李学正皆改任旅长。同年7月，随着全面内战的爆发，三十军在继邯郸受挫之后，又一次被卷入内战之中。

1946年7月，已经移驻山西运城的整编第三十师奉西安绥靖公署之命，配合陕西、山西驻军，对位于山西的解放军实施全面进攻，以稳定山西全境以及陕西关中地区。根据西安绥署主任胡宗南的计划，整三十师的整二十七旅暂时脱离建制，担负运城、夏县的飞机场守备任务。整三十师主力则由闻喜兵分两路向横水镇、绛县的解放军发起进攻。

7月中旬，整三十师根据计划按时发起进攻，并顺利占领横水、绛县，解放军退守翼城以东地区。整三十师占领既定目标之后，奉命留整六十七旅防守横水、绛县，整三十旅向皋落镇前进，并同奉命归建的整二十七旅会师后向垣曲方面的解放军发起进攻。整三十师攻克垣曲后，奉命改攻为守。为此，师长鲁崇义又命整六十七旅抽调一部接防垣曲，整二十七旅控制垣曲以北地区，整三十旅回驻绛县。

8月3日，整三十师根据绥署命令，全师集结在横水、绛县地区后向翼城发起进攻。鲁崇义接到命令后以整六十七师留守原防，自带整二十七、整三十两个旅向翼城推进。由于解放军陈赓所部已经撤离翼城，所以作为整三十师先头部队的整三十旅顺利占领翼城，并根据前进指挥所主任董钊的命令继续向浮山搜索前进，结果扑了个空。鲁崇义接连扑空，便根据董钊的命令继续向旧县方面推进，浮山则只留整二十七旅八十一团防守。

然而当整三十师主力还没到旧县时，解放军陈赓兵团已经调集部队向浮山的八十一团发起突然进攻，该团团长欧乃农竭力抵抗，并向师部求援。鲁崇义知道浮山被围，马上调集整二十七旅主力经官雀村、韩村向浮山攻击前进，整三十旅随后跟进，一方面掩护整二十七旅后方，一方面以备旧县方面有异动。由于欧耐农在浮山坚守，解放军猛攻一昼夜，仅攻占城东北角的一座碉楼，待解放军得知整三十师援军即将抵达之后，便放弃了进攻。浮山之战后，鲁崇义改留整二十七旅八十团担负城防，主力奉调临汾休整，长达半年之久。

1946年12月，胡宗南抽调整三十师、整六十七旅投入到进攻解放军吕梁山区的战斗中。但该旅参战一周，始终没有与解放军遭遇，胡宗南便命令所属各部返回原防，整六十七旅殿后。这一决定致使整六十七旅落单，遭到解放军突然围攻，该旅坚持不住随即溃散，副旅长阎德治、参谋长王树民先后被俘，第二〇〇团团长姜常泰被打死。此后整六十七旅被调离整三十师序列，鲁崇义手下的部队又恢复到两个旅的兵力。

1947年8月，解放军乘西安绥靖公署的主力集中在延安地区，集中兵力突袭关中。胡宗南得报，急忙电令在临汾休整的整三十师调兵驰援。此时的临汾也遭到了解放军的袭扰，鲁崇义权衡利弊，决定派整二十七旅开赴潼关执行胡宗南的命令。该旅在旅长许文耀的指挥下进至潼关后，为保实力，不再前进，后迫于压力，命第七十九团继续搜索前进，后与解放军孔从洲部在峪口地区发生遭遇，双方激战六天，孔从洲部撤退而去。

整二十七旅在潼关地区与解放军遭遇的同时，临汾的师主力也遭到了解放军的猛烈进攻。胡宗南为保整三十师主力不失，下令将整三十师主力空运西安，但当师部与整三十旅旅部、所属一个营撤离后，临汾在1948年3月7日被解放军包围得水泄不通。为了顾全山西绥靖公署主任阎锡山的面子，胡宗南只得答应停止空运，留下整三十旅主力协助晋军第六十六师在临汾作战。

临汾除了本城之外，还有东关，阎锡山用飞机空投过来的担负总指挥职责的梁培璜决定以第六十六师担负东关防务，整三十旅由在临汾的副旅长谢锡昌指挥担负城防任务。4月1日，第六十六师据守的东关被人民解放军攻克，六十六师残部退入城内，整三十旅与人民解放军正面交锋。

整三十旅的五个营在谢锡昌的指挥下顽抗，坚持近两个月，最后因损失惨重，被迫将城内的警察、青壮年拉来补充缺额。5月4日，人民解放军以炸药摧毁了城外的最后一个制高点，整三十旅被迫全部退守临汾城墙。坚持至5月17日，临汾城破，谢锡昌被俘，整三十旅残部七百余人在第九十团团长王敬鑫的指挥下向西门突围，艰难地抵达西安。整三十旅经此重创，一蹶不振，再也没有恢复元气。此后整三十师全部集中在西安休整，鲁崇义将整三十旅残部并编为第九十团，并根据国防部批准整三十师所属各旅恢复三团制的规定，开始将部队增编为六个团。

太原举义失败　成都起义成功

太原被人民解放军包围后，太原绥靖公署主任阎锡山再一次向西安绥署主任胡宗南求援。胡宗南此时在陕西战场损兵折将，自顾不暇，但碍于阎的面子以及太原的战略地位，最终决定将整三十师空运太原作为援军。此时已经升任整第二十九军军长兼师长的鲁崇义在得知这个任务后，自知去增援这样一座孤城必遭覆没的命运，便借口自己军务重要不便成行，要副师长黄樵松指挥整三十师去增援，而黄樵松也知道此去必不能返，想借病不去，但在胡宗南、鲁崇义的再三要求之下勉强答应了。

黄樵松，原名德全，字道立。1901年8月14日出生于河南省太康县。1919年，黄德全考入太康县立高小。一年后升入河南省立第四中学。1922年秋因经济问题辍学从戎，成为第十一师学兵团的一名学兵。1924年4月，黄樵松毕业后分配到第十一师手枪营当排长，同年10月升任国民一军第二师机枪营连长。1925年3月，黄樵松随部开赴张家口。同年5月，调任第十二师三十四旅一〇一团第二营连长。不久入军事教导团军官队受训，半年后升任营长。

1926年9月17日冯玉祥在五原誓师，黄樵松升任第十二师三十四旅一〇一团团长。同年10月，参加了西安解围的战斗。1927年5月，黄樵松随部由紫荆关出击参加北伐，先后转战郾城、归德、彰德、汤阴等地。1928年5月，留陕的李虎臣部叛变，黄樵松随部回陕平乱，北伐结束后，黄团改称为暂编第十二师三十四旅第二团，黄仍任团长。1929年1月暂第十二师改称第三十一师，黄团改称第三十一师九十一旅一八二团。中原大战爆发后，黄樵松改任第十九师团长，在陇海铁路沿线与南京政府的军队作战。阎锡山、冯玉祥的反蒋军队战败后，黄樵松随高树勋接受了南京政府收编，任第二十七师八十一旅一六二团团长。

1931年5月，第二十七师在中村"围剿"红军受创，而黄樵松团所在的八十一旅正随二十五师行动，躲过了这一劫。同年12月，宁都暴动，黄樵松没有参加，在二十七师重建后仍任原职。1932年8月调任第七十九旅一五八团团长。1933年7月升任第七十九旅少将旅长。1935年7月，黄旅移防湖北公安。次年1月，黄樵松所在的第二十七师作为全国第二批调整师之一，接受德国顾问的训练，后开赴江苏淮安驻防。

抗日战争全面爆发后，黄樵松随部转战河北、山西，在娘子关战役中曾重创日军第七十七联队。1938年1月升任第二十七师少将师长。同年3月参加台儿庄战役，不断袭击日军侧背，并派遣突击队入庄作战。在第二十七师与友军各部

在太原前线起义未成而牺牲的第三十军军长黄樵松。图为黄樵松任第二十七师师长时在台儿庄前线留影

的通力配合下,将进攻台儿庄的日军击溃,取得了中国自抗战开始以来正面战场的第一次大捷,并在6月7日获得了青天白日勋章。同年8月,第二十七师参加武汉会战,在沙窝、小界岭一线同日军展开激烈战斗,战后开赴南阳整补。

1940年3月,第五战区司令长官部得悉第二十七师内部共产党活动频繁,电命孙连仲"迅速处理"。第二十七师八十团团长陈扶民、八十一团团长杜新民被撤职查办,作为师长的黄樵松逐渐失去了孙连仲的信任。1941年3月,第二集团军各部调整人事,黄樵松被调到六十八军任一四三师师长。此后,黄樵松指挥一四三师先后在南阳、鲁山地区与日军作战,达三年之久。1945年3月在南阳抵御日军的进攻，再次立下战功。

1945年10月，第三十军在邯郸遭到八路军重创，时任第十一战区司令长官的孙连仲为了重组第三十军，遂将黄樵松调回，任命其为副军长，担负起了训练新兵的重任。1946年4月，第三十军整编为第三十师，黄樵松改任整编第三十师副师长。内战全面爆发后，黄樵松随部转战晋、陕两省。1948年8月，黄樵松带着师部以及整二十七旅全部、整三十旅的一个团，共万余人空运太原。

黄樵松率部抵达太原后，阎锡山将防守城东的重任交给了整三十师。为了与城内守军番号统一，恢复使用第三十军的番号。同时，黄樵松正式担任第三十军军长。此时第三十军在太原的人事情况为：

军长黄樵松，副军长空缺，参谋长仝敩曾。

第二十七师，师长戴炳南，副师长仵德厚，参谋长唐冠杰。辖第七十九团、第八十团、第八十一团。

三十军虽然先后在北营车站、东山风格梁、牛驼寨等几个据点与解放军的争夺战中取得了胜利，但是太原的状况仍旧不容乐观，尤其是在其他战场上，国民党军队节节失败，许多高级将领被俘，加深了黄樵松对前途的悲观情绪。10月29日，黄樵松收到了在邯郸起义的老长官高树勋的来信，信中希望他能"率部起义"。正是这封信，改变了黄樵松对前途的看法，他立即派遣部下与城外的解放军积极联络，并策划在他的防区打开城门，接应人民解放军入城。

黄樵松将这个计划告诉了第二十七师师长戴炳南。戴立即叫来副师长仵德厚，在仵立下誓言后将事情告诉了仵。仵坚决不同意起义，戴又找来了团长欧耐农，欧也不同意，于是戴就把黄起义的事向阎锡山告发了。关于戴炳南出卖黄樵松的过程，仵德厚于20世纪80年代在自己的回忆录里这样讲：

> 我（指仵德厚）和戴（炳南）各回自己的窑洞。可是没多久，戴过来把我叫去他的窑洞，说："今天军长把我叫去说准备投降共产党，他把计划都说了，说今晚就把军部搬到城里去，让工兵营占领东北城墙……让共军进城，

逼阎长官投降……"我很吃惊,说:"我怎么没听说啊!""还没听说?都派王震宇到共产党那里去了!"戴又进出几趟,显得很烦躁。后来戴打电话把欧耐农叫来,要我出去一下,他们谈了一阵才又把我叫进去。戴说:"你看,午桥(欧耐农的字)都不同意!"又说:"军长已经和共产党讲好了,条件是再编一个旅,一年不离开太原。"说了一阵,欧耐农就走了。戴炳南叫勤务兵拿酒来,这时我也退出,回自己的窑洞。他喝了一阵闷酒,又把我叫过去,说:"午桥都不同意,是不是?我要给阎长官说去!"我说:"你跟黄樵松这么多年,去报告了,他不就完了?"戴说:"黄樵松投了共产党,还会要你我?阎长官人忠厚,给他说了,队伍还是咱的。你在这边布置部队,把警戒线招呼起来,我现在就去。"我叫起来:"叫我在这里,你跑了!不是叫我送死吗?你去报告,阎长官来了,共产党来了,都要收拾我;叫我送死!你去!你去!明天我回西安去,你愿咋做就咋做!"他也叫起来:"咱们换帖兄弟,到这个时候你跟我拉钩啊!"说完,他就趁着酒胆上车走了,我也就命令布置警戒线,任何人不许进出。……有的资料里说,戴炳南在对我说黄樵松起义的事之前,先要我跪下对天盟誓,实际并无其事。

三十军当时的主力就是二十七师,而二十七师的指挥权掌握在戴炳南手中,不管黄樵松如何决断,必须得到戴的支持,而作为副师长的仵德厚,也肯定会被这位掌握实际军权的人所左右。由于戴炳南的告密,黄樵松于1948年11月3日被太原绥署军法处逮捕关押。7日,他和入城联系的解放军代表晋夫等人被押赴南京。19日,经过由余汉谋为审判长的特别法庭审判,黄樵松以"率部投降共军"的罪名被判处死刑。11月27日,黄樵松与晋夫等人在南京英勇就义。

黄樵松被捕后,戴炳南因为告密有功被提升为军长,而仵德厚也得以升任第二十七师师长。戴炳南,字瞻衡,1906年12月出生于山东省即墨县的一户商人家庭。毕业于西北军军官学校高级班,从当连长时就一直跟随在黄樵松左右,娘子关战役时,他身先士卒作战英勇,因功被提拔为团长。戴向阎锡山告密,是谁也没有料到的。但是戴炳南在军长宝座也未能坐多久。1949年4月23日解放军发起总攻，三十军的四个团全部被歼，师长仵德厚未能坚持到底向解放军投降，戴炳南化装离开部队躲在民居中，后被公安局查出逮捕。因告密事件于1949年7月8日处以死刑，执行枪决。

第三十军在太原被歼后，鲁崇义将自己兼任军长的第一一三军改为第三十军。同时，将留驻在陕西的第三十师归建。1949年7月，第三十军由汉中入川整补。这时，国民党的主力部队几乎全部被歼，鲁在老朋友高兴亚的居中联络下，同中共地下党取得了联系，开始筹划起义事宜。鲁崇义于1949年12月25日得到中共同意起义的明确指示，带着三十军在成都宣布起义。

第三十五军

守城三月涿州立勋

抗战八年绥西大捷

在中华民国的历史上,曾出现过两个三十五军、先是南方的三十五军,它是北伐战争时期由唐生智的第八军一部编成的部队,军长何键。这支军队参加了北伐战争中的两湖作战和国民党新军阀间的混战。1927年汪精卫政府叛变前、该军一部制造了"马日事变",开始了武汉国民政府叛变革命的第一步。该军后在编遣会议后撤销。北方的三十五军,是傅作义指挥的基本部队。它在北伐战争对奉军的作战中,曾坚守涿州城达三个月之久,该战成为现代战争史上著名的守城战例。在抗击日本的侵略中,该军在察哈尔、山西、绥远的作战中有良好的表现、曾创造了百灵庙大捷、

奇袭包头、五原大捷等战绩。抗战胜利后该军被卷入内战的旋涡，与解放军华北兵团杨成武、杨得志部屡屡交手。一个自诩能攻善守、打遍华北无敌手；一个是击毙名将之花阿部规秀、善打硬仗恶仗久经战阵的军队。生铁碰上钢，撞出阵阵火花。结果是三十五军一败涞水，二败新保安，最后在傅作义的带领下，毅然接受人民解放军改编，为北平和平解放做出了巨大贡献。三十五军是在抗日战争中对中华民族有功的部队，也是民国史上一支有重要影响的部队。这里我们详细介绍傅作义的第三十五军。

涿州守城　弥见声威

第三十五军是傅作义的起家部队,是他的心肝宝贝,也是他纵横华北的本钱。傅作义曾对女儿傅冬菊说:"三十五军就是我,我就是三十五军。"因此,说到三十五军,必须先从傅作义这个人讲起。

傅作义,字宜生,1895年生于山西西南部临猗县(旧荣河)濒临黄河的一个村庄里。傅家亦农亦商,生活比较富足。傅作义的童年是在国家民族任人宰割的年代里度过的。当时的有识之士激于义愤,发出了"整军经武,挽救危亡"的呼吁。一些热血青年一洗文弱萎靡的习气,投笔从戎,决心以武力救国。15岁的傅作义年少志高,决心弃文从武,由运城河东中学考入太原陆军小学。1915年,20岁的傅作义以优异的成绩毕业于清河第一陆军中学,升入保定陆军军官学校第五期。在学校的三年里,傅作义不仅学习刻苦,成绩一直领先,而且很有操守,稳健持重,积极进取,颇得同期同学的钦佩。如同学袁庆曾、陈炳谦、鲁英麐、曾延毅、李生达、李世杰、楚溪春等,其才华高于他者不乏其人,但后来领兵打仗时均甘为之下,听其指挥。

傅作义在学校学习出类拔萃,他敬上爱下,带兵坚持"士兵第一",严格要求,为属下所佩服,为长官所器重,在同僚中脱颖而出,其职务由排长、连长、团长递升至第四师师长。1927年6月,由于北伐战争的节节胜利,原来和北洋

傅作义将军

军阀沆瀣一气的阎锡山投靠蒋介石，随即分兵出京汉、京绥铁路攻打奉军：以商震为左路军总指挥，由大同出动，由京绥线东进，占领张家口、宣化等地；以徐永昌任右路军总指挥，出娘子关，沿正太路东进，占领石家庄、正定，然后沿京汉路北上。傅作义的第四师归阎锡山的总部直辖，为别动队，执行切断京汉、平绥两条铁路间奉军联络的任务，配合晋军主力作战，完成阎锡山计划中最后会师京津的目的。

涿州居京、津与保定三角地带之要冲，扼北京之咽喉，为兵家必争之地。当时张作霖为确保京汉路之畅通，将前线指挥部设在保定，令张学良坐镇。为确保涿州，张以嫡系部队第十五师镇守。此时，奉军的主力在冀南与北伐军对峙。

是年10月初，傅作义率部在河北的蔚县，当侦知涿州奉军守军防守疏忽时，傅部的袁庆曾支队三个营袭占了涿州城，但立足未稳，便遭到优势奉军的围攻。

形势十分危急。傅决定由山中险道秘密穿插前进，占领涿州。晚秋十月，天有寒意，官兵衣单，山峰陡峭，崎岖难行。傅作义率部经过六天的艰苦跋涉，于10月14日黎明出其不意将涿州占领，截断了奉军的后方供应联络线。这时，阎锡山的主力在京汉线的保定以南、京绥线张家口以东地区被奉军各个击破，仓皇逃回山西，涿州孤城被奉军四面包围得像铁桶一般，傅部陷入孤军作战的境地。

傅作义立即视察阵地，召开全师军官会议，部署守城方略，他要求部队必须实行严格的纪律，命令士兵构筑工事，加强防守。并布告市民，稳定民心，安抚社会。

张学良在得知涿州被傅作义占领的消息后，立即增调生力军与原在涿州的部队合计三万人围攻。15日拂晓，奉军发动第一次总攻击，使用大小炮百余门，猛烈轰城，并有飞机凌空助战，战况十分激烈。守城晋军共击退奉军五次攻击，双方均有伤亡，以奉军为重。傅作义为鼓舞士气，发布了训兵文告，云：

"弟兄们此次作战，又勇敢，又坚韧，真算得一等革命军人。我们所占的地方，正是敌人的致命伤。所以敌人用全力来攻咱们，哪知道咱们是真正的革命军人，什么飞机、大炮都是绝对恫吓不动的……大家咬紧牙关，捏定拳头，提起全副精神，好好和敌人打上几天，咱们的光明大道不是就在眼前吗？"这张布告给全体官兵以很大的鼓舞。

16日黎明，奉军第二次攻城，傅军阵地上弹落如雨，城内南北大街民房几乎夷为平地，然守军阵地岿然不动。18日，傅作义抓住战机，以攻为守，令三个步兵营出东西门突然袭击奉军。奉军以为傅军一味防守，根本没有想到傅军会来进攻，因而疏于防守。奉军猝不及防，傅军旗开得胜，一举击伤奉军旅长一人，击毙团长一人，俘虏三百余人；夺得山炮五门，步枪百余支。奉军恼恨交并，随后发起步、骑、炮、空联合进攻，并利用云梯强行攻城，均被守军击退。

傅作义判断，奉军连日攻城不利，伤亡惨重，必将改变战术，为防备奉军潜挖坑道攻城，傅作义决定在城墙内侧开挖壕沟；为预防奉军使用燃烧弹，又组织了各种防护措施。果然不出所料，奉军在第三次进攻失利后，张作霖令万福麟前来督战，企图在飞机大炮的掩护下，采用坑道战术炸开缺口，强攻入城。10月17日拂晓，奉军发起第四次进攻，工兵司令杨桂林亲自点燃炸药，炸开城墙，冲锋队随即冲向缺口。张学良乘飞机在空中视察，指挥飞机轰炸，炮火掩护。傅作义指挥守军以密集的火力迎击强攻的奉军，双方死伤惨重。城下奉军的尸体成堆，城上傅军两个排全部战死。奉军攻城又告失败。

10月30日黎明，奉军第五次攻城，此次战斗更为激烈。涿州城东北角被奉军炸开一洞，奉军在坦克的掩护下进行波浪式猛攻，战斗持续一昼夜，奉军屡攻不下。战斗又延续了一整天，双方伤亡枕藉，直到31日黄昏暂告结束。奉军的五次进攻均告失败，在而后的两次总攻又未获胜，奉军将能用的战术似乎都已用尽，恼羞成怒，最后万福麟竟采用灭绝人性的化学武器，企图将守城部队全部消灭。但傅作义早有预防，亦未得逞。张学良见力攻不克，便采取长期围困的办法，逼傅就范。张作霖说："不用打啦，在涿州四周挖上壕沟，加上铁丝网，加紧封锁。傅作义不投降，就把他们饿死在城里！"

晋奉两军相持不下。10月底，阎锡山曾电令傅作义固守待援，但至12月上旬，阎未派一兵一卒。这时城内存粮无多，官兵先是日进一餐，最后粮尽，改吃酒糟、树皮，甚至连老鼠、麻雀也都打来充饥。时值严冬，官兵仍着单衣，可谓饥寒交迫，部队由进城时的七千余人只剩下了两千余人。涿州城南、城西除一宝塔仍屹立不倒外，其余已是一片废墟。12月10日，中国红十字会会长、原北洋政府总理熊希龄首先派代表到涿州调停，随后各方代表及知名人士陆续入城或劝解议和，或投书慰问。傅作义派员一一以礼相待，婉言致谢意。张作霖授意高参于国翰致书傅作义劝降。于原为保定军校教官，与傅有师生之谊。傅回书道："老师教导我们的课程中，没有'投降'的内容，所以不敢从命。"

但这时的涿州军民已濒临绝境，傅作义不忍生灵涂炭，慨然说："城食尽矣！如再不开城，全城将无噍类……作义早应一死，何可使无辜涿民与吾同殉。

吾死城开粮进，亦吾所以谢涿人也。"表示愿亲自出城做人质，换取粮食济民。市民听了傅的肺腑之言，十分感动，纷纷表示，"傅将军决不能出城，我们全体百姓愿与全体将士一同殉城"。在这种情况下，傅作义为尊重民意，不得不派第四旅参谋长朱锡章出城与奉军谈判。

12月29日后，朱锡章与万福麟谈判三次不成。为救民于水火，傅作义带着朱锡章、随从参谋金中和出城，亲赴保定与张学良谈判，最终达成协议，其要点为：傅部改称"国防军"；涿州百姓因奉军攻城而造成的生命及财产损失必予抚恤和赔偿；傅作义退出军界，不接受任何职务。议成，张学良履行了诺言，很快向涿州运送了大批粮食和物资，救济涿州灾民。为此，傅作义曾两次发出和平通

涿州围城之战结束后，张学良（左）与傅作义（右）合影

电昭告中外。1928年1月12日，傅部如约打开城门，部队移驻天津以东军粮城，奉军万福麟部进驻涿州，至此，历时三个月的涿州攻防战宣告结束。

涿州守城，傅作义以七千人之师，在区区弹丸之地抵挡奉军三万人进攻，孤军奋战达三月之久，使北伐军得以在中原地区顺利进军，震惊海内外。涿州守城成为现代战争史上有名的战例，傅作义也被列入"民初守城四杰"之一。早在1927年12月间，南京国民政府就给傅作义发了"嘉勉电"，说："三晋军兴，九边声震，主帅以智勇名，战士以坚强胜。……涿州固守，经月余旬，弥见声威，立功殊伟。"又说："众志成城，自有金汤之固。敌不得逞，民有所归，弥著功勋，实深嘉慰。"从当时涿州守城的情况与对北伐战场的配合来说，其所言是允当的。涿州解围后，蒋介石认定傅作义是不可多得的将才，欲为所用，任命其为军事委员会委员。当时的社会名流、81岁的樊增祥（樊山）老人赋诗记述此事：

新收涿鹿七千人，百日燕南立大勋。

十六年来千百战，英雄吾爱傅将军。

毛泽东对傅作义的涿州守城亦给予很高的评价。1936年8月14日，毛泽东在《致傅作义》的信中，赞赏说，"涿州之战，久耳英名，况处比邻，实深驰系"。

天津再起　驻防绥远

傅作义的第四师在涿州解围后，部队被奉军遣散，傅本人被软禁于保定奉军营中。1928年5月，傅在奉军疏于看管的情况下，在乡友崔笑如、河北大学医科学生段伯宇的协助下，机智逃脱监视，潜入天津，并与阎锡山取得联系。1928年6月，北伐军占领平津，在阎锡山的推荐下，南京国民政府发布公告，任命傅作义为天津警备司令。傅立即联络第四师旧部，以此为基础编组起一个团，委其旧部营长孙兰峰担任团长。同时，他将布防在天津地区的直鲁降军收编为七个师，组建了第五军团，自兼第五军团总指挥。1928年9月8日，第三集团军总司令部召开整编会议并着手缩编部队。9月11日，驻天津之傅作义所部经过整编，被授予暂编第十二师的番号。10月2日改称第四十三师，师长傅作义。1929年11月被扩编为第十军，傅作义升任军长。

1930年3月14日，鹿钟麟等五十七名高级将领发出倒蒋通电，拥护阎锡山为陆海空军总司令，冯玉祥、李宗仁、张学良为副总司令。此时仍驻天津的傅作义被委任为第二路军总指挥，除辖本部第十军外，李生达第四军、张会诏第八军、冯鹏翥第九军，也归傅指挥。4月23日，阎锡山下达了总攻击令。傅的第二路军奉命在津浦线发动对山东韩复榘第三路军的进攻。第二路军突破黄河防线，击溃韩复榘部，占领济南。随后沿津浦路南下，包围曲阜。由于曲阜城坚，守军依托城防工事坚决抵抗，攻城部队屡次攻击未能得手，担任主攻的第四军十一师损失近三分之二，双方陷入胶着状态。7月21日，城内守军在得到第十九路军和第十一师等部的增援后，里外夹击傅作义部。傅作义虽分兵据守，但最终于8月7日被陈诚的第十一师突破阵地，全线溃退。8月15日，济南被中央军收复，傅作义被迫退守德州。9月18日，张学良通电呼吁和平，遣部入关。10月15日，阎锡山、冯玉祥通电下野，中原大战终以南京方面获得胜利而宣告结束。

1930年10月，中原大战结束，南京政府决定将残存的西北军和晋绥军改编为边防军，由张学良负责改编并归其节制。傅作义担任东北边防军第七军军长，傅的第十军在绥远被缩编为东北边防军第十师，并受命指挥原第四军缩编的东北边防军第九师（师长李生达）。1931年6月17日，傅东北边防军的第七军在国民党中央政府军队序列番号改称第三十五军，其所属各部亦更换中央统一番号。国民革命军陆军第三十五军由此应运而生。此时的傅作义在经过中原大战后保住了军长的位子，傅名为军长，其所属的第七十二师却因驻防山西，根本不受第三十五军指挥，所以傅作义实际能够指挥的部队只一个第七十三师。随着阎锡山返回太原重新掌权，第七十二师也就无形中脱离了第三十五军序列。

1931年8月，傅作义被任命为绥远省政府主席，到绥远后，他首先面临的就是省境内的土匪问题。当时绥远省土匪有大小数十股，较出名的有王英、卢占魁、杨猴小、赵有禄等人，这些土匪多者数千，少者数百，他们抢劫杀掠，搞得鸡犬不宁。经过两年多的剿匪行动，绥远境内土匪被全部清剿，同时部队有了实战经验，战斗力得到提高。1932年3月，第七十三师扩编了一个旅，其部队达到一师三旅。其部队的番号及长官为：军长傅作义，参谋长陈炳谦。第七十三师，师长傅作义（兼），参谋长苗玉田。第二一〇旅，旅长叶启杰，辖第四一九团、第四二〇团；第二一一旅，旅长金中和，辖第四二一团、第四二二团；第二一八旅，旅长曾延毅，辖第四三五团、第四三六团。

日本在发动"九一八"事变并侵占东北后，傅作义认为日本绝不会满足，势必会得寸进尺，扩大侵略。军队是保卫国家的，为做抗日准备，傅作义在部队中进行反对日本侵略的战前练兵活动。每天的早晚点名，傅都让部队高呼"保卫祖国，誓雪国耻"的口号。部队在练拼刺、射击时，靶子上都写有日本将领的名字或头像。他要求部队必须练成枪不虚发、弹不空投的本领，准备随时奔赴战场打击日本侵略者。

请缨抗战　怀柔喋血

1933年1月1日，日本制造榆关事变，大举侵犯华北，长城抗战由此开始。1月21日，军委会决定将驻华北部队改编为八个军团，以应对日军进攻。傅作义被任命为第七军团总指挥，为了迷惑日军，第三十五军改称第五十九军开赴前线。傅于1月25日率部由绥远开赴张家口待命。

第七军团名义上辖有傅兼军长的第三十五军，李服膺的第六十八师、王靖国的第七十师和赵承绶的骑兵师也归其指挥。王靖国是阎锡山的亲信，留守绥远，不仅不听傅作义的指挥，还有取代傅绥远省主席的企图；而赵承绶的骑兵师直接听命于军委会北平分会何应钦的指挥。李服膺的第六十八师临时改称第六十一军，辖刘馨馥的二〇〇旅和李俊功的二〇一旅，与傅若即若离。而傅作义能直接指挥者仅第五十九军第七十三师三个旅六个团与配属的一个炮兵团，即叶启杰的第二一〇旅，辖张成义四一九团和薄鑫四二〇团；金中和的二一一旅，辖孙兰峰四二一团和马逢辰四二二团；曾延毅的二一八旅，辖苏开元的四三五团和董其武的四三六团；另配属山西炮兵李伯庆的第二十一团。

不久，军委会北平分会令傅部开赴察哈尔北部，阻击由热河向西进犯之敌。傅部编成的序列是：曾延毅旅为先头部队，向多伦进发；叶启杰旅与金中和旅开往张北，沿长城经宣化到赤城一带布防；李服膺师开往张北独石口一线，阻击由热河进犯独石口之敌。傅要求部队本着"平时多流汗，战时少流血"的精神，加速构筑防御工事，准备迎击来犯之敌。时值冬令，塞外寒风凛冽，白雪皑皑，天寒地冻。官兵们不顾飞沙扬雪，胼手胝足，构筑工事。历时三个月，筑成一道北起多伦、南至赤城的坚固防线。

2月下旬热河失陷，日军进犯到长城一线，宋哲元第二十九军在喜峰口、罗文峪，商震第三十二军在冷口，徐庭瑶中央军在古北口抗击日军。5月初，自喜峰口、冷口的战事失利后，中央军徐庭瑶的第十七军所属关麟征的第二十五师、黄杰的第二师和刘戡的第八十三师，也于5月14日由古北口、南天门败退至密云。中央军在日军步、炮与航空队的协同进攻下，频频告急，北平岌岌可危。

军委会北平分会主任何应钦为加强密云至北平的防务，于4月30日急调第五十九军开往昌平一带增防。张家口至昌平一百余公里，傅作义接到命令后，令部队以每小时十公里的速度跑步前进，二十四小时到达昌平。何应钦对傅部行动如此迅速深感惊奇，赞许说："宜生兄运动如此神速，实在没料到，若不是训练有素，何以臻此！宜生兄治军有方，确实名不虚传。"傅部到昌平不数日，军委会北平分会即将其调往怀柔以西的牛栏山一带构筑工事，准备迎击来犯日军。面对气势汹汹的日军，傅作义认为，日军武器精良，抵御其进攻除了运用正确的战略战术外，必须修筑坚固的工事，他提出了"七分用土，三分用枪"的口号，并带领参谋人员侦察地形，指导部队修筑工事。

5月17日，第五十九军阵地开始与日军前锋接触，发生小规模战斗。5月23日上午4时许，日军以第四旅团（旅团长铃木美通）和福原支队附坦克十余辆、火炮二十余门，在飞机的掩护下向第二一〇旅四二〇团、第二一八旅四三六团阵地发动大规模攻击。主阵地上董其武第四三六团第十连一马当先，在连长张惠源的指挥下，全体战士抱着与阵地共存亡的决心，待日军接近外壕时，张惠源一声令下，机枪、手榴弹如雨点般泼向敌人，董其武令炮兵向接近外壕的坦克轰击，敌不支而退。稍一会儿，日军的炮火又向十连阵地轰击，一时炮弹横飞，硝烟弥漫，阵地成了一片火海。激战至上午7时，十连仅剩连长张惠源及士兵七人，日军伤亡亦重。与此同时，前沿薄鑫的四二〇团第五连阵地亦遭日军轰炸，该连与进攻敌人展开猛烈冲杀，敌我伤亡均较重。董团与薄团的前卫连在抵抗三个小时后由于损失惨重，被迫放弃阵地。

日军占领傅部前沿阵地后，气焰更为嚣张。9时许又以步、炮联合向董团与薄团阵地猛扑。董团扼守的是公路两侧高地，是通往后方的要冲。日军在飞机猛烈轰炸之后，其步兵在坦克的掩护下发起进攻。但坦克一接近守军前沿，即被预设的地雷炸毁；敌步兵冲到有效射程时，董团的伏枪、伏炮与手榴弹齐发，敌军猝不及防，留下大片死尸。守军伤亡亦重，董团三营的两个连伤亡近三分之一。与此同时，叶启杰第二一〇旅第四一九张成义团运用"近战狠打"的战术，与敌拼杀，击退了日军多次进攻，阵地岿然不动。上午8时，傅作义突然接到军委会北平分会来电，言中日两国政府已经签订和平协议，要其"撤出既设阵地，返回原防"。但日军不顾已订之协议，没有撤退停战的迹象，继续向第五十九军阵地发起猛烈攻击。鉴于日军无意停战，傅作义命令所属各部坚决抵抗，绝不放弃阵地。傅以日军仍在继续进攻为由，拒绝撤退，回复军委会北平分会。

傅作义在拒绝撤退的同时，发现日军有占领怀柔以西平古大道两侧高地的迹象，此地得失关系到全线安危，特派二一一旅四二一团抢占该高地。第四二一

全面抗战中刊登在《战时画报》封面上的傅作义将军骑马照片

团在团长孙兰峰的率领下赶至新阵地时，突与日军骑兵遭遇。该团当即利用现有地形，以所属刘景新第一营埋伏两侧，集中轻、重机枪火力，痛击日军骑兵，有利保障了二一〇旅的侧翼安全。此后，第四二一团奉命暂受第二一〇旅指挥，接替损失惨重的第四二〇团阵地，并收复数处阵地。5月23日入夜后，军委会北平分会再次发来撤退命令。与此同时，第五十九军派驻军委会北平分会从事联络的参谋长苗玉田也带来何应钦的撤退手令。何应钦的停战命令，使傅作义十分愤慨，他说："这个仗打得太窝囊，牺牲了这么多的官兵，他们以宝贵的生命换来的却是停战，这样的停战撤退是我们军人极大的耻辱。"经过军团参谋长陈炳谦等人的劝说，傅始命令部队在次日凌晨1时开始撤退。5月31日上午12时，中日双方在塘沽签订停战协定。傅作义率领第五十九军开赴昌平整训，并恢复第三十五军番号。第六十一军以及炮兵第二十五团返回山西归还建制。6月28日，第三十五军返回绥远。此后即开始了长时期的休整。

怀柔一战，第五十九军阵亡367人，伤400余人，毙日军346人，伤日军600余人。长城抗战的最后一战，就此拉下了帷幕。怀柔之战后，天津的《大公报》以"血肉当敌利器，傅部空前大牺牲；肉搏千多次，使敌失所长；沙场战士血，死也重泰山"赞誉鼓励抗日将士。在南京的国民政府军委会委员长蒋介石发来慰问电，奖励大洋五万元。太原绥靖公署主任阎锡山特派以军医处长蒋桂堂为首的慰问团前往绥远慰问，并奖励大洋五千元。为纪念阵亡将士，战后将他们的遗骨安葬在归绥（今呼和浩特）北郊大青山麓，树了一座雄伟的"华北五十九军抗日阵亡将士纪念碑"，著名学者胡适撰写碑文，钱玄同书丹。

绥远抗战　部队扩编

长城抗战结束之后，第三十五军返回绥远整理补充，其所属第七十三师番号拨给山西另行成立部队。所属三旅六团整编为两旅六团，军部以下为旅、团，无师一级编制。其序列为：第三十五军，军长傅作义，副军长曾延毅，参谋长苗玉田。第二一一旅，旅长孙兰峰，辖第四一九团、第四二一团、第四二二团；第二一八旅，旅长董其武，辖第四二〇团、第四三五团、第四三六团。

日本占领冀东之后，为了实现"华北特殊化"的目的，日本关东军于1936年5月1日扶植成立了伪蒙古傀儡政权军政府，由日军供应、训练并配备顾问的伪蒙军充实扩编达两军八师，另有一个警卫师、一个炮兵团、一个宪兵队。还收买绥远的汉奸王英等人组织"大汉义军"，屯兵察、绥边界，以达到其染指绥远省的目的。

8月1日，伪西北防共自治军与日伪讨伐队相继进犯绥远兴和、红格尔图、土木尔台等地，遭到三十五军与骑兵第二师的反击，伪军损失两千余人，副司令马子玉等六十余人被俘。日本及伪蒙军不甘心失败，决定发动更大的进攻。傅作义判断敌人将要进犯绥远，作了军事部署，决定绥东红格尔图方面的作战由董其武旅指挥，进击绥北之敌由孙兰峰旅长负责，并对部队秘密进行了抗战动员教育。

11月13日，伪蒙军以王英为前敌总指挥，率领石玉山、杨守城两个骑兵旅及金甲三步兵旅和两个炮兵连共五千人，在日本指挥官的直接督战下，向驻守在红格尔图的傅部发起了进攻。伪蒙军在野炮、装甲车、飞机的掩护下向守军发起冲锋，第三十五军骑兵团团附张著与绥东四旗剿匪司令达密凌苏隆指挥部队，在红格尔图坚守了三天三夜，挡住了敌人的七次攻击。16日，伪蒙军增兵，以王英的"大汉义军"再次向红格尔图发起攻击。为了增援守军，傅作义命令骑兵第一师师长彭毓斌、第二一八旅旅长董其武为援军的正副总指挥，率领骑兵第一师两个团、第三十五军二一一旅一个团、第二一八旅一个团、第六十八师一个团、炮兵第二十五团一个营等部，于17日深夜抵达红格尔图外围。11月18日凌晨1时30分，傅部向进攻红格尔图的"大汉义军"发起全线攻击。第二一一旅四二二团在团长王雷震的率领下首先突破"大汉义军"土城子阵地，迫使伪蒙军向北撤退，经六个小时战斗，胜利与城内守军会师。红格尔图一战，击毙伪军一千五百余人，俘虏二十余人。

红格尔图之战胜利后，傅部抗日声名大振。10月25日，中共代表彭雪枫携领袖毛泽东的亲笔信到绥远访傅，再一次鼓励傅作义抗战。信曰：日寇西侵，国难日亟。先生统帅师旅，捍卫边疆，今夏小试锋芒，已使敌人退避三舍。观乎报载以死继之之言，跃然民族英雄之抱负，四万万人闻之，神为之王，气为之壮，诚属可贺可敬，红军远涉万里，急驱而前，所求者救中国，所事者抗日寇。今春渡河东进，原以冀察为目的地，以日寇为正面敌，不幸不见谅于阎、蒋两先生，是以引军西还，从事各方抗日统一战线之促进。目前情势，日寇侵绥如箭在弦上，华北长江同时告急。但国内统一战线粗有成就，南京当局亦有转向抗日趋势，红军主力三个方面军已集中陕甘宁地区，一俟取得各方谅解，划定抗日防线，即行配合友军出动抗战。

在中国共产党的鼓励及全国抗日热潮的推动下，傅作义又乘红格尔图胜利之声威，决定先发制人，拔除日伪盘踞的军事要点百灵庙。百灵庙距红格尔图五百华里，处于绥北群山之中，驻有日本特务机关与伪蒙军共三千多人，配备有轻重机枪五十余挺，迫击炮十余门，汽车多辆。因此，百灵庙不仅是日伪军重要的军事基地，也是伪蒙古自治军的政治据点。为此，傅作义制定了"以强袭之准备，作奇袭之行为"的作战方针。11月20日，傅作义在归绥召开军事会议，决定以骑兵第二师师长孙长胜、第二一一旅旅长孙兰峰为正副总指挥，率领骑兵第二师三个团、第三十五军二一一旅两个团、第七十师一个团、炮兵第二十一团一个营等部实施反攻。11月23日晚，各部向百灵庙秘密神速前进。24日凌晨，部队到达百灵庙时，敌人还在梦中。孙长胜以骑二师第三团与第三十五军二一一旅作为主攻部队，负责突破百灵庙东面阵地。伪蒙军凭借山梁居高射击，攻击部队在四个小时后仍未突破伪蒙军阵地。凌晨2时，负责迂回百灵庙以西的骑二师第二团在团长苗镜山的率领下夺取百灵庙飞机场，并烧毁汽油库，使百灵庙内守军陷于混乱，军心涣散。此时，主攻部队乘势发动总攻，第二一一旅四二一团率先突破伪蒙军东面阵地，直插伪蒙军第七师师部。守敌师长穆克登宝与日军派驻百灵庙之特务机关长盛岛角芳等人仓皇乘汽车逃跑。而庙内守军见指挥官逃跑，也纷纷向北逃窜。5时许，傅军收复百灵庙。是役击毙伪蒙军七百余人，俘虏三百余人。傅军仅伤亡三百余人。

在百灵庙惨败的伪蒙军第七师退往锡拉木楞庙（亦称大庙），与驻在大庙的"大汉义军"第一旅、第四旅会合，准备重整军力，向百灵庙反扑。12月3日凌晨，

奇袭百灵庙的第三十五军将士

"大汉义军"三千余人在副司令雷中田的率领下向百灵庙发起反扑。守在庙内的第三十五军二一一旅四二一团奋起反击,在坚持了十五个小时后,得到了第二一一旅的增援,四三一团与三一一旅里外夹击,于12月4日9时大败伪军,迫使伪军再次退回锡拉木楞庙。是役歼灭"大汉义军"五百余人,俘虏两百余人,缴获的军用物资堆积如山;并争取了伪蒙军石玉山、金宪章反正,两部在反正前将该部的日本指挥官小滨大佐等人全部处决。日伪军进攻绥远的行动完全失败,是为"百灵庙大捷"。著名新闻记者范长江评价绥远抗战是"不平常的战役,揭开民族历史上的新页"。

绥远抗战的胜利,是国民政府驻绥部队抗击以日本人为顾问,以伪军为主力,旨在保卫国土、收复失地而取得圆满胜利的一次战役。经过二十七天的战斗,不仅消灭了以王英为首的"大汉义军",同时重创了伪蒙军第七师;不仅沉重打

傅作义与参加百灵庙战役的将士合影

击了以德王为首的伪蒙政权与日军，也推动了全国抗日救亡运动的发展。

转战察哈尔　血战忻口

1937年7月7日，日军发起"卢沟桥事变"，驻宛平城的第二十九军奋起抗击，全面抗战爆发。此时，第三十五军辖二一八、二一一两个旅，旅长为董其武、孙兰峰；军直属炮兵第二十一团（团长李伯庆）、第二十九团（团长张潜）；一个交通团，有汽车数十辆，团长温永栋；一个国民兵司令部，司令袁庆曾，辖六个团。还有收复百灵庙时反正的伪军（待整编）金宪章师王子修、安华亭旅、石玉山骑兵旅等。

8月10日，第三十五军奉命"迅发所部，以复察北，以固张围"，由绥远东进抗敌。10月4日，傅作义被任命为第七集团军总司令，下辖傅自兼军长的第三十五军、防卫平绥路东段的汤恩伯的第十三军、陈长捷的第七十二师、马延守的独立第七旅、刘汝明的第一四三师、李服膺的第六十一军、中央军门炳岳的骑兵第六师、晋军赵承绶的骑兵第一军等。这时，日军在侵占平津之后，向南口和察哈尔进犯，汤恩伯的第十三军正在南口布阵御敌，察哈尔的刘汝明对日军抱有幻想，没有备战。为了增援张家口和南口友军，傅作义亲率孙兰峰部开赴平绥路东段作战，傅将总司令部设在铁甲车上，巡行于柴沟堡与沙城之间，指挥战斗。为援应南口的汤恩伯，傅将三十五军的部队分为两路，一路从二一一旅和二一八旅各抽一团，沿平绥路开往张家口以西孔家庄、柴沟堡至大同一线，接应平绥路东段的部队；另一路以董其武的第二一八旅的第四三五、第四三六两个团突袭察哈尔省的商都、宝昌，在收复商都、宝昌后，驰援在张北作战的刘汝明第一四三师。同时以第二一一旅的第四一九、第四二二团开赴察东，策应在南口作战的汤恩伯第十三军。

商都为察哈尔省北部重镇，驻有日军一个步兵小队、一个宪兵小队，伪蒙军第二师第三团井得泉部；宝昌驻有伪蒙军第二师第二团朱恩五部。两地驻军共两千余人。第二一八旅旅长董其武受命后率领所部昼伏夜行，于8月13日抵达商都外围，并预定第四三六团以偷袭方式一举收复商都。不料，在第二天凌晨3时发起偷袭时，被城防伪军发觉，遭到失败，当场伤亡四三六团团附王兴以下七十余人。团长李作栋见偷袭失败，便改为强攻，经过两次突击，虽曾一度突入城内，终因损失过重又退出城外。旅长董其武见状，便命第四三六团残部在城西进行佯攻，改以第四三五团为主攻。第四三五团受命后以一个营迂回城东南，一个营绕行城东北，于正午12时同时发起攻击。经过三个小时战斗，日军开始动摇，首先打开东门逃跑。此时担任防守的伪军团长井德泉见日军逃跑，也率领余部突围，商都遂被占领。商都一役，伪蒙军伤亡三百三十余人，被俘五十余人，日军被俘三人（含中尉一名）。傅部伤亡两百余人。

当商都激战正酣时，宝昌伪军在第四三六团一个营的攻击下，只对天放空枪，随即弃城逃跑。伪蒙军副总司令李守信得知宝昌失守，以伪蒙第一师附第四师一部以及日军快速大队增援商都，但行进到尚义地区，遭到国军骑兵第二师、骑兵第七师、新编第五旅、新编第六旅等部的阻击。宝昌的伪蒙军溃逃出城，即与增援的伪蒙军会合后逃往张北，国军骑兵第七师乘势收复宝昌。

在第二一八旅在商都获得胜利的同时，第三十五军另一路的第二一一旅两个团在旅长孙兰峰的率领下收复柴沟堡，随后通过张家口进驻下花园地区，掩护在南口作战的友军后方。由于第一四三师师长兼察哈尔省主席刘汝明不敢与日军作战，致使日军察哈尔派遣兵团（指挥官东条英机，辖三个混成旅团）入察增援，第一四三师不战自败，张北失陷，察哈尔省首府张家口受到严重威胁。第二一一旅于是紧急开赴张家口以西，会同收复商都向张家口驰援的第二一八旅先头部队在万全南山一带构筑工事阻击，并准备与李服膺的第六十一军、第一四三师等部在张家口西北地区以三面合围的方式夹击日军察哈尔派遣兵团。

8月24日，正当第二一一旅与第二一八旅构筑工事之时，日军发动了进攻。二一一旅仓促反击，阵地不久即被突破。此时第六十一军在谷口方向受挫，刘汝明的第一四三师已有放弃张家口之意，三面夹击日军已不可能。于是第二一一、第二一八两个旅放弃反击，此次作战伤亡官兵百余人，该部撤退到柴沟堡，与骑兵第一军协同构筑第二道防线，继而撤入绥远。8月27日，察省首府张家口沦陷。日军在占领张家口后，傅作义以留驻山西大同之第二一一旅四二一团进驻孔家庄，第二一八旅四二〇团留守柴沟堡，以掩护第三十五军主力后撤。当日军兵分两路向察西侵犯时，这两个团各据要点，阻击日军。三十五军主力撤出察省后即分别撤向大同军部驻地，第三十五军在察哈尔的抗战至此结束。

日军夺取察西后继而侵犯晋北门户天镇，由于李服膺的第六十一军作战不力，天镇失守，晋北洞开。第二战区司令长官阎锡山深感山西驻军之不足，急令绥远部队入晋增援。第三十五军在大同稍事休整后即开赴平型关阻击日军，其中第二一一旅配属第六十一军，第二一八旅支援第七十二师，分别由第六十一军军长陈长捷、第七十二师师长王靖国指挥。这两个旅由于参战较晚，仅第二一八旅在六郎城一带与日军有过短暂接触。平型关弃守时，第三十五军奉命掩护主力部队后撤，任务完成后逐次集中于忻县，加入第二战区在忻口地区的作战序列。

在忻口作战中，第三十五军作为预备兵团，总司令傅作义将部队控置于定襄、忻县一带，策应各方。其中第二一一旅主力作为中央守备区的预备队使用，第二一八旅作为中央守备区的机动部队使用。

10月13日，日军步兵配战车、火炮、飞机，向忻口中央兵团阵地多次发起攻击。中国守军沉着应战，予日军以打击，但因兵力火力悬殊，正面南怀化沿云中河工事被毁，守军伤亡殆尽，援军未到，使得敌军得以乘机渡河，突破守军阵地。中央兵团郝梦龄（第九军军长）遂以第二十一师李仙洲部之第一二五团、一二四团堵截。

此时左翼兵团阎庄附近之敌已增至三千余人，将阵地突破；敌另一部六百余，向盟誊村攻击，被守军击退。17时许，守军右翼兵团方面发现敌九百余，由桃园渡滹沱河向东西荣华村前进，第六十一军派兵一团迎击该敌。当日左、右两集团军及骑兵部队继续向敌后袭击，各路均有斩获，右集团军于拂晓前袭占平型关。

第十四集团军总司令卫立煌与预备集团军（第七集团军）总司令傅作义判断，当面之敌在昨今两日猛攻受挫后，损失惨重，势必整顿态势并请求增援，方可再行攻击。为乘机转移攻势，歼灭当面之敌，卫立煌于13日12时电呈阎锡山，请准以预备军一部由中央地区出击。阎锡山为使守军主力部队作战容易，令左、右两集团军积极向敌后活动，破坏并阻止敌人的增援。与此同时，阎锡山将左集团军之第六十八师（即独立第八旅）孟宪吉部、第七十一师郭宗汾部并入中央集团军序列。

根据阎锡山的部署，傅作义总司令令第三十五军、第六十一军向界河铺推进，准备出击。

14日凌晨2时，夜深人静，守军发动攻击。第二一八旅向弓家庄之敌猛攻时，敌兵一千余向右侧后中央集团军第九军第五十四师之第一六一旅攻击，第一六一旅奋勇抵抗，但渐感不支。第二一八旅旅长董其武得知后，立即抽调李作栋的第四三六团增援第一六一旅。同时，董其武督率李思温四二〇团继续向弓家庄之敌猛攻，于早7时夺回弓家庄。8时，敌机四十五架、战车十辆、炮二十余门、步兵一千余，协同向下王庄亘弓家庄之线反攻，敌连续猛攻四次，董其武旅长身负重伤。该旅官兵在敌第四次反攻顿挫之际，乘势冲锋，将其完全击溃。19时，第二一七旅到达下王庄待命。此时，第二一一旅旅长孙兰峰奉命赶赴旧河北村，接替负伤的第二一八旅旅长董其武继续指挥作战。10月18日，旅长孙兰峰组织兵力发动二次进攻，终于将据守老爷庙的日军全部歼灭。同时，第四三六团将增援旧河北村之伪蒙军击退。10月19日，第二一八旅奉命回忻口金山铺附近休整。第二一八旅渡河作战三天，捣毁日军第二十一联队前线指挥所，歼灭日伪军七百余人，俘虏日军中尉以下官兵五人。第二一八旅是役伤亡一千余人。

第二一八旅捣毁日军第二十一联队前线指挥所后，临时指挥第二一八旅的第二一一旅旅长孙兰峰立即赶回忻口，指挥由麻会镇前往忻口的预备队第二一一旅四二二团，配合第二十一师六十三旅、第一七七师五二九旅等部在红沟地区阻击日军。第四二二团赶至红沟后与日军反复冲杀，友军防守之小红沟阵地数度易手，皆在第四二二团的支援下被夺回。日军久攻不下，士气受挫，两次被迫暂停攻击，等待援军。

10月20日，晋东之娘子关战场告急，阎锡山急令第三十五军迅速由忻口撤出战斗，开赴太原布防，以增加太原城防力量。命令下达后，傅作义以在忻县休整之第二一八旅于10月23日先行开赴太原。10月26日，娘子关失守。11月2日，忻口守军全线撤退，第二一一旅各团也相继撤往太原。忻口于11月3日沦陷，通往太原的北部门户大开。

三十五军在平型关、忻口作战时，留驻绥远的部队还有第四二一团、第四三五团以及六个国民兵团及新五旅、新六旅等部，这些部队分别部署在归绥、包头、集宁、丰镇等要点，兵力极为单薄。9月12日，日军攻占丰镇，丰镇守将绥远省国民兵绥东分区司令张成义阵亡，第一团团长马逢辰仅以身免。丰镇失守后，日军集中兵力进攻集宁。集宁守军由第三十五军副军长曾延毅指挥，所属有第四三五团、国民兵第二团和炮兵第二十九团，在坚持两天后奉令撤往太原，归绥遂告沦陷。由集宁、归绥入晋的第四二一团、第四三五团在撤抵太原后归还第三十五军建制，三个跟随撤退来太原的国民兵团则分别补充第三十五军其余四个团战斗缺额。就是这些部队，构成了防守太原的中坚力量。

忻口失守后，第二战区于11月3日召开会议，制订保卫太原城的作战计划。会议决定傅作义指挥第三十五军以及配属部队担负太原城防任务。守城部队先后于11月4日、5日进入城内，傅作义下令封闭城门、构筑与加强城防工事，并部署了守城兵力：以第三十五军所属两个旅以及新编第一团防守城东、北门，以独立第一旅守备西城，以第一〇一师二一三旅守备南城，第七十三师守备城东至城南间地区，炮兵分别配属各团，独立第八旅一个营作为预备队，太原城中央配置炮垒大队，分别在指定地点安置炮位。

11月5日，日军第五师团逼近太原城郊，并在城东、城北发动进攻，遭到第二一一旅、第二一八旅反击，日军攻势受挫。7日，日军第一〇九师团第三十一旅团进至太原城南发动进攻，守军第二一三旅以及第七十三师一部虽奋起抗击，但是因伤亡过重，陆续撤入城内抵抗。11月8日晨，日军第五师团集中步、炮火力，再次于城东、城北发起猛烈攻击，至上午9时，日军轰炸机将城东、城北两面城墙轰开十余处缺口，日军步兵乘势突入。第三十五军立即投入预备队与日军展开巷战，并逐次将攻入城内之日军赶出。战至下午4时，仅剩城东北角一处为日军控制，日军增加兵力，再次突入市区。防守该处的第二一一旅四一九团经两个小时争夺，团长袁庆荣负伤，营长以下伤亡八百余人，已无力将日军赶出城外。

城内激战正酣时，太原戒严司令兼第三十五军副军长曾延毅协同太原司令部参谋长郗莘田竟然私自由城西逃跑，随后稽查处处长马秉仁也乘坐其装甲列车脱逃。于是城内盛传"傅军长（傅、副同音）临阵脱逃"的话语，顿时人心大乱，城南、城西守军纷纷出城逃跑，太原仅剩城东、城北市区仍与日军进行巷战。曾延毅为傅作义保定军校的校友，在涿州守城时曾为傅部的炮兵团长。1928年至1930年傅任天津警备司令时，曾延毅为天津公安局长，搂了不少钱，成为富翁。1930年傅任绥远省主席兼三十五军军长，曾为第二一八旅旅长。傅作义常常对部下说："军人不能有钱，有了钱就怕死！"曾的行为应验了傅的这句话。傅了解此人，因此在百灵庙战役后调曾为副军长，实际上是将他搁置起来。曾延毅等临阵脱逃，扰乱了军心，动摇了士气。日军破城后，一路攻至太原守备司令部门口，警卫连拼死抵抗，暂时阻止住了日军的攻势。鉴于城内军心动摇，部队纷纷溃逃，傅作义只得于11月8日晚9时发布弃城命令，第二一一旅与第二一八旅残部由大南门突围，经汾河桥向古交镇撤退，太原仅守了四天即告沦陷。

柳林整编　转战绥南

第三十五军以及余部撤出太原后，于11月中旬绕道晋西中阳，进入石楼、柳林一带休整。12月初，三十五军在柳林地区奉第二战区司令长官部的命令开始整编。具体整编方法是将已撤销的第一〇一师番号给第三十五军，另外将第七十三师、第二一三旅拨隶第三十五军序列，独立第七旅、新编第一团并入第三十五军。其中，原第七十三师缩编为第一九七旅，以第三十五军二一一旅编入；第三十五军二一八旅与独立第七旅、新编第一团合编为第一〇一师。整编后的第三十五军官兵达一万七千余人，经过三个月的整训，实力大为增强。同时，已经是第七集团军总司令的傅作义被军事委员会任命为第二战区北路军总司令。

此时的三十五军作战序列如下：

第三十五军，军长傅作义，副军长陈炳谦、马延守，参谋长张濯清。

第七十三师，师长刘奉滨，副师长杨维垣，参谋长刘万春。辖两旅四团：第一九七旅，旅长王思田，下辖第三九三团，团长高倬之；第三九四团，团长王赞臣。第二一一旅，旅长孙兰峰，下辖第四二一团，团长刘景新；第四二二团，团长王雷震。

第一〇一师，师长董其武，副师长吉文蔚，参谋长张征复。辖两旅四团：第二一三旅，旅长阎应禧，下辖第四二五团，团长李作栋；第四二六团，团长郑海楼。第二一八旅，旅长姚骊祥，下辖第四三五团，团长李思温；第四三六团，团长郭景云。

部队整编后，曾经以师、旅为单位袭击日军占领的离石、文水和大武镇等地，战斗规模都不大。

1938年2月底，日军由太原经交城、文水向南进犯，驻临汾的第二战区司令长官部受到威胁。为了牵制日军，使战区司令长官部顺利转移至安全地区，第三十五军于3月6日以第七十三师二一一旅、第一〇一师二一三旅主动出击，先后收复离石、大武两地，歼灭日伪军八百余人，顺利掩护司令长官部转移。3月下旬又主动发起绥南战役，试图收复归绥。

4月23日，第一〇一师与第七十三师二一一旅于清水河地区发动突袭，跃进数百里，接连攻克绥南城镇数个据点，进抵距归绥不足二十公里的地方。由于第二一八旅四二〇团第三营营长邵得禄贪生怕死，未能侧击日军，以致日军由大同、张家口驰援部队前后夹击第一〇一师，迫使该师转攻为守，收复归绥的计划没能实现。5月初，日军在得到雁北、包头两地援军的增援后，开始对第三十五军实行反击。第三十五军在清水河地区激战四个多小时，成功将日伪军击溃，歼敌七百余人。绥南一役，第三十五军歼灭日伪军两千余人，缴获大量武器弹药、军用物资，虽然此战未能收复归绥，但是给予日伪军有力打击，有效地牵制了华北日军，支援了友军在鲁南台儿庄等地的作战。

绥南战役后，傅部在河曲检讨战役得失，奖功罚过。对贻误战机的营长邵得禄按军法处决，团长李思温、旅长姚骊祥予以撤职，师长董其武撤职留任。对立有战功的郭景云、安春山、张进修等予以嘉奖。安春山、王建业升任团长。

1938年夏，第三十五军驻在晋西北的河曲、保德、偏关地区整训，傅作义的北路军总司令部与第三十五军军部驻在河曲。傅开办战时训练团，轮训部队的各级军官，充实战斗力，部队建立了政治工作制度。总部设政治指导室，由周北峰（留法时加入中国共产党）负责；军设政治部，由周钧负责；师旅团设政治工作室；连设指导员。第七十三师政治部主任为王庆曾（地下党员），第一〇一师政治部主任为康保安，第二一一旅政治部主任为张耀华（西安招来的大学生）。各团政治部主任及连指导员，均是由西安招来或由延安请来的高中、大学毕业生和共产党员。该军佩戴的臂章不是国民党军队统一颁发的白底蓝字臂章，而是自制的红底黑字的长方小布条。傅作义还参照八路军的"三大纪律八项注意"，制订了三十五军的"十项纪律"。由于进行了政治工作，特别是实行了国共合作的政策，部队的精神面貌为之一变，到处歌声不断，军民关系融洽。部队通过训练，加强了政治工作，补充了作战造成的缺额，很快恢复元气，呈现出兵强马壮、斗志昂扬的新气象。傅部的变化，引起蒋介石等人的不满。阎锡山说："傅宜生把队伍带得赤化了。"蒋介石说："三十五军已成为七路半了。"

同年下半年，第二战区见军事形势稳定，阎锡山借口军委会通令全国军队撤销旅一级番号，重新对部队进行了改编。改编后的第三十五军辖两个师一个独立旅：第七十三师，师长刘奉滨，副师长杨维垣，参谋长高倬之，辖第三九三团（团长王希明）、第四二二团（团长王雷震）、第四二六团（团长郑海楼）；第一〇一师，师长董其武，参谋长张晋咸，辖第三九四团（团长王赞臣）、第四二五团（团长李作栋）、第四二六团（团长郭景云）；独立第二一一旅，旅长孙兰峰，参谋长孟昭第，辖四二〇团（团长安春山）、第四二一团（团长刘景新）、新十团（团长杨新钊）。这一次整编将各师的旅级建制取消，每师三团，原属第七十三师的第二一一旅改为独立旅，撤销了四个师属旅，增加了一个团，共九个团。

傅作义在晋军将领中以勇毅善战扬名中外，为阎锡山屡建战功。但阎历来对傅作义既疑忌又歧视，傅总受到不应有的压制。阎生于晋西北五台县，傅为晋东南临猗人。阎用人地域偏见很浓，一般重用晋北人，尤其是五台县的小同乡，阎直辖的四个集团军总司令除了傅作义外，杨爱源、赵承绶、王靖国均为五台人，所以当时盛传"能讲五台话，就把洋刀挎"。在阎锡山麾下立过大功的商震、徐永昌都因与阎非亲非故而被排挤出山西。抗战开始后，阎锡山对三十五军不但不给补充武器弹药，就连薪饷被服亦扣压不发，而且曾将三十五军划归杨爱源指挥。对此，傅作义恼在心里，但从不表露，一直在寻找机会、创造条件脱离阎的控制。他一方面对阎削弱他的举措采取软拒硬抗；另一方面，则通过各种渠道与蒋介石拉关系，争取早日脱离阎锡山第二战区的指挥。

1938年冬，傅作义参加了由蒋介石主持、西北地区各战区司令长官与集团军总司令参加的武功军事会议，会议期间，蒋介石决定提升傅为第八战区副司令长官，仍兼绥远省主席，指定在绥西河套的五原县设立副司令长官部。并对第三十五军进行扩编，该军除原所辖各部外，还扩编了新编第三十一、三十二两个师，并赋予傅统一指挥所有驻绥远部队和晋陕绥边区邓宝珊总司令部所辖军队的权力。

1938年12月，傅作义率三十五军进入绥西。对此阎锡山既无办法，又于心不甘，在三十五军向绥远开拔时，阎令原属三十五军的第七十三师、新编第六旅、炮兵第二十五团在原地待命，由王靖国集团军指挥。但是第七十三师所属第四二二团、第四二六团一个营与炮兵第二十五团以及新编第六旅，没有执行阎锡山的命令，主动跟随傅进入绥西。他们跟随傅作义征战多年，建立了感情。傅作义终于脱离了阎锡山的节制，能独立指挥第三十五军等部队，并按照自己的理念建设部队了。

绥西整训　奇袭包头

1939年3月，第三十五军进入绥西河套地区，傅作义在五原组建副司令长官部，正式就任第八战区副司令长官。同年6月，傅作义将跟随入绥的部队与驻绥部队重新整编，以第二一一旅四二〇团与第七十三师四二二团改编为新编第三十一师，以第二一一旅四二一团、新编第十团改编为新编第三十二师，又将第三十五军骑兵大队扩编为骑兵团。在编制上取消旅一级，师辖三团。傅作义入驻河套后，即以此为根据地，建设绥西，励精图治，整军经武，开始其独立发展的道路。此时的三十五军作战序列如下：

第三十五军，军长傅作义，副军长陈炳谦，参谋长张濯清。

第一〇一师，师长董其武，副师长杨维垣、李思温，参谋长张晋咸。辖第三〇一团，团长王建业；第三〇二团，团长郭景云；第三〇三团，团长王赞臣（后改为宋海潮）。

新编第三十一师，师长孙兰峰，副师长王雷震、阎家屿，参谋长孟昭第。辖第九十一团，团长刘景新；第九十二团，团长郁传义；第九十三团，团长安春山。

新编第三十二师，师长袁庆荣，副师长李作栋，参谋长不详。辖第九十四团，团长杨新钊（后为鲁乐山）；第九十五团，团长张世珍；第九十六团，团长黄纯烈。

军直骑兵团，团长刘春方。

炮兵第二十五团，团长刘振蘅。

傅作义率三十五军进入绥西后，即建立带有预备役性质的军事组织——绥远游击军，以配合正规军作战；并组织了绥远的新兴政治力量——绥远省动员委员会，动员民众，配合军队抗战。为了提高军民的军政素质，傅作义开办了"抗战建国讨论会"，在军队方面，军官从师长、旅长、团长到营长、连长、排长；政工人员，从师、旅、团政治主任到连指导员；行政方面，从省政府厅长、处长到县长、区长、乡长，轮流参加学习、训练，目的在于"军政民一体，团结一切力量，坚持抗战，争取胜利"。在军事方面，由新三十二师师长袁庆荣负责，认真总结抗战以来的经验教训，按照敌我具体情况，找出一套切合实际的新战法以制敌，而不被敌所制。具体的内容是：在进攻中，如何加强各兵种（主要是步、炮、工、通）和步兵联合作战，特别是步、炮联合作战；怎样奇袭敌人，由于敌强我弱，以前白天进攻损失大收获小，为此，须利用黑夜悄悄接近敌人，乘敌睡意蒙胧之际突然发起进攻，使敌措手不及，要猛插分割，分块吃掉敌人；怎样进行攻点截援、攻点打援的战法；怎样进行掏心战术，即组织一支精锐突击部队，在其他部队协同牵制下，勇猛插入敌阵心脏，先摧毁敌指挥中枢，切断敌通信联络，致敌指挥失灵，全线动摇，然后割裂围歼；在防御中，吸取过去被动挨打，结果人、地俱失的惨痛教训，改为积极防御，从而保存自己，最大限度地歼灭敌人。以上几种战法，时而单独教练，时而互相配合，然后展开大规模联合作战。同时还侧重研究和讨论及实施演习，诸如"攻必克""守必固""围城打援""正顶侧打""软顶硬行""扔开一路专打一路"等对日伪军作战的新法。在训练与演习中，傅作义亲自观察，发现问题及时纠正，演练结束后，傅进行详细总结，使参加演练的学员记得牢、用得活，收效极大。这些为日后对日伪军作战打牢了思想理论基础。

1939年9月，由蒋介石派来的政治部主任张彝鼎在傅的副司令长官部设立政治部。不久，胡宗南的中央军校第七分校十六期毕业生四百多人和战干团的学生数十名也来到傅部。但傅作义对他已安排的师、团政治部主任和连指导员等政工干部不许更动，对以前由延安和西安招来的政治工作人员，凡愿留在军中继续工作者，保证其安全；不愿留者，保证安全送到目的地。从此，傅部军中空气为之一变，原来的朝气也减色不少。

随着第二次世界大战的爆发，国际局势也发生了巨大变化。蒋介石在1939年10月29日召开的南岳第二次军事会议中指出，"我国的抗战局势，已临到胜利的一个大转机"。为此，国民政府军事委员会决定于1939年底对日军发动全国规模的冬季大反攻。傅作义所在的第八战区的任务是牵制驻察绥之日军并策应第二战区的对日攻势。

第三十五军在冬季攻势中的作战任务是攻击日军骑兵集团司令部所在地——包头。包头是塞外重镇之一，南邻黄河，是当时平绥路的终点站，也是日军控制绥西并与归绥互为依托的枢纽。日军构有坚固的防御工事，驻有一个骑兵集团，集团长为小岛吉藏中将。下辖熊川长致的骑炮兵联队、一个骑兵中队、独立战车队、速射炮部队等万人左右。外围据点由日伪军驻守。它是敌人赖以西犯的主要军事基地，它的存在，威胁绥西、宁夏。鉴于种种情况，傅作义决定对包头采取远程奔袭，掏心与攻点、截援、打援相结合的办法。傅为麻痹敌人、扰乱敌人的注意力，命董其武于北起狼山南麓经乌梁素海至西山咀一线与敌对峙，舞锹挥镐，大举构筑工事，造成据壕固守、无进攻意图的假象；又在副司令长官部唱戏演剧庆贺新年，造成歌舞升平的假象。同时，暗中将大批粮秣弹药埋藏隐蔽，并发动群众支援前线。

12月中旬，傅作义下达了攻打包头的命令，其兵力部署与作战任务为：

骑兵第六军军长门炳岳指挥骑兵第七师（门兼师长）在进攻包头战斗打响时，切断包头以东萨拉齐铁路，破坏桥梁，阻敌援包；

令孙兰峰新三十一师附五临警备旅于霖瑞团和一个山炮营为主攻部队，避开途中敌据点奔袭包头，并组织一个强有力的突击团，利用掏心战术，直捣敌指挥中枢，围歼敌人。

董其武的第一〇一师为总预备队，以一部监视固阳、安北回援包头之敌，并就地歼灭。

令袁庆荣新三十二师截击从安北、固阳方面前来增援包头之敌，并掩护孙兰峰部攻城。宁夏部队马腾蛟师在乌镇一带守备后套。

傅作义要求各部要以迅雷不及掩耳之势，乘夜猛击敌人，攻占包头。

各部队于15日开始向包头运动，于20日到达指定位置。12月20日夜，攻城部队冒着-30℃的寒风越过结冰的城壕，架设云梯登城。这时城内三十五军的情报人员早已做好伪军的策反工作，安春山团的一个营由伪军带领迅速全歼西北门的日军，并打开城门迎接于霖瑞团入城，与敌短兵相接，进行巷战。由于城内日军倚仗街头所筑的碉堡顽强抵抗，部队进展甚为不利。其后新三十一师副师长王雷震亲临指挥，第九十二团、第九十三团亦相继投入战斗，仍未能将城内日军全部消灭，被迫与日军形成对峙态势。

此时位于张家口的日军驻蒙军司令官冈部直三郎获悉包头被围，急令驻萨拉齐的骑兵第一旅团（旅团长片桐茂）、驻固阳的骑兵第十三联队（联队长小原一明）和驻安北的骑兵第十四联队（联队长小林一男），以及驻绥的伪蒙军驰援包头。骑兵第一旅团于20日下午4时抵达包头，增援城内守军。日军骑兵第十三联队与骑兵第十四联队在增援途中遭到第一〇一师与新编第三十二师伏击，损失大半，被迫回撤，其中骑兵第十四联队联队长小林一男大佐为新三十二师击毙，骑兵第十三联队联队长小原一明重伤，在逃回固阳后身亡。

日军骑兵第一旅团赶至包头后，于12月21日下午会同城内守军向新三十一师发动反扑，并突破新三十一师九十二团阵地，直攻新三十一师师部驻地黄草坝，迫使新三十一师师部后撤。此时新三十二师、第一〇一师陆续赶至包头向日军反攻，而奉命出城的熊川讨伐队与增援的伪蒙军亦于此时赶至包头，双方即在包头城内城外展开混战。战至深夜，双方军队停止战斗，呈相持状态。

12月22日晨，日军骑兵第一旅团旅团长片桐茂率领六个步兵中队、三个骑兵中队、战车队以及炮兵向城内外的第三十五军发动总攻。第一〇一师、新三十一师、新三十二师与五临警备旅一个团同时与日军展开激烈战斗。战至下午，挫败日军攻势，战场又进入沉寂状态。鉴于日伪军援军仍不断赶至，包头虽未能收复，然已歼灭大量日伪军，傅作义决定撤军，部队按照新三十一师、五临警备旅第一团、第一〇一师、新三十二师的顺序互相掩护，于24日撤至中滩地区布防。

包头战役，历时三天四夜，经过鏖战，毙日军联队长小林一男大佐及以下军官二十余人，毙伤日伪军三千余人，击毁日军汽车六十余辆，战车四辆，炸毁军火库一座，缴获各种武器、军需品甚多。重要的是这次战役有力地配合了其他战场的作战，在战略上起到了巨大作用。第三十五军是役伤亡两千余人，新三十一师师部在日军进攻时，因撤退不及，损失山炮四门。

五原大捷　部队扩编

第三十五军进攻包头虽告失利，但这次行动给日军以极大震动，他们没有料到傅作义有实力对日军展开攻势。于是，驻蒙军于1940年1月15日制定了旨在歼灭傅作义集团的"八号作战"。1月25日，日军驻蒙军司令官冈部直三郎以黑田重德的第二十六师团、小岛吉藏的骑兵集团、王英的"绥西自治联军"和伪蒙军三个师在包头集中，并决定于1月28日向第八战区副司令长官部驻地五原发动攻势。

包头战役后，傅作义判断日军必定前来报复，预先采取了措施：以驻绥主力部队于有利地区，待敌深入，两面夹击，一举歼灭黑田于运动中，其他部队势必不打自退。如不能取胜，立即改变方式，隐蔽主力，以小部队采取分区游击，阻击困扰，使其大量消耗，无法立足。让敌不得好来，不得好走。

具体部署是：

门炳岳的骑兵第七师、新骑四师在西山咀马七渡口地区，阻击由前山西犯之敌，迟滞前进后，转移至黄河右岸，威胁敌之左侧；以宁夏八十一军的马腾蛟师和马彦骑兵旅，利用乌不浪口、乌镇之阵地，阻击由后山进犯之敌，然后转入狼山，威胁敌之侧后；第三十五军各师集结于五原西北的万和长，五原以北的折桂乡，五原东北的四头牛圪旦地区，待敌闯入袋形阵地，全力猛烈攻击，将其消灭在运动中；三十五军各师所有政工人员全部更换便衣，协助地方政府和动委会干部侦察敌情，鼓舞斗志，安定人心，在敌后造成军事、政治、经济上的困难，使其不能在河套立足。

正如傅作义所料，日军于1月31日由包头倾巢西犯。首先与之交战的第八十一军、骑兵第六军等部，在与敌交手后，于2月1日、2日分别放弃阵地退入山区游击。在第三十五军方面，最先与日军交战的是孙兰峰指挥的新三十一师。这个师所属三个团在2月2日分别在乌拉壕、万和长与日军发生战斗。2月3日凌晨，新三十一师在歼敌百余人后撤入狼山开展游击。第一〇一师与新三十二师于2月2日在折桂、四头牛圪旦与日军遭遇，利用既设工事阻击日军，并数次击退日军的进攻。入夜后，这两个师分别撤入狼山。2月3日，日军占领了已无驻军的五原城，随后向西，相继占领了临河、陕坝等处。

日军接连突破绥西军队的防线，并且连占三城，以为傅作义的主力被歼，残部已无力反击，于是驻蒙军司令官冈部直三郎决定将攻入绥西的日军主力调回华北休整，仅留日军一个步炮混成联队、王英的"绥西自治联军"和由伪蒙军参谋长乌古廷指挥的三个伪蒙师，加上日本宪兵队、特务队等，总共一万五千人驻防绥西，由水川中将、大桥大佐、特务机关长桑原中佐指挥。为了掠夺河套资源，调来日籍行政人员和技术人员二三百人，准备开采狼山矿产，妄图久据河套，达到"以华制华，以战养战"的目的。

傅作义获悉日军主力东撤后，立即集中第三十五军主力一举收复陕坝，迫使伪蒙军自动放弃临河，向五原收缩。

傅作义决心利用黄河及河套地区水渠将要开冻之机反攻五原，将日军驱逐出河套地区。在打法上，先扫除五原外围之敌，拔除小据点，扩大占领区，并打击敢于外出串扰之敌。在进攻时间上，确定乘夜突击猛插，在夜幕中，发挥部队熟悉五原城的优势，用掏心战术直插敌人心脏，主力部队随之涌入城内，分点围歼，不使敌人有喘息的机会。

3月18日，傅作义下达了作战命令，部队的部署为：

孙兰峰的新三十一师攻五原旧城，袁庆荣师攻五原新城。董其武师先歼灭梅令庙之敌，即到贾粉坊圪旦破坏乌加河桥，准备阻击包头、安北、固阳增援之敌；新六旅将五原以西四十华里老杨圪旦附近乌拉壕堤坝爆破放水，在原地侧击东来增援之敌；游击军、新五旅进至西山咀、马七渡口地区，阻击由前山增援之敌，并防范由五原溃退之敌；新骑四师向南牛犋之敌进击；李作栋的第三游击支队向蛮可素及郝近桥之敌进击。各部队在进攻时注意争取伪军放下武器，对顽抗之敌力求全歼；五原、安北两个县政府组织好民众，配合做好"放水阻援"和敌后活动及情报工作。

3月19日，参战各部开始行动，抵达各自指定位置。由新三十一师九十三团团长安春山率领的突击队昼伏夜行，进至五原新城外壕。21日凌晨1时，突击队成功绕过伪蒙警备队对五原新城发起了进攻。负责攻击新城的新三十一师与五临警备旅第二团听到城内枪声响起之后发起总攻，经六个小时激战，新三十一师首先突破日军防线，与城内突击队会合，将日军特务机关一举捣毁。五临警备旅第二团团长贾晏如在攻击时阵亡。五原新城战斗打响的同时，袁庆荣率领新三十二师也对五原旧城发动了进攻。但是战斗打响，第九十四团被伪蒙军设在城外补红地区的防线所阻。经四小时激战，始突破补红防线，向城内进击。第九十五团在第一〇一师三〇三团的增援下，于中午时分突破伪蒙军广盛西防线。城内伪蒙军见广盛西防线被突破后，开始向东溃退。新三十二师此役损失惨重，师长袁庆荣受伤，奉命配属九十四团作战的九十五团第二营战后仅剩七人。奉命担负阻击任务的第一〇一师除派遣第三〇三团支援新三十二师作战外，另以第三〇二团配属新六旅破坏城外五加河面之桥梁。

3月22日，由绥东增援五原的敌援军在五加河架设浮桥开始强渡，遭到第一〇一师三〇二团与新六旅全力阻击，第三〇二团占据桥头堡进行阻击，战至22日下午，日军增援部队仍无法突破五加河。而在五原外围与中国军队作战的王英所部见战况不利，遂弃阵逃跑，途中又遭到截击，部队溃散。五原新、旧城内的日伪军残部在得不到援军的情况下于3月22日下午相继被歼，五原被收复。

日军残部在特务机关长桑原荒一郎率领下突围至二驴子附近时为傅军游击队截击，桑原荒一郎被击毙。由五原旧城突围的乌古廷残部突围后与王英伪军残部会合，途中遭到新五旅阻击。由于担负阻击任务的新编第五旅旅长安华亭私自打开缺口，王英、乌古廷残部得以逃脱。

日军在五原失败后，于3月22日发布第四二五号作战命令，并于3月24日发动反扑，遭到第三十五军一〇一师的顽强阻击。该师三〇一团、三〇二团损失惨重，团长王建业、宋海潮相继负伤，营连长阵亡多人，被迫后撤。鉴于一〇一师阻击失败，新三十一师、新三十二师已损失过半，傅作义决定再次放弃五原。3月26日，日军再占五原。3月27日，第三十五军扒开五加河南堤，引水淹没五加河至五原公路，使日军陷入泥沼之中。加之此时的五原已是空城一座，日军缺乏汉奸引导，补给中断，被迫放弃五原，撤出河套。傅军乘势再次收复五原。

第三十五军与友军各部从1939年12月冬季攻势开始，经过四个多月的战斗，大小作战五十七次，终于打败了日伪军，收复了以五原为中心的绥西地区。从此，日军限于兵力不足等诸多因素，再未对绥西发动过大规模攻势。

五原的收复，是抗战以来国民党作战部队第一次收复失地，被誉为"开反攻胜利之先河"。国民政府特电嘉奖，认为五原之捷"不仅保障西北，而且奠定收复失土，驱逐敌寇之基础。在抗战全局上，关键尤为重要，功业彪炳，殊堪矜式"。1940年4月17日，国民政府令"授第八战区副司令长官傅作义青天白日勋章"。

是年6月，经军事委员会批准，第三十五军扩编为三个军，即母军第三十五军、暂编第三军与暂编第四军。第三十五军，军长仍为傅作义，辖第一〇一师、新编第三十一师、新编第三十二师。

暂编第三军，由暂编第十一师、暂编第十七师和新编骑兵第三师编成，军长由新编第三十一师师长孙兰峰升任。暂编第十一师，为百灵庙战役时反正之伪军，当时称为西北人民自卫军第二师，师长王子修。1937年改编为新编第六旅，收复五原后改编为暂编第十一师，在此之前一直在三十五军属下，由傅作义指挥。

暂编第十七师，原系绥远防共自卫团常备队，1937年春改为绥远省国民兵，"七七"事变后改编为三个旅。1938年2月改编为绥远游击军。由于该部在奇袭包头与五原战役中战绩突出，在五原克复后改编为暂编第十七师，王雷震为师长。新编骑兵第三师，1937年由反正的蒙伪军改编而成，并得泉任师长。1938年初第三十五军驻绥远后，隶属于该军。

暂编第四军由暂编第十师、新编骑兵第四师编成，军长由第一〇一师师长董其武升任。暂编第十师原为百灵庙战役时反正的安荣昌部，1937年1月改编为新编第五旅。1938年初第三十五军移驻绥远后，傅作义增编一个补充团。1939年12月改编为暂编第十师，安荣昌为师长。新编骑兵第四师，该师亦为百灵庙战役时反正之蒙伪军，当时傅作义将其改编为骑兵第三旅。1937年9月扩编为新编骑兵第四师，石玉山任师长。

这样，第三十五军在抗战中不仅在绥远站稳了脚跟，还使队伍发展壮大，在国民党军队诸系统中脱颖而出，独树一帜，成为一支有战斗力、有战斗特色的部队。

傅作义再次收复五原后，日军决定对绥西国军采取守而不攻的策略，以使更多的部队东调，投入到中原战场上。日军的这个决定，使得傅作义军事集团在从1940年开始直到1945年抗战胜利的五年中出现了稳定的发展局面。此后三十五军长驻绥省，积极练兵。

1942年，蒋介石为阻隔陕北共产党与傅部的联系，成立了以陈长捷为司令的伊盟守备军总司令部，驻东胜县，指挥门炳岳的骑兵第七师与何文鼎的第二十六师。由于陈长捷属下军纪败坏，造成了军民关系与民族关系的极度紧张，于1943年激起了"伊盟事变"。傅作义亲自到伊盟安慰蒙旗王公，并派三十五军所属新三十一师入境，安抚民众。蒋介石不得不撤销伊盟守备军总司令部，将骑七师调到甘肃，第二十六师调到河套。

在这之后，三十五军除轮流派出团营部队与日伪据点小股敌人进行小规模的作战作为战场练兵外，再无重大战事发生。傅作义于1944年1月18日卸任军长兼职，军长职由骑兵第四军军长董其武接任。董其武1899年11月27日出生于山西省河津县固镇村。早年入阎锡山在太原办的学兵团学习，1923年因与督军府副官发生冲突被开除，于是转入镇嵩军中当排长。然而镇嵩军无异于一支土匪部队，军纪极差，这使董其武失望之极，转投国民二军，在郑思成第九混成旅中从排长做到营长。1926年南下，转入第四军北伐先遣纵队任支队长，北伐结束后转投时任天津警备司令的傅作义，从此在傅氏麾下征战半生，成为傅氏的得力干将。董其武先是被委任为少校参谋，中原大战时调任三十师八十九团副团长。傅作义部从济南撤退时，董其武主动担任奋勇队队长，担负起掩护主力撤退的重任。由于董其武性格稳重，作战有章法，在完成任务之后，还将部队建制完整地带了回来，受到傅作义的赏识，被提拔为第八十九团团长。1936年5月升任第二一八旅旅长，在红格尔图、百灵庙、商都、忻口、太原诸役中，皆奋勇拼杀，立下战功。于1937年12月升任第一〇一师师长，接着率领所部在绥南、包头、绥西、五原各役中再立战功。1940年8月，董其武升任暂编第四军军长，1942年7月暂四军改为骑兵第四军。董其武在军长任内注重于部队的训练，对于官兵生活问题也很重视。董其武担任军长时第三十五军的人事情况为：

军长董其武，副军长刘万春，参谋长李铭鼎。

第一〇一师，师长郭景云，副师长杨维垣，参谋长郭维周。辖第三〇一团、第三〇二团、第三〇三团。

新编第三十一师，师长安春山，副师长王建业，参谋长不详。辖第九十一团、第九十二团、第九十三团。

新编第三十二师，师长袁庆荣，副师长李作栋，参谋长王韵琴。辖第九十四团、第九十五团、第九十六团。

1945年5月，董其武调任傅作义长官部政治部主任兼晋陕绥边区副总司令。军长职由鲁英麐接任。鲁英麐，字锐峰，1895年出生于山西省垣曲县，是傅作义保定军校同学兼老友。鲁英麐并非三十五军的"老人"，他在保定军校毕业后虽然也服务于晋军，却和傅作义分在不同的部队。他先后担任过太原学兵团区队长、营长、团长。北伐时任晋绥军第九师第八旅旅长。中原大战时升任第二十师师长。1934年，入陆军大学特别班第二期学习。1937年8月陆大毕业后任山西省保安副司令及军法副监。1938年2月，任第二战区决死第一纵队纵队长。从经历上看，鲁的官运倒也可算"亨通"。但是在"十二月事变"中，鲁英麐处事迟缓、短于决断的性格，使阎锡山很不满意，最后被阎撤职。无奈中，鲁英麐只得投奔当年的老同学傅作义，被傅委任为第八战区副司令长官部参谋长。鲁英麐到任后，兢兢业业辅佐傅作义，以其出色的参谋才能深得副长官部同僚的称道。当三十五军第二任军长董其武调离后，鲁英麐便接替第三十五军军长的职务，成为该军的第三任军长。

鲁英麐接任军长后第三十五军的人事情况为：

军长鲁英麐，副军长刘万春，参谋长田士吉。

第一〇一师，师长郭景云，副师长卫景林，参谋长郭维周。辖第三〇一团、第三〇二团、第三〇三团。

新编第三十一师，师长安春山，副师长王建业，参谋长不详。辖第九十一团、第九十二团、第九十三团。

新编第三十二师，师长李铭鼎，副师长张世珍，参谋长王韵琴。辖第九十四团、第九十五团、第九十六团。

卷入内战　锋芒毕露

抗日战争胜利之后，傅作义立即派遣部队接收包头、归绥等大型城市，另以东北挺进军总司令马占山率部东进，准备接收张家口，取道察哈尔进军东北。其中三十五军所属的第一〇一师、新三十一师、新三十二师均东进接收。1945年8月，傅作义所部相继占领集宁、丰镇、和林、固阳、托县、清水河；9月，又相继占领兴和、尚义、陶林、凉城、天镇、阳高等县。然而一个现实问题摆在傅作义的面前，这就是八路军晋绥军区部队也在绥远接受日本的投降，占领城镇，双方矛盾不可避免，终于在同年10月爆发了绥包之战。傅部由于兵力过于分散，战役一开始便接连丢失集宁、兴和、卓资、丰镇等城。三十五军的新三十一师九十一团从隆盛庄撤退时遭八路军晋察冀部队围攻，损失近半。在此形势下，傅作义感到兵力分散，有被八路军各个击破的危险，遂命令东进各部队迅速回师，坚守归绥与包头两城。

八路军决定打绥包战役，首先将进攻的矛头指向归绥。傅作义急令第三十五军和暂三军主力向归绥集中，以暂三军的两个师担任归绥城防，三十五军配置在归绥旧城北门外机动，骑兵二、四纵队担任外围防守。双方自11月起在归绥外围展开激烈战斗。新三十二师曾先后向城外毫沁营、坝口子、孔家营子、后八里庄发起进攻以争取主动，八路军也曾在西茶房地区发起集中攻势，但始终未能攻破三十五军阵地，双方处于胶着状态。两个月后，围攻包头的八路军因气候、补给等问题被迫撤围。围攻归绥的八路军见包头作战失利，也撤围而去。傅作义见此情况，立即命令鲁英麐率领三十五军出城追击，八路军向丰镇方向突围而去。

1946年春，蒋介石将三十五军整编为第三十五师，对此傅既不执行也未公布，对外仍称三十五军。是年1月，国共双方签订停战协定，傅作义趁协定生效之前，以三十五军迅速攻取陶林、和林二城。然而和平并没能维持多久，内战于同年6月全面爆发。同年9月，暂三军进攻集宁，被八路军包围于城下，第三十五军奉命出援。八路军方面由于指挥部离战场较远，不明了前方的情况，一天中竟没有组织部队出击，让被围的暂三军有了喘息调整的机会。直至9月12日下午，八路军才再次反击，这时增援的第一〇一师赶到，八路军本应该先打被围的暂三军，再打增援的一〇一师，但前线的八路军指挥部错误地决定先打一〇一师，结果不但打援的计划未完成，歼灭集宁城守军的机会也失去了。13日拂晓，集宁城下的傅军乘八路军主力西进打援之机，夺回了丢失的阵地，并策应一〇一师东进。新编三十一师经过激战，趁烟雾弥漫之际进入城内，整编三十二师、新骑第四师也随第一〇一师来援，八路军处于十分不利的境地，不得不于当晚放弃集宁，退出战斗。

在集宁战役进行的同时，八路军正在围攻晋北的重地大同。防守大同的是阎锡山的部将楚溪春。在八路军的猛烈攻势下，大同岌岌可危。蒋介石见大同危在旦夕，为调动傅的积极性，宣布将雁北的大同地区划归第十二战区，促使傅解围大同，进攻张家口。蒋介石认为在华北除了中央军外，其他部队很难调动。要调动杂牌部队，除非给予地盘或加官晋爵，别无他策。这一手段果然奏效，傅作义立即调动六个师驰援大同，解放军为了避免与傅部拼消耗，主动撤出战斗。

第三十五军在集宁取胜，又解大同之围，傅作义十分得意，他授意新闻处长在《奋斗日报》上发表致毛泽东的公开信，并在电台上广播，说："……被包围、被击溃、被消灭的不是国军，而是你们自夸的所谓参加'二万五千里长征'的贺龙所部、聂荣臻所部……的全部主力……"后朱德总司令将傅作义的这封公开信作为反面教材刊登在《解放日报》上，以激将法激励八路军全军将士。聂荣臻元帅在回忆录中对集宁失利作了十分客观的评价："集宁会战，按当时的情形，我们是相当的危险，很有失败的可能。最后能得到胜利，我认为是一个侥幸……第一〇一师参加战斗之后，共产党犯了一个错误，就是12日晚上，他没有去攻击新编三十一师，我们的情况就相当危险了……"

9月15日，国防部决定第十一、十二两战区东西对进，收复号称"第二红都"、华北唯一被共产党部队占领的省会城市——张家口。在这次战役中，三十五军军长鲁英麐负责指挥新三十二师、暂十七师进至大同佯动，吸引阳高、天镇一带八路军晋绥部队和晋察冀四纵十旅的注意，一〇一师、新三十一师则归董其武指挥，自集宁出发，昼伏夜行，突然出现在张家口正面，使八路军华北部队措手不及。当时解放军晋察冀部队的主力正在平绥铁路东段与第十一战区的进攻部队李文兵团胶着中，张家口卫戍司令部已无兵可用。有鉴于此，聂荣臻急命刚经历集宁战役尚未整补的军区教导旅回援，但是立即被董其武部击溃。聂荣臻见守住张家口已无指望，便下达了撤退的命令。11日下午，先头部队一〇一师进占张家口。傅作义以很小的代价攻占了张家口，事后傅曾对空军第一军区司令徐康良夸口说，出击张家口"只死了一匹战马"。实际上聂荣臻在主动撤围大同的时候，就请示过中共中央军委，必要时放弃张家口，认为张家口是国民党必争之地，"如我军一味固守，国民党必集中优势兵力从东西两面强行进攻。这样，我军将被迫在不利的条件下与优势的国民党军进行决战，就会形成不利于我军的局面，即使付出很大的代价，也是守不住的。如果我们把主要的兵力都纠集在张家口，要守守不住，要走走不脱，后果将不堪设想"。采取了打不赢就走的传统做法。

傅部占领了张家口后，继续向东进，侵占了宣化，并在宣化以东地区与第十一战区的部队会合。这样，傅作义指挥以第三十五军为主力的部队，将其实力由绥远发展到了察哈尔。这也是国民党在内战中的一次重大"胜利"，国民党将这次"胜利"大肆宣扬，将傅作义捧为"天之骄子""中兴之臣"。国民党特发傅部奖金五亿元，并由傅作义兼任察哈尔省主席，将董其武升为绥远省主席，孙兰峰升任第十一兵团司令官。傅作义在国民党里一时红得发紫，脑子顿时膨胀起来，放出狂言：如果共产党打胜了，傅某甘为毛泽东执鞭。傅作义近乎狂妄了。

涞水战役　丢了一块"银子"

傅作义掌握了绥远、察哈尔两省的主导权后，第三十五军驻防在察哈尔省，1946年11月，新三十一师与暂三师、暂十七师对换序列。1947年3月，以一〇一师在新骑四师的配合下向中共雁北根据地进攻，并于5月完全占领雁北地区。12月，傅作义在北平就任华北"剿总"司令，执掌华北军政大权，其控制的地盘由绥、察省扩大到冀、晋与平津，走上了他在国民党中军政生涯的巅峰。

这时的傅作义踌躇满志，亲调其精锐第三十五军开赴河北战场作战。但是，不管是傅作义还是鲁英麐都没想到，这支在集宁、大同、张家口为蒋介石立下战功的傅氏嫡系精锐，初入河北便遭到了歼灭性打击。如果说三十五军在绥远与察哈尔是顺风顺水的话，那么河北是它的滑铁卢，真正应验了中国人的那句"泰极否来"古训。

1947年12月27日，解放军晋察冀野战军在打下石家庄之后，因攻坚作战难以战胜装备优势的敌人，便展开铁路破击战，截断了平汉路保定至良乡段、平绥路南口至天镇段、北宁路黄村至魏善庄段、津浦路静海至唐官屯段，试图迫使傅作义的部队分兵作战。但是，傅作义坚守"集团推进"的策略，将主力集中在保定以北地区，晋察冀野战军始终没有找到战机。为调动分散敌人，1948年1月11日，晋察冀野战军郑维山的第三纵队对保定以北的涞水发动了攻击，包围新二军暂三十一师的四个营，守军向傅作义告急。同日，傅令三十五军军长鲁英麐亲率新三十二师自保定、一〇一师两个团自定兴出援。

1月12日，新三十二师师长李铭鼎率九十四、九十六两个团（九十五团随军部行动）冒着严寒渡过拒马河，与解放军第三纵队第九旅相遇，解放军且战且退，将李铭鼎诱到涞水附近一个叫作庄町的村子里，迅即将庄町包围起来。第一〇一师为了策应新三十二师，绕过人民解放军的警戒阵地，进入庄町东南的吴村、南北高洛。负责指挥的杨得志见机，命令三纵九旅迅速切断新三十二师与三十五军军部之间的联系，集中三纵主力围攻新三十二师。庄町属于解放区，李铭鼎率部进村后，村子里人走屋空，部队既没有带干粮，也无人送饭，既疲累又饥渴，官兵颇有怨言。但是该师还是有战斗力的，九旅攻打了一天未见进展。三纵司令员郑维山与政委胡耀邦决定缓攻涞水，调纵队主力全力攻击庄町。12日午夜，解放军三纵发起进攻，开始了歼灭新三十二师的战斗。新三十二师不愧为久经战阵的部队，解放军进攻时冷静地埋伏在工事里，待攻击部队冲到阵前五十米时，便大量投出手榴弹，然后在各种火力掩护下发起反击。三纵队的突击队一波倒下第二波接着上，一夜间你来我往，倒在血泊里的官兵不计其数。

新三十二师的官兵杀红了眼，边打边喊："是野战八旅咱就打，不是就滚开！"解放军这边回答很干脆："老子就是野八旅，专打三十五（军）！"野战八旅的确与他们交手多次，是能战的部队。但是，晋察冀不是只有野战八旅能打，其他部队也不是吃素的。不过话让新三十二师讲对了，打他们的的确就是野战八旅，这次是生铁碰上了钢，火花四溅，炮声震天。但三纵彻夜战斗，也啃不动这块骨头，未能将新三十二师分割开。

13日，天蒙蒙亮，拒马河上游枪声大作，刘春方的新编骑兵第四师气势汹汹地向三纵背后杀来，骑兵的马刀在晨曦中闪着寒光，飞驰的战马像旋风。三纵的前面是一个步兵师，背后是一个骑兵师，三纵队既要攻击庄町村里的新三十二师，又要打增援的骑兵师，而且三纵已经打了一夜，庄町之敌还是夹生饭，三纵面临被两面夹击的局面，情况十分危急。但是，已经没有退路了。杨得志给郑维山打来电话："一步也不许后退，否则军法从事！"郑维山更是对部队说："我们不是肉夹馍，我们是四面带刺的狼牙棒！考验三纵的机会到了！"

三纵八旅的二十二、二十三团处在骑兵进攻的正面，情急之下，两团在继续进攻庄町的同时，协同作战，将两个团的机关枪全部集中起来，并调到背后，成一线摆开打敌骑兵增援，待骑四师冲到有效射击距离时，全部机枪一齐开火，瓢泼般的弹雨像一阵旋风刮向敌人，风卷残雪，骑兵师连人带马一片片倒下，后面的急忙掉转马头逃跑了。与此同时，郑维山将三纵所有的炮火都集中到庄町，连天的炮火使新三十二师的指挥系统瘫痪。早晨8时，解放军进攻到新三十二师的指挥部前，9时，战斗结束。师长李铭鼎被炮弹炸死，九十四团团长段吉祥重伤，九十六团团长安立道失踪。

前来增援新三十二师的三十五军军部与新三十二师师直属队正在路上，当得知新三十二师覆灭的消息时，军长鲁英麐几乎不相信自己的耳朵，正在不知所措时，枪声从四面响起。攻击他们的是晋察冀野战军一纵一旅，该部的任务是阻击增援庄町的部队。旅长曾美发现前来的长长的车队，毫不犹豫下达了攻击命令，一阵攻击之后，没有战斗力的军部立刻散了架，各级军官争相逃命，很快打死二百多，俘虏四百多，军参谋长被打死。缴获满载弹药的汽车八十余辆，美式150毫米榴弹炮四门，这是三十五军唯一的榴弹炮，宝贝疙瘩。

在第三十五军中，傅作义最珍爱的两个师，一个是一〇一师，一个是新编第三十二师。傅叫一〇一师是"一块金子"；新三十二师是"一块银子"，别号"虎头师"。涞水战役将"虎头师"歼灭，使傅失掉"一块银子"。

13日晨，鲁英麐闻新三十二师覆灭，李铭鼎阵亡，还损失这么多的弹药与大炮，懊丧至极。鲁联想到三十五军成军以来从未遭到如此损失，鲁英麐羞愧难当，以至于精神崩溃，无颜再见傅作义，趁参谋长、副官不注意的时候，在高碑店火车站的车厢内开枪自杀。鲁英麐为傅保定军校时的同学，感情很好，得知鲁自戕的消息，傅非常痛苦，哭了好几次。1948年3月26日，鲁英麐被国民政府追赠陆军中将加上将衔。傅作义在北平中山公园为鲁英麐、李铭鼎开了追悼大会，尽管这样，李铭鼎之死与鲁英麐的自杀给三十五军上下笼罩上了一层阴云。

新保安被歼　北平改编

鲁英麐死后，由谁来继任三十五军军长成了当务之急。有人认为董其武、孙兰峰都有可能继任军长，安春山或者袁庆荣也有可能，结果却出人意料。傅作义亲点了时任第一〇一师师长、并非三十五军嫡系出身的郭景云继任第三十五军军长。郭景云何许人也？为什么会在众多出身三十五军嫡系将领之中脱颖而出，成为傅作义集团中头号主力的三十五军军长呢？

郭景云，字秀山，1904年出生于陕西省富平县，因家境贫穷，年幼时便被送到远在天津的大沽盐场做工。16岁时投入北洋陆军第十五混成旅（后发展为国民三军）徐永昌部当兵，由士兵逐渐升至机枪连连长，后跟随徐永昌转入晋绥军，在马延守的独立第二旅任营长。中原大战后，他出任正太护路军第三旅营长。

第三旅改称第一〇一师第三旅后，随之升任第三团团长。抗日战争全面爆发，他所在的第三旅改称独立第七旅，转战晋西南，曾跟随傅作义参加了太原保卫战。太原沦陷后独七旅并入第一〇一师，郭景云担任该师所属第四三六团团长（后改称第三〇二团），正式投入傅作义麾下效劳。郭景云作战勇猛，敢打敢拼，虽然计谋欠缺，但是绝对忠于上级，1940年6月升任第一〇一师师长。就是这些原因，傅作义决定将他的嫡系三十五军交给这位没有读过任何军校，而且不是山西乡党的郭麻子。在任命郭景云当三十五军军长的同时，傅作义还任命以稳重多谋而闻名的王雷震担任副军长，傅希望两人刚柔结合，相辅相成。此时的三十五军作战序列如下：

第三十五军，军长郭景云，副军长王雷震，参谋长田士吉。

第一〇一师，师长冯梓，副师长常效伟，参谋长樊金槐。辖第三〇一团、第三〇二团、第三〇三团。

暂编第十七师，师长朱大纯，副师长唐文佐，参谋长不详。辖第一团、第二团、第三团。

暂编第二十六师，师长温汉民，副师长张振基，参谋长不详。辖第一团、第二团、第三团。

三十五军在经过三个月的休整之后，已基本恢复元气，于1948年7月、8月间曾与中共晋察冀野战军交锋。同年9月，三十五军所属暂十七师、暂二十六师分别改称第二六二师、第二六七师。傅部的暂编第三军、第四军改番号为第一〇四军、一〇五军。

随着辽沈战役的结束、东北野战军的入关，华北国共军事力量的对比发生了明显的变化。11月5日，中共中央军委命令解放军第三兵团突然包围张家口，但没有立即夺取，而是吸引傅作义派部队来增援，然后协同在阳曲待命的第二兵团，与先入关的东北野战军程子华、黄克诚兵团将傅部的主力分割包围在平绥路上，这样既抓住了傅，又拖住了蒋系部队；既断绝了傅部西逃的路，又使傅作义不能舍弃嫡系部队而率蒋系部队南逃。11月底，张家口遭到杨成武的华北第三兵团的猛攻，怀安、万全、沙岭子等地相继失陷，守军孤立于张家口、宣化等几个据点之中，第十一兵团司令官兼察哈尔省政府代主席孙兰峰向傅作义连电告急。11月29日，傅作义令第三十五军军长郭景云指挥所部（欠第二六二师）由丰台出发、第一〇四军二五八师由怀来出发增援张家口。三十五军出发前，傅作义亲自接见郭景云，面授机宜，为其打气。郭拍着胸膛说："别说杨成武，就是聂荣臻又有什么了不起！凭三十五军的威名，此去定会马到成功。"

30日，第三十五军主力到达张家口，当日将万全收复。12月1日，一〇四军二五八师也抵达张家口，三十五军会同二五八师及骑兵一部对外围解放军展开反击。至12月4日，第三十五军占领沙岭子，恢复了张家口至宣化间的交通。

12月5日，解放军东北野战军入关部队在密云歼灭了一五五师，傅作义误认为解放军要截断平绥路，直取北平，急令第三十五军返回北平。这时第三十五军已改为美式摩托化装备，运动速度快，但由于中共游击部队将沿途道路全部破坏，依靠卡车行军的三十五军在回援途中举步维艰，沿途又遭到中共华北第二兵团节节阻击，至7日入夜只前进到新保安，处于孤立状态。此时的傅作义怕损失了自己多年带出的部队，急忙命令第一〇四军出城接应，务必将三十五军带回北平。

12月8日，解放军华北第三兵团主力全部到达新保安地区，将三十五军团团包围。三十五军是傅作义的命根子，没有三十五军，就没有傅的今天。所以傅一听说三十五军在新保安陷入重围，就如同挖了他的心头肉，决计不惜一切代价，把三十五军营救出来。按照傅的想法，不论是坚守平津，还是同共产党和谈，只要有三十五军作资本，一切就好办。于是傅作义一面分别命令驻张家口的第一〇五军和驻怀来的第一〇四军驰援新保安，千方百计保住三十五军；一面派《平明日报》总编崔载之代他出城谈判，要求解放军停止一切攻击行动，两军后撤，把三十五军放回北平。建立华北联合政府，其军队交由联合政府指挥，傅作义通电全国，促成全国和平。

能战方能和，谈判桌从来就是强者的舞台。对于傅作义"把三十五军放回北平"的谈判条件，中共的回答是：必须"解除华北国民党部队全部武装"。这让傅作义觉得无异于投降，最终还是决定让三十五军继续坚守。

傅作义应该不会忘记，1947年，他从共产党手中夺下张家口时曾放出狂言——如果共产党打胜了，傅某甘为毛泽东执鞭。这话傅作义如果忘记的话，毛泽东会忘记吗？傅作义手中的牌早已被共产党摸透，他的命门早已被毛泽东、华北兵团，甚至每一个参加战斗的解放军战士按住：坚决吃掉老冤家三十五军。

为救出三十五军，傅作义命第一〇四军向西、第三十五军向东猛烈攻击，企图会合。两军曾一度相距只有四公里，但始终被解放军阻住，不能会师。在张家口的第一〇五军也奋力东进，但是被华北第二兵团死死扼在沙岭子，前进不得，只得退回。10日，傅作义命令郭景云突围、安春山营救。但是一〇四军在第二天就被东北野战军歼灭，军长安春山化装成伙夫，只身逃回北平。

解放军杨罗耿（杨得志、罗瑞卿、耿飚）兵团以九个师包围新保安后，毛泽东没有让其马上进攻，为的是给傅作义一点牵挂，牵制华北地区的敌人，防止其从海上逃跑，增加其他战场的压力。为此，毛泽东令杨罗耿兵团在12月11日至12月25日间对新保安的三十五军采取围而不打的方针，以华北兵团第四纵队威胁北平西北郊和北郊，使北平之敌不敢西进增援。三十五军犹如死棋，随时可被歼灭。

郭景云见解放军没有马上进攻，以为解放军啃不动他这块骨头，反而来了劲，把心一横："守，坚决守住新保安。"他召集营以上军官训话说："我们三十五军有跟傅总司令坚守涿州城的经验，现在守个新保安还有什么说的！"郭景云是一介武夫，有勇无谋。他不知解放军之所以没有消灭他是出于战略上的需要，如果不是这样，十个郭景云也完了。

三十五军自被围以来，郭景云与傅作义联系不断，郭总认为会派来援军，以待突围，但是这个时候傅作义已经无兵可派了。13日，新保安降了大雪，三十五军内无粮草外无救兵，靠空投，只是杯水车薪。几次攻击解放军的阵地，都被打退。在被围困的日子里，郭景云变得烦躁与患得患失，他每天都找人给他占卦,如算得"今晚没事"他就会很高兴,如果算出"今晚某处怕是支撑不住了",他便会生气地把牌打乱,"谁信你这个"。但仍然每天求神问卦,甚至用这种迷信的说法来鼓舞士气。

18日,解放军前线司令员杨得志、罗瑞卿向郭景云发出紧急劝降通知书,郭硬着头皮拒不接受,他命令部队加紧构筑工事,准备固守。郭在查看各处的工事后,十分猖狂地说:"让共军来吧,没有二十天、三十天,休想打进来。"

12月22日7时,华北第二兵团司令员杨得志下达了总攻命令,一百五十多门大炮向新保安轰击,解放军各部向新保安勇猛穿插攻击,与第三十五军逐院逐屋争夺,将其一块一块吃掉。战至下午3时,第一〇一师师长冯梓见大势已去,

新保安之战,第三十五军全军覆没。图为大战后的新保安

命部下举起白旗投降。郭景云看局势无法挽回，举枪自杀。他在掏出手枪前的一刻，冲着北平方向大喊了一声："我郭景云对不起你总司令。"

下午5时，副军长王雷震、参谋长田士吉及所属一万六千余人，除战死者外，全部放下武器。这支由傅作义指挥十几年的部队遭到了歼灭性的打击。傅闻讯后捶胸顿足，泪流满面，痛苦万分，不断自扇耳光。从来不喝酒的他，跑到一个小饭馆喝得大醉。也许是为一起出生入死的弟兄的战死感到痛心，也许是在痛惜自己多年积攒的本钱输光了。

老本丢失，谈判失去了砝码。1949年1月6日，傅作义派出老友周北峰和民盟常委张东荪出城，到蓟县的平津前线指挥部与林彪、聂荣臻会谈。周北峰说："傅先生已经看清形势了，这次叫我们来主要是看看解放军的条件。"林彪回答得很干脆："条件很简单，所有军队一律解放军化，所有地方一律解放区化。"

这时傅作义没有话讲了。没有了本钱，还能讲什么！

三十五军在新保安遭到灭顶之灾后，留驻北平的朱大纯二六二师便成为重建三十五军的基础部队。傅作义在伤痛之余，将独立第一旅和独立第四旅（原为护路第一、第四旅）分别改编为第一〇一师与第二六七师，任命第二六二师师长朱大纯担任三十五军军长。

朱大纯，字中孚，1907年出生于山西省定襄县。1923年考入山西学兵团第三期学习军事。1925年毕业后从晋军第六旅基层干起，至抗日战争爆发时已升至第六十六师四三二团团长。1938年第二战区成立军事干部学校，朱大纯调任该校第一总队总队长。在"十二月事变"中，朱大纯的第一总队奉命开赴吉县，在途中与决死纵队遭遇，学员大部参加决死纵队，仅儿童队抵达目的地。朱大纯见第一总队已经建制全无，无法向阎锡山交代，便只身前往绥远投靠傅作义，先后担任新编第三十二师副师长、第三十五军参谋长、暂编第十七师师长等职。1948年9月暂十七师改称第二六二师，他随之改任二六二师师长。当三十五军主力于新保安受到歼灭性打击后，留驻北平的二六二师就成为三十五军的唯一作战部队，朱大纯也自然地成为三十五军的第五任军长，也是最后一任军长。现将重建后的三十五军作战序列呈列如下：

军长朱大纯，副军长丁宗宪，参谋长孙杞云。

第一〇一师，师长梁泮池，副师长梁效武。辖第三〇一团、第三〇二团、第三〇三团。

第二六二师，师长唐文佐，副师长王孝模。辖第七二四团、第七二五团、第七二六团。

第二六七师，师长刘一平，副师长不详。辖第七九九团、第八〇〇团、第八〇一团。

北平和平解放，第三十五军守城部队与解放军换岗

第三十五军重建后，北平已经被解放军包围，全军龟缩在北平城内，军部、第一〇一、二六二师驻中南海，第二六七师驻天坛。随着解放军大兵压境，北平已孤立无援，城内人心涣散。1949年1月19日，傅作义派遣王克俊等人前往解放军平津前线司令部，与解放军代表进行谈判。1月21日，双方正式签订协议。同日，傅作义分别召集驻北平的党政军特各部门负责人，宣布《北平和平解放实施办法》，接受解放军的和平改编。自1月22日起，部队陆续开出北平，到解放军指定的地点听候改编。其中第三十五军开往香河整编，军部裁撤，第一〇一师改编为人民解放军独立第八十七师，第二六二师改编为人民解放军独立第九十师，第二六七师改编为人民解放军独立第九十九师。4月，三个独立师番号撤销，所属部队以团为单位分别并入解放军第四十九军等三个军。自此，拥有十八年历史的三十五军终于结束了。

三十五军的确是有战斗力、有独特作风与传统的一支部队，虽然它一度卷入内战的旋涡，但它在抗日战争中所进行的百灵庙大捷、奇袭包头与五原大捷等著名战役，是中国军人的骄傲与中华民族的荣光，将永载史册。它在中国历史的重要关头及时调整了对民族有利的方向，历史不会亏待对国家有贡献的人，该军出身的傅作义、董其武、孙兰峰等人都在新中国的政府中担任过要职，这在所有国民党各军中是仅见的。大青山下的"华北五十九军抗日阵亡将士纪念碑"与五原城边的"抗日烈士陵园"，铭刻着该军将士的英名，他们将永垂不朽。

第三十八军

西京兵谏举义旗
中原抗日传捷报

在中华民国国民政府的历史上，有两支部队用过第三十八军番号，这就是云南龙云的部队和陕西杨虎城的部队。龙云的第三十八军的演变情况在第六十军军史中介绍，本篇介绍的是陕西第三十八军的发展情况。

陕西的三十八军是杨虎城将军创建的一支部队。它的前身是陕西靖国军第三路第一支队、国民联军第三军第三师、国民联军第十军、国民革命军第七军等。1937年5月改为第三十八军。该军历经护国战争、护法战争、北伐战争、内战和抗日战争等重

大战事,特别以参与了扭转中国时局的西安事变而闻名于世。1946年为反对蒋介石的独裁与内战政策毅然起义,由爱国武装发展成为人民革命武装。共产党人魏野畴、南汉宸、王炳南等在这支部队战斗过。这支部队里走出了杨虎城、孙蔚如、赵寿山、孔从洲、李兴中等民主人士,他们都是中国共产党的朋友,其中赵寿山、孔从洲后来加入了中国共产党。该支部队在二十余年的斗争中始终与共产党保持合作关系,被毛泽东誉为共产党统一战线工作的典范,也是为中国革命做出了重大贡献的一支部队。

护法组军　转战靖国

说到第三十八军，首先要从杨虎城说起。

杨虎城原名杨长久，曾用名虎冬（音忠），辛亥革命时改名忠祥，后又改名虎城。陕西蒲城人。早在辛亥革命爆发之时，杨虎城便带着"中秋同志会"加入秦陇复汉军向字营，与入陕镇压革命的清军作战。此后他依靠着这支武装，在蒲城县成立了东乡民团，维护地方治安。

1915年袁世凯称帝后，遭到了全国人民的愤怒声讨。其中陕军将领高峻于1916年春联合曹世英、郭坚、耿直等人举起护国军旗帜通电讨袁，并驱逐督理陕西军务的陆建章。杨虎城的东乡民团积极响应。他首先率部驱逐北洋陆军第四混成旅一部于同州，继又攻占大荔、朝邑、韩城、宜川、郃阳、澄城、白水各县。杨虎城每战必胜，他的民团也不断得以壮大，于是被东路讨袁军司令王飞虎委任为前敌总指挥。同年5月，继任陕督陈树藩在护国运动胜利后改编陕西各路护国军。其中东路讨袁军改编为陕西陆军第三混成团，东乡民团则被改编为该团所属第一营，杨任营长，下辖四个连。

1917年，孙中山在广州树起护法大旗，就任大元帅一职，号召反对北洋军阀。此举得到了以陕西同盟会员于右任、井勿幕为首的进步分子的响应，他们在三原县成立靖国军，与陈树藩对抗。此时率部驻防澄县的杨虎城早已对陈树藩的举措

杨虎城将军

有所不满,加之他又在第三混成团遭到排挤,便在护法大旗树立后,于1918年2月9日在同州参加靖国军,改称靖国军第五游击支队,杨虎城任支队司令。半个月后,第五游击支队因作战有功,被扩编为第三路第一支队,杨为支队司令,辖四个连又一个骑兵队。

1918年2月,杨虎城率部参加靖国军收复西安之战,杨部作战英勇,虽伤亡惨重,但力战不退,战后得到靖国军总司令于右任的通令嘉奖。是年4月间,杨部在界坊与北洋军陈树藩的作战中将其击退,第三路司令曹世英将杨部扩编,辖四个营又一个手枪连。在此期间,杨虎城坚持高举靖国军的旗帜,吸收了一批知识分子,扩充了队伍。在与北洋军阀入陕军的作战中机动灵活,截获了北京政

杨虎城的题词

府运往甘肃的一千多支步枪与大批子弹,部队装备得到改善,队伍得到扩编。

1921年9月,陕西靖国军在北洋军队的步步进逼下被迫瓦解。靖国军将领纷纷动摇,各寻新主,唯有杨虎城坚持了下来,他独力树起靖国大旗,乘上级、第三路司令曹世英接受改编之际,率部脱离第三路,并对武功发动突然袭击,全歼陈树藩残部一个营,缴获大量军用物资,随后又攻占了扶风等县,得以立足。此间,曾经是曹世英部属、日后成为第三十八军首任军长的孙蔚如投奔了杨虎城。

杨虎城站稳脚跟后便着手恢复靖国军,他首先派遣参谋韩望尘前往淳化县方里镇敦请老司令于右任重新出山，一面联络没有接受北洋军阀改编的靖国军余部。1922年3月，于右任在杨虎城的迎接下抵达武功，经商讨，于在武功宣布重新成立陕西靖国军总司令行营，李夺为第一路司令、杨虎城为第三路司令。杨部辖有四个团，李子高任副司令兼骑兵团团长，蒙浚僧任参谋长，姬汇百、任子阳、冯钦哉分任第一、二、三团团长。在杨虎城的坚持下，陕西靖国军的旗帜又重新树立起来。

1922年4月，第一次直奉战争爆发后，驻扎陕西的北洋军主力陆续外调。于右任错误地认为时机成熟，便命令部队发动反攻。杨虎城的第三路一战便迅速收复马嵬，歼灭北洋陆军第二十师两个营。敌军调集重兵反扑，杨虎城被迫放弃马嵬。北洋陆军第二十师师长阎治堂见马嵬顺利夺回，决定乘胜追击，拟将第三路彻底歼灭。为此，阎调集镇嵩军第五路柴云升部、第二旅郭金榜部、第十五混成旅管金聚部向杨部驻地武功发起猛烈进攻。杨虎城虽然得到了第一路友军的增援，但是由于指挥未能统一，在敌军的优势火力之下，被迫于5月5日放弃武功，率领残部撤往凤翔，继又退往与内蒙古交界的陕北安边、定边休整。杨部失败后，于右任离陕去广东。

杨虎城为了能够保住部队实力，在率部抵达陕北时，即派遣参谋长蒙浚僧前往联络他的旧识——陕北镇守使井岳秀，表示愿意接受井的收编。经过商议后，杨虎城暂时离开部队，由李子高暂带其众，部队缩编为陕北镇守使署暂编第二团，李子高任团长，孙蔚如为团附，姬汇百、冯钦哉、王雨亭分任营长，分驻定边、靖边、安边。随着杨虎城第三路的败退，于右任的赴粤，第一路在司令李夺的率领下也投靠了镇嵩军，杨虎城一心想维持的陕西靖国军彻底解体了。

杨虎城离开部队后派人积极与孙中山和国民党取得联系，并结识了杜斌丞、南汉宸、魏野畴等共产党人与进步人士。为了训练部队，也为了东山再起，在共产党人的建议与帮助下，杨虎城于1924年8月在安边成立了教导队，孙蔚如任队长，邀请保定陆军军官学校的毕业生担任教官。这标志着杨部拥有了自己的教育机构。教导队次年扩编为教导营，仍以孙蔚如为营长，拥有学员五百人。

教导营的教官与学员如赵寿山、段象武、孔从洲、张汉民等后来成为杨部的骨干。

西安守城　功满三秦

1924年10月，冯玉祥联合胡景翼、孙岳在北京发动政变，赶走了贿选总统曹锟。11月5日，将废帝溥仪驱逐出宫。此时，陕北镇守使井岳秀响应冯玉祥的"首都革命"，被部众推举为陕北国民军总司令。此时的陕西政权控制在刘镇华的镇嵩军手中，而杨虎城的部队在经过休整与训练后已恢复元气，他认为南下革命的机会已经成熟，于是便回到部队，被井岳秀委任为陕北国民军前敌总指挥，以惠有光为指挥部参谋长，将暂编第二团编为第二支队，扩编所属三个营为团，以李子高为支队长，孙蔚如为副支队长，原三个营长升为团长。此外还指挥由高双成部改编的第一支队。

1925年2月，胡（景翼）憨（玉琨）战争在河南爆发。3月，憨玉琨败北，刘镇华率领镇嵩军残部败退入陕。此时杨虎城在耀县与国民二军田玉洁等部会合后，商定作战目标，决定打击镇嵩军在陕势力，彻底切断镇嵩军的回陕道路，于是由杨虎城进攻镇嵩军麻振武部，田玉洁等部进攻渭南、华县、华阴、潼关的镇嵩军主力。双方经过激烈战斗，以国民二军大胜而告终。刘镇华在陕西的统治彻底结束，北洋政府遂另派吴新田督陕，但是吴新田主陕才半年，就由于国民三军大兵压境而被迫收缩兵力于汉中。杨虎城乘机追击吴新田的第七师，分别在高店、宝鸡、虢镇取得胜利，杨部扩编两个游击支队，分别以孙蔚如、黑子斌担任支队长。

1925年8月29日，北洋政府迫于奉军方面的压力，改任孙岳为陕西督办。同时，杨虎城率领第二支队正式接受国民三军改编，被授予第三师的番号，杨虎城担任师长。第三师辖第五、第六两旅和补充第一、第二旅，李子高、冯钦哉、姬汇百、王玉亭分别为旅长。直属四个营。两个支队的人事依旧。在教导营的基础上成立了三民主义军官学校，杨兼校长。

国民二军在河南战败，已经被赶出陕西的镇嵩军首领刘镇华乘陕境国民军兵力薄弱的机会，联合在陕南的吴新田重新率部入陕。吴新田以其主力第七师的两个团向宝鸡、虢镇、陈村的杨虎城第三师发动进攻，双方在岐山以南展开激战。起初第三师占据有利地形，将吴新田的第七师数次击退，但是由于刘镇华大军压境，杨虎城为避免腹背受敌的窘境，遂退守三原、泾阳，与田玉洁的国民二军第三师会合，共同协商抗击刘、吴联军之策。

1926年4月初，刘镇华的镇嵩军入陕后，迅速将西安包围起来，并逼迫西安守将、国民二军陕西军务督办兼第十师师长李云龙让出西安。当时西安的守军仅国民二军残部五千余人，面对刘镇华十万之众，势如鸡蛋碰石头，且李云龙新败河南，到底是坚守还是放弃，陷入了举棋不定的境地。

杨虎城在三原得知这个情况后，急忙在三里堡召集孙蔚如、魏野畴等商讨形势，他们一致认为：广东国民政府正筹划北伐，如果能将北洋政府的部分兵力牵制在其后方，对国民政府的北伐是绝对有利的，且由于刘镇华主陕期间大肆横征暴敛，使陕西人民屡受摧残，为了北伐，为了陕西民众，必须联合李云龙将西安守住！于是杨虎城决定留下李子高的第五旅协同田玉洁师留守三原、泾阳，自率第三师主力开赴西安，支援守城。

第三师出动后，杨虎城首先命令孙蔚如的第二游击支队急驰渭河草滩准备船只掩护主力渡河。第二游击支队渡河后，冯钦哉的第六旅和姬汇百的补充第一旅迅速渡河，于西安东郊的韩森寨击溃镇嵩军，进入西安城内。随后杨虎城率领后续部队由草滩、马神庙渡过渭河，进入西安。第三师进入西安城内，使一度陷入混乱的西安军民人心得以稳定，也使西安守将李云龙坚定了守城信心。

1926年4月16日杨虎城率部进入西安之后，守军由于系统繁杂而无法得到统一指挥。城中部队分为三个系统：一为杨虎城的国民三军第三师，二为李云龙的国民二军第十师，三为卫定一的陕军第四师。上述三部兵力约万人。论实力，第三师损失少，战斗力强，理应由杨虎城来统一指挥城内部队。但是在资历以及地位上，李云龙比杨虎城高出甚多，要李接受杨指挥，势所难能。杨虎城为了城内部队能一致对外，消除隔阂，乃推举李云龙统领全军。同时，李、杨、卫等人商议决定取消各自名号，所属部队一律称为陕军，以李云龙担任总司令，杨虎城担任副总司令。将李云龙的第十师改称为陕军第一师，李云龙兼任师长；留守泾阳的田玉洁第三师改称陕军第二师，卫定一任师长；杨虎城第三师改称陕军第三师，杨虎城兼任师长；卫定一的第四师不变。同时决定以兵员较为充足的杨虎城陕军第三师担负城东、城北、东关、北关以及城关附近之村落防务；以陕军第一、第四两个师共同担负城南、城西、南关、西关以及城关附近村落之守卫。

刘镇华的镇嵩军在包围西安并击退增援西安的国民二军姜宏谟部之后，深知西安城高坚固，强攻未必得手，于是采用了围而不攻的策略，以炮兵在城东北实施炮击。杨虎城为免遭敌军炮火压制，挑选精壮兵士于深夜掘道而出，企图将敌军炮兵阵地摧毁，但此举遭挫败。时间一久，敌军炮兵将城东城墙一段轰塌，敌军乘势而入。杨虎城得知后立即调兵反扑，经过数小时争夺，终将敌军赶出。刘镇华见城东攻击失利，便对东北城角发动强攻，又遭挫败。如此数度猛攻，皆被城内守军击退。刘镇华见此，只得重新实施围城策略，不攻死守，企图将城内守军困死。

杨虎城等部虽将攻城的镇嵩军击退，但是困守孤城，粮饷断绝，他们被迫向城内市民征集粮食，按人头分配，如此数月，城内粮食用尽，一些主战的士绅也开始动摇了，城内军心、民心再次动摇。值此危急时刻，冯玉祥于9月17日在绥远五原誓师，将绥远各部编组成国民联军，在共产党人的建议下，制定了"固甘援陕，联晋图豫"的战略方针。以孙良诚为援陕军总指挥，率领孙连仲、吉鸿昌等部经平凉东下，于1926年10月初抵达陕西兴平。这一消息使城内守军备受鼓舞，李云龙与杨虎城商议决定待援军与刘镇华战斗至最激烈时，抽调城内精锐乘夜由南门向敌反击，以达到内外夹击的效果。11月27日，镇嵩军全面溃败。28日，西安之围遂解。

西安守城历时二百二十五天，成为民国史上著名的守城战例。但西安古城破坏严重，军民由于伤亡冻饿而死者数以万计。战争进行到最紧张、最艰苦的时刻，军民曾发生争抢粮食的情况。在为死难的军民举行隆重的祭悼大会时，杨虎城撰写挽联"生也千古，死也千古；功满三秦，怨满三秦"，表达了对死难者的愧疚。而后杨虎城率部到三原与李子高部会合，随后开往富平休整。

北伐中原　山东剿匪

1927年4月9日，冯玉祥在西安被武汉国民政府任命为第二集团军总司令，准备出师中原对奉军作战。冯对部队进行统一编制，杨虎城部被编为第十路，杨任总司令。6月，改为第二集团军第十军，杨任军长，辖有冯钦哉、姬汇百（孙蔚如代理）两师及独立旅和特种部队，受第九方面军总指挥鹿钟麟节制，参加对奉军、直鲁联军的作战。同时杨还收编原陕西靖国军马青苑等部充实部队。杨虎城担任第二集团军东路军总指挥兼第十军军长。该军第二师孙蔚如部日后发展成为第三十八军。

第十军改编完毕后留副军长李子高留守后方，主力出陕赴豫，参加北伐。第十军首战马牧集，击溃直鲁联军张敬尧部。随后追击敌军至郑大庄，与直鲁联军主力遭遇，被迫退守归德，击溃刘镇华部进攻。由于原刘镇华所部第十一军姜明玉在陇海铁路上的柳河叛变，投降直鲁联军，杨部的后路断绝，因与敌方力量悬殊，第十军被迫经柘城转至皖北太和、亳县一带休整。

1927年7月15日，汪精卫叛变革命，宁汉合流，冯玉祥下令国民联军各军"清党"，杨虎城没有执行这一命令，还在军中安排了不少共产党人。是年10月在皖北太和成立第十军军事政治学校，以南汉宸为校长。

1928年春，中共在阜阳发动暴动失败，魏野畴牺牲，共产党的组织暴露，共产党人在第十军待不下去了，杨虎城将他们"礼送"出境。

大革命失败后，杨部夹在冯玉祥与蒋介石之间，杨认为与冯相处不易，接受蒋介石的指挥就要将共产党人交出，非常苦闷，他将共产党人秘密送出后，把军队交给孙蔚如与冯钦哉，于1928年4月中旬到日本"休养"。1928年4月，蒋介石令该军由冯玉祥属下转隶方振武第四军团参加北伐，孙蔚如以军饷、弹药无法解决婉拒。是年秋，该部隶属第二集团军驻扎于鲁西南的单县、成武、金乡一带。

1928年9月，国民党军队进行编遣，杨部缩编为暂编第二十一师，为三旅九团制，另有补充旅和炮兵营、手枪营、特务营、机枪连等，杨虎城任师长，旅长由冯钦哉、马青苑、孙蔚如、曹国华担任。马青苑为杨部出陕北伐时收编的原陕西靖国军部队。部队编遣后暂时由孙蔚如指挥。

不久，部队被调往山东临沂围剿惯匪刘桂棠和北洋军阀余孽顾震部，并收复被土匪占据的诸城。此后暂二十一师在七十里铺重创顾震匪部，匪部从此一蹶不振，顾震只身逃往大连，残余土匪分别向日照、安邱方向逃跑。暂二十一师剿匪不足十日便大破盘踞山区多年的两股土匪，使得那些势小土匪或投诚或外逃，沂蒙山区匪患彻底肃清。11月6日，杨虎城从日本回国，复任师长。

参与军阀混战　夹缝中发展

1929年5月，冯玉祥联合李宗仁等人反蒋，山东省主席、冯之部属孙良诚率部集结豫西，准备举兵。就在这时，由于冯的心腹大将韩复榘、石友三突然倒戈，反蒋遂告失败，山东省主席由陈调元接掌。杨虎城夹在中央军与西北军之间，认为要在山东境内生存，必须与蒋介石取得联系，在权衡利弊之后，决定亲自前往南京接洽暂二十一师今后的出路问题。冯玉祥等人通电反蒋后，蒋中正也开始着手拉拢各路实力派。他见杨虎城亲自前来以示诚意，且杨的暂二十一师是一支可以用来同冯玉祥作战的精干部队，便对杨虎城百般拉拢，将暂编第二十一师改番号为新编第十四师，并同意部队的给养由山东省政府发放。同年8月，新十四师由山东开赴湖北老河口驻防，9月又移驻河南南阳，用以防备西北军。

杨虎城率新十四师到南阳伊始，西北军于10月10日在宋哲元的指挥下举兵反蒋，刘汝明部已占领内乡，向南阳逼近。杨虎城为了巩固防区，决定主动向宋哲元部发起进攻，命令孙蔚如指挥四个团由正面发动猛烈进攻，杨亲率四个营随后跟进。刘汝明部前锋刚与杨部接触便向淅州收缩，孙蔚如乘机收复内乡。随后新十四师主力追至淅州以东的三十里铺与刘部发生战斗，双方激战一昼夜，刘部不支后撤，新十四师乘势攻占荆紫关。由于战线过长，杨虎城决定放弃荆紫关回驻南阳、内乡。

新十四师进驻南阳，杨虎城以师长身份兼任南阳警备司令，收编南阳民团、新野民团为新十四师游击第一支队，委任新十四师第三旅副旅长姚丹峰为支队司令。后驻防在新野的新五师内讧，杨收编该师四个营编为游击第二支队，委任原新五师团长杨渠统为支队司令。新十四师由荆紫关回师南阳，杨又收编南阳地方游杂武装周辅臣部为补充第二旅；收编南阳保安团陈冠三部为游击第三大队，以原南阳镇守使、新十四师参议马文德为支队司令。

1929年12月，唐生智以护党救国军的名义联合阎锡山共同反蒋。事前，唐派遣参议李文卿前往南阳面见杨虎城，委任其为第一方面军总指挥，要新十四师留驻原防不动，以解除唐的后顾之忧。唐反蒋起兵后，杨虎城权衡利弊，认为反蒋时机尚未成熟，但鉴于自身实力较弱，又无法与唐生智直接抗衡，便采取了静观时局、待机而动的策略。

唐生智见杨虎城虽未公开反蒋，仍按兵不动，便将后方总部安置在驻马店，将主力部队投放前线作战。杨虎城见唐后方空虚，便趁机率领新十四师迅速出击，以第一旅旅长冯钦哉指挥六个团直插驻马店，自己亲率师直部队在后方督战。时值大雪，天寒地冻，天时地利皆不利唐，唐部猝不及防，其后方被新十四师攻占。

正在前线指挥作战的唐生智惊闻驻马店丢失，立即调集两个师火速回援。杨虎城则以第一旅出城反击，另以游击第二支队绕行包抄，经一夜血战，在得到中央军数路军增援后，终将唐部击溃。驻马店一战，新十四师俘虏唐部参谋长晏勋甫，缴获火炮五十余门，无线电台十余部，军用电话及通信器材无数。此后杨便依此组建了特种兵团和交通大队。

鉴于新编第十四师在驻马店立下的战功，促使反蒋的唐生智迅速覆没，蒋介石于1930年2月8日扩编新十四师为第七军，新编第十四师改称第十七师，杨虎城任第七军军长兼第十七师师长。孙蔚如的第三旅亦随之扩编为第五十一旅。

1930年5月，中原大战爆发后，第七军奉命协同其他部队担负平汉铁路以西地区的攻守任务。由于在该地区的部队皆为杂牌部队，双方谁也不愿意为蒋、阎、冯等军事首脑卖命，处于对峙观望的态势。杨虎城的第七军归蒋介石指挥并接受山东省政府补给，但是杨虎城并不愿意部队给蒋介石卖命以损耗，因此在津浦、陇海铁路沿线激战正酣的情况下，平汉铁路沿线则相对平静，双方对峙数月。

7月，津浦、陇海铁路方面的作战呈胶着状态，蒋介石为使平汉铁路各杂牌军队出力作战，以分散反蒋军兵力，便对各杂牌将领加官晋爵。杨虎城被委任为第十七路军总指挥。9月18日，东北的张学良通电公开支持蒋介石，率部入关，胜利的天平向南京政府倾斜。杨虎城既升了官，又处于对冯、阎攻击的有利位置，便不等十七路军指挥部成立就率部出击，经鲁山、宝丰、临汝、自由（今白沙）等地向陕西方向进攻，迅速打到了洛阳以南的龙门山前。

龙门守军为冯玉祥部葛云龙师，此地为洛阳屏障，地形险要。第七军抵达临汝后便以第五十旅为左路，第四十九旅为右路，第七军、第十七师直属部队以及第五十一旅为中路，三路同时猛攻龙门。经七昼夜激战，第七军终将龙门攻占，并乘胜利包围洛阳。

此时，蒋介石命令第七军放弃围攻洛阳的任务，迅速入陕，以解决冯玉祥在陕部队。这一命令让第七军全军上下喜出望外，因为杨部自出陕参加北伐至今已过了三个年头，归心似箭，官兵踊跃。部队日夜兼程，迅速攻下潼关，直取华阴、华县、渭南、大荔。驻陕的冯部闻知潼关丢失，立即放弃西安急开山西。杨虎城率领所部长驱直入西安，将驻陕的刘郁芬等缴械。

联共抗日　西安举义

1930年10月，杨虎城返回西安后正式宣布就职第十七路军总指挥；1931年7月代顾祝同为潼关行营主任。不久潼关行营撤销，杨改任西安绥靖公署主任兼第十七路军总指挥。杨所辞师长职由孙蔚如充任，该师辖第四十九旅、第五十一旅与一个补充旅，旅长由杨渠统、赵寿山和段象武充任。1931年11月，杨派孙蔚如率领该师进入甘肃，驱逐了吴佩孚，打败了雷中田，收编了鲁大昌，消灭了马廷骧部，与马步芳、马步青部建立了比较好的关系，蒋介石委任孙为甘肃宣慰使。1932年9月该部扩编为第三十八军，孙蔚如任军长。三十八军诞生了。

孙蔚如，原名孙树棠，以字行。1896年1月出生于陕西省长安县豁口村。孙家书香门第，孙蔚如受到熏陶，一派儒生风度。1910年考入咸长初等实业学校后，目睹国家动荡的局面，便立志"实业救国"。1913年，考入陕西陆军测量学校。1915年毕业后在陕西陆军测量局当地形课班员。1917年，投入陕西靖国军，在曹世英部担任连长。在护法战争中，屡立战功，曾指挥所部击溃甘军陆洪涛部一团兵力，得到上级的青睐。

靖国军解体后，孙蔚如不愿接受北洋政府的改编，毅然脱离曹世英，投靠了仍旧坚持靖国军旗帜的杨虎城。在经过北伐战争和中原大战之后，孙蔚如逐渐得到杨虎城的赏识，成为杨集团中的中坚骨干，升任第十七师师长。第十七师和第四十二师为十七路军的主力部队，五十八师为收编杂牌所改编的部队。后来第五十八师改编的陕西警备师叛离杨虎城，而第四十二师亦因西安事变而脱离杨集团，只有孙蔚如仍坚持十七路军旗帜，这和杨虎城对孙的知遇与两人的志趣相投不无关系。

1931年8月25日，驻守兰州的新八师师长雷中田、省会警察局局长高振邦突然扣押甘肃省主席马鸿宾。第二天雷中田通电全国，宣布自行改组甘肃省政府，并自任甘肃全省保安总司令，是为"雷马事变"。事变发生后，与甘肃相邻的陕西省政府主席杨虎城奉命派遣部队入甘平叛。杨决定以孙蔚如率领所属第四十九、五十旅沿渭河西进入甘，并以潼关行营参谋长名义，统一指挥甘肃的陈珪璋新编第十三师、鲁大昌新编第十四师、李贵清新编第十旅、石英秀新编第十一旅与陇东交通司令马锡武等部。孙蔚如于11月间率部进驻甘肃后，立即着手布置平叛事宜。孙部首战攻克会宁，继又攻占定西。雷中田部接连溃败，其残部被鲁大昌收编。12月9日，第十七师四十九旅进驻兰州。

孙蔚如平息事变后，秉承杨虎城的旨意，计划夺取甘肃政权，便首先解决了省内驻军。这一举动引起了国民党中央的关注。为了挤压杨虎城掌控的空间，蒋介石免去了授予孙蔚如的甘肃宣慰使一职，使孙氏无掌甘之权，并于1932年9月30日任命孙蔚如为第三十八军军长，命孙氏率部返回陕西。这就是三十八军番号出现的原因。

孙蔚如宣誓就职第三十八军军长时，所辖部队只有十七师一个师。为了简化指挥机构，孙仍在十七师师部办公，未另行成立军部。一直到1934年10月，三十八军才有了自己的军部和军直属部队。1935年，第三十八军团以上人事情况为：军长孙蔚如，副军长马文德，参谋长张绍庭。第十七师，师长孙蔚如（兼），副师长段象武，参谋长朱亚英。第四十九旅，旅长王劲哉，辖第九十七团、第九十八团、补充团；第五十旅，旅长耿志介，辖第九十九团、第一〇〇团；第五十一旅，旅长赵寿山，辖第一〇一团、第一〇二团、补充团。军直属独立团、工兵营、炮兵营、特务第一营、特务第二营、教导大队。

1933年初，三十八军奉命开赴陕南，配合川军"围剿"红军第四方面军。三十八军中一直有中共地下党存在，在部队中任职的中共地下党员有数百人之多。孙蔚如虽然容纳中共，但毕竟有自己的政治利益和打算，同时又要使杨虎城

第三十八军军长孙蔚如

在国民政府的体制之下有维持其地位和势力的本钱,当蒋介石倾尽全力"围剿"红军之时,三十八军也不可避免地投入了作战。1932年间,红四方面军在鄂豫皖第四次反"围剿"作战中失利,主力被迫入陕,到达西安以南的王曲镇、子午镇一带。同年12月,第五十一旅旅长赵寿山率第九十八、第十一、第十二三个团在城固县的神仙口准备伏击红军,结果部队调动信息和布防情况被中共陕南特委探知,导致赵寿山部反被红军从火焰山口、毕家河口两翼包抄,东、西两向受敌,战斗了不到两小时就全线崩溃。各团仓皇撤退,阵亡营长冀效文及以下百余人。

1933年1月,孙蔚如率三十八军主力由甘肃开回陕西汉中,参加了防堵红军的战斗。同年4月,五十一旅旅长赵寿山派部下张镜白买通了红二十九军的一名干部，趁红军开会时突袭了军部驻地马儿崖，混战中红二十九军军长陈浅伦、政委李艮、陕南特委书记孟芳洲阵亡。红二十九军失去指挥，在第十七路军各部的"围剿"下损失惨重，最后只剩下百余人继续坚持游击。

虽然"剿灭"红二十九军使三十八军得到了褒扬，但蒋介石并不信任这支杂牌部队。1933年蒋派胡宗南部进驻陇南天水，对该军进行监视，对部队进行分化拉拢。面对日本的侵略与蒋介石的监视，孙蔚如等决定与共产党建立联系。孙到汉中不久，就奉命释放了被关押在监狱里的共产党员，以表示友好。4月间，第三十八军参谋武志平奉杨虎城和孙蔚如的指示，到川北寻找红军，并与红四方面军参谋长曾中生签订了"联共反蒋，共同抗日"的秘密协定。具体内容有四条：一是巴山为界，互不侵犯；二是陕军阵地前沿设联络站，由密使武志平代表陕军处理边界事务；三是红军可以隐蔽方式来汉中采购部分日用品；四是陕军馈赠部分药品和部分军用地图，以表诚意。这个秘密协定坚持了两年多，它对红军的发展壮大以及西北革命形势的发展起了重要的推动作用，也使三十八军在"围剿"红军的三年中再未有更大的作战与损失。

1934年11月，在蒋介石的分化下，驻防甘肃平凉的第十七师第四十九旅杨渠统脱离杨虎城集团，投靠蒋介石。杨渠统在杨虎城入陕时立过功，但是他同投靠中央的陕西警备师师长马青苑一样并非杨的嫡系，在朱绍良的拉拢下向南京方面表示了靠拢的意愿。很快，杨渠统被国民党中央任命为陆军新编第五师师长，经过军事委员会派员点验，于1934年11月开往河南归德，改归开封绥靖公署刘峙指挥。孙蔚如平白损失这一旅，很是愤怒，但是他见杨虎城并未采取有效措施阻拦杨旅的行动，反而送给了杨旅一个炮兵营，无奈间只能另行抽调部队恢复第四十九旅的建制。

随着日本帝国主义对中国的侵略，抗日的情绪与对蒋介石内战政策的日益不满，使第十七路军与东北军结为同心。1936年12月12日，杨虎城与张学良共同策划，发动了西安事变。驻防在陕西、甘肃两省的第十七路军和东北军除了扣押在西安的军政要员之外，还将驻防在陕甘的国民党嫡系军队包围缴械。事变发

1936年12月12日，杨虎城与张学良为挽救民族危亡，联合发动了西安事变。图为事变前两人的合影

生后，第三十八军被改编为抗日援绥第一军团，孙蔚如担任军团长，准备北上抗击日本侵略军。

西安事变发生后，在中央"讨逆"大军的压力与政治分化下，不管是第十七路军还是东北军，都发生动摇，他们有的宣布脱离自己的系统投靠中央，有的按兵不动静观其变。三十八军的王劲哉四十九旅就是投靠中央的部队之一。虽然事变在经过军政当局和社会各界的一致努力下得以和平解决，但作为地方军系的第十七路军却被分化削弱。1937年5月1日，杨虎城被迫辞职前往国外"考察"，第十七路军也随之接受中央改编，被缩编为第三十八军。

改编后的三十八军仍以孙蔚如担任军长，其团以上人事情况为：

军长孙蔚如，副军长段象武，参谋长张韬安。

第十七师，师长赵寿山，副师长陈硕儒，参谋长方少海。第四十九旅，旅长耿志介，辖第九十七团、第九十八团；第五十一旅，旅长张骏京，辖第一〇一团、第一〇二团。师直属补充团、辎重团。

西安事变发生后，陕西实现了东北军、杨虎城部与红军的三位一体。图为第十七师师长赵寿山（前左3）与红军将领彭德怀（前左2）等合影

第一七七师，师长李兴中，副师长王根僧，参谋长孙百坚。第五二九旅，旅长许权中，辖第一〇五七团、第一〇五八团；第五三〇旅，旅长任云章，辖第一〇五九团、第一〇六〇团。师直属补充团。

独立第四十六旅，旅长孔从洲，副旅长杨海峰，参谋主任毛兴亚，辖第七三六团、第七三八团。

独立第四十七旅，旅长王镇华，副旅长邱铁生，参谋主任吕文涛，辖第七三九团、第七四一团。

军直属教导团、骑兵团、辎重连。

冀北抗敌　晋南游击

1937年7月7日，日军在卢沟桥制造事变，抗日战争全面爆发。驻陕西三原的第三十八军率先请缨，第十七师与第一七七师的许权中第五二九旅及教导团（团长李振西）于7月下旬开往华北抗日前线，第一七七师师部和五三〇旅及警二、警三两旅也分别开赴陕东的韩城、郃阳、大荔、朝邑一带防守黄河。

第十七师抵达石家庄后，归第五十二军指挥，配合该军在漕河南岸布防，以保卫河北首府保定。此外，第十七师还奉第五十二军军长关麟征之命，抽调四十九旅的一个团配属给第二十五师在满城西北高地和大马坊以北地区布防，师补充团配属第二师担负保定城防任务。

就在第十七师官兵积极构筑工事部署防御的时候，在琉璃河作战的孙连仲部遭到日军猛烈进攻，不支后撤。9月15日，日军第一军以三个师团的兵力在飞机的掩护下突破了琉璃河防线，兵锋直指保定。21日，日军开始对保定地区的中国军队发起进攻，第二十五师防线最先被日军突破，随之第二师防守的保定城也发生激烈战斗。23日，保定沦陷。

第十七师主力由师长赵寿山指挥，在漕河车站及以东地区顽强抗击日军，阵地失而复得，战斗十分激烈。当保定城遭到日军进攻之后，第五十二军军长关麟征命令第十七师迅速撤退，收缩至保定城东南的府河、仙人桥地区布防，配合第二师作战。起初第十七师尚能支撑，但是当日军于23日攻入保定后，其主力转向十七师方向，十七师在仙人桥和下闸桥附近与敌激战，由于兵力火力悬殊，十七师损失惨重，守桥官兵牺牲殆尽。24日，下闸桥丢失，十七师残部全部集结在仙人桥方向继续抵抗。坚持到25日凌晨，十七师残部奉命撤至获鹿休整。

日军攻占保定后，抽调一部主力西取娘子关，企图与进犯晋北的部队会攻太原。当时正在获鹿整补的第十七师奉命指挥已经抵达前线的第三十八军教导团，一起开赴娘子关以北的井陉至龙泉关一线布防，与布防在娘子关以南的第三军协同阻击日军。

井陉位于正太铁路东段，城北为高地，东、南、西三面皆临绵河。在地势上有利于防守。十七师师长赵寿山以主力布防在城北的雪花山制高点，其余兵力分置于铁路和绵河两侧高地。10月11日下午，日军第二十师团先头部队向布防在井陉左侧的五十一旅阵地发起进攻。第五十一旅在旅长张骏京的指挥下奋勇抵抗，战至入夜，保持阵地不失。日军见左翼无法突破，便抽调兵力在第二天改向防守井陉右翼的第四十九旅发起进攻，又遭到了四十九旅官兵的顽强抵抗。战至中午，第四十九旅所属两个团将预备队全部投入，在阵地上与日军展开了肉搏战。13日晨，四十九旅九十八团不支，团长陈际春被迫下令放弃板桥、刘家沟阵地，致使第九十七团侧翼受到威胁。九十七团团长李维民见状，也随之下令撤退。

四十九旅阵地的失守使井陉暴露在日军正面，由于师长赵寿山将重兵全部布置在城外，城内守军仅有两连，根本无力抵御，在拼死守到15日后，被迫突围。此时仅剩下五十一旅仍在同日军拼死作战。

四十九旅于13日丢失阵地之后，赵寿山为了恢复已失阵地，命令五十一旅以及补充团抽调三个营的兵力，配属师特务连，由师部直接指挥，袭击敌后，而将雪花山主峰的守备任务交给了一○二团。这时，井陉遭到日军围攻，十七师无力增派援军。而担负雪花山守备任务的一〇二团团长张世俊因玩忽职守，导致雪花山阵地丢失。赵寿山指挥的出击部队在南关和井陉车站取得小胜后，不得不被迫回攻雪花山。然而此时日军已在雪花山集有重兵，且加强了防备，十七师五十一旅和补充团在伤亡惨重的情势下，被迫放弃收复雪花山的任务。十七师的阵地至此全部丢失，残部退守娘子关。丢失雪花山阵地的第一〇二团团长张世俊按军律正法。

此后退守娘子关的十七师残部四千余人在阵地内继续抵御日军的进攻，至19日将防务移交友军第三十一师后开赴平定整补。由于十七师在河北、山西两省作战伤亡过重，在整编时仅能编成五个营，其中四个营编为第四十九旅，另一营由师部直接指挥。随十七师一起开赴山西的第三十八军教导团作为预备队，于10月16日又投入战斗，在旧关与日军展开激烈的争夺战。在六天的战斗中，该团两名营长身负重伤，第三营所属两个连牺牲殆尽。22日，仅剩五百余人的教导团奉命撤往阳泉休整。26日，娘子关失守，第十七师与军教导团撤往交城整顿。

在十七师于娘子关奋战的同时，另一路出陕抗战的第三十八军一七七师五二九旅于10月18日到忻口参战。五二九旅抵达前线时，正值南怀化为日军攻占，旅长许权中奉命指挥所部归第六十一军军长陈长捷指挥。陈命五二九旅所属一〇五七团由第七十二师师长梁春溥指挥，担负防御任务，后期抵达的一〇五八团则投入到进攻磨子梁北端抗击日军的战斗中。在向日军进攻时，团长韩子芳不顾伤亡，严令所属各部拼死进攻，结果指挥进攻的团附和三个营长都负了伤，攻势受挫。一〇五八团上阵一天就垮了下来。

10月22日，抵达前线的旅长许权中收回了指挥权力，他指挥一〇五七团和一〇五八团残部接守南怀化以东高地的防御。娘子关失守后，第五二九旅奉命放弃阵地向太原集结。日军发现五二九旅的撤退企图，当即发起进攻。许权中指派一〇五七团第二营断后，营长李明轩固守阵地阻敌，为保证旅主力后撤，该营几乎全部殉国。战后五二九旅经过点验，全旅三千余官兵仅剩八百余人，一〇五八团将残余官兵编入一〇五七团后开赴陕西接收新兵，一〇五七团经过补充也仅编成两个营开往晋东南从事游击作战。

从1938年1月开始，第十七师和第一七七师五二九旅等部皆在晋东南地区开展游击战。是年春节过后，第五二九旅突击晋城，一举歼灭当地伪军和维持会。2月中旬，十七师开赴天井御敌，在地方民众的支援下给日军以迎头痛击，迫敌放弃进占天井的计划。同月，日军攻占东阳关，长治受到威胁，第十七师与五二九旅奉命驰援，因长治沦陷，便暂时驻防在高平地区。3月，日军第十四师团主力东进，第十七师在高平关以西伏击日军，再次取得胜利。同时，第一七七师主力接连收复永济、虞乡、临晋等县，第五二九旅也在壶关、平顺、林县袭扰日军，给晋东南日军以极大威胁。

第三十八军自参加抗战以来，至1938年6月，历时一年，战果颇丰。但该军一直处于配属他部分散使用的状态。这种状态直到三十八军扩编为三十一军团之后才得到改变。1938年6月21日，第三十八军军长孙蔚如升任第三十一军团军团长，同时所属第三十八军扩编为第三十八、第九十六两个军。其中以第十七师、独立第四十六旅合编为新的三十八军，军长一职由原第十七师师长赵寿山升任。由于十七师和独四十六旅驻地相对集中，所以赵寿山时期的三十八军才开始有了统一的指挥体系。

赵寿山，原名赵生龄，号杜亭。1894年12月出生于陕西省户县定舟村一户贫苦农民家庭。赵家虽然贫穷，但其父仍旧在赵寿山9岁那年借钱将他送入私塾读书，使其接受文化教育。1913年，赵和孙蔚如一样弃文从武，考入了陕西省陆军测量学校，与孙成为同班同学。毕业后又同入测量局担任测量员。1917年跟随孙蔚如一同加入陕西靖国军，因厌恶靖国军的腐败环境，赵转而投奔冯玉祥部效力，历任上尉参谋、少校参谋。靖国军解体后，杨虎城仍树靖国旗帜，赵仰慕杨的义举，便在孙蔚如的介绍下前往杨部，此后跟随杨虎城征战沙场，官至第十七师师长。

赵寿山接任军长后，该军团以上人事情况为：军长赵寿山，副军长段象武，

第三十八军军长赵寿山

参谋长方少海。

第十七师,师长耿志介,副师长陈硕儒,参谋长李正兴。第四十九旅,旅长李维民,辖第九十七团、第九十八团;第五十一旅,旅长孙子坤,辖第一〇一团、第一〇二团。师直属补充团。

独立第四十六旅,旅长孔从洲,副旅长冯尔革,参谋主任毛兴亚,辖第七三六团、第七三八团。

赵寿山任军长后,奉命前往武汉见蒋介石,新任师长耿志介还未到任。就在这时,盘踞博爱、济源地区的日军发起扫荡太行山、打通济源至侯马一线交通的作战。此时第十七师副师长陈硕儒临时担负起指挥全军(独四十六旅驻永济,尚未归建）的责任，命令部队在王屋山区以东封门口南北一线构筑防御工事，阻敌西进。

陈硕儒将主力布置在北起秦岭山、封门口，南至贾坡、段沟、门头岭，构筑纵深工事。6月30日，日军一部四千余人在炮火的掩护下向三十八军发起进攻。经反复冲杀肉搏，十七师几次将日军击退，但自身亦损失惨重，尤其是第九十七团，营长呼延品一、连长王春山先后阵亡。为使部队免遭更大伤亡，陈硕儒决定将部队撤至邵源镇以北的横河镇山区整顿，脱离战斗。三十八军在付出损失两千余人的代价后，未能阻止日军西进，侯马在日军两路夹击下失守。

赵寿山返回部队后，立即召集已经到任的师长耿志介等高级军官会议，深刻检讨了封门口一战的得失，并将作战不力的营长王某撤职，以肃军纪。1938年7月16日，第三十八军进驻中条山，由此开始了长达四年的艰苦坚守。

永济受挫　六六大捷

1938年8月8日，日军第二十师团七十七联队两千余人在十门火炮的支援下兵分两路进犯中条山。其西路部队一千余人于9日经张店进至茅津渡以北地区。此时，十七师正在茅津渡构筑工事，师长耿志介得知张店为日军占领后，立即派遣第九十八团陈际春部进攻张店。陈团经过一小时的战斗，将日军击退。随后耿志介命令主力部队乘胜追击，于次日占领土地庙至大郎庙一线各隘口。日军见隘口北为国军占领，继续扫荡中条山已很困难，便向运城撤退了。这次战斗的胜利使晋东南国军长期低迷的士气为之一振，其性质非同寻常。战后，第三十一军团部报请军委会授予第十七师师长耿志介青天白日勋章。

8月16日，日军第二十师团七十七联队再次集结两千余人，在火炮、装甲车、轰炸机的掩护下对永济发起进攻，日军攻占普救寺以北高地，继又占领姚温、直接威胁永济县政府所在地蒲州城。担负永济外围守备的是由孔从洲统一指挥的独立第四十六旅、第十七师五十一旅一〇二团。孔旅长得知这一情况后立即命令副旅长冯尔革率兵两个连向西姚温反击；第一〇二团孙子坤部沿中条山西进，向东西姚温进攻。经过反复争夺，反攻部队损失惨重，第一〇二团团附杨法震殉国。孔从洲见反击失利，蒲州城失去掩护，无法固守，率领所部撤入中条山区，向军部靠拢。守备蒲州城的三十一军团警一旅团长张剑平见独四十六旅放弃阵地，也随即放弃了蒲州城。

蒲州被放弃后，永济全县又告沦陷，日军乘胜占领芮城。孙蔚如的第三十一军团被日军分割，军团部遭到日军包围，所属部队亦各自为战。赵寿山得知军团部遭到日军包围后，于8月24日命令第十七师向芮城东北的上下石门发起进攻，经半天激战，突破日军防线，迫使当面日军收缩于解县，成功将军团部接应出来。

三十一军团在付出了损失一千余人的代价后放弃了永济全境，全军上下备感耻辱。战后，警一旅团长张剑平被撤职查办，独立第四十六旅旅长孔从洲也被处以撤职留任，原本向上申报授予十七师师长耿志介青天白日勋章的事也不了了之。永济之战后，第三十一军团变更兵力部署，以第三十八军担负张茅大道两边以及平陆县城以东的中条山区的防御，力争收复张店据点，另以所属独立第四十六旅守备大郎庙。

1939年3月，日军第二十师团调集兵力六千余人，对中条山发动"第五次肃清战"。同月29日，日军一千五百余人在飞机大炮掩护下对三十八军阵地发起攻击。赵寿山决定以第十七师一部绕袭敌后，一部围攻张店，独立第四十六旅一部由东坪头向磨凹岭侧后进击。日军在进攻时，其侧翼突然遭到三路反击，逐渐发生动摇。十七师四十九旅旅长李维民适时挑选精兵一百名，手持大刀，携带手榴弹，乘夜色突入日军阵内，与日军展开激烈的肉搏战。日军突遭袭击，不明进攻兵力多少，狼狈后撤，于4月1日退出了中条山区。

孙蔚如见日军被逼出中条山，认为有机可乘，便向部队下达总反攻的命令。

自4月10日起至24日止，第三十八、九十六、四十七三个军全线出击，向日军第二十师团发动了一次进攻作战，给日军第二十师团以重大打击。其中第十七师一〇二团在稷王山区机动作战，在八将门、九水头、夏县地区不断向当面日军发起进攻，并伏击装甲列车，打得日军疲惫不堪。独四十六旅七三六团一部一度收复盐池，缴获大量食盐，不仅解决了部队的用盐问题，也解决了周围居民的食盐问题。七三八团则于21日分别攻占日军设在张良村和半坡车站的据点，击毙日军百余人。

日军在第二十师团进攻中条山接连失败后，于1939年5月将分散守备的第二十师团四个联队集中，并调集第三十七师团的骑兵第二十八联队、野炮第二十六联队、独立山炮第一联队、山口集成飞行大队等密布于中条山以北的闻喜、夏县、安邑、运城、解县、虞乡、永济、风陵渡地区，并以换防为名，秘密部署反扑行动。这时，孙蔚如的第三十一军团已扩编为第四集团军，总司令孙蔚如得到日军的进攻情报后，随即召开军事会议，调集兵力积极部署防御作战。

1939年6月6日，日军以突然袭击的方式向张店至平南村一线的国军发起全面进攻。第二十师团八十联队所部三千余人和第三十七师团一千五百余人，以一小部分兵力经南北横涧向红嘴、风口、连家湾一线的独四十六旅右侧阵地进攻，主力则沿张茅公路向十七师四十九旅阵地进犯，另以三十七师团一部兵分两路向风口、红嘴的独四十六旅北侧阵地进攻。从6日上午4时至9时，独四十六旅官兵浴血奋战，击退日军多次进攻。但日军以飞机大炮连番轰炸，火力很猛烈，独四十六旅损失惨重，被迫放弃风口、红嘴、连家湾一线阵地，退守柏树岭预备阵地继续抵抗。独四十六旅刚抵达柏树岭，日军即尾随而至，部队陷入危机。旅长孔从洲向师长赵寿山求援，赵立即令预备队十七师一〇一团第一营增援独四十六旅。但日军进攻一波强于一波，独四十六旅在坚持到下午4时后，阵地大部丢失。赵寿山无奈命令独四十六旅放弃武家沟阵地，向马村预备阵地转移。7日上午，日军向马村发起进攻，不久将独四十六旅七三八团阵地包围。七三八团团长郑培元临危不惧，沉着指挥部队，终将日军击退，保障了马村阵地。

沿张茅公路进犯的日军第八〇联队主力分三路向下牛、部官臣、大坪头前进，首先突破十七师五十一旅一〇二团阵地。师长耿志介见已同日军接火，遂按预定计划，指挥五十一旅主力向张茅公路以东地区撤退，同时，命令向日军侧翼进攻的四十九旅九十八团向居土庄集结，第九十七团在南村集结。第四十九旅在友军第九十六军、第四十七军进攻配合下，乘势收复了南坡、太臣村。

日军进攻受挫，但仍以重兵进逼，继续向平陆方向推进。孙蔚如见先期作战已达目的，便下达了收缩防线的命令。不久，平陆沦陷。日军攻占平陆后，赵寿山命令十七师固守茅津渡及以北山地，独四十六旅因损失过重，奉命撤出战斗整补。

6月10日凌晨，日军三千余人向茅津渡及公路以东的寨头、崔家坡、张家坡至吉家坡的十七师四十九旅阵地发起进攻。一时间，大坪头至南坡村一线炮火连天，战况异常激烈。战至11日，十七师当面日军兵力已达五千余人，而十七师的阵地已经收缩为曾家庄、古王、计王、下伞至黄河岸约六公里地区。13日拂晓，日军再次向位于古王、计王的十七师四十九旅阵地发起进攻。该旅阵地四次被日军突破，但是该旅在旅长李维民的指挥下四次将日军击退，九十八团第二营营长范文英在第三次反击时，不幸中弹殉国。入夜后，赵寿山得知当面日军兵力已达七千余人，且有继续增加的态势，阵地的丢失只是时间问题，便令十七师撤至望原附近作攻势防御，并与友军第四十七军取得联络，相互策应。

日军在八天的进攻中也损失惨重，疲惫不堪。据情报称，日军一个只能容纳四百名伤员的野战医院，已塞满一千余人。有鉴于此，孙蔚如接到第二战区司令长官部的命令，开始全线反击。

6月15日上午6时，三十八军十七师与友军各部皆尊命出击，已经处于疲惫状态的日军未料到接连败退的国军还有反击的能力，在一阵惊慌失措之后纷纷败退。战至18日，日军全部退出中条山。因此次作战自6月6日开始，故称"六六"战役，此战以守军的胜利告终。三十八军在这一战斗中伤亡官兵两千余人，但是再一次挫败了日军侵占中条山的企图。日军将中条山喻为"盲肠"，深感难堪。

第一战区司令长官卫立煌在"六六战役"结束后曾亲自前往三十八军训话，褒奖道：在抗日作战锻炼中，三十八军已成为铁的三十八军……后方报纸亦将这次作战宣传为"我军又造成光荣之胜利""敌第六次攻击中条山，乃复告失败"。民众称誉第三十八军是"中国抗战九路军"（意为战绩接近八路军）。

再战告捷　移防南渡

"六六战役"后，晋南皇协军一部经过策反，两千余人宣布反正，被改编为新编第三十五师，孙蔚如命该师暂受第三十八军节制。新三十五师的加入，使长期在中条山打游击并已十分疲敝的三十八军增添了力量，同时也填补了三十八军漫长的防线。有鉴于此，军长赵寿山重新调整了所属部队的防线：以第十七师一〇一团守备夏县以南及东南之辛犁园、张家镇、燕家坪地区，并适时袭击东南昊等地日伪军；第九十七团一个营守备夏县以南任家窑、贾家沟、侯家岭地区，主力集中于杨家沟附近，攻袭安邑、运城之敌，破坏铁路交通；第九十八团除一部守备张店东北马鞍桥、谭峪、上吉、窑斗地区外，主力准备袭击四洲圪瘩及侯王之敌；第一〇二团集中淹底，为预备队；炮兵营在毛家山附近，工兵营两个连在羊皮岭附近；独四十六旅第七三六团附第七三八团第一营，守备张茅大道以东的晴岚、北吕、南吕、太宽之线；第七三八团两营为旅预备队，集结中村附近；新三十五师以四个营守备西段大郎庙至土地庙之线山脊，两个营守备常乐、北张村、文家滑至葛赵村之线，对付由芮城东犯之敌；第一团及特务连、工辎两营（新兵徒手）在张峪镇、沙口为师预备队。

1940年4月上旬，日军第三十七师团骑、步、炮、工、辎等各联队并伪军一部共万余人在安邑、运城、解县、张店附近秘密集结，企图攻占茅津渡各黄河渡口，破坏陇海铁路交通，将国军压迫在张茅大道以东山区，确保同蒲铁路南段畅通，以便攻占整个中条山区，南渡黄河。4月14日至16日，日军开始向张茅大道前哨阵地、警戒阵地和次要防御地区进攻，拉开了大战序幕。守军以4月17日主阵地作战为起点，称该战役为"四一七"战役。

4月14日晨，日军三四百人由盐池以南的西姚、张村、曲村出发，向新组建的新三十五师前哨阵地柏口窑、相家窑、东黄草坡、榆树岭发起试探进攻。两小时后，新三十五师退出阵地。日军见初战得手，于次日拂晓又集中两千余人由盐池以南各据点出击，进犯友军第一七七师阵地，被击退。日军进攻一七七师失利，重新调整部署，将重点再次集中到新三十五师方向。16日拂晓，日军竹田联队在飞机火炮掩护下，向张店西南的风口、柏树岭一带新三十五师阵地发起全线进攻。激战竟日，新三十五师守备的凹岭、武家沟、东西黄草坡山岭界线及大郎庙先后被日军攻占。新三十五师代理师长姜宏谟见状，命令第二团团长尚武杰指挥所部于晚上12时进行反击。第二团虽一度夺回大郎庙阵地，但没有改变所处的劣势。

4月17日，日军三十七师团主力沿张茅大道长驱直入，新三十五师与第一七七师先后在太宽、大坪头、东西祁、阳朝、大郎庙、苏家沟等处阻击日军，在给予日军一定杀伤后，第一七七师撤退至张茅大道以东沙涧东侧，而新三十五师仍在平陆以西与日军继续进行游击战。

从17日晚上8时起，赵寿山决定采用弹性防御、诱敌深入的作战方式抵御日军。19日夜，第三十八军利用日军在攻占淹底后的麻痹心理，以主力四个团趁着狂风实施夜袭，日军仓皇应战，接连败退。战至20日凌晨3时许，第三十八军先后收复淹底以西的郭家庄、上下堡、槐树下、曹家庄、南村等要地。日军被迫撤出淹底。天亮后，为避免日军飞机、炮轰击，第三十八军主动后撤，并于入夜后再次组织全线反击，21日凌晨3时，第二次将淹底收复。

如此数日，日军在张茅大道南段以东地区前进不得，决定集中主力向北段第三十八军发起进攻。赵寿山及时察觉日军动向，迅速调动部队，以第十七师一〇一团两个营守备夏县以南虎庙、任家窑、侯家岭至马鞍桥阵地；第一〇二团附一〇一团第三营守备谭峪、上吉、窑斗、毛家山间阵地；第九十七团主力守备毛家山、九面窑间阵地；第九十八团守备庙凹至狮子沟阵地；独四十六旅主力在核桃凹附近为军预备队，组成防御体系。

25日拂晓，日军以步、空、炮协同，向毛家山、狮子沟、窑斗、上吉、萝卜沟等地发起进攻。第九十六军乘机攻袭淹底，打击日军侧背。第三十八军则在阵地上顽强抵抗。下午3时，庙凹、狮子沟阵地失守，防守该地的第九十八团阵亡营长以下官兵514人。第一〇一团第七连排长马勤动率部坚守窑斗阵地，与日军展开肉搏，最后全排殉国。为保持有生力量，赵寿山下令将部队撤至1421.5高地、核桃凹、姚巴山、1704.2高地，继续游击阻击日军。

由于守军采取的作战方针较为灵活，日军未能大量歼灭其主力，加上八路军在日军后方不断袭扰，日军物资补给不足，后继无力。至26日，守军开始全线反攻。第三十八军第十七师四十九旅由核桃凹、1421.5高地向西南之敌攻击，第五十一旅向姚巴山发起攻击。战至27日拂晓，日军全线动摇，向西北方向撤退。28日下午5时，独四十六旅前进至尧店附近，主力分两路向南推进，一路向居士庄，一路向槐下村、南村、八政推进，迂回古王、计王日军右侧背。日军被迫再次后撤。此后，日军虽在北段向第三十八军发动两次反扑，但是战至5月2日，毫无进展。第一战区鉴于已完成阻击日军的任务，宣布"四一七"作战结束，三十八军在这次作战中表现突出，立下功劳。此战，该军伤亡官兵三千五百余人，日军伤亡四百余人。

1940年8月，八路军在华北战场发动了百团大战。三十八军积极配合，在同蒲铁路两侧加紧对敌扫荡，缴获大量枪弹和军用物资。同年10月，独立第四十六旅与新编第三十五师并编，番号仍使用新编第三十五师，孔从洲任师长，正式列入第三十八军建制。

第三十八军与八路军在抗日作战中的密切关系引起了蒋介石的疑忌。9月30日，第一战区长官卫立煌命令三十八军退出一线，于10月28日由尖坪南渡黄河，再由张茅、观音堂登车东开。11月7日，奉令以第十七师接任东赵集至赵沟口间河防，以新三十五师集结孝义附近整训。在此期间，三十八军仍旧不时出动小股部队给日军以袭扰。1940年12月30日，十七师一个连联合当地武装攻击沁西伪军，毙伤伪排长以下三十余人，俘伪连长王正彬等四人，迫使伪营长郭良臣率部反正。1941年1月2日，第一〇二团五连配合地方武装，进击温县赵堡伪军，毙伤伪军十余名，抢夺步枪二十余支。4月2日，第九十八团配合地方武装截击木栾店、大司马日伪军，毙伤日伪军三十余名，缴获轻机枪一挺，步枪两支，俘虏焦作伪矿警十九名。8月29日，第一〇二团第一营在冯庄、刘庄伏击由原武方向驶来的日军汽车两辆，歼敌过半。接着该营又对日军由亢村增援的二百余名骑兵和数辆汽车进行袭击，在对敌予以杀伤后，迅速撤离，毙伤日军四十余名，战马九匹，击毁汽车三辆，营长史振清及一、三两连连长和士兵十八名受伤，两排长壮烈牺牲。1941年1月至9月，第三十八军共计出击六十五次，毙伤日伪军四百八十余名，击毁汽车二十五辆，捣毁豫北第二兵站，俘虏日伪军五十一名，有力打击了日伪军。

广武御敌　中原鏖战

1941年10月2日，日军以第三十五师团为主力，配合第一一〇师团及骑兵第四旅团各一部，附阿野战车大队，共约两万人，由中牟县琵琶陈与黄河铁桥两处乘隙偷袭郑州。由于第一战区防御不力，孙桐萱第三集团军由郑州向密县后撤。在第二线的汤恩伯第三十一集团军增援不力，日军轻易攻占郑州。第三十八军奉命迅速驰援郑州，堵截偷渡日军，在荥阳、广武地区与日军展开了激烈争夺战，是为广武战役。

10月2日，日军第三十五师团一个联队两千余人，附骑兵百余、炮四门，由黄河铁桥偷渡。第三十八军命令十七师火速集中主力，歼灭偷渡日军；并令新三十五师一〇三团开赴广武，划归第十七师指挥，另以一团转移至巩县以东正面阵地褚岭、官店、金沟间地区，对东警戒。同时友军第一七七师一个炮兵连配属第十七师作战。军长赵寿山率领特务连一部亲赴汜水构建指挥所。

第十七师部署完毕后即向铁桥南端日军展开围攻，第九十八团由下河王向田坡、李庄进攻，第一〇一团向韩洞进攻，第一〇二团由邵庄南端向李庄进攻。3日2时，第一〇一团经过激烈巷战，第一营攻占韩洞，日军即刻增援，第一营被迫撤出。当日4时，第一团集中主力反攻，复将韩洞占领，日军复又增兵攻击，第一〇一团伤亡惨重，6时被迫退出韩洞，日军以百余骑兵追击第一〇一团，被一〇一团打散。第九十八团于3日4时攻克田坡，围攻孙寨。3日10时，汜水东北河岸孤柏嘴发现敌船六只南渡，被第十七师留置部队击退。

4日拂晓，日军集中主力向上下河王、小李庄第九十八团阵地发起猛攻，第一〇三团增援反击，第一〇一团向孙寨北方日军侧后进攻，双方激战竟日，第十七师伤亡约五六百人。至6日，邙山岭上的霸王城、汉王城、张山、张沟等地均被日军攻占。耿志介要求增援未果，因兵力单薄，被迫开展游击作战，阻敌西进。

日军进占郑州和邙岭之后，加紧构筑工事，巩固阵地，同时不断调整部署，向西推进。第十七师按军部命令加大纵深，重新配备兵力：第一〇二团在广武附近，并向广武以北张庄、王沟至黄河岸边派出警戒部队，南北展开；第一〇一团控置于广武以西七公里高村。第四十九旅第九十七团以两个营防守万俟岭至汜水十里铺河防，一个营控置于荥阳；第九十八团控置于荥阳西北史村。

10月7日，第十七师奉命组成三个轮袭支队，袭扰游击日军。以第一〇一团第一营附迫击炮四门，为第一轮袭支队；第一〇一团第三营附迫击炮四门、马克沁重机枪四挺，为第二轮袭支队；第九十八团第三营附迫击炮四门、马克沁重机枪三挺，为第三轮袭支队。全师十六门迫击炮，除守河防的第九十七团两个营留用四门外，其余配属各轮袭支队。

从10月10日起至10月31日，轮袭支队在第十七师补充团团长习勤的指挥下，不断袭扰、打击各据点日军，使敌疲于奔命。正当第三十八军在广武与日军激战之时，八路军向平汉铁路线猛烈出击，破坏了武安至安阳间公路桥梁，攻袭机场据点，威胁日军后方，在郑州的日军从10月31日晚分路东撤，11月1日，国军收复郑州。整个10月，第十七师伤亡一千九百余人。

日军在撤出郑州时，为了继续盘踞邙山桥头阵地，纠集兵力西犯广武。11月1日8时，占领广武西南六公里的袁垌；下午3时，推进至广武以西三公里的唐垌、唐岗、王楼之线，不久广武失陷。为了打破日军占领桥头堡的企图，第四集团军下令第一七七师第五二九旅赶赴汜水，划归第十七师指挥，11月2日又将第一七七师配属第三十八军指挥，参加肃清黄河南岸日军之战。

11月1日晚，第十七师集中主力，由西、南、西北三面围攻广武。20时，第九十八团攻占城南的后王、三官庙，向古荣镇推进。第五十一旅两个团附炮兵营及第一七七师山炮连，驱逐唐岗日军后，配合第九十八团第二、第三营继续攻击广武城。2日1时，第九十八团攻占广武南关，第一〇二团攻占西关，第一〇一团追击唐岗之敌。10时，一〇二团第二营由西门、第三营由南门攻入广武城内；14时，日军在飞机掩护下由东门附近突围，广武被收复。

11月3日，赵寿山准备集中兵力围歼盘踞在韩洞地区的日军。命令第十七师、第一七七师抵达攻击准备位置，于4日拂晓前完成攻击准备。此时，第一战区长官部将第八十一师划归第三十八军指挥。4日16时，赵寿山在广武高村发布第106号命令，三个师由东、西、南三面约八公里正面同时发起进攻。八十一师在东，向韩洞东侧发起攻击；第十七师居中，以主力向韩洞及其西北高地仰攻；第一七七师附炮九团第一营在西，分别向土地庙、上下任店及霸王城发起进攻。各部于当日夜24时开始攻击。由于日军工事坚固，抵抗顽强，并引水灌注外壕，各部进攻困难，未能形成突破，在韩洞附近与日军对峙。

6日，赵寿山鉴于进攻未能取得进展，于7日将攻击重点转移至左翼，逐次攻击日军据点。由第一七七师担任主攻，第十七师助攻，第八十一师担任外围作战。19时30分，各部开始发动进攻，23时，第九十八团攻占外围高地，第一〇五七团攻进霸王城，将日军压迫至霸王城以东地区。24时，一〇二团攻占高平寨外围。拂晓时分，日军发动反攻，外围高地失守，其余各部也因伤亡过大，暂时撤退至邓庄、大刘庄、张山及霸王城以南之线。

8日，孙蔚如向赵寿山发来手令："经昨晚战后，证明敌之据点工事相当强固，一举歼灭难得手，应择敌之弱点，集中主力纵深配备，采取逐步推进稳健办法……"至此，三十八军对敌由围攻转入包围监视。

从11月8日起，三十八军开始对邙岭之敌采取构筑据点工事，深挖壕沟，包围监视日军，防其流窜。在构筑监围阵地同时，各师组织部队多次向邙岭日军发动攻击，日军狗急跳墙，竟残忍地使用了毒气，致使三十八军官兵近千人中毒。12月18日，卫立煌发出重新调整部署的电令，令第三十八军指挥所属的两个师加上魏凤楼的游击第一纵队担负封锁包围任务。

在11月、12月的封锁包围作战中，第三十八军伤亡官兵1050余名，其中第十七师330余名，第一七七师898名，第八十一师160多名。在三个月的广武战役中，第十七师担任主要作战任务，全师伤亡官兵2280余人，有些连队只剩二三十人，但部队士气高昂。封围部署调整后，第三十八军军部于1942年1月2日移驻荥阳县北的苏寨村。部队开始遵命整编，2月中旬结束，第十七师缩编成第四十九、第五十、第五十一三个团。

1943年10月中旬，第一战区长官部突然下令，限第三十八军月底交防，撤离郑州、广武前线，调巩县、偃师集中整训，桥头阵地交由汤恩伯第八十五军接防，第三十八军被汤恩伯的部队监视起来。此时西安发动"清共运动"，第三十八军任耕三团长被胡宗南的狙击手杀害。接着赵寿山被调去国民党中央训练团受训，1944年2月11日，升任第三集团军总司令。所遗军长职由第九集团副总司令张耀明接任。

张耀明，1905年1月19日出生于陕西临潼县张家庄。其家以耕读为生，张耀明行六。早年就读于陕西省立一中。1924年考入黄埔军校第一期。毕业后历任排长、连长、营长，参加过东征、平定刘杨叛乱与北伐战争。1930年中原大战后任第四师团长。1932年参加对豫鄂皖红军的"围剿"。同年冬升任第二十五师第七十五旅旅长。1933年春北上参加长城抗战古北口之役。抗战爆发后任第五十二军第二十五师师长，参加台儿庄之战后升任五十二军副军长。1938年7月参加武汉会战，9月升任第五十二军军长。1942年6月升任第九集团军副总司令。张耀明接任第三十八军军长后，马上率部参加中原会战。

1944年世界反法西斯战争发生了重大变化，中国与盟军一道对日军开始了局部反攻。日军为了挽救覆灭的命运，决定打通中国大陆交通线，扩大占领区，解除中美空军对其本土的威胁。是年4月，日军在豫北道清铁路以南和开封、垣曲一带集结了七个师团的兵力，计十二万人，在冈村宁次的指挥下开始了一号作战。

4月18日，日军第三十七师团由中牟分三路强渡黄河，22日先后攻占郑州、新郑等地；豫北日军第二十七、第六十二、第一一○师团同时南渡，迅速突破第八十五军封围阵地，占领广武、汜水、荥阳。

会战开始时，第三十八军正集结在偃师、登封地区，由蒋鼎文监管进行整训。4月19日，蒋鼎文将第三十八军归还第四集团军建制，奔赴临汝、登封、汜水一线，守备老范沟迄褚岭间阵地。4月20日16时，第十七师第五十团第四连在塔山与日军第一一○师团一六三联队相遇，战斗就此开始。4月22日，第十七师第五十团第八连，又与第一六三联队五十余人遭遇，八连猛烈攻袭，22时占领塔山顶，这时在杨树沟附近发现日军主力三四千人，该连遂撤退。23日15时，日军两百余人由草店、范家沟向马驹岭警戒阵地进犯，18时增至七八百人，向马驹岭围攻，第五十团第四连绕至日军后方袭击，迟滞日军前进。

25日拂晓，日军五百多人，在飞机大炮掩护下由马驹岭向第三十八军前进阵地铁山进犯，第五十团第二营给予日军迎头痛击，加上第四连在龙头嘴侧击，日军退回马驹岭。9时，日军又向铁山阵地及两河口猛攻，到达铁山外围警戒阵地小李村时，进入第三十八军火力网，该军猛烈开火，日军在三架飞机掩护下仓皇而去。13时，日军步骑三百余人第三次向铁山阵地发起进攻，又遭到潜伏在龙头嘴的第八连袭击，狼狈回撤。同日，新三十五师在警戒阵地大顶平、兴谷寨也击退了小股日军的侵扰。26日，新三十五师派出部队袭击庙子的日军，迫其退往石坡口。27日，第五十团一、二营由西温堂、两河口向龙头嘴日军合击，日军被迫向塔山方向撤退，在龙头嘴以东山谷又遭遇新三十五师搜索连突袭，伤亡五十多人后，转向东北，退往马驹寨。29日凌晨1时，第五十团第三营附迫击炮两门，向马驹岭出击，5时30分，攻占马驹岭阵地。10时，日军增兵反攻，第三营与日军激战至黄昏，在团部派来的一个连的掩护下撤离战斗。

自4月30日起，日军开始向第三十八军主阵地大举进攻。5月2日8时，日军五六百人在强大炮火掩护下，向新三十五师阵地发起进攻，主阵地杨树沟及1064.1高地相继失陷。13时，第一〇三团第一营由牛家寨东进，切断日军后路，打退了八峰寨增援日军，夺回了1064.1高地。17时，日军增援千余人，分别向老庙阵地和1064.1高地进攻，第一〇五团第二营伤亡重大，阵地又告失守。20时日军又向牛家寨、冷沟寨阵地进攻，第一五〇团第六连奋力抵抗，激战彻夜，连长张鸿烈阵亡，两寨相继失陷。3日5时，第五十团第二营朱映亚率步兵百余人、迫击炮两门进行反攻，夺回冷沟寨。日军北撤羊圈河，在琉璃庙遭遇第五十团第九连伏击，逃往东温堂。第四十九团第三营协同第一〇三团第三营夹击日军，形成对峙。4日2时，该股日军向新三十五师师部洪河猛扑，师指挥所被迫转移至蟠龙山南端高地。由于新三十五师师部被袭，部队指挥出现混乱，致使一天之内，日军突入新三十五师阵地三十多公里，而第十七师驻守的最右翼老范沟第一线阵地仍屹立不动。

5月3日，第一战区长官部令三十八军工兵连在杨村伊洛河上架设桥一座，以能通过纵队及辎重车辆为准。5日24时，复令第三十八军炮兵营开赴偃师城南许庄掩护杨村军桥，令新三十五师第一〇五团第二营派一连，归炮兵营指挥，星夜开赴杨村保护军桥。

5月7日8时，庙子日军五百余人向西北前进至鼓堆坡，经第十七师第五十一团第二营和第五十团第三营协力阻击，至14时，向东退去。此时在鹅岭口千余日军，战车十辆，汽车数十辆，有向偃师府店进袭迹象。19时，第一战区长官部下令第三十八军向洛阳西北地区转进，"另策后图"。第三十八军于当夜向伊洛河北岸偃师以东地区集结，收容整理后，向洛阳西北的陈凹、常袋地区转进。

5月8日，第三十八军主力抵达凤凰台附近，9时接蒋鼎文手谕：为掩护洛阳左侧，令第三十八军自白马寺沿洛河至宋湾、祖师庙之线布防。9日12时，蒋鼎文又电令第三十八军主力原地待命，派一部向登村、汜水搜索前进。11日，蒋鼎文又电令第三十八军向韩城镇挺进，迅速占领韩城以东既设阵地，阻击日军西进，掩护刘戡兵团及第三十六、三十九集团军向西转进。

由于此时洛阳东、西、南三面均在激战，第三十八军只能由洛北沿邙山西至新安，再行南折。12日10时，第三十八军经过孟津杨岭时，遭遇二十余架日机轮番轰炸三小时，损失惨重。新三十五师第一〇五团在马村与日军步兵战车联合部队遭遇，行军纵队被截断，部队各自为战，伤亡巨大。13日，第三十八军向宜阳县的石陵集结。当日15时，第十七师经过新安时，由渑池东进的日军第六十九师团一部占领县城西南高地向第十七师射击，第十七师以一营兵力向敌进攻，掩护主力通过。当夜日军骑兵百余人向十七师师部所在地羊羔村袭击，与师部警卫连发生激战后，向东北方向退去。

14日9时，第一战区司令长官部又令第三十八军即刻开往韩城附近，限当夜到达。军长张耀明率领直属部队及第十七师四十九团第三营兼程急进，深夜到达韩城。15日12时，新三十五师第一〇四团到达两个营，防守韩城镇及其以东官庄、角城之线。其后两日，第三十八军各部先后到达指定地点，占领阵地。第十七师在韩城西北的八里坡、朱家沟和关帝庙后凹布防，新三十五师在韩城东北的角城、苏河、张沟地区布防。此时洛河以南莲庄已经失陷，占领新安的日军第六十九师团一部南下跟踪，战车第三师团一部已经到达宜阳，第三十八军三面应敌，难以应付。

15日11时，洛河南岸日军数百骑兵渡河北犯，遭到第一〇四团迎头痛击。16日拂晓，日军步骑联合千余人在飞机掩护下强渡洛河，被第三十八军击退。

7时，日军战车七八十辆，摩托化步兵千余人，由宜阳沿公路向韩城进犯，因第三十八军缺乏摧毁坦克武器，部队被迫撤离韩城，转向韩城西北高地继续抵抗。12时，日军坦克支援步骑兵西进水沟庙，与第四集团军总部警卫营和新十四师四十一团展开激战，总部转移至王眷村。17日7时，日军五千余人由飞机掩护、坦克开道，向四棵树方向进攻，第十七师师部遭到日军飞机轰炸，损失惨重。防线被日军突破，第五十团被包围，虽有第四十九团与新三十五师支援，第五十团仍旧伤亡惨重。此时，日军由渑池的藕池和韩城两面向第三十八军夹击，形成南、北、东三面包围之势。第三十八军既无险可守，又无反坦克武器，给养缺乏，不得已撤往旧县。此时向第一战区司令长官部电台呼叫不通，失去联系。部队只得沿山路西撤，经陕县的宫前镇、雁翎关、庙凹、草庙和灵宝县的上坡头，22日到达塔底、庙笛地区整理待命。

5月24日，第一战区长官部发出代电，令"第四集团军应向洛宁、长水以北地区推进，反攻目标临时指定"。6月9日，蒋鼎文电令：第三十八军留一团守备十八盘，一部在上戈、瓮关对北警戒，其余各部集结黄城村附近。此后第三十八军就在洛宁、卢氏、官道口地区与日军对峙拉锯，虽经常调整部署，但任务没有变动。豫西一战，第四集团军伤亡4660人，失踪和被俘官兵2900余人，其中半数以上为三十八军人员。此后第三十八军在洛宁、卢氏坚守了一年多。

1945年6月，三十八军奉命与第九十六军并编，撤销九十六军，保留第三十八军番号，下辖第十七师、由新三十五军改称的第五十五师和第一七七师。至此，原十七路军由抗战开始时的十九个团四万余人，只剩下九个团的兵力了。

抗争吞并　部队起义

在三十八军的老长官杨虎城时期，部队里就有中共地下党的存在。自西安事变和平解决到抗战时期，三十八军内的中共地下党员增加很多，这也是该军葆有活力、在抗日作战中不断取胜的重要原因。国民党中央、蒋介石也知道该军有中共党员与党组织，曾经几次着手整顿，都因各种原因而未果。蒋介石派张耀明任该军军长职，目的也是整顿该军，清查该军的地下党组织。因此张耀明一上任就公开叫嚣"三十八军有共党，要开展'自首运动'"，还发布"杜绝奸谋，预策安全"的命令，妄图以改编、混编和肢解等手段，消灭进步力量，搞垮这支爱国武装。

1944年2月，蒋介石再次下定决心整顿三十八军时，出现了两个派系争夺该军的情况。首先是第九集团军总司令关麟征企图夺取该军指挥权。关认为三十八军是由陕西生长的部队，于是推荐他的老部下、乡党张耀明接任赵寿山的军长。但是当时三十八军的驻地在第八战区副司令长官胡宗南的地盘内，三十八军军长人事应由胡决定，其他人不能染指。双方争执不下，使得三十八军的军长一职一度空缺。最后关麟征与胡宗南协商决定，军长由张耀明接任，中级军官暂时不动，下级军官由胡宗南的七分校毕业学生充任，才解决了这一问题。但这一结果使三十八军中级军官人人自危，大量的中央军军校毕业生军官进入，反使亲国民党中央和亲中共两派为了保证自身地位走到了一起。即便如此，蒋介石乃至张耀明仍旧想方设法整顿三十八军。

1945年6月，蒋介石借口抗战即将胜利，第四集团军兵员缺损严重，亟须整编，下令将第四集团军缩编为三十八军一个军。该方案一出笼，立即引起了出身第十七路军的官兵一致反对。首先，这一缩编方案削弱了第十七路军的实力，加速了第四集团军的衰弱；其次，部队缩编，必定出现编余人员，那些编余师长、团长、营长们将无出路，无法生存。

在缩编方案中，首当其冲的就是三十八军的基本部队、历史最长的第十七师。十七师的五十一团团长刘威诚因与代理师长李维民久有矛盾，心知在部队缩编后不能自存，加之三十八军各部队连以下军官正逐步被中央军校毕业生所取代，为求自存，刘威诚在与中共地下党取得切实联络之后，决定于7月17日利用五十一团编入其他部队的机会举行起义,并且联络十七师内中共地下党组织,率领全师投靠八路军。

7月17日,第五十团团长张复振带领该团一部,配合师特务连,扣押并逮捕了代理师长李维民,解决了由中央军掌握的师工兵连和搜索连;第五十一团则解决了师辎重营和师部政工人员;第四十九团由于指挥者临时发生动摇,其团部与第一、二两个营拒绝行动,最后仅第三营配合第五十团、五十一团行动。18日凌晨,起义部队三千余人集结在河南洛宁县师部驻地,由刘威诚宣布组成特别指挥部,并宣布了行军序列、行进路线和当晚宿营地,同时释放了代师长李维民。行动中,预定裁撤的新三十五师部分官兵也加入了十七师起义部队的行列,一起开赴晋冀鲁豫解放区,受到了刘伯承、邓小平、陈赓等人接见。

十七师的起义使国民党当局深为震动,因为这是正规军里第一支师级规模成建制的起义。也正由于十七师的这一次起义,变相地保护了第四集团军其余改编部队的命运。最后负责整顿第四集团军的胡宗南决定,第九十六军新十四师番号虽然取消,但是所属三团予以保留,其中两个团编入第十七师,一个团补充到由新三十五师改称的第五十五师,第一七七师建制不动。

十七师的起义虽然暂时延缓了蒋介石整顿第四集团军的计划,但蒋介石并没有放弃。1946年蒋介石在全国军队大整编时再次整顿三十八军,这一次的主要目标是由孔从洲指挥的第五十五师。

第五十五师原由新三十五师改称,1945年7月第十七师起义时,新三十五师亦有部分部队跟随行动。事后,新三十五师改称第五十五师,所属三个团并编为两个团,并入新十四师的一个团。同时,中央派遣大量下级军官替换五十五师老人。1946年4月,三十八军军长张耀明以整编所属部队为名,调孔从洲为整编第三十八师副师长,所留整编第五十五旅旅长一职由原第五十五师副师长孙子坤接任。同时,张耀明以调动部队整训为名,由第九十军等部将整编第五十五旅予以缴械改编。事为孔从洲侦悉后,他立即依靠师内地下党的关系联络中共,准备率部投靠八路军。

1946年5月1日，第三十八军整编为第三十八师，所属三个师九个团，整编为三个旅六个团。5月14日，张耀明以开赴新乡"剿匪"为名，企图将第五十五旅消灭在调防途中。副师长孔从洲见状，立即赶到整五十五旅一六四团一营驻地巩县新沟村，召集旅长孙子坤和一六三团团长杨健、一六四团团长陈日新、旅参谋主任武靖宇等人，当即宣布整五十五旅举行起义。15日凌晨，整五十五旅在孔从洲的率领下开始行动，途中他们还发表了起义通电。然而通电发出不久，整五十五旅周边的嫡系整二十七师、整九十师等部立即将该部包围。16日，整五十五旅在四面被包围的情况下，一部分官兵发生动摇。首先是一六四团团长陈日新倒戈，团长一变卦，部下纷纷动摇。加之围攻部队逐渐缩小包围圈，孔从洲和旅长孙子坤被迫带领部分官兵分路突围。孙子坤在指挥部队掩护孔从洲突围时被俘，壮烈牺牲。孔从洲带领的一支队伍突围到登封后，面对强大敌人的包围，他们只得分散行动。8月孔从洲艰难抵达山东菏泽解放区。

整五十五旅起义事件的发生，给了蒋介石整顿整三十八师又一个口实。加上亲蒋的少壮军官整一七七旅旅长李振西屡屡向蒋介石表忠心，整三十八师的团结体系被打破，整十七旅旅长李维民不久被撤职，部队被中央系军人掌握。起义不成被缴械的整五十五旅则被分别补充整十七旅和整一七七旅，另外抽调整编第九十师的编余部队组建新的整五十五旅。整编后的第三十八师人事情况为：

整编第三十八师，师长张耀明，副师长姚国俊，参谋长慕中岳。

整编第十七旅，旅长王作栋，副旅长张恒英，参谋长姬溥。辖第四十九团、第五十一团。

整编第五十五旅，旅长姚国俊（兼），副旅长吴方正，参谋长马天爵。辖第一六三团、第一六四团。

整编第一七七旅，旅长李振西，副旅长刘孟廉，参谋长刘逢会。辖第五二九团、第五三一团。

整编第三十八师虽然被大换血，但仍不被蒋介石所信任，较以往歧视更加严重，尤其是全面内战爆发之后，张耀明指挥整三十八师投入豫北作战，在辉县守备战中又有整一七七旅的两个连投向解放军，使国防部产生了解散整一七七旅的念头。一七七旅后来虽然在孟津、怀庆、道口的战斗中极其卖力，旅长李振西也试图通过优异表现恢复三十八军乃至第十七路军当年的名誉，但在豫北攻势结束之后，整三十八师就被国防部放在豫北驻防，其间整五十五旅虽一度作为进攻延安的预备队，但在近两年时间里，师主力再也没有参加过大规模作战。

内战败北　起义投诚

1948年初，国民党军队在西北战场遭到解放军重创，瓦子街一役，军长刘戡、师长严明等多名高级将领或阵亡或被俘。胡宗南对此焦虑万分，分别从山西、河南抽调兵力回援陕西战场。正驻防在郑州的整三十八师接到了开赴陕西的命令，这一消息给了离开家乡十余年、被边缘化的整三十八师一个机会，全军上下一时士气高涨。

然而，当整三十八师进驻陕西后官兵们才发觉，自己盲目高兴了。部队一到陕西，胡宗南就将整十七旅调离三十八师序列，拨隶整六师。紧接着将剩下的两旅开赴郃阳，担负地方的"清剿"任务。1948年7月，解放军占领郃阳以北的百良沟地区。胡宗南为了夺回失地，命令裴昌会指挥整三十八师、整九十师在郃阳、韩城重点设防，并切断韩城至澄北黄龙山区的主要交通线。不料整三十六师在攻势作战时被人民解放军击溃，师长钟松只身逃脱，形势一下逆转，整三十八师被迫奉令退守澄城至永丰以东地区。胡宗南亲自前往大荔召开整三十六师作战失利的检讨会议，并决定再次组织兵力予以反击。

1948年8月底，整三十八师将永丰防务移交整十七师，部队由副师长姚国俊指挥在义井、西汉村地区整训，以备投入即将开始的战役。同年9月，整三十八师恢复第三十八军番号。原师长张耀明调任首都卫戍总司令，所遗军长一职交由副军长姚国俊担任。

姚国俊，1904年5月12日出生于陕西省醴泉县（今礼泉县）。姚国俊黄埔军校第四期毕业后长期在张耀明部下任职。在二十五师期间，姚任参谋长，协助张耀明奔驰于抗日战场。张耀明调任第三十八军军长时，姚亦从二十五师师长一职调升为第三十八军副军长。孔从洲率领整五十五旅起义后，姚国俊受命重组整五十五旅，后兼任该旅旅长。如此种种，可见姚深得张耀明之信任。姚国俊接掌三十八军后，正值该军预备投入与解放军作战前夕，该军战斗序列如下：

第三十八军，军长姚国俊，副军长李振西，参谋长慕中岳。

第五十五师，师长曹维汉，副师长石滁非，参谋长马天爵。辖第一六三团、第一六四团、第一六五团。

第一七七师，师长刘孟廉，副师长张玉亭，参谋长袁纯阁。辖第五二九、第五三〇团、第五三一团。

就在胡宗南准备发动攻势之时，解放军抓住有利时机，率先对胡部发起进攻。1948年10月5日，三十八军邻军第十七军遭到解放军猛烈进攻。该军仅抵抗了五个小时，阵地就被突破。三十八军在此紧急时刻奉命填补第十七军左翼永丰镇阵地。军长姚国俊立即命令曹维汉第五十五师派出一六五团先行出发，同十七军取得联系，配合作战。第二天，正当一六五团抵达目的地准备与第十七军联系时，却发现第十七军左翼防线已全面崩溃，该团团长陈钊立即命令部队就地抵抗解放军的进攻。同时，即将出发的一七七师先头部队与溃散的邻军遭遇，发生误战，情况十分混乱。已进驻永丰的五十五师右翼发现解放军主力，并遭到进攻，而一七七师原定的收缩兵力增援第十七军的计划也被友军溃兵搅乱。有鉴于此，西安绥署下达了要第三十八军撤守义井、东西汉村阵地，等待援军的命令。

撤退是混乱的，姚国俊使出浑身解数，终于将第三十八军撤到了指定阵地继续抵御解放军的进攻。然而由于开战不利，注定了该军在这一战役中的失败。三十八军苦撑到10月7日，与五十五师的联系中断，一七七师五三〇团据守的东汉村亦被解放军占领，团长王力行被俘。至10月8日上午，五十五师防御阵地逐渐缩小，师长曹维汉亲自上阵督战也挽回不了败局。当日黄昏，五十五师阵地被全面突破，部队被迫向洛河撤退。而一七七师五三一团也被解放军击溃，师部在五二九团保护下于入夜后突围。

这次战斗，三十八军仓促接战，措手不及，又因援军未能及时赶到，而被解放军击溃，全军伤亡四千余人，唯一的炮兵营也被解放军歼灭。战后，第三十八军残部开赴洛河南岸的羌白镇整补，另命五十五师残部在大荔收容。10月14日，全军移驻三原整训。

1949年4月，胡宗南在西北的败局已定，不得已决定放弃西安，退守秦岭。5月15日，第三十八军编入第十八兵团，军长姚国俊调离，改由副军长李振西接任军长。姚国俊被调离后，并未获得新的职务，闲居成都。1949年12月跟随第七兵团向解放军投降。

李振西，甘肃定西人，生于1906年。黄埔陆军军官学校第六期毕业后长期服务于陕军，是第十七路军时期的少壮军人。西安事变后，李振西担任第三十八军教导团团长，曾在河北与娘子关参加抗战，后随军在中条山作战。内战全面爆发后，李振西官至整编第一七七旅旅长，一度因部队起义而遭到上峰的猜疑。

李振西接任三十八军军长后，便奉命开赴秦岭构筑工事。同月，胡宗南与马家军合作反攻西安失利。但是胡宗南并不死心，他认为西安战役的失败并不是解放军以实力取胜，而是自己的部署失败所致。于是他重新调整部署，企图在麟游以南和太白山以北地区再发起一次攻势作战。

正当胡宗南全力准备反攻的时候，解放军发起了令胡宗南措手不及的扶眉战役。1949年7月10日，与三十八军邻近的第一一九军一部正面发现有解放军侦察部队。入夜后，第一七七师五三〇团正面亦发现解放军活动，该团团长王立志立即将情况报告军长李振西。他们谁也没有料到解放军在经过西安咸阳诸役之后会这么快发起进攻，所以当李振西与一一九军军长王治岐取得联络时，都以为是解放军零星部队在活动，战斗打响之初，也以为仅是解放军地方部队的袭扰而已，而这种错误判断导致他们错过了最佳的部署时间。

7月11日拂晓，第一七七师五三〇团一营阵地遭到解放军猛烈进攻，战斗立即蔓延至整个五三〇团防线。隆隆的炮火声，终于让李振西发现进攻的是解放军的大部队。他急忙呼叫邻军派部队增援，但是使他惊讶的是，一一九军仍旧以为是解放军地方部队袭扰，而六十五军根本不相信三十八军已经发生战斗，甚至兵团司令官裴昌会也不相信李振西的报告。就在这个时候，解放军的部队迂回过该军的防线直接进攻军部，一举歼灭军直部队三百余人。李振西情急之下慌忙向兵团部呼叫求援，但是裴昌会仍旧不相信解放军会直接进攻该军军部，甚至还要李振西令正在与解放军作战的五十五师一六五团增援前线。上峰判断失误，李振西哭笑不得，只能自己调集有限的兵力苦苦支撑。

紧接着邻军一一九军也与解放军发生战斗，第六十五军也与解放军接触。这个时候，裴昌会等终于相信是解放军在大举进攻了，但为时已晚。三十八军方面，被解放军包围在午井村的一七七师残部由师长刘孟廉率领突围而出，第五十五师和军部靠拢后遭到解放军重创，师长曹维汉、副师长石涤非先后负伤，第五三〇团团长王立志带部队回援军部时阵亡。高级军官非死即伤，使得三十八军的指挥系统几近瘫痪。到12日下午，三十八军残部在九十军的接应下撤到渭河南岸方得喘息。

三十八军在战后收容，仅得六千余人，武器大都丢失，官兵半数徒手，师长、团长非死即伤，基本丧失战斗力。与三十八军一起战斗的六十五军、一一九军损失皆过三分之二。

李振西为了补充三十八军，只得去找胡宗南求情，申请补兵补械，胡宗南为了拉拢三十八军给他卖命，将三三五师改编为第五十五师，将陕西保安十五团改编为第一七七师五三〇团，将部队的兵员补齐。

8月中旬，第三十八军开进秦岭，在大散关东西约三百华里的地区布防。这时解放军正以雷霆万钧之势围歼兰州的马家军，蒋介石为解马家军之困境，令胡宗南首先攻占宝鸡，截断陇海铁路，然后以三个军的兵力进攻天水，袭击进攻兰州的解放军的背后。第三十八军的任务是以第一七七师（师长张玉亭）主力师渡过渭河占领陇海铁路上的固川车站，截断宝鸡、天水间的交通；第五十五师（师长黄家瑄）与其他部队经大散关、益门向宝鸡进攻。作战中，三十八军又被解放军打败，第五十五师伤亡5000多人，第一七七师伤亡3000多人，军部伤亡1000人。五十五师长黄家瑄在作战时因擅离部队，贻误战机，被判处阵前正法，后被李振西放走。

  11月，三十八军由陕西凤县撤至汉中，再撤到广元。这时该军的上峰第七兵团司令官裴昌会正与解放军联系起义之事，李振西擅自带领该军由剑阁开往茂县，沿途又收拢一四四师一个团，一共14000多人艰难地抵达了茂县，在那里和同样拒绝起义的二十军副军长景嘉谟取得了联系。两人商量后决定互相配合向北川转移，顽抗到底。就在部队于1950年1月开始行动的时候，景嘉谟在二十军军长杨汉烈的说服下向解放军投诚了。此时的三十八军犹如瓮中之鳖，陷入了解放军的重重包围之中。1月23日，李振西在老长官赵寿山、姚国俊的动员及部属的劝说之下，向解放军投诚，在民国史上盛极一时的三十八军画上了句号。

第五十一军

正面阻击杀敌于淮河
敌后抗战联共在沂蒙

在抗日战争的敌后战场上，不仅有共产党领导的武装，还有国民党派出的正规军，第五十一军就是一例。1933年1月日军在山海关肇事，进攻热河，继而向冀东的长城各口进攻。2月，在天津以东北军的四个师合编为第五十一军。这支号称东北军的部队不是黑土地上土生土长的队伍，而是先后服务于直系军阀、奉系军阀与国民政府，走过极其曲折的道路，有着传奇历史的一支部队。第五十一军成立后分驻天津、塘沽等地，掩护在长城沿线对日作战的友军侧翼，防止日军由此登陆。1935年5月，第五十一军移驻通县、香河、顺义、怀柔等地；8月开赴陕西凤翔，随即投入与红军的作战。1936年4月移驻甘肃天水、兰州整训。1936年12月参加西安事变，将驻兰州的中央军政机构包围缴械。1937年3月移驻江苏淮阴。1937年7月抗战全

面爆发。12月开赴安徽蚌埠。1938年3月参加徐州会战,在淮河沿线阻击日军;4月在台儿庄阻击日军;6月开赴河南唐河整补;8月参加武汉会战,在大别山北麓的六安等地阻击日军;12月进入大别山区开展游击作战。1939年3月开赴鲁南敌后长期开展游击作战、屡遭日伪军打击。1943年7月撤离敌后游击区,开赴安徽阜阳整补。1944年10月移驻河南商城。1945年8月抗战胜利后,9月移驻安徽整补。八年抗战中,经历了正面战与敌后战场的作战,且战绩显著的、唯有该军。1946年5月,第五十一军在山东枣庄整编为第五十一师,参加内战。1947年1月在山东省峄县被解放军歼灭。1947年2月以该军残部重新编成该军,后在苏北地区与解放军发生过作战。1949年5月解放军进攻上海,军长刘昌义率领残部在江湾向人民解放军投诚。

直系成军　奉军劲旅

第五十一军源于1917年成立在湖北钟祥的第十八混成旅。说到该军，不能不提到于学忠与毅军。我们先从于学忠说起。于学忠，字孝侯，原籍山东省蓬莱县徐家集乡于家庄，1890年11月19日出生于盛京奉天府旅顺口教场沟。父名于文孚，为淮军宋庆、马三元部下级军官，有子女八人。于学忠居长，自幼在军中生活。淮军改编为毅军后，于文孚升任营附。及至于学忠正式入伍当兵，于文孚将其送入毅军随营学堂步兵科学习。于学忠自幼聪慧，每次术科成绩皆名列第一。1911年在随营学堂毕业后，在其父旧日部属米振标的手下服务，历任排长、连长。1912年随部移驻热河。1914年米振标被任命为热河林西镇守使，于学忠被越级提拔为使署的中校副官长。

再说毅军。毅军为清朝同治初年在皖北投降宋庆的捻军孙三友部发展而来。宋庆因英勇善战，清朝政府曾赐号"毅军巴图鲁"，毅军由此得名。后姜桂题、米振标皆统率过毅军。其分支有河南赵倜的宏威军、张勋的定武军、倪嗣冲的安武军，后毅军由热河移防河南。辛亥革命爆发后，毅军将领黎天才率领第九镇起义，该师团长赵荣华却投靠了袁世凯。1917年被改编为第十八混成旅，辖步兵两团，炮兵一营，工兵一连。旅长由山东黄县（现龙口）人赵荣华担任。赵是老牌毅军出身，故在混十八旅成立时大量任用毅军军官，如第一团团长孙建业、第二团团长范振清等。赵荣华自幼失怙，于学忠父母将其抚养成人。赵任旅长后，任命于学忠为该旅炮兵营营长。第十八混成旅士兵以两湖籍为主。该旅编成后移驻襄阳。

1920年7月直皖战争爆发后，混成十八旅被调驻汉口警戒属皖系的长江上游警备司令吴光新部。皖系战败后，混成十八旅将吴光新部包围缴械，随后调驻宜昌，赵荣华也因此兼任施宜镇守使。

1921年6月，湘督赵恒惕宣布援鄂自治，并出兵湖北，遭到两湖巡阅使王占元的抵抗。不料王占元调兵时，驻武汉的第二师哗变，驻宜昌的混成二十一旅因旅长尚未到任也受第二师的影响发生哗变。这些情况使混十八旅措手不及，只得据兵自守无暇抵御入鄂之湘军。赵荣华坚持数日，后得到入鄂增援的第二十五师帮助，开始反攻，并收复施南七县。未几，入鄂之吴佩孚击溃赵恒惕部，并就任两湖巡阅使，混成十八旅改受吴氏节制。

1921年9月川军熊克武部声称援鄂，发兵直取宜昌。时混成十八旅与友军混成三旅（旅长宋大霈）以及第十八师的一个团（团长毛永恩）依托江北工事协力抵御，坚守阵地十数日，被川军突破。担负总指挥之责的赵荣华被迫命令所部退守宜昌城内，川军将宜昌包围得严严实实。赵荣华见川军兵多势大，拟率部撤守，后在于学忠的坚请下决定坚守。战斗中，混成十八旅各部皆被击溃，唯独于学忠营始终坚守防线，赵荣华得报后急忙重新整顿所部前往增援，终将川军击退。战后，吴佩孚赏识于学忠的才干和胆识，调其往总部服务。赵荣华为留住于学忠，急忙任命其为第二团团长，拒绝了吴氏的好意。此后川军几次发起猛攻，皆被守军击退，守军终坚持到援军赶至，击退川军，收复巴东。

1923年春，吴佩孚任命赵荣华为援川军副司令，代行司令职权，协助杨森回川夺权。赵荣华领命后以所属于学忠第二团为前进支队，担负主攻任务，留第一团守施南。于学忠支队入川一路捷报，不久即攻至离成都三十华里的张飞寨，不料赵与友军将领不合，致配合进攻的黔军周西成部哗变，前线军心随即动摇。川军乘机发起反攻，浮图关、重庆先后丢失，赵荣华被迫率残部退守万县。吴佩孚得知援川军战败的消息后十分震怒，当即将赵荣华撤职，混成十八旅旅长之职由于学忠接任。于任旅长后率部配合友军重新夺回重庆。战后，于率领混十八旅开赴施南休整。

1925年10月，吴佩孚在孙传芳、萧耀南等将领的拥戴下就任十四省讨贼联军总司令。于学忠的混成十八旅于此时被扩编为第二十六师，所属两个团皆扩编为旅，原团长杨殿云、马廷福升任旅长，此外，二十六师还增编一个骑兵团、一个炮兵营。国民革命军北伐入鄂时，于学忠率师主力移驻宜昌，留马廷福的五十二旅守施南。当武昌被北线军包围时，于学忠一度派杨殿云的五十一旅前往增援，但在进到仙桃、天门时，武昌城陷，于命五十一旅退守沙洋。此时北伐军唐生智的第八军两个师由汉江西进，王天培的第十军已攻到沙市。在此严峻情况下，长江上游警备司令卢金山束手无策，竟带亲信离部投靠刘湘。于学忠此时正以副司令的身份指挥第八师一部收复沙市，闻此消息后被迫放弃收复之地，将本人指挥的二十六师放弃防区向老河口撤退。在撤退时，于一路收拢各部败兵，除本部完整撤退外，还带有第七师（师长阎得胜）、第八师一个团（团长秦建斌）、第十八师一个旅（旅长毛永恩）。

于学忠撤抵老河口后，吴佩孚任命其为第九军军长兼荆襄边防司令，指挥第七、第八、第十八、第二十六四个师，并提拔秦建斌为第八师师长、毛永恩为第十八师师长。就在联军各部纷纷败退的时候，于学忠勉力维持所部四个师，并占得河南邓县、新野两地，得以暂时休整。而国民革命军方面见于部尚属完整，还有实力，有意策动其反正，但于学忠顾念吴佩孚知遇之恩，不愿背离。而吴氏见于学忠忠心可靠，也带着自己的卫队旅前往邓县与于会合，以图重整旗鼓。随着冯玉祥部之入豫，河南形势日益严峻，第七师师长阎得胜在冯玉祥下属田镇南策动下发生动摇，并拟带着第八师一起投靠冯，此外第十八师毛永恩也拟脱离直系投靠张宗昌。在此情况下，吴佩孚见胜利无望，便同于学忠商议，决定带兵入川，同时将二十六师扩编为第二十五、第二十六两个师，分别以杨殿云、马廷福担任师长。于对川军各派情况了如指掌，便对吴佩孚说："大帅带重兵入川，川军将领为保其私人地盘，决不容纳外军入川，恐怕会让人觉得喧宾夺主，不如只带卫队团，入川后尚能得到川军将领的欢迎和保护。大帅入川后，我亦解甲归田，与大帅共进退。"吴佩孚遂照办，带卫队入四川而去，于学忠也随即脱离部队，回蓬莱老家隐居。

于学忠离开部队后，接掌指挥权的阎得胜即正式宣布倒戈，归附冯玉祥，但由于冯准备分化吞并这些部队，遭到将领们的抵制。于原部下马廷福等人趁调防之机，将第十八、第二十五、第二十六师全部以及第七师一个旅的指挥官联合起来脱离冯部，暂时开赴安徽蒙城休整，同时推选秘书长查炜、副官长李俊襄、团长张砚田前往于学忠老家蓬莱，请其出山指挥部队。这时，以张作霖为首的奉系军阀坐镇北京，兵多将广。于学忠对旧部说："我们坐船就要坐大船，才能经得起大风大浪。为长远计要归属奉军。"于是派人与北京的奉军联络。奉军张学良即派遣周光烈为代表同于取得联系，于学忠前往北京商讨具体的改编事宜。

张作霖也曾在毅军服过役，张与于学忠父亲于文孚乃是故交。曾为"马贼"的张作霖，被招安后至毅军首领宋庆部下当差，做过马玉昆的兽医，与于文孚有共事之谊。张作霖在北京中南海怀仁堂召见了于学忠，说："我和你父亲是很好的朋友，你是故人子弟，不是外人。我知道你对吴子玉（吴佩孚）的忠义，希望你能像对吴子玉那样对待我就很好了。现在我们来一起合作，我的队伍待遇咋样，你的队伍待遇也咋样，你看好吧？"于说："我不敢说合作，我的队伍归大帅统辖，凭大帅改编调用，我父命我代向大帅问好。"张说："那好吧，咱们就这样办，你归张学良指挥。"张作霖给了于学忠十几万军费，于学忠赴蒙城就任。

于学忠抵达部队后，将张氏所给的临时军费按照三个师的总人数平均分配，官兵分的钱数一样多，其本人也不例外，官兵非常振奋。部队由蒙城开拔至蚌埠，乘火车转向河北，归三、四方面军团长张学良改编、指挥。张对于于学忠这样一个"外人"信任有加，不久北京政府授予于部镇威军，所部被编为第二十军，于学忠任军长，所属第十八师编入张宗昌的直鲁军，其余部队编为三个师，仍维持第七、第二十五、第二十六三个师的番号，提拔原第七师旅长刘迺昌、第二十五师旅长杜继武为师长，马廷福仍任原职。

榆关平定兵变　冀中弭平叛乱

镇威军第二十军成立后被暂时拨归张宗昌指挥，开赴徐州增援作战。于学忠率部抵达后，张宗昌正拟放弃徐州，于见状主动投入反攻，以第二十五师为主攻部队率先出击，团长葛潭于阵前阵亡，但所部官兵仍奋勇冲杀，终于攻占九里山阵地，使徐州转危为安。徐州战后，二十军又被调到山东济宁协防，至1928年3月始奉命开赴河北东光休整。6月又调到望都增援王树常、胡毓坤部抵御阎锡山的晋军之进攻。奉军在三面进攻的情况下被迫退回关外，张作霖则在皇姑屯被日本关东军炸死。奉军撤到关外后，第二十军也随之退守山海关，于学忠被任命为临绥驻军司令。张学良抵达沈阳之后，决定整军经武，缩编所属部队。第二十军被缩编为第二十三、第二十七两个旅，仍受于学忠指挥，原师长马廷福、刘迺昌分任旅长，第二十五师师长杜继武因资历较浅，改任第二十七旅副旅长。部队驻扎于山海关、绥中一带。是年年底，张学良宣布拥护国民政府，改旗易帜，所部皆改称东北边防军，第二十三旅和第二十七旅建制不变。

1930年初，国民党内改组派、西山派、桂系、冯玉祥的西北军系以及河南、山东、安徽等地的军阀势力为反对蒋介石的武力统一政策与个人独裁，结成了以阎锡山、冯玉祥为中心的反蒋联盟。反蒋派以晋系、冯系、桂系等为基础编成八个方面军，于同年5月在津浦线、平汉线、陇海线展开大战。大战开始后，处于中立观望的东北军成为双方争取的目标。南京的蒋介石与反蒋派都对张学良拉拢劝说，一时间北戴河军政人物云集，各路说客毕至，极力使出纵横捭阖手腕，但由于阵线不明，张学良拒绝参战。于是南京方面开始拉拢东北军将领以诱使他们参战，其中于学忠在7月中旬被南京方面许以北平、天津地盘，并任命为平津卫戍司令，但遭到于拒绝。于是蒋介石通过第三军团何成浚指使其所属寇英杰部原参谋长陶敦礼出面，重金拉拢东北军的其他将领。陶敦礼时任临榆县税务局局长，他以三百万大洋收买了于学忠的部将——第二十三旅旅长马廷福，使其背叛于学忠，企图将该旅拖到天津，打击阎、冯后方，并给马廷福大批款项，许诺其如攻占天津，出任天津警备司令。

马廷福和于学忠一样本非东北军老人，在南京方面高官厚禄诱惑下，决定铤而走险。马联络旅参谋长李馨、第六四〇团团长安福魁、第六四一团团长孟百孚、第六四二团团长张砚田，企图挟持于学忠下令所属各部出兵进攻反蒋的军队，以占据北平、天津。但张砚田不愿背叛于学忠，连夜将此事秘报于。某日午，马廷福及其团长安福魁、孟百孚等到临绥司令部，要求于学忠背离张学良，出兵天津、北平，援助蒋介石。于认为没有张学良的命令，坚决不从，并对马、安、孟严加斥责。于是马廷福于次日晨私率安、孟两团开出山海关，向西奔去。于学忠闻讯，当即骑马追赶。因该旅营长以下军官皆听从于，因而马、安、孟三人不得不俯首返回。于学忠当即将马、安、孟及蒋派来策动叛变的官员一同关押，送交张学良惩处。张学良将马、安、孟及参谋长撤职，于学忠自兼二十三旅旅长，孙俊卿、李寿山接任第六四〇、第六四一团团长，临绥司令部参谋处长牟中珩任该旅参谋长，代为办理旅内事务，重新整顿二十三旅。从此，张学良对于学忠更加信任和器重。

1930年9月17日，蒋介石与反蒋派的作战阵线逐渐明了，张学良决定答应南京方面的要求，以调停的态度出兵入关。入关部队编成两个军，分以于学忠、王树常为军长。于为第一军军长，指挥董英斌的第五旅、第二十三旅、刘廼昌的第二十七旅和白凤翔的骑兵第六旅，王绍云的炮兵第一团、周葆全的工兵第一营为先头部队。行前于学忠向张学良表示：一枪不放，和平接收平、津两市和河北、察哈尔两省，不糜烂地方，也不让国家遭受损失，与晋军保持好关系。东北军入关后，改组派的北京国民政府立即解体，于部兵不血刃占领了平津冀察。9月27日，于学忠被任命为平津卫戍司令。

1931年5月，东北边防军各旅番号统一接受中央政府所颁发的新番号，第二十三旅和第二十七旅分别改称独立第十四旅和独立第十八旅，旅长分别由陈贯群、杜继武担任。这时，广州扩大会议派委任驻在顺德的石友三为第五集团军总司令，秘密进行反蒋、反张学良的军事行动。

石友三是一个反复无常的军阀，于1930年反蒋失败后投向张学良，张令其驻防在平汉铁路上的顺德。在经扩大会议派的拉拢和日本人的鼓动下，秘密准备反张。7月15日，石友三将张学良派任的秘书长张云责活埋，又掐断北平至顺德的电话线路，就任第五集团军总司令职。7月18日，石友三举兵叛乱。于学忠被任命为第一集团军司令，指挥独立第十一、第十三、第十四、第十八、骑兵第六旅等部开赴平汉线平叛。7月19日，石部北犯，其部队以孙光前、程希贤为先锋，沈克、唐邦植及石本人居中，以米文和殿后，兵力约五万六千人。

于学忠令白凤翔的骑兵第六旅撤出顺德，节节后退，但又不与石脱离接触，诱石深入。将石引至石家庄后，驻在这里的杜继武亦不出击，继续后退。21日，于学忠亲往保定督师。24日，石友三集中兵力向保定、望都之线前进，28日在保定、望都与石军发生激战。29日，石军突破东北军的中央防线，30日进入距保定二十五公里的大冉，石友三暗自得意。其实这是于学忠的诱敌深入战法，石军钻进了东北军布下的口袋阵。石部与东北军相持了三天，石部死伤数千。31日东北军转守为攻，合围夹击，石部不支，向东溃退。顺德叛军留守部队亦被刘峙、胡宗南部缴械。最后石友三、唐邦植仅率三千余人逃赴山东，投靠韩复榘，平叛仅用半月时间即行结束。

天津拒日　兰州举义

1931年日本制造了"九一八"事变后，于学忠反对蒋介石的不抵抗政策，认为如果对日本的侵略一味忍让，会使敌人得寸进尺，贪得无厌。面对日本的侵略行为，于向张学良建议"应该集中几个旅的兵力，牺牲他三团人，给敌人以打击，以挫其侵略气焰，并取谅于国人"。这时日本天津驻屯军为配合关东军在东北的进攻与占领，由日本在天津驻屯军豢养的汉奸便衣队两千余人与日本"在乡军人"一千余人，并收容土匪刘桂堂、曹华阳等，以汉奸李际春、张璧任便衣队正副总指挥，设机关于日租界内，蠢蠢欲动。11月2日，奉天特务机关长土肥原贤二潜来天津，与驻津日军取得联系，一面策动天津暴乱，配合日军进攻辽西；一面趁混乱劫持废帝溥仪到东北，出任伪满洲国傀儡。

对日军制造暴乱的计划，天津市公安局事先已有所侦知，并报告了王树常。事发后虽然击退了暴乱分子，但溥仪还是被土肥原等劫持而去，汉奸张璧在日军的护送下逃出天津。当时任北平军分会委员长的张学良对河北省主席王树常的软弱非常不满，遂把时任平津卫戍司令的于学忠与王树常对调。

于学忠到天津后对日军策动的暴乱与挑衅行为采取强硬措施，他马上让驻在津郊的一一三师两个团换上保安队服装，进入市内加强警戒，同时指示在北平南苑的东北炮兵第七旅旅长乔方做好临战准备，指示乔方："如果日军公然发动战争，就将所有炮弹都倾注到海光寺日本兵营里。"一天，日军擅自全副武装在市区阅兵，并直逼省政府大门。于学忠毫不示弱，当即命令东北军精壮士兵十余人，全身捆绑手榴弹、炸药包，横躺在省政府大门外的马路上。日军见来者不善，只得撤了回去。

1933年1月，日军在山海关肇事，继而进攻热河。热河的汤玉麟不战而逃，日军很快占领热河，然后向冀东的长城各口进攻。2月20日，为抵御日军进攻，军事委员会北平分会将在华北的部队编成八个军团，于学忠为第一军团总指挥。3月10日，张学良通电下野。同日，将东北军改编成五个军，均冠以"国民革命军步兵"称号，各部自2月陆续改编，所属各旅改师，师以下辖团。于部改编为第五十一军，军长于学忠，原辖独十三、独十四、独十八三个旅改编为第一一三、第一一四、第一一八三个师，并节制第一一一师（师长董英斌），令该

于学忠将军

部开赴天津、塘沽、大沽、马厂、杨柳青地区布防,并积极在大沽构筑防御工事,以防日军在塘沽登陆。该军战斗序列如下:

第五十一军,军长于学忠,副军长无,参谋长刘忠干。

第一一三师,师长李振唐,副师长无,参谋长窦光殿。辖第六三七团、第六三八团、第六三九团。

第一一四师,师长陈贯群,副师长无,参谋长牟中珩。辖第六四〇团、第六四一团、第六四二团。

第一一八师,师长杜继武,副师长无,参谋长周毓瑛。辖第六五一团、第六五二团、第六五三团。

1933年5月，中日两国签订《塘沽协定》之后，冀东被划为不驻军地区。第五十一军驻防在津南与冀南地区。冀东成了日本人与汉奸的天下。为长远计，于学忠决定下冷棋、布暗子。这时行政院驻北平政务整理委员会委员长黄郛令于学忠组织两个警察纵队，驻扎在冀东"非战区"内维持治安，于学忠在五十一军中抽调干部，购买枪械，委任张庆余为冀东特警第一纵队长、张砚田为特警第二纵队长（每纵队辖两个大队，每大队约等于一个团的兵力），到"非战区"驻扎，归殷汝耕指挥。两个纵队成立后分驻武清、沧县，1935年5月移驻通县、香河、顺义、怀柔等地，后改编为冀东保安队。1937年7月28日，张庆余、张砚田指挥保安队在通县暴动，杀死日军甚多，并捉拿了伪自治政府长官、汉奸殷汝耕，但随即遭到日军优势兵力的围攻，被迫突围归队，殷汝耕在混乱中逃脱。保安队暴动后开往北平，拟会合第二十九军进行抗日，这时第二十九军已撤出北平，保安队在西撤途中被日军冲散，大部分官兵回到五十一军加入抗日行列。

1934年，华北驻屯军在天津以日租界为根据地用各种手段进行扰乱破坏。利用失意军人、政客如白坚武、郝鹏等收买汉奸、流氓，组织"便衣队"，以日租界为据点扰乱津市治安，被保安队击溃后，日本特务机关长土肥原和日本驻屯军武官柴山出面会见于学忠，妄想游说于学忠与汉奸齐燮元等搞所谓"华北独立"，于严词拒绝。日本特务机关又唆使日军士兵骑着马在街上横冲直撞，肆意侮辱行人，在河北省政府门口大小便，甚至抢夺岗哨的枪，进行挑衅，制造事端。于学忠再三向日租界驻军提出抗议，日军不但毫无收敛，反而更加猖狂。日特利用日租界的汉奸收买五十一军中的败类，几次阴谋刺杀于学忠。如买通于的厨师在饭菜里下毒药，买通于的副官欲在卧室内枪杀于学忠，派刺客在于外出途中行刺，等等。这些阴谋活动，均被于学忠预先侦知，未能得逞。1935年春季，于学忠对日本的倒行逆施忍无可忍，他警告天津日本驻屯军："如果日军不停止挑衅及阴谋刺杀等一切险恶行动，即向日租界开炮！"此后，日军在天津的挑衅行为虽有所收敛，但日本向军委会北平分会及蒋介石要求撤换于学忠的军政职务。军委会北平分会代委员长何应钦屈于日军的压力，和于学忠通电话，请于自请长假暂时离职。于回电话说："叫外国人逼迫自请长假，我感觉太丢人，你撤我的职吧！"

于学忠及第五十一军的抗日行动使日军如芒在背，欲去之而后快。1935年6月9日，天津日本驻屯军司令官梅津美治郎向何应钦致备忘录，提出许多无理要求，其中就有东北军第五十一军于学忠部撤出河北、罢免东北系人物河北省主席于学忠等。何应钦在日军的威胁下，竟对"日方所提各项予以承诺"。6月1日，国民政府决定将河北省政府和第五十一军军部移往保定，6月3日省政府移保定，6月4日第五十一军军部移保定。6月10日，驻马厂一带的第五十一军经保定调往陕西担任"剿匪"任务。9月，第五十一军所属三个师先后抵达陕西凤翔、西安，随即又开赴天永地区阻击红军。1936年4月，五十一军移驻甘肃天水。同年9月，于学忠以第一一三师进驻兰州，以第一一四师和第一一八师渡黄河，在永登地区布防，阻击红二方面军与红军主力会师。在西北的东北军与红军屡战屡败的情况下，张学良由支持"攘外必先安内"的国策，改为兵谏委员长蒋中正，迫其抗日以收复东北。

西安事变发生之前，于学忠在西安。在事变的筹划会上于问张学良："你这样做，何以善其后？"张答道："说干就干，何必顾虑那么多？"于说："要干就得干到底，决不可半途而废。"西安事变一发生，于立即电令驻防兰州附近的一一八师火速包围驻甘绥靖公署，将卫队团全部缴械，并扣押绥署参谋长章亮琛等中央军高级将领，随后一一三师在五泉山地区构筑工事，第一一四师立即回防兰州，在白塔寺地区构筑工事，一一八师开赴安定与邓宝珊的新一军协防，以备中央军进攻。12月25日下午，张学良决定送蒋介石回南京，临行前留下手令：弟离陕之际，万一发生事故切请诸兄听从虎臣、孝侯指挥。此致何、王、缪、董各军各师长。将东北军的指挥权托付给于学忠，表现了张对于的信任与倚重。

1937年1月事变和平解决之后，在陕甘地区的东北军要东调到豫皖进行整编。在东北军即将东调之际，张学良于1937年2月17日给于学忠写信，嘱他："目下状况要兄同诸同仁，大力维护此东北三千万父老所寄托此一点武装，吾等必须

西安事变前于学忠与张学良在西安王曲

将我们的血及此一点武装，供献于东北父老之前，更要者大家共济和衷，仍本从来维护大局拥护领袖之宗旨，以期在抗日战场上，显我身手。"张学良在南京被扣，所属东北军则全部接受改编。

  1937年3月，第五十一军的三个师奉命从兰州东移，先到蚌埠，时隔不久，又移至苏北淮阴，于学忠被任命为江苏绥靖公署主任。4月22日，国民政府行政院决定成立豫苏皖军事整理委员会，以刘峙为主任委员，王树常、于学忠、何柱国、陈诚、商震等为委员，整编刚刚开到豫皖苏的东北军。何应钦规定的整编原则是："1. 纠正过去东北军封建观念，使逐渐变成国家武力，能担负国防上责任，以作恢复失地先锋为主旨。2. 为顾虑事实之必要，先以军为最高单位，付与较大之机能，一切人事、经理、教育诸大端直隶中央，然后徐图整理改进，以合于国军之正轨。3. 使东北军诸闲职人员有所依归，上下官兵心理安定。4. 灌输各级军官之国家民族思想，及服从中央拥护领袖之精神。"东北军被整编后，化大为小，化强为弱，由每军四师的甲种军缩编成每军二师、每师二旅的乙种军编制。第五十一军的一一八师被撤销，所部并编为两个师四个旅，其所部序列如下：

第五十一军，军长于学忠（兼），副军长无，参谋长刘忠干。

第一一三师，师长周光烈，副师长周毓瑛，参谋长李宗贤。第三三七旅，旅长窦光殿，辖第六七三团、第六七四团；第三三九旅，旅长孟宪周，辖第六七七团、第六七八团。

第一一四师，师长牟中珩，副师长张熙光，参谋长谢沛然。第三四〇旅，旅长扈先梅，辖第六七九团、第六八〇团；第三四二旅，旅长李雨霖，辖第六八三团、第六八四团。

淮河阻敌　台儿庄大战

1937年12月13日，日军在占领南京之后，为了沟通南北战场，以打通津浦铁路、占领徐州为作战目标，部署兵力。于12月中旬组织大约八个师团的兵力，先后自镇江、南京、芜湖渡江北进。以荻洲立兵的第十三师团沿津浦铁路北进；第二军沿津浦铁路向南推进，南北会攻徐州。

为粉碎日军南北夹击徐州的企图，最高统帅部赋予第五战区的任务是：保卫徐州，确保津浦、陇海两线枢纽，巩固武汉东北战线。令第五战区在北线实施攻势行动，击破北路进攻之日军；在南线实施防御作战，阻止日军于淮河一线。

第五战区积极策划、认真组织对日军的抵抗。以李品仙第十一集团军布防淮河以南津浦线，其主力刘士毅第三十一军在明光一带设防，相机"游击"敌人。于学忠第五十一军在淮河北岸布防，凭险拒敌。

1938年1月28日，第三十一军在给北进日军以重大打击后，奉命西撤，退出明光。日军占领明光后，以为中国军队已经败退，便展开大规模攻势，2月初占领定远、蚌埠，并准备强渡淮河，继续北犯。第五十一军奉命在淮河北岸阻击日军，廖磊第二十一集团军在明光、池河、定远一带进袭日军侧背，猛烈攻击日军后方战线。

抗战爆发时，第五十一军在苏北淮阴驻防绥靖地方。1937年10月，军委会任命于学忠为第三集团军副总司令。12月，第五十一军奉调安徽蚌埠，以军部驻蚌埠，第一一三师驻曹老集，第一一四师驻马圩。不久于学忠奉命率第五十一军驻防青岛，防御日军海上登陆。日军沿津浦铁路正面进抵黄河北岸，孤军守卫青岛已失去战略意义，而且南京失守后，日军南北夹击津浦铁路，津浦南段防务薄弱，因此第五战区长官部命于学忠率部撤出青岛，增援津浦南段防务。

因第三集团军总司令韩复榘擅自弃守山东，津浦北段门户洞开，徐州正面危急。李宗仁急电于学忠："着第五十一军速开砀山黄口附近，归入第三集团军之序列。"并任命于学忠继任第三集团军总司令，督率部队迅即堵塞津浦北段门户，阻止日军南进。实际上于学忠能直接指挥的部队，仍是第五十一军的两师。由于其他友军部队及时"补位"，拼命抗阻日军的长驱直入，使北线战局趋于稳定，于部在砀山黄口一带未继续北上。

1938年1月中下旬，津浦南段日军发动攻势，定远、临淮关、蚌埠相继失守，淮河防线危急，李宗仁急调于学忠率第五十一军驰赴淮河北岸布防。这时的第五十一军装备、战斗力较其他地方派系的部队为强，且东北军部队官兵报国复仇心切，抗日情绪强烈，士气旺盛，虽仅两师之众，但足可以战。

2月2日，李宗仁电召于学忠赴徐州面授重任后，于学忠立即率部奔向指定地点，在东起五河、西至怀远的百余里防线上布防，投入战斗。同日，日军占领蚌埠，中国守军全部撤到淮河北岸防守，并炸毁淮河铁桥以阻敌。

日军第十三师团占领蚌埠后，在临淮关、蚌埠间组织两千余日军乘民船、橡皮筏，在飞机、大炮掩护下强渡淮河，遭到刚进入防线的第五十一军一一四师第三四二旅将士英勇阻击，"敌军落水、死亡者不下三四百人"。

2月4日，刚刚车运到阵地的周光烈第一一三师也立即投入战斗，把渡过淮河登上北岸的日军三四百人全部歼灭。

2月5日至7日，临淮关至蚌埠、怀远间连日均有激烈炮战，双方空军也投入战斗，全线战火弥漫，中国守军数次击退北犯的日军。

2月8日，日军六七百人在飞机大炮掩护下，从蚌埠北渡，一度攻入北岸小蚌埠街内，第一一三师三三七旅奋起抵抗，六七四团团长梁忠武率部反击，将攻入小蚌埠之敌击退。9日，日军七八百人再次强渡淮河，向小蚌埠中国守军阵地轮番进攻，守军六七四团赵营伤亡过半，被迫退出小蚌埠。六七四团急调孙营增援，于学忠亲临前线督战，第三三九旅旅长窦光殿也身先士卒，到火线指挥作战，士气为之大振。为夺回阵地，孙营组织敢死队，临行前孙营长感情诚挚地动员道："我平时与你们相处甚厚，时至今日，无论为国、为部队、为自己都要拼命，要反攻！"他带领敢死队，率先冲入敌阵，先后两次与日军展开白刃战，在守军的互相配合下，"经过自辰（8时左右）至未（14时左右）一场血战，终将渡河的敌人全部消灭在阵地之前"，夺回小蚌埠阵地，敌军被"击毙落水者三百余人，生俘者二百余人"，中国守军大获全胜。

日军不甘心失败，更加疯狂地组织反扑。

2月10日，三千日军从临淮关方面晏公庙西强行渡河，攻占淮河北岸黄坂子、王庄、前坂子等村庄，第一一四师师长牟中珩、第三四二旅旅长李雨霖亲临前线指挥，全体守军展开反攻，战斗从上午10时开始，至下午3时左右，经过数次冲锋，将全部失陷村庄夺回。

11日晨，敌十三师团集中主力再次强渡淮河，向第一一四师、一一三师阵地发起猛烈攻击。第一一四师阵地多处被敌突破，伤亡惨重，"官长伤亡七十余员，士兵伤亡二千余人"，"预备队已尽数使用"，全体官兵已"两昼夜未食未眠"，未能收复失去的阵地，被迫转移到沫河口、四铺之线，继续组织抵抗。第一一三师阵地也受到日军攻击，"小蚌埠一隅已反复争夺达四五次之多"，守军第六七四团官兵伤亡殆尽，团长张儒彬受重伤，小蚌埠陷入敌手。

第五十一军防线被撕破，战局十分危急。于学忠分析战势，决定乘日军过河部队立足未稳之际，展开总反攻，夺回失去的阵地。他重新调整部署，组织反攻。作战前动员时，于学忠语重心长地向部将们说道："只有更坚决地抗战下去，才可以生存，和平妥协，结果总是灭亡！我们东北几年来的亡省之痛，刻在心头，难忘的仇恨酝酿着，全军官兵皆热血鼎沸，这次终究有机会与仇人相见于疆场了，我们下了必死的决心，战斗在津浦线……一寸山河，一寸血肉，敌军总得付相当的代价。我们在正面血拼硬战，使敌人的进展延迟一小时，即可使我后方的阵地多一小时强固起来。"第五十一军将士上下一心，士气高涨，誓与敌军决一死战。

2月13日凌晨，第五十一军展开总反攻。于学忠和第一一三师师长周光烈及一一四师师长牟中珩及四位旅长，均亲临前线指挥作战，并限令各部必须夺回失去的阵地。经过八小时血战，迫使临淮关方面的日军退回淮河南岸，第一一四师阵地全部夺回。小蚌埠方面反攻持续了一天，渡河日军被第一一三师部队两翼包围，战斗异常激烈。

就在此时，援军张自忠第五十九军赶到，接替第五十一军防线，伤亡严重的第五十一军撤离火线，转移到宿县南西寺坡一带休整，由第五十九军全面负责淮河防线。

与此同时，第五战区司令长官部命令淮南由津浦铁路主动西撤的第三十一军和增援的第七军反攻，向津浦铁路"游击"，并联络空军，轰炸日军占领的津浦线和日军据点。津浦南段日军腹背受敌，敌第十三师团不敢在淮河一线贸然进攻，把淮河北岸所剩的军队全部撤回淮河南岸。中日双方遂隔河对峙，这一局面一直维持到5月初。

淮河阻击战，第五十一军作战有功，以二师四旅（均二二编制）兵力，抗击日军一个师团另附三个联队、七个大队、七个中队的步兵，及航空兵、工兵、炮兵、装甲部队和铁道兵之精锐部队的联合进攻，无论是在人数上还是技术装备上，日军都占有绝对优势，但第五十一军英勇顽强，浴血奋战，消灭日军三千余人，日军付出沉重代价，却未能突破中国守军防线，不得不龟缩在淮河南岸。

淮河阻击战的胜利迟滞了南线日军北犯进程，暂时打破了日军夹击津浦、会师徐州的狂妄计划，从而为北线战场赢得时间，同时大大鼓舞了士气，振奋了民心，在国内各战场产生了重大影响。

1938年4月7日，日军矶谷师团在台儿庄惨败后，退据峄县、临沂一带，固守顽抗。其中一部窜踞向城，以维持临、峄间的联络，企图在鲁南确保各重要据点，等待增援，进行反扑，以挽颓势。日军向台儿庄增援的部队，沿津浦、胶济两条铁路线大量涌来。4月中旬，日军增援部队到达峄县东北地区，与当地的敌人会合一同进攻平山、傅山口等地。正在此地的汤恩伯兵团和第二十二集团军孙震部受到严重冲击，有的阵地已被突破。日军大有再犯台儿庄，切断陇海铁路，包围徐州，打通津浦铁路之势。在日军卷土重来的紧急时刻，4月12日，第五战区司令长官李宗仁命令五十一军"以铁路输送至台儿庄，下车后即向作字沟附近集中，攻击向城之敌，并以一团至利国驿下车，……攻击韩庄之敌"。这次增援，于学忠被任命为台儿庄之线中央兵团副总指挥（总指挥孙连仲）。于学忠首先派三三九旅旅长梁忠武率六七八团开赴韩庄，增援二十二集团军，接着两个师乘火车北上增援。五十一军主力部队到达前线后，于学忠对记者发表谈话："从民国二十年我们东北沦陷那一天起，日本鬼子便是我们不共戴天的仇人。我们东北军全体将士，做梦也是打回老家去，收复东北！我们朝也盼，晚也盼，好容易才盼到举国抗日这一天。不把鬼子赶过鸭绿江，我死不瞑目！"表达了全军官兵誓与日寇血战到底的决心。于将第一一三师防守兰陵以东，第一一四师防守兰陵以西。4月19日，第一一四师三四二旅刚进入阵地，即与日军遭遇，旅长李雨霖急忙报告师长牟中珩，并率部投入战斗阻击日军。随后第一一四师主力以及第一一三师也及时进入阵地，与日军正面接触。21日，日军五百余人向第一一四师左翼阵地发起进攻，第六八四团在团长刘明让的指挥下英勇作战，至22日始将日军击退，但刘团长也在指挥作战时阵亡。战至27日，日军突破第六八〇团阵地，于学忠立命牟中珩将阵地夺回，牟命第三四〇旅旅长扈先梅率部反击。扈旅长亲自指挥预备队乘夜色向被日军占领的邳庄发起反击。上午9时，三四〇旅收复邳庄一半时，扈旅长不幸中弹阵亡，进攻部队失去指挥，被迫改攻为守，双方遂呈对峙态势。

为了减轻一一四师方面的压力，于学忠命令一一三师抽调所属第六七三团向进攻一一四师的日军侧翼发起攻击，但连续作战的六七三团已疲惫不堪，三三七旅旅长窦光殿决定以六七四团执行进攻命令。该团团长张儒彬亲自指挥所部发起攻击，但不幸负伤，全团随即败退下来。窦旅长见状再次将六七三团投入战斗，仍无济于事。五十一军正面压力逐渐加大，其一线阵地已有数处被日军突破，形势万分危急。

此时在台儿庄败退的日军也得到增援，改守为攻，北段日军一部由金乡、鱼台南下虞城、砀山；一部由鲁西渡过黄河南下，迅速在徐州以西炸毁铁路桥，兵临徐州城下。第五战区于5月17日下达撤退令，放弃徐州，并指定第五十一军掩护台儿庄部队撤退。于学忠指挥五十一军首先掩护汤恩伯兵团撤出前线，然后掩护孙连仲部撤退。这时陇海铁路被敌切断，徐州方面吃紧，给孙连仲部的撤退造成困难。5月18日晚9时，于学忠令一一四师占领青龙桥至龙泉寺之线，掩护孙连仲兵团之转进，同时派一个营进驻徐州城内，协助专员公署维持秩序；第一一三师则在运河南北岸担任阻击，掩护孙连仲部撤走。5月19日，第五战区司令长官部与汤恩伯兵团全部撤走后，运河方面被敌突破，于学忠方令一一三师向徐州的一一四师靠拢，然后在徐州附近与日军战斗，拖住日军，掩护大部队撤退，一直到5月20日才奉命沿津浦铁路东向南撤退。22日，五十一军遭到日军截击，于学忠命令所部分途突围。突围途中，于学忠见日军骄横麻痹，且后勤辎重部队多，便令各部游击歼敌，分散撤退，向河南境内的平汉铁路前进。该军一面掩护兄弟部队撤退，一面见机歼灭日军后续部队。该军的便衣队除烧毁日军大批辎重弹药外，第一一三师于5月25日在固镇夜袭日军，砍杀两百余人。5月27日在双堆集夜袭中毙敌百余名，烧毁日军汽车三十五辆，缴获大批给养。6月15日抵达明港。五十一军由淮河出发增援台儿庄时全军近两万五千人，撤回官兵至一万五千余人，除去战场牺牲者外，部队官兵没有擅自跑掉，反而还有其他部队的掉队人员自愿参加了五十一军。看到成营成连归队的队伍，于学忠感慨而又自信地说："对这支部队，我心里是有数的，这种情况已经不是第一次了，我的部队是不会被打散的。"

在增援台儿庄的战斗中，五十一军官兵奋勇冲锋，为国效命，于学忠不仅严令部队"不准放弃寸土"，还督率敢死队上阵杀敌。在于的带领与指挥下，官兵不怕疲劳，不怕牺牲，英勇战斗，视死如归。战斗中，全军四名旅长死伤三名：三四〇旅旅长扈先梅阵亡，三三七旅旅长窦光殿、第三四二旅旅长李荫坡负伤。八名团长死伤七名，营以下官兵死伤近万人。缴获火炮三十门，击毁坦克装甲车二十辆，缴获击毁汽车七十辆，击落击伤敌机数架，缴获击毁敌其他物资无数，沉重打击了敌人，阻止了日军南下，掩护了大军的集中和撤退，受到第五战区传谕嘉奖，国民党中央执行委员会颁发给于学忠银盾两枚，以兹嘉奖。于学忠在战场上对牺牲、受伤的指挥官及时进行了调整：第三四〇旅旅长扈先梅阵亡后，于学忠令一一四师参谋处长方叔洪调升，参谋处长缺由刘汝林充任；第六八〇团团长于学道负伤开缺，以该团团附李连峰升充；第六八四团团长刘明让阵亡，遗缺以六八三团二营营长杭子祥升充。不久部队由明港开赴唐河、南阳整补。

抗敌大别山正面　挺进沂蒙山敌后

武汉会战开始后，五十一军奉命开赴大别山北麓六安地区布防。第一一四师进驻叶家集、杨柳店及六安；第一一三师开至顺街、麻埠、独山镇、清山铺一带，协同第七十一军（宋希濂部）作战，以一部推进至固始，对霍邱、三河尖方面进行严密警戒。

8月中旬，日军三个师团约五万人集结于合肥、桃溪镇一带，企图由豫南、鄂北地区绕攻武汉。日军兵分两路，一路进犯霍山，一路进攻六安。8月24日第十三师团之先头部队千余人窜至六安县东三十里铺，与五十一军一一四师三四二旅六八三团交火，激战约三个小时，被五十一军击退。27日，日军增援一个加强团队，约三四千人，从东、南、北三面对六安进行包围，准备攻城。同时，有千余日军进侵六安以南之青山镇，向友军第七十一军阵地进攻。8月27日，日军再次发起进攻，并将六安三面包围，第六八三团团长王鹏举指挥所部顽强作战，一直坚持到29日拂晓才奉命向师主力靠拢，六安遂告沦陷。30日，日军第十三师团集中主力攻占一一三师独山镇阵地，随即以三千余人再向一一四师据守的杨柳店发起攻击，守军第六八四团团长杭子祥见所部伤亡殆尽，率部向大固店方向撤退。于学忠见一线阵地相继失守，重新调整部署，以一一三师守麻埠、沙家湾，第一一四师守沙家湾至八里滩一线。9月2日，日军发起总攻，五十一军坚持到3日，退守史河西岸。4日，于学忠命一一四师向八里滩发起反击，第六七九团团长李超林在率部反击时阵亡，师长牟中珩亲自前往指挥，终将八里滩收复。是役据估计毙敌千余人，日军在阵地前遗尸两百余具；第一一四师伤亡营长三人，连以下官兵一千三百余人。

富金山、石门口、八里滩等地，是大别山北麓双方争夺的战略要点。因之，敌以两个师团兵力，配合飞机二十多架和重炮四十多门，争夺此处，以便进攻商城、潢川、信阳，达到占领武汉之目的。五十一军按照统帅部部署，与友军七十一军一道为保卫武汉在外围最大限度地消耗敌军，迟滞敌军行动。五十一军整整苦战九昼夜，利用河川、山谷、隘路、堤道等有利地形，与敌展开拉锯战。从9月3日争夺八里滩、新集子、富金山起，至9月11日富金山被攻陷止，五十一军共计伤亡团长以下官兵一万余名，其中一一四师阵亡团长一名，其余官兵五六千名，第一一三师约两千名。

11日，友军防守之富金山被日军攻占后，五十一军奉命撤入大别山休整待命。于学忠率部进入大别山后，自带军部和一一三师在立煌驻防，第一一四师则开赴立煌以北的汤家江驻防，并向商（城）信（阳）公路警戒。

武汉、广州失守后，抗日战争进入相持阶段。1938年11月25日，蒋介石在南岳衡山召开军事会议。会议的重要议题是总结抗战第一期作战的经验教训，确定第二期抗战的战略方针，蒋介石在会上作了讲话。他说，抗日战争分为两个时期。从卢沟桥事变到武汉失守为第一期，以后到抗战结束为第二期。基于对形势的判断和综合到会将领的意见，蒋介石提出了中国军队在第二期作战的指导方针：连续发动有限度的攻势与反击，以牵制消耗敌人；策应敌后之游击部队，加强对敌后的控制与袭扰，化敌人后方为前方，迫敌局促于点线，阻止其全面的统治与物资掠夺，粉碎其以华制华、以战养战的企图，同时，抽出部队轮流整训，强化战力，准备总反攻。会上决定在敌占领区设立鲁苏与冀察两个战区。1939年1月1日，军事委员会任命于学忠为鲁苏战区总司令，沈鸿烈为副总司令，辖第五十一、五十七与八十九军等。

于学忠受命后，将五十一军由大别山带到皖北阜阳，进行挺进敌后的准备。时第五十七军正由苏皖北部向鲁南前进，第八十九军仍在苏北。五十一军出发前，考虑到敌后作战非常艰巨，军委会对五十一军进行了人事调整：于学忠辞去军长职，遗缺由一一四师师长牟中珩升任；一一三师师长周光烈因病免去师长职，遗缺由副军长周毓英兼任；以一一四师副师长兼三四〇旅旅长方叔洪升任该师师长，三四〇旅六七九团团长李连峰升补方叔洪旅长职。

牟中珩成为五十一军的第二任军长。牟中珩，字荆璞。1898年出于在山东省黄县海岱乡大牟家村。父名牟克宝，育有两子，牟中珩居长。牟父早年参加过同盟会和辛亥革命，所以当牟中珩在中学毕业之后，即将其送入保定军校第九期步兵科学习军事。牟中珩军校毕业后先是到第十八混成旅担任少尉掌旗官，旋因部队欠饷严重而脱离部队投靠川军刘文辉，出任上尉军事教官。但川军匪气甚重，且鸦片烟危害全军，牟中珩遂于1925年辞职返乡。1926年得军校学长赵亨宝的邀请，前往直鲁联军第六十六师担任团长，又因赵师在作战中溃败而再次返乡赋闲。于学忠率部投靠奉系张作霖后，牟中珩以乡谊之情投奔于，并为于所接纳，任命为中校参谋。作战中，牟的才智得到了于的赏识，被提拔为参谋处处长。此后于的第二十军缩编为东北边防军的两个旅，牟中珩任临绥驻军司令部参谋处处长。马廷福阴谋兵变后，于学忠重新改组第二十三旅，牟被调到该旅担任参谋长，此后二十三旅改称独立第十四旅乃至第一一四师，牟始终担任该部参谋长，继调任第六四〇团团长。五十一军奉调陕西"围剿"红军时升任第一一四师师长。西安事变和平解决后，东北军接受中央改编，牟中珩仍任第一一四师师长。抗战全面爆发后，牟指挥一一四师始终作为五十一军的主力，于学忠对该师倚重较多。牟中珩接任军长后，第五十一军人事情况如下：

第五十一军，军长牟中珩，副军长周毓瑛，参谋长不详。第一一三师，师长周毓瑛（兼），副师长王连堂，参谋长张植孚。第三三七旅，旅长韩子乾，辖第六七三团、第六七四团；第三三九旅，旅长李玉唐，辖第六七七团、第六七八团。第一一四师，师长方叔洪，副师长张福禄，参谋长解如川。第三四〇旅，旅长李步青，辖第六七九团、第六八〇团；第三四二旅，旅长黄德兴，辖第六八三团、第六八四团。

牟中珩就任军长后，开始着手所部挺进鲁南敌后的具体事宜。当时，山东与苏皖北部已被日军占领，日军封锁甚严，不要说大部队行动，就是平民百姓也要受到盘查，而且时值冬季，天气寒冷，田野空旷，部队行动容易暴露目标，稍有不慎，就有可能与敌遭遇。因此，五十一军挺进敌后的行程，危险重重。为了便于隐蔽，分散敌人的打击目标，使部队顺利地挺进敌后，于学忠决定以团为单位，各师、旅、团均以间隔两天的路程行动。挺进路线是经过阜阳、涡阳、蒙城，在宿县以南穿过津浦铁路后，再折向东北，由徐州以东、邳县以西地区越过陇海铁路，渡过运河，进入鲁南。如遇敌截击要坚决反击，将敌击退。

1939年3月初，开始向敌后挺进。根据于学忠安排，第一一三师保护总司令部先行出发，牟中珩则指挥一一四师殿后。第一一三师率先从阜阳出发，夜行

抗战中第五十一军军长牟中珩（左）与李品仙（中）、何柱国（右）在一起

晓宿，经涡阳、蒙城等地顺利到达宿县，在经过津浦铁路时，被驻守日军据点发觉。为了打击敌人，于学忠令特务营抽调部分精干人员组成便衣队，将据点的日军消灭。第二天，日军派出大部队，出动了坦克、大炮进行截击。于学忠指挥部队机智避开敌人，迅速越过津浦铁路，折向东北，继续前进。部队越过灵璧，乘夜暗迅速到达江苏境内，于拂晓时分到达骆马湖附近。当部队行进到一个叫作矿坑的村子时，隐蔽在一片柳林中的日军突然冲杀过来，于学忠指挥部队进行还击，战斗中，于学忠右胳膊被炮弹炸伤，仍指挥作战。战至傍晚，第一一四师赶来增援，一一三师与总司令部方脱离战场，在八路军的引导下，随后进入山东境内。经过十六天的行军作战，在山东费县坪上落脚，这是国民党军队在抗日战争爆发以后，第一支由正面战场挺进敌后的正规部队。

随后跟进的五十一军军部和一一四师较之前面的一一三师，遇到的困难更多环境更为险恶。日军发觉五十一军挺进山东的行动后，随即派出部队在津浦、陇海铁路部署兵力阻击。牟中珩率领的三四〇旅在宿县以南越过津浦铁路，跨过泗（县）灵（璧）公路时，突然与敌遭遇，第六七九团与六八〇团都投入战斗，第六七九团一营营长单树桎在掩护军部作战时中弹阵亡，由师长方叔洪指挥的三四二旅则在进至宿县以南地区时遭到日军重兵围攻。方叔洪指挥六八四团打前阵，第六八三团殿后，经过一整天激战，终于突围而出，但第六八三团团长王鹏举在突围时阵亡。这次战斗，一一四师不仅付出了很大牺牲，而且暴露了部队的行动意图，引起了日军的密切注视。敌人随即调集了大批部队，加强了宿县以南和徐州以东铁路沿线的堵截阻击。

为了绕过敌人的封锁线，一一四师各部不怕疲劳，不怕牺牲，于当晚向苏北睢宁方向疾进。为了迷惑敌人，部队忽东忽西，迂回前进，经过五六天的曲折行军，部队在徐州以东的大许家附近穿过陇海铁路，渡过不老河，在津浦铁路韩庄车站以东迅速渡过京杭大运河，进入山东境内的枣峄山区。

日军十分仇视五十一军入鲁，当该军军部和第一一四师三四〇旅到达蒙阴以东鲁村附近时，驻守博山的日军乘其立足未稳，集结三千余人，向三四〇旅发动突然袭击，妄图将该旅消灭。面对敌人的猖狂进攻，三四〇旅奋起反击，经过两天激战，毙敌五六百人，日军损失惨重，退回博山。在这次作战中，第六七九团团长何士宽牺牲，该团也遭受严重损失。三四〇旅打退日军围攻的战斗，为该军在鲁南山区站稳脚跟奠定了基础。

中国共产党在第五十一军有秘密组织，并建立了以王西萍为书记、刘培植为副书记的工作委员会，其成员有三四二旅副旅长贾陶、三三七旅副旅长解方等一部分官兵，工委成为该军的中共领导核心。中共党员在抗日作战中英勇顽强，可为表率，受到官兵们信任和拥护。在淮河阻击战中，第一一四师六八四团一营营副、中共秘密党员罗广智率部反击冲入阵地日军，身负重伤，仍指挥战斗，流尽最后一滴血。六七九团一营一连有七名中共秘密党员，除一名战前请假未归者外，其余六名，四名牺牲，一名重伤，一名轻伤，都打得顽强、英勇。

中共五十一军工作委员会在该军挺进山东敌后前召开了会议，认为该军是一支坚决抗日的武装力量，要坚决支持该军向敌后挺进。会议号召党员军官，特别是带兵军官，要以身作则，掌握部队，英勇作战，使该军胜利到达鲁南敌后。在挺进敌后的作战中，该军的党员表现尤其突出。在第一一四师越过津浦铁路与敌遭遇作战时，第六八〇团打得非常顽强。该团的二营中共党员最多，战斗力也最强。在阻击日军时与敌短兵相接，展开肉搏战。二营营长、该团中共总支委员会军事委员张玉璞在子弹与手榴弹打光之后，与敌肉搏，最后牺牲在敌人的刺刀之下。当战友收殓他的遗体时，他还在保持高举右臂、怒目握拳、与敌人拼杀的姿势，在场者无不落泪。该营五连连长丛林人所在的党支部，是全团的模范党支部。战斗中，丛林人率领全体党员与官兵与敌拼杀，最后全连光荣殉国。随该团行动的军工委副书记刘培植在与敌作战中身负重伤，在血泊中拼力爬进一片沼泽地，躲过日军的刺刀，战友们找到他，化装成农民才冲出重围。

第一一四师在与敌作战中，伤亡很大，损失惨重，部队对这样的打法十分不满，认为这样边打边拼，到不了山东部队就打光了。为此，随方叔洪师长行动的中共地下党员、三四二旅副旅长贾陶建议：改变死顶硬拼的战术，机动作战，使用小部队迂回到敌后，减少正面防御的压力，但遭到方叔洪的拒绝。接着贾陶又说：我们师已经完成掩护任务，不如暂回津浦铁路西待机而动。方叔洪表示同意，并致电向于学忠请示，于复电不准。这时堵截的日军增兵，部队在拼消耗中蹒跚前进。

贾陶与住在三四二旅的原工委书记项乃光、王西萍一同研究，认为这种拼消耗的局面再也不能维持下去了，应将中共掌握与影响的部队拉出去，开辟新区，坚持游击战争。他们征求了其他同志的意见，之后按照预定计划将部队拉了出来，计有一一四师工兵营、师新兵营、师战时服务团、师配属三四二旅旅部的电台及六八四团一部，枪支弹药齐全，共1500人，过津浦铁路西行，到达宿县南。

部队拉出后，贾陶给师部发出电报，说：部队迷失方向，失去联络，建议部队越过陇海铁路，由微山湖西侧向山东开进，师长方叔洪复电表示同意。部队按照这一路线向敌后开进既合法又可摆脱控制，完全可以独立自主地开辟局面。但原东工委书记项乃光面对强敌不敢深入敌后，而以向上级请示为名，将部队拉到津浦铁路以西的蒙城,在这里等待新四军的指示,耽搁了八天的时间。

于学忠得知一一四师的一千五百人没有向山东开进,而是拉到了津浦铁路以西,认为破坏了他的入鲁计划,脱离了五十一军,十分气愤,随即宣布贾陶等人"叛变",令战区参谋长王静轩率干训队、旅长张福禄率六七九团相继来阜阳,并召集驻当地的桂系部队秘密对贾陶的部队形成包围之势,企图以武力解决之。

王静轩派军队包围并欲以武力解决贾陶部队的消息为贾得知,在经过与王静轩有亲谊关系者做说服工作后,王同意暂缓向贾陶部队发起进攻,但要贾陶来向他说明情况,不然无法向于学忠交代。

贾陶接到王静轩的信后,由蒙城来到阜阳见王静轩,向王讲述部队在行军作战途中与师部失去联系,被他们收容了,因大部队已经走远,收容的部队不得不暂时撤回津浦铁路西,此事请示过方叔洪师长,并得到他的同意。贾陶将方叔洪给他的电报展示给王静轩看。王静轩点头认可,遂向于学忠请示和平解决。

于学忠接到王静轩的电报后,同意和平解决,并宣布贾陶等人不是叛变,拉出去的队伍不是叛军,但要贾陶等人去职,并保证其安全。

鉴于这种情况,中共中央下达指示,拉出去的队伍交给五十一军,已暴露的干部与党员撤出。根据中央的指示,贾陶等百余人迅速撤出,部队归还五十一军。这样,中共党员在该军所剩无几。

这次行动影响了该军挺进敌后的运动,也造成了中共党员退出该军的损失,由于中共处理及时得当,对中共与于学忠的统一战线关系影响不大。于学忠说:"共产党不挖墙脚不拆台,把拉出去的队伍又给送回来,够朋友。"

反扫荡屡遭伤亡　日伪攻难以立足

五十一军全部进入鲁南后,军部驻防在沂蒙公路线上的朱位村,第一一三师驻防沂（水）青（州）公路以东的安邱，第一一四师驻防蒙阴以东的大赵家庄。此外，五十一军两翼有同为东北军的五十七军和江苏省保安部队改编的八十九军相互配合，在这三个军以及地方部队的努力下，鲁苏战区初步成型了。敌后的鲁苏战区使日军感到了威胁，遂于1939年6月调集四个师团的兵力向鲁南发起进攻，其主要攻击目标是沂蒙山区，而该地区的主要驻防部队就是五十一军所属第一一四师，师长方叔洪自然担负保卫防区的重任。

1939年6月3日，日军进攻蒙阴，守军第一一四师不支，放弃该城，转移到蒙阴以东、沂水以西地区阻击日军，不久沂水被日军占领，方叔洪指挥所部向西北方阻击。该师与日军周旋近一个月，日军始终无法消灭该部。6月24日，方叔洪率领六八〇团转移到沂水四区的焦家庄时，与日军突然遭遇，日军随即切断了六八〇团与师部的联系，方指挥师部向东南方转移，但在第二天凌晨再次与日军遭遇，混战中方叔洪不幸中弹殉职。方阵亡后，部队由副师长张福禄收拢整理，并继续在防区内与日军周旋，日军见始终无法歼灭主力，撤军而去。此后第五十一军在山东开始了长达四年之久的游击战。

五十一军和日伪军之间的战斗多是小规模接触。如1939年12月日军向东里第五十一军军部发起进攻，牟中珩立命一一四师增援，双方激战一天，日军见偷袭失败撤军而还。1941年9月，日军又从青州和安邱抽调兵力向沂水东北发起进攻，并将战区总部特务团包围在唐王山，牟中珩得知急命所部增援，以解总部之围。由于该战区内还驻防有八路军部队，五十一军与之时有冲突。又如1940年9月第一一四师三四二旅在平邑、费县与八路军发生战斗，1941年10月逮捕了中共鲁南区党委书记，等等。

1942年2月6日，军长牟中珩接任山东省主席，其遗缺由副军长兼第一一三师师长周毓瑛接任。周毓瑛，号俊廷，字龙渊。1896年出生于山东省安邱县景芝镇伏留村。先后就读于省立模范小学、省立第一中学，继考入保定军校第六期步兵科。1919年3月军校毕业后到第十八混成旅见习，此时于学忠任该部营长，两人由此相识。此后周毓瑛跟随于学忠南征北战，积功累升至一一八师参谋长、第六〇三团团长。长城抗战结束后,曾协助张庆余、张砚田筹组特警总队。抗日战争全面爆发后升任第一一三师副师长,随后接任师长。牟中珩调任山东省主席之后,周毓瑛自然成为该军继任军长的不二人选。此时该军序列如下:

第五十一军,军长周毓瑛,副军长韩世儒,参谋长李显宗。

第一一三师,师长韩子乾,副师长潘国屏,参谋长张植乎。第三三七旅,旅长李葆玉,辖第六七三团、第六七四团;第三三九旅,旅长李玉唐,辖第六七七团、第六七八团。

第一一四师,师长黄德兴,副师长王松元,参谋长姜春庭。第三四〇旅,旅长李步青,辖第六七九团、第六八〇团;第三四二旅,旅长王琨,辖第六八三团、第六八四团。

周毓瑛刚接任军长,日军就集中博山和青州的日伪军一万余人对沂蒙山区展开了新一轮的"扫荡",其主要目标就是省府驻地、第五十一军军部驻地和第一一四师驻地。日军发起进攻后,周毓瑛仓促上阵,第一一四师保护省府与日军作战得保无恙,而由周毓瑛亲自指挥的第一一三师主力三个团则被日军包围在圈里地区。周指挥所部顽强抵抗,日军屡攻不克。2月9日,周毓瑛发现包围圈里的日军正逐步抽调到其他地方,便乘机率领主力冲出包围圈,留所属刘国桢的第六七四团与日军继续周旋。

日军的这次"扫荡"虽然没有达到目的草草收场,鲁苏战区的局面却由暂时的稳定逐渐转变为动荡,对抗战失去信心的将领陆续率部投敌,如新四师师长吴化文、第一一二师副师长荣子恒等。1942年9月,日军对沂蒙山以北的五十一军军部发起攻击,周毓瑛以所属第一一四师在费县、平邑与日军周旋,并遣第一一三师六七四团前往增援,战斗中一一四师六八三团团长张本枝阵亡,前往增援的六七四团团长刘国桢在叛将荣子恒的拉拢下投敌,致使周毓瑛的防御计划破产,所部遭到重大损失。

1943年3月,日军再次集中一万余人的兵力,在叛军吴化文、荣子恒等指引下对鲁苏战区发起新的攻击。此时第五十一军元气未复,损失的两个团仍未补充起来，周毓瑛指挥所部仓促在城顶山布防，在吴化文叛军和日军的猛攻下溃散，一一三师参谋长张植孚、第六七八团团长刘斌阵亡，师长韩子乾、副师长潘国屏被俘，一一三师基本丧失战斗力，一一四师也受到一定损失。五十一军经此一战，已无法在山东立足，鲁苏战区总部也因形势逆转而开始向安徽转移。同年7月下旬，第五十一军奉调安徽阜阳，军长周毓瑛以第一一三师为第一路，第一一四师为第二路，先后出发。7月30日，第一一四师在进至邹县地区时遭到日伪军伏击，所部损失惨重，师长黄德兴、副师长王松元、军属补充团团长董春光皆在这次战斗中阵亡，师参谋长姜春庭则因年老体弱，在撤退途中病逝，五十一军仅存的一点实力几乎被消耗殆尽。

1943年7月，第五十一军残部撤抵阜阳后，周毓瑛以一一三师旅长李玉唐、第一一四师旅长李步青分别接任师长，两个师由于损失过重，撤销旅部，全部缩编为三团制。此后五十一军在阜阳整理补充，未再与日军有过正面交锋。1944年12月第十战区成立后，五十一军调往河南潢川驻防，随后又移驻商城。1945年8月15日，日本投降，全军开赴山东韩庄受降。

1946年6月，国民党仿照美国军制整编军队，五十一军作为第一批整编部队被缩编为第五十一师，所属第一一三师和第一一四师随之改为第一一三旅和第一一四旅。五十一军整编后序列如下：

整编第五十一师，师长周毓瑛，副师长韩世儒，参谋长李显宗。

整编第一一三旅，旅长李玉唐，副旅长李朴全，参谋长不详。辖第三三七团、第三三八团。

整编第一一四旅，旅长李步青，副旅长王琨，参谋长不详。辖第三四一团、第三四二团。

参加内战山东被歼 重建后上海投诚

1946年6月内战全面爆发后，整五十一师的任务是占领枣庄，以取得该地区煤矿的掌握权。周毓瑛在进占枣庄后以所属第一一三旅担负枣庄西齐村、李村的守备，第一一四旅担负峄县、枣庄郭里集的守备，师直部队则进驻枣庄。1947年1月，周毓瑛得知进攻解放军的整二十六师在兰陵地区全军覆没之后，预感有遭到解放军进攻的可能，遂一面向徐州绥署请求支援，一面命令部队赶筑工事，补给弹药。

1月9日，解放军对枣庄、齐村、峄县、郭里集同时发起猛烈进攻，并将守军团团包围。战至16日，周毓瑛见支援无望，解放军的进攻越来越猛烈，枣庄南部的一些村落和西南角突出部已经失守，于是决定收缩兵力，命令郭里集守军放弃阵地，向峄县撤退。守军第三四一团团长那德英接到命令带部队突围，结果遭到重创，仅一个营撤入峄县。解放军占领郭里集后，集中主力猛攻峄县，第一一四旅经过连日激战，旅长李步青能集合起来的部队只剩一个多营，经过与军部联系，周毓瑛同意了李步青的突围要求。李于19日夜指挥所部突围，不料解放军早有准备，一一四旅于突围途中被分割歼灭，旅长李步青、副旅长王琨等全部被俘。

在一一四旅覆没之前，守齐村的一一三旅三三七团的伤亡也很大，该团团长王匡得知一一四旅覆没后便自作主张指挥部队向李村突围。由于解放军正集中主力于峄县方向，所以该团得以顺利突围，与李村的一个营会合后撤到远离战场的韩庄。此时，周毓瑛只能指挥一一三旅的一个团和一一四旅突围而出的残部来守备枣庄。1月19日夜，解放军向枣庄发起总攻。拂晓，城西围墙被炸塌，解放军蜂拥而入，此时周毓瑛无预备队可以抽调防堵，只能指挥部队在城内展开巷战。

21日，整五十一师残部被压缩到城西一角，周毓瑛见继续抵抗徒劳无益，在与副师长韩世儒商议后，决定向解放军投降。至此，该师除第三三七团团长王匡指挥的五百余人先期突围至韩庄外，其余部队全部覆没。

整五十一师覆没的消息传到济南后，第二绥靖区副司令官牟中珩便开始想办法重建该部。他原拟自兼师长，却被国防部拒绝，同时撤销了整一一四旅的番号，命令整五十一师残部在韩庄收拢，全部并编为整编第一一三旅，旅长由突围而出的团长王匡担任。国防部另派中央军嫡系将领王严（山东郯城人，黄埔军校第三期毕业）担任整编第五十一师师长，派李济担任整编第一一三旅副旅长，另拨整编第四十一旅入该师建制，以便将该部改造为中央军。牟中珩得知此消息后极力反对，后经二绥区司令官王耀武从中调解，国防部同意由东北军出身的王秉钺（辽宁沈阳人，东北讲武堂第四期毕业）来担任整五十一师副师长。此时的整五十一师虽仍旧是那个番号，但原来的东北军团体已被压缩至一一三旅这样一个两团制部队里了。

整编第一一三旅恢复后虽隶属整五十一师建制，但旅长王匡实际直接听命于徐海绥靖区司令官张雪中的指挥。该旅于1947年5月开赴江苏，担负曹八集至新安镇一线防务。1948年3月，整一一三旅在益林遭到重创，旅长王匡因此被撤职，由国防部派遣的副旅长李济接任旅长。1948年9月恢复第五十一军番号后，副师长王秉钺升任军长。1949年4月解放军发起渡江战役，担负防守之责的一一三师师长李济未经接战即私自潜逃，被国防部明令撤职，京沪杭警备总司令汤恩伯任命丁作彬为一一三师师长。同年5月，一一三师在上海川沙遭到解放军重创，军长王秉钺、参谋长白向建被俘，师长丁作彬逃跑。一一三师残部由副军长王镇坛收容，归淞沪警备副司令刘昌义指挥，并最终由刘昌义率领向解放军投降，五十一军的历史至此告终。

第六十军

两次出国作战

足迹纵横南北

云南简称"滇",云南的军队人称"滇军"。滇军曾是护国战争、孙中山广州政府的主力,有"滇军精锐,冠于全国"之说。它在抗日战争中从西南打到华北,从国内打到国外,被称为"国之劲旅"。滇军的将帅也是闻之如雷贯耳:蔡锷、唐继尧、龙云、卢汉、朱培德、范石生……这里所介绍的是滇军中的一支劲旅——第六十军。该军由掌握云南军政大权的首脑龙云所组建,因此人事和补给与其他部队有所不同,成立之初,兵源、武装等皆由云南省提供。但它倾尽全力为国家抗战,

说到台儿庄大战、武汉会战与越南受降,都要讲到该军。抗战胜利后,蒋介石将其投入内战,该军认清形势,在曾泽生将军的指挥下,毅然在长春起义,被改编为中国人民解放军第五十军。1950年,中国抗美援朝,该军跨过鸭绿江参战,在高阳战斗中一举全歼英军皇家坦克营。在汉江南岸阻击战中,该军以步枪、手榴弹顶住了飞机、大炮、坦克的立体进攻,打出了国威军威。在近代军史上,两次成建制出国作战,并取得胜利、创造辉煌者,只有该军。

出滇抗战　首战台儿庄

1937年日本发动"七七事变",全面抗日战争爆发。7月17日,蒋中正在庐山发表谈话,宣布对日抗战,并决定召开国防会议。8月9日,龙云乘坐欧亚航空公司包机在西安停留,陕西省主席蒋鼎文招待早餐,并介绍中共领导人周恩来、朱德、叶剑英与龙云同机到南京参加国民政府召开的国防联席会议。到南京后,龙云与朱德、叶剑英在汤山下榻,同窗旧友促膝谈心。朱德和龙云谈到中共坚持的抗日统一战线、抗日御侮的决心,让龙云转告在滇讲武堂的同学,共赴国难,为民族解放贡献力量。朱德与龙云还交换了密码,方便以后用无线电联系。中共的抗战决心使龙云非常感动,他对人说:"中共是认认真真为民族着想的,真是'与君一席话,胜读十年书'。"

龙云向国民政府表示,云南即派一个军出发抗战,以后视情况再派军出滇。龙云对记者谈话说,要尽地方所有人力财力贡献国家,以救危亡;同时建议修筑滇缅公路和滇缅铁路以作预备,显示了参加全国抗日战争的决心与深远的战略眼光。

抗日军情紧急,时不我待。龙云回昆明后,拨款滇币一万元,仅用二十八天,将云南现有部队编成一个军,作为第一支出征部队开赴前线杀敌。

第六十军就是在这样的情况下成立的。

龙云将军

第六十军这个番号虽然是新的，但是官兵来源却并非是新的。当时的云南省有省防军六个旅，这六个旅又可追溯到北伐战争时期。

1926年7月，广东的国民政府宣布北伐后，云南军队随即响应，部队被改编为第三十八、三十九两个军，共六个师，军长分别由龙云和胡若愚担任。后来在滇军的内讧中，胡若愚以及支持他的张汝骥等人失败，滇军逐渐由龙云所掌握。1929年蒋介石任命龙云为第十路军总指挥，辖有三个师、十五个团，出滇到广西讨伐桂系，但遭到惨败。回滇后，龙云决心整编部队，遂将滇军废师改旅，汰弱留强，改善武器装备，以军事学校毕业生充任各级军官，训练部队。到1936年，滇军共编成六个步兵旅，每旅辖两个团，还有四个直属大队、六个直属团、四个独立营、一个航空处，共约三万六千人。另外，各县常备队统编为二十一个保安营，约近万人。后又另行组建了五个新兵旅。

当龙云响应国家号召出兵抗战时，便以这些部队为基础，抽调精锐十二个团的兵力组建起一支拥兵四万余人的部队。军辖三师，每师辖两旅四团。由于六十军成军仓促，以至所属三个师的师部都还没来得及任命副师长和参谋长便出征了。滇军的武器装备多购自法国，六十军成立后，头戴法式钢盔的六十军官兵显得十分显眼，此后友军凡见此钢盔，便知道是滇军来了。

1937年10月5日，昆明东南郊的巫家坝操场军旗猎猎，军号嘹亮，第六十军在这里举行隆重而盛大的誓师出征会。古城昆明万人空巷，省军政要员以及各界人士都到会欢送，规模盛大，气氛庄严。这种场面仅在滇军护国运动出师时才有过。六十军全体出征将士军容严整，脸上充满了自豪感和必胜的信心。该军的序列如下：

军长卢汉，副军长张冲，参谋长赵锦雯。

第一八二师，师长安恩溥，副师长、参谋长空缺。第五三九旅，旅长高振鸿，辖第一〇七团、第一〇八团；第五四〇旅，旅长郭建臣，辖第一〇九团、第一一〇团。

第一八三师，师长高荫槐，副师长、参谋长空缺。第五四一旅，旅长杨宏光，辖第一〇八一团、第一〇八二团；第五四二旅，旅长陈钟书，辖第一〇八三团、第一〇八四团。

第一八四师，师长张冲（兼），副师长、参谋长空缺。第五四三旅，旅长万保邦，辖第一〇八五团、第一〇八六团；第五四四旅，旅长王秉璋，辖第一〇八七团、第一〇八八团。

军部炮兵团、战地服务团。

军长卢汉，原名邦汉，字永衡，彝族。1895年生于云南昭通县。为龙云的表弟。云南讲武堂第四期毕业后即在滇军任职，一直追随龙云，晋升迅速，是滇军中的著名战将。1927年龙云与胡若愚内讧，龙云曾被胡若愚逮捕关押，在群

第六十军首任军长卢汉

第六十军副军长兼第一八四师师长张冲

龙无首的情况下,卢汉主动承担指挥责任,并邀请在滇军中素有威望的胡瑛出山暂代三十八军军长之职,终使龙云战胜了胡若愚。在六十军成立之前,卢汉任云南省督练处处长,掌管全省军队的训练事宜。龙云之所以选择卢汉当军长,除了亲戚关系以外,再就是卢汉在军中有极高的威望。

出征誓师大会上,各族人民献旗欢送,卢汉代表全军郑重宣誓:"以牺牲的决心,作破釜沉舟的抗战!"誓师结束后,部队即高唱着冼星海谱写的《六十军军歌》出发了。歌曲唱道:

我们来自云南起义的伟大地方,
走过崇山峻岭,
开到了抗敌的战场。

第六十军出滇抗战,出发前龙云与该军将领合影送行

兄弟们用血肉争取民族的解放,
发扬我们护国、靖国的荣光!
不能任敌人横行在我们的国土,
不能任敌机在我们的领空翱翔。
云南是六十军的故乡,
六十军是保卫中华的武装!
云南是六十军的故乡,
六十军是保卫中华的武装!

六十军出滇经贵州、湖南向抗战前线进发，官兵长途跋涉两千公里，步行四十余日抵达长沙，接到的任务是增援上海战场。11月中旬，六十军由长沙登车，经粤汉铁路、浙赣铁路行进，先头部队接近浙江金华、衢州。当正向杭州前进时，上海沦陷，便奉命加入到南京卫戍司令部的作战序列。然而南京也在12月13日沦陷了，六十军再次失去作战目标，于是返回武汉整训，并被编入武汉卫戍部队序列。六十军抵达武汉后，分驻孝感、花园和武胜关整训。蒋介石为笼络这支军队，调该军团长以上军官到武昌珞珈山军官训练团受训，由卢汉担任军官训练团大队长，并对卢汉等怀柔有加。卢汉也乘机与蒋拉近关系，第六十军遂获得特种军编制，扩大了军部及军直属队，增编了三个补充团，拨配了汽车20余辆、德国造手枪800支、子弹10多万发。还配属了后方医院，专门负责收治六十军伤病官兵。六十军辖一八二、一八三、一八四三个师，每师两个旅、每旅两个团，计十二个战斗团，军部、师部另有直属部队，有警卫营、炮兵营、工兵营、通信营、辎重营、卫生队、防毒队等"机关部队"，全军官兵45000多人。

　　六十军出滇两个月虽未作战，但优良的装备、整齐的军容、严明的纪律，特别引人注目，特别是六十军一路走来，铁流五千里，不啻给了其一个展现军容的机会。该军在江汉码头过渡，经过武汉三镇时，让住在大码头、见过世面的武汉人眼睛一亮。蒋介石的亲信杜聿明说："'中央军'同这支'云南军'比起来，军容上稍有逊色。"而在汉口的德国顾问看了六十军的军容后，也对蒋介石说："卢汉率领的滇军是中国最精锐、最有力的部队。"

　　1938年3月下旬至4月上旬，第五战区以四十万兵力包围了进攻台儿庄日军第十师团，并击退了由临沂增援的第五师团，取得了歼敌万余人的胜利，但台儿庄之胜并没有改变日军进攻、中国防守的战略格局。日本大本营迅速调整兵力部署，集中华北、华中兵力夹击徐州，在此异常紧张之际，统帅部令卢汉率六十军增援鲁南，务必在4月21日到达。第六十军除新编各师工兵营、辎重营及军直属山炮营留湖北花园整训外，全军官兵于4月19日乘火车北上，然后经徐州直开台（儿庄）枣（庄）支线的车辐山车站。卢汉提前到徐州见李宗仁等战区

滇军雄姿

指挥官，李宗仁令六十军速到台儿庄东南面运河北面集结，在五十一军右侧背的邢家楼、陶沟桥、蒲汪、东庄地区布防，归孙连仲指挥。卢汉从徐州随部前进，对各部作了部署：以一八三师为右翼，集结于陈瓦房、邢家楼、五圣堂、小庄地区；一八四师为左翼，集结于台儿庄以东陶沟桥、孟庄、马家窑、丁家桥地区；一八二师在右后，作为预备队集结于蒲汪、辛庄、戴庄、谷堡地区；军指挥所设在东庄。

4月22日拂晓之前，第一八三、一八四两师和第一八二师郭建臣旅以及军部先后在车辐山车站下车，第一八二师师部和高振鸿旅在赵墩车站下车，部队立即向指定集结地点前进。卢汉在车辐山见到五十一军军长于学忠，于告诉卢，台儿庄东北第一线战斗吃紧，应当赶快集结部队准备战斗。果然，在一八三师先头部队即将到达指定集结地点陈瓦房、邢家楼、五圣堂时，突与日军遭遇，发生激战。由于两军以行军纵队相遇，一开始就短兵相接，一八三师一〇九八团营长尹国华率部与敌反复冲杀，双方伤亡都很大，尹国华牺牲，尹营也伤亡殆尽。日军后继的机械化部队赶到，一八三师各团受到优势敌军的炮火、坦克的联合攻击，伤亡惨重，耿庄陷入敌手，邢家楼、五圣堂等村庄毁于敌军炮火。

第一八二师在一八三师后跟进，杨炳麟的一〇七九团进入蒲汪，龙云阶的一〇八〇团被日军野战炮火阻于辛庄、后堡，而一〇七八团则被阻于禹王山北麓、后堡以南一带村庄。第一八四师渡过运河后，西向台儿庄附近集结。各部立即就近抢占有利阵地，构筑工事，以抗击日军的进攻。

23日，日军一部经耿庄南进，攻击第一八二师一〇七九团蒲汪阵地，该团利用已筑工事和有利地形，顽强抗击日军。日军屡攻蒲汪不下，便集中炮火轰击，蒲汪被炮火摧毁，但守军利用散兵坑坚守阵地，誓死不退。敌军以二十多辆坦克开路，发起冲锋，并有飞机低空轰炸、扫射，配合进攻。步兵排长吕建国组织了一支二十多人参加的反坦克队，在迫击炮掩护下接近敌军坦克，用集束手榴弹炸毁敌坦克两辆，但遭到敌坦克的围攻，反坦克队二十多人全部壮烈牺牲。日军坦克碾过之后，中国守军官兵立即从散兵壕里跃起，与紧随坦克的敌步兵展开肉博，战斗之激烈达到白热化的程度。团长杨炳麟与继任团长钟光汉先后负伤，全团仅剩两百多人，仍坚守阵地，抱定人在阵地在的决心，与敌死拼。

战斗持续到25日，日军攻势更猛，17时左右，第一营营长王承被率一百余官兵从南面绕到西面向敌侧后袭击，将敌击退，王营长受重伤，王所率官兵大部伤亡，仅十余人生还。入夜，军部令幸存守军后撤，放弃蒲汪。

与此同时，敌军攻占了一〇八二团凤凰桥阵地，随即进攻一〇八〇团辛庄阵地，战况异常激烈，团长龙云阶及各营长全部阵亡，官兵大半伤亡，辛庄失陷。

日军攻击蒲汪的同时，又向六十军二线阵地后堡、火石埠进攻。后堡守军是一〇八〇团第三营，营长王谦率部与敌激战，苦战至 25 日午后，仅余二十余人，仍坚守阵地。王营长自兼机枪射手，激励所部，屡屡打退敌人的进攻。坚持到 14 时左右，阵地上的守军仅剩十余人，王营长身负重伤。师部下令后撤，撤下来的官兵包括受重伤的王谦及轻伤员只有八个人。后堡遂陷。

第六十军军部于 24 日下午调整了部署：第一八四师主力自台儿庄向右转移，左与台儿庄附近的于学忠部、右与岔河镇陈养浩师保持联系。轻重火器调整配置，构成有纵深又能相互支援的火力网，并加紧改进工事，将新增配的战车防御炮投入阵地，官兵士气高涨。24 日夜，蒋介石亲临前线视察。在车辐山车站，蒋介石电话约卢汉晤谈，蒋介石说，台儿庄的得失，有关国际视听，必须以一个师坚守。卢汉遂改变部署，以一八四师主力进驻台儿庄，加强防御工事。随之，卢汉到前线视察，一八四师师长张冲建议：日军向我右翼猛攻，企图从右翼突破南下切断陇海铁路；台儿庄只有一道砖墙，在此之前已在战火中被部分摧毁，防御工事不坚，敌人又在此吃过亏，再次进攻必投入更大兵力，只要能守住禹王山，就能保住台儿庄，若禹王山不守，台儿庄也很难守。卢汉认为言之有理，当即下令第一八四师向禹王山转移，但蒋介石仍下令坚守台儿庄，并委派军委会高参胡若愚到第六十军督战。

25 日，日军重点进攻东庄、火石埠的一〇七七团阵地。火石埠阵地中炮弹一千余发，工事全毁。守军营长张泽沉着应战，率部隐伏在火石埠高地脚下的平地工事里，将进攻的敌军多次击退。敌人火炮轰击阵地右侧，张泽率部沿交通壕向左躲避，左轰则右避，俟敌步兵进入火力网，即全力反击。如此反复再三，激战终日，日军在守军阵地前丢下层层叠叠的尸体，终未能攻破中国守军阵地。中国守军伤亡亦重，张营仅余七八十人。

25 日深夜，孙连仲向卢汉转达了李宗仁的命令，即台儿庄全线守军于 26 日全面出击，消灭进入台儿庄以东中国守军的袋形阵地之敌军。以于学忠部向西、汤恩伯部向东封锁袋口；六十军向北攻击，合力歼灭邢家楼、五圣堂、五窑路、蒲汪、辛庄地区的敌军。

卢汉接令后即令第一八二师以一部向辛庄、蒲汪出击，大部坚守原阵地；第一八三师以一部向五圣堂、五窑路出击，大部坚守东庄，并接替第一八二师火石埠阵地；炮兵则集中火力，压制蒲汪附近的敌炮兵，支援第一线步兵出击。

26日，第一八二师、一八三师在炮兵掩护下向指定目标攻击。第一八三师攻进到小李庄一带，与敌发生激战；第一八二师五三九旅董文英团对辛庄敌军发起猛烈攻击；余建勋团曾一度攻入后堡，受到敌军隐蔽火力的袭击，二十多名官兵壮烈牺牲；一八四师一部在陶沟桥击溃敌军，将敌追出五公里之外。但各部进攻均遇到日军的猛烈阻击，日军炮火尤其猛烈，致使攻击部队进攻受阻，被迫退回原阵地。于学忠、汤恩伯部也退回原防。

日军乘机发动追击，直迫中国守军阵地，东庄、火石埠之线首当其冲，守军阵地的战防炮及各种炮火猛轰进攻之敌军，击毁敌坦克五辆，日军慌忙后退，守军炮火延伸轰击，阻敌增援，并轰击敌后逃要道。东庄守军杨宏光旅严家训团、常子华团与火石埠守军陈钟华旅莫肇衡团乘机反攻，集中一切火力射杀敌人，日军被消灭大部。傍晚，日军再次反扑，集中炮火轰炸东庄、火石埠中国守军阵地达一小时之久，先后发射炮弹五千多发，尘土硝烟弥漫，不见天日，中国守军东庄阵地被夷为平地，守军团长严家训阵亡。敌军停止炮击之后，步兵即发动夜袭，激战通宵。敌军冲入火石埠，中国守军奋勇反击，双方展开肉搏。中国守军打退敌军第一次攻击之后，日军再次冲入火石埠，守军团长莫肇衡中弹倒地，以衣蘸血在石头上写下"壮志未酬身先死"七个大字，旋即牺牲。中国守军陈钟书旅副旅长马继武率部向立足未稳之敌猛攻，又夺回火石埠阵地。同时，高振鸿旅董文英一〇七八团在湖山与敌发生激战，团长董文英阵亡。当晚，湖山、窝山、戴庄相继弃守。

27日，第一八二师调整部署，以五四〇旅余部编为一个营，固守胜阳山及鸭鹅城；以一〇七八团新任团长陈浩如率所部一百余人守枣庄营；被敌隔断的赵彬营固守西黄石山，以火力封锁戴庄通向运河的路口；以一〇七团固守李家圩及附近高地，向右延伸到禹王山北麓，与正面敌军对战。晨8时左右，敌军猛攻杨庄，与一〇七团第二营守兵激战，敌军一部冲进村内，营长魏开泰阵亡。代营长岳家祥率兵一排增援，与敌逐屋争夺，将进入该村的敌军消灭，缴获轻机枪两挺，步枪十七支。同日，一八三师火石埠方面亦发生激战，莫仲璇团长阵亡，火石埠弃守。

28日，第一八四师炮击锅山，防守禹王山、枣庄营间的第一八二师一〇七八团陈浩如部反攻锅山受挫，敌军乘机反扑禹王山南侧，陈浩如率部顽强抵抗，日军退回锅山，陈浩如以身殉国。第一八三师方面，日军占领火石埠后，集中炮火轰击东庄阵地，昼夜不停，东庄大火彻夜不熄。东庄守军一〇八二团第二营营长张仲强摸准了敌军行动规律，当敌炮轰击东庄时，张营长率部撤到庄外，隐伏于战壕，俟炮击停止，张率主力返回村内预筑的阵地。28日，日军派出搜索部队鸣枪向东庄前进，张部隐蔽不动，待日军进入伏击圈时，张营长一声令下，全营猛烈射击，继以手榴弹猛炸，随后与残敌进行肉搏，终将突入之敌大部消灭。缴获敌轻重机枪二十余挺，迫击炮数门，步枪一百六十七支。此后，日军虽仍旧不断地向禹王山前方阵地发动攻击，但已谨慎多了，不敢轻率冒进。

日军疯狂进攻禹王山以北中国守军阵地的同时，还把攻击矛头直指禹王山。禹王山是台儿庄东南运河北岸海拔较高、面积较大的一个山头，俯视台儿庄，与台儿庄互相呼应，位置十分重要，日军势在必得。4月28日夜，日军约一个大队在炮火支援下，向李家圩及禹王山西北坡一〇八七团阵地进攻，一股敌军占领了禹王山西北山麓一个小高地。五四四旅旅长王秉璋亲率预备队向该敌发起反攻，王旅长胸部中弹，仍坚持指挥战斗，直至夺回小高地之后，才下火线被送到后方医院。

4月29日，日军飞机、大炮配合步兵向禹王山正面发动攻击。第六十军防御部队在敌军炮火轰击时，留少数人在阵地上监视，大多数官兵皆在掩体内隐蔽，待敌炮火向后延伸、步兵发起冲锋时，全部进入阵地，勇猛还击，用机枪、步枪、手榴弹打击敌人。如此再三，多次打退敌军的进攻。

30日清晨，日军发动对禹王山的全面进攻，守军的第一道防线数处被敌突破，禹王山顶也被敌军占领。六十军守备部队全力反击，终于把突入阵地之敌击退，但进占禹王山顶的日军一直盘踞不退，六十军部队遂以两侧阵地火力对山顶之敌加以封锁。为夺回禹王山顶，巩固后方安全，守备禹王山的一八三师五四二旅一〇八三团团长杨洪元命第三营第三连连长李佐率部向山顶攻击，务必夺回山头。李佐先率一个排向山顶冲锋，接近山顶时大部牺牲，随之又投入一个排冲锋，冲到山顶，两排官兵一百三十多人仅剩三十多人。第三营营长王朝卿向团长杨洪元建议："不能再令第三连向前冲了，只要能守住山侧就行了，否则全连都会被打光。"杨团长同意这一建议，遂令第三连停止前进。第三连在禹王棱线上与敌形成对峙。

第三连在禹王山顶一百多米防御正面配置了十四挺轻机枪，每个士兵身边放置一至两箱枪弹和手榴弹，加上迫击炮火力支援，挡住敌人无法增援禹王山顶。但中国守军也冲不上去，双方形成对峙。第三连战士拼命挖掘掩体，然后挖坑道连接掩体，连点成线，不断扩大防御阵地。自5月1日山顶形成对峙之后，日军一面加紧对禹王山附近及山坡守军阵地的攻击，一面加紧禹王山顶的争夺，每日都进行激烈的炮轰和步兵的攻击行动，但始终无法越过山顶棱线而占领整个山顶。

5月7日拂晓，日军在禹王山顶中国守军左前方约五百米处集中了九二炮十多门，突然向禹王山守军阵地连续实施轰炸，将守军棱线上的射击掩体全部摧毁，官兵伤亡过半。中国军队向山顶增援，来不及抢修工事，便用烈士的遗体作依托，以猛烈的火力打退敌步兵的多次攻击。就这样，守军官兵抱着与阵地共存亡的坚定信念，坚守山侧阵地，决不后退。

六十军、师战地服务团和部队政工人员冒着敌人的炮火，把民众送给部队的慰问品如香烟、糖果、饼干、馒头等源源不断地送上火线，大大激发了守军官兵的斗志。战斗到7日晚，第三连排长已全部阵亡，士兵只剩三十余名。一〇八三

台儿庄前线与日军作战的第六十军官兵

团及时给第三连补充了近百名新兵,加强了防御,禹王山顶棱线后侧的阵地一直牢牢掌握在中国守军手中。

与此同时,禹王山周围第六十军的阵地,工事日益加强,官兵作战经验也趋向丰富,敌人屡次进攻,都被粉碎。日军原拟集中兵力,南渡运河,占领台赵铁路支线,不料在禹王山以北地区遇到第六十军的顽强抵抗。该军经过八天八夜的激战,终于遏制了日军的攻势,日军从禹王山方向的进攻大大减弱。

第六十军坚守禹王山一带阵地,直至5月中旬奉命将阵地移交给贵州部队第一四〇师王文彦部接防,随后撤离鲁南战场。六十军在台儿庄、禹王山地区坚持作战二十多天,全军伤亡近两万人,其中三分之一阵亡;军官也伤亡大半,其中阵亡旅长一人、团长四人;伤旅长一人、团长三人。六十军从禹王山一带阵地撤下来之后,进行整编,一八二、一八三两师各缩编为一个团,一八四师编为三个团,全军十二个战斗团仅余五个。第六十军为抗战做出了巨大牺牲和突出贡献。

最高统帅部对第六十军的顽强作战表示赞赏，蒋介石派后勤部长俞飞鹏到黄家楼六十军军部慰问。第二集团军总司令孙连仲也致电第六十军军长卢汉表示褒扬："贵军此次在台儿庄附近以血肉之躯与敌之机械化部队艰苦奋斗，前赴后继，鏖战八昼夜……使战局转危为安，忠勇奋发，足资楷模。"六十军的友邻、第五十一军军长于学忠对六十军此次作战评价道："第六十军参加战斗后，给敌人以沉重打击，禹王山和火石埠（禹王山下）之战，打得最为出色，是任何友军不能与之比拟的。"

5月18日，日军对徐州的包围圈已日渐缩小，陇海、津浦东南西北四面铁路线已被切断，市区整天遭受日机轰炸，第五战区司令长官部已撤离徐州。临行前李宗仁再三要六十军守卫徐州，并指示六十军在徐州不守时可进行敌后游击战。5月19日，军长卢汉先以一八四师一〇八六团防守徐州西郊一带，掩护友军撤退，后又在徐州附近的一个小村庄里与第二集团军总司令孙连仲进行商讨，最后决定弃守徐州，部队开始撤退。

5月20日，卢汉将所部五个团分为三个纵队：以五四三旅旅长万保邦率领三个团为前卫，军部及配属炮兵各单位参谋、后勤在中，一八四师师长张冲率领两个团为后卫，沿徐（州）宿（县）公路向南撤退。部队开始行动后，敌机即飞来袭扰，部队且行且止。行至闵贤集后得报，日军陷宿县后正在向北疾进，距六十军不远，向徐州西进犯日军已陷永城，由蚌埠北犯日军亦进占蒙城、涡阳，六十军已陷入敌人的大包围中。5月21日部队抵达柳村，卢汉将所部编为两个梯队：第一梯队三个团，由卢汉亲自率领；第二梯队两个团，由一八四师师长张冲率领。军部行至铁佛寺时遭友军误击，两个梯队失去联系，部队各自突围。第一梯队经永城、亳州、鹿邑、陈州，抵达河南周家口。第二梯队经浍河、涡阳、界首、沈邱，抵达周家口与第一梯队会师。其中第二梯队因绕路而行，沿途遭受日军数次阻击，幸途中收编炮兵十六团一个野炮营、炮兵十二团一个野炮连，以野炮助战突围，始得成功。

六十军为地方军队，同乡情谊甚重，故官顾兵、兵顾官，官兵抱团，所有官兵及参谋人员、后勤军需人员、医务人员、战地服务团人员均相互勉励，突出重围。全军于6月上旬到达武汉，旋转至黄陂宋埠进行整补。整补时将一八二师、一八三师老兵全部编入一八四师，所有士兵皆经受战火洗礼，战斗力极强，故该师在以后的战役中一直作为主力使用。

阳新阻敌　转战湘赣

1938年7月，武汉会战开始。同年9月，六十军调赴武汉外围之阳新排市地区抗击日军。此时一八二师只补充了一个新兵旅，而一八三师还未补充，故六十军主要以一八四师担任作战任务。军长卢汉决定以一八四师一部对富水北岸警戒，主力于南岸排市东南地区构筑阵地。9月25日，日军第九师团主力先后对一〇五团、一〇八六团阵地发起攻击，中国守军顽强抗击，战局形成对峙态势。9月28日，日军集中空军、炮兵火力向中国守军阵地发动全面进攻，汤公泉、白门楼阵地相继失陷，阵地上守军官兵大多殉国。战斗进行到10月1日，六十军各部阵地工事尽毁，其中新组建的一八二师由于新兵过多，损失已过三分之二，一八四师的一〇八五团已经组织非战斗兵员参战。晚7时，卢汉见所部固守阵地已不可能，于是下达了撤退命令。10月2日，六十军转移至中山寺、栗树尖阵地继续阻击。4日晚退往其心脑阵地，再次与敌发生战斗，坚守至6日始奉命撤防。

战斗中，六十军发挥了滇军山地作战的特长，抗击优势日军，迫使日军第九师团无法越过富水北进，使其打通粤汉路的计划没能实现。当时的行政院院长孔祥熙曾致电卢汉：据日本电台广播，皇军在长江南岸阳新排市地区，遭遇滇军顽强抵抗，致使皇军不能如期切断粤汉铁路，没有全歼武汉敌人……这一电报充分肯定了六十军在武汉会战期间所付出的代价是值得的。

10月初，六十军奉命开赴白土塘进行整补。卢汉将一八二师官兵编入一八四师和新开赴前线的一八三师，师部人员返回云南接兵。月底，第六十军与第二支出滇作战的五十八军合编为第三十军团，军长卢汉升任军团长仍兼任第六十军军长。随后六十军奉命抽出一八四师和五十八军的一个师合编为新编第三军，六十军遂改为两师制乙种军。在而后的崇阳作战中，六十军由于损失较重以及一八二师不在前线的原因，没有战斗任务，所属第一八三师则准备配属新三军。由于临时代理第三十军团军团长（卢汉因病离部）的高荫槐（原第一八三师师长，第六十军副军长）不愿意把一八三师交给新三军军长张冲（原六十军副军长兼一八四师师长升任），百般阻挠，以致崇阳战斗结束后，一八三师始终未上前线作战。崇阳一战，由于滇军将领之间的矛盾，以失败告终，卢汉为了改变这种情况，决定对所属的三个军再次调整建制，其中属六十军的一八三师和属新三军的一八四师互调，所属各师缩编为三团制建制。这时六十军的人事情况如下：

军长卢汉（兼），副军长安恩溥，参谋长赵锦雯（参谋处长卓立代理）。

第一八二师，师长安恩溥（兼），副师长邱开基，参谋长阎旭。辖第五四四团、第五四五团、第五四六团。

第一八四师，师长万保邦，副师长曾泽生，参谋长罗展。辖第五五〇团、第五五一团、第五五二团。

1939年2月，六十军开赴江西高安地区参加南昌会战。鉴于一八二师仍旧留在云南，一八四师再次担负起全军的作战任务。4月上旬，一八四师奉命佯攻安义、滩溪，后又负责进攻奉新县城。其五五〇团主攻鸦鸪岭，五五一团向奉新县城推进，五五二团向桃仙岭进攻。24日拂晓开始进攻，但遭到防守奉新的日军一〇六师团激烈抵抗，先头部队伤亡近三分之一，部队不得不停止进攻，构筑工事采取守势。一天后，日军乘一八四师攻击失利，以坦克为先导，向五五一团阵地猛攻。战至午后，五一一团阵地失守。26日，五五二团阵地又被日军全部摧毁，该团伤亡极大。此时五五一团、五五二团阵地尽失，五五〇团阵地侧面顿时空虚。但五五〇团团长曾泽生仍率全团坚守住了阵地,并击退日军先遣部队攻击,毙日军炮兵联队少佐铃木孝。后得知反攻南昌的二十九军失利(军长陈安宝于5月6日在撤退途中阵亡),于4月30日奉命撤出阵地。奉新战后,六十军被调赴上高、宜丰地区整补。同年7月13日,军长卢汉卸任,遗缺由副军长兼第一八二师师长安恩溥升任。

安恩溥,1894年出生于云南省镇雄县花竹沟一个彝族土司家中。由于家世较好,自幼年受到了良好的教育。1916年护国军入川后,毅然投笔从戎,由士兵当起,逐步官至连长。1919年考入云南讲武堂第十四期学习,毕业后积功累升至一八二师师长。安以严明纪律治军,亲定"三训"和"三戒",深得官兵爱戴。"三训"为"诚字神圣,勤字万能,我字万恶";"三戒"为"戒吹(大烟)、戒赌、戒嫖"。

安恩溥到任后不久,即于9月率领六十军再次调赴奉新前线,参加第一次长沙会战。六十军的任务是负责大禾岭东面阵地的守备。9月17日,日军以二十余辆坦克布置于一八四师阵地正面以吸引视线,以第十四混成旅团对一八四师实行大迂回,在该师后方之杨公圩村前合围该师。第九战区前敌总指挥罗卓英发现情况后即命一八四师撤退。入夜后,一八四师师长万保邦以五二二团为前部,成功突围赴棠浦整补。9月23日一八四师整顿完毕,奉命由棠浦北进,截击日军。24日拂晓,一八四师到达目的地进入阵地,并派出五五〇团第二营占领甘坊东南高地,对日军侧面形成威胁。日军得知后即以两百人在第二营后侧迂回,该营阵地不久即丢失(威胁解除后该股日军即返回甘坊)。10月1日,驻守甘坊之日军发现西进已不可能,乃火焚甘坊开始撤退。五五〇团即趁势占领甘坊,顺利完成任务。此时第九战区后方之预备部队全部投入长沙战场,日军开始溃败。战后,六十军再调棠浦整补。第九战区前敌总指挥罗卓英集合该部少校以上军官,对一八四师收复甘坊进行表彰。缴获日军的日记中承认"滇军顽强,我军伤亡颇重"。

1939年11月中旬,六十军被列入第二期整训部队,受九战区长官部督训。

督训完毕后的六十军被定编为两师制乙种军,军部辖有辎重团、特务营、搜索营、工兵营、通信营、骑兵队以及两个补充团,所属两个师皆为三团制,师部辖有特务连、搜索连、工兵连、通信连。一个月后,六十军奉命组建挺进队参与了九战区的冬季攻势,由第五五〇团副团长郑祖志率领挺进队活动于西山山区,多次伏击日军巡逻部队,并给日军运输车队以打击。该团于1940年2月25日在南昌西北地区炸毁日占的一座桥梁后胜利归建。

防守滇边　越南受降

1940年5月,在云南整训多时的一八二师抵达赣北归建,部队甫到,便奉命以主力进攻安义地区的日军。战斗打响后,一八二师的突然进攻使日军措手不及,日军多处据点被攻占。随着增援日军的抵达,一八二师就地转入防御,并与日军鏖战三昼夜后撤出战斗。同年8月6日,日军侵占越南,与越南相邻的中国云南地区受到了日军的威胁,于是龙云请调六十军回防云南。

六十军接到返回云南的命令后,将防线移交给第五十八军,搭乘火车分别在广西柳州、南宁两地下车,徒步行军,经百色、广南到达文山。六十军返回云南后,负责守备开远、蒙自地区。11月中旬,第六十军奉令接云南保安第六旅的文山、广南防务。不久,第六十军编入第一集团军第一路军,所辖除了第六十军两个师外,还配属了云南保安第一旅、第三旅,为右翼兵团。后第六十军又将文山、广南地区防务交接给第九集团军,进入蒙自迤南地区,担任金平、屏边之线防务,第六十军军部驻防新安所,第一八二师驻防冷水沟,第一八四师驻防阿三寨,保安第一旅驻防道村,保安第三旅驻防白沙关。1941年2月,第六十军各部先后进入防区,按指定防线积极构筑工事,加强防务。

当时,第六十军拟定守备计划是巩固滇南国境线,确保昆明,避免与日军主动决战。同时，第一八二师、第一八四师各派守备部队，在三丫口至马鞍底一带构筑前进阵地，严密警戒，若日军进攻，则以有利条件，有计划地逐次抵抗，诱敌深入，配合主力部队一举歼灭。

在六十军驻防云南边境期间，军长安恩溥一如既往地严于律军，恤民恤兵，执行"三训""三戒"方针，并对边境的走私事件予以严查。此外，安恩溥还对部队加强教育整训，充实战斗力量，分期保送各级干部到中央训练团、陆军大学与步、炮、工辎重等专科军校培训，为第六十军输入新鲜血液，以加强战斗力。

1945年8月15日，日本帝国主义宣布无条件投降，当日，军事委员会自重庆发出电令，命令云南驻军开赴越南，接受日本在越南驻军的投降。入越受降的部队是两个师建制的一个军和六个暂编师，六十军名列其中。第一方面军长官部为了加强入越受降各军的战斗力，对所有的两师制乙种军增编一个师，使其成为三师制甲种军。其中六十军除原有的一八二、一八四两个师外，又编入暂编第二十一师，军长安恩溥因在陆大学习未能归队，遂由副军长万保邦带领入越。安恩溥由于在云南驻防期间严查走私，遭到当地实力派的反对。卸任军长一职后，卢汉鉴于各方压力没有给他安排职务，安恩溥从此脱离了军人生涯。1948年安恩浦曾竞选过国大代表，当过云南省民政厅厅长。1949年跟随卢汉一起参加了起义。中华人民共和国成立后任昆明军事管制委员会委员、西南军政委员会委员、云南省民政厅厅长、省政府委员、省参事室参事。1965年12月病逝于昆明。

8月16日凌晨，第六十军一八二师三个团全线出击，先从云南河口抢渡红河，在越南的老街登陆进入越南。第六十军的山炮营、军部随后跨越红河，进入越南。拂晓时分，第六十军先头部队与日军一个大队交上了火，一小时后，日军突然退却投降。原来日军在交火之前没有收到天皇投降的命令，战斗进行一小时后才接到此命令。随后，第六十军奉令向河内、南定和海防集结，并于9月中旬抵达河内，十天后开赴南定驻防。

1945年10月，龙云被蒋介石赶下台，继任云南省主席的卢汉为了切实掌握滇军，撤换了大量亲近龙云的将领。其中六十军军长一职因长期空缺，卢汉提

在长春起义的第一兵团副司令兼第六十军军长曾泽生。起义后任中国人民解放军第五十军军长

请军委会任命第一八四师师长曾泽生继任。为了使曾泽生能顺利掌握一八四师，卢汉又将副军长万保邦和各师长、团长悉数撤换，使六十军成了"卢家军"。其战斗序列如下：

军长曾泽生，副军长杨炳麟，参谋长徐树民。

第一八二师，师长白肇学，副师长李佐，参谋长杨正隆。辖第五四四团、第五四五团、第五四六团。

第一八四师，师长潘朔端，副师长郑祖志，参谋长马逸飞。辖第五五〇团、第五五一团、第五五二团。

暂编第二十一师，师长陇耀，副师长任孝宗，参谋长杨肇骧。辖第一团、第二团、第三团。

军直属辎重团、炮兵团。

曾泽生，1902年出生于云南省永善县大兴镇。自幼丧父，13岁才读上私塾。高小毕业后由于形势逼迫而投军，曾在唐继尧的军士队学习，因成绩优秀被保送云南讲武堂第十八期学习。毕业后受革命潮流影响，前往广州黄埔军校任职，当过区队长，后曾在中央军校高教班受训。1928年返回滇军服役，在云南讲武堂当队长。后得卢汉赏识，跟随卢逐步晋升为第一八四师师长。曾晋任第六十军军长，与卢汉的提携是分不开的。

越南原是法国的殖民地，日本投降后，法国又入侵越南。1946年4月，二十多艘法国军舰停留在距离海防市军港二十多海里的公海海面上，派人乘快艇登岸，找到警卫司令部，要求将军舰靠港登陆，占领越南，遭到六十军驻防部队的拒绝。次日凌晨，法国军舰向港口开炮，强行登陆。在海防警备司令卢润全指挥下，第一八二师和第九十三军第十九师投入了反击法国舰队登陆的战斗。山炮营从傍晚开始向法舰进行炮击，迫使法舰驶离山炮射程之外，在十多公里外海锚泊下来。双方僵持了三天后，滇军接国防部电报，令警备司令部停止炮击，撤出战斗，法军由此进驻越南。

东北内战　一八四师两次被歼

1946年春，国民党撕毁"停战协议"，调兵遣将，抢占战略要点，准备内战。蒋介石为了达到利用杂牌部队加入内战，又借内战削弱其实力之目的，将在越南受降的第六十、第九十三两个军海运到东北前线。4月上旬，第六十军从越南海防登上开往东北的军舰，于4月中旬陆续抵达葫芦岛。

第六十军抵达东北后当即被分割使用。第一八二师配属给新一军指挥，担任铁岭、开原、昌图一带铁路交通警备任务；第一八四师配属新六军指挥，防守鞍山、海城、营口等地；暂编第二十一师两个团由东北长官部直接指挥，驻防抚顺，另一个团配属新六军指挥；军部驻新民。这样第六十军军长曾泽生能够指挥的只有军直属部队，成了"空军"司令。

对于东北保安司令长官部将六十军充当嫡系部队护卫的做法，第六十军官兵上下皆愤愤不平，但抱着为云南、为卢汉争光，为滇军争气的想法，忍气吞声、逆来顺受。曾泽生军长多次向长官部请求收拢部队，终于在5月要回了暂二十一师，然而一八二师和一八四师仍旧未能归还建制，一八四师更是在不久之后全军覆没。

当时第一八四师以所属第五五〇团驻防大石桥、营口，第五五一团驻防鞍山，师部与第五五二团驻防海城。该师的驻地均为辽南工业区。由鞍山、海城可西去锦州，通往辽西；由营口南行，可到辽南，也可乘船到海上；向北可到沈阳，通往辽宁腹地，继而向吉林、黑龙江挺进。其战略地位，不言而喻。

1946年5月，国民党军队在占领长春、四平之后，继续北犯，占领了松花江以南的广大地区，先头部队逼近哈尔滨，直接威胁着东北民主联军总部所在地。为了打击敌人的嚣张气焰，断其南北交通运输线，东北民主联军决定在中长铁路南段发起进攻，令民主联军第四纵队韩先楚部率先向鞍山发起进攻。5月24日，东北民主联军第四纵队进攻鞍山。第五五一团坚守三天即"全团殉国"，残部三百五十余人投降，团长张秉昌逃回海城。东北民主联军第四纵队攻克鞍山后继向海城发动攻击。驻守海城的第一八四师师长潘朔端向东北保安司令部连连告急，杜聿明令新一军军长孙立人前去解围，但孙立人未采取行动，蒋介石则令一八四师"死守待援"。潘朔端与副师长郑祖志、参谋长马逸飞等紧急商议，不得要领。恰于此时，在鞍山被俘的第五五一团士兵被释放回来，带来了民主联军前线指挥所致潘朔端的信。信中说："潘将军应认清形势，率部弃暗投明，与人民军队携起手来，共同反对内战，这才是你们唯一的出路。……只要你能以

在辽宁海城起义的第一八四师师长潘朔端

中华民族的大局为重,中国共产党和人民军队会既往不咎,真诚地欢迎你和你的军队。"

潘朔端,字孝源,云南威信人,黄埔军校第四期毕业。历任滇军营、团、旅长,曾参加台儿庄大战,荣获一级宝鼎勋章。抗战结束后任六十军一八四师师长。他虽然出身黄埔军校,但受革命思想的影响,与罗炳辉等共产党人交往较多,对蒋介石等歧视、吞并杂牌部队及挑动内战的做法心存反感。接到信以后,他考虑再三,认为:如果按照上峰的命令,与人民解放军继续战斗下去,其结果只能是自取灭亡;如果消极应战或弃城逃跑,一定会受到军法制裁。现在坐守孤城,这两条路都走不通,只有走反内战起义、投奔中共一条路。潘朔端与副师长郑祖志、参谋长马逸飞和五五二团团长魏瑛再次商议,权衡利弊,决定举行反内战起义,弃暗投明。接着魏瑛推荐该团机枪连连长高如松、运输连连长陈正富二人，于5月29日携带潘朔端的亲笔信，将一块白床单撕成两半，作为联络信号，来到民主联军前线指挥所。当晚，前线的枪声基本停息了，潘朔端判断他们二人与民主联军联络上了，遂将杜聿明派到该师的两个少将督战官扣押起来。

当晚，民主联军派出联络参谋与潘朔端接洽，表达了韩先楚副司令员的欢迎诚意。一八四师按照民主联军的要求，派出师参谋长马逸飞到民主联军第四纵队谈判起义事宜。5月30日，潘朔端率领一八四师师部和五五二团全部两千七百多人举行起义。

次日，潘朔端派参谋长马逸飞带着自己的手令，随同民主联军的代表去大石桥，命令第五五○团团长杨朝纶起义，率部开往解放区析木城。

潘朔端宣布起义之后，杜聿明密电令杨朝纶代理第一八四师师长，这时杨朝纶正在做着当师长的梦。他见杜聿明的增援未到，佯作谈判，拖延时间，期待着援军能尽快赶至。但是他的这一企图早已被东北民主联军洞悉，东北民主联军于6月2日向其发起进攻，全歼五五○团所部，活捉杨朝纶。当日夜里，潘朔端与副师长郑祖志、参谋长马逸飞、五五二团团长魏瑛、五五二团副团长张文蔚联名发出起义通电，决心与民主联军合作，退出内战。起义部队而后改编为民主同盟军第一军，以潘朔端为军长，郑祖志为副军长，马逸飞为军参谋长。

一八四师海城起义，是国民党军在东北战场首次以成建制部队起义的开端，震撼了蒋军。杨朝纶被俘后，并没有同他的师长潘朔端一样投到东北民主联军，而是乘机拉拢旧部返回国民党军队里，这些部队后来被改编为东北保安司令长官部独立第二团（团长杨朝纶），不久以该部成立了新的第一八四师。

曾泽生得知一八四师在海城覆没以及一部起义的消息后，第六十军官兵思想遭受到一次沉重打击，也加深了滇军与中央嫡系部队之间的矛盾。全军上下对这次失利议论纷纷，士兵埋怨长官部指挥不当，不该把一八四师分散驻守，导致被东北民主联军各个击破；六十军责骂中央嫡系部队只顾保存实力，见死不救；更有些人责怪第一八四师一打就垮，丢了滇军的脸面。第六十军军长曾泽生更是对六十军到东北才一个多月，第一仗就丢了一个主力师，损失三分之一兵力，痛心不已。

海城丢失后，东北保安长官部为了安抚第六十军，于1946年6月上旬将第一八二师调回抚顺，归还六十军建制。同时东北保安司令杜聿明、东北行辕主任熊式辉先后前来抚顺，安抚第六十军，传达蒋介石重建第一八四师的决定，这才暂时消除了六十军官兵的不满情绪。一八四师重建时，曾泽生调第一八二师副师长陈开文升任师长，并从六十军各部队抽调军官重组各级指挥机构。然而一八四师刚一重建，就被配属给新六军，驻守营口补充整训，第六十军仍无权指挥。这使得刚刚平息的不满情绪再次被点燃，也埋下了日后六十军在长春起义的种子。

1946年7月过后，第六十军继续担任铁路交通警备任务。同年10月，东北国民党军为实现"南攻北守"的作战计划，加强北满防御力量，掩护南满方向的进攻，将第六十军（欠第一八四师）从抚顺调至吉南地区，配属新一军，由东北保安副司令兼吉林省主席梁华盛指挥，担任吉（林）梅（河口）线及桦甸、辉南、柳河等地防卫；确保小丰满发电站的安全；控制松花江以西地区，掩护地方行政人员建立政权。第六十军指挥所设在磐石，第一八二师驻守口前，担任磐石、桦甸及大小丰满防御；暂编二十一师驻守海龙，担任海龙、梅河口、柳河、金川、辉南、朝阳镇等地防御。

1947年2月，国民党军队第三次进攻临江，暂编第二十一师奉命以主力守备柳河、梅河口、辉南等据点，并以第二团与山炮营由海龙出发，经胜水河子会合守备金川的一个营，于17日南进通沟，牵制当面东北民主联军，配合中路主攻部队第九十一师作战。暂二十一师第二团出发后不久便与东北民主联军三纵第七师、第九师遭遇，被围困在庆岭、黑瞎子沟狭小地带，该团当即向师部电告求援，暂二十一师下令驻防柳河的第三团团长李树民带领两个营救援。18日凌晨3时，东北民主联军发起总攻击，战至上午9时，除第二团团长魏玉权率领残部突围外，余部全部被歼。而李树民率领的两个营进至鹿尾林，遭到东北民主联军一部的阻击后，大部退回，其第二营全营被歼，营长冯永刚被俘。3月3日，东北民主联军三纵八师会同独立师进攻辉南,防守此地的暂二十一师第一团第二营,除一个连突围外又被歼。至此,暂编二十一师进驻海龙两个月,就损失一个半团,占全师兵力三分之一。这对六十军官兵来说又是一次沉重打击。

同时,重新成立的第一八四师则一直在东奔西走。1947年2月下旬,德惠遭解放军袭击,东北长官部下令驻守四平及西满的第八十七师、第八十八师增援,为弥补西满兵力空虚,调在辽南作战的第一八四师到双辽。3月上旬,西满解放军攻占保康,围攻茂林,又调第一八四师到梅河口接防。第一八四师调驻梅河口后,主要兵力集中防守市区,第五五〇团防守铁路以东地区,第五五一团、第五五二团和师山炮营防守铁路以西住宅区。各部按地域防守,利用梅河堤埂及市区坚固建筑物构筑相互支援的侧防的掩蔽部。此时全师有官兵八千多人,但多是补充不久的新兵,战斗力薄弱。

5月22日,驻守山城镇、黑龙山的第一八四师五二五团第三营及第二营两个连被东北民主联军第十师歼灭,梅河口被孤立。5月28日,东北民主联军发起总攻,16时,第一八四师师长陈开文率领两千多人突围,被火力所阻。战至20时,各处枪声渐息,梅河口失守。此役,第一八四师经过五天四夜苦战,重建不到一年的一八四师再次被歼,师长陈开文、五五一团团长张秉昌、第五五〇团副团长张荫义被俘,师参谋主任张维孝、五五二团团长曾邦本阵亡,全师伤亡、被俘合计七千余人。

当梅河口激战之时,第六十军军长曾泽生即向东北保安长官部请示放弃海龙、磐石,收缩兵力至吉林。但由于国民党当局一向将防守地盘放在首位,直到5月30日第一八四师被全歼,长官部才复电表示同意。当日,曾泽生电令暂二十一师撤离磐石,与一八二师第五四六团会合,一同沿铁路两侧回吉林。暂二十一师在撤退途中又遭到东北民主联军截击,师直属炮兵与辎重骡马全部损失。至此,国民党在吉林南部控制一年之久的吉梅铁路,除口前至吉林一段二十余公里外,全部被东北民主联军控制。在一个多月时间里,六十军就遭到东北民主联军两次重大打击,重建的第一八四师再次被歼,暂二十一师一部损失,第六十军主力损失达一半以上，元气大伤。

1947年6月，六十军收缩兵力集中防守吉林市区附近地区及小丰满发电站，吉林外围要点及小丰满发电站由第一八二师防守，暂编二十一师驻守南大营、哈达湾、北吉林等地。六十军接收兵员，补充装备，进行整训。第一八四师第二次重建，师长由杨朝纶升任，各级军官由六十军配备，到辽西的北镇、沟帮子接收新兵。这时，东北解放军大举进攻四平，未能攻克，东北保安长官部认为东北解放军损失惨重，要求吉林守军截击撤退的解放军，下令第六十军唯一完整的第一八二师向双阳出击，想趁此机会扩大战果，安定人心。

7月上旬，第一八二师由吉林前进至双阳，在大龙庙附近与东北解放军遭遇。但是第一八二师鉴于以往交手的教训，不敢贸然进攻，也不敢擅自撤退，部队反复在鸭子架、太阳岭、裤裆沟、大酱缸一带转来转去。7月11日晚，第五四四团在马鞍山西北地区宿营，东北解放军趁夜发起突袭，第五四四团官兵在睡梦中惊醒，仓促应战。团长岳嘉祥听到枪声，准备出门指挥，被乱弹击中，当场死亡，副团长李峥先也身负重伤，全团失去指挥。战至12日10时左右，仅第五四四团第三营趁乱突出重围，第一、第二营大部被歼。与此同时，宿营在大酱缸以北的第五四六团第二营也遭到解放军突然袭击而被全歼。12日中午，第一八二师师长白肇学率领师部及第五四六团主力、第五四四团残部撤回双阳，绕道长春，乘火车返回吉林。

此次出击，第一八二师本想打个胜仗，激励士气，稳定人心，不料弄巧成拙，损兵折将，又受到一次重创。当时第一八二师官兵编了一首打油诗："出兵不离鸭子架，裤裆沟里来回钻，白天出去夜晚退，几乎全落大酱缸。"生动描写了滇军当时畏惧怯战、消极厌战的情形。

第一八二师出击失败后，吉林防御力量更加薄弱。为加强市区防御，以第五四四团接守小丰满发电厂；第五四五团以第一营协同师直属工兵、辎重两个营防守口前，团主力配置在吉林北山。暂编二十一师担任龙潭山、东团山及市区松花江沿岸防御任务，各部队加紧构筑工事，囤积粮弹，准备长期固守。第六十军所属三个师在两个月时间内连续三次惨败，兵员锐减，装备奇缺，又受到吉林省主席梁华盛训斥、排挤，军政关系日趋紧张，全军上下军心浮动、士气跌落。

1948年春，隶属第六十军、驻防吉林的保安第一、第二旅已陷入孤立无援的困境，军长曾泽生为稳定人心，扩大吉林外围缓冲地带，不断以师、团规模向外出击，抢粮入城。此时，卫立煌顾虑战略要地四平被围，长春守备力量不足，决定进一步收缩兵力，放弃吉林，专守长春、四平、沈阳、锦州等要点，等待关内援军，遂派第一兵团司令官郑洞国乘飞机亲赴吉林，下达撤退命令。3月9日，六十军兵分两路轻装向西突围，于10日午后陆续进入长春。

长春举义　部队新生

六十军由吉林撤至长春城内后，官方报纸把吉林撤退誉为"东方的敦克尔克"，大加贺勉。六十军同新七军编为第一兵团，曾泽生被晋升为防守长春的第一兵团副司令兼六十军军长。当时防守长春的军事部署是：以中山路为界，路东包括郊区由六十军防守，路西及郊区归新七军防守。

1947年秋，为了填补一八四师的位置，郑洞国将东北交警总局吉林警务处与由东北第四保安区改编的暂编第五十二师拨归曾泽生指挥。

暂编五十二师师长李嵩，湖南长沙人。1929年底自黄埔军校第六期毕业后，被分配到浙江省保安第三团任排长。1932年，蒋介石的浙江奉化同乡俞济时由第八十八师师长调任浙江省保安处处长后，李嵩进入俞济时的人事圈子，步步擢升。由八十八师到七十四军，李嵩始终在嫡系主力军中泡着，他对蒋介石的忠诚可想而知。

1948年3月，第六十军从吉林市撤退到长春市后，李嵩的暂编五十二师在市东二道河子一带布防，守卫通向解放区的大门，左翼与守东大桥一带的白肇学一八二师衔接，右翼同在市东南设防的陇耀暂编二十一师衔接，像一个楔子被放在两个师的中间，六十军防地被分割成两半。暂编五十二师名义上归六十军，但人事、经理自成一系，军长曾泽生管不着，该师的军事行动李嵩直接听从郑洞国的指挥。李嵩经常到郑洞国处汇报正面解放军的动态及六十军另外两个师的情况。东北"剿匪"总司令部曾直接给暂编第五十二师空投了一批武器弹药。曾泽生假装糊涂，把这批武器弹药分给了第一八二师和暂编第二十一师。李嵩知道后，手持"剿总"给他的电报，硬是将这批武器弹药全部要了回去。蒋介石在六十军内掺进李嵩这粒沙子，既硌脚又碍眼，曾泽生怎么做都不舒服。

从 1948 年 3 月到 9 月，半年的时间，东北的国民党军队因多次被歼，不得不收缩兵力，防守沈阳、锦州、长春等几个孤立无援的大城市，部队之间、军政之间以及上下之间互相倾轧，充满矛盾。由于长春被解放军围得像铁桶一样，城内的国民党官兵整日受饥饿的折磨，官兵患夜盲、浮肿、疫病者骤然增多。当郑洞国研究突围时，曾泽生说："目前士气低落，城外八路围得又紧，根本突不出去。出去，只能增加伤亡。反正我们六十军是没有希望。"曾泽生从六十军多年受到排挤、歧视、分割、监视，装备坏，待遇低，进攻打头阵，撤退当掩护，赏是嫡系领，过是杂牌背的窝囊生活中看透了蒋介石。他从正义与邪恶、光明与黑暗的殊死搏斗中受到了启迪，认清了形势，看到了光明。这种情绪不仅曾泽生有，六十军的全体官兵也感同身受，加上郑洞国明为加强六十军实力给了一个暂五十二师，实际上是要暂五十二师监视六十军，这更加深了滇军官兵对中央军的不满情绪，官兵们想到了起义。

为了实现起义，将全军拉到解放军一边，曾泽生与一八二师师长白肇学、暂编二十一师师长陇耀多次进行秘密策划，并加紧与解放军的联络。他见时机日臻成熟，便于 10 月 16 日晚饭后召集一八二师与暂编二十一师营以上军官讲话，曾泽生痛斥了蒋介石的内战政策，回顾了六十军所受到的排挤与歧视，分析了东北及长春的军事形势，说明了六十军的处境，引导大家讨论六十军的前途与出路。有人提出"退出内战""反蒋起义"，曾泽生立即肯定这种意见。在大家一致赞同举行起义后，曾泽生郑重宣布他的起义决心与行动计划，并下达了防范新七军和郑洞国兵团部的命令。

在完成对第一八二师、暂编第二十一师和军部直属队的起义动员后，曾泽生认为要使起义顺利进行必须先拔掉揳入六十军里的钉子。他返回军部，接通了与暂编第五十二师师长李嵩的电话："李师长吗？今晚11点钟，你带三个团长到我这开作战会议，要准时到达。"

"是，一定准时到达。"李嵩一听开作战会议，积极性很高，回答很干脆。

放下电话，曾泽生叫来军部副官处处长张维鹏："起义行动准备就绪，就是暂编五十二师还没安排。李嵩平日就拒绝我过问他们内部情况，不会同意起义，是起义的障碍。叫你来，是安排你去解决这个问题。"

"怎么解决？"张维鹏问。

"我已通知李嵩带着三位团长于今晚11点钟准时到军部开会。他们到达后，由你和军政工处处长姜弼武、副处长张第东以'作陪'形式将其留住。11点钟准时动手，先解除武装，将其扣押，再把我事先写好的信交给李嵩，并正式通知他们，六十军已经反蒋起义。然后，打电话叫欧阳午副师长和三位副团长来，叫他们听从指挥，随军起义。要提醒欧阳午，李嵩师长他们几位的生命掌握在我们手里！"曾泽生具体布置了挟持暂编第五十二师的行动方案。

非常时期必须采取非常手段，这是必要的，也是必须的。

李嵩带着第一团团长胡家驹、第二团团长周曙初和第三团副团长熊国桢（团长谢绍贤因病改由副团长代）提前来到军部，副官处处长张维鹏引他们到楼上军长卧室等候，由张维鹏、姜弼武和张第东作陪。

23时整，姜弼武处长按预定计划将曾泽生的手令交给李嵩，并正式传达军长命令：暂编第五十二师随军起义，服从指挥，不得随意行动；如破坏起义，由李嵩等人负责。

李嵩拿着曾泽生的手令，神色惶遽，他极力控制自己，表示："我们一定遵命照办！"然后，提出了与军长通一次电话的要求。电话接通后，李嵩被迫表明了"听从军长命令"的态度。

电话机那一头，曾泽生只是几句"很好，很好！"

李嵩算是识时务，这粒"沙子"服软了。

按照张维鹏的要求，李嵩又接通了与副师长欧阳午的电话："欧阳兄吗？你马上带各团副团长到军部来，有要事相告。"

欧阳午带着第一团副团长贺良汉和第二团副团长王鹏驱车赶到军部，上楼时，他看见几名荷枪实弹的卫士神情严肃地守卫在门两侧。欧阳午心中一怔，意识到发生了重大变故，自己已身临险境，没退路了，只好硬着头皮跨进门去。

李嵩等人坐在沙发上，情绪沮丧，一声不响。欧阳午和身后的副团长们见状目瞪口呆。欧阳午很想问个究竟，又想不出如何发问才好，于是，侧过身来，把探询的目光惶惑地投向平时与自己交情不错、此时并肩而立的副官处长张维鹏。

张维鹏发话了："军长要我转告你们，六十军已经决定反蒋起义。希望欧阳副师长本着对上对下负责，服从指挥，跟随全军一起行动。"稍事停顿，又调过头对李嵩说："李师长，请你同欧阳副师长谈谈吧！"

李嵩和两个团长分别向各自的副手交代：千万要服从军长的命令，一致行动。

交代完毕，张维鹏将李嵩和两个团长扣押在军长卧室做人质，把欧阳午和三名副团长放回，并再次提醒他们："军长要我转告，如果你们不听话，跟新七军跑，我们就消灭你们。我们有八路军做后盾，你们不要执迷不悟。"

欧阳午唯唯诺诺："是，是，是！请转告军长，我们暂编五十二师听从指挥，拥护起义。"

军参谋长徐树民嗅觉很灵敏，他得知曾泽生这几天都在与白肇学与陇耀商谈事情，但不知谈什么内容，也不好打听，便躲在家里闭门不出。曾泽生在搞定一八二师与暂编二十一师后，让副官打电话请徐树民到军部来，准备以商量部队突围为名试探他对起义的态度。结果徐树民不仅不到军部，反以身体不好为由，要曾泽生有事到他家去谈。曾泽生命令张维鹏：立即扣押徐树民，并切断徐家电话。

一切都搞定了。10月17日晚上,六十军与解放军交接防地。18日早晨撤出了长春,向九台开进,参加解放军。六十军的起义,迅速导致了新七军的投诚,随即郑洞国亦向解放军投诚,长春就这样被解放了。

第六十军加入解放军后被改编为中国人民解放军第五十军,军长曾泽生,政委徐文烈。辖三个师,第一四八师师长白肇学、第一四九师师长陇耀、第一五〇师师长李佐。部队被整编后,经过政治教育,官兵的思想觉悟得到提高,并迅速形成战斗力,不久入关南下,参加鄂西战役,进军大西南,随后回师湖北参加生产。1949年3月,解放军东北军区将原国民党东北保安暂编第五十八师改编而成的解放军一六七师编入第五十军建制。全军共辖四个步兵师,一个直属炮兵团。1949年9月,遵照中央军委和第四野战军决定,第一五〇师所属部队按营、团建制,分别补入第一四八师和第一四九师;1949年底,第一六七师改称第一五〇师。1950年,中南军区将补训第十五团、第十五医院拨归第五十军建制。5月,将成都和平解放的国民党第二十兵团三个军的残部缩编为解放军第一六七师,归第五十军建制。9月下旬,五十军撤销了第一六七师和军炮兵团。1950年10月,中国开始进行抗美援朝,第五十军跨过鸭绿江,参加抗击以美国侵略军为首的作战,在高阳战斗中全歼英军皇家坦克营,并涌现出白云山团、帽落山英雄营及修理山、文衡山英雄连等英雄集体和一批战斗英雄,打出了军威。五十军回国后于1985年10月被撤销。这支先为国民政府后为中华人民共和国效力的部队在现代军史上留下灿烂的一页。